KB214879

로널드 넘버스의 『창조론자들』은 다윈 이후 150여 년간 미국을 중심으로 생겨나 점차 다른 지역으로 퍼져나간 반(反)진화 운동의 역사를 매우 꼼꼼하게 조사하여 서술한 기록으로서, "과학과 종교" 혹은 "과학과 신앙"의 대화에 관심을 가진 사람들이라면 한 번쯤 읽어볼 만한 내용으로 가득 차 있다. 교육 현장에서 과학을 가르치고 배우다 보면 겉으로 발견되어 전달되는 지식의 내용 자체보다는 그 이면에 담긴 역사적 에피소드들이 더 많은 것을 알려주는 경우가 종종 있다. 과학과 신앙의 조화에 관한 문제에서 자유로울 수 없는 나 자신도 이 책을 읽으면서 치밀하게 정리된 반진화 운동의 역사적 흐름으로부터 많은 것을 알게 되었으며, 동시에 이 책에 소개된 여러 에피소드를 통해 많은 것을 깨닫고 배우게 되었다. 무엇보다 적개심(특히 과학에 대한)이 대안과학을 만드는 동기일 수는 없다는 점, 더 나아가 과학과 신앙의 조화 문제를 해결하는 방편이 되어서도 안 된다는 점을 새삼스레 느낄 수 있었다. 그리고 책을 읽는 내내 "아, 반진화 진영에서 늘 주장하는 단골 메뉴들(홍수지질학, 방사능 연대측정법의 문제점, 진화의 연결 고리 문제 등)이 바로 여기서부터 나왔구나" 하면서 고개를 끄덕이게 되었다. 학식 있는 창조론자였던 클락(Harold W. Clark)이 자신의 스승인 프라이스(George McCready Price)에게 "그동안 과학은 대단히 정밀해졌고…20년 전에는 우리가 꿈도 꿀 수 없었던 방식으로 지구의 역사를 열어젖히고 있다"는 편지를 보낸 것은 그런 점에서 많은 것을 시사한다고 본다. 900페이지가 넘는 방대한 분량임에도 번역자와 새물결플러스의 노고 덕분에 무척 읽기 편하게 잘 다듬어져 본문을 대하는 내내 읽는 즐거움을 누렸음을 덧붙인다.

권영준

연세대학교 물리학과 교수

창세기에 대한 문자적 이해를 과학적으로 정립하려고 애썼던 수많은 이들을 일일이 그리고 세세히 다루는 이 책은, 지금 우리네 교회에 퍼져 있는 이른바 "창조과학"의 온갖 주장들이 이미 지난 100년간 미국의 창조론자들 진영에서 거의 다 다루어졌음을 보여준다. 성경과 과학에 대한 열정적이면서도 근본주의적 입장을 지닌 "창조론자"들을 빼곡히 다루는 이 책은 오늘 우리가 어떻게 성경을 읽어야 하는지, 더 나아가 성경과 일반 학문을 어떻게 연결할 수 있는지에 대해 고민하게 만든다는 점에서도 꼭 읽어볼 필요가 있다. 무엇보다도 이 책의 최대 장점 가운데 하나는 한 번 손에 잡으면 떼기 어려울 정도로 흥미진진하다는 점이니, 당장 손에 쥐고 읽어보자.

김근주

기독연구원 느헤미야 학술부원장

이 책은 사이비 과학을 신봉하는 성서문자주의자들을 향한 학문적 "원자 폭탄"이다. 이 책은 이해를 추구하는 신앙을 인본주의적 신앙으로 매도하는 경향이 강한 우리나라 주류 교단들의 신앙 행태에 대한 적실한 비판으로 읽힐 수 있다. 적어도 우주창조론을 중심으로 하는 과학과 신앙의 관계를 과학사 차원에서 이보다 더 치밀하게 조사한 책은 당분간 만나보기 어려울 듯하다. 이 책의 주장에 동의하든 안 하든, 인내심을 갖고 독파한다면 창조론에 관한 새로운 안목이 열릴 것이다.

류호준

백석대학교 신학대학원 구약학 교수

『창조론자들』은 이 시대의 심각한 논쟁 중 하나를 이해하는 데 매우 중요한 책이다. 방대한 사료를 기반으로 창조론 운동의 기원과 전개 과정을 치밀하게 추적한 이 책은, 이 주제에 관한 한 결정적 역사서로 손꼽힐 만하다. 이 책은 균형 잡힌 시각으로 서술되었기에 찬반 입장과 관계없이 이 논쟁에 관심 있는 모든 사람이 도움을 받을 수 있을 것이다.

박희주

명지대학교 방목기초교육대학 인문교양 교수

창조론에 관한 논의는 항상 뜨거운 감자다. 저자는 과학사가로서 이 논란의 지층을 파고들어가 흔히 간과되거나 기피되어온 사안들을 백일하에 드러내고 있다. 말하자면 이 책은 창조론 논쟁에 관한 고고학적 보고서다. 저자는 어떤 종류의 창조론에도 편향되지 않기에 논란거리를 거침없이 적나라하게 파헤칠 수 있었다. 그의 주장에 대해 찬반 어느 쪽에 서건 창조론에 대해 균형 잡힌 시각을 갖추기 위해 반드시 읽어야 할 책이다.

신국원

총신대학교 신학과 조직신학 교수

딱 이 한 권의 책이다. 창조과학이나 창조-진화 논쟁의 역사적 맥락을 제대로 살피려면 말이다. 이 책은 각양각색의 색유리 조각 같은 역사적 사실을 모아 만든 스테인드글라스다. 과학사학자가 완성한 이 작품은 창조-진화에 얽힌 지형을 과거부터 현재까지 섬세하게 보여준다. "창조와 진화"의 문제가 궁금한 신앙인들과 또한 "종교와 과학"에 관심을 둔 모든 사람에게 강력히 추천한다.

신재식

호남신학대학교 신학과 조직신학 교수

불과 100여 년 남짓한 기간 동안 "창조과학"은 미국을 중심으로 상당한 대중적 영향을 끼쳐왔다. 하지만 그 선의를 십분 인정하더라도, 그로 인해 많은 이들이 과학과 신앙의 관계를 정립하는 데 필요한 복합적 사고를 포기하고 이를 단순한 확신으로 대체하도록 이끌었다는 점에서 지성적 변증에 심각한 장애를 초래했다는 사실은 부인할 수 없을 것이다. "창조과학"이 충분히 과학적이지도 않고, 충분히 창조적이지도 않다고 느껴온 많은 이들에게 그 전후좌우의 사정과 맥락을 제대로 규명해줄 결정판이 드디어 나왔다. 이 책을 읽고 나면 "창조 신앙"은 단연코 "창조과학"으로 제한되기에는 너무 크고, 넓고, 깊다는 사실에 깊이 공감하게 될 것이다.

양희송
청어람 ARMC 대표

방대한 자료를 토대로 창조론의 역사를 풀어가는 이 책이 한국에서 출판되기를 개인적으로 오랫동안 소원했다. 창조과학을 무비판적으로 수용해온 한국교회는 이 책을 통해 다양한 창조론의 역사를 거울삼아 건강한 창조 신앙으로 나가야 한다. 풍성한 학술 가치를 드러내며 충격적인 역사적 사실들을 담담하게 풀어가는 이 책은, 목회자를 비롯하여 창조에 관심 있는 모든 성도가 읽어야 할 책이다.

우종학
서울대학교 물리천문학부 교수

나는 강단에서 진화론을 가르치면서 상대적으로 창조론은 간단하고 단편적으로 다루어왔다. 그러나 창조론은 한 가지로 간단하게 정의할 수 있는 이론이 아니었다. 『창조론자들』은 시대와 정치·사회적 배경에 따라 카멜레온과도 같이 다양한 색깔로 변해온 창조론의 기원과 진화에 관한 이야기다. 진화론을 대체하는 대안으로서의 위치를 차지하려는 "창조론들"을 제대로 알 수 있는, 매우 중요한 이 책을 적극 추천한다.

이상희
미국 캘리포니아 리버사이드 대학교 인류학 교수

역사적으로 신앙과 과학이 갈등을 빚은 경우는 딱 두 번이다. 천동설 대 지동설, 그리고 창조론 대 진화론 논쟁이 그것이다. 천동설과 지동설의 문제는 이미 해결되었으나 창조론은 여전히 한국과 미국에서 과학과 갈등을 빚고 있다. 개인적으로 나는 기독교인으로서 창조를 믿는다. 그리고 학자로서 진화 이론을 합리적인 과학으로 받아들인다. 양자는 갈등과 대결이 아닌 조화와 통합을 추구할 수 있는 문제다. 흔히 말하는 "젊은 지구 창조론" 또는 "창조과학"은 복음에 대한 깊고 폭넓은 확신이 없기 때문에 생긴 해프닝이다. 두 개의 계시인 성서와 자연은 모두 하나님의 것이다.

이정모
서울시립과학관장

문자주의적으로 해석된 창세기 진술의 진리성을 과학의 이름으로 담보하려는 노력은 다윈 시대 이후로 계속 이어져 왔으며, 이 노력은 많은 신실한 기독교인들이 과학으로부터 신앙을 지키려 한 순수한 바람과는 달리 하나의 이데올로기로 자리 잡기에 이르렀다. 저자는 이 책에서 놀랍도록 방대한 자료를 면밀히 검토하여 이러한 이데올로기가 도대체 어떤 과정을 통해 과학의 옷을 입고 유사 과학으로 발전되어왔는지 자세하게 밝힌다. 이 책으로 말미암아 한국 기독교계에 널리 퍼진 문자주의적 성경 해석과, 이를 바탕으로 창궐한 유사 과학적 접근법에 대해 심각한 재고가 이루어지기를 바란다. 개인적으로 이 책을 대하며 창조론에 대한 고찰을 통해 얻으려던 "신앙과 과학의 조화에 대한 해답"이, 책을 읽는 사이 어느덧 "신앙과 과학이 무엇인지에 대한 질문"으로 바뀌어 있었다. 독자들도 부디 이 책을 통해 신앙과 과학이 무엇인지에 대해 근본적으로 묻고 답을 얻을 수 있기를 바란다.

장승순

미국 조지아 공과대학교 재료공학과 교수

저자는 『창조론자들』에서 창조를 이해하기 위해 성경과 자연을 연구한 사람들의 활극을 삼국지처럼 펼쳐낸다. 우리는 창조와 진화에 대한 질문들에 답하는 것을 평생의 사명으로 여기며 씨름한 사람들이 흥분하고, 절망하고, 기만하고, 당혹스러워하며, 또한 협력하고, 갈등한 이야기를 생생하게 들으며 우리의 질문과 대답의 뿌리를 발견한다. 무엇보다 소위 창조과학이 성경에만 충실하거나 과학적으로 분명한 이야기가 결코 아니라, 특정한 집단들의 경험과 역사 가운데 형성되었다는 사실은 어떤 사람에게는 충격을 안겨줄 것이다. 매우 방대한 분량이지만, 그 가운데 담긴 여러 인물들의 상세한 이야기에 빠져들어 갈수록 지금 우리도 그와 유사한 역사의 흐름 속에 서 있다는 깨달음에 전율하게 된다. 이 책을 읽고 나면 창조과학에 대한 우리의 이해는 절대로 예전과 같을 수 없을 것이다. 독자들이 그 변화를 직접 경험하기를 진심으로 바란다.

전성민

캐나다 밴쿠버 기독교세계관대학원 세계관 및 구약학 교수

이 책의 제목은 『창조론자들』이지만, 여기서 "창조"라는 단어가 나에게는 어색해 보인다. 사실 이 책은 "젊은 지구"로 대표되는 "창조과학회" 혹은 "창조주의자들"의 역사를 담은 책이기 때문이다. 기독교인이면서 과학을 공부하는 나는 비록 진화 이론이 부족한 점이 있어도 하나님의 생물(생명) 창조를 설명하는 데에는 창조론보다 훨씬 더 나은 틀이라고 생각한다. 성경 이야기를 읽어봐도 하나님께서 과정과 선택을 매우 중요하게 사용하셨음을 알 수 있다. 그런데 창조주의자들과 토론을 할 때는 종교적·학문적 선입견의 벽을 허물 수가 없었다. 나는 이 책을 읽으면서 그런 답답함의 이유를 이해하게 되었고, 이 책이 그 벽을 허물게 해줄지도 모른다고 기대하게 되었다. 나와 같은 처지에 있는 모든 분께 이 책을 권한다.

최승언

서울대학교 지구과학교육과 교수

다윈주의에 대한 최근의 반대, 그리고 과학과 종교가 어떻게 상호작용하는지에 관한 더 큰 질문을 이해하려는 사람은 반드시 이 책을 읽어야 한다.

엘리어트 소버(Elliott Sober)
위스콘신-매디슨 대학교 철학과 한스 라이헨바하 석좌교수

종교와 과학 분야의 역사가들은 『창조론자들』이 미국 내 반진화론 운동의 지적인 기원과 발전에 대한 가장 훌륭한 역사적 검증이라는 사실을 이미 오래전부터 인지하고 있었다. 이번에 로널드 넘버스는 이 중요한 책을 확장 개정하면서 지적 설계와 그 지지자들의 형성과 영향력을 재평가하고 전세계적인 과학적 창조론 운동을 새롭게 문서화함으로써 최신판으로 변모시켰다. 이제 『창조론자들』은 이 분야에서 표준이 될 것이다.

에드워드 J. 라슨(Edward J. Larson)
*Evolution: The Remarkable History of a Scientific Theory*의 저자,
1998년 역사학 부문 퓰리처상 수상자

로널드 넘버스의 책 『창조론자들』은 이 시대 최고의 책이다. 객관적인 비판과 함께 깊은 공감이, 창세기를 협소하고 문자적으로 읽으며 진화론을 거부하는 사람들의 사고를 분석하는 훌륭한 통찰을 제공한다. 이번에 넘버스는 자신의 저서를 개정하면서 소위 지적 설계론에 대한 새로운 접근법을 논의하고, 많은 사람이 계속해서 기초과학을 거부하는 것이 도대체 어떻게 된 일인지를 다시 한 번 보여준다. 마지막으로 창조과학과 창조론의 전세계적인 흥행에 대한 놀라운 개관으로 마치는 이 책은 단순히 즐거움을 위한 책이 아니라, 너무도 중요한 책이다.

마이클 루스(Michael Ruse)
플로리다 주립대학교 교수, *The Evolution-Creation Struggle*의 저자

THE CREATIONISTS

From Scientific Creationism to Intelligent Design

Ronald L. Numbers

창조론자들

과학적 창조론에서 지적 설계론까지

로널드 L. 넘버스 지음 | 신준호 옮김

레슬리 앤 넘버스와

고(故) 케시아 린 넘버스에게

"쾌활하고 다정다감한 착한 딸은

한 남자가 좋은 아내 다음으로 누릴 수 있는

가장 큰 축복이다."

1838년 11월 15일에 엠마 웨지우드가 찰스 다윈과 약혼할 때,

조사이어 웨지우드가 R. W. 다윈에게 한 말

차례

증보판 서문

이 책의 초판은 1991년의 갤럽 여론조사를 적시했었다. 그 조사에 따르면, 대학 졸업자 1/4을 포함해 미국인의 47%가 "하나님이 지난 1만 년 안의 어느 시점에 인간을 현재 형태와 매우 비슷하게 창조하셨다"고 믿고 있었다. 그로부터 14년 후인 2005년에 갤럽은 약간 수정된 질문을 던졌다. 그 결과 53%의 미국인들이 "하나님이 인간을 정확히 성경이 묘사하는 방식대로, 현재의 형태로 창조하셨다"고 공언한다는 사실이 드러났다. 조사에 응한 이들 중 거의 2/3(65.5%)가 "창조론"(creationism)을 결정적이거나 혹은 있을 법한 사실로 간주했다.[1] 창조론을 어떻게 정의하든 간에, 다른 조사들 역시 창조론에 대한 비슷한 또는 더 높은 수준의 지지를 보여주었다. 2005년에 「뉴스위크」(*Newsweek*)는 80%의 미국인이 "하나님이 우주를 창

---

1 Jeffrey M. Jones, "Most Americans Engaged in Debate about Evolution, Creation," October 13, 2005, http://poll.gallup.com; David W. Moore, "Most Americans Tentative about Origin-of-Life Explanations," September 23, 2005, 같은 출처. 65.5%라는 숫자는 2005년 8월 5-7일에 조사된 질문 30c번에 대한 분석표에서 나타난다. 갤럽이 1982년에서 2004년 사이에 실시한 7회의 조사에서 "하나님이 과거 약 1만 년 내의 어느 시점에 단번에 인간을 현재 상태와 매우 비슷하게 창조하셨다"고 믿는다고 공언한 응답자의 비율은 여전히 44%에서 47% 사이였다. "Polling the Creationism/Evolution Controversy," *NCSE Reports* 24 (September/October 2004): 19를 보라.

조하셨다"고 믿는다는 것을 밝혔고, 퓨 리처치 센터(Pew Research Center)는 "미국인의 거의 2/3가 공립학교에서 창조론을 진화론과 함께 가르쳐야 한다"라고 주장하고 있음을 알아냈다. 이런 결과 중 가장 놀라운 것은 고등학교 생물 교사의 상당수가—일리노이 주에서는 30%, 오하이오 주에서는 38%, 그리고 켄터키 주에서는 무려 69%에 이른다—창조론의 가르침을 지지하고 있다는 사실이었다.[2]

1987년에 있었던 대법원 판결은 공립학교 교육과정에 창조론을 의무적으로 포함시키려는 노력을 실질적으로 종결시켰지만, 진화론의 토대를 흔들려는 창조론자들의 계획을 늦추지는 못했다. 창조론자들은 국가 전체의 수준에서 창조론과 진화론을 균형 있게 가르치라고 주장하는 일을 그만둔 대신, 많은 경우 자신들의 에너지의 대부분을 다수의 창조론 지지자들이 이미 존재하고 있는 개별 학교와 지역들에 집중시켰다. 1990년대 초에 미국 전역에서 창조론자들의 활동을 감시해온 미국과학교육센터(National Center for Science Education, NCSE)는, 대학 이전의 고등학교 교육의 현실을 잘

---

2 Jerry Adler, "In Search of the Spiritual," *Newsweek*, August 29/September 5, 2005, p. 49; Laurie Goodstein, "Teaching Creationism Is Endorsed in New Survey," *New York Times*, August 31, 2005, p. A7 (Pew); Randy Moore, "Educational Malpractice: Why Do So Many Biology Teachers Endorse Creationism?" *Skeptical Inquirer* 25 (November/December 2001): 38-43, statistics on p. 40. 2004년에 실시된 몇 차례의 조사에 대해 Glenn Branch, "The Latest Polls on Creationism and Evolution," *NCSE Reports* 24 (September/October 2004): 9-11을 보라. Otis Dudley Duncan, "The Creationists: How Many, Who, Where?" ibid., pp. 26-32도 함께 보라. 기독교 대학 및 종합대학 협의회에 속한 복음주의적 기관에서 가르치는 생물학자들에 대한 한 비공식적인 조사는 그들 중 25%만이 젊은 지구 창조론을 주장하며, 37%는 유신론적 진화를 선호하고, 나머지 38%는 오랜 지구(또는 점진적) 창조론을 지지하거나 자신의 견해를 밝히기를 꺼린다는 사실을 밝혀냈다. John C. Sutherland, Letter to the Editor, *Science* 309 (2005): 51을 보라. 이 단락과 그다음 5개 단락은 Ronald L. Numbers, *Darwinism Comes to America* (Cambridge, MA: Harvard University Press, 1998), pp. 8-15에서 발췌한 것이다.

모르는 사람들은 "학교에, 특히 학교 관리자들 중에 얼마나 많은 공식적인 반진화론자들이 있는지"에 대해 놀랄 것이라고 경고했다. 1992년 가을에, 이 센터는 진화에 대한 창조론자들의 공격이 "날카롭게 상승했다"는 사실에 이목을 집중시켰다. 그 공격은 진화의 지위를 "사실"에서 "이론"으로 격하시키고 "진화에 반대되는 증거"를 학생들에게 제시하라고 요청하는 형식을 취했다. NCSE의 소장 유지니 스캇(Eugenie C. Scott)은 그런 일을 "양의 탈을 쓴 이름만 '과학인' 창조론"이라고 폄하했다.[3]

일부 교육가들은 반복되는 진화론 문제를 해결하기 위해 새로운 해법을 택했다. 켄터키 주 마셜 카운티의 교육감은 초등학교 교과서에 진화론적 우주론을 포함시킨 것에 대한 주민들의 항의에 답변하기 위해 문제가 되는 두 쪽을 풀로 붙여버리도록 지시했다. 조지아 주 애틀랜타 교외에 있는 콥 카운티 학군의 사람들은 문제가 된 4학년 교과서를 펴낸 출판사를 찾아가 그 책 중 "지구의 탄생"이라는 장을 삭제해줄 것을 요청했다. 맥밀란/맥그로 힐 출판사는 현대적인 전자 출판기술을 사용해 총 17쪽을 삭제함으로써 오직 콥 카운티의 학생들만을 위해 주문 제작된 교과서를 만들었다.[4]

1995년에 앨라배마 주 공립 교육위원회는 주에서 사용된 모든 생물학 교과서에 면책조항(disclaimer)을 삽입하는 안을 표결에 붙여 6대 1로 가결

---

3 Eugenie C. Scott, "In the Trenches," *NCSE Reports* 13 (Summer 1993): 6; Scott, "Creationist Cases Blooming," ibid., 12 (Summer 1992): 1, 3, 5.

4 Eugenie C. Scott, "Big Bang Glue-on in Kentucky", *NCSE Reports* 16 (Summer 1996): 1, 9; Karen Schmidt, "The Battle of the Books," *Science* 273 (1996): 421. 조지아 주에서 벌어진 이후의 논쟁에 대해 다음을 보라. Constance Holden, "Georgia County Opens Door to Creationism," *Science* 298 (2002): 35-36; Andrew Jacobs, "Georgia Takes on Darwin," *New York Times*, January 30, 2004, p. A10; Edward J. Larson, "Sticker Shock," *Atlanta Journal-Constitution*, January 21, 2005; Holden, "Court Revives Georgia Sticker Case," *Science* (2006): 1292.

시켰다. 그 후 앨라배마 주의 출판사들은 제3쪽에 다음과 같은 메시지를 부착한 생물학 교과서들을 펴내기 시작했다. 교육위원회를 주재했던 공화당 소속의 주지사 포브 제임스(Fob James)는 이 경고문을 강력하게 지지하면서, 자신은 개인적으로 생명의 기원에 대한 성경의 설명을 사실로 믿는다고 말했다.[5]

| 앨라배마 주 공립 교육위원회의 메시지 |

이 교과서는 진화, 즉 일부 과학자들이 식물, 동물, 인간과 같은 생명체의 기원에 대해 과학적 설명으로 제시하는 논쟁적인 이론을 논의한다.

생명체가 지구상에 처음 나타났을 때, 아무도 그 자리에 없었다. 그러므로 생명의 기원에 대한 모든 진술은 사실이 아닌 이론으로 간주되어야 한다.

"진화"라는 용어는 많은 유형의 변화를 가리킬 수 있다. 우선 진화는 어느 한 가지 종의 내부에서 일어나는 변화를 기술한다(예를 들어 흰색 나방은 회색 나방으로 "진화"할 수 있다). 이 과정은 소진화(microevolution)이고, 이것은 "사실"로 관찰되고 기술될 수 있다. 또 진화는 파충류가 조류로 바뀌는 경우처럼 하나의 생물이 다른 생물로 바뀌는 것을 가리킬 수도 있다. 그러나 대진화(macroevolution)라고 불리는 그와 같은 과정은 관찰된 적이

---

5 "Alabama School Board Votes to Put Evolution Message in Biology Texts," Associated Press news release, November 10, 1995. 또한 Eugenie C. Scott, "State of Alabama Distorts Science, Evolution," *NCSE Reports* 15 (Winter 1995): 10-11을 보라.

없기에 단지 하나의 "이론"으로 간주되어야 한다. 또 진화는 무작위적이고 특정한 방향을 갖지 않은 불분명한 힘이 생명체의 세계를 만들어냈다는 증명되지 않은 신념을 가리키기도 한다.

그 밖에 생명의 기원과 관련하여 다음과 같은 여러 가지 대답되지 않은 질문들이 있는데, 이것들은 여러분의 교과서에서는 언급되지 않는다.

- 어째서 주요 동물군이 갑자기 화석 기록에 나타났는가? ("캄브리아기의 대폭발"로 알려져 있다.)
- 어째서 오랫동안 화석 기록에 어떤 새로운 주요 생물군도 나타나지 않는가?
- 어째서 화석 기록에 주요 식물군과 동물군의 과도기적 형태가 존재하지 않는가?
- 여러분 자신을 포함한 모든 생명체는 어떻게 하나의 살아 있는 육체의 생성에 필요한 완전하고 복잡한 일련의 "정보" 세트를 갖게 되었는가?

열심히 공부하고 열린 마음을 지니십시오. 언젠가 여러분 자신이 지구상에 생명체들이 어떻게 나타났는지에 대한 이론을 내놓게 될 수도 있습니다.

1996년부터 2001년까지 앨라배마 주에서 사용된 공립학교 생물학 교과서에 이 메시지가 등장했고, 2001년 개정된 경고문이 이 메시지를 대체함. 잭 엘리스(Jack D. Ellis)의 사본 제공.

1990년대에 창조론을 둘러싼 논쟁은 켄터키, 조지아, 앨라배마 주뿐만 아니라, 버지니아, 펜실베이니아, 뉴햄프셔, 오하이오, 인디애나, 미시건, 위스콘신, 뉴멕시코, 캘리포니아, 워싱턴 주에서도 터져 나왔다. 테네시 주 의회의 의원들은 언뜻 "로켓처럼 하원 교육위원회를 폭파시킬" 것으로 기대되었던 한 법안을 파기했다. 그것은 진화를 이론이 아니라 사실로 제시하는 교사는 누구라도 해고할 수 있도록 허용하는 법안이었다. 그런 활동에 좌절감을 느꼈던 어느 반(反)창조론자는 이렇게 외쳤다. "창조론은 마치 흡혈귀와 같다. 당신이 마침내 그것이 죽었다고 생각할 때마다 누군가가 나서서 권리와 소유권을 주장한다."[6] 여러 주의 공화당원들은 자신들의 공약에 창조론 항목을 추가했다. 미국 전역—북부, 남부, 동부, 서부—에서 창조론자들은 지역 교육위원회의 선거에 출마했다. 그리고 이 모든 일은 우리가 제17장에서 논의할 새로운 국면인 "지적 설계"(intelligent design)가 아직 모습을 드러내기 전에 일어났다.

젊은 지구 창조론자들은 수십 년 동안 자신들의 그룹의 중심에서 영향력 있는 과학자를 배출하지 못했다. 그러던 차에 자기 공명 영상법(MRI)의

---

6 Jill Nelson, "Creationism: The Debate Is Still Evolving," *USA Weekend*, April 18-20, 1997, p. 12; Molleen Matsumura, "Textbook Evolution Disclaimer in Fairfax County, VA," *NCSE Reports* 16 (Fall 1996): 15; Matsumura, "Georgia: Creationism Pushed at State and Local Levels," ibid., 15 (Winter 1995): 8-9; Matsumura and Andrew J. Petto, "New Anti-Evolution Strategy Rejected by New Hampshire Legislature," ibid., 16 (Spring 1996): 20; Matsumura, "New Mexico: State Legislature Joins the Fray," ibid., 17 (January/February 1997): 4; "Update," ibid., pp. 5-6; Matsumura, "Tennessee Upset: 'Monkey Bill' Law Defeated," ibid., 15 (Winter 1995): 6-7; Duren Cheek, "Bill May Evolve into Law," *Nashville Tennessean*, February 27, 1996, pp. 1A-2A (rocket); Eugenie C. Scott, "Close Ohio Vote Scuttles 'Evidence against Evolution Bill," *NCSE Reports* 16 (Spring 1996); 18 (vampire). 세기의 전환기에 있었던 반진화론에 대해 Scott, "Not (Just) in Kansas Anymore," *Science* 288 (2000): 813-15를 보라.

발명자인 레이먼드 더마디언(Raymond V. Damadian, 1936-)이 창조론자라는 사실이 알려지자 그들은 환호했다. 얼마 지나지 않아 더마디언은 창조연구소(Institute of Creation Research, ICR)와 창세기 안의 해답(Answers in Genesis, AiG)이라는 두 기관(이 두 기관은 제14장과 18장에서 상세하게 설명된다—역자 주)에서 자문위원으로 일하게 되었다. 그러나 2003년에 노벨 재단이 "자기 공명 영상법과 관련된 발견들"의 공로를 인정해 두 명의 과학자에게 노벨 생리의학상을 수여했을 때, 더마디언은 수상에서 배제되었다. 더마디언이 무시당한 이유는 분명치 않으나 보수적인 기독교인들은 더마디언이 신봉했던 창조론이 한 가지 요인이었을지도 모른다고 의심했다.[7]

과학잡지 「사이언스」(*Science*)의 편집자는 2005년에 쓴 글에서 최근의 진화론의 역사와 관련해 비관적인 전망을 제시했다. 정확하게 7년 전, 미국과학아카데미(National Academy of Sciences)가 『진화 교육과 과학의 본성』(*Teaching about Evolution and the Nature of Science*)이라는 소책자를 펴냈을 때, 그는 상황이 나아지기를 기대했었다.

> 그러나 상황은 잘못된 방향으로 진행되었다. 생물학적 진화를 가르치는 일에 관한 대안들이 지금 자그만치 40개 이상의 주에서 논의되는 중이다. 설상가상으로 그런 도전에 처한 과학은 진화론만이 아니다. 몇몇 학군에서는 지질학 교재들이 주장하는 지구의 나이가 성경과 일치하지 않는다(너무 오래되었다)는 이유로 개정되고 있는 중이다.

---

7 Kenneth Chang, "Denied Nobel for M.R.I., He Wins Another Prize," *New York Times*, March 23, 2004, p. D3; Ted Olsen, "Did Nobel Committee Ignore MRI Creator Because of Creationism? October 10, 2003, at www.christianitytoday.com.

그는 우리가 혹시 계몽주의의 종말을 목격하고 있을지도 모른다고 개탄했다. 나는 그렇지 않기를 바란다.[8]

『창조론자들』(*The Creationists*)의 이 확대 개정판은 지난 15년 동안 이루어진 가장 눈에 띄는 두 가지 발전에 각각 한 장씩을 할애했다. 그것은 지적 설계론(intelligent-design) 운동의 등장과 반진화론(anti-evolutionism)의 전세계적 확산이다. 나는 몇 가지 사소한 수정 외에는 초판의 본문을 개정하지 않고 그대로 두었다. 만일 책을 다시 쓰기로 했다면, 나는 상당한 양의 새로운 연구 성과를 통해 유익을 얻을 수 있었을 것이다. 나 자신도—1992년에는 나도 모르게 간과했던 주제인 "창조론"(creationism)이라는 용어의 의미 변화를 탐구하는 논문을 포함해—많은 추가적인 연구 결과를 발표했다.[9] 나에게 배운 두 학생인 로드니 스틸링(Rodney L. Stiling)과 에

---

8 Donald Kennedy, "Editorial: Twilight for the Enlightenment?" *Science* 308 (2005): 165.

9 Ronald L. Numbers, "Creating Creationism: Meanings and Uses since the Age of Agassiz," in *Evangelicals and Science in Historical Perspective*, ed. David N. Livingstone, D. G. Hart, and Mark A. Noll (New York: Oxford University Press, 1999), pp. 234-43. 또한 앞의 논문을 재판한 Numbers, *Darwinism Comes to America*도 함께 보라. Numbers and John Stenhouse, eds., *Disseminating Darwinism: The Role of Place, Race, Religion, and Gender* (Cambridge: Cambridge University Press, 1999)는 Lester D. Stephens와 함께 쓴 다음 논문을 포함하고 있다. "Darwinism in the American South"; Numbers, "'The Most Important Biblical Discovery of Our Time': William Henry Green and the Demise of Ussher's Chronology," *Church History* 69 (2000): 257-76; Numbers, "Charles Hodge and the Beauties and Deformities of Science," in *Charles Hodge Revisited: A Critical Appraisal of His Life and Work*, ed. John W. Stewart and James H. Moorhead (Grand Rapids, MI: Wm. B. Eerdmans, 2002), pp. 77-101; Numbers, "Ironic Heresy: How Young-Earth Creationists Came to Embrace Rapid Microevolution by Means of Natural Selection," in *Darwinian Heresies*, ed. Abigail J. Lustig, Robert J. Richards, and Michael Ruse (Cambridge: Cambridge University Press, 2004), pp. 84-100; Numbers, "Experiencing

드워드 라슨(Edward J. Larson)도 창조론과 관련된 책을 저술하는 일에 상당히 기여했다. 스틸링은 이 책의 후속편을 기획했고, 라슨은 스콥스 재판(the Scopes trial)을 분석해 퓰리처상을 수상했다.[10] 이 재판 및 1920년대의 반진화론 운동과 관련해 새롭게 연구할 것이 없는 것처럼 보이던 시절에 아프리카계 미국인의 태도, 대중적인 표현, 신학적 관심사 같은 주제들을 살펴보는 여러 가지 혁신적인 연구들이 나타났다.[11] 20세기 말에 폭발적으

Evolution: Varieties of Psychological Responses to the Claims of Science and Religion," in *Science, Religion, and the Human Experience*, ed. James D. Proctor (New York: Oxford University Press, 2005), pp. 205-33; Numbers and Stenhouse, "Antievolutionism in the Antipodes: From Protesting Evolution to Promoting Creationism in New Zealand," *British Journal for the History of Science* 33 (2000): 335-350; Numbers, "Creationists and Their Critics in Australia: An Autonomous Culture or 'the USA with Kangaroos?'" *Historical Records of Australian Science* 14 (June 2002): 1-12. Numbers, ed., *Creationism in Twentieth-Century America: A Ten-Volume Anthology of Documents*, 1903-1961 (New York: Garland Publishing, 1995)도 함께 보라.

10 Rodney Lee Stiling, "The Diminishing Deluge: Noah's Flood in Nineteenth-Century American Thought" (Ph.D. dissertation, University of Wisconsin-Madison, 1991); Edward J. Larson, *Summer for the Gods: The Scopes Trial and America's Continuing Debate over Science and Religion* (New York: Basic Books, 1997). Larson, *Trial and Error: The American Controversy over Creation and Evolution*, 3rd ed. (New York: Oxford University Press, 2003)도 함께 보라. 이 책은 법적 논쟁에 대한 표준적인 역사책이 되었다. Larson, *Evolution's Workshop: God and Science on the Galapagos Islands* (New York: Basic Books, 2001); Larson, *Evolution: The Remarkable History of a Scientific Theory* (New York: Modern Library, 2004).

11 Jeffrey P. Moran, "Reading Race into the Scopes Trial: African American Elites, Science, and Fundamentalism," *Journal of American History* (2003): 891-911; Moran, "The Scopes Trial and Southern Fundamentalism in Black and White: Race, Region, and Religion," *Journal of Southern History* 70 (2004): 95-120; Constance Areson Clark, "Evolution for John Doe: Pictures, the Public, and the Scopes Trial Debate," *Journal of American History* 87 (2001): 1275-1303; Paul K. Conkin, *When All the Gods Trembled: Darwinism, Scopes, and American Intellectuals* (Lanham, MD: Rowman & Littlefield, 1999). 또한 Moran, *The Scopes Trial: A Brief History with Documents* (Boston: Bedford/St. Martin's, 2002); Jon H. Roberts, "Conservative Evangelicals and Science Education

로 등장한 창조론 역시 1992년 이후 상당한 학문적 관심을 끌었다.[12] 우리가 현재 목격하고 있는 진화론에 대한 강력한 저항을 고려할 때, 이 주제에 대한 관심이 가까운 미래에 조용히 가라앉을 것이라고 예상하기는 어렵다.

로널드 넘버스

위스콘신 주, 매디슨에서

2006년 3월 1일

---

in American Colleges and Universities, 1890-1940," *Journal of the Historical Society* 5 (2005): 297-329; Charles A. Israel, *Before Scopes: Evangelicalism, Education, and Evolution in Tennessee, 1870-1925* (Athens: University of Georgia Press, 2004); Michael Kazin, *A Godly Hero: The Life of William Jennings Bryan* (New York: Knopf, 2006); Michael Lienesch, *In the Beginning: Fundamentalism, the Scopes Trial, and the Making of the American Antievolution Movement* (Chapel Hill: University of North Carolina Press, 2009) 등도 함께 보라.

12 유용한 저작들은 다음과 같다. James Moore, "The Creationist Cosmos of Protestant Fundamentalism," in *Fundamentalisms and Society: Reclaiming the Science, the Family, and Education*, ed. Martin E. Marty and R. Scott Appleby, vol 2 of *The Fundamentalism Project* (Chicago: University of Chicago Press, 1993), pp. 42-72; Christopher P. Toumey, *God's Own Scientists: Creationists in a Secular World* (New Brunswick, NJ: Rutgers University Press, 1994); George E. Webb, *The Evolution Controversy in America* (Lexington: University Press of Kentucky, 1994); Karl W. Giberson and Donald A. Yerxa, *Species of Origins: America's Search for a Creation Story* (Lanham, MD: Rowman & Littlefield, 2002); Michael Ruse, *The Evolution Wars: A Guide to the Debates* (Santa Barbara, CA: ABC-CLIO, 2000); Ruse, *The Evolution-Creation Struggle* (Cambridge, MA: Harvard University Press, 2005). 미국 밖의 창조론에 대해 특히 다음 책을 보라. Simon Coleman and Leslie Carlin, eds., *The Cultures of Creationism: Anti-Evolutionism in English-Speaking Countries* (Aldershot, UK: Ashgate, 2004).

초판 서문

찰스 다윈(Charles Darwin)의 획기적 저서인 『종의 기원』(*Origin of Species*, 1859)이 출간된 지 몇 십 년이 지나지 않아 생물 진화(organic evolution)의 개념은 영국과 미국의 과학자들 대부분을 사로잡았고, 대서양 양안의 종교 지도자들에게서 우호적인 논평을 이끌어내기 시작했다. 19세기 말에 이르러 진화 개념은 복음주의 기독교인들 안으로도 전파되고 있었고, 여러 관찰자들의 의견에 따르면, 특별 창조(special creation)에 대한 믿음(제한된 종들이 문자적인 6일 동안 창조되었다는 믿음—역자 주)은 공룡처럼 멸절할 운명에 놓여 있는 것으로 보였다. 그러나 진보주의자들이 소망했고 보수주의자들이 두려워했던 것과는 달리, 창조론은 사라지지 않았다. 영어권의 많은 기독교인들, 특히 북미의 기독교인들은 창세기에 대한 전통적인 해석에 여전히 충실했고, 때때로—1920년대에 가장 눈에 띄게, 그리고 1960년대 이래로 꾸준히—진화론의 확산을 저지하기 위한 캠페인을 전개했다. 압도적 다수의 미국인들은 공립학교에서 창조론을 가르치는 데 반대할 이유를 찾지 못했다. 1991년의 갤럽 여론조사에 따르면, 대학 졸업자의 1/4을 포함해 미국인들의 47%가 "하나님은 지난 1만 년 이내의 어느 시점에 인간을 현재 형태와 매우 비슷하게 창조하셨다"고 계속해서 믿었다.[1] 아칸소와 루이지애나 주에서는 "창조과학"과 "진화과학"을 똑같이 다룰 것을 지시하는 법안을 통과시켰다. 그 후 법원은 이 특별한 법령이 위헌이라고 판결했지만, 창조론 운동은 1990년대에 이르러서도 느슨해질 조짐을 보이지 않았다.

열광적 지지자들조차 놀라게 만든 최근의 예상치 못한 흥행 외에도, 20세기 창조론의 역사에서 가장 눈에 띄는 새로운 국면은 1960년대 초 이래로 "과학적 창조론"(scientific creationism) 또는 "창조과학"(creation science)이라고 알려진 독특한 브랜드의 창조론이 부상했다는 사실이다. 1981년에 발표된 아칸소 주 법의 정의에 따르면,

> 창조과학은 다음과 같은 과학적 증거들 및 관련된 추론들을 포함한다. ① 우주, 에너지, 그리고 생명의 무로부터의 갑작스런 창조, ② 단 하나의 유기체로부터 생물의 모든 종이 출현하는 과정에서 돌연변이와 자연선택의 불충분성, ③ 시초에 창조된 식물과 동물의 종류들이라는 고정된 경계 내부에서만 가능한 변화, ④ 인간과 원숭이의 분리된 기원, ⑤ 전지구적 홍수 발생을 포함한 대격변에 의한 지구 지질학의 설명, ⑥ 비교적 최근에 이루어진 지구와 생물 종들의 시작.

---

1 Henry M. Morris, *A History of Modern Creationism* (San Diego: Master Book Publishers, 1984), pp. 310–11; "Poll Finds Americans Split on Creation Idea," *New York Times*, August 29, 1982; "The Creation," *U.S. News & World Report*, December 23, 1991, p. 59 (Gallup poll). 교육위원회 위원들에 대한 한 비공식적인 조사는 그들 중 67%가 창조론을 교육과정에 포함시키는 것을 옹호했음을 보여주었다. "Finding: Let Kids Decide How We Got Here," *American School Board Journal* 167 (March 1980): 52.

이러한 견해—하나님, 아담, 노아를 명시적으로 언급하지는 않지만 본질적으로는 성경적인 창조론—의 옹호자들은 창세기의 처음 몇 장을 읽을 때, 에덴 이전에는 지구상에 생명체가 없었고 또 타락 사건 이전에는 죽음이 없었다고 해석했다.[2]

불과 몇 십 년 전까지만 해도 대부분의 창조론자들은 이와 같은 개념들은 필요 이상으로 극단적이라고 생각했을 것이다. 왜냐하면 19세기 말경에는 가장 보수적인 기독교 변증가들조차 성경이 오랜 지구와 에덴 이전의 생명의 존재를 허용한다는 사실을 기꺼이 인정했기 때문이다. 그들은 거의 예외 없이 창세기 1장의 "날들"(days)이 지구 역사의 상당히 긴 시대를 표현한다고 해석하거나("날-시대 이론"[day-age theory]), "태초"에 있었던 창조를 그보다 훨씬 뒤에 발생한 문자적 6일에 걸친 에덴동산의 창조와 구별함으로써 역사적 지질학이 발견한 성과들을 수용했다. 어느 쪽이든 그들은 성경의 정확성을 변호하면서도, 동시에 최신의 지질학적-고생물학적 발견의 성과를 수용할 수 있었다. 많은 오해를 받았던, 제1차 세계대전 이후의 반진화론 운동의 지도자 윌리엄 제닝스 브라이언(William Jennings Bryan)은 모세 오경의 "날들"을 지질학적 "시대"로 해석했을 뿐만 아니라, 생물 진화의 가능성도—그것이 아담과 하와의 초자연적 기원에 영향을 주지 않는 한—허용했다. 두 번의 세계대전 사이에 창조론 분야에서 주목의 대상이 되었던, 대담한 전도자인 해리 림머(Harry Rimmer)도 창

---

2 The Arkansas Balanced Treatment Act, *Creationism, Science, and the Law: The Arkansas Case*, ed. Marcel Chotkowski La Follette (Cambridge, MA: MIT Press, 1983), pp. 15-19. 과학적 창조론과 성경적 창조론의 진술상의 차이점에 대해서는 다음 책을 보라. Henry M. Morris and Gary E. Parker, *What Is Creation Science?* (San Diego: Creation-Life Publishers, 1982), p. 264.

세기 이야기에서 추정된 간격 안에 수백만 년을 압착시켜 넣었고, 또한 홍수 이야기에서는 국지적이라는 사실 이외의 모든 의미를 빼버렸다.

이와 대조적으로, 창조과학자들은 지상의 생명체의 역사를 1만 년 이내로 압축한다. 이를 위해 그들은 대부분의 화석 기록이 (노아) 홍수와 그 여파로 짧은 기간에 형성되었다고 본다. 그들은 대부분의 식물과 동물이 홍수 이전의 세계에서 한동안 함께 존재했다가 지층을 이룬 암석들 안에 차례로 묻혔다고 믿는다. 따라서 그 유물들은 진화론자들과 대다수 다른 창조론자들이 단언하는 "수백만 년"에 걸쳐 살았던 동식물의 순차적인 개체군을 나타내는 것이 아닌 셈이 된다. 조지 맥크리디 프라이스(George McCready Price)의 『새로운 지질학』(*New Geology*, 1923)이나 존 휘트컴 2세(John C. Whitcomb, Jr.)와 헨리 모리스(Henry M. Morris)의 공저 『창세기의 홍수』(*Genesis Flood*, 1961)와 같은 창조과학의 고전들에서는 지질학적 주제들이 생물학적 주제를 주변부로 밀어냈고, 노아 홍수가 아담의 창조보다 더 중요하게 취급되는 경향이 있다. 모리스는 『과학적 창조론』(*Scientific Creationism*, 1974)에서 이렇게 선언한다.

> 창세기의 홍수는 진화론의 우주론과 창조론의 우주론 사이에서 발생하는 갈등의 진정한 핵심이다. 만일 홍수지질학의 체계가 건전한 과학적 기반 위에 세워지고 효과적으로 추진되어 알려질 수 있다면, 진화론적 우주론 전체는—최소한 현재의 신다윈주의적 형태의 우주론은—붕괴될 것이다. 그 결과 모든 반기독교적 체계 및 운동들(공산주의, 인종주의, 인본주의, 자유주의, 행동주의, 기타 등등) 역시 그것들의 사이비-지성적 토대를 상실하게 될 것이다.[3]

---

3 Henry M. Morris, ed. *Scientific Creationism*, general ed. (San Diego: Creation-

창조과학 및 과학적 창조론과 사실상 동의어라고 할 수 있는 홍수지질학(flood geology)의 주요 설계자는 "자칭" 지질학자인 조지 맥크리디 프라이스였다. 그는 20세기의 처음 몇 십 년 동안 거의 혼자서, 생명체가 최근에 출현했고 땅의 특징적 지형을 재배치한 대홍수가 있었다고 주장했다. 그의 "새로운 대격변설"(new catastrophism)은 동료 창조론자들에게서 거의 보편적인 갈채를 받았지만, 그러나 그가 속했던 제7일안식일예수재림교(Seventh-day Adventist)라는 작은 종파 밖에서 진정으로 홍수지질학으로 전향했던 사람은 아무도 없었다. 휘트컴과 모리스의 『창세기의 홍수』의 출판과 그 이후에 창조과학회의 탄생으로 특징지어지는 1960년대의 창조론 부흥기에 이르러서야 비로소 많은 근본주의자들이 창세기를 프라이스식으로 읽고, 그의 견해를 모세 오경이 의도하는 메시지와 동일시하기 시작했다. 1980년대에 이르러 홍수지질학자들은 그 이전에는 주변적인 것에 지나지 않았던 프라이스의 견해를 기술하는 데 "창조론"(creationism)이라는 이름을 채택했다.[4] "창조론"이 중심적 지위로 이동하는 이런 주목할 만한 변화—지구상의 생명체의 역사를 수백만 년으로 확대하는 것을 허용하는 정통 신학적인 "날-시대 이론"과 "간격 이론"으로부터 (제7일안식일예수재림교에서 유래하여) 지구의 역사를 겨우 1만 년 이내로 압착시킨, 출처가 분명치 않은 교리로의 변화—가 내가 이 책에서 수행할 연구의 초점이다.

이 역사를 기술하는 과정에서 나는 과학과 관련된 자격증을 가졌거나 가졌다고 주장하는 창조론자들에게 집중했다. 일부 독자들에게 이것은 과

Life Publishers, 1974), p. 252.

4 예를 들어 다음 책에 실린 이러한 현상에 대한 Davis A. Young의 이의 제기를 보라. *Christianity and the Age of the Earth* (Grand Rapids, MI: Zondervan Publishing House, 1982), p. 10.

학사가로서는 특이한 주제 선정이라고 느껴질 수도 있겠지만, 나는 "과학"의 역사에 대해 배우는 가장 좋은 방법 중 하나는 이해 관계자들이 과학의 경계선을 두고 어떤 논쟁을 벌여왔는지 탐구하는 것이라고 말하고 싶다. 최근에 나온 여러 책들이 창조론에 대해 과학적으로 또는 신학적으로 의혹을 제기했지만, 일차적으로 역사적인 관점에서, 이어서 법적·교육학적 관점에서 이 운동을 살펴본 책은 거의 없다.[5] 그리고 아무도 과학적 창

---

5 예를 들어 다음 문헌들을 보라. Philip Kitcher, *Abusing Science: The Case against Creationism* (Cambridge, MA: MIT Press, 1982); Norman D. Newell, *Creation and Evolution: Myth or Reality?* (New York: Columbia University Press, 1982); Michael Ruse, *Darwinism Defended: A Guide to the Evolution Controversies* (Reading, MA: Addison-Wesley Publishing Co., 1982); Roland Mushat Frye, ed., *Is God a Creationist? The Religious Case against Creation-Science* (New York: Charles Scribner's Sons, 1983); Douglas J. Futuyma, *Science on Trial: The Case for Evolution* (New York: Pantheon Books, 1983); Laurie R. Godfrey, ed., *Scientists Confront Creationism* (New York: W. W. Norton, 1983); David B. Wilson, ed., *Did the Devil Make Darwin Do It? Modern Perspectives on the Creation-Evolution Controversy* (Ames: Iowa State University Press, 1983); 창조론자들의 작품들 중 선별한 글들을 포함하고 있는 J. Peter Zetterberg, ed., *Evolution versus Creationism: The Public Education Controversy* (Phoenix, AZ: Oryx Press, 1983); Chris McGowan, *In the Beginning...: A Scientist Shows Why the Creationists Are Wrong* (Buffalo, NY: Prometheus Books, 1984); Ashley Montagu, ed., *Science and Creationism* (New York: Oxford University Press, 1984); Arthur N. Strahler, *Science and Earth History—The Evolution/Creation* Controversy (Buffalo, NY: Prometheus Books, 1987); Michael Ruse, ed., *But Is It Science? The Philosophical Question in the Creation/Evolution Controversy* (Buffalo, NY: Prometheus Books, 1988); Howard J. Van Till, Davis A. Young, and Clarence Menninga, *Science Held Hostage: What's Wrong with Creation Science AND Evolutionism* (Downers Grove, IL: InterVarsity Press, 1988); Raymond A. Eve and Francis B. Harrold, *The Creationist Movement in Modern America* (Boston: Twayne Publishers, 1991). 가장 뛰어난 역사적 연구서는 다음 책이다. Edward J. Larson, *Trial and Error: The American Controversy over Creation and Evolution* (New York: Oxford University Press, 1985). Dorothy Nelkin, *The Creation Controversy: Science or Scripture in the Schools* (New York: W. W. Norton, 1982)은 책 표지에서는 "19세기부터 아칸소 주 재판에까지 이르는 창조론자들과 과학자들 사이의 싸움의 역사"로 서술되지만 거의 전적으로 1957년과 1982년 사이에 발생한 사건들에 초점을 맞추고 있다. Morris, *History of Modern*

조론의 지적 기원(intellectual origins)을 주의 깊게 살펴보지 않았다. 그 결과 비교적 많은 정보를 가진 사람들도 20세기 동안 일어난 창조론 사고의 본질적인 변화와 그 변화가 일으킨 열띤 논쟁을 간과하는 경향이 있다. 창조론자들이 서로 상당히 비슷하다는 생각은 매우 일반적인 가정인 것처럼 보인다.[6] 그러나 앞으로 보게 되겠지만, 그보다 더 사실과 동떨어진 것은 없다.

비록 20세기 초에는 정식 과학 교육, 특별히 생물학과 지구과학에 관한 교육을 받은 창조론자란 멸종 위기에 처한 종처럼 보였지만, 점점 더 많은 근본주의자 청년들이 대학 교육을 추구함에 따라 재등장했다. 1920년대에 창조론자들이 의존했던 과학 전문가들은 고작 기독교 대학에서 가르치는 몇몇 교수들(그들 중에는 생물학이나 지질학 석사학위를 가진 사람조차 없었다), 한두 명의 의사, 그리고 의과대학 중퇴자 한 사람뿐이었다. 그러나 창조과학회(Creation Research Society)가 조직된 1963년에는 그 단체의 설립자 10명 중 5명이 주요 대학의 생물학 박사학위 취득자였고 다른 두 명은 과학 또는 공학 분야의 박사학위를 갖고 있었다. 이처럼 과학과 관련된 자격증을 갖춘 창조론자들은 자신들의 견해를 뒷받침하기 위해 당연히 과학적 논증을 자주 동원했다. 그러나 그들은—한 명도 빠짐없이—종교적 신념을 중심으로 창조론을 받아들였다. 이런—침례교와 장로교로부터 루터교와 제7일안식일예수재림교까지의—신념들을 조명하고 또한 복잡한

---

*Creationism*은 최근의 창조론에 대한 가장 포괄적인 역사를 제시하지만 결정적으로 창조론적 관점에서 서술된다.

6 예컨대 다음 글을 보라. Laurie R. Godfrey and John R. Cole, "Picking a Bone with Philosophers of Science," *Creation/Evolution* 25 (Fall 1989): 53. 그들은 이렇게 주장한다. "창조론자들 사이에서는 논쟁점이 거의 없다."

창세기에 대한 창조론의 여러 가지 해석

해석		옹호자
날-시대 이론	태초(매우 오래전) — 빙하기? — 현재 1일 / 2일 / 3일 / 4일 / 5일 / 6일 물질 창조 — 생명 창조 — 〈화석 형성〉 — 인간 창조 — 노아 홍수 (아마도 지역적 홍수)	J. W. 도슨 G. F. 라이트 W. J. 브라이언 W. B. 라일리
간격 이론 또는 파멸-회복 이론	태초(매우 오래전) — 주전 4004년 — 주전 2348년 — 현재 (아마도) 여러 번의 대격변과 창조 물질 및 생명 창조 — 〈화석 형성〉 — 6일째 에덴동산의 회복 (아담과 하와의 창조) — 노아 홍수 (아마도 지역적 홍수)	C. I. 스코필드 H. 림머 L. A. 히글리 J. 스웨거트
홍수지질학 또는 창조과학	주전 4000-8000년 — 주전 3000년경 — 현재 (아마도) 생명 없는 지구 6일째 에덴동산에서 (아마도 물질까지 포함한) 생명과 인간의 창조 — 노아 홍수 (화석 형성)	E. G. 화이트 G. M. 프라이스 H. M. 모리스 J. C. 휘트컴

창조론의 종교적 뿌리를 추적하기 위해, 나는 이 책에 여러 주요 창조론자들에 관한 간략한 전기적 서술을 포함시켰다.

앤드류 딕슨 화이트(Andrew Dickson White)의 영향력 있는 책인 『기독교권 안에서 과학과 신학의 전쟁사』(*History of the Warfare of Science with Theology in Christendom*, 1896)와 같은 저작에 익숙한 독자들은, 현대 창조론의 역사가 과학과 종교의 지난 역사 안에서 가장 치열했던 몇몇 전투를 포함한다는 사실을 알게 되더라도 놀라지 않을 것이다. 그러나 나는 창조론 논쟁이 화이트가 묘사한 전선과 그다지 일치하지 않는다고 주장하는데, 전쟁 테제에 대한 최근의 비판에 익숙한 이들은 아마도 나의 주장을 받아들일 것이다.[7] 우리는 단순히 성직자들이 과학자들에게 반대하면서 줄지어 서 있는 것을 보는 대신 그와 다른 종류의 갈등을 발견하게 될 것인데, 그 갈등은 창조론자들이 명백하게 상충되는 과학과 성경의 주장들을 조화시키려고 애쓸 때 드러나는 **심리적**인 갈등과, 그들이 서로 경쟁하는 과학적·성경적 해석을 둘러싸고 논쟁하거나 법정, 입법 기관, 교육위원회 등에서 과학과 종교의 경계선을 두고 진화론자들과 다툴 때 드러나는 **사회적**인 갈등이다. 거의 모든 공적 전투에서—심지어 창조론자들이 진화론자들과 맞서 싸울 때조차—과학자들과 설교자들은 양편에 모두 포진해

7 전쟁 테제에 대한 비판적 평가를 보려면 다음 문헌들을 보라. James R. Moore, *The Post-Darwinian Controversies: A Study of the Protestant Struggle to Come to Terms with Darwin in Great Britain and America, 1870-1900* (Cambridge: Cambridge University Press, 1979), pp. 17-122; *Introduction to God and Nature: Historical Essays on the Encounter between Christianity and Science*, ed. David C. Lindberg and Ronald L. Numbers (Berkeley and Los Angeles: University of California Press, 1986), pp. 1-18; David C. Lindberg and Ronald L. Numbers, "Beyond War and Peace: A Reappraisal of the Encounter between Christianity and Science," *Church History* 55 (1986): 338-54; Ronald L. Numbers, "Science and Religion," *Osiris*, 2nd ser., 1 (1985): 59-80.

있었으며, 때로는 예상치 못할 만큼 많이 있었다. 예를 들어 1981년에 아칸소 주에서 벌어진 창조 대 진화의 재판에서 창조과학에 반대했던 고소인들은 압도적으로 종교인들이 많았던 반면, 창조론을 지지하는 증언을 했던 거의 모든 전문가들은 과학 분야의 석사학위를 소지하고 있었다. 이런 역설적 상황으로 인해, 고소인 측에서 증언했던 개신교 신학자 랭던 길키(Langdon Gilkey)는 리틀 록에서 벌어진 "전투"의 진정한 핵심은 "한편으로 자유주의적인(liberal) 종교와 과학, 그리고 다른 한편으로 절대주의적인(absolutist) 종교와 그것이 소유한 소위 '과학' 사이에서 벌어진" 전투였다고 말했다.[8]

또한 나는 나의 목표가 창조론을 과학적으로 옹호하는 사람들을 "사이비 과학자"들로 폭로하려는 것이 아님을 독자들에게 분명히 밝히고자 한다. 물론 그런 시도도 의심할 바 없이 포함되어 있기는 하지만—사실 내가 좋아하는 학술지 중 하나는 「회의하는 연구자」(*Skeptical Inquirer*)다—역사가로서 나는 사람들이 개인적으로 또는 집단적으로 "과학"과 "사이비 과학"이라는 명칭을 1990년대의 기준에 따라 적절하게 사용했는지를 판단하는 일보다는, 그들이 자신들의 목표를 이루기 위해 그런 용어들을 **어떻게 사용했는지**에 훨씬 더 큰 관심을 둔다. 최근에 과학 철학자 래리 로던(Larry Laudan)과 과학 사회학자 토머스 기어린(Thomas F. Gieryn)을 포함한 여러 학자들은 분석적 토대 위에서 과학과 사이비 과학의 경계를 설정하려는 시도가 무익하다는 것을 보여주었다. 로던은 경계선 설정의 문제를 "사이비 문제"라고 일축하기까지 했다.[9] 나는 그의 의견에 동의하지

---

8 Langdon Gilkey, *Creationism on Trial: Evolution and God at Little Rock* (Minneapolis; Winston Press, 1985), p. 169에서 인용. pp. 21-2, 269도 함께 보라.

9 Larry Laudan, "The Demise of the Demarcation Problem," in *The Demarcation*

만, 그런 견해는 경계선을 설정하려는 시도의 **실제적인** 그리고 **역사적인** 의미에 대해서는 아무것도 말해주지 않는다는 점을 서둘러 덧붙이고자 한다. 철학자이자 역사가인 마이클 루스(Michael Ruse)가 제안한 (반증 가능성[falsifiability], 검증 가능성[testability], 잠정적 성격[tentativeness], 자연스러움[naturalness]을 포함한) 기준을 기초로, 아칸소 주 사건을 담당했던 연방 판사는 창조과학이 과학의 영역 밖에 있고 또 종교의 영역 안에 있다고 선언했다. 그렇게 이해하면서, 그는 창조론에 대한 의무 교육은 교회와 국가의 분리를 규정한 미국 헌법 수정 조항 제1조(the First Amendment)의 요구 조건에 위배되므로 위헌이라고 판결했다.[10] 하지만 나는 이 사건이 창조과학이 "나쁜 과학"임을 보여주는 것만으로는 충분치 않았다고 본다. 헌법은 공립학교에서 나쁜 과학을 가르치는 것을 금지하지는 않기 때문이다.

---

between Science and Pseudo-Science, ed. Rachel Laudan (Virginia Tech Center for the Study of Science in Society, Working Papers, vol. 2, no. 1, April 1983), pp. 7-35, p. 29에서 인용; Thomas F. Gieryn, "Boundary-Work and the Demarcation of Science from Non-Science: Strains and Interests in Professional Ideologies of Scientists," *American Sociological Review* 48 (1983): 781-95; Thomas F. Gieryn, George M. Bevins, and Stephen C. Zehr, "Professionalization of American Scientists: Public Science in the Creation/Evolution Trials," *American Sociological Review* 50 (1985): 392-409. "사이비 과학"에 대한 다른 최근의 저작으로는 다음과 같은 것들이 있다. Marsha P. Hanen, Margaret J. Osier, and Robert G. Weyant, eds., *Science, Pseudo-Science and Society* (Waterloo, Ontario: Wilfrid Laurier University Press for the Calgary Institute for the Humanities, 1980); Roy Wallis, ed., *On the Margins of Science: The Social Construction of Rejected Knowledge*, Sociological Review Monograph 27 (Keele, England: University of Keele, 1979).

10 매클린 대 아칸소 주 사건에 대한 William R. Overton 판사의 판결은 다음 책에 실려 있다. La Follette, *Creationism, Science, and the Law*, pp. 45-73. 또한 같은 책, pp. 150-73에 실린 Larry Laudan과 Michael Ruse의 대화와 Philip L. Quinn, "The Philosopher of Science as Expert Witness," in *Science and Reality: Recent Work in the Philosophy of Science*, ed. James T. Cushing, C. F. Delaney, and Gary M. Gutting (Notre Dame, IN: University of Notre Dame Press, 1984), pp. 32-53도 함께 보라.

지난 10년 동안 나는 학계와 일반인을 가리지 않고 많은 청중에게 창조론의 역사에 대해 강의해왔는데, 거의 모든 경우에 누군가는 나에게 창조론의 과학적 장점에 대한 내 자신의 입장이나 종교적 신념을 밝힐 것을 요구했다. 나는 이 책의 독자들이 나의 개인적 신념 때문이 아니라, 내가 제시하는 증거와 논증을 바탕으로 창조론 이야기에 대한 나의 해석을 받아들이거나 거부하기를 바란다. 그러나 그 문제들에 대한 일반적인 호기심을 감안해 짧게나마 나의 개인사를 밝히고자 한다.

나는 근본주의적인 제7일안식일예수재림교의 목회자 가정에서 태어나 자랐고, 부모님의 무릎 위에서 프라이스의 책에 실린 지구 역사를 배웠다. 그 후 나는 초등학교 1학년 때부터 대학생 때까지 제7일안식일예수재림교의 교회학교에 출석했고, 과학을 전공했지만 엄격한 창조론의 주장을 의심할 이유를 발견하지 못했다. 사실 나는 캘리포니아 대학 버클리 분교에서 과학사를 공부하던 1960년대 말까지도 지구상에 생명체가 근래에 출현했다는 견해를 의심해본 적이 없었다. 나는 옐로우스톤 국립공원에 있는 유명한 화석 삼림의 순서에 대한 사진 영상을 곁들인 강의에 참석했던 날 밤을 생생히 기억한다. 나는 마음이 맞는 친구인 생물학자 조 윌리(Joe Willey)와 함께 그날 밤을 같이 보내면서, 지구의 나이가 최소한 3만 년은 되었을지도 모른다는 충격적인 가능성에 처음에는 괴로워하다가 결국 그 가능성을 받아들였다. 기원(起源)이라는 주제와 관련해 성경보다 과학을 따르기로 결심한 후에, 나는—비록 고통이 전혀 없지는 않았지만—이른바 불신앙을 향한 미끄러운 경사면을 따라 재빨리 내려갔다. 1982년에 루이지애나 주에서 있었던 창조 대 진화 재판의 양쪽 변호사들이 출석 가능한 전문가의 증언을 위해 나의 도움을 요청했을 때, 나는 미국시민자유연합(American Civil Liberties Union, ACLU) 팀에 합류해 교회와 국가를 분리시키는 헌법적 장벽을 변호하기로 했다. 나를 자기편으로 끌어들이기 위해 애썼던 창조론을 신봉하는 변호사 웬델 버드(Wendell R. Bird)는, 내가 재판 전 증인 조사를 받을 때 나의 역사적 지식의 한계와 종교적 믿음의 연약함을 캐묻느라고 두 번이나 개정 시간을 연기했다. 그 심문을 기초로 버드는 공개적으로 나를 "불가지론자"로 규정했다.[11] 이 꼬리표는 지금도 여전히 이질적이고 불편하게 느껴지지만, 나의 신학적인 불확실성을 정확히 반영한다.

비록 나는 어떤 종류의 창조론도 더 이상 믿지 않지만, 창조론의 옹호자들을 진화론자들을 대할 때와 똑같이 존중하려고 하며, 그렇게 하기 위해 최대한 노력할 것이다. (그 점을 계속 상기하기 위해 나는 내 책상 위에 "진화에 대한 하나님의 응답: 인간과 원숭이는 친척인가?"[God's Answer to Evolution: Are Men and Monkeys Relatives?]라는 제목의 공개 강연을 알리는 1940년대 초의 광고 전단을 붙여놓았다. 초청 강사는 당시 캔자스시티 캔버스 태버너클에서 일련의 전도 집회를 열었던 나의 아버지 레이먼드 넘버스[Raymond W. Numbers]다.) 과학과 종교를 연구하는 이들은 너무나 오랫동안 종종 역사가라기보다는 특정 사상의 지지자로서 글을 쓰면서, 과학에 특권적 지위를 허락하는 경향을 보여왔다. 그리고 그들은 종교적 "신념들"이 과학적 "지식"의 성장을 얼마나 고무했는지 혹은 지연시켰는지를 기준으로 그 신념들의 등급을 매겨왔다. 그러나 최근에 우리는 양자를 보다 공평하게 취급하라는 설득력 있는 요구를 들었다.[12] 아쉽게도 15세기의 점성술, 17세기의 연금술, 또는 19

11 W. R. Bird, *The Origin of Species Revisited: The Theories of Evolution and of Abrupt Appearance*, 2 vols. (New York: Philosophical Library, 1987-1989), 2:211.

12 예를 들어 다음을 보라. Martin Rudwick, "Senses of the Natural World and Senses of God: Another Look at the Historical Relation of Science and Religion," in *The Sciences*

세기의 골상학(骨相學)도 아무 문제없이 이해심 있게 연구하는 학자들조차 20세기의 창조론과 창조론의 근본주의적 옹호자들을 대할 때는 겁을 먹는 것처럼 보인다. 내가 참석했던 어느 전문가 회의에서 생생하게 표현된 압도적인 태도는 "우리는 이 인간들이 하는 짓을 막아야 돼"라는 것이었다. 다시 말해 많은 학자들이 우리와 시대적·지리적으로 멀리 떨어진 민족들의 독특한 믿음과 행동을 존중하는 데는 아무 어려움이 없어 보이지만, 그들 자신의 이웃을 조사하는 경우에는 이해를 비난으로 바꾼다. 그러나 나는 이웃과 잘 사귀는 것이 유익한 일이고, 그들이 위협적으로 느껴지는 경우라면 더욱 더 그렇다고 생각한다.

로널드 L. 넘버스

위스콘신 주 매디슨

1991년 7월 1일

---

and Theology in the Twentieth Century, ed. A. R. Peacocke (Notre Dame, IN: University of Notre Dame Press, 1981), pp. 241-61.

제1장

다윈 시대의 창조론

Creationism
in the Age of Darwin

1859년에 찰스 다윈이 쓴 『자연선택에 의한 종의 기원에 관하여』(*On the Origin of Species by Means of Natural Selection*, 이후 『종의 기원』)가 출판된 이후 20년이 채 지나지 않아 북미의 거의 모든 저명한 자연주의자들은 생물 진화 이론을 수용했다. 영국의 상황도 창조론자들에게는 마찬가지로 암울하게 보였다. 더 나아가 대서양 양안의 진보적인 성직자들도 동료 과학자들을 따라 진화론 진영에 합류하기 시작했다. 성경을 믿는 기독교인들 대다수는 세계가 특별하게 창조되었다는 사상에 여전히 충실했지만, 19세기 말에 이르러 진화론은 복음주의자들 사이에까지 침투하고 있었다. 1880년에 이미 미국의 한 종교 주간지의 발행인은 "복음주의 주요 교파에 속한 교육받은 목사들 중 1/4 내지 절반 정도의 사람들"이 "창세기가 말하는 창조와 인간의 타락 이야기는 탕자의 비유와 마찬가지로 실제 사건의 기록이 아닌 것"으로 믿는다고 추산했다.[1] 1910년에 초기 근본주의자들이 진화

---

1 [William Hayes Ward], "Whether It Is Right to Study the Bible," *Independent* 32 (February 26, 1880): 4. Michael Ruse, *The Darwinian Revolution: Science Red in Tooth and Claw* (Chicago: University of Chicago Press, 1979), p. 229는 1860년대 중반에 이르면 영국의 대부분의 생물학자들이 진화론자들이었다고 주장하는 반면, David L. Hull, Peter D. Tessner, and Arthur M. Diamond, "Planck's Principle," Science 202 (1978): 721은 영국의 과학자들의 1/4 이상이 1869년까지 종의 진화를 계속해서 거부했다고 지적한다. 종교 지도자들의 진화론 수용에 대해 다음을 보라. Jon H. Roberts, *Darwinism and the Divine in America: Protestant Intellectuals and Organic Evolution, 1859-1900* (Madison: University of Wisconsin Press, 1988); Owen Chadwick, *The Victorian Church*, pt. 2, 2nd ed. (London: Adam & Charles Black, 1972), pp. 23-4. 내가 거의 언급하지 않을 미국 가톨릭의 반응에 대해 다음을 보라. John L. Morrison, "A History of American Catholic Opinion on the Theory of Evolution, 1859-1950" (Ph.D. dissertation, University of

의 위협에 대처할 과학적 투사(鬪士)를 찾았을 때, 그들이 찾아낸 가장 탁월한 사람은 수십 년 전 기독교적 다윈주의의 변증가로 두각을 나타냈던 성직자이자 지질학자인 조지 프레더릭 라이트(George Frederick Wright)였다.

이 장은 다윈의 그 유명한 책이 등장한 이후 반세기 동안 과학과 종교가 생물 진화에 대해 답변한 것들을 개관한다. 우리는 특별히 보수주의적인 미국 개신교인들 사이에서 벌어진, 진화에 대한 과학적인 그리고 신학적인 저항에 초점을 맞출 것이다. 창조론(creationism)을 소위 과학적 창조론자들(scientific creationists)의 가르침과 연관시키는 오늘날의 독자들은 19세기의 창조론자들 중에 문자적인 6일 창조를 믿는 이들의 수가 얼마 되지 않았으며, 화석 기록을 노아 홍수의 탓으로 돌리는 이들은 훨씬 더 드물었다는 사실에 놀랄 것이다. 빅토리아 시대의 창조론자들은 일반적으로 역사적 지질학의 연구 결과를 충분히 수용했다. 따라서 그들은 지성적으로는 20세기 말의 과학적 창조론자들보다는 그들 시대의 유신론적 진화론자들에 더 가까운 것으로 보인다.

미국에 상륙한 진화론

창조와 진화의 구분과 관련된 혼란이 시작된 시점은 적어도 다윈의 『종의 기원』이 출판된 때까지 거슬러 올라간다. 그 책은 무작위로 발생하는 변이 때문에 서로 다른 능력을 갖게 된 생물들이 벌이는 생존과 번식의 투쟁이라는 측면에서 종의 분화를 설명했다. 다윈의 주요 목표 가운데 하

Missouri, 1951); John Rickards Betts, "Darwinism, Evolution, and American Catholic Thought, 1860-1900," *Catholic Historical Review* 45 (1959-60): 161-85.

나는 "(종들 각각의) 분리된 창조라는 교리를 뒤집는 것"이었다. 하지만 그는 생명이 시작되도록 했던 최소한 한 번의 창조 행위에 대해 언급했을 뿐 아니라, 그 행위가 몇 번 더 일어났을 가능성도 용인했다. 다윈은 널리 인용되는 구절에서 이렇게 말했다. "나는 동물들이 기껏해야 넷 또는 다섯 종류의 조상들로부터 유래했고, 식물들도 그와 같거나 그보다 적은 수의 조상에서 유래했다고 생각한다." 또한 그는 자신이 비슷한 이유로 다음과 같이 믿게 되었다고 덧붙였다. "아마도 이 땅에 살았던 적이 있는 모든 생명체의 존재는 그 안에 생명이 최초로 불어넣어 졌던 어떤 하나의 원시적 형태에서 유래했을 것이다." 미국인 식물학자 애서 그레이(Asa Gray, 1810-1888)는 다윈의 가장 뛰어난 미국인 제자였고 종교적으로는 정통 신앙을 갖고 있었다. 그레이는 자신의 영국인 친구(다윈—역자 주)가 전통적 관점에 위와 같이 양보하면서 "지구상의 생명의 초자연적 시작"을 받아들였기에, 또한 그는 인간의 등장과 관련해 또 다른 "특별한 발생"을 기꺼이 받아들여야 할 것이라고 주장했다. 그러나 『종의 기원』에서 "모세 오경적" 언어를 사용했던 것(생명의 시작을 초자연적 창조로 표현한 것—역자 주)을 곧바로 후회하게 된 다윈은 그레이의 이 조언을 거절했을 뿐만 아니라, 다윈의 도식 안에서는 설명되지 않는 변이들의 원인을 신적 섭리에서 찾자는 그의 제안 역시 거부했다. 『사육 동식물의 변이』(*Variation of Animals and Plants under Domestication*, 1868)에서 다윈은 "우리가 아무리 그랬으면 하고 원하더라도", 진화가 신적으로 인도된다는 "애서 그레이 교수의 믿음을 따를 수는 없다"고 선언했다.[2]

2 Charles Darwin, *On the Origin of Species*, a facsimile of the first edition, with an introduction by Ernst Mayr (Cambridge, MA: Harvard University Press, 1966), p. 484; A. Hunter Dupree, *Asa Gray, 1810-1888* (Cambridge, MA: Harvard University Press, 1959),

「인간의 유래」(*The Descent of Man*, 1871)라는 논문을 쓸 무렵, 다윈은 이제는 더 이상 창조자를 희미하게 언급하면서 여론에 굴복할 필요가 없다고 느꼈다. 아담과 하와에 대한 성경 이야기와 극명하게 대조되는, 단호한 자연주의적 언어로 다윈은 독자들에게 새로운 계보학을 제시했다.

> 아마도 인간은 뾰족한 귀와 꼬리가 달리고 습성상 나무 위에서 살았던 털북숭이 네발짐승에서 유래했을 것이다. 그 동물은 구세계의 거주자였을 것이다. 만일 자연과학자가 그 동물의 전체 구조를 조사했다면, 그것은 사수류(四手類)로, 그리고 구세계와 신세계 원숭이들의 공통되고 훨씬 더 오래된 조상으로 확실하게 분류되었을 것이다. 사수류와 모든 고등 포유류는 아마도 고대의 유대목 동물(캥거루·코알라처럼 육아낭에 새끼를 넣고 다니는 동물—역자 주)에서 유래했을 것이고, 이 동물은 다양한 형태의 어떤 파충류 또는 양서류와 비슷한 동물의 긴 계통에서 유래했을 것이며, 그 동물은 다시 어떤 물고기 비슷한 동물에게서 유래했을 것이다.

다윈은 인간이 더 이상 "존귀한 특성을 지닌" 혈통에서 유래했다고 주장할 수 없다는 사실이 인간의 자존심에 가하게 될 타격을 염려했다. 그래서 그는 인간이 최소한 "엄청나게 긴" 혈통을 지니고 있다는 사실을 지적함으로써, 그것을 위안 삼아 충격을 완화시키려고 시도했다. 그러나 일부

---

pp. 300-1, 339. 『종의 기원』을 쓸 때의 다윈의 목표에 관련하여 다음을 보라. Charles Darwin, *The Descent of Man, and Selection in Relation to Sex*, 2 vols. (London: John Murray, 1871), 1:152. 모세 오경적 언어에 대해 다음을 보라. C. Darwin to J. D. Hooker, March 29, 1863, in *The Life and Letters of Charles Darwin*, ed. Francis Darwin, 2 vols. (New York: D. Appleton, 1889), 2:202-3.

독자들은 인간의 조상이 꼬리가 달린 동물이라는 소식에 기분 좋은 반응을 보이지 않았다. 어느 비평가는 다음과 같이 신랄하게 항의했다. "우리의 공통된 인간성의 머리 위에 영예와 지배의 면류관을 씌워주는" 성경의 기록과는 대조적으로, "다윈주의는 우리를 그 높은 지위에서 끌어내리고, 우리 모두를 네 발 달린 짐승들 및 기어 다니는 것들과 한 무리로 취급한다. 그것은 우리의 머리에서 면류관을 박탈하고 우리를 아들이 아닌 사생아로 취급하며, 가장 나은 상태의 인간도—심지어 다윈 선생 자신도—꼬리를 잃어버리고 문명화되어 잘 차려입은 교양 있는 원숭이에 불과하다는 모멸적인 사실을 드러낸다."[3]

『종의 기원』에 대한 미국인들의 반응을 평가할 때, 우리는 다윈이 갖고 있었던 두 가지 목적을 구별해야 한다. 그 목적들 중 하나는 종(種)들이 초자연적으로 창조되지 않았음을 보여주려는 것이었고, 다른 하나는 자연선택이 진화를 일으키는 주요 동인임을 입증하려는 것이었다. 1870년대 중반에 이르러 미국의 전문적인 동식물학자 대다수는 종의 진화론적인 기원을 받아들였지만, 그들 중 다수—아마도 대부분—는 진화 과정에서 자연선택의 최우선성에 대해서는 여전히 회의적이었고, 그 대신 예를 들어 환경적으로 유도된 특성들의 유전과 같은 요소들을 강조했다.[4]

미국인들이 특별 창조로부터 진화로 신속하게 전환하게 된 까닭은, 부분적으로는 종의 돌연변이를 지지하는 다윈과 그 밖의 사람들이 집결시킨

---

3 Darwin, *The Descent of Man*, 2:389; P. R. Russel, "Darwinism Examined," *Advent Review and Sabbath Herald* 47 (1876):153.

4 다음을 보라. Peter J. Bowler, *The Eclipse of Darwinism: Anti-Darwinian Evolution Theories in the Decades around 1900* (Baltimore: Johns Hopkins University Press, 1983).

경험적 증거 때문이었다. 그러나 그와 마찬가지로 중요한 다른 이유는 과학의 다른 모든 분야에서 자연 법칙이 신적 활동을 사실상 대체해버린 시대에, 계속해서 기적을 통한 설명에 의존하는 것이 옳은지를 검토하려는 생물학자들의 자의식이 점차 커졌기 때문이었다. 애서 그레이는 1860년에 「애틀랜틱 먼슬리」(*Atlantic Monthly*)에 기고한 『종의 기원』에 관한 논평에서 대부분의 동식물학자들이 종의 분화에 관한 설명과 관련해 창세기의 창조 기록에 의존하는 일에 더 이상 만족하지 못하는 이유를 설명했다.

> 충분한 대답은 아마도 인간 지성의 활동, 곧 "열광적이지만 신성한, 알고자 하는 욕구"에서 발견될 수 있을 것이다. 지성은 무기적 자연의 법칙과 과정을 드러내는 일에 나름의 성공을 거두면서 자극을 받았다.… 오늘 우리 시대는 태양계가 함께 회전하던 거대한 유체 물질에서 진화한 것으로 생각하는 시대이며, 빛, 열, 전기, 자기, 화학적 친화성, 기계력 등을 실험적 연구를 통해 독립된 종류가 아닌, 한 가지 힘의 다양한 형태 내지 파생적이고 서로 전환 가능한 형태로 간주하게 된 시대이며, 금속과 같은 이른바 물질의 기초적 종류를 동족 그룹으로 분류하고 각 그룹의 원소들이 한 가지 종류의 물질의 다양한 형태에 불과한 것이 아닌가를 끈질기게 질문해온 시대이며, 물질의 궁극적 통일성이라는 방향으로 끊임없이 사색하는 시대다. 이런 시대의 과학적 지성이 종에 대한 오래된(성경적) 믿음에 의문을 품지 않을 것이라고 기대할 수는 없다.[5]

5 Asa Gray, *Darwiniana: Essays and Reviews Pertaining to Darwinism*, ed. A. Hunter Dupree (Cambridge, MA: Harvard University Press, 1963), pp. 78-9. 1860년 초판 논문에서 인용.

비슷한 방식으로 미국의 천문학자 사이먼 뉴컴(Simon Newcomb, 1835-1909)은 사람들이 창조 대신 진화를 선택하는 이유를 하나의 기본적인 원리로 축소시켰다. "우리는 알려진 자연 법칙의 작용을 통해 산출할 수 있는 결과를 설명하기 위해 초자연적인 원인을 끌어들이지 말아야 한다."[6] 이와 같이 생명체 발전의 원인이 되는 정확한 기제(mechanism)에 관한 논쟁이 계속 진행되는 동안에도, 특별 창조에 대한 부정적 정서는 종의 변이에 대한 실제 증거와 결부되면서 진화론의 수용에 우호적인 지적 풍토를 조성했다.

그레이가 효과적으로 홍보한 생물 진화의 개념은, 1860년대 초에 천천히 시작된 후 미국의 식물학자들과 지질학자들 사이에서 빠르게 지지를 얻었다. 『종의 기원』이 등장하고서 13년이 채 안 되었던 1872년에 고생물학자 에드워드 드링커 코프(Edward Drinker Cope, 1840-1897)는 이렇게 말했다. "현대의 진화론은 출판과 교통이라는 수단 덕분에 유례없이 빠른 속도로 도처에 확산되었다. 이 이론의 장점을 판단하기에 가장 적합한 이들, 곧 동물학자들과 식물학자들은 이 이론을 놀랍도록 신속하게 받아들였다." 발달론을 신랄하게 비판했던 루이 아가시(Louis Agassiz, 1807-1873)조차 세상을 떠나기 직전인 1873년에 유기체의 발달이라는 개념이 "보편적으로 수용"되었다는 사실을 인정했다. 이듬해에 「미국 과학 저널」(*American Journal of Science*)의 편집자이자 미국의 가장 유명한 지질학자인 제임스 드와이트 데이너(James Dwight Dana, 1813-1895)는, 자신이 특별 창조 행위가 최초의 인간을 산출했다는 신념을 고수하면서도 미온적이나

---

6 Simon Newcomb, Address of the Retiring President, American Association for the Advancement of Science, *Proceedings*, 27 (1878):21.

마 진화론 쪽으로 전향했다는 사실을 공개적으로 밝혔다. 미국 과학계가 진화론을 거의 만장일치로 수용했다는 사실은 1879년에 분명하게 드러났다. 그 당시 「인디펜던트」(*Independent*)의 편집자는 북부 대학들의 진화론 교육에 대해 조사한 후, 경쟁 관계이던 종교적 주간지 「옵저버」(*Observer*)를 향해 "미국에서 활동하는 유명한 동식물학자들 중 진화론자가 아닌 사람을 세 명, 아니면 두 명"이라도 대보라고 요구했다. 하지만 그런 사람은 캐나다 맥길 대학의 존 윌리엄 도슨(John William Dawson, 1820-1899)을 제외하면 단 한 사람, 즉 프린스턴 대학의 아놀드 기요(Arnold Guyot, 1807-1884)밖에 없었다.[7]

과학적 창조론자들

반진화론자들은 하버드 대학의 **루이 아가시**가 살아 있는 동안에는 미국 내에서 대단히 유명한 과학자였던 그의 명성에 의존할 수 있었다.

---

7 E. D. Cope, *The Origin of the Fittest: Essays on Evolution* (New York: D. Appleton, 1887), p. 2, from an article, "Evolution and Its Consequences," first published in 1871; Louis Agassiz, "Evolution and the Permanence of Type," *Atlantic Monthly* 33 (1874): 95; William F. Sanford, Jr., "Dana and Darwinism," *Journal of the History of Ideas* 26 (1965): 537; [William Hayes Ward], "Do Our Colleges Teach Evolution?" *Independent* 31 (December 18, 1879): 14-15. 1873년에 Asa Gray는 두 명의 저명한 동식물학자인 Dawson과 (아마도) Agassiz밖에 떠올릴 수 없었고 아가시는 여전히 종의 고정성을 신봉했다. Darwiniana, pp. 202-3. *Independent*와 *Obserber*의 논쟁을 요약한 글로 다음을 보라. "Scientific Teaching in the Colleges," *Popular Science Monthly* 16 (1880): 556-9. 다윈주의의 과학적 수용에 대해 다음을 보라. Edward J. Pfeifer, "United States," in *The Comparative Reception of Darwinism*, ed. Thomas F. Glick (Austin: University of Texas Press, 1974), pp. 168-206; Peter J. Bowler, "Scientific Attitudes to Darwinism in Britain and America," in *The Darwinian Heritage*, ed. David Kohn (Princeton, NJ: Princeton University Press, 1985), pp. 641-81.

1846년에 스위스에서 미국으로 이주했을 때 이미 화석 물고기와 빙하 분야에서 국제적인 인정을 받는 권위자였던 아가시는 특별 창조의 개념을 변호하는 데 자신의 과학적 지위를 이용했다. 그러나 그의 창조론은 창세기의 이야기와 별로 닮은 점이 없었다. 아가시는 지구의 나이와 관련된 것이든, 인간의 출현과 관련된 것이든, 노아 홍수의 실제성과 관련된 것이든 관계없이 자신의 과학적 입장이 종교에 의해 결정되는 것을 단호하게 거부했다. 유서 깊은 위그노 파 목회자 가문의 자손인 아가시는 1859년에 이르러서는 명목상의 유니테리언(Unitarian, 삼위일체론을 부정하고 단일 신성을 주장하는 기독교의 한 종파—역자 주) 교인으로서 가끔씩 예배에 참석하는 데 그쳤다. 그의 빙하시대 이론은 1840년대에 노아 홍수에서 지질학적 의미를 마지막 한 방울까지 짜내어 없애는 데 기여했고, 그가 아담과 하와에 대한 성경의 설명과 반대되는 인류의 복수적 기원을 지지했던 것은 1850년대에 수많은 독실한 기독교인들에게 적대감을 불러일으켰다. 그는 6일 동안 단 한 번뿐인 에덴의 창조가 있었다고 가르치지 않고, 오히려 지질학적 증거들은 지구의 인구를 반복적으로 줄이고 늘렸던 여러 차례의 대재난과 창조가 있었음을 보여준다고 가르쳤다. 『분류론에 관한 에세이』(*Essay on Classification*, 1857)에서 아가시는 이렇게 설명했다. "종들은 단일한 한 쌍에서 유래한 것이 아니라", 그들이 번성하도록 의도된 서식지에서 "많은 수로 창조되었다." 또 그는 화석이 "모세 오경에 나오는 홍수의 잔해"라는 고루한 개념을 일축했다. 그런 개념에 따르면 지금 살아 있는 종들은 홍수 이전의 지구에 거주한 종들과 유전적 관련성이 없을 것이고, 이전의 종들은 현재 살아 있는 같은 종의 개체들과도—이상적인 경우를 제외한다면—관련될 수 없을 것이기 때문이었다. 아가시의 창조론은 계시보다는 철학에 더 많은 빚을 졌다. 그럼에도 종교적 정통주의의 반진

화론자들은 다윈주의 논쟁의 초기 몇 해 동안 아가시가 자기들 편에 속한다고 거듭 주장했다.[8]

하버드 대학에서 과학을 연구하는 동안 아가시는 과학과 교리적인 신학을 섞는 것을 용납하지 않았다. 1873년 봄에 아가시는 자신의 제자였던 **존 맥크래디**(John McCrady, 1831-1881)에게 비교 동물학 박물관의 스태프로 함께 일하자고 제안했다. 해양 생물학자인 맥크래디는 그 당시 찰스턴 대학에서 가르치고 있었다. 다윈주의에 대한 불타는 반감과 함께 강한 정치적·종교적·과학적 신념을 소유한 거침없는 사람이었던 맥크래디는 그 직위를 기꺼이 받아들였고, 그것이 자신에게 "진정한 과학"을 발전시키고 또 "동시에 종교를 위해 힘있게 싸울 수 있는" 기회를 주었다고 여겼다. 그러나 세속적 사고방식을 가진 생물학자 아가시는 자신의 실험실에서 종교적 열성분자가 태어날 가능성을 두려워했다. 아가시는 맥크래디에게 편지를 보내 그의 의도를 분명하게 밝혀줄 것을 요구했다. "나의 신념은 『분류론에 관한 에세이』에 기록되어 있고, 그것에 대해서는 지금도 의문의 여지가 없다네. 그러나 나는 그 주제들이 원칙에 대한 일반적인 논의를 넘어 강의실에서 논해야 할 주제라고는 생각하지 않는다네. 그런 원칙들은 아직 종교를 구성하지는 않는다네. 최소한 이 나라에서는 그러한데, 왜냐하면 여기서는 모든 사람이 어떤 특정한 교리 내지 교리적 가르침이 결코 과학에 속한 부분이 아니라고 생각하기 때문이지." 맥크래디는 아가시에게

---

8 Louis Agassiz, *Essay on Classification*, ed. Edward Lurie (1857; reprint, Cambridge, MA: Harvard University Press, 1962), pp. 95-6, 173-5; Edward Lurie, *Louis Agassiz: A Life in Science* (Chicago: University of Chicago Press, 1960), pp. 252-302. 다음도 함께 보라. Mary Pickard Winsor, "Louis Agassiz and the Species Question," *Studies in History of Biology* 3 (1979): 89-117.

자신은 단지 다윈 및 다른 비정통적인 과학자들과 관련된 "(소위) '진화'에 대한 현재의 잘못된 견해"와 싸우고자 할 뿐이라는 점을 분명히 밝히면서 "교리를 가르치는 일"을 그만두겠다고 약속했다. 이것이 아가시의 우려를 불식시켰던 것으로 보인다. 어쨌든 이 남부 사람(맥크래디)은 곧 케임브리지에서 스승과 합류했고, 거기서 그 두 사람은 각자 나름대로 다윈주의적 이단을 근절하고자 애썼다.[9]

그런데 맥크래디가 도착한 지 얼마 안 되어 아가시가 세상을 떠났다. 창조론자들은 세계적으로 유명한 지도자 한 사람을 잃었다. 1873년경에는 아가시의 제자들조차 대부분 창조론을 버렸고, 앞에서 말했던 것처럼 데이너(Dana)는 입장을 바꾸고 있었다. 아가시의 뒤를 이어 하버드 대학 동물학 교수가 된 맥크래디는 케임브리지에서 벌였던 다윈주의와의 싸움을 하버드에서도 계속할 수 있었다. 하지만 1877년에 찰스 엘리엇(Charles Eliot, 1834-1926) 총장은 그에게 사임을 종용했다. 표면적 이유는 맥크래디의 교육이 하버드 학생들이 감당하기에 너무 전문적이고, 또 그가 최근에 어떤 새로운 연구 결과도 내놓지 못했다는 것이었다. 맥크래디는 사임하는 대신 자신의 해임 사유가 지역 정실주의, 자신의 종교적 정통 신앙, "다윈주의(Darwinism), 헉슬리주의(Huxleyism), 스펜서주의(Spencerism)"를 가르치기를 거부한 것, 그리고 다윈의 친구인 애서 그레이의 농간 때문이라며 반격했다. 물론 그가 하버드 대학 교수직을 유지했더라면, 그것이 창조

---

9 John McCrady to Louis Agassiz, April 7 and April 17, 1873, and Louis Agassiz to John McCrady, April 13, 1873, all in the John McCrady Papers, du Pont Library, University of the South. 나는, McCrady에 대해 내게 처음 말해주고 이 논문집과 McCrady의 기타 논문집의 존재를 알려준 Lester Stephens에게 큰 도움을 받았다. McCrady에 대해 다음을 보라. "Prof. John McCrady," in *Cyclopedia of Eminent and Representative Men of the Carolinas of the Nineteenth Century*, 2 vols. (Madison, WI: Brant & Fuller, 1892), 1:158-60.

론의 대의명분에 도움이 되었을지를 판단하는 것은 불가능할 것이다. 하지만 얼핏 보기에도 그것이 별 도움이 되었을 것 같지는 않다. 맥크래디는 다윈주의의 완강한 적이었고 "종들의 공통 혈통"에 대해서도 회의적이었지만, 창조론과 진화론을 상호 배타적인 설명으로 취급하는 것은 거부했다. 그는 생애 후반부 몇 십 년 동안에는 "아가시와 다윈의 명백하게 적대적인 견해"를 조화시켜줄 난해한 보편적 발전의 법칙(Universal Law of Development)을 찾는 데 바쳤고, 두 견해를 "하나의 위대한 진리의 양 극단"으로 간주했다. 맥크래디는 자신의 견해를 하버드 신학대학과 존스 홉킨스 대학 같은 교육기관에서 발표했음에도, 소규모의 지식인 집단 밖에서는—창조론에 유리한 쪽으로나 불리한 쪽으로나—거의 영향력을 행사하지 못했던 것으로 보인다. 그가 그런 운명에 처했던 것은 다음과 같은 몇 가지 요인 때문이었다. 곧 그의 견해는 이해하기 어려웠고, 그의 책의 원고는 화재로 소실되었으며, 그는 테네시 주 남동부 언덕에 파묻힌 성공회 계통의 학교인 사우스 대학에 고립되어 생물학 및 과학과 종교의 관계를 가르치는 교수로서 말년을 보냈다.[10]

맥크래디가 아가시의 공백을 메워주지 못하자, 19세기 말에 창조론에 대한 과학적 변호는 대체로 아가시의 친구이자 동향 사람인 **아놀드 기요**(Arnold Guyot)와 캐나다 출신의 지질학자이자 교육가인 **존 윌리엄 도슨**

---

10 John McCrady to Edward McCrady, March 26, April 2, April 11, April [?], and May 4, 1877. 이 모든 것은 Edward McCrady, Sr., Collection, South Carolina Historical Society에 보관되어 있다. McCrady의 견해는 그가 Louis Agassiz에게 보낸 1869년 5월 12일자 편지와 애플턴의 *Popular Science Monthly* 편집자에게 보낸 1873년 4월 14일자 편지와 그의 "Memorial Address Delivered in Agassiz' Lecture Room the Day after His Burial"에 표현되어 있는데 이 자료들은 모두 노스캐롤라이나 주 그린스보로의 Edward McCrady 교수가 개인적으로 소장하고 있다. Agassiz에게 보낸 편지와 Memorial Address에 대해서 나는 Lester Stephens의 노트에 의존했고 그는 친절하게도 이 자료를 나와 공유해주었다.

(John William Dawson)에게 맡겨졌다. 기요는 베를린 대학 재학 시절 과학을 전공하기 위해 신학을 버렸고, 1848년에 아가시를 따라 미국에 와서 6년 뒤에 프린스턴에 있는 뉴저지 대학(현재의 프린스턴 대학)에서 물리 지리학 및 지질학 교수로 재직하며 세상을 떠날 때까지 그 자리를 유지했다. 아가시와 달리 장로교회의 활동적인 멤버였던 기요는 과학과 성경을 조화시키려고 애썼다. 기요는 창세기 1장의 "날"을 우주적 역사의 신기원으로 해석하여 지구의 물리학적·지질학적·생물학적 발전을 모세 오경이 묘사하는 창조 사건들의 순서와 연관시킬 수 있었다. 이 도식은 데이너와 도슨에 의해 대중화되었고, 정통 기독교인들은 그것을 널리 받아들였다. 또한 아가시와 달리 기요는 특별 창조의 횟수를 최소화해서 창조 사역의 대부분을 하나님이 정하신 자연 법칙에 맡겼다. 그가 자신의 견해를 가장 충분히 진술한 책은 그가 세상을 떠나기 직전에 완성한 『창조: 현대 과학에 비추어 본 성경적 우주생성론』(*Creation; or, The Biblical Cosmogony in the Light of Modern Science*, 1884)이다. 이 책에서 그는 무척추동물의 공통 혈통과 무척추동물로부터 유래한 척추동물의 기원에 대해서는 입장을 유보한 채, 오직 물질, 생명, 인간의 특별 창조만 주장했다. 그는 이렇게 선언했다. "이런 질서들 중 하나로부터 다른 하나로의 진화—물질이 생명으로, 동물적 생명이 인간의 영적 생명으로 도약하는 진화—는 불가능하다." 이어서 그는 다음과 같이 덧붙였다. "이런 각각의 거대한 체계들 내부의 진화 문제—다시 말해 물질이 다양한 형태의 물질로, 생명이 다양한 형태의 생명으로, 인류가 온갖 다양한 인간으로 진화하는 문제—는 열린 가능성으로 남아 있다." 그러나 그는 이렇게 확신했다. "그런 변화를 위해 다윈이 아무리 긴 시간을 원하더라도, 그 시간은 원숭이를 문명화된 인간으로 만들기에는 결코 충분하지 않을 것이다." 이와 같은 진술들에도 불구하고 기

요와 가장 가까운 동료 과학자들 중 한 사람인 제임스 드와이트 데이너(James Dwight Dana)는 이 프린스턴의 지질학자가 세상을 떠날 무렵에 "약간 망설이기는 했지만 자연적 원인을 통한 진화의 가르침을 받아들이기"에 이르렀다고 믿었다. 오늘날의 용어로 표현하자면, 기요는 아마도 점진적 창조론자(a progressive creationist)라고 할 수 있다.[11]

19세기 말의 반진화론적인 저술들 가운데 캐나다 출신의 탁월한 지질학자인 **존 윌리엄 도슨**(John William Dawson)의 것보다 더 자주 인용되는 것은 거의 없다. 도슨은 1880년대에 미국과학진흥협회(American Association for the Advancement of Science)와 영국과학발전협회(British Association for the Advancement of Science)의 회장직을 겸임했는데, 이것은 아주 독특한 경력이었다. 캐나다 노바스코샤 태생인 그는 1840년대에 에딘버러에서 지질학을 공부했고, 캐나다에서의 우연한 만남을 통해 영국의 지질학자 찰스 라이엘(Charles Lyell, 1797-1875)의 제자가 되었다. 도슨은 자신이 출석했던 몬트리올 장로교회의 주일학교에서 정기적으로 가르쳤고, 정통주의 그룹 안에서 과학과 종교 분야의 강연자 겸 저술가로 많은 강의 요청을 받았다. 1878년에 기요가 건강이 나빠져서 자신이 맡은 지질학 강의를 다른 교수에게 맡길 것을 요청했을 때, 유신론적 진화론자였던 프린스턴 대학의 총장 제임스 맥코시(James McCosh, 1811-1894)는 다른 곳

---

11 Arnold Guyot, *Creation; or, The Biblical Cosmogony in the Light of Modern Science* (New York: Charles Scribner's Sons, 1884), pp. 116-28; James D. Dana, "Memoir of Arnold Guyot," *National Academy of Sciences, Biographical Memoirs* 2 (1886): 334. 창세기 1장에 대한 Guyot의 해석에 대해 다음을 보라. Ronald L. Numbers, *Creation by Natural Law: Laplace's Nebular Hypothesis in American Thought* (Seattle: University of Washington Press, 1977), pp. 91-100. 인간의 특별 창조에 대해 예일 대학 도서관에 소장된 James Dwight Dana 서한집에서 Arnold Guyot가 Dana에게 1889년 2월 16일에 보낸 편지를 보라.

에서 "다윈주의자가 아닌 저명한 지질학자를 찾을 수 있을지" 우려하며 도슨에게 교수직을 맡아달라고 요청했다.[12]

도슨은 세상을 떠날 때까지 특별 창조론자로 남았지만, 진화에 대한 반감은 진화가 설계와 모순되지 않는다는 점을 인정하게 되면서 세월이 흐를수록 눈에 띄게 누그러졌다. 그는 결코 성경적 문자주의자가 아니었다. 그래서 그는 창조의 6일이 긴 기간이고 노아 홍수는 화자의 경험을 둘러싼 사건이란 의미에서만 우주적이며, 지구—인간이 아니라—는 매우 오래되었다는 사실을 기꺼이 인정했다. 자신의 여러 책들 중 하나인 『땅과 인간의 이야기』(*The Story of Earth and Man*, 1873)에서 도슨은 "창조 이론"이 자신에게 무엇을 의미하는지를 다음과 같이 설명했다.

> 간단하게 말하면 이렇다. 만물은 직접 또는 자신이 만드신 힘과 물질의 작용을 통해 활동하시는 최고 창조자의 의지에 의해 만들어졌다. 이 이론이 필연적으로 창조가 기적이라고 주장하는 것은 아니다.…이 이론은 계속적 창조(successive creation)의 개념과 모순되지 않는다.…심지어 이 이론은 어느 정도의 진화나 파생(derivation)도 배제하지 않는다. 한 번 창조된 것은 어떤 것이든—충분히 유연하고 탄력적이기만 하다면—다양한 방식으로 진화하거나 복잡해질 수 있다.

---

12 Arnold Guyot to J. W. Dawson, April 3, 1878, and James McCosh to J. W. Dawson, April 4, 1878. 둘 모두 the Dawson Collection, McLennan Library, McGill University에 보관되어 있다. 그에 관한 전기적 정보를 얻으려면 다음을 보라. Charles F. O'Brien, *Sir William Dawson: A Life in Science and Religion* (Philadelphia: American Philosophical Society, 1971); William R. Shea, Introduction to *Modern Ideas of Evolution*, by J. William Dawson (New York: Prodist, 1977).

도슨은 창조자를 끌어들이는 것을 아가시만큼이나 자주 비판했지만, 특별 창조의 행위가 요청되는 횟수를 기요만큼 줄이지는 않았던 것으로 보인다.[13]

도슨과 그보다 정도가 덜한 기요 외에, 19세기 말 북미의 저명한 과학자들 중에서 생물 진화에 적극적으로 반대했던 사람을 찾으려는 것은 헛일이다. 물론 켄터키 주 출신의 침례교인 화학자 로렌스 스미스(J. Lawrence Smith, 1818-1883) 같은 이가 있었다. 그는 1873년에 미국과학진흥협회(AAAS) 회장직을 은퇴하는 고별 연설에서 다윈주의에 대해 마지막으로 쓴소리를 내뱉었으나 그것 외에는 그 주제에 대해 거의 언급하지 않은 것으로 보이며, 1880년대 초에 세상을 떠났다. 스미스소니언협회(Smithsonian Institution, 과학 지식의 보급 향상을 위해 1846년에 워싱턴 DC에 창립된 학술 협회—역자 주)를 이끌었고 또 프린스턴 신학교 이사를 역임한 물리학자 조지프 헨리(Joseph Henry, 1797-1878)는 교회에 출석하는 장로교인으로서 때때로 저명한 창조론자 명단에 그의 친구 아가시와 함께 등장했으나, 그가 진정으로 지지했던 것은 창조론의 반대편이었던 것으로 보인다. 그는 애서 그레이에게 이렇게 썼다. "진화라는 주제에 대해 상당히 숙고한 결과, 나는 진화란 당신과 같은 동식물학자들이 지금껏 생각해낸 가장 훌륭한 가설이라는 결론에 도달했습니다." 아가시는 친구가 변절했다는 소식을 듣고, 그의 생각을 돌이키기 위해 케임브리지에서 워싱턴까

---

13 J. W. Dawson, *The Meeting-Place of Geology and History* (London: Religious Tract Society, 1874), p. 147; J. W. Dawson, *The Story of Earth and Man* (New York: Harper & Brothers, 1873), pp. 340-1; O'Brien, *Sir William Dawson*, pp. 60, 123. Dawson의 바뀌어가는 견해에 대해 다음을 보라. John F. Cornell, "From Creation to Evolution: Sir William Dawson and the Idea of Design in the Nineteenth Century," *Journal of the History of Biology* 16 (1983): 137-70.

지 일부러 찾아갔던 것으로 보인다. 아가시는 헨리에게 이 문제에 대해 신중하게 침묵해줄 것을 설득하는 데 성공했을 뿐이었다. 하지만 그 침묵은 어떤 이들로 하여금 헨리가 겉으로 보기에는 진화를 반대한다고 믿게 만들었다.[14]

앞선 논의가 보여준 것처럼, 창조론자들과 진화론자들 사이의 생각의 차이가 사람들이 추측하듯이 항상 그렇게 큰 것은 아니었다. 기요나 도슨 같은 19세기 말의 창조론자들은 화석 기록의 점진적 성격, 오랜 지구, 창세기의 비유적 언어, 최소한 제한된 범위 내에서의 생명체의 발전 가능성 등을 인정했던 반면, 그레이나 데이너 같은 진화론자들은 특별히 최초의 인간의 출현과 관련해 최소한 얼마간이라도 신적 개입이 있었음을 주장하는 경향을 보였다. 때때로 그레이와 데이너는 기요와 같은 창조론자들과 매우 비슷한 목소리를 냈고, 기요는 도슨과 같이 진화를 매우 온건하게 반대했기에 최근에 어떤 역사가는 이런 결론을 내렸다. "그들의 입장을 가장 반진화론적으로 해석한다고 해도, 그들은 기껏해야 의심에 찬 비난론자들 정도로만 묘사될 수 있을 뿐이다."[15]

모든 생명체가 비교적 최근에 문자적으로 6일 만에 출현했다고 주장하

---

14 J. Lawrence Smith, Address, American Association for the Advancement of Science, Proceedings (1873): 14-16; Thomas Coulson, *Joseph Henry: His Life and Work* (Princeton, NJ: Princeton University Press, 1950), pp. 294-5; Nathan Reingold, "Developing Science in the United States: Insights from the Papers of Joseph Henry on the Reception of Darwin," in *Proceedings of the 16th International Congress of the History of Science* (Bucharest, 1981), C-D, pp. 301-6. 반진화론자로서의 Henry에 대해 다음을 보라. D. S. Gregory, "Is Evolution Science?" *Independent* 32 (May 27, 1880): 2.

15 David N. Livingstone, *Darwin's Forgotten Defenders: The Encounter between Evangelical Theology and Evolutionary Thought* (Grand Rapids, MI: William B. Eerdmans, 1987), p. 85.

고, 화석 기록에서 진화의 흔적을 의심하며, 성경의 홍수에 지질학적 의미를 부여했던 창조론자를 발견하려면, 우리는 주류 과학계 밖을 살펴봐야 한다. 진화를 거부하는, 성직자 직분을 가진 과학 교수들이 차지하고 있었던 변두리의 과학계에도 젊은 지구를 옹호하는 사람은 없었다. 예를 들어 암허스트 대학의 존경받는 지질학자이자 미국에서 창세기와 지질학 분야의 권위자 중의 한 사람이었던 회중교회 목사인 **에드워드 히치콕**(Edward Hitchcock, 1793-1864)은 지구의 오랜 나이, 국지적 홍수, 심지어 특정한 종에 한정된 아담의 창조를 인정하는 것과 관련해 그 어떤 신학적 장애도 인식하지 못했다. 그는 생물 진화를 거부했지만, 그것은 종교적인 이유만큼이나 과학적인 이유에서였다. 『종의 기원』이 나온 지 4년 후에 「비블리오테카 사크라」(*Bibliotheca Sacra*)에 기고한 글에서, 그는 진화적 발전 가설들이 하나님을 불필요하게 만들고 유물론을 촉진한다는 혐의를 포함하여 그런 가설들에 대한 몇 가지 종교적 반론을 열거했다. 그리고 이렇게 덧붙였다. "그러나 진짜 문제는 결국 그 가설들이 우리의 종교적 견해와 일치하는가가 아니라, 그것이 과연 참인가 하는 것이다." 인간이 "단지 사방으로 뻗어나가는 단자(monad)가 연체동물, 바닷가재, 새, 네발짐승, 원숭이를 통과해 변형된 산물"에 불과하다는 주장은 그에게는 터무니없어 보였다.[16]

---

16 Edward Hitchcock, "The Law of Nature's Constancy Subordinate to the Higher Law of Change," *Bibliotheca Sacra* 20 (1863): 520-5; Edward Hitchcock, *Elementary Geology*, new ed. (New York: Ivison, Phinney, 1862), pp. 373-4, 377-93. 다음 문헌들도 함께 보라. Stanley M. Guralnick, "Geology and Religion before Darwin: The Case of Edward Hitchcock, Theologian and Geologist (1793-1864)," *Isis* 63 (1972): 529-43; Philip J. Lawrence, "Edward Hitchcock: The Christian Geologist," American Philosophical Society, *Proceedings* 116 (1972): 21-34; Rodney Lee Stiling, "The Genesis Flood in Nineteenth-Century American Thought" (Ph.D. dissertation, University of Wisconsin-Madison, 1991).

과학 교육을 받은 또 다른 회중교회 목사인 **에녹 피치 버**(Enoch Fitch Burr, 1818-1907)는 "진화에 반대하는 가장 영향력 있는 저술가들 중 한 사람"으로 알려져 있다. 히치콕이 죽은 후 여러 해 동안 에녹 피치 버는 수학과 천문학 분야의 광범위한 지식을 활용해 암허스트 대학생들에게 종교의 과학적 증거에 대해 가르쳤고, 이를 통해 히치콕의 죽음으로 생긴 공백을 부분적으로나마 메웠다. 그는 과학적 및 신학적 근거에서 진화를 맹렬히 반대했지만—어느 종교 저널은 그의 저서 『세상의 아버지: 진화의 교리』(*Pater Mundi: or, Doctrine of Evolution*, 1873)를 "진화론을 녹다운시킨 타격일 뿐만 아니라 진화론을 토막 내 개에게 던져준" 책이라고 극찬한 바 있다—지구의 역사를 문자적인 6일에 짜 맞추려 하지도 않았고 또 과거 지질 시대의 증거에 대해서도 의심하지 않았다. "진화론은 유물론을 의미한다"고 확신했던 그는 다윈의 종의 기원에 관한 특별한 이론보다는 자연법칙에 의한 진화라는 거대한 체계를 자신의 반감의 대상으로 삼았다.[17]

19세기 말 남장로교 안에서 과학과 종교 분야의 주요 대변자였던 **조지 암스트롱**(George D. Armstrong, 1813-1899)은 진화론 비판에서 훨씬 더 단호한 입장을 취했다. 프린스턴 대학 출신인 그는 버지니아 주에 있는 워싱턴 대학에서 13년 동안 화학과 지질학을 가르친 후 노폴크에 위치한 제일장로교회를 담임했다. 그는 "모든 형태의 진화 가설"을 배격했지만, 그것

17 E. F. Burr, *Pater Mundi; or, Doctrine of Evolution* (Boston: Noyes, Holmes, 1873), 특히 p. 12; Bert James Loewenberg, "The Controversy over Evolution in New England, 1859-1873," *New England Quarterly* 8 (1935): 244-6. 이 글에는 다음 문헌에서 발췌한 글이 포함되어 있다. *Religious Magazine and Monthly Review* 49 (1873): 492. 다음 글들도 함께 보라. "Enoch Fitch Burr," *Dictionary of American Biography*, 3:321-2; James R. Moore, *The Post-Darwinian Controversies: A Study of the Protestant Struggle to Come to Terms with Darwin in Great Britain and America, 1870-1900* (Cambridge: Cambridge University Press, 1979), pp. 197-8.

은 자신이 순수하게 과학적이라고 간주하는 근거에서였다. 『자연과 계시라는 두 책의 대조』(*The Two Books of Nature and Revelation Collated*, 1886)에서 암스트롱은 기요와 비슷한 논법을 전개했다. 다시 말해 그는 생명과 인간의 특별 창조를 강조하면서도 지질학자들의 성과를 수용하기 위해 창세기의 언어에 대한 유연한 해석을 인정했다. 그는, 만약 진화가 한편으로 무기체에서 유기체로의 변이를 배제하고 다른 한편으로 동물에서 인간으로의 변이를 배제한다면, 더 나아가 진화가 단순히 "창조의 한 방식"으로 해석된다면, 진화는 무신론적이지도 않고 "세상에 있는 식물과 동물의 기원에 대한 성경의 설명과" 조화될 수 없는 것도 아니라고 여겼다. 그는 진화가 많은 기독교인들 사이에서 불쾌하게 받아들여지는 원인을 다음에서 찾았다. 그것은 진화가 "이 세상을 저절로 운영되는 '자동 기계'로 보는 관념"을 조장했다는 의구심이다.[18]

한때 학력 인정 대학인 뉴잉턴 대학의 수학 교수였고 베스트셀러인 『과학과 성경: 모세 오경의 창조와 현대의 발견』(*Science and the Bible; or, The Mosaic Creation and Modern Discoveries*, 1871)의 저자인 **허버트 모리스**(Herbert W. Morris, 1818-1897) 목사는 창세기의 문자적 해석을 변호하는 일에 다른 어떤 성직자 직분을 가진 과학 교수 못지 않았다. 그는 "**문자적**

---

18 George D. Armstrong, *The Two Books of Nature and Revelation Collated* (New York: Funk & Wagnalls, 1886), pp. 86, 96-7, 136. 다음 글도 함께 보라. "George Dod Armstrong," in *Dictionary of American Biography*, 1:352-3; Ernest Trice Thompson, *Presbyterians in the South, 1861-1890* (Richmond, VA: John Knox Press, 1973), p. 477. 프린스턴에서 수학과 역학을 가르친 북장로교 목사 John T. Duffield는 진화가 "인간의 기원과 관련한 성경의 직접적인 가르침과 조화될 수 없다"고 믿었지만 이 하나의 주제에 집중해서 진화론을 비판했다. 다음을 보라. Duffield, "Evolution Respecting Man, and the Bible," *Princeton Review*, 4th ser., 1 (1878): 173; "John Thomas Duffield," *Appletons' Cyclopaedia of American Biography*, 2:249.

이고 자연적인" 엿새 동안의 기적적인 창조를 강조하고 인간의 진화는 "성경의 증거 및 자연의 사실과 조화될 수 없다"고 주장했다. 그럼에도 그는 지질학자들로 하여금 모세가 창세기의 처음 두 구절 사이에서 건너뛰었다고 하는 일련의 사건들을 채워 넣도록 허용했고, 노아 홍수는 방주 안에서 구원을 받은 사람들을 제외한 모든 인간을 수장시켰다는 의미에서만 보편적이라고 생각했다.[19]

성직자 직분을 가진 창조론자들

개신교 목사들은 다윈이 제기한 쟁점들과 관련된 토론에서 동료 과학자들보다 대체로 뒤처졌다. 19세기 말의 종교 계간지들을 광범위하게 분석해 생물 진화 이론에 대한 개신교 지식인들의 반응을 살폈던 최근의 연구에서 존 로버츠(Jon H. Roberts)는 1870년대 중반에 하나의 분수령이 나타났음을 발견했다. 그 시기 이전에 진화를 비판했던 개신교 지식인들은 다윈의 가설이 아가시나 다른 과학 전문가들에 의해 비과학적인 이론으로 드러났다고 간주하고 그것을 무시하는 경향이 있었다. 그러나 미국 동식물학자 대다수가 생물 진화를 받아들인 것이 분명해지고 있었던 1875년 이후에, 개신교 지도자들은 생물 진화 이론의 과학적 입증 책임을

---

19 Herbert W. Morris, *Science and the Bible; or, The Mosaic Creation and Modern Discoveries* (Philadelphia: Ziegler & McCurdy, 1871), pp. 51, 80; Herbert W. Morris, *Harmonies of the Universe, as Displayed in the Laws of Nature, the Dominion of Providence, and the Dispensations of Grace* (Philadelphia: P. W. Ziegler, 1875), pp. 169, 512-28. *Work-Days of God; or, Science and the Bible* (London: Pickering & Inglis, n.d.)라는 제목으로 출판된 *Science and the Bible*의 영국판(p. 6)에서 Morris는 이 책이 3년이 약간 넘는 기간에 5만 부가 팔렸다고 주장한다.

강조하기보다는 "그 이론과 기독교 메시지의 핵심적 요소들과의 불일치를 제시해 그 이론의 취약성을 입증하려고 애썼다." 로버츠에 따르면, 19세기의 마지막 25년 동안 종교 계간지에 기고한 개신교인들 가운데 "상당한 규모의 소수파"가 생물 진화를 거부했던 이유는 "성경의 진실성", 특별히 인간의 기원에 대한 성경의 설명을 "여전히 신뢰하면서도 그 이론을 인정한다는 것이 명백히 불가능하다"는 확신 때문이었다. 미국의 가장 인기 있는 설교자들 중 한 사람인 장로교 목사 드 위트 탤머지(T. De Witt Talmage, 1832-1902)는 동일한 생각을 이렇게 표현했다. "기적적이고 초자연적인 것을 남김없이 설명하려고 시도하는 순간, 당신은 성경을 포기하게 된다."[20]

그러나 성직자 직분을 겸하며 진화를 앞장서서 비판했던 비평가들이 성경에 압도적인 관심을 가졌음에도 불구하고, 그들 중 지구상의 생명의 역사를 단 6천 년으로 압축할 것을 주장한다거나 화석 기록을 설명하기 위해 노아 홍수를 끌어들인 사람은 아무도 없었다. 심지어 다윈주의는 하나님을 세상에서 추방하는 것이고 "하나님의 목적이나 활동을 고려하지 않고 설계를 설명"할 수 있게 한다는 점에서 다윈주의를 무신론이라고 결론지었던 프린스턴 신학교의 수호자 찰스 하지(Charles Hodge, 1797-1878)

---

20 Roberts, *Darwinism and the Divine in America*, pp. 91, 209-10; T. De Witt Talmage, *Sermons: 2nd Series* (New York: 1875), pp. 58-60, 다음 책에서 인용. Roberts, *Darwinism and the Divine in America*, p. 211. 다음도 함께 보라. T. De Witt Talmage, "Evolution: Anti-Bible, Anti-Science, Anti-Commonsense," *Advent Review and Sabbath Herald* 60 (1883): 261-2; "Thomas De Witt Talmage," in *Dictionary of American Biography*, 18:287-8. 진화에 대한 개신교의 반응을 간략히 설명한 글을 다음에서 보라. Frederick Gregory, "The Impact of Darwinian Evolution on Protestant Theology in the Nineteenth Century," in *God and Nature: Historical Essays on the Encounter between Christianity and Science*, ed. David C. Lindberg and Ronald L. Numbers (Berkeley and Los Angeles: University of California Press, 1986), pp. 369-90.

조차도 지구의 장구한 역사를 인정했고 창세기의 "날들"을 지질 시대로 보는 기요와 데이너의 해석을 승인했다. 진화론자들에게는 재앙이나 다름없었던 하지의 제자 로버트 루이스 대브니(Robert Lewis Dabney, 1820-1898)도 지질 시대와 "아담 이전의 지구" 문제에 대해서는 판단을 유보했다.[21]

생물 진화에 대한 가장 공격적 비판자들 중 일부는 전천년주의자들이었다. 그들은 성경에 대한 거의 문자적인 해석에 의존해 그리스도의 임박한 재림을 예측했다. 성경 안의 단 하나의 오류도 성경 전체를 무효화시킨다는 확신과 "현대 과학을 존중해 창조에 대한 모세 오경의 설명이 신화적인 것임을 인정할 경우" 그리스도의 문자적인 재림을 변호하기가 어려워진다는 두려움 때문에 그들은—복음전도자 드와이트 무디(Dwight L. Moody, 1837-1899)가 묘사했듯이—"하나님께 불리한 증언을 하기 위해… 죽은 동물들의 오래된 사체를 파헤쳤던" 과학자들에게 인내심을 보이지 않았다.[22]

---

21 Charles Hodge, *What Is Darwinism?* (New York: Scribner, Armstrong, 1874), p. 174; Robert L. Dabney to James Woodrow, ca. 1873. 다음 책에서 인용. Thomas Cary Johnson, *The Life and Letters of Robert Lewis Dabney* (Richmond, VA: Presbyterian Committee of Publications, 1903), p. 346. Hodge에 대해 다음을 보라. Livingstone, *Darwin's Forgotten Defenders*, pp. 100-5; Mark A. Noll, ed. *The Princeton Theology*, 1812-1921 (Grand Rapids, MI: Baker Book House, 1983), pp. 142-52. 다음도 함께 보라. Robert L. Dabney, *The Sensualistic Philosophy of the Nineteenth Century* (New York: Anson D. F. Randolph, 1876), 특히 9장, "Evolution Theory Materialistic, and Therefore False."

22 Robert D. Whalen, "Millenarianism and Millennialism in America, 1790-1880" (Ph.D. dissertation, State University of New York at Stony Brook, 1972), p. 228; Dwight L. Moody, quoted in William G. McLoughlin, Jr., *Modern Revivalism: Charles Grandison Finney to Billy Graham* (New York: Ronald Press, 1959), p. 213. Moody에 대해 다음을 보라. James F. Findlay, Jr., *Dwight L. Moody: American Evangelist, 1837-1899* (Chicago: University of Chicago Press, 1969). 전천년설에 대해 다음을 보라. Ernest R. Sandeen, *The Roots of Fundamentalism: British and American Millennialism, 1800-1930* (Chicago: University of Chicago Press, 1970).

무디 자신은 종종 헨리 드러먼드(Henry Drummond, 1851-1897)나 조지프 쿡(Joseph Cook, 1838-1901) 같은 저명한 유신론적 진화론자들과 어울렸지만, 무디와 교제했던 사람들 중에는 **H. L. 헤이스팅스**(Hastings), **루터 타운센드**(Luther T. Townsend), **알렉산더 패터슨**(Alexander Patterson)처럼 19세기 말과 20세기 초에 아주 노골적으로 진화를 비판한 이들도 있었다. 헤이스팅스(1833?-1899)는 젊은 시절인 1840년대에, 농부이자 설교자였던 침례교도 윌리엄 밀러(William Miller)의 추종자들로서 "밀러주의자들"(Millerites)로 알려진 묵시적 천년왕국 신봉자들의 무리에 가담한 적이 있었다. 밀러는 성경의 예언에 대한 독특한 해석을 통해 그리스도의 재림 시기를 1843년 또는 1844년으로 예언했다. 그리스도가 밀러의 예언대로 재림하지 않은 것에 대한 이른바 "큰 실망"(Great Disappointment) 이후, 헤이스팅스는 그리스도 재림 교회로 발전한 밀러주의 운동의 한 분파를 지지했고, 시간이 흐른 뒤 그 분파의 주요한 설교자와 편집자들 중 한 사람이 되었다. 야심가였던 그는 결국 스스로 천년왕국 사역 단체를 설립했는데, 그 과정에는 "아마도 100톤"에 달하는 종교적 문헌을 발간하고 이따금씩 무디의 부흥 운동을 도왔던 대중적이고 초교파적 신문인 「크리스천」(*Christian*)을 편집하는 일도 포함되었다.[23]

---

23 Hastings에 대해 다음 문헌들을 보라. Clyde E. Hewitt, *Midnight and Morning: An Account of the Adventist Awakening and the Founding of the Advent Christian Denomination, 1831-1860* (Charlotte, NC: Venture Books, 1983), pp. 233, 271; H. L. Hastings, *Was Moses Mistaken? or, Creation and Evolution*, Anti-Infidel Library No. 36 (Boston: H. L. Hastings, 1896)의 끝에 있는 홍보용 자료. 밀러주의에 대해 다음을 보라. Ronald L. Numbers and Jonathan M. Butler, eds., *The Disappointed: Millerism and Millenarianism in the Nineteenth Century* (Bloomington: Indiana University Press, 1987). Moody와 Hastings, Townsend와의 연관성에 대해 예컨대 다음을 보라. C. K. Ober, "Professor Drummond in the American Colleges," *Our Day* 1 (1888): 306.

헤이스팅스는 진화론이 대중에게 미치는 회의적 영향에 대해 경고하기 위해 자신의 "반(反)회의론 총서"(Anti-Infidel Library) 안에 로버트 패터슨(Robert Patterson, 1821-1885)이 쓴 창조론에 관한 네 편의 소논문을 실었고, 이것은 나중에 『진화의 오류』(*The Errors of Evolution*, 1885)라는 책으로 출간되었다. 패터슨은 아일랜드 태생으로 캘리포니아에 있는 이스트 오클랜드 장로교회의 목사였고, 헤이스팅스와 더불어 그리스도의 임박한 재림에 대한 소망을 공유하고 있었다. 훗날 헤이스팅스는 이 총서에 "모세가 틀렸는가?: 창조와 진화"(Was Moses Mistaken? or, Creation and Evolution, 1896)라는 자신이 직접 쓴 소논문을 기고했다. 그 논문은 19세기 말 창조론자들에게 가장 큰 관심을 끌었던 인간의 기원이라는 민감한 주제를 다루고 있다.

> 나는 누군가의 가족 문제에 간섭하거나 그의 친척들과 관련된 문제를 놓고 다투고 싶지는 않다. 누군가가 동물원에서 자기 친족을 찾는 것을 좋아하더라도, 그것은 나의 관심사가 아니다. 그가 자기 가문의 창시자가 유인원이나 고릴라나 진흙거북이나 모네라계(monera界, 생물계 분류의 하나—역자 주)였다고 믿기를 바란다면, 그렇게 해도 좋다. 그러나 그가 **나도 나의** 혈통을 그런 방향으로 추적해야 한다고 주장한다면, 나는 "천만에요"라고 말할 것이다.…나는 "그는 회의론자의 아들이요, 회의론자는 원숭이의 아들이요, 원숭이는 굴의 아들이요, 굴은 모네라의 아들이요, 모네라는 진흙의 아들이라"라고 적혀 있는 족보—진흙에서 시작해 자갈에서 끝나며 머리에는 모네라가 있고 중간에는 원숭이가 있고 꼬리에는 무신론자가 있는 족보—를 만들어내는 것보다는, 지금처럼 나의 족보가 "게난은 셋의 아들이요 셋은 아담의 아들이요 아담은 하나님의 아들이라"라고 끝나는 쪽을 더 좋아한다.

많은 과학자들이 정말 지혜로운지에 대해 명백하게 의심했음에도, 헤이스팅스는 로버트 패터슨처럼 과학자들이 지질학적인 "격변, 변화, 재앙"을 수용하기 위해 필요로 했던 에덴 창조 이전의 모든 시간을 자유롭게 허락했다. 헤이스팅스는 이렇게 말했다. "'태초' 이후에 충분한 시간이 있었을지도 모른다. 여러 시대를 주장하는 모든 지질학자들은 그 태고의 진흙과 같은 시간 속에서 허우적거리며 지금은 단지 이론화하고 추측할 수밖에 없는 많은 문제들을 해결해나가야 할지도 모른다."[24]

감리교 목사이자 저술가인 **루터 타운센드**(Luther T. Townsend, 1838-1922)는 천년왕국 신봉자는 아니지만 19세기 말에 진화에 반대했던 성직자들 중 가장 눈에 띄는 한 사람으로 등장했다. 다트머스 대학과 앤도버 신학교를 졸업한 타운센드는 몇몇 감리교회에서 사역하다가, 1868년에 훗날 보스턴 대학 신학과가 된 보스턴 신학교에서 히브리어 및 신약 그리스어 교수가 되었다. 타운센드는 1893년까지 그 신학교에서 보직 교수로 재직하다가 저술과 강연에 전념하기 위해 교수직을 사임했다. 셔토쿠어(Chautauqua, 하계 문화 교육 학교. 1874년에 시작된 오락과 교육을 겸한 문화 교육. 현재는 쇠퇴했음—역자 주) 운동에 적극적으로 참여했던 그는 1903년에 설립된 북미성경연맹(Bible League of North America) 이사회에서도 활동했다. 그 연맹은 "성경을 하나님의 영감된 말씀과 권위로 믿는 사람들의 믿음을 변호하고 확증하는…유일하게 조직화된 운동"임을 표방했다. 『진화냐 창조냐』(*Evolution or Creation*, 1896), 『아담과 하와』(*Adam and Eve*, 1904), 그리고 수십 년 동안 널리 유포된 소책자인 『진화의 붕괴』(*Collapse of*

24 Robert Patterson, *The Errors of Evolution: An Examination of the Nebular Theory, Geological Evolution, the Origin of Life, and Darwinism*, 3rd ed. (Boston: Scriptural Tract Repository, 1893), pp. ix-x; Hastings, *Was Moses Mistaken?*, pp. 25-6, 35.

Evolution, 1905) 같은 저작을 통해 타운센드는 창세기의 처음 몇 장이 "실제로 발생한 사실에 대한 단순하고 직접적인 이야기"라고 변호했다. 그러나 그의 해석은 전혀 직접적이지 않았다. 그는 지질학자들이 발견한 증거들을 "날"이라는 단어의 문자적 해석과 조화시키기 위해 "과학이 설명하는 6개의 거대한 지질 시대는 모세가 기록한 일반적인 엿새에 대한 모형이자 예언이며, 천 년은 하루와 같고 하루는 천 년과 같다"라고 주장했다. 다시 말해 "창조자는 문자적인 6일 동안 성경이 제시하는 순서대로 세상을 혼돈에 빠진 빙하기의 잔해로부터 건져내시고, 그곳을 거주가 가능한 곳으로 만드셨으며, 오늘날의 동식물들을 창조하시고 그것들에게 종말 때까지 번식할 수 있는 생명과 능력을 주셨다." 자신이 틀릴 수도 있다는 것을 상상조차 하지 않는 일부 창조론자들과 달리, 타운센드는 시간이 지나면 자신의 결론 중 일부에 대한 수정이 필요할지도 모른다고, 예를 들어 고생물학적 연구가 초기의 인간과 잃어버린 연결 고리에 대한 자신의 견해를 수정할지도 모른다고 겸손하게 인정했다.[25]

무디 제국과 관계가 있는, 또 다른 성직자 신분을 가진 창조론자는 장로교 복음주의자인 **알렉산더 패터슨**(Alexander Patterson)이었다. 패터슨은 무디 성경학교에서 가르치고 강연을 했던 무디의 오랜 친구였다. 그의 책 『진화론의 이면』(*The Other Side of Evolution*, 1903)은 시카고 무디 교회

---

25 "Abstract of the Annual Report of the Education Committee of the Bible League of North America," *Bible Student and Teacher* 10 (1909): 372-3; Luther Tracy Townsend, *Evolution or Creation: A Critical Review of the Scientific and Scriptural Theories of Creation and Certain Related Subjects* (New York: Fleming H. Revell, 1896), pp. 13, 133-4, 154; L. T. Townsend, *Adam and Eve: History or Myth?* (Boston: Chappie, 1904), p. 83; L. T. Townsend, *Collapse of Evolution* (New York: American Bible League, 1905). 다음도 함께 보라. "Luther Tracy Townsend," *Dictionary of American Biography*, 18:618-19.

의 목사인 딕슨(A. C. Dixon, 1854-1925)에게 큰 감명을 주었다. 딕슨은 무디 출판사의 전신인 성경배급협회에서 그 책의 개정판 판권을 구입하도록 주선했고, 무디 성경학교 학생들은 그 개정판을 말이 끄는 "복음 마차"에 싣고 다니며 팔았다. 딕슨은 패터슨의 논문을 그 주제와 관련해 자신이 읽어본 "가장 훌륭한 것"으로 간주했고, 그 책이 "모든 설교자, 신학 교수, 신학생, YMCA 총무, 영어권 국가의 주일학교 관리자에게 보내진다면 엄청난 유익을 줄 것"이라고 생각했다.[26]

패터슨은 헤이스팅스나 타운센드와 마찬가지로 창세기 1장 1절과 2절 사이에 역사적인 틈새가 발생했다고 믿었다. "그 간격 안에 지질학이 우리에게 말해주는 모든 것이 들어 있다. 지구가 형성되어 발전하는 역사가 그 안에 있다. 그 간격은 6일 창조가 시작되기 전까지의 모든 것을 포함한다. 그곳이 화석 생물들이 살았다가 죽은 곳이다. 성경의 이야기는 그 모든 것을 침묵 속에서 지나친다." 비록 패터슨은 문자적인 성경 해석에 치우쳤지만, 창조의 6일을 "24시간의 짧은 날들"로 해석하거나 홍수의 보편성을 주장할 필요는 없다고 생각했다. 그리고 에덴동산의 창조가 그 이전에 존재

---

26 A. C. Dixon to G. F. Wright, May 5, 1910. G. F. Wright Papers, Oberlin College Archives; Alexander Patterson, *The Other Side of Evolution: An Examination of Its Evidences*, with an Introduction by George Frederick Wright, 3rd ed. (Chicago: Bible Institute Colportage Association, 1912). 협회에 대해 Findlay, *Dwight L. Moody*, pp. 398-9를 보라. Patterson의 생애는 불분명하지만 그와 Moody 및 무디 성경학교와의 관계는 다음 글이 실린 A. P. Fitt에게 보낸 편지에 기록되어 있다. "Recollections of D. L. Moody," November 14, [?], Moody Bible Institute Library, copy courtesy of Walter Osborn. *The Minutes of the General Assembly of the Presbyterian Church in the United States of America*는 먼저 1884년에 시카고의 복음전도자로 활동하던 Patterson을 보여준다. 1904년에 그는 모건 파크에 있는 한 작은 교회의 목사로 확인된다. 그의 이름은 안수 받은 모든 목사를 열거하고 있는 다음 자료에는 나타나지 않는다. E. C. Scott, comp., *Ministerial Directory of the Presbyterian Church, U.S., 1861-1941* (Austin, TX: Von Boeckmann-Jones, 1942).

한 종들을 이용한 것이었는지 여부는 그에게 별로 중요한 문제가 아니었는데, 그가 진화론의 "핵심적 요점"으로 간주했던 인간과 동물의 관련성이 존재하지 않는 한 그러했다. 패터슨은 존 로버츠(Jon H. Roberts)가 말한 소위 "실증이라는 대중주의적 개념"을 받아들이면서 진화에 대한 평가에 참여할 권리를 요구했다. "그와 관련된 문제들은 과학자들에게만 맡겨두기에는 너무나 중요했기" 때문이었다. 진화는 "기독교적 상식의 심판대 앞에" 세워져야 하고, 그 심판대에서 "최고의 배심원은 과학적 입장이 아닌 지성이 될 것"이라고 패터슨은 주장했다. 이 점에서 패터슨은 "이 요란스러운 이론에 집착한 적이 없는 많은 침묵하는 사상가들이 있고, 더 나아가 최소한 절대다수의 교회는 그 이론을 전혀 확신하지 않는다"는 사실을 기억한다면 힘이 될 것이라 여겼다. 하지만 그는 진화가 온 나라를 휩쓸고 있는 것을 두려워했고, "이 이론이 받아들여진다면 우리는 기독교 신앙 전체의 광범위한 타락을 예상해야 하며, 모든 지적인 피조물의 경우에는 늘 행동이 믿음에 뒤따라 오기에 우리는 거대한 도덕적 쇠퇴마저도 보게 될 것"이라고 불길하게 예언했다.[27]

보수적 창조론자들

지금까지 우리는 다윈 시대 직후의 창조론들을 살펴보았다. 이 연구는 전반적으로 동시대인들이 대단히 빈번하게 인용하고 언급했던 반진

---

27 Alexander Patterson, *The Bible as It is: A Simple Method of Mastering and Understanding the Bible* (Chicago: Winona Publishing Co., 1906), pp. 55-77, 103; Patterson, *The Other Side of Evolution*, pp. ix-xii, 11, 60; Roberts, *Darwinism and the Divine in America*, p. 96 (대중주의적).

화론자들의 견해에 기초했다. 그 결과 우리는 지구의 오랜 역사를 거부하거나, 화석 기록의 점진적 발전의 성격을 부정하거나, 노아 홍수에 지질학적 의미를 부여하려는 과학자 또는 성직자를 단 한 사람도 찾아내지 못했다. 가장 유명했던 창조론자인 아가시는 성경의 기록을 단순히 무시했다. 기요, 도슨, 버, 암스트롱, 하지 등도—그리고 생각이 바뀌기 전의 데이너도—성경을 하나님의 영감으로 된 말씀으로 소중히 여겼지만, 과학의 성과를 수용하면서 창세기 1장에 대한 비유적 해석을 기꺼이 받아들였다. 더 나아가 창조의 6일에 대해 보다 전통적인 해석을 고수했던 히치콕, 모리스, 헤이스팅스, 타운센드, 패터슨 등은 지질 시대들을 계시된 기록 속에 존재하는 것으로 추정되는 (창세기 1장 1절과 2절 사이의—역자 주) 간격 속에 어떻게든 압축시켜 넣었다. 그리고 최소한 히치콕과 패터슨 두 명은 창세기 1장의 "날들"이 문자적인 24시간이 아닐 가능성을 기꺼이 받아들였다. 대브니는 날-시대 이론(day-age theory)과 간격 이론(gap theory) 중에서 선택하는 것을 거부했지만, 두 이론 중 어느 쪽도 배척하지 않았다. 물론 많은—아마도 대부분의—기독교인들은 지구의 오랜 나이에 대한 지질학적 증거들에 여전히 설득되지 않고 지구가 비교적 최근에 문자적으로 6일 만에 창조되었다고 계속해서 믿어왔다. 이 사실은 의심할 여지가 없지만, 그들이 자신들의 견해를 책이나 잡지를 통해 표현하는 경우는 거의 없었다. 그런 사람들 중 극소수만이 오랜 지구에 대한 가장 설득력 있는 증거인 화석 기록을 홍수를 통해 설명하려고 했다.

19세기 말 홍수지질학의 옹호자 가운데 한 사람은 **엘라자 로드**(Eleazar Lord, 1788-1871)였다. 그는 동생인 데이비드 네빈스 로드(David Nevins Lord, 1792-1880)와 함께 당시 밀러파의 예언 불발로 인해 다소 빛이 바랜 전천년설 종말론을 분명하고 열정적으로 옹호함으로써 보수적인 종교 그룹 안에서 유명해졌다. 두 형제는 젊은 시절에 성직자가 되기를 열망했다. 그러나 엘라자는 눈 질환 때문에 프린스턴 대학에서의 학업을 중단하고 사업가의 길을 선택했고, 데이비드는 체력이 약해서 예일 대학을 졸업한 뒤 뉴욕에서 직물업을 시작했다. 그 후 엘라자는 뉴욕에서 맨해튼 화재 보험회사의 회장이 되었고, 훗날 뉴욕과 이리(Erie)에서 철도회사를 경영했다. 엘라자는 장로교인, 데이비드는 회중교인이었는데, 두 형제는 모두 일생 동안 평신도로서 적극적으로 활동했다.[28]

엘라자 로드가 창조론 문헌에 기여한 마지막 주요 저작인 『창조의 시대』(*The Epoch of Creation*, 1851)가 나온 것은 다윈의 『종의 기원』이 나오기 8년 전이었다. 로드는 "영감을 받은 설명은 하나님이 분명하게 문자적인 6일 동안 하늘과 땅, 바다와 그 안에 있는 모든 것을 만드셨다고 주장한다"고 믿으면서 "지질학자들의 쓸데없는 가정"과 창세기의 언어를 소위 과학의 증거와 조화시키려는 그들의 노력을 거부했다. 그 대신 그는 지구의 나이가 많아 보이게 하는 화석을 품은 지층들이 노아 홍수 때 퇴적된 것이라는 고루한 개념을 부활시켰다. 이 개념은 19세기의 마지막 2/3에 달하는 기간에는 거의 접할 수 없었던 것이었다. 화석을 함유한 지층들이 보여주는 생명체들의 명백한 발전 과정을, 로드는 홍수로 불어난 물을 통해 설명했다. "홍수의 수위가 올라가고 점차 퇴적 물질로 가득해져 감에 따라 조개류가 질식사해서 묻히고, 다음으로 판금 모양의 비늘을 가진 물고기들이나 경린어나 기타 어종이 묻히고, 물고기 다음으로 파충류가, 파충류 다음으로 조류가, 조류 다음으로 네발짐승이 묻혔을 것이라는 가정보다 더

28 "David Nevins Lord," *Dictionary of American Biography*, 11:405; "Eleazar Lord," ibid., pp. 405-6; Sandeen, *The Roots of Fundamentalism*, pp. 90-1; Whalen, "Millenarianism and Millennialism in America," pp. 40-1.

분명한 것이 무엇인가?"[29]

데이비드 로드는 지구의 역사를 6천 년으로 제한할 필요성과 현대 지질학이 기독교에 가하는 심각한 위협과 관련해서 자기 형의 견해에 동의했다. 그는 다음과 같이 썼는데, 이것은 이후의 창조론의 사고를 특징짓는다. "지질학 이론이 맞는다면, 모세 오경의 역사는 사실이 아닐 것이다. 그로 인해 모든 곳에서 역사를 신적인 것으로 인식하는 거룩한 책도 하나님에게서 온 것일 리가 없는 셈이 된다. 이 점은 분명하다." 그는 성경적 지질학을 변호하기 위해 『지구 구조학』(*Geognosy*, 1855)이라는 제목의 책을 썼는데, 천년왕국을 신봉하는 최소한 한 개 이상의 대학의 학생들이 그 책을 1875년까지 지질학 교과서로 사용했다. 1848년부터 1861년까지 그는 「신학 및 문학 저널」(*Theological and Literary Journal*)을 발행했고, 거기서 역사적 지질학과 발전주의적 생물학을 반복해서 공격했다. 화석을 함유한 지층의 기원이라는 "이론 지질학의 큰 문제"에 답변하기 위해 그는 형의 홍수 해법을 버리고 노아 시대 이전과 이후의 성층 작용을 강조하는 쪽을 택했다. 그는 많은 지층들이 창조와 홍수 사이의 기간에 "땅의 깊은 곳으로부터 건져 올려졌고", 다른 지층들은 홍수 후에 하나님이 지구 상의 멀리 떨어져 접근하기 어려운 지역을 기적을 통해 다시 채워 넣으셨을 때 형성되었다고 생각했다. 로드는 아가시와 같이 동물들이 "인류의 조상과 같

---

29 Eleazar Lord, *The Epoch of Creation: The Scripture Doctrine Contrasted with the Geological Theory*, with an introduction by Richard W. Dickinson (New York: Charles Scribner, 1851), pp. 157, 209, 230. 이런 견해들의 보다 이른 시기의 진술을 [Eleazar Lord], *Geological Cosmogony* (New York: Robert Carter, 1843), 특히 151-6에서 보라. 1840년에 Edward Hitchcock은 심지어 "화석을 함유한 암석들은 노아 홍수로 인해 퇴적되었다"고 언급한 일에 대해 그의 새 교과서의 독자들에게 사과했다. 그의 *Elementary Geology* (Amherst, MA: J. S. and C. Adams, 1840), p. 276을 보라.

이 단 한 쌍이 아니라 무리로" 창조되었다는 성경 밖의 가정을 받아들였다. 역사적 지질학에 대한 그의 반감을 고려한다면, 1860년에 그가 다윈의 『종의 기원』의 출간을 불만스러워하면서, 그 책을 과학과 성경 모두에 대한 모욕이라고 불렀던 것은 놀랄 일이 아니다.[30] 많은 보수적 기독교인들은 분명 그런 판단에 동의했겠지만, 다가올 수년 동안 로드 형제는 창조론 저술가들 중에서 지구 역사를 단 6천 년으로 제한했던 거의 유일한 사람들이었다.[31]

---

30 David N. Lord, "The Bearing of the Geological Theory of the Age of the World on the Inspiration of the Bible," *Theological and Literary Journal* 9 (1856): 259; David N. Lord, *Geognosy: or, The Facts and Principles of Geology against Theories*, 2nd ed. (New York: Franklin Knight, 1857), pp. 309, 316-18, 393-5; David N. Lord, "Darwin on the Origin of Species," *Theological and Literary Journal* 13 (1860): 101-48. 배틀크릭 대학은 *Geognosy*를 교과서로 채택했다. 다음을 보라. Maurice Hodgen, ed., *School Bells & Gospel Trumpets: A Documentary History of Seventh-day Adventist Education in North America* (Loma Linda, CA: Adventist Heritage Publications, 1978), p. 18.

31 감리교 목사이자 불신앙 박멸 운동가인 Thomas Mitchell은 멀지 않은 과거의 문자적인 6일 창조를 주장했다. 다음을 보라. Mitchell, *Cosmogony: The Geological Antiquity of the World, Evolution, Atheism, Pantheism, Deism, and Infidelity Refuted, by Science, Philosophy and Scripture*, 2 vols. (New York: American News Co., 1881), 1:159; Mitchell, *Conflict of the Nineteenth Century-The Bible and Free Thought* (New York: Universal Book Co., 1893), pp. 348-9, 446. 뉴욕 시의 저명한 의학 교육자 Martyn Paine(1794-1877)도 멀지 않은 과거의 6일 창조와 석탄을 지닌 암석을 형성시킨 전지구적 홍수를 옹호했다. 다음을 보라. Paine, *Physiology of the Soul and Instinct, As Distinguished from Materialism* (New York: Harper & Brothers, 1872).

요약과 복습

1. 19세기의 창조론자들 중에 문자적인 6일 창조를 믿는 이들은 얼마 되지 않았고, 화석 기록을 노아 홍수의 탓으로 돌리는 사람은 훨씬 더 드물었다.

2. 다윈의 『종의 기원』(1859)은 종들이 초자연적으로 창조되지 않았다는 것과 자연선택이 진화의 주요 동인이었음을 입증하려고 했다. 1879년에 미국 과학계는 다윈의 영향 아래서 진화론을 거의 만장일치로 수용했다.

3. 진화론은 미국의 독실한 기독교인들에게 적대감을 불러일으켰고, 특별 창조의 개념을 변호하는 과학적 창조론자들이 차례로 등장했다. 루이 아가시, 존 맥크래디, 윌리엄 도슨, 아놀드 기요, 에녹 피치 버, 조지 암스트롱, 허버트 모리스 등은 모두 특별 창조를 강조하면서도 지질학과 생물학의 발견들이 성경과 조화될 수 없는 것은 아니라고 여겼다.

4. 당시의 개신교 목회자들도 진화를 앞장서서 비판했지만, 그들 대부분은 창조의 6일을 24시간의 짧은 날들로 해석하거나 홍수의 전지구적 보편성을 주장할 필요는 없다고 생각했다.

5. 19세기 말 홍수지질학의 옹호자는 과학자나 성직자가 아닌, 철도회사 경영으로 성공한 사업가였던 엘라자 로드와 그의 동생 데이비드 로드였다. 엘라자 로드는 『종의 기원』이 나오기 8년 전에 이미 문자적인 6일 창조와 전지구적 홍수를 주장했다.

제2장

조지 프레데릭 라이트

기독교적 다윈주의자에서 근본주의자로

George Frederick Wright:
From Christian Darwinist to
Fundamentalist

딕슨(A. C. Dixon) 목사는, 대량으로 제작해 배포함으로써 근본주의 운동을 출범시킬 12권짜리 소책자 시리즈인 『근본 원리들』(*The Fundamentals*, 1910-1915)을 출간할 계획을 세웠다. 딕슨 목사는 성직자이자 지질학자인 조지 프레더릭 라이트(George Frederick Wright, 1838-1921)에게 "기독교적 관점에서 본 진화"(Evolution from the Christian Point of View)라는 제목으로 한 챕터의 글을 써, 그 이론의 유물론적인 그리고 유신론적인 변종들 모두의 신빙성을 떨어뜨려 주기를 요청했다. 딕슨은 편집자 기질을 발휘해 이 일에 최적화된 다른 후보자들의 강점과 약점을 생각했다. 먼저 그는 알렉산더 패터슨의 『진화의 이면』(*The Other Side of Evolution*, 1903)이 제시하는 실제적 증거에는 크게 감탄했지만, 아무도 그 시카고 출신의 복음주의자를 그 주제의 권위자로 인정하지 않을 것임을 잘 알았다. 루터 타운센드는 자신이 "그 노선을 따르는 강경파"임을 스스로 입증했지만, 그에게 과학자로서의 자격은 없었다. 글래스고우 연합 자유 교회 대학에서 가르쳤고 때때로 과학적 주제들을 다루었던 보수적인 스코틀랜드 신학자 제임스 오르(James Orr, 1844-1913)도 마찬가지였다. 오르는 도약이라는 신적 인도를 받는 진화에 별다른 문제가 없다고 보았는데, 이것은 딕슨이 언급하지 않는 사실이었다. 이런 걸림돌들을 고려한 후, 딕슨은 과학적 자격과 신학적 자격을 두루 갖춘 라이트야말로 "이 문제를 매우 분명하게 밝혀 진화라는 엉뚱한 개념을 수많은 사람들의 머리에서 몰아낼" 논문을 써줄 적임자라고 여겼다.[1]

---

1 A. C. Dixon이 G. F. Wright에게 1910년 5월 16, 24일에 보낸 편지. G. F. Wright

아이러니하게도 딕슨은 불과 몇 십 년 전까지만 해도 미국에서 다윈을 가장 열렬하게 옹호했던 사람들 중 하나를 과학에 관한 최초의 근본주의적 대변인으로 발탁한 셈이 되었다.

기독교적 다윈주의자

조지 프레더릭 라이트는—훗날 스스로 말한 대로—1838년에 뉴욕 북부의 경건한 농부 가정에서 태어났다. 그는 열일곱 살 때 집을 떠나 오벌린 대학에 진학했는데, 그 대학의 총장인 찰스 피니(Charles G. Finney, 1792-1875)는 성경의 권위와 종교적인 믿음의 사실적이고 증거에 근거한 특성을 강조하는 복음주의적 기독교를 설교하고 있었다. 1859년에 대학을 졸업하자마자 라이트는 오벌린 대학 신학부에 등록했고, 북부군에서 잠시 복무한 뒤, 3년 만에 그 과정을 끝마쳤다. 그다음 10년 동안 그는 버몬트 주 그린 산맥 기슭의 베이커스필드라는 작은 마을에 있는 한 회중 교회에서 목회했다.[2]

Papers, Oberlin College Archives에 보관되어 있음. Orr는 결국 다음과 같은 글 한 편을 기고했다. "Science and Christian Faith," *The Fundamentals*, 12 vols. (Chicago: Testimony Publishing Company, n.d.), 4:91-104. 다음 책들도 함께 보라. James Orr, *God's Image in Man: And Its Defacement in the Light of Modern Denials*, 2nd ed. (New York: Armstrong and Son, 1906), pp. 87-8, 105; David N. Livingstone, *Darwin's Forgotten Defenders: The Encounter between Evangelical Theology and Evolutionary Thought* (Grand Rapids, MI: William B. Eerdmans, 1987), pp. 140-4. Wright의 Townsend에 대한 부정적인 평가를 보려면 Townsend의 *Evolution or Creation?*에 대한 Wright의 서평(*Bibliotheca Sacra* 54 (1897): 202-3)을 보라. 이 장보다 더 자세한 글을 보려면 다음을 보라. Ronald L. Numbers, "George Frederick Wright: From Christian Darwinist to Fundamentalist," *Isis* 79 (1988): 624-45.

2 G. Frederick Wright, *Story of My Life and Work* (Oberlin, OH: Bibliotheca Sacra Co., 1916). 추가적인 전기적 자료를 보려면 다음을 보라. Michael McGiffert, "Christian

베이커스필드에서 목회하는 동안 라이트의 관심은 점점 더 과학의 문제로 옮겨갔다. 목사로서의 보잘것없는 수입이 비싼 휴가 여행을 허락하지 않았기에 그는 여유 시간의 대부분을 주변의 전원 지역을 탐험하는 데 쓰면서 지역 지질학, 특히 빙하 퇴적물 전문가로서 얼마간의 명성을 얻었다. 또 그는 다윈의 『종의 기원』이나 찰스 라이엘(Charles Lyell)의 『인간의 오랜 기원에 대한 지질학적 증거』(*Geological Evidences of the Antiquity of Man*, 1863)와 같은 도발적인 책들을 읽는 데도 시간을 할애했는데, 이런 책들의 내용은 그가 젊은 시절 이래로 배워왔던 견해와 충돌했다. 라이트의 전기적 기록들은 그 책들이 라이트에게 믿음의 위기를 어느 정도까지 촉발시켰는지 보여주지는 않는다. 그러나 그 기록들은 그가 애서 그레이(Asa Gray)의 다윈주의에 대한 유신론적 해석 안에서 (진화와 믿음 사이의—역자 주) 타협책을 발견했다는 사실을 보여준다. 그것은 생물 진화를 받아들이는 동시에 하나님이 계획하고 통제하시는 우주에 대한 믿음을 유지하는 것을 가능케 하는 타협책이었다.[3] 그레이가 인식했던 대로, 그런 견해는 다윈 자신의 견해와는 상당히 동떨어진 것이었다. 비록 그레이는 자신이 "나름대로는 과학적 다윈주의자"라고 묘사했지만, 한 친구에게 "신적인 인도를 받는 변이"라는 자신의 생각은 "매우 반(反)다윈적"이라고 고백했다.[4]

Darwinism: The Partnership of Asa Gray and George Frederick Wright, 1874-1881" (Ph.D. dissertation, Yale University, 1958); William James Morison, "George Frederick Wright: In Defense of Darwinism and Fundamentalism, 1838-1921" (Ph.D. Dissertation, Vanderbilt University, 1971).

3 Wright, *Story of My Life*, pp. 116, 123, 132; G. F. Wright to Asa Gray, June 26, 1875 (influence of Gray), Archives, Gray Herbarium, Harvard University.

4 Asa Gray, *Darwiniana: Essays and Reviews Pertaining to Darwinism*, ed. A. Hunter Dupree (Cambridge, MA: Harvard University Press, 1963), p. 5; [G. F. Wright], Review of *Letters of Asa Gray*, ed. Jane Loring Gray, *Bibliotheca Sacra* 51 (1894): 182.

라이트는 특히 그레이가 작용인(efficient cause, 아리스토텔레스[Aristotle]가 말한 운동의 4대 원인 중 하나—역자 주)에 대한 "대중적 개념"을 서술한 한 단락을 높이 평가했다. "일반적으로 사건과 작용은 단순히 처음에 전달된 힘 덕분에 지속되지만, 가끔씩, 오직 가끔씩만, 하나님은 그 일에 직접 손을 대신다." 하나님과 자연 세계의 관계에 대한 이런 견해는 라이트에게는 아주 매력적이었다. 그것은 과학과 성경 각각의 요구를 조화시키는 문제에 대한 이상적인 해결책으로 보였다. 그가 훗날 썼듯이, 그 견해는 "우리로 하여금 자연의 힘들 속에 있는 실재에 대한 우리의 관념을 유지할 수 있게 해주고, 기적의 여지를 허용하며, 필요할 때마다 (인간에게 특별하게 수여된 도덕적 본성의 경우처럼) 자연선택을 창조자의 직접적 개입을 통해 보완할 수 있게 해준다."[5]

1872년에 라이트는 매사추세츠 주에 있는 앤도버 자유 교회의 목사로 와달라는 요청을 받아들였다. 그곳에는 정통주의적인 앤도버 신학교와 그에 못지않게 건전한 저널인 「비블리오테카 사크라」(*Bibliotheca Sacra*)가 있었다. 그 무렵 미국의 신학자들은 다윈의 이론에 주목하기 시작했고, 라이트는—그 자신의 표현대로—"곧바로 논쟁의 소용돌이에 휩쓸렸다." 앤도버로 이주한 해에 그는 「비블리오테카 사크라」에 "선사 고고학에 대한 최근 연구들"(Recent Works on Prehistoric Archaeology)이라는 글을 기고했다. 그리고 그 글을 통해 그는—훗날 그의 트레이드마크가 될 방식으로—인간의 오랜 기원이라는 문제에 대해 중도적인 입장을 표명했다. 그것은 "무분별하게" 동일과정설(uniformitarianism, 과거의 자연환경에 작용했던

---

5 Gray, *Darwiniana*, p. 130; G. Frederick Wright, "The Debt of the Church to Asa Gray," *Bibliotheca Sacra* 45 (1888): 527.

과정이 현재의 자연현상과 같을 것이라고 하는 가설로 격변설과 대조된다—역자 주)을 주장하는 지질학자들이 말하는 광대한 시대들과, 대주교 제임스 어셔(James Ussher, 1581-1656)의 지적 후예들이 일반적으로 믿었던 짧은 6천 년의 역사 사이의 중도 노선이었다. 성경을 영감을 받아 쓰인 하나님의 말씀으로 간주하고 가능한 대목에서는 문자적인 해석을 선호했던 라이트에게는, 일반적인 통념에 따른 그런 적당한 변경조차 설명이 필요했다. 그래서 그는 독자들에게 "성경의 진실성은 오직 그 책의 씨줄과 날줄을 이루는 교리와 해석의 사실성에 달려 있다"고 상기시켰다. 라이트는 창세기의 계보학은 그런(교리와 해석의—역자 주) 장소가 아니기에 "성경의 역사를 고고학자들이 아마도 정당하게 설정한 연대기의 사실성에 맞도록 조정하는 데 별 어려움이 없을 것"이라고 기꺼이 단정했다.[6]

앤도버에서 거주하는 동안 라이트는 지질학적 연구를 계속했고, 월요일마다 한때 그 지역을 뒤덮었다가 퇴각한 빙하가 남긴 자갈 산등성이의 선을 추적했다. 라이트는 주의 깊은 연구를 통해 빙하 지질학자로 인정받게 되어 인근에 있는 보스턴의 과학 서클에 출입할 수 있었고 또 그곳에서 그레이와 사귀게 되었다. 당시 60대였던 이 저명한 식물학자는 그 젊은 목사에게 "아버지 같은" 존재가 되어줌으로써 그에게 과학의 길을 가르쳐주었고 또한 기독교화된 다윈주의(Christianized Darwinism)라는 자신의 비전을 나눠주었다. 그들은 함께 올바른 "진화론적 목적론"을 만들고자 했는데, 그것은 한편으로는 "불경건한 다윈주의 해설자들"에 의해, 그리고 다른 한편으로는 신학자 찰스 하지(Charles Hodge)나 지질학자 존 윌리엄 도

6 Wright, *Story of My Life*, p. 132; G. F. Wright, "Recent Works on Prehistoric Archaeology," Bibliotheca Sacra 30 (1873): 381-4.

슨(John William Dawson) 같은 반진화론자들이 내놓는 해석에 맞서 대안적 해석을 제공하기 위함이었다.[7]

두 사람의 협력은 다윈주의 논쟁에 두 가지 매우 중요한 신학적 공헌을 했다. 하나는 식물학자 그레이가 이전에 익명으로 여기저기 기고했던 에세이들을 (라이트의 재촉으로) 한데 모아 펴낸 『다위니아나』(*Darwiniana*, 1876)라는 책이었고, 다른 하나는 훗날 라이트의 책 『과학과 종교 연구』(*Studies in Science and Religion*, 1882)의 핵심을 이루게 될 「비블리오테카 사크라」에 실린 5부작 논문인 "과학과 종교의 관계에 관한 최근 저작들"(on the Relation of Science to Religion)이었다.

라이트는 그 논문 시리즈에서 과학자들과 신학자들은 공통 방법론인 연역적 추론을 공유하는데 이것은 단순히 사실을 수집하는 것보다 해석하는 것에 더 큰 가치를 둔다고 주장했다. 프랜시스 베이컨(Francis Bacon, 1561-1626)의 추종자들이 실천한 "과학적 부기"(scientific book-keeping)와 대조적으로, 다윈 같은 현대 과학자들은 "관찰하고 분류하는 것보다 훨씬 더 많은 일을 하는 것"을 목표로 삼았다. "그들은 자신이 관찰한 사실의 더 깊은 의미를 찾고 있다. 그들은 모든 사람들이 자연을 철두철미 지배한다고 믿는, 구속하는 질서를 추적하려 애쓰고 있다." 성경 연구자들과 마찬가지로, 그들도 확실성이 아닌 가능성을 제시했다.[8]

---

7 Wright, *Story of My Life*, pp. 116, 133-40; G. F. Wright to Asa Gray, June 26, 1875 (infidel class, Hodge, and Dawson), Gray Herbarium; Asa Gray to G. F. Wright, August 14, 1875 (evolutionary teleology), and June 1, 1876 (Hodge), Wright Papers.

8 George F. Wright, "Recent Books Bearing upon the Relation of Science to Religion: No. 1—The Nature and Degree of Scientific Proof," *Bibliotheca Sacra* 32 (1875): 548 (부기에 관한 Stanley Jevons의 글 인용); George F. Wright, "Recent Works Bearing on the Relation of Science to Religion: No. II—The Divine Method of Producing Living Species," ibid., 33 (1876): 459 (meaning of facts). 과학과 종교에 대한 Wright의 최초의 글인

라이트는 종들의 자연적인 기원을 옹호하면서도 하나님, 기적, 인간의 특별 창조 같은 친숙한 개념들을 유지함으로써 다윈의 이론이 일으킬 수 있는 심리적 충격을 완화시켰다. 또 그는 자연의 선택을 분류학적 계층 구조의 낮은 수준의 목적에 제한하는 것처럼 보이는 언어를 반복적으로 사용했다. 반면에 그는 계(界)와 그보다 더 넓은 분류학적 집단을 특별 창조에 속하는 것으로 간주했다. 라이트가 다윈의 이론을 설명하는 방식에 따르면 "창조자는 먼저 하나의, 또는 더 그럴듯하게는 네다섯 개의 특정한 형태 속에 생명을 불어넣으셨고", 그 뒤에 기적적인 변이와 자연선택이 결합된 과정을 통해 각각의 목(目)이 과(科), 속(屬), 종(種)으로 나누어졌다. 라이트는 인간의 출현은 정당하게 진화 과정 밖에 있을지도 모른다고 생각했고, "기적적인 인간의 창조는 그리스도의 일상적인 기적이 자연의 법칙의 보편적 지배를 반박하지 않듯이 자연선택이라는 보편적인 이론을 반박하지 않을 것이다"라고 썼다. 다윈 자신은 자신의 견해에 대한 라이트의 이런 설명을 두고 "힘 있게 썼고 대단히 분명하다"고 평했지만, 그 정확성에 대해서는 아무 말도 하지 않았다.[9]

라이트는 그레이처럼 다윈이 자연선택에 의해 보존된 다양한 변이들의 기원에 대해 설명하지 못하는 것에서 큰 위안을 얻었다. 그로서는 이 한계가 신적 개입을 위한 여지를 남겨두는 것처럼 보였기 때문이다. 그것은 "다윈주의에서 그 독침을 빼앗았고", "무엇이든 하나님이 기뻐하시는 방편을 얻기 위해 하나님의 자유로운 손길을 기대할 수 있게 해주었고",

---

"The Ground of Confidence in Inductive Reasoning," *New Englander* 30 (1871): 601-15에서도 몇 가지 똑같은 점을 강조했다.

9 Wright, "The Divine Method of Producing Living Species," pp. 455, 466, 492-3. Darwin의 반응은 다음 책에서 인용했다. Wright, *Story of My Life*, p. 138.

또한 "성경의 경건한 해석"을 보존해주었다. 라이트는 자신이 "다윈 선생의 제자나 그의 이론의 옹호자"로 간주되는 것을 사려 깊게 거부했다. 하지만 오직 근시안적인 독자만이 그가 그레이의 제자이자 유신론적 진화의 강력한 옹호자라는 사실을 깨닫지 못했을 것이다.[10]

라이트는 그의 논문에서 성경에 대해 거의 언급하지 않았다. 그 대신 그는 그레이 같은 사람들이 해석한 다윈주의는 하나님의 존재에 대한 목적론적 증명(design argument)을 무효화하지 않는다는 점을 강조했다. 그러나 라이트는 책으로 출판하기 위해 자신의 글들을 모으면서 특별히 "성경과 과학의 관계"(The Relation of the Bible to Science)라는 챕터 하나를 덧붙였다. 라이트는 성경의 영감에 대해 아무런 의심도 표현하지 않았지만, "성경의 진술들이 '구원을 위해 알고 믿고 준수할 필요가 있는' 일들을 예외로 한다면, 무오하지는 않다"는 것을 인정했다. 그는 자신의 입장을 보증하기 위해 보수적인 프린스턴 신학자 찰스 하지(Charles Hodge)의 말을 인용했다. 라이트의 주장에 따르면, 하지는 성경 저자들이 과학, 역사, 철학에 대해 글을 쓸 때는 "동시대인들과 같은 수준에 있었다"고 주장했다.[11]

성경적 과학을 옹호해야 할 부담에서 자유로워진 라이트는 창세기와 지질학 사이의 일치점을 찾을 이유가 없었다. 사실, 예를 들어 라이트는 그런 노력들에 대한 조롱을 그다지 숨기지 않으면서 이렇게 썼다. "그와 같은 많은 시도들에서 어느 쪽이 더 많이 뒤틀렸는지, 암석인지 또는 거룩한 기록인지 말하기란 어렵다." 고대의 저자들이 창세기에 창조 이야기를

---

10 Wright, "The Divine Method of Producing Living Species," pp. 474, 487, 492-4.

11 G. Frederick Wright, *Studies in Science and Religion* (Andover, MA: Warren F. Draper, 1882), pp. 352-4. Hodge에 대한 그의 이전의 비판에 대해서는 Wright, "The Divine Method of Producing Living Species," p. 453을 보라.

포함시킨 것은 "다신론에 대한 반대"를 위한 것이었지, 그것을 자연의 역사로 여겼기 때문이 아니었다. 따라서 라이트가 보기에는 "그 문헌에서 현대의 모든 과학을 발견하려고 애쓰는 것은, 과학이 그것의 수사학의 휘장 아래서 자신의 은신처를 발견하는 것이 아무리 쉬울지라도, 결국 뻔뻔한 짓"이었다.[12]

라이트는 영감을 받은 저자들이 "신적 섭리에 의한 창조라는 사실"만을 진술하려 했다고 믿었기에 "창세기 첫 장의 언어를 파생적인 종의 기원을 표현하는 언어에 맞게 조절하는 데는 아무런 어려움이 없다"고 공언했다. 그러나 그는 여전히 성경적 문자주의자로 남아 있었기에 하와가 아담의 갈비뼈에서 창조되었다는 이야기를 가볍게 무시하지 못했다. 또한 그는 인간 신체의 자연적 진화는 쉽게 받아들이면서도 영혼의 초자연적 주입을 강조했다. 그는 이렇게 밝혔다. "그렇지 않다. 인간은 단지 발전한 동물에 그치지 않으며, 가장 조잡한 석기에서 드러나는 (그의) 발명의 재능조차 인간이 새로운 피조물임을 보여준다. 그 새로운 피조물은 물질적 또는 육체적이라기보다는 영적이다."[13]

인간의 기원이 오래되었음에 대한 증거를 구약의 족보들이 제시하는 명백히 짧은 연대기와 조화시키기 위해, 라이트는 또 다시 하지의 말을 근거로 들었다. 하지는 창세기의 족보 목록들이 "그리스도가 다윗의 자손이자 아브라함의 후손임을 입증하려는 의도를 지닌 것이지, 창조와 구세주의 강림 사이에 얼마나 오랜 세월이 흘렀는지를 보여주려는 의도를 지닌 것은 아니다"라고 주장했다. 라이트는 프린스턴의 성경학자인 윌리엄 헨

---

12 Wright, *Studies* II, pp. 365-7.

13 Ibid,, pp. 347-50, 368-70.

리 그린(William Henry Green, 1825-1900)의 말도 인용했다. 그린은 "성경의 용법에서 '낳다'와 '자식을 보다'라는 단어의 사용은 넓은 의미의 후손을 가리키는 것이지, 후손을 직계 자손으로 한정하지는 않는다"라고 말하면서 "이 사실보다 더 명백한 것은 없다"고 주장했다. 라이트는 이런 기록들의 탄력성이 "지질학자와 고고학자와 이집트학자와 언어학자가 몇 가지 문제들에서 평화롭게 일할 수 있게 해준다"라고 결론지었다. "이런 연구자들이 사람들이 성경에서 독단적으로 도출한 연대기의 불일치하는 체계들이 허용하는 시간보다 더 많은 시간을 요구할 때, 우리는 '공인된' 번역의 난외주에서 대주교 어셔(Ussher)가 계산해낸 잘못된 연대기를 제거해야 한다. 그리고 바로 지금이 그 일을 위한 최적기다."[14]

기독교 변증가

1881년에 라이트는 뉴잉글랜드의 활기찬 지적 환경을 등지고 다소 고립된 오하이오 주의 중북부로 떠났다. 그곳에서 그는 오벌린 신학교의 신약 언어 및 문헌학 교수직을 맡았다. 미국에서 가장 활동적인 과학 공동체 가운데 하나인 보스턴 주변에서 사는 동안 그는 뉴잉글랜드에서 빙하시대의 공인된 전문가가 되었고, 보스턴 자연사학회(Boston Society of Natural History) 회장으로 일했으며, 미국의 최고 식물학자로부터 신임을 받았다. 과학 분야에서 점증하는 그의 명성은 피츠버그에 있는 웨스턴대학 생물학과장과 콜로라도 대학 지질학 교수직에 대한 제안으로 이어졌다. 그러나 최근에 그는 미국에서 점점 더 커져가는 성경 비평의 인기에

14 Ibid., pp. 376-9.

대해 경각심을 갖게 되었고, 그의 동창생으로부터 온 초대장에서 정통 신앙을 수호할 기회를 발견했다.[15]

라이트가 오벌린 대학으로 돌아온 것은 그가 죽을 때까지 지속되었던 지적 우편향의 신호였다. 1870년대에 미국 개신교 지도자들이 진화의 문제에 처음 직면했을 때, 라이트는 수정된 형태의 다윈주의를 위해 싸우면서 종의 기원에 대한 진화론적 설명이 자연 및 계시 종교의 교리에 아무런 해를 끼치지 않는다는 점을 보여주기 위해 애썼다.[16] 그러나 1880년대에 뉴잉글랜드와 보스턴의 과학계를 떠날 때부터 그의 노력의 초점이 바뀌었다. 이전에 그는 성경 문자주의자들에 맞서 진화와 과학적 과제들을 변호했지만, 지금은 진화를 성경의 형성 과정 자체에 적용한 비평가들에 맞서 성경의 역사적 정확성을 변호하게 되었다. 그와 동시에 과학에 대한 그의 태도도 열정적 수용에서 회의론 쪽으로 바뀌었다. 1900년대 초에 그는 "근본주의"(fundamentalism)라고 알려진 보수적 종교 운동과 연대했다.

라이트가 성경의 권위에 대해 타협하지 않았던 것은, 그와 셀 수 없이 많은 다른 목회자들이 삶을 바쳐 헌신해온 프로테스탄트 기독교의 존재 자체가 위기에 처했다는 그의 확신에서 비롯되었다.

> 개신교 목사가 직면하는 모든 문제 중에서 성경이 그 자신과 그의 교구, 그리고 세상에 대한 참된 종교적 믿음과 맺는 관계에 대한 것보다 더 집요하고 단호하게 대답을 요구하는 것은 없다. 개신교 강단이 지금과 같은 권위를 지니고 말할 수 있는 근거는 성경이 하나님의 말씀이라는 일반적인 믿음에 있다.

---

15 Wright, *Story of My Life*, p. 146; Morrison, "George Frederick Wright," pp. 136-7; McGiffert, "Christian Darwinism," p. 368.

16 McGiffert, "Christian Darwinism," pp. 370-1.

이 믿음은, 성경이 전임 교구 목사처럼 연구를 위한 경험과 이점을 가진 사람들에게는 말할 것도 없고 일반 독자들에게도 봉인된 책이 아니라고 믿는다. 이와 조금이라도 다른 어떤 입장은 우리를 논리적으로 합리주의나 교황주의로 몰고 간다.

라이트는 단지 정통주의 신앙만이 아니라 목사로서의 직업적 정체성과 사역을 위해서도 싸우고 있었던 것이다.[17]

그가 점점 더 보수적이 되었다는 증거는 창세기 1장에 대한 그의 변화된 태도에서 찾아볼 수 있다. 이미 살펴본 대로, 1882년에 라이트는 모세 오경의 창조의 날들을 지구 역사의 시대들과 상호 관련지으려는 변증가들의 노력을 "뻔뻔한 짓"이라며 일축했었다. 그러나 겨우 2년 뒤에 나온 그의 책 『성경의 신적 권위』(*The Divine Authority of Bible*, 1884)에서 라이트는 아놀드 기요(Arnold Guyot)의 조화를 이루는 체계를 모세의 기록에 대한 그럴듯한 해석으로 인용했다. 그 후 라이트가 "미국 최고의 과학자"로 간주한 제임스 드와이트 데이너(James Dwight Dana)는 그에게 모세 오경의 창조에 대한 기록을 영감으로 기록된 우주생성론으로 받아들일 것을 촉구하기 시작했다. 데이너는 그렇게 하지 않으면 "성경에서 뒤따라오는 모든 것의 신뢰성"이 위태롭게 될 것이라고 주장했다. 데이너의 설득과 성경 비평가들의 끊임없는 공격은 라이트에게 그것이 정말로 정확한 평가라는 확신을 주었던 것으로 보인다. 고등비평의 공격에 맞서 성경의 영감을 변호하는 1886년의 한 연설에서, 라이트는 자신이 성경의 "어떤 부분도 양보"하거

---

17 [G. F. Wright], "Professor Wright and Some of His Critics," *Bibliotheca Sacra* 42 (1885): 352. 라이트는 *Story of My Life*, p. 441에서 이 글의 저자로 확인된다.

나 "비본질적"이라는 딱지를 붙일 의사가 없음을 표명했다.[18]

1890년대에 이르러 라이트는 창세기가 단지 다신론에 맞선 항변이라는 개념과 최종적으로 결별했고, 그와 함께 자신의 이전의 오류를 공개적으로 인정하면서 널리 받아들여진 기요의 해석을 수용했다. 그러나 라이트는 자신이 1880년대 초에 창세기의 의미에 대해 밝힌 "짧은 진술을 대체로 고수한다"고 주장하면서 이렇게 말했다.

> 이 주제에 대한 관심이 길어질수록, 지질학적 역사와 창세기 1장에서 펼쳐진 체계 사이의 적극적 조화를 추구해온 이들에 대한 나의 존경심은 커져갔다. 내가 보기에 적극적인 조화를 위한 모든 시도를 반대하는 이들은 과학적 문헌과 구별되는 대중적 문헌의 특수성을 이해하는 데 총체적으로 실패했고, 대중적 표현에 적합한 자유로운 언어의 사용이 일반적인 진리를 표현할 수 없다고 가정한 것처럼 보였다.

한 해 뒤에 그는 한술 더 떠서 이렇게 고백했다. "지금 생각해보니 나는 이전에 이 주제에 대해 글을 쓸 때, 이 문헌이 이스라엘 민족의 다신론적인 성향 및 그것을 통해 세상의 다신론적인 성향에 대응하려는 직접적인 목적에 적합하도록 쓰였다는 점을 지나치게 강조했다." 이는 6일 창조 이야기가 문자적으로는 사실이 아닐 수도 있으나 최소한 과학적으로는 정확

---

18 G. Frederick Wright, *The Divine Authority of the Bible* (Boston: Congregational Sunday-School and Publishing Society, 1884), pp. 195-8; James D. Dana to G. F. Wright, January 8, January 18, and November 8, 1885, and May 9, 1886, Wright Papers; G. F. Wright, "Has Modern Criticism Affected Unfavorably Any of the Essential Doctrines of Christianity?" *Homiletic Review* 11 (1886): 307-12.

하다는 것이었다.[19]

라이트의 과학관도 오벌린으로 돌아온 뒤에 눈에 띄는 변화를 겪었다. 1870년대에 라이트는 동료 목회자들에게 과학의 가치와 유신론적 진화론의 무해함을 설득하려 애썼다. 그리고 1883년까지도 그는 존 윌리엄 드레이퍼(John William Draper, 1811-1882)가 "과학과 종교의 갈등"이라고 부른 현상의 일차적인 책임이 문자적인 사고방식을 지닌 신학자들에게 있다고 주장했다. 그러나 진화론적 사고가 갖고 있는 유물론적 방향, 그리고 그의 주된 논적들인 고등비평가들 및 자유주의 신학자들이 그 사고를 이용하는 것에 대한 경각심이 커져감에 따라, 라이트의 저작들은 점점 더 부정적인 어조를 띠었다. 에드워드 히치콕의 아들이자 라이트의 친구인 찰스 히치콕(Charles H. Hitchcock, 1836-1919)이 평했듯이, 미국의 많은 지적인 지도자들은 창조와 진화 사이에서 균형을 잃은 것처럼 보였다. "그들은 젊은 시절에 제대로 교육받았으나, 지금은 마치 방학을 맞은 아이들처럼 모든 종교적 통제를 내던져버리고 해방감을 즐기고 있는 것처럼 보인다. 진화가 그런 방종을 불러왔다. 진화의 원칙들로부터 진리의 어떤 낟알을 건져 올릴 수 있을지 질문하는 것은 명백하게도 적절한 일이다."[20]

---

19 G. Frederick Wright, "Editorial Note on Genesis and Geology," *Bibliotheca Sacra* 54 (1897): 570-2; G. Frederick Wright, "The First Chapter of Genesis and Modern Science," *Homiletic Review* 35 (1898): 392-3. 다음 책도 함께 보라. G. Frederick Wright, *Scientific Confirmations of Old Testament History* (Oberlin, OH: Bibliotheca Sacra, 1906), pp. 368-86.

20 George F. Wright, "Exaggeration of the Issues between Science and Religion," *Congregationalist*, May 10, 1883, p. 162; C. H. Hitchcock to G. F. Wright, January 2, 1884, Wright Papers. 다음 책도 함께 보라. G. F. W[right], Review of *History of the Conflict between Religion and Science*, by John William Draper, *Bibliotheca Sacra* 33 (1876): 584-5.

앤도버를 떠나기 전에도 이미 라이트는 다윈의 "제한적인 결론"을 넘어서서 경솔하게도 우주적 진화체계를 구성하려고 했던 허버트 스펜서(Herbert Spencer, 1820-1903)나 존 피스크(John Fiske, 1842-1901) 같은 "선험적인 진화론적 우주 창조자들"에 대해 혐오감을 표현한 바 있었다. 그 뒤 몇 해 동안 라이트는 온건하고 신중한 다윈과 충동적이고 불경건한 사람들을 자주 대조시켰다. 온건하고 신중했던 다윈은 종의 기원만 설명하려고 했고 기원에 대한 자신의 이론을 단지 "동일한 큰 강(綱) 내지 계(界)의 모든 개체"에 제한했다. 그에 비해 충동적이고 불경건한 사람들은 온 세상을 진화로 설명하려 들고, 창조자에 대한 그 어떤 직접적인 언급도 하지 않은 채 "원형질의 최초의 젤리 입자에서 시작해 뉴턴이나 글래드스턴 같은 사람의 두뇌에 이르는" 발전 과정을 진화로 기술하려 했다. 라이트는 후자를 "불모의 땅에 씨를 뿌리러 간 다윈주의"라고 불렀다.[21]

그런 통속적 견해들이 다윈주의와 결합되고 동물학자 토머스 헉슬리(Thomas H. Huxley, 1825-1895) 같은 다윈주의자들의 공격적인 유물론이 등장했기에, 라이트로서는 다윈을 변호하는 일이 점점 더 어려워졌다. 또한 다윈 자신이 1870년대에 그레이의 유신론적 형태의 진화론을 공개적으로 일축했던 사실도 라이트의 부담감을 가중시키면서 그로 하여금 다윈의 과학과 신학을 구별하도록 이끌었다. 주도적인 다윈주의자들이 자신들의 이론이 모든 생명체를 포함하도록 확대해가던 시절에, 라이트는 다윈주의를—그것의 창시자가 1859년에 그랬던 것처럼—하나님이 창조하

21 [G. F. Wright], Review of *Darwinism and Other Essays*, by John Fiske, *Bibliotheca Sacra* 36 (1879): 784; [G. Frederick Wright], "Transcendental Science," *Independent* 41 (October 3, 1889): 10. 다음 글도 함께 보라. G. Frederick Wright, "Darwin on Herbert Spencer," *Bibliotheca Sacra* 46 (1889): 181-4.

신 아마도 네다섯 가지의 원시적 형태에서 비롯된 종의 기원으로 제한할 것을 주장했다. 또한 라이트는 자연선택이라는 개념이 입증되지 않았음을 강조하고, 다윈이 자신의 이론의 난점을 해명하기 위해 지속적으로 노력하는 과정에서 자기 자신을 "발버둥치는 자들"의 왕으로 묘사했던 것을 반복해서 말하기 시작했다. 라이트는 "성경 해석자들의 발버둥은 종의 연속성을 옹호하는 자들의 발버둥만큼 눈에 띄지 않는다"고 말했는데, 이것은 다윈의 고백을 변증학적으로 이용한 것이었다.[22]

정통적인 성경관에 대한 고등비평의 함의들에 대해 라이트가 갖고 있던 오랜 두려움은 1890년대 초에 최고조에 달했다. 당시는 이단재판으로 종교계를 뒤흔들었던, 논쟁적인 장로교 신학자 찰스 브릭스(Charles A. Briggs, 1841-1913)가 모세 오경의 저자가 모세라는 것에 대한 라이트의 믿음을 일시적으로 의심에 빠뜨렸던 때였다. 브릭스는 수년 동안 성경 원문의 무오류성을 거부했고, 성경의 처음 5권이 모세 저작이 아니라며 마치 우상을 파괴하듯 공격을 가했는데, 이것은 라이트를 안절부절하게 만들었다. 1891년 초에 라이트는 브릭스의 말을 직접 들었는데, 그때 그는 "그의 설득력 있고 실증적인 주장의 마법에 빠져서" 자신이 오랫동안 견지해온 확신을 거의 저버릴 뻔했다. 라이트는 당시의 상황을 이렇게 보고했다. "그 충격은 너무나도 강렬했다. 나는 자존심을 버리고 내 믿음의 기초

---

22 [G. F. Wright], Review of *The Life and Letters of Charles Darwin*, ed. Francis Darwin, *Bibliotheca Sacra* 45 (1888): 366-72. 발버둥에 대한 언급은 다음 글들에서 나타난다. [Wright], "Transcendental Science," p. 10; G. Frederick Wright, "The Affinity of Science for Christianity," *Bibliotheca Sacra* 46 (1889): 718. "Huxley among the False Prophets," *Advance* 23 (1889): 452에서 Wright는 Huxley의 "복음주의적인 기독교에 대한 반대"는 "그 나라의 모든 교구에서" 느껴질 것이라고 경고했다. 창조에 대한 다윈의 관점에 대해서는 다음 책을 보라. Neal C. Gillespie, *Charles Darwin and the Problem of Creation* (Chicago: University of Chicago Press, 1979).

를 새롭게 검토하기 위해 나의 주된 연구 지식들로부터 한 걸음 물러서는 것이 필요하다고, 또한 한 세기의 마지막 25년간 그토록 열심히 일해온 그 광부들과 공병들이 그 토대를 실제로 어느 정도나 어지럽혀놓았는지 알아볼 필요가 있다고 생각했다." 이런 숙고의 기간을 벗어났을 때, 라이트는 모세 오경의 모세 저작설과 초자연적 역사관에 대해 이전보다 더 굳건히 확신하게 되었다. 그러나 라이트는 오직 기적과 "외부의 확증적 증거"에 대한 자신의 믿음만이 자신을 브릭스의 유혹적인 논증에 굴복하지 않도록 지켜주었다고 말했다.[23]

돌팔이?

아직 동부에서 살고 있던 1880년에 라이트는 뉴저지 주 트렌튼을 방문했다. 그곳은 델라웨어 강둑을 따라 시초의 인간이 만든 조잡한 석기가 묻혀 있다고 알려져 있었다. 라이트는 그곳에서 원상태로 보존된 사력층 침전물을 조사했다. 그 침전물은 한때 그 지역을 뒤덮었던 빙하가 녹아 흘러내리면서 형성되었기에 그런 도구들의 존재는 인간이 빙하기의 마지막 단계인 대략 8천 년에서 1만 년 전에 그곳에 살았음을 암시했다. 라이트 자신은 거기서 어떤 도구도 발견하지 못했지만, 훗날 자신의 트렌튼 방문이 "나의 연구에 새로운 열정을 가져다주었는데, 그것은 빙하 연구가 내가 일차적으로 관심을 가졌던 신학적·성경적 질문과 관련되어 있기 때문

---

23 G. Frederick Wright, "Some Will-o'-the-Wisps of Higher Criticism," *Congregationalist*, March 12, 1891, p. 84. Briggs 사건에 대해서는 다음 책을 보라. Ferenc Morton Szasz, *The Divided Mind of Protestant America, 1880-1930* (University: University of Alabama Press, 1982), pp. 27-9.

이다"라고 말했다. 그 후 그는 북아메리카 곳곳을 널리 여행하면서 빙하로 침식된 지역의 남쪽 경계선을 추적했고, 인간의 오랜 기원을 입증할 증거를 찾았다. 1889년에 그는 『북미의 빙하시대: 빙하시대와 인간의 오랜 기원의 관계』(*The Ice Age in North America: And Its Bearing upon the Antiquity of Man*)라는 대표작을 내놓았고, 이 책은 그가 세상을 떠나기 전에 5쇄까지 나왔다.[24]

이 무렵에도 라이트는 성경의 역사적 정확성을 여전히 깊이 확신하고 있었다. 그래서 그는 인간이 지상에서 살았던 기간에 대한 자신의 추정치가 구약의 족보가 일반적으로 계산하는 6천 년을 초과한다는 사실에 곤혹스러워했다. 이 딜레마에서 벗어날 방법을 찾던 라이트는 성경의 신뢰성에 대한 믿음을 공유했던 프린스턴 신학교 교수 벤자민 워필드(Benjamin B. Warfield, 1851-1921)를 찾아갔다. 워필드는 이 곤란에 처한 손님을 흠잡을 데 없는 정통주의자인 그린(Green)에게 소개시켜주었다. 그린은 오랫동안 창세기의 족보들이 아담과 아브라함 사이에 과학이 요구하는 만큼 많은 시간을 삽입하는 것을 허용한다고 가르쳐왔다. 더 나아가 그린은 "구약의 족보 기록에 비탄력적인 연대기"를 부과하는 것은 실제로는 성경에 폭력을 가하는 것이라 결론을 내렸다. 라이트는 "밤늦게까지" 이 프린스턴의 학자와 대화를 나누면서 성경의 족보들이 진실로 자신에게 인간의 오랜 기원에 대한 자신의 연구 성과와 창세기 기록의 영감 및 무오류성에 대

24 G. Frederick Wright, "Recent Discoveries Bearing on the Antiquity of Man," *Bibliotheca Sacra* 48 (1891): 298-309 (Trenton); Wright, *Story of My Life*, p. 140 (new zest); G. Frederick Wright, "Man and the Glacial Period," *Science* 20 (1892): 275-7; G. Frederick Wright, *The Ice Age in North America: And Its Bearings upon the Antiquity of Man*, 5th ed. (Oberlin, OH: Bibliotheca Sacra, 1911).

한 자신의 믿음을 조화시키기 위해 헤쳐나갈 필요가 있는 구불구불한 공간을 제공해주고 있다는 확신을 얻었다.[25]

1892년에 라이트는 그의 일생에서 가장 논쟁적인 저작인 『인간과 빙하기』(*Man and the Glacial Period*)를 출판했다. 이 책은 훨씬 더 방대한 저서인 『북미의 빙하시대』(*Ice Age in North America*)의 축약본이었고, 유럽과 미국 서부의 현지 조사 여행에서 수집한 자료를 포함했다. 이전 책에서와 마찬가지로, 라이트는 북미에서 인간이 출현한 시기와 일치하는 단일하고 상대적으로 짧은 빙하시대를 상정했다. 비록 이 견해는 그로 하여금 몇몇 지질학자들에게서 신뢰를 잃어버리게 만들었으나, 그는 오직 대중적인 수용만을 바랐다. 라이트는 오랫동안 전문적인 과학자들과 진심어린 관계를 유지해왔고, 정확하게 3년 전에 「미국의 지질학자」(*American Geologist*)는 "미국의 지질학자들은 실제 과학에 뛰어든 이 신학자의 소풍을 환영할 것"이라는 논평과 함께 빙하시대에 관한 그의 책을 반겼다. 그러나 그의 최신 저작에 대한 서평이 등장하면서, 라이트에 대한 환영의 분위기는 사라지는 것처럼 보였다.[26]

라이트에 대한 공격은 대체로 미국지질조사원(The United States Geological Survey)과 관련된 사람들, 특히 **토머스 챔벌린**(Thomas C.

---

25 G. Frederick Wright, "How Old Is Mankind?" *Sunday School Times* 55 (January 25, 1913): 52; Wright, "Recent Discoveries," p. 309. 두 글 모두 이 방문이 1889년에 있었음을 보여준다. 다음 글들도 함께 보라. David N. Livingstone, "The Idea of Design: The Vicissitudes of a Key Concept in the Princeton Response to Darwin," *Scottish Journal of Theology* 37 (1984): 329-57; Mark A. Noll, ed., *The Princeton Theology*, 1812-1921 (Grand Rapids, MI: Baker Book House, 1983).

26 G. Frederick Wright, *Man and the Glacial Period* (New York: D. Appleton, 1892); Review of *The Ice Age in North America*, by G. F. Wright, *American Geologist* 4 (1889): 107.

Chamberlin, 1843-1928)과 **맥기**(W. J. McGee, 1853-1912)에게서 나왔다. 이들은 빙하시대가 단 한 번밖에 존재하지 않았다는 라이트의 주장에 동의하지 않았다. 지질조사원 홍적세(洪積世) 분과 책임자이자 빙하 분야의 권위자인 챔벌린은 빙하 전문가로서 커져가는 라이트의 명성에 대해서도 분개했다. 「다이얼」(*Dial*)에 실린 라이트의 책 『인간과 빙하기』에 대한 서평에서 챔벌린은 라이트가 인간과 빙하기에 관한 증거를 어리석게도 잘못 해석했고, 더 이상 "미국지질조사원의 부회원"이 아님에도 책 표지에서 자신을 그렇게 소개함으로써 독자들을 교묘하게 오도하고 있다고 비난했다. 또한 맥기는 「사이언스」(*Science*)에 기고한 글에서 라이트를 "악당", "얼간이"라고 불렀다. 이 인종학자는 라이트를 "목사 교수"라고 부르면서 그에게 신학에나 몰두하라고 충고했다. 그리고 "이 책이 집필되지 않았다면, 세상은 더 지혜로워졌을 것"이라고 덧붙였다. 뒤이어 「미국의 인류학자」(*American Anthropologist*)에 기고한 글에서 맥기는 라이트를 "독약을 처방하는 돌팔이"라고 묘사하며 이렇게 결론지었다. "과학계에서 그런 흉악한 욕심쟁이들이 사라졌으면 좋겠다."[27]

라이트는 빙하시대가 단 한 번 있었다고 변호했지만, 과학적 증거는 그와 반대되는 쪽으로 증가하며 흘러갔고, 그때 그의 과학적 결론은 의심할 여지 없이 그의 신학적 확신에 영향을 받고 있었다. 그러나 적어도 지질학자인 데이너는 라이트에 대한 공개적인 모욕을 "미국 과학의 수치"로 간주

---

27 T. C. Chamberlin, "Geology and Archaeology Mistaught," *Dial* 13 (1892): 303-6; W. J. McGee, "Man and the Glacial Period," *American Anthropologist* 6 (1893): 85-95. Chamberlin과 Wright의 관계에 대해서는 다음 글을 보라. Susan F. Schultz, "Thomas C. Chamberlin: An Intellectual Biography of a Geologist and Educator" (Ph.D. dissertation, University of Wisconsin-Madison, 1976), pp. 197-258.

했다. 또 다른 지질학자 에드워드 클레이폴(Edward W. Claypole, 1835-1901)은 라이트에 대한 공격에서 "만만찮은 경쟁자를 이성이 결여된 조직 행위의 무력시위나 강압으로 짓누르는, 지난 시대의 관용을 모르는 신학적 방법"의 냄새가 "너무 강하게" 난다고 여겼다. 그러나 이런 지지 표명에도 불구하고, 미국의 몇몇 주요 지질학자들이 행한 라이트에 대한 공개적 모욕은 과학자들의 오만에 대한 라이트의 의구심을 강화시켰고 또한 과학자 사회에 대한 소외감을 키워주었을 뿐이었다.[28]

라이트는 이 불쾌한 사건 이후에도 과학 잡지에 계속해서 기고했지만, 그의 에너지는 성경에 과학적 오류가 있다는 주장에 맞서 성경을 변호하는 쪽으로 점점 더 쏠렸다. 그 방향을 향한 그의 노력은 그가 1892년에 과학과 계시의 조화를 가르치도록 특별히 마련된 교수직에 임용됨으로써 더욱 용이해졌다. 라이트는 매해 반년씩 오벌린 대학에서 가르쳐야 할 의무로부터 벗어날 수 있었고, 그 후 은퇴할 때까지 15년간 "구약의 역사적 진술에 대한 확신을 재정립"할 과학적 증거를 찾아 세계를 여행할 수 있었다. 그의 연구는 『구약 역사의 과학적 증거』(*Scientific Confirmations of Old Testament History*, 1906)의 출판에서 정점에 이르렀고, 한 동료는 이 책을 "모세 오경 물리학(Pentateuchal physics)이라는 중요한 주제에 관한 표준적 저작"이라고 묘사했다. 그 책에서 라이트는 실제적이지만 전지구적이지는 않은 홍수, 홍해 횡단, 요단강의 갈라짐, 소돔과 고모라의 멸망 같은 성경의 사건

---

28 J. D. Dana가 G. F. Wright에게 1893년 1월 22, 29일에 보낸 편지. Wright Papers; E. W. Claypole, "Prof. G. F. Wright and His Critics," *Popular Science Monthly* 42 (1893): 767. Wright가 Chamberlin과 McGee에게 보낸 답변인 다음 글들도 함께 보라. *Dial* 13 (1892): 380; "Excitement over Glacial Theories," *Science* 20 (1892): 360-1.

들—"특히 과학적 반대 심문이 가능한 사건들"—을 입증하려 애썼다.[29]

라이트가 노아 홍수의 대재난을 지지했다는 사실이 암시하듯이, 그는 성경의 역사를 충실히 믿었으며, 그 결과 그는 주류 과학계에서 멀어졌다. 기독교적 다윈주의자였을 때 그는 이미 물질, 생명, 그리고 인간 영혼의 기원을 자연 법칙의 지배에서 제외시켰었다. 그러다가 1890년대 말에 이르러서는 점점 더 특별 창조론자로서 목소리를 냈다. 19세기 말의 많은 과학자들처럼, 그는 지구의 오랜 기원에 대한 다윈의 추정치뿐만 아니라 진화가 긴 기간에 걸친 사소한 변이들에 대한 자연선택에서 비롯되었다는 다윈의 이론도 배척하게 되었다. 그 대신 라이트는 미국 과학자 클래런스 킹(Clarence King, 1842-1901)과 조셉 르 콩트(Joseph Le Conte, 1823-1901)가 주창한 "폭발적(paroxysmal) 진화" 이론을 받아들였는데, 그들은 신(新)라마르크적인(neo-Lamarckian) 방식으로 자연의 대재앙이 신속한 진화적 변화를 촉발시켰다고 주장했다. 라이트는 유달리 의미심장한 표현을 사용하면서 이 이론은 "현상적 측면에서 특별 창조의 옛 스타일과 별반 다르지 않다"라고 인정했다. 실제로 라이트의 진화론을 기요 같은 인물의 창조론과 구별하는 일은 불가능하지는 않더라도 점점 더 어려워지고 있었는데, 기요는 늘 초자연적 개입의 횟수를 최소한으로 유지하려고 애썼고, 과학과 종교에 속하는 문제들에 대해 라이트가 당시에 흔쾌히 받아들였던 견해를 가지고 있었다.[30]

---

29 G. Frederick Wright, *Scientific Confirmations of Old Testament History* (Oberlin, OH: Bibliotheca Sacra, 1906), p. 83; Wright, *Story of My Life*, pp. 379-83.

30 G. Frederick Wright, "Present Aspects of the Questions concerning the Origin and Antiquity of the Human Race," *Protestant Episcopal Review* 11 (1898): 319. Wright의 진화관에 대한 비슷한 설명을 다음에서 보라. G. Frederick Wright, "The Evolutionary Fad," *Bibliotheca Sacra* 57 (1900): 303-16; G. Frederick Wright, *Scientific Aspects of Christian*

인간의 기원에 대해 논하면서 라이트는 "가장 고등한 동물과 가장 하등한 인간" 사이의 큰 격차를 강조했다. 그럼에도 그는 신적인 기적이 양자 사이의 격차를 메울 수 있고, 이를 통해 인간과 동물이 연결될 수도 있음을 또한 인정했다. 실제로 라이트는 그와 같은 발전이 하나님이 "땅의 흙으로" 인간을 만드셨다는 창세기의 진술과 조화될 수 있는 한 가지 방법을 제안했다. 그는 이렇게 추론했다.

> "흙"이라는 단어는 단순한 먼지 이상의 의미를 나타낼 수 있기에, 파생적(derivative) 기원을 옹호하는 이들은 다윈이 말한 유인원을 닮은 인류의 조상이 단지 땅의 흙에 불과하다고 말해도 무방할 것이다. 더 나아가 그것이 느린 진화의 과정을 통해 인간의 것에 근접한 감각적·지성적 자질을 지닌 어떤 신체적 형태에 도달했을 때 창조자가 기적을 통해 배아생식세포에 인류의 영적 능력을 더하셨다는 가설을 제기한다면, 그들은 문제의 모든 조건을 만족시켰다고 느낄 수도 있을 것이다.

그러나 라이트는, 인간의 출현에 앞서 얼마나 많은 물리적 준비가 있었는지와 상관없이 "몸과 영혼이 하나님의 형상을 지닌 새로운 피조물로 변화된 어떤 시기가 있었다"고 주장했다.[31]

20세기 초에 라이트는 "라이엘과 다윈의 케케묵은 동일과정설적 지질

Evidences (New York: D. Appleton, 1898), pp. 89-114. King과 Le Conte에 대해 다음 글들을 보라. Edward J. Pfeifer, "United States," in *The Comparative Reception of Darwinism*, ed. Thomas F. Glick (Austin: University of Texas Press, 1974), pp. 199-202; Lester D. Stephens, *Joseph Le Conte: Gentle Prophet of Evolution* (Baton Rouge: Louisiana State University Press, 1982), pp. 164-5.

31 Wright, "Present Aspects," pp. 321-3.

학(Uniformitarian Geology)"을 공개적으로 비판했고, "인간은 초자연적 개입을 통해 비교적 최근에 중앙아시아의 어느 곳에서 생겨났다는 전통적 견해"를 옹호했을 뿐만 아니라, 이전에 다윈에 대한 자신의 확신의 근거가 되었던 과학적 방법 그 자체마저 폄하했다. 라이트는 자신이 한때 비웃었던 베이컨주의자들을 상기시키는 언어로 이제 "관찰된 가장 기본적인 사실들에서 조금이라도 벗어나는 모든 귀납적 추리들의 결함"에 주의를 환기시켰다. "과학의 불확실성"이 그의 후기 저작에 면면히 흐르는 흔한 주제로 등장한 것은 확실했다.[32]

이 무렵에 진화론자로서의 라이트의 지위가 너무 많은 문제가 되었기에, 그는 1902년에 자신이 "진화론자"인지 아닌지의 문제를 다루지 않을 수 없다고 느꼈다.

> 만일 "그렇다"라고 대답한다면, 나는 즉시—몇 년 전 유명한 재판에서 어떤 증인이 말했듯이—"하지만 나는 바보가 아니다"라고 덧붙여 말해야 합니다. 그러나 "진화"라는 용어의 모호성과 광범위한 오용을 고려할 때, 나는 이 질문에 대답하는 것 자체를 반대합니다. 자연선택을 통한 종의 기원을 믿으면서도 여전히 진화론자가 아닌 사람이 있을 수 있습니다.[33]

그러나 이런 애매한 대답이 상황을 명쾌하게 정리해주지는 못했다.

---

32 G. F. Wright, "The Revision of Geological Time," *Bibliotheca Sacra* 60 (1903): 580, 582; G. Frederick Wright, "The Uncertainties of Science," *Advance* 43 (1902): 624-5. 예를 들어 다음 글도 함께 보라. George Frederick Wright, "The Uncertainties of Science and the Certainties of Religion," *Homiletic Review* 46 (1903): 413-15.

33 Wright, "The Uncertainties of Science," *Advance*, p. 624.

근본주의자

20세기로 접어들 무렵에 라이트의 진화론자로서의 정체성이 분명치 않았다고 한다면, 그 이후 10년 동안 그가 떠오르는 근본주의 운동의 지도자들 편에 가담했을 때 그 정체성은 사실상 사라졌다. 그의 충성의 대상이 바뀌었음을 보여주는 상징은 그가 1903년에 알렉산더 패터슨의 『진화의 이면』에 대해 쓴, 신중하긴 했지만 칭찬하는 조로 쓴 서론이었다. "나는 이 작은 책에 담긴 모든 관점이 다 좋다고 말하는 것은 아니지만, 내가 이 책에 동의하지 않는 점들은 이 주제에 관한 다른 어떤 책의 경우보다도 적다. 나는 나쁜 철학과 단편적인 과학으로 혼란스러운 이 시대에 이 책이 매우 절실한 강장제 역할을 하기에 적합하다고 말할 수 있다." 라이트는 대중적인 진화 이론 중의 "1/10은 나쁜 과학, 9/10는 나쁜 철학"이라고 묘사하면서, 다윈보다는 스펜서에게 대부분의 책임을 돌리려고 했다. 그에 따르면, 다윈은 "엄밀한 의미에서 진화론자는 아니었고 진화론자라는 말도 거의 사용하지 않았다. 다윈은 단순히 종들이 확대된 변종임을 보여주고자 애썼을 뿐이다.…속(屬)과 보다 포괄적인 동식물의 목(目)의 기원이라는 더 큰 문제에 대해 그는 매우 신중하게 말했고, 그런 이론들을 '멀리서 희미하게 보이는' 것들이라고 불렀을 뿐이다."[34]

1903년에 라이트는 보수적 기독교의 대변인으로서 상당한 명성을 얻었다. 그는 「비블리오테카 사크라」의 편집자이자 「선데이 스쿨 타임즈」(*Sunday School Times*)나 「설교 비평」(*Homiletic Review*) 같은 매우 확고한

---

34 George Frederick Wright, Introduction to *The Other Side of Evolution: An Examination of Its Evidences*, by Alexander Patterson (Chicago: Winona Publishing Co., 1903), pp. xvii-xix.

반모더니즘 잡지의 기고자였다. 그 무렵에 그는 새로 결성된 미국성경연맹(American Bible League)의 책임자로 일해달라는 요청을 받았는데, 이 연맹은 "가장 위험한 형태의 다양한 불신앙", 특히 고등비평과 "맞서 적극적인 전쟁"을 벌이는 단체였다. 이 연맹이 발간한 잡지인 「성경을 배우고 가르치는 자」(*Bible Student and Teacher*)의 창간호는 라이트의 글 한 편을 실었는데, 거기서 라이트는 다윈주의를 "일련의 '허점들'과 '불확실성들'로 잘 묘사되는 이론"이라고 일축했다. 1909년에 라이트는 "다윈과 그의 추종자가 되려는 자들의 실수"(The Mistakes of Darwin and His Would-be Followers)라는 글을 기고하면서 다윈이 "두 가지 큰 실수"를 저질렀다고 비판했다. 그것은 ① 자연 안의 균일성(uniformity)이라는 근거 없는 가정 때문에 너무 많은 시간을 허비한 것, ② 사소한 변이들이 쌓여 어떤 유익한 것을 산출하리라고 생각했던 것이었다.[35]

라이트의 입장을 평가하려 할 때, 우리는 그가 글을 썼던 시대가 많은 생물학자들이 다윈이 주장한 자연선택이라는 이론이 생물 진화를 적절히 설명할 수 없다고 믿었던 때였음을 명심해야 한다. 그 당시의 과학자들은 다윈주의를 강하게 비판함으로써 여러 평신도들로 하여금 과학계가 생물 진화에 대한 믿음을 전반적으로 상실했다고 오해하도록 이끌었으며, 또한 미국성경연맹의 또 다른 책임자인 루터 타운센드가 쓴 『진화의 붕괴』(*The Collapse of Evolution*) 같은 제목의 출판물들이 범람하도록 만들었다. 이런 정황을 고려할 때, 이전에 생물학적 진화를 묵인했던 일부 복음주의

---

35 William Phillips Hall to G. F. Wright, October 13, 1904, Wright Papers; "Address of Professor G. Frederick Wright," *Bible Student and Teacher* 1 (1904): 352; G. Frederick Wright, "The Mistakes of Darwin and His Would-be Followers," ibid., 10 (1909): 333-7, reprinted in *Bibliotheca Sacra* 66 (1909): 332-43.

적인 기독교인들이 그 동의를 철회했던 것은 이해할 만한 일이다.[36]

라이트의 글 "다윈의 실수"(The Mistakes of Darwin)와 패터슨의 반진화론적인 논문에 덧붙인 그의 서론을 고려한 끝에, 딕슨은 이 과거의 기독교적 다윈주의자가 진화에 대해 자신과 같은 생각을 갖고 있다고 믿을 만한 충분한 이유를 발견했다. 그리고 라이트는 그런 딕슨을 실망시키지 않았다. 『근본 원리들』(*Fundamentals*)에 기고한 에세이인 "진화의 소멸"(The Passing of Evolution)에서 라이트는 다윈 자신의 초기 저작에 담긴 창조론적 요소들을 강조하면서 동시대의 진화론자들을 맹렬히 비난했다. 라이트에 따르면, 모든 형태의 생명체가 하나의 원시적인 세포로부터 엄밀한 자연 과정을 통해 생겨났다고 무책임하게 가르쳤던 다윈의 현대적 제자들과 달리, 다윈 자신은 생명의 힘을 여러 형태의 동식물에 불어넣으시고 "그와 동시에 그것들에게 (우리가 지금 아는 바와 같은) 장차 그것들이 소유한 차이를 초래할 놀라운 능력을 부여하신" 창조자를 가정했다. 또한 이 위대한 영국의 자연주의자는 "동물들 또는 식물들 사이의 모든 차이점"의 원인을 자연선택에 돌리지 않았고, 대신 "종들은 확대되고 액센트가 주어진 변이들에 불과한 것이라고 단순히 가정하는 것이 꽤 합리적일 수 있으며, 그것들은 모두가 인정하듯이 공통 조상의 후손들"이라고 가르쳤다. 라이트는 계속해서 인간은 고등동물들과 너무 많이 달라서 "성경이 표현하는 대로 **단 한 쌍의 특별 창조를 통해** 존재하게 되었고, 이들을 통해 인류의 모든

---

36 Luther T. Townsend, "The Collapse of Evolution," *Bible Student and Teacher* 2 (1905): 8-28. 20세기 초 다윈주의의 지위에 대해 다음 책을 보라. Peter J. Bowler, *The Eclipse of Darwinism: Anti-Darwinian Evolution Theories in the Decades around 1900* (Baltimore: Johns Hopkins University, 1983).

다양성이 생겨났다"고 주장했다.[37]

진화를 종들로 제한하고 인간뿐만 아니라 최초의 식물 및 동물의 특별 창조를 주장하는 것처럼 보이는 라이트의 이런 글은, 과거의 이 기독교적 다윈주의자가 어느 정도까지 자신의 이전의 신념을 버렸는지를 보여준다. 다른 증거는 라이트의 사고의 불연속성이 실제적이라기보다는 현상적이었음을 암시한다. 1912년에 『근본 원리들』에 글이 실릴 때와 거의 같은 시기에 라이트는 『인간의 기원과 오랜 역사』(*Origin and Antiquity of Man*)라는 책을 출간했는데, 그 책에서 그는 유신론적이고 폭발적(paroxysmal)인 지구의 역사를 주장했다. 인간의 기원이라는 문제에 관해 라이트는 『진화의 소멸』을 쓴 사람과는 정반대되는 사람인 것처럼 말했다. 그는 이렇게 썼다. "인간의 신체 구조를 인간과 관련된 고등동물의 신체 구조와 비교하자마자, 육체적 구조에 관한 한 공통 기원을 뒷받침하는 논증이 거의 압도하게 된다." 그는 또 이렇게 썼다. "이 모든 사실들을 고려할 때, 육체적 생명과 관련해 인간이 유전적으로 포유류 중에서 가장 고등한 목(目)과 관련되어 있다는 결론을 피하기는 어렵지만, 인간은 그 목에 속하는 그 어떤 현존하는 종으로부터도 유래되지 않았다는 사실도 똑같이 명백하다." 비록 라이트는 하나님이 인간의 육체적 조직에 마지막 손길을 더하시고 인간에게 "고등한 정신적 특성"을 부여하셨다는 점을 인정했지만, 이는 여전히 일반적으로 이해되는 "단 한 쌍의 특별 창조"에는 훨씬 못 미치는 것처럼 보였다.[38]

---

37 George Frederick Wright, "The Passing of Evolution," *The Fundamentals*, 12 vols. (Chicago: Testimony Publishing Company, n.d.), 7:5-20, 강조는 저자.

38 G. Frederick Wright, *Origin and Antiquity of Man* (Oberlin, OH: Bibliotheca Sacra, 1912), pp. 380, 386, 388.

라이트의 동시대인들은 그의 이 두 진술 사이의 명백한 차이점을 놓치지 않았다. 1914년 말에 당시 런던의 메트로폴리탄 태버너클 교회에서 목회하고 있던 딕슨은 『인간의 기원과 오랜 역사』를 읽은 한 독자에게서 그 책에 제시된 견해들과 『근본 원리들』에 나타나는 견해들이 어떻게 조화를 이루는지를 묻는 편지 한 통을 받았다. 딕슨은 라이트에게 이렇게 편지했다. "저는 이 인용구들이 제게는 꽤 곤혹스러운 것임을 고백하지 않을 수 없습니다. 당신은 다윈주의적 진화에 관한 자신의 견해를 바꾸셨습니까? 아니면 당신의 책 속의 맥락이 그 인용구들을 꽤 잘 수정해서 그것들이 『근본 원리들』에 실린 당신의 글과 조화되도록 해주는 것입니까?" 불행하게도 이 편지에 대한 라이트의 답장은 현존하지 않는다. 따라서 그가 이 명백한 모순을 어떻게 설명했는지 말하기란 불가능하다. (라이트의 책을 한 번만 읽어보면 딕슨에게 편지를 보냈던 사람이 라이트의 발언을 문맥에서 벗어나 잘못 인용했을 가능성이 없다는 것을 쉽게 알 수 있다.) 1916년에 출간된 자서전에 실린 인간의 기원에 대한 라이트의 최종적 진술도 그 점에서 전혀 분명하지가 않다. "나는 인간과 어떤 알려지지 않은 유인원의 종 사이의 몇 가지 생명체적인 연결과 관련된 진실이 무엇이든지 간에, 현재의 육체적·영적 특징을 지닌 인간은 지질학자들이 시간을 계산하는 것처럼 그렇게 아득한 과거가 아닌 시기에 지구상에 갑자기 출현했다고 믿는다."[39]

진화에 대한, 특히 인간의 기원에 대한 라이트의 견해는—1915년에 딕슨에게 그러했듯이—오늘날에도 여전히 오리무중이다. 라이트는 『근본 원리들』에서 썼듯이, 인간은 "성경이 표현하는 대로 단 한 쌍의 특별 창

39 A. C. Dixon이 G. F. Wright에게 1915년 1월 1일에 보낸 편지. Wright Papers; Wright, *Story of My Life*1, p. 422. 테네시 주 내시빌에 소재한 남침례회 연맹 역사 위원회 다간-카버 도서관의 A. C. Dixon 소장품 중에는 Wright와 교환된 서신이 존재하지 않는다.

조를 통해 존재하게 되었다"고 믿었는가? 아니면 『인간의 기원과 오랜 역사』에서 썼듯이, "인간은 유전적으로 포유류 중에 가장 고등한 목과 관련되어 있다"고 믿었는가? 다윈주의 논쟁의 전문가로서 라이트는 **특별 창조**(special creation)라는 용어가—일반적으로 사용되는 용법대로—(인간과 다른 동물 사이의—역자 주) 유전적 관련성을 배제한다는 점을 분명히 알고 있었다. 어떻게 그토록 생각이 분명하고 박식한 사람이 진화와 관련하여 정서적으로 가장 민감한 주제에 대해 그토록 명백하게 모순적인 진술을 할 수 있었던 것일까? 그는 단지 서로 다른 독자의 기대를 충족시키기 위해, 또는 자신의 진짜 관점을 감추기 위해 표현을 적당히 수정했던 것일까?

외관상 모순되는 그의 발언들을 조화시키려 할 때, 우리는 라이트가 특히 말년에 창조와 진화를 상호 배타적인 설명으로 간주하기를 거부했다는 점을 기억해야 한다. 라이트는 심지어 기독교적 다윈주의자 시절에도—마이클 맥기퍼트(Michael McGiffert)의 말을 빌리면—"특별 창조 교리를 허용하여 그것에 뒷문을 열어준" 생물 진화의 관점을 지지했다. 훗날 라이트는 종들의 폭발적 발전 이론을 옹호하기 위해 다윈의 극미한 변이 가설을 버렸는데, 이 이론은 라이트 자신의 말을 빌리면 "특별 창조에 관한 오래된 이론과 현상적으로 별반 다르지" 않았다. 따라서 창조와 진화는 많은 사람들의 머릿속에서는 정반대 개념이라고 생각되었지만, 라이트가 보기에 이 둘은 하나님이 이전에 존재했던 유인원과 비슷한 어떤 동물에서 인간을 "창조하신" 창발적 진화(emergent evolution)의 과정을 똑같이 적합하게 묘사하는, 사실상의 동의어였다.[40]

---

40 McGiffert, "Christian Darwinism," pp. 210-11; Wright, "Present Aspects," p. 319. Livingstone, *Darwin's Forgotten Defenders*, p. 70에서는 Wright가 "일종의 창발적 진화 이론"에 찬성했을 수도 있음을 암시한다.

신적인 도움이 개입된 인간의 진화가 바로 "창조 행위"라고 말했던 사람은 라이트 혼자가 아니었다. 그와 같은 모호한 어법이 진화를 수용했던 복음주의 지식인들 사이에서 유행했던 것은 확실해 보인다. 예를 들어 데이너(Dana)는 종의 고정성에 대한 믿음을 버린 후 호기심에 찬 어떤 목사에게 이렇게 설명했다. "열등한 종으로부터의 인간의 파생을 인정하면서도 나는 인간의 기원에 있어서 신적인 창조 행위가 있었다는 것을, 그리고 그 사건은 마치 지구나 무기물로부터 인간에 이르기까지가 그러했던 것처럼 참으로 하나의 창조였음을 믿습니다." 오르(Orr)도 그와 비슷하게 주장했다. "'진화'란, 요컨대 '창조'를 뜻하는 새로운 이름이다. 다만 그 창조의 힘이 옛날의 개념과 같이 **외부적**이고 부자연스러운 방식으로가 아니라, **내부**로부터 역사한다는 점이 다를 뿐이다. 그럼에도 불구하고 그것은 창조다."[41]

라이트가 기독교적 다윈주의자에서 근본주의자로 변신한 이유는 단지 추측될 수 있을 뿐이다. 고등비평으로 전향할 뻔했던 일, 일부 과학자들에게 당한 푸대접, "과학과 계시의 조화"를 입증해야 하는 교수로서의 의무감 등이 모두 나름의 역할을 했다는 데에는 의심할 여지가 없다. 어떤 면에서 진화에 대한 그의 변화하는 관점들은 단순히 세기의 전환기에서 많은 과학자들이 다윈주의에 대해 느꼈던 환멸을 반영했을 수도 있다. 그러나 이 요인만으로는 성경과의 일치를 통해 과학을 판단하려는 그의 점증했던 성향을 설명하지 못한다. 오히려 그런 실행의 원인은 아마도 고등비평에 대한 그의 점점 더 커져가는 강박증이었을 것이다. 그는 고등비평

---

41 James Dwight Dana가 어느 목사에게 1889년 3월 3일에 보낸 편지, in Daniel C. Gilman, *The Life of James Dwight Dana* (New York: Harper & Brothers, 1899), p. 188; James Orr, "Science and Christian Faith," *The Fundamentals* 4:103. 나는 Orr의 진술에 대한 관심을 불러일으켜 준 데 대해 David Livingstone에게 감사하게 생각한다.

이 복음 사역자들의 일거리를 빼앗고, 성경을 우화 모음집으로 전락시키며, 더 나아가 현대 문명의 기초를 흔들고, 무엇보다도 자신의 필생의 과업을 조롱거리로 만들게 될 것을 두려워했다. 아이러니하게도 본문비평은 1860년대에 그가 기독교화된 형태의 다윈주의를 받아들이는 데 필요한 지적 자유를 그에게 제공해주었는데, 이제 그는 현대의 성서학 연구 결과에 등을 돌림으로써 자신의 지적인 선택 영역을 상당히 축소시켰다.

여러 근본주의자들과 마찬가지로, 라이트도 진화가 고등비평가들이 말하는 "소위 학문"(so-called science)이라는 것의 이론적 기초를 제공한다고 믿었다. 그는 이렇게 주장했다. "그들의 저작을 대충만 살펴봐도 기적들 및 성경의 초자연적 체계 전체에 대한 선험적 반론이 그들 대부분의 추론에서 지배적 요소이고, 자연 세계에서조차 뒷받침되지 않는 경직된 진화 이론이 역사적 연구의 영역 안으로 들어와 역사의 미묘하고 복잡한 문제를 푸는 데 결정적 요소가 되었음을 알 수 있다."[42] 라이트의 이런 확신을 고려한다면, 생물학적 진화에 대한 라이트의 열광이 시들해진 것은 놀랄 일이 아니다. 그 열광은 그가 "성경도 살아 있는 생물처럼 시간이 흐르면서 자연적으로 진화했다"는 혐오스런 관념을 진화가 뒷받침한다고 확신하게 됨에 따라 시들해졌던 것이다. 그리고 우리가 가장 초기의 근본주의자들 역시 지구의 오랜 역사를 받아들였고 또 많은 이들이 심지어 창세기의 비문자적 이해까지 수용했다는 사실을 기억한다면, 그들이 라이트를 진화 및 기독교 신앙과 관련된 문제들의 권위자로 간주했다는 사실은 놀랄 일은 아닐 것이다.

---

42 G. Frederick Wright, "Some Fallacies concerning 'Higher Criticism,'" *Congregationalist*, February 12, 1891, p. 50.

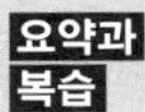

1. 20세기 초에 진화론에 반대하는 근본주의 운동이 시작되었고, 조지 프레더릭 라이트가 그 운동의 최적임자로 선택되었다.

2. 식물학자 그레이는 젊은 목사인 라이트에게 아버지 같은 존재가 되어 과학의 길을 가르쳐주고, **"기독교적 다윈주의"**라는 자신의 비전을 나눠주었다. 그 결과 라이트는 종의 자연적인 기원을 옹호하면서도 하나님, 기적, 인간의 특별 창조 같은 개념을 견지할 수 있었다.

3. 1870년대에 미국 개신교 지도자들이 진화 문제에 처음 직면했을 때, 라이트는 종의 기원에 대한 진화론적 설명이 자연 및 계시 종교의 교리에 아무런 해를 끼치지 않는다는 점을 보여주기 위해 애썼다. 하지만 생물학적 진화론에서 비약한 우주 진화론이나 공격적인 무신론적 유물론이 다윈주의로부터 등장하자, 라이트가 진화를 변호하는 일은 어려워졌다.

4. 1880년대에 라이트는 변호의 방향을 바꾸었다. 성경의 처음 5권이 모세의 저작이 아니라는 역사비평가들의 주장에 라이트는 큰 충격을 받았다. 그는 진화를 성경의 형성 과정 자체에 적용했던 역사비평가들에 맞서 성경의 역사적 정확성을 변호하게 되었다.

5. 라이트는 1889년에 『북미의 빙하시대』를, 1892년에 『인간과 빙하기』를 출판했다. 이 책에서 라이트는 짧은 빙하시대가 단 한 번만 있었다고 주장했고, 지질학자들보다는 우선 대중들에게 인정받기를 원했다. 미국지질조사국 관계자는 라이트를 돌팔이라고 공격했다.

6. 노아 홍수 등의 성경적 역사를 끝까지 믿었던 라이트는 주류 과학계로부터 멀어져 근본주의 운동에 가담했고, 1909년에 그는 다윈주의를 허점과 불확실성이 가득한 이론이라고 일축했다.

7. 라이트가 기독교적 다윈주의자에서 근본주의자로 변신했던 이유는 ① 고등비평에 거의 설득될 뻔했던 일, ② 주류 과학계의 푸대접과 무신론적 다윈주의에 대한 환멸, ③ 과학과 계시를 조화시켜야 하는 학자로서의 의무감 등으로 추정된다.

제3장

근본주의 논쟁 속의 창조론

Creationism
in the Fundamentalist Controversy

진화에 대한 논의가 대체로 학계에 제한되었던 동안에는, 성경적인 이유로 진화에 반대했던 기독교인들은 목소리를 높일 이유가 없었다. 그러나 1880, 1890년대에 논쟁이 공적인 영역 안으로 쏟아져 들어오자 창조론자들은 점점 더 경각심을 갖게 되었다. 위기를 느꼈던 전천년설 지지자들 중 한 사람은 1889년에 이렇게 경고했다. "수백만 개의 혀를 가진 언론 매체들이 이런 모호한 추측을 사방에 퍼뜨려서 무지하고 교육받지 못한 사람들이 그것에 대해 듣게 된 지금이야말로 진지한 그리스도인들이 나서서 그것을 중단시켜야 할 때다." 초자연주의의 마지막 흔적까지도 과학에서 몰아내 버리겠다는 결의를 표명했던 몇몇 생물학자들의 공격적인 선언도 정통주의자들 사이에 두려움과 분노를 불러일으켰다. 분개한 침례교 목사 한 사람은 1909년에 이렇게 호소했다. "현 시대의 모든 설교자는 진화론을 다루어야 한다. 진화론의 옹호자들은 하나님의 영역을 침범했다." 그 침범의 증거로 그는 볼티모어 여자대학 생물학 교수인 메이너드 멧카프(Maynard M. Metcalf, 1868-1940)의 글을 인용했다. 멧카프는 기독교인이었지만, "초자연주의자의 마지막 보루"[1]인 생명과학에서 종교의 흔적을 지

---

1 H. L. Hastings, Preface to the Second Edition (1889) of *The Errors of Evolution: An Examination of the Nebular Theory, Geological Evolution, the Origin of Life, and Darwinism*, 3rd ed., by Robert Patterson (Boston: Scriptural Tract Repository, 1893), p. iv. (premillennialist); William B. Riley, *The Finality of the Higher Criticism; or, The Theory of Evolution and False Theology* (Minneapolis: n.p., 1909), p. 73 (Baptist cleric); Maynard M. Metcalf, *An Outline of the Theory of Organic Evolution* (New York: Macmillan, 1904), pp. xix-xx. 19세기에 진화론에 대해 개신교가 보인 반응에 대해서는 다음 책들을 보라. Jon H. Roberts, *Darwinism and the Divine in America: Protestant Intellectuals and Organic*

우려는 노력을 지지했던 사람이었다. 20세기 전환기에 다윈주의의 타당성을 둘러싸고 과학계 내부에서 벌어진 논쟁도 그런 비평가들에게 목소리를 높이도록 부추겼다. 1880년 이후 압도적으로 많은 과학자들이 생물 진화의 어떤 형태를 수용했지만, 19세기 말에 이르러서는 많은 이들이 다윈의 자연선택 이론이 종의 기원을 설명해줄 수 있는지에 대해 회의적인 견해를 표명하고 있었다. 20세기 초에 다윈주의에 대한 비판은 특별히 독일에서 커졌는데, 스탠퍼드 대학의 생물학자 **버논 켈로그**(Vernon L. Kellogg)가 『오늘날의 다윈주의』(*Darwinism To-Day*, 1907)라는 자신의 저서를 독일어판으로 출판할 때 첫 장에 "다윈주의의 임종"(The Death-Bed of Darwinism)이라는 제목을 달 정도였다. 독일에서 저명한 생물학자들이 비판의 대열에 가담한 것과는 대조적으로, 켈로그는 미국에서 다윈주의에 대한 지적인 불안의 증거를 거의 찾지 못했다. "우리의 서점 진열대에는 독일과 같이 최신 진화론 연구에 관한 책들과 논문들이 비치되어 있지 않다. 우리나라의 진지한 계간지와 비판적인 월간지 및 주간지는—그런 것이 있다고 가정한다면—'다윈주의의 임종'(*das Sterbelager des Darwinismus*)에 대한 논쟁을 전혀 싣고 있지 않다." 그러나 그는 이렇게 예견했다. "많은 '독일제' 제품들이 우리나라에 들어온 것처럼, 진화론 문제에서 현재 진행되는 지적 활동의 반향과 문구들도 곧 수입될 것이 분명하다."[2]

Evolution, 1859-1900 (Madison: University of Wisconsin Press, 1988); James R. Moore, *The Post-Darwinian Controversies: A Study of the Protestant Struggle to Come to Terms with Darwin in Great Britain and America, 1870-1900* (Cambridge: Cambridge University Press, 1979).

2 Vernon L. Kellogg, *Darwinism To-Day* (New York: Henry Holt, 1907), pp. 1-9. Kellogg는 1903년에 슈투트가르트에서 처음 출간된 Eberhard Dennert의 *Vom Sterbelager des Darwinismus*에서 제목을 따왔다. 이 책의 영역판을 보려면 다음 책을 보라. *At the Deathbed of Darwinism*, trans. E. V. O'Harra and John H. Peschges (Burlington, IA: German

일부 미국인들은 이미 대서양 건너편에서 벌어지는 상황에 주목하기 시작했다. 켈로그의 책이 나오기 이태 전에 미국성경연맹(American Bible League)은 루터 타운센드(Luther T. Townsend)가 쓴 『진화의 붕괴』(*Collapse of Evolution*)라는 소책자를 출판했는데, 그 책에서 타운센드는 유럽에서 점증하는 반다윈주의 정서를 언급하며 미국의 진화론자들에게 독일 진화론자들처럼 "솔직하고 남자답게" 다윈주의의 실패를 인정하라고 촉구했다. 소위 "다윈주의의 죽음"에 대한 주장이 확산될 때, 미국의 일부 반진화론자들은 진보적인 기독교인들이 진화에 너무 일찍 굴복했던 것이 아닌가 하는 의구심을 품고 있었다. 당시의 국면을 살피던 어떤 관찰자에게는, "순전히 두려운 마음에서 믿음의 요새를 저버렸던" 이들이 "'적이 전면 퇴각하고 있다'는 사실을 알게 된다면, 우리의 오래된 난공불락의 성채로 곧 되돌아올 것"처럼 보였다.[3]

초기 근본주의

그러나 근본주의의 깃발 아래 모인 보수적 기독교인들은 곧 정통주의 신앙을 진화보다 더 크게 위협하는 한 가지 요소를 인식했다. 그것은 성경을 하나님의 영감으로 된 말씀이 아니라 단지 역사적 문헌으로만 다루려는 고등비평(higher criticism)이었다. 진화에 대한 그들의 상대적인 반

Literary Board, 1904). 다음 책도 함께 보라. Peter J. Bowler, *The Eclipse of Darwinism: Anti-Darwinian Evolution Theories in the Decades around 1900* (Baltimore: Johns Hopkins University Press, 1983).

3 L. T. Townsend, *Collapse of Evolution* (New York: American Bible League, 1905), pp. 48-53; G. L. Young, "Relation of Evolution and Darwinism to the Question of Origins," *Bible Student and Teacher* 11 (1909): 41.

감은 전투적 복음주의자들의 선언문인 『근본 원리들』에 분명히 나타난다. 이 시리즈의 창시자이자 최초의 편집자인 딕슨(A. C. Dixon)은 "유인원이나 오랑우탄이 나의 조상이라는 생각에 혐오감"을 느낀다고 고백했지만, "(그것이) 입증된다면, 그 굴욕적인 사실을 받아들일" 용의가 있다고 표명했다. 이 시리즈의 마지막 두 권을 펴낸 루벤 토리(Reuben A. Torrey, 1856-1928)는 그보다 훨씬 더 유화적인 입장을 취했는데, 그것은 아마도 그가 예일 대학에서 제임스 드와이트 데이너(James Dwight Dana)의 지도 아래 공부한 결과일 것이다. 토리 자신은 "순전히 과학적인 이유에서" 진화에 대한 믿음을 포기했지만—그보다 참을성이 덜한 몇몇 근본주의자 동료들이 깜짝 놀라게도—"성경의 절대적 무오류성을 철저히 믿으면서도 여전히 특정한 유형의 진화론자가 되는 것"이 가능하다고 인정했다.[4] 『근본 원리들』에 실린 글들—그중 대략 1/5이 진화의 문제를 다룬다—은 복음주의적 견해 전체를 포괄했는데, 그 범위는 조지 프레더릭 라이트(George Frederick Wright)의 점진적 창조론(progressive creationism)과 생명의 "고등 형태 및 하등 형태 사이의 유전적 관련성"에 대한 제임스 오르(James Orr)의 인정으로부터 진화를 "고등비평의 영감"이자 기독교 신앙의 적으로 규정한 저

---

4 A. C. Dixon, *Reconstruction: The Facts against Evolution* (n.p., n.d.), p. 18, from a copy in the Dixon Collection, Dargan-Carver Library of the Historical Commission of the Southern Baptist Convention, Nashville, Tennessee; "Dr. R. A. Torrey Replies to Dr. O. E. Brown," *Moody Bible Institute Monthly* 26 (1925): 162. 잡지 *Moody*의 편집자이며 "기독교인은 왜 진화론자가 될 수 없는가"(Why a Christian Cannot Be an Evolutionist)라는 소책자의 저자인 James Gray는 Torrey의 양보가 "오해를 받을" 수도 있다는 점을 우려했다. James Gray to R. A. Torrey, October 14, 1925, James Gray Papers, Moody Bible Institute Archives. Torrey에 대해서는 다음 글을 보라. Kermit L. Staggers, "Reuben A. Torrey: American Fundamentalist, 1856-1928" (Ph.D. dissertation, Claremont Graduate School, 1986).

자의 견해까지를 모두 망라했다. 그러나 진화론에 대한 빈번한 반감과 진화론의 임박한 임종에 대한 성급한 축하에도 불구하고, 대체로 이 총서에는 미래의 근본주의 운동의 특징이 될 거친 공격은 없었다. 근본주의자들이 진화를 좋아하지 않았을지는 몰라도, 당시 그들 중에 진화론을 미국의 학교와 교회에서 근절하기 위한 운동을 시작해야 할 필요성이나 타당성을 느낀 이들은 거의 없었던 것이다.[5]

그사이에 생물 진화의 개념은 학교와 교회 안으로 빠르게 침투하고 있었다. 20세기 초에 공립 고등학교가 전례 없이 많아졌고, 대부분의 공립 고등학교는 진화를 호의적으로 다루는 생물학 교과서를 사용했다. 역사가 에드워드 라슨(Edward J. Larson)은 "수많은 근본주의자 부모들의 자녀들을 포함해 점점 더 많은 수의 청소년들에게 처음으로 진화의 개념을 알게 한 것은" 다른 어떤 것보다도 바로 이 현상이었다고 주장했다. 어떤 경우에는 진화를 주장하는 이들이 관용을 모르고 민감하지 못해서 보복을 초래하기도 했다. 당대의 주요한 신학자들 중 한 사람인 셰일러 매튜스(Shailer Mathews, 1863-1941)는 "때때로 책임은 과학 교사들 자신에게 있는데, 그것은 그들이 종교에 대해 '잘난 척하는 태도' 때문"이라고 여겼다. 그는 학문적 자유가 교사들에게 "다른 사람들의 신념을 모독할 자유"를 허락하는

5 James Orr, "Science and Christian Faith," *The Fundamentals*, 12 vols. (Chicago: Testimony Publishing Co., n.d.), 4:101-2; J. J. Reeve, "My Personal Experience with the Higher Criticism," ibid., 3:99. 진화의 죽음에 대해서는 다음 글들을 보라. "Evolutionism in the Pulpit," ibid., 8:30; David N. Livingstone, *Darwin's Forgotten Defenders: The Encounter between Evangelical Theology and Evolutionary Thought* (Grand Rapids, MI: William B. Eerdmans, 1987), p. 161은 잠정적으로 이 글의 저자를 캐나다 위니펙 출신의 Frank E. Allen으로 간주한다. 나는 본서의 정량적 진술에 있어서 Rennie B. Schoepflin의 미간행 원고인 "Anti-Evolutionism and Fundamentalism in Twentieth-Century America"(M.A. paper, University of Wisconsin-Madison, 1980)에서 큰 도움을 얻었다.

것은 아니라고 주장했다. 생물학자 찰스 데이븐포트(Charles B. Davenport, 1866-1944)도 그 주장에 동의하면서 이렇게 말했다. "생물학자가 조금만 더 인간적으로 변해서 자신의 지식을 대체로 유익한 역할을 하는 사회적 합의를 공격하는 일에 사용하지 않는다면, 생물학자 때문에 사회의 기반이 약화되고 있다고 여기는 이들의 두려움을 진정시키는 데 큰 도움이 될 것이다." 동시대의 또 다른 관찰자는 창조-진화 논쟁의 부분적인 원인을 무책임하고 아는 것도 별로 없는 교사들의 "지적인 말괄량이 기질"에서 찾았다. 그들은 입증이 불가능한 어떤 진화론적 진술로 순진한 학생들에게 충격을 주기를 좋아하는 이들이라는 것이었다. 한 영국인은, 미국의 부모들이 "전통적인 믿음에 대한 다양한 공격"에 자녀들을 노출시키는 공립학교에 자녀들을 보내야 한다는 사실에 분개하는 것은 이해할 만한 일이라고 썼다.[6]

제1차 세계대전이 끝나갈 무렵에 생물학적 진화가 미국의 학문 기관에 얼마나 깊이 침투했는지는 휘튼 대학의 총장 찰스 블랜차드(Charles A. Blanchard, 1848-1925)가 수행한 조사에서 잘 드러난다. 1919년에 블랜차드는 자신과 신앙적인 교분을 맺고 있는 이들이 다수인 중서부 대학들의

---

6 Edward J. Larson, "Before the Crusade: Evolution in American Secondary Education before 1920," *Journal of the History of Biology* 20 (1987): 113; Shailer Mathews, *New Faith for Old: An Autobiography* (New York: Macmillan, 1936), p. 227; C. B. Davenport to E. G. Conklin, June 1, 1922, Charles B. Davenport Papers, Library of the American Philosophical Society. 데이븐포트의 서신에 대한 나의 관심을 환기시킨 John C. Burnham에게 감사의 뜻을 표한다. 마지막 두 인용구는 다음 책에서 인용한 것이다. Howard K. Beale, *Are American Teachers Free? An Analysis of Restraints upon the Freedom of Teaching in American Schools* (New York: Charles Scribner's Sons, 1936), pp. 249-51. 1925년 이전의 교과서들도 통상적으로 진화를 다루었지만 이 주제는 여전히 "생물학 교과 과정의 주변부"에 머물러 있었다. 다음 글을 보라. Philip J. Pauly, "The Urban Origins of American High School Biology," *Isis* 82 (1991): 662-88.

총장들에게 진화의 문제를 어떻게 다루어야 할지를 묻는 설문지를 돌렸다. 설문에 응답한 53명 중 거의 3/4(39명)이 소속 대학의 과학 담당 교수들이 흔히 "유신론적"(theistic)이라고 간주되는 진화를 가르치고 있다고 응답했다. 10명(18.9%)은 모호한 대답을 하거나 아예 응답하지 않았고, 네 명(7.5%)만이 엄밀한 의미에서 창조론자라고 주장했다. 한 명 이상의 총장이 지적했듯이, 거의 모든 과학 교사들과 교과서들이 "자연적 발전 과정 내지 진화"를 사실로 간주하고 있기에 대다수 학교들은 진화론을 가르칠 수밖에 없었다.[7]

성경을 믿는 침례교인들이 문화적으로 지배하고 있으며 신학적으로는 보수적이었던 남부에서조차도, 교회와 관련된 다수의 대학들이 수십 년 동안 진화론을 가르치고 있었다. 베를린에서 교육받은 생물학자인 윌리엄 루이스 포티트(William Louis Poteat, 1856-1938)는 1880년대에 노스캐롤라이나 주의 남침례교 학교인 웨이크 포레스트 대학의 교수로 일하면서 남부에서 과학적 진화를 가르치기 시작한 것으로 알려져 있다. 20세기가 되자마자 텍사스 주의 베일러 대학은 포티트의 제자 중 한 사람인 존 루이스 케슬러(John Louis Kesler, 1861-1956)를 초빙해 생물학과를 개설했다. 케슬러는 몇 년 후에 시카고 대학에서 생물학 박사학위를 받은 유신론적 진화론자인 룰루 페이스(Lulu Pace, 1868-1925)를 뽑아 생물학과에 합류시켰다. 이런 교수 임용에도 불구하고 남부의 기독교 대학에서 학문적 생물학은 느리게 성장했다. 제1차 세계대전이 발발하기 직전에 케슬러가 남침례교

---

7 S. W. Stookey to Charles A. Blanchard, May 3, 1919, Charles A. Blanchard Papers, Wheaton College Archives. 이곳에서 모든 응답지를 찾을 수 있다. 응답지에 대한 통계적 분석은 다음 글을 바탕으로 한다. Shoepflin, "Anti-Evolutionism and Fundamentalism." 이 글은 Blanchard가 세계 기독교 근본 원리 협회를 위해 이 조사를 시행했음을 보여준다.

인 생물학자들 중 “생물학이 언급될 때 주변에서 떠올릴 수 있었던” 사람은 포티트와 페이스 둘밖에 없었다.[8]

1920년 이전에는 포티트도, 그리고 케슬러나 페이스도 침례교인 학생들에게 진화론을 가르친다는 불만 섞인 목소리 이상의 항의는 듣지 못했다. 그러나 얼마 지나지 않아, 그들은 제1차 세계대전 이후 점점 더 생물 진화를 현대 문명에 만연한 사회적 병폐의 원인으로 지목했던 성난 근본주의자들에게 둘러싸인 채 자신들의 경력과 평판을 유지하기 위한 싸움을 벌이지 않을 수 없었다.[9]

---

8 Suzanne Cameron Linder, “William Louis Poteat and the Evolution Controversy,” *North Carolina Historical Review* 40 (1963): 135-57; Willard B. Gatewood, Jr., *Preachers, Pedagogues & Politicians: The Evolution Controversy in North Carolina, 1920-1927* (Chapel Hill: University of North Carolina Press, 1966), pp. 30-8; “William Louis Poteat,” *National Cyclopaedia of American Biography* 28: 132; “Somewhat about Baylor's Effort at Teaching Science,” undated MS, Samuel Palmer Brooks Papers, The Texas Collection, Baylor University; J. L. Kesler, “The Relation between the Teaching of Science and Philosophy in Our Baptist Schools and the Teaching of the Bible,” Baylor Bulletin 18 (December 1914): 5-21, 인용문은 p. 8; Henry Trantham, “Dr. Lulu Pace: An Appreciation of Her Life and Service,” *Baylor Monthly* 1 (August 1925): 1-2. 19세기 남부에서의 진화론 교육에 대해서는 다음 글을 보라. James Woodrow, “Speech before the Synod of South Carolina,” in *Dr. James Woodrow as Seen by His Friends*, ed. Marion W. Woodrow (Columbia, SC: R. L. Bryan, 1909), pp. 752-4. 다음 글도 함께 보라. Edward Lassiter Clark, “The Southern Baptist Reaction to the Darwinian Theory of Evolution” (Th.D. dissertation, Southwestern Baptist Theological Seminary, 1952). Poteat와 Kesler의 관계를 밝혀 준 웨이크포레스트 대학 생물학 교수 Charles M. Allen에게 고마움을 표한다.'

9 다음 책을 보라. George M. Marsden, *Fundamentalism and American Culture: The Shaping of Twentieth-Century Evangelicalism*, 1870-1925 (New York: Oxford University Press, 1980), pp. 141, 149. 근본주의-모더니즘 논쟁에 대한 통찰력 있는 분석을 보려면 다음 책을 보라. Walter Lippmann, *American Inquisitors: A Commentary on Dayton and Chicago* (New York: Macmillan, 1928). Eric Anderson은 내게 이 책에 대한 관심을 일깨워주었다.

반진화론 운동

1922년 초에 평신도 장로교인이자 미국 대통령 선거에 민주당 후보로 나서 세 번 낙선했던 **윌리엄 제닝스 브라이언**(William Jennings Bryan, 1860-1925)은 공립학교에서 진화론 교육을 금지하려는 켄터키 주에 대한 소문을 듣게 되었다. 브라이언은 희망찬 어조로 이렇게 예언했다. "이 운동은 우리나라를 휩쓸 것이고, 우리는 학교에서 다윈주의를 몰아낼 것이다." 그의 예언은 지나치게 낙관적인 것이었음이 드러났지만, 그로부터 10년이 채 되기 전에 20개 이상의 주 의회에서 반진화론 법을 논의했고, 세 개의 주—테네시, 미시시피, 아칸소—는 공립학교의 진화론 교육을 실제로 금지했다. 제4의 주인 오클라호마는 진화론 교과서의 채택을 금지했고, 제5의 주인 플로리다는 다윈주의 교육을 "부적절하고 체제 전복적인" 교육으로 판정했다. 심지어 미국 상원은 진화에 호의적인 라디오 방송을 금지하게 될 헌법 수정 조항을 논의했다. 때로는 논쟁이 너무 격해져서 어떤 이들이 보기에는 마치 "미국이 미쳐가는" 것처럼 보일 지경이었다. 많은 이들이 이 일에 책임감을 느꼈지만, 이를 브라이언보다 더 크게 느낀 사람은 없었다. 브라이언이 이 논쟁에 뛰어든 것은 촉매제 역할을 했고, 반진화론자들은 그들이 가장 원하는 것, 즉 "전국적인 명성, 대단한 평판, 충성스런 추종 세력을 지닌 대변인"을 얻었다.[10]

---

10 Bryan의 말은 다음 책에서 인용했다. Lawrence W. Levine, *Defender of the Faith: William Jennings Bryan: The Last Decade, 1915-1925* (New York: Oxford University Press, 1965), pp. 272, 277. 반진화론 입법에 대해 다음 문헌들을 보라. Maynard Shipley, *The War on Modern Science: A Short History of the Fundamentalist Attacks on Evolution and Modernism* (New York: Alfred A. Knopf, 1927); Shipley, "Growth of the Anti-Evolution Movement," *Current History* 32 (1930): 330-2. 상원 논쟁은 다음 책에 기록되어

진화에 대한 브라이언 자신의 태도 변화는 근본주의 운동의 태도 변화와 긴밀히 연관되어 있었다. 20세기 초 이래로 브라이언은 원숭이 조상을 믿는 우둔한 생각과 그런 생각이 가져올지도 모르는 윤리적 위험성에 대해 이따금씩 넌지시 언급했지만, 제1차 세계대전이 터질 때까지는 자신과 다른 견해를 가진 자들과 논쟁할 이유를 별로 느끼지 못했다. 그러나 전쟁은 인간 본성의 어두운 면을 들추어냈고, 기독교 사회의 미래에 대한 그의 환상을 산산조각냈다. 분명 무언가 잘못되었는데, 브라이언은 그 문제의 원인을 인간의 양심을 마비시키는 다윈주의의 영향력에서 찾았다. 그는 한 젊은 기자에게 이렇게 설명했다. "병사들을 질식시킬 독가스를 만들어낸 바로 그 과학이 인간의 조상은 짐승이라고 설파하면서 성경에서 기적적이고 초자연적인 요소를 제거하고 있습니다." 과학은 그리스도의 가르침을 정글의 법칙으로 대체함으로써 브라이언이 가장 가치 있게 여겼던 원리인 민주주의와 기독교를 위협했다. 특히 두 권의 책이 그의 의구심을 확증해주었다. 첫 번째 책인 켈로그(Vernon L. Kellogg)의 『본부 중대의 밤』(*Headquarters Night*, 1917)에는 독일 장교들과의 직접적인 대화가 기록되어 있었는데, 그것은 다윈의 생물학이 독일인들로 하여금 선전 포고를 하도록 설득하는 데 모종의 역할을 했음을 암시하는 것이었다. 두 번째 책인 벤자민 키드(Benjamin Kid)의 『권력의 과학』(*Science of Power*, 1918)은 다윈

있다. William B. Gatewood, Jr., ed., *Controversy in the Twenties: Fundamentalism, Modernism, and Evolution* (Nashville: Vanderbilt University Press, 1969), pp. 327-9. 미국이 미쳐가고 있다는 내용의 인용문은 다음 글에 나타난다. Ronald T. Nelson, "Fundamentalism and the Northern Baptist Convention" (Ph.D. dissertation, University of Chicago, 1964), p. 319. Bryan의 촉매제 역할에 대해서는 다음 책을 보라. Ferenc Morton Szasz, *The Divided Mind of Protestant America, 1880-1930* (University: University of Alabama Press, 1982), pp. 107-16.

주의와 독일 군국주의 사이의 역사적·철학적 연관성을 입증하려는 책이었다. 근본주의자들과 과학자들은 둘 다 이러한 폭로를 심각하게 받아들였다. 브라이언은 그 공격적인 교리를 폐기시키려는 반응을 보였던 반면에, 미국의 많은 생물학자들은 진화 과정에서 갈등보다 협력이 중요하다고 강조함으로써 더럽혀진 과학의 평판을 회복시키려고 애썼다.[11]

브라이언이 소위 전쟁의 기원이 다윈주의였다는 주장을 발견했을 무렵, 또한 그는 진화론이 미국의 젊은이들도 동요하게 만들고 있음을 인식하고 크게 우려했다. 브라이언은 자주 대학을 방문하고 학부모, 목회자, 주일학교 교사들과 면담하면서 온 나라를 휩쓸고 있는 불신앙의 전염병에 대해 들었다. 그의 아내가 전한 바에 따르면, 그는 그 원인을 조사하자마자 "진화를 이론이 아닌 사실로 가르치는 바람에 학생들이 처음에는 창조 이야기에서, 나중에는 기독교의 바탕이 되는 다른 교리에서 성경에 대한 믿음을 잃고 있다고 확신하게 되었다." 브라이언은 브린 마 대학의 심리학자인 제임스 루바(James H. Leuba, 1868-1946)가 최근에 발간한 책 『신과 불멸에 대한 믿음』(*Belief in God and Immortality*)에서 다시 한 번 확증적인 증거를 발견했다. 루바가 대학 교육을 받으면 전통적인 종교적 믿음이 위태로워진다는 사실을 통계적으로 입증했기 때문이다. 널리 알려진 1924년의 로버트 프랭크스(Robert Franks) 납치 및 살인 사건으로 기소된 네이

11 W. J. Bryan to Johnnie Baldwin, March 27, 1923, Box 37, W. J. Bryan Papers, Library of Congress; Levine, *Defender of the Faith*, pp. 261-5; Gregg Mitman, "Evolution as Gospel: William Patten, the Language of Democracy, and the Great War," *Isis* 81 (1990): 446-63. Kellogg에 대한 근본주의와 과학계의 대표적 반응을 각각 다음 글에서 보라. "Evolution Discredited Again," *King's Business* 9 (February 1918): 95-7; Leon J. Cole, "Biological Philosophy and the War," *Scientific Monthly* 8 (1919): 247-57. Gregg Mitman은 내게 이 글들에 대한 관심을 환기시켜주었다.

선 리어폴드(Nathan Leopold)와 리처드 롭(Richard Loeb)의 재판 이후, 브라이언과 그 밖의 반진화론자들은 모두 다윈주의 교육을 기소하는 목록에 이 극악한 범죄를 추가했다. 그 때문에 한 불만스러운 비평가는 제시 제임스(Jesse James, 미국 서부의 전설적인 무법자였다—역자 주)도 근본주의자였고, "진화론이 불법화된 테네시 주 멤피스에는…미국의 다른 어떤 도시보다도 인구에 비해 많은 살인자가 있다"는 점을 지적하기도 했다.[12]

세계와 미국이 도덕적으로 부패한 원인에 대한 지식으로 무장한 브라이언은 1921년에 이 불쾌감을 주는 학설에 대항하는 전국적인 운동을 출범시켰다. 브라이언은 그의 가장 인기 있고 영향력 있는 강연 중 하나인 "다윈주의의 위협"(The Menace of Darwinism)에서 진화에 반대하는 자신의 논거를 요약하며, 진화는 비기독교적인 동시에 비과학적이라고 주장했다. 그는 다윈주의가 "서로 연결된 여러 추측"에 불과하고 그나마도 형편없는 추측이라고 단언했다. 브라이언은 알렉산더 패터슨(Alexander Patterson)의 『진화의 이면』(*The Other Side of Evolution*, 1903)에 나오는 한 실례를 빌려와 진화론자가 눈의 기원을 어떻게 설명하는지를 다음과 같이 설명했다.

> 진화론자는 눈이 존재하지 않았던 시대가 있었다고 추측한다. 그것은 이 가설의 필수적인 일부다.…약간의 색소, 또는 어떤 이들이 말하듯이 주근깨 하나가 눈이 없는 한 동물의 피부에 나타났다. 이 색소 또는 주근깨가 그 부위에 태양

---

12 Levine, *Defender of the Faith*, pp. 266-7. Bryan 여사의 진술은 다음 책에 등장한다. Wayne C. Williams, *William Jennings Bryan* (New York: G. P. Putnam, 1936), p. 448. Bryan 관련 문헌에는 진화론의 교활한 효과를 보고하는 수많은 편지들이 담겨 있다. Loeb-Leopold 살인 사건에 대해 다음을 보라. Levine, *Defender of the Faith*, p. 344; W. B. Riley and Henry B. Smith, *Should Evolution Be Taught in Tax Supported Schools? Riley-Smith Debate* (n.p., n.d.), pp. 8, 25.

광선을 집중시켰고, 그 작은 동물이 그 부위에 열기를 느꼈을 때, 그것은 더 많은 열을 얻도록 그 부위를 태양에 노출시켰다. 커져가는 열기는 피부를 자극했고—진화론자들은 그렇게 추측한다—거기서 신경이 나오고 또 신경에서 눈이 나왔다!

"놀랍지 않은가?"라고 브라이언은 믿기지 않는다는 듯이 물었다—한 번만이 아니라 두 번씩이나 그렇게 했다. 그로서는 다윈이 쓴 모든 글보다도 창세기의 한 구절이 중요했던 것이다.[13]

눈(目)의 진화론적인 기원에 대해 난색을 보인 것은 브라이언 한 사람만이 아니었다. 기독교 변증가들은 오래전부터 눈의 정교한 디자인을 "무신론에 대한 치유책"으로 간주해왔고, 다윈 자신도 이 점에서 자신의 약점을 기꺼이 인정했다. 다윈은 『종의 기원』에서 이렇게 썼다. "서로 다른 거리에 초점을 맞추기 위한, 흉내 낼 수 없는 장치를 지니고 있는 눈이…자연선택을 통해 만들어졌다고 가정하는 것은 가장 터무니없는 일로 보인다. 나는 이 점을 거리낌 없이 고백한다." 그러나 논리적 일관성 때문에 그는 "자연선택의 원리를 그처럼 놀라운 정도로 확대"하지 않을 수 없었다. 다윈의 미국인 친구인 애서 그레이(Asa Gray)가 그에게 눈의 형성 과정을 다루는 부분이 "그 책의 가장 큰 약점"이라고 솔직하게 지적하는 편지를 보냈을 때, 다윈은

---

13 William Jennings Bryan, *In His Image* (New York: Fleming H. Revell, 1922), pp. 94, 97-8. "다윈주의의 위협"은 이 책의 4장 "인간의 기원"에 등장한다. Bryan이 든 실례가 외관상 등장하는 출처에 대해 다음을 보라. Alexander Patterson, *The Other Side of Evolution: An Examination of Its Evidences* (Chicago: Winona Publishing Co., 1903), pp. 32-3. Bryan은 다음 책에 다시 수록된 그의 인기 있는 강연인 "성경과 성경의 적들에서" Patterson의 책을 추천했다. Bryan, *The Dawn of Humanity* (Chicago: Altruist Foundation, 1925), p. 69. Bryan과 Patterson의 관계에 대해 다음도 함께 보라. Arthur M. Miller, "Kentucky and the Theory of Evolution," *Science* 55 (1922): 178.

이에 대한 답장을 쓰면서 "눈은 지금까지도 내게 진화론의 토대를 흔드는 두려움을 준다"라고 털어놓았다. 다윈만큼이나 몸서리를 쳤던 브라이언은 그의 과학적 견강부회에 대해서는 아무 말도 하지 않는다.[14]

과학계 이외의 다른 많은 진화론 비판자들처럼, 브라이언도 이 사안의 시시비비를 판단할 능력이 없다는 비난에서 자유롭지 못했다. 그래서 진화를 이해하기 위해서는 정식 교육이 필수적이라는 주장을 부정하고 고등 교육의 가치를 폄하하는 말을 자주 하면서도, 그는 때때로 자신의 학문적 자격을 과시하고 싶은 유혹을 이겨내지 못했다. 그는 학사학위, 석사학위, 법학 학사학위, 그리고 최소한 7개의 명예 박사학위를 소지하고 있었다. 사람들이 그를 무식한 사람이라고 부르는 것을 멈추지 않는다면, 그는 자신의 명함 곳곳에 자신이 가진 학위들을 다 새겨 넣은 뒤, "어떤 유인원의 자손에게든" 자신과 "맞먹는 명함을 내밀어보라고 도전"하겠다고 경고했다.[15]

그의 몇몇 공적인 발언에서 그 사실을 추론했을 사람은 별로 없었겠지만, 엄밀히 말해 브라이언은 문자적인 성경 해석가는 아니었다. 사실 진화와 성경에 관한 그의 믿음은, 해석학적으로 보자면 보다 보수적인 그의 지지자들의 믿음과는 상당히 달랐다. 세상을 떠나기 직전에 그는 한 친구에게 자신의 속내를 털어놓았다. 그는 자신이 진화에 반대하는 것은 "인간에

---

14 Charles Darwin, *On the Origin of Species* (London: John Murray, 1859), pp. 186-8. Asa Gray to Charles Darwin, January 23, 1860, and Darwin to Gray, February [?], 1860, in Francis Darwin, ed., *The Life and Letters of Charles Darwin* I, 2 vols. (New York: D. Appleton, 1889), 2:66-7. Darwin이 눈의 기원에 대한 논쟁을 피하기 위해 1838년에 자기 자신에게 남긴 경고도 함께 보라. Paul N. Barrett and Others, eds., *Charles Darwin's Notebooks, 1836-1844* (Ithaca, NY: Cornell University Press, 1987), p. 337. 눈과 무신론에 대해 다음을 보라. William Paley, *Natural Theology* (New York: Evert Duyckinck, 1820), p. 22.

15 William Jennings Bryan, *The Bible or Evolution?* (Murfreesboro, TN: Sword of the Lord Foundation, n.d.), p. 14.

이르는 진화를 진리로 인정하면, 우리의 논적들에게 그들이 재빨리 이용할 수 있는 논리를 제공하기 때문"이라고 말했다. 다시 말해 만일 "진화가 인간에게까지 이르는 모든 종을 설명한다면, 그것은 인간을 포함하는 진화에 유리한 추론을 가능하게 할 논리를 제공"하게 된다는 것이었다. 그는 자신이 이 사실만 아니라면 "인간 이전의 진화"에 대해서는 반대하지 않는다고 했다. 생물학자들이 한 종이 다른 종으로 진화하는 것을 실제로 입증할 수 있을 때까지는 그들을 계속 수세로 모는 것이 최선이라고 브라이언은 생각했던 것이다. 브라이언은 창세기 1장의 의미에 대해 오래전부터 날-시대 이론을 지지해왔다. 그는 1923년에 이렇게 썼다. "이 맥락에서 24시간으로 된 날을 문제 삼는 사람들은 단지 반대할 목적으로 그렇게 할 뿐이다. 그들은, 정통주의 기독교인들이 지구는 둥글다는 사실과 중력의 법칙을 부정한다고 비난할 때와 같이, 공격을 더 쉽게 하기 위해 허수아비를 세운다." 스콥스 재판 기간에 브라이언은 세상이 6천 년보다 훨씬 더 오래되었다는 사실과, 창조의 6일에서 한 날은 아마도 24시간보다 더 길었을 것이라는 사실을 기꺼이 인정했다. 그러나 또한 브라이언은 당혹스러운 과학적 현상을 설명하기 위해 기적에 호소하기를 주저하지 않았다. 예를 들어 브라이언은 동물들의 지리적 분포를 논하면서 "하나님은 자신이 원하시는 것은 무엇이든 창조하실 수 있고, 창조하신 그것을 원하시는 곳에 두실 수 있다"라고 믿는 창조론자는, "동물들의 지리적 분포가 자연적 원인에 의한 것이라는 합리적 증거가 존재하지 않을 때는 언제나 창조 행위"를 논의할 수 있다고 말했다.[16]

---

16 W. J. Bryan to Howard A. Kelly, June 22, 1925, Box 47, Bryan Papers; William Jennings Bryan, Letter to the Editor, *Forum* 70 (1923): 1852. Paul M. Waggoner는 나에게 이 자료에 대한 관심을 환기시켰다. L. Sprague de Camp, *The Great Monkey Trial* (Garden

정치 활동을 하는 기간 내내 브라이언은 자신의 믿음을 일반 대중에게 두었고, "4천만 미국 기독교인들에 대한 소수 지배 체제를 확립하고" 학교에서 가르쳐야 할 내용을 지시하려는 몇 천 명의 엘리트 과학자들의 시도에 분개했다. 브라이언과 같은 민주당원에게는 이런 "과학적 소비에트"(scientific soviet)가 교활한 철학을 가르칠 것을 요구할 뿐만 아니라, 주제넘게도 사회가 그것에 대한 급여까지 지불해야 한다고 주장하는 것은 터무니없어 보였다. 기독교인 시민의 9/10가 자신의 생각에 동의한다고 확신했던 브라이언은, 자신이 주류업자들과 싸울 때 직접적인 호소를 통해 크게 성공했던 것처럼 이번에도 그들에게 직접 호소하기로 결심했다. 브라이언은 창조론자들에게 이렇게 조언했다. "여러분의 문제를 대중들에게 맡기십시오. 필요하다면 정계와 대학의 식자층은 잊어버리고 이 문제를 대중들에게 가져가십시오. 그들이이야말로 최종적이고 효과적인 교정 세력입니다."[17]

반진화론자들

브라이언의 운동에 가담한 사람들은 누구였는가? 최근의 연구가 보여주듯이, 그들은 미국 전역의 각계각층에 걸쳐 있었다. 그들은 작은 소도시와 시골뿐만 아니라 뉴욕, 시카고, 로스앤젤레스에도 살았다. 고학력자는

City, NY: Doubleday, 1968), pp. 401-2; W. J. Bryan to S. J. Bole, July 27, 1922, S. James Bole Papers, Nebraska State Historical Society.

17 Paolo E. Coletta, *William Jennings Bryan*, vol. 3, *Political Puritan, 1915-1925* (Lincoln: University of Nebraska Press, 1969), p. 230 (소수 지배 체제); Levine, Defender of the Faith, p. 289 (과학적 소비에트); "Progress of Anti-Evolution," *Christian Fundamentalist* 2 (1929): 13 (식자층). Bryan은 다음 편지에서 9/10라는 추정치를 제시한다. Letter to W. A. McRae, April 5, 1924, Box 29, Bryan Papers.

많지 않았지만, 대다수는 교육을 받은 사람들이었다. 하지만 브라이언이 보수적이면서 여전히 시골이 많았던 남부에서 강력한 지지자들을 얻고 큰 승리를 거둔 것은 부인할 수 없는 사실이었다. 남부는 한 근본주의 잡지가 "북미 대륙에서 정통주의 신앙의 마지막 보루"라고 묘사했던 지역이었고, "모든 교단의 많은 사람들이 '성경을 처음부터 끝까지 믿는' 지역"이었다.[18]

브라이언의 추종자들이 교회 안에서 지녔던 상대적인 힘은 판단하기 어렵다. 모든 근본주의자들이 창조론자인 것은 아니었고, 또 많은 창조론자들이 진화 반대 운동에 참여하기를 거부했기 때문이었다. 그러나 1929년에 실시된 개신교 목사 700명의 신학적인 믿음에 대한 조사는 몇 가지 귀중한 단서를 제공해준다. "당신은 세상의 창조가 창세기에 기록된 방식과 시간에 따라 발생했다고 믿습니까?"라는 질문에 긍정으로 응답을 한 사람의 비율은 다음과 같다.

루터교회 89%

침례교회 63%

복음주의 62%

---

18 "Fighting Evolution at the Fundamentals Convention," *Christian Fundamentals in School and Church* 7 (July-September, 1925): 5. 반진화론 운동에 대한 가장 탁월한 주정부 역사는 다음 글이다. Kenneth K. Bailey, "The Enactment of Tennessee's Antievolution Law," *Journal of Southern History* 16 (1950): 472-510; Willard B. Gatewood, Jr., *Preachers, Pedagogues & Politicians: The Evolution Controversy in North Carolina, 1920-1927* (Chapel Hill: University of North Carolina Press, 1966); Virginia Gray, "Anti-Evolution Sentiment and Behavior: The Case of Arkansas," *Journal of American History* 57 (1970): 352-66. 다음은 이 운동의 도회적 측면을 강조한다. Ferenc Morton Szasz, "Three Fundamentalist Leaders: The Roles of William Bell Riley, John Roach Straton, and William Jennings Bryan in the Fundamentalist-Modernist Controversy" (Ph.D. dissertation, University of Rochester, 1969), p. 351.

장로교회　35%

감리교회　24%

회중교회　12%

감독교회　11%

기타　60%

불행하게도 이 통계는 응답자들이 "창세기에 기록된 방식과 시간에 따라"라는 어구를 얼마나 다양한 방식으로 해석했는지에 대해서는 아무것도 말해주지 않는다. 미니애폴리스 제일침례교회의 영향력 있는 근본주의자 목사인 윌리엄 벨 라일리(William Bell Riley, 1861-1947)는 "지구가 6천 년 전에 만들어졌다고 주장하는 지적인 근본주의자"는 없었고 "성경은 결코 그런 것을 가르치지 않는다"라고 주장했다. 하지만 어떤 이들은 아마도 창세기가 멀지 않은 과거에 24시간으로 이루어진 6일 동안 특별 창조가 있었음을 가르친다고 믿었을 것이다. 브라이언과 마찬가지로 라일리도 데이너와 존 윌리엄 도슨을 따라 날-시대 이론에 동의했다.[19]

딕슨을 포함한 수많은 반진화론자들은 근본주의자들이 특별히 좋아했던 스코필드 관주 성경(Scofield Reference Bible, 1909)의 견해를 채택했다. 스코필드(C. I. Scofield, 1843-1921)는 문자적 성경 해석론자였고, 한때 텍사스 주 달라스의 제일회중교회를 담임하기도 했으며, 창세기 1장 1절과 2

---

19 George Herbert Betts, *The Beliefs of 700 Ministers and Their Meaning for Religious Education* (New York: Abingdon Press, 1929), pp. 26, 44; W. B. Riley and Henry B. Smith, *Should Evolution Be Taught in Tax Supported Schools? Riley-Smith Debate* (n.p., n.d.), p. 2. Riley에 대해 다음을 보라. William Vance Trollinger, Jr., *God's Empire: William Bell Riley and Midwestern Fundamentalism* (Madison: University of Wisconsin Press, 1990).

절 사이에 간격을 삽입했다. 흠정역(KJV)을 본문으로 한 이 관주 성경은 난외주에서 창조 이야기를 "기원전 4004년"에 일어난 일로 못 박았지만, 정작 주석에서는 창세기 1장 1절이 언급하는 "하늘과 땅"의 첫 창조가 "시기를 추정할 수 없는 먼 과거를 가리키며, 모든 지질 시대가 들어설 여지를 허용한다"고 설명했다. 스코필드는 2절에서 묘사되는 땅의 상태—"혼돈하고 공허하며"—의 원인을 타락한 천사들에게 임한 하나님의 심판이 빚어낸 "대격변"에서 찾았다. 11절에 대한 주석에서 스코필드는 초목의 출현을 기술하며 이렇게 썼다. "씨앗들의 생명의 싹이 원시적 질서를 전복시킨 대격변의 심판 속에서 소멸했다고 가정할 필요는 결코 없다. 마른 땅과 빛의 회복으로 지구는 묘사된 대로 초목을 '내었다.' 소멸한 것은 **동물의** 생명이었고, 그 흔적은 화석으로 남아 있다. 화석을 원시 창조의 피조물로 격하시킨다면, 과학과 창세기의 우주 기원론 사이에는 어떤 갈등도 남지 않게 된다." 천만 부 이상 팔렸을 스코필드 성경은 성경의 무오류성에 대한 편집자의 신념에 공감하는 기독교인들 사이에서 큰 관심을 끌었다. 근본주의 운동의 한 역사가는 이 성경이야말로 "천년왕국설과 근본주의의 역사 문헌에서 아마도 가장 영향력 있는 단일 출판물"이라고 말했다.[20]

---

20 C. I. Scofield, The Scofield Reference Bible (1917; reprint, New York: Oxford University Press, 1945); Ernest R. Sandeen, *The Roots of Fundamentalism: British and American Millenarianism, 1800-1930* (Chicago: University of Chicago Press, 1970), p. 222, Scofield의 영향력에 관한 부분; Donald Kraus to Paul Boyer, June 14, 1990, copy courtesy of Paul Boyer (sales). *The Scofield Bible Correspondence Course* (Chicago: Moody Bible Institute, 1907)도 같은 메시지를 전달한다. 간격 이론에 대한 다른 대중적인 진술은 다음에서 나타난다. G. H. Pember, *Earth's Earliest Ages: And Their Connection with Modern Spiritualism and Theosophy*, 8th ed. (London: Hodder and Stoughton, 1895). A. C. Dixon의 견해는 1923년에 처음 쓰인 다음에서 발견된다. "The Geology of the Bible," *Defender* 2 (March, 1928): 7.

설교자들에 대한 여론조사 역시 진화에 맞선 캠페인에서 정치적 관여의 수준이 교파별로 어떻게 다른지를 보여주지 않는다. 예컨대, 루터교회는 진화에 대한 압도적인 거부에도 불구하고 일반적으로 입법보다는 교육을 선호했고, 진화론에 맞선 법적 조치를 "교회와 국가의 위험한 혼합"으로 보는 경향이 있었다. 이와 비슷하게 진화론의 확산을 세상의 임박한 종말에 대한 또 다른 징조로 보았던 전천년설 신봉자들은 종종 자신들 주변의 악을 바로잡는 일에는 의욕이 부족했다.[21]

근본주의 운동을 주도했던 침례교인들과 장로교인들이 가장 큰 목소리로 진화론을 반대했다. 라일리, 뉴욕 시의 존 로치 스트래튼(John Roach Straton, 1875-1929), 포트워스의 **프랭크 노리스**(J. Frank Norris, 1877-1952), 미시시피 주 블루 마운틴의 **마틴**(T. T. Martin, 1862-1939) 같은 사람들이 진화론을 노골적으로 비판했던 최초의 설교자들에 속했다. 많은 동시대인들이 생각하기에, 진화를 둘러싼 이 모든 난국은 열을 내뿜으며 씩씩거리는 마틴이 웨이크 포레스트 대학에서 이 주제를 가르치던 윌리엄 포티트(William Poteat)를 공격하고, 노리스가 베일러 대학의 생물학자들에 대해 이와 비슷한 혐의를 제기하면서 시류에 편승했을 때 시작되었다. 교리적 광신을 온정적 기독교와 결합시킨다는 평판을 얻었던 순회 복음전도

---

21 Milton L. Rudnick, *Fundamentalism and the Missouri Synod: A Historical Study of Their Interaction and Mutual Influence* (St. Louis: Concordia Publishing House, 1966), pp. 88-90; Sandeen, *The Roots of Fundamentalism*, pp. 266-8. 이 운동에 참여하는 데 대한 루터파의 소극적인 자세는 다음 글에서도 논의된다. Szasz, "Three Fundamentalist Leaters," p. 279. 반진화론 논쟁과 거리를 둔 유명한 근본주의자들의 예를 보려면 다음 글들을 보라. Ned B. Stonehouse, *J. Gresham Machen: A Biographical Memoir* (Grand Rapids, MI: William B. Eerdmans, 1954), pp. 401-2; William Bryant Lewis, "The Role of Harold Paul Sloan and His Methodist Controversy of the Methodist Episcopal Church" (Ph.D. dissertation, Vanderbilt University, 1963), pp. 86-8.

자 마틴은 텍사스 주 벨튼에 소재한 베일러 여자대학에서 자연과학 교사로 사회생활을 시작했다. 마틴은 오랫동안 과학을 공부해왔다고 스스로 주장했지만, 생물 진화에 대한 그의 지식은 획득 형질의 유전과 자연선택을 진화론이라는 건물의 "두 큰 기둥"으로 인식하는 정도였고, 생물학자들이 이 두 이론을 보완적 기제라기보다 서로 경쟁하는 것으로 인식하게 되었다는 것에 대해서는 무지했다. 진화가 젊은이들의 지성에 해를 끼친다고 확신했던 그는 1920년대에 "이 재앙"을 미국의 교실에서 근절하기 위한 운동을 줄기차게 추진했다. 이른바 전시의 잔혹 행위가 사람들의 마음속에 아직도 생생히 남아 있을 때 쓴 『지옥과 고등학교』(*Hell and the High Schools*, 1923)라는 제목의 통렬한 비판을 담은 책에서, 그는 "프랑스 북부와 벨기에의 우물과 샘에 독을 타고" 어린아이들에게 독이 든 사탕을 먹인 "독일인들"은 "우리나라의 학교에서 사용되는 책들을 오염시키고 있는 교과서 저자들과 출판사들에 비하면" 천사라고 주장했다. 마틴은 진화의 심각함을 표현하기에 충분히 강력한 단어를 찾는 데 애를 먹었다. 그는 이렇게 주장했다. "진화 자체, 그리고 세금으로 유지되는 학교에서 진화를 가르치는 것은 아담과 하와의 타락 다음으로 이 땅에 임한 가장 큰 저주다."[22]

---

22 T. T. Martin, *Hell and the High Schools: Christ or Evolution, Which?* (Kansas City: Western Baptist Publishing Co., 1923), pp. 10, 72, 164; T. T. Martin, *Viewing Life's Sunset from Pikes Peak: Life Story of T. T. Martin* (Louisville: A. D. Muse, n.d.), pp. 78, 80. 다음 글들도 함께 보라. Gatewood, *Preachers, Pedagogues & Politicians*, pp. 30-7, 189-97; John Franklin Loftis, "Thomas Theodore Martin: His Life and Work as Evangelist, Fundamentalist, and Anti-Evolutionist" (Th.M. thesis, Southern Baptist Theological Seminary, 1980). 기자 George N. Coad의 "Churches of South Mass to Bar Evolution by Law," *New York World, September* 24, 1925, p. 1에 따르면 "남동부의 대부분의 목사들과 편집자들은 현재의 운동이 William Lewis Poteat 박사에 맞선 특정 침례교 복음전도자들과

마틴이 포티트의 모더니즘적인 사상을 몰아세우기 시작한 직후, 베일러 대학의 사회학 교수인 **그로브 새뮤얼 도우**(Grove Samuel Dow, 1888-?)가 개론적 성격의 교과서 한 권을 출간했다. 그 책은 최초의 인간이 출현한 시점을 "십만 년에서 백만 년 전 사이 어딘가"라고 짧지만 명시적으로 기술했다. 그는 원시 인간은 "땅딸막하고 못생기고 다소 구부정하며 힘이 센 존재이고, 반은 인간이고 반은 짐승이며, 처음에는 나무에서, 나중에는 동굴에서 야생 짐승을 피할 피난처를 찾았고…유인원과 오늘날의 인간의 중간쯤 되는 존재"였다고 썼다. 모세 오경과 다른, 그와 같은 표현은 즉시 마틴과 노리스의 주목을 끌었다. 1924년에 「크리스천 센추리」(*Christian Century*)가 "아마도 지금 이 나라에서 가장 전투적인 근본주의자"라고 칭했던 노리스는 지체 없이 공격을 개시하면서, 자신의 교회 신문인 「탐조등」(*Searchlight*)을 이용해 지난 15년 동안 진화론 교육을 "계속 은폐해온" 베일러 대학의 도우와 그 밖의 진화론자들을 공격했다. 도우는 "표현상 몇 가지 실수를 저질렀다"고 공개적으로 고백하면서 자신은 "인간이 다른 종에게서 나왔다고" 믿거나 가르치지 않았다고 공언했지만, 결국 사임하지 않을 수 없었다.[23]

편집자들의 선동에 의해 초래되었다고 믿는다." Straton에 대해 다음을 보라. Hillyer H. Straton, "John Roach Straton: The Great Evolution Debate," *Foundations* 10 (1967): 137-49.

23 Grove Samuel Dow, *Introduction to the Principles of Sociology: A Text Book for Colleges and Universities* (Waco, TX: Baylor University Press, 1920), pp. 42, 211; "Texas Baptists Repudiate Dr. Norris," *Christian Century* 41 (1924): 1672, quoted in James J. Thompson, Jr., *Tried as by Fire: Southern Baptists and the Religious Controversies of the 1920s* (Macon, GA: Mercer University Press, 1982), p. 143; "Infidelity in Baylor University," *Searchlight* 3 (October 21, 1921): 1; "Prof. Dow and Baylor University," ibid., 3 (November 11, 1921): 1-2; G. S. Dow, Letter to the Editor, *Baptist Standard* 33 (November 3, 1921): 8-9; Dow의 책에 대한 Martin의 인식에 대해 E. C. Routh to G. S. Dow, December 7, 1920, Brooks Papers를 보라. 다음도 함께 보라. Ellen Kuniyuki Brown, "Samuel Palmer Brooks

도우의 사임에도 분이 풀리지 않은 노리스와 텍사스 주 침례교 총회의 근본주의자들은 이어서 **룰루 페이스**(Lulu Pace)와 동물학자 **브래드베리**(O. C. Bradbury, 1890-1969)를 공격했다. 브래드베리는 친독일적 성향 때문에 와코에서 쫓겨났던 케슬러를 대신해 1917년에 베일러 대학 교수진에 합류했었다. 페이스와 브래드베리는 대학 총장인 새뮤얼 파머 브룩스(Samuel Palmer Brooks, 1863-1931)와의 대화에서 자신들은 둘 다 진화를 "하나님의" 창조의 "방법"으로 보며, 창세기의 처음 두 장을 "예시적 또는 비유적" 내용으로 해석한다고 고백했다. 그런데도 그들은 특별조사위원회가 초안을 작성한 명백히 모순되는 보고서를 받아들였는데, 거기에는 다음과 같은 진술이 포함되어 있었다. "우리는 다윈주의적 진화 혹은 하나님을 창조자의 지위에서 밀어내는 그 어떤 형태의 진화, 또는 자연 속에서 종의 변이나 생명체가 한 종에서 다른 종으로 진화하는 일 따위가 존재했다거나 인간이 유인원이나 어떤 하등한 형태의 동물에서 나왔다고 가르치거나 가르칠 것을 제안하는 그 어떤 이론도 명칭의 여하와 상관없이 믿지 않는다." 브래드베리는 이 조사에서는 살아남았지만 곧바로 사임했고, 페이스는 오랫동안 병마에 시달린 끝에 1925년 세상을 떠났다. 신임 교수의 채용과정은 기원의 문제에 대한 대학 당국의 새로운 민감성을 잘 보여주었다. 아이오와 대학의 한 젊은 식물학자가 공석이 된 교수직에 대해 문의했을 때, 브룩스는 그에게 베일러 대학은 "하나님이 세상의 창조자임을 의심하거나 인간을 향한 하나님의 계시인 성경을 무시하는" 교수는 어느 누구도 임용하지 않을 것이라고 알려주었다. 많은 지인들이 정서적 장애가

---

and the Evolution Controversy at Baylor University, 1921-1923," *Texas Baptist History* 1 (1981): 39-47.

있는 위험한 인물이라고 바르게 보았던, 총장의 "주적"인 노리스도 곧 공격을 받게 되었고, 살인 혐의를 받았지만 정당방위를 주장함으로써 혐의를 벗는 데 성공했다.[24]

1920년대에 남부 곳곳의 침례교인 생물학자들은 정통주의 신자들의 의심의 대상이 되었다. 1922년에 테네시 주 침례교 총회는 잭슨에 소재한 유니언 대학의 **데이비스**(C. W. Davis)가 "인간이 하등 동물로부터 원형질이 진화한 것"이라고 가르친다는 소문을 조사했다. 조사관들은 데이비스가 때때로 "진화"라는 단어를 "종의 변이와 다양한 영역에서의 생명의 발전 과정"을 묘사하는 데 사용했지만—그들은 이 무분별한 행동의 원인을 그가 받은 비종교적인 교육에서 찾았다—그는 신학적으로 정통이기에 임용이 가능하다고 여겼다. 2년 뒤 조지아 주 침례교 총회는 펜실베이니아 대학에서 박사학위를 받은 **헨리 폭스**(Henry Fox, 1875-1951)를 머서 대학 생물학 교수직에서 강제로 물러나게 했다. 비록 진화에 대한 폭스의 견해가 불가피하게 쟁점을 가리기는 했으나, 그의 면직을 초래했던 것은 그가 그리스도의 신성, 성경의 신적인 영감, 동정녀 탄생에 대한 믿음을 분명하게 밝히기를 거부했기 때문이었다. 1926년에 사우스캐롤라이나 주의 침례교인들은 신학과 생물학 분야의 학위를 함께 갖고 있던 **앤드류 리 피킨스**(Andrew Lee Pickens, 1890-1969)를—그가 한 신문에 진화론에 찬성하는 것으로 인용된 후에—퍼먼 대학에서 쫓아냈다. 피킨스는 대학 이사들에게

24 *Annual of the Baptist General Convention of Texas* (1922), pp. 19, 157; S. P. Brooks to Edward N. Jones, January 20, 1925 (young botanist), Books Papers. 다음도 함께 보라. "Oral Memoirs of E. N. Jones," 1973, The Texas Collection, Baylor University. 노리스가 처했던 곤경에 대해 다음을 보라. Kenneth K. Bailey, *Southern White Protestantism in the Twentieth Century* (New York: Harper & Row, 1964), pp. 60-2.

질문을 받았을 때 자신의 주장을 철회하기를 거부했다. 그는 사직서를 제출하자마자 "사람이 생물학을 가르치면서 진화를 가르치지 않겠다고 하는 것은 대단히 어리석은 일"이라고 도전적으로 단언했다. 바로 그해에 남침례교 총회는 만장일치로 다음과 같이 결의했다. "본 총회는 창세기가 인간은 하나님의 특별한 피조물이라고 가르치는 것을 수용하며, 인간이 그보다 하등한 짐승인 조상에게서 비롯되었거나 그 조상을 통해 나왔다고 가르치는 진화 내지 그와 유사한 모든 이론을 거부한다."[25]

장로교회는 브라이언과 그 밖의 지도자들을 통해 창조론 운동에 기여했지만, 1929년의 조사가 암시하듯이, 또한 많은 진화론자들도 포용했다. 1923년에 장로교 총회는 교회가 설립한 학교들 중 인간의 진화를 가르치다가 적발된 학교들에 대해 자금 지원을 끊으려 했던 브라이언과 그의 근본주의적 지지자들의 시도를 좌절시키고, 대신 유물론적 진화만 정죄하는

25 *Forty-Eighth Annual Session of the Tennessee Baptist Convention Held with the Deaderick Ave. Church, Knoxville, Tenn., November 15, 16, 17, 1922*, pp. 14-15. 이 문헌은 C. W. Davis를 C. S. Davis로 혼동하고 있다. "Vital Information in the Fox Case," *Christian Index*, October 16, 1924, pp. 26-8; "Biologist Quits Post at Furman," (Raleigh) *News and Observer*, May 2, 1926, from a clipping in Fld. 312, Poteat Paters; Edward Lasster Clark, "The Southern Baptist Reaction to the Darwinian Theory of Evolution" (Ph.D. dissertation, Southwestern Baptist Theological Seminary, 1952), p. 154. 다음 문헌들도 함께 보라. James J. Thompson, Jr., "Southern Baptists and the Antievolution Controversy of the 1920's," *Mississippi Quarterly* 29 (1975-76): 65-81; "Andrew Lew Pickens," *National Cyclopedia of American Biography*, 55:157-8. Fox의 사망 기사를 *The New York Times*, November 6, 1951에서 보라. Davis의 조사에 관해, "Dr. Davis Explains His Position on Evolution," *Cardinal and Cream*, December 16, 1921, pp. 1, 3-4와 the Minutes of the Board of Trustees, Union University, November 14, 1921을 보라. 둘 다 유니언 대학 고문서 보관소에 있으며 Steve Baker가 그곳에 기증했다. 화학자 T. O. Mabry는 진화를 가르친다는 이유로 이름이 드러나지 않은 어느 침례교 대학에서 강제로 쫓겨났다고 주장했다. 그의 소책자 *Evolution and Christianity: A Memorial and a Protest* (1923)를 보라. Fld. 281, Poteat Papers에서 이 소책자 한 부를 찾을 수 있다.

타협안을 승인했다. 비록 감리교 전통에 속한 성결 운동 같은 곳에서 전투적인 반다윈주의 집단이 발견되기도 하지만, 다른 주요 개신교 교단들은 진화론 논쟁에 별다른 관심을 기울이지 않았다. 가톨릭은 이 문제에 대해 의견이 나뉘었지만, 구속력을 갖는 법을 제정하려고 하지는 않았다.[26]

반진화론 운동의 지도자들은 미국의 조직화된 교회들로부터 나온 것이 아니라, 브라이언 같은 개인들 및 1919년에 라일리가 설립한 세계기독교근본주의협회(World Christian Fundamentals Association, WCFA) 같은 초교파적 단체에서 배출되었다. 라일리는 WCFA의 첫 번째 연차 총회를 "마르틴 루터가 비텐베르크에서 95개조 반박문을 내건 때보다 더 역사적인 사건"이라고 웅장하게 묘사했다. 이 협회는 원래 성경의 예언에 대한 전천년주의적 해석에 바탕을 둔 "새로운 개신교"를 출범시키는 것을 목적으로 삼았지만, 1920년대 초에 점점 그 관심을 진화론과 싸우는 일에 돌렸다. 1920년대 중반 내내 미국진화론반대연맹(Anti-Evolution League of America), 브라이언성경연맹(the Bryan Bible League), 미국사이비과학반대연맹(Anti-False Science League of America) 같은 이름을 지닌 여러 개의 진화론 반대 단체들이 잠깐씩 나타났다가 사라졌다. 대부분의 단체는 잘 알려진 근본주의자들로 이루어진 똑같은 긴 임원 명단을 과시하는, 그러나 사실상은 혼자서 북 치고 장구 치는 단체들이었다. 그와 같은 단체들 중

---

26 Bradley J. Longfield, *The Presbyterian Controversy: Fundamentalists, Modernists, and Moderates* (New York: Oxford University Press, 1991), chap. 3; Ronald L. Numbers, "Creation, Evolution, and Holy Ghost Religion: Holiness and Pentecostal Responses to Darwinism," *Religion and American Culture* 2 (1992): in press; John L. Morrison, "American Catholics and the Crusade against Evolution," *Records of the American Catholic Historical Society of Philadelphia* 64 (1953): 59-71. Norman F. Furniss, *The Fundamentalist Controversy, 1918-1931* (New Haven: Yale University Press, 1954)에는 7개 교파의 태도에 대한 장별 연구가 포함되어 있다.

대표적인 것이 복음주의자 **프레드 베넷**(Fred E. Bennett)이 만든 미국과학재단(American Science Foundation)이었다. 그 재단의 회장을 자처했던 베넷은 대중적 지지를 열렬히 추구했다. 베넷은 1920년대 말부터 배출된, 거의 모든 유명한 창조론자들을 포함한 21명의 부회장 명부의 도움을 받아 야심차게도 과학자, 목사, 사업가 등을 결속시켜 무신론적인 공산주의와 진화론의 "용들"이 "이 나라의 중추적인 부분들을 잡아 뜯지" 못하게 막으려 했다. 그러나 몇몇 모호한 원고들의 수집물 중에서 이따금씩 발견되는 그의 선언문 사본을 제외하면, 그 재단이 존재했었다는 증거는 거의 남아 있지 않다.[27]

세계기독교근본주의협회(WCFA)는 진화론 교육을 중단시키는 것뿐만 아니라 기독교 학교에서 사용하기에 적합한 교과서를 검사하는 것도 목표로 삼았다. 진화론 반대 운동 초창기부터 브라이언은 "원숭이에서 시작하지 않는 생물학 교과서"를 찾을 수가 없다는 불만을 제기했다. 교과서 위원회는 1928년에 다음과 같이 보고했다. "이 시대의 가장 큰 필요 중 하나는 우리 학교의 젊은이들에게 해로운 이론들에 사로잡혀 있지 않은 저자

---

27 Stewart G. Cole, *The History of Fundamentalism* (New York: Richard R. Smith, 1931), pp. 259-80은 7개의 반진화론 단체를 기술하는데 그중에 하나를 제외하고 나머지 모든 단체가 이 책이 나올 때쯤에는 다 사라졌다(p. 325). Cole이 언급하지 않은 사이비 과학 반대 연맹에 대해 John Roach Straton이 J. D. Sandefer에게 보낸 1928년 4월 4일자 편지와 "Constitution of the Anti-False Science Leage of America"를 보라. 둘 다 다음 자료 안에 있다. John Roach Straton Papers, American Baptist Historical Society, Rochester, New York. 미국 과학 재단과 관련된 날짜가 기록되지 않은 한 회람 편지는 휘튼 대학 S. J. Bole의 인사 파일에서 찾아볼 수 있다. 다음도 함께 보라. Fred E. Bennett, *Anti-Christ Money* (Kansas City, MO: American Science Foundation, 1935). WCFA에 대해 W. B. Riley, *Inspiration or Evolution*, 2nd ed. (Cleveland: Union Gospel Press, 1926)의 p. 185에 있는 인용문과 Szasz, *The Divided Mind of Protestant America*, pp. 89-91을 보라. Marsden, *Fundamentalism and American Culture*, pp. 169-70은 진화론 반대 운동의 초교파적 성격을 강조한다.

들이 쓴 물리학과 생물학에 관한 적절한 교과서를 제공하는 것이다." 이 위원회가 마음 편히 인정한 유일한 주류 생물학 교과서는 "진화에 대한 어떤 추측"에도 빠지지 않은 "순전히 경험적인" 저작인 조지 베이첼(George A. Baitsell)의 『생물학적 형태에 대한 입문서』(*Manual of Biological Forms*, 1923)였다. 필수적인 자격 조건을 갖춘 사람이 너무도 적었기 때문에 창조론자들 자신은 그 교과서의 공백을 메우는 데 별다른 역할을 하지 못했다. 그러나 침례교 목사이자 한때 고등학교 생물 교사였다가 1920년대 중반에 북미 하나님의 교회 총회에서 운영하는 오하이오 주 핀들리 대학의 생물학과에서 가르쳤던 존 파크(John S. Park, 1894-?)는 "근본주의적 관점에서" 쓴 일련의 교과서의 필요성에 대해 확신했다. 그에 따르면, 마지막 창조론 교과서가 등장한 이래로 40년이 흘렀다. 그는 한 출판업자에게 자신의 책들은 "오직 실제로 알려지고 관찰된 과학적 사실만을 제시하며, 생물 진화와 같은 철학적 주제에 대해서는 추론하지 않을" 것이라고 설명했다. 그 대신 그는 "계절적인" 접근 방식을 택할 것이며, 이는 학생들에게 "가을과 봄에는 자연 속에서 가장 많이 나타나는 동식물들을 공부할 기회"를 주고, "겨울철에는 아주 작은 생물들과 생물학의 이론적 측면을 공부할 기회"를 줄 것이라고 말했다. 그가 주장한 바에 따르면, 맥밀란, 도런스, 넬슨, 히스, 손더스, 스크리브너스, 크로웰스 등을 포함한 많은 출판사들이 (만약 수요가 충분하다면) 그 출판 계획에 참여할 뜻이 있음을 표명했을 때, 그는 교단에서 운영하는 수백 개의 대학 총장들에게 채택 가능성을 문의하는 설문지를 돌렸다. 그러나 그로부터 얼마 지나지 않아 그는 핀들리 대학을 떠났고, 교과서 출판 계획을 확실히 포기한 채 창조론 운동에서 사라졌다. 그러나 이 무렵에 출판사들은 스콥스 재판의 여파로 생물학적 진화를 다루는 양을 점점 더 줄였기 때문에, 창조론 교과서의 필요성은 약화되는 중

이었다.[28]

과학의 정의와 과학자들 수

1922년에 라일리는 근본주의자들이 진화론 교육에 반대하는 대략적인 이유를 제시했다. 그는 이렇게 설명했다. "진화론 교육을 없애야 하는 가장 중요한 이유는, 진화는 과학이 아니라는 의심할 수 없는 사실 때문이다. 그것은 단지 가설이고 추측일 뿐이다." 브라이언도 종종 그와 같은 주장을 하면서, 참된 과학은 "분류된 지식…사실에 대한 설명"이라고 정의했다. 이런 견해는 사전으로부터 직접 나온 것이다. 진화에 반대하는 어느 성결교 설교자는 이렇게 물었다. "과학이란 무엇인가?" 그리고 그는 이렇게 대답했다. "사전에게 물어보라." 그러면 사람들은 사전에서 과학은 "보증되고 분류된 지식"이라는 것을 알게 될 것이다. 20세기의 창조론자들은 철학적 문헌에 거의 호소하지 않았지만, 과학의 사실적이고 비이론적

---

28 W. J. Bryan to S. J. Bole, January 16, 1922, Bole Papers; "Report of the Textbook Committee," *Christian Fundamentalist* 1 (1928): 9; *A List of Text Books Selected and Recommended by the Committee on Text Books for the Christian Fundamentals Association* (Minneapolis: Christian Fundamentals Association, n.d.), p. 6, from a copy in Fld. 276, Poteat Papers; John S. Part to S. P. Brooks, December 28, 1925, both in the Brooks Papers; John S. Park to J. R. Straton, January 4, 1926, Straton Papers; Richard Kern, *Findlay College: The First Hundred Years* (Nappanee, IN: Evangel Press, 1984), p. 149 인용문. Park와 핀들리 대학에 대한 정보를 제공해준 Richard Kern에게 감사의 뜻을 전한다. 베이첼의 입문서에 대해 다음 글도 함께 보라. L. S. Keyser, "The Claims of Some Scientists," *Bible Champion* 31 (1925): 200. *The National Union Catalog of Pre-1956 Imprints*에는 Park가 쓴 책이 목록에 포함되어 있지 않다. 1925년 이후의 생물학 교과서에 대해 다음 글을 보라. Judith V. Grabiner and Peter D. Miller, "Effects of the Scopes Trial," *Science* 185 (1974): 832-7.

인 성격에 대한 그들의 강조는 영국 철학자 프랜시스 베이컨이 내세워 추앙을 받았던 가르침과 조화를 이루었다. 베이컨은 19세기 미국에서 정확한 과학적 방법을 상징하는 이름이었다. 창조론자들은 과학의 경계선을 좁게 설정하고 과학의 경험적 성격을 강조함으로써 진화에 "가짜 과학"이라는 딱지를 붙일 수 있었고, 그와 동시에 사실을 이해하는 문제와 관련해 자신들이 과학 분야의 전문가들과 동등한 권위를 갖고 있다고 주장하면서 반과학적이라는 자신들의 혐의를 부인할 수 있었다. 한 근본주의 성향의 편집자는 다음과 같이 방어적으로 주장했다. "정통주의 기독교인들이 반대하는 것은 '과학'이 아니다. 절대로, 절대로, 수천 번이나 그렇지 않다. 그들은 단지 '진화론'에 대해 반대할 뿐이다. 진화론은 아직 입증되지 않았기 때문에 과학이라는 신성한 이름으로 불려서는 안 된다는 것이다." 과학을 편협하게 정의할 때 창조론자들은 과학의 깃발을 휘날리는 다양한 형이상학적 운동들도 과학이 아니라고 부정할 수 있는 추가적인 이점을 가질 수 있었다. 언젠가 라일리는 이렇게 말했다. "우리가 이 단어를 지나칠 정도로 순전히 정신적인 상품으로 바꾸어버린 까닭에, 한 교활한 여자(메리 베이커 에디[Mary Baker Eddy])가 순전히 상업적인 목적에서 자신의 정신적 허풍을 '크리스천 사이언스'(Christian Science)라고 부르며 이 단어를 사용할 수 있었고, 그로 인해 많은 사람들이 속았다."[29]

---

29 [William B. Riley], "The Evolution Controversy," *Christian Fundamentals in School and Church* 4 (April-June, 1922): 5; Bryan, *In His Image*, p. 94; L. L. Pickett, *God or the Guessers: Some Strictures on Present Day Infidelity* (Louisville: Pentecostal Publishing Co., 1926), p. 11 (dictionaries); L. S. K[eyser], "No War against Science-Never!" *Bible Champion* 31 (1925): 413; W. B. Riley, *Inspiration or Evolution*, 2nd ed. (Cleveland: Union Gospel Press, 1926), p. 34. 과학을 정의하는 데 사전을 이용하는 것에 대해 Riley, *The Finality of the Higher Criticism*, p. 76을 보라. 베이컨주의에 대한 근본주의의 친화성에 대해 다음을 보라. Marsden, *Fundamentalism and American Culture*, pp. 214-15.

진화는 비과학적이라는 주장을 뒷받침하기 위해, 창조론자들은 자신들의 관점에 공감한다고 공언하는 과학자들로 구성된 인상적인 명단을 모았다. 20세기에 들어선 직후 타운센드는 최초의—그리고 가장 자주 표절된—명단 중 하나를 작성했다. 그것은 "가장 철저한 학자들, 곧 세계의 가장 유능한 철학자들 및 과학자들은—몇 사람을 제외하고는—다 진화를 지지하는 것이 아니라 공격한다"는 사실을 입증하기 위한 것이었다. 타운센드는 루이 아가시, 아놀드 기요, 존 윌리엄 도슨과 같은 고인이 된 유명 인사들 외에도, 인간 진화의 증거에 대해 의구심을 표명한 영국의 생리학자 라이오넬 빌(Lionel S. Beale, 1828-1906)과 독일의 병리학자 루돌프 피르호(Rudolf Virchow, 1821-1902)는 물론이고 "영국의 가장 유명한 화석학 전문가 중 한 사람인 대영 박물관의 에서리지(Etheridge) 박사"와 "최근에 반다윈주의로 돌아선 이들 중 한 사람인 독일 에를랑겐의 플라이슈만(Fleischmann) 교수" 등을 포함한 수십 명의 조금 덜 알려진 인물들을 언급했다. 1920년에 마틴은 모든 책임감 있는 과학자들은 진화론자라는 주장에 답변하면서 진화를 거부한 "세계에서 가장 위대한 21명의 과학자"들을 나열한 자신만의 명단을 작성하기 위해 타운센드의 소책자를 자유롭게 차용했다. 그러자 마틴의 연구의 표적이 되었던 포티트가 상대방을 주눅 들게 하는 그 21명의 자격을 면밀히 분석한 후 이렇게 응수했다.

> 두 사람은 인명사전에 나타나지 않고, 5명은 잘못 표기되었으며, 7명은 생물학이 아닌 다른 분야에서 명성을 얻었고, 6명은 죽은 지 40년이 넘었는데, 그들 중 두 사람은 다윈의 위대한 책이 출간되기 오래전에 세상을 떠났다. 오늘의 과학이 진화론을 버렸다는 명제를 지지하는 생물학자는 단 한 사람뿐이다. 그리고 이 사람의 입장은 너무 특이해서, 보통 그는 책임 있는 위치에 있는 생물

학자들이 보편적으로 진화를 수용하는 것에 대한 유일한 예외로 언급된다.[30]

포티트가 확인했던 그 단 한 사람의 생물학자는 독일 바바리아에 위치한 에를랑겐 대학에서 수십 년 동안 가르친, 평판은 좋지만 비교적 잘 알려지지 않은 동물학자인 **알베르트 플라이슈만**(Albert Fleischmann, 1862-1942)이었다. 플라이슈만은 1901년에 생물 진화에 대한 과학 비판서인 『혈통 이론』(*Die Descendenz-theorie*)을 출간했는데, 거기서 그는 다윈주의뿐만 아니라 생명체의 공통 혈통에 대한 모든 이론을 일축했다. 이로 인해 그는 생물학자들 사이에서 독특한 지위를 얻게 되었다. 켈로그가 1907년에 말한 대로, 플라이슈만은 "혈통 이론에 대한 불신을 공개적으로 천명한…인정받는 위치에 있는 유일한 생물학자"로 보였다. 이 독일의 창조론자는 평생 동안 전혀 생각을 바꾸지 않았다. 그는 에를랑겐 대학에서 은퇴한 해인 1933년 런던의 빅토리아 연구소(the Victoria Institute)에 논문을 제출했는데, 그 논문에서 "계보학적 지도"를 "매력적인 꿈"에 불과하다며 일축했다. 그는 이렇게 단언했다. "종의 경계를 넘어 진화가 일어났음을 입증할 수 있는 사람은 아무도 없다. 종들 사이의 경계선은 진화론자들이 넘을 수 없는 루비콘 강이다." 만년에 플라이슈만은 자신이 "진화론을 없애

---

30 L. T. Townsend, *Collapse of Evolution* (Boston: National Magazine Co., 1905), pp. 47-53; T. T. M[artin], "The Three False Teachings of President Poteat of Wake Forest," *Western Recorder* 95 (February 5, 1920): 5, from a copy in Fld. 260, Poteat Papers; William Louis Poteat, "Evolution," *Biblical Recorder* 87 (April 19, 1922): 3. *Hell and the High Schools* (p. 131)에서 Martin은 Poteat의 비판에 다음과 같은 질문으로 응수했다. "그들이 죽었다는 사실이 그들이 위대한 과학자가 아니었음을 입증하는가? 죽음이 그들이 거짓말을 했음을 입증하는가?" 이른바 반진화론자들의 또 다른 초기 명단에 대해 다음을 보라. Alexander Patterson, *The Other Side of Evolution: Its Effects and Fallacy*, 3rd ed. (Chicago: Bible Institute Colportage Association, 1912), pp. 7-11.

버릴" 책을 쓰고 있다는 사실을 영국의 지인들에게 알렸지만, 그 책은 결코 출간되지 못했다.[31]

타운센드는 늘 이름 전체가 명시되지 않은 채 창조론 문헌에 등장하는, 널리 존경받는 "대영 박물관의 에서리지 박사"의 말을 다음과 같이 인용했다. "이 큰 박물관 전체에서 종의 변이를 보여주는 증거는 털끝만큼도 없다. 진화론자들이 하는 이야기의 십중팔구는 관찰에 근거하지 않고 전혀 사실로 뒷받침되지 않는 순전히 터무니없는 말이다. 이 박물관은 그들의 관점이 전적으로 잘못되었다는 증거로 가득하다." 에서리지가 한 말의 내용은 책마다 달랐고, 그 말이 조지 포스트(George E. Post) 박사가 던진 질문에 대한 답이었다는 알렉산더 패터슨의 언급 외에는, 그 어디서도 출처가 확인되지 않았다. 1920년대에 호기심 많은 사람들이 에서리지의 신원에 대해 문의했을 때, 대영 박물관장은 그가 "이 박물관에서 1881년부터 1891년까지 지질학 부문 보조 관리자로 있었던 로버트 에서리지 2세" (Robert Etheridge, Jr.)일 것이라고 추측했는데, 그는 호주로 건너가 그곳에

31 Albert Fleischmann, *Die Descendenztheorie* (Leipzig: Verlag von Arthur Georgi, 1901); Vernon L. Kellogg, *Darwinism To-Day* (New York: Henry Holt, 1907, p. 8; Albert Fleischmann, "The Doctrine of Organic Evolution in the Light of Modern Research," *Journal of the Transactions of the Victoria Institute* 65 (1933): 194-214, quotations on pp. 196, 205-6; Douglas Dewar to [name deleted], November 2, 1931, from a copy in the George McCready Price Papers, Adventist Heritage Center, Andrews University. 전기적 정보를 얻으려면 다음 자료를 보라. Georg Uschmann, "Albert Fleischmann," *Neue Deutsche Biographia*, vol. 5 (Berlin: Duncker & Humblot, 1960), pp. 234-5. Fleischmann에 대한 과학자들의 반응을 Dennert의 저서의 영역본인 *At the Deathbed of Darwinism*, pp. 133-6에서 보라. 19세기 말 독일의 창조론에 대해 다음 책을 보라. Frederick Gregory, *Nature Lost: Natural Science and the German Theological Traditions of the Nineteenth Century* (Cambridge, MA: Harvard University Press, 1992). Lynn Nyhart와 Molleurus Couperus는 Fleischmann의 생애와 저작에 관해 유용한 단서를 제공한다.

서 1920년에 세상을 떠났다. 박물관장은 "이 주제에 대한 에서리지 씨의 견해가 결코 대영 박물관의 과학적 견해를 대변하는 것으로 간주되어서는 안 된다"고 서둘러 덧붙였다.[32]

진화 반대론자들은 이 운동이 시작될 무렵인 1921년에 미국과학진흥협회(American Association of the Advancement of Science, AAAS)에서 열린 한 연설에서 중요한 심리적 격려를 얻었다. 그 모임에서 저명한 영국의 생물학자 **윌리엄 베이트슨**(William Bateson, 1861-1926)은 과학자들이 "진화의 실제적 방식과 과정"을 발견하지 **못했다**고 주장했다. 생물학자들은 생명체에 대한 지식이 증가할수록 기원 문제에 대해 점점 더 불가지론자가 되었다는 것이었다. 그는 자신의 발언을 진화에 대한 거부로 잘못 해석하지 말 것을 당부했지만, 창조론자들은 그의 연설을 "다윈주의의 백조의 노래"라며 격찬했다. 반면에 진화론자들은 서둘러 피해를 수습하기 시작했다. 미국과학진흥협회는 "인간의 진화를 뒷받침하는 증거들은 전세계 모든 저명한 과학자들을 납득시킬 수 있을 만큼 충분하다"는 성명서를 발표했고, 미국자연사박물관(American Museum of Natural History) 관장인 헨리 페어필드 오스본(Henry Fairfield Osborn, 1857-1935)은 경멸조로 베이트슨의 발언이 "생물학적 발견의 주요 흐름에서 벗어나 외따로 과학 전문가의 삶을 사는" 사람에게서 나온 말이라고 일축했다. 오스본은 단언했다. "우리가 종의 기원을 발견하지 못했다고 말하는 것은 무가치하며 진실과 정

---

32 Townsend, *Collapse of Evolution*, p. 48; Patterson, *The Other Side of Evolution*, p. 9; Sidney F. Harmer to James H. Snowdon, July 25, 1922, quoted in W. C. Curtis, "Three Letters Bearing Upon the Controversy over Evolution," *Science* 61 (1925): 648. 가장 완전한 형태의 Etheridge의 진술 가운데 하나는 다음 책에 나온다. Martin, *Hell and the High Schools*, p. 112.

반대된다." 그러나 창조론자들은 미국과학진흥협회와 오스본의 경고에 대해서는 베이트슨의 경고에 주었던 만큼의 주의를 기울이지 않았다.[33]

창조론자들은 1920년대 말에 스미스소니언협회의 저명한 동물학자 **오스틴 클라크**(Austin H. Clark, 1880-1954)가, 주요 동물군 사이에 중간 형태가 존재하지 않는다는 점에 착안해 종들을 하나의 나무에서 나온 가지로 표현하는 진화의 전통적 관점에 도전했을 때 한 번 더 환호했다. 「기독교 근본주의자」(*Christian Fundamentalist*)는 그의 말을 다음과 같이 인용했다. "주요 동물군에 관한 한, 창조론자들의 논증이 더 나아 보인다. 주요 동물군 중에 어느 것이든 다른 동물군에서 생겨났다는 증거는 털끝만큼도 없다. 각 동물군은 특별한 동물 집단이고, 나머지 모든 동물군과 다소 긴밀하게 관련되어 있으며, 그러하기에 특별히 구별된 피조물로 보인다." 그러나 창조론자들과 교환한 서신들에서, 그리고 논란을 불러일으킨 저서인 『새로운 진화: 동물 발달론』(*The New Evolution: Zoogenesis*, 1930)에서 클라크는 기원에 대한 초자연적 관점을 지지하기를 일언지하에 거부했다. 그런 반응에 당황하고 실망한 어느 창조론자는 그의 태도를 이렇게 설명했다. "클라크 박사는…진화의 가장 핵심적 증거를 부정하지만, 동시에 진화

---

33 William Bateson, "Evolutionary Faith and Modern Doubts," *Science* 55 (1922): 55-61; G. M. Price to W. J. Bryan, February 9, 1922 (boost), Price Papers; *The Summarized Proceedings of the American Association for the Advancement of Science, 1921-1925* (Washington, DC, 1925), pp. 66-7, quoted in Gatewood, *Controversy in the Twenties*, pp. 169-70; Henry Fairfield Osborn, *Evolution and Religion in Education: Polemics of the Fundamentalist Controversy of 1922 to 1926* (New York: Charles Scribner's Sons, 1926), p. 29. 다음 글도 함께 보라. E. G. Conklin to C. B. Davenport, May 6, 1922, Davenport Papers. Conklin은 반진화론의 선전에 맞서 싸우기 위해 세워진 미국과학진흥협회 진화위원회를 이끌었다. 논란에 대한 Bateson의 반응을 보려면 그가 1922년 12월 11일에 W. C. Curtis에게 보낸 편지를 보라. 이 편지는 다음 문헌에 인용되어 있다. Curtis, "Three Letters Bearing upon the Controversy over Evolution," p. 647.

를 고수한다."[34] 이처럼 진화론 반대 운동의 전성기에도 오직 독일의 동물학자 플라이슈만 단 한 사람만이 진화에 대한 창조론의 공격에 자신의 권위를 내세울 수 있던 충분한 자격을 갖춘 생물학자였다.

---

34 "Big Scientist Rejects Darwin," *Christian Fundamentalist* 2 (1929): 59; Austin H. Clark, *The New Evolution: Zoogenesis* (Baltimore: Williams & Wilkins, 1930); Ben F. Allen to G. M. Price, June 12, 1929, Price Papers. 다음 문헌들도 함께 보라. Austin H. Clark to G. M. Price, March 23, 1929, Price Papers; Theodore Graebner, *God and the Cosmos: A Critical Analysis of Atheism* (Grand Rapids, MI: William B. Eerdmans, 1932), pp. 287-9.

요약과 복습

1. 진화론자들과 반진화론자들 사이의 공적인 논의는 점점 더 공격적으로 흘러갔다. 진화론자들은 초자연주의의 마지막 흔적까지도 과학에서 몰아내겠다고 결의했고, 반진화론자들은 "다윈주의의 임종"을 외치며 맞섰다.

2. 초기 근본주의자들에게 진화보다 더 정통 신앙을 위협했던 것은 성경에 대한 고등비평이었다. 진화에 대한 반감은 이차적인 문제였다. 즉 성경의 무오류성을 철저히 믿으면서도 어떤 특정 유형의 진화론자가 되는 것은 가능하다고 인정되었다.

3. 20세기 초에는 미국의 대다수 공립학교의 생물학 교과서와 학문 기관들은 물론 보수적인 남부의 교회와 관련된 대학들까지도 진화론을 가르쳤다. 이에 자극을 받아 진화를 현대 문명에 만연한 사회적 병폐로 지적하는 성난 근본주의자들이 등장했다.

4. 장로교인으로서 미국 대통령 선거에 세 번이나 나섰던 윌리엄 제닝스 브라이언이 1922년에 반진화론 운동에 뛰어들었다. 반진화론자들은 전국적인 명성, 대단한 평판, 충성스런 추종 세력을 지닌 지원군을 얻었다.

5. 브라이언은 다윈주의가 논쟁의 원인이며 진화론은 미국 전역을 휩쓰는 불신앙의 전염병이자 세계와 미국을 부패시키는 요인이라고 생각했다. 그는 이전에 주류업자들을 상대했던 것처럼 대중들에게 정치적으로 호소하면서 직접 진화론자들과 싸우려고 했다. 그는 세상을 떠나기 직전에 자신이 진화에 반대했던 것은 단지 정치적 이유뿐이었다고 고백했다. 브라이언은 문자주의자는 아니었다.

6. 브라이언의 운동에 가담했던 사람들은 미국 전역의 각계각층 출신을 망라했다. 근본주의자 프랭크 노리스는 진화를 가르치는 학자들을 공격하여 대학에서 몰아내기 시작했다. 노리스는 살인 혐의를 받았지만, 정당방위를 주장하여 혐의를 벗는 데 성공했다.

7. 반진화론 운동은 미국의 조직 교회가 아니라 브라이언 등을 비롯해 개인이 설립한 단체가 주도했다.

8. 1921년 영국의 저명한 생물학자 윌리엄 베이트슨은 과학자들이 진화의 실제 방식과 실제 과정을 아직 확인하지 못했다고 주장했다. 미국자연사박물관장과 미국과학진흥협회는 진화의 증거들은 저명한 과학자들을 납득시킬 만큼 충분하다고 말하면서 서둘러 진화에 나섰지만, 창조론자들은 이 진술을 "다윈주의의 백조의 노래"로 환영했다.

제4장

브라이언 시대의 과학적 창조론자들

Scientific Creationists in the Age of Bryan

미국의 창조론자들은 자주 진화의 붕괴에 대해 예고했으나 정작 그들 중에는 어디에 내세울 만한 과학자가 없었다. 겨우 과학자라고 할 수 있는 위치에 오른 사람들 몇, 의사 한두 명, 그리고 교수들 서너 명이 전부였는데, 어느 비평가는 말하기를 그 교수들은 "작은 교육기관 안에서 자연과학의 어느 한 분야가 아니라 전체 분야를 지배하려는 중"이었다. 과학 전문가라고 주장하는 창조론자들 중 몇 사람은 생계를 설교자나 성직자로서 해결했다. 이미 언급한 존 파크(John S. Park)와 마틴(T. T. Martin) 외에, 예를 들어 **알프레드 페어허스트**(Alfred Fairhurst, 1843-1921) 같은 이가 그러했다. 페어허스트는 세 권의 반진화론적 책을 저술했고, 켄터키 중심부에 있는 다양한 그리스도의 사도교회를 목회했으며, 동시에 렉싱턴에 있는 트랜실베니아 대학에서 자연과학 교수로 재직했다. 그는 인디애나폴리스에 있는 사도교회에 속한 학교인 버틀러 대학을 졸업한 후 1년 동안 하버드 대학에서 과학 분야의 고등교육을 받았고, 그 후 선생으로서 버틀러로 돌아왔다. 그는 1881년에 법률가로서 일한 적이 있었으며 그 후 켄터키로 이주했다. 페어허스트는 존 윌리엄 도슨(John William Dawson)을 따라 창세기의 날들을 무제한적인 기간으로 해석했고 지구상의 생명의 역사에 수백 만 년의 기간을 허용했다. 그는 유물론적 진화와 마찬가지로 유신론적 진화도 거부하면서, 유신론적 진화가 "무신론적 진화와 마찬가지로 영감받은 권위를 가진 책인 성경을 파괴한다"고 주장했다. 비록 그의 책들 안의 각주들은 1920년대의 창조론 문헌들로 가득 차 있었지만, 페어허스트의 영향력은 그가 속한 교회와 학교 안에서조차 크지 않았던 것으로 보인다. 종종 비위 맞추기가 힘든 사람이었던 그는 1914년에 교실로부터 떠나도록 강요받았다. 3년 후 그는 트랜실베이니아 대학의 이사 신분으로 종교학과에서 자유주의와 진화론을 근절하기 위한 운동을 벌이는 일에 일조했지만, 그가 고발했던 교수들 중 한 사람에 의해 또 다른 수치를 당했다. 그 교수가 페어허스트로 하여금 자신이 이전에 공표한 진화에 대한 진술을 자기 스스로 정죄하게 하는 교묘한 수법을 사용해 소송 절차를 중단시켰던 것이다. 그는 공립학교에서 진화론 교육을 금지하기 위한 운동이 벌어지기 직전인 1921년에 세상을 떠났다.[1]

목사직을 겸한 과학 담당 교수들 중에서 아마도 가장 영향력이 있었던 인물은 베네딕트 수도회의 사제 **조지 배리 오툴**(George Barry O'Toole, 1886-1944)일 것이다. 그의 책 『진화에 대한 반론』(*The Case against Evolution*, 1925)은 창조론자들에게서 광범위한 찬사를 받았다. 그것은 대형 출판사인 맥밀란사에서 나온 몇 안 되는 창조론 책들 중 하나다. 그 책에서 오툴은 가톨릭신자들에게 가장 큰 관심을 불러일으킨 문제들—생명과 인체와 영혼의 진화—에 집중해 진화는 단지 가설일 뿐 입증된 사실이 아니라고 결론지었다. 이 책의 표지에서 오툴이 펜실베이니아 주에 있

---

1 "전체"를 언급한 인용구의 출처는 다음과 같다. Herber D. Curtis to W. J. Bryan, May 22, 1923, Box 37, W. J. Bryan Papers, Library of Congress. Fairhurst에 대한 전기적 정보를 보려면 Alfred Fairhurst, *Atheism in Our Universities* (Cincinnati: Standard Publishing Co., 1923), pp. 9-14의 서문과 그가 죽은 뒤 트랜실베이니아 대학 이사회에서 통과된 추도 결의문(트랜실베이니아 대학 도서관 특별 소장품)을 보라. 다음도 함께 보라. Fairhurst, *Organic Evolution Considered* (St. Louis: Christian Publishing Co., 1897); Fairhurst, *Theistic Evolution* (Cincinnati: Standard Publishing Co., 1919), p. 7 인용문. Fairhurst가 일으킨 분란은 트랜실베이니아 대학 도서관 특별 소장품 중에 "진화 논쟁" 파일과 다음 책에 기록되어 있다. John D. Wright, Jr., *Transylvania: Tutor to the West* (Lexington, KY: Transylvania University, 1975), pp. 320, 340-1. Fairhurst와 관련된 문헌들을 찾아내는 데 도움을 준 트랜실베이니아 대학 특별 소장품 사서 Carolyn Palmgreen에게 감사의 뜻을 전한다.

는 한 작은 가톨릭계 여학교인 세튼 힐 대학의 동물학 교수로 소개되었기 때문에, 많은 독자들이 저자를 과학자로 여긴 것은 이해할 만한 일이었다. 실제로 오툴은 한 번의 겨울과 몇 번의 여름 동안 컬럼비아 대학에서 생물학, 지질학, 화학 과목을 수강했지만, 철학과 신학 박사학위를 포함한 공식 학위들은 모두 로마의 우르바노 대학에서 받았고, 거기서 1906년부터 1912년까지 공부했다. 세튼 힐 대학에서 생물학을 가르친 몇 년간을 제외하면, 그는 주로 신학, 철학, 그리고 학사 행정 분야에 일생을 바쳤다. 스콥스 재판 기간에 테네시 주를 대표하는 변호사들이 오툴을 "학식 있는 교육가이자 과학자"라고 불렀을 때, 테네시 주 과학 아카데미의 분개한 회원들은 오툴의 책을 "과학적이 아니라 종교적인 책"으로 일축하고, "「미국 과학자」(*American Men of Science*)에 열거된 9,500명의 미국 과학자들 중에서, 그리고 미국과학진흥협회(AAAS)에 소속된 14,253명의 회원 명단에서도" 이 사제의 이름은 찾아볼 수 없다는 사실을 지적하며 응수했다. 실제로 오툴의 책이 세상에 나왔을 때 그는 중국에서 자신이 설립을 도운 기관인 북경 가톨릭 대학 교장으로 봉직하고 있었다. 오툴이 1934년에 동양에서 미국으로 돌아오자마자 교황 피우스 11세(Pius XI)는 그를 명예 고위 성직자로 임명했다. 오툴은 듀케인 대학과 미국 가톨릭 대학에서 철학을 가르치며 말년을 보냈다.[2]

2 George Barry O'Toole, *The Case against Evolution* (New York: Macmillan, 1925); Frank M. Thompson et al., *Reply Brief and Argument for the State of Tennessee...* (1925), p. 370; William Waller et al., *Brief and Argument of the Tennessee Academy of Science as Amicus Curiae...* (n.d.). 마지막 두 문서의 사본은 Box 5, Clarence S. Darrow Papers, Libary of Congress에 소장되어 있다. O'Toole에 대한 짧은 전기적 소개와 그의 이력서는 다음 장소에서 찾아볼 수 있다. Department of Archives and Manuscripts, Catholic University of America. 내게 이 문서의 사본들을 제공해준 기록 보관 담당자 Anthony Zito에게 감사의 뜻을 전한다. 다음 자료들도 함께 참고하라. John L. Morrison "American Catholics and the

1920년대에는 일리노이 주에 소재한 근본주의 성향의 휘튼 대학 생물학 교수인 **제임스 보울**(James S. Bole, 1875-1956)이 생물학 분야에서 고등교육을 받은 거의 유일한 창조론자였다. 보울은 미시건 대학에서 학사학위를 받은 후 수년 동안 미시건 주의 몇몇 공립학교에서 근무하다가, 교육학 석사 과정을 이수하기 위해 위스콘신 대학에 입학했다. 그러나 그는 1년 뒤 학위 없이 학교를 떠났고, 1912년이 되어서야 어바나의 초등학교들에서의 습자(習字)에 관한 논문을 일리노이 대학에 제출해 마침내 문학 석사학위를 취득했다. 그 후 그는 6년 동안 일리노이 주의 농업학교에서 과수 재배학 박사 과정을 이수하면서 "원예학 입문", "상품성 과수 재배", "원예 식물의 진화" 같은 강좌의 강사로 생계를 유지했다. 1918년에 박사학위 논문 외에 모든 학위 과정을 마쳤던 것으로 보이는 그는 미주리 감리교 대학에서 과학과 농업을 가르치는 교수직을 수락했고, 결정적으로 거기서 보수적인 교육을 받은 감리교인으로서 어느 진보적인 성경 교사와 "약간 불쾌한 사건", 즉 그가 공개적으로 벌인 논쟁에 휘말리게 되었다. 그는—자신이 표현한 대로—"하나님의 말씀은 참이라고 믿고 가르쳤다는 이유로" 그 대학에서 해고된 후 휘튼 대학의 생물학 교수직을 얻었고, 그곳에서 회중파 대학교회에 출석했다.[3]

Crusade against Evolution," *Records of the American Catholic Historical Society of Philadelphia* 64 (1953): 60; *New Catholic Encyclopedia* (New York: McGraw-Hill 1967), 10:812에 실린 전기적 정보; 그리고 *Dictionary of American Catholic Biography*, ed. John J. Delaney (Garden City, NY: Doubleday, 1984), p. 454.

3 전기적 정보에 관해 나는 주로 다음 책과 휘튼 대학에 있는 Bole의 인사 관련 서류철에 의존했다. Franklin W. Scott, ed., *The Semi-Centennial Alumni Record of the University of Illinois* (Champaign-Urbana: University of Illinois, 1918), p. 749. Bole은 자신의 초기 신앙생활과 미주리 주에서 겪은 문제들을 다음에서 서술한다. *Confessions of a College Professor* (Los Angeles: Biola Book Room, 1922), p. 43 인용문. Bole의 딸인 Chrystal Bole

학생 시절에 보울은 생물학적 진화를 받아들였는데, 이는 어떤 무신론적인 대학교수의 영향을 받아서라기보다는, 드와이트 무디(Dwight L. Moody)의 친구인 복음주의자 헨리 드러먼드(Henry Drummond)가 쓴 『인간의 향상』(*The Ascend of Man*, 1894)이라는 유신론적 진화에 관한 책을 읽은 결과였다. 일리노이 주에서 사는 동안 보울은 합리주의적인 교육을 받은 자칭 "세속적인 기독교인"이었다. 그러나 보울은 "다메섹 도상"의 회심을 경험했고, 그 결과 진화와 고등비평을 거부하고 모세 오경의 창조 이야기와 성경의 무오류성을 받아들이게 되었다. 보울이 휘튼으로 옮겨간 지 얼마 안 되어, 그 근처의 시카고 주 무디 성경학교에 있는 한 지인이 보울에게 그의 경험과 전문지식을 살려 진화론에 반대하는 책을 한 권 써줄 것을 강력히 권했다. 그 결과 원래 「왕의 일」(*King's Business*)에 "사탄의 삼각구도: 진화, 철학, 비평"(Satan's Triangle: Evolution, Philosophy, Criticism)이라는 제목으로 연재되었던 작품이 『현대의 삼각구도』(*The Modern Triangle*, 1926)라는 제목의 책으로 출판되었다. 보울은 창조론자로서는 이례적으로 진화론을 인정하는 발언을 하면서 "전문적 지식의 관점에서 보면, 진화론자들에게 더 큰 권위가 있는 것처럼 보일 것"이라는 점을 인정했다. 그러나 그에게 생물 진화는 사실이 아닌 이론을 다루기 때문에 창조와 진화 사이에서 선택하는 일은 믿음의 문제였다. "진화론자는 가설을 믿

Dutton은 친절하게도 1988년 8월 24일의 전화 인터뷰와 1988년 11월 24일자 편지에서 몇 가지 내용을 보충해주었다. 다음 자료들도 함께 보라. Simeon James Bole, "Penmanship in Grades 5, 6, 7, 8, the Urbana Public Schools in 1879 and 1912" (A.M. thesis, University of Illinois, 1912); *University of Illinois Annual Register*, 1912-13, p. 352. 여기에는 Bole이 가르친 강좌들이 열거되어 있다; E. J. Gale to J. Oliver Buswell, Jr., [March 1929]. 이 자료도 Bole의 인사 관련 서류철에 담겨 있으며, 그 안에 그가 미주리 주에서 겪은 문제들이 서술되어 있다.

는 반면, 그리스도인은 하나님을 믿는다."[4]

창세기를 해석하면서 보울은 미국의 근본주의자들 사이에서 인기가 높았던 "파멸-회복 모델"(the ruin-and-restoration model)을 받아들였다. 그로 인해 보울은 지구의 오랜 기원과 대부분의 화석을 인정하면서, 동시에 멀지 않은 과거에 문자적인 6일 동안 에덴동산의 창조가 발생했다고 주장할 수 있었다. 고고학적 증거는 노아 홍수에 대한 그의 믿음을 확증해주었지만, 보울은 "노아 홍수의 두꺼운 침전 퇴적물이 티그리스-유프라테스 계곡 밖에서는 발견되지 않았으므로" 노아 홍수는 국지적 사건이었음이 분명하다고 결론지었다. 보울이 점점 더 유명해지고 있던 한 근본주의 성향의 대학과 다양한 출판물을 통해 밝힌 입장은 창조론자들 사이에서 그에게 상당한 지위를 부여해주었고, 그 사실은 그가 과학재단(Science Foundation)의 부회장과 세계기독교근본주의협회(World's Christian Fundamentals Association)의 회원 자격 심사 위원회 위원으로 임명된 사실을 통해 상징적으로 드러났다. 한동안 보울은 진화를 둘러싼 질문에 대답하면서 기독교인들에게 아가미구멍, 동굴어, 지리적 분포 같은 주제들의 의미에 대해 가르치는 주간 칼럼을 쓰기를 열망했다. 그러나 진화에 관한 근본주의의 대변인으로서의 그의 지위는 1932년에 크게 약화되었는데, 그 해에 그는 50대 후반의 남성으로서 "강의실과 가정에서 젊은 숙녀에게 부적절한 태도를 보였다"는 이유로 휘튼 대학에서 불명예스러운 해고를 당

---

4 S. J. Bole, *The Modern Triangle: Evolution, Philosophy and Criticism* (Los Angeles: Bible Institute of Los Angeles, 1926), pp. 13 (다메섹 길), 181 (믿음), 188 (Drummond). 이 책의 처음 8개 부분은 다음 제목으로 선을 보였다. "Satan's Triangle" in *King's Business* 16 (May-December 1925); 마지막 연재분은 같은 책 17권(1926년 6월)에 "추수"라는 제목으로 나왔다. *King's Business*는 로스앤젤레스 성경학교에서 간행했다. "세속적인 기독교인"이라는 묘사는 다음 책에 나온다. Bole, *Confessions*, p. 9.

했다. 그 대학의 청교도적인 관습을 고려한다면 그의 실수는 오늘날의 기준으로 볼 때 사소한 것이었을지도 모르지만, 정확한 사실에 대해 우리는 전혀 알지 못한다. 2년 뒤 보울은 마침내 에임스에 소재한 아이오와 주립대학에서 원예학 박사학위를 받았다. 1936년부터 1943년까지 보울은 아이오와 주 오스칼루사에 있는 성결교 학교인 존 플레처 대학에서 생물학을 가르쳤고, 인디애나 주 업랜드에 있는 초교파적인 성결교 기관인 테일러 대학에서 교수로서 마지막 해를 보냈다. 보울은 계속해서 『믿음의 전쟁터』(*The Battlefield of Faith*, 1940)라는 진화론을 공격하는 두 번째 책을 펴냈고 아이오와 주에서는 평신도 설교자로 섬겼지만, 한때 창조론 진영에서 그가 행사했던 영향력은 결코 회복하지 못했다.[5]

창조론자들은 그들이 소유한 그리 대단치 않은 자격 조건을 최대한 활용함으로써—예를 들어 보울이 일리노이 대학의 대학원생이었을 때 자신의 교수 지위를 강조했던 것처럼—자신들의 진영에 어떤 뛰어난 과학자도 포함되어 있지 않다는 약점을 보완했다. 그들이 생각하기에, 그들 가운데 있는 가장 위대한 과학자—진실로 서구 세계에서 가장 위대한 과학자 중 한 사람—는 브리티시컬럼비아 주 밴쿠버에 정착한 미국 태생의 외과의사로서 의학 박사(M.D.)이자 외과학 석사(C.M.)였던 **아서 브라운**(Arthur

---

5 S. J. Bole, *The Battlefield of Faith* (University Park, IA: College Press, 1940), 쪽수가 적혀 있지 않은 서문, pp. 192-5; Bole의 인사 서류철에 있는 과학 재단을 위한 날짜가 적혀 있지 않은 회람용 편지; "Officers of the World's Christian Fundamentals Association," *Christian Fundamentalist* 1 (1928): 5. Bole이 휘튼에서 겪은 말썽은 Bole의 인사 서류철에 있는 J. Oliver Buswell, Jr.가 R. C. McQuilkin에게 1933년 11월 20일에 보낸 편지에 기술되어 있다. Bole의 저술에 대한 열망은 다음 자료에 언급되어 있다. S. J. Bole to W. J. Bryan, January 9, 1922, Box 35, Bryan Papers. S. J. Bole, "Inheritance of Tree Form in Certain Progenies of Crossbred Apple Seedlings" (Ph.D. dissertation, Iowa State College, 1934)는 *The National Union Catalog: Pre-1956 Imprints*, 44:459에 수록되어 있다.

I. Brown, 1875-1947)이었다. 브라운은 1897년에 토론토의 트리니티 의과대학에서 의학 박사학위를 받았고, 1913년에 "스코틀랜드에서 매우 어려운 연구 과정"을 끝마치고 에딘버러 왕립 외과 대학의 회원이 되었다. (C.M.은 영국의 외과학 석사학위를 뜻한다.) 브라운은 이듬해에 밴쿠버에서 외과 병원을 개업하고, (그 자신의 평가에 따르면) 마침내 "태평양 연안의 일류 외과의 중 한 사람"이 되었고, 북미 지역의 대부분의 의사들이 아직 한 해에 5천 달러 이하의 돈을 벌던 시절에, (전하는 바에 따르면) 한 해에 (아마도 과장을 섞어) 5만 달러를 벌어들였다.[6]

브라운의 영적·지적인 발전 과정에 대해서는 거의 알려진 것이 없지만, 1920년대 초에 그는 『진화와 성경』(*Evolution and the Bible*, 1922)이나 『인간, 원숭이, 그리고 잃어버린 고리』(*Men, Monkeys and Missing Links*, 1923) 같은 반진화론적인 소책자들을 발간했다. 그는 적어도 창조론자로서는 과학에 대해 뛰어난 지식을 가졌음에도 창조론에 별다른 새로운 개념을 덧붙이지는 못했다. 그 대신 브라운은 다른 이들의 저작을 대중화하

---

6 Brown이 받은 교육에 대한 정보는 *American Medical Directory*의 다양한 판본과 트리니티 대학 고문서 보관소에서 나온 것이다. 다음 자료들도 함께 보라. Willard B. Gatewood, Jr., ed., *Controversy in the Twenties: Fundamentalism, Modernism, and Evolution* (Nashville: Vanderbilt University Press, 1969), p. 154 (미국 태생); J. Oliver Buswell, Jr., to S. J. Bole, May 1, 1928, Bole's personnel file (석사 후 과정); 버펄로 제일침례교회에 붙은 Brown의 강의를 광고하는 전단지. December 30, 1928-January 6, 1929, J. Frank Norris Collection, Dargan-Carver Library of the Historical Commission of the Southern Baptist Convention, Nashville, Tennessee; 다음 글에 대한 편집자의 서문. Arthur I. Brown, "Darwin and Sir Arthur Keith," *Defender* 2 (November 1927): 3 (수입). 21세기 초 밴쿠버에서의 의사들의 수입에 대해 다음을 보라. Margaret W. Andrews, "Medical Attendance in Vancouver, 1886-1920," in *Medicine in Canadian Society: Historical Perspectives*, ed. S. E. D. Shortt (Montreal: McGill-Queen's University Press, 1981), pp. 416-45.

고 특별 창조의 필요성을 주장하기 위해 자연계 내의 명백한 설계를 보여주는 실례들을 이용하는 경향이 있었다. 예를 들면 『인간, 원숭이 그리고 잃어버린 고리』에서 브라운은 가톨릭계의 추문 폭로 전문기자로서 과학계가 사실을 인정하기 몇 년 전에 필트다운인(Piltdown man)이 조작된 것임을 폭로하는 일을 한껏 즐겼던 알프레드 워터슨 맥캔(Alfred Watterson McCann, 1879-1931)이 인간의 진화에 대해 분개하며 냉소적으로 공격했던 책인 『신-또는 고릴라』(*God-or Gorilla*, 1922)의 개요를 제공했다. 맥캔은 근본주의에 전혀 공감하지 않았지만, 브라운은 그의 책을 "이 지지할 수 없는 가설에 대해 지금까지 공개된 가장 통렬하고 반박할 수 없는 고발"을 제공하는 "대단한 책"이라며 칭찬했다. 아마도 브라운이 반진화론 논쟁에서 가장 독창적으로 기여한 부분은 동물과 인간의 혈청에 대한 실험실 분석에 기초해 진화론을 옹호하는 주장을 비판한 일일 것이다. 혈청 분석은 과학자들에게 형태학적 연구에 의해 제시된 것과 동일한 것으로 밝혀진 혈통의 계보를 확인할 수 있는 수단을 제공했다. 『진화와 적혈구 침강 속도 검사』(*Evolution and the Blood-Precipitation Test*, 1925)에서 브라운은 생물학자들이 화학적으로 비슷한 피를 가진 동물들은 공통의 조상을 공유한다고 가정해야 할 이유가 없다고 주장했다. 혈액형의 유사점은 "전지하고 전능한 창조자이자 설계자"를 가정해도 설명할 수 있기 때문이었다.[7]

---

7 Arthur I. Brown, *Evolution and the Bible* (Vancouver, BC: Arcade Printers, [1922]); Brown, *Men, Monkeys and Missing Links* (Vancouver, BC: n.p., 1923), p. 3 인용문; Brown, *Evolution and the Blood-Precipitation Test* (Los Angeles: Research Science Bureau, [1925]), p. 30 인용문. 다음 문헌들도 함께 보라. Brown, *Footprints of God* (Findlay, OH: Dunham Publishing Co., 1943); Brown, *Miracles of Science* (Findlay, OH: Dunham Publishing Co., 1945); Brown, *God's Creative Forethought* (Findlay, OH: Fundamental Truth Publishers, n.d.); Brown, *God and You: Wonders of the Human Body* (Findlay, OH: Fundamental Truth Publishers, n.d.). McCann에 대해 다음을 보라. Alfred Watterson

브라운은 진화가 "성경의 명백한 진술뿐만 아니라 과학의 분명한 사실과도 상반되는 것"처럼 보이기 때문에 진화를 거부한다고 주장했고, 성경은 "창세기 1장 1절부터 요한계시록 22장 21절까지 절대 확실하고 오류가 없다"고 믿었다. 그의 견해에 따르면 진화는 "속기 쉬운 세상에서 지금까지 나왔던 것 중 가장 큰 날조"일뿐만 아니라, "성경에 대한 현재의 맹렬한 공격에서 사탄이 사용하고 있는 가장 강력하고 효과적인 무기"였다. 그러나 20세기 전반기의 대부분의 근본주의자들처럼 그도 오랜 지구의 증거에 대해서는 논쟁하지 않았고, 창세기 1장의 언어는 "태초에" 있었던 첫 창조와 그 이후의 에덴동산의 회복 사이에 "알려지지 않은 시대들"이 경과했을 가능성을 허용한다고 믿었다. 에스겔서 28장 17절의 한 모호한 구절을 근거로 그는 최초의 창조가 "마귀가 땅에 내던져졌을 때 하나님께 품은 증오"로 인해 야기된 엄청난 대격변, 즉 아마도 홍수에 의해 완전히 파괴되었다고 가정했다. 그러나 브라운은 임박한 그리스도의 재림을 예언하는 것처럼 보이는 성경의 예언들을 해석하려고 부단히 애썼고, 창조의 "날들"은 그 길이가 24시간이라는 데 대해 아무런 의심도 갖지 않았으나, 창세기의 처음 몇 장의 정확한 의미에 대한 논의는 대체로 회피했다.[8]

McCann, *God-or Gorilla: How the Monkey Theory of Evolution Exposes Its Own Methods, Refutes Its Own Principles, Denies Its Own Inferences, Disproves Its Own Case* (New York: Devin-Adair, 1922); "Alfred Watterson McCann," *Dictionary of American Biography 1928-1958*, 11:567; A. W. McCann to W. J. Bryan, Box 47, Bryan Papers.

8 Brown, *God and You*, pp. 8-9 (확실한); Brown, *Footprints of God*, pp. 24 (날조), 135 (알려지지 않은 시대들); Brown, *Was Darwin Right?* (Glendale, CA: Glendale News, n.d.), p. 49 (무기). Brown의 예언적인 저작 중 대표적인 것은 다음 책이다. *I Will Come Again* (Findlay, OH: Fundamental Truth Publishers, 1947). 문자적인 창조의 6일에 대한 그의 믿음에 대해 다음 자료를 보라. *Greensboro Daily News*, May 17, 1926, from a clipping in Fld. 310, William Louis Poteat Papers, Baptist Historical Collection, Wake Forest University Library.

1925년 11월에 브라운은 "많은 저명한 근본주의 지도자들의 긴급한 간청에 부응해" 과학과 성경의 관계에 대한 강연에 모든 시간을 할애하기 위해 수익이 좋은 병원 일을 그만두고 1년간 휴가를 냈다. 그런데 강연에 대한 요구가 너무 커서 그는 병원 일을 완전히 그만두고 큰 침례교회에서 종종 주는 강연 사례비로 살았다. 그의 생활 방식은 그 결정의 결과로 크게 달라지지 않았던 것으로 보인다. 그는 아내와 함께 여행을 다니고 가장 좋은 호텔에서 머물며 사전 교섭자를 고용할 만큼 재정적으로 잘 지냈다. 수년간 그는 쉴 새 없이 바쁜 일정을 유지하며 예정된 강연을 소화하기 위해 미국 전역을 누볐다. 예를 들면, 1929년 초에 그는 뉴욕 북부에서 "이곳 동부, 필라델피아, 뉴욕, 보스턴, 패터슨, 퍼세이크, 캠던, 브루클린, 애틀랜틱시티, 볼티모어, 워싱턴에서, 그리고 지금은 여기 버펄로 제일장로교회에서 벌어지고 있는 놀라운 일련의 캠페인"에 대한 글을 썼다. 버펄로와 로체스터에서 브라운은 서부의 클리블랜드, 폰티액, 라신, 시카고, 스프링필드, 세인트루이스, 캔자스시티로 가려는 계획을 세웠다. 3년이 넘는 대장정 뒤에도 그는 전혀 지친 기색을 보이지 않았다. 그는 곧 방문하게 될 포트워스의 한 설교자에게 "도처의 군중들, 뜨거운 관심, 또 다시 강연해달라는 변함없는 요청"을 자랑스럽게 전했다. "나는 내가 강연을 끝냈을 때 청중들이 더 강연해달라고 강력히 요청할 것이라고 단언할 수 있습니다."[9]

브라운 자신은 물론 그의 아내조차도 놀랍다고 공언했던 브라운의 매력은 그의 강연 방식보다도 그의 명성에서 비롯되었다. 그가 직접 만든 전단지는 그를 "아메리카 대륙에서 가장 박식한 과학자 가운데 한 사람"으

9 Arthur I. Brown to Frank Norris, January 4, 1929, 그리고 버펄로 제일침례교회에서 열린 Brown의 강연을 광고하는 전단지. 둘 다 Norris Collection에 포함되어 있다.

로 추켜세웠고, 강연을 주최한 이들은 통상적으로 그를 유명한 과학자, 아마도 "전세계에서 가장 위대한 과학자"로 소개했다. 한 신문기자는 그와 같은 선전으로 인해 청중들은 "그가 양각 나팔을 불면 현대적 지식의 성벽이 무너져 내릴 것"을 기대했다고 설명했다. 대개 고등교육의 장식물을 거의 활용하지 않는 근본주의자들조차 그의 전문적 업적을 자랑했고, 그것을 학문적 업적으로 착각했다. 캔자스의 한 편집자는 브라운이 쓴 진화론에 반대하는 글 하나를 소개하면서 이렇게 썼다. "이 저자의 이름에 붙은 학위들을 보라. 그가 유럽에 있는 최고의 대학에서 교육받았다는 점을 분명히 확인하라. 그러면 당신은 왜 그가 권위자로 인정받는지를 알게 될 것이다." 휘튼 대학 총장은 자기 학교의 학문적 지위와 인지도를 높이고 싶은 생각에 이 창조론 석학의 봉사를 갈망했고, 거의 모든 반진화론 단체가 그의 이름을 이용하려 했다. 보스턴의 자본가 조지 워시번(George F. Washburn, 1859-1931)이 세운 미국성경십자군(The Bible Crusaders of America)에서는 그에게 "최고 과학자"라는 명예로운 직위를 수여했다.[10]

브라운은 진화를 저주하며 불과 유황을 들먹이는 몇몇 설교자들과 달리 어떤 불꽃놀이에도 의존하지 않았다. 노스캐롤라이나 주 레일리에서 있었던 브라운의 1926년도 강연을 취재한 어느 불편부당한 기자는 "신학 강연을 위해 의사 일을 그만둔" 이 유명 인사가 다윈주의의 가르침을 불법화하려 한 "대부분의 선동가들보다 훨씬 더 많은 양식, 학식, 인격, 강연 능

---

10 버펄로 제일침례교회에서 열린 Brown의 강연을 광고하는 전단지; *Greensboro Daily News*, May 17, 1926, from a clipping in Fld. 310, Poteat Papers; Arthur I. Brown, "'Vestigial Organs,'"에 대한 Gerald B. Winrod의 서문, *Defender* 1 (June 1926): 6; Bole의 인사 서류철에 담긴 다음 글. J. O. Buswell to S. J. Bole, May 1, 1928; Stewart G. Cole, *The History of Fundamentalism* (New York: Richard R. Smith, 1931), pp. 259-80, p. 272의 "최고 과학자"에 관한 인용문.

력"을 소유하고 있다고 평했다. 이 기자는 브라운의 "과학적 강연"은 완전히 실패했다고 생각했지만 그 강연자의 부드럽고 정중한 태도만은 칭찬했다. 수년 후 미니애폴리스에서 강연이 있을 때 브라운을 만난 미네소타 대학의 한 대학원생은, 이 순회 강연을 하는 의사를 "가장 훌륭한 성경 교사이자 창조과학자일 뿐만 아니라, 내가 지금껏 만나본 아마도 가장 경건하고 은혜로운 기독교인 신사"로 여겼다. 그러나 브라운은 때때로 진화론자들을 놀림거리로 삼는 것을 부끄러워하지 않았다. 진화를 설명하려는 과학자들의 노력을 조롱하는 시(詩)인 "'헛소리'와 '원숭이'"("'Bunk' and the 'Monk'")에서 그는 다음과 같은 구절로 시를 마무리했다.

그렇다면 우리는 두더지, 물고기, 올챙이와 사촌.
친구들, 웃지 말고 명심하게. 이게 오늘날 "과학"이라고 불린다네.
우리에게는 "공통 조상"이 있다네. 당신도 들어본 적이 있겠지.
그의 오래된 뼈를 그들은 밤낮으로 찾는다네.
하지만 이 가공의 꼬리를 아무리 맹렬히 뒤쫓아도
가엾게도 사라진 침팬지의 흔적은 없다네.
그리고 이 "갑자기 떠오른" 이론은 내 질문에 대답해주지 못하지.
어떤 유인원도 나의 가계도 위에 올라앉아 있지 않다네.

브라운의 사역은 그가 1947년 말에 자동차 사고로 세상을 떠났을 때 영원히 끝났다.[11]

---

11 *Greensboro Daily News*, May 16 and 17, 1926, from clippings in Fld. 310, Poteat Papers; Henry M. Morris, *A History of Modern Creationism* (San Diego: Master Book Publishers, 1984), pp. 101-3; *The Crusaders' Champion* 1 (December 25, 1925): 18,

해리 림머

1925년에서 1950년 사이에 미국의 복음주의자들 중에 장로교 목사이자 자칭 "연구 과학자"(research scientist)인 **해리 림머**(Harry Rimmer, 1890-1952)보다 더 광범위한 지지자를 얻은 진화 반대론자는 없었다. 캘리포니아에서 태어난 림머는 어릴 때 캘리포니아 주 북부의 채광소와 벌목장에서 가난하게 자라났다. 그는 십대 시절에 대장장이, 벌목꾼, 톱질꾼, 부두 노동자로 일했다. 림머는 3학년도 못 마치고 학교를 그만두어야 했지만, 호기심 많은 이 어린 친구를 위해 지질학, 생물학, 물리학, 화학의 독서 과정을 지도해준 한 세심한 광산 기술자의 지도 아래 비공식적으로 공부를 계속했다. 열아홉 살 때 림머는 미군에 입대해 연안 포병대에서 복무했고, 포병대 최고의 웰터급 권투선수로 인정받았다. 그것은 그에게 "찌그러진 귀, 심하게 깨진 코, 불룩 솟은 근육"을 남겨준 경험이었다.[12]

다음 책에서 인용. Gatewood, *Controversy in the Twenties*, pp. 405-7. 켄터키 주 파두카와 애리조나 주 투손에서 있었던 Brown의 강연에 대해 각각 다음 자료들을 보라. Maynard Shipley, *The War on Modern Science: A Short History of the Fundamentalist Attacks on Evolution and Modernism* (New York: Alfred A. Knopf, 1927), pp. 123-4; George E. Webb, "Tucson's Evolution Debate, 1924-1927," *Journal of Arizona History* 24 (1983): 6-7. 다음 글도 함께 보라. "Dr. A. I. Brown of Vancouver Dies in Crash," (Victoria) *Daily Colonist*, November 4, 1947, p. 2.

12 전기적 정보에 관련하여 Rimmer가 그의 아내에게 쓴 거의 만 통에 가까운 편지에 기초한 Mignon Brandon Rimmer, *Fire Inside: The Harry Rimmer Story* (Berne, IN: Publishers Printing House, 1968)와 Rimmer의 아들이 Rimmer의 젊은 시절에 대해 쓴 반쯤 허구적인 기록인 Charles Brandon Rimmer, *In the Fullness of Time* (Berne, IN: Berne Witness Co., 1948), Rimmer의 딸이 쓴 연대기적으로 쓴 믿을 수 없는 요약적인 글인 Kathryn Rimmer Braswell, "Harry Rimmer-Defender of the Faith," *Sunday School Times* 95 (1953): 263-4와 "Harry Rimmer," *Who Was Who in America, 1951-1960* (Chicago: Marquis, 1960), pp. 728-9를 보라. 인용문은 다음 책에서 인용한 것이다. C. Brandon Rimmer, *Religion in Shreds* (Carol Stream, IL: Creation House, 1973), p. 10. Rimmer와 그의 저작에

군 복무 이후 림머는 입학 조건으로 고등학교 졸업장 내지 그와 "동등한 자격"만을 요구한 샌프란시스코의 하네만 의과 대학에 진학했다. 에이브러햄 플렉스너(Abraham Flexner, 1866-1959)가 미국의 의과 대학에 대한 유명한 폭로 기사에서 묘사한 대로 이 학교는 시설 면에서 올바른 의과 교육을 위해 필요한 적절한 수준과는 거리가 멀었지만, "일반적인 해부실, 기초 화학 실험실, 시설이 꽤 잘 갖춰진 조직학, 세균학, 병리학 공용 실험실과 정돈된 작은 도서관이 있는 작고 관리가 잘된 건물"을 갖고 있었다. 여기서 림머는 프로 권투로 번 돈에 의지해 그의 제한된 과학 지식의 대부분을 얻었고, 훗날 특별한 지식이 없는 사람들에게 깊은 감명을 주는 데 도움이 될 "이중 이음쇠가 있는 12기통의 앞바퀴 상하동 장치가 달린 어휘들"을 습득했다. 림머는 탁월하게 좋은 기억력을 지닌 훌륭한 학생이기는 했으나 자기가 권투를 통해 번 돈으로 두 학기 이상 공부를 계속하는 것은 재정적으로 불가능하다는 것을 알게 되었다. 결국 그는 의학 박사학위를 받기 한 학기 전에 어쩔 수 없이 학업을 그만두었다.[13]

이때까지도 림머는 종교에 별다른 관심을 보이지 않았다. 그런데 어느 날 밤 그는 복싱 시합을 끝내고 집으로 돌아오는 길에 길거리 설교자의 말을 듣기 위해 발걸음을 멈췄다. 그 설교자는 림머에게 그리스도께 삶을 바

대한 최초의 역사적 논의 가운데 하나는 다음이다. William D. Edmondson, "Fundamentalist Sects of Los Angeles, 1900-1930" (Ph.D. dissertation, Claremont Graduate School, 1969), pp. 276-336. 가장 최근의 글을 다음에서 보라. Roger Daniel Schultz, "All Things Made New: The Evolving Fundamentalism of Harry Rimmer, 1890-1952" (Ph.D. dissertation, University of Arkansas, 1989).

13 Abraham Flexner, *Medical Education in the United States and Canada* (New York: Carnegie Foundation for the Advancement of Teaching, 1910), pp. 194-5; Harry Rimmer, *The Harmony of Science and Scripture*, 9th ed. (Grand Rapids, MI: William B. Eerdmans, 1943), p. 14; 1984년 5월 15일의 Brandon Rimmer와의 인터뷰.

치라고 권면했다. 그 후 얼마 안 되어 림머는 레이크 카운티의 숲에 은거하면서 홀로 스코필드 관주 성경을 가지고 새로 얻은 신앙의 신조들을 철저히 익혔다. 1915년에 림머는 샌프란시스코 성경대학에서 만난 그의 새 아내와 캘리포니아 남부로 이주했고, 거기서 몇 년 동안 휘티어 대학과 로스앤젤레스 성경학교(오늘날의 바이올라 대학)에서 잠시 공부한 뒤, 한 퀘이커교 교회에서 목회했다. 1920년대 초에 퀘이커교를 버리고 장로교인이 된 림머는 로스앤젤레스에 집 한 채를 두고 YMCA의 순회 강연자로 일했다. 여행 사이사이에 림머는 차고 옆 뒤뜰에 놓인 작은 작업장에서 일했는데, 그는 그곳을 실험실이라고 부르기를 좋아했다. 이 "작은 실험실"은 그의 아내가 묘사한 대로 "암실, 개수대와 흐르는 물, 현미경, 원심 분리기, 시험관을 갖추고 있었다." 림머는 실제 실험은 거의 하지 않았지만 실험실에서 미세한 동물들과 기타 물체들의 사진을 찍는 데 상당한 시간을 보냈고, 이를 자신의 강의와 책의 내용을 예증하는 데 사용했다. 림머는 최소한 한 번은 한 무리의 대학생들을 자신의 실험실로 초대했고, 거기서 "유사 분열", 즉 세포 분열의 "방법과 패턴"을 설명하며 "인간 배아, 특히 머리 부분의 횡단면"을 보여주었다. 이 방문을 묘사하면서 림머는 그 배아의 출처를 알려주지도 않았고, 교육학적인 목적으로 배아를 파괴하는 이유를 해명하지도 않았다.[14]

림머가 실험실을 만든 시기는 공교롭게도 그가 진화라는 주제에 관심을 갖기 시작했던 때와 일치했다. 림머는 의학도 시절부터 진화 이론에 대해 회의적이었지만, 1920년대 초까지는 당시 성장세에 있던 진화론 반대

---

14 M. Rimmer, *Fire Inside*, pp. 1, 40, 50-1; 1984년 5월 15일 C. Brandon Rimmer와의 인터뷰; Harry Rimmer, *The Theory of Evolution and the Facts of Science*, 8th ed. (Grand Rapids, MI: William B. Eerdmans, 1946), pp. 62-3.

운동에 적극적으로 관여하지 않았던 것으로 보인다. 그의 아내에 따르면, 이 주제에 대한 그의 관심이 깊어진 것은 옥시덴탈 대학의 일부 학생들이 그녀의 남편에게 성경의 창조 이야기를 공격하는 어느 과학 교수에 대해 알려주었을 때였다. 림머는 학생들을 지도하기 시작했고, 그 결과 그 교수는 공격 방향을 림머에게로 돌렸으며, 림머도 주저하지 않고 반격했다. 같은 해에 림머는 로키 산맥 지역으로 강연 여행을 다니면서 콜로라도 대학에서 제공하는 지질학 통신교육 과정에 등록했고 화석을 모으기 시작했다. 오래지 않아 림머는 "진화의 이면"이나 "진화의 붕괴"와 같은 제목을 그의 강의 목록에 추가시켰고, 근본주의자들 사이에서 특별한 자격을 갖춘 진화 비판자로서의 명성을 얻었다. 어느 근본주의 잡지는 1926년에 이렇게 단언했다. "해리 림머 박사는 이 나라에서 가장 놀랄 만한 젊은이 중 한 사람이다. 그는 과학자이면서 영혼을 구원하는 성공적인 복음전도자이기도 한, 그 둘의 보기 드문 조합이다." 같은 잡지는 그를 "근본주의자들 가운데서 가장 널리 알려진 젊은이"들 중 하나로 묘사했다.[15]

이때쯤에 림머는 이미 연구과학사무소(Research Science Bureau)를 조직했다. 기록에 따르면 이 조직은 기독교인 과학자들의 연구를 위한 정보센터에서 다음과 같은 목표를 지향하는 단체로 발전했다.

> 조사가 진행될 수 있는 지구상의 여러 나라에서 생물학, 고생물학, 고고학, 인류학 분야의 연구와 탐험을 촉진하고 실행하며, 성경의 영감과 무오류한 성격이라는 문제와 직접적인 관련이 있는 과학 분야의 연구를 격려하고 촉진하며,

---

15 M. Rimmer, *Fire Inside*, pp. 52-8; "Debates on Evolution," *Christian Fundamentals in School and Church* 8 (1926): 54; "Two Great Field Secretaries-Harry Rimmer and Dr. Arthur I. Brown," ibid., p. 17.

공개 강연, 인쇄된 출판물, 기타 방법을 통해 참된 과학과 하나님 말씀의 조화에 관한 사실과 정보를 전파하는 것.

사실 이 단체는—전적으로 그런 것은 아닐지라도—일차적으로는 림머의 사역과 비정기적인 현지 조사 여행을 위한 비용을 마련하기 위해 존재했다. 1921년에 소수의 부유한 후원자들로 구성된 이사회와 통합된 이 사무소는 두 등급의 회원 자격을 부여했다. 준회원은 정회원의 연구를 지원하기 위해 해마다 5달러를 지불했고, 그때까지 가장 적극적인 정회원은 림머였다. 준회원들—1930년대 초에는 그 수가 3천 명이 넘었다—은 연회비에 대한 보상으로 이 단체의 출판물, 즉 회장인 림머 자신이나 이따금씩 브라운 같은 동료 창조론자들이 쓴 25센트짜리 소책자를 받았다. 여행 중에 림머는 할 수 있는 한 많은 신입 회원들을 가입시켰고, 로스앤젤레스로 귀가하는 길에 림머와 그의 아내와 아이들—이들이 사무소의 직원들이었다—은 식탁에 둘러앉아 봉투에 주소를 쓰고 그 속에 내용물을 집어넣곤 했다.[16]

1927년에 짧은 기간 동안 림머는 사무소를 소개하는 월간지를 만들었다. 이 소식지는 제럴드 윈로드(Gerald B. Winrod)의 보수적이고 근본주의적인 잡지인 「수호자」(*Defender*)에 소개되었는데, 림머는 그 잡지의 부편집장으로 일했다. 이 소식지에서 림머는 다른 곳에서와 마찬가지로 낮 두

16 1940년경 연구과학사무소를 설명하는 안내 책자(F. Alton Everest의 허락을 받아 수록함); "Monthly News Letter of the Research Science Bureau, Inc., January 1927," *Defender* 1 (February 1927): 6. 이 자료는 이 사무소의 설립연도를 1921년으로 추정한다; 1984년 5월 15일 C. Brandon Rimmer와의 인터뷰. 회원 수의 성장은 다음에 기록되어 있다. F. J. B[oyer], "Harry Rimmer, D.D.," *Christian Faith and Life* 41 (1935): 6. 다음도 함께 보라. Schultz, "All Things Made New," p. 117.

껍게도 자신을 "과학적 연구에 전문적으로 참여하는", 따라서 "참된 과학에" 적대적일 수 없는 인물로 소개했다. 그는 전형적인 방식으로 인간의 동물적 기원에 대해 "모든 권위자들이 동의한다"는 주장을 다음과 같은 사적인 일화를 가지고 일축했다. "나(림머)는 한 번에 하나씩 이 인용된 '권위자들' 중 7명의 발언을 살펴보았는데, 그들 모두가 독일의 생물학자 에른스트 해켈(Ernst Haeckel)의 말을 인용했다! 그들은 분명 동의했지만, 해켈이 무언가 말을 했다는 사실 외에, 그들이 달리 무엇에 대해 동의했겠는가!"[17]

첫 번째 소식지에서 림머는 사무소에서 곧 아프리카로 탐험대를 보낼 것이라며 다음과 같이 약속했다. "거기서 회원들은 원산지에 사는 고릴라를 연구하고, 인간은 어떤 동물과도 결코 관련되어 있지 않다는, 점점 커져가는 지금의 확신을 크게 촉진시킬 것이다. 이 연구는 고릴라와 인간에 대한 주의 깊고 수고스러운 비교 분석으로 마무리될 것이며, 그 결과는 각 회원에게 제공될 것이다." 그러나 림머는 병으로 인해 여행을 취소하지 않을 수 없었고, 인간의 진화를 극적으로 반박하겠다는 그의 꿈은 깨졌다. 그는 훗날 1940년대 말에 아프리카를 두 번 방문했지만, 당분간은 샴의 어떤 의사 선교사가 보낸 고릴라 두개골과 미국 서부의 몇몇 주에서 일련의 고고학적 발굴이 진행되는 동안 출토된 미국 인디언의 두개골 몇 개

---

17 "Monthly News Letter of the Research Science Bureau, Inc., March 1927," *Defender* 1 (March 1927): 7. 내가 아는 한 위치타 주립대학 도서관에 있는 Gerald B. Winrod 소장품만이 이 사무소의 소식지를 포함하고 있는 *Defender*의 모든 호를 소유하고 있다. 이 소식지의 사본들을 제공해준 Michael Kelly에게 깊은 감사를 표한다. Winrod에 대해 다음을 보라. Arch W. Jarrell, "The Kansas Monkey-Baiters," *Haldeman-Julius Monthly* 5 (1927): 10-12; Roy Tozier, *America's Little Hitlers: Who's Who and What's Up in U.S. Fascism* (Girard, KS: Haldeman-Julius Publications, [1943]). Gene DeGruson은 이 두 자료에 대해 나의 관심을 환기시켜주었다.

에 만족해야 했다. 림머는 그의 첫 번째 반진화론적 소책자인 『원숭이 장난: 진화와 관련된 사기, 거짓말, 사실들』(*Monkeyshines: Fakes, Fables, Facts concerning Evolution*)을 준비했는데, 그것은 "전적으로 저자가 자신의 실험실에서, 자신의 개인 박물관에 있는 표본에서 찍은" 사진들을 사용해 고등학생들에게 고릴라와 인간의 두개골의 차이점을 보여주기 위해 계획된 것이었다. 림머는 진화론자들이 그 둘을 비슷하게 보이게 만들려고 기만적으로 사진을 조작했으나 어린아이라도 그 둘의 차이점을 알 수 있다며 비난했다. 그는 이렇게 썼다. "내게는 아직 10살이 되지 않은 세 아이가 있는데, 내가 '너희 중 한 명이 실험실로 달려가서 고릴라의 두개골을 가져와라'고 말하면 비록 아이라도 그 둘의 차이점을 알고 선반에 놓인 50개의 두개골 중에 망설임 없이 고릴라 두개골을 골라낼 수 있다." 한동안 림머는 여러 신문에 실리는 주간 칼럼을 쓰고, 「과학과 성경」(*Science and the Sacred Scriptures*)이라는 월간지를 편집하고, 젊은 목사들에게 진화론자들의 공격을 물리칠 방법을 훈련시키기 위한 대규모의 교육 연구소를 세울 계획을 세웠다. 그러나 대공황이 찾아오는 바람에 그런 계획들은 불가능해졌다. 그는 다음과 같이 구슬프게 말했다. "밑 빠진 독처럼 돈이 빠져나갔고, 그 뒤로 적자가 계속되었다." 1920년대 말부터 1940년대 초까지 림머는 그의 창조론에 대한 열정을 윌리엄 벨 라일리(William Bell Riley)의 세계기독교근본주의협회(WCFA)에 넘겨주고 그곳의 외근 직원으로 일했는데, 그러면서 그의 '연구과학사무소'는 활동 중단 상태에 들어갔다.[18]

---

18 "Monthly News Letter of the Research Science Bureau, Inc., January 1927," *Defender* 1 (February 1927): 6; "Monthly News Letter of the Research Science Bureau, Inc., April 1927," ibid., 1 (April 1927): 6; Harry Rimmer, *Monkeyshines: Fakes, Fables, Facts concerning Evolution* ([Los Angeles]: Research Science Bureau, n.d.), pp. 4-5; M.

1934년에 림머는 해마다 성경과 과학, 특히 진화에 관한 집필과 강연에 6개월을 할애할 수 있다는 조건 아래, 미네소타 주 덜루스 제일장로교회 목사직을 수락했다. 때때로 림머는 사회적으로 눈에 잘 띄는 장로교인들보다 겸손한 침례교인들과 사귀는 것을 좋아했고, 전도에서도 성서 지대(the Bible Belt, 미국 남부의 신앙이 두터운 지역)의 근본주의적인 침례교인들 사이에서 가장 큰 성공을 거두었으나, 부분적으로 사회적 지위에 대한 아내의 욕구를 존중해 장로교인으로 남았다. 그의 아들은 이렇게 말했다. "만일 아버지가 다른 사람과 결혼했다면, 아마도 그분은 정직한 침례교인이 되었을 것 같다." 또한 그는 길 위에서 더 적게 시간을 보냈을지도 모른다. 그러나 그는 그렇게 하지 않고 1930년대 중반까지 북미 전역의 약 3,876개 학생회에 가서 강연했고, 넘치는 생기와 재치로 근본주의 운동의 유명 인사 중 한 사람으로 명성을 얻었다. 강단에서 림머는 재능 있는 선수이자 웅변가로서의 자신감을 물씬 풍겼지만, 많은 연기자들처럼 무대 위에서의 그의 허세는 의심할 여지없이 그의 빈곤하고 정처 없는 어린 시절로부터 비롯된 오랜 불안을 감추기 위한 것이었다.[19]

그의 강연에 대한 판단은 당연히 청중의 과학적·신학적 성향에 따라 달라졌다. 림머에게 매혹된 테네시 주 출신의 어느 진화 반대론자는 이렇게 썼다. "이 열정적인 젊은 과학자가 과학적 사실들을 근거로 진화론의 붕괴를 폭로하는 말을 듣는 것은 마치 새날의 신선한 공기를 들이마시는 것과 같았다." 림머가 애틀랜타에서 행한 몇 번의 강연들 중 하나에 참석

Rimmer, *Fire Inside*, pp. 78, 98-100; 1984년 5월 15일에 C. Brandon Rimmer와 나눈 인터뷰. 1940년경의 부흥의 증거에 대해 각주 16번에 언급된 안내 책자를 보라.

19 Braswell, "Harry Rimmer," p. 263; B[oyer], "Harry Rimmer," p. 6; 1984년 5월 15일에 C. Brandon Rimmer와 나눈 인터뷰.

했던 「저널」(*Journal*)의 스포츠 편집장은 이렇게 썼다. "그는 오늘날의 사역자들 중 가장 뛰어난 지성을 가진 사람일 뿐만 아니라, 몹시 인간적이고 남성미가 매우 넘치며 대단히 유쾌한 유머 감각을 소유하고 있다.…그는 어느 모로 보나 사나이이자, 주 예수 그리스도의 강하고 좋은 군사다."[20]

그러나 그를 비판하는 이들은 그를 사기꾼이나 어릿광대로 간주하고 무시하는 경향이 있었다. 필라델피아에서 림머의 한 강연에 참석했던 이는 「폭로자」(*Debunker*)에 기고한 글에서 강사의 "풍부한 '재치'"를 언급하면서도 이렇게 덧붙였다. "나는 그 재치를 청중들이 너무나 열광적으로 반응한 데서 나온 재치라고 생각한다." 림머의 "과학적" 방법은 "성경을 절대적 진리로 받아들이고 수집된 모든 사실을 버리거나 무시하거나 가망 없을 만큼 왜곡시켜, 마침내 왜곡된 성격을 띠고 남아 있는 사실들이 (사실을 참조하기 전부터 이미 확증되어 있는) 종교적 결론을 '입증'하게 하는 것이었다." 덴버 중앙장로교회에서 2주간에 걸친 강연이 끝난 뒤 한 시민은 림머의 주장과 가르침이 "얼마나 잘못되고 어리석으며 터무니없는지를" 폭로하는 데 소책자 한 권 전체를 할애했다. "과학자로서 림머는 웃음거리다.…그는 자신의 신망을 높이기 위해 과학자 역할을 하는 것이 분명하다. 설교자로서 진화론에 반대하는 그의 헛소리는 완전히 실패하겠지만(이 목사에 대한 공적인 평가는 매우 낮기 때문이다), '과학 연구자'로서 그는 무지한 사람들에게 깊은 감명을 주어 돈을 끌어모을 능력은 갖고 있다." 물론 이런 비난에는 진실의 요소가 있었다. 하지만 림머는 과학적 신망의 옷을 입기 위해 창조-진화 논쟁에 참여한 최초의 인물도, 마지막 인물도 아니었

20 Jessie Wiseman Gibbs, *Evolution and Christianity*, 3rd ed. (Knoxville, TN: Author, 1931), p. 207; Morgan Blake, 다음 책에서 인용. M. Rimmer, *Fire Inside*, p. 140.

다. 19세기 말 미국에서 진화를 가장 효과적으로 대중화시킨 인물 가운데 한 사람인 철학자이자 역사가 존 피스크(John Fiske)의 전기 작가에 따르면 "청중을 설득하는 데 있어서 피스크가 가진 가장 큰 이점은 자신이 과학자라는 피스크의 주장이었다."[21]

과학자인 체하는 대부분의 창조론자들처럼 림머도 과학적 진취성에 대해 이중적인 태도를 보였다. 한편으로 림머는 당시의 "과학 숭배"를 "자신들의 거친 상상력의 산물을 입증할 능력도 갖추지 못한 사람들이 주장하는 근거 없는 이론을 위해, 하나님의 계시의 영원한 진리를 기꺼이 포기하려는 놀라운 자발성"이 모습을 드러낸 것이라며 매도했다. 다른 한편으로 림머는 자신이 사람들에게 과학자로 통하면서 축적한 명성을 즐겼다. 림머는 과학을 너무 좁게—직접적 관찰을 통해 얻어진 "절대적 지식의 상호 관련된 체계"로—정의함으로써 전형적으로 근본주의적인 방식으로 갈등을 해결했고, 그 결과 그에게 진화론은 명백히 과학의 영역 밖에 속하는 것이 되었다. 그는 이렇게 물었다. "만일 과학적 지식이 오로지 숙달된 관찰을 통해서만 나온다면, 관찰자인 인간의 존재에 선행하는 창조나 기원에 대한 지식은 어떻게 존재할 수 있는가?" 그의 논쟁은 사실의 해석에 관한 논쟁이었지, 사실 자체에 대한 논쟁이 아니었다. **"사실과 관련해서는 논쟁할 것이 없다. 우리는 인간이 아는 과학의 모든 지식을 받아들인다."** "생물 진화 이론의 진실성에 불리하게 작용하는 모든 사실과 증거는 특별 창조라는 사실에 엄청나게 유리한 논거"이고 진화론은 "적극적으로 통제하

---

21 C. Samuel Campbell, "Rev. Harry Rimmer—God's Scientist," *Debunker* 14 (May 1931): 36-40; Oscar O. Whitenack, *A Twentieth Century Churchman's Viewpoint of Science* (Denver: Oscar O. Whitenack, 1933), p. 16; Milton Berman, *John Fiske: The Evolution of a Popularizer* (Cambridge, MA: Harvard University Press, 1961), pp. 195-6.

는 지성을 허용하지 않으며, 설계는 그 과정 전체와 상관이 없다"고 믿었던 그는, 대체로 진화론의 결함이라고 여겨지는 것과 그가 발달상의 기원과 양립 불가능한 것으로 간주했던 생물 세계의 명백한 설계의 증거에 바탕을 두고, 창조를 옹호하는 주장을 폈다.[22]

자신의 법의학 지식과 대규모의 청중을 다루는 능력에 필적할 사람은 거의 없을 것이라고 확신했던 림머는 가능하다면 어디서나, 특히 대학 캠퍼스에서 진화론자들과 공개적인 토론을 벌이려 했다. 그의 자신감은 근거가 있었지만, 그것은 그의 탁월한 논리와 증거 때문은 아니었다. 그의 아들이 언젠가 말했듯이 "아버지는 논쟁에서 한 번도 이긴 적이 없습니다. 그러나 아버지는 언제나 청중들의 마음을 얻었습니다." 그리고 대부분의 경우 다수가 처음부터 그의 편이었다. 림머는 이런 식의 대결을 즐겼고, 그런 대결은 라디오를 통해 자주 전파를 탔다. 림머의 아내는 이렇게 회상했다. "그의 말은 빠르게 흘러갔습니다. 유머와 풍자가 실제 자료와 뒤섞였고, 자연스러운 웃음이 곧잘 터져 나왔습니다." 림머는 종종 진화론자들에게 100달러 이상의 돈을 주겠다고 제안해 그들을 논쟁에 끌어들였다. 미국의 저명한 고생물학자인 헨리 페어필드 오스본(Henry Fairfield Osborn)은 500달러에 기타 경비를 추가 지급하겠다는 림머의 제안을 거부했지만, 펜실베이니아 주 웨스트 체스터 주립 사범대학의 은퇴한 생물

22 Harry Rimmer, *The Harmony of Science and Scripture*, 9th ed. (Grand Rapids, MI: William B. Eerdmans, 1942), pp. 11-13; Harry Rimmer, *The Theory of Evolution and the Facts of Science*, 8th ed. (Grand Rapids, MI: William B. Eerdmans, 1946), pp. 15-20, 49. Harry Rimmer, *Modern Science and the Genesis Record*, 7th ed. (Grand Rapids, MI: William B. Eerdmans, 1946)은 설계의 증거를 반복적으로 강조한다. Rimmer가 사용한 구체적인 사전을 확인하지는 못했지만 20세기 초의 사전들을 대충 살펴보면 과학에 대한 그의 정의가 특이한 것은 아님을 알 수 있다.

학자이며 림머가 "동부에서 가장 위대한 진화론 옹호자"라고 과장되게 묘사한 새뮤얼 크리스천 슈머커(Samuel Christian Schmucker, 1860-1940)는 1930년에 필라델피아에서 림머와 지식 대결을 벌이는 데 동의했다. 슈머커는 진화에 대한 두 권의 대중적인 책을 저술했었다. 이 논쟁은 약 2,500명의 유료 관객을 끌어모았고, 관객들은 과학 분야의 두 거인 사이에 벌어질 치열한 논쟁을 기대했다. 그러나 관객들은 논쟁 대신 림머가 자기 아내에게 "언어적 살인"이라고 묘사한 광경을 목격했다. "논쟁은 한 편의 일방적인 승리, 학살, 그야말로 살인이었다. 이 저명한 교수는 한 마디로 간이 콩알만 해져서 진화론자들이 공통적으로 주장하는 그 어떤 것도 펼치지 못했고, 물에 젖은 폭죽처럼 힘 한번 쓰지 못했다." 논쟁이 끝난 뒤 한 여론조사는 관객의 1/5만이 자신은 진화론자라고 공언했고, 70명만이 슈머커가 승리한 것으로 판단했음을 보여주었다. 의기양양한 승리자는 "오늘은 우리 편에 매우 유익한 저녁이었다"고 말하며, 자신을 현대판 다윗으로 간주했다. "또 한 번 옛날의 저 멋진 돌멩이와 물매로 승리했다!"[23]

림머의 가장 유명한 논쟁은 진화론자가 아니라 동료 창조론자인 침례교 설교자 라일리와의 논쟁이었는데, 라일리는 창세기 첫 장에 대한 올바른 해석과 관련해 림머에게 이의를 제기했다. 라일리는 조지 프레더릭 라이트나 윌리엄 제닝스 브라이언과 마찬가지로 창조의 "날들"이 지질 시대를 대표한다고 믿었다. 림머는 자신이 믿는 스코필드 성경을 따라 창조의 6일은 24시간으로 이루어진 날들일 뿐이라고 주장했다. 이 논쟁은 1920년대 말에 미니애폴리스 근처에서 라일리가 개최한 한 여름 사경회에서 처

23 M. Rimmer, *Fire Inside*, pp. 89-97; 1984년 5월 15일에 C. Brandon Rimmer와 나눈 인터뷰.

음 벌어졌는데, 라일리는 이 사경회에 친구인 림머를 특별 연사로 초대했었다. 의기양양한 림머는 당시 상황을 이렇게 전했다.

> 사람들이 어마어마하게 몰려들었다. 예배당만으로는 사람들을 다 수용할 수 없었고, 사람들은 연단 위에 앉거나 뒤편이나 통로 옆에 서 있거나 밖에 서서 문과 창문을 통해 들여다보고 있었다.…우리는 확실한 기회가 생길 때마다 무자비하게 서로를 공격하면서 열띤 토론 시간을 가졌다. 투표가 행해졌을 때, 나는 5대 1로 이겼다. 라일리는 패배를 인정했고, 내게 축하의 말을 건네며, 이 토론은 뛰어난 두뇌가 할 수 있는 일이 무엇인지를 보여주었는데 그것은 바로 누군가를 자기 진영 안으로 끌어들인 후 빗나간 논점을 가지고 공격해서 이기는 것이라고 말했다. 나는 이렇게 대답했다. "결코 그렇지 않습니다. 이 토론은 진리는 강하고 승리한다는 걸 보여주었습니다."

서부 지역에서도 토론회를 열어달라는 사람들의 요청을 받아들여, 림머와 라일리는 훗날 로스앤젤레스 성경학교에서 다시 논쟁을 벌였다.[24]

두 설교자 모두 확신을 가지고 각자의 견해를 변호했지만, 림머가 지적한 대로 둘 중 어느 누구도 "이 주제에 대해 교조적이거나 확고부동하지"는 않았다. 림머는 한때 자신도 이 문제를 철저히 연구해 "창세기의 창조에 대한 설명을 24시간의 날들로 이루어진 7일 동안이라는 문자적인 한 주간으로 받아들여야 한다"고 확신하기 전까지, 날-시대 이론을 믿은 적이 있었다고 고백했다. 그가 그렇게 판단했던 것은 분명 주석적 사항뿐만 아니라 실제적인 사항도 고려한 결과였다. 모세 오경에 대한 림머의 해석

---

24 M. Rimmer, *Fire Inside*, pp. 132-3.

에 따르면, 하나님은 땅을 덮고 있는 안개를 거두시고 이전에 창조된 태양 광선이 땅 위를 비추도록 허락하시기 전날에 식물을 창조하셨다. 의심 많은 림머는 이렇게 질문했다. "어떻게 식물들이 약 50만 년에 걸친 한 지질 시대가 다 지나도록 햇빛 없이 살아남을 수 있었겠는가?" 미국의 모든 농부들과 정원사들은 답을 알고 있었다. 라일리도 날을 시대로 보는 창세기 해석을 변호하기 위해 과학적 증거에 호소하면서 이렇게 주장했다. "지질학의 증거는 이 해석을 확실하게 만든다." 그러나 "하나님과 그분의 말씀을 믿는 근본주의자"였던 라일리는 아놀드 기요, 제임스 드와이트 데이너, 존 윌리엄 도슨 같은 19세기의 권위자들에게 호소하면서 지질 시대 이론은 "전 세계의 기독교인 지질학자들의 한결같은 입장"이라고 주장했다.[25]

스코필드 관주 성경의 열성적 애호가인 림머는 지상의 생명체의 오랜 기원을 기꺼이 인정했다. 림머는 생명체가 언제 처음 출현했는지 정확히 아는 체하지 않았고 아담 이전의 **인간**이라는 개념도 받아들이지 않았지만, 생명의 창조 그리고 아담과 하와의 창조 사이에 "확실히 상상도 할 수 없는" 시간이 경과했다고 생각했고, 잠시 반신반의한 끝에 아담과 하와가 창조된 때를 기원전 5862년경으로 추정했다.[26] 하늘과 땅의 첫 창조와 그 후 하나님이 문자적인 6일 동안 땅을 "재건"하신 사건 사이의 엄청난 간격

---

25 W. B. Riley and Harry Rimmer, *A Debate: Resolved, That the Creative Days in Genesis Were Aeons, Not Solar Days* (노스웨스턴 대학 도서관 Riley 관련 기록 속에 있는 날짜가 기록되지 않은 소책자). 이 논쟁은 다음 문헌에도 나타난다. *Christian Fundamentalist* 3 (1929): 408-13, 462-9. 넷째 날에 대해 다음을 보라. H. Rimmer, *Modern Science and the Genesis Record*, p. 146.

26 Harry Rimmer, *The Theory of Evolution and the Facts of Science*, p. 78; M. Rimmer, *Fire Inside*, p. 132. 아담 이전의 인류에 대해 다음을 보라. H. Rimmer, *"That's a Good Question!"* (Grand Rapids, MI: William B. Eerdmans, 1954), p. 59. Roger Schultz가 내게 이 자료에 관심을 갖게 해주었다.

동안 현재 발견되는 많은 화석들이 오래된 바위 안에 묻혔을지도 모르지만, 어떤 화석들은 아마도 에덴동산의 창조와 노아 홍수 사이의 기간에 생겨났을 것이다. 림머는 노아 홍수가 "인간 세계에만 국한된" 국지적인 사건이었을 것이라고 생각했다. 그러므로 노아의 방주는 홍수가 난 지역에 서식하는 동물들을 실어 나르기에 충분할 정도의 크기면 족했다. 림머는 1925년에 이렇게 썼다.

> [홍수 이전에는] 비가 내린 적이 없었다. 온 세상을 열대풍의 에덴동산으로 만든, 얼음으로 된 보호막이 지구 전체를 두르고 있었다. 그것은 진실로 "궁창"이었고, 비는 그 궁창을 통과해 내릴 수 없었다. 부패시키는 태양 광선은 걸러내졌고, 긴 수명이 일반적이었다. 사람들은 수백 년 동안 살았다. 또한 이 햇빛은 발효를 야기했다. 홍수 전에 포도즙을 마시는 데 익숙했던 노아는 [홍수 뒤에] 발효된 포도즙이 자신을 취하게 만들자 놀랐다!

이와 같이 림머는 홍수 이전 인류의 긴 수명뿐만 아니라, 홍수 이후에 노아가 술에 취했던 당혹스런 일화까지 설명해냈다.[27]

앞의 논의가 암시하는 바와 같이, 림머가 특별 창조를 변호했던 것은 과학의 오류에 대한 모든 고발로부터 성경을 보호하려는 훨씬 더 광범위한 노력과 관계가 있었다. 림머는 성경이 과학 교과서로 기록된 것은 아니라는 점을 기꺼이 인정했지만, 신적 기원에 대한 성경의 주장은 과학적인 오류든 그 밖의 오류든 상관없이 모든 오류의 가능성을 배제한다고 믿었

---

27 Harry Rimmer, *Modern Science, Noah's Ark, and the Deluge* (Los Angeles: Research Science Bureau, 1925), pp. 19-20, 44-5. 다음도 함께 보라. H. Rimmer, *Modern Science and the Genesis Record*, pp. 11-31; Riley and Rimmer, *A Debate*, pp. 29-30.

다. "성경의 목적과 관계없이 하나님은 사실을 알고 계셨기 때문이다. 또한 하나님으로부터 나온 계시는 모든 점에서 완벽해야 하기 때문이다." 림머에게 "모든 성경은 하나님의 감동으로 된 것으로"(딤후 3:16)라는 주장은 문자적으로 "하나님의 영이 이 거룩한 책의 집필 과정을 매 단어와 줄마다 주의 깊고 엄격하게 지휘하시고 그분 자신의 뜻과 목적을 기록할 대필자로 사용하신 모든 저자들의 수고를 감독하셨다"는 것을 의미했다.[28]

림머는 성경의 과학적 무오류성에 대해 너무나 확신한 나머지, 1920년대 중반부터 성경의 오류를 입증할 수 있는 사람에게는 100달러를 주겠다고 제안했다. 그러나 노아의 방주의 수용 규모의 적절성에서부터 에덴동산에서 사과가 자랄 가능성에 이르기까지 온갖 것에 이의를 제기하는 엄청난 수의 반응에도 불구하고, 아무도 림머가 만족할 만큼 성경의 오류를 입증하지는 못했다. 요나와 고래 이야기의 진실성—"피상적인 비판자들이 가장 자주 내놓은" 논제—을 의심한 비판자들에게 림머는 첫째, 성경은 고래가 아니라 "큰 물고기"라고 밝혔고, 둘째, 고래상어(살아 있는 어류 중 가장 큰 것으로 알려져 있다—역자 주)가 요나에게 충분한 공간을 제공했을 수도 있다고 답변했다. 림머는 실제로 거대한 고래상어 뱃속에서 이틀 밤낮을 살아남은 한 영국인 선원을 만난 적이 있다고 주장했다. 여호수아가 태양을 향해 멈춰 있으라고 명령한 이야기를 의심하는 회의론자들에게, 림머는 그 구절을 히브리어로 정확히 해석하면 여호수아가 태양을 향해 "멈춰 있으라"고 지시한 것이 아니라 "조용히 있으라"고 지시했음을 알 수 있다고

---

28 Harry Rimmer, "Science Sustains Scripture Statements," *Christian Fundamentalist* 4 (1930): 97; Harry Rimmer, *Inspiration Plus Revelation Equals the Bible* (Grand Rapids, MI: William B. Eerdmans, 1946), p. 87. 과학과 관련된 전형적인 변증학 책을 보려면 다음 책을 보라. H. Rimmer, *The Harmony of Science and Scripture*.

대답했다. 불볕더위에서 벗어나게 해달라는 이스라엘 지도자의 간구에 대한 응답으로 하나님은 우박을 동반한 폭풍우를 보내셨는데, 이 폭풍우가 이스라엘 군대의 더위를 식혀주었을 뿐만 아니라 적들을 궤멸시켰다.[29]

희망에 부풀었던 상금 청구자들은 약속된 보상을 받아내기 위해 림머를 실제로 두 번이나 법정으로 끌고 갔지만, 두 번 다 재판에서 졌다. 1929년의 첫 번째 재판에서는 캘리포니아 주 출신의 은퇴한 육군 대령 하나가 하나님이 광야에서 기적적으로 이스라엘 자손들을 먹이시기 위해 수많은 메추라기를 보내셔서 메추라기가 진영 사방으로 각기 하룻길 되는 지면 위에 두 규빗 높이로 쌓였다는 이야기(민 11:31)에 도전했다. 이 의심 많은 대령은 그 이야기대로라면 그렇게 쌓인 무더기 속에 29,613,991,260,171마리의 죽은 메추라기가 있었다는 것이고, 그것은 당시 이스라엘 백성 한 사람이 12,266,171마리씩 먹을 수 있는 메추라기가 있었다는 셈인데, 이것은 과학적으로 불가능하다고 했다. 그러나 사건을 심리한 판사는 고소인에게 불리한 판결을 내리면서, 이 기적을 실제로 본 모세가 계산을 한 대령보다 더 믿을 만한 증인이라고 추론했다. 거의 15년이 지난 뒤에도 흠잡을 데 없는 기록에 고무된 림머와 과학연구사무소(Research Science Bureau) 이사회의 동료들은, 1939년에 상금을 1000달러로 올렸다.[30]

그 후 얼마 안 있어서 뉴욕의 인본주의자인 윌리엄 플로이드(William Floyd, 1871-1943)가 자신이 성경에서 6일 창조 이야기, 창세기 1장과 2장

---

29 Harry Rimmer, *That Lawsuit against the Bible* (Grand Rapids, MI: William B. Eerdmans, 1951), p. 10; H. Rimmer, *The Harmony of Science and Scripture*, pp. 161-90, 251-83. 고래 이야기에 대한 재미있는 비판적 분석을 보려면 다음 글을 보라. Edward B. Davis, "A Whale of a Tale: Fundamentalist Fish Stories," *Perspectives on Science and Christian Faith* 43 (1991): 224-37.

30 H. Rimmer, *That Lawsuit against the Bible*, pp. 11-14.

에서 발견되는 두 창조 이야기 사이의 모순, 노아의 방주에 대한 기록, 광야에서 이스라엘 백성을 먹이기 위해 보내졌다는 메추라기의 수, 레위기 11장 4-6절에서 발견되는 낙타, 사반, 토끼에 대한 묘사 등 5가지 과학적 오류를 발견했다는 이유로 림머를 고소했다. 플로이드는 "전쟁을 불법화하고 가난을 몰아내며 미신을 폭로하는 일"에 전념하는 잡지인 「중재자」(*Arbitrator*)의 발행인이었다. 그는 돈에 대해서는 아무 관심이 없다고 주장했다. 그는 단지 "법정의 심판을 통해 성경에 그런 오류들이 있다는 점을 근본주의자들에게 납득시키기를" 원했다.[31]

림머는 절차상의 문제로 소송에서 이겼다. 즉 플로이드가 도전했던 그 특정한 신문의 제안은 림머 자신의 제안이 아니었던 것이다. 그러나 림머는 이 재판이 "하나님의 말씀에는 오류가 없다고 믿는 모든 이들의 입장을 법률적으로 확증하는 결과를 가져왔으며" 법원이 "**그리스도인들이 계속해서 성경을 읽고 믿어도 괜찮다**"고 결정했다고 널리 주장하면서, 그를 비판했던 이들을 크게 자극했다. 처음에는 「선데이 스쿨 타임지」(*Sunday School Times*)에 연속 기사로 실렸다가 종종 책으로 다시 출판되었던 그 사건들에 대한 림머 자신의 묘사에 따르면, 그것들은 "무신론자, 자유사상가, 근대주의자, 인본주의자로 구성된 큰 집단"이 "성경의 무오류성을 굳건히 신봉하는 단순하고 믿음 있는 기독교인들"에게 "완패"한 것이었다.[32]

---

31 ibid., p. 28; William Floyd to the American Association for the Advancement of Science, January 14, 1940, "Membership—Questionable" file, Box 8, Secretary's Records, AAAS Archives; 이 인용구들을 발췌한 같은 파일에서 발견된 1939년 12월 10일자 *Sunday Mirror Magazine Section*의 한 기사. 이 자료들의 사본을 보내준 Michelle Aldrich에게 감사의 뜻을 전한다.

32 H. Rimmer, *That Lawsuit against the Bible*, pp. 10, 87, 책 표지. Rimmer의 변호사 James E. Bennett은 다음 책에서 이 재판을 기술했다. *The Bible Defeats Atheism: A Story of the Famous Harry Rimmer Trial as Told by Attorney for Defendant*, 7th ed. (New York:

이 재판이 벌어지던 무렵, 젊은 시절에 거의 취득할 뻔했던 의학 박사학위 외에는 어떤 학문적 명예에 대한 욕구도 없다고 주장했던 이 학위 없는 복음주의자는, 그럼에도 스스로를 이학 박사 겸 신학 박사(휘튼 대학과 콜키스 대학에서 각각 수여한 명예 학위)인 해리 림머로 소개하고 다니면서 자신이 미국과학진흥협회(American Association for the Advancement of Science, AAAS)의 회원이라고 주장했다. 사우스캐롤라이나 주에 소재한 퍼먼 대학의 의심 많은 총장은 림머가 미국과학진흥협회의 위원회 활동을 포함해 자신의 과학적 학위를 자랑하고 다닌다는 말을 듣고서 그 협회에 림머의 지위를 문의하는 편지를 보냈다. 그 협회의 부총무는 림머가 실제로 1925년부터 회원으로 등록되어 있기는 하지만 협회에 소속된 어느 위원회에서도 활동한 적이 없다고 답변했다. 그 부총무는 "과학과 교육의 진흥에 관심이 있는 사람이면 누구든" 협회에 가입할 수 있다는 사실을 언급하면서 이렇게 덧붙였다. "지금까지 림머 박사는 회원 명단에서 삭제될 만한 극단적인 발언은 피해오셨습니다."[33]

취득한 학위가 없음에도 불구하고 림머는 종종 그를 교수로 채용하겠다는 제안을 받았다. 1924년에 아칸소 주 실로암 스프링스에 있는 근본주의 성향의 학교인 존 브라운 대학이 그에게 "연구 과학 학과장" 자리를 제안했지만 림머는 이를 거절했다. 또한 데이튼에 있는 윌리엄 제닝스 브라

Frederick Naef, [1947]); Rimmer의 천적인 E. Haldeman-Julius는 다음 책에서 Rimmer가 이 재판에 대해 거짓말을 했다며 Rimmer를 비난했다. *Questions and Answers: 20th Series* (Girard, KS: Haldeman-Julius Publications, [1940]). Gene DeGruson은 피츠버그 주립대학 도서관의 소장품에서 마지막 두 문헌의 사본을 제공해주었다.

33 M. Rimmer, *Fire Inside*, p. 110; "Harry Rimmer," *Who Was Who in America, 1951-1960*, p. 728; Bennette E. Geer to Secretary, AAAS, June 14, 1937, and Sam Woodley to B. E. Geer, July 7, 1937. 둘 다 다음 장소에 보관되어 있다. "Membership-Questionable" file, Box 8, Secretary's Records, AAAS Archives.

이언 대학에서 훗날 두 번이나 림머를 총장으로 초빙하려 했지만 그 역시 번번이 실패했다. 수년 동안 림머는 피츠버그의 캔자스 주립 사범대학(현재의 피츠버그 주립대학)과 학문적으로 가장 가까운 관계를 맺었는데, 그 대학의 총장 브랜든버그(W. A. Brandenburg, 1869-1940)는 근본주의 운동을 공개적으로 지지하는 이였다. 총장의 초대로 1924년에 캔자스 주 남동부에 있는 이 작은 대학을 처음으로 방문한 림머는 "현대 과학과 연구"라는 제목의 강연을 통해 진화론을 공격했다. 림머는 과학자인 체하면서—그러나 진화의 기제에 대한 당대의 과학적 사고에 대한 무지를 드러내면서—획득 형질 유전에 대한 라마르크(Lamarck)의 이미 반박된 이론을 집중적으로 비판했다. 대학신문은 그 당시 상황을 이렇게 전했다.

> 림머 박사는 획득 형질은 유전되지 않는다는 사실을 진화를 반박하는 가장 큰 논거로 제시했다. 예를 들어 그는 토끼를 대상으로 시행된 한 실험에 대해 언급했다.
>
> 그 실험에서 실험자들은 암컷 토끼가 털을 둥지를 만드는 데 사용하지 못하도록 토끼의 가슴에 고무 조끼를 입혀 끈으로 묶었다. 그리고 그 대신 방모를 사용했다. 10세대가 지난 뒤에 토끼는 조상 토끼들에게 그 원인이 돌려진 획득된 습관을 물려주지 않는다는 사실이 발견되었다.
>
> 림머 박사는 획득 형질은 유전되지 않는다는 또 다른 예로 오래된 중국의 관습인 전족을 언급했다. 이 관습이 3천 년이나 이어져 왔음에도 우리는 여전히 중국인 아이들이 온전한 모양을 가진 발을 가지고 태어난다는 사실을 알고 있다.

그의 논증의 타당성 여하와 상관없이, 그 지역의 진화론 반대자들은 그를 "과학계의 모세나 링컨"이라며 환영했고, 브랜든버그는 그에게 교수진에 합류해달라고 간곡히 요청했다.[34]

림머는 피츠버그에서 정식 교수직을 맡아달라는 반복되는 초청을 거절했지만, "내게는 문이 활짝 열려있을 뿐만 아니라 아예 문짝이 없는 상태"라는 점을 확인시키기 위해 종종 그곳에 갔다. 또한 그는 수년간 분명히 비공식적으로 대학박물관 관장으로 일했는데, 이것은 "그에게 많은 곳에서 다른 방법으로는 구할 수 없었던 표본들을 수집할 수 있는 특권을 허락한" 직책이었다. 종종 림머는 피츠버그의 학생들을 고고학 발굴 현장에 데려갔고, 거기서 얻은 유물들을 곧잘 박물관에 기증했다. 1928-1929년도 대학 편람에서는 "많은 아름다운 나비" 수집물뿐만 아니라 "봉분, 많은 두개골, 석기"까지 후하게 기증한 림머에게 감사의 뜻을 표했다.[35]

림머의 창조론자로서의 경력은 1930년대에 절정에 이르렀다. 자신들의 견해가 확증되기를 갈망했던, 그러나 과학적으로 주변적이었던 근본주의자들 사이에서 림머는 두려움 없이 즐기면서 진화론을 비판한 인물로

---

34 M. Rimmer, *Fire Inside*, pp. 68-9, 151-2; "Evolution Is Abused Term," *Collegio*, July 17, 1924, p. 1. Gene DeGruson은 *Collegio*에 실린 Rimmer에 대한 이 글과 그 밖의 글들의 사본을 아낌없이 제공해주었다. Rimmer의 방문에 대한 비판적인 설명을 다음에서 보라. John G. Scott, "Fundamentalism in the Kansas State Teachers College," *Haldeman-Julius Monthly* 2 (1925): 378-83.

35 M. Rimmer, *Fire Inside*, pp. 69, 74, 86, 108-10; "Archeology Was Their Pastime [sic]," *Collegio*, September 26, 1924, p. 4; "Archeologist Visits Here," ibid., June 18, 1926, p. 1; "Dr. Rimmer Here to Open Museum," ibid., June 10, 1927, p. 1; *Annual Catalogue, 1928-1929: The Kansas State Teachers College of Pittsburg* (Topeka: State Printer, 1929), p. 31. M. Rimmer(*Fire Inside*, p. 110)와 *Collegio*("Dr. Rimmer Adds New Specimens," June 22, 1928, p. 1) 둘 다 Rimmer를 박물관 관장으로 밝히고 있지만 피츠버그 주립대학 기록보관 담당자 Gene DeGruson은 Rimmer와 이 대학과의 공식적인 관계를 입증할 증거 자료를 아무것도 발견하지 못했다. G. DeGruson to R. L. Numbers, December 3, 1987.

알려졌고, "물리학, 화학, 생물학에서 많은 중요한 발견을 한" 진정한 과학자라는 명성을 얻었다. (1976년까지도 반진화론 노선의 한 소책자는 림머를 "금세기의 가장 뛰어난 과학자 가운데 한 사람"이라고 묘사했다.)[36] 림머가 창조-진화 논쟁에 새로운 기여를 한 것은 없지만, 그의 신학적 및 과학적 권위는 제2차 세계대전 이전의 근본주의자들 사이에서 간격 이론을 기원에 대한 지배적 견해로 확고히 수립하는 데 도움이 되었다. 그의 소책자들은 말할 것도 없이 그의 저서들만 해도 수십만 명의 독자들을 만났다. 그러나 1952년에 그가 세상을 떠날 무렵에 그의 신학적 및 과학적 영광은 완전히 빛을 잃었다. 점점 더 많은 수의 교육받은 복음주의 과학자들이 그의 과학적 주장을 일축하는 경향을 보였다. 그는 다니엘서에 나오는 예언적 이미지에 대한 오래된 근본주의적 해석을 거부함으로써 엄청난 비판을 받았고, 애절하게도 "나는 여전히 근본주의자다"라고 주장해야 하는 처지로 전락했다. 변증학의 유행 방식이 바뀌었다. 그의 아들은 말했다. 영향력 측면에서 림머는 "제2차 세계대전 속에서 사라졌고…세상은 아버지를 잊어버렸다."[37]

---

36 "Report of the Text Book Committee," *Christian Fundamentalist* 3 (1929): 251; Harold Hill, with Irene Harrell, *From Goo to You by Way of the Zoo* (Plainfield, NJ: Logos International, 1976), p. xiv. Roger Schultz는 나에게 힐의 인용문에 대한 관심을 불러일으켰다.

37 Harry Rimmer, *The Coming League and the Roman Dream* (Grand Rapids, MI: William B. Eerdmans, 1941), p. 46; 1990년 5월 15일에 있었던 C. Brandon Rimmer와의 인터뷰. 윌리엄 B. 어드만스 출판사에서만 Rimmer의 책을 거의 30만부나 팔았다; Danford Gibbs to Roger Schultz, October 20, 1988. 내게 이 자료의 사본을 제공해준 Roger Schultz에게 다시 한 번 감사의 뜻을 표한다. 20세기 중반에 나온 Rimmer의 평판에 대한 보다 긍정적인 평가를 다음에서 보라. Schultz, "All Things Made New," pp. 349-52.

요약과
복습

1. 1925-1950년 사이에 창조론자들 진영의 고민은 과학자로 내세울 만한 사람이 거의 없다는 사실이었다. 페어허스트 외 몇 사람 그리고 의사였던 아서 브라운과 웰터급 권투 선수 출신의 해리 림머가 그 시대의 창조론자로서 등장했다.

2. 목회 활동을 하면서 자연과학 교수로 재직했던 페어허스트는 유물론적 진화와 유신론적 진화를 모두 거부했고, 동료 교수와 소송 사건에 휘말리다가 세상을 떠났다. 가톨릭교회 사제였던 조지 배리 오툴은 『진화에 대한 반론』이라는 책을 냈지만, 테네시주 과학아카데미는 그것이 과학이 아니라 종교적인 책이라고 일축했다. 제임스 보울도 진화에 반대하는 책을 썼지만, 정작 자신은 가설로서의 진화론을 인정했고, 창조와 진화 사이의 선택은 믿음의 문제일 뿐이라고 선을 그었다.

3. 돈 버는 능력이 뛰어났던 의사 **아서 브라운**은 진화는 속기 쉬운 세상의 가장 큰 날조라고 말하는 소책자를 발행하여 큰 명성을 얻고 전국을 누비며 반진화론 강연을 했다. 그는 박식한 과학자로 대접을 받았고 모든 근본주의자가 그의 이름을 인용했다. 그는 대단히 부유한 생활을 했으나 1947년 교통사고로 세상을 떠났다.

4. 복싱 시합을 끝내고 돌아오는 길에 길거리 전도자의 설교를 듣고 회심했던 **해리 림머**는 목사이자 자칭 연구 과학자였다. 그는 차고 옆의 작은 작업장을 실험실이라 부르며 연구 활동을 했고, 연구과학사무소를 설립했으나 재정난으로 문을 닫았다. 하지만 그는 청중 앞에서 진화론자와 논쟁하는 토론회를 크게 성공시킴으로써 유명세를 얻었다. 그는 대중 강연을 즐겼고, 성경의 오류를 증명하는 이에게 천 달러를 주겠다고 호언하여 소송을 치르기도 했다. 그가 무대 위에서 부린 허세는 빈곤하고 정처 없었던 어린 시절로부터 비롯된 자신의 오랜 불안을 감추기 위한 것이었다고 할 수 있다.

제5장

조지 맥크리디 프라이스와 새로운 대격변설

George McCready Price
and the New Catastrophism

1925년의 스콥스 재판을 둘러싼 사건들은 존경받는 과학자들 중에 특별 창조론을 옹호하려는 이가 거의 없음을 확증해주었다. 그해 봄에 테네시 주 데이턴에 있는 어느 고등학교의 교사인 존 토머스 스콥스(John Thomas Scopes, 1901-1970)는 자신이 공립학교들에서 인간의 진화를 가르치는 것을 금지하는 최근에 통과된 테네시 주의 법을 위반했다고 자백했다. 그에 따른 스콥스 재판은 반진화론 십자군에 대한 국제적인 관심을 불러일으켰고, 기소(起訴)를 돕기 위해 윌리엄 제닝스 브라이언(William Jennings Bryan)을 데이턴으로 불러들였다. 브라이언은 진화의 과학적 장점들을 논박해줄 것을 기대하면서 테네시 주를 위해 기꺼이 증언해줄 제임스 보울(S. James Bole)과 같은 창조론에 공감하는 전문가들을 찾았다. 그러나 그의 문의 편지에 대한 응답은 그 나이든 십자군을 실망시켰음이 틀림없다. 『근본 원리들』(*The Fundamentals*)에 에세이를 기고했고 사람들로부터 큰 존경을 받는 존스 홉킨스 대학 산부인과 의사 하워드 켈리(Howard A. Kelly, 1858-1943)는 브라이언에게 자신이 아담과 하와의 특별 창조를 믿기는 하나, "더 낮은 수준의 생명 창조 역사 안에서 연속되는 순서"의 가능성에 대해 열려 있다고 전했다.[1] 신시내티 대학의 학장이자 최근에 『진화

---

1 W. J. Bryan to S. James Bole, July 2, 1925. 이 편지의 원본은 Bole의 손녀인 Dorothy Worth가 친절하게 제공해주었고, 지금은 S. James Bole Papers, Nebraska State History Society에 소장되어 있다; Howard A. Kelly to W. J. Bryan, June 15, 1925, Box 47, W. J. Bryan Papers, Library of Congress. 1923년 1월 4일에 쓴 편지(Box 36, Bryan Papers)에서 Kelly는 Bryan에게 자신은 "이 세상 안의 유기적 생명체의 진화"를 믿는다고 말했다. Kelly의 진화관을 그의 일기 메모에서 보라. May 4, 1925, Box 27, Howard Kelly Papers, Chesney

의 교리』(*The Dogma of Evolution*, 1925)라는 책을 쓴 물리학자 루이스 모어(Louis T. More, 1870-1944)는 [그 재판이] 진화의 범위를 생물학으로부터 철학으로 넓힌 것에 대해 항의하면서 자신은 진화를 작업가설로 수용한다고 대답했다.[2] 그의 책 『하나님 또는 고릴라』(*God-or Gorilla*, 1922)에서 진화를 조롱했던 호전적인 알프레드 워터슨 맥캔(Alfred Watterson McCann)도 브라이언에게 그가 과거에 금주령(Prohibition)을 지지했던 것과 지금 "사람들이 스스로 사고할 수 있는 성향을 억누르려"고 하는 것을 힐난했다.[3]

재판 자체와 관련해서도 브라이언은 일을 잘 수행하지 못했다. 변호사 클래런스 대로우(Clarence Darrow, 1857-1938)의 변호인 심문 때 브라이언은 젊은 지구관을 존경하는 과학자들의 이름을 겨우 둘만 언급할 수 있었을 뿐이다. 그중 한 명은 4년 전에 세상을 떠난 조지 프레더릭 라이트(George Frederick Wright)였고, 다른 한 명은 **조지 맥크리디 프라이스**(George McCready Price, 1870-1963)였는데, 프라이스는 영국에 직장을 얻

Medical Archives, Johns Hopkins University; and Howard A. Kelly, *A Scientific Man and the Bible* (New York: Harper & Brothers, 1925), pp. 65-8.

2 Louis T. More to W. J. Bryan, July 7, 1925, Box 47, Bryan Papers. 또 다음도 보라. Louis T. More, *The Dogma of Evolution* (Princeton, NJ: Princeton University Press, 1925); F. D. Nichol to G. M. Price, March 10, 1926, George MaCready Price Papers, Adventist Heritage Center, Andrews University; Paul E. More to Editors of the Conference, February 3, 1927, and Edwin E. Slosson to Editors of the Conference, October 18, 1926. 이 문서는 모두 다음 제목의 서류철 안에 있다. "Evolution-The Conference Method of Study," Kirtley F. Mather Papers, Harvard University Archives, Pusey Library. Slosson에 따르면 L. T. More는 "어떤 종류의 진화를 인정했고, 진화론자들에게와 똑같이 근본주의자들에게도 환영받지 못하는 인물"이었다. Clark Elliott가 내가 Mather Papers에 관심을 갖도록 해주었다.

3 Alfred W. McCann to W. J. Bryan, Jun 30, 1925, Box 47, Bryan Papers. 이 문서는 Bryan이 데이튼에서 최소한 다음 세 명의 다른 전문가들을 초대했음을 보여준다: ① 켄터키주 센터 대학의 철학자인 Charles B. McMullen (June 7, 1925, Box 47), ② 신원이 확인되지 않은 신시내티 거주자인 Henry F. Lutz, ③ 버지니아 대학 화학부의 교수인 F. P. Dunnington. Bryan은 Dunnington의 진화에 대한 견해를 모르고 있었다(July 16, 1925, Box 40).

어서 그 재판에 참여해달라는 브라이언의 초청에 응할 수가 없었다. 비록 대로우는 프라이스를 "협잡군이고 거짓말쟁이며 결코 지질학자가 아니라고" 묵살했지만, 프라이스는 1920년대 중반에는 가장 혁신적이고 영향력 있는 특별 창조 옹호자로서 아군과 적군 양편에서 명성을 쌓았다. 그에게 동조하지 않는 과학잡지 「사이언스」(*Science*)의 발행인도 그를 "근본주의자들 중에서 가장 중요한 과학적 권위자"라고 인정했다. 하지만 특별히 지질학적 토대에 집중하며 진화에 반대했던 그의 방대한 저작들은 60년에 걸쳐서 발행되었으나 권위 있는 과학자들 사이에서는 별다른 관심을 끌지 못했다. 그가 창조론자들 서클 밖에서 조금이라도 인지된 적이 있었다면, 그것은 그가 20세기에 제일가는 괴짜 과학자들 중 하나였기 때문이다. 즉 그가 마틴 가드너(Martin Gardner)의 『과학의 이름을 지닌 유행과 오류들』(*Fads and Fallacies in the Name of Science*, 1957)이 서술하는 사이비 과학의 역사 안에나 포함될 만했기 때문이다. 가드너는 프라이스의 역사적 중요성을 알아본 첫 번째 비평가였다고 할 수 있는데, 그는 1950년대에 그를 "최후의 그리고 가장 위대한 반진화론자"라고 서술했다. 프라이스가 마지막은 아니었지만, 그가 가장 위대한 반진화론자였음을 보여 주는 한 가지 강력한 사례는 제시될 수 있다.[4]

---

4 W. J. Bryan to G. M. Price, 1925 and G. M. Price to W. J. Bryan, July 1, 1925, Box 47, Bryan Papers; L. Sprague de Camp, *The Great Monkey Trial* (Garden City, NY: Doubleday, 1968), P. 402; "Letter to the Editor of Science from the Principal Scientific Authority of the Fundermentalists," *Science* 63 (1926): 259; Maynard Shipley, *The War on Modern Science: A Short History of the Fundamentalist Attacks on Evolution and Modernism* (New York: Alfred A. Knopf, 1927), p. 364; Martin Gardner, *Fads and Fallacies in the Name of Science* (New York: Dover, 1957), pp. 123-39, 인용은 p. 127. Gardner의 책은 처음에는 *In the Name of Science* (New York: G. P. Putnam's Sons, 1952)라는 제목으로 출판되었다. 또한 Gardner의 에세이 모음집 *Science: Good, Bad and*

창조론자가 만들어지는 과정

조지 에드워드 프라이스(George Edward Price, 저작 경력을 시작했을 때 그는 모친의 결혼 전의 성인 맥크리디를 에드워드라는 이름으로 바꾸었다)는 1870년 8월 26일 캐나다의 뉴브룬스윅에서 태어났다. 그의 모친은 최소한 두 명의 언론인을 가진 상류층 가정 출신이었고, 그의 부친은 농부이자 방앗간 운영자였는데, 조지가 12살 때에 세상을 떠났다. 남겨진 조지와 그의 어린 형제는 농장을 운영해야 했다. 과부가 된 프라이스 부인은 남은 아들 둘과 함께 몇 년 뒤 제7일안식일예수재림교회(Seventh-day Adventist church)에 등록했다. 이 교회는 작은 종파였고, 1840년대에 있었던 밀러의 열광주의 운동로부터 유래했다. 농부이자 설교가인 윌리엄 밀러(William Miller, 1782-1849)의 추종자들은 그리스도께서 지구로 돌아오는 때와 관련해 다양한 날자들을 추정했다. 밀러 운동에서 파생되어 나온 제7일안식일예수재림교인들을 이끌었던 사람은 카리스마가 넘치는 지도자인 엘렌 화이트(Ellen G. White, 1827-1915)였다. 화이트는 황홀경과 같은 환상을 통해 신의 메시지를 받았다고 주장했고, 추종자들은 그녀가 공표하는 것을 성경과 같은 수준의 것으로 여겼다. 밀러 운동의 조상들과 마찬가지로 제7일안식일예수재림교인들도 세상의 임박한 종말을 기대했고, 십계명(출 20:8-11)의 제4계명에서 주어진 하나님의 가르침에 따라 토요일에 예배를 드리면서 문자적 6일간의 창조를 기념했다. 안식교인들은 그들의 분명한 안식일 규정 때문에 창조의 날들을 상징적으로 해석하기를 제안하는 모든

Bogus (Buffalo, NY: Prometheus Books, 1981), p. 13 그리고 그의 소설 *The Flight of Peter Fromm* (Los Altos: William Kaufmann, 1973), pp. 48-51을 보라.

과학 이론들을 단호히 거부했다. 화이트는 "신앙심 없는 지질학자들"을 공격했다. 그들은 창세기 1장에 서술된 창조 사건들이 "성취되려면 7번의 광대하고 무한정한 기간들이 요청된다"고 가정하기 때문이었다. 화이트는, 지질학자들을 따르는 것은 안식일과 관련된 제4계명의 근본을 직접적으로 공격하는 일이라고 주장했다. "그것은 하나님이 아주 단순하게 만드신 것을 무규정적이고 모호하게 만드는 일이다." 비록 그녀가 창세기 1장의 올바른 읽기와 관련해 모종의 의심을 품었던 적이 있기는 하나, 그것은 그녀가 체험한 여러 환상들 중 하나로 인해 곧 지워졌다. 그 환상 안에서 그녀는 "창조의 때로 옮겨져 하나님이 6일 동안 창조 사역을 행하시고 제7일에 안식하셨던 그 첫 주일을 보았는데, 그 한 주간은 이후의 다른 모든 주간과 정확하게 똑같았다."[5]

---

5 Ellen G. White, *Spiritual Gifts: Important Facts of Faith, in Connection with the History of Holy Men of Old* (Battle Creek, MI: Seventh-day Adventist Publishing Assn.,1864), pp. 64-96, 인용은 pp. 90-1. 창조와 홍수에 대한 개정된 챕터들은 다음에서 나타난다. Mrs. E. G. White, *Patriarchs and Prophets*; 또는 *The Great Conflict between Good and Evil as Illustrated in the Lives of Holy Men of Old* (Oakland, CA: Pacific Press, 1890), pp. 90-116. White와 제7일안식일예수재림교에 대해 다음을 보라. Ronald L. Numbers, *Prophetess of Health: A Study of Ellen G. White* (New York: Harper & Row, 1976); Ronald L. Numbers and Jonathan M. Butler, eds., *The Disappointed: Millerism and Millenarianism in the Nineteenth Century* (Bloomington: Indiana University Press, 1987); and Gary Land, ed., *Adventism in America: A History* (Grand Rapids: MI: William B. Eerdmans, 1986). 제7일안식일예수재림교인들의 진화에 대한 입장과 관련하여 다음을 보라. Ronald L. Numbers, "Science Falsely So-Called: Evolution and Adventists in the Nineteenth Century," *Journal of American Scientific Affiliation* 27 (March 1975): 18-25; and "'Science of Satanic Origin': Adventist Attitude toward Evolutionary Biology and Geology," *Spectrum* 9, no. 4 (1979): 17-30. 다른 언급이 없으면, Price에 대한 전기적 정보들은 다음에 기초해 있다. Harold W. Clark, *Crusader for Creation: The Life and Writings of George MaCready Price* (Mountain View, CA: Pacific Press, 1966); and Ronald L. Numbers, "George Edward McCready Price," *Dictionary of American Biography*, Supplement 7, 1961-1965, ed. John A. Garraty (New York: Charles Scribner's Sons, 1981),

모세 오경의 우주생성론에 관한 주석서에서 화이트는 노아 홍수가 전지구적이었다고 보는, 일반적으로 폐기된 견해를 지지했다. 노아 홍수는 지구 표면에 화석들을 묻고 표면을 재형성한 대격변이라는 것이었다. 그녀의 설명에 따르면, 홍수가 물러난 후에 썩어가고 있는 태고의 생명체들이 드러났고, 하나님은 "지구 전체를 덮는 강한 바람을 일으키셔서" 그 유기체의 잔해들을 묻으셨으며, "어떤 경우에는 초강력 산사태와 같은 것을 통해 그것들이 산꼭대기로 옮겨졌고, 이전에는 아무것도 보이지 않았던 곳에 거대한 언덕들과 높은 산들이 형성되면서 사체들은 나무, 돌, 흙으로 덮였다." 파묻힌 숲들은 그 후 석탄과 석유로 변했고, 하나님은 때때로 "지진과 화산들과 화염"을 일으키기 위해 그것에 불을 붙이셨다. 과거 시대에 대한 화이트의 이런 권위 있는 설명은 프라이스를 포함한 대부분의 제7일안식일예수재림교인들의 창세기 해석을 확정했다. 따라서 그들은 근본주의자들이 창세기 1장을 역사적 지질학이 발견한 결과물에 순응하도록 허용하는 날-시대 이론이나 간격 이론처럼 해석하려고 하지 않았다.[6]

고등학교를 떠난 지 2년 후 17살이 되었을 때, 프라이스는 12살 연상의 제7일안식일예수재림교인 여성과 결혼했고, 그 후 여러 해 동안 이 커플은 캐나다 동부의 메리타임 지방에서 도보로 집집마다 돌며 화이트의 책

---

pp. 631-2.

6 White, *Spiritual Gifts*, pp. 77-9. 최근에 학자들은 그녀가 자신이 환상을 통해 보았다고 단언했던 것을 서술할 때 다른 작가들의 것을 글자 그대로 베껴왔다는 사실을 폭로했다; 그러나 그녀의 지질학적 진술들의 정확한 원천은 아직까지 확인되지 않았다. 이 문제에 대해 다음을 보라. Walter T. Rea, *The White Lie* (Turlock, CA: M & R Publications, 1982); and Warren H. Johns, "Ellen G. White and Science: Literary Borrowing and Human Sources." 이것은 출판되지 않은 문서이고 Biblical Research Committee of the General Conference of Seventh-day Adventists, Loma Linda, California, January 18, 1984에 제시되었다.

을 팔았다. 1891년 가을, 그는 미시간에 있는 제7일안식일예수재림교 계통의 학교인 배틀크릭 대학에 등록했다. 비록 그 대학이 "과학 강좌"를 개설했지만, 어려서부터 모친의 몇몇 친척들처럼 문과 쪽 직업에 대한 갈망을 품었던 프라이스는 그 과목 대신에 "고전 강좌"를 선택했다. 그는 배틀크릭에서 2년간 공부하다가 돈이 다 떨어져 고향으로 돌아갈 수밖에 없었다. 그는 고향에서 책을 파는 일을 다시 시작했고 그 일을 싫어했음에도 곧잘 해냈다. 1896년에 책 파는 일에 좌절감을 느낀 그는 뉴브룬스윅 지방 사범 학교(지금의 뉴브룬스윅 대학)의 1년짜리 교사 훈련 과정에 등록했다. 그곳에서 그는 "광물학을 포함해 몇 가지 자연과학의 기초과정"을 수강했는데, 그를 가르친 사람은 분명히 존 윌리엄 도슨(John William Dawson)의 예전 학생들 중 한 사람이었다. 이것이 프라이스가 받은 정규 과학 교육의 전부다. 1897년에 그는 (그 후로 여러 차례 맡았던) 작은 마을의 교사직들 중 첫 번째 직무를 시작했다.[7]

2년 후 프라이스는 트레이커디에 있는 고등학교에서 가르치고 있었다. 트레이커디는 세인트로렌스 만에 있는 멀고 황량한 마을이었고, 대부분의

---

7 George McCready Price, "If I were twenty-One again," *These Times* 69 (September 1, 1960): 22; Price, "Some Early Experiences with Evolutionary Geology," *Bulletin of Deluge Geology* 1 (1941): 79; *Sixteenth Annual Calendar of Battle Creek College*, 1891; George McCready Price, "The Flood Theory Again," *Christian Faith and Life* 38 (1932): 350. "Battle Creek College Records, 1876-94" (Adventist Herriage Center, Andrews University), pp. 369, 383은 Price가 1891-92 그리고 1892-93년에 등록했다는 것을 보여주지만, 그가 이수했던 과목을 지시해주지는 않는다. "Official Register No. 10 of the Provincial Normal School of New Brunswick, Session of 1896-97" (Provincial Archives of New Brunswick, RG 11, RS117/1/16), p. 18은 Price가 "좋은" 학생이었다고 말하지만, 마찬가지로 그가 이수했던 과정을 기록하고 있지는 않다. 또 다음도 보라. Clifton L. Taylor, "Pioneer Days," *Eastern Canadian Messenger*, April 16, 1918, p. 4. Bert Halviak가 내게 이 책에 관심을 갖도록 해주었다.

주민은 불어를 말하는 캐나다인 농부들과 어부들이었다. 외로움에 시달리던 그는 지적인 동반자가 갈급해서—당시 그의 부인은 다른 곳에서 가르치는 중이었다—의사인 알프레드 스미스 박사(Alfred Corbett Smith, 1841-1909)와 친구가 되었다. 스미스는 마을 근처에 있는 정부가 운영하는 나병 요양소의 의료기관장이었고, 그 지역에서 몇 안 되는 영어 사용자였다. 함께 많은 대화를 나누는 동안 하버드 의과대학 졸업생인 스미스는 그 젊은 친구에게 진화에 대한 견해를 물었다. 프라이스가 엄격한 창조론자임을 알게 되자마자 스미스는 그 속세를 떠난 교사(프라이스—역자 주)에게 자신의 서재에 있는 진화에 관한 다양한 책들을 빌려주었다. 프라이스가 보기에 그 책들 안에 서술되어 있는 진화론은 "**몽땅 다 지질학의 견해에 기울어져 있었고, 만일 그 지질학이 옳다면, 나머지 진화론들도 그럭저럭 합리적이라고 말할 수 있을 것처럼 보였다.**" 여러 차례 프라이스는 경계선에서 비틀거리면서 그 추론의 노선을 수용할 뻔했다. 훗날 그는 과학과 종교의 주장들을 화해시키려고 혼신의 힘을 다했던 어떤 사람(프라이스 자신—역자 주)에 관한 아주 상세하고도 흥미로운 이야기들 중 하나에서 다음과 같이 회상했다. "세 번이나 분명히—당시 나는 문제 전체의 진상을 규명하겠다고 결심하고서 첫 탐구를 진행하고 있었다—나는 스스로에게 말했다. '그렇다! 화석들이 결정적인 순서로 발생했다는 주장에는 무언가 특별한 것이 있을 것이고, 그래서 지질 시대들이라는 것에도 무언가 분명 특별한 것이 있을 것이다.'" 그러나 그가 어떻게 이런 결론을 화이트가 해석한 것과 같은 창조에 대한 모세 오경의 설명과 조화를 시킬 수 있겠는가? 간격 이론은 그의 취향에 맞추기에는 지적인 "회피와 비틀림"을 너무나도 많이 포함하고 있었다. 또한 날-시대 이론은 "안식일의 근본"을 공격하는 "모세에 대한 명예훼손"으로 보였는데, 왜냐하면 그 견해에 따르면, 창조의 제7일

은 문자적인 하루가 아니기 때문이었다.[8]

많은 고뇌와 기도 끝에 프라이스는 화이트의 "태초의 에덴동산, 타락과 배교, 그리고 홍수에 대한 계시적인 그림 언어"와 관련해 갖고 있던 자신의 딜레마에 대한 해법을 발견했다. 대홍수 및 그것과 연관된 사건들이 화석을 묻었다는 그녀의 제안은 더 이상 어떤 지질학자도 지지하지 않는 개념이지만, 특별히 그의 관심을 끌었다. 그는 지구의 고대성을 명백하게 지시하는, 첫 눈에 보기에는 "대단히 강하고 그럴듯해 보이는" 증거를 해석하는 방법들에 대해 여전히 궁금해하고 있었다. 표준적인 지질학 교과서들, 그리고 "지질학적 문서들과 특별한 지질학적 주제에 대한 정부의 보고들, 회고록들, 전공논문들 안의 거의 모든 음성들"을 자세히 조사한 다음에, 드디어 그는 "**단지 이론에 불과한 것만 벗겨낸다면**, 바위와 화석들에 관한 실제 사실들은 화석들의 불변의 순서—**이것이 진화 교리의 핵심이다**—를 주장하는 진화론을 훌륭하게 반박할 수 있음"을 발견했다.[9]

이 발견은 그의 목전의 위기를 해결했을 뿐만 아니라 또한 그의 미래의 진로도 결정했다. 진화론적 지질학의 논리에서 치명적인 결함을 발견했다고 믿으면서, 그는 점점 더 하나님이 자신에게 "이 사악한 영역 안으로 진입하기"를 원하신다고 확신하게 되었다. "그에 따라 나는 내가 가진 모든 힘을 다해 그 영역에 헌신했고, 나를 인도하고 계몽하는 하나님의 영

---

8 Price, "Some Early Experiences," pp. 78-80; George McCready Price, *Genesis Vindicated* (Washington: Review and Herald Publishing Assn., 1941), pp. 299-300; Geo. E. Mc Cready Price, *Outlines of Modern Christianity and Modern Science* (Oakland, CA: Pacific Press, 1902), pp. 125-7. 또 Alfred Corbett Smith의 사망기사를 보라. *Journal of the American Medical Association* 52 (1909): 1131. Richard J. Wolfe가 친절하게도 Smith에 관한 정보를 제공해주었다.

9 Price, *Genesis Vindicated*, p. 300; Price, "Some Early Experiences," p. 80.

에게 끊임없이 질문하면서 특별한 도움을 받아왔다." 이런 부르심에 대한 응답은 그의 영적 욕구를 충족시켰을 뿐만 아니라, 또한 작가가 되려는 꿈도 함께 성취할 수 있는 기회를 제공했다. 트레이커디를 떠나기 전에 그는 책 한 권 분량의 원고를 완성했다. 훗날 그것은 『현대 기독교와 현대 과학의 개요』(*Outline of Modern Christianity and Modern Science*, 1902)라는 제목의 책으로 출판되었는데, 그가 아는 한 그것은 다윈 논쟁이 시작된 이후 "과학-대-종교라는 미해결의 논쟁에서 진정으로 성경적인 입장"을 취한 최초의 시도였다. 그는 유신 진화론자들이나 오랜 지구 창조론자들과는 대조적으로 "생명은 지구상에서 오직 6천 내지 7천 년 동안 존재해왔고, 지구 자체는 우리가 알고 있는 것처럼…문자적인 6일 만에 존재하게 되었다"고 명확하게 가르치는 창세기의 엄격한 문자적 이해에서 물러나 타협하려고 하지 않았다. 비록 그의 첫 번째 저작에는 그의 후대의 저서들이 갖고 있는 유연한 문학적 문체는 없었지만, 그럼에도 그 책은 필요하다면 기존의 과학적·종교적 입장들에 기꺼이 도전하고자 하는 한 인간의 정신을 보여주었다.[10]

그가 나중에 "최초의 근본주의적인 책"이라고 부르기를 좋아했던, 그의 271쪽짜리 저작 안에서 프라이스는 "진화의 구조 전체가"—뜬구름 같은 가설과 발달 지질학으로부터 다윈주의에 이르기까지—"개연성이 없고 불합리하다"는 사실을 보여주려고 시도했다. 지질학이 생명체의 진화를 옹호하는 주장의 9/10를 제공한다고 확신했기에, 그는 공격의 초점을 지질학에 맞추었다. 또한 그는 동일과정설을 주장하는 찰스 라이엘

---

10 Price, "Some Early Experiences,"p. 79; Price, "If I were twenty-One again," p. 23; Price, *Outlines*, pp. ix-x, 113.

(Charles Lyell)과 생명의 지질학적 연속 이론을 주장하는 루이 아가시(Louis Agassiz)가 "다윈, 스펜서(Spencer), 해켈과 그의 회사(Haeckel & Co), 그리고 창조자를 보좌에서 밀어내는 연극을 상연하고 있는 그 둘의 동료들의 선발대에 불과하다"라고 주장했다. 그는 제7일안식일예수재림교인들 사이에서 오랫동안 통용되어온 비판을 사용하며 동일과정설의 원칙이 정당하지 않은 가설일 뿐만 아니라, "대홍수의 기록에 대한 단도직입적인 거부"이고, 생명의 연속이라는 개념은 "가장 확연한 종류"의 순환논법을 지시한다고 주장했다. 프라이스는 지질학자들이 바위의 연대는 그것에 포함된 화석을 따라 측정하고, 그와 동시에 화석의 연대는 지질주상도(地質柱狀圖) 안에 놓인 그것의 위치를 따라 측정한다며 비난했다.[11]

이런 "지질학적 추정들"의 대안으로, 그는 지질학을 성경에 근거한 사건들에 기초해 재건할 것을 제안했다. 그 사건들이란 비교적 최근에 있었던 창조와 전지구적 재난을 뜻했다. 프라이스에게는 특별히 노아 홍수가 수많은 지질학적 문제들을 분명하게 해결해주었다. 예를 들어 그 홍수는 어째서 화석들이 예측될 수 있는 순서(이것은 그가 나중에는 부정했던 결론이다)로 나타나는지를 설명해준다. 그는 지축의 갑작스런 이동이 지하에 저장되었던 거대한 물을 쏟아내었다고 가정하면서, 그 결과 발생한 재난이 어떻게 처음에 "작고 미약한 동물들"을 죽였는지, 그리고 그것들이 매장된

11 George McCready Price, *Back to the Bible*; 또는 *The New Protestantism*, 3rd ed. (Washington: Review and Herald Publishing Assn., 1920), p. 5; Price, *Outlines*, pp. 41, 69, 134-8, 195. Richard M. Ritland가 내게 지적해준 것처럼, 1880년대 초에 제7일안식일예수재림교 성직자인 A. T. Jones는 이와 똑같은 몇 가지 내용을 "The Uncertainty of Geological Science," *Adventist Review and Sabbath Herald* 50 (1883): 497-8, 513-14, 529-30에서 주장했다; 그러나 나는 Price가 이 일련의 논문들을 읽었다는 직접적인 증거는 발견하지 못했다.

장소가 특별히 어떻게 그것들의 무게에 따라 결정되었는지에 대해 숙고했다. "척추를 가진 물고기들은—비록 다수는 죽었지만—표면으로 떠오르곤 했을 것이다. 큰 동물들과 인간은 차오르는 물을 피해 언덕으로 도피했을 것이고, 물이 완전히 차올랐을 때 단순히 익사했을 뿐, 즉시 흙으로 덮여 퇴적되지는 않았을 것이다." 부패하는 사체들이 공기를 오염시키는 것을 차단할 방법으로, 프라이스는 화이트를 따르면서, 그것들을 매장할 기적과 같은 "우주적 폭풍"을 끌어들였다. 그러므로 식별 능력이 있는 눈을 가진 이들에게 화석 기록들은 생명의 시간적 연속이 아니라 태초에 동시대에 살았던 생명 형태들의 단순한 분류를 드러내줄 뿐이다. 그렇다면 다른 말로 하자면, 보편적으로 수용되는 지질주상도란 교활하게 고안된 우화에 지나지 않는다.[12]

프라이스는 계속해서 설명한다. 퇴적층이 완전히 굳기 전에 그 구성층들은 나이아가라 강의 협곡이나 그랜드캐니언과 같은 자연 경관을 깎아 만들었다. 그는 홍수 이후의 빙하들의 존재를 수용했지만, 지질학자들이 보통 빙하의 작용과 연관시키는 현상들을 대홍수의 탓으로 돌리면서, "물이 정말로 빠르게 흐를 때, 그것은 물체들을 놀라운 방식으로 쌓아올릴 수 있다"라고 지적했다. 그는 거대한 빙하시대라는 개념이 "과학이 수입해온 비옥한 상상들 중에서도 가장 거친 꿈"이라는 헨리 하워스 경(Henry H.

---

12 Price, *Outlines*, pp.159-61. 비록 Price는 때로는 자신이 "모든 화석들이…단번에 그리고 동시에 묻혔다고 믿지 않는다"고 주장했지만("Fair Play in the Teaching of Evolution: A Reply to an Article in Science Magazine," *Sunday School Times*, November 4, 1922, p. 668), 다른 때에 그는 정반대의 뜻을 전달했다("Bible Studies on Creation," *Sabbath School Lesson Quarterly*, Fourth Quarter, 1920, p. 15). 나중에 Price는 John Woodward의 *Natural History of the Earth* (1965) 한 권을 가지고 있었지만, 그는 Woodeard는 물론 이 시대의 다른 초기 홍수지질학자들에 대해서는 몰랐던 것으로 보인다. 이 책은 지금 Adventist Heritage Center, Andrews University가 소장하고 있다.

Howorth, 1842-1923)의 표현을 인용했다. 또 프라이스는 알프스나 히말라야와 같은 거대한 산맥들도 노아 홍수 기간 동안 쌓인 퇴적층으로 형성되었을 것이라고 추측했고, 침강에 동반된 거대한 측면의 압력에 의해 현재의 높이로 접혀져서 높아졌을 것이라고 생각했다. 그는 석탄은 홍수 기간 동안 땅에 묻힌 숲들로부터 왔고 깊은 석탄층에 불이 붙어서 화산 활동이 일어난다고 보는 점에서 화이트와 의견을 같이했다. 보편적 대재난이 그렇게 많은 현상들을 설명해주기에 그는 그 재난의 존재가 "가능할 뿐만 아니라, 과학적으로도 확실하다"고 결론을 내렸다.[13]

그러나 프라이스가 자신의 첫 책을 완성했을 때 느꼈던 뿌듯함이 무엇이었든 간에 그것은 곧 절망감으로 바뀌었고, 어떤 실패의 감정이 그에게 차올랐다. 1902년 봄에 그는 트레이커디를 떠나 프린스 에드워드 섬에서 제7일안식일예수재림교회의 복음전도자로 일하게 되었다. 유감스럽게도, 잔소리가 심하고 엄격한 그의 태도와 째지는 듯한 목소리 때문에, 그는 설교단에서 성공할 만한 기질이나 재능을 갖고 있지 않았다. 그래서 교회 지도자들은 서둘러 그를 노바 스코티아에 새로 문을 연 아카데미를 관리하도록 재임명했다. 얼마 지나지 않아 교회 지도자들은 그가 설교자가 아닌 행정가로서도 전혀 나을 것이 없다는 사실을 발견했고, 그에게 풀타임 교사직을 마련해주려고 노력했지만 결국 실패했다. 완전히 낙담한 그는 부인과 세 자녀의 생계를 책임져야 한다는 죄책감에 끌려서 1904년 여름에 직업을 하나 발견했는데, 그것이 그에게 상당한 성공을 가져다주었다. 그것은 종교서적을 판매하는 일이었다. 그러나 프린스 에드워드 섬의 거친 길을 따라 자전거 페달을 밟으면서 그는 계속해서 집필에 대한 꿈을 품었

---

13 Price, *Outlines*, pp.104, 146-8, 174-8, 186, 197.

다. 그에게는 그것이 "나에게 가장 적합하고, 다른 어떤 것보다도 완전히 즐길 수 있는 것"이었다. 그동안 그는 교회 사역과 관련해 다양한 시도를 했으나, 매번 "어둡고 침울한 실패"가 그를 조롱했을 뿐이다. 늦은 여름, 그는 자신의 상황에 너무도 낙담해 자살을 생각하고 있었다. 그러나 가족들을 생각한 끝에, 그는 교회와 관련된 일을 떠나 뉴욕으로 가서 "메트로폴리탄 신문과 잡지들에 통속적인 글"을 쓰는 일에 착수하기로 결심했다. 만일 그 도시에서의 삶도 나아지지 않는다면, 그는 시계를 팔아 리볼버 권총을 산 다음 이 세상에서 "또 하나의 무익하고 아무짝에도 소용이 없는 한 인간"을 제거할 계획을 세웠다.[14]

뉴욕에서 그의 상황은 더욱 악화되기만 했다. 그는 안정된 일을 찾지 못해서 말할 수 없는 가난의 고통을 겪었고, 캐나다에 남은 자신의 가족이 "궁핍하고 거의 굶어죽을 지경"이라는 소식에 마치 고문을 당하는 듯한 느낌이 들었다. 그는 어려서부터 자신의 종교적 믿음을 통해 힘을 얻어 왔으나, 가장 궁핍한 시기에 예배에 출석하는 것조차 그만두었다. 이 시기에 있었던 유일하게 긍정적인 발전은 남는 시간에 낡은 호텔 침대를 "책상으로 삼고 평범한 의자를 걸상 삼아" 타자기 두드리는 연습을 하는 것이었다. 그의 부인은 최악의 사태를 걱정하면서 워싱턴 DC 외곽 메릴랜드 주 다코마 파크에 있는 제7일안식일예수재림교회 본부에 남편을 도와달라고

14 G. E. Price to William Guthrie, August 26, 1904; G. E. Price to W. H. Thurston, August 28, 1904; W. H. Thurston to A. G. Daniells, January 19, 1905; William Guthrie to A. G. Daniells, January 23, 1905; 이 모든 것은 RG 11 of the Archives of the General Conference of Seventh-day Adventists에 있음. 이후부터 이것을 SDA Archives로 표기하기로 함. 고용 기록에 대해 G. M. Price, "Sustentation Fund Application," November, 1936, SDA Archives를 보라. 내가 이 문서 그리고 이것과 관련된 문서들에 관심을 갖게 된 것은 Bert Haloviak 덕분이다.

간청하는 편지를 썼다. 프라이스 가족의 곤경에 마음이 움직인 안식교회의 총회장은 그 소원해진 일꾼에게 개인적으로 임시 건설직을 제공했다. 그것은 다코마 공원에 체육시설을 세우는 것을 돕는 일이었다. 며칠 후 도착한 편지에서 프라이스는 그 제안을 기쁘게 수용했고, "비록 힘든 육체노동도" 상관없이 자신은 그 어디라도 가서 무슨 일이라도 할 준비가 되어 있다고 말했다.[15]

이렇게 그의 자존심은 빛을 잃었지만, 그의 야망만은 감소하지 않았다. 프라이스는 1905년 여름에 말떼를 몰아 자갈과 시멘트를 끌고 건설현장으로 가는 일을 하는 중에 때때로 몇 시간씩 짬을 내 워싱턴 지역의 도서관들을 탐험했다. 가을에 그는 큰 가방에 연구용 메모를 가득 담은 다음, 오클랜드에 있는 제7일안식일예수재림교 계통의 작은 학교의 교장이 되기 위해 동부 해안을 향해 떠났다. 그해 학기가 끝날 즈음에 그는 다시 남부 캘리포니아로 이사했고, 마침내 로마 린다에 정착했다. 그곳에서 36세의 "상심한" 작가 지망생은 교회가 최근에 매입한 제7일안식일예수재림교 요양원의 건설 노동자와 기술자 일자리를 찾았다.[16]

부서진 계획에도 불구하고 프라이스는 그의 두 번째 책을 자비로 출판할 만한 에너지를 모았고 또 필요한 돈도 빌렸다. 그것은 작은 소책자인 『비논리적인 지질학: 진화론의 가장 큰 약점』(*Illogical Geology: The Weakest*

---

15 George E. Price to William Guthrie, December 28, 1904; A. G. Daniells to Mrs. G. E. Price, January 16, 1905; A. G. Daniells to C. H. Edwards, January 16, 1906; A. G. Daniells to G. E. Price, January 17 and 31, 1905; G. E. Price to A. G. Daniells, January 25 and March 19, 1905; 이상 모든 것은 SDA Archives에 있음. Price는 "If I were Twenty-One Again," p. 23에서 타이프라이터 사용법을 배웠던 것을 묘사한다.

16 Clark, *Crusade for Creation*, p. 21; George McCready Price, "I'd Have an Aim," *Advent Review and Sabbath Herald* 138 (February 16, 1961): 14-15.

Point in the Evolution Theory, 1906)이었는데, 그는 이 제목을 영국의 진화론자인 허버트 스펜서(Herbert Spencer)로부터 빌려왔다. 첫 책을 쓴 이후 몇 년 동안 그는 두 가지 "섭리적인 발견"을 했는데, 이것은 그로 하여금 화석을 함유한 바위들에 대한 단언된 순서를 의심하도록 만들었다. 그는 이전에는 그 순서가 죽은 동물들의 개별적인 무게 때문이라고 설명했었다. 그 요양원의 공무원인 스미스가 무료로 구독했던 캐나다 지질 측량국(Canadian Geological Survey)의 연례보고서를 읽은 후에 프라이스는 이렇게 말했다.

나는 지금 지질학자들이 "기만적 동형성"(deceptive conformity)이라고 부르는 한두 가지 사례와 마주쳤습니다. 그 주장에 따르면 대단히 "젊다고" 단정되는 지층들이 대단히 "오랜" 밑바닥 지층들 위에 펼쳐진 넓은 영역에 걸쳐서 완전한 동형성을 보이며 나타나는데, 그 둘은 석질(石質)로는 너무나도 동일해서, 그 정부 지질학자가 표현하는 것처럼 "만일 화석 증거가 없다면, 우리는 당연히 단 한 번의 형성 작용이 일어났을 것이라고 추정하게 될 것입니다." 겉모습으로는 거의 동일하게 보이는 이런 두 연속적인 지층들의 퇴적 **사이에** 어떤 거대한 시간이 경과할 수 없다는 사실이 내게는 자명하게 보입니다. 반면에 진화 지질학의 통상적인 해석은 완벽하게 동형으로 보이는 두 지층 사이에 존재하는, 크게 중요하지 않은 선이 수백만 년으로 제시되는 거대한 시간 간격을 나타낸다고 말합니다. 그러나 그런 긴 시간 간격을 부식의 방법으로든 퇴적의 방법으로든 보여줄 수 있는 것은 아무것도 없습니다.

그다음에 나는 곧바로 더욱 중요한 것과 마주쳤습니다. [아치볼드 게이키 경(Sir Archibald Geikie)의 책 『지질학 교재』(*Textbook of Geology*, 1903)에서] 나는 정확하게 비슷한 동형이지만 순서는 거꾸로 되어 있는 사례를 발견했습니다. 다시 말해 이번에는 "오래되었다"고 주장되는 암석층이 위에 있고, "젊은" 지층들이 그 아래 깔려 있었던 것입니다. 그러나 모든 물리적 외관으로 미루어 볼 때, 두 지층은 **사실상 이런 순서로 퇴적된 것이** 틀림없습니다.

이 잘 알려진 현상들—지질학자들은 그중 나중의 것을 "충상단층"(衝上斷層, overthrust, thrust fault, 충상은 지각[地殼] 안의 압축력 때문에 두꺼운 암석층이 서로 밀려서 즙게 겹쳐진 현상을 가리킨다—역자 주)이라고 부른다—의 의미가 프라이스의 "젊고 단순한" 마음속으로 뚫고 들어왔을 때, 그는 자신이 "대단히 중요한 발견"을 했다고 상상했다. 말하자면 이것은 하나의 화석이 다른 것보다 오래되었다거나 젊다고 말하는 것이 불가능하며, 따라서 화석 기록은 진화론을 더 이상 지지할 수 없다는 사실에 대한 입증이었다. 자신이 발견한 것으로 인해 대담해진 이 무일푼의 저자는 확신을 갖고서 『비논리적인 지질학』의 독자들에게 이렇게 제안했다. "누구든지 여기에 제시된 사실들에 맞서 나에게 한 종류의 화석이 다른 종류보다 오래되었다는 것을 증명할 방법을 보여주는 이에게 1천 달러를 내놓겠다."[17]

프라이스는 그의 작은 책에서 로키 산 동쪽 앨버타에 최소한 14평방마일에 걸쳐 분포해 있는, "거꾸로 되었다"고 추정되는 지층의 사례에 주목했다. 그곳에는 캄브리아기 화석을 함유한 암석층이 그보다 "젊은" 백악기 암석층 위에 놓여 있다. 비록 캐나다 지질 측량국의 보고서는 두 지층의 형성이 "서로 일치하면서 연속된 것"으로 보인다고 서술했지만, 지질학

17 George McCready Price, *The Phantom of Organic Evolution* (New York: Flemming H. Revell, 1924), pp. 5-6; Price, "Some Early Experiences," pp. 80-6; George McCready Price, *Illogical Geology: The Weakest Point in the Evolution Theory* (Los Angeles: Modern Heretic Co., 1906), pp. 9, 11.

자들은 대체로 바위 안에 내포된 화석에 근거해 두 지층이 충상단층의 결과라고 주장했다. 프라이스는 이렇게 결론을 내렸다. "그 이론을 구출하기 위해서는 우리의 눈과 상식이 부정되어야 한다."[18] 『비논리적인 지질학』을 출판한 직후에, 프라이스는 "루이스 충상단층"(the Lewis overthrust)이라고 알려진 앨버타의 단층작용의 영역이 실제로는 몬타나까지 펼쳐져 있고, 수천 평방 마일을 덮고 있다는 사실을 알게 되었다. 그는 어떤 바위들—특별히 알프스에 있는 것들—은 실제로 수직으로 상승한 뒤 뒤집혔다는 사실을 인정했지만, 그렇게 형성된 지층들의 측정 거리는 모두 "몇 피트 혹은 몇 야드에 그쳤을 뿐, 마일까지는 아니었다." 그에게는 로키 지역의 수천 평방 마일이 넓은 들판을 가로질러 움직였다는 주장은 터무니없어 보였다. 그는 마침내 자신이 진화론적 지질학자들의 주장을 거짓으로 입증하게 될 증거를 발견했다고 느꼈다. 1913년에 펴낸 『비논리적인 지질학』의 확대 개정판인 『지질학의 토대들』(*The Fundamentals of Geology*)에서 그는 자신의 새로운 "발견"을 공표했다. 그는 앨버타-몬타나 충상단층 하나가 "지질학 이론의 완전한 개혁을 불러일으켰던, 다른 곳에 있는 대단히 비슷한 사례들 중 그 어떤 것보다도 더 많은 것"을 입증한다고 추정했다. 그에게 이 증거가 지닌 설득력은 말로 표현하기 어려울 정도였다. "만일 여기 앨버타와 몬타나에 있는 증거가 불충분하다면, 다른 어떤 것이 세상을 확신시킬 수 있을지 나는 알지 못한다."[19]

그 사례가 그처럼 명확하게 입증되었기에, 프라이스는 "층서(層序)적 순서의 동시성의 법칙"(Law of Conformable stratigraphical Sequence)이라는

---

18 Price, *Illogical Geology*, p. 28; "Some Early Experiences," pp. 86.

19 George McCready Price, *The Fundamentals of Geology* (Mountain View, CA: Pacific Press, 1913), pp. 7-8; 101-3.

새로운 지질학적 원칙을 발표했다. **"암석은 어떤 종류의 화석을 함유했든지 간에 그보다 오래되거나 젊은 다른 종류의 화석을 포함한 암석과 같은 시기에 형성되었을 수 있다."** 그는 어떤 가식적인 겸손의 흔적도 없이 말했다. 이 법칙은 "층서 지질학의 이런 주제 전체와 관련하여 지금까지 발견된 것들 중 모든 점에서 가장 중요한 법칙이다." 그의 긴 생애 중 남은 기간 동안 이 법칙은 진화에 대한 그의 과학적 반대와 관련해 바위처럼 든든한 토대 역할을 했다. 그는 이렇게 추론했다. 만일 화석들의 연대 측정이 시간적인 순서를 따르지 않는다면, 그때 진화의 가장 강력한 증거는 사라질 것이고, 그 결과 특별 창조를 위한 분명한 영역이 남게 될 것이다. 만약 기만적인 동형성과 충상단층이 지구상의 생명의 역사가 진화론적이라는 사실을 지지하는 데 실패한다면, 그것들은 격변설 모델과 정확하게 일치하는 것으로 보인다. 이 모델은 화석들이 연속적인 시대에 걸쳐서라기보다는 단 한 번의 보편적인 대홍수에 의해 매장된 동시대의 군집이라고 간주한다. 그가 자신의 체계를 일컫는 명칭인 "**홍수지질학**"(Flood Geology)은 그렇게 "현대 과학과 현대 기독교 사이에서 예상되는 갈등이 일으키는 모든 중요한 문제를 아름답게" 해결했다.[20]

저술하는 창조론자

반세기 넘게 자신의 논리를 펼치는 동안, 프라이스는 때때로 세부 사항들은 개정했지만, 그의 핵심적 공격은 변함없이 "순차적인 지질 시대

---

20 Ibid., p. 119; George McCready Price, *The Modern Flood Theory of Geology* (New York: Flemming H. Revell, 1935), p. 6.

들"(successive geological ages)이라는 개념에 초점을 맞추었다. 그 시대들이란 "창세기 제1장에 기록된 6일간의 창조에 대한 악마의 위조"였다. 수백 개의 논문들과 20권이 넘는 책들에서—전공 논문과 교과서들, 질문에 대한 토론과 대답들, "듣기 좋게 꾸민" 이야기들과 비유들 안에서—그는 자신의 대안인 홍수지질학을 진척시켰고, 진화를 과학적·신학적·역사적·사회적 각도에서 비판적으로 검토했다.[21] 그는 제7일안식일예수재림교회의 교육기관에서 시간을 많이 잡아먹는 자리를 계속 맡았지만, 여전히 다작(多作) 노선을 유지했다. 그는 그런 삶의 페이스를 1907년에 시작했는데, 그해는 새로 조직된 로마 린다 복음주의자 대학(지금의 로마 린다 대학)이 그를 채용하여 간호사 후보생들을 가르치게 했던 때였다. 그 페이스는 1938년에 끝났다. 그해에 그의 건강이 악화되어 철학과 지질학 분야의 교수직을 내려놓을 수밖에 없게 된 것이다. 그는 많은 책을 썼다. 언젠가 그는 이렇게 말한 적이 있다. "나는 주로 다른 사람들이 잠자거나 휴식할 때 썼다. 내 인생의 최전성기에 나는 하루에 12시간 또는 15시간, 때로는 18시간까지 일을 했다.…나의 일요일들과 공휴일들, 마찬가지로 여름휴가 기간 대부분은 타이프라이터 앞에서의 단조로운 작업 시간이었다." 그가 일로부터 해방된 것은 그가 은퇴한 이후였는데, 그것은 67세부터 92세까지 그가 남부 캘리포니아에서 보낸 시기였다.[22]

---

21 George McCready Price, *The Story of Fossils* (Mountain View, CA: Pacific Press, 1954), p. 39. Price의 저서들의 거의 완벽한 목록을 Clark, *Crusader for Creation*, pp. 101-2에서 보라. SDA Room, Columbia Union College, Takoma Park, MD 등에 있는 제7일안식일예수재림교의 정기간행물의 색인은 그의 논문 235편의 목록을 제시한다. 이에 더하여 그의 수십 편의 논문은 제7일안식일예수재림교에 속하지 않은 다른 정기간행물에서도 등장한다.

22 G. M. Price to H. W. Williams, July 14, 1932, Price Papers. Price의 질병에 관한 정보는 Clark, *Crusader for Creation*, pp. 56-7 그리고 Edward and Mary Specht, March,

프라이스가 자신의 최고 작품으로 간주했던 것은 726쪽짜리 대학 교과서인 『새로운 지질학』(*The New Geology*)이었다. 이 책은 1923년에 처음 나왔고, 최종적으로 1만 5천권 이상 팔렸다. 이 책을 저술할 무렵에, 그는 자신의 이전 저서들은 "단지 시행착오의 노력"이자 대적자들로부터의 비판과 수정을 이끌어내기 위한 계획이었을 뿐이라고 말했다. 자신의 주장을 20년 동안 갈고닦은 끝에, 그는 마침내 자신이 지질학을 개혁할 기초가 될 만한 체계적인 논문을 세상에 내놓을 준비가 되었다고 느꼈다. 『새로운 지질학』에서 그는—비록 얼마의 지면을 할애해 정통지질학이 주장하는 논리적인 그리고 방법론적인 오류들을 지적하기는 했지만—자신의 책이 "철저하게 성상 파괴적"이라는 비난으로부터 벗어나기를 희망하면서 이전보다 훨씬 더 긍정적인 입장을 취했다.[23]

프라이스의 이전의 많은 저서들과 마찬가지로 『새로운 지질학』은 창세

28, 1980의 인터뷰로부터 온다. Price의 교수직 경력은 다음과 같다: Loma Linda College of Evangelists (1907-1912), 이것은 1909년 the College of Medical Evangelisats, Loma Linda, California로 학교 이름을 바꾸었다; Ferdinando Academy, San Ferdinando, California (1912-1914); Pacific Union College, Angwin, California (1920-1922); Union College, Loncoln, Nebraska (1922-1924); Stanborough Missionary College, Watford, England (1924-1928), 이곳에서 Price는 1927-1928 동안 학장으로 봉사했다; Emmanuel Missionary College, Berien Springs, Michigan (1929-1933); and Walla Walla College, Walla Walla, Washington (1933-1938).

23 George McCready Price, *The New Geology* (Mountain View, CA: Pacific Press, 1923); Price, *The Story of Fossils*, p. 30; George McCready Price, *Evolutionary Geology and the New Catastrophism* (Mountain View, CA: Pacific Press, 1926), p. 2. Price는 자신의 저서 *Illogical Geology* (1906)과 *The Fundamentals of Geology* (1913)에서 진화해 나온 *Evolutionary Geology and the New Catastrophism*을 자신의 "순차적인 지질학적 '시대들'을 제안하는 주제들 전체에 대한 가장 완전한 형식을 갖춘 가장 완전한 토론"이라고 말했다. (Price, "Some Early Experiences," p. 84). *The New Geology*의 판매에 대해서는 Harold W. Clark, *The Battle over Genesis* (Washington: Review and Herald Publishing Assn., 1977), p. 106을 보라.

기의 홍수를 지구 역사의 중심이 되는 지질학적 사건으로 특징짓는다. 또한 그 책은 저자 자신이 지질학에 대한 자신의 가장 중요한 공헌으로 간주하는 것도 조명한다. 그것은 그의 층서적 순서의 동시성이라는 "위대한" 법칙이다. 오직 이 법칙만이 "생물 진화라는 이론 전체를 과학의 쓰레기장으로 격하시켜 그곳에서 지나간 우주론적 사변의 역사를 공부하는 미래 학생들의 장난감이 되도록 만들기에 충분하다." 그는 동일과정설적 지질학의 대안으로 자신이 "새로운 대격변설"(New catastrophism)이라고 부르는 것을 제시했다. 그 기초를 단 한 번의 보편적인 대홍수에 두고 있는 새로운 대격변설은, 프랑스의 동물학자 조르주 퀴비에(George Cuvier, 1769-1832)와 그의 제자인 아가시(Agassiz)가 일련의 격변들이 광대한 시간에 걸쳐 산발적으로 발생했다고 주장했던 옛 격변설에 반대되는 것이었다. 그는 그런 사건에 대한 증거—특별히 너무 급속하게 냉동되어 그 고기를 지금 먹을 수도 있는 미이라가 된 "시베리아 코끼리"—는 "한때 놀랍도록 다양한 식물들과 동물들로 조화를 이루던 아름다웠던 세상이 오래전 어느 시기에 갑작스럽고 공포스러운 천재지변을 맞았고, 그 결과 우리 모두가 서로 다른 대륙에 흩어져 살게 되었으며, 각 대륙들도 그때 주요한 퇴적층의 형태를 갖추게 되었다"는 사실을 입증한다고 주장했다.[24]

프라이스는 전지구적 홍수에 대한 증거는 "카르타고의 멸망이나 모스크바가 불탄 것 만큼이나 분명하다"고 굳게 믿었다. 그러나 그 대격변의 특별한 원인은 오직 추측될 수 있을 뿐이기에 그는 그 문제에는 거의 관심을 두지 않았다. 그럼에도 그는 『새로운 지질학』과 다른 책들에서 대홍수의 원인이 "**외부로부터 흔들리거나 부딪쳐서 생기는 충격 또는 쇼크**의 성

24 Price, *The New Geology*, pp. 294, 637-8, 654-5, 680-1.

격을 지닌 어떤 것"일지 모른다고 상상했고, "그 충격이 조류의 비정상적인 운동을 일으켜 거대한 파도가 적도에서 시속 1천 마일로 움직이며 동쪽에서 서쪽으로 지구를 하루에 두 번 휩쓸었다"라고 했다. 그는 계속해서 다음과 같이 추정했다. 만일 이런 확인되지 않은 "외부의 힘"이 지구를 쳐서 원래 공전궤도에 수직이었던 위치로부터 지축을 23.5도 기울게 만들었다면, "상상할 수 없을 만큼 많은 지질학적 사건들이 제멋대로 발생하기에 충분한 힘이 지표면 위에 가해졌을 것이다."[25]

프라이스는 순차적으로 연속되는 지질 시대라는 개념이 진화 문제의 핵심을 대변한다는 확신에서 추호도 흔들린 적이 없었기에 생물학적인 질문들에 대해서는 상대적으로 적은 관심을 보였다. 이미 1902년에 그는 이렇게 질문했다. "만일 지질학이 지구상의 생명 안에 순차적 연속과 일반적인 발전이 실제로 있었다는 사실을 입증하지 못한다면, 종들의 기원에 대해 말하는 것은 무슨 소용이 있겠는가?" 그 외에도 겉보기에 오직 "한정되고 예측 가능한" 변이만을 허용하는 멘델의 유전학은 자연선택의 효과에 대한 확신을 너무도 깊이 부식시켰기에, 프라이스는 이제 다윈주의에 대한 "추도사"만 쓰면 된다고 느낄 정도였다. 그는 『생물 진화라는 망령』(*The Phantom of Organic Evolution*, 1924)에서 진화를 옹호하는 생물학적 논증들에 대한 가장 광범위한 비판을 다음과 같이 제시했다. "죽은 사자에게 총을 쏠 필요는 없다." 1921년에 영국의 생물학자 윌리엄 베이트슨(William Bateson)이 미국과학진흥협회(AAAS)에서 다음과 같이 고백했을 때, 프라이스는 청중석에 앉아 있었다.

---

25 Price, *Back to the Bible*, p. 225; Price, *The New Geology*, pp. 682-5.

> 우리는 종의 분화가 어떻게 발생했는지 알 수 없습니다. 우리는 매일 수많은 변이들을 보고, 종종 그것들은 상당히 많지만, 우리가 보는 것이 종들의 기원은 아닙니다.…한편 비록 진화에 대한 우리의 믿음은 굳건하게 서 있지만, 우리는 "종들"의 기원에 대해서는 납득할 만한 설명을 갖고 있지 못합니다.

자신이 방금 "다윈주의의 백조의 노래"를 들었다고 확신했던 프라이스는, 다른 반진화주의자들처럼 즉시 베이트슨의 진술을 자신의 논쟁에 효과적으로 사용하기 시작했다.[26]

프라이스는 종들의 기원과 관련해서는 진화론자들과 거의 논쟁하지 않았다. 왜냐하면 그 개념은 주로 생물학자들이 사용하는 것이기 때문이었다. 비록 그는 "종들"(species)을 시초에 창조된 창세기의 "종류들"(kinds)과 동일시하는 쪽을 선호했고, 또한 노년에 이르러서는 진화론자들에게 너무 많이 양보했다고 후회했지만, 때때로 그는 좁게 정의된 새로운 종이 하나님이 창조하신 "큰 혈통(stock)이나 과(科, family)"로부터 대다수 진화론자들이 요청하는 것보다 훨씬 더 빠른 속도로 진화했다고 자유롭게 인정했었다. 그가 변화를 더 많이 허용할수록, 그로서는 "정말 어려운 문제"를 회피하는 것이 그 만큼 더 쉬워졌다. 예를 들면, 그것은 "대홍수에서 비교적 적은 종들이 구조되었는데, 대홍수 이후의 세계로부터 어떻게 현대 세계의 엄청나게 다양한 종들이 발생할 수 있었는지"를 설명해야 하는 것

26 Price, *Outlines*, p. 200; G. M. Price to W. J. Bryan, April 13, 1922. Box 35, Bryan Papers; Price, *The Phantom of Organic Evolution*, pp. 19-20, 38-39; 출판되지 않은 원고인 George McCready Price, "The 'Amalgamation' Question Again," MS, E. S. Ballenger Papers, courtesy of Donald F. Mote. 멘델 유전학에 대한 Price의 해석에 대한 한 생물학자의 반응을 다음에서 보라. William M. Goldsmith, *Evolution or Christianity, God of Darwin?* (St. Louis: Anderson Press, 1924), p. 68.

과 같은 문제였다. 1925년에 그는 제7일안식일예수재림교회의 과학 교사들에게 보낸 공개편지에서 자신의 견해를 다음과 같이 정당화했다.

> 개인적으로 나는 이런 커다란 가계 유형들(family types)이 애초에 창조된 것들이라고, 또한 그동안 "종들의 기원"에 대해 잘못된 의견들이 제기되어 왔다고 믿습니다.…나는 우리의 고양이들 전부가 하나의 혈통에 속하고, 우리의 가축들 전부가 공통의 기원을 가지며, 그리고 모든 개들과 늑대들이 동일한 조상의 후손들이라고 추정하는 것이 대단히 합리적이라고 생각합니다. 이렇게 추정하는 것은 우리 주변의 커다란 다양성이 어떻게 (태고적 혈통, 곧 성경과 합리적인 지질학이 함께 실제로 발생했다고 선언하는) 전세계적인 대재난으로부터 살아남은 몇몇 비교적 적은 태고적 혈통으로부터 발생했는지를 우리가 볼 수 있도록 도와줍니다.

프라이스와 같은 창조론자들과 진화론자들 사이에서 문제가 되는 핵심은 변이 자체가 아니라 그것의 범위와 방향이었다. 다시 말해 "과연 그런 변화의 일반적인 진행이 전부 퇴화를 향한 것이 아니라 발전을 향한 것이었는가" 하는 것이다.[27]

그런 경우가 너무 자주 있었기에, 프라이스는 화이트의 저작 안에서 종들의 문제를 다루는 지침을 발견했다. 1864년에 화이트는 다음과 같이

27 George McCready Price, *Q. E. D.; or, New Light on the Doctrine of Creation* (New York: Flemming H. Revell, 1917), pp. 68-77; Price, *Outlines*, p. 199; George McCready Price, "Dear Fellow Science Teachers," *Watchman Magazine* 34 (January 1925): 18. Q. E. D.는 독일어로 번역되었다. *Naturwissenschaft und Schopfungslehre*, trans. W. K. Ising (Hamburg: Adventist-Verlag, 1925).

셨다.

> 하나님이 창조하신 동물의 모든 종은 [노아의] 방주 안에 보존되었다. 혼혈(amalgamation)의 결과로 생긴, 하나님이 창조하지 않으신 혼동된 종들은 홍수에서 전멸했다. 홍수 이후에도 인간과 동물 사이의 혼혈이 있었는데, 그것은 거의 무한히 다양한 동물의 종들 안에서, 그리고 어떤 인종 안에서 볼 수 있다.

초창기 제7일안식일예수재림교회의 대다수 호교론자들은 애매한 "인간과 동물의 혼혈"을 인간과 동물 사이의 이종교배로 해석했는데, 프라이스는 이들과는 달리 화이트가 정말로 말했던 것은 "인종들 사이의 혼합과 하나님이 섞거나 교배하려고 하지 않으셨던 동물 종들 사이의 이종교배나 잡종교배"였다고 주장했다. 비록 화이트의 견해를 자신의 출판물들 안에서 토론하기를 꺼렸지만, 프라이스는 개인적으로는 제7일안식일예수재림교회의 일반적인 믿음을 지지했다. 그 믿음에 따르면, "가장 큰 시초의 잡종 번식자(hybridizer)"였던 사탄이 "인종의 모든 이종교배와 잡종교배의 진정한 선동자이고, 또한 하나님이 분리된 채 남아 있도록 창조하신 수천 종류의 식물들과 동물들을 혼합시켰던 자다." 그렇게 프라이스는 종들의 기원을 설명하기 위한 자연선택을 마귀의 조작으로 대체시켰다.[28]

---

28 White, *Spiritual Gifts*, p. 75; Gardner, *Fads and Fallacies*, p. 130; George McCready Price to Martin Gardner, May 13, 1952, Gardner Papers, Martin Gardner 제공. amalgamation에 대한 Price의 초기의 현존하는 대응들에 대해 1905년 8월 9일에 그의 동생 Charlie에게 보낸 편지(Ballenger Papers)를 보라. amalgamation에 대한 제7일안식일예수재림교회의 논쟁에 대해서는 Gordon Shigley, "Amalgamation of Man and Beast: What did Ellen White Mean?" *Spectrum* 12, np. 4 (1982): 10-19를 보라.

공적으로 프라이스는 새로운 종들의 출현을 환경의 영향과 **신의 개입** 때문이라고 보았다. 『생물 진화라는 망령』 안의 "종들과 그 기원"(Species and Their Origin)이라는 장에서 그는 변화된 공통의 후손에 관한 이론의 개요를 제시했다. 그것들은 "위를 향한 발전"이 아니라 "아래쪽으로의 퇴화"에 의해, 그리고 빠른 변화에 의해 특징지어진다는 것이었다. 가장 빠른 변화는 아마도 홍수 직후에 발생했을 것인데, 그때 인간과 동물 모두는 새로운 환경에 직면했었다. 고교생을 위한 교과서에서 그는 그 과정을 이렇게 설명했다.

> 식물들과 동물들이 처한 환경 안에서 일어난 대단히 극단적인 변화들은 종들을 변화시키는 경향이 있다. 그런 새로운 환경에서 살아남기 위해서는 그것들의 크기, 색깔, 습성, 또는 육체의 "특성들"이 서로 달라져야 한다. 바로 이것이 살아있는 형태들이 어째서 그렇게도 서로 다른지, 그리고 어떤 경우에는 바위 안의 화석에서 발견되는 그것들의 조상의 형태들과도 많이 다른지에 대한 이유다. 태고적 세계로부터 현대 세계로 건너오는 중에 매우 극단적인 환경 변화가 있었다. 그 결과 어떤 종은 너무 많이 변해서 과학자들조차도 그것이 같은 종인지 인지하지 못해 그것들에게 다른 이름 또는 다른 유전적 학명을 붙이면서 옛 형태는 "멸종"했고 현대적 형태는 "새로운" 종이라고 부르기도 했다.

노아 홍수 이후에 새로운 종들이 생긴 것은 다윈주의가 말하는 자연선택이나 라마르크(Lamarck)가 말하는 획득 형질의 유전에 의한 것이라기보다는, "자연을 총괄하는 매우 강력한 힘이 당시의 인간들과 동물들과 식물들을 그들의 낯선 세계에 적응시켰기" 때문이었다. 프라이스는 식물들과 동물들의 지리적인 분포에 대한 설명이 창조론자들에게는 "매우 어려운"

문제라고 인정했는데, 왜냐하면 거의 동일한 환경이 항상 동일한 동식물상을 갖고 있지는 않았기 때문이다. 그러나 그 설명에서도 프라이스는 유사하게 신의 개입에 호소했고, 대홍수가 아라랏산으로부터 "창조자의 직접적인 인도에 따라" 동물들을 흩어놓았을 것이라고 추측했다.[29]

인종의 기원에 대한 설명에서 프라이스는 홍수 이후의 환경의 영향, 바벨탑과 관련해 하나님이 언어를 혼잡하게 만드신 일, 그리고 이종교배의 부정적 결과 등을 다양하게 인용했다. 그 주제에 대한 가장 초기의 사색들 중 하나에서 그는 인류의 가계도를 시적으로 추적하면서, 한 절에서 흑인종을 생성시킨 기후적 조건들을 강조했다.

> 남쪽으로 내려간 불쌍하고 작은 친구는
> 축축한 숲 속에서 하나님을 잃었다네.
> 잔인한 태양빛이 작열했을 때, 그의 피부는 검어졌고
> 머리카락은 열대의 열로 누렇게 그을렸네.
> 그리고 그의 마음은 텅 비어버렸네.

그는 『생물 진화라는 망령』에서 하나님의 의도를 위반하는 인종 혼합이 바벨 이후 빠른 퇴화를 초래했고, 흑인과 몽골인종뿐만 아니라 어쩌면 원숭이도 만들어냈을 것이라고 말했다. 그는 원숭이가 "퇴화된 또는 잡종교배된 인간"일지도 모른다고 생각했다. 프라이스는 물리학적 인류학자

---

29 Price, *The Phantom of Organic Evolution*, pp. 91–112; George McCready Price, *A Textbook of General Science for Secondary Schools* (Mountain View, CA: Pacific Press, [1917]), pp. 500–510; George McCready Price, *The Geological-Ages Hoax: A Plea for Logic in Theoretical Geology* (New York: Flemming H. Revell, 1931), pp. 105–6.

들이 인간의 조상들이라고 여기는 하이델베르크인, 네안데르탈인, 그리고 필트다운(Piltdown) 화석들을 "중심적 혈통으로부터 분리되어 퇴화된 자손들"이라고 보았다.[30]

프라이스의 비정통적인 견해들과 사람들에게 거슬리는 개성 때문에, 우리는 그를 단순히 명성과 재물을 쫓는 사기꾼에 불과하다고 묵살하고 싶은 유혹이 생길 수도 있다. 하지만 그것은 실수가 될 것이다. 물론 그는 때로는 오만했고, 독선적이었고, 쉽사리 터무니없는 주장을 했다. 어쩌면 그는 망상에 사로잡혀 있었을 수도 있다. 그는 틀림없이 그런 상황을 이해하고 있었다. 의도치 않게 자신의 성격을 서술했던 한 비평가에게 아랫사람 다루듯 쓴 편지에서 프라이스는 다음과 같이 자신을 표현했다.

> 나는 논쟁 전략에 관한 심리학을 탐구하는 꽤 좋은 학생이기도 했습니다. 나는 인간의 마음이, 검은 것이 흰 것이 되고 흰 것은 검은 것이 될 때까지 자신이 믿기를 원하는 것을 믿도록 자기 자신을 속이는 기능을 매우 잘 알고 있습니다. 자기 자신의 고유한 동기에 대한 내적 분석에 깊이 빠져본 적이 없는 사람들, 다시 말해 자기 확신이 너무 큰 나머지 자신이 올바른지 틀렸는지에 대해 의심을 품어본 적이 없는 사람들은 역사학이나 과학이 전제하는 "사실들"을 취급할 때 자기기만에 빠지기 매우 쉽습니다.[31]

프라이스는 광적이었을 수는 있지만, 바보는 아니었다. 그를 개인적으로 알았던 사람들 중 가장 혹독한 비판자조차도 그의 지성과 진실성만큼

---

30 Price, *The Phantom of Organic Evolution*, pp. 103-12, 210; George McCready Price, "The White and Brown," 1910년경으로 추정되는 날짜가 없는 원고, Price Papers.

31 G. M. Price to E. S. Ballenger, July 25, 1927, Ballenger Papers.

은 결코 의심하지 않았다. 만일 우리가 왜 그가 때로는 커다란 개인적 희생을 치르거나 엄청나게 곤란한 일을 당하면서도 그토록 끈질기게 진화를 반대했는지 이해하려고 한다면, 우리는 진화를—그리고 세상을—그가 보았던 것처럼 보려고 노력해야 한다.

프라이스는 진화가 과학적으로 건전하지 못하다고 진심으로 믿었다. 하지만 그는 처음부터 그 이론에 반대하는 주된 이유가 "철학적 그리고 도덕적"인 것임을 인정했다. 다른 근본주의자들처럼 그는 진화가 기독교 신학과 윤리학을 난장판으로 만들 뿐만 아니라, 또한 정치적 자유도 위협한다고 반복해서 경고했다. 그 위협의 범위는, 그가 반진화주의적인 소책자들 중 하나에서 제기했던 의문에 의해 묘사된다. "당신은 진화론이 하나님과 그분의 아들 예수 그리스도를 절대적으로 끝장낸다는 사실, 그리고 지금 전세계를 위험에 빠뜨리고 있는 계급투쟁에 큰 책임이 있다는 사실을 아는가?" 『민주주의의 오염』(*Poisoning Democracy*, 1921)과 『시험관 안의 사회주의』(*Socialism in the Test Tube*, 1921)라는 두 권의 책에서 그는 진화와 마르크스적 사회주의를 대놓고 연결시켰다. 브라이언(Bryan)과 함께 그는, 독일이 "다윈주의의 무자비한 윤리를…실제 행위에" 적용시켰다고 보는 제1차 세계대전이 진화가 인간의 자유에 가한 위협에 대한 광범위한 증거를 제공했다고 여겼다.[32]

---

32 Price, *Outlines*, p. 68; George McCready Price, *Why I Am Not an Evolutionist*, Bible Truth Series No. 52 (Mountain View, CA: Pacific Press, 연대 불분명), p. 1; George McCready Price, *Poisoning Democracy: A Study of the Moral and Religious Aspects of Socialism* (New York: Flemming H. Revell, 1921), p. 25; George McCready Price and Robert B. Thurber, *Socialism in the Test-Tube* (Nashville: Southern Publishing Assn., 1921). *The Fundamentalist Controversy*, 1918-1931 (New Haven: Yale University Press, 1954), p. 16에서 Norman F. Furniss는 Price를 신뢰하면서 다음과 같이 말한다: "아담이 없으면 타락이 없고, 타락이 없으면 구속이 없고, 구속이 없으면 구원자도 없다. 진화론을 수용한다면,

비록 프라이스는 진화에 대한 많은 근본주의자들의 염려를 공유했지만, 또한 그는 제7일안식일예수재림교인이었기에 창조론을 변호할 분명한 이유를 가지고 있었다. 헌신적인 제7일안식일예수재림교인이었던 그는 자신이 글자 그대로 지구 역사의 마지막 날들을 살아가고 있으며, 아마도 십중팔구 그리스도의 재림을 눈으로 직접 보게 될 것이라고 믿었다. 재림 사건의 때와 현실성에 대한 그의 믿음은, 부분적으로는 그가 성경의 마지막 책인 요한계시록에서 발견되는 예언의 말씀을 실제적으로 읽었기 때문이었다. 언젠가 그는, 자기는 만일 누가 "성경의 첫 장들에 기록된 역사에 대한 모든 믿음을 잃어버린다면, 도대체 그가 성경의 마지막 장들에서 예언된 임박한 사건들"을 어떻게 믿을 수 있을지 알지 못한다고 고백했다.[33]

프라이스는 베드로후서 3:3-7에 있는 "마지막 날들"에 있을 사건들에 대한 암시적 예언에 특별한 중요성을 부여했다. 베드로는 노아 홍수를 알지 못하고 "만물이 태초의 창조 때부터 그들이 갖고 있던 모습 그대로 계속될 것이다"라고 주장하며 "비웃는 사람들"이 있을 것이라고 예언했다. 프라이스에게 그 말은 분명 범죄자들인 동일과정설 지질학자들을 가리키고 있었다. 그는 이렇게 썼다. "개인적으로 나는 성경 안의 어떤 다른 예언이 오늘의 상황을 그 구절과 같이 정확하게 서술해주는지 알지 못한다. 이것은 그리스도의 재림 직전의 **과학적 상황**에 대한 묘사다. 그것은 세계의

우리가 어떻게 타락을 믿을 수 있겠는가?" Price는 이 말은 언제나 영국인 사회학자 Robert Blatchford에게 귀속시켰다. Price, *Poisoning Democracy*, p. 48; 그리고 Price, *Back to the Bible*, pp. 124-5를 보라.

33 George McCready Price, *Science and Religion in a Nutshell* (Washington: Review and Herald Publishing Assn., 1923), p. 15.

지나간 역사에 대한 저 거짓된 사상이 재림 교리를 믿지 못하게 만드는 구실로 이용될 것이라는 것을 우리에게 분명하게 말해준다."[34]

앞에서 말했던 것처럼, 제7일안식일예수재림교회의 정체성은 재림하시는 그리스도를 영접하는 성도들이 제7일 안식일이 출애굽기 20:8-11이 말하는 넷째 계명과 조화를 이루는 것을 지켜보게 되리라는 확신에 달려 있었다.

> 안식일을 기억하여 거룩하게 지키라. 엿새 동안은 힘써 네 모든 일을 행할 것이나, 일곱째 날은 네 하나님 주님의 안식일인즉, 너나…아무 일도 하지 말라. 이는 엿새 동안에 나 주님이 하늘과 땅과 바다와 그 가운데 모든 것을 만들고 일곱째 날에 쉬었음이라. 그러므로 나 주님이 안식일을 복되게 하여 그 날을 거룩하게 했느니라.

안식일 교리는 글자 그대로 창조의 일주일을 요구하는 것처럼 보인다. 그 이유는 프라이스가 설득력 있게 논증하는 것과 같다. 만일 어떤 사람이 "과거의 어떤 결정적인 때에 정말로 창조가 있었다는 사실을 믿지 못한다면, 우리가 어떻게 그 사람이 안식일을 자신의 생각에는 발생하지도 않은 바로 그 사건의 기념일로 지키기를 기대할 수 있겠는가?" 그러므로 그의 의견에 따르면, "안식일을 글자 그대로의 창조에 대한 신적 기념일로 믿는 믿음의 논리"가 제7일안식일예수재림교인들이 진화라는 이단의 희생제물로 떨어지지 않도록 구원해왔다. 또한 그 믿음의 논리는 창조의 행위가 수

---

34 George McCready Price, *How did the World Begin?* (New York: Flemming H. Revell, 1942), pp. 66-7.

백만 년에 걸쳐 드문드문 발생했다는 "설치 계획에 따른 창조"라는 대중적 개념도 배제했다. 프라이스는 그런 개념을 창조에 대한 "풍자적 희곡"이라고 간주했다. 그에게 진정한 창조론은 오직 단 "**한 번의 창조 행위**"만 포함하며, 그것은 "우리가 보는 현대의 다양한 식물들과 동물들이 유래한 저 모든 조상들의 유형들을 포함하고 있었다고 쉽게 간주될 수 있을 것이다."[35]

은밀하게 퍼져나가는 진화의 영향에 대해 경고했던 화이트의 영감과 권위에 대한 확신이, 프라이스로 하여금 자신의 견해가 옳다고 확신하게 만드는 데 결정적인 역할을 했다. 그녀의 과학적 진술들을 이해하는 데 종종 등장하는 어려움, 특별히 "혼혈"(amalgamation)을 취급할 때 나타나는 어려움에도 불구하고, 프라이스는 그녀의 말을 결코 의심한 적이 없었던 것으로 보인다. 1905년에 그의 동생 찰스(Charles)가 영감설에 대한 화이트의 주장에 의문을 표했을 때, 프라이스는 이렇게 충고했다.

> 찰리, 아브라함이 칭찬을 받은 것은 그가 자기 앞에 주어진 일들을 잘 처리했기 때문이 아니라 "하나님을 믿었기" 때문이란 것을 기억하기 바란다. 만일 우리가 [화이트의 저술에 나타나는 것과 같은] 하나님의 진리에 대한 동의를 가능한 모든 반대들이 정복될 때까지 공표하지 않는다면, 예상치 못한 재앙이 우리에게 닥쳐올 것이다. 오늘 우리는 근엄하고 영광스러운 진리를 가지고 있는데, 그것은 알만한 가치가 있고 살아갈 목표가 될 수 있는 **유일한** 것이란다. 그것이 없다면, 모든 사물은 쓸데없는 말 한 마디나 나이 든 여자의 긴 잡담에

---

35 Price, *Science and Religion in a Nutshell*, p. 15; [George McCready Price], "Evidence of a Worldwide Flood," *The Seventh-day Adventist Bible Commentary*, 8 vols. (Washington: Review and Herald Publishing Assn., 1953), 1:74; Price, *The Phantom of Organic Evolution*, pp. 98-100.

불과할 것이다.

프라이스는 화이트를 무한정 신뢰했는데, 바로 그것이 진화에 굴복하려는 그를 구원해주었다. 1927년에 제7일안식일예수재림교인 청중에게 보낸 전형적인 진술에서 그는 이렇게 말했다. "우리 중에 생각하는 모든 이들은, 이 점과 관련해 우리의 안전과 면역성이 E. G. 화이트 여사의 저작들에 의해 보완되는 성경의 단순한 이야기에 대한 우리의 믿음에 놓여 있다는 사실을 반드시 인정해야 합니다."[36]

국제적으로 알려진 창조론 대변자로서 프라이스의 성공은 의심할 여지없이 대중적 인정에 대한 그의 욕구를 충족시켜주었다. 하지만 설령 그가 자신이 쓴 책들을 통해 부자가 되려는 어떤 환상에 사로잡혀 있었다고 할지라도, 그런 환상들은 즉시 추방되었다. 1906년에 나온 『비논리적인 지질학』을 출판하기 위해 그는 너무도 큰 빚을 졌고 그것은 1918년까지도 남아 있었다. 그때 한 루터교 교육기관이 그에게 (그가 받아본 것 중에서 가장) 큰 급료를 제시했다. 지질학과 천문학에 대한 일련의 가정학습 교재를 저술하는 대가로 1,200달러를 제공하겠다는 것이었다. 『새로운 지질학』 이후의 모든 수익금은 그것을 저술하는 동안 그에게 지불된 급료에 대한 변상으로 제7일안식일예수재림교회에 돌아갔다. 그는 1년에 50달러 이상의 인세를 받아본 적이 거의 없었고, 그마저도 폭넓은 편지 교환을 위한 비용으로 쓰였다. 『생물 진화라는 망상』은 스콥스 재판이 벌어지기 직전에 출판되어 그 재판을 둘러싸고 고조된 상황으로부터 반사이익을 얻었

---

36 George E. Price to Charlie Price, August 9, 1905, Ballenger Papers; George McCready Price, "The Significance of Fundamentalism," *Advent Review and Sabbath Herald* 104 (May 12, 1927): 13.

고, 그 결과 그에게 400달러를 안겨주었지만, 그것은 말 그대로 요행이었다. 프라이스는 돈이 아니라 하나님의 영광을 위해 책을 썼고, 자신이 그 특별한 저술을 위해 하나님의 선택을 받았다고 믿었다. 트레이커디에서 처음으로 자신의 삶을 진화론과 투쟁하는 데 바치겠다고 결심했던 경험을 그는 이렇게 묘사했다. "마치 어떤 이가 내 어깨를 두드리면서 그것을 행하라고 말하는 것처럼, 나는 그 일을 행하라는 참된 부르심을 느꼈다." 그의 견해로는, 만약 그가 그런 간절한 부르심을 거절했다면, 그것은 그가 영생을 얻을 기회를 위태롭게 만들었을 것이다.[37]

비판과 논쟁

무시당하는 것에 대해서는 극도로 민감했지만, 프라이스는 자신을 과학적 비판으로부터 보호하려는 노력은 거의 하지 않았다. 오히려 그는 종종 그것을 요청했고, 무시당하기보다는 모욕당하는 쪽을 택했다. 수년 동안 그는 많은 정통주의 과학자들, 그리고 "우연히 마주치게 된 '위대한' 지질학자들"과 기회가 있을 때마다 연락을 주고받았다. 1906년에 그는 『비논리적인 지질학』의 헌정본을 수백 부 찍어 많은 과학자들에게 보내면서 논평과 비판을 부탁했다. "단연 뛰어나고 솔직하고 사려 깊은" 반응은 데이비드 조던(David Starr Jordan, 1851-1931)으로부터 왔다. 조던은 스탠퍼

---

37 G. M. Price to W. H. Williams, July 14, 1932, Price Papers; Clark, *Crusader for Creation*, p. 34; Richard H. Utt, "Geologist for God: Sixty Years a Champion of Creation," *Signs of the Times* 86 (November 1959): 22. Robert M. Brown and George McCready Price, *Geography and Geology* (Philadelphia: American Educational Institute, 1921)은 12권 전집 중의 한 부분이다.

드 대학의 학장이었고, 미국에서 물고기 화석 분야의 지도적인 권위자였다. 탁월한 반대자와 다투는 위험에 고무되었던, 또한 진지하게 취급되는 것에 감사했던 프라이스는, 만일 "세상에서 제일가는 그 어류학자"가 자신에게 한 화석이 다른 것보다 오래되었다는 사실을 입증할 수 있다면, 자신은 "24시간 안에 진화론자가 되겠다"고 약속했다. 거의 20년 동안 조던은 프라이스를 직접 만나거나 편지를 통해 지질학을 반대하는 그의 주장이 "여기저기 흩어진 오류들, 그리고 사실에 친숙한 사람이라면 누구도 논쟁하지 않을 일반적인 진리에 반대되는 생략과 예외들에 기초해 있다"는 사실을 깨닫게 하려고 애썼다. 프라이스의 지성과 변호사 같은 정신 자세는 물론, 지질학에 대한 그의 무지에도 깊은 인상을 받았던 조던은 그에게 "현장과 실험실에서 고생물학 분야와 관련된 건설적 작업을 담당해보라"고 거듭 촉구했지만 성공하지는 못했다.[38]

간접적인 지식에만 의존하는 과학자였던 프라이스는, 자신이 정식 과학 교육을 받지 못한 것과 자신이 논박하고 있는 증거에 대해 제한적으로만 알고 있는 것에 대해 불안을 느꼈다. 비록 그는 자신이 "현장 지질학자나 과학적 수집가"라고 주장한 적은 없으나, 그럼에도 자신이 소유했던 얼마 안 되는 직접적인 지식을 최대한 이용했다. 예를 들어 그는 캐나다 동부에서 책을 팔러 다녔던 경험과 콜로라도 남부의 대학에서 여름 한 철을 보냈던 경험이 자신에게 무한한 가치를 지닌 "지질학 영역에 대한 직접적

---

38 Utt, "Geologist for God," p. 23; G. M. Price to D. S. Jordan, August 29, 1906, and April 23, 1911, Jordan Papers, University Archives, Stanford University Libraries; D. S. Jordan to G. M. Price, August 28 and September 4, 1906, and May 5, 1911, Price Papers. Price는 또한 스위스 지질학자 Albert Heim과도 편지를 주고받았다. Price, "Some Early Experiences," pp. 90-1을 보라.

인 지식"을 주었다고 주장하기를 좋아했다. 그는 실제로 한 번 이상 밴프 국립공원 근처의 유명한 충상단층을 보러 앨버타를 방문했고, 그 충상단층이 "완벽하게 자연스러웠고 그 어떤 비정상적인 물리적 조짐도 보여주지 않는다"는 사실을 발견했다. 그가 약속이 있어 1926년 영국을 방문했을 때, 제7일안식일예수재림교회는 그에게 스위스 알프스 산맥에서 여름을 보내면서 "거꾸로 뒤집힌" 지층들의 사례를 조사하도록 비용을 지원했다. 프라이스에게 공감하고 있던 그 교회의 총회장은 그에게 노파심이 담긴 이런 내용의 편지를 보냈다. "물론 당신은 특수한 지질학적 형성과 관련해 공표할 때에 당신이 고수할 수 없는 진술들에 발목이 잡히는 것을 원하지 않을 것입니다." 그러나 프라이스가 야생에 대해 아는 것은 기껏해야 기초적인 것에 불과했다. 1937년 그가 은퇴하기 직전에 왈라왈라 대학의 몇몇 학생들이 오리건 주 존 데이로 화석을 찾는 여행을 함께 떠나자며 그를 초대했다. 그런데 그들은 그 유명한 창조론자가 화석들을 제대로 분간하지도 못하는 것을 발견하고서는 깜짝 놀랐다.[39]

충분한 교육을 받지 못했다는 프라이스의 불안감은 그로 하여금 정규 교육과 고급 학위의 중요성을 경시하도록 만들었다. 그는 "기초적인 논리 또는 논리적 사고 과정을 배우는 교육이 전문적인 실험이나 현장을 관찰하는 단순 교육보다 훨씬 더 중요하다"고 주장했다. 그는 현대 과학에 침투해 있는 오류들을 보면서 자신이 "대학 나부랭이"(university-itis)라는 질

---

39 Price, "Some Early Experiences," pp. 70-80, 88-90; Price, "If I Were Twenty-One Again," p. 23; Utt, "Geologist for God," p. 23; Donald A Webster, "Crusader for Creation," *Signs of the Times* 83 (July 17, 1956): 4; W. A. Spicer to G. M. Price, January 12, 1926, Price Papers; March 28, 1980년에 행해지고 학생 한 명이 포함되었던 Edward Specht와의 인터뷰; Price는 다음 편지에서 캐나다의 로키 산맥으로 돌아갈 것을 언급한다. Theodore Graebner, August 26, 1935, Box 1, File 6, Theodore Graebner Papers, Concordia Historical Institute.

병에 감염된 적이 없다는 것을 미덕으로 여겼다. 그는 대학원 교육과정과 관련해 자신은 번쩍이는 상장인 박사학위를 따기 위해 수년 동안 사람을 멍청하게 만드는 경험에 스스로를 굴복시켰던 이들보다 "신적 소명을 느꼈던" 이들에게 더 큰 존경심을 갖고 있다고 고백했다. 그러나 프라이스는 실제로는 대학 자격증을 대단히 높게 평가했다. 50대에 이르기까지 그는 대학에 등록하려는 생각을 떨쳐버리지 못했고, 생의 마지막 때까지 복음주의 의과대학에서 가르치면서도 석사학위조차 없는 것이 과연 바른 것이었는지를 확신하지 못했다. 그 의과대학이 1912년에 그의 "저술 실적"과 독립적 연구에 기초해 학사학위를 수여했을 때, 그는 마치 그것이 자신을 "지질학 교수"로 확인시켜주기라도 하는 양, 자신의 다음번 책인 『지질학의 토대들』(*The Fundamentals of Geology*)의 속표지에 그 증서를 자랑스럽게 게재했다. 생애의 후반부 45년 동안 그는 제7일안식일예수재림교회의 퍼시픽 유니온 대학이 선물로 수여한 석사학위를 가끔 자신의 이름 위에 압핀으로 박듯이 첨가하기도 했다.[40]

그의 시대의 다른 어떤 창조론자보다도 프라이스는 과학적 방법론의 문제에 더 많은 관심을 가졌다. 초기 저작들에서 그는 베이컨과 뉴턴의 경험론에 특별한 애정을 표시했고, 『지질학의 토대들』을 그들에게 헌정

---

40 George McCready Price, "Scientific Muckrakers," *Watchman Magazine* 34 (August 1925): 7; George McCready Price, "Some Early Experiences," pp. 79-80; George McCready Price, "The Problem of Advanced Education," *Advent Review and Sabbath Herald* 104 (November 13, 1930): 6-7; F. D. Nichol to G. M. Price, March 10, 1926, Price Papers; Price, "I'd Have an Aim," p. 15. Price의 학위에 관해서는 Price Papers에 있는 다음을 보라. J. H. L. Derby, 서명이 있는 선서 진술서, August 15, 1911; G. M. Price가 the College of Medical Evangelists, [1912]의 학과 사무실에 보낸 편지; College of Medical Evangelists 학장인 E. H. Risley, M.D.가 April 8, 1932에 관계자에게 보낸 편지; Anna J. Olson, Registrar, Pacific Union College가 관계자에게 보낸 편지(연대 미상) 등.

하기도 했다. 지구의 역사와 관련하여 자신이 원했던 혁신을 성취하기 위해 프라이스는 "지질학에 대한 베이컨식 연구"를 제안했는데, 그것은 지표면의 암석들에 대한 지식에서 시작해서 아래쪽으로 작업해나가는 방법을 뜻했다. 그는 "귀납적(inductive) 지질학"이 글자 그대로 최근의 창조를 가리킨다고 확신했지만, 창조에 대한 토론들은 "철학과 신학의 경계선을 가로지르면서" 사실상 과학의 외부에 놓여 있다고 여겼다. 과학에 대한 대중적 견해와 보조를 맞추면서 프라이스는 부당하게 과시된 "과학적 방법"이 "계몽된 상식"의 적용을 포함할 뿐이라는 사실을 지적하기를 좋아했다. 그는 베이컨의 방식에 따라 진정한 과학은 "수치스런 사변"이 아니라 "사실을 인내심 있게 모으는 것"과 함께 시작한다고 주장했다. 그러나 그는 알프레드 노스 화이트헤드(Afred North Whitehead, 1861-1947)와 다른 철학자들의 책을 읽은 후 해석에 의해 불순해지지 않은 순수한 "사실"이란 존재하지 않는다는 것을 깨달을 정도로 충분히 교양이 있었다. 또 그는 이 지식을 사용해 창조를 진화와 대등한 지위에 놓고자 시도할 정도로 영리했다. "지질학자들과 고생물학자들이 그들의 사실을 다윈과 라이엘(Carles Lyell, 1797-1875, 영국의 지질학자—역자 주)로 채색된 안경을 통해 바라보듯이", 창조론자들은 자연 세계를 성경이란 렌즈를 통해 관찰한다. 하나의 이론의 가치는 그것의 족보가 아니라 "자연의 사실들에 대한 [가장] 합리적인 설명"을 제시할 수 있는 능력에 달려 있기에, 프라이스는 기원에 대한 창조론자의 설명이 "우리의 종교에 의해 제안되었다는 사실, 그리고 그것은 자연만 연구해서는—비록 그것이 전적으로 단지 가설로 취급된다고 해도—결코 완전하게 밝혀질 수 있는 것이 아니라는 사실"을 "기쁘게" 인정했다. "세계 앞에 놓인 이 두 가지 대안들"—진화론적 지질학과 세계 격변설—사이의 선택에 직면할 경우 우리에게는 오직 하나의 적법한

질문만 남게 된다. 곧 "**그것이 작동할 것인가?**" 하는 것이다.[41]

프라이스가 제도권 과학과 고성을 주고받으며 험악한 만남을 가졌던 사건은 1920년대에 발생했다. 당시 그는 「사이언스」(*Science*)의 발행인인 제임스 맥킨 카텔(James McKeen Cattel, 1860-1944)과 두 번에 걸쳐 전투적인 논쟁에 휘말렸다. 첫 번째 에피소드는 1922년에 발생했다. 그해에 켄터키 대학의 지질학자인 아서 밀러(Arthur M. Miller, 1861-1929)는 "새로운 대격변설과 그것의 지지자"(The New Catastrophism and Its Defender)라는 논문을 「사이언스」에 발표했다. 이 논문에서 밀러는 프라이스가 최근 진화에 대해 공격했을 뿐만 아니라, 그가 주로 종교적 출판사에서 책을 내고, "어떤 과학 기구의 멤버도 아니고, 과학계에서 결코 알려지지 않았으면서도" 가면을 쓰고 지질학자 행세를 하고 있다며 날카롭게 비난했다. 자신을 폄하하는 글을 읽은 프라이스는 분노하면서 그 발행인에게 "명예훼손 조치"를 취하겠다고 위협하는 편지를 급히 휘갈겨 썼다. 동시에 다른 한편으로 그는 밀러에게 반박할 기회를 달라는 뜻도 전했다. 「사이언스」의 발행인인 카텔은 사실에 오류가 있다면 수정하겠으나 프라이스의 지질학적 견해를 그 잡지에 발표하는 것은 거절했다. 왜냐하면 그것은 "과학적인 사

41 Price, *Fundermentals of Geology*, pp. 252, 339-40; George McCready Price, "Geology and the Recapitulation Theory: A Study in Circular Reasining," *Bulletin of Deluge Geology* 1 (1941): 72; G. M. Price to D. S. Jordan, September 12, 1906, and April 28, 1911, Jordan Papers; George McCready Price, *A History of Some Scientific Blunders* (New York: Flemming H. Revell, 1930), pp. 5-8, 131. 이 책은 영국(London and Edinburgh: Oliphants, [1930])에서 동시에 출판되었다. 비록 Price는 자신의 과학사를 John William Draper와 Andrew Dickins White의 논쟁적인 태도로 썼지만, 그 자신은 편견 없는 접근방식이라고 간주했던 J. T. Merz, George Sarton, Charles Singer 등의 방법론을 선호했다. 다음을 보라. Ibid., p. 11, and George McCready Price, "Cranks and Prophets," *Catholic World* 132 (October 1930): 44.

람들의 관심사가 아닐 것이기 때문"이었다. 「사이언스」의 지면을 얻으려는 시도가 거절된 후, 프라이스는 자신에게 좀 더 우호적인 「선데이 스쿨 타임즈」(*Sunday School Times*)로 향했다. 그 잡지는—프라이스가 카텔에게 상기시켰듯이—20만의 지성인 독자들을 갖고 있었다. 거의 감출 수 없는 분노와 함께 편지를 쓰면서 프라이스는 「사이언스」의 발행인을 "사이비 과학적인 심한 편견"에 사로잡혀 있다고 고소했고, 자신이 미국과학진흥협회(American Association for the Advancement of Science)와 캘리포니아 과학아카데미(California Academy of Sciences) 회원이라는 사실을 제시하면서 자신의 명예를 변호했다. 그는 과학자가 아닌 청중에게 설명했다. "모든 일의 비밀은, 물론 진화의 교리가 그런 사람들에 이르러서는 종교, 즉 폭력적인 반기독교적 종교가 되었다는 사실입니다."[42]

이 논쟁이 채 끝나기도 전에 카텔은 예일 대학의 지질학자인 찰스 슈커트(Charles Schuchert, 1858-1942)가 쓴 프라이스의 『새로운 지질학』(*New Geology*)에 대한 (청하지도 않은) 서평 하나를 받았다. 당시 슈커트는 프라이스의 책에 나온 32장의 삽화 때문에 화가 나 있었는데, 그것은 프라이스가 슈커트가 공저자로 참여한 교과서로부터 취한 것이 분명했고, 그것도 슈커트의 책을 낸 출판사가 그렇게 많은 그림들을 빌려달라는 프라이스의 허가 요청을 분명하게 거절한 이후에 취한 것이었다. 슈커트는 "그 사람을, 과학

---

42 Arthur M. Miller, "The New Catastrophism and Its Defender," *Science* 55 (1922): 701-3; G. M. Price, to J. M. Cattell, July 4, August 14, and December 11, 1922, and J. M. Cattell to G. M. Price, August 1, 1922, Box 145, J. M. Cattell Papers, Library of Congress; Price, "Fair Play in the Teaching of Evolution," p. 668. 몇 년이 지나지 않아 Cattell은 그의 책 *American Men of Science: A Biographical Directory*, 4th ed. (New York: Science Press, 1927), p. 788에서 Price를 소개했다. 내가 Cattell 관련 문서들을 살피게 된 것은 Michael Sokal 덕분이다.

을 사랑하는 사람들 사이에 가능한 한 많이 노출시킬 필요가 있다"고 주장하며 자신의 서평에서 프라이스를 "지질학적 악몽 속을 이리저리 방랑하는 한 근본주의자"라고 묘사했다. 최근에 프라이스와 맞붙었던 싸움 때문에 아직도 겁을 먹고 있던 카텔은 슈커트에게 자신은 프라이스를 공개적으로 비난하기를 원치 않는다고 말했다. 자신으로서는 "그 서평을 게재하는 것도, 또한 그 서평에 대한 프라이스의 격한 반응을 게재할 수 없다고 거절하는 것도 곤란하기 때문"이었다. 그러나 슈커트는 고집을 부리면서 자신이 그 문제를 데이비드 스타 조던(David Starr Jordan)을 위시해 몇몇 다른 사람들과도 논의했는데, 그들 모두가 근본주의자들과 투쟁하는 비과학자들에게는 사실을 제대로 알고 있는 자신들만이 공급해줄 수 있는 탄약이 필요하다는 것에 동의했다고 말했다. 결국 카텔은 그런 집단적인 압력에 굴복했고, 그로 인한 결과는 (그가 두려워했던 것처럼) 프라이스에게서 온 다른 한 보따리의 성난 편지들과 대면하는 것이었다. 프라이스는 이번에는 전혀 타협할 기세가 아니었다. 그는 콧김을 내뿜으며 씩씩거렸다. "사과나 철회는 이제 아무 소용도 없을 것입니다. 나는 이런 종류의 어리석은 짓을 끝장낼 것입니다. 나는 법이 나를 위해 무엇을 해줄 수 있는지 알아보겠습니다." 그 후에 그가 정말로 법률적 행동에 나섰다는 증거는 없다. 그러나 몇십 년 후에 그는, 그렇지 않았다면 흠이 없었을 그의 명성에 오점을 남겼던 그 사진 표절 혐의에 대해 자신의 결백을 주장했다.[43]

---

43 Charles Schuchert to J. M. Cattell, December 24, 1923, and April 19, 1924, Box 37, Letterbook 1923-1925, Charles Schuchert Papers, Sterling Memorial Library, Yale University; and J. M. Cattell to Charles Schuchert, Review of *The New Theology*, by George McCready Price, *Science* 59 (1924): 486-7; George McCready Price, Letter to the Editor, *Science* 63 (1926): 259; G. M. Price to J. M. Cattell, March 22, 1926, Price Papers. 1926년 Science지는 Price를 또 한번 공격했다. 이 번 공격자는 AAAS의 동물학 분과의

당시에 실제로 무슨 일이 일어났는지는 미스테리로 남아 있다. 우리는 프라이스가 루이스 피어슨(Louis V. Pirsson)과 찰스 슈커트가 공저한 『지질학 교과서』(*A Text-Book of Geology*, 1920)가 출판된 직후 그 책을 한 권 구입했고, "9일 동안 연속해서—안식일은 빼고—독파했다"는 사실을 알고 있다. 그 사건 후 몇 년이 지나서 프라이스는 자신이 슈커트가 사용했던 것과 똑같은 사진들을 본래의 현장에서 얻기 위해 대륙을 횡단하는 특별 여행을 했다고 주장했다. 그러나 만일 그렇다면, 다시 말해 만일 그가 독자적으로 그 사진들을 찍었다면, 어째서 그는 성가시게도 슈커트의 책을 낸 출판사에게 그 사진들을 사용할 수 있게 해달라는 요청을 했던 것일까? 그리고 어째서 프라이스의 책을 낸 출판사인 제7일안식일예수재림교회 소유의 퍼시픽 프레스(Pacific Press)는 이를 문의하는 자기 교단의 목사에게 다음과 같이 말했던 것일까? "우리는 『새로운 지질학』 안의 모든 삽화들에 대해 그 책들의 출판사들로부터 허가를 받았고, 지금 그 허가증을 문서의 형태로 금고에 보관하고 있습니다.…퍼시픽 프레스는 그 삽화들의 허가를 받기 위해 슈커트에게 가지 않았습니다. 왜냐하면 그가 판권을 가지고 있는 것이 아니었기 때문입니다. 판권은 출판사가 소유하고 있었습니다."[44]

「사이언스」와 투쟁하던 초기에 프라이스는, 그동안 자기가 글을 주로

부회장이었다가 은퇴했던 Edwin Linton (1855-1939)였고, 글은 다음이다. "The Scientific Method and Authority," *Science* 63 (1926): 195-201. Michele Aldrich가 처음으로 내게 Schuchert Papers를 체크해보라고 제안해주었다.

44 G. M. Price to Martin Gardner, February 25, 1952, Gardner Papers; Pacific Press to Hay Watson Smith, 이것은 Smith to G. M. Price, February 17, 1931, Price Papers에서 인용됨. 인용문은 Price가 소유했던 Pirsson and Schuchert's *A Text-Book of Geology*, Adventist Heritage Center, Andrews University로부터 왔음.

종교 잡지에 발표한 것을 변명하기 위해, "엄격한 과학 저널들"이 그에게 열린 기회를 주지 않았다고 주장했다. 그는 충상단층과 [지층들의] 기만적 동형성에 대한 자신의 비판이 "반드시 순수한 과학적 방법으로 토론되어야 한다"는 점에는 동의했다. 그러나 이어서 그는 이렇게 지적했다. "만일 그것이 전문적인 과학적 채널을 통해 시행될 수 없었다면, 나는 다른 출판사들에게 내가 말해야 할 것을 출판하게 했다고 해서 비난받아야 한다고 생각하지는 않습니다." 프라이스의 말은 과학 저널들이 자신을 불공평하게 배척했다는 뜻을 분명하게 담고 있지만, 최소한 몇 가지 증거들은 그가 자신의 주장을 일반인들에게 직접 전달함으로써 과학 단체를 회피하려고 시도했음을 보여준다. 1919년에 「사이언티픽 아메리칸」(*Scientific American*)의 발행인이 그의 긴 원고인 "지질학의 가장 큰 문제"(The Largest Problem in Geology)의 출판을 정중히 거절했던 단 한 번의 사건을 제외한다면, 1930년대 후반 이전에 프라이스가 자신의 원고를 전문적인 과학 출판사에 제출했다는 아무런 증거도 없다. 사실 「사이언스」와의 난국이 벌어지기 전에 그는 어떤 검열에 대해서도 불평했던 적이 없다. 정반대로, 1917년에 그는 자신이 연구 결과물을 대중들과 직접 공유하는 것에 대해 자랑했다. 그가 보기에 그 결과물은 "대부분의 과학자들이 몇몇 학식 있는 단체의 소수의 선택된 사람들을 위해 유보되어야 하고, 그 단체의 '거래'로 인한 평판을 따라 순차적으로 발표하며, 마침내 수년간 유예된 끝에 인간의 사고의 주된 흐름 속으로 진입시켜야 한다고 느끼는" 것들이었다. 1924년에도 그는 자신이 제도권 과학계를 피하고 있는 비슷한 이유를 제시했다.

몇 가지 지질학적 연구를 처음으로 시도했던 때로부터 이후 20년도 더 되는 기간에 나는 계속해서 "내가 발견한 것들을 어떻게 발표할 것인가?"라는 질문에 직면해왔습니다. 만일 내가 "전문적인" 과학계에 종사하는 현학적인 사람들의 미적거리는 방법들을 기다린다면, 아마도 나는 그런 발견들이 인지될 수 있기도 전에 백발이 될 것입니다. 그와 반대로, 만일 내가 그것들을 어떤 (과학적 측면에서) "비전문적인" 방법으로, 예를 들어 대중적인 또는 종교적인 저널을 통해 발표한다면, 나는 아주 확실하게 그리고 집요하게 보수적인 과학자들로부터 배척될 것이고, 그래서 과학의 회당 밖으로 쫓겨나게 될 것입니다.

나는 후자를 선택했습니다. 그리고 결과는 예상했던 대로였습니다. 그러나 나는 그 선택을 후회해본 적이 없습니다. 왜냐하면 나는 나의 출판물을 통해 엄청나게 많은 사람들이 유익을 얻어왔다고 믿기 때문입니다.[45]

프라이스가 (별다른 증거 자료 없이) 자신이 과학 단체들에 의해 "생매장당했고" 또한 "오늘날의 과학적 토론에서 자기들끼리 정한 검열관"에 의해 과학 저널에 접근하지 못하도록 저지당했다고 부당함을 외치기 시작한 것은, 그가 카텔에게 거부된 후부터였다. 그때 이후로 그는 자신이 젊은 시절 종교 전문 출판사로 향하기 전에 먼저 과학 저널들과 접촉을 시도했었다고 말하기 시작했다. 그는 자신이 그렇게 배제되었던 일의 책임이 부분적으로는 현대 과학의 "과도한 전문화"에 있다고 보았다. "현대 과학의 각 전문가들은 오직 자신의 분야에서만 과거의 생각들이 잘못되었다는 것을 알뿐, 다른 분야들에서는 여전히 일반적인 이론이 현대의 연구들에 의해

---

45 G. M. Price to J. M. Cattell, July 14, 1922, Cattell Papers; Price, Q. E. D., p. 11; G. M. Price to John Roach Straton Papers, American Baptist Historical Society, Rochester, NY. Clark, *Crusader for Creation*, p. 38은 실수로 *Scientific American*이 Price의 원고를 출판했다고 잘못 말했다.

확증되고 강화되는 중이라고 전제"한다는 것이었다. 더 나아가 그는 이런 상황의 질서가 모든 전문적인 과학을 통제하고 싶어 하는 "완고한 반동분자들의 강한 비판"을 허용하고, "널리 승인된 관습적인 것을 제외한 다른 것"을 억압한다고 여겼다. 런던동물학회(Zoological Society of London)가 영국의 창조론자 더글라스 디워(Douglas Dewar, 1875-1957)의 논문 게재를 거부했던 것은, 진화론자들이 과학적 이단아들의 입을 봉하려고 애쓰는 중이라는 프라이스의 의혹에 기름을 부었다.[46]

주류 과학 저널인 「팬아메리칸 지질학」(*Pan-American Geology*)에 실린 프라이스의 최초의 (그리고 유일한) 논문은 그가 은퇴할 무렵인 1937년이 되어서야 등장했다. 분명 다른 홍수지질학자들이 그 저널에 성공적으로 논문을 실은 것에 용기를 얻어서, 프라이스도 그 저널에 "역사적 지질학의 방법론"(Methodology in Historical Geology)이라는 논문을 제출했다. 그 논문에서 그는 다시 한 번 "기만적인 동형성과 충상단층들의 논리적 대실수"를 폭로했고, 자신의 새로운 대격변설을 승인해줄 것을 요구했다. 지질학을 재건해야 한다는 그의 극단적인 제안은 대중적 반응을 이끌어내지 못했고, 예외적으로 편집자의 온화한 어조의 불찬성만을 겨우 이끌어냈는데, 아마도 그것은 예상되는 비판의 방향을 돌려 프라이스에게 어느 정도 과학적 발판을 마련해주려는 배려였을 것이다. 그러나 몇 년 후 그 저널이

---

46 George McCready Price, *The Predicament of Evolution* (Nashville: Southern Publishing Assn., 1925), pp. 94-5; Price, *The Phantom of Organic Evolution*, pp. 7-8; Price, "Scientific Muckrakers," p. 7; Price, "Dear Fellow Science Teachers," pp. 16-17; Price, "Cranks and Prophets," p. 45; George McCready Price, "Guarding the Sacred Cows," *Christian Faith and Life* 41 (1935): 124-6; Dewar 사건에 관련하여 다음을 보라. Douglas Dewar, "The Limitations of Organic Evolution," *Journal of the Transactions of the Victoria Institute* 64 (1932): 142.

망했을 때, 몇몇 지질학자들은 그 저널이 문을 닫은 것은 프라이스의 논문을 게재할 정도로 빈약했던 편집자의 판단력 때문이었다고 말했다.[47]

노년에 이르러 프라이스는 과학자들이 자신의 도전에 충분히 진지하게 반응하지 않는다고 불평했다. "왜 이렇게 오랜 지연이 발생하는가?" 좌절한 그 십자군병은 70세가 되던 해에 그렇게 물었다. "어째서 경쟁력 있는 대학에서 가르치는 사람이 그 작업을 떠맡지 않는 것일까?" 아마도 대부분의 과학자들은 브린 모어(Bryn Mawr)와 함께 지질학자이자 지리학자인 말콤 비셀(Malcolm H. Bissell, 1889-1975)의 의견에 동의했을 것이다. 비셀은 프라이스의 논증들이 "정말로 대답할 가치가 없는 것"이라고 말했다. 더 나아가 일부 과학자들은 "[프라이스의] 사고 과정에 무언가 문제가 있다"라는 비셀의 의혹에도 공감했던 것 같다. 프라이스와 수개월에 걸쳐 서신 교환을 했던 조던(Jordon)과 비셀 자신을 포함해, 놀랄 만큼 많은 수의 저명한 과학자들이 새로운 지질학을 분명하게 반박했다. 조던은 나중에는 프라이스의 지질학을 혐오하기까지 했다. 예를 들어, 1925년에 유럽에서 교육을 받은 지질학자이자 사제인 스티븐 리처즈(Stephen Richarz, 1874-1934)는 자신의 동료 성직자인 조지 배리 오툴(George Barry O'Toole)이 프라이스를 홍보하는 것에 속이 뒤집어져 프라이스의 주장에 대한 몇 가지 상세한 반증들을 발표했다. 프라이스의 새로운 격변설을 지지하는 중심 기둥이라고 할 수 있는 충상단층과 관련해 리처즈는 다음과 같이 썼다.

---

47 George McCready Price, "Methodology in Historical Geology," *Pan-American Geologist* 67 (1937): 117-28; Charles R. Keys, "Editorial: Methodology in Geology," ibid., pp. 303-6; Henry M. Morris, *A History of Modern Creationism* (San Diego: Master Book, 1984), p. 105. 1930년대 말에 Price의 친구인 D. J. Whitney는 *Pan-American Geologist*지에 여러 편의 논문을 발표했다.

충상단층들 또는 뒤집어 접혀진 지층들로 설명되지 못하는 어떤 "잘못된 순서"를 따르는 화석의 사례는 단 하나도 없다.…지질학자들이 "화석들의 '잘못된 순서'라는 난점에 대해 발뺌하기 위해" 거대한 충상단층들을 상정한다고 말하는 것은 거짓말이다.…충상단층들은 화석과는 별개로 발견되어왔다. 충상단층들은 화석이 전혀 없는 선캄브리아기 지층들에서조차 눈으로 확인할 수 있다. 그러므로 화석들의 [지질학적] 순서에 반대하는 프라이스 씨의 가공할 만한 주장은—모든 지질학자들이 만장일치로 수용하는 것처럼—완전히 틀린 것이다. "최근의 발견들", "대단히 새로운" 등과 같은 문구로 프라이스 씨가 속일 수 있는 사람은 오직 지질학에 대해 까막눈인 사람들뿐이다.[48]

프라이스는 자신이 의견을 달라고 간청했던 주류 과학자들로부터도 비판을 받았다. 예를 들어 펜실베이니아 주립대학의 지질학자로서 자신이 정상적인 순서를 가진 수많은 지층들을 보았다고 주장한 조지 애슐리(George H. Ashley, 1866-1951)는 지질학자들이 전혀 실수하지 않았다고 프라이스에게 확신시켜주었다. 정상적인 순서로부터 벗어난 모든 화석은 현장에서 직접적인 관찰을 통해 "쉽고 순조롭게 설명"될 수 있기에, 그는 홍

48 George McCready Price, *Feet of Clay: The Unscientific Nonsense of Historical Geology* (Malverne, NY: Christian Evidence League, 1949), p. 23; G. M. Price to J. M. Cattell, March 22, 1926, and Malcom H. Bissell to G. M. Price, April 6, 1922, 이 둘은 Price Papers에 있다; Stephen Richarz, "Evolution in the Light of Geology," *Fortnightly Review* 32 (1925): 485-8. Price에 대한 가톨릭교회의 반응에 대해 John Morris, "American Catholics and the Crusade against Evolution," *Records of the American Catholic Historical Society of Philadelphia* 64 (1953): 59-71. 저명한 지질학자들이 Price에게 보낸 찬사에 대해 William North Rice, "The New Geology," *Methodist Review* 84 (1924): 560; and Kirtley F. Mather to W. C. Kraatz, November 6, 1925. 이것은 Mather의 딸인 Florence Wengerd가 소유한 책에 있고, Robert H. Dott, Jr가 제공했다.

수에 대한 프라이스의 설명을 "완전히 터무니없는 것"이라고 일축했다. 동물학자 오스틴 클락(Austin H. Clark)은—막상 자신은 다윈주의의 비판자이면서도—프라이스에게 소위 기만적 동형성과 충상단층에 대한 증거는 의심할 여지가 없다고 확인해주었다. 프라이스의 견해에 대한, 사실상 유일하게 긍정적인 과학적 반응은 윌리엄 보위(William Bowie, 1872-1940)로부터 나왔다. 그는 미국 해안 측지 및 측지 측량국(the Division of Geodesy of the United States Coast and Geodetic Survey) 국장이었는데, 프라이스의 충상단층에 대한 비판에 갈채를 보냈다. 그는 프라이스의 의견을 다음과 같이 수용했다. "나는 항상 지층들의 지질학적 순서의 신뢰성과 관련하여 어떤 의심스러운 점이 있을 것이라고 느껴왔습니다." 그러나 그는 자신이 화석학 전문가가 아니기 때문에 침묵할 수밖에 없었다고 덧붙였다.[49]

때때로 프라이스의 추종자들이 홍수지질학에 대해 당혹스런 질문을 던졌다. 「비블리오테카 사크라」(*Bibliotheca Sacra*)의 발행인이자 『새로운 지질학』이 "세계의 생성을 부드럽게 운행되는 기계로 보는 진화론"을 파괴했다며 신뢰를 보냈던 멜빈 카일(Melvin G. Kyle, 1858-1933)은 화석들이 잘못된 순서로 발견된다고 해도, 어째서 그것들이 항상 지질학자들이 예언하는 것과 정확하게 **정반대**로 역전된 순서로만 발견되는지 궁금해했다. 그는 지층들이 무질서하게 발견되었더라면 그 가능성을 수용하는 데 전혀 문제가 없겠지만, "그런 변화가 일련의 생명체들 전체를 그렇게 일정하게 거꾸로 된 순서로 배열했다는 것은 믿기 힘든 부담"이라고 고백했다. 그런

---

49 George H. Ashley to G. M. Price, April 8, 1930, Austin Clark to G. M. Price, March 23, 1929, and William Bowie to G. M. Price, March 5, 1931, 이것들은 모두 Price Papers에 있다. 또한 U. S. Geological Survey의 책임 지질학자로부터 온 다음 편지도 보라. M. R. Campel to G. M. Price, May 12, 1930, Price Papers.

질문을 받고 궁지에 몰린 프라이스는 "부분적인 경우 그 화석들은 그런 익숙한 도식에 아주 잘 순응한다"고 인정했다. 그 자신도 한두 가지 질문을 갖고 있었던 프라이스의 제7일안식일예수재림교 후배인 프랜시스 니콜(Francis D. Nichol, 1897-1966)에 따르면, 이것은 "매우 중요한 시인"이었다. 니콜은 이렇게 고백했다. "내게는 언제나 당혹스러운 무언가가 있었다. 그것은 홍수의 탁류 한가운데서, 그리고 즉시 그 뒤를 따르는 침전 기간 동안, 어떻게 하나의 지층이 쉴 새 없이 밀려오고 밀려나가는 물결에 의해 다른 지층이 그 위에 쏟아져 퇴적되기도 전에 분명하고 확고한 모양과 틀을 갖출 충분한 기회를 가질 수 있었는지 그려보는 일이었다." 니콜은 특별히 그랜드캐니언의 형성 과정을 설명해달라고 압박했다. "적을 상대할 때, 우리는 최악의 상황을 가정해야 한다. 만일 죽어야 한다면, 우리는 기꺼이 죽어야 한다!"[50]

경우에 따라 프라이스는 자신의 홍수지질학의 지질학적 타당성뿐만 아니라 성경적 타당성을 변호하기도 했다. 아마추어 과학사가이자 유치원 과학 교사인 에드윈 티니 브루스터(Edwin Tenney Brewster, 1866-1960)는 새로운 격변설과 구약성경의 양립 가능성을 질문해서 프라이스를 성가시게 만드는 일을 즐겼다. 브루스터는 다음을 궁금해했다. 만일 프라이스의 주장대로 오늘날 각 지역의 지형학적 특징이 홍수의 결과로 만들어진 것이라면, 어떻게 창세기 저자는 대홍수 이후에 태고의 세계에 관해 저술

50 M. G. Kyle, Review of *The New Geology*, by George McCready Price, *Bibliotheca Sacra* 81 (1924): 108; F. D. Nichol to Price, January 15, 1933, Price Papers. Nichol에 관해서는 다음을 보라. Maynard Shipley, Francis D. ; Nichol, and Alonzo L. Baker, *The San Francisco Debates on Evolution* (Mountain View, CA: Pacific Press, 1925); and Alonzo L. Baker and Francis D. Nichol, *Creation-Not Evolution* (Mountain View, CA: Pacific Press, 1926). 이 책에는 Price가 쓴 서문이 있다.

하면서 그 땅의 지형적 특징을 친숙하게 언급할 수 있었는가? 만일 거룩한 땅이 홍수 기간 동안 여러 겹으로 퇴적된 층상 암석들을 토대로 세워졌다면, 우리는 홍수 이전과 홍수 이후의 지형이 크게 다를 것이라고 기대할 수 있다는 것이다. 그러나 창세기는 "똑같은 강들과 평야들, 똑같은 황무지들, 더구나 노아가 대홍수 이전에 보았던 것과 똑같은 '아라랏 산'에 대해" 말한다. 브루스터는—이 관점에서 본다면—"프라이스의 가설은 성경과 분명하게 모순된다"고 썼다.[51]

브루스터는 홍수 기간 동안 방주만 보존되었는데 어떻게 홍수 직후에 인간의 파괴된 유골들이 퇴적될 수 있었는지와 같은 경우들을 설명하다 막힐 때 프라이스가 당황하며 기적을 끌어들이는 것에 대해 비난했다. 브루스터는 이렇게 물었다. "프라이스 교수가 그의 홍수 이론을 **과학적인** 가설로 제공한다는 관점에서 본다면", 그는 어떻게 기적이라는 설명을 정당화할 수 있는 것인가? 그 문제를 과학적 관점으로 인지했던 프라이스는 그럼에도 자신의 기적에 대한 호소를 다음과 같이 변호했다.

> 만일 내가 이 우주를 경영하시는, 또한 과거에도 항상 우주를 경영하셨던 하나님을 믿지 않는다면, 그리고 만일 내가 시종일관 기를 쓰고 "균일성"(uniformity)이라는 자연주의적 교리를 방어하려고 한다면, 나는 내가 세계의 거대한 재난의 가능성을 결코 수용할 수 없었을 것이라고 생각합니다. 비록 그 이론이 많은 문제들을 크게 단순화시킨다고 할지라도 말입니다. 그러니 당신은 "기적"

---

51 Brewster의 도전은 L. S. Keyser to G. M. Price, February 24, 1927, Price Papers에 포함되어 있다. 또 Edwin Tenney Brewster, *Creation: A History of Non-Evolutionary Theories* (Indianapolis: Bobbs-Merrill, 1927)을 보라. 제목이 있는 페이지에서 Brewster는 자신이 History of Science Society의 회원이라고 소개한다.

이라는 골칫거리를 가지고 나를 위협할 수는 없습니다. 당신은 어떤 다른 것을 생각해내야 할 것입니다.[52]

영향

프라이스의 선교적 열정과 다작에도 불구하고, 그의 특이한 창세기 해석이 많은 주목을 끌기까지는 15년이 넘게 걸렸다. 그의 저작이 관심을 끌지 못했음을 보여주는 상징적인 사건은 어떤 출판사도 그의 두 번째 책인 『비논리적인 지질학』(*Illogical Geology*)을 출간하려고 하지 않아서, 결국 그가 자비로 인쇄해야만 했었다는 사실이다. 진화라는 주제에 대해 그 어떤 확신도 필요하지 않았던 그의 동료 제7일안식일예수재림교인들에게는 그의 진지한 십자군 운동이 분명 돈키호테식의 투쟁으로 보였을 것이다. 프라이스가 진화라는 주제와 관련해 이미 5권의 책을 썼던 1916년에 이르러서도, 제7일안식일예수재림교인이었던 한 편집자는 그의 또 다른 원고의 출판을 고려하면서 동료에게 자신이 최근까지도 프라이스의 책을 "다소간 조롱하는 경향을 갖고 있었다"고 말했다. 다수의 대학을 운영하고 있던 그리고 프라이스 자신이 속했던 안식교단도 그의 50세 생일 이전인 1920년까지는 대체로 그를 육체노동자와 고등학교 교사로서 고용했다가, 그 후에야 대학에 돈을 주어 그를 고용하도록 함으로써 그가 마치 일종의 "자선"을 받는 것처럼 느끼도록 만들었다는 사실은, 그 예언자가 갖고 있

---

52 E. T. Brewster to G. M. Price, April 29, [1930]. 이 편지는 "프라이스 교수에 대한 추가 질문 두 가지"를 담고 있다. 그리고 G. M. Price to E. T. Brewster, May 2, 1930, Price Papers. 또 George McCready Price, "Facts of the Flood Explains," *Bible Champion* 36 (1930): 206-7.

던 명예에 대한 결핍감과 관련해 많은 것을 시사해준다.[53]

근본주의 지도자들은 초기에는 프라이스의 십자군 운동을 거의 알아채지 못했다. 그것은 부분적으로는 20세기의 초기 20년 동안 진화가 아닌 다른 주제들이 훨씬 더 긴급한 문제인 것처럼 보였기 때문이지만, 또한 많은 복음주의 기독교인들이 프라이스의 이론을 컬트적인 제7일안식일예수재림교회의 신학으로 간주했기 때문이기도 했다. 프라이스는 『비논리적인 지질학』의 무료 증정본을 영향력 있는 종교계 인사들에게 보냈지만, 그것도 거의 대중적 인지를 얻지 못했다. 그 책을 받은 이들 중 하나인 딕슨(A. C. Dixon)도 나중에는 프라이스에게 찬사를 보내기는 했지만, 그가 『근본원리들』(*The Fundamentals*)의 필진을 구성했을 때 프라이스가 아니라 그보다 더 잘 알려져 있던 조지 프레더릭 라이트에게 종교와 과학의 관계에 대해 집필해달라고 청했다. 제7일안식일예수재림교인들 사이에서 성장했고 윌리엄 밀러(William Miller)의 손주들을 가르치는 동안 잠시 밀러의 농장에서 살기도 했던 라이트가, 프라이스가 근본주의자들 사이에서 목소리를 내지 못하도록 막는 결정적인 역할을 했던 것으로 보인다. 1910년에 북미성경연맹(Bible League of North America)이 발행하는 「성경을 배우고 가르치는 자」(*Bible Student and Teacher*)의 편집자가 "혁명에 휩싸인 진화"(Evolution Revolutionized) 또는 "기원에 관한 진화 교리에 반대하는 새로운 노선의 논쟁"(A New Line of Argument against the Evolution Doctrine of

53 Price, *Back to the Bible*, p. 5; A. O. Tait to H. H. Hall, May 26, 1916, Price Papers. Price에게 직장을 알선해주려 했던 시도에 관해서는 G. M. Price to W. H. Williams, July 14, 1932, 그리고 L. E. Fromm to G. M. Price, June 17, 1932. 이 두 편지도 Price Papers에 있다. 그리고 또 General Conference Committee 13, Bk. 1, p. 177, and Bk. 2, pp 712, 755, SDA Archives의 회의록을 보라.

Origin)이라는 제목의 프라이스의 논문 교정지를 라이트에게 보내면서 거기에 첨부할 간결한 논평을 부탁했다. 그 논문은 이미 활자화되었음에도 결코 출판되지 못했는데, 그것은 명백하게도 라이트의 대단히 엄격한 비판 때문이었다.[54]

제7일안식일예수재림교회 밖의 근본주의자들 사이에서 프라이스의 주가는 1917년 『Q. E. D.; 창조론에 대한 새 관점』(*Q. E. D.: or, New Light on the Doctrine of Creation*)을 출판하면서 빠르게 상승했다. 그 책은 드와이트 무디(Dwight L. Moody)의 처남이 설립한 플레밍 리벨사에 의해 출판되면서 종파적 장벽들을 깨뜨렸고, 윌리엄 벨 라일리(William Bell Riley)로 하여금 프라이스에게 콜로라도스프링스에서 조직된 근본주의 지도자들을 위한 모임에 참석해달라는 초청을 하도록 만들었다. 거기서 프라이스는 「선데이 스쿨 타임즈」(*Sunday School Times*)의 발행인인 찰스 트럼불(Charles G. Trumbull, 1872-1941)과 토론토 출신의 촉망받는 성공회 복음주의자 그리피스 토머스(W. H. Griffith Thomas, 1861-1924)를 만나게 되었고, 그 두 사람은 그 후로 프라이스의 새로운 격변설을 후원했다. 비록 라일리 자신은 제7일안식일예수재림교회의 흔적들이 때때로 프라이스의 저작들 안으로 스며들어오는 것에 반대했지만, 그럼에도 프라이스의 가장 큰 후원자가 되었고, 설교단과 언론에서 그의 책을 홍보했으며, 자신이 발행하는 잡지의 독자들에게 프라이스를 "이 시대의 진정한 과학자들 중의 한 사람이며,

---

54 George McCready Price, *Modern Discoveries Which Help Us to Believe* (New York: Flemming H. Revell, 1934), pp. 7-8; A. C. Dixon to G. M. Price, October 9, 1920, Price Papers; Daniel S. Gregory to G. F. Wright, September 16, 1910, Box 22, G. F. Wright Papers, Oberlin College Archives. 또 다음도 보라. G. Frederick Wright, *Story of My Life and Work* (Oberlin, OH: Bibliotheca Sacra Co., 1916), pp. 38-9; [G. F. Wright], "A Sure and Short Method with the Seventh-Day Adventists," *Bibliotheca Sacra* 57 (1900): 609.

그의 저서들은 미래의 사유에 심원한 영향을 미치게 될 운명을 지녔다"고 소개했다.[55]

1910년대 말에 프라이스의 이름은 근본주의자들의 출판물 안에서 각주에 빈번하게 등장했고, 그에 따라 프라이스는 비안식교인 그룹 안에서도 자유롭게 활동하기 시작했다. 그리고 진화가 근본주의자들의 최우선적인 의제가 되기 시작한 1920년대 초가 되자 과학계의 유명인사로서 프라이스의 명성이 치솟기 시작했다. 사실상 근본주의 운동의 임원들 전체가 그의 논문들을 칭찬했다. 포트워스의 열정적인 프랭크 노리스(J. Frank Norris)는 동료 창조론자들에게 프라이스의 지질학 관련 저서가 "진화를 완전히 무너뜨리는" 작품이라고 확신시켰다. 뉴욕 갈보리침례교회의 목사인 존 로치 스트래튼(John Roach Straton)은 『새로운 지질학』을 "최신의 완전한 과학자"의 "위대하고 기념비적인" 공헌이라고 환영했다. 근본주의자들 사이에서 프라이스의 과학적 라이벌이었던 해리 림머(Harry Rimmer)는

---

55 Clark, *Crusader for Creation*, pp. 3, 43-4; W. H. Griffith Thomas to G. M. Price, January 30, 1918, Price Papers; W. H. Griffith Thomas, *What about Evolution? Some Thoughts on the Relation of Evolution to the Bible and Christianity* (1918). 이것은 Eldred C. Vanderlaan, ed., *Fundamentalism versus Modernism* (New York: H. W. Wilson, 1925), pp. 248-9로부터 인용됨; W. H. Griffith Thomas, "Evolution and the Supernatural," *Bibliotheca Sacra* 79 (1922): 207-8. 이것은 곧바로 Sunday School Times Co.에 의해 소책자로 출판되었다; [W. B. Riley], Editorial Introduction to George McCready Price, "Throwing Darwin's Theory Overboard," *Christian Fundamentals in School and Church* 4 (April-June 1922): 24; [W. B. Riley], Review of *Back to Creationism*, by Harold W. Clark, *Christian Fundamentalists* 2 (1929): 149. Riley의 강연 때 Price의 책을 판매한 것에 관해서는 W. E. Howell to G. M. Price, September 7, 1925, Price Papers를 보라. 또한 다음도 보라. W. B. Riley, "Do Genesis and Geology Agree?" *Christian Fundamentals in School and Church* 5 (April-June 1923): 37-8; [W. B. Riley], Review of *The New Geology*, by George McCready Price, ibid. 6 (October-December 1923): 37; and [W. B. Riley], Review of *Evolutionary Geology and the New Catastrophism*, by George McCready Price, ibid. 9 (January-March 1927): 55.

그 책이 "오늘날 현존하는 지질학 책들 중 가장 뛰어난, 최신의 책이고… **진정한** 과학의 걸작"이라고 말했다. 아서 브라운(Arthur I. Brown)은 프라이스를 "세계를 주도하는 지질학자들" 사이에 위치시켰고, 그의 『새로운 지질학』을 "의심할 바 없이 지금까지 햇빛을 본 책들 중에서 지질학을 창조와 대홍수의 관점에서 가장 명료하고 명확하게, 그리고 가장 반박할 수 없이 제시한 책"이라고 평했다. 휘튼 대학에서 『새로운 지질학』을 지질학 강좌의 보충교재로 사용했던 제임스 보울(S. James Bole)은 프라이스의 논리가 특별히 "분명하고 주목할 만하다"고 여겼다. 1920년대에 "미국 정통주의 루터교의 주요 대표자"로 평가되는 리앤더 카이저(Leander S. Keyser, 1856-1937)는 진화에 대한 논쟁이 점점 커져가는 것을 지켜보면서 프라이스가 성경의 에스더 왕후처럼 "이 때를 위해 지상의 왕국에 도착했다"고 생각하지 않을 수 없었다.[56]

특별히 곧 있을 스콥스 재판에 비추어 볼 때 모든 것은 정말로 그렇게 보였다. 그 재판에서 근본주의자인 브라이언은 "믿음 없는" 변호사인 대로우와 맞붙어 싸우게 될 것이었다. 프라이스는 캘리포니아의 로디에서 수차례 열렸던 일반인을 위한 대규모 강연 후에 처음으로 브라이언을 만났

---

56 John Roach Straton and Charles Francis Potter, *Evolution versus Creation: Second in the Series of Fundamentalist-Modernist Debates* (New York: George H. Doran, 1924), pp. 72-5; J. Frank Norris to W. J. Bryan, [대략 June 1925], Bryan Papers; Harry Rimmer, *Modern Science, Noah's Ark and the Deluge* (Los Angeles: Research Science Bureau, 1925), p. 43; Arthur I. Brown, *Evolution and the Blood-Precipitation Test* (Los Angeles: Research Science Bureau, [1925]), p. 2; Leander S. Keyser, "A Telling Blow at Evolution," *Christian Fundamentals in School and Church* 7 (April-June 1924): 43-4. 이것은 *Sunday School Times*에 의해 재발행 되었다. S. J. Bole의 반응을 포함한 *The New Geology*에 대한 추가적인 반응에 대해서는 Price Papers 안의 공격적인 광고를 보라. Price는 J. R. Straton(March 25, 1924, Straton Papers)에게 보낸 편지 안에서 자신이 많은 근본주의 지도자들에게 빚을 지고 있다고 감사했다.

다. 프라이스는 제1차 세계대전 이후 계속해서 그곳에서 가르치는 중이었고, 1920년대 초까지 둘은 종종 서신을 주고받았다. 재판 날짜가 다가오자 브라이언의 조언자들은 프라이스를 전문가 증인으로 채택할 것을 추천했다. 브라이언은 프라이스를 "진화를 거부하는 저명한 과학자들 중 하나"라고 부르면서 그 홍수지질학자에게 자신의 비용을 들여 데이턴으로 와달라고 청했다. 그때 프라이스는 영국에서 가르치는 중이었는데, 브라이언에게 과학적인 주제들을 회피하라는 충고와 함께 유감의 뜻을 전했다. 브라이언과 마찬가지로 프라이스도 공립학교에서 생물 진화를 가르치는 것을 불법화하려는 운동을 지원했다. 왜냐하면 그는 "부모들이 전적으로 거부하고 또한 반기독교적이라고 여기는 무언가를 자녀들에게 가르치기 위해" 그 부모들에게 세금을 내도록 강제하는 것은 미국적이 아니라고 생각했기 때문이다. 그러나 프라이스는 창조를 가르치는 것 역시 위헌이라고 보았다. 그는 이렇게 추론했다. "만일 창세기가 공립학교에서 가르쳐진다면, 그것은 교회와 국가를 분리하는 미국의 가장 중요한 원칙을 위반하는 것이 될 것입니다."[57]

재판이 진행되는 동안 브라이언은 프라이스의 격변설이 어떻게 창조론을 지지하는지에 대해 모호하고 헷갈리는 설명을 했다. 그는 프라이스가 대부분의 지질학자들이 지구의 나이에 관해 말하는 것을 반박할 수 있

---

57 George McCready Price, "The Scopes Trial-1925," *These Times* 69 (February 1960): 4; J. Frank Norris to W. J. Bryan, 연대 미상, Box 40, S. K. Hicks to W. J. Bryan, June 8, 1925, Box 47, Bryan to G. M. Price, June 7, 1925, Box 47, G. M. Price to W. J. Bryan, July 1, 1925, Box 47. 이상 Bryan Papers에 있음; Webster, "Crusader for Creation," p. 3. 1929년 무렵에 Price는 "사실상 시장의 모든 교과서들이 근본주의자들의 필요에 맞추도록 개정되었다"는 사실에 갈채를 보내는 중이었다: George McCready Price, "Bringing Home the Bacon," *Bible Champion* 35 (1929): 205.

는 "대단히 좋은 증거"를 가지고 있다고 주장했지만, 계속해서 그 자신은 지구의 고대성과 창세기 1장에 대한 날-시대 이론의 해석을 수용한다고 말했다. 프라이스는 자신이 반역적인 연출행위로 간주했던 일을 저지른 브라이언을 결코 용서하지 않았다. 데이턴에서의 큰 낭패에 대한 개인적 책임을 모면하기 위해 열을 냈던 프라이스는, 몇 년 후 자신이 브라이언에게 과학적인 사안들을 회피하라고 재촉했다는 사실을 잊어버렸고, 자신이 그 변호사에게 어떻게 홍수지질학을 가지고 진화론자들이 틀렸음을 입증하는지에 대해 가르쳐주었다고 상상했다. 그래서 프라이스는 브라이언에 대해 이런 불평을 털어놓았다. "그는 지질학의 논쟁 모두를 진화론자들에게 양보해 버렸고, 이제 온 세상에 알려진 유감스런 결과를 초래했다. 그가 가련하게 그리고 실망스럽게 세상을 떠난 것은 놀랄 일이 아니다. 그의 논쟁은 창세기의 기록을 액면 그대로 취하지 않는 모든 형태의 논증의 결과에 대한 모범적 사례다." 프라이스는 한때 브라이언을 자신이 알았던 다른 그 어떤 비전문가보다도 진화 문제와 관련해 "과학적 측면의 핵심을 통달한" 사람이라고 칭찬했었다. 그러나 이제 그는 브라이언을 "지질학의 과학적 측면에 관해 거의 아무것"도 모르는 사람이고, 그가 스스로 알고 있다고 생각했던 적은 지식조차 잘못된 것이라고 폄하했다.[58]

지구의 역사에 대한 자신의 견해와 프라이스의 견해가 양립 불가능하다는 것을 알아채는 데 실패했던 브라이언은 많은 친구들을 잃었다. 진화에 대한 프라이스의 공격을 칭찬했던 근본주의 지도자들 중에서 홍수지질

58 *The World's Most Famous Court Trial: Tennessee Evolution Case* (Cincinnati: National Book Co., 1925), pp. 296-9; George McCready Price, "What Christians Believe about Creation," *Bulletin of Deluge Geology* 2 (1942): 76-7; G. M. Price to W. J. Bryan, February 9, 1922, Box 35, Bryan Papers; Webster, "Crusader for Creation," p. 3.

학이 전통적인 '날-시대 이론'과 창세기에 대한 '간격 이론들'(서문의 도표를 보라—역자 주)을 위한 과학적 합리성을 말살한다는 사실을 인지했던 이들은 아무도 없었다. 그들은 프라이스가 현존하는 근본주의적 견해들에 대해 상호배타적인 대안으로 제공했던 것을, 경솔하게도 현대 진화과학이 거부하는 성경 이야기를 순수하게 변호해주는 또 하나의 견해라고 여겨 수용했던 것이다. 많은 증거들이 이 주장을 뒷받침한다. 1924년에 프라이스는 스트레이턴에게, 날-시대 이론의 열렬한 지지자이자 자신의 "좋은 친구"인 라일리가 지질주(geological column)의 타당성을 용인하는 말을 듣는 것은 프라이스 자신에게 "소년들이 말하듯이, 고통"을 주었다고 불평했다. 프라이스는 지질주의 진실은 "어떤 경우일지라도 진화론을 위한 가장 강력한 논증"이라고 말했다. 아이러니하게도 방금 스트레이튼 자신은 지구의 나이에 관한 프라이스의 입장이 19세기에 날-시대 관점의 주도적인 지지자였던 도슨의 견해와 동일하다고 공개적으로 인용했던 참이었다. 림머, 보울, 브라운은 모두 간격 이론을 따르는 사람들이었고 아담 이전의 파멸과 회복에 대해 말하기를 계속했지만, 다른 한편으로 진화론자들에 맞서 프라이스도 인용했다. 그리고 그 셋 중 림머는 노아 홍수의 국지적인 범위를 인정했는데, 그것은 새로운 지질학을 설명하기 위한 토대가 될 수 없었다. 림머는 "**어떻게 수십 억 년 된 바위들이 겨우 백만 년 된 바위들 위에 놓여 있을 수 있는가?**"를 설명하려고 노력하던 중에, 자신이 프라이스의 충상단층에 대한 설명을 따르고 있다고 생각하면서, 그것들이 대홍수 기간 동안에 뒤집어졌다고 제안했다. 만일 림머가 프라이스의 글을 좀 더 조심스럽게 읽었더라면, 지층을 이룬 바위들이 모두 홍수 기간 동안에 **형성된** 것이지, 단순히 **뒤집어진** 것이 아니라는 사실을 알았을 것이다. 일은 그런 식으로 진행되었다. 다시 말해, 그의 홍수지질학은 오해로 덮여 있었

음에도 불구하고 프라이스는 점점 더 유명해졌던 것이다.[59]

스콥스 재판 이후 몇 년 동안, 특별히 1929년에 영국에서 미국으로 돌아온 후에, 프라이스는 근본주의자들 진영에서 가장 인기 있는 두 명의 과학 저술가 중 한 사람으로 등극했다. 다른 하나는 림머였다. 제7일안식일예수재림교회의 잡지에 정기적으로 등장하는 것에 더해, 그의 산문들은 널리 읽히는 근본주의적인 정기간행물들에서 자주 환영을 받았다. 예를 들어 「월간 무디」(*Moody Monthly*), 「선데이 스쿨 타임즈」(*Sunday School Times*), 「디펜더」(*Defender*), 「바이블 챔피언」(*Bible Champion*), 「기독교 신앙과 삶」(*Christian Faith and Life*) 같은 잡지들이었다. 더 나아가 그의 글은 때때로 「가톨릭 세계」(*Catholic World*), 「프린스턴 신학 리뷰」(*Princeton Theological Review*), 「비블리오테카 사크라」(*Bibliotheca Sacra*) 같은 학술지에도 실렸다. 1928년, "몇 번의 진지한 간청이 있은 후에" 프라이스는 「바이블 챔피언」의 편집자로 일하기로 합의했다. 3년 후 그 회사가 「기독교 신앙과 삶」과 합병했을 때, 그는 "최근의 과학적 발견들"(Current Scientific Discoveries)이라는 분과의 편집자가 되었다. 그 저널은 프라이스가 해당 직위에 임명되었음을 공표하면서 그를 지질학의 "권위자"이자 "성경을 연구하는 학생들과 지질학과 학생들 모두가…성경과 과학을 조화시키려고 시도했던 이전의 방법들보다 과학과 종교가 복잡하게 얽힌 문제에 대해

---

59 G. M. Price to J. R. Straton, April 15, 1924, Straton Papers; Straton and Potter, *Evolution versus Creation*, p. 78; Rimmer, *Modern Science*, pp. 48-9. 이후의 삶에서 S. J. Bole은 추측컨대 Price를 가리키면서 "홍수를 지나치게 강조하는" 창조론자들이 있다고 불평했다: Bole, *The Battlefield of Faith* (University Park, IA: College Press, 1940), p. 201. Price에 대한 일관적이지 않은 반응의 추가적인 사례들을 다음에서 보라. J. J. Sims, *The Last Word of Great Scientists on Evolution* (Los Angeles: Bible and Science League, 1925), pp. 30-1; and Jessie Wiseman Gibbs, *Evolution and Christianity*, 3rd ed. (Knoxville, TN: Author, 1931), pp. 214-15.

더욱 적절한 설명을 제공한다고 확신하고 있는" 홍수지질학의 주요 주창자라고 소개했다.[60]

자신을 근본주의의 주요 설계자들 가운데 하나라고 보기 시작했던 프라이스는 자신의 홍수지질학을 대중화하는 데 도움을 준 저자들 중 특별히 세 사람을 신뢰했다. 그들은 로마 가톨릭교인인 오툴(O'Toole), 장로교인인 플로이드 해밀턴(Floyd E. Hamilton), 그리고 루터교인인 바이런 넬슨(Byron C. Nelson, 1893-1972)이었다. 오툴은 『진화 반대론』(*The Case against Evolution*)이라는 책을 썼는데, 프라이스는 그것을 "진화론에 반대하는 로마 가톨릭의 가장 권위적인 저술"로 간주했다. 그 책에서 오툴은 프라이스를 인용하기는 했지만, 그것은 지층들의 상대적인 연대를 결정하기 위해 화석 증거를 사용하는 데서 오는 어려움을 예시하기 위한 것이었고, 그가 더 큰 관심을 가졌던 것은 그 논증의 지질학적 측면이 아니라 생물학적 측면이었다. 오툴은 대홍수와 그것이 전제하는 결과들에 관해서는 조금도 말하지 않았다. 해밀턴은 장로교단의 유명한 호교론자이자 한국에 파송된 선교사였고, 『기독교 신앙의 기초』(*The Basis of Christian Faith*, 1927)와 『진화론적 믿음의 기초』(*The Basis of Evolutionary Faith*, 1931)라는 두 권의 책에서 프라이스의 이론을 특징적으로 설명했다. 두 권 모두에서 해밀턴은 홍수지질학을 상세하게 논의했지만, 특별 창조가 24시간으로 이루어진 날들 안에서 발생했는지 아니면 "6번의 무제한적인 기간들"에 걸쳐서 발생

60 "Geo. McCready Price, M.A. Contributing Editor," *Bible Champion* 34 (1928): 126; "George McCready Price, M.A.," *Christian Faith and Life* 37 (January 1931): 8-9. 1931-32년에 *Christian Faith and Life*는 Price의 글을 매월 실었다. Price는 *Moody Monthly*에 최소한 12편 이상 기고했고, *Sunday School Times*에는 최소한 24편 이상을 기고했다. Price Papers에 있는 원고인 G. M. Price, "Cranks and Prophets"의 서문을 보라.

했는지에 대해서는 말하기를 거부했다. 그 세 명 중에서 프라이스의 진정한 제자는 오직 루터교 목사였던 넬슨뿐이었다고 할 수 있다(그의 견해는 다음 장에서 논의될 것이다). 프라이스는 홍수지질학의 역사를 서술한 넬슨의 책 『암석에 쓰인 대홍수 이야기』(*Deluge Story in Stone*, 1931)를, 20세기에 "홍수 이론을 대단히 훌륭하게 옹호하는 저술"이라고 인식했다.[61]

새로운 대격변설의 발견에 뒤따랐던 큰 기쁨의 시기가 지나간 후에도, 프라이스는 자신의 홍수지질학 체계가 공립학교들에서 진화론을 대체할 것이라는 "망상적 착각"에 결코 빠지지 않았다. 오히려 여러 해 동안 그는 자신이 복음주의적 기독교인들을 자신의 사고방식 쪽으로 전향시킬 수 있기를 기대했다. 결국—그 자신이 지적하기를 좋아했던 것처럼—"만일 홍수 이론이 참된 것으로 간주된다면, 그때 생물 진화론이 넌센스임을 아는 데에는 굳이 솔로몬의 지혜가" 필요하지 않을 것이다. 1930년대 중반에 그는 행복감을 느끼면서 자신이 승리했다고 주장하고 있었고, 자신의 새로

---

61 George McCready Price, "Some Scientific Aspects of Apologetics," *Evangelical Quarterly* 4 (1932): 242-3; Price, *Back to Bible*, P. 5; George Barry O'Toole, *The Case against Evolution* (New York: Macmillan, 1925), pp. 97-9, 108; Floyd E. Hamilton, *The Basis of Christian Faith: A Modern Defense of the Christian Religion* (New York: George H. Doran, 1927); Floyd E. Hamilton, *The Basis of Evolutionary Faith: A Critique of the Theory of Evolution* (London: James Clarke, [1931]); Byron C. Nelson, *The Deluge Story in Stone: A History of the Flood Theory of Geology* (Minneapolis: Augsburg Publishing House, 1931), p. 132. Hamilton에 관련된 인용은 개정판인 *The Basis of Evolutionary Faith* (New York: Harper & Brothers, 1933), p. 85에 있다. 개혁주의적 사고에 미친 Price의 영향에 관한 추가적인 증거를 보라. Deryl Freeman Johnson, "The Attitudes of the Princeton Theologians toward Darwinism and Evolution from 1859-1929" (Ph.D. dissertation, University of Iowa, 1968), pp. 261-2; and Valentine Hepp, *Calvinism and the Philosophy of Nature: The Stone Lectures Delivered at Princeton in 1930* (Grand Rapids, MI: William B. Eerdmans, 1930), pp. 185-223. 마지막 책은 David Livingstone이 내게 관심을 갖도록 해주었다.

운 지질학이 "세계 전역에서 성경을 믿는 사람들이 지금 받아들이고 있는 주도적인 견해"라고 확신했다. 우리가 보게 될 것처럼, 그리고 프라이스 자신도 나중에 인정했던 것처럼, 이것은 전혀 정확한 예측이 아니었다. 그러나 그의 사고방식 쪽으로의 이동을 감지한 사람은 프라이스 혼자만이 아니었다. 어느 박식한 복음주의자는 1940년대 말에 프라이스의 홍수지질학이 "미국의 근본주의 기독교의 대부분 안에 침투한 것" 같이 보였다고 말했다. 그리고 다시 몇 년 뒤에, 침례교 신학자 버나드 램(Bernard Ramm, 1916-1992)은 프라이스의 영향력이 미치는 "충격적인" 범위를 관찰하고서는 경고음을 발했다. 램은 홍수지질학이 "지질학, 창조, 홍수 등과 관련한 대다수 근본주의자들의 사고의 척추"를 형성한다고 말했다. 그러나 20세기 중반에 대부분의 근본주의자들은—그들이 그 이전의 25년 동안 그랬듯이—홍수지질학이 에덴 이전에 지구상에 존재했던 생명들에 대해 갖는 함의를 알아채지 못했다.[62]

---

62 G. M. Price to E. T. Brewster, May 2, 1930, Price Papers; George McCready Price, "A Brief History of the Flood Theory," *Signs of Times* 61 (October 30, 1934): 15; Price, *Modern Discoveries*, p. 8; J. Laurence Kulp, "Deluge Geology," *Journal of American Scientific Affiliation* 2 (January 1950): 1 (간접적으로 암시됨); Bernard Ramm, *The Christian View of Science and Scripture* (Grand Rapids, MI: William B. Eerdmans, 1954), p. 180. 그러나 1940년대 초에 Price는 점점 더 크게 환상에서 깨어나기 시작했다. 다음을 보라. George McCready Price, Letter to the Editor, *The Ministry* 13 (May 1940): 37-8; and Price, *Genesis Vindicated*, pp. 285-6.

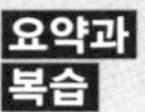

1. 1925년 스콥스 재판에서 창조론을 변호하려 했던 윌리엄 제닝스 브라이언은 우호적으로 변론해줄 사람을 찾지 못했고, 재판에서도 젊은 지구 창조론자의 이름을 단 두 명만 말할 수 있었다. 그중 하나는 조지 맥크리디 프라이스였다.

2. 제7일안식일예수재림교회의 기원은 **밀러**의 "임박한 재림-예언 운동"과 그 뒤를 이은 카리스마 지도자 **엘렌 화이트**로 소급되어 설명된다.

3. 황홀경과 환상 중에 신의 메시지를 들었던 제7일안식일예수재림교회의 초대 예언자 **엘렌 화이트**는 안식교단에서 가장 큰 권위를 가진다. 그녀의 예언이 제7일안식일예수재림교회의 창세기 해석을 결정했고, 그와 함께 "날-시대 이론"이나 "간격 이론"의 거부는 확정되었다.

4. 조지 맥크리디 프라이스가 받은 교육은 지방 사범학교의 1년짜리 교사 훈련 과정이 전부였다. 제7일안식일예수재림교회의 예언자 엘렌 화이트로부터 더 큰 영향을 받고 있었던 프라이스는 현대 지질학 책을 처음 접했을 때 내면의 갈등을 겪었고, 그 갈등은 제7일안식일예수재림교회 교리의 수호라는 종교적 소명과 결단으로 이어졌다.

5. 프라이스의 **첫 책**인 『현대 기독교와 현대 과학의 개요』(1902)는 현대 지질학을 공격의 초점으로 삼았다. 진화론의 9/10가 지질학이라고 간주했기에 그는 지질학의 순환논법을 비난하고, 그 대안으로 노아 홍수를 중심 사건으로 삼기 시작했다. 그 결과 퇴적 화석, 빙하, 그랜드캐니언이 대홍수에 의해 형성되었다고 주장했다.

6. 첫 책의 출판 이후 프라이스가 뿌듯해 하던 시기와 곧바로 이어진 그의 절망적인 상황을 살펴보라!

7. **두 번째 책**인 『비논리적인 지질학: 진화론의 가장 큰 약점』(1906)에서 무일푼의 프

라이스는 자신의 주장과 반대되는 증거를 대면 1천 달러를 주겠다고 호언장담했다. 그의 주장은 충상단층이 동시대에 형성되었고 모든 화석은 대홍수 때에 퇴적되었다는 것이었다.

8. 두 번째 책의 확대판(1913)에서 프라이스는 자신의 일생 동안 토대가 되는 법칙을 확정했다. 그것은 지질학적 연대기를 부정하고, 모든 지질시대의 지층들이 동시에 형성되었다는 "층서적 순서의 동시성의 법칙"이었다. 그때 프라이스는 하루에 몇 시간 동안 저술 작업을 했을까?

9. 『**새로운 지질학**』(1923)은 프라이스 자신이 20년 동안 갈고닦은 최고의 작품이라고 말하는 책이다. 이 책은 "창세기의 홍수"를 지구 역사의 중심으로 삼고, 홍수가 모든 지질학적 사건들을 형성했다고 주장한다. 프라이스는 대홍수의 원인이 지축의 대이동이었고, 그 결과 대격변이 발생했다고 추측했다.

10. 프라이스는 종의 기원과 생물학적 진화의 가능성에 대해서는 상대적으로 열린 입장이었다.

11. 네 번째 책인 『**생물 진화라는 망령**』(1924)은 흑인, 유인원, 원숭이 유인원의 기원이 혼혈 때문이었다고 설명한다.

10. 가까운 지인들은 프라이스가 광적이기는 해도 바보는 아니었다고 말했으며, 그의 성실함과 진실성만큼은 그 누구도 의심하지 않았다.

11. 프라이스가 평생을 바쳐 끈질기게 진화를 공격했던 것은 그가 제7일안식일예수재림교인의 눈으로 진화를 이해하고 세상을 바라보았기 때문이었다. 그는 주로 철학적·도덕적인 이유에서 진화론을 공격했으며, 과학은 단지 그 공격의 수단일 뿐이었다.

12. 제7일안식일예수재림교회의 정체성은 십계명 중 제4계명(안식일을 거룩하게 지키라)을 통해 확인되는데, 그 이해가 창조에서 문자 그대로의 일주일을 요구했다.

13. 스탠퍼드 대학의 어류학자 조던은 프라이스를 설득하려고 끝까지 노력했다.

14. 프라이스는 대학의 학위에 대해 무시하면서도 다른 한편으로 자랑하는 이중적인 태도를 보였다.

15. 프라이스가 다른 지질학 교과서 안의 사진 32장을 무단 도용했는지 안 했는지는 독자들이 스스로 판단해야 한다.

16. 프라이스는 주류 과학 저널로부터 불공평한 차별을 받았다고 주장했지만, 그렇지 않았다는 많은 증거가 있다.

17. 프라이스의 유명세에 비해 그의 저작의 내용은 심지어 동료 창조론자들에게도 정확하게 알려지지 않았다.

제6장

종교와 과학 협회

The Religion and Science Association

1930년 중반에 **더들리 조지프 휘트니**(Dudley Joseph Whitney, 1883-1964)는 프라이스의 새로운 격변설을 옹호했던, 제7일안식일예수재림교회 밖에 있던 몇 안 되는 이들 중 한 사람이었다. 그는 근본주의자들이 "지질 시대들, 홍수지질학, 아담 이전 파멸 이론 등의 옹호자들로 섞여 있으면서, 그 모든 것을 다 믿고 또 모든 것을 다 지지한다"[1]고 말했다. 그는 복음주의 그리스도인들이, 그들 자신도 창세기 1장이 말하는 바에 동의하지 않으면서, 어떻게 세상을 창조론으로 전향시킬 수 있을지 궁금해했다. 그는 이런 카오스적 사태에 질서를 부여하고 진화에 반대하는 근본주의자들의 전선을 통일하기 위해 단체 하나를 설립하고자 했다. 그 결과—비록 단명하기는 했으나—종교와 과학 협회(The Religion and Science Association, RSA)가 설립되었다. 이것은 프라이스(George McCready Price), 림머(Harry Rimmer), 브라운(Arthur I. Brown) 같은 "나 홀로" 십자군들이 작은 그룹으로 변모하는 과정의 시작이었고, 공동체에 대한 욕구를 만족시켜주었다.

1930년대에 창조론자들의 첫 단체가 출현한 이후 대체로 근본주의의 전형이 된 한 가지 패턴이 뒤따랐다. 최근까지도 대부분의 역사가들은 1925년의 당혹스런 스콥스 재판 이후에 근본주의가 활력을 잃었다고 단언해왔다. 그러나 카펜터(Joel A. Carpenter)와 다른 사람들이 보여주었듯이, 미디어의 관심이 없는 곳에서는 착시가 일어날 수 있다. 1920년대 이

1 D. J. Whiney to G. M. Price, December 11, 1935, George McCready Price Papers, Adventist Heritage Center, Andrews University.

후 근본주의자들은 제도적 교회로부터 모더니즘을 추방하고 공립학교에서 진화론 수업을 불법화하려는 노력을 어느 정도 포기했다. 그러나 그들이 완전히 항복했던 것은 아니다. 오히려 그들은 자신들의 에너지를 그것을 통해 세상을 복음화시킬 수 있는, 구별된 제도적 기반을 다지는 쪽으로 돌렸다. 그것은 라디오 사역, 대학, (무엇보다 중요하게) 성경학교들인데, 그중 가장 큰 것은 시카고의 무디 성경학교(the Moody Bible Institute of Chicago)였다.[2] 그들은 진화와 관련해 주 의회에 로비를 벌여 지역학교 이사회에 압력을 넣는 일로부터는 돌아섰다. 그리고 과학 단체들을 자신들처럼 생각하도록 개종시키는 일에 실망한 끝에, 그들은 자기들만의 대안적 단체들과 잡지들을 만들어내기 시작했다.

내부 임원들

창조론자들만의 단체에 대한 생각은 프라이스로부터 유래했으나, 그것을 실행에 옮긴 것은 대체로 **더들리 조지프 휘트니**(Dudley Joseph Whitney)의 "끝없는 활력"이었다. 그는 목장 주인이었고, 한때 농장 관련 잡지를 발행했으며, 캘리포니아의 농업 거점지인 샌 호아킴 밸리에서 돼지, 호두, 그리고 닭과 오리 등을 키우던 사람이었다. 그는 버클리 태생으로 캘리포니아 대학을 다녔으며, 그곳의 농과대학에서 화학, 식물학, 곤충

---

2 Joel A. Carpenter, "Fundamentalist Institutions and the Rise of Evangelical Protestantism, 1929-1942," *Church History* 49 (1980): 62-5. 또 다음을 보라. William Vance Trollinger, Jr., *God's Empire: William Bell Riley and Midwestern Fundamentalism* (Madison: University of Wisconsin Press, 1990); and Virginia Lieson Brereton, *Training God's Army: The American Bible School*, 1880-1940 (Bloomington: Indiana University Press, 1990).

학 등의 기초과정을 수료한 뒤 1907년에 과학사 학위를 받았다. 그는 대학 졸업 후 잠시 농업 석사 과정에서 공부했고, 하와이에 있는 학교에서 여러 해 동안 가르쳤으며, 마침내 1915년에 린드코브 지역에 있는 작은 목장에 정착했다. 그곳은 캘리포니아 중심부에 있는 액세터 마을에서 가까운 곳이었다. 그의 기이한 행동과 관습을 벗어난 믿음은 그 지역 사람들로 하여금 그 고독한 독신남에게 "린드코브의 성자"라는 별명을 붙이도록 만들었다. 한때 세기의 전환기에 믿음의 치유자였고 오순절 운동이 미국에 정착하도록 도왔던 알렉산더 도위(Alexander Dowie, 1847-1907)의 제자였던 휘트니는—비록 그 교회의 독특한 실천적 행위들은 업신여겼지만—오순절 교회의 가르침에 계속 공감했다. 그는 대부분의 근본주의자들을 혐오했다. 감리교, 장로교, 침례교 등 다양한 교회들을 시험해본 후, 마침내 그는 독립적인 린드코브 커뮤니티 바이블 처치를 설립하는 일을 돕기로 했다. 그는 그 교회에서 여러 해 동안 집사로 그리고 교회학교 교장으로 봉사했다. 그의 심술궂은 태도는 종종 그의 깊은 영성을 가리곤 했다. 그는 매년 성경 전체를 읽었으며, 신약은 1년에 두 번씩 읽었다.[3]

---

3 D. J. Whitney to J. C. Whitcomb, September 5, 1957 (Pentecostals and fundamentalists), and September 30, 1961 (religious activities), Whitcomb Papers, John C. Whitcomb, Jr. 제공; D. J. Whitney to G. M. Price, September 21, 1936 (ex-Dowieite), Price Papers; D. J. Whitney to L. A. Higley, December 28, 1935 (Bible Reading), and B. C. Nelson to D. J. Whitney October 10, 1936 (pep). 이 두 편지는 Byron C. Nelson Papers, Institute for Creation Research(이후로 Nelson Papers처럼 ICR로 표기하기로 한다)에 있다. 나는 이 문서 모음집의 열람을 허락해준 Henry M. Morris와 Anita Nelson에게 감사한다. 유용한 전기적 스케치를 위해서는 다음을 보라. [Joseph E. Doctor], "Last Rites for Dudley Whitney, Killed by Truck," *Exeter Sun*, July 23, 1964. 나는 Whitney의 오랜 친구였던 Joseph E. Doctor에게 빚을 졌다. 그가 이 글의 사본을 주었고, 전기에 관한 다른 세부사항들을 1989년 8월 3일에 긴 전화통화를 통해 알려주었다. Whitney의 학문적 기록에 대한 나의 주장은 Office of Admission and Records, University of California, Berkeley에서 얻은 그의 성적 증명서와

다른 많은 복음주의자들과 마찬가지로 휘트니는 창세기 1장에 대한 "파멸-회복"식의 해석에 동의했다. 최소한 1925년 초에 그의 지인이었던 제7일안식일예수재림교인 한 사람이 그에게 프라이스의 『Q. E. D.: 창조론에 대한 새 관점』(*Q. E. D.: or, New Light on the Doctrine of Creation*)이라는 책을 빌려주기 전까지는 그랬다. 그 책은 그에게 처음으로 거꾸로 서 있는 산들과 다른 지질학적인 악몽들에 대해 가르쳐 주었다. 전향에 뒤따라오는 열정과 함께 그는 프라이스의 주장에 가담했고, 특히 홍수지질학을 믿지 않는 근본주의자들에게 설교하는 일에 뛰어들었다. 그는 날-시대 이론의 신봉자인 윌리엄 벨 라일리(William Bell Riley)가 "미국의 반진화론의 **챔피언**"인 브라이언을 계승하려고 하는 것은 터무니없는 일이라고 생각했다. 그는 과학을 모르고 논리적 일관성에 주의를 기울이지 않는 그 "전형적인 근본주의적 진화론 투쟁자"에 대해 경멸감만 느꼈을 뿐이다. 그는 1927년에 프라이스에게 편지를 썼다. "나는 반진화론자들의 예외 없는 무지와 어리석음을 완전히 혐오하게 되었습니다. 우리가 이 문제에 관해 어떤 할 일이 있을까요?"[4]

실제로 할 일이 있었다. 1928년에 휘트니가 "(아마도) 이 나라에서 제일 가는 반진화주의 신문"이라고 간주했던 「바이블 챔피언」(*Bible Champion*)

Marie C. Thornton, Assistant University Archivist, August 1, 1989의 편지에 근거해 있다. Whitney는 *California Cultivator*를 1936-1941 동안 발행했다.

4 D. J. Whitney to G. M. Price, August 11, 1927 (Riley), and D. J. Whitney to L. A. Higley, December 4, 1935 (결별 후 재결합), 이 두 편지는 Price Papers에 있다; D. J. Whitney to B. C. Nelson, March 3, 1929 (지질학적 악몽들). 이것은 그의 손자 Paul Nelson이 소유한 Byron C. Nelson Papers(이후로는 PN으로 표기)에 있다. 나중에 산호세 주립 단과대학의 화학과 교수가 된 O. L. Brauer가 Whitney에게 처음으로 Price의 작품을 소개했다. 이에 대해서는 다음을 보라. D. J. Whitney to J. C. Whitcomb, November 26-7, 1957, Whitcomb Papers.

2월호에서, 그는 근본주의자들에게 창세기에 대한 "과거의 믿을 수 없는" 해석을 버리고 홍수지질학을 수용하라고 촉구했다. 그는 이렇게 주장했다.

> 내 의견으로는, 근본주의자들은 이 가설을 수용하기 전에는 진화론에 대한 모든 반대를 그만두는 편이 나을 것이다. 왜냐하면 만일 그들이 지질학적 역사에 대한 어떤 다른 도식을 채택한다면, 그들은 지질학의 사실들을 설명할 길을 잃어버리거나 생물학적 역사 이론을 수용하게 되는데, 그것은 다름이 아니라 진화를 뜻하기 때문이다.

북미 성경연맹(BLNA)이 발행한 「바이블 챔피언」의 다음 호는 프라이스를 편집자로 초청한다고 공시했다. 이것은 그가 근본주의자들에게 증언할 수 있는 중요한 발판을 마련해주었다.[5]

실제였든 상상이었든, 프라이스는 주류 과학자들의 공동체로부터 배제되었기에, 오랫동안 그는 자신만의 고유한 창조론을 펼치기 위한 잡지와 학회를 갖게 되기를 열망했다. 1906년경에 그는 잠시나마 「현대의 이단자」(*Modern Heretic*)라는 월간지를 발행했던 것으로 보이고, 그것이 실패한 뒤 제7일안식일예수재림교회의 지도자들을 설득해 그가 「창조론자」(*Creationist*)라고 부르자고 제안했던 잡지를 재발행하려고 했지만 성공하

---

5 Dudley Joseph Whitney, "Geology and the Deluge," *Bible Champion* 34 (1928): 104-8. 또 다음도 보라. Whitney, "What Theory of Earth History Shall We Adopt?" ibid. 34 (1928): 616-18; and Whitney, "The Three View of Creation," *Christian Fundamentalist* 4 (1930): 222-5. Whitney는 to G. M. Price, October 6, 1927, Price Papers의 편지에서 Bible Champion이 반진화의 주도적인 신문이라고 언급한다. Price가 *Bible Champion*의 편집자로 임명된 것에 대해 *Bible Champion* 34 (1928): 126을 보라. *Bible Champion*이 *Essentialist*와 합병하여 *Christian Faith and Life*가 되었을 때, Price는 "최근의 과학적 발견들"에 대한 분과 편집자(Department Editor)가 되었다.

지 못했다. 1920년경 그는 "세상을 뒤집으려 했으나 덧없이 실패로 끝난 시도에 너무 지쳐서" 창간 준비 중이던 어느 반진화론 잡지의 편집장을 맡아 달라는 요청을 거절했다. 그가 말했던 거절의 이유는 "사실과 논쟁들을 품위 있고 학문적으로 제시"한다고 해도, (예전의 반진화론적 소책자였던) "'침팬지 인간'(Jocko-Homo)과 '천국을 향해 나아가는 길의 물웅덩이'(Puddle-to-Paradise)" 따위를 연재했던 "원숭이 잡지"(Monkey Magazine)라고 불리는 무언가는 불신이 가득한 논쟁만 일삼을 것이 분명했기 때문이었다.[6]

그러나 홍수지질학을 향한 휘트니의 열정이 프라이스로 하여금 1930년대 중반에 그가 계획했던 「창조론자」의 발행 계획을 부활시키도록 재촉했다. 그가 그 생각에 관해 휘트니와 대화했을 때, 이 통제불능의 농부는 우선 자기들 둘이서 그 잡지를 후원해줄 단체를 만들자고 응수했다. 이렇게 해서 1935년에 종교와 과학 협회(RSA)가 탄생했다. 그것은 명백하게도 미국 최초의 반진화론 조직이었고, 진화론을 가르치는 것을 금지하는 것보다는 과학적·해석학적 문제를 분석하는 것을 목표로 했다. 프라이스의 설명에 따르면, 그 협회의 우선적인 목표는 근본주의자들 내부에 있는 주석적 불일치의 문제를 "조화롭게 해결하는 것"이었다.[7] 그러나 휘트니와

---

6 W. W. Prescott to G. M. Price, November 6, 1908, and C. C. Lewis to G. M. Price, October 23, 1908. 두 편지는 모두 Price Papers에 있다; G. M. Price to E. S. Ballenger, April 20, 1927, and January 30, 1928, Ballenger Papers, Donald F. Mote 제공; Price가 Ballenger에게 쓴 편지(January 30, 1928)에서 "단명한 저널"이라고 묘사했던 *The Modern Heretic*에 관한 내용을 다음 책의 뒷 표지에서 보라. George McCready Price, *Illogical Geology: The Weakest Point in the Evolution Theory* (Los Angeles: Modern Heretic Co., 1906). 나는 *The Modern Heretic*의 그 어떤 사본도 얻을 수가 없었다. 1920년대에 필그린 성결교회의 목사였던 B. H. Shadduck이 발행했던 두 권의 반진화론적 소책자의 제목은 *Jocko-Homo: The Heaven-Bound King of the Zoo* 그리고 *Puddle to Paradise*였다.

7 G. M. Price가 종교와 과학 협회의 다른 임원들에게 보낸 편지, September 18, 1935, 그리고 D. J. Whitney to B. C. Nelson, August 26, 1935. 둘 다 Nelson Papers, ICR에 있음.

프라이스 두 사람 모두 RSA를 설립하려 했던 이면의 동기를 갖고 있었다. 휘트니는 자신이 고립된 목장에서 벗어나 "창조를 옹호하는 국가"라는 캠페인을 벌이며 순회 강연자가 될 수 있는 기회를 엿보았다. 반면에 프라이스는 그 협회를 자신의 다음 책인 『현대 홍수지질학론』(*The Modern Flood Theory of Geology*, 1935)을 진척시키기 위한 수단으로 생각했다. 프라이스는 이미 그 잡지의 발행인인 리벌(Fleming H. Revell)로 하여금 홍보문구의 초안을 작성하게 했는데, 그 문안은 RSA가 공식적으로 그의 책을 추천하고 있으며 또 홍수지질학이 "화석과 암석의 팩트들에 대한 설명에서 과학적으로 그리고 신학적으로 건전하고, 단연 최고이며, 가장 합리적인 설명"임을 보증한다고 알리도록 했다. 이런 보증에 함축된 뜻을 어느 누구도 오해하지 않게끔 하기 위해 그는 그 안에 다음과 같은 말을 덧붙였다. "RSA는 화석들에 대해 소위 가능하다고 하는 다음과 같은 대안들을 저주하고 거부한다. ① 날-시대 이론(Day-Age theory). 이것은 과학적으로 거짓이며 창세기 1장의 기록과 조화를 이루지 못한다. ② 아담 이전 파멸(Pre-Adamic Ruin). 이것은 과학적 사실들을 무용지물로 만들고 신학적으로도 전적인 환상에 불과하다."[8]

실제적 측면에서 RSA의 첫 번째 과제는 명망가들로 운영진을 구성하는 것이었다. 프라이스는—그 자신이 고백했던 것처럼—그 조직에서 다른 어떤 사람보다 더 많은 것을 얻고자 했기에, 최소한 처음에라도 저자세를 보이는 사람을 뽑는 것이 최선이라고 생각했다. 그가 선호한 후보들은 아래와 같았다. 그는 먼저 휘튼 대학의 학장인 **알렌 히글리**(L. Allen Higley,

---

8 D. J. Whitney to G. M. Price, [fall 1935], and November 8, 1935. 둘 다 Price Papers에 있음; G. M. Price to B. C. Nelson, July 8, 1935, Nelson Papers, ICR.

1871-1955)를 회장으로, 그다음에 위스콘신 출신의 루터교 목사인 **넬슨**(Byron C. Nelson)을 부회장으로 지명했다. 그리고 휘트니에게 비서와 회계를 맡겼는데, 그의 대단한 에너지가 그 조직을 굴러가게 만들 것이기 때문이었다. 그들 모두가 직책을 수락했고, 조속히 5인의 이사회를 구성하기로 동의했다. 프라이스가 이사장이 되었고, 히글리와 넬슨은 직권으로 이사가 되었다. 나머지 두 자리를 채우기 위해 그 그룹은 처음에는 그레샴 메이첸(J. Gresham Machen, 1881-1937)과 이글스턴(J. D. Eggleston)을 택했다. 둘 다 유명한 근본주의자였다. 그러나 다른 어떤 약속 때문에 두 사람은 그 직책을 거절했다. 휘트니는 만일 좋은 가톨릭 학자가 발견된다면 자신은 "기꺼이 덤블링을 할 준비가 되어 있다"라고 말했다. 그러나 그들이 알고 있던 유일한 후보자 조지 배리 오툴(George Barry O'Toole)은 중국으로 떠나버렸다. 켄터키에 있는 성결교 학교인 앨스버리 대학의 생물학자 제이 벤턴 케니언(Jay Benton Kenyeon, 1885-1968)을 초청하자는 히글리의 제안에는 다들 시큰둥했다. 결국 그들은 넬슨이 지명한 루터교 신학자 **테오도르 그래브너**(Theodor Graebner, 1876-1950)와—홍수지질학자들이 다수를 구성한다는 점을 분명히 하기 위해—프라이스의 과거 학생으로 북캘리포니아의 제7일안식일예수재림교회 소속의 대학에서 생물학을 가르치고 있던 **해럴드 클락**(Harold W. Clark, 1891-1986)을 지명했다. 설립자들의 이러한 교회일치적 협의체는, 「기독교적 신앙과 삶」(*Christian Faith and Life*)에서 약속하고 공시했던 것처럼 "우리 주변의 모든 진화론에 반대해 공동의 입장을 취할" 예정이었다.[9]

---

9 G. M. Price to B. C. Nelson, July 8, 1935 (삼가는 태도), 그리고 D. J. Whitney to B. C. Nelson, August 3, 1935 (공중돌기), 둘 다 Nelson Papers, ICR에 있음; "The Religion and Science Association," *Christian Faith and Life*, 42 (1936): 159. 임원의 선택에 관해 다음을

6명의 대표자들 가운데 두 명의 제7일안식일예수재림교인과 두 명의 보수적인 루터교인이 있었다는 사실은 이 두 종교 그룹이 성경의 극단적인 문자주의적 해석에 몰두하게 될 미래를 부분적으로 반영한다. 루터교 신학의 스펙트럼 중 오른쪽 끝에 있는 미주리, 위스콘신, 노르웨이 총회의 루터교인들은 말씀의 문자적 의미에 몰두한다는 측면에서는 굳은 믿음을 지닌 제7일안식일예수재림교인들을 능가할 정도였다. 20세기에 들어서면서 자유주의적 루터교인들은 미주리 총회를 비웃었다. 왜냐하면 미주리 루터교인들은 성경이 지구가 태양계의 중심에 정지해 있다는 프톨레마이우스의 천문학을 가르친다고 주장했기 때문이다. 테오도르 그래브너의 부친이고 과학에 호기심이 많은 신학자였던 아우구스트 그래브너(August L. Graebner, 1849-1904)는, 만일 코페르니쿠스의 태양계가 성경과 불일치한다면, "태양 중심의 체계는 소멸해야 한다"고 주장했다. "과학이 '미주리 교회'가 성경의 가르침이라고 보는 것과 갈등을 일으킨다면, 미주리 교회는 예의고 뭐고 없이 모든 과학을 구석으로 던져버릴 것이다"라는 고발에 대해, 아우구스트 그래브너는 "예와 아멘"으로 화답했다.[10]

태양 중심의 태양계라는 문제에 관해 **테오도르 그래브너**(Theodore Graebner)는 부친보다는 조금 더 유연한 입장을 취했다. 그는 자기는 "어떤 성경 본문들에 기초한 프톨레마이우스 체계에 대한 주장이 결정적"이

보라. G. M. Price to B. C. Nelson, August 14, 1935, August 26, 1935, September 30, 1935, and October 10, 1935; D. J. Whitney to B. C. Nelson, August 13, 1935; 그리고 D. J. Whitney to L. A. Higley, August 13, 1935; 이상 Nelson Papers, ICR에 있음. Hampden-Sydney College의 학장인 Joseph D. Eggleston도 Price의 옛 지지자였다; 다음을 보라. J. D. Eggleston to G. M. Price, November 5, 1918, 그리고 J. D. Eggleston to C. H. Benson, April 10, 1919, 둘 다 Price Papers에 있음.

10 A. G[raebner], "Science and Church," *Theological Quarterly* 6 (1902): 37-45, 인용문은 pp. 43-4. 이 논문에서 Graebner는 미주리 총회의 비판을 인용한다.

라고는 믿지 않는다고 말했다. 그는 성경이 천체의 사건들을 서술할 때 "인간의 일상 언어"를 사용했다는 것을 인정했다. 그러나 그도 자신의 부친과 마찬가지로 생물학적 진화를 인정하기를 꺼렸다. 테오도르의 종교성은 세 가지의 보수적 전통에 깊이 뿌리를 내리고 있었다. 그는 위스콘신 총회에서 양육되었고, 노르웨이 총회에서 목사 안수를 받았으며, 1913년 이후에는 세인트루이스에 있는 컨콜디아 신학교에서 근무했다. 그곳에서 그는 수십 년에 걸쳐 미주리 총회의 "공식적인 영어 기관지"인 「루터교의 증언」(*Lutheran Witness*)을 편집했다. 비록 그가 루터교 학교에서 받은 교육은 주로 신학이었지만, 젊었을 때 그는 미네소타에 있는 루터교 여자 신학교에서 생물학을 가르쳤고, 또 일생동안 생물학에 대한 활발한 관심을 계속해서 지녔다. 최소한 한 번 이상, 그는 자신이 "진정한 과학자"라고 말했다. 왜냐하면 "[나는] 자연과학 학부를 다녔고, 생물학을 6년간이나 가르쳤으며, 30년 동안 나의 여가 시간을 생물학에 바쳤고, 생물학에 관한 현대의 대학교재들을 모두 읽었으며, 박물관과 개인 수집품들을 특별히 연구했기" 때문이었다.[11]

조숙했던 테오도르 그래브너는 십대 시절에 이미 다윈의 『종의 기원』

11 Theodore Graebner to L. O. Kasper, April 23, 1923, Box 1, Theodore Graebner Papers, Concordia Historical Institute (태양 중심계); and Theodore Graebner to Paul G. Witte, April 25, 1934, Box 3, ibid. (과학자). 전기에 관한 정보를 다음에서 보라. Theodore Graebner, "The Biographical Notes," 연대 미상, Box 136, ibid.; Jerrald K. Pfabe, "Theodore Graebner, the Creationists, and the Evolution Controversy," *Archives and History: Minutes and Reports of the 13th Archivists' and Historians' Conference* (St. Louis: Concordia Historical Institute, 1975), pp. 90-117; and "Theodore Graebner, 1876-1950," *Concordia Historical Institute Quarterly* 23 (1951): 181-2. Lutheran Witness에 관하여 August R. Suelflow, "The First Seventy-five Years of the Lutheran Witness," *Concordia Historical Institute Quarterly* 31 (1958): 7-26을 보라.

및 다른 진화론 관련 책들을 읽었으나, 진화라는 반종교적 편견을 혐오하게 되었을 뿐이었다. 진화는 성경이 설명하는 창조와 모순될 뿐만 아니라, 가장 저주스런 것은 그것이 타락을 부정하고 그 결과 구원의 필요성이나 구세주도 부인한다는 사실이었다. 또한 그는 그 이론이 과학적으로도 의심스럽다고 보았다. 20세기 초에 이미 루터교 대학의 그 교수(그래브너—역자 주)는 진화론자들이 "순환 논법"에 빠져 있다고 확신했다. 그들은 화석의 연대를 그것이 암석층들 안에 놓인 위치를 기준으로 측정하면서, 그와 동시에 암석층의 연대를 그것이 포함하는 화석을 기준으로 측정한다는 것이었다. 1920년 초 그는 프라이스의 『지질학의 토대들』(*Fundamentals of Geology*) 안에서 자신의 의심에 대한 "예상치 못했던 새로운 확증"을 발견했다. 그는 1922년에 프라이스가 세인트루이스를 지나갈 때 그 제7일안식일예수재림교인 지질학자와 친분을 맺었다. 그러나 그는, 비록 지성과 인격을 겸비한 "전문 지질학자"인 프라이스에게 높은 존경심을 갖게 되고 또한 충상단층과 기만적인 균일성에 기초하여 정통지질학을 비판하는 프라이스의 이론을 수용하긴 했지만, 화석을 포함한 암석들 거의 전부를 대홍수의 탓으로 돌리는 것에는 여전히 회의적이었다. 창조에 관한 다양한 책들에서 그래브너는 창세기와 지질학을 화해시키려는 시도에 대해 단호하게 거리를 두었다. 그는 자신의 책 『진화: 탐구와 비평』(*Evolution: An Investigation and a Criticism*, 1921)이 미국에서 진화론에 맞서 출판된 최초의 과학 서적이라고 힘주어 말했다. 『진화에 대한 에세이』(*Essays on Evolution*, 1925)는 그가 이전에 발표했던 논문들의 모음집이다. 또 『하나님과 우주: 무신론에 대한 비판적 분석』(*God and the Cosmos: A Critical Analysis of Atheism*, 1932)은 그의 대표작이다. 언젠가 그는 넬슨에게 이렇게 설명했다. "나의 사고의 한쪽 구역에는 층운 지리학, 산의 형성, 침식,

화산의 기원이 되는 거대한 영역 등의 자료들이 있고, 다른 쪽 구역에는 창세기의 이야기가 있고, 그 중간에는 수밀격벽이 있습니다. 나는 양쪽을 조화시킬 수 없습니다. 그러나 그것이 한쪽 또는 다른 쪽을 거부하도록 만들지는 않고 있습니다." 그는 시간이 그 모든 어려움들을 해결해줄 것이라고 기대했다.[12]

이와는 대조적으로 넬슨은 생애의 대부분을 과학과 성경의 조화를 찾는 데 헌신했다. 위스콘신 출신이고 진보적인 미국 국회의원이었던 존 넬슨(John M. Nelson)의 아들인 **바이런 넬슨**(Byron C. Nelson)은 운동에 능하고 예술적이었으며, 미국 루터교회의 노르웨이 총회 소속이었다. 위스콘신 대학의 철학과 학생 시절에 그는 미국의 교육기관들을 휩쓸었던 "진화 철학과 사이비-과학의 거센 물결"에 빠져 거의 익사하기 직전이었을 뿐 아니라, 창세기 1장에 대한 아놀드 기요(Arnold Guyot)의 날-시대적 해석이 얼마 동안 그를 정신적으로 표류하게 만들었다. 프라이스의 『새로운 지질학』(*New Geology*)이 1923년에 출판된 직후 넬슨은 그 책을 손에 넣었고 그

---

12 Th. Graebner, *Evolution: An Investigation and a Criticism* (Milwaukee: Northwestern Publishing House, 1921), pp. 7-8, 24-5, 60-1; [Theodore Graebner], Review of *The New Geology*, by George McCready Price, *Lutheran Witness* 42 (1923): 316-17; G. M. Price to Theodore Graebner, March 2, 1922, Box 3, Graebner Papers; Theodore Graebner to A. H. Grumm, October 3, 1928, Box 5, ibid. "수밀격벽"에 관해서는 다음을 보라. Theodore Graebner to B. C. Nelson, February 25, 1949, 그리고 Theodore Graebner to John A. Leimer, November 30, 1938, 이 둘은 Box 5, ibid. Graebner는 *Evolution*, 3rd ed. (Milwaukee: Northwestern Publishing House, 1924)의 2판의 서문 p. 10에서 Price의 저작을 발견한 것에 대해 말한다. 또 다음도 보라. Theodore Graebner, *Essays on Evolution* (St. Louis: Concordia Publishing House, 1925); and Theodore Graebner, *God and the Cosmos: A Critical Analysis of Atheism* (Grand Rapids, MI: William B. Eerdmans, 1932). 그에게 순환논법의 사고에 대해 말해주었던 루터 대학의 교수는 Oscar A. Tingelstad였다. 나는 그에 대해 Jon Harkness와 Leigh D. Jordahl에게서 많이 들을 수 있었다.

내용을 게걸스럽게 먹어치웠다. 훗날 그는 이렇게 회상했다. "그 책은 나를 움켜쥐었으며, 그래서 나는 사흘 동안 거의 잠도 자지 않고 그것을 읽었다." 지구의 역사에 대한 프라이스의 비전은 기요의 것보다 훨씬 더 만족스러웠기에, 넬슨은 조금도 망설이지 않고 자신의 운명을 그 홍수지질학자와 함께 하기로 결심하였다. 1920년대 중반 프린스턴 신학대학원의 석사 과정에서 그가 쓴 논문은 창세기 1장에 나오는 "종류들"의 과학적·성경적 의미에 관한 것이었고, 결론은 멘델과 모세 둘 다 종들의 고정성을 가르쳤다는 것이었다. 이 논문을 발전시켜 쓴 그의 첫 저서 『각기 종류대로: 진화에 대한 최초와 최후의 말씀』(*After Its Kind: The First and Last Word on Evolution*, 1927)가 출판되었을 때, 그 책의 내용 중 지질학적인 부분은 프라이스를 밀접하게 뒤따랐다. 몇 년 후에 출판된 그의 두 번째 저서 『암석에 쓰인 홍수 이야기』(*The Deluge Story in Stone: A History of the Flood Theory of Geology*, 1931)는 프라이스를 20세기에 "독보적으로 저명한, 홍수의 변호자"라고 추켜세웠다. 훌륭한 미술가였던 넬슨은 그가 "천장에서 늘어뜨려진 전구의 불빛으로부터 그의 눈을 가리는 초록색 셀룰로이드 모자챙, 팔뚝까지 걷어 올려져 고무 밴드로 고정된 셔츠의 소매, 단추가 채워지기를 기다리는 풀이 먹여져 빳빳한 칼라 밴드"를 착용하고서, 그의 서재의 큰 책상에서 타이핑하며 쓴 자신의 책들에 직접 삽화들을 그려넣었다. 주로 그 자신의 노력의 결과로, 넬슨은 1930년대 중반에 프라이스에게 노르웨이 총회의 루터교인들이 "당신의 홍수지질학에 대해 매우 호감을 느끼고 있습니다"라고 보고할 수 있었다.[13]

---

13 B. C. Nelson to G. M. Price, December 12, 1936, 그리고 B. C. Nelson to H. W. Clark, December 10, 1963, 이 두 편지는 Price Papers에 있음; Byron C. Nelson, Review of *The Geological-Ages Hoax*, by G. M. Price, *Christian Faith and Life* 37 (1931): 331-

1920년대 말 뉴저지 주 퍼스 앰보이에 있는 덴마크 계 루터교회를 목회하는 동안, 넬슨은 위스콘신의 동기인 서로우 넬슨(Thurlow C. Nelson, 1890-1960)과 오랜만에 다시 만났다. 서로우는 가까이 있는 럿거스 대학의 동물학과 과장이 되어 있었다. 처음에 서로우 교수는 자신의 친구에게 신학을 고수하고 과학은 버려두라고 했지만, 『각기 종류대로』를 읽은 후 설교자가 생물학을 더 많이 접할수록 더 큰 유익을 얻을 것이라고 확신했다. 서로우 넬슨의 추천에 따라 바이런 넬슨은 럿거스 대학의 유전학 과정에 등록했고, 창조론자들에게는 "죽음"이라고 평판이 나있던 교수에게서 배웠다. 넬슨은 그 과정을 성공적으로 마쳤을 뿐만 아니라, 선생과의 관계도 트기 시작했다. 그 선생은 넬슨을 고급 세미나에 참여하도록 초대했다. 넬슨은 그 과정에서—나중에 그가 보고하는 것처럼—"수천 마리의 초파리들을 양육하고 그것들에게 비소를 먹여 돌연변이를 발생시키려고 시도했다." 그 기간에 그는 과학의 매력에 푹 빠져서 생물학을 가르치기 위해 목회직을 포기할까라는 생각도 했다. 그러나 그는 위스콘신 매디슨에서 지질학을 공부하기 위해 돌아왔고, 그 후에는 오카너모왁 호수 지역에 있는 두 개의 작은 교회를 목회하기 시작했다.[14]

2; Byron C. Nelson, *"After Its Kind": The First and Last Word on Evolution*, 2nd ed. (Minneapolis: Augsburg Publishing House, 1927), p. 9; Byron C. Nelson, *The Deluge Story in Stone: A History of the Flood Theory of Geology* (Minneapolis: Augsburg Publishing House, 1931), p. 132. Nelson의 저술 습관은 다음에 묘사되어 있다. Elizabeth Nelson Taylor, "Byron C. Nelson: Contender for Creation," *Concordia Historical Institute Quarterly* 61 (1988): 120-31. Gerhard B. Naeseth가 전기에 관한 추가사항을 제공해주었다.

14 B. C. Nelson to J. C. Whitcomb, August 22, 1967, Whitcomb Papers (Rutgers); B. C. Nelson to H. W. Clark, December 10, 1963, Pricepapers (지질학 공부). 과학 경력을 선택했을 가능성은 다음에서 논의되었다. "School Book's Treatment of Evolution Cause of New Jersey Controversy," (New York) *Evening World*, February 7, 1931. Paul Nelson의 자료 제공.

넬슨은 1931년에 처음으로 창조론자로서 전국적 관심을 끌었다. 당시 그의 딸이 학교에서 책을 한 권 빌려 왔는데, 그것은 선사시대의 사람들이 꿀꿀거리듯이 "으파, 으파, 글락, 글락"하고 대화하는 장면을 묘사하고 있었다. 넬슨은 이를 항의했고, 그 책은 퍼스 앰보이의 공립학교에서 추방되었다. 그리고 이 사건은 북부에서 일어난 반진화론의 첫 번째 "봉기"라고 묘사되면서 뉴스거리가 되었다. 프라이스와 휘트니가 그를 RSA의 부회장으로 초청했을 무렵, 넬슨은 이미 그 두 사람과 몇 년간에 걸쳐 연락을 주고받던 사이였다. 프라이스가 무조건 추천했던 『각기 종류대로』가 출판된 직후, 휘트니는 특유의 공격적인 어투로 넬슨에게 "진화의 생물학적 문제와 관련해" 그들의 차이점을 해결하기 위해 토론을 하자고 편지를 보냈다. 이 두 명의 창조론자들은 식물과 동물의 특별 창조와 홍수지질학의 진리에 대해서는 전적으로 의견이 일치했지만, 넬슨은 에덴 이래로 종들이 고정되었다고 주장한 반면, 휘트니는 "혈통이 이어지는 동안 발생한, 합리적으로 주장될 수 있는 일체의 변형을 열렬히 환영했다."[15]

휘트니가 보았던 것처럼, 근본적인 문제는 노아의 방주의 공간이 부족하다는 점이었다. 휘트니는 이렇게 주장했다. "만일 우리가 종들의 고정성을 주장하고자 한다면, 우리는 노아의 방주를 정어리 통조림 캔보다 더 빽빽하게 만들어야 할 것입니다. 그러나 만일 우리가 종들에게 요구될 수 있는 모든 [변화]에 동의한다면, 우리는 방주 문제의 짐을 크게 덜게 됩니다." 왜냐하면 현존하는 모든 존재들은 상대적으로 적은 숫자의 방주 승객들로부터 유래했다고 할 수 있기 때문이다. 그러나 넬슨은 휘트니가 그런

---

15 "Liberal Group Plans to Enter Textbook Row," (Baltimore) *Evening Sun*, February 7, 1931, 자료 제공 Paul Nelson; G. M. Price to Byron C. Nelson, June 3, 1928, Nelson Papers, PN.

식으로 양보하면서 진화론자들에 대한 "전쟁의 절반을 포기했다"고 확신했다. 그 이유는 그가 방주가 아주 컸다는 것과 거기서 숙박해야 했던 "거대하고 부피가 큰 종들, 예를 들어 코끼리, 코뿔소, 사자, 말, 가축 등"의 수가 적었다는 것을 인지하는 데 실패했기 때문이라고 했다. 넬슨이 추정하는 모든 큰 동물들은 "일층에 쉽게 배치"될 수 있었을 것이고, 토끼, 다람쥐, 새들과 같이 작은 종들은 공간을 얼마 차지하지 않았을 것이다. 프라이스는 생물학적 문제에 대한 그러한 사소한 논쟁이 "과연 먼 옛날에 세계적인 대재앙이 있었는가 하는 훨씬 더 중요한 요점"에 대한 관심을 분산시킬 뿐이라고 염려하면서도, 휘트니의 편을 들었다. 그는 넬슨에게 이렇게 편지했다.

> 내 입장에서는 휘트니 씨가 보다 안전한 토대 위에 있다고 생각할 수밖에 없습니다. 그는 상식이 우리에게 말해주는 종들의 공통 기원, 곧 홍수 직후에 대단히 비정상적이지만 그럼에도 섭리에 따라 배열된 환경 아래서 아마도 한 그룹의 종이 그들의 공통 조상들로부터 출현했다고 말해주는 종들의 공통 기원을 기꺼이 수용하려고 하기 때문입니다. 우리가 진화론자들에게 이 사실을 인정해줄 때, 우리는 그들에 대한 우리의 전선을 전투가 양쪽 모두에게 매우 치열했던 "종의 문제"로부터 지질학적인 문제로 옮기게 됩니다. 후자가 당연히 전장이어야 했지만, 진화론자들은 언제나 그 문제를 회피하려고 했습니다.[16]

16 D. J. Whitney to B. C. Nelson, June 18, 1928, and B. C. Nelson to D. J. Whitney, April 16, 1929, Nelson Papers, PN. 이 자료는 이 논쟁의 관점의 추가적인 편지들을 포함하고 있다. Price의 반응에 관해 다음을 보라. G. M. Price to B. C. Nelson, October 13, 1929, Price Papers.

20세기 초에 세상이 반진화론자들에게 퍼부었던 각광을 갈망하는 휘트니는 끊임없이 매스컴의 헤드라인 자리를 되찾기 위한 계획을 세웠다. 언론인으로서 휘트니는 "생각이 기이하면 기이할수록" 대중은 더 큰 관심을 보인다는 것을 알고 있었다. 대중들을 열광시키는 지질학자로서 위대한 이름을 얻으리라는 전망이 그를 "기쁨의 경련 속으로" 밀어넣었다. 그러나 RSA를 설립할 때 그의 (또한 프라이스의) 근본적인 목적은 **근본주의자들**을 전향시켜 홍수지질학에 대한 확신을 갖도록 만드는 것이었다. 자칭 인간 혐오자인 휘트니는 보수적인 기독교인들이 스스로 사물을 추론할 능력을 갖고 있는지를 의문시했다. 그는 "서로 다른 입장들을 단지 던져주기만 하는 것은 아무 소용이 없을 것"이라고 믿었다. 독자들은 무지해서 증거를 추론하거나 측정할 수 없다. 근본주의자들에게 필요한 것은 정통 신학자들이 "최고법정"에 서서 독자들이 생각해야 할 것을 공식적으로 "선언"해주는 것이다. 그래서 휘트니는 RSA 멤버들이 특별한 문제와 관련된 자료들을 사람들에게 제출하여 판단받기 전에 멤버들끼리 그 문제에 대해 통신으로 토론을 벌이고, 그런 후에야 그 결과물을 모두가 읽을 수 있도록 출판할 것을 제안했다.[17]

문제 해결을 위해 제시된 휘트니의 안건들 가운데 첫 번째 주제는 "파멸과 재건 이론"(ruin-and-reconstruction theory)이었다. 휘트니는 바로 그것이 "근본주의자들이 일반적으로 창조를 분명하게 이해하는 데 가장 큰 걸림돌"이 되고 있다고 여겼다. 그는 프라이스에게 이렇게 설명했다. "그것은 근본주의의 교리입니다. 그리고 내가 그 맥락에서 교리라고 말하는

---

17 D. J. Whitney to G. M. Price, September 14, 1935 (근본주의자들), November 8, 1935 (경련), 그리고 대략 1935년 가을 (선언들), 이상 Price Papers; D. J. Whitney to L. A. Higley, December 27, 1935 (연방 대법원), Nelson Papers, ICR.

것은 어떤 독단을 뜻하는데…그것은 **강박관념**입니다. 나는 당신이 그 문제와 관련이 없는 교단인 제7일안식일예수재림교인으로서 그 문제의 핵심이 무엇인지 쉽게 깨달을 수 있다고는 생각하지 않습니다."[18] 휘트니와 프라이스 모두에게 불행하게도, 그들은—아마도 알지 못했기에—창세기에 대한 바로 그런 해석에 전심으로 헌신했던 **앨런 히글리**(L. Allen Higley)를 RSA의 회장으로 선임했었다!

RSA의 관리자들 가운데 히글리는 과학자로서 가장 인상적인 자격증을 갖고 있었다. 그는 1907년에 시카고 대학에서 유기화학 분야의 박사학위를 받았고, 휘튼 대학—휘트니의 의견으로는 근본주의자들을 위한 유일한 대학—에 합류하기 전 거의 20년 동안 산업체, 고등교육기관, 정부에서 일했으며, 휘튼 대학에서는 화학과 지질학을 가르쳤다. 처음 몇 년간 히글리는 지질학을 가르칠 때 전적으로 프라이스의 본문에 의지했다. 그러나 학생들이 지질학적 연대기를 단 1년으로 붕괴시키는 것에 대해 항의했기에, 그 후 그는 다른 책들도 참고하게 되었다. 그는 프라이스보다 겨우 한 살 어렸지만, 그의 강인한 체질과 지질과 관련된 야외 작업에 대한 열정은 그 연장자의 질투를 자극했다. 프라이스는 그 분야의 사람으로서 히글리의 우월성을 유감스럽지만 인정하지 않을 수 없었다. 신학적으로 보자면, 히글리의 궤적은 휘트니의 그것과 거의 평행을 달리면서 은사주의적인 도위즘(Dowieism)으로부터 무교단의 복음주의로 나아갔다. 그러나 둘의 유사성은 거기서 끝났다. 왜냐하면 창세기 1장의 주제와 관련해 두 사람은 격렬한 불일치 상태에 있었고, 결국 그것이 두 사람의 교제 전체를 삼켜버

---

18 D. J. Whitney, "For the Consideration of the Directors of the Religion and Science Association," August 6, 1935, Nelson Papers, ICR (장애물); D. J. Whitney to G. M. Price, December 11, 1935, Price Papers (교리들).

렸기 때문이다.[19]

처음에 프라이스는 히글리를 홍수지질학으로 전향시키는 것을 낙관적으로 전망했던 것처럼 보였다. 휘튼 대학 교수이었던 그와의 첫 만남 이후에 프라이스는 넬슨에게 다음과 같이 보고했다. "지금까지 그는 하나에서 열까지 철저한 홍수지질학자는 아니었습니다. 그러나 물론 그도 실제 홍수를 믿어왔고, 진화를 강하게 반대하고 있습니다." 프라이스는 히글리가 최근 캐나다의 로키 산맥을 방문해서 "거꾸로 된 지층"의 화석을 직접 눈으로 본 후 지구상의 생물들의 고대성을 수용하려는 그의 잘못된 성향을 "완전히 치료"했기를 희망했다. 개인적 차원에서 프라이스는 히글리가 "대단히 친절하고 신사적인 친구이며, 매우 진지한 기독교인이고, 달콤하고 멋진 강한 성격을 갖고 있다"고 보았다. 그러나 그를 점점 더 깊이 알게 될수록, 프라이스는 그에 대해 점점 더 부정적이 되었다. 프라이스는 히글리가 화석들이 한 차례 혹은 여러 차례에 걸친 아담 이전의 대격변에서 유래했다고 주장하는 것을 들었는데, 그는 그것에 대해 "노아 홍수가 할 만한 일을 아무것도 남기지 않고, 사실상 홍수를 지질학적 중요성을 전혀 갖지 않은 일로 설명하는 셈"이라며 불평했다. 그로 인해 히글리에 대한 그의 인내심이 약해지기 시작했다. 그런 입장은 프라이스에게 단순히 "비논리적이고 일관성이 없는 것"이 아니라 이단적인 것이었다. 그가 보기에 히글

19 전기 관련 정보에 대해 휘튼 대학에 있는 Higley의 개인 기록과 "L. Allen Higley," *American Men of Science*, ed. Jacques Cattell, vol. 1, *Physical Sciences* 9th ed. (Lancaster, PA: Science Press, 1955)을 보라. Higley는 동료 임원들에게 보낸 편지(February 15, 1937, Nelson Papers, ICR)에서 Price의 책을 사용했다고 언급한다. Higley의 소속 교단에 대해서는 다음을 보라. D. J. Whitney to G. M. Price, September 21, 1935, Price Papers; and "L. Allen Higley," National Cyclopedia of American Biography, 43:363. 휘튼 대학에 대한 Whitney의 진술은 다음에 나온다. D. J. Whitney to G. M. Price, 대략 1935 가을, Price Papers.

리의 체계는 "하나님의 말씀에 영원한 악을 도매급으로 덧붙이는 것"을 예시했다. 그의 주석은 "하나님의 거룩한 말씀을 내가 상상할 수 있는 것 가운데 가장 대담하게 비트는 것"을 나타냈다. 그 외에도 아담 이전의 대격변을 수용하는 것은 프라이스의 일생의 작업을 무효로 만들 것이었다. 히글리가 재빨리 발견했던 것처럼, 그 작업은 "단 하나의 개념, 곧 홍수지질학을 중심으로" 이루어진 것이었다.[20]

히글리는 결코 외골수가 아니었고, 그 자신이 말하듯이 "몇 년 동안 주의 깊은 탐구"를 "파멸 가설"(ruin hypothesis) 또는 그가 선호하는 표현으로는 "아담 이전의 대격변의 심판"(pre-Adamic cataclysmic Judgment)을 명쾌하게 설명하는 데 바쳤다. 히글리는 자신이 두 번의 창조와 두 번의 홍수에 대한 성경적 증거를 발견했다고 주장했다. 그는 "태초"(창 1:1)의 창조와 에덴의 창조 사이의 기간은 아마도 사탄과 그의 악한 천사들을 위한 시간이었을 것이라고 했다. RSA의 동료 임원이었던 클락(Clark)과의 대화 중에 그는 이렇게 설명했다. "루시퍼는 이 세상에서 처음으로 창조된 존재이며, 그는 수백만 년 전에 여기에 있었고, 그의 타락이야말로 땅이 형태도 공간도 갖지 않았던 수백만 년에 걸친 혼돈의 원인이었습니다. 그리고 바로 그때가 지층을 가진 바위들이 생겨났던 시기입니다." 그 시기의 끝에 하나님은 에덴 이전의 홍수로 "모든 식물과 동물의 생명"을 파괴하셨으며, 그 후에 글자 그대로 6일간의 창조를 통해 지구에 다시 새로운 생명이 번성케

20 G. M. Price to B. C. Nelson, August 25, 1935 (Higley의 견해와 방문), and January 3, 1936 (진지하지만 그러나 비논리적); G. M. Price가 임원들에게 보낸 편지, January 14, 1937 (이단적), and February 9, 1937 (영원한 악); L. A. Higley가 동료 임원들에게 보낸 편지, February 15, 1937 (유일한 생각); 이상 모두 Nelson Papers, ICR에 있음. Price는 December 30, 1935, Price Papers의 편지에서 Higley가 노아 홍수를 축소시켰다고 비난했다.

하셨는데, 그때가 그리스도가 탄생하기 약 4천 년 전이었다. 그 후 루시퍼가 아담과 이브를 유혹해 에덴동산에서 범죄하도록 만들고 그로 인해 하늘에 대한 반역이 계속되었을 때 그것이 하나님의 진노를 불러와 땅을 두 번째로 파괴하시도록 했는데, 바로 그것이 전지구적인 노아 홍수였다는 것이다. 그런데 히글리가 화석을 지닌 암석들 대부분이, 클락이 회상하는 것처럼 첫 창조와 첫 홍수 사이의 기간으로부터 유래했다고 보았는지, 아니면 다른 설명들이 암시하듯이 첫 홍수로부터 유래했다고 보았는지가 분명하지가 않다. 그러나—어느 쪽이든 간에—프라이스는 히글리가 둘째 홍수 곧 노아의 대홍수에 아무런 지질학적 중요성을 부여하지 않는다는 사실을 바르게 인지했다.[21]

홍수지질학 문제와 관련해 프라이스, 휘트니, 넬슨, 그리고 클락은 의견이 일치했지만, **그래브너**는 동료 임원들을 놀라게 하면서 자신은 파멸 가설도, 홍수 가설도 수용할 수 없다고 선언했다. 그는 한편으로는 살아 있는 종들과 화석들 사이의 명백한 연속성이 아담 이전의 보편적인 대격변을 배제하는 것으로 보이고, 다른 한편으로는 다수의 증거들이 홍수지질학을 의심스럽게 만든다고 했다. 그는 히글리에게 이렇게 고백했다. "지층, 침식, 화석들을 설명하는 홍수 이론에 관한 모든 것을 읽었지만, 나는 산을 바라볼 때마다 그 문제에 대한 그런 식의 해답에 대해 모든 신뢰를 잃어버리지 않을 수 없습니다. 나는 1만 피트나 되는 석회암이 먼저 놓이

21 L. A. Higley to Fellow Directors, February 15, 1937 (조심스런 탐구와 판단), D. J. Whitney to L. A. Higley, December 28, 1935 (근신의 기간), 이 둘은 Nelson Papers, ICR; H. W. Clark to G. M. Price, September 12, 1937, Price Papers. 아담 이전의 대격변의 범위에 대해 다음을 보라. L. Allen Higley, "The Great Cataclysm in Genesis," *Moody Bible Institute Monthly* 36 (1936): 449-50.

고, 거기에 화석들이 채워지고, 그다음에 그것이 미시시피나 콜로라도나 컬럼비아나 심지어 위스콘신의 강바닥처럼 침식했다고는 도무지 믿을 수가 없습니다. 그리고 너무도 명백하게 빙하의 움직임에 기인하는 협곡들에 대해서는 더 말할 필요도 없겠지요. 그래서 나는 창세기의 대홍수를 그런 대단히 복잡하고 거대한 현상에 대한 설명으로 수용할 수가 없습니다." 그래서 그는 화석을 지닌 지층들이 어떻게 그리고 언제 형성되었는지에 대해 불가지론을 공언했다. "그런 지층들이 퇴적되기까지 얼마의 시간이 걸렸는지 나는 모릅니다. 또한 누군가 그것에 대해 아는 사람이 있을 것이라고 생각하지도 않습니다."[22]

조정될 수 없는 이견들

창조론자들의 모임을 관통하고 있는 깊은 균열은 RSA의 첫 번째 공식 행사와 관련해 더욱 분명하게 드러났다. 그 행사는 1936년 3월 27-28일 이틀 동안 시카고에 있는 무디교회에서 열린 창조론 학회였다. 학회가 열리기 전에 그래브너는 히글리에게 그 학회를 엄격하게 과학적으로만 진행시키고, 특별히 개회와 폐회 시간에 기도를 빼달라고 간청했다. 미주리 총회에 속한 루터교인으로서 그는 자신이 "동일한 신앙고백의 기초 위에 있지 않은 사람들과 공동기도를 하는 것"을 거부한다고 말했다. 그 외에도 그는 프라이스와 자신의 "크게 다른 교리적 기반"이 모든 종교적 협력 행위를 위험하게 만든다고 설명했다. 히글리가 "기도는 적합

---

22 Theodore Graebner to L. A. Higley, January 22, 1935, Nelson Papers, ICR. 1937년 2월 5일 직인이 찍힌 B. C. Nelson에게 보낸 카드(Nelson Papers, ICR)에서 D. J. Whitney는 Graebner가 홍수지질학자가 아닌 것을 알고 놀랐다고 털어놓았다.

할 뿐만 아니라 필수적"이라고 대답했을 때, 그래브너는 "학회 중 공적이거나 사적인 시간에 종교적 행위가 배제되지 않는다면" 사임하겠다고 위협했다.[23]

창조론자들끼리의 공동 전선을 형성하자는 RSA의 목적에 따라 그 학회의 주최자인 히글리는, 광범위한 반진화론자들의 인맥들 중에서 언론인들을 초청했다. 그 가운데에는 우선 협회 도서위원회의 세 명의 위원인 그래브너, 위텐버그 대학의 카이저(Leander S. Keyser), 무디 성경학교의 벤슨(Clarence H. Benson, 1879-1954)이 있었다. 그리고 창조론 그룹 내부의 주류 해석학 분과의 유명한 대표자인 프라이스, 휘트니, 넬슨, 그리고 홍수지질학 옹호자인 클락 등도 있고, 또 간격 이론 옹호자인 림머(Rimmer)와 저명한 캐나다인 기술자이며 날-시대 견해를 옹호하는 도슨(W. Bell Dawson, 1854-1944)도 있었다. 비록 RSA 임원들은 대체로 림머를 과학자로 여기지 않았고 또 하나같이 창세기 1장에 대한 도슨의 자유주의적 해석에 동의하지 않았지만, 히글리는 반진화론의 동료들인 그들의 "선한 의지"를 북돋아 주는 것이 중요하다고 생각했다. 또한 그는 부근에 있는 노스웨스턴 대학의 지질학자 겸 지리학자인 윌리엄 하아스(William H. Haas, 1872-1960)도 초대해 과학적으로 정통으로 인정받고 있는 오랜 지구론을 제시하는, "지질학자와 시간"(Geologist and Time)이라는 강연을 맡기기로 했다. 그 학회의 성공 여부를 평가하는 중에 히글리는 하아스의 강의가 "전체 학회 가운데 단연 최고로 돋보인 발표"였다고 점수를 매겼다. 반면에 휘트니는 RSA가 "진화론적 지질학"을 암묵적으로 지지한 것에 씩씩거

23 Theodore Graebner to L. A. Higley, March 13, 1936; L. A. Higley to Theodore Graebner, March 19, 1934; and Theodore Graebner to the Chicago Pastorial Conference, March 3, 1936; Graebner Papers.

리며 화를 냈다.[24]

프라이스, 도슨, 림머와 함께 그 학회에 개인적으로 참석할 수 없었던 휘트니는 그 학회 전체가 재앙이었다고 판단했다. 휘트니는 창조에 대한 특별한 견해를 옹호하는 것이 아니라 진화를 반대하는 논증에 집중하려 했던 히글리의 결정에 특히 반대했다. 휘트니는 창조에 대한 특별한 견해야말로 근본주의자들의 공통 견해의 도출을 위한 "가장 본질적인 첫 걸음"이라고 간주했기 때문이었다. 그는 창조론자들이 마침내 그들의 작은 협회를 공중에 띄워 놓자마자 "파멸론자들과 진화 지질학자들"이 그것을 낚아채버린 것에 대단히 실망했다. 처음에 휘트니는 홍수지질학과의 전투에서 핵심적 동맹군이 될 수 있는 "휘튼의 무리"를 목표로 삼았다. 그는 휘튼에 속한 사람들의 활동이 자신들의 협회 안에서 비중이 커지면 커질수록 그것이 근본주의자들에게 더 많은 영향을 미치게 될 것이고, 바로 그것이 자신들이 원하는 것이라고 믿었다. 그런데 이제 그 학회를 통해 휘튼 대

24 "Meeting of the Religion and Science Association," *Christian Faith and Life* 42 (1936): 209; 종교와 과학 협회가 진화의 오류들에 대해 개최했던 학회 프로그램, Religion and Science Association, March 27-28, Chicago, and L. A. Higley to D. J. Whitney, April 18, 1936, 이 둘은 Nelson Papers, ICR에 있음. Rimmer에 대한 태도에 관련하여 다음을 보라. L. A. Higley to Theodore Graebner, November 27, 1935 and Theodore Graebner to B. C. Koenig, March 28, 1940, 이 둘은 Box 1, Graebner Papers에 있다; D. J. Whitney to B. C. Nelson, August 26, 1935, Nelson Papers, ICR. Haas의 글에 관하여 다음을 보라. D. J. Whitney to G. M. Price, April 20, 1936, Nelson Papers, ICR; L. A. Higley, "Fallacies of the Evolutionary Hypothesis," *Moody Bible Institute Monthly* 36 (1936): 507. Dawson과 Price의 서로에 대한 비판적 평가에 대해 다음을 보라. W. Bell Dawson, "The Flood and the Geology," *Christian Faith and Life* 38 (1932): 269-72; G. M. Price, "The Flood Theory Again," ibid., pp. 350-4. Higley의 친구이면서 지지자인 Benson은 D. J. Whitney에게 Feb. 25, 1937 (Nelson Papers, ICR)에 쓴 편지에서 자신이 "예전에 프라이스를 많이 따랐지만, 그러지 말았어야 했다"고 인정했다. Whitney의 최선의 노력에도 그 회의의 공식 회의록은 문서로는 결코 등장하지 못했다.

학으로부터 7명의 새로운 멤버가 들어왔는데, 그들은 추측컨대 "파멸론자들"이었고, 그로 인해 휘트니는 "다음 선거에서 홍수지질학자들은 소수로 전락함으로써 무기력하게 될 것"을 두려워했다.[25]

그 학회를 계획하고 진행하는 과정에서 히글리는 창세기에 대한 상이한 견해들은 사적으로—아마도 캠핑장 같은 곳에서 비공식적으로—해결하기를 바라면서 그로 인한 공적인 갈등을 회피하려고 노력했다. 넬슨은 로키산맥으로의 야외 여행을 제안했다. 그는 자신들이 그곳에서 거꾸로 뒤집힌 지층들을 "직접 눈으로" 확인할 수 있을 것이며, 저녁에는 캠프파이어 주변에 둘러앉아 서로 우정을 나누며 자신들이 "홍수지질학자인지, 오랜 시대 지질학자인지, 아담 이전의 파멸을 지지하는 지질학자인지, 또는 다른 어떤 사람인지"를 판단할 수 있을 것이라고 여겼다. 휘트니는 "멋진 여행과 좋은 시간"을 희망하면서 캘리포니아로 가는 "자동차 여행"을 서둘렀고 "각 그룹이 각자 캠핑 장비를 준비"하도록 했다. 그러나 넬슨과 히글리 두 사람이 참석할 수 없게 되었을 때, 모든 계획은 흐지부지 되어 버렸다. 휘트니는 히글리 없이 창세기 1장의 해석을 토론하는 것은 "연극 햄릿을 주인공을 빼고 상연하는 것"과 같다고 보았다. 휘트니는 지난 여름에 히글리를 만날 기회가 있었다. 그때 RSA의 회장이었던 히글리는 거대한 삼나무 숲을 방문하러 가는 길에 휘트니의 목장 근처에 머물렀다. 휘트니는 히글리가 "매우 멋진 사람"이지만 아담 이전의 대격변이라는 혼란스러운 견해 곁에 정박중인 사람임을 알게 되었다. 휘트니는 그가 "진화론적

25 D. J. Whitney to G. M. Price, April 20, 1936 (전략들), and April 28, 1936 (파멸, 선발, 소수의 상태); D. J. Whitney to B. C. Nelson, May 15, 1936 (첫 걸음). 이상 Nelson Papers, ICR. 휘튼 대학에 관련하여 다음을 보라. D. J. Whitney to G. M. Price, September 9 and 14, 1935, Price Papers.

지질학을 수용한 것은 틀림없이 어둠의 천사들을 다시 기뻐하게 만든 일"이라고 생각했다.[26]

히글리와 홍수지질학자들 사이에 오간 편지들로 인해 벌어진 전쟁은 1937년 초까지 끈질기게 계속되었다. 그 무렵에 양쪽 모두에게 재앙을 선언한 비전투요원이었던 그래브너는 "우리 이사회 안에서 벌어진 논쟁으로 탄생한 엄청난 복사물에 압도될 지경"이라고 느끼고 있었다. 휘트니는 히글리의 비타협적 태도에 지칠 대로 지쳐서 마침내 그 교수가 아담 이전의 파멸 가설을 결코 포기하지 않을 것이라고 최종적인 결론을 내렸는데, 왜냐하면 그가 보기에게 히글리에게 그 주제는 "이성이 아니라 양심의 문제"였기 때문이다. 그는 슬픈 어조로 이렇게 덧붙였다. "양심이 구속하는 것이 될 때 그것은 끔찍한 것이다." 교착 상태를 깨기 위해 휘트니는 회장을 우회해 그 문제를 직접 대중들에게 알리고자 서둘렀다. 얼마 동안 넬슨은 히글리를 내쫓고 홍수지질학자 한 사람을 새로 배치하려고 했다. 그러나 프라이스는 자신이 개입해야 할 상황이 오는 것이 두려워 서둘러 제동을 걸었다. 프라이스는 넬슨에게 이렇게 말했다. "[히글리는] 여러 면에서 좋은 사람입니다. 또 그는 그가 아는 바 모든 진화론 도식에 진심으로 반대합니다. 그러니 강을 건너가기 전에 말을 바꿔타지는 맙시다."[27]

---

26 L. A. Higley to D. J. Whitney, April 18, 1936 (계획); D. J. Whitney to G. M. Price, April 20, 1936 (자동차 여행과 햄릿); D. J. Whitney to B. C. Nelson, June 15, 1936 (어둠의 천사), and August 18, 1936 (즐거운 사람). 이상 Nelson Papers, ICR. Nelson은 다음 편지에서 Graebner에게 현장 여행을 제안했다. Nelson to Theodore Graebner, March 29, 1936, Box 1, Graebner Papers.

27 Theodore Graebner to L. A. Higley, January 22, 1937, Box 1, Graebner Papers; D. J. Whitney to B. C. Nelson, January 13, 1936, D. J. Whitney to G. M. Price, November 5, 1936, and G. M. Price to B. C. Nelson, March 4, 1937. 이상 Nelson Papers, ICR; B. C. Nelson to G. M. Price, January 19, 1936, Price Papers. 이 논쟁은 Nelson Papers, ICR에

그러나 강을 건너는 일이 쉽지 않다는 사실이 드러났다. 창세기 1장에 대한 창조론자들의 공통 견해를 마련하는 것이 설립자들의 목표였지만, RSA는 근본주의자들이 통상 그런 것처럼 분열되었다. 멤버들의 창세기 해석에 대한 비공식적이고 불완전한 여론조사는 "홍수지질학, 날-시대 이론, 그리고 파멸과 재건 가설 사이에 명백한 단절"이 있음을 드러냈다. 휘트니는 빈정거리며 말했다. "우리는 멋진 조직이고 진화론에 맞서 싸우려고 노력하지만, 막상 우리 자신들끼리는 진화론이 틀렸다는 것을 빼고는 아무것도 일치하지 않는다." 홍수지질학자들도 자신들 그룹 안에서 식물들과 동물들이 에덴의 창조 이래로 어느 정도 변화했는지—또는 진화했는지—에 대해 의견이 갈라졌다. 이전의 휘트니-넬슨 논쟁의 연장선상에서, 휘트니는 클락의 지원을 받으면서 "**창조된 유형들 내부에서**" 적절한 수준의 종의 분화가 있었었고, 번식력(fertility)이 아니라 형태학(morphology)이 애초의 "종류들"(kinds)을 결정했다고 주장했다. 반대로 넬슨은 그와 같은 양보는 "진화론의 대문을 너무 활짝 열어놓아서, 나로서는 그것을 닫을 수 있을지 모르겠다"고 말했다. 놀랍게도 한때 애초에 창조된 과(科)들 내부에서의 진화를 용인하면서 휘트니의 편에 섰던 프라이스는 이제는 넬슨을 지지하면서 히글리의 편에 가입했다. 아담 이전의 대격변에 대한 원한에 사무쳤던 논쟁의 경우와는 달리, 이번에 그 자리바꿈은 아주 친절한 말들로 이루어졌다. 주된 이유는 휘트니가 넬슨의 과학자적 정신, 아량이 깊은 영혼, 그리고 북유럽 출신의 조상을 존경했기 때문이었다. 켈트족인 휘트니는 북유럽 사람들이 "고산지대 스코틀랜드 민족이 경쟁하려고 들지만 않는다면, 백인종 사이에서 가장 깨끗하고 멋진 민족임이 반드시 인정되

완전한 문서로 남아 있다.

어야 한다"고 썼다.[28]

휘트니는 허세를 부려서라도 국외자들이 그 협회가 아직도 활동 중이라고 생각하도록 만들기 위해 그 그룹이 종의 분화와 관련해서 공식적인 발표를 하도록 재촉했다. 그러나 사후경직이 이미 시작되었다. 왜냐하면 1936년 봄에 있었던 시카고 학회 이래로 RSA는 아담 이전 지질학과 아담 이후 생물학이라는 쌍둥이 주제에 대해 토론한 것 외에는 거의 한 일이 없었기 때문이었다. 두 번째 전국적 규모의 회의에 대한 논의가 시작되었을 때, 히글리는 참가자 수가 적어서 그 그룹을 당혹스럽게 만들 것임을 예상하고 제동을 걸었다. 참가자 수는 기껏해야 56명 정도로 예상되었다. 그중 31명은 나름 과학적 재능을 뽐내는 "활동적인" 멤버들이었고, 25명은 자기들보다 조예가 깊은 형제들을 후원하는 특권을 위해 1년에 1달러를 지불하는 "준" 회원이었다. 비록 교단들이 연대하는 문제와 관련하여 정확한 장애요인은 나타나지 않았으나, 휘트니는 어느 시점에 이런 말을 했었다. "내가 서기로서 받았던 문의들 중 절반은 루터교인들이 보낸 것이었는데, 의심할 바 없이 그들은 그래브너와 넬슨이 참가한다고 해서 끌렸던 사람들이었습니다."[29]

---

28 D. J. Whitney가 동료 임원들에게 보낸 편지, February 26, 1937 (선거); D. J. Whitney to G. M. Price and B. C. Nelson, 1937년 2월 17일자 직인의 카드 (급팽창한 무리); [D. J. Whitney], "Pronouncement No. 1: Religion & Science Association," 연대 미상 (창조된 유형); B. C. Nelson이 동료 임원들에게 보낸 편지, December 12, 1936 (진화의 문); D. J. Whitney to H. W. Clark, December 29, 1936 (과[科] 내부의 진화); G. M. Price to B. C. Nelson, January 23, 1937 (Nelson의 지원); D. J. Whitney to B. C. Nelson, June 15, 1936 (선호함); D. J. Whitney to B. C. Nelson, March 18, 1936 (스칸디나비아인). 이상 Nelson Papers, ICR. 회원들의 견해에 대한 여론조사의 분석에 관하여 *Creationist* 1 (May 1937):1-3을 보라. 분화에 대한 토론도 Neson Papers, ICR에 문서로 남아 있다.

29 D. J. Whitney가 임원들에게 보낸 편지, November 16, 1936 (허세); D. J. Whitney to Irwin H. Linton, June 15, 1936 (쌍둥이 주제들); L. A. Higley to G. M. Price, March 20,

RSA의 임원들 중에서 휘트니 한 사람만 실패를 인정하기를 거부했다. 그 협회가 마지막 숨을 몰아쉬던 1937년에 휘트니는 「창조론자」를 발행하려던 프라이스의 원래 계획을 다시 소생시키고, 단독으로 그것을 명목상 RSA와 연관된 등사물로 찍어내는 모험을 시작했다. 그는 그것을 수단으로 미래에 "좀 더 정교해질 무언가를 위한 기초"를 놓고자 했다. 휘트니는 편집자에게 보내는 편지들을 제외하고는 모든 원고를 직접 썼다. 그것은 대부분 지구 역사에 대한 경쟁자들의 해석에 맞서 홍수지질학을 변호하는 내용이었다. 그러나 1938년에 제2호를 발행하면서 휘트니는 RSA에 대한 모든 언급을 누락시켰고, 그해 봄에는 "과거의 RSA"라는 표현을 사용했다.[30]

그 이후의 상황을 고려한다면, 그 협회는 적절한 시점에 숨을 거두었던 것일 수도 있다. 그 후로 몇 년 사이에 프라이스와 넬슨은 인류의 나이와 빙하 작용의 범위와 관련해 서로 반목하게 되었다. 한때 프라이스의 헌신적인 제자였던 넬슨이 이제는 창조를 10만 년이나 혹은 그 이전으로 소급시키고, 한때 자신의 멘토였던 사람에게 더 이상 "불합리한" 사상을 가르쳐서 자신을 "바보로 만들지 말라"고 경고하기에 이르렀다. 넬슨은 지질학을, 특별히 빙하가 움직인 자리에 퇴적된 연간 퇴적층(연층, varves)을 더

1937 (두 번째 회의); D. J. Whitney, [임원들에 대한 첫 공식적 연례보고], September 26, 1936 (회원자격); D. J. Whitney to B. C. Nelson, January 13, 1936 (루터교인들); 이상 Nelson Papers, ICR.

30 D. J. Whitney가 임원들에게 보낸 편지, February 26, 1937, Nelson Papers, ICR. *Creationist* 2 (April 1938): 2에서 RSA의 마지막 때가 언급된다. 나는 아마도 1938년 5월의 주제와 함께 끝났을 이 *Creationist* 시리즈의 가장 완벽한 세트를 Graebner Papers에서 발견했다. Henry M. Morris (*A History of Modern Creationism* [San Diego: Master Book Publishers, 1984], p. 138)에 따르면, Whitney는 *Creationist*의 둘째 시리즈를 1950-1953년 사이에 제작했다고 한다. 1963년부터 최소한 1965년까지 Christian Evidence League, Malverne, NY의 C. William Anderson도 Whitney의 마지막 글들을 실은 마찬가지로 *Creationist*라고 불린 작은 잡지를 발행했다.

깊이 연구한 후에 지구의 오랜 나이와 빙하의 지질학적 중요성을 확신하게 되었다. 그래서 결국 그는 이렇게 선언했다. "만일 성경이 이와 다르게 말한다면, 나는 성경을 믿지 않을 것입니다." 다행히도 몇 십 년 전의 라이트(George Frederick Wright)처럼, 그는 윌리엄 그린(William Henry Green)이 쓴 성경의 연대기에 관한 영향력 있는 책을 발견했다. 그 책은 그가 신학적 정통주의에 머물면서 대주교 어셔(Ussher)와의 관계를 단절할 수 있게 해주었다. 넬슨은 과학과 성경에 관한 그의 책 『아브라함 이전: 성경의 관점에서 본 선사시대의 인간』(*Before Abraham: Prehistoric Man in Biblical Light*, 1948)에서 다음과 같은 결론을 내렸다. "성경은, 적절하게 해석된다면, 우리가 진정한 과학이 설득하는 인류의 오래된 기원에—그것이 아무리 오래되었다고 해도—동의할 수 있는 자유를 선사할 것이다." 이 무렵에 넬슨은 "아마도 1백만 년 이전으로 소급될 수 있는 창조와—물론 문자적으로는 7일의 한 주간이지만—그리고 그만큼 오래된 지표면 전체를 바꾸어 놓았던 대홍수"의 가능성과 즐겁게 씨름하고 있었다.[31]

홍수지질학을 옹호하는 논증에 그다지 좋은 인상을 받지 못했던 **그래브너**는 시간이 흐를수록 회의적이 되었고, 말년에 이르러서는 유신론적 진화론자도 좋은 루터교인이 될 수 있다고까지 인정했다. 컨콜디아 신학교의 동료였던 알프레드 르윙클(Alfred M. Rehwinkel, 1887-1979)이 1940년 미주리의 루터교인들을 겨냥해 프라이스의 홍수지질학을 변호하는 책을 발

---

31 B. C. Nelson to G. M. Price, March 11, 1940 (성경의 진리) and March 22, 1940 (멍청이), Price Papers; B. C. Nelson to Theodore Graebner, February 21, 1941 (초록), and February 28, 1949, (수백만 년), Box 5, Graebner Papers; Byron C. Nelson, *Before Abraham: Prehistoric Man in Biblical Light* (Minneapolis: Augsburg Publishing House, 1948), p. 1.

행하려고 했을 때, 그래브너는 그 출판을 막으려고 했다. 왜냐하면 그 책은 "재앙은 아니라고 해도 역작용을 일으켜 우리 같은 대학 내 목사들의 사역에 좋지 않은 영향을 줄 것"이기 때문이었다. 젊은이들을 찾아다니는 순회 목사였던 르윙클은 "지층이 거꾸로 된" 것으로 유명한 치프산의 끝자락에 살았다. 후에 그는 앨버타 대학에서 지질학을 공부했고, 캐나다의 루터교 대학에서 잠시 자연지리학을 가르쳤으며, 1936년에 컨콜디아 신학과에 합류했다. 프라이스를 창세기에 대한 최고의 방어자이며 유능한 지질학자이자 뛰어난 저술가라고 칭찬하는 그의 책 『성경, 지질학, 고고학의 관점에서 본 홍수』(*The Flood: In the Light of the Bible, Geology, and Archaeology*, 1951)는 결국 그래브너가 세상을 떠난 다음 해에 출간되었다.[32]

히글리는 1939년에 불명예스럽게 휘튼 대학을 떠났다. 어떤 필적 감정사가 이사들에게 올리버 버스웰(J. Oliver Buswell) 학장을 이단이라고 꾸짖는 불미스러운 편지를 쓰고는 거기에 "여자 동문 한 사람"이라고 거짓 서명을 한 이가 히글리라고 확인해주었기 때문이었다. 그 익명의 편지에서 히글리는 날-시대 이론의 옹호자인 버스웰이 "진화론과 현대주의의 기초"를 가르치고 "휘튼 대학을 현대주의적인 학교로 만들려 시도한다"라

---

32 Alfred M. Rehwinkel, *The Flood: In the Light of the Bible, Geology, and Archaeology* (St. Louis: Concordia Publishing House, 1951), pp. 102-3. Good News Publishers (Westchester, IL)은 요약책 시리즈 "One Evening"의 한 부분으로 *The Flood*의 62쪽 짜리 요약 책을 출판했다. 전기의 정보에 대해 Rewinkel, *The Flood*, pp. vii-viii, 273, 그리고 책 표지를 보라; Alfred M. Rehwinkel, *Dr. Bessie* (St. Louis: Concordia Publishing House, 1963), p. 139; and "Celebrating Alfred M. Rehwinkel, 1887-1977," Rehwinkel Papers, Concordia Historical Institute. 내가 이 문서집을 열람 중이었을 때, Rehwinkel-Price 사이의 편지 교환은 발견할 수 없었다. Pfabe, "Theodore Graebner," p. 95는 Graebner가 Rehwinkel의 책이 출판되지 못하도록 막으려고 했던 노력을 묘사한다. Carl H. Krekeler는 Graebner가 점점 더 유신론적 진화를 관용하게 되는 과정을 1989년 7월 31일 날짜의 편지에서 내게 알려주었다.

고 공격했다. 휘튼을 떠난 다음 해에 히글리는 넬슨이 "아담 이전의 파멸이라는 그[히글리]의 정신 나간 일거리"라고 불렀던 것을 『과학과 진실』(*Science and Truth*, 1940)이라는 책을 통해 변증했다. 넬슨은 그 책을 프라이스에게 설명하면서 그들의 옛 회장이 정신 건강의 문제로 동부로 갔다고 악의를 가지고 넌지시 말했는데, 그것은 히글리가 공교롭게도 정신병원이 있었던 마을에 살고 있다는 소식을 듣고 추측한 것이었다. 히글리는 델라웨어에 위치한 복음주의 학교인 킹스 칼리지에서 과학을 가르치는 것으로 그의 학문적 경력을 마감했다. 여생 동안 그는 창조론자들의 조직으로부터 떨어져 홀로 지냈던 것으로 보인다. 그로 인해 창조론자 진영은 그들의 운동에서 가장 진귀한 원천 중의 하나, 곧 잘 훈련된 과학자 한 사람을 잃게 되었다.[33]

휘트니는—비록 다시는 무대의 중심에 서지 않았으나—여러 해 동안 창조론 진영의 주변에 머물다가, 그 자신의 기이한 개성의 희생자가 되었다. 홍수지질학자가 된 이래 그는 중요한 책을 출판하기를 열망했고, 때로는 그 목표가 성취될 듯 보였다. 전해지는 바에 따르면, 하퍼 출판사가 1920년대 후반에 그의 원고들 중 하나에 상당한 관심을 보였다고 하고, 어드먼스 출판사는 1930년대 중반에 그가 무신론자 에드윈 브루스터(Edwin Tenney Brewster)와 토론한 것을 출판하기로 약속했다고 한다. 그러나 그런 계획들은 늘 실패했던 것으로 보인다. 1946년에 마침내 어느 무명의 출

---

33 B. C. Nelson to G. M. Price, March 1, 1940, Price Papers; L. Allen Higley, *Science and Truth* (New York: Fleming H. Revell, 1940). Higley가 휘튼 대학에서 겪은 어려운 일들은 그 대학에 남아 있는 그의 학적부에 기록되어 있다. Higley를 제거한 지 1년 후에 Buswell 자신도 해고되었고, 이에 반하여 Higley의 친구들은 자신들의 떠나간 친구 화학자가 휘튼 대학으로부터 연금을 받을 수 있도록 주선했다. Michael Hamilton to R. L. Numbers, July 19, 1990.

판사(Christian Evidence League)가 5부로 구성된 그의 책 『창조 논증』(*Case for Creation*)을 출판했다. 그 책에서 휘트니는 홍수 이후의 식물과 동물들의 재창조를 논증했다. 그리고 거의 10년 후에 뉴욕 배너티 출판사가 『깊음의 얼굴: 신적 창조의 변호』(*The Face of the Deep: A Defense of Divine Creation*, 1946)를 출판했고, 그 책은 프라이스에게 헌정되었다. 이 무렵에 휘트니의 낙관론은 점차 기울어지고 있었다. 1955년 말에 그는 프라이스에게 다음과 같은 편지를 썼다. "나는 내 책이 완전한 실패작이 될지, 아니면 마침내 일반 대중을 (그들 중 일부라도) 깨워서 근본주의자와 보수주의자 쪽으로 밀고 갈 수 있을지 아직은 모르겠습니다. 나는 최소한 시도는 했고, 실패한다고 해도 슬퍼하지는 않을 것입니다." 오늘날 남아 있는 그의 중고책을 찾기가 무척 어렵다는 사실로 미루어 보건대, 그 책은 누군가를 깨우는 일에 실패했다고 할 수 있다. 1964년, 치매가 온 그는 82세의 나이에 큰 덤프트럭 안으로 걸어 들어가 세상을 하직했다.[34]

RSA의 이사들 중 가장 젊고 제일 영향력이 적었던 **클락**은 50년대 중반에 중요한 창조론 이론가가 되었다. 하지만 그 과정에서 그는 프라이스의 분노를 사게 되었는데, 프라이스는 자신의 옛 학생이며 동료였던 제7

---

34 D. J. Whitney to G. M. Price, April 18, 1928, and November 3, 1955, Price Papers; Wm. B. Eerdmans to D. J. Whitney, July 8, 1936, 그리고 D. J. Whitney가 임원들에게 보낸 편지, September 26, 1936, Nelson Papers, ICR; Dudley Joseph Whitney, *The Case for Creation* (Malverne, NY: Christian Evidence League, 1946), 특별히 재창조 가설과 관련하여 part 4(페이지 없음)을 보라; Dudley Joseph Whitney, *The Face of the Deep: A Defense of Divine Creation* (New York: Vantage Press, 1955). Whitney의 마지막 책은 *Genesis versus Evolution: The Problem of Creation and Atheistic Science* (New York: Exposition Press, 1961). Brewster와 Whitney 사이의 논쟁은 Truth Seeker 64 (February 6-April 10, 1937)에서 10편의 연속 시리즈로 게재되었다. 그의 죽음은 [Doctor], "Last Rites for Dudley Whitney"에 묘사되어 있다.

일안식일예수재림교인인 클락을 이단으로 몰아붙였다. 프라이스 자신은 은퇴해 캘리포니아 남부로 갔고, 그곳에서 새로운 창조론자 그룹의 도움을 받아 홍수지질학을 신학적·과학적 정통으로 만들기 위한 돈키호테식 십자군 전쟁을 계속했다.

어느 면에서 보자면, RSA는 창조론자들의 온갖 실패의 모습을 다 지니고 있었다. 그것은 반진화론자들 가운데 신학적 합의점과 과학적 전문지식이 없다는 사실만 집중적으로 비춰주었던, 구상만 그럴듯한 조직이었다. 그러나 다른 관점에서 보자면, 그 협회가 갖고 있는 역사적 의미가 아주 없지는 않다. 미국에서 그러한 종류로서는 처음 생긴 조직이었던 종교와 과학 협회(RSA)는 지도적인 창조론자들이 서로 만나 교류하는 장이 되었으며, 어떤 경우 그들은 그곳에서 서로 처음 만나기도 했다. 그 협회는, 내가 알기로는 최초로 창조론자들의 정기 간행물을 발행했다. 그리고 근본주의자들이 "한꺼번에 모든 것을 믿고 보증하도록" 자극하는 대신, 창세기 1장의 다양한 해석들 가운데서 하나를 선별하도록 만들었다. 그 경험을 회상하면서 프라이스는 나중에 이렇게 말했다. "그 시도의 결과는 실제로는 아무것도 없었습니다. 그러나 나는 그 시도를 조금도 후회하지 않습니다. 우리가 우리 자신을 조직하고자 하는 과정에서 있었던 광범위한 의견 교환의 결과로 인해 나의 주제들은 말끔하게 정리되었습니다."[35] 아마도 무엇보다 중요한 것은, RSA의 실패가 좀 더 동질적이고 영향력을 지녔던 창조론자들의 조직 설립으로 이어졌다는 사실일 것이다. 그 조직은 이른바 홍수지질학회(Deluge Geology Society)였다.

---

35 Price가 1945년 8월 29일에 Creation-Deluge Society의 회장과 이사회에 보낸 편지, Couperus Papers, Molleurus Couperus가 제공함.

1. 더들리 조지프 휘트니는 프라이스의 『새로운 지질학』을 읽고 근본주의로 전향하게 되었다.

2. 1935년에 설립된 "종교와 과학 협회"(RSA)의 일차적인 목표는 진화론의 확장을 저지하는 것이었지만, 휘트니와 프라이스는 각각 개인적인 야심을 감추고 있었다.

3. 종교와 과학 협회의 첫 임원들은 누구이며, 그들의 인간적·사상적 특징은 무엇인가?

4. 종교와 과학 협회의 초대 임원들 사이에 있었던 의견 차이는, 예를 들어 방주의 크기나 종의 진화 가능성 문제에서 시작되었다.

5. 1936년 "창조론 학회"를 준비할 때 임원들 사이의 의견 차이가 조정 불가능하다는 비관적인 징표가 드러났다.

6. 임원들 사이의 의견 차이를 사적인 만남과 친교를 통해 해결해보려고 시도했던 사람은 누구인가?

7. 프라이스는 돈키호테식 십자군 전쟁을 벌였고, 그래브너는 결국 『홍수 지질학』을 출판하려는 프라이스를 막으려고 했다. 종교와 과학 협회는 신학적 합의가 부재할뿐더러 과학적 전문지식도 없었던 불안정한 조직이었다. 하지만 그 협회는 미국 최초의 반진화론 단체로서 관련자들의 교류의 장이 되었다는 의미가 있다.

제7장

홍수지질학회

The Deluge Geology Society

1937년 여름과 가을에 종교와 과학 협회(Religion and Science Association, RSA)가 자멸했을 때, 해럴드 클락(Harold W. Clark)은 미래에 대해 곰곰이 생각했다. 그리고 조지 맥크리디 프라이스(George McCready Price)에게 이렇게 조언했다. "우리가 창조론을 위해 무언가 할 수 있으려면, 우리 스스로 조직을 만들어 우리의 특별한 신념을 고수해야 하고, 그것을 우리의 방식대로 전개해야 합니다." 하지만 그는 "이 노선에 맞는 어떤 일을 하고 있는 네댓 명"만 겨우 생각해낼 수 있었기에 같은 뜻을 지닌 후보자들을 더 찾아낼 때까지 RSA를 계승하는 모임의 출발을 연기할 수밖에 없었다. 무엇보다도 클락은 RSA처럼 "나팔을 불고 북을 치며 큰 불꽃을 일으키다가 흐지부지되는 방식으로 시작하기"를 원치 않았다. 그러나 노년의 프라이스는 조직을 재건하는 일에 조바심을 냈다. 1938년에 그는 로스앤젤레스 지역의 제7일안식일예수재림교인들 중 핵심 동료들과 함께 창조, 대홍수, 그리고 그와 연관된 과학을 연구하는 모임, 즉 **홍수지질학회**(Deluge Geology Society, DGS)라고 알려진 단체를 결성했다. RSA를 찢어놓았던 불화를 피하기 위해, 공적으로는 어떤 교파에도 속하지 않는다고 하는 이 조직의 설립자들은 회원의 조건을 제한했다. 회원은 창조의 일주일이 "문자 그대로 6일" 이상 지속되지 않았다고 믿는, 또한 "대홍수를 창조 이후의 주된 지질학적 변화의 원인으로 삼고 연구하는" 사람들에 한정되었다. 다시 말해서, 아담 이전 파멸론자들과 날-시대 이론을 주장하는 이들은 환영하지 않는다는 것이었다.[1]

---

1 H. H. Clark to G. M. Price, September 12 and October 5, 1937, George McCready

캡틴 알렌이 지휘봉을 잡다

새로운 단체의 점화 플러그는 RSA의 난민으로서 휘트니를 닮았던 **벤자민 알렌**(Benjamin Flanklin Allen, 1885-1960)이었다. 그는 평생을 독신으로 살았고, 대공황이 시작되었을 때 앨러바마 주 오자크로부터 캘리포니아로 이주했다. 1912년에 아칸소 대학에서 기술과 과학 분야의 과목들을 공부하고 졸업한 그는 갖가지 종류의 경력을 쌓았다. 그는 고등학교 교장, 변호사, 행정가, 보병대 장교, 그리고 아칸소 주의 차관 등을 역임했다. 1920년대 말에 그는 아칸소 주의 반진화론 연맹에 속한 순회 강사로 일했으며, 공립학교에서 진화론을 가르치는 것을 금지하기 위한 주민투표의 길을 확보하는 일을 도왔고, 그다음에 장막과 성막 작업과 관련하여 제7일안식일예수재림교회의 복음주의자인 **리처즈**(H. M. S. Richards, 1894-1985)를 도왔다. 그 후 그는 홍수지질학을 진척시키기 위한 학업에 전념했고, 특별히 잠정적으로 "노아 홍수"(Noah's Flood)라고 부르기로 한 자신의 대표 저서를 쓰는 일에 몰두했다. 고정된 수입이 없었던 그는 다년간 궁핍했으며, 자신의 비좁은 자동차 안에 살면서 대개는 기초 생계지원금과 친

Price Papers, Adventist Heritage Center, Andrew University; "An Invitation from the Deluge Geology Society," 대략 1941년, 이 문서는 퍼시픽유니온 대학의 문서들(이하 PUC Papers로 표기함) 중에서 폐기되었는데, Eric Anderson이 조심스럽게 복원하여 내게 전해주었다. 초기의 선언에 관해서는 Ben F. Allen, "Deluge Geology Society," *Ministry* 12 (August 1939): 40을 보라. *Creation-Deluge Society Newsletter*, September 16, 1944에서 회원들은 그 조직을 Deluge Society가 아니라 Creation-Deluge Society라고 부르도록 비공식적으로 안내를 받았지만, 가장 흔하게 사용된 이름은 Deluge Geology Society이다. 현존하는 DGS의 소식지들은 Molleurus Couperus가 제공하는 Couperus Papers에서 읽을 수 있다.

구들의 자선에 기대어 살았다.[2]

열정적인 제7일안식일예수재림교인인 알렌은 "석탄, 석유, 화산, 지진, 퇴적 광물, 그리고 산의 형성"에 관한 자신의 모든 자랑스러운 과학적 저서들을 엘렌 화이트(Ellen G. White)의 신적 영감을 받은 저서들 덕분으로 돌렸다. 그는 프라이스의 저서들은 그보다 약간 덜 존경했지만, 그 저서들도 "성령의 인도 아래" 쓰였고 "문체와 힘과 논리"에서 엘렌의 것에 필적할 만하다고 믿었다. 프라이스에 대한 그의 유일한 불만은 전문 용어의 문제였고, 그것이 그 저서들이 다량으로 팔리지 않은 이유라고 보았다. 알렌은 프라이스에게 필요한 것이 과학적인 자격을 지닌 대중화 작업자라고 결론을 내렸다. "바로 그것이 나와 같은 사람이 등장하게 된 지점이다. 나는 몇 년 전에 대학에서 과학의 모든 주요 분야들을 공부했고, 그 후에 그것들을 (10번도 넘게) 읽고 주목하고 숙고하면서 다져왔다. 누군가가 프라이스의 훌륭한 내용들을 소화하고 재해석하고 이야기로 들려주어야만 한다. 세상은 그 귀중한 진리를 알고 싶어 죽을 지경이다." 프라이스를 가리켜 "강인한 들판의 사람"라고 묘사했던 알렌은 창조론자들이 현장에서 좀 더 많은

2 *The Creationist* 1 (October 1937): 11은 Allen을 창립위원이라고 확인한다. 아칸소 대학은 알렌이 법학대학원에 출석했었다는 어떤 기록도 확인해주지 않는다. 당시 총장이었던 Willard B. Gatewood, Jr.가 아칸소 대학에 있는 Allen의 모든 기록을 친절하게 제공해주었다. Allen의 다양한 경력에 대해서는 다음을 보라. "Deluge Science Research Foundation: A Non-Denominational Work," 연대 미상의 소책자, Couperous Papers; 그리고 G. M. Price to B. C. Nelson, February 17, 1937, Nelson Papers, Institute for Creation Research (이후로 Nelson Papers, ICR로 표기하기로 함). B. F. Allen to G. M. Price, March 9, 1929, Price Papers의 편지는 알렌을 아칸소반진화연맹(Arkansas Anti-Evolution League)의 순회강사 명단에 올리고 있다. 이 연맹에 대해서는 다음을 보라. Leo Thomas Sweeney, "The Anti-Evolution Movement in Arkansas" (M.A. thesis, Arkansas University, 1966), p. 82. Price는 David Voth, October 24, 1939, Price Papers에게 보낸 편지에서 Allen의 궁핍함에 대해 말한다.

시간을 보내야 한다고 느꼈다. 하지만 "도서관 연구의 왕자"였던 프라이스는 도무지 그렇게 할 수가 없었다.[3]

프라이스는 평소의 그답지 않게 알렌의 은근한 비판을 태연하게 받아들였다. 알렌을 만났던 많은 사람들이 그를 괴짜라고 무시했지만, 프라이스는 개인적으로 알렌이 가난한 국외자라고 생각했다. 알렌의 재산 상태가 가장 밑바닥이었던 1939년에 프라이스는 이렇게 기록했다. "3, 40년 전에 많은 사람들이 나에게도 괴짜라고 불렀고, 자주 나는 아무것도 먹지 못한 채 뉴욕과 로스앤젤레스 거리를 방황했다. 그렇기 때문에 나는 형제 알렌의 상황을 잘 이해할 수 있다." 이제 눈에 띄게 둔해진 프라이스는 알렌의 넘치는 에너지와 특별히 홍수지질학에 대한 그의 거의 광적인 헌신에 경탄했다. 프라이스는 휘트니(Dudley Joseph Whitney)에게 즐겁게 말했다. "알렌은 내가 성취할 수 없었던 열정을 지니고 점점 홍수지질학을 지향하는 제7일안식일예수재림교인이 되어가고 있습니다. 내가 그렇게 만든 것이 아니라, 그저 자신이 그렇게 살아가고 있을 뿐입니다." 불행하게도 캡틴 알렌(Captain Allen, 그는 이렇게 불리는 것을 좋아했다)은 거슬리고 비판적인 태도 때문에 그가 가까이하고 싶었던 사람들을 쫓아버리는 경향이 있었다. 알렌의 절제되지 않은 펜에 찔려 쓰라림을 겪은 한 동료 창조론자는 그를 "채찍을 든 자, 자칭 이단 판별자, 가혹한 비평가"라고 적절하게 묘사했다. 그에 대한 비판은 이렇게 계속된다. "당신은, 나는 학자가 아니라고

---

3 B. F. Allen to G. M. Price, April 9, 1936 (White); B. F. Allen to G. M. Price, March 9, 2929 (성령, 대중화); B. F. Allen to G. M. Price, October 7, 1936 (왕자). 이상 Price Papers. Price는 B. C. Nelsom, February 17, 1937, Nelson Papers, ICR에게 보낸 편지에서 Allen이 강인한 사람이라고 묘사했다. Allen은 석탄, 석유 등에 관한 13부작 시리즈의 논문을 *Signs of the Times*에 1928년 10월 2일부터 1929년 2월 12일 사이에 발표했다.

하면서 겸손한 입장을 취합니다. 그러나 그런 위선의 가식 아래서 당신은 자신만의 의견과 정통주의라는 콤플렉스에 빠져 자신이 모든 사람을 능가하는 줄 압니다."[4]

홍수지질학회(DGS)는 1938년에 로스앤젤레스에서 프라이스의 연속 강의를 듣는 것으로 모임을 시작했다. 프라이스는 적극적인 지도력을 발휘하기보다는 영감을 불어넣는 역할을 맡았다. 그는 친구들 사이에서 느긋하고 쾌활하게 교제를 즐기면서, 자신이 무언가 요점을 잘 지적했다고 느낄 때마다 키득거리며 웃었다. 학회를 조직하고 추진하기 위한 대부분의 일은 알렌과 몇몇 의사들의 몫이었다. 그 의사들은 한때 프라이스가 가르쳤던 복음주의 의과대학과 관계된 사람들이었다. 가장 활동적이었던 의사들 중에는 전국적으로 잘 알려진 신경과 전문의 쿠르빌(Cyril B. Courville, 1900-1968)과 네덜란드 태생의 젊은 피부과 전문의 쿠페루스(Molleurus Couperus, 1908-1998)가 있었다. 한 달에 한 번 모임을 갖는 것 외에 회원들은 등사본 뉴스레터를 찍어 돌리고 정기 간행물을 발행했다. 그것은 「홍수지질학 및 유관 과학 회보」(*The Bulletin of Deluge Geology and Related Science*)였는데, 다른 창조론자들을 부끄럽게 할 만큼 내용과 모양이 좋았다. 1942년에 회원수는 400명에 달했고, 불과 3년 뒤에 알렌은 "600명 이상의 헌신적이고 희생적인 지원자 군단"을 만들겠다고 호언했다. 프라이스는 "이 둥근 지구 위의 다른 어떤 지역에서도 과학적인 교육을 받고 창조를 믿으며 진화를 반대하는 자들의 숫자가 여기 남부 캘리포

---

4 G. M. Price to David Voth, October 24, 1939 (괴짜), and G. M. Price to D. J. Whitney, May 1, 1936 (추진자). 이 두 편지는 Price Papers에 있다; F. L. Marsh to B. F. Allen, May 11, 1952, Couperus Papers.

니아와 같을 수 없다"며 자랑스럽게 떠벌렸다.[5]

DGS 안에서 제7일안식일예수재림교인들이 단연 다수를 차지하자, 알렌은 "그 학회가 안식교인들의 그룹이라고 불리게 되는 일을 미리 피하는 것"이 현명하겠다고 생각했다. 그래서 그 모임은 적극적으로 다른 교단의 사람들, 특별히 홍수지질학에 공감하는지 여부가 의심스러운 사람들까지도 끌어들이려 했다. 전해지는 이야기에 따르면, **아서 브라운**(Arthur I. Brown)이 그 모임과 지속적으로 접촉했고, 1943년 6월에 그 그룹에서 강연을 했다. 로스앤젤레스 바로 동쪽에 있는 형제단 소속 학교인 라베른 대학의 생물학자 **윌리엄 팅클**(William J. Tinkle, 1892-1981)도 기회 있을 때마다 그 모임에 참석했고 휘트니처럼 간행지에 글을 발표했다. 멀리 떨어진 텍사스 주의 휴스턴에서 젊은 토목기사인 **헨리 모리스**(Henry M. Morris)가 일찍이 회원으로 가입했는데, 후일 그는 미네소타 대학의 대학원생으로서 홍수지질학의 관심사를 더 진척시킬 수 있는 박사학위 논문 주제를 선택하는 문제와 관련해 알렌의 자문을 구했다. 그러나 안식교인이 아닌 사람들 중 가장 적극적이었던 이는 진정한 핵심 멤버였던 **월터 램머츠**(Walter E. Lammerts, 1904-1996)였다. 그는 로스앤젤레스에 있는 캘리포니아 대학의 원예사였고, 동료 루터교인들에게 비록 DGS 그룹의 다수가 안식교인들이지만 그들 중에는 "자연을 연구하는 멋진 사람들"이 포함되어 있다고

---

5 Allen, "Deluge Geology Society," p. 40; G. M. Price to H. W. Clark, October 23, 1944, Price Papers. 회원 자격에 관해 다음을 보라. "Have You Renewed for 1942?", 연대 미상의 배포 편지, Couperus Papers; 그리고 *Creation-Deluge Society New Letter*, June, 1945. Price의 개성에 대해 다음을 보라. C. L. Burdick to R. L. Numbers, [Summer 1980]; 그리고 Molleurus Couperus와의 인터뷰, January 19, 1983. DGS 저널은 *Bulletin of Deluge Geology and Related Sciences*로서 1941년에 시작되었다; 1943년에 그것은 *Bulletin of Creation, the Deluge and Related Science*가 되었다; 1945년에 그것은 *Bulletin of Deluge Geology and Related Science*로 원래 이름에 거의 가깝게 개명되었다.

보장하면서 그 그룹에 대한 관심을 불러일으키고자 애썼다. RSA의 선배들처럼 램머츠도 적당한 때에 "반진화론을 주장하는 이들의 연합전선이 최소한 진화론자들로 하여금 그 이론에 대한 많은 반증을 숙고하게 만들 세력을 형성하게 되기"를 희망했다. 그러나 회원들 전부가 교회일치적 접근을 환영했던 것은 아니었다. 클락 자신은 DGS가 "그것의 저명한 지도자들 가운데 제7일안식일예수재림교회의 목적과 견해에 전혀 공감하지 않는 일부 [추측컨대 특별히 램머츠 같은] 사람"을 포함시킨 것에 대해 염려했다.[6]

내부적인 논쟁에 온 힘을 허비했던 RSA와는 대조적으로, DGS는 창조론과 관련된 몇 가지 가장 이른 시기의 현장 연구에 착수했다. 그중에는 인간의 발자국 화석이라고 주장되는 것에 대한 연구와 수포로 돌아간 노아의 방주 찾기가 포함되어 있었다. 인간의 것 같다고 보고된 발자국에 대한 창조론자들의 관심은 1930년대에 일어났는데, 특별히 텍사스의 글렌 로즈 근처의 팰럭시 강을 따라 공룡의 발자국과 함께 발견된 "사람의 것처럼 보이는 미스테리한 15인치의 발자국"의 발견을 보고했던 논문, 곧 1939년에 과학 잡지 「자연의 역사」(*Natural History*)에 게재된, 삽화를 넣은 논문에 의해 증폭되었다. 그 논문의 저자이자 미국자연사박물관의 화석 인류학자였던 롤랜드 버드(Roland T. Bird, 1899-?)는 그런 주장을 무가치하게 만들기 위해 갖은 노력을 다했지만, 몇몇 과학 작가들은 쉽

6 B. F. Allen to M. Couperus, November 27, 1942, M. Couperus to W. E. Lammerts, April 19, 1944, M. Couperus to W. J. Tinkle, April 19, 1944, and Henry M. Morris to B. F. Allen, December 4, 1948., 이상 Couperus Papers; *Creation-Deluge Society News Letter*, February 17, 1945; W. E. Lammerts to Theodore Graebner, November 8, 1941, Box 1, Theodore Graebner Papers, Concordia Historical Institute; H. W. Clark, "Under Whose Auspices Should Research Work in Creationism Be Done?" April 6, 1945, PUG Papers. Henry M. Morris는 자신의 첫 책인 *That You Might Believe* (Chicago: Good Books, 1946)에서 *Bulletin of Deluge Geology*로부터 수십 개의 논문들을 인용한다.

게 믿는 대중들을 놀리고 싶은 유혹을 물리치지 못했다. 「사이언티픽 아메리칸」(*Scientific American*)에 실렸던 선정적 기사인 "석탄기의 미스테리"(Carboniferous Mystery)는 만일 그 발자국이 인간의 것으로 밝혀진다면, "모든 지질학자들이 직업을 그만두고 트럭 운전 일을 해야 할 것"이라고 예언했다. 진화론을 주장하는 지질학자들이 먼 길을 나서야만 한다는 생각만으로도 홍수 옹호자들은 즐거워졌다. 그들은 내심 고소해 하면서 (그러나 유감스럽게도 부정확하게) 그 뉴스를 「홍수지질학 회보」(*Bulletin of Deluge Geology*) 창간호를 통해 퍼뜨렸다.[7]

인간의 기원에 관한 주장들을 평가 절하했던 **넬슨**(Byron C. Nelson)은 일찍이 프라이스에게, 만일 그 발자국들이 정말로 인간의 것으로 밝혀진다면, 그 사실은 진화론이 거짓임을 입증할 뿐 아니라 홍수 이론도 산산조각낼 것이라고 경고했다. 만일 화석을 품고 있는 지층이 프라이스가 주장하는 대로 상대적으로 짧은 대홍수 동안 빠르게 깔려 형성된 것이라면, 넬슨으로서는 도대체 "그 지층에 어떻게 인간의 발자국이 남겨질 수 있는지"를 이해할 수 없었던 것이다. 그럼에도 홍수지질학자들의 흥분은 계속 상승했다. 1943년에 DGS는 보고된 장소의 "실제 발굴"을 위한 모금 운동을 시작했다. 11월에 학회가 지원하는 심포지움에서 알렌과 발자국 연구 위원회(Footprint Research Committee)를 구성했던 다른 두 명의 멤버—안식교회 목사인 **에버렛 비도우**(Everett E. Beddoe, 1889-1977)와 자문 지질학자

7 Roland T. Bird, "Thunder in His Footsteps," *Natural History* 43 (1939): 254-61, 인용문은 p. 256; Albert G. Ingalls, "The Carboniferous Mystery," *Scientific American* 162 (1940): 14; "Dinosaurs and the Deluge," *Bulletin of Deluge Geology* 1 (June 1941):6에 대한 G. M. Price의 논문에 따른 토론임. 비슷한 화석 발자국에 대한 19세기의 반응에 관련하여 다음을 보라. Nicolaas A. Rupke, *The Great Chain of History: William Buckland and the English School of Geology* (1814-1849) (Oxford: Clarendon Press, 1983), p. 164.

인 **클리포드 버딕**(Clifford L. Burdick, 1894-1992)—는 "인간의 발자국 화석에 대한 광범위한 현장 보고"를 모형과 사진을 곁들여서 제시했다. 위스콘신에 있는 제7일 침례교 밀튼 대학의 졸업생이었던 버딕은 1920년 초에 홍수지질학을 환영하며 수용했다. 당시 그는 막 제7일안식일예수재림교회로 전향한 상태에서 선교 사역을 준비하기 위해 안식교 대학에 등록했다가 거기서 프라이스를 만났다. 알렌은 버딕을 창조론자 서클에 가입시키면서 그를 가리켜 "(내가 들어본 바로는) 권위 있는 과학 교육기관에서 지질학, 광물학, 지구화학을 공부한 유일한 제7일안식일예수재림교인이다. 더욱이 그는 그 분야의 **석사학위**를 갖고 있다"라고 소개했다. 그러나 실제로는 버딕은 위스콘신 대학원에서 지질학을 1년간 공부한 후 석사학위를 요청했으나 과학 석사 구두시험에 실패해 학위 없이 그 학교를 떠났다.[8]

처음부터 DGS는 발자국 화석 프로젝트를 경쟁자들이 선수를 치거나 대적자들이 자신들의 작업을 좌절시키지 않을까 하는 두려움을 지닌 편

8 B. C. Nelson to G. M. Price, March 4, 1939, Price Papers; *Deluge-Creation Society Letter* [sic.], December 18, 1943; Editorial Note, *Bulletin of Creation, the Deluge and Related Science* 4 (March 1944): 13; B. F. Allen to Frank L. Marsh, November 13, 1947, Couperus Papers. Price도 역시 텍사스의 발자국에 대해 명백하게도 의심을 표현했다. L. M. Davies to G. M. Price, July 24, 1948을 보라. 전기의 정보는 C. L. Burdick to R. L. Numbers, [Summer 1980]에서 온 것이다. 위스콘신 대학의 기록사무처에 있는 Burdick의 원고는 그가 구두시험에 불합격하기 전에 지질학 대학원 4강좌와 이에 더하여 몇 개의 다른 강좌들을 마쳤다는 것을 보여준다. 제7일안식일예수재림교인들 사이에서 Burdick은 때로 엠마누엘 선교대학의 신학 석사학위를 가지고 있다고 주장했다; 예를 들어 다음을 보라. C. L. Burdick to R. H. Pierson, July 31, 1973, Record Group 274, GF: R. H. Brown, 1973-1977, Archives of the General Conference of Seventh-day Adventists. 그는 실제로 "The Sabbath: Its Development in America"라는 논문을 1922년에 제출했다. (이것의 복사본이 Adventist Heritage Center, Andrews University에 있다.) 그러나 학교의 기록은 그가 학위를 받지 못했다는 사실을 확인해준다. Adventist Heritage Center의 안내 책임자인 Mrs. Louise Dederen이 이 정보를 내게 제공해주었다.

집증적인 망상과 과장을 혼합한 상태로 수행했다. 1944년의 공고에서 알렌은 아리송하게 보고했다. 학회의 특별 위원회는 너무도 "놀라운 성격"의 연구를 수행 중이기에 "그 내용에 대한 매스컴의 보도를 일체 금지한다. **상황은 아주 미묘하고, 그 주제는 매우 중요하다**"라고 발표했다. 현장에 있는 DGS 연구자들은 "비우호적인 과학자들" 출신의 스파이들을 경계했고, 지역 농부들에게 새로운 화석의 흔적을 찾으면 100달러씩 주겠다고 제의했다. 그것은 모든 증거를 "비밀에 부치기 위한" 것이었다. 어느 시점에 **프라이스**는 발자국 연구 위원회가 어떤 박물관들이 그 흔적들에 관한 정보를 갖고 있는지를 알아보기 위해 과학뉴스들을 보도하는 사설 기관인 과학 서비스(Science Service)와 접촉해야 한다고 제안했다. 그러나 그는 알렌에게 경고했다. "만일 그들이 조사해본 후에 자신들에게 문의한 사람을 괴짜라고 여긴다면, 그들은 연락을 끊고 더 이상 어떤 정보도 주지 않을 것입니다. 오래전에 그들은 나를 조롱했습니다. 내 짐작으로는 그들이 당신과 우리 학회를 블랙리스트에 올렸을 것입니다." 그들에게 들통나는 것을 피하기 위해 그는 잘 알려지지 않은 쿠페루스(Couperus)가 진술한 문의편지를 보내도록 제안했다.[9]

그러나 결국 재정적인 필요가 괴롭힘을 당할 수도 있다는 두려움보다 더 컸기에, 1945년에 **알렌**은 그 프로젝트에 대한 재정 후원을 확보하기 위해 진화가 허용하는 것보다 훨씬 더 오래된, "따라서 진화론을 단 한 방에 쓰러뜨릴 수 있는" 인간들의 거대한 화석 발자국을 발견했다고 공식적으

---

9 *Creation-Deluge Society News Letter*, August 19, 1944; E. E. Beddoe to the Footprint Research Committee, March 17, 1944, Price Papers; E. E. Beddoe to M. Couperus, September 9, 1945, and G. M. Price to B. F. Allen, March 29, 1944. 이 두 편지는 Couperus Papers에 있음.

로 발표했다. 그는 흥분하며 이렇게 공표했다. **"그것은 우리에게 제기되었던 것 중 가장 놀랍고 멋진 도전이 될 것입니다. 필요한 자금만 있으면 우리는 과학계를 깜짝 놀라게 만들 수 있습니다!" 비도우**가 아메리칸 원주민들이 "의심할 여지 없이" 인간의 것과 비슷한 발자국을 깎아서 만들었다는 사실을 발견한 후에도, 그리고 1945년 텍사스로의 현장 여행이 실패로 끝난 뒤에도, 그 프로젝트에 대한 열광적 기대는 지속되었다. DGS가 기대했던 그 어떤 극적인 것도 발견하지 못했음에도, 발자국 화석은—치프산의 "거꾸로 된 지층"처럼—오랫동안 홍수지질학의 아이콘으로 남았다.[10]

종의 기원에 사탄이 개입했다는 이론들

홍수지질학회(DGS)는 표면적으로는 홍수지질학에 함께 헌신하는 사람들끼리 탄탄하게 결속된 것처럼 보였으나, 그 허니문 기간은 아주 짧았다. 채 몇 년이 지나지 않아서 멤버들은 해석학으로부터 지질 구조에 이르기까지 모든 것을 놓고 논쟁하기 시작했고, 보통 가족간의 의견 다툼에서나 허용될 법한 무례함을 가지고 화를 내며 서로를 맹렬하게 비난했다. 분열은 부분적으로는 멤버들이 각자의 개인적 해석이 옳다고 고집하는 극단적인 개신교적 성향 때문이었으나, 새로운 요소 역시 작용하기 시작했다. 그곳에 출석한 대학 교육을 받은 젊은 과학자들이 프라이스처럼 탁상공론이나 즐기는 과학자의 독단적인 선언을 수용하기를 꺼렸던 것이다. 그런 반란의 가장 극단적인 사례는 아마도 클락(Harold W. Clark)이 자신의

10 *Creation-Deluge Society News Letter*, February 17, 1945; E. E. Beddoe to G. M. Price and B. F. Allen, April 20, 1944, Price Papers; E. E. Beddoe to M. Couperus, September 9, 1945, Couperus Papers.

옛 스승이고 RSA의 동료 이사였던 프라이스에게 걸었던 제동일 터인데, 그것은 심각한 외상을 초래할 만한 것이었다.[11]

뉴잉글랜드 농가 출신의 제7일안식일예수재림교인이었던 소년 **클락**은 처음에는 프라이스의 책 『성경으로 돌아가라』(*Back to the Bible*, 1916)를 읽고서 종교와 과학에 대한 연구에 관심을 갖게 되었다. 수년 동안 교회 부설 학교에서 가르친 후에 나이든 학생으로 대학에 돌아왔을 때, 그는 바로 그 대가와 함께 공부하는 행운을 얻었다. 그가 퍼시픽 유니온 대학에 등록했던 1920년에 프라이스도 그곳에 도착했던 것이다. 클락은 2년 후에 그 학교를 졸업하면서 네브라스카에 있는 유니온 대학에 자리를 얻어 떠난 프라이스의 자리를 대신해 계속 그 학교에 남았다. 1932-1933학년도에 클락은 캘리포니아 대학에서 생물학 학위 과정을 이수하고 그 분야에서 석사학위를 받은 최초의 제7일안식일예수재림교인이 되었다. 비록 버클리의 그의 지도교수는 자기 제자의 근본주의적 믿음을 알지 못하는 "열정적인 다윈주의자"였으나, 클락은 그런 상황에서 창조론자들이 보통 예상하는 적대감 중 그 어떤 것도 감지할 수 없었다. 실제로 그와 그의 "열린 마음을 지닌" 교수는 사적으로 친구가 되었다.[12]

거의 20년 동안 클락은, 비록 지리적으로는 멀었으나, 프라이스와 우호적인 관계를 유지했다. 프라이스는 과학과 문헌 문제와 관련하여 자기보다 나이 어린 동료를 "절대적으로" 신뢰하게 되었다. 1929년에 클락은

---

11 DGS 초기의 논쟁에 관해서는 다음을 보라. B. F. Allen to M. Couperus, Mat 14, 1943, Couperus Papers.

12 Harold W. Clark과의 인터뷰, May 11, 1973; Harold W. Clark, *Genesis and Science* (Nashville: Southern Publishing Assn., 1967), p. 57. 추가적인 전기적 자료들은 다음에 실려 있다. William M. Goldsmith, *Evolution or Christianity, God or Darwin?* (St. Louis: Anderson Press, 1924), pp. 66-7.

그의 첫 저서인 『창조론으로 돌아가라』(*Back to the Creationism*)를 자신의 "선생이자, 친구이자, 동료 투사이자, 새로운 격변설의 예언자인" 프라이스에게 헌정했다. 그는 자신의 멘토의 정통주의 지질학에 대한 비판 노선에서 좀처럼 벗어나지 않았다. 그러나 그해 여름 클락은 몇 번의 휴가 중 첫 휴가를 서부의 산들에 있는 빙하를 연구하면서 보냈다. 그가 눈으로 본 증거는, 한때 얼음들이 북아메리카의 넓은 지역을 아마도 홍수 이후 1,500년 동안이나 완전히 뒤덮었을 것이라는 확신을 그에게 주었다. 그런 생각은 프라이스에게는 저주의 파문과 같은 것이었다. 프라이스는 대륙을 뒤덮는 얼음층 이론이 "**지질학적 세계로부터 오늘의 세계로의 변이를 조금 덜 폭력적이고 덜 격변적으로 만들기 위해 지적인 충격을 흡수하는 일종의 정신적 완충 장치**(buffer)**로 개발된 것**"이라고 여겼다. 그는 창조론자 루이 아가시(Louis Agassiz)가 빙하이론을 "최면 상태에서 악마의 암시를 받아" 만들었다는 의혹을 보냈다. 버클리로부터 돌아온 후에 클락은 자신의 저서를 개정하고 확장해 엄격한 창조론의 테두리 안에서 가급적 과학적으로도 존경받을 만한 것으로 만들고자 했다. 빙하 문제와 관련해 클락은 프라이스와 작별하고 "태초 이래로 종 안에는 아무런 변화도 없었다"는 (프라이스와 자주 연관되었던) 제7일안식일예수재림교회의 공통 개념에 도전했다. 클락은 "이종교배는 새로운 종을 형성하는 데 있어 매우 강력한 요인"이었다고 주장했다.[13]

---

13 G. M. Price to Elder M. [Arthur S. Maxwell?], January 2, 1940 (신뢰), G. M. Price to H. W. Clark, June 15, 1941 (Agassiz), H. W. Clark이 성직자 연맹(Ministerial Association)의 임원들에게 보낸 편지, March 10, 1937 (1,500년 그리고 이종교배); Harold W. Clark, *Back to Creationism* (Angwin, CA: Pacific Union College Press, 1929); George McCready Price, *Genesis Vindicated* (Washington: Review and Herald Publishing Assn., 1941), p. 284 (완충장치). 또 다음을 보라. H. W. Clark to R. M. Ritland, June 2, 1962, Ritland Papers,

클락의 원고를 받자마자, 프라이스는 48시간에 걸쳐서 그 안의 "모든 단어"를 샅샅이 읽었다. 그다음 그는 제7일안식일예수재림교회 지도자들에게 자랑조의 편지를 급히 휘갈겨 썼다. 그는 자신의 옛 제자가 지질학을 "신선하고 흥미롭게" 전개했으며, 자신이 그 분야에서 계속 추구해왔던 작업에 "대단히 훌륭하고 알찬 내용을" 보충해주었다고 썼다. 그 논문에 나오는 생물학 분야의 기술과 관련해 그는 클락이 이종교배와 다른 방식에 의한 "종의 형성"(species-making)을 수용한 것을 전심으로 지지했으며, 그런 제안들이 인간과 동물 사이의 혼혈(amalgamation)에 관한 화이트의 당혹스러운 진술—논쟁의 소지가 너무 커서 "전전긍긍하던" 편집자들은 결국 그것을 그녀의 책에서 삭제한 적이 있었다—을 확증한다고 주장했다. "만일 모든 제7일안식일예수재림교인들이 홍수지질학과 홍수 이후 많은 종들이 만들어졌다는 두 가지 사상만 지지하게 된다면, 그리고 이 두 가지 사상이 그 주제에 대한 제7일안식일예수재림교회의 공식적 가르침이라고 널리 알려질 수 있다면, 내가 믿기로는 과학계가 '벌떡 일어나 그것에 관심을 갖게 될' 날이 멀지 않았습니다." 프라이스는 자신이 클락의 원고를 "그 주제에 대한 일반적 개관이라는 측면에서 내 책들 중 그 어떤 것보다도 낫게" 여긴다고 덧붙였다.[14]

만일 프라이스가 클락이 향하고 있었던 방향을 알았더라면, 그는 어느 정도 감정을 절제해서 썼을 것이다. 왜냐하면 어느 때부터인가 클락은 프라이스가 확고하게 부인하는 결론 쪽으로 옮겨갔기 때문이다. 그 결론이

Richard M. Ritland 제공.

14 G. M. Price to M. E. Kern 외 다른 사람들, 대략 1936년, Papers of the Publishing Department of the General Conference of Seventh-day Adventists, 이후로 Publishing Department Papers로 표기함. Donald McAdams가 내게 이 문서들에 주목하도록 해주었다.

란, 화석을 함유한 바위들은 지질학자들이 그것에 할당한 순서대로 퇴적되었다는 것이었다. 그러나 클락은 진화론자들처럼 화석들을 장구한 시간의 흐름 속에 순차적으로 쌓인 식물들과 동물들의 개체군으로 여기는 대신, 그것들이 아주 먼 태고적 세계(antediluvian world)의 생태학적 권역들—깊은 바다부터 높은 산꼭대기까지—을 표시한다고 해석하는 쪽으로 점점 더 기울어졌다. 그렇다면 지질주상도(geological column)의 순차적인 단계는 식물들과 동물들이 차오르는 홍수에 굴복한 순서를 반영할 뿐이었다. 지질주상도의 타당성에 대한 남아 있는 의심은 1938년 여름에 추방되었다. 그해에 클락은 그의 학생들 중 하나의 초청을 받아 오클라호마와 텍사스 북부의 유전 지역을 방문하여 왜 지질학자들이 지금 믿고 있는 것과 같이 믿게 되었는지를 자신의 두 눈으로 똑똑히 보았다. 깊은 굴착을 보고 현장 지질학자들과 대화하면서 클락은 "진짜 쇼크"를 받았으며, 그것은 뒤죽박죽인 화석 기록이라는 프라이스의 견해에 대해 그나마 남아있던 신뢰를 영원히 지워버렸다. 머지않아 클락은 충상단층의 증거도 눈으로 보게 되었는데, 그것은 치프산의 경우와 마찬가지로 "거의 반박할 수 없는" 것이었다.[15]

캘리포니아로 돌아온 클락은 용기를 내서 들뜨고 혼란스러운 자신의 생각들을 프라이스와 나눴다. 그는 프라이스에게 "내가 당신을 놀래키려고 합니다"라고 선언했다. 그러고 나서 그에게 "확고한 사실들"에 대해 말하기 시작했다.

---

15 Harold W. Clark과의 인터뷰, May, 1973; H. W. Clark이 성직자 연맹(Ministerial Association)의 임원들에게 보낸 편지, March 10, 1937, Price Papers; H. W. Clark to R. M. Ritland, June 2, 1963, Ritland Papers. 또 다음도 보라. H. W. Clark, "Creation: Present Status and Future Problems," 부재중에 SDA의 과학 교사들에게 나누어준 원고, 1938, PUC Papers.

바위들은 우리가 지금까지 허용해왔던 것보다 훨씬 더 명확하게 연속적으로 배열되어 있습니다. 새로운 지질학이 행한 진술들은 현장의 상태들과 일치하지 않습니다.…중서부 전역에 걸쳐 바위들은 수백 마일에 이르도록 거대한 종이장처럼 규칙적인 질서를 이루며 놓여 있습니다. 수많은 유정(油井, well cores)들이 그 사실을 증명합니다. 텍사스 동부에만도 2만5천 개의 깊은 유정이 있습니다. 아마도 중서부에 있는 10만 개 이상의 유정들이 지금까지의 연구를 통해 상관관계가 밝혀진 자료들을 제시해줄 것입니다. 그동안 과학은 대단히 정밀해졌고, 수백만 달러가 굴착에 사용되었으며, 지질학자들은 그 회사가 발굴한 고생물학적 자료들을 연구 작업의 기초로 삼고 있습니다. 지층 안에 있는, 현미경으로 볼 수 있는 화석들은 대단히 뚜렷하게 동일한 형태입니다.…똑같은 배열 순서가 아메리카, 유럽, 그리고 세심한 연구가 행해진 모든 곳에서 발견되었습니다. 이런 유전 지질학(oil geology)은 20년 전에는 우리가 꿈도 꿀 수 없었던 방식으로 지구의 깊은 역사를 열어젖히고 있습니다.

그런 발견물들을 창세기에 대한 문자적 읽기와 조화시키려면, 우리는 그 화석 기록을 아득한 노아 시대의 생태학적 권역에 속하는 것으로 여길 수밖에 없다. "이러한 단서에 근거해", 클락은 계속해서 말했다. "나는 우리의 지질학적 논쟁들을 재구성하고자 합니다." 그는 대단히 많은 지질학적 사실들이 자신의 새로운 틀에 적합하게 맞아떨어지는 것을 발견하고는 놀랐다. "지향사(地向斜, geosyncline), 층서(層序, stratigraphic sequence), 충상단층(衝上斷層, overthrust), 빙하의 증거들 모두가 아름답게 일치하고 있습니다." 그리고 그는—자기가 프라이스를 화나게 만들지도 모른다는 근심 때문에—자신이 존경하는 그 선생이 "내가 일부 사항을 당신의 저서들이 확정하는 곳을 넘어서는 곳까지 끌고 나갔다는 사실로 인해 심란해

하지 않으셨으면 합니다"라는 소망과 함께 편지를 마무리했다.[16]

심란해 하지 말라고? "화석들이 불변하는 연속적인 순서를 따라 나타나지 않는다"는 것을 밝히기 위해 온 생애를 바친 나에게 심란해 하지 말라고? 프라이스는 분노를 감출 수가 없었다. 그는 특별히 클락이 퍼시픽 유니온 대학의 수업에서 『새로운 지질학』(*The New Geology*) 대신 진화론을 주장하는 교재를 사용한다는 것을 알고서는 더욱 그랬다. 그 수업에서 클락은 프라이스가 스스로 "최고의 작품"이라고 말했던 것을 "전적으로 시대에 뒤떨어지고 부적절한 것"이라며 묵살했다. 프라이스는 화가 나서 클락이 "대학에서 발생하는 현대적 정신병"을 앓고 있다고, 또한 "담배를 피우고, 안식일을 지키지 않고, 하나님을 거역하는" 진화 지질학자들의 환심을 사려고 애쓰고 있다고 진단했다. 프라이스는 클락을 돌팔이 사기꾼(charlatan)이라고 부르고 싶어 입이 근질거렸으나 자신이 기독교인의 예의범절의 경계선을 넘어설까 염려했고, 그래서 고상한 척하면서 "사람들이 갖고 있지도 않은 과학적 지식을 갖고 있다고 주장하는 사람을 표현하기 위해 사용하는 추한 단어"를 넌지시 암시했다. "그 단어는 이탈리아어에서 유래했고, 프랑스어를 거쳤고, c로 시작해서 n으로 끝납니다 [charlatan을 가리킨다—역자 주]. 나는 그 단어를 사용하지 않겠습니다. 왜냐하면 그것은 안식교인이 다른 안식교인을 향해 사용해서는 안 되는 단어이기 때문입니다. 비록 그것이 적절하다고 생각될 때도 그래서는 안 됩니다."[17]

---

16 H. W. Clark to G. M. Price, September 23, 1938, Price Papers.

17 G. M. Price to H. W. Clark, June 15, 1941 (화석들의 순서); H. W. Clark to G. M. Price, [April 9, 1940] (구식의); G. M. Price to H. W. Clark, April 21, 1940 (최고의 작품, 학벌주의자, 사기꾼); G. M. Price to H. W. Clark, June 9, 1940 (흡연), 이상 Price Papers.

클락은 알렌에게 보낸 편지에서 무뚝뚝한 어조로 이렇게 말했다. "만일 프라이스가 현재 통용되고 있는 자료들을 손에 넣을 수 있다면, 그분 역시 많은 견해들을 수정하게 될 것입니다." 그런데 이것이 프라이스를 몹시 화나게 만들었다. 그런 몰지각함에 대해 프라이스는 "소송을 초래할 수 있는 명예훼손 또는 법적으로 문제가 되는 비방"이라며 클락을 고소했고, 교회 관리자들이 클락의 혐의를 확인할 수 있도록 그를 "안식교회의 법정"으로 소환할 것을 요구했다. 그 계획이 실패하자, 프라이스는 민사법원을 통해 보상을 청구하겠다고 위협했다. 온화한 성격의 클락은 사건이 이런 식으로 전개된 것이 원망스러웠으나 계속해서 프라이스를 달래려고 시도했다. 그는 "**시대에 뒤떨어지고 부적절한**"이라는 문구가 프라이스 자신에게서 나온 것임을 상기시키고, 자신은 "당신이 나와 내 작업에 대해 보여주신 친절한 지원에 큰 감사의 빚"을 지고 있다고 말했다. "우리 평화롭게 지냅시다"라고 클락은 간청했다. "만일 당신이 이성적으로 생각하시고, 우리 사이의 차이점들을 온당한 방식으로 토론하고, 그런 차이들을 이유로 삼아 나를 이단으로 고소하려고만 하지 않는다면, 나로서는 당신과 다툴 이유가 없습니다." 결코 엄격한 창조론이나 홍수지질학과 완전히 작별하지 않았던 클락은 프라이스에게 두 사람이 함께 계속 공유할 수 있는 많은 생각들을 상기시켰다.

> 나는 세계가 정말로 대략 6천 년 전 창조의 첫날에 존재하게 되었다고 믿으며, 세계는 창조의 첫 주 동안 조직되었고 식물들로 덮였다고 믿습니다. 또 나는 동물들의 주요한 유형들도 그때 형성되었다고 믿습니다. 나는 거대한 지질학적 변화들은 홍수로부터 기인한다고 보며, 세부적으로는 홍수 이후에 발생한 변화들에 기인한다고 봅니다. 내 생각에는, 이 점에서 나와 당신은 함

께 서 있습니다.[18]

그러나 이런 화해의 말들은 쇠귀에 경 읽기에 불과했다. 프라이스는 클락이 받은 고급 교육과 그가 "과학의 보다 큰 문제"에 대해서는 더듬거리면서, "생태학의 여러 가지 사소한 것들"은 잘 다루는 능력에 대해 점점 더 조롱하기 시작했다. 그는 "과학의 어떤 사소한 세부사항들에 관련된 기술, 예를 들어 벌레 해부학 분야에서 털의 숫자를 센다거나 새의 등을 착색한다거나 밀접하게 결합된 두 개의 '종들' 사이의 겹치는 서식지들을 알아내는 기술을 습득한 사람들이 흔히 지질학적 '문제들'의 주요 부분을 구성하는 보다 큰 세계적 규모의 원인들을 다룰 때는 단지 어린아이에 지나지 않는다는 것은 익히 잘 알려져 있다"며 비웃었다. "다시 말해, 나는 클락 당신이 우리가 취급해온 이 교과서가 그 문제를 취급하기에 전적으로 부적절하다고 말했을 때, 당신이 분수에 맞지 않게 너무 깊이 잠수했다고 생각합니다."[19]

1941년 봄, 프라이스는 마침내 자신이 바라던 바를 이루었다. 그는 안식교회가 지명한 설교자들로 구성된 특별위원회 앞에서 자신의 대적자에 대한 청문회를 열 수 있었다. 그러나 징계 절차는 "흐지부지되고" 말았다. 상황을 이해하지 못해 약간 당황한 위원장이 클락을 징계하기를 거부하고, 그 두 명의 홍수지질학자들에게 단지 서로의 차이점들을 상세히 설명

18 G. M. Price to Elder M., January 2, 1940 (명예훼손); H. W. Clark to G. M. Price, [April 9, 1940] (Allen에 대한 언급과 감사의 말), and August 14, 1940 (평화), 이상 Price Papers. 또 다음을 보라. H. W. Clark to G. M. Price, April 23 and 30, 1940, Price Papers.

19 G. M. Price to H. W. Clark, May 2, 1940 (악명), and November 20, 1940 (사소함), Price Papers.

하라고 요구했기 때문이었다. 타협할 기분은 아니었지만, 프라이스는 얼굴을 마주 보는 회의에 동의했다. 클락은 이렇게 회상했다. "어떤 요점에 대해 프라이스는 '나는 그 문제를 15년 전에 해결했기에 더 이상 할 말이 없습니다'라고 말했고, 다른 경우에 그는 '하나님이 우리에게 알기를 기대하지 않으시는 것들이 있는데, 그런 것들에 대해 설명하는 것은 아무 소용이 없습니다'라고 말했습니다." 자신의 마음이 바뀌었다는 어떤 암시에 프라이스가 보였던 예민한 반응을 고려한다면, 이제 와서 그가 클락에 대한 생각을 바꾸었다고 믿을 만한 이유는 거의 없었다.[20]

아이러니하게도 『유전자와 창세기』(*Genes and Genesis*, 1940)라는 제목으로 출판된 클락의 최근 저서 중 생물학을 다루는 부분이 프라이스의 종의 분화에 대한 생각을 바꾸도록 압력을 넣었다. 그 책에서 클락은 하나님이 모든 종을 창조하셨다고 주장하는 "극단적 창조론"(extreme creationism)에 맞서, 제한적인 다윈주의의 자연선택—종, 과(科, family), 목(目, order) 안에서의 선택—을 변호했다. 우리가 보았듯이, 프라이스는 불과 얼마 전에 제한적인 진화에 대한 클락의 주장을 열광적으로 지지했고, 창조론자들은 확인될 수 있는 모든 종의 창조를 수용해야 한다고 말했었다. 그러나 이제는 클락을 미워하는 마음에서 프라이스는 자신의 생물학적 확신을 재검토하게 되었으며, 그 결과 그때 자신이 진화론자들에게 너무 많이 양보했다는 사실을 발견하게 되었다. 그래서 그는 종의 분화에 관한 자신의 견해를 굴욕적으로 철회하면서, 자기가 종들 사이의 이종교배(crossbreeding)를 너무 많이 수용했던 것과, 특별히 예언자 화이트가 믿었

20 G. M. Price to H. W. Clark, October 23, 1944, Price Papers; H. W. Clark to R. L. Numbers, May 13, 1973.

던 인류와 동물 사이의 교잡교배(interbreeding)를 암시했던 것에 대해 수치를 느낀다고 표현했다. 프라이스는 클락이 "난파된 이론, 곧 인간적 기능의 발달이 덜된 인간(subman), 잡종에 불과한 인간(hybrid), 반은 인간이지만 반은 다른 어떤 것인 인간(half-human)등의 인종들이 아직도 남아있다는 이론"을 가르치는 것을 꾸짖었다. 그런데 그 이론은 클락이 바로 프라이스로부터 배웠던 것이었다. 프라이스는 하소연하듯이 물었다. "왜 당신은 내가 쓴 최고의 것 대신에 최악의 이론을 따릅니까?"[21]

세계대전이 끝나고 평화가 찾아온 시기에도 프라이스는 자신을 배신한 "퍼시픽 유니온 대학의 그 반(半)진화론자"를 "진화론과 타협한 자" 그리고 "지성적인 매국노"라고 부르면서 심통에 찬 공격을 계속했다. 1946년에 클락은 『새로운 홍수설』(*The New Diluvialism*)로 응수했다. 그것은 생태학적인 대상 분포(ecological-zonation, 띠 모양으로 질서 있게 배열된 구조—역자 주)에 대한 상세한 설명으로, 프라이스에게 연속해서 잽을 날리는 것이었다. 그 책에서 클락은 자기가 "진화론자들, 그리고 열정이 정보를 초과하는 많은 홍수론자들의 진퇴양난 상황에서 중도노선을 모색한다"라고 예술적으로 설명했는데, 분명히 이것은 프라이스를 염두에 둔 진술이었다. 이미 평정심을 잃은 프라이스의 주의를 딴 데로 돌리기 위해 계산된 이 문

21 Harold W. Clark, *Genes and Genesis* (Mountain View, CA: Pacific Press, 1940), pp. 43, 143; G. M. Price to H. W. Clark, February 16, 1941, Price Papers (서툰 이론); G. M. Price, "The 'Amalgamation' Question Again," 출판되지 않은 문서, 대략 1941, Ballenger Papers, Donald F. Mote 제공 (수치). Price의 마음이 바뀐 것에 대해 다음을 보라. G. M. Price to Glenn Calkins, March 23, 1941, and G. M. Price to Elder M., January 2, 1940, Price Papers. White의 amalgamation의 진술에 대한 그의 입장에 대해 다음을 보라. Price to Charlie Price, August 9, 1905, Sumner A. Whittier, December 12, 1927, 그리고 E. W. Ballenger, January 30, 1928, 이상 Ballenger Papers. Clark의 견해에 대해 다음을 보라. "Statement of Prof. H. W. Clark re Amalgamation," 출판되지 않은 문서, Publishing Department Papers.

구에서, 클락은 자신의 선생이 홍수 이전의 생태학적인 지역의 지질학적 중요성을 처음으로 지적한 것에 찬사를 보냈다. 그런 언급들이 프라이스의 저작들에 쏟아졌음에도, 이해할 만하게도 프라이스는 이제 자신이 믿기로는 창조론자들의 "손발을 꽁꽁 묶어 진화론자들의 손에" 넘겨주고 있는 이론의 아버지 노릇하는 명예를 거절했다.[22]

클락의 수정된 홍수 이론은 탁월한 장점을 갖고 있었다. 그것은 그 이론의 지지자들이 지질학적으로 중요한 홍수라는 개념을 고수하면서도 동시에 화석이 기록된 순서, 지표면의 거대한 운동, 그리고 일련의 빙하시기들—이 모든 것은 6천 년 안에 발생했다—같은 물리치기 어려운 증거들을 수용할 수 있게 해주었다. 좀 과장되기는 했지만, 클락에게 감사를 표한 어느 지질학자의 의견에 따르면 "새로운 홍수설"은 "과학사 안에서 중요한 시기"의 한 획을 그었다. 물론 프라이스는 클락의 책이 홍수지질학에 우호적인 쪽으로 개정되었다고 보지 않았고, 오히려 "진화론자들의 '신령한 소'(sacred cow, 지나치게 신성시되어 비판이나 의심이 허용되지 않는 관습이나 제도를 가리키는 말—역자 주)들 중에서도 가장 신령한 소, 곧 화석들의 연대기적으로 연속적인 배열을 구해내려는 시도"에 불과하다고 보았다. 그는 클락이 생태학적 대상 분포 이론에 유리한 자료들을 기만적으로 부각시키면서 반대쪽 증거는 무시하거나 경시했다고 비난했다. 그는 이렇게 훈계했다. "딸기를 팔 때 큰 것들만 바구니 위쪽에 모아 놓음으로써 바닥에 있는

---

22 G. M. Price to D. J. Whitney, June 23, 1943, Price Papers (반쯤 진화론자, 속박); Harold W. Clark, *The New Diluvialism* (Angwin, CA: Pacific Union College Press, 1946), 페이지 없는 서문, p. 62. Clark은 또한 Price에게 보낸 편지(October 20, 1944, Price Papers)에서 생태학적 대상 분포의 사고에 대해 Price에게 신뢰를 갖도록 해주었다. Clark은 *The New Diluvialism*의 개정판을 다음 제목으로 출판했다. *Fossils, Flood, and Fire* (Escondido, CA: Outdoor Pictures, 1968).

작고 깡마른 것들을 덮는 것은 윤리적으로 옳은 것이 아닙니다." 그는 그런 관행을 너무도 잘 알고 있었다.[23]

제7일안식일예수재림교회 지도자들을 시켜 클락의 목을 조르려는 계획이 실패하자, 프라이스 자신도 선한 윤리를 무시하면서 그의 마지막 무기를 꺼내 들었다. 그것은 종종 『사탄의 개입에 관한 이론들』(*Theories of Satanic Origin*)이라고 불리는 일종의 넋두리였다. 프라이스의 설명에 따르면, 그다지 섬세하지 않은 그 제목은 다음과 같은 문구를 소개했던 화이트로부터 왔다. "십 년이 지나지 않아 주님이 섭리를 통해 나를 화석에 근거한 그런 지질학적 '시대들'은 인위적이고 진실하지 않다는 내용의 과학적 논증을 행하도록 인도하셨다." 『새로운 홍수설』의 저자에 대한 계속되는 비방 속에서, 이름을 밝히지는 않았으나 그렇다고 해서 정체불명으로 남을 수는 없었던 프라이스는 드디어 진짜로 마녀사냥의 시대로 회귀하기로 결심했다. 클락은 이렇게 불평했다. "[그것은] 내가 친구와 형제라고 공언했던 사람으로부터 받았던—내가 알기로는—가장 불의하고 수치스러운 공격이었습니다." 클락은 상처를 입었으나 그 충격을 되돌려주기를 거부했다. 20년이 지난 후 클락은 다른 쪽 뺨을 돌려대는 것의 고전적인 모범을 보이며 프라이스를 측은하게 여기는 전기를 썼다. 클락에 대한 프라이스의 "쓰라린 채찍질과 혹평"은 그가 동역자들을 용서할 줄 모른다는 인상을 남기면서 그에 대한 존경을 앗아갔다.[24]

---

23 Ernest S. Booth, Review of *The New Diluvialism*, by Harold W. Clark, *Northwest Naturalist* 5 (October 1946):37-8; G. M. Price to H. W. Clark, June 18, 1946, Price Papers.

24 George McCready Price, *Theories of Satanic Origin* (Loma Linda, CA: Author, 연대 미상), p. 6; H. W. Clark to G. M. Price, January 21, 1947, Price Papers; Harold W. Clark, *Crusader for Creation: The Life and Writings of George McCready Price* (Mountain View, CA: Pacific Press, 1966); L. E. Froom to G. M. Price, July 12, 1942, Price

클락이 홍수지질학회(DGS) 멤버들 중 시초에 창조된 종들 내부에서 일어난 소진화를 보다 많이 받아들이도록 촉구했던 유일한 사람은 아니었다. 1940년대 초에 대학 교육을 받은 프라이스의 또 다른 후배인 **프랑크 루이스 마쉬**(Frank Lewis Marsh, 1899-1992)가 에덴 이후 종의 분화를 지지하면서 클락 쪽에 합세했다. 젊은 마쉬는 의사가 되려는 꿈을 갖고 있었으나, 가난은 먼저 그에게 간호사 직업을 갖도록 강요했고, 그다음에는 가르치는 경력을 갖도록 만들었다. 1920년대 말에 임마누엘 선교대학의 학생 신분으로 그는 프라이스 밑에서 지질학을 공부했으며 그 "늙은 군마"를 우상화하기에 이르렀다. 시카고 지역의 제7일안식교단 학교에서 가르치는 동안 마쉬는 시카고 대학의 생물학과에서 상급 과정을 공부했으며, 1935년에 노스웨스턴 대학에서 동물학 분야의 과학 석사학위를 획득했다. 그의 전공은 동물 생태학이었다. 후에 그는 링컨에 있는 유니온 대학에 합류했고 1940년에 네브라스카 대학에서 식물학 박사학위를 받았다. 그의 박사학위 논문은 식물 생태학에 관한 것이었고, 그는 제7일안식일예수재림교인으로서는 최초로 식물학에서 박사학위를 취득한 사람이 되었다. 이렇듯 세속의 대학들에서 공부하면서도 마쉬는 진화와 관련해 교수들에게 도전하려는 충동을 거부했다. 그는 자신에게, 자신이 거기에 있는 이유는 "그들이 가르쳐야 하는 것을 배우기 위한 것이지", 그들을 자신의 사고방식으로 전향시키기 위한 것이 아니라고 말했다.[25]

Papers. 또 다음을 보라. Price가 동료 작업자들에게 보낸 편지, 연대 미상, Couperus Papers. 이 편지는 *Theories of Satanic Origins*의 무료 증정본을 동봉했다.

25 F. L. Marsh to T. Dobzhansky, February 21, 1945, F. L. Marsh Papers, Adventist Heritage Center, Andrew University, 이하 Marsh Papers, AU로 표기함. 전기적 자료들은 F. L. Marsh와의 인터뷰, August 30, 1972에서 옴; F. L. Marsh to Ronald L. Numbers, April 10, 1974; 그리고 F. L. Marsh, "Life Summary of a Creationist," 출판되지 않은 문서, December 1,

클락과 마찬가지로 **마쉬**도 글자 그대로 6천 년 전 창조와 보편적인 홍수에 대한 믿음으로부터 결코 이탈하지 않았다. 그러나 더 많이 배우면 배울수록, 그는 모든 종이 시초에 각각의 창조 행위로부터 유래하게 되었다는 생각을 점점 더 의심하게 되었다. 그는 동물학자들이 육지 동물만 수천 종들을 확인했는데, 아담이 어떻게 그 모든 것들의 이름을 단 하루만에 지을 수 있었던 것에 주목했다. 그로서는 창세기의 종들을 20세기의 수많은 종들과 동일시하는 것은 불합리해 보였다. 그밖에도—언젠가 그가 프라이스에게 설명했던 것처럼—그는 여러 해에 걸쳐 진화론자들과 가까이 교제해오면서 "그들이 사고하는 방식을 이해"하게 되었고, 프라이스는 결코 그 진가를 알아보지 못할 진화론자들의 분류학 연구에 대한 확신을 얻게 되었다. 마쉬는 독학한 그 지질학자에게 다음과 같이 상기시켰다. "당신은 내가 수행했던 다양한 연구 프로젝트와 관련해 소매를 걷어붙이고 그 그룹의 일원으로서 일해본 경험이 없습니다."[26]

마쉬의 첫 번째 저서인 『근본주의 생물학』(*Fundamental Biology*, 1941)은 "제7일안식일예수재림교회 근본주의자"의 관점에서 쓰였는데, 그 책에서 그는 살아 움직이는 세계를 "창조자와 사탄 사이에서" 벌어지는 우주적 투쟁의 장으로 묘사했다. 화이트로부터 단서를 얻은 마쉬는 종 사이의 이종교배나 종의 합병이 "사탄이 살아 있는 생물들 사이에 존재하는 시초의 완전성과 조화를 파괴하기 위해 사용한 주요 도구"였다고 추측했다. 그에 따르면, 흑인들의 검은 피부는 그렇게 끔찍한 방식으로 진행된 기술

1968, F. L. Marsh가 소유한 Marsh Papers, 이후로 Marsh Papers, FM으로 표기함.

26 Frank Lewis Marsh, *Evolution, Creation, and Science* (Washington: Review and Herald Publishing Assn., 1944), pp. 165-6; F. L. Marsh to G. M. Price, September 5, 1943, Price Papers.

적 조작에 의해 일어난 많은 "기형들" 중 하나였다. 그는 종의 자연적 기원과 관련해 대체로 클락에게 동의했음에도 불구하고, 그 캘리포니아 친구가 종들의 이종교배를 허용하는 일에서 너무 멀리 나아갔다고 생각했다. 식물과 동물들이 "각기 그 종류대로" 창조되었다는 성경의 언급을 그저 하나의 도덕적 원리일 뿐이라고 믿었던 클락과는 달리, 마쉬는 창세기의 진술을 서로 다른 종들을 영원히 구분하는 생물학적 법칙으로 여겼다. 클락이 『유전자와 창세기』에서 제시한 종들 간에 발생하는 이종교배의 사례들은, 마쉬에게는 그것이 과학 논문보다는 "리플리의 믿거나 말거나"(*Ripley's Believe It or Not*, 특이한 소재를 발굴하여 소개하는 프랜차이즈 매체로 라디오, 텔레비전, 박물관, 책 등 다양한 형식으로 제작된다—역자 주) 쪽에 더 적합하다는 느낌을 갖게 했다. 마쉬는 클락이 화이트의 확증으로부터 인용하여 주장한, 인간과 동물 사이의 이종교배가 "과학적 반대 검증 아래서는 5분도 지속될 수 없을 것"이라고 확신했다. 그는 클락의 그런 실수가 그가 오직 버클리에서만 공부한 탓이라고 보았다. 반면 그는 운이 좋게도 시카고, 노스웨스턴, 그리고 네브라스카 같은 세 개의 교육기관에서 고등교육을 받는 특권을 누렸다.[27]

프라이스가 모든 의견 차이를 "다소간 인정사정없는 무차별적 논쟁"에 부치는 경향이 있다는 것을 알고 있던 마쉬는 한때 자신이 영웅으로 여겼던 그로부터 최악의 것을 예상했다—그리고 그는 예상했던 것을 얻었다. 젊은 마쉬는 자신이 "바라민"(Baramin)이라는 단어를 만들어낸 것에 특별한 자부심을 갖고 있었다. 그것은 "창조하다"를 의미하는 히브리어 바라

---

27 Frank Lewis Marsh, *Fundamental Biology* (Lincoln, NE: Author, 1941), pp. iii, 48, 56, 63; 다음 편지에서 발췌 인용. F. L. March to D. E. Robbinson, February 16 and March 16, 1941, Publishing Department Papers.

(*bara*)와 "종"을 의미하는 민(*min*)을 결합한 신조어로 창조의 본래 단위를 지칭하는 것이었다. 그러나 프라이스는 그 혁신어를 대중적 관심을 끌려는 값싼 시도에 불과하다고 냉정하게 평가 절하했다. 그리고 자신의 옛 제자가—마쉬 자신이 서술하는 대로는—"진화론 선전자로 추락했다"고 말해 그를 거의 실신시켰다. 프라이스는 클락과 싸우기 위한 동맹군을 모집할 필요를 느꼈다. 그래서 인간과 동물 사이의 종의 합병과 관련해 마쉬와 클락 사이에서 점점 커지는 균열을 이용하기 위해, 프라이스는 곧바로 뒤로 물러나 마쉬를 지지하기 시작했다. 마쉬의 책 『진화, 창조, 그리고 과학』(*Evolution, Creation, and Science*, 1944)을 읽은 프라이스는 마쉬에게 "우리를 '종'에 관한 질문이라는 성가신 문제의 자욱한 안개로부터 벗어나게 해주어서 너무도 감사하다"라고 말함으로써 클락을 놀리려는 생각을 절제할 수 없었다. 머지 않아 프라이스는 마쉬를 자신의 후계자로 지명하고 그에게 이렇게 말했다. "내가 전장에서 은퇴하면, 나의 전투복은 자네의 것이 될 걸세."[28]

마쉬의 글에 따르면, 프라이스는 마음을 바꿔 먹은 후에 "바보가 아니

---

28 F. L. March to R. L. Numbers, April 10, 1974 (녹다운); F. L. March to G. M. Price, September 5, 1943 (광고), 그리고 G. M. Price to H. W. Clark, October 23, 1944 (안개), 두 편지는 Price Papers에 있다; Marsh, "Life Summary of a Creationist," (맨틀). "baramin"에 관해서는 다음을 보라. Marsh, Fundamental Biology, p. 100; and Marsh, *Evolution, Creation, and Science*, p. 162. 또 다음을 보라. G. M. Price, "An Unregimented Biologist," *Bulletin of Creation, the Deluge and Related Science* 5 (1945): 9-11. Clark과 Marsh 사이의 amalgamation 논쟁에 대해서는 다음을 보라. F. L. Marsh, "The Amalgamation Statesments," 출판되지 않은 문서, November 16, 1947, H. W. Clark, "The Amalgamation: A Study in Perplexing Statesment Made by Mrs. E. G. White," 출판되지 않은 문서, March 1, 1948, 그리고 F. L. Marsh, "A Discussion of Harold W. Clark's Paper, 'Amalgamation,'(March 1, 1948에 출판)," 출판되지 않은 문서, April 11, 1949, 이상 Marsh Papers-FM; 그리고 F. L. Marsh to G. M. Price, October 16, 1947, Price Papers.

고서는 진화론 이단이 있다고 주장할 사람은 없다"라고 선언했다. 그러나 DGS의 많은 동료 멤버들은 그와 다르게 느꼈다. 『진화, 창조, 그리고 과학』의 원고를 학회 멤버들에게 돌리던 마쉬는 곧 자신이 "나에게 들려온 거친 소문, 즉 여러분 중 몇 사람이 나를 진화론자라고 생각한다는 거친 소문"을 진압해야 한다는 것을 발견했다. 그는 자신의 "형제 근본주의자들"에게 제한된 변형(limited variation)을 진화(evolution)와 동일시하지 말아주기를 간청했다. "수많은 특별 창조론자들은 자연 안에서 **실제로 발생하는** 변화를 인정하기를 계속해서 거절해왔다. 그런 까닭에 [시카고 대학에서 마쉬의 선생들 중 하나였던] 뉴먼(M. M. Newman)은 우리를 '무식하고, 교조주의적이고, 편견에 사로잡힌 자들'이라고 놀리고 있다—그리고 나는 그가 그렇게 말하는 것이 정당하다고 생각한다!" 마침내 그 책이 출판되었을 때, 램머츠(Lammerts)는 "내가 지금까지 보아온 어떤 사람보다도 더한 진화론자"라며 그를 고소했다. 알렌(Allen)이 "가장 놀랄 만한 사건"이라고 묘사했던 어느 학회 모임에서 그 책을 검토하던 중에, 그 루터교 식물학자는 마쉬를 "진화론자들이 요구하는 모든 것을 허용하되, 그것을 단지 5천 년으로 줄이고, 그것을 진화론자들조차 꿈꾸지 않는 수십만 년, 더 나아가 수백만 년으로 계산하려는 사람"이라고 묘사했다.[29]

『진화, 창조, 그리고 과학』을 시작하면서 마쉬는 "예언자의 영"(the Spirit of Prophecy, 즉 화이트[White]의 저술들)에 대한 언급을 피하기 위해 그의 주

---

29 G. M. Price to B. F. Allen, February 13, 1944 (어리석음); F. L. Marsh, "Confessions of a Biologist," 출판되지 않은 문서, August 25, 1943 (유언비어); Walter Lammerts and Others, "Review of 'Creation, Evolution, and Science,'" by Frank Marsh, [November 18, 1944]; 이상 Couperus Papers. 그 회의에 대한 묘사는 다음에 있다. *Creation-Deluge Society News Letter*, December 16, 1944, PUC Papers. Marsh는 다음 편지에서 Newman을 자신의 스승이라고 확인한다. Marsh to Dobzhansky, December 13, 1944, Marsh Papers, AU.

요한 출판물들에 대해 말하지 않았다. 그는 그런 말들이 제7일안식일예수재림교인이 아닌 독자들을 떨궈버릴 것을 걱정했던 것이다. 마쉬는 학문적 자격을 지닌 생물학자가 쓴 창조론에 대한 변론이 과학계 안에서 주목되기를 바라면서 그 책의 발행인에게 저명한 진화론자들에게 증정본을 보내도록 시켰다. 그들 중에는 하버드 대학의 동물학자인 에른스트 마이어(Ernst Mayr, 1904-2005)와 러시아 태생의 콜롬비아 유전학자인 **테오도시우스 도브잔스키**(Theodosius Dobzhansky, 1900-2005)가 포함되어 있었다. 마이어는 "월트 디즈니의 영화 〈밤비〉(*Bambi*)에 나오는 '멋지게 할 말이 없다면, 아무것도 말하지 마세요'라는 충고를 받아들이면서 촌평을 거절했다." 그러나 "다수도 소수의 의견을 고려하고 비판에 부쳐야한다"라고 믿었던 도브잔스키는 마쉬와 폭넓은 서신 교환을 했는데, 그런 서신들은 창조론자들과 진화론자들을 편 가르는 주제들이 무엇인지 생생하게 보여준다.[30]

마쉬의 책이 출판되기 직전에 그 러시아 정교회 출신의 망명자(도브잔스키—역자 주)는 자신의 저서 『유전학과 종의 기원』(*Genetics and the Origin of Species*, 1937)에서 이렇게 말했다. "현 세대에서 견문이 넓은 사람들 중에 진화가 발생했다는 의미에서 진화론의 타당성을 의심하는 이는 없다."

---

30 F. L. Marsh to G. M. Price, October 16, 1947, Price Papers (삭제); Ernst Mayr to F. L. Marsh 13, 1945, Price Papers; T. Dobzhansky to F. L. Marsh, November 29, 1944, Marsh Papers, AU. Marsh의 이후의 저서들은 다음과 같다. *Studies in Creationism* (Washington: Review and Herald Publishing Assn., 1950); *Life, Man, and Time* (Mountain View, CA: Pacific Press, 1957); *Evolution or Special Creation?* (Washington: Review and Herald Publishing Assn., 1963); and *Variation and Fixity in Nature* (Mountain View, CA: Pacific Press, 1976). 생물학자인 창조론자와 생물학자인 진화론자 사이의 최근의 논쟁에 관해서는 다음을 보라. Edward O. Dodson and George F. Howe, *Creation or Evolution: Correspondence on the Current Controversy* (Ottawa, Canada: University of Ottawa Press, 1990).

그러나 마쉬의 책을 읽고 그는 다른 쪽으로 확신하게 되었다.「미국의 자연주의자」(*American Naturalist*)라는 잡지에 서평을 쓰기 위해 마쉬의 책을 살피던 중에 도브잔스키는 마쉬가 자신이 이전에 불가능하다고 생각했던 것을 썼다고 선언했다. 그것은 특별 창조에 대해 이성적으로 논증된 변호였다. 도브잔스키는 마쉬와 같은 창조론자가 ("종들" 내부에서의) 진화를 얼마나 기꺼이 인정하려고 하는지를 발견하고서는 특히나 놀랐다고 진술했다. "그는 변화의 속도라는 점에서는 진화론자들을 훨씬 앞선다. 왜냐하면 그는 모든 개, 여우, 하이에나가 동일한 하나의 종의 후손이며, 그렇기에 그것들이 6천 년 이내에 발생한 어떤 사건을 통해 공통 조상으로부터 유래한 것이 틀림없다고 가정하기 때문이다." 대진화를 거부한다는 점에서 마쉬의 책은 "어떤 증거도 정서적으로 혐오스러운 결론을 수용하도록 할 만한 충분한 힘을 갖지 못한다"는 가치 있는 교훈을 제공한다.[31]

비록 도브잔스키는 마쉬의 사상이 과학적으로 타당하지 않을 뿐더러 종교로 체제 전복을 꾀한다고 생각했으나, 그가 "살아 있는 유일한 과학적 반진화론자"라는 이유에서, 그 교회-대학 생물학자(church-college biologist)를 존경했다. 그 무명의 창조론자는 자신이 예상치 못하게 세계의 주도적인 진화론자들 중 한 사람 앞에서 자신의 주장을 펼칠 기회를 얻은 것으로 인해 기쁨을 감출 수가 없었다. 자신이 진화론자들을 능가한다는 도브잔스키의 언급에 대해 마쉬는 자신의 입장을 명확하게 수정했다. 그는 이렇게 설명했다. 원래 세상을 식물들과 동물들로 가득 채우기를 원

---

31 Theodosius Dobzhansky, *Genetics and the Origin of Species* (New York: Columbia University Press, 1937), p. 8; Theodosius Dobzhansky, Review of *Evolution, Creation, and Science*, by F. L. Marsh, *American Naturalist*I 79 (1945): 73-5. 다음도 보라. T. Dobzhansky to F. L. Marsh, November 15, 1944, Marsh Papers, AU.

하셨던 하나님은 "종들"을 창조하셨을 뿐만 아니라, 이종 교배가 가능하도록 그 종들 사이에 "다양성들"도 창조하셨다. 이 다양성에 기초하여 그는, 예를 들어 이제는 더 이상 모든 개들과 여우들이 하나의 동일한 조상으로부터 유래했다고 주장하지 않는다고 공표했는데, 이것은 노아의 방주가 과밀해지는 문제를 잠시 무시한 것이었다. 그는 비록 당시 그의 책에서는 변화의 기제에 관해 아무 것도 말하지 않았지만, 나중에는 현재 배열된 종들을 설명함에 있어 자연선택과 적자생존의 개념이 "정말로 극단적으로 중요하다"고 인정했다.[32]

그 두 생물학자를 갈라놓은 핵심적인 문제는 전적으로 과학적 증거의 성격에 달려 있었다. 소진화의 모든 증거들을 종들 내부의 변화라는 자신의 창조론적 패러다임 안에 수용하여 소화시킨 마쉬는 대진화에 대해 실험에 근거한 예증을 요구했다. 그러나 도브잔스키는 그러한 거대한 규모의 진화는 직접적 관찰이 아니라 추론에 근거한다고 지적했다. 그는 인내심을 갖고 계속 설명했다. 대진화는 지질학적 시간에 걸쳐 발생하기 때문에 "오직 타당한 증거들에 근거한 추론에 의해 증명되든지 부정되든지" 한다. 예상했던 대로 마쉬는 자신은 이런 논증을 납득할 수 없다고 했다. 그는 이렇게 외쳤다. "아! 또 다시 추론적인 증거라니! 이 진화론과 관련해 우리가 손으로 움켜쥘 수 있는 **실제적** 증거는 없다는 말씀인가요?" 마침내 설명은 좌절로 변했고, 도브잔스키는 다음과 같은 재담과 함께 마쉬의 관심사를 무시하기로 했다. "만일 당신이 생물학자들에게 말이 쥐로부터 유래한 것을 실험실에서 증명해 보이라고 요구한다면, 당신은 아무것도

32 F. L. Marsh to T. Dobzhansky, November 19, 1944 (기쁨); F. L. Marsh to T. Dobzhansky, December 4, 1944 (다양성과 자연의 선택); T. Dobzhansky to F. L. Marsh, December 7, 1944 (오직 반진화론자); 이상 모두 Marsh Papers, AU.

확신할 수 없게 될 것입니다."[33]

마쉬가 대진화의 추론적 증거를 거부한 것은 그가 일차적으로 성경의 과학적·역사적 진실성을 우선시했기 때문이었다. 그는 자신의 단언들을 정당화하면서 성경의 "단 하나의 예"도 거짓으로 입증된 경우가 없고, "바로 그런 실제적인 사실이 우리와 같은 과학자들에게 무엇인가 의미를 부여해야 한다"라고 주장했다. "그 사실에 비추어 볼 때, 만약 우리가 우리에게 맡겨진 진리의 원천 자료를 현명하게 사용해야 한다면, 생명체의 기원에 관한 창세기의 진술 역시 검토되어야 한다." 도브잔스키는 이런 추론이 설득력이 없다고 보았지만, 적어도 마쉬가 그의 책에서 "성경의 설명이 당신이 생물학적 증거에 대해 생각을 시작하기도 전에 당신 앞에 놓여 있다"라고 솔직하게 진술한 것에 대해서는 높이 평가를 했다.[34]

매주 편지를 주고받은 지 거의 두 달이 지나서 도브잔스키를 충분히 신뢰하게 된 마쉬는 그에게 자신의 가장 내밀한 두려움과 감정을 노출시키기 시작했다. 그는 아마도 마지막 편지가 될 것이라고 생각하면서, 그 유전학자에게 자신은 "무언가 말싸움할 거리를 찾아 헤매는 만성적인 불평불만분자가 아니"라고 확언했다. 또 그는 자신이 "쉽고, 안락하고, 좋은 평판을 찾아다니는" 사람도 아니라고 했다. 그는 자신의 과학 분야의 형제들과 불화하는 것은 싫지만, 만일 원칙이 그것을 요구한다면, 그리고 자신이 주류 과학자들에게 특별 창조를 진화에 대한 적법한 대안으로 수용할

---

33 T. Dobzhansky to F. L. Marsh, December 22, 1944 (지질학적 시간); F. L. Marsh to T. Dobzhansky, January 12, 1945 (실제 증거); T. Dobzhansky to F. L. Marsh, February 5, 1945; 이상 Marsh Papers, AU.

34 F. L. Marsh to T. Dobzhansky, January 12, 1945; T. Dobzhansky to F. L. Marsh, December 22, 1944; 두 가지 모두 Marsh Papers, AU.

수 있도록 만들 수 있다면, 자신은 "모든 고통을 감수하겠다"고 말했다. 글을 마치면서 그는 도브잔스키가 "이런 서신 교환을 통해 어떤 변화, 정신적 훈련의 즐거움, 아마도 통상적이지 않은 사고와 더 넓게 접촉하는 경험 등을 발견함으로써 그런 서신 교환의 유익이 한쪽으로만 치우치지 않게 되기를" 희망한다고 말했다. 6년 후 『유전학과 종의 기원』의 제3판에서 도브잔스키는 마쉬를 인용했다. 그는 마쉬를 "견문이 넓은 사람들 중에 진화가 발생했다는 의미에서 진화론의 타당성을 의심하는 이는 없다"는 규칙에 대한 예외적 인물이라고 묘사했다. 그 창조론적 생물학자는 "어떤 사람들은 너무도 강한 정서적 편견과 선입견을 갖고 있어서 완전하게 입증된 과학적 결과물조차 거부할 수 있다는 사실"을 예시했을 뿐이다. 그것은 비록 칭찬의 말은 아니었으나, 마쉬는 자신이 그런 인정을 얻은 것에 감사했다.[35]

창세기 이전 시대의 암석

클락과 마쉬에 의해 제기된 문제들이 홍수지질학회(DGS)라는 약한 배를 흔들기는 했지만 그로 인한 손상은 그다지 크지 않았다. 부분적으로 그 이유는, 의견이 불일치했던 두 생물학자가 그룹의 핵심 멤버들과는 꽤 멀리 떨어져 지냈기 때문이었다. 알렌의 표현에 의하면, 훨씬 더 심각한 위험이 중심을 위협하면서 근접했는데, 그것은 그 학회를 **창세기 이전 시대**라는 암초에 좌초시킬 만한 것이었다. 그것은 바로 지난 날 종교와 과학

35 F. L. Marsh to T. Dobzhansky, February 21, 1945, Marsh Papers, AU; Theodosius Dobzhansky, *Genetics and the Origin of Species*, 3rd ed. (New York: Columbia University Press, 1951), p. 11. Marsh는 Dobzhansky가 *Evolution or Special Creation?*, p. 46에서 자신에 대해 언급한 것을 인용한다.

협회(RSA)를 난파시켰던 암초이기도 했다. 1943년에 이미 알렌은 "창세기 1장 1절과 2절 사이에 16억년이라는 간격을 두는 방사능 측정 시간 이론"의 혼란스러운 결과에 대해 불평했었다. 학회 안에서 교육을 더 많이 받은 젊은 멤버들은 방사성 동위원소에 의한 연대 측정의 새로운 증거들을 광범위하게 수용하면서 오랜 지구와 태양계를 수용하라고 압력을 넣는 중이었고, 대부분 에덴동산 때까지는 지구상에 생명이 존재하지 않았다고 주장했다. 이런 방식으로 그들은 태양계의 나이에 대한 가장 최근의 과학적 결과를 수용하면서도, 글자 그대로의 6일간의 창조와 화석을 파묻은 홍수를 구해낼 수 있었다.[36]

반란군의 지도자는 젊고 감미로운 이름을 가진 피부과 전문의 **몰뢰루스 쿠페루스**(Molleurus Couperus)였다. 네덜란드에서 제7일안식일예수재림교인으로 성장한 쿠페루스는 처음에는 교단 학교에서 공부하기 위해 미국으로 왔다. 그는 복음주의 의과대학에서 의학 박사학위를 받고 졸업 후 컬럼비아 대학의 피부과에서 고급과정을 공부하기 위해 뉴욕으로 갔다. 거기서 그는 도브잔스키의 강의를 들었고, 방사능 연대측정법에 특별한 관심을 가지게 되었다. 그 측정법은 특별한 방사성 원소, 곧 우라늄-238이 자신의 딸 핵종(daughter product)인 우라늄-206으로 붕괴한 정도를 측정해 바위의 나이를 근사치로 계산할 수 있다는 발견에 근거를 두었다. 쿠페루스가 1940년대 초에 남부 캘리포니아에 정착해 DGS에서 활동하기 시작했을 무렵에 이미 그는 진화의 모든 가설이 다음의 한 지점에서 서거나 넘어진다는 결론에 도달해 있었다. 그것은 "다양한 지층들의 나이와 그 안

36 B. F. Allen to Board of Directors, August 12, 1945 (바위); B. F. Allen, "The Question of a Second Society," 1943년 4월 26일에 발송된 안내 편지(방사능 측정 시간); 이상 Couperus Papers.

에 포함된 화석들의 나이를 그것들이 함유한 방사능과 헬륨 성분을 통해 결정하는 것"이었다.[37]

얼마 동안 쿠페루스는 그것이 최근의 창조에 대해 갖는 의미에 관해 미결정 상태로 남아 있었다. 그는 프라이스에게 아마도 하나님이 에덴동산에 이미 다 자란 나무들을 창조하신 것과 똑같이 오랜 나이의 외양을 갖춘 바위도 창조하셨을 것이라고 설명했다. "내 생각에는 우리가, 주님이 이 지구상의 사물들 또는 우주의 나머지를 만드신 정확한 방법을 알 수는 없을 것 같습니다." 그러나 그는—만일 증거가 오랜 지구를 지시한다면—창세기 1장 1절과 2절 사이에 필요한 시간을 삽입해야 한다고 확실하게 느끼고 있었다. 알렌과 DGS 안의 젊은 지구론자들은 지구화학자들이 요구하는 시간을 반박해줄 사람으로 쿠페루스를 꼽고 있었는데, 그가 의과대학생들에게 지구의 나이가 최소한 16억년이라고 가르친다는 사실을 알고서 실망을 금치 못했다. 그 의사는 다음과 같이 주장함으로써 그들의 마음을 안정시키려 했다. 그것은, 자신의 결론은 "창조 그 자체의 문제와도 관계가 없고, 진화의 문제와도 관계가 없으며, 오직 지구가 처음 창조된 시간의 문제와만 관계가 있다"는 것이었다. 하지만 그와 그들 모두가 그보다는 더 많은 것을 알고 있었다.[38]

---

37 M. Couperus to G. M. Price, [1942년 경], Price Papers. 전기적 정보는 January 12, 1981의 Molleurus와의 인터뷰에 근거한다. 방사는 연대측정법의 역사에 대해 다음을 보라. G. Brent Dalrymple, *The Age of the Earth* (Stanford, CA: Stanford University Press, 1991); R. E. Taylor, *Radiocarbon Dating: An Archaeological Perspective* (Orlando FL: Academic Press, 1987), pp. 147-70; and Lawrence Badash, "Rutherford, Boltwood, and the Age of the Earth: The Origin of Radionactive Dating Techniques," *Proceedings of the American Philosophical Society* 112 (1968): 157-69.

38 M. Couperus to G. M. Price, January 31, 1945, Price Papers (시대의 등장); B. F. Allen to R. E. Hoen, December 21, 1944, PUC Papers (16억년); M. Couperus to B. F. Allen,

수십 년 동안 프라이스 자신은 오랜 지구의 문제에 대해 모호한 태도를 취했다. 반진화론자였던 초기 몇 해 동안 그는 태양계가 "수백만 년 전, 오랜 옛날에" 창조되었을 수도 있다고 자유롭게 인정했었다. 1920년대에 그가 그 견해를 버렸을 때도, 그는 아담 이전의 생명이라는 문제가 얽혀 있지 않는 한, 창세기 이전의 시대라는 주제에 대해 결코 법석을 떨지 않았다. RSA의 논쟁 기간 동안 그는 동료 이사에게 히글리는 "지구를 그가 적당하다고 보는 것만큼 오랜 것으로" 계산한다고 말했다. "그러나 내가 관심을 갖는 모든 것은 홍수 시대에 혼돈을 겪은 지구의 부분입니다." 그의 책 『정당성이 입증된 창세기』(*Genesis Vindicated*, 1941)에서 그는 오래된 우주와 젊은 태양계를 구분하는 자신만의 길을 갔다. 창세기는 태양계 밖의 우주의 나이에 대해서는 "결코 아무것도" 말하지 않기 때문에(창세기 1장 16절이 광명체의 창조에 대해 지나가듯 언급하는 것만 예외로 한다면), 그는 "항성 우주 전체의 나이가 창세기 1장이 말하는 창조의 일주일의 범위 안에 '반입되든지', '채워지든지', '포함되든지' 해야 한다고" 논쟁할 필요가 없다고 보았다. 그러나 출애굽기 20장 11절이 "이는 엿새 동안에 나 야웨가 하늘과 땅과 바다와 그 가운데 모든 것을 만들고…"라고 선언하고 있으므로, 그는 "태초의 6일 동안 우리 지구[그리고 태양계]의 모든 물질이 무로부터(*ex nihilo*) 지어졌다는 절대 창조"를 선호했다. 자신의 책의 말미의 각주에서 그는 바위에 대한 방사능 연대측정법이 "오류가 가득하고, 엉성하고, 순전히 돌팔이 방법"이라고 묵살했다.[39]

July 1944, Couperus Papers (창조의 문제).

39 George McCready Price, "How Old Is the Earth?" *Christian Faith and Life* 38 (1932): 20-3 (오래전); G. M. Price to the Directors, March 2, 1937, Nelson Papers-ICR (Higley 관련); George McCready Price, *Genesis Vindicated* (Washington: Review and

이 문제와 관련해 자신이 프라이스의 든든한 지지를 얻고 있다고 믿었던 알렌은, 쿠페루스가 "창조의 한 주간의 완전한 상태"를 깨뜨렸고 하나님의 말씀보다 "자연의 사실들"을 뒤따른다고 공격했다. 동시에 알렌은 그의 친구 버딕(Burdick)에게 자신이 **"과학과 성경의 관계에 대해 지금까지 발표된 것들 가운데 최고의 논문 중 하나"**라고 어마어마하게 칭찬했던 "방사능 시간 측정 이론 안의 큰 오류들"(Gross Fallacies in the Radioactive Time Theory)에 대한 해제를 써보라고 격려했다. 버딕에 따르면, 방사성 동위원소 연대측정법은 퇴적에 기초한 계산을 훼손하는 동일하게 "확연한 약점", 곧 균일성(uniformity)에 대한 가정을 피할 수 없다. 확증적인 증언으로서 그는 「사이언스 뉴스 레터」(*Science News Letter*)에 게재된 왓슨 데이비스(Watson Davis, 1896-1967)의 세계대전 이전의 경고를 인용했다. 그것은 "지구의 나이를 결정하는 데 사용되는 방사능 시계에 의한 시간측정 방법은, 만일 우라늄이 어떤 새로운 낯선 방법으로 분열할 수 있다면 틀린 것으로 입증될 것이다." 그 낯선 분열 방법은 물리학자들이 상상했던 만약의 사태였고, 첫 번째 원자폭탄의 폭발이라는 극적인 방법으로 예시되었다.[40]

Herald Publishing Assn., 1941), pp. 11-13, 54-5, 312. 그리고 다음도 보라. George McCready Price, "Reaction on the Age of the Universe," *Ministry* 5 (June 1932): 14-15; George McCready Price, "What Christians Believe about Creation," *Bulletin of Deluge Geology* 2 (1942): 70; and George McCready Price, "Dating the Fossils: Is the Radiocarbon Method Reliable?" *Signs of the Times* 79 (August 19, 1952): 3-4. Whitney는 Price와 마찬가지로 오랜 지구론을 용납했다. 다음을 보라. D. J. Whitney, "A Creed of Creation," 출판되지 않은 문서, April 10, 1936, Price Papers.

40 B. F. Allen이 Creation-Deluge Society의 회원들과 문자적인 6일 동안의 무로부터의 창조를 믿는 다른 사람들에게 보낸 편지, 1946년 5월 15일(창조의 일주일의 사실성과 Burdick의 논문); B. F. Allen to G. H. Rue, March 21, 1946 (사실들); Clifford Leslie Burdick, "Gross Fallacies in the Radioactive Time Theory and Other Recent Trends in Methods of Reckoning Geologic Time," 출판되지 않은 문서; 이상 Couperus Papers. Burdick의 논문은

1945년 6월에 홍수지질학회의 이사회는 지구의 나이 문제에 대해 너무 요란한 소리를 내왔던 알렌을 해임하고 그 자리에 쿠페루스를 임명했다. 이 조치는 자신이 파악한 적들 때문에 불행한 삶을 살고 있던 그 전투적인 캡틴을 화나게 만들었을 뿐이다. 10월에 쿠르빌(Courville)과 쿠페루스는 알렌의 욕설을 견딜 수 없어서 이사회에 사직서를 제출했다. 동료들이 그들의 사표를 수리하기를 거부했을 때, 이번에는 알렌이 (전해지는 바에 따르면) 다음과 같이 말하면서 **자신의** 사직서를 제출했다. "나는 분명히 알게 되었습니다. 나의 태도와 처신에는 대단히 잘못된 무언가가 있었습니다. 그리고 나는 지극히 이기적이었습니다." 이사회는 알렌의 사직서 역시 반려했지만, 그가 6개월 동안 이사회 모임에 출석할 수 없으며 "조직과 관련된 모든 글쓰기와 활동을 즉시 중단해야 한다"는 조건을 달았다. 일주일 후에 이사회는 그의 월급을 삭감하고 또한 조직의 이름을 자연과학회(Natural Science Society)로 바꾸기 위해 투표를 했다. 그해 말에 이사들은 DGS의 모든 자산을 새로운 법인으로 이전시켰고, 「홍수지질학 회보」의 발행을 중단하기로 결정했다. 그리고 쿠페루스를 편집자로 삼아 새로운 정기간행물인 「과학과 성경의 상관관계를 위한 포럼」(*Forum for the Correlation of Science with the Bible*)을 발행하기로 했다. "외부인들"도 흥미를 가질 수 있도록, 쿠페루스는 엘렌 화이트의 핵심 문구인 "예언자의 영"(the Spirit of Prophecy)에 대한 언급을 모두 삭제했다.[41]

이어서 *Forum for the Correlation of Science and the Bible* 1 (1946-1947): 39-58에서 등장한다. 또 다음도 보라. Robert W. Woods, "How Old Is the Earth?" *Signs of the Times* 80 (April 7, 1953): 8-9, 15; and Watson Davis and Robert D. Potter, "Atomic Energy Released," *Science News Letter* 35 (1939), 86-7, 93.

41 Creation-Deluge Society의 1945년 10월 14, 21일과 12월 9일의 이사회 모임의 서기록; M. Couperus to H. W. Clark, August 24, 1946 (예언자의 영); 이상 Couperus Papers.

두말할 필요도 없이, 알렌은 이런 변화를 순순히 받아들이지 않았다. "원래의 학회가 불법적으로 대체되었고 모든 성경적 표준이 유기되었다"(The Original Society Illegally Supplanted and All Scriptural Standards Abandoned)라는 제하의 문서에서, 그는 **"불법적으로 침입한 작은 그룹"**에 대해 채찍질을 가했다. 그들은 6일간의 창조를 기념하기 위해 안식일을 지키는 제7일안식일예수재림교회의 가장 핵심적인 믿음을 뿌리로부터 해치는 이교적 사상을 들여온 자들이었다. 그는 얼마간 자신을 정당화하면서 자신은 그 배교자들과 연합하려 하지 않았기에 "모든 곳에서 '같이 지내기 어렵고', '비협조적이고', '과학을 모른다'고, 그리고 그보다 더한 말들로 경멸을 당했다"고 불평했다.[42]

알렌은 이 일과 관련하여 특별히 프라이스의 역할에 대해 분개했다. 여러 해 동안 알렌은 휘트니와 함께 프라이스에게 성심껏 충성하면서 군인처럼 봉사해왔다. 그런데 이제 그는 말은 번드르르하게 하지만 보편적 홍수라는 개념 자체를 의심하는 피부과 의사에 의해 밀려나고 말았다. 프라이스는 오랜 지구에 관한 쿠페루스의 아첨하는 말들을 기억하면서, 그리고 아마도 그의 도시풍의 세련미와 지성에 흔들려서 조직을 분열시키는 그의 견해에 대해 꾸짖기를 거절했다. 프라이스는 다만 쿠페루스가 "이는 엿새 동안에 나 야웨가… 모든 것을 만들고"라는 제4계명의 진술을 좀 더 깊이 숙고하도록 요구했을 뿐이다. 이 포괄적인 진술은 프라이스로 하여

1945년 쿠데타의 Allen 버전에 관련하여 다음을 보라. B. F. Allen to W. E. Read, March 24, 1957, Couperus Papers.

42 B. F. Allen, "The Original Society Illegally Supplanted and All Scriptural Standards Abandoned," 출판되지 않은 문서 [대략 1946년 초]; B. F. Allen to W. E. Read, March 24, 1957 (멸시); 이상 Couperus Papers.

금 에덴의 창조가 "화강함과 모든 원시적인 또는 무생물 시대의 모든 암석들, 다른 말로 하면, 지구의 몸체를" 포함한다는 생각을 하지 않을 수 없게끔 만들었다. 프라이스는 자신의 젊은 동료에게 대단히 깊은 인상을 주었던 방사성 연대측정의 결과와 관련해 이렇게 썼다. "지난 세기에 발생했던, 시간 측정과 관련된 너무나 많은 오류들이 내 마음 속에 떠오릅니다. 그리고 나는 그 스코틀랜드 사람과 더불어 '나는 의심할 수밖에 없다'라고 말할 수밖에 없습니다." 큰 분열이 일어날 무렵에 그는 그 문제와 관련하여 자신이 어디에 서있는지를 몰랐다. 단지 그가 확신하고 있었던 것은 하나님이 태양계를 창조하실 때 "선재하는 어떤 물질을 필요로 하지 않으셨다"는 것이었다. 그리고 그것은 아주 뻔한 말이었다.[43]

쿠페루스를 편집자로 하는 「포럼」(*Forum*)의 창간호에 지구의 나이와 창세기 1장 1절과 2절의 의미에 대한 한 무리의 논문들이 실렸다. 버딕과 클락은 (클락이 이름을 붙인) "초문자적 견해"(the ultra-literal view)를 변호했다. 그것은 태초의 6일간의 창조 때 하나님이 말씀을 통해 지구의 물질을 존재하게 하셨다는 견해다. 반면에 1920년대 초 프라이스의 강의실에서 클락 옆에 앉았었던, 과거의 안식교인이자 노래하는 전도자인 존 버틀러(John Lowell Butler, 1896-1977)는 오랜 지구를 주장했다. 이 무렵에 매사에 클락의 편에 서기를 꺼렸던 프라이스는 마침내 자신이 오랜 지구를 지지한다고 선언했다. 그는 자신이 더 이상 "제4계명이 지구의 나이에 대한 짧은 연대기를 결정적으로 보여준다"고 믿지 않기에 "과학적 증거가 그 문제를 결정하도록 내버려두는" 자유를 느낀다고 공표했다. 그리고 과학

---

43 G. M. Price to M. Couperus, December 13, 1944; G. M. Price to C. A. Wells, June 19, 1945 (선재하는 물질); 이상 Couperus Papers. Couperus는 1981년 1월 12일의 인터뷰에서 자신의 홍수에 대한 견해를 언급한다.

적 증거—그가 보기에 이제 그것은 쿠페루스의 후견 아래 있었다—는 압도적으로 "지구가 창조의 한 주간 이전에—물론 식물들과 동물들은 그 위에 뒤덮여 있지 않았지만—이미 오랫동안 존재해왔다는 견해"를 선호했다. 그는 물리적 우주가 "대략 20억 년 전에" 시작되었음이 틀림없다고 추측했다.[44]

그렇게도 중요한 주제에 대해 프라이스가 180도 방향을 바꾼 것은 동료 신앙인들 사이에 센세이션을 일으켰다. 1948년에 알렌은 흥분하며 이렇게 썼다. "프라이스가 새로운 이론을 지지하기 시작했기 때문에, 우리 S.D.A. 지도자들 대부분은 그리고 **대학교수들조차**, '혹시 **프라이스**가 새로운 이론을 선호한다고 해도, 분명히 그것은 **진화론적인 것일 리가 없고**, 홍수지질학과 반대되는 것은 아닐 것이다'라고 생각하는 것으로 보인다." 아이러니하게도 알렌이 이런 글을 썼을 때, 프라이스는 이미 "초자연적" 젊은 지구 창조론을 지지하기 위해 (그가 부르는 대로) "동일과정설적"(uniformitarian) 오랜 지구 창조론을 던져버린 상태였다. 명백하게도 그의 오랜 친구인 휘트니로부터 온 질책이, 결정적으로 그에게 비교적 최근에 창조된 지구에 대한 논증들이야말로 "바위처럼 흔들리지 않는 진리"라는 확신을 안겨주었던 것이다. 이제 프라이스는 분명하게 말했다. "방사능

---

44 Clifford Leslie Burdick, "The Radioactive Time Theory and Recent Trends in Methods of Reckoning Geological Time," *Forum for the Corelation of Science and the Bible* 1 (1946-1947): 39-58; Harold W. Clark, "In Defence of the Ultra-Literal View of the Creation of the Earth," ibid., pp. 11-15; John Lowell Butler, "God's Primary and Secondary Creation," ibid., pp. 9-10. Couperus는 자신의 견해를 제2권에서 발표했다(1946-1947): "The Creation of the Earth," pp. 97-105, and "Some Remarks Regarding the Radioactive Time Estimation of the Age of the Earth," pp. 118-19. Butler의 전기적 정보에 대해서는 미국과학자연맹에 실린 그의 이력서와 J. L. Butler to E. S. Booth, April 23, 1950을 보라; 이상 Couperus Papers.

의 일은…불확실한 가정들과 오류의 논증들로 가득 차 있다. 나는 그것에 대해 연층(年層, Varves)이나 표준 화석(index fossils)에 대한 불확실한 논증 이상의 어떤 과학적 존경심을 가질 수가 없다." "그 모든 것들은 한 통속이며, 세기 말의 사람들을 혼미케 하는 '거대한 미혹자'(the Great Deceiver)가 사용한 속임수에 불과하다." 그는 자신이 "방사능 인간들"(the radioactivity men)의 모든 주장에 답할 수는 없다고 인정했으나, "한쪽 발을 무덤에 두고 다른 쪽 발을 미끄러운 바나나 껍질 위에 두고 있는 노인이 그런 혼란스러운 주제를 말끔히 정리하려는 희망을 가질 수는 없다"는 인식으로 자신을 위로했다.[45]

쿠페루스의 편에 선 프라이스의 배신에 여전히 고통스러워하던 알렌은 어디 두고 보자는 식의 태도를 취했다. 밑줄을 치고, 단어를 사각형 안에 넣고, 대문자로 표기하는 식으로 잔뜩 감정을 드러낸 편지에서 그는 한 젊은 지구론자에게 자신은 "프라이스가 '서둘러 해치운'(quickie) 교리적 철회"가 별로 인상적이지 않다고 말했다. "기껏해야 그것은 자기가 불을 지른 집에서 자신이 앉아 있는 자리가 얼마나 뜨거운지를 증명할 뿐입니다. 그러나 아마도 그 역시 그것만으로는 결코 불을 끌 수 없다는 것을 잘 알고 있을 것입니다." 알렌은 프라이스와 사탄의 영감을 받은 그의 친구들에 의해 "아주 큰 해"가 이미 저질러진 것을 두려워했다. 그래서 그는 자신의 계획을 "극단적으로 비밀리에" 계속 진행하기로 했다. 그것은 오랜 지구라는 "고대의 이교적 개념"을 채택한 창조론자들을 저주하는 책을 발행하는 것이었다. 그 책에서 그는 방사성 동위원소에 기초한 연대측정을 "진

---

45 B. F. Allen to D. D. Haughey, September 28, 1948, Couperus Papers (Price); G. M. Price to F. L. Marsh, July 17, 1955, Marsh Papers, FM (동일과정설 창조론); G. M. Rice to D. J. Whitney, May 7, 1948, Couperus Papers (뒤집혀진 바위의 진실).

화론적 지질 시대 체계 내의 하나의 수정"에 지나지 않는다고 비난하고, 그것은 "홍수지질학의 모든 원칙"과 양립할 수 없다고 주장했다.[46] 그러나 그 "해로움"은 정말로 이미 행해졌다. 다시 말해 1940년대 중반부터 홍수지질학자들은, 특별히 제7일안식일예수재림교회 전통 내부에서, 오랜 지구론과 젊은 지구론 사이에서 선택할 수 있는 자유를 누리게 되었다—그들이 에덴동산 이전에 지상에는 생명이 없었다는 사실을 인정하기만 한다면 말이다.

오랜 지구론의 옹호자들은—이해할 만하게도—알렌보다도 프라이스의 변심에 대해 더 분노했다. 그들 중 일부의 반응은 보수주의자들만 서투르고 피해망상에 사로잡혀 있는 게 아님을 보여주었다. 버틀러(Butler)는 화이트가 예언했던 가톨릭신자에 의한 박해를 두려워하면서 그 모든 일의 배후에 교황청의 음모가 놓여 있다고 보았다. 그에게 알렌과 마쉬 같은 6천년설의 입장을 가진 이들은 미국 개신교의 "**보수적인**" 계층 안으로 잠입한 "로마 가톨릭의 스파이나 대리인"과 놀랄 만큼 비슷해 보였다. 버틀러는 쿠페루스에게 이렇게 설명했다. "가톨릭신자들은 대단히 영리하고 인내심이 강합니다. 그들은 수년에 걸쳐서 변장을 하고 모든 개신교회와 반가톨릭 조직 안으로 섞여 들어옵니다." 비록 버틀러는 프라이스가 로마에 봉사하는 중이라고 고소할 만한 충분한 증거를 제시하지 못해서 멈췄지만, 그의 변덕이 히스테리에 기인한 것이라고 비꼬는 편지를 자신의 옛 선생인 프라이스에게 썼다. 그는 거의 팔십이 다 된 노인에게 이렇게 말했다. "당신의 내면의 시력이 당신의 육체의 눈의 시력과 함께 몰락하지 않

46 B. F. Allen to E. S. Booth, April 24, 1949, Couperus Papers; Benjamin Franklin Allen, "Earth's Origin during Creation Week Sustains Integrity of Fourth Commandment," *Naturalist* 8 (Spring 1949): 14-24, 인용 문구는 p. 14.

기를 바랍니다."[47]

1947년에 이르러서는 "거의 모든 사람"이 홍수지질학회/자연과학회(DGS/NSS)가 끝났다는 결론에 도달했다. 대홍수 이전의 인간들에 관한 약속된 보고를 열망하며 기다렸던 마쉬는 마침내 혐오를 느끼면서, 알렌과 그와 연관된 사람들이 "한 무리의 사기꾼들이거나…아니면 좋은 의도를 가졌지만 잘못 판단한 사람들, 그러나 자기들이 감추고 싶어 하는 얼마간의 가치 있는 과학적 자료들을 실제로는 갖고 있는 사람들"이라고 결론지었다. 그 학회의 서기 겸 편집자인 쿠페루스조차 "작년 12월 이래로 우리가 공식적으로 행한 것은 아무것도 없다"라고 인정했다. 알렌은 아마도 골칫덩이였지만, 적어도 그는 몇 사람을 자극해 행동하도록 만들었다. 그러나 새로운 지도자들은 곧바로 "사소한 것 이상의 어떤 일을 해줄 사람을 얻는 것은 이제는 불가능하다"는 것을 알게 되었다. 비록 옛 멤버들 중 일부가 로마 린다에서 1950년대를 통해 지속될 종교와 과학 세미나(Seminar on Science and Religion)를 열기는 했으나, 1947-1948년도 「포럼」의 발행이 그 학회가 마지막으로 내쉰 숨이었다.[48]

1945년의 분열 이후 외면당해왔던 알렌은 버딕과 함께 놀라운 발견들(Amazing Discoveries, Inc.)이라는 회사를 설립했다. 알렌은 도서관에서 이루어지는 자료 연구에 대한 책임을 맡았고, 버딕은 남서부에서 화석 발자국을 찾는 것과 같은 현장 작업의 책임을 맡았다. 그들이 "신성한 역사 연

---

47 J. L. Butler to E. S. Booth, April 23, 1950 (스파이들); J. L. Butler to M. Couperus, June 26, 1948 (영리함); J. L. Butler to G. M. Price, May 21, 1949 (내면의 시각); 이상 Couperus Papers.

48 F. L. Marsh to G. M. Price, October 16, 1947, Price Papers (사기꾼); H. W. Clark to M. Couperus, January 28, 1947 (죽음), 그리고 M. Couperus to H. W. Clark, May 8, 1947 (작은 노력), 이상 Couperus Papers.

구 탐험"(the Sacred History Research Expedition)이라고 불렀던 극비 프로젝트에서도 두 사람은 함께 협력하고 헌신했다. 그것은 1920년 이래로 알렌의 꿈이었던 노아의 방주를 찾는 일이었다. 모략적 기질을 갖고 있던 알렌은 (자기들이 예상했던) 노아의 방주의 발견에 대한 뉴스를 "메시지-데이"(M-Day)까지 비밀에 부치기로 계획했다. 그날이 오면, 그 발견은 반복해서 국제뉴스로 전세계에 방송될 것이고 뉴스영화가 뒤따르게 될 것이다. 그는 엄격한 비밀 유지를 부탁하면서 이렇게 설명했다. "오직 완전히 비밀에 붙여졌다가 터지는, 갑작스러운, 그리고 놀라운 발표만이 세상의 완전한 관심을 우리의 메시지에 집중시킬 수 있습니다." 후에 버딕은 몇 번이나 아라랏산에 올랐지만, 알렌의 꿈은 결코 실현되지 않았다.[49]

점점 더 고립되고 성미가 고약해지면서 알렌은 인생의 마지막 시점까지 앙심을 품고 보복하려는 어마어마한 계획을 추구했다. 1950년대 초에 그는 제7일안식일예수재림교회의 새로운 총회장인 브랜슨(W. H. Branson, 1887-1961)을 찾아가 자신이 방사능 연대측정이라는, 위험한 "새로운 유행"을 따르는 구성원들을 색출해 뿌리를 뽑겠다고 제안했다. 그러나 그 과묵한 실천가는 알렌의 속임수에 넘어갈 생각이 없었기에 그저 다음과 같이 말하곤 했다. "창세기의 기록은 여전히 하나의 백성인 우리의 공식적 견해이며, 나는 앞으로도 영원히 그러하기를 희망합니다." 몇 년 후에 알

---

49 Amazing Discoveries, Inc., August 21, 1947의 공개회의의 회의록; B. F. Allen, "The Noah's Ark Project: A Report of Progress of the Sacred History Research Expedition to April 1, 1946," 출판되지 않은 문서 (방송); "Strictly Confidential Methods Increasingly Necessary in the Sacred History Expedition: A Resolution Passed by the Board of Directors, December 29, 1946" (공표); 이상 Couperus Papers. Allen은 그 탐험의 총책임자였고, Burdick은 지질학 분야의 부책임자로 봉사했다. 노아의 방주에 대한 Allen의 초기의 관심에 대해 다음을 보라. B. F. Allen to G. M. Price, June 12, 1929, Price Papers.

렌은 자신이 우라늄 광석을 측정하는 새로운 방법을 개발했으며, 그것에 대해 하버드 대학의 저명한 지구화학자의 지원을 얻어냈다고 주장했다. 그는 한 친구에게 편지를 보내 이렇게 말했다. "확신하건대, 내가, 바로 내가, 세계 **최고의** 지구화학자를 자극하고 그에게 **도전**할 수 있었다는 것은 하나님의 **기적**입니다." 1960년에 세상을 떠나기 전까지도 그는 유명한 헐리우드 영화 제작자인 세실 데밀(Cecil B. DeMille)에게 영화 〈십계〉의 후속편으로 노아 홍수의 놀라운 광경을 묘사하는 영화를 제작하라고 계속해서 조르고 있었다.[50]

과학에 대한 헌신을 계속하는 동안 쿠페루스는 서서히 유신론적 진화론자로 탈바꿈했다. 1950년대 중반에 그는 UCLA에서 자연 인류학을 공부했고 전문가들이 모이는 인류학회들에 참석하기 시작했다. 후에 그는 올두바이 조지에서 진잔트로푸스(Zinjanthropus, 아프리카 동부에서 발견된 구석기 시대 전기의 화석 인류—역자 주)의 해골을 공동으로 발굴했던 루이스 리키(Louis B. Leakey)와도 친분을 맺었다. 그리고 1960년대에 그는 리키와 함께 세 차례에 걸쳐 긴 시간을 보내며 동부 아프리카에서 원시 인류의 유적지를 연구했다. 이런 연구를 통해 쿠페루스는 인류의 기원이 엄청나게 오래되었다는 것뿐 아니라, 그들이 진화했다는 것도 확신하게 되었다. 비록 그는 자신이 "창조론자"로 남아 있다고 말하기를 좋아했으나, 창조론에 대한 그의 축소주의적 해석은 오로지 단세포의 초자연적 기원만 요구할 뿐

---

50 B. F. Allen to W. H. Branson, August 17, 1950; W. H. Branson to G. H. Rue, July 29, 1951; B. F. Allen to G. H. Rue, October 16, 1956 (우라늄); B. F. Allen to C. B. De Mille, July 16, 1957; 이상 Couperus Papers. 1945년과 1955년 사이에 Allen은 명백하게도 Price와 아무런 연락도 주고받지 않았다. 다음을 보라. G. M. Price to B. F. Allen, September 12, 1955, Couperus Papers. Allen의 사망기사에 관해서는 다음을 보라. Advent Review and Sabbath Herald 137 (March, 1960): 24.

이었다. 알렌의 삶은 DGS 이야기에 가장 잘 어울리는 마지막 장면의 대본을 쓴 셈이 되었다.[51]

51 M. Couperus의 1981년 1월 12일의 인터뷰; M. Couperus to R. L. Numbers, September 1, 1987.

요약과
복습

1. 종교와 과학 협회(RSA)가 내부의 신학적 의견 차이와 불화로 해체되는 경험을 거쳤기에, 새로 설립된 홍수지질학회는 그 문제를 막기 위해 회원자격을 제한했다.

2. 초대 회장 캡틴 알렌은 엘렌 화이트와 프라이스를 존경했다. 이는 홍수지질학회도 초기부터 제7일안식일예수재림교회의 영향력 아래 있었음을 뜻한다.

3. 알렌은 현장의 사람이고 프라이스는 도서관의 왕자였다. 이 사실은 현장의 과학 교육을 받은 젊은 과학자들이 장차 프라이스를 떠나게 될 운명을 암시한다.

4. 텍사스 글렌로즈 근처 팰럭시 강에 있는 공룡의 발자국과 그 옆의 어떤 발자국이 사람의 것처럼 보인다고 처음으로 보고했던 인류학자 롤랜드 버드는, 이 기사가 선정적인 잡지에 보도되는 것을 우려했다.

5. 홍수지질학회가 최종적으로 확인되지 않은 공룡 발자국 옆의 사람 발자국을, (그 실체가) 들통 날 수 있다는 두려움에도 불구하고 공식적으로 발표(1945년)하게 된 것은 재정적인 압박 때문이었다.

6. 회원들 사이의 짧은 허니문 기간이 끝나고 내부 논쟁과 반란이 시작된 주된 이유는 대학 교육을 받은 젊은 과학자들이 알렌의 독단적인 주장을 받아들이기를 거부했기 때문이었다.

7. 반란의 선봉장 클락과 그의 스승 프라이스 사이의 20년에 걸친 애증의 역사를 살펴보라.

- 프라이스가 처음에는 클락을 칭찬했던 것.
- 클락이 지질학적 연대기를 수용한 것이 프라이스를 놀라게 해서 프라이스가 분노한 것.

- 프라이스가 클락의 주장을 꾸짖고 난 다음에 보니 그것이 자기가 가르쳤던 내용인 것(자가당착).

8. 클락의 새로운 홍수설은 창조론자들이 홍수설을 고수하면서도 화석과 빙하의 지질학적 증거를 수용할 수 있게 해주었다.

9. 프라이스는 클락을 이단으로 몰아붙이면서, 마지막에는 마녀사냥식 공격을 가했다.

10. 마쉬는 제7일안식일예수재림교인으로서는 최초로 식물학 박사학위를 받았지만 엘렌 화이트에 대한 언급을 삼갔고, 나중에는 자신이 진화론자라는 소문에 대해 해명해야 했다.

11. 클락-마쉬는 홍수지질학회의 외곽에서 떨어져 지냈기에 큰 문제가 되지 않았고, 정작 학회를 침몰시킨 암초는 방사성 동위원소 연대측정법을 둘러싼 논쟁이었다.

12. 반란군의 지도자 몰뢰루스 쿠페루스는 하나님의 창조 방법은 알 수 없지만, 오랜 지구의 증거가 있다면 수용해야 한다고 생각했다.

13. 캡틴 알렌과 쿠페루스 사이의 갈등에 불이 붙어 알렌이 먼저 해임되었고 쿠페루스도 욕설에 지쳐 사직서를 냈다. 알렌은 징계 조치 후 복직되었고, 새로운 저널의 편집자가 된 쿠페루스는 엘렌 화이트에 관한 언급을 모두 삭제했다.

14. 프라이스는 대략 20억 년 전에 창조된 오랜 지구를 주장하여 창조론자들 사이에서 센세이션을 일으켰다. 그러나 휘트니의 질책을 듣고 다시 젊은 지구론으로 돌아왔다.

15. 학회의 분열 이후 외면당했던 알렌과 버딕은 1947년에 "놀라운 발견들"이라는 회사를 설립하고, 공룡-인간 발자국과 방주 찾기 프로젝트를 계속 진행하면서, 세상을 뒤집는 놀라운 소식이 매스컴에 발표될 날을 허황되게 기대한다. 쿠페루스는 유신론적 진화론자가 되어 국제 인류학회에 참석하면서 홍수지질학회는 막을 내린다.

제8장

영국의 복음주의자들과 진화

Evangelicals and Evolution in Great Britain

1920년대의 근본주의자들이 십자군 전쟁을 수행한 이후 수십 년 동안 유럽에서—특별히 영국에서—일어난 창조론 르네상스에 대한 보고들은 미국의 반진화론자들을 희망에 부풀게 했다. 여러 해 동안 미국의 반진화론자들은 외부로부터 오는 지원을 꿈꿨으나, 제1차 세계대전에 뒤이은 전쟁 기간에는 보수적인 기독교인들조차 그들을 도울 만한 여력이 없었다. 역사가인 조지 마스덴(George M. Marsden)이 설명했듯이, 언제나 소수자였던 영국의 복음주의자들은 20세기에 이르기까지 소수자의 입장을 경험해본 적이 없는 미국의 복고주의적인 형제자매들보다 강력한 신학적 관용의 전통을 발전시켜왔다. 그런 까닭에, 추방된 미국의 복음주의자들이 사회 안에서 자신들의 잃어버린 자리를 되찾기 위해 투쟁했던 반면, 영국의 복음주의자들은 교리적 순수성보다 개인의 경건을 강조하는 비전투적인 공존의 철학을 택했다.[1] 영국 창조론자들의 오랜 피난처였던, 존경받는 빅토리아 연구소(Victoria Institute)조차 1920년대에 들어와서는 자유주의적 복음주의와 유신론적 진화론의 근거지, 그리고 고작해야 그것의 옛 자아의 그림자가 되었다. 영국의 몇 안 되는 창조론자들은 1930년대에 이르러서야

1 George M. Marsden, "Fundamentalism as an American Phenomenon: A Comparison with English Evangelism," *Church History* 46 (1977): 215-32. 또 다음도 보라. George M. Marsden, *Fundamentalism and American Culture: The Shaping of Twentieth-Century Evangelicalism*, 1870-1925 (New York: Oxford University Press, 1980), pp. 221-8; and James R. Moore, "Evangelicals and Evolution: Henry Drummond, Herbert Spencer, and the Naturalisation of the Spiritual World," *Scottish Journal of Theology* 38 (1985): 383-417.

진화반대운동(Evolution Protest Movement)이라는 단체를 조직할 만한 에너지를 모을 수 있었다.

빅토리아 연구소의 창조론

다윈의 『종의 기원』(*Origin of Species*)과 성경의 "자연에 대한 잘못된 견해들"을 폭로하는 악명 높은 책 『에세이와 논평들』(*Essays and Reviews*, 1860) 같은 책들이 거의 동시에 출현한 것이 근심에 찬 한 무리의 영국인들을 재촉해 1865년에 빅토리아 연구소(Victoria Institute)를 설립하도록 만들었다. 그것은 영국철학회(Philosophical Society of Great Britain)라고도 불렸다. 그 연구소의 공식적인 목표는 "성경에 계시된 위대한 진리들을… 소위 과학이라는 것의 반대 입장으로부터 보호하는 것이다." 그 연구소는 진화에 공식적으로 반대하지는 않았지만, 19세기의 마지막 10년 동안 다윈주의에 대해 회의적인 다수의 과학자들을 끌어들였다. 그들 중에는 미국의 도슨(John William Dawson)과 기요(Arnold Guyot)가 있었는데, 그들은 창조에 집착했던 19세기의 마지막 과학자였다. 그 연구소의 주요 설립자인 제임스 레디(James Reddie, -1871)는 다윈의 이론을 "**조화를 이루지 못하고, 부적절하고, 일관성이 없고, 전적으로 믿을 수 없는**" 것으로 간주했고, 세 명의 초대 부회장들 중 한 사람인 필립 고세(Philip Henry Gosse, 1810-1888)는 다윈 이후의 영국 과학계에서 발견되는 가장 철저한 창조론을 대변했다. 고세는 천년왕국설을 믿는 플리머스 형제단에게 설교하는 일 외에 해양 생물학자로도 일했다. 토머스 헉슬리(Thomas H. Huxley)로부터 "과학계의 가장 정직한 일꾼"(an honest hodman of science)이라는 별명을 얻었던 고세는, 그에게 환멸을 느꼈던 그의 아들 에드먼드(Edmund)가 쓴 희비가 엇갈리는 자서전인 『아버지와 아들』(*Father and Son*)을 통해 영원히 기억되는 불행을 겪었다. 그의 아들에 따르면, 고세는 화석들이 지구 위 생명의 역사를 연대기 순으로 기록하고 있다는 지질학자들의 주장에 맞서 하나님이 지질 시대의 모습을 지닌 지구를 창조하셨다고 주장함으로써 "자신을 계시의 겸손한 종인 동시에 과학적으로 엄격한 관찰자로서 정당화하려고" 노력했다. 예컨대, 그에 따르면, 아담은 탯줄로 모친과 연결된 적은 없으나 배꼽(navel) 혹은 배꼽(*omphalos*)을 갖고 있었다. "옴파로스"는 1857년에 출판된 그 주제에 관한 그의 진기한 저서에 고세 자신이 부여한 제목이었다.[2]

19세기 후반 전성기 때 빅토리아 연구소는 상당한 번영을 누렸다. 그 연구소는 다수의 왕립학회 회원들을 멤버로 두었으며, 멤버들의 숫자는 1897년에 1246명에 달했다. 그러나 그 후 20년이 채 못 되어 등록 회원은 그 숫자의 1/3 이하로 곤두박질쳤고 사람들의 관심에서 멀어지기 시작했

---

2 C. W. Goodwin, "The Mosaic Cosmology," in *Recent Inquiries in Theology, by Eminent English Churchmen; Being "Essays and Reviews"* (Boston: Walker, Wise, 1860), p. 238; "Objects of the Victoria Institute," *Journal of the Transactions of the Victoria Institute* 1 (1867): vi; James Reddie, Discussion of George Warington, "On the Credibility of Darwinism," ibid. 2 (1967): 62. Victoria Institute의 역사에 대해 다음을 보라. E. J. G. Titterington, "The Early History of the Victoria Institute," *Journal of the Transactions of the Victoria Institute* 82 (1950): 53-69; 그리고 Douglas Lloyd Wertheimer, "The Victoria Institute, 1865-1919: A Study in Collective Biography Meant as an Introduction to the Conflict of Science and Religion after Darwin," 출판되지 않은 문서, 1971. James R. Moore가 친절하게 그 논문의 복사본을 제공해주었다. R. E. D. Clark은 October 1, 1984의 인터뷰에서 그 연구소의 기록들과 책들이 제2차 세계대전 중에 어쩔 수 없이 폐기되어야 했는데, 그것들이 화재의 원인이 될 수 있었기 때문이라고 했다. Gosse에 대해 다음을 보라. Edmund Gosse, *Father and Son: Biographical Recollections* (New York: Charles Scribner's Sons, 1907), 인용문은 p. 129; 그리고 Frederic R. Ross, "Philip Gosse's Omphalos, Edmund Gosse's Father and Son, and Darwin's Theory of Natural Selction," *Isis* 68 (1977): 85-96, Huxley 인용문은 p. 85.

다. 1924년과 1928년 어간에 프라이스는 런던 근처에 살면서 사실상 모든 모임에 참석했는데, 당시 그는 그 연구소가 "판에 박힌 틀" 안에서 뒹굴고 있음을 알게 되었다. 그 역시 캐나다 출신의 영국 국민이었지만, 자신이 특별히 만들어낸 미국의 상표를 단 영국의 반진화론에 거의 공감할 수 없었다. 그가 영국에 도착한 직후, 그 연구소의 관리자들—그도 여러 해 동안 그들 중 하나였다—은 그의 의견을 듣기 위해 예를 갖추어 그를 초청했다. 그런 명예에 감격해 하면서 그는 새로운 격변설(new catastrophism)을 요약한 내용을 강의했고, 그것이 진화가 제기하는 문제에 대한 "최종적 해결책"을 제공할 수 있을 것이라고 보증했다. 그러나 연구소의 대다수 멤버들은 거기에 설득되지 않았다. 청중 속의 한 성직자는 프라이스를 "도자기 상점 안의 황소"에 비유하며 이렇게 말했다. "그는 한쪽 뿔로 지질학이라는 과학을 파괴하고, 다른 쪽으로는 고생물학(화석학)이라는 과학을 파괴했으며, 그 후에 폐허 더미 사이에 서서 우리에게 그 파편들을 꿰맞춰 지질학의 새로운 체계를 구성하라고 한다." 거꾸로 놓인 지층의 몇 안 되는 사례들은 "세계 도처의 수천 명의 유능한 관찰자들과 연구자들이 한 세기가 넘도록 최선을 다해 관찰하고 수집한 사실들에 기초해 세워진 층서학적(層序學的, stratigraphical) 지질학의 체계 전체를 거부"하기에는 충분치 못하다는 것이었다. 그러나 그 연구소에 실망한 과학분야의 회원(프라이스)은 무례하게도 동료들에게 "약간 새로운 영감을 받은 아마추어의 열광주의적 자료를 맹목적으로" 수용하지 말라고 경고했다.[3]

---

3 Wertheimer, "The Victoria Institute," p. 4; G. M. Price가 Creation-Deluge Society의 회장과 이사들에게 보낸 편지, 1945년 8월 29일, Couperus Papers, Molleurus Couperus 제공 (판에 박힌 틀); George McCready Price, "Geology and Its Relation to Scripture Revelation," *Journal of the Transactions of the Victoria Institute* 46 (1924): 97-

다음 해에 프라이스는 "계시와 진화"(Revelation and Evolution)라는 글을 써서 그 연구소가 3년에 한 번씩 수여하는 랭혼 오처드 상(Langhorne Orchard Prize)을 20기니(영국의 옛 금화)의 상금과 함께 수상했다. 하지만 그는 여전히 그가 갈망하는 존경을 얻지 못하고 있었다. 위의 글을 발표했던 연구소 정기간행물의 오랜 편집자는 프라이스가 영국에서 "진화에 반대하는 새로운 십자군 운동"을 선동하려 한다는 자신의 의구심을 표현하는 항의 문구를 첨부했다. 그는 프라이스가 대서양 건너편에서 행했던 것처럼 영국에서도 "과학자와 기독교인 사이에 끼어들어 서로를 이간시키려 한다"는, 그에 대한 다른 멤버의 비난도 전달했다.[4]

프라이스는 합리주의자 언론인 협회(Rationalist Press Association)가 그를 유혹해, 한때 프란시스코 교단의 사제였다가 합리주의 철학자로 변신한 맥케이브(Joseph McCabe, 1867-1955)와 런던에 있는 퀸스홀에서 전면 공개 토론을 하게 했을 때 더욱 큰 굴욕을 당했다. 지금까지 얼굴과 얼굴을 맞대는 대립을 피해왔던 프라이스는 3천 명에 달하는 적의를 가진 청중 앞에서 경험 많고 노련한 토론자를 맞아 게임을 벌였다. 스크린에 떠 있는 그림들을 가지고 청중과 함께 즐겼던 맥케이브와는 대조적으로, 프라이스는 자신이 길게 인용했던 책 더미 곁에 서서 학자적인 접근법을 택했다. 프라이스의 발표 시간 마지막 15분 동안에는 그를 괴롭히는 사람들이 너무도 자주 끼어들었기에, 그는 자신의 반론을 마칠 수조차 없었다.

123, 인용구는 p. 98 (최종 해법), pp. 118-20 (황소), pp. 120-1 (아마추어).

4 George McCready Price, "Revelation and Evolution: Can They Be Harmonized?" *Journal of the Transactions of the Victoria Institute* 47 (1925): 169-89, 인용구는 pp. 183, 187. 1930년대에도 계속되는 Price의 비판에 대해 다음을 보라. Alan Stuart, "Science and the Interpretation of Scripture," ibid. 69 (1937): 97.

그는 미국에 있는 한 친구에게 보낸 편지에서 이렇게 말했다. "한번은, 내 생각에, 천명이나 되는 사람이 한꺼번에 일어서서 나에게 혹은 자기들 옆자리에 있는 이들에게 소리를 지르고 야유했습니다. 그것은 정말 아슬아슬한 순간이었습니다."[5]

영국에 머물렀던 4년 동안 프라이스는 대부분의 사람들에게서 인상적인 대접을 받지 못했다. 그는 미국의 근본주의자 존 스트래튼(John Roach Straton)에게 보낸 편지에서 이렇게 말했다. "나는 이곳에 있는 성경의 친구들이 진화라는 주제에 대해 철저히 무기력한 것을 보고 약간 실망했습니다." 일반인들은 교회와 학교에서 진화에 대해 거의 배운 바가 없고, 영국의 "성직자들은 지적 속물이자 약자를 괴롭히는 자인 헉슬리(T. H. Huxley)에게 너무도 무자비하게 혹평과 협박을 당해서 이제는 감히 자신들의 영혼을 자신들의 것이라 부르기도 어려울 정도가 되었습니다." 실제로 상당한 양의 증언들이 프라이스의 평가를 지지하고 있다. 「네이처」(*Nature*)가 영국의 지도적인 성직자들, 과학자들, 그리고 교육자들에게 1920년대 중반에 미국에서 발생한 반진화론의 소동에 대한 논평을 부탁했을 때만 해도, 어느 누구도 그와 비슷한 "지적 테러"가 영국에서도 발발하리라는 두려움을 갖지 않았던 것으로 보인다. 버밍햄의 자유주의적 감

5 *Is Evolution True? Verbatim Report of Debate between George McCready Price, M.A., and Joseph McCabe* (London: Watts, 1925); G. M. Price to E. S. Ballenger, September 28, 1925, 이것의 원본은 내가 소유하고 있다. 그 논쟁의 직접적인 설명에 대해 다음을 보라. A. S. Maxwell to H. W. Clark, November 4, 1964, and W. G. C. Murdoch to H. W. Clark, November 4, 1964, George McCready Price Papers, Adventist Heritage Center, Andrews University; and "Shout Down American in Evolution Debate," *New York Times*, September 7, 1925, p. 5. McCabe가 Price를 토론으로 유혹하여 자신의 인기를 높인 일에 대해 다음을 보라. Douglas Dewar, *A Challenge to Evolutionists*, 3rd ed. (Croy, Surrey: Uplift Books, 1948), p. 10.

독이었던 반즈(E. W. Barnes, 1874-1953)는 전형적인 진술을 통해 이렇게 주장했다. "교육을 받은 영국의 평범한 기독교인들은 진화의 과정을 하나님이 인간을 창조하시는 수단으로 사용하신 장치로 여긴다. 우리 중 조금이라도 알려진 신학자와 성직자는 모두 그 견해를 수용한다." 사실, 프라이스가 진화와 맞서 적극적으로 투쟁을 벌이고 있는 것으로 알았던 영국의 유명한 성직자는 단 두 명—하나는 장로교인이고 다른 하나는 감리교인이었다—뿐이었다.[6]

영국에서 창조론의 운명은 빅토리아 연구소가 나이 많은 **존 플레밍**(John Ambrose Fleming, 1849-1945)을 소장으로 임명했던 1927년에 조금 호전되었다. 그는 저명한 전기공학자이자 발명자였는데, 2년 전에 전화, 전신, 라디오, 전등의 발전에 공헌한 것을 이유로 무선 전신의 선구자인 마르코니(Guglielmo Marconi, 1874-1937)와 다른 과학 전문가들에 의해 노벨상 후보로 지명되었다. 회중교회 목사의 아들이었던 플레밍은 성인이 되어서는 영국 복음주의 성공회 쪽으로 옮겨갔다. 그는 성경의 기적들과 예언들 그리고 임박한 그리스도의 재림을 아무런 의문 없이 인정했으며, 고등비평가들과 과학적 물질주의자들에 맞서 그런 가르침들을 단호하게 변호했다. 진화에 대한 그의 반대는 제1차 세계대전 이후 몇 년 동안 다윈의 이론이 성경에 대한 공공의 믿음을 다른 어떤 것보다도 더 많이 약화시

6 G. M. Price to J. R. Straton, February 9, 1927, John Roach Straton Papers, American Baptist Historical Society; "Evolution and Intellectual Freedom," *Supplement to Nature* 116 (July 11, 1925): 69-83, 인용문은 p. 74. 또 다음도 보라. "Truth and Doctrine in Science and Religion," ibid., pp. 83-4; and E. Griffith-Jones, "Evolution and Religious Thought," *British Weekly* 76 (1924): 401-2. 영국 복음주의자들의 일반적인 태도와 Barnes의 특별한 입장에 대해서는 다음을 보라. D. W. Bebbington, *Evangelicalism in Modern Britain: A History from the 1730s to the 1980s* (London: Unwin Hyman, 1989), pp. 207-8.

키고 있다는 그의 점증하는 확신으로부터 왔다.[7]

플레밍은 자신이 창조론자라고 상상했고 영혼의 특별 창조를 주장했다. 하지만 그는 하나님이 인도하신 진화의 발전 과정을 용납했고 아담 이전 인간들의 존재를 수용했다. 그래서 사람들은 종종 그를 유신론적 진화론자로 착각하기도 했다. 1927년에 그가 빅토리아 연구소에서 진화와 계시 사이의 관계에 대해 강연했을 때, 그 연구소의 한 멤버는 그가 "진화론을 위한 유능하고 논리 정연한 사실"을 제시해주었다며 그를 축하했다. 다른 멤버는 플레밍의 견해를 프라이스의 것과 비교하면서 플레밍이 "진화론자들의 현재 입장을 [프라이스보다] 더 잘 알고 있으며, 진화에 대한 가장 최근의 과학적 설명과 성경 사이에서 이렇다 할 만한 교착상태를 발견하지 못한다"라고 말했다. 자신의 입장에 대한 이런 글을 읽고 깜짝 놀란 플레밍은 서둘러 자신의 논지를 명확하게 설명했다. 만일 진화가 "스스로 작동하여 우주의 점진적 과정을 산출하는 어떤 비인격적 작용을 뜻한다면, 나의 목적은 그것에 동의하기 위한 것이 아니라 반대하기 위한 것이며, 또한 자연 안에는 우리가 현재 알고 있는 물리적 혹은 자연적 작용에 의해서는 결코 연결될 수 없는 불연속성들이 존재한다는 사실을 보여

---

7 전기적 정보에 대해서는 다음을 보라. J. T. MacGregor-Morris, "Sir (John) Ambrose Fleming," *Dictionary of National Biography, 1941-1950*, pp. 258-60; 그리고 Sir Ambrose Fleming, *Memories of a Scientific Life* (London: Marshall. Morgan & Scott, [1934]. 그러나 이 둘은 그의 종교적 삶에 대해 거의 말해주지 않는다. Fleming의 노벨상 지명은 그의 서신들과 다음에서 볼 수 있다. Papers of Sir Ambrose Fleming, J. A. Fleming Collection, University College London Library. 진화와 성경에 대한 그의 견해를 다음에서 보라. John Ambrose Fleming, *Science and Miracle* (London: Religious Tract Scociety, 1917); Sir Ambrose Fleming, *The Bible and Modern Evolutionary Theory* (London: Bible Testimony Fellowship, [1932]); and Sir Ambrose Fleming, *Evolution and the Bible* (London: Covenant Publishing Co., [1937]).

주는 것이다. 비록 진화라는 용어가 단순한 것으로부터 복잡한 것으로의 느린 변화를 표시하는 것에 엄격하게 제한된다고 해도, 나는 그 모든 과정들이 어떤 인도를 필요로 한다는 사실을 내가 보여주었기를 희망한다." 요컨대, 플레밍은, 그것이 설계와 때때로 있었던 신적 개입을 부정하지 않는 한, 점진적인 발전 과정을 수용하려 했다. 확실히 그로서는 지구의 역사를 수백만 년으로 펼쳤던 지질학자들과 논쟁할 필요가 없었다.[8]

그러나 인간의 역사는 그의 깊은 관심사였다. 1930년대 중반에 플레밍은 다음과 같은 결론에 도달했다. 첫째, 동물과 명확하게 구분되는 아담 이전의 인류는 "대략 기원전 5500년경에 아담적 인간이 도래"하기 전에 지구상에 살았다. 둘째, 기존의 인간성을 창조자에 대한 믿음으로 전환시키기 위해 이루어진 아담적 인간의 창조는 "이전보다 독창성, 권위, 그리고 상호교류 능력 같은 정신적 기능을 더 많이 부여받은 존재"를 낳았다. 셋째, 아담과 하와가 모든 인종의 조상이 아니기에, 성경은 인류 역사의 작고 핵심적인 부분만을 계시한다. 1935년에 빅토리아 연구소의 회장단에게 행한 강연에서 플레밍은 인류학과 성경에 대한 자신의 견해를 요약했고, 그것은 런던의 주요 일간지들의 관심을 사로잡았다. 그가 별들과 동물들의 진화 그리고 인류의 고대적 기원을 인정했음에도 불구하고, 신문들은 그가 "우주, 동물, 인간의 진화라는 현대 과학 이론의 핵심을 사납고 무겁게 공격했다"고 묘사했다. 그들은 그 저명한 과학자가 진화론을 반대하는 데 있어 대부분의 성직자들보다도 더 많이 나아갔다고 말했다. 플레밍

---

8 J. A. Fleming, "Evolution and Revelation," *Journal of the Transactions of the Victoria Institute* 59 (1927): 11-40, 인용문은 p. 32 (진화의 사례), p. 34 (진퇴양난), and p. 39 (불연속성들); Ambrose Fleming, *Evolution or Creation?* (London: Marshall, Morgan & Scott, [1933]), pp. 107-13.

의 강연이 일으킨 나비 효과는 인류학자 아서 키스 경(Sir Arthur Keith)을 움직여서, 다윈에 대한 그와 같은 새로운 비판에 대해 책 한권 분량으로 답변하게 만들었다. 그는 "영국과 스코틀랜드에서 근본주의가, 교육을 받고 자유로운 정신을 지닌 사람들이 지금까지 생각해왔던 것보다 더 많이 만연하고 있음이 틀림없다"라고 어둡게 경고했다. 아마 그랬을 수도 있으나, 그것은 미국인들은 거의 알지 못했던 종류의 근본주의였다.[9]

애크워스 서클

미국으로 돌아가기 전인 1920년대 말에 프라이스는 영국의 창조론자들이 "작고 약하고 중요하지 않은 그룹과 단체들로 쪼개지고 나눠졌다"고 지적하면서 그런 각각의 노력을 하나로 묶을 통합체를 만들 것을 요청했다. 그는 그 단체는 "성경을 방어하기 위한 힘을 놀랄 만큼 드러낼 것"이라고 예견했다. 1930년대 초에 암브로스 경(Sir Ambrose)이 (당시 그는 그렇게 불리고 있었다) 버나드 애크워스(Bernard Acworth, 1885-1963), 그리고 더글라스 디워(Douglas Dewar)와 힘을 합쳐 영국 최초의 창조론자 모임인 진화반대운동(Evolution Protest Movement, EPM)을 결성했다. 아버지와 할

---

9 Ambrose Fleming, *The Origin of Mankind: Viewed from the Standpoint of Revelation and Research* (London: Marshall, Morgan & Scott, [1935]), p. 24 (행성의 진화), p. 115 (세 가지 결론들), p. 132 (동물의 진화); Sir Ambrose Fleming, "Modern Anthropology versus Biblical Statsment on Human Origin," *Journal of the Transactions of the Victoria Institute* 67 (1935): 15-42; "Evolution and Our Faith," (London) *Daily Telegraph*, January 15, 1935, p. 10 (공격); "Age of Man and the Earth," (London) *Times*, January 15, 1935; Sir Arthur Keith, *Darwinism and Its Critics* (London: Watts, 1935), pp. 1-2, 36. *Daily Telegraph*는 비판자들에 대한 Fleming의 답변을 1935년 1월 19일 판에 게재했다. Fleming은 1929년에 귀족 작위를 수여받았다.

아버지도 성공회 성직자였던 애크워스는 영국 해군대학에서 교육을 받은 후 잠수함 승무원이라는 걸출한 경력을 시작했다. 그는 제1차 세계대전 중에 무공훈장을 받았고, 나중에는 수중 음파탐지기의 선구적인 옹호자가 되었다. 1930년 경 영국 해군에서 은퇴한 후에는 프리랜서 언론인으로 변신해 런던의 「모닝 포스트」(*Morning Post*)와 「요크셔 포스트」(*Yorkshire Post*) 같은 신문사를 위한 해군 통신원으로 일했다. 사회주의, 공군력 증강, 석유 수입에 대한 강고한 반대자였던 그는 1931년과 1942년에 두 번 국회의원에 입후보했으나 낙선했다. 1929년에 그는 열두 권이 넘는 그의 책들 중 첫 번째인 『속박』(*Bondage*)을 펴냈다. 그것은 진화, 상대성이론, 공군력에 대해 별난 비판을 가하는 책이었고, 부분적으로는 군 전체가 점점 더 공군력에 열광하는 것에 자극을 받아 쓴 책이었다. 그는 (나로서는 도대체 이해할 수가 없는) 어떤 확신, 곧 생물학자들이 생물 진화에 대한 그들의 결정적 증거들 중 하나를 "신비하고 놀라운" 철새들의 이주 습성으로부터 이끌어내고 있다는 확신에 사로잡혀, "날아가는 새들에 대한 **과학적** 연구"—특별히 그런 새들이 바람을 느끼지 못한다는 관찰—가 진화론을 조금도 지지해주지 않는다는 것을 예시하려고 애썼다.[10]

비록 과학적 학회들은 애크워스의 이런 색다른 생각에 거의 주목하지 않았지만, 그의 책은 디워의 관심을 사로잡았다. 디워는 법정 변호인이자

---

10 G. M. Price to J. R. Straton, February 9, 1927, Straton Papers; Bernard Acworth, *The Bondage: A Study of the "Migration" of Birds, Insects and Aircraft, with Some Reflections on "Evolution" and Relativity* (London: John Murray, 1929), pp. 1-4. 전기에 관련한 자료들은 다음에서 왔다. A. G. T[ilney], "Origin of Evolution Protest Movement," *Evolution Protest Movement Pamphlet No. 82*, 1963; Richard Acworth의 October 2, 1984의 인터뷰; 그리고 "Capt. Bernard Acworth," *Who Was Who, 1961-1970* (London: Adam & Charles Black, 1972), pp. 4-5.

아마추어 조류학자였고, 이제 막 생물 진화론의 타당성을 의심하기 시작했던 상태였다. 십대 시절에 그는 케임브리지에 있는 예수 대학에 장학생으로 입학했고, 1895년에 자연과학 분야의 최우등 학사학위를 받았다. 그 다음에 그는 힌두스타니어(Hindustani, 북부 인도의 상용어이고 Hindi의 한 방언)를 공부해서 인도의 공무원이 되었고, 나중에 감사관의 직위에까지 올라갔다. 인도에서 체류하는 동안 그는 동물학을 취미로 삼았고, 인도의 새들에 관한 인정받는 전문가가 되었다. 1909년에 그는 캘커타에 있는 국립역사박물관의 부관장과 함께 『종의 형성』(*The Making of Species*)이라는 책을 공동으로 저술했다. 그것은 진화를 옹호하는 책이었고, 그 책의 공동저자들은 "'용불용설'(用不用說)과 만능적인 자연선택설 사이에서 나아갈 진로"를 찾고자 애썼다. 영국이 인도에서 벌이고 있던 "무시무시한 소란" 때문에, 그는 1924년에 일찍 은퇴해 영국으로 돌아갔고, 연금으로 생활하면서 자신의 관심사를 진화에 대한 비판적 평가 쪽으로 전환시켰다.[11]

케임브리지의 그의 모든 선생들과 교재들이 진화를 가르쳤기에, 디워는 "그다지 내켜하지 않는" 다윈주의자로서 학교를 떠났다. 그가 나중에 설명한 바에 따르면, "그 이후의 연구와 현장 작업이 처음으로 나를 다윈주의와 진화를 거부하는 쪽으로 인도했다." 그 역시 진화론이 "백인종의 도덕성"에 커다란 해를 끼치는 중이라고 점점 더 걱정하게 되었다. 1931년에 그는 『진화론의 난점들』(*Difficulties of the Evolution Theory*)라는 논문을

---

11 T[ilney], "Origin of Evolution Protest Movement,"; C. E. A. Turner, Review of *The Transformist Illusion*, by Douglas Dewar, Evolution Protest Movement Pamphlet No. 125 [No. 126], 1965; Douglas Dewar and Frank Flinn, *The Making of Species* (London: John Lane, 1909), pp. xi, 26; Douglas Dewar, *A Challenge to Evolutionists*, 3rd ed. (Croydon, Surrey: Uplift Books, 1948), pp. 34-5 (무시무시한 소란). 또 다음도 보라. "Douglas Dewar," *Who Was Who, 1951-1960* (London: Adam & Charles Black, 1961), p. 302.

완성했는데, 그것은 지리적 분포로부터 혈액 반응에 이르기까지 증거도 없이 주장되었다고 생각되는 진화론의 문제들에 대한 목록이었다. 그는 특별히 화석 기록에서 전이 형태들이 희귀하다는 것과 유기체의 새로운 유형을 유발할 능력을 갖고 있는 자연의 힘들을 확인할 수 없다는 것에 영향을 받아 "진화론에 의해 보충되는…특별 창조라는 잠정적 가설"을 채택할 것을 추천했다. 그는 생물학자에게는 단지 두 가지의 선택만 가능하다고 주장했다. "모든 종류의 유기체는 두 가지 과정들 중 한쪽 아니면 다른 쪽으로부터 유래했음이 틀림없는데, 그것은 진화 아니면 특별 창조다."[12]

그 책의 초고를 끝낸 후에, 디워는 우연히 프랑스 동물학자 **루이 비알통**(Louis Vialleton, 1859-1929)의 책을 발견했다. 비알통은 몽펠리 대학의 비교해부학 교수였다. 그는 1920년에 빛의 양자론과 거의 비슷한 불연속적 진화론(discontinuous evolution)을 제안해 상당한 주목을 받았다. 이 사실 때문에 반진화론자들은 그의 입장을 특별 창조론과 혼동하는 실수를 범하기도 했고, 그를 "20세기의 가장 위대한 비교해부학자"라고 추켜세우기도 했다. 디워는 자신의 견해를 좀 더 회의적인 독자들의 입맛에 맞추기 위해, 원고를 인쇄소에 보내기 전에 본문에 그 프랑스인을 언급하는 각주를 자유롭게 뿌려댔다.[13]

---

12 D. Dewar to G. M. Price, July 25, 1931, Price Papers; Douglas Dewar, *Difficulties of the Evolution Theory* (London: Edward Arnold, 1931), pp. 5, 158.

13 D. Dewar to G. M. Price, July 25, 1931, Price Papers. Vialleton에 대해서는 다음을 보라. Harry W. Paul, *The Edge of Contingency: French Catholic Reaction to Scientific Change from Darwin to Duhem* (Gainesville: University Presses of Florida, 1979), pp. 99-100; Douglas Dewar, "The Limitations of Organic Evolution," *Journal of the Transactions of the Victoria Institute* 64 (1932): 120-43; Arnold Lunn and J. B. S. Haldane, *Science and Supernatural: A Correspondence* (London: Erye and Spottiswoode, 1935), pp. 178-9, 202 (가장 위대한 비교해부학자). A. Morley Davies, *Evolution and Its Modern Critics* (London

같은 이유로 또한 그는 모든 종교적 진술들을 조심스럽게 걸러냈다. 그는 성경의 전적 영감설을 믿는 헌신적인 기독교인임에도 잠재적 독자들이 "여기에 신학적 편견을 갖지 않고 오직 순수한 과학적 토대에 기초하여 진화론과 싸우는 책이 있다"라고 말하기를 원했다. 그는 사적으로는 이미 자신의 근본주의적 성향을 고백했다. 1931년에 그는 한 지인에게 편지를 보내 이렇게 말했다. "나는 성경이 틀린 진술을 포함할 수 없다고 생각합니다. 그리고 만일 그 진술들이 지질학자들의 견해와 분명하게 갈등을 일으킨다면, 후자가 틀린 것입니다." 그는 고대세계에 대한 지질학적 증거를 적당히 수정하기 위해, 처음에는 그 자신이 만든 특이한 간격 이론을 제안했다. 파멸-회복을 주장하는 이들(ruin-and-restorationists)과 달리, 그는 창세기 1장 1절과 2절 사이가 아니라, 1장과 2장 사이에 시간적 간격을 배치했다. 그가 믿기에 화석들은 창세기 1장의 6일간의 창조와 "온전하게 영적인 인간"(a fully spiritual man)을 소개하는 창세기 2장이 묘사하는 그보다 훨씬 후대의 에덴의 창조 사이에 있었던 지구로부터 유래한 유물들이었다. 1940년대에 이르러 그는 단 한 번의 오래된 창조를 선호하게 되었다. "모든 주요한 형태의 생명체들이 한 차례의 꽤 많은 수의 창조 행위에 의해 존재하게 되었고, 각각의 형태는 지구의 각 지역에 있는 그것의 서식지에 가장 적합하도록 만들어졌다"는 것이다.[14]

관심을 갖는 출판사를 찾을 수 없어 자비로 출판된 디워의 책은 평균

Thomas Murby, 1937), p. 12는 Vialleton의 "진화"가 Dewar의 "창조"가 되었다고 지적한다.

14 D. Dewar to G. M. Price, July 25, 1931 (영감); D. Dewar to [이름 지워졌음], Nevember 2, 1931 (틀린 진술 없음); D. Dewar to G. M. Price, June 15, 1936 (간격이론); 이상 Price Papers. Dewar는 자신의 단일 창조 이론을 다음에서 자세히 설명한다. "Current Theories of the Origin of Living Organisms," *Journal of the Transactions of the Victoria Institute* 76 (1944): 53-93, 인용문은 p. 58.

적인 주일 설교가 사람들에게 관심을 받는 정도로만 대중적 관심을 끌었다. 그러나 그 책은 프라이스의 눈에 띄였다. 프라이스는 그 책을 미국의 반진화론자들의 관심을 끌기 위해 가져갔고, 그렇게 함으로써 디워가 홍수지질학에 관한 자신의 책에 관심을 갖게 했다. 처음에 디워는, 자기는 지질학의 문제에 대해 잘 모른다면서 프라이스의 지질학에 대한 논평을 거절했지만, 몇 달이 지나지 않아 프라이스에게 이렇게 말했다. "당신의 견해에 대해 숙고하면 할수록, 나는 그것을 더 좋아하게 됩니다." 디워는 프라이스가 홍수지질학을 인정받기 위해 홀로 투쟁하고 있다는 점을 특별히 강조했다. 그는 바이런 넬슨(Byron C. Nelson), 더들리 휘트니(Dudley Joseph Whitney), 그리고 자신 같은 지지자들이 "[프라이스의] 이론, 또는 그와 같은 다른 어떤 이론을 확립할 수 있기를" 희망했다. 디워는 성경을 상식적으로 읽는 홍수지질학을 좋아한다고 고백했지만, 프라이스의 새로운 격변설의 몇 가지 핵심적 측면은 수용하기 어렵다고 보았다. 예를 들어 그는 두께가 1천 피트(300m)나 되는 화석의 모암(母巖)이 어떻게 몇 달 만에 놓일 수 있었는지 납득할 수 없었다. 또한 그는—클락(Harold W. Clark)과 마찬가지로—쉽게 예측될 수 있는 지질주상도(geological column)에 대한 증거가 무시하기에는 너무 크다고 보았다. 잠시 동안 그는 대홍수 기간 동안 [죽은] 동물들이 각자의 몸무게에 따라 분류되었다고 생각했다. 그것이 척추동물들이 가장 낮은 퇴적층에서는 통상 발견되지 않는 이유를 설명해줄 것이다. "척추동물의 육체는 썩을 때까지 부유했고, 반면에 껍데기를 가진 무척추동물들은 죽자마자 가라앉기 시작했을 것이다." 디워는 비슷한 방식으로 다음을 추측했다. "조류 화석이 비교적 드문 것은, 조류의 뼈는 공기가 통하고 머리뼈는 물에 뜬다는 사실에 의해 설명될 수 있다." 이런 생각은 재빠른 실험으로 이어졌다. 그는 프라이스에게 신이 나서 편지를 썼다. "방금 나는 인도 제비갈매기의 머리뼈를 한 양동이의 물에 떨어뜨려보았고 그것들이 물에 뜬다는 사실을 증명했습니다!"[15]

홍수지질학에 대한 디워의 유보적 태도는 그가 루이스 데이비스(Lewis Merson Davies, 1882-1955) 중령을 알게 되면서 두 배로 증가했다. 데이비스는 이미 1930년대 초에 창조론 세계에서 가장 잘 알려진 지질학자이자 고생물학자였다. 두 사람 모두 같은 시기에 인도에서 살았지만, 분명히 그들은 디워의 책 『진화론의 난점들』의 출판이 둘을 연결해줄 때까지 서로의 존재를 몰랐다. 데이비스는 인도 중부에서 태어났으며, 소년 시절을 스코틀랜드에서 보냈고, 그 뒤 1900년에 영국 포병대에 입대했다. 미국인 해리 림머(Harry Rimmer)와 마찬가지로 그는 군대에서 복싱을 했고, 육군과 해군 장교들 간의 시합에서 미들급 챔피언에 오르기도 했다. 1907년부터 1926년까지 거의 20년 동안 그는 인도 포병대에서 근무했다. 인도의 북서쪽 전선에 주둔하는 동안 그는 그 지역의 지질을 공부하기 시작했고, 이어서 그 주제에 대해 몇 편의 논문을 발표했다. 군복무를 마치기 위해 스코틀랜드로 돌아오자마자 그는 에딘버러에 정착했고, 그 대학의 석사 과정에서 지질학 문헌들을 읽기 시작했으며, 1934년에 마침내 석사학위를 받았다. 자신을 진지한 지질학자가 아니라 단지 "늙은 군인"으로 치부하며 무시할지도 모르는 비평가들의 입을 닫기 위해, 그는 에딘버러 대학에서 대학원 과정 공부를 계속했다. 결국 그는 1938년에 박사학위(Ph.D.)를, 그

---

15 D. Dewar to G. M. Price, July 25, 1931 (발행자); D. Dewar to G. M. Price, August 9, 1931 (무지와 특별한 중력); D. Dewar to G. M. Price, August 21, 1931 (더 좋아하게 됨); D. Dewar to [이름 지워짐], November 2, 1931 (지지자들과 비판); 이상 Price Papers. Price가 Dewar의 책을 추천한 것에 대해 다음을 보라. [Leander S. Keyser], Review of *Difficulties of the Evolution Theory*, by Douglas Dewar, *Christian Faith and Life* 37 (1931): 668-9; and D. Dewar to G. M. Price, August 21, 1931, Price Papers.

리고 다시 3년 후에는 이학 박사(D.Sc.)까지 받았다. 그 후에도 그는 그랜트 지질학 연구소(Grant Institute of Geology)에서 연구를 계속했으며, "특별히 백악기 제3기말 지층에서 발견되는 유공충(有孔蟲, Foraminifera)의 식별과 분포에 대한 지도적 권위자"로 알려지기에 이르렀다. 그와 가까이 지냈던 이들은 대개 그를 호감형의 박식한 동료로 알았으며, 그는 진화에 반대하는 입장 때문보다는 스코틀랜드에서 소년대(Boys-Brigade) 운동과 관계된 활동을 한 것 때문에 더 많이 알려졌다.[16]

데이비스는 종교적 측면에서 디워가 말하는 "근본주의자"였다. 과학과 종교에 관한 그의 초기 책들 중 하나인 『현대주의의 중요성』(*The Significance of Modernism*, 1927)이라는 소책자에서 데이비스는 "**문자적 성경**"과 문자적 재림을 옹호했다. 그가 잠시 만났던 영국에 체류하던 홍수지질학자 프라이스와 마찬가지로, 데이비스 역시 베드로후서 3:3-7의 예언에 대단히 큰 중요성을 부여했다. 그 예언은 비웃는 자들이 말세에 노아 홍수를 부정하면서 "만물이 태초의 창조 이래로 그대로 있다"고 말하리라는 것이었다. 그는 이 구절이 동일과정설적 지질학(uniformitarian geology)에 대한 기소장이라고 여겼다. 데이비스가 그 구절을 읽었을 때, 베드로서는 그에게 이렇게 말하고 있었다. "동일과정설에 대한 믿음은 홍수에 대한 믿음의 거절이자, 재림에 대한 믿음의 거절이며, 최후의 심판과 죄인들의

---

16 D. Dewar to G. M. Price, July 25, 1931 (Davies의 발견); L. M. Davies to G. M. Price, April 29, 1945 (늙은 군인); 이상 Price Papers. 전기에 관한 추가적 정보는 다음에서 왔다. Robert Campbell, "Lt.-Col. Lewis Merson Davies, R.A., M.A., Ph.D., D.Sc., F.G.S., F.R.A.I.," *Royal Society of Edinburgh Year Book, 1954-55*, pp. 16-18. 이 자료는 왕립학회의 사무처장인 Charles E. Waterston이 친절하게 제공해주었다; 그리고 C. D. Waterston to R. L. Numbers, September 5, 1988. Marguerite Dupree, Robert Anderson, 그리고 Jo Currie가 내가 Davies에 관한 정보를 추적하는 일에 도움을 주었다.

영원한 형벌에 대한 믿음의 거절이다." 프라이스와 마찬가지로 그 역시 생물 진화의 모든 논쟁에서 지질학에 특권적 입장을 부여했다. 그는 이렇게 썼다. "당신도 알다시피, 원숭이들은 오늘날 인간으로 변하고 있지 않고, 도마뱀들도 새로 변하고 있지 않습니다. 만일 그런 일이 발생했다면, 그것은 아득히 먼 과거의 일일 뿐입니다. 그리고 오직 화석을 연구하는 지질학자들만이 그런 과거를 취급합니다."[17]

그의 저서 중 가장 많이 읽힌 것은 『성경과 현대 과학』(*The Bible and Modern Science*)이다. 이 책의 내용은 1923-1924년에 「인도의 그리스도인」(*Indian Christian*)이라는 잡지에 실렸던 일련의 논문들이며, 1953년까지 4판을 인쇄했다. 그 책에서 데이비스는 프라이스를 동료 창조론자로, 그리고 성경의 예언을 연구하는 이로 인정했다. 그러나 그는 프라이스가 했던 것처럼 "실제로 모든 지질학적 현상을 단 한 번의 짧은 대홍수의 효과"의 탓으로 여기는 것은 불가능하다고 생각했다. "'양파 껍질' 이론과는 대단히 거리가 먼 지층의 **지역적** 연속성(local succession)이라는 성격이, 내 생각으로는 그런 사고를 불가능하게 만든다." 그는 개인적으로 홍수지질학에 반대되는 추가적 증거를 인용했다. 먼저 몇 겹으로 쌓인 화석 삼림의 존재가 있다. 그것은 "규칙적으로 뿌리를 내렸고, **그 자리에서** 하나가 다른 하나 위에" 쌓였는데, 이것은 그 모든 것이 한 번에 퇴적되었다는 생

---

17 D. Dewar to G. M. Price, July 25, 1931, Price Papers (근본주의자); L. M. Davies, *The Significance of Modernism* (London: Marshall Brothers, [1927]), pp. 7-8, 35; L. M. Davies to G. M. Price, April 29, 1945 (초기 모임), and December 13, 1945 (벧후), 이상 Price Papers; L. M. Davies, "Evolution," *Journal of the Transactions of the Victoria Institute* 62 (1930): 214-52, 베드로서에 관한 인용은 p. 236; "Evolution or Christianity? Being the Substance of a Dailogue between Mr. A. Long...and Lt.Col. L. M. Davies…2nd February, 1946," *Evolution Protest Movement Pamphlet No. 44*, 연대 미상, p. 2 (특권적 입장).

각을 배제한다. 또한 대단히 상이한 동물상(動物相)을 행렬 방식으로 포함하는 거대 합병체 안에서 발견되는 "화석들 안의 화석들"의 존재다. 그리고 아라랏 산이 주로 퇴적층으로 형성되면서 홍수 말기에는 "완두 수프 정도의 밀도"였을 것이고, 따라서 뱃짐을 가득 실은 방주를 지탱할 수 없었을 것이다. 데이비스는 이렇게 주장했다. "한 번의 홍수가—그것도 단 한 번 짧게 지속된 홍수가—그 모든 결과들을 산출했다고 생각할 수는 없는 노릇이다." 또한 그는 프라이스가 "**연속적** 창조" 쪽으로 기우는 성경의 증언들을 충분히 주목하지 않았다고 지적했다. 그는 창세기 1장 1절과 2절 사이의 분명히 규정되지 않는 간격은 광대한 시간이며, 에덴 이전에 최소한 한 번의 창조, 또는 아마도 여러 번의 창조가 있었다고 주장했다. 글자 그대로 하나님의 말씀을 고수한다는 의미와 관련해서도 그는 프라이스에게 아무것도 양보할 것이 없었다. 그는 프라이스에게 편지를 보내 이렇게 말했다. "내가 지구는 매우 오래되었고, 6일간의 창조(여담이지만 당신과 마찬가지로 나도 이것을 글자 그대로 수용합니다) 이전에 아득한 과거로 소급되는 역사를 가지고 있다고 주장할 때, 나도 아주 분명하게 성경에 의지하고 있다는 것을 기억해주십시오."[18]

진화반대운동

디워가 『진화론의 난점들』을 내줄 출판사를 찾지 못한 것은, 그에게 창조론에 반대하는 편견의 깊이가 어느 정도인지를 알려주었다. 그러

18 L. Merson Davies, *The Bible and Modern Science*, 3rd. ed. (London: Pickering & Inglis, [1934]), p. 11; L. M. Davies to G. M. Price, December 13, 1945, Price Papers.

나 그에게 창조론자들이 그들만의 새로운 조직을 만들어야 한다고 확신시켜준 것은 어느 주류 과학 저널에 진화에 비판적인 논문을 발표하려고 노력했다 실패한 경험 때문이었다. 그 사건은 디워와 그의 공동 저자가 포유류 화석의 분포에 대한 짧은 논문을 출판하기 위해 런던 동물학회(Zoological Society of London)의 심사과정에 그 논문을 제출했을 때 시작되었다. 두 사람 모두 그 단체의 회원이었다. 점신세(漸新世, Oligocene) 후기의 포유류 종들의 숫자가 지금보다 훨씬 더 많았다는 두 사람의 통계조사는 화석 기록의 불완전성에 관한 진화론자들의 주장을 뿌리째 흔들 것이고, 그 결과 "진화를 옹호하는 모든 주장을 분쇄하게 될 것"이었다. 하지만 그 단체는 그 논문의 출판을 거절했다. 담당자는 이렇게 설명했다. "우리는 이 문제에 관해 최고의 고생물학자이자 지질학자인 분의 의견을 들었습니다. 그는 우리에게, 비록 이것을 편찬하는 데는 틀림없이 매우 긴 시간이 걸렸을 테지만, 자기는 이런 종류의 증거가 그 어떤 가치 있는 결론으로도 이어지지 못할 것으로 생각한다고 말했습니다." 그런 종류의 논문을 심사하는 것이 적절한지를 의심했던, 저명한 유전학자인 홀데인(J. B. S. Haldane, 1892-1964)은 디워의 제출물에 대해 다음과 같은 간단한 설명을 제공했다. 화석 기록은 수백만 년에 걸친 수많은 연속적인 동물상을 보여주는 반면, 비교적 드물게 존재하는 포유류의 동물상은 "진화의 단 한 순간"을 반영할 뿐이다. 그럼에도 디워는 그 거절을, 독립적으로 사고하는 창조론자들의 입을 막기 위해 진화를 "과학적 교리"로 만든 자들의 시도라고 해석했다. 그는 머지않아 **창조론의** 교리가 될 내용을 분명히 밝히면서 다음과 같이 주장했다. "이 신조를 수용하지 않는 사람은 과학적 업무를 담당하기에 부적합하다고 여겨지고, 그들의 논문은 신문이나 저널에서 거절되고, 그들의 기고문은 과학 단체들에게서 거부되고, 출판사들은 그들의 책을 자비 출판을 제외하고는 발행하기를 싫어합니다."[19]

이런 상황에서 창조론자들은 분명 그들 자신의 집이 필요했다. 빅토리아 연구소를 관장하던 자유주의적 복음주의자들은—비록 그들과 지반을 공유하려고는 했지만—진화에 반대하는 십자군 운동에 앞장서는 것은 거절했다. 그로 인해 캡틴 애크워스는 1932년에 반진화론 단체를 결성할 것을 제안했다. 그 단체는 "가능한 한 철학이나 종교적인 분야보다는 과학적인 분야에 스스로를 제한할 것이다." 디워는 이 제안을 열광적으로 지지했다. 마음을 같이 하는 보수적인 복음주의자 5명이 애크워스의 런던 사무실에서 모였고, 그들은 진화반대운동(Evolution Protest Movement, EPM)이라는 거창한 이름을 지닌 단체를 조직했다. 이것은 현대 문명을 파산시키려는 악한 위협을 막기 위한 것이었다. 애크워스는 이렇게 선언했다. "진화의 목적은 심리분석을 통한 **도덕적 타락**이다. 진화는 조직적인 대량의 출생 제한과 불임을 통해 **멸종**을 목표로 한다. 또 그것은 공산주의의 사회적 신조를 통해 **혁명**을 목표로 한다." 영국은 오직 진화론을 집어 던질 때만 다시 한 번 부강하고, 행복해지고, 자유로워질 수 있을 것이다. 반혁명을 주도하기 위해 설립자들은 플레밍을 회장으로, 애크워스를 의장으로, 디워를 서기 겸 기록관으로 임명했다.[20]

---

19 D. Dewar to G. M. Price, July 25, 1931, Price Papers (출판사들); Douglas Dewar, "The Limitation of Organic Evolution," *Journal of the Transactions of the Victoria Institute* 64 (1932): 142; Lunn and Haldane, *Science and the Supernatural*, pp. 181-2, 206, 218, 243, 324. 진화에 대한 옹호론을 깨부수는 진술들은 Lunn의 것이다.

20 D. Dewar to G. M. Price, May 4, 1933, Price Papers (빅토리아 연구소); C. E. A. Turner, "A Jubilee of Witness for Creation against Evolution by CSM/EPM, 1932-1982," *Creation Science Movement Pamphlet No. 232*, July 1982, pp. 1-3 (조직); Bernard Acworth, *This Progress: The Tragedy of Evolution* (London: Rich & Cowan, 1934), pp. 115 (목표), 334-4 (번성).

처음 몇 해 동안 EPM은 문서로만 존재하는 단체인 것처럼 보였다. 일반 회원들의 모임은 1935년 2월에 플레밍이 런던 이식스 홀에서 그 운동을 설명할 때까지는 없었다. 그때 6백 명 이상의 사람들이 넘게 모였다. 사람들은 애크워스, 디워, 그리고 다른 사람들의 연설을 들은 후 압도적으로 진화에 반대하는 표결을 했다. 그들은 "진화론이 아직 과학적 진리로 확립되지 않았다는 것에 근거해, 학교들과 대학은 물론 영국의 설교 강단과 심지어 영국이 통치하는 다른 곳에서도 진화론을 계속해서 가르치는 것"에 반대했다. 비록 설립자들은 자신들의 과학적 관심사를 강조했지만, 궁극적으로 그들이 원했던 것은 "사람들을 성경으로 되돌아오게 하는 것, 그리고 우리 조상들의 믿음을 구조하는 것"이었다.[21]

EPM 초기 몇 년 동안 "활력이 넘치는 작은 사람"인 디워는 거의 혼자 힘으로 그 운동을 수행했다. 그는 처음에는 서기로 봉사하다가 1946년 이후에는 의장이 되었다. 그는 1936년에 『인간: 특별한 창조』(*Man: A Special Creation*)라는 제목의 소책자를 내놓았는데, 거기서 그는 인간의 진화에 반대된다고 생각되는 과학적·성경적 증거들을 총출동시켰다. 그는 이 책을 이용해 최근에 결성된 EPM의 조직을 홍보했고, 진화론자들에게 "더 이상은 모든 것을 그들 마음대로 다룰 수 없다"라고 경고했다. 그로부터 얼마 후 프라이스에게 편지하면서 디워는 "영국에서 진화에 반대하는 캠페인을

---

21 "Teaching of Organic Evolution: A Protest Meeting," (London) *Times*, February 13, 1935, p. 10 (결단); T. C, Skinner, "The Evolution Protest Movement," *Christian Faith and Life* 41 (1935): 221-3 (성경으로 돌아가자); Esme E. M. Geering and C. E. M. Turner, "In the Begining," *Creation Science Movement Pamphlet No. 263*, January 1989. 비록 나는 지금까지 1935년 이전 EPM의 존재에 대해 어떤 시대적 증거를 볼 수 없었고, 또 1930년대의 많은 자료들은 EPM이 1935년까지 설립되지 않았다고 암시하지만, C. E. A. Turner는 1988년 7월 22일의 편지에서 1932년 설립을 주장하는 구두 메시지와 주변적 증언을 제공했다.

벌이고 있으며", 그것은 아주 대단해서 머지않아 "여론의 갑작스런 변경"이 기대된다고 낙관적으로 보고했다. 비록 "합리주의자들과 정통주의 생물학자들"이 창조론에 대한 보이콧의 수위를 높이고 있지만, 그는 그들이 사실상 수세에 몰리는 중이라고 확신했다. 개인적인 입장에서 그는 자신의 소책자가 충분히 많이 팔려서 자신이 "꽤 많이 알려질 수" 있으면 좋겠고, 그래서 자신이 창조론자들의 노선에 따른 화석 전체를 설명하는 또 다른 책을 발행하는 "더 큰 모험"을 감당할 수 있게 되면 좋겠다는 희망도 표현했다.[22]

디워가 완전히 무시되지는 않았음을 보여 주는 좋은 증거는, 이듬 해에 고생물학자 아서 데이비스(Arthur Morley Davies, 1869-1959)가 출판한 책의 형태에서 드러났다. 그 책은 『진화론의 난점들』에 대한 응답으로 쓰여졌다. 데이비스는 최근에 박식하지만 진화를 믿지 않는 자들의 주장이 나타나고 있는 것을 부분적으로는 디워의 탓으로 돌렸는데, 그가 보기에 디워는 진화에 도전할 수 있는 몇 안 되는 "자격을 갖춘 생물학자" 중 하나였다. 그러나 불행하게도 디워는, 데이비스의 의견으로는, "훌륭한 변호를 하기에는 너무 정직한 과학자"였다. 진화에 대한 디워의 비판을 평가하는 중에 데이비스는 그 새로운 창조론자들이 "종들과 계통들을 진화론자들에게 던져버리고, 과(科)나 그보다 높은 범주들을 자신들이 옹호할 대상으로 삼으면서 린네(Linnaeus), 퀴비에(Cuvier), 아가시(Agassiz) 등이 주장했던 입장으로부터 물러난 것"에 놀라움을 금치 못했다. 데이비스는 이러한 입장 변경에 갈채를 보냈으나, 그것이 진화의 모든 증거를 수정하기에는 불충분하다고 여겼다. 이 무렵 디워는 반대 방향으로 이동하고 있었다. 데이

---

22 Douglas Dewar, *Man: A Special Creation* (London: Thynne, [1936]), p. 104; D. Dewar to G. M. Price, June 15, 1936, Price Papers. Turner는 "Jubilee of Witness," p. 5에서 Dewar의 키에 대해 언급한다.

비스에 대한 응답으로 쓰인 『진화론의 더 많은 난점들』(*More Difficulties of the Evolutionary Theory*, 1938)은 알베르트 플라이슈만(Albert Fleischmann)에게 헌정되었는데, 이 책에서 디워는 자신이 첫 번째 책을 쓴 후부터 "창조의 단위들이 비알통(Vialleton)이 제시했던 것보다 더 엄격하게 제약되고 있을지도 모른다고 의심하기 시작했다"라고 고백했다. 또한 그는—부분적으로는 휘트니에게서 받은 영향의 결과로—방사성 동위원소를 통한 연대측정에 의해 부여된 바위의 나이에 대한 논거가 희박하다는 의심을 하기 시작했다.[23]

1933년 봄에 디워는 미들랜드 연구소(Midland Institute)에서 1천 명 가량의 청중을 상대로 강연을 했고 "많은 갈채를 받았다." 그 순간 희열에 가득 차서 그는 진화반대운동의 대변인인 자신과 감히 대결하기를 원하는 그 어떤 진화론자와도 토론할 수 있다며 토론을 자청했다. 처음에는 선뜻 응하는 사람이 없었다. 프라이스의 오랜 적수였던 맥케이브(McCabe)조차 거부했다. 표면적 이유는 그 아마추어 조류학자가 "그 문제에 대한 직접적인 지식"을 갖고 있지 않으며, "그것의 해석에 필요한 예비적인 훈련"을 받지 않았다는 것이었는데, 그것은 디워 자신이 바로 그것이 찰스 다윈과 알프레드 월러스(Alfred Russel Wallace, 1823-1913)가 자격을 갖추지 못했음을 보여주는 한계라고 지적했던 것이었다. 1937년에 맥케이브는 마침내 동의했고, 합리주의자 언론인 협회(Rationalist Press Association)의 대표 자격으로 런던에서 디워를 만나기로 합의했다. 마쉬(Frank Lewis Marsh)가 나중에 도브잔스키(Theodosius Dobzhansky)와 편지로 논쟁하면서 주장하게

---

23 A. Morley Davies, *Evolution and Its Modern Critics* (London: Thomas Nurby, 1937), pp. v-vi, 10, 105, 247; Douglas Dewar, *More Difficulties of the Evolution Theory: And a Reply to "Evolution and Its Modern Critics"* (London: Thynne, 1938), pp. 101-3, 137-8.

될 것처럼, 디워도 하나의 식물 또는 동물이 다른 것으로 변화했다는 사실에 대한 실험적이고 실습적인 증거를 고집했다. 그는 승리한 듯 의기양양하게 장담했다. 만일 우리가 종을 이종교배 집단으로 정의한다면, **"그 어떤 새로운 동물 종도 실험적으로 생산된 적이 없다."** 1940년대에 디워는 합리주의 언론인 협회의 또 다른 대표자인 유전학자 홀데인(Haldane)과 토론하기 위해 머슨 데이비스(Merson Davies)와 팀을 구성했다. 홀데인의 의견에 따르면, 그는 진화에 반대하는 모든 주장에 대해 바르게 대답했는데, 단 한 가지만은 예외였다. 곧 "그것은 무오한 성경의 교리에 반대됩니다"라는 주장이었다.[24]

학교 교실을 통제하기 위해 수십 년간 싸워온 북미의 형제들과 달리, 교회와 국가의 연합에 대한 헌법적 금지 문제로부터 자유로운 영국의 창조론자들은 그들의 가장 큰 노력을 진화론자들이 방송을 독점하는 일을 저지하는 데 쏟아부었다. 디워와 머슨 데이비스는 이렇게 단언했다. "BBC가 즐기는 독점 행위가 아니었다면, 진리에 대한 그렇게 염치없는 탄압은 가능하지 않았을 것이다." "한 회사는 다른 회사가 지나치게 큰 넌센스를 퍼뜨리지 않았다는 것을 알 것이다. 그러나 지금 형편으로는 모든 영국인들은 BBC 방송국이 선택하는 것을 반드시 들어야 하고, 또 들을 수밖에 없다. 국민들은 그것에 동의하지 않을 때 비판하거나 검증할 수 있는 아무

---

24 D. Dewar to G. M. Price, May 4, 1933, Price Papers (Midland Institute); Dewar, *A Challenge to Evolutionists*, pp. 3, 7, 16-20; *Is Evolution a Myth? A Debate between Douglas Dewar, B.A., F.Z.S. and L. Merson Davies, D.Sc., Ph.D., F.R.S.E., F.G.S., for the Evolution Protest Movement and Prof. J. B. S. Haldane, F.R.S. for the Rationalist Press Association Ltd*. (London: C. A. Watts, 1949), p. 92. 1937년에 발표된 Dewar의 도전은 McCabe와 벌였던 그의 토론의 한 부분을 반영한다. 다음을 보라. Arnold Lunn, ed., *Is Evolution Proved? A Debate between Douglas Dewar and H. S. Shelton* (London: Hollis and Carter, 1947).

런 수단도 가지고 있지 않다." 그러나 창조론을 방송으로 전달하려는 그들의 꿈이 실현되기까지는 수십 년이 더 흘러야만 했다.[25]

또한 EPM의 영국 지도자들은 "창조론자들 전체의 완전한 의견 일치"라는 미국 홍수지질학자들의 요청, 즉 홍수지질학을 수용하라는 요청에 대해서는 강력하게 의견을 달리 했다. 디워는 휘트니에게 보낸 한 편지에서 이렇게 주장했다. "과학적 지식의 현재 상황은 어떤 이가 창세기의 처음 두 장에 대한 약 스무 가지의 서로 다른 해석들 중 어느 것이 맞는 지를 결정할 수 있게 하기에는 전적으로 부적절합니다." 창조의 시원적 단위들, 창조의 횟수, 또는 인간 생명의 고대성 등을 판단하기에는 과학적 지식이 충분하지가 않기에, 디워는 전략적 관점에서 "진화론의 오류들을 드러내는 일에 집중하는 것"이 유리하다고 생각했다. 그래서 EPM은 그들의 멤버들을 검증할 때 진화가 과학적으로 그리고 성경적으로 지지될 수 없다는 명제에 대한 일반적 동의 이상을 요구하지 않았다.[26]

EPM과 함께 25년을 함께 일하는 동안—그것은 영국의 보수적인 복음주의의 최하점에 해당하는 시기였다—디워는 그 운동이 느리기는 했으나 2백여 명의 회원을 보유하게 되고 호주와 뉴질랜드에 작은 지부를 설립

---

25 Douglas Dewar and L. M. Davies, "Obsessions of Biologists," *Evolution Protest Movement Pamphlet No. 20*, 1945년경, p. 16. 또 다음도 보라. L. M. Davies and Douglas Dewar, "The B.B.C. Abuses Its Monopoly," *Evolution Protest Movement Pamphlet No. 26*, 연대 미상; 그리고 "The Intolerance of the B.B.C.," *Evolution Protest Movement Pamphlet No. 41*, 연대 미상.

26 Douglas Dewar, Letter to the Editor, *Creationist* 1 (Octotber 1937): 1. EPM의 "목적과 방법들"은 "진화반대운동의 특별한 세부사항들" 안에서 나타난다. 다음을 보라. *Evolution Protest Movement Pamphlet No. 140*, 연대 미상. Dewar의 마지막 주요 저작, *The Transformist Illusion* (Murfreeboro, TN: Dehoff Publications, 1957)은 그의 사후에 출판되었고, *Difficulties* 와 *More Difficulties*의 많은 내용을 포함하고 있다.

하는 것을 보았다. 북미를 식민지화하려는 시도는 거의 성공하지 못했다. 1940년대 말 미국 아칸소 주에 있는 하딩대학에서 일하던 그리스도의 교회 소속 젊은 목사 **제임스 베일즈**(James D. Bales, 1915-)는 EPM의 성공에 영감을 받아 「사고하는 그리스도인」(*The Thinking Christian*)이라는 저널과 함께 단독으로 진화비과학화운동(Evolution Unscientific Movement)을 출범시켰다. 창간호의 원고를 보자마자 디워는 그 진취적인 젊은 목사에게—그는 캘리포니아 대학의 역사 및 교육학 분야의 박사학위도 갖고 있었다—그가 만든 신생 조직을 EPM과 합병하고 그 자신은 EPM의 미국지부 서기가 되라고 권했다. 베일즈는 그 기회를 재빨리 붙잡았고, 그의 계간지 2호에 합병을 발표했다. 그러나 EPM편에서는 불행하게도 그 간행물은 단 한 번 더 발행되고 휴간되었으며, 그 후 베일즈는 그의 에너지의 많은 부분을 점점 더 우익 기독교 십자군인 하기스(Billy James Hargis, 1925-)의 편에서서 공산주의와 투쟁하는 쪽에 쏟아부었다. 그는 때때로 공산주의의 진화론적 근거를 폭파하기 위해 시간을 보내기도 했으나, 몇 가지 문서를 배부하는 것 외에는 EPM의 관심사를 촉진하는 일은 거의 하지 않았다.[27]

EPM은 **C. S. 루이스**(Lewis, 1898-1963)로부터 공적인 인정을 얻는 데

---

27 J. D. Bales to J. Howitt, October 22, 1947, 그리고 D. Dewar to J. D. Bales, September 18, 1948, Bales Papers, James D. Bales 제공; James D. Bales의 1985년 3월 25일의 인터뷰를 보라. *Thinking Christian* 지는 1948년 7-9월 발행에서 시작하여 1949년 1-3월 발행으로 끝났다. Bale의 진화 반대의 저작에는 다음이 있다: *Why Scientists Accept Evolution* (Grand Rapids, MI: Baker Book House, 1966), Robert T. Clark과 공저; *Man on All Fours* (Searcy, AR: Harding College, 1973); *The Genesis Account and a Scientific Test* (Searcy, AR: J. D. Bales, 1975); and *Evolution and the Scientific Method* (Searcy, AR: J. D. Bales, 1976). EPM의 규모에 대해서는 다음을 보라. A. G. T[ilney], "EPM-'40 Years On'; Evolution-114 Years 'Off,'" *Evolution Protest Movement Pamphlet No. 193*, May 1972. 영국 복음주의의 운명에 대해 *Evangelicalism in Modern Britain*, p. 252를 보라.

실패했을 때 더 큰 좌절을 겪었다. 아마도 루이스는 당시 가장 많이 알려진 기독교 변증가였으며, 개인적으로 애크워스의 친구이기도 했다. 1940년대와 50년대 초에 애크워스는 반복해서 그 옥스퍼드 교수에게 진화를 반대하는 일에 참여해달라고 졸랐다. 그러나 비물질주의적 진화가 기독교에 위협이 되지 않는다고 믿었던 루이스는 지원을 거부했고, 심지어 애크워스의 책들 중 하나에 서문을 써달라는 요청도 거절했다. 루이스는 점점 더 커지는 자신의 제자 그룹 중 일부가 자신이 반다윈주의자들과 친분을 맺는 것에 분개할까 봐 두려워했다. 그는 애크워스에게 이렇게 설명했다. "어떤 이가 유명한 변증가가 되었다면, 그는 자신의 발걸음을 조심해야 한다네. 모든 이들이 혹시라도 그를 불신해야 할 일이 있는지 살피기 위해 늘 그를 지켜보고 있기 때문이라네." 그러나 개인적으로 루이스는 진화를 반대하는 애크워스의 논증에 점점 더 흥미를 느꼈고, 반면 여러 생물학자들의 위선을 역겹게 느꼈다. 1951년에 루이스는 에크워스의 원고들 중 하나를 읽다가 진화가 중요하지 않다는 자신의 믿음이 부서졌다고 고백했다. 그는 애크워스에게 속마음을 털어놓았다. "나는 내가 좀 더 젊었으면 하네. 지금 나는 진화와 관련해 어쩌면 자네가 맞을 수도 있다는 생각이 드네. 나는 자네가 진화를 우리의 삶을 지배하는 모든 오류의 그물 안에 있는 핵심적이고 과격한 거짓으로 간주하는 것이 옳은 이유가, 진화에 반대하는 자네의 주장이 아니라, 진화를 옹호하는 이들의 열광적이고 삐뚤어진 태도일 수 있다고 생각하네." 이런 말은 틀림없이 애크워스의 가슴을 뛰게 만들었을 것이다. 하지만 그런 말도 복음주의자들 사이서 EPM이 누렸던 제한적인 신뢰를 높여주는 데는 아무런 역할을 하지 못했다.[28]

---

28 C. S. Lewis to B. Acworth, December 9, 1944 (거의 위협이 되지 않음); September

로버트 클락과 빅토리아 연구소

영국의 창조론자들이 진화반대운동(EPM)이라는 단체를 설립했을 때, 그들은 빅토리아 연구소(Victoria Institute)를 진화론자들에게 간단하게 넘겨준 것이 아니었다. 그들 중 몇 명은 여러 해 동안 연구소에 남아 활동했다. 플레밍과 디워가 연구소 소장과 부소장으로 각각 봉사했다. 그러나 창조론자들은—주목할 만한 한 사람을 예외로 하고—그들의 일차적인 충성의 대상을 EPM으로 바꿨다. 예외는 **로버트 클락**(Robert E. D. Clark, 1906-1984)이었다. 제2차 세계대전 이후 몇 년 동안 영국의 가장 중요한 창조론자로 활동했던 그는 EPM의 일부 지도자들이 신학적 교리에 집착하는 것과 과학에 무지한 것을 견디기 어려워했다. 클락은 변호사인 아버지와 선교사인 어머니 사이에서 오늘날의 파키스탄에서 태어났는데, 그곳은 그의 친할아버지를 통해 기독교를 받아들인 지역이었다. 케임브리지에 있는 세인트 존스 대학의 학생이었던 그는 1928년에 자연과학 졸업시험 중 두 과목에서 최고점수를 받았고, 4년 뒤에는 같은 대학에서 유기화학 분야의 박사학위를 받았다. 그는 제2차 세계대전이 일어나기 전까지 공업화학자로 일했으나 군사 업무를 하도록 배치되자 그 일을 그만두고 교사가 되었다. 전쟁 기간 동안 그는 현대 화학에 대한 유명한 개론서인 『원자 세계내의 질서와 카오스』(*Order and Chaos in the World of Atoms*, 1942)를 공

13, 1951 (핵심적인 거짓말); October 4, 1951 (서론과 대중적 변증론자); September 18, 1959 (가식); 이상 Acworth Papers, Richard Acworth 제공. C. S. Lewis to Captain Bernard Acworth, 1992 by C. S. Lewis Pte Ltd. 중의 발췌문. 이것은 Curtis Brown Ltd., London의 허락 아래 개정되었다. Lewis가 Acworth에게 보낸 편지의 모든 사본은 Marion E. Wade Collection, Wheaton College에 보관되어 있다. Richard Acworth는 1984년 10월 2일의 인터뷰에서 자신의 아버지와 Lewis의 관계에 대해 묘사했다.

동 집필했는데, 그것이 그의 첫 번째 저서였다. 그는 케임브리지에서 인문 및 공학 대학의 조교수로 경력을 마감했다.[29]

종교적 측면에서 클락은 자신을 "보편적" 복음주의자로 여겼고, 온갖 소종파와 각종 교리들을 혐오했다. 비록 영국 성공회 가정에서 양육되었지만, 그는 마지막에는 제도적 교회를 등졌다. 왜냐하면 강력한 반전평화주의자였던 그는 군복무, 선서, 그리고 영국의 국왕을 하나님의 교회의 수장으로 이해하는 것 등과 관련한 제도 교회의 입장을 더 이상 수용할 수 없었기 때문이었다. 여러 해 동안 그는 자유로이 예배를 드렸다. 때로는 침례교인, 회중주의자들, 형제 공동체, 그리고 다른 복음주의 그룹과 예배를 드렸으며, 자주 평신도 설교자로서 그곳의 설교단에 섰다. 영국에서 가장 역동적인 보수적 복음주의 조직인 국제기독학생회(Inter-Varsity Fellowship)가 과학과 종교에 관한 그의 첫 단독 저서인 『과학적 합리성과 기독교적 믿음』(*Scientific Rationalism and Christian Faith*, 1945)을 출판했고, 1943년에서 1947년 사이에는 그가 편집한 『과학과 신학에 관한 최근의 주석과 요약』(*Current Notes and Abstracts on Science and Theology*)을 출판했다. 자매 출판사를 통해 그의 책들을 몇 권 출판해주었던 형제 공동체의 파터노스터 신문사(Brethern's Paternoster Press)는 1940년대 말에 그를 과학 분야 편집자로 고용했고, 1948년부터 3년간 『최근의 주석』의 후속편이라 할 수 있는 계간지 「과학과 종교」(*Science and Religion: A Review of*

---

29 B. C. Saunders and R. E. D. Clark, *Order and Chaos in the World of Atoms: A Survey of Modern Chemistry* (London: English Universities Press, 1942), Dover Publication에 의해 미국에서도 출판됨. 전기적 정보는 Robert E. D. Clark, October 1, 1984의 인터뷰에서 옴; 그리고 C. E. A. Turner, "Obituary: Dr. Robert E. D. Clark," *Creation: The Journal of the C. S. M.* 3 (July 1985): 8.

Current Literature)의 발행을 지원했다. 비록 클락은 성경무오설을 변호하기 직전에서 멈췄지만, 그는 그리스도의 재림을 문자 그대로 열렬히 믿었으며, 그의 생애의 마지막 몇 해 동안은—프라이스와 마찬가지로—계시록의 종말론적 예언들에 관한 책을 쓰는 데 몰두했다.[30]

소년 시절부터 기질은 온화했으나 말이 날카로웠던 클락은 진화론자들의 주장을 진지하게 수용하기가 어렵다고 여겼고, 케임브리지 대학생 시절에는 그들의 사고방식이 "완전히 어리석다"는 결론을 내렸다. 그는 많은 진화론자들이 진화를 "전시용 상품"(shop window stuff) 이상으로 여기지 않고 있다고 의심했다. 그럼에도 그는—만일 과학적 증거가 요구한다면—진화를 수용할 용의가 있다고 고백했는데, 그것은 그럴 경우 진화를 궁극적으로는 성경의 기록과 조화시킬 수 있을 것이라고 확신했기 때문이었다. 창세기 해석에서 그는 빅토리아 연구소의 동료 멤버였던 와이즈맨(P. J. Wiseman, 1888-1948)의 제안, 즉 모세의 창조 이야기는 한 주 동안 **발생**한 것이 아니라 문자적인 6일에 걸쳐 **계시**되었을 뿐이라는 것을 받아들였다. 이런 도식은 클락이 자유롭게 과학을 따를 수 있도록 했다. 그는 오랜 지구와 국지적 홍수를 자유롭게 수용했고, 심지어 인간과 원숭이의 공통 조상까지도 인정할 수 있었는데, 그것은 창세기 1:26을 "우리가 이미 존재하는 종인 인간을 우리의 형상을 가진 존재로 만들자"라고 해석함으로써 가능했다. 그가 신적이기도 하고 악마적이기도 한 특별 창조에 전념했

---

30 R. E. D. Clark, *Scientific Rationalism and Christian Faith: With Particular Reference to the Writings of Prof. J. B. S. Haldane and Dr. J. S. Huxley* (London: InterVarsity Fellowship, 1945); Robert. E. D. Clark의 October 1, 1984의 인터뷰; R. E. D. Clark to R. L. Numbers, [1984년 10월말]. IVF에 대해서는 다음을 보라. Bebbington, *Evangelicalism in Modern Britain*, pp. 259-61.

던 것은 거의 배타적으로 우주 안의 설계(design)에 대한 증거 때문이었다. 그는 설계가 오직 초자연적 개입에 의해서만 설명될 수 있다고 생각했다.[31]

클락은 홍수지질학이 더 이상 타당하지 않다는 인상과 함께 진화론보다도 덜 과학적이라고 느꼈다. 젊은 시절에 그는 『새로운 지질학』(*The New Geology*)을 읽고 "아주 흥미롭고 신선하다"고 생각했으나, 프라이스에 대한 존경심은 세월이 지나면서 감소했다. 「과학과 종교」(*Science and Religion*)의 편집자였던 그는 1940년대 말에 프라이스가 게재를 요청했던 원고를 탈락시켰을 뿐만 아니라, 홍수지질학을 소개하는 가장 최근의 홍보용 소책자인 『감추어진 약점: 역사적 지질학의 비과학적 넌센스』(*Feet of Clay: The Unscientific Nonsense of Historical Geology*, 1940)를 간략하게 언급하는 것마저도 거절했다. 오히려 그는 그 원로급 창조론자가 진화론자들을 비방하면서 "비기독교적인" 목소리를 택한 것을 꾸짖었다. 특별히 "지질학이라는 거룩한 암소"(The Sacred Cow of Geology)라는 부제에 혐오를 느꼈던 클락은 프라이스에게 기독교인의 행동 원칙을 가르쳐주었다. "만일 비기독교인이 '계시라는 거룩한 암소' 또는 '기독교라는 비과학적 넌센스'라고 표현한다면, 우리가 그것을 좋아하겠습니까? 당연히 그렇지 않을 것입니다. 우리 주님이 말씀하신 대로, 우리는 다른 사람들에게 대접받

---

31 Robert E. D. Clark의 1984년 10월 1일자 인터뷰; R. E. D. Clark, "Creation-In Six Days?" *Science and Religion: A Review of Current Literature and Thought* 1 (1948): 167-73; Robert E. D. Clark, *The Christian Stake in Science* (Exeter, Devon: Paternoster Press, 1967), p. 139 (인간). 설계의 중요성에 대해 예를 들어 다음을 보라. Robert E. D. Clark, *Creation* (London: Tyndale Press, 1946); and Robert E. D. Clark, *The Universe: Plan or Accident? The Religious Implications of the Modern Science* (London: Paternoster Press, 1949). 또 다음도 보라. P. J. Wiseman, *Creation Revealed in Six Days: The Evidence of Scripture Conformed by Archaeology* (London: Marshall, Morgan & Scott, 1948).

고자 하는 대로 다른 사람을 대접해야 합니다!" 클락은 휘트니의 제안, 즉 「과학과 종교」의 독자들 중에 기원전 4004년을 주장하는 그 미국인과 지구의 나이에 대해 토론하기 원하는 어떤 독자에게든 100파운드를 주겠다는 제안을 마지못해 광고했다. 그러나 그 편집자는 과연 그런 주제가 토론의 가치가 있다고 생각할 만한 사람이 있을까 하는 놀라움을 표현하는 단서를 달았다. "(아마도 편견으로 가득 찬) 우리의 정신은 이런 견해가 어떤 방식의 질문으로부터—그것이 성경적인 것이든 과학적인 것이든—많은 지원을 받았는지에 대해 결코 생각해본 적이 없다." 개인적인 편지에서 그는 휘트니에게 "기껏해야 주님을 대적하는 자들이 신성모독의 말을 하도록 만들 뿐인 논쟁들을 쏟아내는 일" 대신, 진화에 반대하는 확실한 길을 가자고 간청했다. 처음에 휘트니는 자신이 아는 한 유일하게 과학적으로 유능한 창조론자이지만 홍수지질학을 거부하고 있는 클락을 고용할 생각을 했다. 하지만 클락이 자신의 제안을 일축했을 때, 그에게 차인 그 목장주인은 그 영국인의 자격증을 조롱하고 그의 상식을 의심했다.[32]

1930년대 중반 어느 날 켄트로부터 케임브리지로 기차여행을 하던 중에 그 젊은 화학자는 자신의 생각을 진화와 그가 받은 훈련 사이의 관계 쪽으로 돌렸다. 지질학자 머슨 데이비스가 진화를 우선적으로 지질학적인 문제로 보았던 것처럼, 그리고 생물학자 디워가 그것을 대체로 생물학적

32 R. E. D. Clark to G. M. Price, September 21, 1958 (자극), November 18, 1948 (거부), 그리고 November 28, 1949 (비-기독교인), Price Papers; "Easy(?) Money-A Challenge to Readers," *Science and Religion* 2 (1949): 39-41; D. J. Whitney to R. E. D. Clark, December 5, 1951 (토론에 도전); 그리고 December 14, 1951 (모독과 무지), Clark Papers, 노년의 Robert E. D. Clark 제공. 또 다음도 보라. George McCready Price, *Feet of Clay: The Unscientific Nonsense of Historical Geology* (Malverne, NY: Christian Evidence League, 1949), Martin Gardner의 사본 제공.

인 문제로 보았던 것처럼, 클락은 진화가 "무엇보다도 **화학적인** 문제"라고 상상했다. 즉 진화는 가장 기초적인 수준에서 "거대한 복합체를 이룬 화학 분자들이 어떻게 존재하게 되었으며, 어떻게 점점 더 정교한 방식으로 스스로를 배열할 수 있게 되었는지"에 대한 설명을 요구한다는 것이었다. 19세기 말 이래로 다양한 과학 작가들이 진화와 엔트로피(또는 열역학 제2법칙) 사이의 명백한 양립 불가능성을 넌지시 지적해왔다. 엔트로피의 수학 공식은 어떤 고립된 계(System) 안에서의 일을 수행할 수 있는, 사용 가능한 에너지의 총량은 증가할 수 없다고 말하기 때문이었다. 엔트로피 법칙에 대한 좀 더 상세한 서술은 일반적으로 다음과 같다. "무질서는 저절로 증가하는 경향이 있지만, 질서는 혼돈으로부터 결코 자발적으로 생성되지 않는다." 클락이 교외로 말을 타고 나갔을 때, 갑자기 그에게 진화론의 일반적인 표현에 함축된 의미가 떠올랐다. 그것은 진화가 "유기체의 조직화 수준에서의 어떤 현실적인 생성을 결코 포함하지 않는다"는 사실이었다. 그는 이렇게 결론을 내렸다. "만일 과거에 단순한 유기체로부터 복잡한 생물이 진화했다면, 그 과정은 자연의 법칙에 반하여 발생한 것이고, 그렇기 때문에 그 과정은 (우리가 바르게 표현하자면) **기적**이라고 말할 수밖에 없다. 그런 이유로 진화론은 자연주의적인 철학적 또는 사회학적 사고의 한 부분을 구성할 수 없으며, 또한 불가피한 진보와 같은 교리를 지지하기 위해서 사용되어서도 안 된다." 클락은 과학 자료에 대단히 능통했기에 많은 과학 해설가들이 진화와 엔트로피 사이의 갈등을 실체가 없는 것으로 치부하고 있다는 사실을 잘 알고 있었다. 그는 이렇게 주장했다. "뜨거운 증기의 에너지 일부가 손실되는 나머지를 비용으로 하여 높은 질서의 운동으로 전환될 수 있는 것처럼, 진화의 과정에서 동물들은 최후의 수단으로 지구 표면의 에너지로 등급이 낮아진 태양 에너지를 비용으로 하여 자신들의 생명체 조직을 획득할 수 있었다." 이렇게 설명하면서도 클락은 태양 에너지 그 자체는 **새로운** 형태의 생명체 조직을 절대로 생성시킬 수 없다고 주장했다.[33]

클락은 유명 저널인 「네이처」(*Nature*)에 발표하기 위해 자신의 생각을 가다듬었다. 그러나 그 저널의 편집자는 수학적인 세련미가 떨어진다는 이유로 그의 원고를 거절했다. 클락은 자신의 논증을 수학적으로 적절하게 전개할 기술을 갖고 있지 않았기에 빅토리아 연구소가 그 원고를 출판해 준 것에 만족했고, 연구소는 그에게 랭혼 오처드 상(the Langhorne Orchard Prize)을 수여했다. 그것은 이전에 프라이스가 수상했던 것이었다. 플레밍, 디워, 머슨 데이비스는 클락이 창조론의 무기고에 새롭고 중요한 무기를 제공했다는 것을 즉시 알아차렸다. 그리고 그 원고를 널리 읽히도록 개정해 펴낸 책 『다윈: 이전과 이후』(*Darwin: Before and After*, 1948)는 엔트로피 논쟁을 반진화론 전사들의 손에 넘겨주었고, 그들은 그것을 마음껏—보통은 과학적 주제에 대해 클락이 가졌던 예민함 없이—활용했다.[34]

아마도 동시대 사람들 가운데서는 가장 명석했을 클락은 다른 반진화론자들과는 일정한 거리를 유지했다. 비록 그는 여러 해 동안 빅토리아 연구소의 관리자로서 일했고 연구소의 저널을 편집했지만, 숨을 거두기 직전까지도 진화반대운동(EPM)에 가입하기를 거절했으며, 그 운동의 의장

---

33 Robert E. D. Clark의 1984년 10월 1일자 인터뷰(기차); Robert E. D. Clark, *Darwin: Before and After: The Story of Evolution* (London: Paternoster Press, 1948), p. 127 (화학적 문제); Robert E. D. Clark, "Evolution and Entropy," *Journal of the Transactions of the Victoria Institute* 75 (1943): 49-71, 인용문은 pp. 51, 56-7, 63.

34 Robert E. D. Clark의 1984년 10월 1일자 인터뷰; Clark, "Evolution and Entropy," pp. 63-71의 토론; Clark, *Darwin: Before and After*, pp. 146-67. 그 주제에 대한 초기의 다른 토론에 대해서는 다음을 보라. E. H. Betts, "Entropy Disproves Evolution," *Evolution Protest Movement Pamphlet No. 62*, January, 1969, 초판은 1944년에 출판됨.

이 되어달라는 요청마저도 끝내 거절했다. 그는 젊은 시절에 빅토리아 연구소에 들어갔는데, 그것은 가족들과의 관계 때문이었고 또한 공동으로 기독교적 증언에 헌신하기 위한 것이었다. 그는 일생동안 EPM에 속한 보다 교조적인 사람들보다는 빅토리아 연구소 안에 있는 상대적으로 열린 마음을 지닌 유신론적 진화론자들의 친구가 되는 쪽을 택했다. 그는 연구소 안에서도, 소장이었던 창조론자 플레밍이 이따금씩 "대단히 이상하고" 넌센스 같은 진술을 하는 것에 당혹스러워 했다. 특별 창조를 과학적 이유가 아니라 본질적으로 종교적인 이유에서 믿었던 클락은 수십 년 동안 현대 창조론의 양심과 같은 역할을 했다.[35]

---

35 Robert E. D. Clark의 1984년 10월 1일자 인터뷰. 창조론을 수용하는 그의 이유에 대해 다음을 보라. R. E. D. Clark, "The Present Position with Regard to the Origin of Species," *Journal of the Transactions of the Victoria Institute* 68 (1936): 172-93.

1. 소수자의 입장을 경험해본 적이 없는 미국의 복음주의자들과는 달리 영국의 복음주의자들은 언제나 소수였기에, 진화론에 대해서도 관용하는 입장에 설 수밖에 없었다. 1930년대에 이르러서야 몇 안 되는 영국의 창조론자들이 "진화 반대 운동"을 조직할 수 있었다.

2. 다윈주의에 대해 회의적인 영국의 몇몇 과학자들이 빅토리아 연구소를 설립했다. 연구소는 19세기 후반에 다수의 왕립학회 회원을 두는 등 전성기를 누렸지만, 20년이 안 되어 회원 수는 곤두박질쳤다.

3. 당시 런던 근교에 4년간 머물면서 연구소에 관여했던 프라이스는 빅토리아 연구소로부터 존경을 얻는 데에는 실패했고, 청중들 앞에서 합리론 철학자에게 굴욕을 당하기도 했다.

4. 1927년에 노벨상 후보였던 전기공학자 존 플레밍이 연구소 소장이 되면서, 영국 성공회의 복음주의는 잠시 새 힘을 얻었다. 플레밍은 영혼의 특별 창조를 믿었지만, 그러나 하나님이 인도하신 진화의 발전 과정을 용납했다. 그것은 미국인들은 알 수 없었던 영국식 근본주의였다.

5. 프라이스는 미국으로 돌아가기 전에 영국 창조론자들이 분열되었다고 지적했다. 이에 암브로스 경은 애크워스, 디워와 함께 영국 최초의 창조론자 모임인 "진화 반대 운동"을 결성했다(1932년).

6. 잠수함 승무원 출신의 애크워스는 진화, 상대성이론, 공군력 등을 묶어 색다른 비판서를 내었고, 진화가 철새의 신비한 이주 습성에 근거한다고 간주하면서 그것을 공격했다.

7. 과학자들은 애크워스의 책을 외면했지만, 힌두어를 공부하여 인도 공무원까지 지내면서 동물학을 개인적으로 연구했던 디워는 그 책에 관심을 가졌다. 디워는 자신만의 "간격 이론"을 주장하는 책을 발행했고, 마지막에는 프라이스의 홍수지질학에 대해 유보적인 입장을 취했다.

8. 영국 포병대 출신의 데이비스도 근본주의자였지만, 프라이스처럼 모든 지질 현상을 단 한 번의 홍수에 기초시키는 것은 불가능하다고 생각했다.

9. 학교 교실을 통제하기 위해 싸워온 북미의 창조론자들과는 달리 영국의 창조론자들은 종교 교육의 위헌 문제에서 벗어나면서 진화론자들이 BBC 방송을 독점하는 일을 저지하는 데 힘을 쏟아부었다.

10. "진화 반대 운동"은 C. S. 루이스의 공적인 인정을 얻는 데 실패하면서 큰 좌절을 겪었다. 그러나 루이스는 진화를 옹호하는 사람들의 열광적이고 삐뚤어진 태도에 우려를 표명했다.

11. 공업 화학자 출신의 로버트 클락은 제2차 세계대전 이후 영국의 창조론자로 등장했지만, 일부 지도자들이 교리에 집착하는 것과 과학에 무지한 것을 견디기 어려워했다. 그는 오랜 지구, 국지적 홍수, 심지어 인간과 원숭이의 공통 조상까지도 수용했다. 클락은 열역학 제2법칙(엔트로피)이 진화와 모순된다는 논문을 「네이처」지에 제출했으나 외면당했다. 반면 빅토리아 연구소는 그 논문을 출판한 뒤 상까지 주었다.

제9장

북미의 복음주의자들과 진화

Evangelicals and Evolution in
North America

1925년에서 50년 사이의 기간 동안 북미에서 조직적인 창조론 운동은—종교와 과학 협회(RSA)나 홍수지질학회(DGS) 같은 작은 단체들이 이따금씩 일으킨 경련을 제외한다면—거의 죽은 상태였던 것으로 보인다. 생명 진화에 본능적인 반감을 느꼈던 보수적인 복음주의자들도 그것에 반대하는 행동을 취할 만큼의 열의를 갖지는 못했다. 1941년에 과학과 종교에 대한 기독교적 증언의 질에 대해 걱정하는 복음주의 과학자들이 설립한 미국과학자연맹(American Scientific Affiliation, ASA)의 지도자들도, 전형적인 방식으로, 진화에 반대하기보다는 그것을 평가하고 감정하는 데 몰두했다. DGS 내의 선동가들과는 뚜렷하게 대조되게, ASA의 복음주의자들은 진화론자들과의 직접적 대립을 피하려고 했다. 20세기 중반에 로버트 클락(Robert E. D. Clark)은 휘트니(Dudley Joseph Whitney)에게 편지를 쓰면서 정신없이 날뛰는 창조론자들을 꾸짖었다. 그들은 ASA에 소속된 긍정적인 젊은이들처럼 하나님의 사역의 수레를 앞으로 미는 것이 아니라, 바퀴에 흙을 퍼부으며 훼방만 놓는다는 것이었다.[1] 1940년대와 50년대에

1 D. J. Whitney to R. E. D. Clark, Clark을 인용함, December 14, 1951, Clark Papers, 고(故) R. E. D. Clark의 허락을 받아 제공함. 1930년대 말에 펜실베이니아의 식물학자 Arthur Pierson Kelly는 창조론자협회(Creationist Society)를 시작하려고 시도했다. 그는 「자연사에 대한 랜든버그 리뷰」(*Landenberg Review of Natural History*)라는 계간지를 짧게 발행했다. Kelly는 F. A. Everest(July 7, 1942, ASA Papers)와 J. D. Bales(February 8, 1949, Bales Papers, James D. Bales 제공)에게 보낸 편지에서 자신의 경험을 서술했다. Kelly의 견해에 대해 그의 출판되지 않은 다음 문헌을 보라. "Creation: Evolution-Their Philosophies and Literature" in Winn Library, Gordon College. 나는 Jack Haas의 도움으로 그 원고를 빌렸다. 그가 그것을 사용 중이던 때에 그 ASA 문헌들은 Robert L. Hermann의 소유였다. 그 이후로 그

ASA는 진화에 대한 찬반과 프라이스(George McCready Price)와 림머(Harry Rimmer)에 대한 비판을 평가하는 복음주의자들의 중요한 포럼으로서의 역할을 감당했다. 휘튼 대학과 밀접한 관계를 갖고 있던 핵심 멤버들의 영향 아래서, ASA의 주된 관심은 엄격한 창조론으로부터 점진적 창조론으로, 더 나아가 유신론적 진화론으로 옮겨갔다. 결국 ASA의 자유로운 정신의 소유자들은 복음주의 진영의 옆구리를 찔러 진화론 쪽으로 움직이도록 설득하는 데 성공함으로써, 1960년대에 보수적 창조론자들이 그들을 향한 반격을 시작하도록 불을 붙였다.

미국과학자연맹

과학을 성경과 연결시키는 데 헌신하는 미국의 복음주의 과학자들의 모임에 대한 구상은 어윈 문(Irwin A. Moon, 1907-1986)에게서 시작되었다. 그는 전국을 순회하면서 "과학으로부터의 설교"(Sermons from Science)를 전하는 무디성경연구소(Moody Bible Institute)에 속한 멤버였다. 비기독교적 과학에 의존하는 많은 학생들을 만나는 일을 걱정하면서, 또 많은 기독인 연구자들이 비과학적인 기독교를 가르치는 것을 고통스러워하면서, 1941년에 그는 당시 그 연구소의 소장이었던 윌리엄 휴턴(William H. Houghton, 1887-1947)과 새로운 조직의 필요성을 토론하기 위해 잘 알려진 다수의 정통주의 과학자들을 시카고로 초대하는 문제를 놓고 이야기를 나누었다. 5명이 수면 위로 떠올랐다. 크리스천 리폼드(CRC) 교단에 속한 칼

문헌들은 Special Collections of Buswell Memorial Library, Wheaton College에 소장되어 있다.

빈 대학의 생물학자인 반 헤이츠마(John P. van Haitsma, 1884-1965), 패서디나 시립대학의 회중교회 소속 수학자인 피터 스토너(Peter W. Stoner), 보스턴 출신으로 침례교 소속 공업화학자인 어빙 카우퍼스웨이트(Irving A. Cowperthwaite, 1904-1999), 어시너스 대학의 침례교도 화학자인 러셀 스터지스(Russel D. Sturgis), 코밸리스에 있는 오리건 주립대학의 침례교도 전기공학자인 앨턴 에버리스트(F. Alton Everest) 등이 그들이었다. 그 만남으로부터 과학과 종교의 관계에 대한 "정확한" 정보를 생산하고 전달하는 일에 헌신하게 될 ASA가 출현했다. 각각의 새로운 멤버는 다음의 진술로 서약해야 했다.

> 나는 애초에 주어진 성경 전체가 영감 받은 하나님의 말씀이며 신앙과 행위의 유일하고 확고한 인도자라고 믿습니다. 하나님이 그 책의 저자이신 동시에 우리 주변의 물리적 세계의 창조자와 유지자이시기에, 나는 성경의 진술들과 과학의 실제 사실들 간의 그 어떤 불일치도 생각할 수 없습니다.

그렇게 해서, 어느 열광주의자가 "종교개혁 이후 가장 중요한 운동"이라고 불렀던 것이 시작되었다.[2]

매력적인 성격의 소유자였던 **에버리스트**가 곧 그 그룹을 조직하는 지도자로 부상했으며, ASA의 존재에서 가장 중요한 시기였던 첫 10년 동안

---

2 F. Alton Everest, "The American Scientific Affiliation-The First Decade," *Journal of the American Scientific Affiliation* 3 (September 1951): 33-8; *American Scientific Affiliation*, ASA를 공표하는 연대 미상의 안내 책자, ASA Papers (선언과 개혁); F. Alton Everest, "American Scientific Affiliation: Its Growth and Early Development," pp. 13-25, 1986년에 작성된 이 원고는 ASA Collection, Buswell Memorial Library, Wheaton College에 소장되어 있다.

의장으로 봉사했다. 오레곤 태생인 그는 오리건 주립대학과 스탠퍼드 대학에서 전기공학 학위를 받았고, 그 후 1936년에 라디오와 텔레비전 전문가가 되어 코밸리스로 돌아갔다. 제2차 세계대전이 끝날 무렵에 그는 국가 방위 연구 위원회(National Defense Research Committee)에서 수중음파에 대한 연구를 수행하고 있었다. 그때 그는 문(Moon)이 무디과학연구소(Moody Institute of Science)를 설립하는 데 일조했으며, 1970년까지 그 연구소의 회원으로 남아 있었다. 에버리스트는 보수적인 침례교인으로 성장했으며, 스코필드 성경을 아주 좋아했다. 그는 젊은 시절에 림머도 읽고 프라이스도 읽었지만, 과학과 종교계에서 그가 가장 좋아했던 인사는 의사였던 아서 브라운(Arthur I. Brown)이었다. 에버리스트는 브라운의 점잖은 문체와 과학적 예절을 배우기로 결심했다. 주로 에버리스트의 사교력과 끈기 덕분에 ASA의 회원은 첫 10년 동안 5명에서 220명으로 늘었다. 그들 중 절반 이상은 메노파, 침례교, 장로교 교회들로부터 왔으며, 대개 중부 애틀랜타나 중서부 주들에 살았다. 1961년에 ASA의 회원수는 860명에 달했다.[3]

ASA가 힘겹게 출범한 지 얼마 되지 않아 에버리스트는 첫 번째 중대한 결정을 해야 했다. 그것은 홍수지질학회와 어떤 관계를 맺을 것인가 하는 문제였다. ASA의 첫 번째 신입회원은 루터교인 생물학자인 램머츠(Walter E. Lammerts)였는데, 우연히도 그는 프라이스의 제자이면서 문

---

3 F. Alton Everest의 1984년 5월 10일자 인터뷰; I. A. Cowperthwaite, "Twenty Tears with the American Scientific Affiliation," *Journal of the American Scientific Affiliation* 13 (December 1961): 100 (성장). ASA의 회원 자격은 교단과 거주지에 의해 와해되었다. Ibid. 3 (September 1951): vii. Everest가 과학과 종교에 낮은 자세로 접근하는 전형적인 예를 그의 책 *The Prior Claim* (Chicago: Moody Press, 1953)에서, Everest에 대한 간략한 전기를 "For Half a Century, His Figured Out How," *Search* no. 2 (1988): 1-4에서 보라.

의 이웃이었다. 에버리스트와 홍수지질학회의 서기였던 알렌(Benjamin Franklin Allen)은 아마도 램머츠를 통해 서로의 존재를 알게 되었던 것으로 보인다. 시카고에서 있었던 ASA를 조직하기 위한 모임으로부터 돌아온 지 몇 달 후, 에버리스트는 ASA의 동료들에게 DGS가 그 단체의 모임에 "큰 무리의 비과학도들"을 끌어들인 것에 대해 열심히 설명했다. 그리고 알렌은 이제 막 깃털이 난 ASA가 독자적인 저널을 시작할 수 있을 때까지는 그들의 자료를 홍수지질학회(DGS)의 회보를 통해 인쇄하도록 권했다. 비록 에버리스트는 알렌의 "친절한 제안"에 감사하며 자신이 그 회보의 논조를 좋아한다고—견해를 제시하는 것이 품위 있으면서도 명확하기 때문에—공언했으나, 과연 자기네가 DGS와 긴밀하게 얽히는 것이 사려 깊은 것인지에 대해 의심했다. 그것은 아마도 DGS가 "제7일안식일예수재림교회의 성향"을 강하게 띠고 있었기 때문이었을 것이다.[4]

홍수지질학자들은 과학과 종교에 관한 "진정으로 초교파적인" 학술지를 함께 발행하자며 더욱 긴밀한 협력을 요청해왔다. 출판할 자료들을 함께 모으자는 그 제안을 지원하기 위해 램머츠는 에버리스트에게 조밀한 차이들, 예를 들어 정통지질학 대(對) 홍수지질학 같은 것이 방해가 되지 않게 하자고 재촉했다. 전쟁 기간 중 몇 해를 남부 캘리포니아에서 지내고 있던 에버리스트가 그 제안을 논의하기 위해 모임을 소집했을 때, 패서디나에 있는 스토너의 집에 모인 8명 중 세 명이 DGS와 밀접한 관계에 있었다. 그들은 윌리엄 팅클(William J. Tinkle)과 램머츠, 그리고 팅클의 손님 자격으로 참석하여 에버리스트를 깜짝 놀라게 한 프라이스였다. ASA 실행

---

4 F. A. Everest가 1942년 2월 20일에 ASA 실행위원회에 보낸 편지(큰 무리와 SDA 취향), 그리고 July 13, 1942 (Lammerts-Moon의 연관성), 이상 ASA Papers.

위원회의 모임에 대해 기술하면서, 에버리스트는 자신이 "즉각 홍수지질학회와 제휴한다는 생각"을 달가워하지 않았다고 썼다. "만일 우리가 [프라이스의] 운동을 옹호한다면, 우리는 기독인 지질학자들을 얻기를 바랄 수 없게 될 것이다. 나는, 우리가 이 일을 느리고 견고한 방식으로 행해야 하며, 어떤 한 가지 사상에 몰입되지 않은 사람들과 함께 가야 한다고 확신한다." 홍수지질학자들에게 자신들이 무소속으로 남을 것임을 알리면서, 그는 "다양한 '유신론적 과학자들'이 함께하면서 세상에 대해 연합된 전선을 형성할 수 있기를" 바라는 개인적인 희망에 대해 말했다. 에버리스트 자신은 이미 DGS에 가입한 상태였으나, 그다음 해 내내 그는 알렌에게 자신을 멤버가 아니라 다만 후원자로 기록해달라고 분명하게 요구했다.[5]

에버리스트의 부드러운 거절에도 불구하고 성가신 홍수지질학자들은 쉽게 물러나려고 하지 않았다. 1944년 초에 휘트니는 무디과학연구소 사람들에게 지질 시대에 대한 자신의 비판을 논박할 수 있는 그 어떤 지질학자에게라도 1천 달러의 전쟁 채권을 주겠다는 제안을 홍보해달라고 졸랐다. ASA에게 그런 제안을 검토해줄 것을 청하면서 휴턴은 에버리스트에게 휘트니의 자료를 넘겼다. ASA 의장이었던 에버리스트는 그 아이디어를 즉시 내던져버리기보다는 오히려 그것을 제휴 관계를 움직이고 창세기에 대한 다양한 해석들을 존중하면서 자신의 입장을 결정하기 위한 "소몰

---

5 C. B. Courville to W. E. Lammerts, August 13, 1942 (교단 간 교류); W. E. Lammerts to F. A. Everest, August 13, 1942 (세부사항들); F. A. Everest가 ASA 실행위원회에 보낸 편지, October 7, 1942 (Pasadena 회의); F. A. Everest to W. E. Lammerts, October 7, 1942 (연합전선); B. F. Allen to F. A. Everest, February 12, 1942 (회원자격 획득); F. A. Everest to B. F. Allen, September 27, 1943 (서명한 사람만 가능); 이상 ASA Papers. Pasadena 회의에 대한 Price의 반응에 대해서는 다음을 보라. G. M. Price to P. W. Stoner, October 2, 1942, ASA Papers.

이 채찍"으로 삼았다. 창세기 1장의 날들이 "거대한 지질 시대 사이의 틈새"를 뜻한다고 믿었던 스토너는 에버리스트에게 홍수지질학자들과 관계하지 말라고 충고했다. 그는 에버리스트에게 이렇게 편지했다. "나는 그와 같은 홍수지질학 사상 전체가 극단적으로 비과학적이라고 생각합니다." 또 그는 그 사상의 옹호자들이 "과민하게 적대적인 반응을 보이는" 경향이 있다고 덧붙였다. 스토너는 자신이 일하는 대학의 어느 지구과학자가 자신에게 그 어떤 저명한 지질학자도 프라이스의 이론을 수용하지 않고 있으며, 다만 몇몇 학자들이 지질학과 학생들에게 학문적 인정을 얻기 전에 그 이론에 대해 논박할 것을 요구하고 있을 뿐이라고 말했다고 전했다.[6]

그러나 에버리스트는 휘트니에게 그를 격려하는 편지를 썼고, 만일 ASA가 도울 일이 있다면 "언제라도 자유롭게 전화하라고" 말했다. 휘트니는 그 공손한 인사를 협력에 대한 진정성 있는 제안으로 착각하고는, ASA가 다음의 문제에 대한 "정규적인 토론을 주선"해달라고 제안하는 답신을 보냈다. 그 문제는 "우리가 시대-지질학을 믿어야 하는지, 홍수지질학을 믿어야 하는지, 아니면—혹시 그런 것이 있다면—어떤 제3의 종류의 지구 역사를 믿어야 하는지" 하는 것이었다. 그러면서 또 다시 휘트니는 "홍수지질학을 성공적으로 무효화시키는 과학자에게 1천 달러의 전쟁 채권을 지급할 것"을 약속했다. 에버리스트는 자신의 친절이 초래한 곤경에 빠져 괴로워하면서 ASA의 동료들에게 도움을 요청했다. 그는 자신의 동료들에게 살짝 과장이 섞인 편지를 썼다. "나는 내 무릎에 폭탄 하나를 올려

---

6 D. J. Whitney to C. E. Benson, February 9, 1944 (Moody); F. A. Everest to P. W. Stoner, February 23, 1944 (Houghton과 채찍); P. W. Stoner to F. A. Everest, February 25, 1944 (비과학적); P. W. Stoner가 1944년 5월 15일에 ASA 실행위원회에 보낸 편지(창세기의 날들); 이상 ASA Papers.

놓았는데, 이제 그것을 여러분에게 전달하고 싶습니다." 그 동료들의 공통된 의견은 그 문제를 다루지 말자는 것, 그래서 "우리 그룹 내부의 의견 차이"를 공표하지 말자는 것이었다. 그 외에도 그들은—스토너가 지적한 것처럼—자존심이 있는 지질학자라면 그 누구도 휘트니의 돈을 받지 않을 것이라고 여겼다. 스토너는 이렇게 설명했다. "비유하자면, 그것은 2 곱하기 3은 7이라고 주장한 후 수학계를 향해 그 문제에 대해 토론하자고 덤비는 것과 같습니다. 어떤 명망 있는 수학자도 그런 토론을 수용하지 않을 것입니다." 에버리스트는 그 새로운 지혜에 의지하여 다음과 같은 결론을 내렸다. 즉 홍수지질학자들은 ASA에게 "해결할 수 없는 난제"를 제시했다는 것이었다.[7]

홍수지질학회에 대한 그와같은 초기의 당혹감은 ASA에 가입하기를 원했던 제7일안식일예수재림교인들에게 짙은 먹구름을 드리웠다. 특별히 그것은 분열적 성향이 있는 휘트니가 자주 그 교단의 멤버라고 오해를 받았기 때문이었다. 1946년에 실행위원회는 안식교인들을 멤버로 받아들여야 하는지에 대해 논의했다. 아마도 그것은 홍수지질학자인 엘렌 화이트(Ellen G. White)에 대한 신뢰 때문이었을 것이다. DGS와의 교제를 통해 제7일안식일예수재림교인들에 대해 잘 알고 있던 팅클은 "훌륭한 과학자이자 뛰어난 판단력을 가진 사람"이라면 그들도 받아들여져야 한다고 설

7 F. A. Everest to D. J. Whitney, March 21, 1944 (자유의 느낌); D. J. Whitney to F. A. Everest, March 24, 1944 (형식적 토론); F. A. Everest가 ASA 실행위원회에 보낸 편지, May 9, 1944 (폭탄); E. Y. Monsma to F. A. Everest, [1944년 5월 말 또는 6월 초] (의견 차이); Peter Stoner가 ASA 실행위원회에 보낸 편지, May 15, 1944; F. A. Everest가 ASA 실행위원회에 보낸 편지, May 25, 1944 (극복하기 어려운 문제); 이상 ASA Papers. 그 모임의 다른 회원들의 반응에 대해 다음을 보라. R. D. Sturgis가 ASA 실행위원회에 보낸 편지, May 29, 1944, 그리고 M. D. Barnes to F. A. Everest, June 2. 1944, 이상 ASA Papers.

득했다. 그의 충고는 설득력이 있었지만, 처음 10년 동안 ASA에 가입하도록 승인된 제7일안식일예수재림교인은 단 두 명뿐이었다.[8]

로렌스 컬프와 홍수지질학에 대한 비판

실제로 많은 안식교인들이 참석하지는 않았지만, ASA는 1940년 말에 이르도록 홍수지질학이라는 큰 걱정거리와 계속해서 씨름해야 했다. 마침내 그 걱정거리를 몰아낸 것은 1945년에 ASA에 가입한 지구화학자 **로렌스 컬프**(J. Laurence Kulp, 1921-)였다. 지질학 분야에서 훈련을 받은 미국의 초창기 근본주의자들 중 한 사람인 그는 보수적인 개신교인들을 "복음주의자들"과 "근본주의자들"이라는 자의식을 지닌 별개의 캠프로 분리시키는 데 다른 어떤 과학자보다도 더 많은 공헌을 했다. 비록 그는 실제로는 무신론적인 성공회 교인으로 자랐지만, 16세 때 근본주의로 전향했고, 배타적 성향의 플리머스 형제단에 참석하기 시작했다. 처음에 그는 문자적 6일 창조와 보편적 홍수를 지지했지만, 곧바로 스코필드 성경을 통해 역사적 지질학의 주장과 성경 무오설을 화해시키기 위해 어떻게 간격이론을 사용하는지를 배웠다. 그가 드류 대학에서 이적한 편입생으로서 휘튼 대학에 입학했을 때, 그는 창세기에 대한 날-시대 이론의 해석으로

---

8 "[1946년] Aug 28, 29, 30에 Wheaton College에서 처음으로 열린 ASA의 전국회의," ASA Papers. Whitney가 제7일안식일예수재림교인이 맞는가 하는 의심에 대해 다음을 보라. F. A. Everest가 ASA 실행위원회에 보낸 편지, May 9, 1944, ASA Papers. ASA 안의 제7일안식일예수재림교인의 숫자에 대해 다음을 보라. *Journal of the American Scientific Affiliation* 3 (September 1951): Vii. Kulp에게 보낸 편지(September 13, 1949, ASA Papers)에서 Everest는 Whitney의 옛 친구인 O. L. Brauer를 "우리 중 한 명의 제7일안식일예수재림교인"이라고 확인했다; 둘째 안식교인은 J. Lowell Butler였다.

옮겨갔다. 하지만 그는 생물학적 종들, 특별히 인류의 특별 창조를 계속해서 고수했다. 비타협적인 형제단원들과 몇 해를 보낸 후, 그는 휘튼 대학이 놀랍게 진보적임을 발견했고, 그 대학의 자유로운 분위기에 영향을 받아 성경이 "정확한 해석"을 필요로 한다는 사실을 이해하게 되었다. 화학 분야에서 학사학위를 받을 무렵에 그는 휘튼 공동체의 "자유주의적인 언저리"에서 살고 있었고, 그를 묶었던 근본주의의 계류용 밧줄이 풀려 빠르게 표류하는 중이었다.[9]

그는 오하이오 주립대학(원)에서 한 해를 보낸 후 프린스턴 대학으로 옮겼고, 그곳에서 1945년에 물리화학 분야의 박사학위를 취득했다. 뉴저지에 거주하는 동안 그는 계속해서 옛 공동체에 속한 형제들과 함께 예배를 드렸고, 국제기독학생회(the Inter-Varsity Christian Fellowship)에 가입해 활동했으며, 대학생들과 더불어 어떻게 성경을 과학적으로 이해할 수 있는지에 관해 의견을 나누었다. 이런 만남들을 통해 제기된 질문들과 더 많은 시간을 야외현장에서 보내고 싶은 욕망이, 그로 하여금 프린스턴에서 대학원과정 공부를 하는 동안 한 친구와 함께 지질학 학부 1학년 수업을 청강하도록 만들었다. 리처드 필드(Richard M. Field, 1885-1961) 교수는 신입 화학자들을 지질학으로 유도하려고 열심을 내었고, 그 두 사람을 자신의 현장 여행의 동반자로 초대했다. 또한 이를 위해 그는 10주 동안 매주 월요일 저녁마다 자택에서 그들에게 개인교습을 해주었다. 지구의 역

---

9 J. Laurence Kulp의 July 23, 1984의 인터뷰. 복음주의-근본주의자들의 분열에 대해서는 다음을 보라. George M. Marsden, "From Fundamentalism to Evangelism: A Historical Analysis," in *The Evangelicals: What They Believe, Who They Are, Where They Are Changing*, rev ed., ed. David F. Wells and John D. Woodbridge (Grand Rapids, MI: Baker Book House, 1977), pp. 148-9.

사에 대해 배우면 배울수록, 그것에 대한 컬프의 호기심은 점점 더 커졌다. 때마침 컬럼비아 대학 지질학과에서 2년짜리 박사 후 과정 장학금을 받을 수 있게 되었을 때, 그는 그 기회를 붙잡았다. 덕분에 그는 지질학 박사 과정과 박사 논문에 요구되는 몇 가지 연구를 마무리할 수 있었다. 그의 장학금이 끝났을 때, 컬럼비아 대학 지질학과는 그를 고용해 지질화학(geochemistry)이라는 새로운 분야를 개척하게 했다. 부분적으로는 창세기와 지질학의 조화에 관해 아직도 남아 있는 몇 가지 질문들 때문에, 그는 방사성 동위원소 연대측정이라는 새롭고 흥미로운 영역에 연구의 초점을 맞추었다. 그 측정법은 지질학을 정확하지 않고 묘사적인 과학으로부터 엄격하고 양적 계산이 가능한 과목으로 빠르게 변화시키는 중이었다. 가장 최근의 기술을 배우기 위해 그는 시카고 대학으로 떠났다. 그곳에서는 탄소-14 연대 측정법의 발견자인 윌리엄 리비(William F. Libby, 1908-1980)가 자신의 방법을 고고학에 적용하고 있었다. 시카고 핵 연구소(Chicago's Institute for Nuclear Studies)의 한 세미나에서 컬프는 노벨상 수상자인 엔리코 페르미(Enrico Fermi, 1901-1954)와 그리고 해럴드 유리(Harold C. Urey, 1893-1981)와 사귀었고 그곳의 새로운 기술을 습득했다. 1950년에 그는 컬럼비아 대학으로 돌아갔고, 거기서 전국에서 두 번째로 탄소-14 연구소를 설립해 방사성 탄소 연대 측정을 지질학 문제에 적용하는 선구자가 되었다.[10]

미국과학자연맹(ASA)은 컬프에게 지질학의 종교적 의미를 공개적으로, 그리고 과학적으로 토론하는 첫 학술회의를 열어주었다. 그리고 이것

---

10 J. Laurence Kulp의 1984년 7월 23일자 인터뷰; J. L. Kulp to F. A. Everest, January 19, 1950, ASA Papers. Kulp는 R. L. Number에게 보낸 편지(September 28, 1982)에서 세기 중반에 일어난 지질학의 변화를 설명했다.

은 재기발랄하면서도 침착한 그 지구화학자에게 학문적 능력이 부족한 기독교인들의 실수를 드러낼 발판을 마련해주었다. 컬프는 한때 림머와 프라이스의 호교론적 저술에 매혹되었으나, 이미 1940년대 중반에 그런 "사이비 과학"은 그가 아직도 열렬히 옹호하는 정통적인 기독교를 조롱거리로 만들 뿐이라는 두려움을 느꼈다. 헨리 모리스(Henry M. Morris)가 ASA에 제출한 논문, 즉 기독교인은 진화를 지속적으로 믿을 수 없다고 주장하는 논문을 개인적으로 평가하면서 그는—사실 그는 모리스와 똑같은 입장에서 방금 물러선 상태였다—논리적 결함을 가진 그런 식의 주장은 기독교의 대의명분에 해를 끼칠 뿐이라고 경고했다. 그는 이렇게 지적했다. 모리스의 "근본주의적인 실수"는 "지질학을 진화와 혼동하는 것인데, 그것은 '과학과 성경'에 관해 글을 쓰는 저술가들 사이에서 흔하게 일어나는 일이다." 이 무렵에 컬프는 폭넓은 독서와 다른 자유주의적 성향의 복음주의자들과의 빈번한 토론을 통해 점차 창세기의 창조 이야기가 지구의 역사에 관한 세부적인 기록이 아니라, 창조자의 존재를 드러내 보이려 하는 일련의 인상주의적인 유화와 유사하다고 보는 쪽으로 기울어지고 있었다.[11]

1948년 초에 에버리스트는 여전히 홍수지질학을 어떻게 다루어야 할지에 대해 조바심을 내면서 컬프를 찾아가 늦여름에 계획이 잡혀 있는 다음 번 연례 정기회의 때 그 주제를 토론하자고 제안했다. 컬프는, 비록 자기가 의장의 제안에 흥미를 갖고 있기는 하나, 자기로서는 홍수지질학의 필연적 파멸보다는 ASA에게 훨씬 더 중요한 주제에 대해 토론하기를 원한다고 답했다. 그 주제란 바로 인류의 기원이었다. 컬프는 컬럼비아에서

---

11 J. Laurence Kulp의 1984년 7월 23일자 인터뷰; J. L. Kulp, Comments on "Can a Christian Consistently Believe in Evolution?" by Henry M. Moris, January 12, 1948, ASA Papers.

자연 인류학 석사 과정을 공부하는 휘튼의 졸업생 마리 페처(Marie Fetzer, 1925-)에게 필요할 때마다 지질학적 조언을 해주면서 인류의 역사에 관한 과학 문헌들을 조사해오던 중이었다. 그는 "오직 기독교 변증학의 문헌들 안에서 1만 년 이전에는 인간이나 인간과 유사한 피조물에 대한 그 어떤 증거도 없다고 맹목적으로 단언하는 여러 가지 사이비 과학적 진술들만 읽었기 때문에" 인류의 고대적 기원에 관한 강력한 예증을 발견하고서는 쇼크를 받았다. 그는 에버리스트에게 말했다. "지질학적 연대기의 홍적세 기간과 관련된 수많은 사실들에 대한 조심스런 연구는 아마도 수십만 년 전에 그러한 피조물이 지상에 있었다는 사실을 명확하게 밝혀줍니다. 비록 내가 통상적으로 주장되는 진화론을 전적으로 확신하는 것이 아니고, 또 진화론 위에 축조된 비기독교 철학을 용인하는 것도 아니지만, 나는 지표면의 역사에 관해 너무 많은 것을 배웠기에 적어도 생물학적 이론의 어떤 측면들에 대해서는 정면으로 반박할 수가 없습니다."[12]

ASA의 제3차 연례 학술대회의 프로그램은 컬럼비아 대학에서 지질학과 화학을 가르치는 로렌스 컬프가 "인류 화석의 고대성"(Antiquity of Hominoid Fossils)이라는 제목의 논문을 발표할 것이라고 공고했다. 미리 배부된 요약문은 흥분과 위로를 약속했다. "상당한 양의 과학적 증거들이 인간과 비슷한 유인원이 지구상에서 최소한 수십만 년 전부터 존재해왔다고 제시한다. 이것은 우리에게 창세기 해석의 재검토를 요청하지만, 그럼에도 이것이 강력한 보수적 호교론에 재앙인 것만은 아니다." 두말할 필요도 없이 컬프가 ASA 학술대회에서 처음으로 행한 이 공개 강연은 활발

12 J. L. Kulp to F. A. Everest, April 29, 1948, ASA Papers; J. Laurence Kulp의 1984년 7월 23일자 인터뷰. 1951년에 결혼 한 후로 그녀(Fetzer)는 Marie Fetzer Reyburn이라는 이름으로 살았다.

한—그리고 염려스러운—토론의 불꽃을 일으켰다. 아마도 가장 크게 우려했던 답변은 칼빈 대학의 식물학자로서 그 회의를 주최했던 **에드윈 몬스마**(Edwin Y. Monsma, 1894-1972)로부터 나왔다. 몬스마는 유능한 지질학자가 참여해준 것에 감사했지만, 동일과정이라는 전제에 기초한 모든 "시간 계산"을 의문시했다. 그 외에도 그는, 자기로서는 인류의 고대적 기원과 성경에 대한 문자적 이해를 조화시킬 수 있는 어떤 방법도 알지 못한다고 주장했다. 컬프는 그 주최자를 달래려고 노력했다. 그는 대단히 오랜 지구를 증명하기 위해서는 오직 **하나의** 전제—방사능 물질의 붕괴의 균일한 비율—만 필요할 뿐이고, 오랜 지구론은 "진화 그 자체"에 관해서는 아무것도 함축하지 않으며, 성경적 관점에서의 반대는 창세기의 날들을 "창조 행위의 국면들"로 해석하는 것에 의해 대치될 수 있다고 말했다. 그러나 젊은 지구론을 선호했던 몬스마는 설득되지 않았다. 성경을 문자적으로 수용하는 다른 많은 복음주의자들과 마찬가지로, 그는 아담과 하와의 타락 이전의 죽음과 멸망이라는 개념이 오랜 지질 시대와 특별히 인간 화석의 고대성이라는 개념을 받아들일 수 없도록 만드는, 넘어설 수 없는 장애물이라고 생각했다. 컬프에게 그 장벽은 동물 세계에서의 죽음과 영적인 의미에서의 죽음을 구분하는 것을 통해 쉽게 피해갈 수 있었다. 토론이 끝나기 전에 컬프는 6천 년짜리 지구라는 생각을 "어리석은 것"으로 치부했고, 참석자들에게 "인류의 고대적 기원의 문제를 웃어넘기지 말라"고 경고했다.[13]

13 J. Laurence Kulp의 다음 논쟁을 보라. "Antiquity of Hominoid Fossils," ASA 제3차 연례 학술대회의 회의록, Calvin College, Sept. 1. 1948, pp. 69-88, 인용문은 pp. 71-3, 80, 86-8, ASA Papers. Kulp의 논문은 그 회의록에는 없다. ASA 제3차 연례 학술대회(Calvin College, Sept. 1. 1948)의 프로그램은 Everest, "The American Scientific Affiliation"의 부록 27로 인쇄되어 있다. Kulp의 날-시대 이론의 견해를 알기 위해서는 J. Oliver Buswell, Jr., "Creation Days," *Journal of the American Scientific Affiliation* 4 (March 1952): 14를 보라.

회의 종반에 몬스마가 소위 동일과정설을 포함해 “진화론적 사고의 몇 가지 전제들”에 대한 비판적인 검토 의견을 제시했을 때, 컬프는 그에 대해 개인적 증언으로 응답했다.

지난 50년 동안 지질학 분야에는 실제적으로 그 어떤 기독교인도 없었습니다. 나는 이전에 화학자로서 교육을 받았으나 주님이 내가 지질학으로 옮겨 가기를 원하신다고 느꼈습니다. 나는 대단히 비판적인 입장을 가지고 지질학에 다가갔고, 지금도 여전히 내가 얻은 모든 정보에 대해 지나칠 만큼 비판적입니다. 그러나 우리 중 대부분은 지질학자들이 확실한 지질학적 재료들을 확보하는 방법을 이해할 만큼 지질학에 대해 충분히 알고 있지 못합니다. 지질학자는 일반 사람이 생각하는 것과 같은 철학자가 아니며, 백만분의 일도 그렇지 않습니다.

컬프가 보기에 화석 기록은 기독교인들에게 그중 오직 하나만 선택할 수 있는 양자택일의 문제 앞에 서게 한다. 하나는 창조자께서 지구의 어마어마한 나이의 외양을 기만적으로 보여주셨다는 것이고, 다른 하나는 지구상의 생명의 역사가 실제로 광대한 양의 시간을 거치면서 펼쳐졌다는 것이다. 파멸-회복 가설(ruin-and-restoration hypothesis)이 아마도 지질학적 증거를 수정하는 데 도움이 될 수 있으리라는 어떤 이의 제안에 응답하면서 컬프는 다음과 같이 지적했다. 사탄과 그의 하수인들을 멸망시키기에 충분할 만큼 엄청난 재난은 “가지런하게 놓인 지질학적 지층들에게 어떤 무시무시한 일”을 행했을 것인데, “지질학적 기록 안에는 그런 일에 대한 일체의 증거도 없다”는 것이다. 그가 아는 한, 아담 이전의 파멸이라는 개념은 기껏해야 “그 개념이 나타났던 1500년대까지 추적될 수 있을 뿐이다."[14]

1948년 즈음에 ASA 내의 상당수 복음주의적 과학자들은 과거의 진부한 근본주의적 호교론을 용감하게 던져버리고 컬프의 뒤를 따를 준비가 되어 있었다. 특별히 그들은 과학적 정직성이 그것의 수용을 요구한다는 것, 그리고 그런 수용이 "성경의 영감에 조금도" 영향을 주지 않는다는 것을 확실하게 들었을 때 그러했다. 컬프가 몬스마로 인해 공석이 된 그해의 실행위원회 위원 자리에 지명된 것은 조직 내부의 지적인 분위기가 변했다는 것을 암시한다. 몬스마는—회의 참석자 중 적어도 한 사람의 의견에 따르면—컬프와의 토론에서 패했다. 에버리스트는 교리적 이단성의 문제보다 국제적 불협화음의 문제를 더 두려워했고, 그의 걱정은 다만 "인류의 기원 문제가 가능한 한 조용하고 부드럽게 해결되는 것"이었다. 그럼에도 그는 프라이스의 뒤뜰인 로스앤젤레스에서 열리는 다음 연례 학술대회에서 컬프를 시켜 홍수지질학을 무너뜨릴 계획을 진행시켰다.[15]

비록 이 즈음에 에버리스트는 「홍수지질학회 회보」(*Bulletin of Deluge*

---

14 E. Y. Monsma, "Some Presuppositions in Evolutionary Thinking," A.S.A. *Bulletin* 1 (June 1949): 15-30의 논의를 보라. 인용문은 pp. 20-1, 27. Kulp의 토론에서 나타나는 1500년대에 대한 언급은 "Antiquity of Hominoid Fossils," p. 85를 보라.

15 Kulp, "Antiquity of Hominoid Fossils," pp. 79. (Everest: 조용한 결정), 87 (Kulp: 영감); Henry Morris, *A History of Modern Creationism* (San Diego: Master Book Publishers, 1984), p. 133 (회의); R. L. Mixter to W. J. Tinkle, November 9, 1948 (Monsma의 손실), F. A Everest to J. L. Kulp, November 6, 1948 (1949년의 논문), 이상 ASA Papers. July 23, 1984의 인터뷰에서 Kulp는 1948년에 이르러 ASA 회원들 대부분이 지적 변화에 대해 열려 있었다는 자신의 믿음을 공개했다. Kulp의 영향력에 대한 추가적인 증거와 관련하여 다음을 보라. J. Laurence Kulp, "Present Status of Age Determination in Geology," in "A Symposium on the Age of the Earth," 이것은 페이지 없는 등사판 에세이 모음집이고 1948년 ASA가 배포했다. 그것의 사본은 A. C. Custance Papers, Special Collections, Reedemer College, 그리고 ASA Papers에서 읽을 수 있다.

Geology)를 도서관의 망가진 선반 위로 내쫓고 ASA의 지역 모임에서 램머츠가 홍수지질학을 "비이성적으로" 방어하는 것에 점점 더 인내심을 잃어가는 중이었지만, 여전히 그는 컬프가 "그 비판적인 주제"를 토론에 붙여 불필요한 공세를 벌이는 것을 원하지 않았다. 남부 캘리포니아는 홍수지질학의 "온상"이었다. 따라서 에버리스트는 프라이스와 헌신적인 그의 제자들뿐 아니라 그 지역의 많은 신학자들이 참석하기를 기대하면서도, "그들이 성경의 진실 자체에 대단히 가깝다고 고수해온 어떤 사상을 파괴하는 강연은, 매우 조심스럽고 현명하게 행하여지지 않는다면, 사람들로 하여금 ASA를 등지도록 만들 수 있다"고 생각했다. 기대했던 마지막 결전의 시간이 다가 왔을 때, 에버리스트는 컬프에게 "프라이스 교수의 생각이 얼마나 불합리한지"보다는 사실 그 자체를 강조하라고 코치했다. "나는 그 주제에 본질적으로 접근하는 차분하고 냉정하고 사실적인 강연을 기대합니다." 컬프는 자신의 원고를 그 연례 모임 시간에 맞춰 겨우 완성했다. 그는 그 작업을 하느라 3일 연속으로 잠을 자지 못했다. 그런데 학교에서 발생한 긴급한 일이 그가 직접 로스앤젤레스로 날아가는 것을 막았다. 마지막 순간에 에버리스트는 컬프의 친구인 페처(Fetzer)를 불러 ASA의 짧은 역사 중 가장 중요하고도 논쟁적인 원고 한편을 강연하도록 했다.[16]

컬프는 홍수지질학을 터무니없이 큰 밀집 인형처럼 부풀려서, 그것을 파괴하는 작업을 시작했다. 그는 홍수지질학이 "성장하고 부풀려져 미국

---

16 F. A Everest to J. L. Kulp, November 21, 1948 (망가진 선반과 LA의 청중); F. A Everest to J. L. Kulp, February 24, 1949 (Lammerts와 Price 교수); F. A Everest to J. L. Kulp, April 24, 1949 (온상); J. L. Kulp to F. A Everest [August 1949] (3일 밤); F. A Everest to J. L. Kulp, September 13, 1949 (Fetzer); 이상 ASA Papers.

의 근본주의 기독교의 아주 큰 부분 안으로 잠입했는데, 그 주된 이유는 정식 교육을 받은 기독교 지질학자들이 없었기 때문이다"라고 주장했다. 그는 계속해서 "그 이론의 중심적 명제들은 지금까지 확립된 물리학과 화학의 법칙들에 의해 금기시되어 있다"는 것을 지적했다. 그는 특히 홍수지질학자들이 공통적으로 범하는 "네 가지 근본적 오류"에 초점을 맞추었다. 그것은 ① 역사적 지질학을 진화와 동일시하는 것, ② "지구상의 생명이 단지 수천 년 동안만 존재해왔고" 따라서 반드시 홍수가 지질학적 지층을 설명해야 한다고 가정하는 것, ③ "바위가 형성될 때의 물리학적인 그리고 화학적인 조건"을 오해하는 것, ④ 그들의 가설을 뿌리째 뒤집는 발견들—예컨대 방사능 연대측정 방법과 관계된 최근의 발견들—을 무시하는 것이다. 그는 프라이스 자신이 무지하기도 하고 기만적이기도 하다며 비난했다. 그 홍수지질학자는, 예를 들어 19세기의 지질학 보고서, 곧 충상단층에 대한 신뢰의 기반을 흔드는 캐나다 로키 산맥의 백악기 이판암의 꼭대기에 있는 선캄브리아기 석회석의 형태적 유사성을 단언하면서 예시하는 보고서를 인용하기를 좋아했다. 그러나 그 보고서의 저자는, 비록 형성된 두 암석이 특별한 관점에서 본다면 동일한 형태로서 서로 연속된 것으로 보인다는 사실을 언급하면서도, 지반 운동의 불명확한 증거에 대해 훨씬 더 길게 논증했다. 프라이스는 이 사실을 독자에게 알리는 것을 소홀히 했다. 컬프는 지질학과 성경의 전적인 영감설이 양립할 수 있다고 강조하고, 또한 복음주의적인 어조로 "홍수지질학의 그와 같은 비과학적인 이론은 교육을 받은 사람들에게 복음을 전파하는 일에 상당한 해를 주었고 앞으로도 주게 될 것이다"라며 부정적인 결론을 내렸다.[17]

---

17 J. Laurence Kulp, "Deluge Geology," *Journal of the American Scientific Affiliation*

기대했던 불꽃놀이는 점화되지 않았다. 프라이스는 강연과 토론 시간 동안 줄곧 제일 앞줄에 조용히 앉아 있었다. 확연하게 실망한 에버리스트는 나중에 컬프에게, 의장이 직접 지목해서 말하도록 했을 때 프라이스는 "모두가 기다리고 있던 것이 빠진 대단히 짤막한 말"을 겨우 말했다고 보고했다. 화려한 불꽃 제조술을 갖고 있던 알렌이라면 틀림없이 모든 사람의 기대를 충족시켰을 것이다. 그러나 그는 알 수 없는 이유로 너무 늦게 와서 컬프의 공격을 제대로 듣질 못했다. 회의가 끝났을 때, 프라이스는 에버리스트에게 다정하게 인사했고, 컬프의 비판을 조심스럽게 연구해볼 생각이 있다고 말했다. 다음 날 그는 에버리스트에게 ASA가 "과학 안에서 의견이 분분한 요점과 관련하여, 기독교 신앙의 기초적 사실들에 대한 솔직하고 긍정적인 헌신과 함께, 자유롭고 공개된 토론"을 진전시킨 것을 축하한다는 내용의 편지를 썼다. 그는 자신의 견해에 대한 비판적 평가에 감사한다고 고백했는데, 왜냐하면 "오직 이런 방법으로만 우리는 문제없이 지속적인 진리에 도달하기를 희망할 수 있기" 때문이라고 했다.[18]

다른 홍수지질학자들은 그보다 덜 친절하게 응답했다. 신원이 확인되지 않는 ASA의 한 멤버는 컬프의 비판을 "정통지질학 관점"의 영향을 받은 정신의 산물이라고 일축했다. 로스앤젤레스 지역의 홍수지질학회의 졸업생들은 컬프의 주장에 맞서기 위해 최고로 훈련된 **지질학자인 클리포드 버딕**(Clifford L. Burdick)을 애리조나로부터 모셔 왔다. 버딕은 홍수지질학에 대한 컬프의 평가에 전혀 동의하지 않았기에 자신의 친구들에게 "정통지질학의 사례를 보고하는 그의 강연을 가볍게 웃어넘길 수는 없다"

2 (January 1950): 1-15.

18 F. A Everest to J. L. Kulp, September 13, 1949; G. M. Price to F. A Everest, August 24, 1949; 이상 ASA Papers.

고 주의를 주었다. 컬프의 위치와 학위를 두려워했던 그는 (다시 한 번) 지질학 분야의 대학 교육을 완수하려고 결심했다. 그사이 그는 컬프의 주장에 대한 상세한 반박을 담은 "홍수지질학—사실인가 허구인가?"(Deluge Geology—Fact or Fiction?)라는 논문을 썼다. 그리고 그것을 「미국과학자동맹 저널(*Journal of the American Scientific Affiliation*)에 발표하려고 했으나 실패했다.[19]

홍수지질학에 대한 컬프의 비판은, 1940년대 말에 있었던 홍수지질학의 근저에 놓인 전제들에 대한 그의 공격의 전초전에 불과했음이 드러났다. 탄소-14 연대측정법에 대한 그의 두 번째 논문이 로스앤젤레스 학술대회에서 낭독되었다. 그 논문에서 그는 "예비적 조사가 지시하는 바에 따르면, 네안데르탈인(선사시대 화석인들 중 층서학적으로 가장 젊은 인류)의 유적지는 최소한 2만5천 년 이전의 것"이라고 주장했다. 컬프는 홍수지질학에 대한 그의 논문에 앞선 논문으로 지질주상도의 가지런한 순서를 방어하기 위해 코델리아 어드맨(Cordelia Erdman, 1924-)을 동맹군으로 배치했다. 어드맨은 뮤지션이자 국제기독학생회(IVF)의 활동가였고 컬프의 휘튼 대학 동기였다. 그 후 그녀는 킹스 대학으로 진학했고, 그곳에서 알렌 히글리(L. Allen Higley)와 함께 지질학을 공부했으며 그의 파멸-회복 견해를 받아들였다. 과학적 배경지식이 부족했음에도 그녀는 컬프의 재촉에 따라 컬럼비아 대학에 화석학을 연구하는 대학원생으로 등록했고, 진화론자인 노만 뉴얼(Norman D. Newell, 1909-2005)과 함께 작업했다. 그녀는 1949년 가을

---

19 An A.S.A. Member, "Comment on the 'Deluge Geology' Paper of J. L. Kulp," *Journal of the American Scientific Affiliation* 2 (June 1950): 2; C. L. Burdick to M. Couperus, March 12 그리고 April 22, [1950?], 그리고 M. Couperus to C. L. Burdick, May 24, 1954, Couperus Papers, Molleurus Couperus 제공.

에 지질학 강사 신분으로 휘튼으로 돌아가기 직전에 석사학위를 받았다. 휘튼 대학에서 가르쳤던 5년 동안 그녀는 자신의 수강생들에게 컬프의 홍수지질학에 대한 비판을 숙제로 내어줌으로써 근본주의자들의 의견을 프라이스에게 반대하는 쪽으로 바꾸는 일을 도왔다.[20]

컬프는 일선의 배후에서 일하면서 ASA가 발행하는 책들이 홍수지질학을 돕거나 지지하지 않는다는 점을 분명히 했다. 에버리스트가 편집한 ASA의 첫 책인 『현대 과학과 기독교 신앙』(*Modern Science and Christian Faith*, 1948)은 에드윈 게드니(Edwin K. Gedney, 1904-1980)가 쓴 "지질학과 성경"(Geology and the Bible)이라는 장을 포함하고 있었다. 게드니는 제7일안식일예수재림교회 출신 과학자로서 고든 신학과 선교 대학의 교수였고, 브라운 대학과 하버드 대학에서 받은 지질학 석사학위를 갖고 있었다. 창세기에 대한 날-시대 해석을 지지했던 게드니는 홍수지질학이라는 대안을 언급조차 하려 하지 않았다. 보수주의자들의 비판을 피하기 위한 일환으로 에버리스트는—램머츠의 주장에 따라—중재용 각주를 달았는데, 그만 실수하여 프라이스의 주장과 클락(Harold W. Clark)의 주장을 결합시키고 말았다.

---

20 "ASA 제4차 연례 학술대회 공식 프로그램," August 22-6, 1949, Los Angeles, ASA Papers; Cordelia Erdman Barber의 April 9, 1989의 인터뷰. Kulp는 자신의 논문을 사용하려는 Erdman의 의향을 Everest에게 보낸 편지(September 26, 1949, ASA Papers)에서 언급했다. Erdman은 Wheaton을 떠난 후 과학자로서의 경력을 포기했다. 그녀의 지질주에 대한 견해를 다음에서 보라. Cordelia Erdman, "Stratigraphy and Paleontology," *Journal of the American Scientific Affiliation* 5 (March 1953): 3-11. 탄소-14 연대측정법에 대한 Kulp의 초기 논쟁에 대해 다음을 보라. J. Laurence Kulp, "Present Status of Age Determination in Geology," in "A Symposium on the Age of the Earth," 페이지 없음, Custance Papers. Newell의 견해를 D. Newell, *Creation and Evolution: Myth or Reality?* (New York: Columbia University Press, 1982)에서 보라.

다음이 대단히 공정하게 언급되어야 한다. 다양한 지질학적 지층들이 어떤 시대적 중요성도 갖지 않고 그저 생태학적 권역만 지시한다고 믿는 사람들이 있다.…조지 맥크리디 프라이스 교수가 이런 논지의 으뜸가는 투사다.

그러나 이 장의 필자는, 위의 견해가 화석의 실제적 사용에 대한 빈약한 경험과 지질 시대의 상관관계를 이해하지 못한 결과라고 믿는다.

초판 5천 부가 금새 동이났다. 재판을 계획하면서 에버리스트는 컬프에게 지질학과 관련한 장의 개정을 감독해달라고 요청했다. 컬프는 게드니에게 "홍수지질학의 전적인 부적절성"을 폭로할 수 있는 기회를 놓치지 말라고 촉구했다. 홍수지질학에 대한 자신의 비판을 완성하기 전인 1949년에 이미 컬프는 그런 "터무니없는 이론"을 "완전히 거부"해야 할 필요성을 강조한 바 있었다. 그러나 게드니는 그 제안을 거부했다. 그는 비기독교인 독자들이 프라이스의 이론에 대한 확장된 논의 때문에 정나미가 떨어지면 어떻게 하나 두려워했던 것이다. 컬프는 마침내 에버리스트에게 전했다. "우리는 본서의 목적을 위하여 공격하기보다는 생략하는 것을 통해 홍수지질학에 타격을 가하는 것이 옳습니다."[21]

---

21 Edwin K. Gedney, "Geology and the Bible," in *Modern Science and Christian Faith: A Symposium on the Relationship of the Bible to Modern Science*, 2nd ed., ASA 회원들이 발행 (Wheaton, IL: Van Kampen Press, 1950), pp. 23-57, 편집에 관한 언급은 p. 43; W. E. Lammerts to F. A. Everest, December 2, 1947 (각주), F. A. Everest to H. M. Morris, November 6, 1948 (각주), F. A. Everest to W. J. Tinkle, April 30, 1949 (5천 부), J. L. Kulp to E. K. Gedney, February 15, 1949 (터무니없음), 그리고 J. L. Kulp to F. A. Everest, March 21, 1949 (생략에 의한 타격), 이상 ASA Papers. 또 다음도 보라. E. K. Gedney to F. A. Everest, November 8, 1947, ASA Papers. Gedney에 관해서는 "'Mr. Gordon': Dr. Edwin K. Gedney Retires," *Gordon College Alumnus* 4 (Spring 1974): 2-5을 보라. Janet Potts가 그 사본을 제공해주었다.

대체로 컬프의 설득력 때문에 홍수지질학자들은 ASA 내부에서 점점 더 고립되었다. 한때 홍수지질학자들의 참여를 독려했던 에버리스트 같은 옛 동료들조차, 그들과 그리고 그들의 평판이 안 좋은 이론과 관계하지 않으려 했다. 컬프는 아군과 적군 모두를 토론의 이름으로 지배했다. 에버리스트는 아마도 다른 어떤 멤버들보다도 컬프가 "ASA의 진정한 역할은 문제를 연구하는 것이지, 그 문제에 대한 어느 특정한 대답을 공표하는 것이 아니라는 점을 분명히 했다"고 회상했다. 그리고—우리가 앞으로 보게 될 것처럼—다가올 몇 해 동안 홍수지질학자들은 컬프의 1949년 논문이 던진 그림자 아래서 불안에 떨며 살아가게 되었다. 그들은 성경에 대해 동일한 충성을 고백하는 세계의 가장 위대한 복음주의 지질학자가 지구의 역사에 대한 자신들의 재구성을 터무니없는 영화 이야기 정도로 치부하며 비난했다는 사실을 알고 괴로워하며 분노했다.[22]

품질 관리

프라이스에 대한 공세가 정점에 달했을 즈음, 한 지도자는 ASA가 "일차적으로 반림머(anti-Rimmer) 조직으로 알려지게 될까" 두렵다고 피력했다. 아주 많은 근본주의자들이 림머의 의견에 귀를 기울였기 때문에, 일부 ASA 멤버들은 프라이스보다도 그가 진보에 장애물이 된다고 여겼다. 그러나 휘튼 대학과 다른 근본주의 대학들에서 명예 박사학위를 받은 복음주의 진영의 내부자였던 그는, 대체로 외부자 프라이스가 받았던 대중적인 조롱의 세례를 받지 않았다. 림머에 반대하는 운동은 ASA 산하 출판

22 F. Alton Everest의 May 10, 1984의 인터뷰.

사인 반 캠펜(Van Kampen)이 과학과 종교에 대한 림머의 책들에 대한 재인쇄를 고려하고 있다는 것을 에버리스트가 알았을 때 시작되었다. 에버리스트는 그 책들이 갖고 있는 과학적 제한성을 잘 알았기에, 반 캠펜 출판사에게 ASA가 대표적인 표준 의견을 내놓을 때까지 그 책의 출간을 연기해달라고 요청했다. 그 책들에 대한 서평들은 예상대로 부정적이었다. 『진화론과 과학적 사실들』(*The Theory of Evolution and the Facts of Science*)을 평가했던 (보수주의자 램머츠, 팅클, 몬스마 등을 포함한) 7명의 과학자들 중 단 한 사람도 그 책에 대한 ASA의 승인을 추천하지 않았다. 그 책이 지난번에도 결코 발행되어서는 안 되었다고 생각했던 몬스마는 전과 동일한 평가를 내렸는데, 그것은 "부정확성과 과장된 진술" 그리고 조롱을 당할 수도 있는 근거에 대해 림머를 꾸짖는 것이었다. 생물학자 카셀(J. Frank Cassel, 1916-2004)의 보고에 의하면, 서평 과정을 주도했던 에버리스트가 택한 공통 의견은 "이 문제의 책은 희망이 없으며, 이 책을 개정하기보다는 차라리 새로운 책을 쓰기를 시도하는 편이 나을 것 같다"였다. 림머가 그런 손쉬운 타겟을 제공했기 때문에, 카셀은 ASA가 "조롱당하지 않도록, 그리고 우리의 논증이 잘못된 전제, 오해, 또는 와전된 연구 결과에 기초하지 않도록(이것은 림머의 확연한 결점들이다) 조심해야 한다"고 경고했다. 림머의 다른 책들도 그보다 낫지 않았다. 버나드 램(Bernard Ramm)이 『과학과 성경의 조화』(*The Harmony of Science and Scripture*)에 대해 말했던 것처럼, 그 책들은 "센스와 넌센스 둘 다로 가득 차 있다. 다시 말해, 잘된 것과 잘못된 것이 혼합되어 있다."[23]

---

23 M. D. Barnes to J. F. Cassel, February 26, 1949 (anti-Rimmer는 나의 강조임); F. A. Everest to J. F. Cassel, October 19, 1947 (Van Kampen); W. E. Lammerts to J. F. Cassel, December 21, 1947; W. J. Tinkle to J. F. Cassel, April 22, 1948, Edwin Y. Monsma

ASA가 림머의 책들에 대한 서평을 마칠 무렵에, 반 캠펜 출판사는 이미 자체적으로 부정적인 결론에 도달해 있었다. 그런 결론은 ASA의 지도자들을, 자신들이 그동안 수집한 잠재적으로 폭발력이 있는 정보를 어떻게 처리해야 할지 결정해야 하는 딜레마에 빠뜨렸다. 그 기획에 대한 말이 새나갔을 때, 호기심을 느낀 멤버들은 떠들썩하게 그 문서들을 읽기 시작했다. 당황해 하는 서평자들을 보호하고 혹시 있을지도 모를 앙갚음을 막기 위해서 ASA는 마침내 회원들에게 "기밀" 보고서를 보냈다. 그 보고서에서 서평자들은 오직 그들의 전문분야에 대한 언급을 통해서만 확인될 수 있었다. 그렇게 하긴 했어도, 휘튼 대학의 새로운 회계 담당 서기인 러셀 믹스터(Russell L. Mixter, 1906-)는 림머가 누가 그 보고서를 등사해서 배포했는지 알아낼 것이라고 걱정했다. 그는 장난스럽게 림머를 "웃음거리"라고 언급하는 편지를 에버리스트에게 보내 물었다. "만약 그가, 누가 무슨 일을 하고 있는지 안다면, 즐거워하겠습니까?" 그런 상황에서 그 책의 출판은 불가능해 보였다. 에버리스트는 그 책의 출판을 강행하지 않는 것을 정당화하면서 이렇게 말했다. "림머는 지금 이 주제에 대해 글을 쓰지도 않고 강연을 하지도 않습니다. 그리고 그는 훌륭한 설교자입니다." 뿐만 아니라, 림머는 ASA가 접촉하고 싶어 하는 사람들 중에서 여전히 그를

---

to J. F. Cassel, January 13, 1948; J. F. Cassel to W. J. Tinkle, May 5, 1948 (동의); 이상 Cassel Papers, 원래 J. Frank Cassel의 소유였으나 최근에는 Special Collections of Buswell Memorial Library, Wheaton College에 소장되어 있다. Cassel Papers는 Harley Barnes, Cecil B. Hamann, Paul E. Parker, 그리고 George R. Horner 등의 평가를 포함한다. *The Harmony of Science and Scripture*에 대한 Bernard Ramm의 서평, 그리고 *Voices from the Silent Centuries*에 대한 R. Laird Harris와 J. Laurence Kulp의 서평은 ASA Papers에 있다. 1988년 9월 11일의 인터뷰에서 J. Frank Cassel은 "우리는 림머를 따르지, 프라이스를 따르지 않는다"고 단언했다.

따르는 많은 충성스런 사람들을 갖고 있었다.[24]

에버리스트는 미국과학자연맹(ASA)이 과학과 종교에 대한 복음주의적 출판물의 품질을 관리하려는 노력을 모든 사람이 좋아하지는 않는다는 사실을 재빨리 알아챘다. 특별히 연맹의 초기 회원이었던, 캐나다 출신의 기술자이자 언어학자였던 **아서 커스탠스**(Arthur C. Custance, 1910-1985)에게 속이 상하는 일이 벌어졌다. 영국 태생인 커스탠스는 1928년에 온타리오로 이민을 갔다. 농업과 벌목을 하면서 그는 기계 기안(mechanical drafting)에 관한 통신강좌를 들었다. 그는 1930년대 초에 토론토 대학에 입학했고 그곳에서 최종적으로 성경 언어 분야의 석사학위를 받았으며, 1940년대에는 토론토 지역에서 기계 기술자로 일했다. 아직 토론토 대학 학부생이었던 1937년에 그는 빅토리아 연구소의 캐나다 버전이라 할 수 있는 켈빈 연구소(Kelvin Institute)를 만드는 일과 관련하여 주도적인 역할을 감당했다. 그 연구소는 그 지역의 토론 모임 이상이 되지 못했으며, 회원수도 가장 많았을 때조차 스무 명을 넘지 못했다. 가장 중요한 인물은 존 호위트(John R. Howitt, 1892-1985)였는데, 그는 정신과 의사였고 헌신적인 반진화론자였다. 1941년 전쟁으로 인해 중단되기 전에 그 연구소는 이중 과정(duplicated proceeding)에 관한 세 권의 책을 발행했는데, 그중에는 "현대 지질학과 성경"의 관계를 탐구하는 커스탠스의 논문이 포함되어 있었다. 명백한 차이점을 해결하기 위해, 그는 간격 이론과 프라이스의 홍수지질

---

24 F. A. Everest to J. F. Cassel, December 27, 1948 (은밀한 보고서), 그리고 R. L. Mixter to F. A. Everest, January 15, 1949 (우스움), 이상 ASA Papers; F. A. Everest to M. D. Barnes, March 6, 1949 (멋진 설교자), Everest, "The American Scientific Affiliation," p. 113에서 인용됨. 또 다음도 보라. J. F. Cassel이 ASA 동료 회원들에게 보낸 편지, 연대 미상, Rimmer의 *Theory of Evolution and the Facts of Science*, Cassel Papers에 서평에 동반된 표지의 편지임.

학 모두를 차별 없이 인용했다.[25]

1943년 커스탠스가 ASA에 가입할 무렵, 그는 자신의 관심사를 성경적 인류학으로 돌렸고, 그 주제를 다루는 책에 빠져 있었다. ASA와 켈빈 연구소 사이에 협동적인 관계를 만들고자 열심이었던 에버리스트는, 그 잘 알려지지 않은 영국계 복음주의자에게 ASA의 『현대 과학과 기독교 신앙』에 인류학과 관련된 장을 기고해달라고 요청했다. 커스탠스는 요청 받은 원고를 신속하게 전달했으나 얼마 후 그 글이 분량으로나 내용으로나 게재하기에 적합하지 않다는 소식을 전해 들었다. 심사위원들, 특별히 인류학과 밀접하게 연관된 분야의 위원들이 그 원고의 출판을 "강력하게" 반대했다. 그 이유는 그것이 갖고 있는 교리적인 어조와 인류의 고대성에 대한 거부 때문이었다. 커스탠스는 자신을 방어하면서 이렇게 말했다. "개인적으로 나는 하나님의 말씀이 첫 쪽부터 마지막 쪽까지 문자적으로 영감을 받았다고 믿습니다. 나에게 성경은 진리의 시금석입니다. 성경은 진리입니다. 그것은 성서 비평학이 제안하는 것과 같은 증명을 필요로 하지 않습니다. 나는 성경을 출발점으로 삼고, 그다음에 현대 인류학의 결과들과 추측들을 그 진리와 조화시키려고 시도합니다." 그는 심사위원들이 자신의 글에 유대교적 편견이 들어 있다고 지적한 것이 특별히 공격적이라고 여겼다. 그는 자신이 유대인이 아니며 자신의 조상은 정복자 윌리엄(William the Conqueror)과 함께 영국으로 건너왔던 노르만인들이라고 주장했다. 그런 상황에서 그는 자신의 원고를 거둬들이고 ASA의 회원 자격을 포기하는 것 말고는 다른 수가 없다고 느꼈다. 그에게 그것은 "개인적 의견을 로

---

25 Arthur C. Custance, "Modern Geology and the Bible," *Proceedings of Kelvin Institute* 1 (1938): 페이지 없음. 완전한 회의록 세트는 전기적 정보와 함께 Custance Papers에서 발견된다.

마 가톨릭교회의 관습에 굴복시키는 것"처럼 보였다. 사건이 이런 식으로 전환된 것으로 인해 분명히 괴로워했던 에버리스트는 커스탠스에게 다시 생각해달라고 간청했다. "우리가 이런 요청을 받은 것은 처음입니다. 그리고 나의 진지한 기도는 그것이 유사한 조직들을 향한 보다 앞선 몇 번의 시도들을 끝장내는 몰락의 그림자여서는 안 된다는 것입니다.…우리는 간신히 출발했습니다! 만일 모두가 의견의 차이 때문에 뒤로 물러난다면, 분명 우리는 오래 지속할 수 없게 될 것입니다." 그러나 커스탠스는 입장을 바꾸려하지 않았다. 그리고 에버리스트는 즉시 자신의 관심을 더 큰 위협, 즉 진화에 대한 의견 차이 쪽으로 돌렸다.[26]

점진적 창조 또는 유신론적 진화?

프라이스와 림머에게 등을 돌린 후, ASA의 리더들은 진화에 대한 복음주의 진영의 대안적 입장을 마련해야 할 임무에 직면했다. 비록 그 연맹은 멤버들에게 성경의 영감에 대한 믿음을 확증하는 교리적 진술에 서명하라고 요구하는 것 외에는 창세기에 대해 어떤 공식적 입장을 취한 적이 없었음에도, 그 연맹의 설립자들은 개인적으로 창조 이야기를 글자 그대로 읽는 것을 선호했으며, 또한 초창기에 적어도 한 명의 예비 멤버에게

---

26 F. A. Everest to A. C. Custance, December 26, 1943 (초대); F. A. Everest to A. C. Custance, January 9, 1944 (협동); F. A. Everest to A. C. Custance, September 27, 1944 (반대); F. A. Everest to A. C. Custance, October 2, 1944 (하나님의 말씀과 유대인의 편견); F. A. Everest to A. C. Custance, October 19, 1944 (사임); F. A. Everest to A. C. Custance, March 26, 1945 (첫 요청); F. A. Everest to A. C. Custance, January 26, 1946 (가톨릭교회); 이상 Custance Papers. 그 에피소드에 대한 Custance의 회상을 그의 다음 편지에서 보라. To James O. Buswell III, April 1, 1954, Custance Papers. Everest의 회상은 F. A. Everest to R. L. Numbers, May 15, 1991에 있다.

"이 단체의 입장이 반진화론이 될 것"으로 보장했던 것으로 보인다. 그러나 머지않아 그 단체는 빠르게 유신론적 진화(theistic evolution) 쪽으로 이동했고, 일부 멤버들은 그들이 "점진적 창조"(progressive creation)라고 부르던 것에 도착해 거기 머물렀다. 1950년대 초에 휘트니는 ASA의 저널을 읽는 것이, "추정하기로는 **매우 독실했던** 근본주의자들이 **현대주의자가 되어가는 과정을 연기하는**" 발성영화를 보는 것 같다고 묘사했다.[27]

ASA가 1948년에 학생들을 위해 발행한 문고판 책인 『현대 과학과 기독교 신앙』은 그 연맹이 초기에 창조론을 지향하고 있었음을 보여준다. 그 책에는 게드니의 지질학에 대한 날-시대적 해석과 함께, 프라이스의 친구인 팅클과 램머츠가 쓴 "생물학과 창조"라는 글이 나타난다. 이 두 명의 유전학자는 그들의 분야에서 종의 진화론적 기원을 반박하는 사례들에 대해 설명했다. 그러나 그들의 지루하고 전문적인 문체는, 독자들로 하여금 그 책의 편집자에게 도대체 그들이 무엇을 말하는지 "이해할 수 없다"는 불평을 제기하도록 만들었다. 필자들에게 책의 개정이 필요하다는 의견을 전달하면서, 에버리스트는 그들에게 자신의 가장 큰 두려움, 즉 "복음주의자들과의 인연이 끊어지는 일"이 발생하지 않았다고 기쁘게 보고했다. 사실 그 책은 너무도 잘 팔려서 출판사는 1만 부의 추가 인쇄를 계획하던 중이었다. 그 책이 수많은 독자들에게 더 다가가도록 돕기 위해 에버리스트는 팅클과 램머츠에게 글을 더 다듬고 진화에 대한 공격 수위를 낮추라고 급히 요구했다. 그는 이렇게 충고했다. "그 장을 '비진화'(non-evolutionary)가 아니라 '반진화'(anti-evolutionary)적인 것으로 분류되도록 만드는 몇 구절

27 Walter E. Lammerts, "The Creationist Movement in the United States: A Personal Account," *Journal of Christian Reconstruction* 1 (1974): 49-63, 인용문은 p. 54; B. F. Allen to F. L. Marsh, May 21, 1952, Couperus Papers.

들을 뽑아내시오."[28]

당시에 ASA를 반진화론자들로부터 멀어지도록 이끌던 이들은 휘튼 출신의 가까운 친척들인 **러셀 믹스터**(Russell L. Mixter)와 **프랑크 카셀**(J. Frank Cassel)이었다. 그들은 컬프가 지질학에 대해 했던 일을 생물학에 대해 하고 있었다. 1943년에 ASA에 가입한 믹스터는 1920년대에 휘튼 대학에서 문학을 전공했고 부전공으로 생물학을 공부했다. 그 당시에는 **제임스 보울**(S. James Bole)이 "생물학과 전체"였다. 어느 지질학 강좌에서 보울은 믹스터와 다른 학생들에게 프라이스의 『새로운 지질학』(*New Geology*)을 읽으라고 요구했다. 믹스터는 학생 때 휘튼에 있는 제1침례교회에 출석했지만, "자유주의" 목사가 설교단을 장악한 것에 항의하여 그 교회를 떠났고, 미국 복음 장막회(United Gospel Tabernacle)에 가입했다. 1928년에 휘튼을 졸업한 믹스터는 미시간 주립대학의 동물학 석사 과정에 입학했고 그 후에는 시카고 있는 일리노이 의학대학의 해부학 박사 과정에 진학했다. 하지만 박사학위는 그가 휘튼으로 돌아와 그 대학에 합류한 다음에 받았다. 1930년대 말에 그는 홍수지질학에 잠깐 손을 대다가, 그가 일생동안 헌신하게 될 (그가 부르는 바로는) "점진적 창조" 쪽으로 이동했다. 이 견해는 오랜 지구에 대한 지질학적 증거와 유기적 발전에 대한 생물학적 증거 둘 다를 수용했다. 두 복음주의 신학자들의 저술이 믹스터의 지적 이동을 용이하게 만드는 데 결정적 역할을 했다. 하나는 플로이드 해밀턴

---

28 William J. Tinkle and Walter E. Lammerts, "Biology and Creation," in *Modern Science and Christian Faith*, pp. 58-97; F. A. Everest to W. J. Tinkle, April 30, 1949, ASA Papers. 컬럼비아 대학의 복음주의자 대학원생 동료들인 Marie Fetzer와 William A. Smalley는 *Modern Science and Christian Faith*의 1950년 판의 인류학 부분 중 한 챕터를 공동으로 저술했다.

(Floyd E. Hammilton)의 『진화론적 믿음의 근거』(*Basis of Evolutionary Faith*, 1931)인데, 아니러니하게도 이 책은 프라이스의 생각이 정통 장로교인들 사이에서 인기를 얻도록 도운 책들 중 하나다. 이 책은 믹스터에게 "각기 종류대로"라는 성경 구절이 "유전학과 고고학 연구가 예시하고 함축하는 생물학적 변화를 배제하지 않는다"는 것을 가르쳐주었다. 다른 하나는 휘튼 대학의 학장인 올리버 버스웰(J. Oliver Buswell Jr.)이 쓴 『창조의 날들의 길이』(*The Length of the Creative Days*, 1935)인데, 이 책은 믹스터에게 모세 오경의 진술을 비유적으로 해석함으로써 창세기와 지질학을 서로 조화시키는 방법을 보여주었다.[29]

믹스터가 ASA에 가입했을 때, 그의 부인의 조카들 중 하나가 그의 과거의 동물학과 학생들 중 하나와 결혼했다. 그가 **프랑크 카셀**이었는데, 그는 1938년에 휘튼을 졸업했다. 그 후 카셀은 코넬 대학에서 생물학 석사학위를 획득했고, 몇 해 동안 미군에서 복무했으며, 콜로라도 대학에서 박사과정을 공부하는 동안 콜로라도 A&M(지금의 콜로라도 주립대학)에서 가르쳤다. 그는 1950년에 파고에 있는 북 다코다 농업대학(지금의 노스다코다 주립대학)에 취업했고, 30여년 후에 은퇴할 때까지 그곳에 몸을 담았다. 비록 때때로 침례교도로 지냈으나, 카셀은 어떤 특정한 교단보다도 여러 해 동안 국제기독학생회(Inter-Varsity Christian Fellowship)와 강한 유대관계를

---

29 Russell L. Mixter의 1983년 4월 15일자 인터뷰; R. L. Mixter, "Application for Membership," ASA Papers; R. L. Mixter가 H. P. Warren에게 보낸 편지의 초고, 연대 미상, Mixter Papers, Russell L. Mixter 제공 (자유주의 목사); R. L. Mixter to V. R. Edman, March 26, 1962, 소책자인 *Christianity and Science at Wheaton* (Wheaton College, 1962)에서 인용됨. 이 사본은 Edman Collection, Wheaton College Archives에 있음 (생물학적 변화). 또한 Floyd E. Hamilton, *The Basis of Evolutionary Faith* (London: James Clarke, [1931]); 그리고 J. Oliver Busweli, Jr., "The Length of the Creative Days," *Christian Faith and Life* 41 (1935): 117-24을 보라.

맺었다. 학부생 시절에 카셀은 지질학 선생님이었던 히글리로부터 간격 이론을 배웠고, 학장이었던 버스웰로부터는 날-시대 이론을 배웠다. 그는 전자보다 후자를 더 좋아했지만, 그럼에도 과학과 성경의 일치를 강요하는 모든 노력들에 대해 점점 더 회의적으로 되어갔다. 그러면서 그는 진화론자들이 틀렸다고 증명하려는 그의 원래 계획을 던져 버렸다. 대신에 카셀은 그가 표현하는 대로 "진화론적 유신론"(evolutionary theism)을 수용했는데, 이것은 점진적 창조론과 유신론적 진화론 사이에서 펼쳐지는 믿음의 스펙트럼 상의 어디쯤엔가 위치한, 다소 불분명한 입장이었다.[30]

믹스터와 카셀은 복음주의를 현대 생물학과 조화시키려고 시도했다. 비록 그것이 일시적인 혼란을 야기할지라도 말이다. 믹스터는 휘튼 대학의 교수로서 큰 영향력을 행사할 수 있었고, 카셀은 일반 학교의 교사로서 대단히 자유로웠다. 믹스터는 최근의 창조와 종의 고정을 믿는 근본주의자들의 믿음의 뿌리를 파헤치기 시작했고, 그 논문을 1940년대 말 ASA의 연례 학술대회들에 제출했다. 결과적으로 그 논문들은 한데 모아져 『창조와 진화』(*Creation and Evolution*, 1950)라는 제목의 책으로 출판되었다. 단행본으로 된 이 논문집은 복음주의 계통의 대학들과 신학교들 안에서 교재로 널리 사용되었다. 이 책에서 카셀은 노아 홍수를 그 어떤 생물학적 결과도 초래하지 않은 사건으로 일축했고, 진화를 과(科, family)에 한정시켰던 해밀턴보다 한 걸음 더 나아가, [동식물 분류상의] 목(目, order) 내부에서 일어나는 진화를 옹호했다. 그는 이렇게 결론을 내렸다. "창조론자들은 서로 멀리 떨어진 대륙들에서 수많은 세월에 걸쳐 분리된 서로 다른 시기에 나타난 종들의 기원을 믿는다." 1947년에 ASA에 가입한 카셀은 그

30 J. Frank Cassel의 1988년 9월 11일의 인터뷰.

단체를 향해 반진화론적 목소리를 낮추고 보다 더 긍정적인 입장, 즉 "쉽게 화를 내는 것이 아니라 탐구 정신을 가지고" 진화에 접근하는 입장을 택하도록 촉구하고 있었다. 그는 1948년에 동료 생물학자에게 편지를 쓰면서, 믹스터와 자신이 "한동안 그 연맹을 대변하는 많은 복음주의 학자들이 지나치게 부정적인 태도를 취하고 있다고 느꼈다"는 사실을 고백했다. 말하자면, 그것은 "'진화'는 마귀의 일이며, '나아갈 진[進]'이라는 단어가 시작되기도 전에 반박하는 것이 우리의 일이라는 식의 입장"이었다. 이 무렵 믹스터나 카셀 모두 더 이상 근본주의자로 간주될 수 없다는 것은 공공연한 비밀이었다.[31]

1951년 여름에 카셀은 에버리스트에게 그해 말 ASA 연례모임에서 발표하려고 계획하던 진화에 관한 원고의 요약문을 보냈다. 그의 메시지는 그 이상 더 직설적일 수가 없었다. "진화는 '동물과 식물들 안에서 순차적인 세대들을 통해 서서히 진행되거나 또는 갑작스럽게 발생한 변화'라고 정의되어 왔습니다.…그런 변화들은 예시될 수 있습니다. 그러므로 진화는 확고한 사실(a fact)입니다." 그는 길들일 수 없는 "잠자는 개"를 깨우지 않기 위해 정치적 수완이 뛰어난 그 설립자에게 자기가 어떻게 해야 그런 민감한 문제를 가장 잘 다룰 수 있는지에 대해 조언을 구했다. 에버리스트는 그에게 ASA를 타격할 "곤봉"을 비평가들에게 넘기기 전에 신중하게 생각하라고 재촉하면서 이렇게 덧붙였다. "우리는 이런 식으로 요구하지 않고서

---

31 Russell L. Mixter, *Creation and Evolution*, ASA Monograph Two (1950), pp. 16-18; Everest, "The American Scientific Affiliation," pp. 98-9 (널리 사용); J. F. Cassel to F. A. Everest, May 5, 1948, ASA Papers (비방); J. F. Cassel to William Wilson, July 4, 1948, Cassel Papers (마귀); F. A. Everest to J. F. Cassel, December 28, 1948, ASA Papers (근본주의자가 아님).

도 이미 많은 적대적 대립 관계를 상속하고 있습니다." 에버리스트와, 그 연례모임을 주관했던 인류학자 버스웰(James O. Buswell III, 1922-) 모두에게 보낸 편지에서 드러나는 바, 그런 경고에 대한 카셀의 감정적인 반응은 진화라는 주제가 ASA 안에서 여전히 갈등을 일으키고 있었다는 강한 인상을 준다.

…진화는 존재하며 우리는 그것을 믿습니다. 그것은 러스(Russ)와 당신 두 사람 모두, 그리고 내가 느끼는 사실입니다. 즉 우리가, 앨턴(Alton) 당신이 대단히 적절하게 표현하듯이, 그것이 "곤봉"으로 사용되는 것에 대한 두려움 때문에 그것을 직접 언급하여 불러내서는 안 된다고 느끼는 사실과 반대됩니다.

…내가 말하려는 요점은, 만약 우리가 어떤 것이 존재한다고 먼저 인정하기 전에는, 우리는 그것을 연구할 수 없다는 것입니다. 그리고 진화라는 것은 보수주의자들이 철저하게 연구해야 할 필요가 있는 것입니다. 최소한 우리 사이에서는 그것을 직접 거명하고, 그것을 떠맡고, 그것과 관련해 무언가를 하기로 합시다. 이제 이것이 진화이고, 나는 그것을 믿지만, 사실 그것은 진화가 아니다—왜냐하면 진화는 그것과 다른 그 무엇이기에—라고 말하며 시간을 낭비하는 일은 그만둡시다.

…나는 "그러므로 진화는 사실이다"라는 진술에 대해 특별한 애정을 갖고 있지는 않습니다. 적어도 나는 당신들 두 사람이 그 진술에 대해 그토록 훌륭하게, 그리고 그럴 만하게 반응할 때까지는 그렇지 않았습니다. 나는 2 더하기 2는 4라고 말하려 노력했고 그동안 우리가 ASA 안에서 오랫동안 해왔던 것—"2 더하기 2가 무엇인지는 자명한 공리이지만, 그것은 입에 올려서는 안 되는 말이기에 나는 그것을 말할 수 없고 그것은 지금 내가 말하려는 것도 아니다"—처럼 하고 싶지는 않았습니다. 하지만 이번에 그것은 내가 지금 말하는

것이 되었습니다. 그러나 만일 당신들 두 사람이 (명백하게도 당신들 둘 모두는 그렇게 느끼고 있겠지만) 그 문장이 아직은 출판하기에 너무 강하다고 느낀다면, 그래서 그것이 그리스도께 영광을 돌리는 일이 되지 못한다고 생각된다면, 그때 나는 몇 가지 시행 가능한 제안들[예를 들어 그 문장을 삭제하거나 수정하는 일]을 하려고 합니다.

…정말로 적절한 질문은 과연 내가 이 논문을 제출해야 하는가 하는 것입니다. 당신들은 ASA가 내 논문을 게재할 준비가 되어 있다고 생각하십니까?…당신들은 내가 쫓겨나지 않고, ASA의 회원 자격을 박탈당하지 않고, "근본주의자"라는 호칭에 속한 모든 권리를 지금처럼 그리고 앞으로도 계속해서 잃어버리지 않으면서 이렇게 말할 수 있을 것이라고 생각하십니까?

나는 여기서 우리가 한 가지 근본적인 문제를 지적했다고 생각합니다. 내가 믿기에 그것은 ASA의 존립—적어도 유효한 존립—과 관련해 아주 근본적인 것입니다. 지금 우리는 철학적으로 지지를 받을 수 없는 입장에 서 있습니다. 그것은 어떤 과정들이 우주 안에서 기능적으로 작동 중이라는 사실은 인정하지만, 기꺼이 그 사실들을 (그리고 정당하게) 불합리하다고 생각되는 지점에 이르기까지 논리적으로 설명해보려고 하지는 않는 입장입니다. 진화는 발생했고 지금도 발생하고 있습니다. 그러나 그것의 한계는 무엇입니까? 그것은 어디까지 진행될 것입니까? 솔직하게 말해서, 나 자신도 러스가 나아가려고 하는 어떤 지점들에 대해서는 움츠러들기도 하고 놀라기도 합니다. 그러나 왜 하나님이 척추뼈 꼬리와 이빨을 가진 시조새를 쥐라기에 창조하시고, 긴 꼬리를 갖고 있지는 않으나 이빨은 갖고 있는 새를 백악기에 창조하시고, 그다음에 그 둘 모두를 갖고 있지 않은 오늘날의 새들을 날아다니게 하셔야만 하는 것입니까? 그분은 실험을 좋아하십니까? 그것이 우리를 혼동시키는 순서입니까? 정말로 파충류의 조상들이 있는 것입니까? 지금 존재하는 화석들은 그것들이 주장하는 바로 그것들입니까?

카셀은 자신의 편지를 더 많은 과학적 증거—그것은 "진리의 말씀을 올바로 나누기" 위해 그가 선택한 기준이었다—에 대한 진심어린 호소와 함께 끝냈다.[32]

믹스터와 카셀은 이처럼 ASA가 진화를 향해 더욱 더 개방적이 되도록 산발적으로 압력을 넣었는데, 그것은 1953년 여름 뉴욕 시 인근에서 열린 회원들의 비공식적인 모임에서 컬프가 제기한 ASA를 위한 의제와 꼭 맞아떨어졌다. 뉴저지에 있는 컬프의 집에서 모였던 자들—대부분이 컬럼비아 대학의 대학원생들과 쉘톤 대학의 교수들이었다—은 한 가지 논쟁적인 보고서를 제출했는데, 그것은 믿음을 **방어**하기보다는 **검증**하자는, 그리고 "과학적 사실들과 성경의 관계"를 연구하기보다는 오히려 기독교 과학철학(a Christian philosophy of science)을 개발하자는 요청이었다. "'반진화론적' 단체의 지배적인 특징을 벗어버리고" 복음주의 과학자들의 폐쇄적이지 않은 "학문적인 단체"가 되기 위해, 그 그룹은 그들이 보기에 참된 학자들에게서 멀리 떨어져 있으라고 경고하는 "붉은 깃발" 노릇을 하고 있는 원래의 교리적 진술들을 버릴 것을 추천했다.[33]

그 모임의 회의록이 보수적인 사람들의 손에 들어갔을 때, 그들은 우리가 충분히 예상할 수 있는 두려움을 지니고 그것에 반응했다. 방금 ASA

---

32 J. F. Cassel to F. A. Everest, July 30, 1951: F. A. Everest to J. F. Cassel, July 31, 1951; J. F. Cassel to F. A. Everest and J. O. Buswell III, August 4, 1951; 이상 ASA Papers.

33 "ASA 회원 몇 명과 뉴욕 인근에 있는 친구들이 Demarest, N.J.에 있는 J. L. Kulp의 집에서 개최했던 비공식적인 모임에 대한 보고," March 12, 1954, August 28, 1953의 초고가 개정된 것이 Custance Papers에 있다.

에 재가입하기로 결정했던 커스탠스는 자신이 읽고 있는 것을 도무지 믿을 수가 없었다. 분노가 폭발한 그는 친구 호위트(Howitt)에게 7쪽짜리 편지를 보내 "컬프의 무리들"을 비난했다. 그들은 과학에 대한 존경을 종교적 헌신보다 우선시했고 "많은 경우에 과학적 '사실들'이 아니라 신학이 문제를 결정해야 한다"는 사실을 깨닫는 데 실패했다는 것이었다. 그는 계속해서 꾸짖었다. 곧 뉴욕의 자유주의자들은 "진화를 믿는 유신론자들과 비슷한 이단들을 모두 환영하면서 홍수지질학을 믿는 모든 기독교인들을 배척합니다.…반진화론의 모든 강조점을 누락시키고, 실제로는 그 주제를 용인하면서도 벽을 걷어차지는 않을 만큼의 '분별력'은 갖고 있습니다.…그런 좋은 뜻을 가진 팀은 모스크바 대학으로 보내는 것이 좋지 않을까요!!?" 놀랍게도, 호위트는 그 편지를 ASA의 지도자들에게 건네며 평가를 요청했다. 버스웰은, 자신은 개인적으로 그렇게 사탄적이거나 왜곡된 것을 읽어본 적이 없다고 회상했다. 컬프의 무리들에게는 다행스럽게도 커스탠스가 ASA에서 머문 날은 얼마 되지 않았다. 재가입한 지 얼마 되지 않아 그는 두 번째로 물러났다—그런데 그것은 이데올로기적인 차이 때문이 아니라, 그의 결혼의 당혹스런 파탄 때문이었다.[34]

ASA가 엄격한 창조론을 버렸음을 보여주는 가장 좋은 문서는 아마도 믹스터가 편집한 『진화와 오늘날의 기독교적 사고』(*Evolution and Christian Thought Today*, 1959)라는 책이 출판되도록 이끌었던 사건들로부

34 A. C. Custance to J. Howitt, September 22, 1953; J. O. Buswell III, to A. C. Custance, March 28, 1954; H. H. Hartzler to A. C. Custance, September 19, 1953 (ASA에 재가입); 이상 Custance Papers에 있음. Buswell은 직접 인용되는 것을 거부했다. Custance의 가정생활의 어려움은 Custance Papers의 몇 개의 문서들 안에서, 그리고 J. Howitt to H. H. Hartzler, May 6, 1958, Hearn Papers (Walter R. Hearn 제공)에서 언급된다.

터 나왔다. 그 프로젝트는 1940년대 말에 구체화되기 시작했다. 당시 ASA 회원들은 "진화라는 가설에 대해 학문적으로, 그리고 조심스럽게 준비된 반박문"을 쓰는 문제의 가능성에 대해 토론하기 시작했다. 그것은 다윈의 『종의 기원』 출간 1백 주년에 맞추어 출간될 예정이었다. ASA 회원들에게 그 책에 대해 설명하면서, 에버리스트는 그 책이 필요한 이유를 "다윈의 교리가 물질주의의 분위기를 생성시키고, 복음 전파에 매우 실제적인 지적 장애물이 되기 때문"이라고 말했다. 첨부된 계획서는 창조론의 목표를 명확하게 선언했다. 그 목표란, "증거를 조심스럽게 살필 경우 드러나는 진화의 비일관성을 보여주는 것, 그리고 창조가 관찰 사항들에 대한 전적으로 건전한 설명임을 보여주는 것"이다. 의장으로부터 이 뉴스를 전해 받자마자 타협 없는 창조론자였던 팅클은 진화에 대한 "공격"과 그 음험한 이론에 반대하는 캠페인을 시작하게 된 것에 대해 에버리스트에게 축하의 말을 건넸다. 그가 유일하게 꺼린 것은 "다윈의 책 출간 1백 주년 기념일에 그 책을 발행함으로써 그런 것을 받을 만한 자격이 없는 사람에게 더 많은 영예를 쌓아올려 주는 것은 아닌가" 하는 의구심이었다.[35]

여러 해 동안 그 책에 대한 계획은 아무런 주목도 받지 못했는데, 그것은 부분적으로는 다윈의 책 출간 1백 주년 기념일이 먼 미래의 일이기도 했고, 다른 한편으로는 ASA의 새로운 리더들—특별히 컬프, 믹스터, 카셀—이 그런 창조-대-진화라는 구식 논쟁에 전혀 관여하고 싶어 하지 않았기 때문이었다. 컬프는 믹스터에게 편지를 보내 이렇게 선언했다. "저는

35 F. A. Everest to S. J. Bates and Others, March 21, 1948 (논박); F. A. Everest가 ASA의 회원들과 친구들에게 보낸 편지, 1948년 4월 14일(물질주의); W. J. Tinkle to F. A. Everest, May 1, 1948; 이상 ASA Papers. Tinkle에게 보낸 편지(November 9, 1948, ASA Papers)에서 Mixter는 "진화에 반대하는 책 한 권"을 쓸 수 있는 가능성을 언급한다.

원래 제안된 그런 직접적 형태의 '반진화적' 논문에 결코 관여하지 않을 것입니다." 1955년에는 에버리스트조차 최근에 구성된 다윈의 책 출간 1백 주년 위원회(Darwin Centennial Book Committee)의 의장 자격으로 글을 쓰면서, 진화에 대한 자신의 견해가 "지난 십년 동안 상당히 성숙해졌으며…지금 나는 '진화의 내적 비일관성을 제시하는 것'을 일차적인 목표로 삼고 제안된 책을 더 이상 추천하지 않습니다. 이것은 지나치게 부정적인 접근방식입니다"라고 고백했다. 비록 성경 무오에 대한 그의 믿음은 흔들리지 않은 채 남아 있었지만, 그는 "조상들이 훌륭하고 선한 사람들이었다는 이유로 조상들의 해석"을 고수해야 한다고 더 이상 믿지 않았고, 또한 "'진화와의 투쟁'이라는 평균적 기독교인의 환상"을 더 이상 자극하기를 거부했다. 믹스터를 포함한 그 위원회의 다른 네 명의 멤버들 중에서 오직 보수적인 몬스마(Monsma)만이 원래 진술된 목적을 변호했다.[36]

때때로 제기된 항변에도 불구하고 그 계획은 발행자 믹스터를 필두로 하여 앞으로 나아갔다. 믹스터는 일반적으로 진화를 생물학적 질서에 제한시켰지만, 1957년 ASA 연례모임에서 낭독된 논문에서 그는 진화의 한계를 최소한 훨씬 더 큰 생명체 그룹인 문(phyla, 門: 강[綱]보다는 위고 계[界]보다는 아래인 생물 분류 단위)에까지 확장시켰다. 또한 그는 창조의 시원적 단위를 화석 기록 안에서 점점 더 좁아지는 간격에 기초해 확인하는 일을 계속하기가 이제는 싫다고 말했다. 한 논평자는 믹스터가 진화를 "우리가 그것에 더 잘 대처할 수 있게 될 때까지 잠정적 작업가설"로 수용하자고 주장한다고 생각했다. 비록 믹스터는 유신론적 진화를 전면적이고 공개적

---

36 J. L. Kulp to R. L. Mixter, January 20, 1952; F. A. Everest to R. L. Mixter 외 다른 사람들, February 20, 1955; E. Y. Monsma to F. A. Everest, March 21, 1955; 이상 ASA Papers.

으로 지지하기 직전에 멈췄지만, 보수적 창조론자들은 그가 "자신의 입장을 완전히 뒤집었으며 진화에 굴복했다"고 사납게 덤볐으며, 반면에 진화론자들은 그가 마침내 빛을 발견한 것을 축하했다. 카셀은 믹스터의 메시지를 다음과 같은 말로 풀어서 설명했다.

> 복음주의 기독교인인 나는 진화의 기본적 개념을 수용할 수 있다. 이와 관련된 데이터가 그것을 배타적으로 요구하는 것은 아니지만, 그것은 틀림없이 허용되어 있으며, 사실상 나는 데이터를 그보다 더 잘 혹은 더 논리적으로 다루는 방법을 알지 못한다. 나는 창조를 믿는다. 그리고 현재 유효한 증거에 비추어 나는 어떤 진화—즉 이미 존재하는 형태에 대한 분화(differentiation)를 통해 오늘의 형태를 개발하는 것—는 하나님이 그분의 창조의 많은 부분을 이루신 유력한 방법이라고 여긴다.

이러한 솔직한 진술은, 어느 근심어린 ASA 회원으로 하여금 다음과 같이 한탄하도록 만들었다. "확장되는 지식의 멈출 수 없는 압력이 우리를 인간의 진화론적 기원을 포함하는 진화론의 어떤 형식을 수용하도록 강요하기 시작한다는 확신, 그리고 우리가 그러한 사태에 맞추어 우리의 사고를 수정해야만 한다는 확신이 점점 더 커지고 있다."[37]

---

37 Russell L. Mixter, "An Evaluation of the Fossil Record," *Journal of the American Scientific Affiliation* 11 (December 1959): 24-6; Wilbur L. Bullock, "Comments on Dr. Mixters's Papers," ibid., p. 26; J. Frank Cassel, "The Evolution of Evangelical Thinking on Evolution," ibid., pp. 26-7; Irving A. Cowperthwaite, "Some Implications of Evolution for A.S.A.," ibid., 12 (June 1960): 12 (커지는 확신). Mixter의 원고에 대한 반응과 관련해서 James O. Buswell III, "A Creationist Interpretation of Prehistoric Man," in *Evolution and Christian Thought Today*, ed. Russell L. Mixter (Grand Rapids, MI: William B. Eerdmans, 1959), p. 183을 보라.

그가 그럴 만한 자격이 있든 없든, 유신론적 진화론자로서 점점 더 커져가는 자신의 명성을 고려할 때, 믹스터는 유기체의 발전에 대해 토론할 때 매우 조심할 필요가 있다는 사실을 인식했다. 휘튼의 그 생물학자는 "만일 당신이 어떤 것을 장미라고 부른다면, 당신은 그것이 장미향을 낼 것이라고 기대한다"라는 원칙을 고수하면서, 그 책의 기고자들에게 오직 "모든 살아 있는 것들이 하나 또는 몇 개의 시원적인 생명 형태로부터 유래한다는 총괄적 기원의 이론"을 지시할 때만 **진화**라는 단어를 쓰고, 그 외에 새로운 생명 형태의 형성을 묘사할 때는 "발전"(development), "유래"(derivation), "변이"(variation) 같은 보다 덜 공격적인 동의어들을 사용하라고 요구했다. 기고자들 중의 하나인 버스웰(James O. Buswell III)은 점진적 창조론으로부터 유신론적 진화론에 이르는 여러 견해들을 포괄하기 위해 "과학적 창조론"(scientific creationism)이라는 완곡어법을 사용하자고 영리하게 제안했다. 그러나 이 새로운 명칭은 훗날 보수주의자들이 그것을 홍수지질학에 대해 사용할 때까지는 인기를 끌지 못했다. 마침내 믹스터는 다양한 챕터들을 쓰게 될 저자들—버스웰, 카셀, 코델리아 바버(Cordelia Erdman Barber) 같은 친숙한 이름들과 비교적 잘 알려지지 않은 월터 헌(Walter R. Hearn)을 포함하는—의 명단에 서명을 했다. 그리고 이것은 말이 아무리 부드러울지라도 결국 비판을 초래할 것이라는 점을 의미했다.[38]

카셀, 바버, 버스웰과, 그리고 "변이를 동반하는 유전, 그러나 언제나 미

38 Russell L. Mixter, "Developmentalism?" *Journal of the American Scientific Affiliation* 23 (1971): 142 (장미); R. L. Mixter가 ASA Evolution Symposium, October 5, 1956의 기고자들에게 보낸 편지, Hearn Papers; Buswell, "A Creationist Interpretation," p. 188 (과학적 창조론). Buswell의 제안에 대한 한 가지 반응을 다음에서 보라. John W. Klotz, Review of *Evolution and Christian Thought Today*, ed. Russell L. Mixter, *Moody Monthly* 60 (May 1960): 76.

리 정해진 한계 내의 유전"의 주장을 옹호하는 믹스터를 따르는 몇몇 다른 기고자들과 뚜렷한 대조를 이루면서, 헌(Hearn, 1926-)은 진화의 범위에 자의적 제한을 두는 것을 거부했다. 리처드 헨드리(Richard A. Hendry, 1929-)와 함께 쓴 "생명의 기원"(The Origin of Life)이라는 우상 타파적인 챕터에서 헌은 다음과 같은 선언을 통해 고의적으로 복음주의자들의 심기를 건드렸다. 그것은 기독교인들이 "생명이 무생물인 물질로부터 우리가 지금 관찰하는 것과 다르지 않은 일련의 물리-화학적 과정을 통해 생겨 나왔다"는 사실을 반드시 수용해야 한다는 것이었다. 창세기를 "간결하고 아름다운 시적 이야기"라고 묘사하면서(describing, 아마도 어떤 이는 '일축하면서'dismissing라고 말할 것이다), 그 두 생화학자는 계속해서 "성경은 하나님이 자연 안에서 일하신 방법들에 대해서는 그 어떤 특별한 정보도 제공하지 않으므로" 기독교 과학자들이 생명을 설명할 때 사용할 수 있는 가능한 수법에는 거의 혹은 전혀 제한이 없는 것처럼 보인다고 주장했다.[39]

헌의 극단주의는 부분적으로는 의심할 바 없이 그의 젊은 혈기로부터 유래했지만, 또한 그것은 복음주의 학파 내의 사회화의 부족을 반영하는 것이기도 했다. 때때로 휘튼 대학의 졸업생 모임을 연상케 하는 ASA의 여러 다른 지성적 리더들과는 달리, 헌은, 명목상 기독교학교인 침례교 베일러 의과대학에 다녔던 3년을 예외로 한다면, 기독교 대학에서 공부하지도 않았고 가르치지도 않았다. 텍사스 주 휴스턴의 남침례교인으로 자라나면서 헌은 그 지역에 있는 라이스 대학에서 화학 학사학위를 받았다. 그

39 Cordelia Erdman Barber, "Fossils and Their Occurence," in *Evolution and Christian Thought Today*, p. 153 (후손); Walter B. Hearn and Richard A. Hendry, "The Origin of Life," ibid., pp. 67-9. Hearn과 바이올라 대학과 아이오와 주립대학에서 함께 일했던 생화학자 Hendry는 웨스트민스터 대학에서 화학을 가르쳤다.

는 대학생 시절에 몇 년 동안 침례교 학생 연맹(Baptist Student Union)에 활발하게 참석했으며, 헨리 모리스(Henry M. Morris)가 인도하는 성경공부 모임에도 참석했다. 모리스는 라이스 대학에서 그가 알았던 유일한 기독교인이었다. 모리스에 대한 그의 애정에도 불구하고, 그는 그 홍수지질학자의 창조론에 대한 노골적인 헌신을 결코 공유하지 않았으며, 오히려 클락(R. E. D. Clark)의 덜 교리적인 견해를 선호했다. 라이스 대학을 졸업한 후에 헌은 일리노이 대학에서 생화학 분야의 박사학위를 받았으며, 그 후 짧은 기간 동안 예일 베일러 의과대학(Yale and Baylor medical schools)에서 근무했다. 베일러에 있는 동안 그는 생리학자인 로저 기유맹(Roger Guillemin, 1924-)과 공동작업을 했는데, 기유맹은 헌의 후계자로서 연구를 계속해 나중에(1977년)에 생리학과 의학 분야의 노벨상을 공동 수상하게 된다. 그들이 몰두했던 작업은 두뇌 안의 펩타이드 호르몬에 관한 연구였다. 1955년에 헌은 에임즈에 위치한 아이오와 주립대학 화학과에 합류했고, 그곳에서 1972년까지 머물렀다.[40]

ASA에서 적극적인 역할을 담당할 첫 번째 생화학자들 중 하나였던 헌은 회원들에게 이전에는 주로 고고학이나 형태학의 증거에 초점을 맞추었던 진화론에서 생화학의 중요성이 점점 더 커져가고 있다는 사실을 알려야 한다는, 하나님이 주신 의무감을 느꼈다. 그는 그의 솔직성 때문에 자주 ASA 내부에서 벌어진 논쟁의 중심에 섰지만, 또한 한결같이 부드러운 기질 때문에 거의 적을 만들지 않았다. 극단적 보수주의자인 호위트(Howitt)는 헌이 "토론에서 1밀리미터도 지지 않으려고 한다"고 불평했고, 컬프

---

40 Walter R. Hearn과의 May 7, 1984의 인터뷰; Nicholas Wade, *The Nobel Duel: Two Scientists' 21-Year Race to Win the World's Most Coveted Research Prize* (Garden City, NY: Anchor Press-Doubleday, 1981), pp. 60-73.

와 버스웰 같은 자유주의자들의 명백한 오만함에 분노했었다. 그런 호위트조차도 헌과는 친구 관계를 유지했고, 그 관계는 헌이 1960년대 말 버클리에서의 연구 휴가 기간을 보낸 후 머리를 길게 기르고 "여자 같이 등뒤로 그것을 묶었을 때"도 계속해서 유지되었다. 1950년대에 ASA 모임은 자주—헌의 표현대로—"논쟁과 기도가 결합된 놀라운 난장판 잔치"로 변했다. 비록 그와 카셀은 공유하는 바가 많았지만, 그 두 자유주의자들은 자주 과학과 종교의 적합한 관계를 두고 다퉜다. 카셀은 헌의 차가울 만큼 기계적이고 형이상학적 측면에서 황량한 접근법에 맞서 생물학에 대한 낭만적이고 활력적인 견해를 방어했다. 카셀은 헌이 그리스도를 그의 연구실 입구에 버렸다고 말하기를 좋아했던 반면, 헌은 카셀이 그의 현미경을 통해 그리스도를 보고 있다며 빈정거렸다. 그러나 결국 카셀로 하여금 생명 자체로부터 인간에 이르는 진화에 대해 전면적으로 동의하도록 확신시켰던 이는 헌이었다.[41]

비록 에버리스트 같은 몇몇 ASA 회원들은 진화 쪽으로 기울어지는 것이 고통스럽기보다는 즐거운 일이라고 보았지만, 카셀 같은 다른 사람들은 개인적으로 깊은 고통을 경험했다. 아래의 자서전적인 증언은 1950년대의 정서적 대혼란의 일부를 감동적 장면으로 전한다.

> 첫째로 극복되어야 할 것은 "존재하지 않는" 영역과 관계하고 "금지된" 용어를 다루는 책임이었다. 각자가 데이터를 정직하고 객관적으로 숙고했기에, 그는 계속되는 데이터의 타당성과 그것이 부정될 수 없다는 것에 충격을 받았다.

---

41 Walter R. Hearn의 1984년 5월 7일자 인터뷰; J. F. Cassel의 1988년 9월 11일자 인터뷰; J. R. Howitt to A. C. Custance, October 22, 1962 (1밀리미터), and August 25, 1973 (머리카락), Custnace Papers.

그 각각의 사실들을 자신의 성경적·과학적 준거틀 안으로 통합시키고자 했을 때 그는, 그 틀은 점점 더 완전하고 만족스럽게 되는 반면, 자신이 먼저는 진화론적 개념 전체를 거부하려는 노력이 실행 가능한 것인지 그리고 바람직한 것인지에 대해 의문을 품기 시작하고, 결국에는 존재하는 데이터에 기초해서 그런 노력이 불가능하다는 인상을 받고 있음을 알게 되었다. 이것은 헌신된 기독교인에게는 가슴이 미어지는 자기 탐구의 경험이었다. 왜냐하면 그는 하나님이 그에게 일생에 걸친 노력을 요구하신, 따라서 자신의 존재이유(*raison d'être*)라고 오랫동안 생각해왔던 것이 그림자처럼 사라지는 것을 지켜보았고, 또한 창조론의 엄밀한 제한성과 관련해 그동안 끈질기게 유지해왔던 확신을 내려놓아야 했기 때문이다.

카셀과 그의 자유주의적 친구들이 겪었던 고통은 ASA 안의 보수주의자들로부터는 공감을 끌어내지 못했다. 그들은 그 연맹이 "부드럽게" 진화로 나아갔거나, 또는 한 멤버의 흥미진진한 표현에 따르면 "원숭이에게로 나아갔다"고 생각했다. 그들의 의견에 따르면, 진화 쪽으로의 표류는 지적 정직성이 아니라 "옛 뱀, 곧 온 세상을 속이는 사탄(계 12:9)이라고 불리는 마귀의 악한 영향"에 의해 동기화된 것이었다. 약간의 이유를 대면서, 그들은 **점진적 창조**라는 용어를 유신론적 진화라는 이단적 개념에 대한 단순한 완곡어법으로, 그리고 그것을 수용하는 것을 (어느 비판자가 선언했듯이) "주님께 죽음의 입맞춤을 하는 것"으로 간주했다.[42]

---

42 F. Alton Everest의 1984년 5월 10일자 인터뷰; Cassell, "Evolution of Evangelical Thinking," p. 27 (금지); V. Elving Anderson, "The Goal of the ASA-A Personal View," *Journal of the American Scientific Affiliation* 17 (June 1965): 35 (부드러움); Philip B. Marquart, Letter to the Editor, ibid. 14 (September 1963): 100 (원숭이); Henry M. Morris,

ASA의 리더들 중 몇 사람이 복음주의라는 울타리로부터 이탈한 것은 진화의 영적 결과에 대한 보수주의자들의 두려움을 확인시켜주는 것처럼 보였다. 단연 돋보이는 배신자는 컬프였다. 그는 ASA를 사임했을 뿐만 아니라, 플리머스 형제단과의 관계도 단절했다. 국제기독학생회(IVF), 미국과학자연맹(ASA), 영라이프연구소(Young Life Institute) 등에 몇 해 동안 참여한 끝에, 그는 1950년대 말에 이르러 자신이 젊은 근본주의자들을 해방시키는 일에 더 이상 관심이 없다는 것을 알게 되었다. 비록 그는 1960년대 초에 풀러 신학교 이사회에서 영향력 있는 이사로서 활동했지만, 그 무렵에 그는 신학적으로나 과학적으로나 ASA에 속한 복음주의 친구들의 지엽적인 관심사들을 이미 넘어선 상태였다. 최소한 몇 사람은 그가 떠난 이유가, "그가 정상을 향해 나아가는 동안 우리 같은 사람들과 교제하는 것으로 인해 당혹스럽게 되는 것"을 원치 않았기 때문이라고 말하기도 했다. 그가 세상에서 성공을 거두게 되면 "울타리 안으로 다시 돌아오는 것"을 고려할 것이라는 소문이 있기는 했으나, 그는 정통 기독교로부터 점점 더 멀리 떨어져 나갔을 뿐이다.[43]

ASA의 자유주의자들 역시 보수주의자들이 처한 곤경에 대해 동등하

The Twilight of Evolution (Grand Rapids, MI: Baker Book House, 1963), p. 93; Richard H. Bube, *The Human Quest: A New Look at Science and the Christian Faith* (Waco, TX: Word, 1971), p. 180 (죽음의 키스). 또한 V. Elving Anderson and David O. Moberg, "Christian Commitment and Evolutionary Concepts," *Journal of the American Scientific Affiliation* 15 (September 1963): 60-70; 그리고 D. Gareth Jones, "Evolution: A Personal Dilemma," ibid. 29 (June 1977): 73-6을 보라.

43 J. Laurence Kulp의 1984년 7월 23일자 인터뷰; J. R. Howitt to A. C. Custance, October 6, 1062, Custance Papers. Kulp가 Fuller and Young Life Institute에 관여한 일에 대해 George M. Marsden, *Reforming Fundamentalism: Fuller Seminary and the New Evangelicalism* (Grand Rapids, MI: William B. Eerdmans, 1987), p. 206을 보라.

게 자비를 베풀지 않았다. 종종 자신들의 근본주의적인 유산을 의식하면서, 그리고 동료 창조론자들의 반진화론적 수사들에 점점 더 당황하면서, 그들은 엄격한 창조론을 "사이비-과학"(pseudo-science)으로 그리고 기독교 신앙에 대한 위협으로 간주하며 깎아내렸다. 1950년대 말에 ASA 실행위원회에서 5년간 봉사했던 호위트 같은 엄격한 창조론자조차, 자신이 그 연맹의 학술 대회에서 더 이상 환영받지 못한다고 느꼈다. 그는 마지막으로 위원회 회의에 참석한 직후에 이렇게 썼다. "나는 그들이 나를 제거하게 된 것을 아주 기뻐하리라고 생각합니다." 그리고 그는 만일 자신이 그들에게 "골칫거리가 되었다면", 아마도 그 이유는 오직 하나, 즉 자기가 ASA의 애초의 원칙들을 변호했기 때문이었을 것이라고 추측했다. 그런 상황에서 보다 큰 복음주의 공동체를 신복음주의 진영과 보수주의 진영으로 이미 갈라놓았던 균열을 반영하는, 자유주의자들과 보수주의자들 사이의 분열은 불가피했던 것으로 보인다.[44]

휘튼 대학에서의 창조와 진화

휘튼 대학과 ASA의 강한 결속력 때문에, 그 복음주의 대학들의 기함은 진화에 대한 ASA의 강력한 긍정으로 인한 낙진 때문에 다른 어떤 기관들보다도 더 고통을 당해야 했다. 1957년도 ASA 학술대회에서 발표

---

44 Walter Hearn, "Biological Science," in *The Encounter between Christianity and Science*, ed. Richard H. Bube (Grand Rapids, MI: William B. Eerdmans, 1968), pp. 100, 220; J. R. Howitt to A. C. Custance, November 16, 1959, Custance Papers. 근본주의적 유산과 관련하여 "Doctrinal Statement," *Journal of the American Scientific Affiliation* 7 (March 1955): 2을 보라.

된 믹스터의 논문이 일으킨 분노가 컸기에, 휘튼 대학의 학장 에드먼(V. R. Edman, 1900-1967)은 사면초가 상태인 그 생물학자가 피해를 수습할 수 있도록 대중강연을 준비시켰다. 그렇게 해서 마련된 "창조와 진화에 대한 휘튼 대학의 견해"(a Wheaton College View of Creation and Evolution)라는 논문에서 믹스터는 휘튼 대학의 교수들이 인류가 "원숭이와 닮은 생물로부터 진화했다"고 믿는다는 것을 절대적으로 부정하는 반면, 점점 더 불안해지는 상황으로부터 벗어나기 위한 책략을 시도했다. 그는 창세기는 하나님이 세상의 창조자이심을 확인하지만, "그분이 어느 정도까지 직접 창조하셨는지, 그리고 창조를 (물론 그분이 시작하신) 유전적 진화과정에 어느 정도까지 위임하셨는지를 우리가 스스로 탐구하도록 만든다"라고 썼다. 보수적 기독교인들에게—그리고 그의 일자리에게—는 다행스럽게도, 그는 화석 기록들이 "진화 전체를 입증하기에는 너무 부족하고 또 너무 파편적"이라고 보았다. 그의 해명이 지니고 있는 모호함에도 불구하고 그 강연은 학장을 흡족하게 했던 것으로 보이며, 학장은 "휘튼에 몸 담고 있는 우리는 자타가 공인하는 헌신적인 창조론자들이다"라는 주장의 증거로 그 원고를 이사회에 보냈다.[45]

『진화와 오늘날의 기독교적 사고』(*Evolution and Christian Thought Today*)의 출판은 믹스터가 휘튼의 우익 성향에 투자했던 주식의 가격을 조금도 올려주지 못했다. 비록 「이터니티」(*Eternity*)의 서평자들은 그 책을 1960년에 출판된 가장 중요한 책으로 꼽았으나, 그 보수적인 기독교 잡지

---

45 R. L. Mixter, "A Wheaton College View of Creation and Evolution," 1957년 10월 22일 날짜의 출판되지 않은 문서, 그리고 V. R. Edman이 이사회 임원들에게 보낸 편지, Wheaton College, October 28, 1957, 이상 Mixter Papers. Mixter의 진술은 최종적으로 *Wheaton Alumni Magagine* (February 1960): 3에도 등장했다.

는 (헌의 보고에 따르면) 그저 "그 책의 몇 개의 챕터의 저자들을 언급할 때 인용부호를 첨가한 '복음주의적'이라는 단어를 사용하거나, 또는 그 단어 앞에 '소위'(so-salled)라는 형용사를 고정시켜야 한다는 의무감을 느꼈을 뿐이었다." 다시 한 번 믹스터는 안절부절하는 학장을 안심시켜야 했다. 그는 자신과 생물학과 동료들이 "다윈이 가르쳤던 진화 전체"라고 정의되는 유신론적 진화를 가르치고 있지 않으며, "다만 하나님이 인도하시는 진화", 즉 점진적 진화를 가르칠 뿐이라고 주장했다. 그는 친절하게 설명했다. "점진적 진화"는 "하나님이 많은 종들을 창조하셨고, 그 창조 이후에 그 종들이 돌연변이와 자연선택에 의해 다양하게 변화했으며, 그 결과 처음에는 하나의 종(species, 種)이었던 것이 다수의 종들이 되었고, 그것들은 현재 '목'(目, order)이나 '과'(科, family)로 발견되고 있음을 의미한다."[46]

『진화와 오늘날의 기독교적 사고』에 대한 논쟁이 시들해지기 시작했을 때, 휘튼 대학의 과학부는 대학이 지원하는 과학 심포지엄을 마련했다. 그것은 "기원과 기독교적 사고"(Origins and Christian Thought)라는 제목으로 1961년 2월 17-18일에 열렸고, 믹스터가 편집한 위의 책에 기고했던 여러 저자들도 참여했다. 그 이벤트는 학장 에드먼뿐만 아니라 그 지역의 많은 목회자들의 관심을 끌었다. 그중에는 휘튼 제일 침례교회의 목사인 해럴드 워렌(Harold P. Warren, b. 1906)도 있었는데, 그는 복음주의적 입장을 지닌 강연자들이 연이어서 창세기에 대한 전통적 해석에 도전하는 것에 충격을 받아 아무 말도 못 하고 앉아 있었다. 그 심포지엄이 끝나고 나서 며

---

46 "The Most Significant Books of the Year," *Eternity* 11 (December 1960): 46; Walter R. Hearn, "Origin of Life," *Journal of the American Scientific Affiliation* 13 (June 1961): 38; R. L. Mixter to V. R. Edman, Nevember 17, 1960, Box 2, V. Raymond Edman Collection, Wheaton College Archives.

칠 후에, 워렌 목사는 자신이 휘튼 대학에서 들었던 이단의 목소리를 상세하게 보고하는 진술서를 돌렸다. 헌은 창세기 1-3장이 "**반드시** 비유적으로 읽혀야 한다"고 주장했고, 카셀은 인류와 원숭이가 어떤 공통의 조상을 공유한다고 추정했고, 버스웰은 인간과 인간 아닌 생명이 단지 영적 차원에서만 구분될 수 있다고 주장했다는 것이었다. 워렌은 그런 견해들에게 "과학적 창조론"(scientific creationism)이라는 세례를 주려 했던 버스웰의 긴장된 노력을, 버스웰 자신이 진화를 수용한 것을 덮어 위장하려는 "연막 전술"이라며 일축했다. 워렌은 이렇게 질문했다. "만일 당신이 이러한 '느슨한 비유적 해석'이라는 접근법에게 문을 열어준다면, 당신에게는 어떤 종류의 초자연적 성경이 아직도 남아 있습니까? 우리는 어떤 종류의 구원의 메시지를 설교해야 합니까?" 그는 오직 두 가지의 치료 방법이 휘튼을 구할 수 있을 것이라고 결론을 내렸다. 그것은 "회복(a REVIVAL) 아니면, 대청소(a house cleaning)!"였다.[47]

워렌이 그 문서를 개인적으로 배포한 직후에, 널리 구독되는 근본주의적 성향의 잡지 「주님의 검」(*Sword of the Lord*)에 "휘튼 대학의 진화론"(Evolution at Wheaton College)이라는 제목의 표지 기사가 등장했다. 그 글을 쓴 다른 침례교 목사는 그 심포지엄의 강연자들이 "노골적으로 유신론적 진화"를 가르쳤으며, 반면에 "문자적으로 이해되는 바 창세기가 주장하고 있는 것에 대해서는…그 어떤 진지한 고려도 하지 않았다"라고 주장했다. 그는 이렇게 말했다. "가장 널리 알려진 기독교 대학들 중 하나가 학생들을 위해 그런 종류의 심포지엄을 후원했던 그날은 슬프고 또 슬픈

47 Harold Warren의 다음 진술의 사본. Harold Warren, "'Origins and Christian Thought': 휘튼 대학 과학부가 후원한 Science Conference, Wheaton, Illinois, February 17, 18, 1961," February 21, 1961, Mixter Papers.

날이었다." 얼마 후에 정규 침례교회 일반 연맹(the General Association of Regular Baptist Churches, GARB)의 고위관리자가 공격에 합세했다. 그는 기독교 가정의 부모들은 그들의 자녀를 휘튼 대학으로 보낼 때 영적인 위험을 감수해야 할 것이라고 경고했다. 아들이 휘튼 대학에 입학하려고 해서 괴롭다는 어느 학부모의 질문에, 어드맨은 자신은 근본주의자라고 선언하면서 "우리 대학의 어떤 멤버도 진화를 믿거나 가르치지 않는다"고 주장했다. 그 사실을 가능한 한 강조하면서 에드먼은 그녀에게 심포지엄의 모든 강연자들은 "강한 신념을 가진 창조론자들"이라고 확신시켰다.[48]

꺼지지 않는 불길 아래서 **믹스터**는 정통주의의 망토로 자신을 막아보려 했다. 그는 자신이 과거의 많은 충실한 복음주의자들이 갔던 것 이상으로 나아간 적이 없다고 항변했다. 널리 배포된 소책자 『기독교와 휘튼의 과학』(*Christianity and Science at Wheaton*, 1962) 안에 실려 있는, 에드먼에게 보낸 살살 비는 내용의 편지에서 믹스터는 다시 한 번 자신의 믿음에 대해 확언했다. 그는 자기가 창세기 1장을 "실제로 발생한 것에 대한 사실적 설명"으로 믿으며, "풀, 과일나무들, 관목들"의 특별 창조를 믿으며, "실제 인간과 첫 인간으로서의 아담"의 초자연적 창조를 믿는다고 했다. 때때로 정통주의에 대한 그의 공언은 앞서 진술했던 입장들로부터 물러나 빠르게 후진 페달을 밟았다. 그는 1959년에 어느 청년들을 위한 잡지에 기

48 Walt Handford, "Evolution at Wheaton College," *Sword of the Lord* 27 (June 9, 1961): 1, 10-12; V. R. Edman to Mrs. Myron L. Miller, August 1, 1962, Box 2, Edman Papers. GARB 임원들의 반응에 대해 다음을 보라. Paul R. Jackson, "Special Information Bulletin," November 15, 1961, Mixter Papers; 그리고 R. T. Ketcham의 R. L. Mixter 및 J. O. Buswell III와 1962년 11월 9일부터 1963년 4월 12일까지 서신 교환, National Representative, General Association of Regular Baptist Churches, Schaumberg, IL에 있는 파일들, Joel A. Carpenter의 사본 제공.

고하며 이렇게 썼었다. "화석들은 현대인이 최종적으로 오스트랄로피테쿠스로 소급된다는 사실을 지시한다. 오스트랄로피테쿠스는 남아프리카의 '원숭이-인간'(ape man)이었으며, 직립보행을 했고, 상당한 크기의 두뇌를 가졌으며, 도구를 만들었다." 1960년대 초에 이 진술과 마주했을 때, 그는 오스트랄로피테쿠스가 "현대 인간의 조상이 아니고, 인간과 해부학적으로 유사한 동물의 종이지만, 인간의 선조는 아니다"라고 판단했다. "우리는—사용되고 있는 용어들을 잘 정의하기만 한다면—창조와 진화를 믿을 수 있다"고 했던 초기의 진술도 그를 괴롭히는 악몽으로 되돌아왔다. 「주님의 검」에 기고했던 어느 비평가는 믹스터가 언어 게임에 몰두해 있는 현장을 붙잡고는 기쁘게 외쳤다. "그렇고말고!" 엄격한 창조론자들을 특별히 분통터지게 만들었던 것은 기독교 대중들의 무능력이었다. 그들은 "[휘튼의] 창조 개념과 일반적으로 수용되는 유신론적 진화의 차이가 무시해도 될 만큼 근소하다것을 알아차리지 못했다." 그러나—험프티 덤프티(Humpty Dumpty, 동요집 『마더 구스』에 나오는 알 모양으로 생긴 인물—역자 주)조차 깨달았듯이—말은 사람들이 그것으로 전하려 하는 바로 그것을 의미할 수 있다.[49]

---

49 *Christianity and Science at Wheaton* (Wheaton, IL: Wheaton College, 1962), 같은 제목으로 *Bulletin of Wheaton College* 39 (May 1962)에 재인쇄됨: 페이지 없음; [Paul R. Jackson], "You Be the Judge! Do You Believe These Accounts Harmonize?" 연대 미상의 미출판 문서, R. L. Mixter의 인용, "What Every Teenager Should Know about Evolution," *Youth for Christ Magazine* (December 1959):11; R. L. Mixter, "Comments on You Be the Judge," May[?] 17, 1963, Mixter Papers; Vernon C. Lyons, "Is Evolution at Wheaton College?" *Sword of the Lord* 28 (October 19, 1962): 1, 6-7; H. M. Morris to J. C. Whitcomb, March 27, 1963, Whitcomb Papers, John C. Whitcomb, Jr. 제공 (무시해도 될 만한 차이). Morris는 자신의 일반화가 칼빈 대학 교수진에도 똑같이 적용된다고 생각했다. Bolton Davidheiser에게 쓴 그의 편지(May 22, 1963, Mixter Papers)를 보라. 또 H. P. Warren에 대한 Mixter의 답변(연대 미상, Mixter Papers)도 보라.

1. 1940, 1950년대에 "미국과학자연맹"(ASA)은 복음주의의 중심적 학회였지만, 점차 진보적 창조론과 유신론적 진화주의 쪽으로 옮겨 갔다. 그 결과 60년대에 보수적 창조론자들이 반격을 시도했다.

2. 이 모임의 시작에 대해 "종교개혁 이후 가장 중요한 운동"이라는 과장도 있었으며, 첫 회장은 전기공학 학사로서 수중 음파를 연구 중이었던 에버리스트였다. 그는 젊은 시절에 림머, 프라이스, 브라운 등의 영향을 받았다.

3. 에버리스트가 직면했던 첫 번째 난제는 홍수지질학회와 어떤 관계를 유지하는가였다. 홍수지질학회가 너무 깊이 제7일안식일예수재림교회의 영향력 아래 있었기 때문에, ASA로서는 상대의 협력 요청에 응답하기가 쉽지 않았다.

4. 휘트니가 홍수지질학을 무모하게 옹호했기에 사람들은 그가 제7일안식일예수재림교인이 아닌데도 그렇다고 오해했다. 1946년 ASA 행정위원회는 엘렌 화이트를 홍수지질학자로 간주하는 제7일안식일예수지림교인을 회원으로 받아들일지를 논의했는데, 첫 10년 동안 가입이 허락된 대상자는 단 두 명뿐이었다.

5. 1945년 ASA에 가입한 지구화학자 로렌스 컬프는 자의식이 깨인 복음주의자와 근본주의자들 사이에 날카로운 분리의 선을 그었다. 그는 헨리 모리스가 지질학을 진화와 혼동했다고 비판하면서, 창세기의 창조는 지구 역사의 세부사항에 관한 설명이 아니라 창조자의 존재를 드러내 보여주는 일종의 그림이라는 견해로 기울어졌다. 그는 인류의 기원에 관해서도 수십만 년 전에 지상에 유인원이 있었다는 사실을 확신했다.

6. 1948년경 ASA의 많은 과학자는 진부한 근본주의적 호교론을 던져버리고 컬프를 뒤따를 준비가 되어 있었다. 컬프가 행정위원이 되면서 그런 지적인 분위기는 더욱 확실해졌다.

7. ASA는 반(反)프라이스 그리고 반(反)림머 공세를 강화했다. 그 수단으로 ASA는 출판물에 대한 검열을 강화했고, 영국 태생 기술자 커스탠스가 소개한 성경적 인류학 논문을 학회지에 게재할 것인지의 문제를 두고 이견과 갈등이 생겨났다.

8. 프라이스와 림머에게 등을 돌린 뒤에 ASA의 리더들은 진화에 대한 복음주의적 대안을 제시해야 했다. 이에 프랑크 카셀과 러셀 믹스터는 점진적 창조 혹은 유신론적 진화를 말하기 시작했다. 휘트니에게 이것은 근본주의자들이 현대주의자로 변해가는 악몽과 같은 과정이었다.

9. 1960년에 휘튼 대학 생물학과의 믹스터는 자신과 동료들이 다윈이 가르쳤던 진화를 가르치고 있지 않으며, 다만 하나님께서 인도하시는 진화, 곧 "점진적 진화"를 가르칠 뿐이라고 해명했다. 그가 말한 "점진적 진화"란 하나님께서 많은 종(種)들을 창조하셨고, 그 후 생물들이 돌연변이와 자연선택에 의해 다양하게 변화했음을 뜻했다.

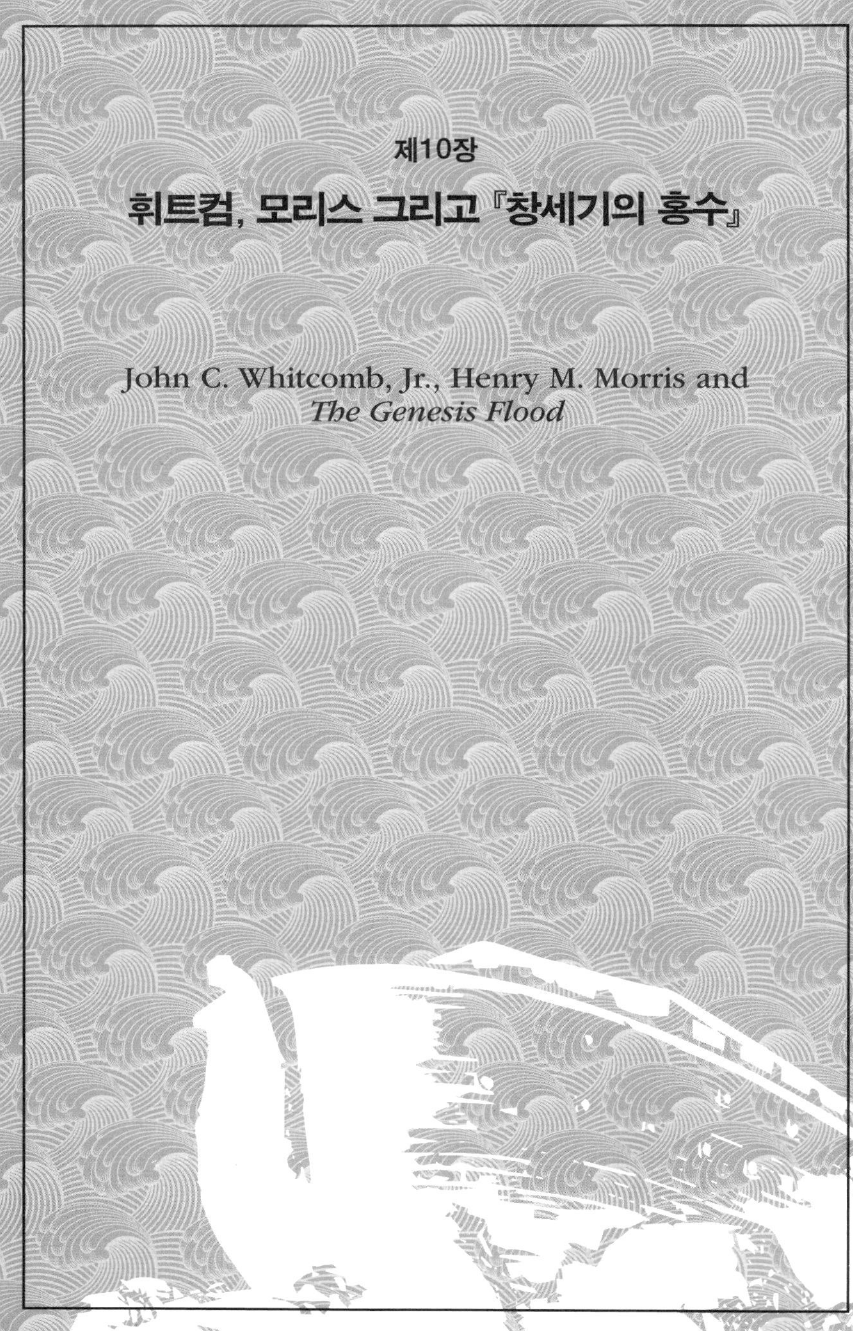

제10장

휘트컴, 모리스 그리고 『창세기의 홍수』

John C. Whitcomb, Jr., Henry M. Morris and
The Genesis Flood

미국과학자연맹(ASA)의 핵심 그룹과 밀접한 관계에 있었던 복음주의 철학자이자 신학자인 **버나드 램**(Bernard Ramm)은, 1954년에 그 후로 몇 년간 사람들의 입에 가장 많이 오르내렸던 창조론 관련 저작인 『과학과 성경에 대한 기독교적 견해』(*The Christian View of Science and Scripture*)를 출판했다. 이 책에서 그는 독자들을 전형적인 천지 창조론자들의 "편협한 성경숭배"로부터 끌어내 그가 "점진적 창조론"이라고 부르는 것으로 인도하려 했다. 점진적 창조론은 젊은 지구, 보편적 홍수, 그리고 인류의 최근 등장의 필요성을 폐기하는 이론이었다. 그 책의 출간 25주년 기념일에 ASA는 그 책의 발행이 과학과 종교의 최근 역사에서 "전환점이 되는 사건"이었다고 칭찬했다.[1]

역사학자 조지 마스덴(George M. Marsden)에 따르면, 램의 저서는 근본주의자들의 그룹 안에서 몇 년 전에 있었던 개역표준역(Revised Standard Version) 성경에 대한 논쟁 이래로 "가장 큰 소동"을 일으켰다. 그 책이 나왔을 무렵에 램은 "신복음주의자들"(new evangelicals)의 지도자로 부상 중이었다. 신복음주의자들은 학문적 "책임성"을 수용하고 호전적 입장을 피

1 John W. Haas, Jr., "The Christian View of Science and Scripture: A Retrospective Look," *Journal of the American Scientific Affiliation* 31 (1979): 117. 잘 알려져 있지는 않지만, *The Christian View of Science and Scripture*는 두 개의 미국 판본이 있다. 둘 다 William B. Eerdmans, Grand Rapids, Michigan에 의해 출판되었다. 처음 출간된 양장본은 369쪽이다. 반면에 영국 판본의 커다란 삽화들을 사용하고 있는 페이퍼백 책은 256쪽에 불과하다. 페이퍼백 9쪽에 나오는 "편협한 광신적 성경 숭배"(narrow bibliolatry)라는 문구만 제외한다면, 모든 인용은 1968년도에 나온 양장본 원본 제7쇄로부터 온다.

한다는 점에서 예전의 근본주의들과 구분되었다. 그들은 자신들을 "세상"으로부터 분리시키기보다는 현대 문화를 수용하고 사회적 발전에 기여하려고 노력했다. "성경의 영감을 중요시한다는 것은 곧 성경이 과학적 데이터들의 신뢰할 만한 원천이라는 것을 암시한다는 근본주의자들의 전제에 도전했던" 『과학과 성경에 대한 기독교적 견해』는 새로운 복음주의적 학문성의 모델로 봉사했다. 그 책이 서점들을 강타한지 몇 달 지나지 않아서, 복음주의자 빌리 그래함(Billy Graham, 1918-)이 신자들에게 "버나드 램의 최근 저서의 노선을 따르는" 성경의 영감에 대한 관점을 가질 것을 요구하고 나섰다.[2]

미국 북서부에서 성장한 램은 과학과 사랑에 빠졌었다. 그는 고등학교 졸업 후 워싱턴 대학에 진학해 화학을 전공하려 했지만, 어린 시절에 말을 더듬던 습관 때문에 민감한 관심사였던 연설 쪽으로 방향을 바꿨다. 이 무렵에 그는 복음주의 기독교로 전향했으며, 그로부터 얼마 후에 침례교 목사가 되기로 결정했다. 그는 제2차 세계대전 직후 몇 년 동안 로스앤젤레스 성경 연구소에서 가르쳤으며, 동시에 남부 캘리포니아 대학에서 철학 박사 과정을 공부했다.[3]

젊은 기독교인으로서 그는 매일 스코필드 성경을 읽었으며, 그것으로부터 창조에 대한 간격 이론을 끌어냈다. 또 그는 해리 림머(Harry Rimmer)의 과학과 종교에 관한 저술들을 좋아했는데, 그 책들은 당시 복음주의 시

---

2 George M. Marsden, *Reforming Fundamentalism: Fuller Seminary and the New Evangelicalism* (Grand Rapids, MI: William B. Eerdmans, 1987)은 이 발전에 대한 최고의 서술을 제공한다. 특별히 pp. 158-62를 보라. 또 Bernard Ramm to R. L. Numbers, May 30, 1991도 보라.

3 Bernard Ramm의 May 8, 1984의 인터뷰; Walter Hearn, "Bernard Ramm 및 Alta Ramm과의 인터뷰," *Journal of the American Scientific Affiliation* 31 (1979): 179-86.

장에서 가장 인기 있는 것들이었다. 그러나 램이 과학철학에 대해 더 많이 알게 될수록, 그는 간격 이론과 림머의 "엉성한" 조화의 시도에 대해 비판적이 되어갔다. 그는 로스앤젤레스에서 작지만 활발한 ASA의 셀 조직을 발견했으며, 앨턴 에버리스트(F. Alton Everest)와 가까운 관계를 형성했다. 비록 가입 조건인 과학 분야의 자격증이 없어서 ASA의 정식 멤버가 될 수는 없었지만, 그는 1949년의 연례 학술대회를 진행했다. 그것은 로렌스 컬프(J. Laurence Kulp)가 홍수지질학을 고사시키는 비판을 했던 모임이었다. 바이올라 대학(당시에는 로스앤젤레스 성경학교라고 불렸다)에서 램은 과학과 종교 강좌를 물려받았는데, 그것을 위해 그는 상당한 시간을 썼고 강의 준비를 위해 깊은 숙고를 했다. 미네소타의 세인트 폴에 있는 베델 대학과 신학교에서 가르치기 위해 남부 캘리포니아 대학을 떠난 직후, 그는 자신의 그동안의 모든 노력을 물거품으로 만들지 않기 위해 『과학과 성경에 대한 기독교적 견해』를 집필했다. "극단적 정통주의"(hyperorthodoxy)에 반대하는 그 책은 에버리스트에게 헌정되었고, 컬프가 "기술적 정확성"을 체크해주었다.[4]

철학적 세부사항들에 대한 언급을 피하면서 램은 과학과 종교에 대해 글을 쓰는 복음주의 저자들을 두 종류의 대립되는 캠프로 나누었다. 한쪽은 근본주의자들의 "고상하지 못한 전통"을 계승한 사람들인데, 그들은 "과학에 대해 대단히 유해한 태도"를 지니고 있으며 이미 확립된 더 나은 학문적 전통들 안에서 논쟁과 추론을 진행하려 하지 않는 사람들이다. 다른 한쪽은 제임스 데이너(James Dwight Dana)나 존 도슨(John William

---

4 Ramm, *The Christian View of Science and Scripture*, pp.5, 10; Bernard Ramm의 1984년 5월 8일자 인터뷰.

Dawson) 같은 19세기의 박학한 기독교인들인데, 그들은 "고상한 전통들"을 모두 아우르는 사람들이다. 그들은 인내심과 재능을 갖추었고 친절했으며 과학과 성경의 사실들을 조심스럽게 배우려 했던 사람들이다. 20세기 전반에 협소한 마음을 가진 과학의 적들이 "고상한 전통을 매장시켰는데", 이제 램이 그것을 부활시키려 했다.[5]

램의 입장에서 볼 때 "고상하지 못한" 전통에 속한 전형적인 사람은 림머와 프라이스였다. 이들은 순진한 기독교인들에게 평판이 안 좋은 간격 이론과 홍수 이론들을 강요했던 사람들이었다. 부분적으로는 림머가 "성경과 과학의 문제에 관한 근본주의의 걸출한 대변자"로서 너무 오래 통치했기 때문에 간격 이론은 "근본주의 진영 전체에서 표준 해석이 되고…신성불가침 같이 되어서, 그것을 조금이라도 의문시하는 것은 성경을 마음대로 손대는 것과 같거나 현대주의적 성향을 드러내는 것과 같게 되었다." 그러나 램의 의견으로는, 성경적 학문성도, 과학적 학문성도 그 이론을 지지하지 않았다. 예를 들어, 지질학자들은 파멸-회복의 도식(ruin-and-restoration scheme)이 요구하는 지질학적 기록 내의 과격한 단절에 관한 그 어떤 흔적도 발견하지 못했다. 간격 이론이 집요하게 근본주의자들의 마음을 붙들고 있음을 보면서, 램은 프라이스의 영향력을 "20세기 초반에 나타난 가장 이상한 발전들 중의 하나"로 간주했다. 결국 홍수 이론과 간격 이론은 지질 시대의 증거에 대해 양립될 수 없는 설명들을 제공했는데, 전자는 그것의 원인이 노아의 대홍수라고 했고, 후자는 그것을 에덴 이전의 시기로 소급시켰다. 그밖에도 램은 반 페이지에 달하는 각주를 통해 프라이스에게는 진지하게 취급될 수 있는 재능, 훈련, 인격 등이 없다고 지

---

5 Ramm, *The Christian View of Science and Scripture*, pp. 9-10.

적했다. 그러나 프라이스는—이처럼 지질학의 확고한 증거 전체의 반대에도 불구하고—미국 근본주의 진영에 "엄청난" 영향력을 행사하려고 시도했고, 결국 그의 생각이 "지질학, 창조, 그리고 홍수에 대한 대부분의 근본주의적 사고의 척추"를 형성하기에 이르렀다.[6]

과학과 성경 모두를 수용하면서 램은 창세기 1장의 시각적 하루(pictorial-day) 이론을 그가 이름 붙인 "점진적 창조"(progressive creationism)와 결합시킨 것을 제안했다. 비록 한때는 데이너와 도슨에 의해 유명해진 날-시대 이론을 좋아했고, 지금도 여전히 창세기 1장이 지구 역사의 "넓은 윤곽"을 기록하고 있다고 확신했으나, 램은 영국의 창조론자 클락(E. E. D. Clark)과 마찬가지로 얼마 전부터 와이즈맨(P. J. Wiseman)의 결론을 택했다. 그것은 "창조가 [그림을 그리듯이] 6일 동안 [시각적으로] **계시**된 것이지, 6일 동안 또는 6일로 확인될 수 있는 지질 시대 동안 **실행**된 것이 아니라는 것"이다. 점진적 창조라는 생각은 하나님이 지질학적 기록 사이의 갭을 연결하기 위해 경우에 따라 개입하시는 것을 허용한다. 이 경우에 하나님은 새로운 "근본적인 종들"(root-species)을 창조하신 것이 되고, 그것들은 그 이후 오늘날 우리에게 알려진 종들로 진화하거나 파생되었다고 이해된다. 수백만 년에 걸쳐 펼쳐진 이런 과정 전체는 창조 사역의 정점을 이루는 인간들에게 적절한 고향을 마련해주시려는 하나님의 방법이다.

> 광대한 숲들이 생성되었다가 소멸한 것은 석탄을 만들기 위함이다. 석탄은 자연 안에 인위적으로 삽입된 것이 아니라 자연적 과정을 통과하여 등장한다. 수백만의 바다 생물들이 태어났다가 썩은 것은 석유를 만들기 위함이다. 지구

6 Ibid., pp. 180-1, 197. 또 pp. 201-10도 보라.

의 표면은 비바람에 풍화되어 숲들과 골짜기를 이루었다. 어떤 때는 큰 생물인 공룡들이 생기기도 했다. 동물들의 형태의 복잡성이 증가했다. 마침내 모든 강이 계획된 경로대로 흐르기를 마쳤을 때, 모든 산들이 제자리에 놓였을 때, 지상의 모든 동물들이 [창조의] 청사진과 일치하게 되었을 때, 그때 모든 창조가 고대하던 존재가 만들어졌는데, 그 존재는 인간(MAN)이었다. 오직 그의 안에만 하나님의 숨이 있다.

램은 "이것은 진화가 아니다"라고 주장했다. "이것은 점진적 창조다."[7]

램은 자신의 이론이—아인슈타인의 상대성이론이 물리학에 의미했던 것과 같이—생물학에 "새로운 생물학적 통합의 기초를 형성"하게 되기를 야심차게 희망했다. 하지만 그런 일은 일어나지 않았다. 사실 점진적 창조라는 그의 특이한 버전은 대부분의 복음주의 과학자들로부터 지지를 얻지 못했다. 그럼에도 『과학과 성경에 대한 기독교적 견해』는 수만 부가 팔려 나갔으며, 수많은 정통주의 기독교인들이 창조와 진화가 제기하는 문제에 대답하는 방식에 깊은 영향을 주었다. 오랫동안 림머와 프라이스의 협소한 해석에 갇혀 있던 복음주의 과학자들은 한껏 들떠서 램에게 감사했다. 그들은 램이 그들에게, 그들의 연구가 요청하는 것으로 보이는 "신학적으로 호흡할 수 있는 공간"을 선사해주었다고 여겼다. 생물학자 카셀(J. Frank Cassel)은 이렇게 말했다. "내가 더 많은 [지질학적] 시간이 필요하다고 보는 곳에서, 그리고 어떤 성경학자가 '물론입니다. 당신은 더 많은 시간을 가질 수 있습니다'라고 말한다면, 당연히 나는 서둘러 그의 편에 가담할 것이다." 램의 책이 출판되고 나서 몇 해가 지난 후, 그 책에 대해 감사하는

---

7 Ibid., pp. 220-8, 271-2.

마음을 갖고 있던 ASA의 또 다른 멤버는 그 책이 "다수의 기독인 생물학자들이" 진화를 신뢰하면서 수용할 수 있는 길을 닦아주었다고 말했다. 하지만 그는 램이 "기독교인들이 진화와 화해할 수 있는 문을 열었으면서도 막상 자신은 바로 그 문을 통과하여 들어가기 직전에 멈춘 것"을 이상하게 생각했다.[8]

존 휘트컴 주니어

만일 램이 자신이 홍수지질학의 장례식을 집행하고 있다고 생각했다면, 그는 크게 착각한 것이었다. 그의 책은 많은 복음주의자들에게 진화론 안으로 들어가는 문을 열어주었을지는 모르나, 그것은 또 다른 사람들을 자극해 젊은 지구설을 방어하려는 대규모 캠페인을 발생시켰다. 그 반동은 분개한 젊은 성경 교사이자 신학생이었던 **존 휘트컴**(John C. Witcomb, Jr, 1924-)과 함께 시작되었다. 휘트컴이 생각하기에, 홍수가 지리학적으로 그리고 인류학적으로 국지적이라는 비성경적인 개념을 주장하는 『과학과 성경에 대한 기독교적 견해』라는 책은 "한 복음주의자가 동일과정설적 지질학을 뒤따르다가 마침내 끌려가게 된 논리적 불합리성에 대한 최종적 증거"를 제공했다. 램의 책은 창세기와 지질학의 조화와 관련해 휘트컴의 마음을 전혀 달래주지 못했고, 오히려 그의 당혹감을 증대시켰다. 휘트컴은 "창세기가 홍수의 규모와 유일성에 관해 명백하게 가르치는 내용과, 지질학은 그런 홍수에 관해 그 어떤 증거도 제공하지 않는다는 과

---

8 Ibid., p. 272; Bernard Ramm의 1984년 5월 8일자 인터뷰; J. Frank Cassel, "The Origin of Man and the Bible," *Journal of the American Scientific Affiliation* 12 (June 1960): 15; Richard T. Wright, "Evolutionary Biology," ibid. 31 (1979): 195.

학의 (다시 말해, 컬프 박사 등의) 주장"이 어떻게 화해될 수 있는지에 대해 당혹스러워 했다. 또한 그는—만일 죽음이 성경이 가르치는 대로 아담의 죄의 결과로부터 왔다면—어떻게 화석들이 에덴의 창조보다 시대적으로 앞설 수 있는지 의아해했다.[9]

좋은 교육을 받은 코스모폴리탄이었던 휘트컴은, 도발적이고 신랄한 문체로 판에 박힌 듯한 말만 되풀이하는 촌티 나는 반(半)문맹이나 다름없는 근본주의 설교자들과는 비교가 되지 않았다. 휘트컴은 제3군 참모총장 조지 패튼(George Patton) 장군 아래서 참모로 일했던 군 장교의 아들이었고, 여러 해 동안 중국 북부에서 살았으며, 그때 중국어를 배웠다. 대학에 가야야 할 나이가 되자 그는 프린스턴 대학에 진학했고, 그곳에서 역사적 지질학과 고고학을 한 해 동안 공부했고, 1948년에 졸업하면서 고대 역사와 유럽 역사 분야의 학사학위를 받았다. 그는 학부 1학년 때 과거 인도 선교사였던 이의 설교를 듣고 복음주의 기독교인으로 회심했다. 졸업 후 그는 그레이스 신학교에 입학했다. 인디애나 주 위노나 레이크에 있는 그 학교는 그레이스 형제 교회 연합회에 의해 세워진 근본주의 성향의 신학교였다. 그는 1951년에 신학사 학위를 받은 후 대학원 공부를 계속하면서 그 신학교에 남아 구약성경과 히브리어를 (그리고 창조의 간격 이론을) 가르쳤다.[10]

ASA는 1953년 여름에 그레이스 대학 캠퍼스에서 연례 학술대회를 열

---

9 J. C. Whitcomb to H. M. Morris, October 8, 1955 (최종 증거), J. C. Whitcomb to W. J. Tinkle, July 13, 1955 (당혹), 그리고 August 25, 1955 (죽음), 이상 Whitcomb Papers, John C. Whitcomb, Jr. 제공.

10 J. C. Whitcomb, "Biographical Sketch," 연대 미상, 그리고 J. C. Whitcomb to H. M. Morris, March 23, 1959 (중국), 이상 Whitcomb Papers. Whitcomb은 R. L. Numbers에게 보낸 편지(May 27, 1991)에서 추가적인 세부사항들을 제공했다.

었다. 휘트컴은 특별히 **헨리 모리스**(Henry M. Morris)의 강연 "최근의 창조와 보편적 홍수에 대한 성경적 증거"(The Biblical Evidence for a Recent Creation and Universal Deluge)를 좋아했다. 그것은 경쟁관계에 있는 날-시대 이론, 파멸-회복 이론, 그림 같은 날 이론 등에 맞서 홍수지질학을 방어하는 강연이었다. 당시 대부분의 ASA 멤버들은 컬프의 가르침을 따라서 홍수 이론을 평가 절하했는데, 휘트컴은 모리스가 그 자리에 참석했던 사람들에 의해 "공손하게 매도당하는 것"을 보고 분노를 느꼈다. 모리스의 입장에서 그 학술대회의 정점은 자신의 믿음을 공유하는 또 다른 기독인 학자를 발견한 것이었다. 그 믿음이란, "성경의 증거는 덧없는 지질학적 이론들과는 상관없이 문자적 6일 창조와 그에 따른 보편적 대홍수에 대한 수용을 요구한다"는 것이었다.[11]

정확하게 2년 후에 ASA는 위노나 호수로 다시금 돌아왔다. 이번에는 복음주의 신학회(Evangelical Theological Society, ETS)와 함께 개최한 공동 학술대회였다. 램이 최근에 출판한 책은 계속해서 언급되는 화제거리였다. 휘트컴은 ASA에 속한 과학자들이 그 책을 칭찬하는 것을 발견하고 실망했지만 놀라지는 않았고, ETS의 신학자들 중에는 아무도 "램 박사가 인도하는 곳으로 따라가려 하지 않는 것"을 발견하고 기뻐했다. 그것이 휘트컴으로 하여금 램에게 대응하고 "프라이스의 입장"을 변호하는 박사 논문에 헌신하고자 단단히 결심하도록 만들었다.[12]

---

11 H. M. Morris to J. C. Whitcomb, September 22, 1953 (하이라이트), 그리고 J. C. Whitcomb to W. J. Tinkle, July 13, 1955 (비난), 이상 Whitcomb Papers. 1953년 ASA 회의의 인쇄된 프로그램은 Morris의 논문의 개요를 싣고 있다.

12 J. C. Whitcomb to W. J. Tinkle, July 13, 1955, Whitcomb Papers. Whitcomb은 H. M. Morris에게 보낸 편지(November 16, 1957)에서 자신의 공부가 Ramm에 대한 "대답"(answer)이라고 설명했고, D. J. Whitney에게 보낸 편지(August 31, 1957)에서는 Price에

지배적인 신학적 의견들을 알아보기 위해, 휘트컴은 복음주의 학교들에 속한 구약학, 고고학, 변증학 교수들에게 창조와 홍수에 대한 그들의 믿음에 대해 체계적으로 질문했다. 그의 조사를 통해 복음주의 지도자들이—램 자신과 마찬가지로—"그러한 기본적인 문제들에 대해 대단히 혼란스러워하고 있다"는 사실이 드러났다. 한쪽 극단에서는, 겨우 몇 명의 응답자들만이 홍수지질학을 좋아한다고 고백했다. 그리고 다른 쪽에서는, 몇 명의 신복음주의자들이 그런 질문을 한다는 것 자체에 대해 그 젊은 학자를 "끔찍하게 야단쳤다." 전에는 근본주의 학교였던 풀러 신학대학에 최근 새로 임명된 학장인 램의 친구 에드워드 카넬(Edward J. Carnell, 1919-1967)은, "그런 종류의 질문을 한다는 생각 자체를 비난했다." 램의 책이 "신다윈주의의 집결지"가 되고 있다는 휘트컴의 비난에 응답하면서, 카넬은 자신은 휘트컴의 글에서 "컬프와 다른 사람들이 그들의 주장을 펼칠 때 염두에 두고 있는 것과 같은, 굉장한 경험적 증거에 대한…비판적 인식"을 얻지 못한다고 말했다. 그런 반응은 휘트컴으로 하여금 『과학과 성경에 대한 기독교적 견해』가 끼친 "끔찍한 결과들을 다시 원상태로 회복시키기 위해서"는 단순한 분노 이상의 것이 요청된다고 확신하게 만들었다. 그는 모리스에게 이렇게 털어놓았다. "설령 내가 창조와 홍수에 대해 박사 논문을 써야 할 다른 어떤 이유가 없다고 해도, 나로서는 램 박사의 책만으로도 충분한 동기 부여가 됩니다."[13]

1957년에 휘트컴은 "창세기의 홍수"(The Genesis Flood)라는 제목의

대한 방어라고 설명했다. 두 편지 모두 Whitcomb Papers에 있다.

13 J. C. Whitcomb, "A Questionaire on Creation and the Flood," [1955], 그리고 J. C. Whitcomb to H. M. Morris, October 8, 1955, 이상 Whitcomb Papers. Whitcomb은 마찬가지로 풀러 신학대학에 있었던 William LaSor도 Carnell의 입장을 공유했다고 말한다.

450쪽에 이르는 박사 논문을 완성했고, 그와 동시에 그것을 출판하기 위해 그 내용을 압축하기 시작했다. 램의 책에 대한 논쟁이 "약간 진정되는 것"으로 보였기에, 그는 자신의 책이 가급적 빨리 출판되기를 원했다. 그러나 그는 불완전한 상태에서 인쇄를 서두르는 것은 원하지 않았다. 그는 친구에게 이렇게 썼다. "궁극적으로 그 책이 오직 램 박사에게 대답할 목적으로만 출판된다면, 그것은 출판될 가치가 없는 것이네." 자리를 잘 잡은 두 개의 복음주의 출판사인 어드먼스와 무디가 처음에는 휘트컴의 원고에 관심을 가졌다. 하지만 전자는 원고를 검토한 후 관심을 철회했다. 그것은 아마도 ASA 소속 과학자들의 압력 때문이었을 것이다. 무디 출판사의 편집자들은 ASA의 비판이 걱정되기는 했지만, 그럼에도 램에 대한 비판은 최소한 들을 만한 가치가 있다는 이유로 작업을 진행하기로 결정했다.[14]

무디 출판사와 휘트컴은 "홍수의 과학적 측면을 취급하는 챕터들을 과학 분야에서 박사학위를 가진 사람이 조심스럽게 검토하고 이를 문서로 평가해준다면, 그 책이 더 많은 주목을 받게 될 것"이라고 동의했다. 그 젊은 학자는 프라이스처럼 조롱의 대상이 되려는 마조키즘(피학대 음란증)의 의도를 전혀 갖고 있지 않았고, 또한 과학자로서의 자신의 자격에 대해 어떤 환상을 품고 있지도 않았다. 그러나 그는 지질학적 데이터들을 성경적

14 John C. Whitcomb, Jr., "The Genesis Flood: An Investigation of Its Geographical Extent, Geologic Effects, and Chronological Setting" (Th.D. dissertation, Grace Theological Seminary, 1957); J. C. Whitcomb to D. J. Whitney, August 31, 1957 (박사학위논문), J. C. Whitcomb to H. M. Morris, November 16, 1957 (Ramm에 대한 대답), J. C. Whitcomb to H. M. Morris, April 29, 1957 (출판사들), J. C. Whitcomb to H. M. Morris, August 12, 1958 (거절), 그리고 J. C. Whitcomb to H. M. Morris, November 16, 1957 (들음), 이상 Whitcomb Papers.

틀 안에 엄격하게 맞춰 넣으려는 자신의 노력에 대해 전문가들이 보인 경멸에 분노했다. 그는 한 지인에게 이렇게 불평했다. "내가 홍수의 지질학적 효과에 대해 입을 여는 순간, 그리고 내 생각을 글로 옮기는 순간, 나는 지질학 박사가 아니므로 그런 것에 대해 무언가를 말할 자격이 없다는 소리가 들려온다네!" 분명 그는 자신에게 공감하는 전문가의 도움이 필요했지만, 그는 "오늘날 창세기 6-9장을 진지하게 취급하려는 그 어떤 지질학 박사"도 발견하지 못하고서는 절망했다.[15]

그가 찾을 수 있었던 가장 가까운 사람은 **더글라스 블락**(Douglas A. Block, 1921-)이었다. 휘튼 대학의 지질학자인 그는 아이오와 대학에서 지질학 석사학위를 받았지만, 그의 기독교적 관점 때문에 그곳에서 박사학위를 얻지 못해 낙심하고 있었다. 세간의 평에 의하면, 블락은 휘튼 대학의 교수들 중에서 전지구적 홍수라는 개념을 아직도 고수하고 있는 유일한 과학자였다. 하지만 그조차도—아마도 그가 받은 초기의 신학교 훈련 때문에—홍수가 어떤 식별 가능한 지질학적 효과들을 남겼다는 것을 부정했다. 그럼에도 휘트컴은 기회를 얻어 그에게 자신의 『창세기의 홍수』의 원고를 읽게 만들었다. 블락은 프라이스의 논쟁이 재활용품으로 재생된 듯한 그 글을 읽고 역겨움을 견딜 수 없었다. 화가 난 그 지질학자는 휘트컴에게 편지를 보내 이렇게 말했다. "글의 어디쯤엔가 잘 훈련된 지질학자가 있어야 했으며, 그가 홍수지질학의 내용을 살펴봤어야 했을 것 같습니다. 만일 그랬다면, 그가 그 내용을 특성상 부정적이기보다는 긍정적이고 합리적인 체계로 정리해주었을 것입니다." 블락은 휘트컴에게 자신과

---

15 J. C. Whitcomb to H. M. Morris, January 25, 1957 (문서들의 검토), 그리고 J. C. Whitcomb to H. M. Morris, October 8, 1955 (Ph.D.), 이상 Whitcomb Papers.

휘튼에 있는 자신의 동료들이 결코 프라이스를 무시하지 않는다는 것을 확인해주었다. 실제로 그들은 지질학과의 모든 학생들에게 프라이스의 책들 중 최소한 한 권을 읽도록 요구했고, 학생들이 프라이스의 생각을 알고 있는지를 세미나와 현장에서 반복적으로 검사했다. 휘트컴의 원고 읽기를 마친 후 블락은 너무도 짜증이 나서 휘트컴에게 위노나 호수로 드라이브를 가자고 제안했다. 그리고 그곳에서 그에게 역사적 지질학의 기초를 가르쳐 주었다. 그러나 그 방문은 지구과학자에 대한 그 신학자의 불신을 더욱 깊게 만들었을 뿐이었다.[16]

훈련된 지질학자로부터는 아니더라도 **약간의** 과학적 충고를 얻기로 결심한 휘트컴은, 그가 알고 있었던 다수의 창조과학자들을 찾아다녔다. 그들은 휘트니(Dudley Joseph Whitney), 팅클(William J. Tinkle), 모리스, 프라이스, 그리고 루터교 생물학자인 클로츠(John W. Klotz) 등이었다. 나이가 많은 프라이스는 도덕적 지지 외에는 달리 해줄 수 있는 것이 없었다. 그는 이렇게 썼다. "이제 87세인 나는 지금 진행되고 있는 연구 작업에서 어떤 적극적인 역할을 더 이상 담당할 수가 없습니다. 나는 오직 측면에 앉아 일이 진행되는 과정을 지켜볼 뿐입니다. 그럼에도 나는…다가오는 미래로 진리의 횃불을 운반할 당신과 같은 젊은이와 헨리 모리스를 볼 수 있어서 기쁩니다." 휘트니는 처음에는 그 원고를 못 읽겠다며 거절하려고 했다. 왜냐하면 그로서는 그렇게 "뻔한 창조론 옹호용 자료"를 읽는 것은 시간 낭비일 뿐이고, 무디 출판사로부터 무언가 좋은 것을 기대하는 것은

16 Block은 J. C. Whitcomb to H. M. Morris, June 16, August 8, 그리고 October 14, 1957에서 언급되고 논의된다. 이상 Whitcomb Papers. Northern Baptist Theological Seminary에서 신학 학사학위를 받은 Block은 노스다코타 대학에서 마침내 지질학 박사학위를 받았다. Douglas A. Block의 1991년 6월 12일의 인터뷰.

상상하기 어렵다고 느꼈기 때문이었다. 나중에 휘트니는 마지못해 그 원고를 살펴보기로 동의했다. 하지만 그는 휘트컴이 우주 전체가 최근에 창조되었다고 주장하는 것을 발견하고는 실망했다. 그는 이렇게 물었다. "왜, 왜, 도대체 왜 경건한 이들은 성경을 불신하게 만드는 입장을 취하는 겁니까?" 휘트컴의 좌절감을 더 크게 증폭시키면서 팅클은 그에게 아담 이전의 지질학적 재난을 인정하라고 압력을 넣었다.[17]

1953년 이후로 휘트컴과 공적으로나 사적으로 좋은 관계였던 모리스만이 그 그룹 중에서 가장 도움이 되는 사람으로 드러났다. 모리스는 여러 해 동안 홍수지질학 책을 저술해오고 있었는데, 그 책의 잠정적인 제목은 "세계의 창조와 파멸"(the Creation and Destruction of the World)이었다. 모리스는 램에 대한 휘트컴의 반감에 대해, 그리고 지질학자들이 "문 닫은 가게"를 운영하고 있다는 그의 감정에 대해서도 공감했다. 또한 모리스는 구약학자로서의 휘트컴의 학문적 기량에 대해서도 존경을 표했다. 그는 휘트컴의 박사학위 논문의 처음 세 장을 읽은 후 이렇게 썼다. "내 생각에는—성경의 영감을 전제한다고 하더라도—당신은 보편적 홍수 사건을, 오직 고의로 눈을 감은 자들만이 그것을 보지 못할 정도로 확실하게 증명했습니다." 그러나 그는 휘트컴에게 "특별히 전문가들과 그들의 주장을 언급할 때" 빈정거림에 빠져서는 안 된다고 강하게 충고했다. 모리스 자신이 램과 다양한 ASA 저자들로부터 가시 돋친 말의 표적이 되고 있는 상태였

---

17 J. C. Whitcomb to G. M. Price, September 7, 1957 (독자들), G. M. Price to J. C. Whitcomb, May 24, 1957 (87), D. J. Whitney to J. C. Whitcomb, September 5, 1957 (못하겠다고 함), 그리고 October 3, 1957 (우주), 그리고 J. C. Whitcomb to H. M. Morris, October 14, 1957 (Tinkle), 이상 Whitcomb Papers. Walter E. Lammerts와 Edwin Y. Monsma도 또한 그 원고를 읽었다.

기에, 그는 엄격한 창조론자들이 "그런 사람들의 논쟁의 수준"으로 낮아지는 것을 원하지 않았다. 그 외에도 그는 지난 세월 동안 프라이스, 림머, 휘트니가 빈정거림과 조롱에 의지하면서 서로에게 상처를 주었다고 여겼다.[18]

모리스가 그 박사학위 논문 중 지질학적 문제를 다루는 나머지 부분을 읽을 기회가 있었을 때, 그는 휘트컴이 의존하는 반진화론적 저술가들의 범위가 1920년대의 프라이스와 다른 저자들로부터 최근에 지구의 역사를 주기별 대격변(epochal cataclysms)의 관점에서 재서술하여 논쟁이 되고 있는 임마누엘 벨리코프스키(Immanuel Velikovsky, 1895-1979)에 이르기까지 다양한 것을 보고 놀랐다. 그는 휘트컴에게 이렇게 상기시켰다. "과학자들은 프라이스와 벨리코프스키 모두를 괴짜로 여기고 있습니다. 그러나 조롱과 일축이 아닌 방식으로 그들의 주장에 답하려고 수고하는 사람은 아무도 없습니다." 그는 휘트컴에게 그 주제에 대해 전적으로 새로운 전망을 개발하려 하기보다는, 그다음으로 할 수 있는 최선의 것, 즉 "프라이스의 주장을 역사적 기록의 문제로 단순히 지시만 하고, 당신의 주된 강조점을 성경의 틀과 그로 인해 발생하는 지질학의 의미에 두는 것"에 집중하라고 조언했다. 그렇게 하면 휘트컴은 지질학이라는 유사(流砂)에 빠져드는 상황을 피할 수도 있을 것이다.[19]

자신이 지질학을 비평하기에는 부적절하다는 모리스의 친절한 조언을

---

18 H. M. Morris to J. C. Whitcomb, October 19, 1955 (Ramm 그리고 문 닫은 가게), 그리고 H. M. Morris to J. C. Whitcomb, May 29, 1957 (빈정댐), 이상 Whitcomb Papers. Ramm은 *The Christian View of Science and Scripture*, p. 358에서 Morris의 첫 책을 "제한된 가치의 저서들" 중의 하나로 취급했고, 이것은 아무도 알아채지 못한 채 넘어가지 않았다. 다음을 보라. J. C. Whitcomb to H. M. Morris, October 8, 1955, 그리고 H. M. Morris to J. C. Whitcomb, October 19, 1955, 둘 다 Whitcomb Papers. 또 다음도 보라. Henry Morris, *A History of Modern Creationism* (San Diego: Master Book Publishers, 1984), pp. 146-9.

19) H. M. Morris to J. C. Whitcomb, October 7, 1957, Whitcomb Papers.

듣기도 전에, 휘트컴은 그에게 자신과 공동 저자로 협업하자고 요청하려는 생각을 했다. 휘트컴이 솔직하게 시인했듯이, 그의 "가장 큰 약점"은 컬프가 제기한 홍수지질학에 대한 전문적 차원의 반대를 적절하게 다룰 능력이 없다는 것이었다. 그래서 그는—만일 모리스가 자기를 돕기만 한다면—기꺼이 그 책의 출판을 "1년 정도" 늦출 생각을 했다. 모리스는 그 책의 "공동 저자"라는 개념은 좋아했으나, 과연 자기에게 가까운 미래에 그런 모험에 착수할 분명한 방법이 있는지 여부를 알지 못했다. 휘트컴은 너무 빨리 포기하기가 싫어서, 모리스에게 그 책의 한 두 챕터를 쓰는 일에 대해 "기도하면서 숙고"해달라고 답했다. 휘트컴은 이렇게 썼다. "만일 당신이 '방사능'에 대해 한 챕터, '성층'(stratification, 成層)에 대해 한 챕터, 그리고 '동일과정설'이나 '화산 작용'에 대해 한 챕터를 써주신다면, 그것은 그 책의 나머지 절반에 이빨을 만들어주는 것이 될 것입니다." 비록 그 제안을 "매우 명예롭게 생각했지만", 모리스는 여전히 망설였다. 그는 홍수지질학을 설득력 있는 방식으로 제시하려고 할 때 요청되는 엄청난 작업량을 인지했고, 그래서 자신이 전체 프로젝트를 적절한 방식으로 마치지 못할 수도 있다는 것을 알았다. 그럼에도 그는—만약 휘트컴이 그를 기다려주는 것을 전제로—공동 작업의 가능성을 열어 두었다.[20]

이 무렵에 휘트컴은 자신이 계획한 일이 너무 늦어지지는 않을까 점점 더 조바심을 냈다. 그래서 그는 모리스의 승낙을 듣기 전에 클로츠(John W. Klotz)와의 공동 저술의 가능성을 탐색했다. 당시에 클로츠는 일리노이

---

20 J. C. Whitcomb to H. M. Morris, August 8, 1957, (약함), H. M. Morris to J. C. Whitcomb, October 7, 1957 (공동저술), J. C. Whitcomb to H. M. Morris, October 14, 1957 (재고), 그리고 H. M. Morris to J. C. Whitcomb, October 26, 1957 (명예로움), 이상 Whitcomb Papers.

의 리버포리스트에 있는 컨콜디아 사범대학에서 생물학을 가르치고 있었다. 그는 미주리 총회에서 안수를 받은 루터교 목사로서 굽히지 않는 문자주의자였으며, 피츠버그 대학에서 유전학 박사학위를 받았고, 컨콜디아 신학교에서 신학사학위를 받았다. 컨콜디아에서 그는 테오도르 그래브너(Theodor Graebner)의 지도 아래 반진화적 관점에서 창세기와 유전학에 관한 논문을 썼다. 1955년에 그는 첫 번째 주요 저서인 『유전, 창세기, 그리고 진화』(*Genes, Genesis, and Evolution*)를 출판했다. 그 책에서 그는 보편적 홍수, 젊은 지구, 그리고 24시간 단위의 최근 창조 등을 옹호했다. 휘트컴이 그에게 접근해 『창세기의 홍수』에 두 편의 과학적 성격을 지닌 장들을 써달라고 부탁했을 때, 클로츠는 지질학은 자신의 영역이 아니라며 거절했다. 대신에 그는 얼마간 지질학을 공부한 루터교 동료 목사인 월버트 루쉬(Wilbert H. Rusch, 1913-1994)를 추천했다.[21]

클로츠의 대답을 받기도 전에 휘트컴은 조바심을 내면서 다시 모리스와의 협상을 시작했다. 그는 모리스에게 모든 공동 작업은 "엄격하게 동등한 사업(equal enterprise)"이 될 것이라고 약속했다. 그러나 그는 이 제안이 클로츠로부터 부정적 대답이 온다는 전제 아래 유효하다는 점을 분명히 했다. 얼마 후에 모리스는 공동 저자로서 협력하자는 휘트컴의 제안을 잠정적으로 수용했고, 자신이 쓰기로 계획한 세 장에 대한 초안을 구상했다. 1957년 12월 초에 마침내 클로츠로부터 (거절) 소식을 들었을 때, 휘트컴

21 John William Klotz, "Genesis, Genetics, and Evolution," (신학사 논문, Concordia Theological Seminary, 1941); John W. Klotz, *Genes, Genesis, and Evolution* (St. Louis: Concordia Publishing House, 1955); J. C. Whitcomb to J. W. Klotz, November 8, 1957 (초대), 그리고 J. W. Klotz to J. C. Whitcomb, December 6, 1957 (Rusch), 이상 Whitcomb Papers.

은 재빨리 모리스에게 연락을 취했다. "우리가 나아가야 할 길이 분명해졌습니다. 물론 무디 출판사의 승인 아래서 말입니다." 그렇게 해서 장차 복음주의 기독교인들 사이에서 "휘트컴과 모리스"라는 상투어가 될 협정이 체결되었다.[22]

헨리 모리스

휘트컴의 새로운 파트너인 **헨리 모리스**(Henry M. Morris)는 텍사스에서 태어난 기술자로, 남침례교회 안에서 성장했다. 소년 시절에 모리스는 텍사스의 여러 마을에서 살았으며, 그 후 그의 가족은 마침내 휴스턴에 정착했고, 그곳에서 그의 아버지는 부동산 중개업자로 일했다. 대공황 기간에 모리스의 집은 가난에 빠졌고, 그것이 어린 헨리가 오스틴에 있는 텍사스 대학에서 신문방송학을 공부하려는 야심을 꺾어버렸다. 대안으로 그는 인근에 있는 라이스 대학에 입학했는데, 그곳은 학비가 무료인 데다 집에서 통학할 수 있었다. 1939년에 그가 토목공학 학사학위를 받고 졸업했을 때, 그의 졸업 앨범은 말끔하고 진지한 표정의 젊은 청년을 보여주었다. 그는 학업 성적이 뛰어났고, 우등생 친목 단체(Phi Beta Kappa)에도 가입되어 있었다. 그는 국경선과 물 위원회(International Boundary and Water Commission)에서 첫 번째 직장을 구했고, 그로 인해 엘 파소로 가야 했다. 약혼녀를 휴스턴에 두고 온 외로운 독신남은 저녁마다 인생의 의미를 숙고하고 성경을 공부하면서 지냈다. 젊어서 그는 별 생각 없이 진화론과 종

22 J. C. Whitcomb to H. M. Morris, November 16, 1957 (엄격하게 동등함), H. M. Morris to J. C. Whitcomb, December 3, 1957 (수용), 그리고 J. C. Whitcomb to H. M. Morris, December 16, 1957 (길이 분명해짐), 이상 Whitcomb Papers.

교적 무관심에 빠져들었고, 그로 인해 기원의 문제에 대해서는 많은 생각을 해본 적이 없었다. 그러나 성경을 철저하게 공부한 후에 그는 그것의 절대적 진리를 확신하게 되었고 진화에 대한 자신의 믿음을 서둘러 재평가하게 되었다. 강렬한 회개의 시간을 보낸 후에 그는 창조가 문자 그대로 6일에 걸쳐 일어났다고 결론을 내렸다. 왜냐하면 성경이 분명히 그렇게 말하고 있고, "하나님은 거짓말하지 않으시기" 때문이었다. 1940년에 결혼한 후에 그와 그의 아내는 교회학교에서 아이들을 가르치기 시작했고, 성경을 배포하는 것으로 유명한 개신교 단체인 기드온 협회에 가입했다. 1942년 초에 어윈 문(Irwin A. Moon)이 그 마을에 와서 유명한 "과학으로부터의 설교"(Sermons from Science)를 전했는데, 그 설교가 모리스에게 과학과 성경을 조화시키는 것의 중요성을 확신시켜주었다. 모리스는 그 무디 계열의 순회 설교자로부터 처음으로 노아 홍수의 지질학적 효과와 대홍수 때까지 지구를 감쌌던 수증기 층에 대해 배웠다.[23]

미국이 제2차 세계대전에 참전하기로 함에 따라 모리스도 미국 해군에 지원할까 생각했다. 그러나 그는 라이스로 돌아와 현역 근무를 앞둔 젊은이들에게 토목공학을 가르쳤다. 지역적으로는 불륜의 온상지라고 불리던 라이스에서 머물렀던 3년 동안 그는 기드온 협회의 일을 계속했고, 국제기독학생회(IVF)의 일에도 적극적이었으며, 침례교학생연합(Baptist Student Union)의 자문위원으로도 봉사했는데, 그곳에서 월터 헌(Walter R. Hearn)을 만났다. 그 즈음에 모리스는 종교적 열광주의에 심취해 마음이

23 Henry M. Morris의 1980년 10월 26일, 그리고 1981년 1월 6일자 인터뷰; Morris, *History of Modern Creationism*, pp. 93, 131; *The [Rice Institute] Campanile* 24 (1939): 91. Rice 학교가 교양과목을 강조했기 때문에, 공학 전공의 학생들도 Phi Beta Kappa에 가입할 수 있었다. Morris, *History of Modern Creationism*, p. 74를 보라.

들끓고 있었다. 그의 동료 강사 한 사람은 "헨리 모리스와 종교에 관해 말하지 않는 것"은 불가능했다고 회상했다. 그는 습관적으로 기드온 성경을 나누어주었으며, 자기 집에서 열리는 저녁 성경공부에 참여하도록 학생들을 초대했다. (최소한 한 명의 학생은 "그곳을 둘러보는 것이 성적에 나쁘지 않겠다"고 생각해서 참석했다.) 때때로 모리스는 학생들에게 예수 그리스도를 자신의 개인적인 구세주로 영접했는지 질문하곤 했다. 그러한 행동은 몇몇 사람들에게 그가 좀 특별하다는 인상을 주었지만, 논쟁을 불러일으키지는 않았다. 그에 대한 반감을 완화시켜준 요소는 수학의 "달인"이라는 모리스의 명성이었다. 학생들에게 전해오는 이야기에 따르면, 명석한 헨리 모리스는 신의 존재를 증명하는 수학 방정식까지 만들어냈다고 한다.[24]

모리스의 생각은 점점 더 창조와 홍수에 대한 성경 이야기들 쪽으로 향했다. 라이스에 있는 사무실에 앉아서 그는 가끔 창문을 통해 날아 들어오는 나비와 말벌을 연구했다. 구조적 설계에 친숙했던 그는 그렇게 복잡한 생명체가 우연히 발전했을 수는 없다고 여겼고, 따라서 성경과 마찬가지로 자연도 특별 창조를 옹호한다고 결론을 내렸다. 진화론자들의 주장을 반박하는 데 도움이 될 만한 것을 찾아보았을 때, 그는 림머와 프라이스의 책 외에는 그 어떤 가치 있는 창조론 저작들을 찾을 수가 없었다. 그는 특별히 림머의 『진화론과 과학의 사실들』(*The Theory of Evolution and Facts of Science*)을 좋아했는데, 무엇보다도 그 책은 그에게 "진화론이 거짓임을 최종적으로" 확신시켜주었다. 1943년에 모리스는 림머를 휴스턴으로 초대하는 일을 도왔고, 그와 만나 제일침례교회에서 "잊을 수 없는 한 주"

24 Morris, *History of Modern Creationism*, pp. 94-97; Henry M. Morris의 1984년 5월 5일자 인터뷰; James R. Sims의 1985년 2월 8일자 인터뷰(옛 동료); Allen J. Chapman의 1985년 2월 8일자 인터뷰(옛 학생).

를 보냈다. 그 만남을 통해 모리스는 언젠가 자신이 "대학 세계 안에서도 [림머 자신의 것과] 같은 증언을" 할 수 있으리라는 희망을 갖게 되었다. 모리스는 림머의 책들 중 한 권의 각주에서 프라이스의 『새로운 지질학』을 발견했고—"그것은 내게 인생을 바꾸는 경험이었다"—곧바로 그는 홍수 지질학회에 가입했다.[25]

그 무렵 모리스는 증인의 사명을 향한 열정에 푹 빠진 채 대학생들을 위한 변증서인 『당신이 믿을 수 있도록』(*That You Might Believe*, 1946)이라는 책을 저술하고 있었다. 그것은 모리스가 아는 한에서는 "스콥스 재판 이후에 출판된 책들 중 세속적인 대학 출신의 한 과학자가 최근의 특별 창조와 전지구적인 홍수를 변호한" 최초의 책이었다. 림머와 경쟁하면서 그는 가인의 아내의 유래, 요나를 삼켰던 "큰 물고기", 여호수아의 긴 하루 등 가시달린 밤송이 같은 문제들에 대해 논했다. 그는 만일 성경이 "하나님이 주신 것"이라면, "그것이 어떤 과학적 오류를 담고 있다는 것은 생각할 수도 없다. 성경은 그것이 과학의 어떤 측면과 접촉하는 모든 곳에서 항상 과학적으로 정확하거나, 아니면 다른 윤리학 책들과 조금도 다를 바 없이 순수하게 인간들에 의한 생산물이거나, 둘 중 하나일 뿐이다"라고 주장했다. 지구의 역사를 다루면서, 그는 다시 한 번 림머를 따라 넷째 날 창조 이전에 태양 빛이 없었던 것은 "셋째 날 창조된 식물들에게 틀림없이 치명적이었겠지만", 그것이 날-시대 이론을 결정적으로 배제하지는 않는다고 주장했다. 그 이상에 대해 그는 확신을 갖지 못했다. 그는 "상당한 성경적 증거들"이 파멸-회복 가설을 지지한다는 것을 인정했다. 그럼에도 그는 "모

---

25 Morris, *History of Modern Creationism*, pp. 80, 90-1, 121; Henry M. Morris의 1981년 1월 6일자 인터뷰.

든 또는 거의 대부분의 화석 형태들이 수백만 년에 걸쳐 분산되어 산 것이 아니라 동시에 살았다는 사실이 불가능하다고 교리적으로 단언할 수 있는… 그 어떤 객관적 증거도" 찾지 못했다. 대홍수를 서술하면서 그는 프라이스를 따르곤 했다. 그는 프라이스가 역사적 지질학에 대한 세계적인 권위자라고 호기 있게 서술했다. 모리스는 그의 책을 그리스도의 문자적 재림을 믿는 자신의 전천년왕국설에 대한 증언과 함께 마쳤다.[26]

28살의 모리스는 그의 첫 번째 책을 유명한 존더반 출판사에 맡기고 싶어했으나 그 출판사는 그 책의 출판을 거절했다. 결국 햇병아리 옷을 입은 신생 출판사인 굿북스(Good Books)라는 곳에서 그의 원고를 받기로 했으나, 모리스가 기드온 협회의 잘 아는 친구들로부터 보조금을 받아온다는 조건을 달았다. 그 책이 인쇄되는 동안 모리스는 프라이스의 제자인 클리포드 버딕(Clifford L. Burdick)의 방사능 연대측정에 대한 비판을 읽었다. 그리고 그는 "더 이상 간격 이론이나 지구의 엄청난 나이를 허용하는 다른 수단들에 대해 손을 댈 필요가 없다"고 확신했다. 그 뒤로 그는 젊은 지구 창조론으로부터 결코 벗어난 적이 없었다. 또 그는 화석이 된 에덴 이전의 동물들을 어떻게 아담의 죄의 결과로 죽음이 세상 안으로 들어왔다는 성경적 진술과 조화시킬 수 있을 것인지에 대해 더 이상 걱정하지 않았다.[27]

---

26 Morris, *History of Modern Creationism*, p. 93; Henry M. Morris, *That You Might Believe* (Chicago: Good Books, 1946), pp. 6, 15-17, 27, 51, 60-1, 80, 141. "최초의 책"이라는 언급은 개정판 서문인 *That You Might Believe*, 1946 (San Diego: Creation-Life Publishers, 1978), p. 10에 나온다.

27 Morris, *History of Modern Creationis*, pp. 82-3, 97-8; Clifford L. Burdick, "The Radiocative Time Theory and Recent Trends in Methods of Reckoning Geologic Time," *Forum for the Correlation of Science and the Bible* 1 (1946-47): 39-58.

무디 출판사가 그의 책을 확대해 개정판을 냈을 때, 그것은 무려 1만 부 이상이나 팔렸다. 『성경과 현대 과학』(*The Bible and Modern Science*, 1951)이라는 제목의 개정판에서 그는 "성경의 기록을 문자적으로 읽는다면, 창조는 대략 기원전 4천 년 경으로 소급될 것이다"라는 단순한 확언을 지지하면서 이전에 썼던 간격 이론에 대한 논의 부분을 삭제했다. 또한 그는 열역학 제2법칙에 관한 몇 쪽을 첨가했는데, 그는 그것의 중요성을 클락(R. E. D. Clark)의 저서를 읽고 알게 되었다. 그는 이렇게 썼다. "에너지의 퇴화에 대한 이 법칙은 틀림없이 우리를 창조자의 존재와 확정된 창조라는 필연적 진리에 대한 긍정으로 인도한다." 하지만 그는 그 제2법칙이 효력을 갖게 되는 시점에 대해서는 아무것도 말하지 않았다. 훗날 개정되고 새롭게 인쇄된 첫 책을 요약한 축약본에서, 모리스는 프라이스를 칭찬하고 그의 영향력을 인정했던 원래 구절들을 삭제했다. 아이러니하게도 모리스가 자신을 홍수지질학자라고 생각하면 할수록, 그만큼 더 그는 평판이 좋지 않은 홍수지질학의 아버지[프라이스—역자 주]와 공적으로 관계 맺기를 꺼렸다.[28]

---

28 Morris, *History of Modern Creationism*, p. 128; H. M. Morris to F. A. Everest, August 27, 1950 (만 부), ASA Papers, Special Collections, Buswell Memorial Library, Wheaton College; Henry M. Morris, *The Bible and Modern Science* (Chicago: Moody Press, 1951), pp. 23-6, 70, 101-2, 108; Henry M. Morris, *The Bible and Modern Science*, rev. ed. (Chicago: Moody Press, 1956), p. 59. Morris의 첫 책은 최소한 세 가지의 제목으로 여러 판을 거듭해서 발행되었다. 여기서 마지막에 인용된 책은 요약된 Colportage Library 1951년 판의 개정판이고, 이것을 Moody Press가 1986년에 *Science and the Bible*이라는 제목으로 재인쇄했다. 1978년에 샌디에이고의 Creation-Life 출판사는 *The Bible and Modern Science*의 요약하지 않은 원본을 *That You Might Believe*라는 제목을 붙여서 다시 출판했다. 1980년에 *The Bible and Modern Science*는 20만부가 팔렸다; Henry M. Morris의 October 26, 1980의 인터뷰. *That You Might Believe* 원판의 p. 48에서 Morris는 열역학 제2법칙을 넌지시 암시한다.

라이스 대학에서 가르치는 동안 모리스는 예기치 않게 아카데믹한 생활과 사랑에 빠지게 되었다. 1946년에 그는 미네소타 대학(원)에서 유체공학(hydraulic engineering, 流體工學)을 공부하기 위해 아내와 두 어린아이를 데리고 북쪽으로 향했다. 당시 미니애폴리스에 있는 세인트앤토니폴스 유체연구소(St. Antony Falls Hydraulic Laboratory)는 그 분야에서 전국 최고 수준이었다. 모리스는 공학에 대한 자신의 직업적 관심을 지구의 역사 속에서 물의 효과에 대한 여가 활동 차원의 호기심과 결합시키기를 희망했다. 전공인 유체공학을 더 잘해볼 요량으로 그는 지질학과 수학을 부전공으로 선택했다.[29]

미니애폴리스에 도착한 후 얼마 안 되어 모리스는 유명한 창조론자 아서 브라운(Arthur I. Brown)이 행하는 일련의 설교들을 듣게 되었다. 브라운은 성경적 종말에 관한 모리스의 환상을 공유하고 있었다. 임박한 세계의 종말이라는 관점에서, 모리스는 브라운이 의사 개업을 포기했던 것처럼 자신도 공학을 떠나 풀타임 목회 사역을 해야 하는 것은 아닌지 고민했다. 모리스는 그 문제를 놓고 아버지와 같은 그 의사 선생님과 상의했고, 그는 모리스에게 대학원 공부를 계속하라고 조언했다. 브라운은 모리스에게, 그가 박사학위를 받는다면 그의 기독교적 증언의 중요성이 더 높아질 것이고, 그것이 "성경을 믿는 헌신적인 과학자들"이 필요한 가장 큰 이유 중 하나라고 지적했다. 모리스는 그 충고를 귀담아듣고 학교에 남았지만, 한 주간의 상당한 시간을 교회와 관련된 활동에 썼다.[30]

반진화론 전쟁의 또 다른 베테랑인 윌리엄 라일리(William Bell Riley)

---

29 Morris, *History of Modern Creationism*, pp. 136, 148.

30 Ibid., pp. 101-3, 148.

는 모리스에게 학교의 행정 일을 해보라고 권유했다. 1947년에 미니애폴리스 제일침례교회의 80대 목사였던 그는, 자신의 죽음이 가까이 왔음을 감지하고는 자신의 뒤를 이어 노스웨스턴 성경학교 학장직 및 자신과 관계된 기관들의 책임자로 적합한 젊은 사람을 찾는 중이었다. 『당신이 믿을 수 있도록』을 읽고 감동을 받았던 그는, 그 책의 저자가 같은 마을에 산다는 것을 알고는 모리스에게 자신을 한번 방문해달라고 초대했다. 모리스에게는 알리지 않은 상태에서 라일리는 그가 학장직에 적절한지를 세심히 조사하는 중이었다. 모리스가 대학에 남아 박사학위를 취득하겠다는 의사를 분명히 했을 때, 라일리는 그의 망토를 29살 먹은 빌리 그래함(Billy Graham)에게 입혀 주었다.[31]

미네소타에서 살 때 모리스는 ASA에 가입하기로 결정했다. 그때는 컬프가 홍수지질학에 대해 최후의 일격을 확실하게 가했던 1949년이었다. 벌써 여러 달 동안 모리스는 **앨턴 에버리스트**(F. Alton Everest)와 서신을 교환하던 중이었고, 또한 ASA에 『현대 과학과 기독교 신앙』에서 드러나는 것과 같은 홍수지질학에 대한 입장을 재고해달라고 청원하던 중이었다. 모리스는 컬프의 논문을 읽은 후 즉시 광범위한 반박의 글을 써서 에버리스트에게 보냈다. 모리스는 홍수지질학이 제7일안식일예수재림교회의 교리에 기원을 두고 있다며 그 이론을 일축하는 컬프의 주장이 그 자신의 편견일 뿐이라고 썼다. "대홍수 이론의 근거는 제7일안식일예수재림교회의 신학이 최근의 창조를 가르친다는 사실이 아닙니다. 오히려 그 근거는 성경이 표면적으로…적어도 6일에 걸친 최근 창조 및 그 이후에 황폐하고 파괴적인 범세계적 홍수를 상정하는 것처럼 보인다는 사실입니다."

---

31 Ibid., p. 58.

에버리스트는 모리스의 반박을 ASA의 저널에 게재하도록 추천할 의향이 있었으나 그 전에 먼저 컬프가 그것을 읽어보기를 원했다. 그 후 에버리스트는 곧바로 미니애폴리스로 날아갔다. 그리고 당시 세인트 폴 근처에서 가르치고 있던 램과 함께 모리스를 방문해 동일과정설의 지질학에 대한 비현실적인 투쟁을 계속하는 것을 그만두라고 설득하려 했다. 그러나 그 만남은 오히려 모리스에게 유리하게 진행되었고, 모리스는 에버리스트에게 『당신이 믿을 수 있도록』의 개정판을 위해 자신이 준비해온 홍수에 대한 새로운 자료들을 읽어보라고 권했다. 그 원고를 읽은 후 에버리스트는 모리스가 그 주제에 합리적으로 접근하고 있는 것을 칭찬했고, "만일 그 사실들이 옳다면", 자신이 그 내용을 요약한 것을 ASA의 저널에 싣고 싶다고 말했다. 하지만 컬프에 대한 반박문도, 홍수에 대한 논문도 발표되지 않았다.[32]

1950년에 모리스는 미네소타 대학에서 박사학위를 받았다. 그의 창조론적 관점이 널리 알려졌음에도 불구하고, 그는 좋은 점수를 받았고, 그 어떤 공공연한 편견과도 마주치지 않았다. 졸업 후 그는 아프가니스탄으로 떠날 준비를 했다. 그곳에서 그는 새로 시작한 기술학교의 토목공학 커리큘럼을 짜 줄 예정이었다. 그 계획이 실행 직전에 좌절되자, 그는 케이준 지역의 중심에 있는 사우스웨스턴 루이지애나 연구소(현재 사우스웨스턴

---

32 Ibid., pp. 136-7; H. M. Morris to F. A. Everest, October 18, 1948 (재고), F. A. Everest to H. M. Morris, March 1, 1950 (반증 관련), H. M. Morris to F. A. Everest, August 27, 1950 (방문), 그리고 F. A. Everest to H. M. Morris, October 8, 1950 (합리적), 이상 ASA Papers. Morris의 연대 미상의 반증 원고 사본이 Whitcomb Papers에 있다. *History of Modern Creationism*, p. 136에서 Morris는 자신이 ASA에 1948년에 가입했다고 말한다; 그러나 ASA의 기록에 따르면 그가 1949년 3월에 Russell Mixter의 추천을 받아 회원가입 신청을 했고, 그다음 달에 승인되었다.

루이지애나 대학)의 토목공학과 과장으로 오라는 초청을 수용했다. 그가 처음으로 ASA 모임에 참석해서 휘트컴과 만난 것은, 그가 루이지애나에서 살던 때였다. 그때 모리스의 원고는—그보다 앞서 ASA의 저널에 기고했을 때처럼—그 단체의 기준을 충족시키는 데 실패했다. 그가 다음 해에 램의 책을 읽었을 때, 그는 화가 나서 책 가장자리에 자신의 개인적인 생각을 적어 넣었다. "극단적 정통주의는 과학과의 불일치를 미덕으로 만들었다"라는 램의 주장 옆에 모리스는 이렇게 써넣었다. "어느 누구도 '과학' 또는 '과학자들'을 경멸하지 않는다—오직 반기독교적이고 진화론적인 과학 철학을 경멸할 뿐인데, 그런 것의 치우침은 과학적 '사실들'에 대한 잘못된 해석을 야기한다." 또한 모리스는 그 철학자(램—역자 주)가 "현대의 과학적 사고"가 목적인(目的因)을 무시한다며 비난하는 것을 읽고는, 그가 "과학을 미끼로 던지는 근본주의자"와 같은 소리를 한다며 비난했다. 모리스는 즉시 프라이스에게 편지를 보내, 램의 책이 최소한 "창세기를 진지하게 수용하는 몇몇 유능한 사람들을 자극해 홍수지질학 및 그와 관련된 주제들에 대한 집중적이고 꼭 필요한 연구를 시작하도록 자극하게 될 것"이라는 예언자적 희망을 표현했다.[33]

1957년 말에 모리스가 휘트컴과 함께 작업하기로 서명했을 때, 그는 버지니아의 블랙스버그로 막 이사한 상태였다. 그는 버지니아 폴리테크

33 Morris, *History of Modern Creationism*, pp. 140-1, 148-52; H. M. Morris to G. M. Price, December 30, 1953 (편견 없음), 그리고 November 4, 1955 (Ramm), 이상 George McCready Price Papers, *Adventist Heritage Center*, Andrews University. Price Papers는 Morris의 1953년 ASA 논문인 "The Biblical Evidence for a Recent Creation and Universal Flood"를 포함하고 있다. Morris의 주변적인 진술이 *The Christian View of Science and Scripture*, pp. 29 그리고 276에 나온다; 나는 자신의 서재를 사용할 수 있도록 해준 Henry M. Morris에게 감사한다.

닉 주립대학(VPI)에서 그 지역의 가장 큰 토목공학 프로그램 중 하나를 지휘했다. 가르치는 일과 행정 업무가 과중했음에도, 그는 『창세기의 홍수』 중 자기가 쓰기로 한 원고들을 꾸준히 진척시켰다. 그것은 애초에 예상했던 100쪽에서 거의 350쪽으로 늘어나 점차 공헌도가 줄어들고 있는 휘트컴의 원고의 두 배에 육박했다. 애초에 모리스의 이름은 타이틀 페이지에서 두 번째로 놓일 예정이었으나, 오히려 그가 많은 점에서 중심 저자 역할을 담당하게 되었다. 그들의 공동작업의 시작부터 모리스는 저술 파트너를 "존"(John)이라고 호칭했고, 반면에 휘트컴은 그 책이 인쇄소 윤전기에 놓이기 몇 주 전까지도 "모리스 형제"(Brother Morris) 그리고 "모리스 박사"(Dr. Morris)라는 경어 쓰기를 고집했다. 휘트컴은 지난 몇 년간 과학적 전문지식이 부족한 까닭에 불확실성 안에서 뒹구는 시간을 보낸 끝에 자신을 도와 홍수 이론을 방어해줄 유체역학 전문가를 얻게 된 것이 무척 기뻤다. 그는 모리스가 쓴 장들의 초고를 읽은 후 모리스에게 다음과 같이 편지했다. "당신의 원고는 과학적 주제들에 대해 저술하기 이전에 과학적 배경지식을 갖는 일의 중요성을 나에게 확신시켜주었습니다! 만약 내가 나의 노력에만 의지해 동일과정설을 다뤘다면, 틀림없이 그것은 성경학자가 지질학자와 맞붙어 싸우려고 하는 어리석음을 드러냈을 것입니다."[34]

1959년 초에 모리스는 자신이 써야 할 장들의 초고를 이미 완성했고, 그것을 휘트컴에게 보내며 비평을 부탁했다. 자신이 프라이스와 벨리코프스키를 너무 많이 인용한 것 때문에 모리스에게 질책을 받은 것이 여전히 쓰라렸던 휘트컴은 모리스도 같은 일을 하고 있음을 지적했다. "벨리코

---

34 Morris, *History of Modern Creationism*, pp. 149-50; J. C. Whitcomb to H. M. Morris, August 12, 1958, Whitcomb Papers.

프스키를 인용하는 것은 끝까지 조심스럽게 생각해 봐야 할 것 같습니다. 왜냐하면 그의 이름은—어떤 사람들의 눈에는—프라이스의 이름과 마찬가지로 즉시 빨간 깃발을 흔드는 것으로 보일 것이기 때문입니다." 대단히 예민해진 휘트컴은 그렇게 충고했다. 그는 자신의 원고가 아직도 프라이스와 제7일안식일예수재림교회의 전통을 너무 많이 암시하고 있다는 점을 염려했다.

> 나는 점점 더 "20세기의 홍수지질학"(Flood Geology in the Twentieth Century)에 대한 나의 챕터가, 최소한 현재의 형태에서는, 우리의 책에 도움이 되기보다 오히려 방해가 되리라는 쪽으로 생각하게 됩니다. 내가 뜻하는 바는 다음과 같습니다. 많은 사람들은 "프라이스와 제7일안식일예수재림교회의 교리"(Price and Seventh-Day Adventism, 그 챕터의 한 부분의 제목이다)가 논제를 지지하는 일에서 너무 두드러진 역할을 한다는 사실 때문에 우리의 입장을 어느 정도 불신하게 될 것입니다. 나의 계획은 이 책에 홍수지질학을 옹호하는 20세기의 저작들에 대한 꽤 완전한 **주석이 달린 참고 문헌**을 싣는 것입니다. 물론 다양한 저자들의 교단적 소속에 대해서는 말할 필요가 없습니다. 사실, 교단이라는 것이 무슨 **실제적**인 차이를 만들겠습니까?

휘트컴의 우려를 충분히 이해했던 모리스는 거기서 더 나아가 아예 프라이스의 꼬리표를 뗄 것을 제안했다. 그는 이렇게 썼다. "'홍수지질학'(Flood Geology)이라는 용어 자체가 많은 사람에게 불쾌한 암시를 주는 것으로 보입니다. 그것 대신에 '창조론적 지질학'(creationist geology), '성경적 지질학'(Biblical geology), 또는 그와 비슷한 용어를 쓰는 것이 더 좋다고 생각됩니다—그것은 안식교라는 딱지를 떼기 위함이기도 하고, 우리가 지질학의 모든 데이터를 홍수를 통해 설명하려는 것이 아니라는 사실을 강조하기 위함이기도 합니다." 그러나 그 옛 용어는 완전히 버리기에는 유용한 점이 너무 많았다.[35]

외양에 대한 그들의 우려는, 휘트컴과 모리스로 하여금 그들의 원고에서 프라이스와 그가 소속된 안식교회에 대한 몇 가지 부차적인 언급들을 제외하고는 모두 제거하도록 만들었다. 모리스는 프라이스에게 자신이 쓴 챕터들을 보내 논평을 부탁하면서 자신이 홍수지질학에 대한 그의 선구적 공헌들에 대해 너무 적게 언급한 것을 의식적으로 사과했다. 그는 어색해 하면서 이렇게 설명했다. "그것은 제가 그 공헌에 대해 감사하지 않았기 때문이 아닙니다. 저는 여전히 당신의 책들을 걸작으로 여기고 있습니다. 그러나 저는 그 문제에 대해 어느 정도 새로운 출발을 함으로써 더 많은 이들이 그것에 귀를 기울이게 되기를 바랍니다." 그는 새로운 접근법이 마침내 그 주제에 대한 얼마간의 관심을 불러일으키게 되리라는 희망을 피력했다. 나이든 프라이스로서는 좀 뒤늦은 인정이기는 할지라도 그것에 대해 감사하면서 아무런 배신감도 드러내지 않았다. 실제로 프라이스는 그 책과 저자들을 과분할 정도로 칭찬하기까지 했다. 그러나 프라이스의 어떤 친구들은 그 책에서 약간 공격적인 기운을 발견했다. 1920년대 「프린스턴 신학대학 리뷰」(*Princeton Theological Review*)의 발행자로서 프라이스의 논문 세 편을 게재했던 구약학자 오스왈드 앨리스(Oswald T. Allis, 1880-1973)는, 그 두 명의 젊은 저자들이 자신들의 지적 유산을 제대로 인정하지 못했다고 꾸짖었다. 그 비판에 따라 휘트컴은 각주에서 프라이스

---

35 J. C. Whitcomb to H. M. Morris, January 24, 1959, 그리고 H. M. Morris to J. C. Whitcomb, January 28, 1959, 이상 Whitcomb Papers.

를 언급하는 것에 마지못해 동의했는데, 단 그 나이든 학자의 특수한 종교적 믿음에 대한 관심을 불러일으키지 않는다는 조건 아래에서였다.[36]

프라이스와 앨리스에 이어서, 휘트컴과 모리스는 자신들의 원고의 전부 또는 일부를 창조론에 관심이 있는 30여 명의 동료들에게 돌렸다. 과학자 독자들 중의 다수는 홍수지질학회(DGS)의 졸업생들이었다. 알렌(Benjamin F. Allen), 쿠페루스(Molleurus Couperus), 버딕(Burdick), 클락(Clark), 팅클(Tinkle), 램머츠(Lammerts), 그리고 휘트니(Whitney)가 그들이었다. 다른 사람들로는 루터교인인 클로츠(Klotz)와 루쉬(Rusch), 휘튼 대학의 지질학자 블락(Block), 칼빈 대학의 생물학자 몬스마(Edwin Y. Monsma), 캐나다의 공학자 커스탠스(Custance), 그리고 창조론 무대에 새로 등장한 신참자인 슬러셔(Harold S. Slusher, 1934-)와 프레어(Wayne M. Frair, 1926-)였는데, 슬러셔는 텍사스웨스턴 대학의 물리학자였고, 프레어는 킹스 대학의 생물학자였다. 그들의 결론을 거부했던 블락과 대학원 학위가 없었던 버딕을 제외한다면, 휘트컴과 모리스는 그들의 저작을 검토해줄 "참된 지질학자"를 발견하는 데 어려움을 겪었다. 휘트컴은 20세기의 홍수지질학에 대해 많은 것을 말하기를 주저했다. "우리의 운동의 약점을 과도하게 노출시키는 것"을 두려워했기 때문이었다. 현대 지질학자들이 역사적 지질학에 대한 자신의 책을 지지해주지 않는 것에 당황한 휘

36 H. M. Morris to G. M. Price, May 8, 1959, H. M. Morris to G. M. Price, July 5, 1959, 그리고 *The Genesis Flood*를 광고하는 연대 미상의 소책자에 인용된 G. M. Price의 진술, 이상 Price Papers. Whitcomb은 Morris에게 보낸 편지(December 11, 1959, Whitcomb Papers)에서 Allis의 반응을 언급한다. 각주는 다음에 나온다. John Whitcomb Jr., p. 184, 그리고 Henry M. Morris, *The Genesis Flood: The Biblical Record and Its Scientific Implications* (Philadelphia: Presbyterian and Reformed Publishing Co., 1961). Price에 대한 다른 각주들을 pp. 185, 189, 211에서 보라.

트컴은 언젠가—아마도 농담으로 한 말이겠지만—"이제 우리는 지질학에서 '박사학위를 받은 것이나 다름없는' 한 사람(버딕)을 얻게 되었다!"고 강조함으로써, 자기가 자신이 쓴 챕터들을 "아주 높은 곳으로" 옮겨놓았다고 주장했다.[37]

그 무렵 휘트컴과 모리스는 출판을 시작할 준비가 다 되어 있었지만, 무디 출판사는 그 책에 대해 재고를 시작한 중이었다. 그 책의 분량, 문자적인 창조의 날들에 대한 주장, 그리고 그것의 수용 가능성 등이 재고의 대상이 되었다. 무디가 출판을 연기하면 할수록, 두 저자는 그 만큼 더 초조해졌다. 1960년대 초에 두 사람은 배에서 뛰어내릴 준비를 했다. 마침 그들의 원고를 읽었던 이들 중 하나인 러쉬두니(Rousas J. Rushdoony, 1916-2001)가 필라델피아에 있는 장로교 개혁주의 출판사(Presbyterian and Reformed Publishing Company)를 추천했다. 그 작은 출판사는 찰스 크레이그(Charles Craig, 1912-1983)가 운영하고 있었다. 나중에 기독교 재건주의 운동(Christian Reconstructionist Movement, 남색이나 안식일 위반 같은 구약성경적인 잘못에 대해 사형 판결을 내리는 것을 선호하는 것으로 인해 널리 알려진 운동)의 지도자로 악명을 떨칠 러쉬두니는 크레이그와 함께 그 책을 출판했고, 그를 크게 칭찬했다. 크레이그 자신은 오랫동안 프라이스의 숭배자였다. 비록 프린스턴에서 지질학을 전공했지만, 그는 항상 동일과정설보다는 격

---

37 J. C. Whitcomb to H. M. Morris, January 28, 1959 (참된 지질학자), 그리고 J. C. Whitcomb to H. M. Morris, August 12, 1958 (Burdick), 이상 Whitcomb Papers. 출판된 *The Genesis Flood*의 원본은 Morris의 친구이자 University of Southwestern Louisiana의 지질학자인 John C. McCampbell의 서문을 싣고 있다. 이 원고를 읽었던 사람들은 J. C. Whitcomb to H. M. Morris, March 23, 1959, 그리고 "List of Those Who Have Read Manuscript of the GENESIS FLOOD," August 25, 1959에 있다; 이상 Whitcomb Papers. *The Genesis Flood*의 감사의 글에서 Allen, Block, Couperus, 그리고 Whitney는 언급되지 않는다.

변설을 선호했으며, 언젠가 "진화와 그것을 지지하는 지질학적 증거 두 가지 모두의 오류를 보여줄" 원고를 손에 넣게 될 날을 기다려왔었다. 그리고 『창세기의 홍수』(*The Genesis Flood*)가 그의 꿈을 실현시켜주었다.[38]

『창세기의 홍수』

1961년 2월에 출판된 『창세기의 홍수』는 "성경의 축자적 무오성"에 대한 믿음을 확언하면서 시작된다. 휘트컴과 모리스가 2쇄 서문에서 설명하듯이, "이 책의 기본적인 논의는 성경이 진리라는 전제에 기초해 있다." 두 저자는 성경의 기록, 즉 "애초의 원본 안에 축자적으로 영감된" 성경 기록의 권위, 무오성, 그리고 무류성(과학적으로도 오류가 없다고 믿는 것—역자 주)에 대한 불굴의 헌신을 공유했다. 그러나 그 두 사람은 인식론과 관련해서는 얼마간 차이를 보였다. 모리스는 하나님이 자신에게 두 권의 책, 곧 자연과 성경을 계시해주셨다고 믿었다. 비록 성경에 우위가 주어지지만, 자연도 독자적으로 연구될 수 있다고 했다. 하나님이 두 책 모두의 저자이시기 때문에, 모리스는 하나님의 말씀이 그분이 지으신 세계와 모순된다는 것은 상상할 수 없다고 했다. 휘트컴은 이러한 확신에 상당한 정도까지는 동의했지만, 강한 전제주의자(presuppositionalist)였던 그는 이성과 경험은 신학적 진리를 발견하는 데 충분한 수단이 될 수 없다고 주장했다. 그는 하나님의 존재적 특성과 목적은 오직 성경을 통해서만 발견될 수 있고, 성경의 신뢰성은 외적인 증거에 기초한다기보다는 그

---

38 Morris, *History of Modern Creationism*, pp. 154-6; C. H. Craig to G. M. Price, February 28, 1960, Price Papers.

자체의 주장에 기초하여 수용될 수 있다고 생각했다.[39]

각자의 전공을 감안한다면, 휘트컴이 성경이 홍수에 관해 무엇을 가르치는지를 판단하는 일을 맡고, 모리스에게 과학적 자료들을 성경의 틀에 맞추려고 시도하는 임무를 맡긴 것은 놀라운 일이 아니다. 휘트컴은 자기가 맡은 부분을, 보편적 홍수를 지시한다고 생각되는 성경 구절들을 총집결시키면서 시작했다. 그것은 "하늘 아래 있는 모든 높은 산들"을 덮었던 홍수의 높이로부터 "만일 홍수가 근동의 어느 지역에 한정되었다면 우스꽝스러웠을" 방주의 필요를 가리키는 구절들이었다. 특별히 그는 국지적 홍수의 열렬한 지지자인 커스탠스를 특정해 비판했다. 휘트컴은 그 캐나다 출신의 창조론자가 방주의 크기를 과소평가했다고 공격했다. 그는 단지 길들여진 가축들만 방주에 탔다고 잘못 가정했다는 것이다. 무엇보다도 휘트컴은 하나님이 홍수가 전지구적인 것이 될 것이라고 속여서 노아가 방주 만드는 작업을 시작하도록 동기를 부여했다는 커스탠스의 주장을 공격했다. 그는 모리스에게 떠벌리며 자랑했다. "나는 아서 커스탠스에게 심한 타격을 가했습니다." 그는 자신이 그렇게 한 것은 부분적으로는 자신의 공격을 램(Bernard Ramm)을 넘어서는 곳까지 확장하기 위한 것이었다고 설명했다.[40]

---

39 Whitcomb and Morris, *The Genesis Flood*, pp. xx, xxiii, 1; H. M. Morris to J. C. Whitcomb, October 25, 1961, Whitcomb Papers; Henry M. Morris의 May 10, 1984의 인터뷰. 다른 지시가 없으면, *The Genesis Flood*에 대한 모든 언급은 1963년의 제4쇄에 기초한다.

40 Whitcomb and Morris, *The Genesis Flood*, pp. xx, 1-35; J. C. Whitcomb to H. M. Morris, March 23, 1959, Whitcomb Papers. Custance에 대한 Morris의 의견에 대해 다음을 보라. H. M. Morris to J. C. Whitcomb, January 28, 1959, Whitcomb Papers. 또 다음도 보라. Arthur C. Custance, *The Flood: Local or Global?* (Grand Rapids, MI: Zondervan, 1979), pp. 13-63, 이것의 원본은 1958년 The Doorway Papers no. 41로 발행되었다.

홍수의 지리적 범위를 만족스러운 정도까지 예시한 후, 휘트컴은 그의 주의를 홍수의 인류학적 범위 쪽으로 돌렸다. 여기서 그가 우선적으로 조준한 목표물은 램이었다. 휘트컴이 보기에, 램은 복음주의자들이 대홍수가 북미와 그곳의 거주자들에게는 아무런 영향을 미치지 않았다고 가정하도록 잘못 인도하고 있었다. 휘트컴은 때때로 모리스의 도움을 받으면서 노아의 방주(각각 65대의 가축 운반차를 실을 수 있는 화물기차 8량을 연결한 것과 같은 크기), 보편적 홍수를 일으킬 수 있는 물의 원천(지구를 감싸고 있는, 태고로부터 존재했던 물의 덮개와 "거대한 깊이의 샘들"), 그 재난 이후의 동물들의 분포(특별 창조에 의해서가 아니라 아라랏산으로부터 멀어졌기에 발생한 생물학적 확산) 같은 문제들에 대해 언급했다. 휘트컴은 홍수지질학자들과 진화론자들이 똑같이 고대의 대륙을 건너는 이주의 가능성에 동의했다고 빈정대며 언급했다. 그들의 차이점은 단지 거기에 걸린 시간의 길이와, 발생되었다고 인정하는 진화의 양뿐이라는 것이었다. 신적인 설명이라는 말을 들먹이기를 주저하지 않으면서, 휘트컴은 하나님이 대홍수의 생존자들을 그들의 새로운 고향으로 섭리적으로 인도하셨다고 전제했다. 그는 방주를 발견했다는 끈질긴 소문들을 조심스럽게 무시했다. 그는 이렇게 썼다. "우리는 노아 홍수 이후 수천 년의 역사를 통해 방주가 보존되었다는 어떤 희망을 갖는 것을 두려워한다. 설령 그것이 매장이나 결빙을 통해 보존되었다고 해도, 하나님이 방주 조각을 찾으려는 사람들을 그것이 감추어진 바로 그 장소로 인도하실지 여부를 확인하는 것은 너무도 어려울 것이다."[41]

41 Whitcomb and Morris, *The Genesis Flood*, pp. 36-88, 인용은 pp. 87-8. 또 다음도 보라. Ramm, *The Christian View of Science and Scripture*, p. 336.

모리스는 자신이 맡은 부분을, 휘트컴의 결론이 성경을 믿는 기독교인들에게 제기한 "심각한 딜레마"를 강조하면서 시작했다. 만일 성경이 휘트컴이 주장하는 대로 분명하게 보편적 홍수를 가르친다면, 그때 믿는 자들 앞에는 오직 두 가지 선택만 놓여 있게 된다. 그것은 하나님의 영감을 받은 말씀을 거부하든지, 아니면 "수많은 훈련된 지질학자들"의 증언을 거부하든지다. 모리스는 그 결정에 뒤따를지도 모르는 "학자들의 분노와 조롱의 '대홍수'와 상관없이" 망설이지 않고 후자를 추천했다. 하버드의 사회학자 배링턴 무어(Barrington Moore Jr, 1913-)의 말을 인용하면서, 모리스는 양자택일적 이론들 사이의 선택이 과학적 데이터에 기초한 것과 마찬가지로 "도덕적 및 정서적" 요소들에도 의존한다고 주장했다. 모리스는 무어가 최근에 「월간 과학」(*Scientific Monthly*)에 게재한 글을 인용했다. "과학적 이론들의 수용이 그 이론을 지지하기 위해 제시된 논리적 증거에 전적으로 의존한다고 주장할 사람은, 아마도 오늘날에는, 과학자들 사이에서도 거의 없을 것이다. 철학적 분위기나 단체(과학자들은 그 안에서 살아간다)와 관련된 부차적인 요소들이 최소한 어느 정도의 역할을 항상 담당한다." 모리스는—아마도 독자들이 현대 과학의 널리 통용되는 가르침을 거부하면서 겪게 될지도 모르는 심리적인 불안을 다소 해소시키기 위해—독자들에게 성패를 좌우하는 것은 사실이 아니라 오직 해석뿐임을 상기시켰다. 그리고 독자들이 포기해야 하는 것을 대신하기 위해, 그는 성경과 자연 두 가지 모두 안에 있는 하나님의 계시에 충실한 "역사적 지질학의 새로운 도식"을 제공했다. 사실상 그의 도식의 구성요소들은 책장에서 닳아버린 프라이스의 홍수지질학을 거의 넘어서지 못했으나, 그는 그것을 1960년대의 복음주의자들이 잘 이해할 수 있도록 재포장했다. 『창세기의 홍수』의 첫 장에서 휘트컴은 램에게 응수했는데, 이제 모리스는 프라이스를 옹호하고

있다.[42]

비록 모리스는 몇 개를 제외하고는 프라이스에 대한 직접적 언급을 모두 삭제했지만, 그가 서술한 부분은 [프라이스의] 『새로운 지질학』(*The New Geology*)을 업데이트한 버전처럼 읽혔다. 화석을 품은 바위들 대부분을 퇴적시킨 전세계를 덮었던 홍수를 주장하면서, 모리스는 프라이스를 따라 동일과정설의 원칙을 버렸고, 빙하시대가 여러 번 있었다는 생각을 의문시했고, 소위 지질주상도도 거부했다. 그는 지질 기둥들의 명확한 순서가, 예를 들어 홍수의 첫 단계 동안 퇴적된 침전물에 파묻힌 해양 생물들의 빠른 죽음, 동일한 크기와 모양의 입자들을 분류하는 운동하는 물의 유체역학적 선별력, 초기의 파멸로부터 도망칠 수 있었던 척추동물들의 뛰어난 기동성 등에 기인한다고 주장했다. 충상단층의 기계적 구조를 부정하기 위해 모리스는—프라이스와 마찬가지로—글레이셔 국립공원 안에 있는 치프산의 예를 들었다. 그곳에는 "오랜" 선캄브리아기의 석회석이 "젊은" 백악기의 지층 표면에 명확하게 일치하면서 놓여 있다. 권위를 더하기 위해 모리스는 원예가인 램머츠(Lammerts)를 인용했다. 램머츠는 개인적으로 그 산을 조사한 후 그곳을 떠나면서 프라이스가 "자신이 생각했던 것보다 훨씬 더 옳을지도 모른다"라고 확신했다.[43]

루쉬(Rusch)의 표현대로, 그 책의 "진짜 폭탄선언"은 인간과 공룡이 한때 같이 살았다는 증거였다. 이것은 지구 역사의 통상적인 해석에서는 허용되지 않는 가능성이다. 홍수지질학회(DGS)에 속했던 지인들로부터 휘

---

42 Whitcomb and Morris, *The Genesis Flood*, pp. 116-20, 329-30. 또 다음도 보라. Barrington Moore, Jr. "Influence of Political Creeds on the Acceptance of Theories," *Scientific Monthly* 79 (1954): 146-8.

43 Whitcomb and Morris, *The Genesis Flood*, pp. 130-211, 270-81, 인용은 p. 189.

트컴은 1957년에 버딕이 텍사스의 글렌 로즈 근처에 있는 팰럭시 강을 탐험했었다는 것에 대해 들었다. 버딕은 그곳에서 공룡의 발자국과 나란히 찍힌 거대한 인간의 발자국을 발견했다고 주장했다. 버딕은 그 흔적에 관한 정보와 발자국 사진들을 가지고 휘트컴과 모리스를 열심히 지원했다. 그러나 그는 자신의 신원이 들통나지 않게 해달라고 요구했다. 당시 그는 애리조나 대학의 지질학과에서 박사 논문을 준비하는 중이었는데, 그가 홍수지질학자라는 사실이 대중들에게 알려질 경우 학위를 받는 일이 위태로워질 것을 두려워했던 것이다. 그래서 그는 휘트컴과 모리스에게 어느 한 시점에서는 자신을 가명 아래 감추어달라고 요구했지만, 마지막 순간에는 그들이 자신의 진짜 이름을 사용하도록 허용했다.[44]

버딕의 증언에 근거해 휘트컴과 모리스는 팰럭시 강에서 인간과 공룡의 발자국이 함께 놓인 채로 발견되었을 뿐만 아니라, 또한 "어떤 경우에는" 겹쳐져 있다고 주장했다. 또 그들은 미국 자연사 박물관의 과학자들이 "인간의 흔적 위에 겹쳐진 공룡의 흔적을 발굴하기까지 했다"는 취지로 버딕을 인용했다. 그러나 그 책이 나온 직후, 루쉬는 열정이 과도했던 버딕이 그 두 사람을 잘못 인도했을지도 모른다고 그들에게 경고했다. 휘트컴은 실망했으나 놀라지는 않았다. 그는 모리스에게 편지를 보내 이렇게 말했다. "당신이 알다시피, 나는 이미 오랫동안 글렌 로즈의 '인간' 발자국들에 대한 분명하고 결정적이고 **최종적인** 확증을 얻지 못한 것으로 인해 많

44 W. H. Rusch to J. C. Whitcomb, April 19. 1960 (폭탄선언), J. C. Whitcomb to C. L. Burdick, December 2, 1957 (문의), J. C. Whitcomb to H. M. Morris, December 16, 1957 (Burdick), C. L. Burdick to J. C. Whitcomb, March 22, 1958 (발자국), H. M. Morris to C. H. Crag, May 22, 1960 (필명), 이상 Whitcomb Papers. Morris는 1940년대 이래로 그 발자국에 대해 알고 있었다.

이 좌절해왔습니다." 그는 버딕의 호의에는 감사했지만, 그 애리조나의 지질학자가 "이름, 날짜, 장소 등의 정확성"에 좀 더 주의를 기울여주기를 바랐다. 『창세기의 홍수』가 나오고 나서 몇 달 후에도 버딕은 휘트컴과 모리스에게 논란이 된 화석 흔적들에 대한 정보를 계속해서 제공했다. 왜냐하면, 그가 모리스에게 졸린 듯한 어조로 썼듯이, "글렌 로즈의 발자국들에 관해 쓰는 것으로 인해 당신들은 어느 정도 위험을 자초하는 셈"이 되었기 때문이다. 실제로 그들은 그러했다. 그래서 그들은 제3판을 낼 때는 그 본문을 조용히 개정했다.[45]

모리스에 따르면 "창조, 타락, 그리고 홍수"라는 세 가지 사건이 세상의 초기 역사를 지배했다. 하나님은 문자적인 6일 동안 알려지거나 알려지지 않은 방법들을 사용해 우주 전체를 창조하셨고, 지구를 "완전히 성장한" 식물들, 동물들, 그리고 인간들로 충만하도록 만드셨다. 특정할 수 없는 기간 동안 아담과 하와는 완벽한 세상 안에서 죄와 고통으로 인한 손상 없이 살았다. 그러나 타락이 암묵적으로 열역학 제2법칙을 연상하게 하는 "부패와 악화"의 기간을 들여왔다. 그 시간 이전에는 어떤 죽음도 없었기에, 모리스는 "한때 생존했던 생물들의 화석을 품은 바위 지층들의 연대 모두를 아담의 타락 이후로 측정해야 한다고" 느꼈다. 모리스는 그렇게 형성된 것들 대부분이 홍수 탓이라고 생각했다. 그와 휘트컴은 그 홍수가 지금으로부터 5천 내지 7천 년 사이라고 추정했는데, 그것은 어셔(Ussher)의 연대 측정보다 적어도 700년을 앞서는 것이었다. 이 시나리오는 프라이스의 것과 놀랄 정도로 비슷하지만, 두 가지 점에서 그와 달랐다. 엘렌 화이

---

45 Whitcomb and Morris, *The Genesis Flood*, pp. 173-4, 1쇄 및 4쇄; J. C. Whitcomb to H. M. Morris, August 30, 1962 (Rusch와 최종 확증), 그리고 September 13, 1962 (정확성 및 Burdick 인용), 이상 Whitcomb Papers.

트(Ellen G. White)가 에덴의 창조보다 앞선 시기에 거주민(생물)이 있었던 세계를 서술했기에, 프라이스와 그의 동료 안식교인들은 6일의 창조를 태양계, 지구, 더 나아가 지구상의 생명체에 한정시켰다. 그런 까닭에 그들은 결코 젊은 지구를 고집하지 않았으며, 타락과 엔트로피를 연관시키는 일도 벌이지 않았다.[46]

창조와 홍수 사이의 기간에 지구상에 있었던 생물들의 역사를 스케치하면서, 모리스는 홍수 이전에 지구를 감쌌던 "거대한 수증기 덮개"를 반복적으로 암시했다. 하나님이 물을 궁창 아래의 물과 궁창 위의 물로 나누시던 창조의 둘째 날에 형성된 그 거대한 덮개는 "온실 효과"를 일으켜서 지구 전체에 비교적 온화하고 단일한 기후를 만들었으며, 홍수 이전의 인간들을 우주 방사능의 작용으로부터 보호했으며, 그 결과 그들의 수명은 크게 늘어났고, 노아 홍수 기간 동안 지구에 대재앙을 일으킬 수 있는 양의 물을 저장했다. 또한 모리스는 탄소-14 연대 측정에 의한 거대한 시대들을 교묘하게 해명하기 위해 그 덮개를 끌어 들였다. 그는 그 덮개가 우주 방사능으로부터 지구를 보호하기 위해 "대기의 높은 곳에서 방사성 탄소의 형성을 막았고" 또한 "일반 탄소에 대비되는 방사성 탄소의 양을 현재 상태보다 훨씬 적은 수치로 낮추었다"고 주장했다. 탄소-14 연대 측정법은 양자의 비율이 장시간에 걸쳐 일정하다고 전제하기 때문에 태고적 시간의 외양을 터무니없이 크게 계산했다는 것이다.[47]

---

46 Whitcomb and Morris, *The Genesis Flood*, pp. 233, 239, 327-8, 489. 또 다음도 보라. Mrs E. G. White, *Patriarchs and Prophets* (Okland, CA: Pacifc Press, 1890), pp. 41-2.

47 Whitcomb and Morris, *The Genesis Flood*, pp. 240, 255, 265, 375, 399. "덮개 이론"(canopy theory)의 기원은 불분명하다. 그러나 Bernard Ramm은 다음으로 소급되는 많은 단서들을 발견했다: Isaac Newton Vail의 *"The Waters above the Firmament": The Earth's Aqueous Ring; or, The Deluge and Its Cause* (West Chrster, PA: F. S. Hicksman,

『창세기의 홍수』를 절정으로 끌고 가면서 모리스는 홍수지질학이 창조와 진화 사이의 갈등에 판결을 내리는 데 중심적인 역할을 담당한다고 강조했다. 또한 그는 만일 화석을 품은 지층들이 노아 홍수의 짧은 기간 동안 퇴적되었다는 사실이 근거를 갖는다면, "진화를 옹호하는 사례의 마지막 피난처도 즉시 사라지게 되며, 바위들의 기록은 살아계신 창조자 하나님의 거룩하심과 의로우심과 권능에 대한…엄청나게 거대한 증언이 된다!"라고 열정적으로 주장했다. 확실히 그리스도인은 스스로 멸망의 길을 택하지 않고서는 이 사실을 무시할 수가 없다.[48]

개념적으로 새로운 것이 없었음에도—독자 중 한 명은 그것이 프라이스의 견해를 최근의 분위기에 맞게 개정한 것이라고 표현했다—『창세기의 홍수』는 발간 후 첫 십년 동안 수만 권이 팔렸으며, 복음주의자들 사이에서 격렬한 논쟁을 불러 일으켰다. 엄격한 창조론자들은 그 책이 성경이 말하는 대격변을 지성적으로 존중되도록 만들었다고 칭찬했고, 반면에 진보적 창조론자들과 유신론적 진화론자들은 그것이 기독교의 과학을 중세기 암흑시대로 되돌리고자 위협하는 지질학의 졸렬한 희화화일 뿐이라며 비난했다. 어느 냉소적인 사람은 그 책의 호소력이, 주로 그것이—이전의 창조론 책들과는 달리—이 책이 각주들과 다른 학문적 부속물들로 치장

1874). 다음을 보라. Ramm, *The Christian View of Science and Scripture*, p. 234. 탄소-14 연대측정법에 대한 창조론자들의 가장 초기의 반응 중 하나로 제7일안식일예수재림교도 물리학자인 Robert W. Woods는 창공 위의 물의 방패막 효과를 주장했다. 다음을 보라. Woods, "How Old Is the Earth?" *Signs of the Times* 80 (April 7, 1953): 8-9, 15. Price도 탄소-14 연대측정법의 유효성을 의문시했지만, 그의 삶의 마지막 때까지도 방패막 이론에 전혀 중요성을 부여하지 않았다. 다음을 보라. Price, "Dating the Fossils: Is the Radiocarbon Method Reliable?" *Signs of the Times* 79 (August 19, 1952): 3-4; 그리고 Price, *Time of the End* (Nashville: Southern Publishing Assn., 1967), pp. 114-15.

48 Whitcomb and Morris, *The Genesis Flood*, p. 451.

해 "과학적 기고문으로서 **적합한** 것처럼" 보이는 것에 있다고 말했다. 의심할 여지없이, 책의 판매가 많아진 것은 그 책을 아주 싫어하는 이들로부터 나온 격정적인 수사적 문구들 때문이었다. 처음에 휘트컴과 모리스는 자신들의 책의 출간 시점이 홍수지질학을 폭파시킨 지질학자 블락(Block)이 교회학교 교사들을 위해 준비한, 널리 읽히는 계간지의 간행 시점과 일치한다는 것을 알고 실망했다. 그러나 그러한 격발은 호기심을 갖게 된 기독교인들로 하여금 그 소동의 원인이 무엇인지 찾도록 만들었을 뿐이다.[49] 수십 개의 기독교 잡지들이 『창세기의 홍수』에 대한 서평을 게재했고, 서평의 대부분은 그 책이 홍수에 대한 성경적 설명을 방어했다고 칭찬했다. 그러나 휘트컴과 모리스의 논지의 극단적 의미, 즉 홍수지질학에 대한 수용은 곧 대중적으로 잘 알려진 간격 이론과 날-시대 이론에 대한 거부를 뜻한다는 의미를 제대로 인식하고 이루어진 서평은 거의 없었다. 예를 들어 한때 히글리(L. Allen Higley)의 학생이었던 웨슬리파 감리교도 물리학자인 휴 페인(S. Hugh Paine, 1911-)은 휘트컴과 모리스가 동일과정설을 거부한 것에 대해 칭찬했으나, 그 자신은 계속해서 화석을 품은 대부분의 암석들이 노아의 대홍수보다는 에덴동산 창조 이전의 홍수에 기인하는 것으로 설명하는 지구의 역사에 대한 간격 모델을 진척시켜 나갔다. 그와 비슷하게, 보수적인 구약학자로서 휘트컴과 모리스의 원고를 읽고 공감을 표

49 Roy M. Allen, 편집자에게 보낸 편지, *Journal of American Scientific Affiliation* 17 (June 1965): 62; Vernon Lee Bates, "Christian Fundamentalists and the Theory of Evolution in Public School Education: A Study of the Creation Science Movement" (박사논문 University of California, Davis, 1976), p. 52 (냉소적)에서 인용된 Walter Hearn; J. C. Whitcomb to H. M. Morris, January 14, 1961 (Block), 이상 Whitcomb Papers. 매출액에 대해서는 다음을 보라. Charles Albert Clough, "A Calm Appraisal of the Genesis Flood" (M.Th. thesis, Dallas Theological Seminary, 1968).

했던 레어드 해리스(R. Laird Harris, 1911-) 역시 그 책의 출판 직후에 자신은 여전히 날-시대 이론을 고수한다고 고백함으로써 두 사람을 놀라게 했다. 많은 독자들이 홍수 이론과 또 그것과 경쟁하는 오랜 지구 도식 사이의 양립 불가능성을 인지하지 못했다는 사실 때문에, 휘트컴은 홍수지질학이 창세기에 대한 전통적인 견해의 보충이 아니라 그것을 교체하는 것이라고 분명하게 부연 설명하는 진술을 추가적으로 고려하게 되었다. 그 책이 나온 지 몇 달 후에 그는 모리스에게 편지했다. "당신도 알다시피, 나는 이 상황에 대해 약간 당황하고 있습니다. 왜냐하면 내가 아는 모든 사람이—비록 홍수에 대한 우리의 입장에 즐거워하는 듯 보이면서도—실제로는 간격 이론 또는 날-시대 이론을 선택하고 있기 때문입니다!" 당황해서였든 아니든 간에, 휘트컴은 그 부연 설명에 대한 계획을 실행하지 않고 넘겨버렸다.[50]

ASA와 신복음주의 운동의 대변자 노릇을 하던 「크리스채너티투데이」(*Christianity Today*)와 관련된 리더들의 승인을 얻었더라면, 휘트컴과 모리스로서는 더할 나위가 없었을 것이다. 하지만 그들은 거부를 예상했었고, 따라서 그 소식을 들었을 때도 놀라지 않았다. 비록 「크리스채너티투데이」가 『창세기의 홍수』를 "1961년도 복음주의의 책들"에 선정하기는 했지만, 그것의 논평자인 휘튼의 지질학자 도널드 보드맨(Donald C. Boardman, 1913-1961)은 휘트컴과 모리스의 학문성에 대해 좋게 말해줄 것이 없었다.

---

50 S. Hugh Paine, Review of *The Genesis Flood*, by Whitcomb and Morris, *Wesleyan Methodist* 119 (June 7, 1961): 14; J. C. Whitcomb to H. M. Morris, June 19, 1961 (Harris와 부록), Whitcomb Papers. 논평자들의 목록이 Whitcomb Papers에서 발견될 수 있다. Paine 자신의 견해를 다음에서 보라. S. Hugh Paine, "In the Beginning, God Created," *Houston Milieu* 54 (March 1979): 2-7.

그들이 제기한 주제들을 토론하는 대신, 보드맨은 그들이 과도하게 2차 문헌을 사용한 것과 또한 습관적으로 논증을 맥락 밖으로 끌고 나가는 것에 초점을 맞추었다. 그의 논평은 두 저자를 비웃었다. 두 저자는 그 서평이 "마치 창세기가 무엇인지 들어본 적이 없는 사람에 의해 쓰인 것 같다"며 경멸했다. 그나마 약간 위로가 된 것은 「크리스채너티투데이」의 편집자인 칼 헨리(Carl F. H. Henry, 1913-2003)가 홍수지질학에 대한 모리스와 컬프의 찬반 에세이를 함께 게재하겠노라고 약속했던 것이었다. 하지만 컬프가 약속했던 원고를 끝내 쓰지 않았기에, 헨리는 모리스의 것만 따로 게재하는 것을 거절했다. 인쇄되지도 못한 채 애만 쓴 원고의 값으로 25달러를 받아 든 모리스는 몹시 화가 나 씩씩거리며 이렇게 말했다. "지질학자들이란 참 웃기는 인간들이군!"[51]

휘트컴과 모리스는 ASA에서는 훨씬 더 거친 대접을 받아야 했다. ASA의 「저널」(*Journal*)에 서평이 실리기까지 2년을 기다리는 동안 자신의 책이 4쇄까지 나오는 것을 지켜보면서 모리스는 "ASA가 공식적으로 그 책을 무시하고 있다"고 판단했다. 그러던 중에 신간 서평 담당편집자인 헌(Hearn)이 그에게, 컬프의 제자인 지구화학자 웨인 올트(Wayne U. Ault, 1923-)가 서평을 써주기로 약속했는데, 모든 관련자들이 알기로 그 서평은 부정적인 것이 되리라고 알려주었다. 헌은 모리스에게 편지를 보내 이렇게 말했다. "헨리, 내가 당신의 책을 좀 더 좋아했다면 좋을 텐데 아쉽습니

---

51 Donald C. Boardman, Review of *The Genesis Flood*, by Whitcomb and Morris, *Christianity Today*, September 11, 1961, pp. 39-40; J. C. Whitcomb and H. M. Morris, 편집자에게 보낸 편지, ibid., November 10, 1961, pp. 23-4; H. M. Morris to G. M. Price, January 9, 1963 (웃기는 인간들), Price Papers; H. M. Morris to J. C. Whitcomb, August 6, 1964 (25달러), Whitcomb Papers.

다. 그러나 확실한 것은 내가 **당신을** 좋아한다는 것입니다!" 옛날 텍사스 시절의 친구에 대한 의리 때문에, 그리고 그 책이 그에 걸맞는 주목을 받도록 만들기 위해, 헌은 올트의 판단과 경쟁할 만한 그 책에 대한 긍정적인 견해를 찾고 있는 중이었다. 「크리스채너티투데이」에서 자신의 원고의 게재를 지연시키고 있는 것을 생각해낸 모리스는 자신이 그곳에 제출했던 글이 적합할 것 같다고 제안했다. 헌은 그 생각을 좋아했고, 만일 편집자인 데이비드 모버그(David O. Moberg)가 수용하기로 결정만 한다면, 자신이 "반진화의 측면에 대해 부분적인 반박의 글을 써주겠다"고까지 말했다. 헌은 모버그에게 다음과 같이 조언했다. "나는 설령 전문적인 지질학자들이 우리에게 짜증을 낸다고 할지라도 우리가 그 원고를 게재해야 한다고 생각합니다. 그 책이 거둔 성공과 그것이 다른 '극단적 정통주의'의 접근법으로부터 근본적으로 멀어진 것을 고려할 때, 나는 우리가 그 책에 대해 올바르게 말하기 위해 그것을 상세하게 다뤄야 한다고 생각합니다." 헌도, 모버그도 『창세기의 홍수』를 좋아하지는 않았지만, 그럼에도 두 사람은 그 "민감한" 문제를 취급하는 가장 확실한 길을 택하기로 결정했다. 모버그는 원고를 지연시키고 있는 올트에게 자신이 취할 수 있는 접근법에 대해 코치를 하기도 했다. 그는 올트에게 이렇게 썼다. "나는 당신이 내가 느낀 것과 같이 느끼리라 확신합니다. 그것은 우리가 어떤 사람 자체를 거부하는 일 없이 그 사람의 사상을 얼마든지 거부할 수 있다는 것입니다. 비록 당신의 비판은 황폐화시키는 것이라 할지라도, 친절이나 기독교적 사랑에 대한 얼마간의 표시가 당신이 말하는 것 전체를 통해 흐를 수만 있다면, 나는 우리가 곤경을 면하게 될 것이라고 생각합니다."[52] 『창세기의 홍

---

52 W. R. Hearn to H. M. Morris, May 31, 1963 (Ault), 그리고 March 16, 1964 (당신을

수』가 기독교 서점에 도착한지 무려 3년이 지나서야 ASA의 「저널」이 마침내 그것에 대해 언급했다. 그러나 애초에 계획했던 대로 긍정적인 평가와 부정적 평가를 나란히 게재하는 대신에, 「저널」은 두 개의 적대적인 서평을 실었다. 그중 하나는 헌이 쓴 소개글이었고, 다른 하나는 "광범위하게 편집되어…어조를 조금 낮춘" 글이었다. 헌은, 휘트컴과 모리스가 탄생 시에 이미 성년의 모습을 갖춘 "완전히 성숙한" 창조라는 입장을 갖고 있음을 감안할 경우, 자신은 도대체 왜 그들이 성가시게도 연대 측정 기술의 정확성에 도전하는 것인지 어리둥절할 뿐이라고 고백했다. 이어서 그는 이렇게 물었다. "하나님이 창조의 특별한 24시간 안에 바위들이 명백하게도 외관상 오랜 지질학적 나이를 갖도록 그것의 구조를 결정하셨다면, 연대 측정방법이 그것들의 나이를 결정하는, 필수적으로 신뢰할 만한 방법이라는 것은 왜 전제하지 못하는가?" 그 쾌활한 생화학자는 절반쯤 농담을 섞어가며 그 두 사람이 성취한 것을 다음과 같이 은유적으로 요약했다.

> 지질학이라는 집 안에 거주하던 이들은 그 집이 지어진 이래로 계속해서 리모델링을 하는 과정 중에 있었다. 그런데 헨리 모리스와 존 휘트컴이 건축의 대가라는 이름으로 와서 그 모든 것이 불안정한 지반 위에 있으니 반드시 불도저로 밀어 무너뜨려야 한다고 주장했다. 그 자리에 지어져야 하는 새로운 건축물의 상세한 설계도는—그들의 주장에 따르면—그들이 그들 가족의 성경책

좋아함), H. M. Morris to W. R. Hearn, June 4, 1963 (무시 그리고 *Christianity Today*), W. R. Hearn to D. O. Moberg, June 7, 1963 (전문적 지질학자들), 그리고 June 25, 1963 (충성), D. O. Moberg to W. U. Ault, June 14, 1963, 이상 Hearn Papers, W, R. Hearn 제공. Moberg의 견해를 다음에서 보라. V. Elving Anderson and David O. Moberg, "Christian Commitment and Evolutionary Concepts," *Journal of American Scientific Affiliation* 15 (September 1963): 69-70.

중 몇 쪽에서 발견한 것이었다.

궁지에 몰린 두 저자는 헌이 시도한 농담을 즐겁게 받아넘기는 데 실패했다.[53]

사람들이 오래 고대했던 서평에서 올트는 그가 "프라이스-모리스-휘트컴의 격변 지질학"(the Price-Morris-Whitcomb catastrophic geology)이라고 부르는 것의 신학적 전제와 과학적 전제 모두를 의문시했다. 컬럼비아 대학에서 지구화학 교육을 받고 박사학위를 받은 사람으로서 글을 쓰면서 그는 "최소한 6가지의 독립된 지구 연대 측정(geochronometric) 방법들"이 지구의 태고성을 제시한다는 사실을 지시했다. 그는 『창세기의 홍수』가 세속 과학자들 사이에서는 거의 인지되지 않은 채 사라질 것이라고 확신했지만, 그 책이 복음주의 기독교인들의 사고에 악 영향을 미치게 될 것을 두려워했다. 그가 보기에, 그 영향은 어쩌면 "젊은 세대 안에서 기독교적 학문성이 발전하는 것"을 지체시킬 수도 있었다.[54]

그런 비판에 답하면서 휘트컴과 모리스는 과학적 논쟁 안으로 끌려 들어가는 것을 단호하게 거부했다. 그들은 다음과 같이 반복해서 주장했다. "정말 중요한 것은 지질학적 데이터들의 다양한 세부사항들에 대한 해석의 정확성이 아니라, 하나님이 그분의 말씀을 통해 그런 문제들과 관련

---

53 W, R. H[earn], Editorial introduction to reviews of *The Genesis Flood*, by J. C. Whitcomb and H. M. Morris, *Journal of American Scientific Affiliation* 16 (March 1964): 27-8; J. C. Whitcomb to D. O. Moberg, April 14, 1964 (즐겁지 않음), Hearn Papers.

54 Wayne U. Ault, Review of *The Genesis Flood*, by J. C. Whitcomb and H. M. Morris, *Journal of American Scientific Affiliation* 16 (March 1964): 29-31. 또 다음도 보라. Frank H. Roberts, Review of *The Genesis Flood*, by J. C. Whitcomb and H. M. Morris, ibid., pp. 28-9; 그리고 W. U. Ault, "Flood," in *The Zondervan Pictorial Encyclopedia of the Bible*, ed. Merrill C. Tenney, 5 vols. (Grand Rapids, MI: Zondervan, 1979), 2:549-63.

해 계시하신 내용이다." 특별히 휘트컴은 왜 ASA의 리더들이 "성경의 명확한 진술에 호소하는 것"이 적절치 않다고 여기는지 이해할 수 없었다. 그는 모버그(Moberg)에게, 그들이 "아담의 몸이 직접 창조되었다는 교리"가 성경적이라고 생각하지 않는지 물었다. 전제주의적(presuppositionalist) 지향을 반영하는 말을 사용하면서, 휘트컴과 모리스는 자신들과 자신들을 폄하하는 사람들 사이의 차이점은 "가정들(assumptions)과 전제들(presuppositions)"의 문제이지 "과학"이 아니라고 주장했다. 또 그들은 "우리는 역사의 계시된 틀을 우리의 기초적 데이터로 삼고[전제], 그다음에 모든 적절한 데이터들이 그 틀의 맥락 안에서 어떻게 이해될 수 있는가를 살펴보려고 애쓰고 있다"고 설명했다. 이것은 그들의 반대자들이 "동일과정설의 전제(그러므로 또한 암묵적으로 진화의 전제)와 함께" 출발한 후[전제], 그다음에 모든 데이터를 바로 **그** 맥락 안에 맞춰 넣기 위해 그것들을 해석해 나가는 것"과 거의 같은 방식이라는 것이다. 그들은 양쪽 모두에게 처음의 가정들에 대한 선택을 결정하는 것은 오직 믿음뿐이라고 주장했다. "그것은 결코 과학적 결정이 아니라, 영적인 결정일 뿐이다."[55]

휘트컴과 모리스는 자신들과 자신들에 대한 비판자들 사이의 교착상태의 원인을, 정확하게도 서로 경쟁하는 우주론의 탓으로 돌렸다. 그들은 나름대로 설득력 있게 관찰했다. 양쪽 모두는 세계를 특정한 "안경"을 쓰고 바라보고 있고, 따라서 보이는 모든 것은 단색으로 변화된다. 주류 과학자들은 그러한 특성의 문제에 대해 전혀 논쟁하지 않다가, 홍수지질학

---

55 Henry M. Morris and John C. Whitcomb, Jr., "Reply to Reviews," *Journal of American Scientific Affiliation* 16 (June 1964): 59-61; J. C. Whitcomb to D. O. Moberg, April 14, 1964, Hearn Papers. Morris와 Whitcomb은 자신들의 "Reply to Reviews"를 *The Genesis Flood*, 1964 제6쇄의 서문으로 재사용했다.

자들이 렌즈의 선택이 과학의 영역 밖에 놓여 있다고 주장하면서 앞으로 나아가려고 하자 부당하다고 소리를 질렀다. 하지만 휘트컴과 모리스는 독단적으로 과학을 "현재의 그리고 재현될 수 있는 현상들"에 대한 연구에 한정시켰기에, 그 두 저자들은 지구의 **역사**를 쓴 지질학자들이 비과학자들(nonscientists)처럼 작업을 하고 있다고 느꼈다. 그리고 역사적 지질학의 조상들 중에도 "변호사 라이엘(Charles Lyell), 측량사 스미스(William Smith), 농업 기술자 허튼(James Hutton), 수학자 플레이페어(John Playfair), 비교해부학자 퀴비에(Georges Cuvier), 자연주의자로 변절한 신학생 찰스 다윈(Charles Darwin) 같은 비지질학자들(non-geologoists)이 있고, 또한 버클랜드(Buckland), 플레밍(Fleming), 파이 스미스(Pye Smith), 세드윅크(Sedgwick) 같은 다양한 신학자들"도 포함되어 있으므로, 그들은 어째서 자신들의 전공이 그런 아마추어들이 설명한 것을 평가할 자격을 자신들에게 주어서는 안 되는 것인지 이해할 수가 없었다.[56]

『창세기의 홍수』에 대한 논쟁은 이후 10년 동안 ASA의 「저널」 안에서 계속 진행되었고, 1969년에 암스테르담 자유대학의 화란 개혁주의 지질학자인 **반 드 플리어트**(J. R. van de Fliert, 1919-)가 그 책을 황폐화시키는 서평을 발표했을 때 절정에 도달했다. 20년 전 컬프가 프라이스를 해부한 이래 홍수지질학에 대한 가장 비판적이었던 평가를 통해, 그 네덜란드인 복음주의자는 사실상 휘트컴과 모리스를 "사이비 과학자" 행세를 하는 자들로 일축해버렸다. 그 어떤 독자도 그의 말의 요점을 놓치지 않게 하기 위해, ASA 「저널」은 반 드 플리어트의 글러브를 끼지 않은 펀치에 갈채를 보내는 지질학자들이 쓴 노골적인 부연 기사들을 실었다. 가장 강력한 타격

---

56 Morris와 Whitcomb, "Reply to Reviews," pp. 59-61.

을 날린 선전문은 펜실베이니아 주립대학의 지질학자인 로저 커피(Roger J. Cuffey, 1939)의 것이었다. 커피는 반 드 플리어트가 마침내 홍수지질학자들의 어리석음을 폭로했다고 칭찬했다. 그는 "합당하게 비웃음을 당해야 할" 홍수지질학자들이 "지성적인 기독교 공동체 안에서 널리 인정받고 있다"라고 지적했다. 대학 교육을 받은 많은 사람들이 "이런 종류의 거대한 어리석은 실수(a big blunder)를 분별하지 못했다"는 사실로 인해, 커피는 미국의 과학 교육의 수준을 의심하게 되었다.[57]

가장 최근에 이루어진 공격을 접한 후에 모리스는 ASA 「저널」의 편집자에게 급히 휘갈겨 쓴 편지를 보내 항의했다. 그는 당시의 편집자인 리처드 버브(Richard H. Bube, 1927-)에게 그 서평이 『창세기의 홍수』에서 제시된 논증들을 크게 왜곡했다면서 답변 기회를 달라고 요청했다. 모리스는 자신이 20년 넘도록 ASA 멤버로 봉사했음에도, 지금까지 ASA 「저널」에서 홍수지질학에 대해서는 말할 것도 없고 보편적 홍수를 지지하는 논문은 한 편도 본 적이 없다고 불평했다. 버브는 「저널」의 편집 정책을 거론하면서 어떤 완전한 형태의 논문도 반드시 게재 여부가 검토될 것이라고 대답하고, 편집자에게 보낸 짧은 편지를 우선 빨리 출판하자고 제안했다. 모리스는, 완성된 논문을 ASA 「저널」에 싣기 위해 필요한 노력을 현실적으로 헤아려보면서, 편지를 확실히 게재해주겠다는 편집자의 약속에 만족했다. 그 편지에서 모리스는 반 드 플리어트 역시—그보다 앞선 비판자들과 마찬가지로—지질학적 논쟁에서 "추정된 결함들"은 취하면서도 노아 시대의 대격변에 관한 성경의 분명한 가르침은 무시했다고 썼다. 그는 반복해

---

57 J. R. van de Fliert, "Fundamentalism and the Fundamentals of Geology," *Journal of American Scientific Affiliation* 21 (September 1969): 69-81. Cuffey의 관련기사는 71쪽에 있고, Donald C. Boardman이 쓴 기사는 75쪽에 있다.

서 말했다. "문제의 참된 핵심은 '성경이 무엇을 말하는가?'이다."[58]

명성의 열매들

『창세기의 홍수』는 휘트컴과 모리스의 삶을 영원히 바꿔 버렸다. 4반세기 동안 29쇄를 거치면서 20만 부의 판매량을 기록한 그 책을 둘러싸고 벌어진 논쟁은, 그들을 많은 사람들이 찾는 유명 인사로 만들어주었고 근본주의자들 안에서 그들은 진화라는 골리앗에게 물맷돌을 던진 다윗으로 통했다. 홍수에 관한 원고를 완성한 이후 그들은 창조에 관한 속편을 쓰기로 계획했다. 그러나 1961년 이후 그들은 예상치 못하게 많은 시간을 빼앗기게 되어 그 계획은 무산되었다. 휘트컴은 그레이스 신학교에서 학자로서의 경력을 시작한 후 1980년까지 그곳에 남았고, 스페인 세계복음선교 위원회의 의장직을 맡았으며, 휘트컴 사역(Whitcomb Ministry)이라는 기관을 통해 일련의 책들, 테이프들, 성경 연대 도표 등을 제작하여 배포했다. 비록 그의 관심사는 에스더부터 종말론까지 다양했지만, 대중들의 요청과 그의 개인적인 전공이 그를 기원이라는 주제로 되돌아오도록 만들었다. 1972년에 그는 『초기의 지구』(*The Early Earth*)를 출판했는데, 그 책에서 그는 커스탠스와 간격 이론에 대해 한 번 더 몽둥이를 휘둘렀다. 다음 해에 그는 『사라진 세계』(*The World That Perished*)를 출판했다. 그것은 홍

---

58 H. M. Morris to R. H. Bube, September 10, 1969, 그리고 R. H. Bube to H. M. Morris, September 12, 1969, 이상 Whitcomb Papers; H. M. Morris, 편집자에게 보낸 편지, *Journal of American Scientific Affiliation* 22 (March 1970): 36-7. Van de Fliert에 대한 Whitcomb의 반응에 대해 다음을 보라. John C. Whitcomb, *The World That Perished* (Grand Rapids, MI: Baker Book House, 1973), pp. 111-22.

수지질학을 대중적으로 다룬 것으로서 그의 비판자들에 대한 응답의 성격으로 쓴 것이었다. 1978년에 그는 『달: 그것의 창조, 형성, 의미』(*The Moon: Its Creation, Form, Significance*)를 공동 저술했다. 그 책은 우주인 제임스 어윈(James B. Irwin)과 찰스 듀크(Charles M. Duke, Jr)의 찬사를 받았다.[59]

평생 비행기 타기를 꺼렸던 모리스도 1960년대에는 이쪽 약속 장소로부터 다른 약속 장소로 이동하기 하기 위해 비행기를 타고 다니면서 시골 땅을 공중에서 내려다보게 되었다. 그는 대개 침례교단에 속한 교회와 학교에서 연설했지만, 그의 여정에는 보수적인 장로교회, 루터교회, 개혁교회, 성공회, 감리교회, 메노파 교회, 그리고 때로는 오순절 교회에서의 연설도 포함되어 있었다. 채터누가에 있는 테네시 템플 대학, 로스앤젤레스 근처에 있는 바이올라 대학, 텍사스 주에 있는 르투느아 대학, 사우스 캐롤라이나에 있는 밥 존스 대학, 그리고 로스앤젤레스 침례교 대학과 신학교 등에서의 인상적인 강의들은 그 모든 대학으로부터의 초빙을 이끌어냈다. 테네시 템플 대학과 바이올라 대학이 우선적으로 그에게 과학을 가르쳐주기를 원했지만, 그는 가르치는 일에는 거의 관심이 없었다. 공학 프로그램을 갖고 있는 몇 안 되는 복음주의 대학들 중의 하나인 르투느아 대학은 그에게 공학부 학장이 되어달라고 요청했다. 그러나 대학 행정부가 재

---

59 John C. Whitcomb to H. M. Morris, January 14, 1961 (창조 책), Whitcomb Papers; John C. Whitcomb, *The Early Earth* (Grand Rapids, MI: Baker Book House, 1972; 개정판 1986); John C. Whitcomb, *The World That Perished* (Grand Rapids, MI: Baker Book House, 1973; 개정판 1988); John C. Whitcomb and Donald B. Detoung, *The Moon: Its Creation, Form and Significance* (Winona Lake, IN: BMH Books, 1978). 전기 관련 및 다른 자료들은 "Tapes, Books, and Charts by Dr. John C. Whitcomb"을 광고하는 소책자로부터 왔다. 1990년에 Whitcomb은 교육 정책에 대해 학장과 의견 차이로 Grace Theological Seminary에서 해고되었다. 다음을 보라. "Trouble at Grace: Making Waves or Guarding the Truth?" *Christianity Today*, April 9, 1990, p. 46.

정적인 이유를 들어 창조론에 관한 연구 센터 설립을 거부하자 그는 그 자리를 거부했다. 모리스의 두 아들이 등록했던 밥 존스 대학은 그에게 종교학부 내에서 새로운 호교론 분야를 맡아달라고 요청했다. 그러나 몇몇 친구들이 그가 그런 "극단주의" 기관과 관계하지 못하도록 막았다. "학장부터 시작해" 교수진 전원이 『창세기의 홍수』를 읽고 간격 이론으로부터 홍수지질학으로 옮겨갔던 로스앤젤레스 침례교 대학은 그에게 자연과학부의 학장직을 맡아달라고 요청하면서 그의 시간의 절반을 저술과 강연에 쓰게 해주겠노라고 약속했다. 그러나 대의를 위해 세속적인 대학에 남아 있으라는 몇몇 동료 창조론자들의 설득을 포함한 다양한 이유로, 그는 당분간 버지니아 폴리테크닉 주립대학(VPI)에 남기로 결정했다.[60]

1967년에 모리스는 달라스 신학교에서 그리피스 토머스 강연자(W. H. Griffith Thomas Lecturer)로서 가장 보람 있는 강연을 했다. 그것은 "성경적 우주론과 현대 과학"(Biblical Cosmology and the Modern Science)이라는 제목의 강연이었다. 달라스 신학교는 세계에서 "가장 큰, 초교파적인 보수적 신학교"였으며 근본주의의 동력실이었다. 그런 학교가 『창세기의 홍수』의 영향 아래 놓였고 지구의 역사를 수축시키기 시작했다. 모리스는 흥분해서 휘트컴에게 보고했다. "마지막 강연이 끝나갈 때 쯤, 학생들 전체와 학과 교수진이 모두 일어나서 대단히 길고 당황스러운 박수로 응답했습니다!" 학생 전체는 거의 400명이었는데, "그들 중 대부분은 학문적으로나

---

60 Morris, *History of Modern Creationism*, pp. 159-60; Henry M. Morris의 May 10, 1984의 인터뷰; H. M. Morris to J. C. Whitcomb, January 4, 1966 (LA Baptist faculty), September 24, 1966 (LA Baptist offer), and December 15, 1966 (Bob Jones), 이상 Whitcomb Papers. Morris는 Whitcomb에게 보낸 빈번한 편지에서 자신의 다양한 강연 약속들에 대해 보고했다.

영적으로나 최고의 역량을 지닌 것으로 생각되며", 학과 전체는 거의 만장일치로 "최근의 6일 창조와 세계 전부를 뒤덮는 홍수"를 수용했다. 이러한 학생과 학과를 지닌 달라스 대학은 홍수지질학을 대중화할 수 있는 "엄청난" 잠재력을 지닌 것으로 보였다. 게다가 지금 달라스 신학교는, 예전에 존경을 받았던 저널인 「비블리오테카 사크라(*Bibliotheca Sacra*)를 조지 라이트(George Frederick Wright)의 책임 아래 다시 발행했다. 이들은 지난 10년 동안 모리스의 논문을 최소한 1년에 한 번 이상 게재했다.[61]

그러나 보수적인 종교 집단 밖에서는 『창세기의 홍수』와 그 책의 저자들은 잔물결 정도의 인정도 얻지 못했다. 모리스는 휴스턴 지질학회에 한 차례 초대받아 성경적 격변설에 대해 강연을 했는데, 거기서 그는 홍수지질학을 반공산주의와 묶었음에도 불구하고 아무런 관심도 불러일으키지 못했다. 좋은 평판이 나 있는 그 "미국에서 가장 큰 지역 지질학회"의 회장은 모리스가 오는 것을 반대했으며, 달갑지 않은 손님을 5백 명의 청중에게 소개하던 중에 그 방문자가 말하는 어떤 것에 대해서도 자신에게 책임을 묻지 말아달라고 간청했다. 그 이야기의 마지막에 학회장은 빈정거리는 재담을 했다. "명백하게도 모리스 박사는 1인치의 석회석을 만드는데 6천 년이 걸린다는 사실을 우리가 알고 있다는 사실을 모르고 있습니다." 모리스가 주류 지질학을 의심할 것을 요청했을 때, 그 요청은 숨죽인 듯한 깊은 침묵과 마주쳤다. 왜냐하면—나중에 한 친절한 멤버가 모리스

---

61 Morris, *History of Modern Creationism*, p. 161; Henry M. Morris, *Studies in the Bible and Science* (Philadelphia: Presbyterian and Reformed Publishing Co., 1966), p. 9 (가장 큰 신학교); H. M. Morris to J. C. Whitcomb, November 16, 1967 (Dallas), Whitcomb Papers. 개정된 강의록은 *Biblical Cosmology and Modern Science* (Nutley, NJ: Craig Press, 1970)으로 출판되었다.

에게 설명해준 것처럼—청중들은 "너무도 황당해서 할 말을 잊었기 때문이었다!"[62]

블랙스버그로 되돌아온 모리스는 자신의 시간을 집과 교회, 글쓰기와 가르치기에 나누어 썼다. 헨리가 공학을 가르치는 일에서 진화론자들과 전쟁을 벌이는 동안, 그의 아내 메리 루이스(Mary Louise)는 성공적으로 암을 이겨내고, 세 명의 아들들과 세 명의 딸들을 잘 키웠으며, 가정을 사랑과 음악과 경건으로 가득 채웠다. 모리스 가족의 가정생활은 아이들이 태어나기 전부터 이미 아침과 저녁마다 성경 읽기와 기도를 중심으로 삼았다고 그 지역의 신문이 1968년에 보도했는데, 그때는 딸 아이 둘 만 빼고 모두가 대학에 진학한 상태였다. "성경 암송과 교회 생활에 충실하는 것이 언제나 강조되었다. 그 결과 그 가정은 대단히 결속력이 강한 그룹이 되었으며, 가족 모두는 서로 간의 유대와 합창을 위해 때때로 고향 집을 방문하는 것을 기뻐했다.[63]

1960년대 내내 모리스는 그의 창조론 브랜드를 다양한 패키지로 묶어서 공격적으로 판매했다. 주일학교 공과공부 시리즈 및 청소년 그룹을 위한 교재를 팔았고, 「히즈」(*His*, IVF), 「콜리지에이트챌린지」(*Collegiate Challenge*, CCC), 그리고 초교파 월간지 「크리스챤라이프매거진」(*Christian Life Magazine*) 같은 유명 복음주의 저널들에 그동안 발표했던 논문들을

---

62 H. M. Morris, "Biblical Catastrophism and Geology," 출판되지 않은 문서, Houston Geological Society, September 10, 1962에 제출됨, Price Papers; H. M. Morris to J. C. Whitcomb, September 15, 1962, Whitcomb Papers. 휴스턴 강의는 그 이후 *Biblical Catastrophism and Geology* (Philadelphia: Presbyterian and Reformed Publishing Co., 1963)라는 제목의 소책자로 발행되었다.

63 H. M. Morris to J. C. Whitcomb, June 8, 1964 (부인의 암 선고); Ocie Strawn, "'Answer' Author: Dr. Morris Is Man with Two Careers," *Montgomery News Messenger*, December 12, 1968, p. A-3, David A. West의 사본 제공.

선별해 실었다. 독자들의 만족감을 자극하기 위해, 모리스는 홍수지질학을 홍보하기 위해 쓰는 것과 동일한 막대한 양의 에너지를 널리 알려진 간격 이론과 날-시대 이론을 믿을 수 없게 만드는 데 썼다. 때때로 그는 자신의 표준적인 논증에 자극적인 비틀기를 추가하거나 신선한 문헌 자료들을 덧씌우기도 했다. 당시 그는 출판사에게 "공전의 베스트셀러"가 되어 있던 그의 주일학교 교재 안에서 창세기 6장이 언급하는 노아 홍수 이전의 거인들—어쩌면 바로 그 팰럭시 강 바닥을 따라 걸었던 그 거인들—이 인간의 몸을 소유한 악한 천사들로부터 나온 것일 수 있다고 주장했다.

몸을 지닌 천사들은 분명 그것 때문에 여자들이 보기에 너무도 매력적이었음으로, 누구라도 선택하여 자신들의 아내로 삼을 수 있었다. 이러한 "하나님의 아들들"은 그들이 마음대로 사용하기 위하여 획득한 몸의 원래 소유자인 인간들뿐만 아니라 자신들이 취한 여자들과, 또한 그들이 함께 낳은 자녀들도 지배했다.

계속해서 모리스는 그런 자녀들이 성경에 언급된 "거인들, 곧 옛날의 용사들"이 되었다고 주장했다. 『진화의 여명』(*The Twilight of Evolution*, 1963) 내의 한 챕터인 "진화의 죽음"(The Death of Evolution)에서 모리스는 영국의 생물학자 제럴드 커쿠트(Gerald A. Kerkut)가 최근에 수행한 "부검"에 대해 말한다. 커쿠트의 우상 타파적인 책 『진화론의 의미』(*Implications of Evolution*, 1960)는 그를 1960년대의 윌리엄 베이트슨(William Bateson, 1861-1926, 영국의 동물학자 겸 유전학자—역자 주)으로 만든 바 있다. 사우스햄튼 대학의 그 과학자는—비록 자신이 창조론자는 아니었지만—근본주의자들의 영웅이 되었는데, 그것은 그가 "모든 생명의 형태들이 진화라는 측면에서 **하나의 유일한 원천으로부터** 나왔다고 설명하려는" 시도를 의문시했기 때문이었다.[64] 소년 시절부터 모리스는 신학적으로는 이질적인 남침례회와 관계해왔다. 블랙스버그로 이사하면서 그와 그의 가족은 당연히 그 지역의 침례교회에 등록했다. 비록 분위기가 그의 취향보다는 너무 현대적이기는 했지만, 그는 즉시 교회에 등록했고, 먼저 "VPI 멤버들과 아내들"을 위한 주일 저녁 성경공부반에서 가르쳤으며, 그 후에는 대학생 주일 성경공부반을 맡았다. 그의 저서인 『창세기의 홍수』가 도착했을 때, 그는 한 권을 자유주의적 성향의 담임목사에게 주었는데, 그 목사는 "모든 과학자가 틀릴 수는 없다"라고 말하면서 그것을 무시했다. 당연히 그 설교자는 자기 앞에 놓여 있는 곤란한 문제를 의식했다. 같은 해에 남침례회의 교회학교 이사회는 랠프 엘리어트(Ralph H. Elliott)의 폭발력 있는 책 『창세기의 메시지』(*The Message of Genesis*)를 발행했다. 캔자스시티 출신의 신학자인 엘리어트는 그 책에서 창세기의 첫 장이 "신학적 사실"을 다루는 것이지, "매일매일의 물리적 역사"를 다루는 게 아니라고 주장했다. 그에 뒤따른 논쟁은 총회를 분열시켰고, 창세기에 대한 그 어떤 진술도 잠재적으로 위험한 불꽃을 일으키는 과열 분위기를 만들어냈다. 그 목사는—분명히 블랙스버그의 분열을 막기를 희망하면서—논쟁을 좋

64 H. M. Morris, *Science, Scripture and Salvation: The Genesis Record* (Denver: Baptist Publication, 1965), p. 55 (거인들); H. M. Morris, *Evolution and the Modern Christian* (Philadelphia: Presbyterian and Reformed Publishing Co., 1967), pp. 60-3 (간격 및 날-시대 이론); Morris, *Studies in the Bible and Science*, pp. 30-44 (간격 및 날-시대 이론); Henry M. Morris, *The Twilight of Evolution* (Grand Rapids, MI: Baker Book House, 1963), p. 91 (Kerkut); H. M. Morris to J. C. Whitcomb, September 24, 1966 (베스트셀러), Whitcomb Papers; G. A. Kerkut, *Implications of Evolution* (New York: Pergamon Press, 1960), p. vii.

아하는 그 교회학교 선생님을 직분에서 물러나게 했는데, 결과적으로 그것이 그를 교회 문 밖으로 내몰았다. 기분이 상한 다른 가족과 또 몇몇 국제기독학생회 소속 학생들과 함께 모리스는 독립적인 대학 침례교회를 시작했다. 그런데 이 교회는 너무나 부흥한 나머지, 몇 년 안에 모리스의 거실에서 시작한 지 몇 년 만에 6에이커의 땅에 아주 인상적인 건축물을 세웠다. 모리스는 참석자들을 복음주의 십자군으로 키우기 위해 적당한 시점에 근처 린치버그에 사는 활동적인 젊은이인 제리 폴웰(Jerry Falwell, 1933-)을 데려왔다. 모리스는 자신의 두 딸이 폴웰이 주관하는 여름 캠프에 참석했을 때 그를 만났고, 그의 거대한 토머스로드 침례교회에서 강연을 했다. 그렇게 해서 모리스는 그 지역 남침례교회 목사의 지지를 잃었지만, 곧 미국에서 가장 영향력이 큰 근본주의자로 등장할 사람의 지원을 등에 업게 되었다.[65]

1961년 가을에 모리스는 휘트컴에게 편지를 썼다. "새로운 교회와 『창세기의 홍수』 사이에서, 나는 여기 블랙스버그에서 잠시 동안 어떤 유명세 경쟁을 하지 않는 것이 좋겠다고 생각하고 있습니다." 그에게는 다행스럽게도 모든 일들이 순조롭게 진행되었다. 대부분 기독교인임을 공언하는 토목공학과의 동료들은 모리스의 리더십과 자신들을 자유롭게 내버려두는 그의 정책에 감사했다. 모리스는 단독 연구를 거의 수행하지 않았지만, 그의 다양한 전문적 활동은 학과와 연구소 전체에 많은 유익을 가져다주

---

65 Morris, *History of Modern Creationism*, p. 162 (목사의 진술); H. M. Morris to J. C. Whitcomb, January 16, 1958 (블랙스버그 교회), and August 11, 1968 (Falwell의 방문), 이상 Whitcomb Papers; Henry M. Morris의 1984년 5월 10일자 인터뷰(Falwell 관계); Strawn, "'Answer' Author," pp. A-3 (침례교 대학). Elliott 논쟁에 대해 다음을 보라. Walter B. Shurden, *Not a Silent People: Controversies That Have Shaped Southern Baptists* (Nashville: Broadman Press, 1972), pp. 103-19.

었다. 그 당시 모리스는 미국 공학 교육회(American Society for Engineering Education) 위원, 「공학 교육 저널」(*Journal of Engineering Education*)의 발행 이사, 그리고 널리 채택된 응용 유체역학 교과서의 저자 등으로 활동했다. 때때로 일어나는 그의 별난 행동—예를 들어 『공학에서의 응용 유체역학』(*Applied Hydraulics in Engineering*)이라는 그의 책 안에 열역학 법칙의 신학적 의미에 대한 긴 각주를 삽입하는 것과 같은—은 비웃음보다는 미소를 자아내게 했다.[66]

VPI(버지니아 폴리테크닉 주립대학)의 관용적인 분위기는 1963년 초에 증발되기 시작했다. 그해에 모리스는 지질학과에 와서 노아 홍수의 의미에 대해 강연해달라는 한 학생의 초대를 받아들였다. 다수의 지질학 및 생물학 교수들을 포함해 150명의 사람들이 『창세기의 홍수』에 대한 육성 요약을 듣기 위해 모였다. 과학자들은 지구 역사에 대한 진화론의 모델과 창조론의 모델이 똑같이 비과학적인 가정에 기초하고 있다는 모리스의 주장에 "격렬하게 도전했다." 이 사건은 모리스로 하여금 환상에서 깨어나도록 하여 다시는 그 문제를 자신과 같은 믿음을 공유하지 않는 사람들과 토론하지 않겠다고 결심하게 만들었다. 그런 토론은 장기적으로 볼 때 블랙스버

---

66 H. M. Morris to J. C. Whitcomb, October 2, 1961 (인기 경쟁), Whitcomb Papers: Strawn, "'Answer' Author," pp. A-3 (전문적 활동); Henry M. Morris, *Applied Hydraulics in Engineering* (New York: Ronald Press, 1963), p. 18; H. M. Morris to W. R. Hearn, February 10, 1964 (교과서 채택), Hearn Papers. 추가적인 정보는 Morris의 학장직을 계승했던 R. D. Walker의 November 20, 1986의 인터뷰, 그리고 그 교과서의 2판을 공동집필했던 James M. Wiggert의 인터뷰로부터 왔다. 내가 이 인터뷰를 할 수 있게 된 것은 Albert Moyer의 덕택이다. Morris가 2판에서 그 각주를 "Philosophic and Theological Implication" 부분 전체로 확장시키려고 시도했을 때, 발행자가 그런 변화를 거부했다. Wiggert Papers의 출판되지 않은 원고와 편집적인 메모들을 보라(James M. Wiggert 제공).

그에서의 그의 좋은 평판을 부식시킬지도 모르기 때문이었다.[67]

그로부터 몇 달 후 공학부의 새로운 학장인 **윌리스 워체스터**(Willis G. Worcester, 1918-1970)가 캠퍼스에 도착했다. 「뉴욕 타임즈」(*New York Times*)가 모리스를 가리켜 지구의 나이를 1만 내지 1만 5천 년으로 계산하는 사람으로 인용한 직후, 학장은 모리스를 자기 사무실로 불러 그의 "특이하고 비과학적인 믿음"이 VPI 공동체를 당황스럽게 만들어 동료들 사이에 염려를 일으키고 있는 것에 대해 경고했다. 모리스가 지역 신문에 매주 "질문과 대답"이라는 칼럼을 쓰는 것도 비판을 불러일으켰고, 그것은 생물학자 데이비드 웨스트(David A. West, 1933-)와의 날카로운 논쟁으로 이어졌다. 데이비드는 모리스가 "'사이비 과학'을 저술하는 일을 그만두고 조용한 신앙의 세계로 돌아가야 한다"고 주장했다. 그러나 사상적인 차이보다는 오히려 행정적인 일들이 모리스의 실패를 입증했다. 1968년 초에 모리스는 워체스터가 그의 학과를 폐지하려고 시도한 것으로 인해 좌절했으나, 그는 그동안 자신이 "피로스의 승리"(Pyrrhic victory, 너무 많은 대가를 치러 실제로는 이익이 없는 승리)를 거둬왔다는 것을 재빨리 깨달았다. 그는 이 사실을 은밀하게 휘트컴에게 알렸다. "내가 행정에 관여할 수 있는 것은 이전의 어느 때보다도 미약합니다. 아마도 이런 상황의 마지막은 나나 학장 둘 중 하나가 떠나는 것이 될 것 같습니다." 그로부터 1년후인 1969년 봄에 모리스는 자진해서 사임했다. 토목공학과의 학과장으로서 1년 동안 풀 페이를 받고 안식년을 떠난다는 조건이었다. 그는 계속해서 휘트컴에게 알렸다. "1년 후에 나는—하나님이 다른 곳으로 인도하지 않

---

67 H. M. Morris to J. C. Whitcomb, February 5, 1963 (초대), March 15, 1963 (모임), 그리고 April 11, 1963 (후유증), 이상 Whitcomb Papers. Morris는 직접 인용되기를 거부했다.

으시는 한—VPI 학과에 계속 머물 것입니다." 하지만 그가 워체스터가 이듬 해에 비행기 추락사고로 세상을 떠났다는 소식을 들었을 때, 그는 자신의 경력을 바꿔 남부 캘리포니아에서 주님께 봉사하기로 결심한 상태였다."[68]

---

68 H. M. Morris to J. C. Whitcomb, May 22, 1964 (학장의 경고), April 9, 1968 (학과 폐지), 그리고 April 8, 1969 (사임), 이상 Whitcomb Papers; "Group of Scientists Reject Evolution Theory of Creation," *New York Times*, April 22, 1964, p. 31; David A. West, Letter to the Editor, *Montgomery News Messenger*, November 28, 1968 (사이비과학). *Montgomery News Messenger*를 통한 Morris와 West 사이의 의견교환은 1968년 11월 21일부터 1969년 1월 7일까지 계속되었다. 나는 David A. West가 그 사본을 제공해준 것에 감사한다. Morris는 *Montgomery News Messenger*에 실었던 칼럼들을 모아 *The Bible Has the Answer* (Nutley, NJ: Craig Press, 1971)로 출판했다. 자신의 *History of Modern Creationism*, p. 153에서 Morris는 "캠퍼스의 진화론적/인문주의적 기관의 리더들이 최소한 두 가지 사건과 관련해 나를 직위 해제시키려고 시도했다"라고 썼다. 그러나 두 명의 이전의 동정적인 동료들의 증언은 다른 요소들이 더욱 중요했다고 암시한다. R. D. Walker와 J. M. Wiggert, November 20, 1986의 인터뷰를 보라.

요약과
복습

1. 1954년 버나드 램이 새로운 복음주의자로 등장했고, 빌리 그래함이 그의 책을 언급했다. 램은 프라이스와 림머가 순진한 기독교인들에게 홍수지질학을 강요했다고 주장했고, 그들에게 재능, 인격, 훈련이 부족했다고 비판했다. 램은 영국의 창조론자 클락과 함께 점진적 창조론 쪽으로 나아갔다.

2. 진화론에 치우치는 램에 반발하면서 성경학교 선생이자 신학생인 **존 휘트컴**이 등장했다.

3. 1957년 휘트컴은 그레이스 신학대학에 박사학위 논문으로 "창세기의 홍수"를 제출했다. 그 논문의 출판을 위해 그는 창세기 6-9장을 진지하게 취급해줄 지질학 박사를 찾았지만 발견하지 못하였고 부득이 그는 여러 창조론자를 찾아다니며 조언을 구했다.

4. 헨리 모리스는 휘트컴에게 지질학과 성경을 분리하라고 조언해주었다. 지질학에 자신이 없었던 휘트컴은 모리스와의 공동 저술을 계획했고, 클로츠와의 공저 계획이 깨졌던 1957년 초에 마침내 모리스의 승낙을 받았다.

5. 특별 창조와 대홍수를 변호한 모리스의 책은 성공을 거두었고, 개정판에서 모리스는 간격 이론을 삭제하고 창조를 기원전 4천 년 경으로 소급했으며, 클락의 저서를 읽고 열역학 제2법칙에 관련된 내용을 추가했다. 하지만 그는 프라이스를 칭찬했던 구절들 역시 삭제했고, 프라이스와는 공적인 관계를 맺기를 꺼렸다.

6. 모리스는 창조론자로서의 신념이 알려졌음에도 1950년에 미네소타에서 좋은 성적으로 박사학위를 받았다.

7. 1957년 모리스가 휘트컴과 공동 집필하기로 서명했다. 그 후 그가 쓰기로 했던 100

쪽은 350쪽으로 늘어나 모리스가 『창세기의 홍수』의 중심 저자가 되었다. 그가 쓴 내용에 대해 휘트컴은 아직도 프라이스와 제7일안식일예수재림교회의 전통이 많이 반영된다는 점을 염려했다.

8. 휘트컴과 모리스의 공저인 『창세기의 홍수』는 성경의 글자 그대로의 무오성을 주장하면서 1961년 출판되었다. 두 사람은 서문에서 이 책의 기초가, 성경은 진리라는 사실에 있다고 밝혔다.

9. 휘트컴은 전지구적 홍수를 지시한다고 생각되는 성경 구절을 모두 모았으며, 방주의 크기를 논했고, 홍수의 인류학적 영향을 서술했다. 모리스는 프라이스에 대한 직접적 언급을 대부분 삭제했지만 그럼에도 독자들은 그가 서술한 부분이 프라이스의 『새로운 지질학』을 업데이트한 버전과 같다고 생각했다.

10. 그 책의 "진짜 폭탄선언"은 어떤 발자국 화석이 인간과 공룡이 한때 같이 살았음을 증명해준다는 것이었다. 하지만 이 발자국 화석 이야기는 3쇄를 출간할 때 삭제되어 없었던 일이 되었다.

11. 『창세기의 홍수』는 프라이스의 견해를 최근의 분위기에 맞게 개정한 것에 불과하다는 평가를 받았고 그 안에 새로운 어떤 개념도 없었지만, 발행 후 첫 10년 동안 수만 권이 팔렸다. 엄격한 창조론자들은 성서의 대격변이 지성적으로 존중받도록 했다고 칭찬했으며, 반면 진보적 창조론자들과 유신론적 진화론자들은 기독교의 과학을 중세기 암흑시대로 되돌리려는, 졸렬한 지질학의 희화화라고 비난했다.

12. 1969년에 암스테르담 자유대학의 네덜란드 개혁주의 지질학자인 반 드 플리어트 등은 휘트컴과 모리스가 "사이비 과학자" 행세를 하는 자들이라고 무시하며, 합당하게 비웃음을 받아야 할 홍수지질학자들이 지성적인 기독교 공동체 안에서 널리 인정받고 있다고 개탄했다.

13. 『창세기의 홍수』는 논란을 일으키며 25년 안에 29쇄를 거치면서 20만 부의 판매량을 기록했고, 휘트컴과 모리스는 많은 사람이 찾는 유명 인사가 되었다. 비행을 싫어하던 모리스조차도 비행기를 타고 전국을 순회하며 강연을 했고, 강연이 끝나갈 때쯤이면 학생들과 교수진은 길고 당황스러운 기립박수로 응답하기도 했다.

14. 그러나 보수적인 종교 단체 외부의 학문적인 기관과 학회에서 『창세기의 홍수』와 그 저자들은 전혀 인지되지 못했다.

제11장

창조연구회

The Creation Research Society

1957년 가을에 휘트컴(John C. Whitcomb, Jr.)은 사라진 홍수지질학회(DGS)와 멸시받는 미국과학자연맹(ASA) 양쪽 모두에서 활동했던 창조론자이자 유전학자인 **월터 램머츠**(Walter E. Lammerts)에게 전문적인 과학적 조언을 다소 구했다. 자신이 "정통주의자들의 교제"라고 간주하는 것을 갈망했던 램머츠는 홍수지질학에 관심이 있는 사람들, 즉 서신 교환이나 비정기적인 만남을 통해 자신들의 생각을 교환하고 창세기의 홍수의 영향에 대해 실제적인 연구를 해보고 싶은 사람들의 "비공식적인 모임"을 만들 것을 제안했다. 휘트컴은 그 제안을 대단히 매력적으로 느꼈지만, 한편으로는 새로운 조직이 지난번 홍수지질학회처럼 제7일안식일예수재림교인들에 의해 지배당하게 될 수 있다는 점을 두려워했다. 마찬가지로 그 제안을 좋아했던 헨리 모리스는 "제7일안식일예수재림교회 또는 다른 어떤 특별한 이익단체가 새로운 조직을 지배하는 것을 막기 위한 모종의 대책을 마련할 수 있다"며 자신감을 내비쳤다. 그는 "ASA의 내부와 외부" 둘 다에 비슷한 생각을 하는 사람들이 "꽤 많이" 있을 것이라고 추정했다. 그는 곧 출판될 『창세기의 홍수』(*The Genesis Flood*)가 홍수지질학에 대한 "관심을 일깨워" 회원 그룹의 크기를 확장시킬 수 있기를 희망했다.[1]

---

1 Henry M. Morris, *A History of Modern Creationism*, (San Diego: Master Book Publishers, 1984), pp. 172-4; W. E. Lammerts to J. C. Whitcomb, November 27, 1957 (연맹), J. C. Whitcomb to H. M. Morris, February 2, 1958 (두려움), H. M. Morris to J. C. Whitcomb, January 16, 1958 (ASA), and May 16, 1958 (지배를 막음), 이상 Whitcomb Papers, John C. Whitcomb, Jr. 제공. 다음도 보라. W. E. Lammerts to G. M. Price, January 29, 1958, George McCready Price Papers, Adventist Heritage Center, Andrews University.

당시 램머츠의 제안은 아무것도 이루지 못했다. 램머츠는 자신에게는 딱히 도와 줄 사람도 없고 그 일을 할 만한 내적인 에너지도 없다면서 리더 역할을 못 하겠다고 했다. 그는 모리스에게 "눈덩이를 굴리기 시작해" 달라고 부탁했지만, 그렇지 않아도 약속이 너무 많아 시간을 낼 수 없었던 모리스는 방금 버지니아 폴리테크닉 주립대학에서 새로운 자리를 맡고 『창세기의 홍수』 중 자신이 맡은 챕터들에 대한 집필까지 시작한 상태였다. 아무런 진전 없이 몇 해가 흘렀다. 그러던 중 1961년쯤에 램머츠는 옛 친구인 팅클(William J. Tinkle)로부터 한 통의 편지를 받았다. 팅클은 엄격한 창조론을 지원하는 활동이 부족하다고 탄식하면서 그런 상황을 개선하기 위해 무엇을 해야 하는지 물었다. 램머츠는 이렇게 대답했다. "나에게 활동적인 사람 10명만 붙여준다면, 지금 다른 모든 사람이 하고 있는 것보다 더 많은 것을 해낼 수 있을 것입니다." 그 후 1년 반 안에 램머츠와 팅클은 원하던 "10명의 팀"을 모았다. 이 팀이 20세기 후반의 주도적 창조론 조직인 창조연구회(Creation Research Society)의 핵심이 되었다.[2]

월터 램머츠

월터 램머츠는 아스파라거스와 딸기를 재배하는 작은 농장에서 자랐다. 그의 집은 워싱턴 주의 미주리 루터교회에 속한 경건한 가정이었다. 어린 시절 그는 저녁마다 할머니가 마르틴 루터의 창세기 독일어 주석을 큰 소리로 읽는 것을 듣곤 했으며, 그 위대한 종교개혁자가 문자 그대로 6

2 W. E. Lammerts to J. C. Whitcomb, January 8, 1958 (못하겠다고 함), Whitcomb Papers; William J. Tinkle, "Creation in the Twentieth Century," *Creation Research Society Quarterly* 10 (1973-74): 46.

일간의 창조에 대해 말했던 것을 그 후 단 한 번도 잊은 적이 없었다. 대학에 진학할 준비가 되었을 때, 그는 곤충학을 공부하기 위해 캘리포니아 대학에 등록했다. 2학년때 그는 지질학 강좌를 수강했는데, 그 수업에서 들은 지질학적 연대들과 동일과정설적 과정들이라는 개념이 그를 불안하게 만들었다. 램머츠는, 만일 존경하는 교수가 말하는 것이 사실이라면, "성경을 믿기를 계속하는 것은 진실로 어리석은 일"일 것이라고 추론했다. 그 무렵 그는 대학 도서관의 선반에 있는 책들 전부를 훑어보는 중이었다. 어느 날 그는 조지 맥크리디 프라이스(George McCready Price)가 최근에 출판한 『새로운 지질학』(*The New Geology*)을 발견했고 그것을 단숨에 읽어치웠다. 그는 프라이스의 도식 안에서 그의 문자적인 루터교의 믿음과 바위들의 증언을 화해시킬 수 있는 가능성을 보았다. 그는 남은 생애 동안 감사하면서 프라이스의 제자로 남았다.[3]

캘리포니아 대학을 우등으로 졸업한 램머츠는 연구 조교로 계속 버클리에 머물면서 세포유전학 박사 과정을 이수했다. 그 전투적인 젊은 창조론자는 동료 대학원생들과 진화의 문제를 놓고 "녹다운이 되어 밖으로 질질 끌려 나가는 식의 많은 논쟁들"을 벌였지만, 그의 특이한 관점 때문에 차별을 받은 적은 없었다. 그는 1930년에 박사학위를 받았고, 이로써 생물학 분야에서 박사학위를 받은 최초의 엄격한 창조론자가 되었다. 학위 취

3 George F. Howe, "Walter E. Lammerts," *Creation Research Society Quarterly* 7 (1970-71): 3-4; W. E. Lammerts to L. W. Faulstick, September 15, 1962 (할머니), and W. E. Lammerts to D. T. Gish, March 30, 1963 (Berkeley), 이상 Walter E. Lammerts Papers, Bancroft Library, University of California, Berkeley; W. E. Lammerts to G. M. Price, March 27, 1961 (Price), Couperus Papers, Molleurus Couperus 제공. 다음도 보라. Walter E. Lammerts, "The Creationist Movement in the United States: A Personal Account," *Journal of Christian Reconstruction* 1 (Summer 1974): 49-63.

득 후에 그는 캘리포니아 공과 대학에서, 국가연구위원회가 주는 2년짜리 박사 후 과정의 장학금을 받을 수 있었다. 버클리에서 연구 보조원으로 짧은 기간 일할 때도 그는 「미국의 자연주의자」(*American Naturalist*), 「유전학」(*Genetics*), 「세포학」(*Cytologia*) 같은 학술지들에 논문을 발표했다. 그 후 그는 실용적인 식물 재배 쪽으로 방향을 바꾸었다. 그는 녹을 방지하는 금어초의 품종을 개발하는 데 성공했고, 그것을 통해 부모님 농장의 대출을 모두 갚아 그들이 유치원을 설립하도록 도울 수 있었다. 또한 그로 인해 그는 온타리오에 있는 암스트롱 묘목장 소유자의 관심을 끌게 되었는데, 그 사람은 램머츠를 고용해 새로운 연구와 육종계획에 착수하게 했다. 암스트롱과 함께한 5년 동안 램머츠는 로빈 배(Robin peach)와 샬로트 암스트롱 장미(Charlotte Armstrong rose) 같은 주목할 만한 신품종들을 개발했다. 그는 1940년부터 45년까지 로스앤젤레스에 있는 캘리포니아 주립대학에서 장식용 원예학을 가르치다가, 라 카나다에 있는 데스칸소가든스(남부 캘리포니아의 작은 식물원—역자 주)의 설립 계획을 돕기 위해 대학을 떠났다.[4]

1940년대 초에 UCLA에서 가르치는 동안 램머츠는 교수들 사이에서 창조론자로서의 자신의 믿음과 관련해 그닥지 않게 침묵을 지켰다. 나중에 그는 한 친구에게 이렇게 고백하고 설명했다. "말할 필요도 없이, 그곳에서 나는 나의 반진화론적 견해를 속에 품고만 있었습니다. 충분히 큰 '새'가 되어 큰 소리로 짹짹거릴 수 있기 전에 짹짹거리는 것은 아무 소용도 없기 때문이었습니다." 그러나 비공식적으로 그는 그 무렵 처음으로 창

4 Walter E. Lammerts의 January 17, 1983의 인터뷰; Howe, "Walter E. Lammerts," pp. 3-4; W. E. Lammerts to F. L. Marsh, March 30, 1963 (논쟁들), 그리고 W. E. Lammerts to H. C. Doellinger, November 18, 1963, 이상 Lammerts Papers.

조론 조직에 적극 가담했다. 그는 1941년에 홍수지질학회(GDS)에 가입했고, 동료 루터교인들에게도 그렇게 하라고 권유했다. 그는 그 그룹의 수백 명의 회원들 중 대부분이 제7일안식일예수재림교인들이라는 것을 알았으나, 그들이 "자연을 연구하는 몇 명의 멋진 이들"을 포함하고 있는 마음이 통하는 집단이라고 여겼다. 노년이 되었을 때 그는 만일 자신이 루터교를 떠났더라면 안식교를 선택했을 것이라고 말한 적이 있다. 그는 테오도르 그래브너(Theodore Graebner)를 그 학회에 가입시키기 위해, 장차 그 단체가 "진화론자들 중 최소한 어떤 이들이 진화론에 반대되는 많은 논증을 진지하게 숙고하도록 만들 충분한 잠재력"을 형성하게 되리라는 희망을 피력했다. 1940년대 중반에 램머츠는 유아기의 미국과학자연맹(ASA)에도 가입했다. 에버리스트(F. Alton Everest)가 그에게 그 그룹이 창조론에 헌신하게 될 것이라고 보증했기 때문이었다.[5]

비록 램머츠는 ASA의 소책자인 『현대 과학과 기독교 신앙』(*Modern Science and Christian Faith*, 1948) 안의 한 챕터인 "생물학과 창조"(Biology and Creation) 부분을 공동으로 집필했지만, 창조론자들의 활동에 대한 그의 참여는 그가 1945년에 UCLA를 떠난 후부터 감소했으며, 1953년에 북부 캘리포니아로 이주한 뒤에는 더욱 그러했다. 샌프란시스코 베이 에리어의 동쪽 리버모어에 정착하면서, 그는 처음에는 데스칸소의 배급업자들을 위해, 그리고 그 후에는 독일의 배급업자들을 위해 원예학을 연구했다. 그럼에도 그는 홍수지질학과 관련된 주제들에 대한 날카로운 관심을

---

5 W. E. Lammerts to Theodore Graebner, November 8, 1941 (새), Box 1, Theodore Graebner Papers, Concordia Historical Institute; W. E. Lammerts to Bolton Davidheiser, May 9, 1970 (제7일안식일예수재림교), Lammerts Papers; Lammerts, "The Creationist Movement in the United States," p. 54 (ASA).

여전히 간직하고 있었다. 미주리 루터교 신학자인 알프레드 르윙클(Alfred M. Rehwinkel)이 쓴 『홍수』(*The Flood*, 1951)는 프라이스의 대격변설을 대중화한 책이었다. 램머츠는 그 책을 읽으면서 홍수지질학에 대해 다시 한 번 숙고하게 되었고, 1956년 휴가 때 글레이셔 국립공원을 방문한 뒤로는 더욱 그러했다. 그곳에서 그는 공원 경비원이 유명한 루이스 충상단층이라고 확인해준 것의 사진을 찍었다. 그것에 대한 관찰은 충상단층이 발생했는지를 의심하는 문제에서 프라이스가 옳다는 그의 확신을 더욱 강화시켰고, 자신이 그 주제에 대한 한 권의 책을 쓰는 상상을 불러 일으켰다. 집에 돌아오자마자 그는 프라이스에게 편지를 썼다. "만일 저의 운 좋은 재정 상태가 앞으로 네다섯 해만 지속될 수 있다면, 아마도 저 개인적으로 많은 지역들을 탐사하는 일이 가능할 것입니다." 그는 충상단층이라고 일컬어지는 영역들 안에서 지층의 접촉선을 더 상세하게 연구한다면, 그것은 "충상의 바위들이 어떤 확정된 순서로 발생하지 않았다는 사실을…분명하게 지시하는 대단히 놀라운 증거를 제공"하게 될 것이라고 여겼다. 비록 자신이 지질학 분야에서는 초보자임을 인정했지만, 그는 유전학 분야에서의 자신의 오랜 경험이 "실제로 봐야 할 가치가 있는 자연의 증거를 대단히 분명하게 볼 수 있는 능력"을 자신에게 부여해줄 것이라고 느꼈다. 그래서 그는 "실제로 지질학에 대한 경험을 가진 몇 사람과 함께" 그 공원으로 돌아가기를 희망했다.[6]

1957년에 램머츠는 휘트컴에게 창세기의 홍수와 관련된 사건들에 대

---

6 Lammerts, "The Creationist Movement in the United States," pp. 56-7 (관심이 덜해짐); Morris, *History of Modern Creationism*, p. 173 (Rehwinkel); W. E. Lammerts to G. M. Price, October 31, 1956 (빙하와 책), Price Papers; W. E. Lammerts to J. C. Whitcomb, August 12, 1957 (지질학자가 아님), Whitcomb Papers.

해, 특별히 식물들이 살아남은 것과 지질주상도가 생성된 과정에 대해 기술적인 조언을 하기 시작했다. 처음에 그는 휘트컴에게 자신을 각주에서 공개적으로 인용하지는 말아달라고 말했다. 왜냐하면 그의 본업인 장미를 재배하는 일이, 그가 "일종의 취미 활동"이라고 부르는 것에 대한 토론에 충분히 몰두할 만한 시간을 허락하지 않았기 때문이었다. 그러나 몇 달 후 그는 생각을 바꾸었고, 창조론자들을 위한 학회의 형성을 추진하기 시작했다. 1961년에 『창세기의 홍수』(*The Genesis Flood*)가 출판되었을 때, 그 책은 몇몇 군데서 램머츠의 과학적 전문지식을 근거로 제시했다. 거기에는 아마도 루이스 충상단층의 접촉선을 예시하는, 그가 찍은 글레이셔 국립공원의 사진 세 장도 포함되어 있었다.[7]

대학 교육을 받은 지구과학자와 동행하며 충상단층 지역을 탐험하려는 램머츠의 소원은 1962년에 실현되었다. 그는 제7일안식일예수재림교회에 속한 두 명의 젊은이를 만나기로 했다. 그들은 **리처드 리틀랜드**(Richard M. Ritland, 1925-)와 **에드가 헤어**(P. Edgar Hare, 1933-2006)였다. 그들 셋은 함께 치프산을 트레킹하면서 루이스 충상단층을 조사하기로 했다. 리틀랜드는 왈라왈라 대학에서 생물학과 신학을 전공했으며, 그곳에서 클락(Harold W. Clark)의 과거 제자들 중 하나였던 사람에게서 홍수지질학의 한 가지 버전인 띠 모양으로 배열된 생태계에 관해 배웠다. 그는 제7일안식일예수재림교단 신학교에서 성경 언어와 고고학을 간단히 공부했

---

7 W. E. Lammerts to J. C. Whitcomb, August 12, 1957 (루이스 충상단층), September 6, 1957 (취미), 그리고 November 27, 1957 (학회), 이상 Whitcomb Papers; John C. Whitcomb, Jr., and Henry M. Morris, *The Genesis Flood: The Biblical Record and Its Scientific Implication* (Philadelphia: Presbyterian and Reformed Publishing Co., 1961), pp. 70, 106, 189-94.

으며, 이어 오레곤 주립대학에서 척추동물학으로 전공을 바꿔 석사학위를 취득했다. 그 후 리틀랜드는 하버드 대학에 입학하여 척추동물 고생물학자인 알프레드 로머(Alfred S. Romer, 1894-1973)와 함께 연구하면서 비교형태학과 척추동물 고생물학에 관한, 학문적으로 안전한 논문을 써서 마침내 1954년에 박사학위를 받았다. 1950년대 후반에 그는 제7일안식일예수재림교회 소속의 로마 린다 대학에서 가르쳤는데, 그곳에서 과학과 종교에 대한 일련의 세미나를 진행하면서 프라이스를 알게 되었고, 이따금씩 램머츠와 마주쳤다. 이 무렵에 리틀랜드는 자신의 현장 탐험 경험에 비추어 볼 때 프라이스와 클락 모두가 대부분의 퇴적암들이 노아 홍수에 기인한다고 생각하는 것은 잘못이라고 확신하게 되었다. 비록 리틀랜드는 성경의 대홍수를 계속해서 믿었고 또 대다수 안식교인들 사이에서는 의심할 바 없는 "홍수지질학자"로 통했지만, 그는 점점 더 홍수 사건으로부터 지질학적인 중요성을 벗겨내었고, 지질주상도의 낮은 층들은 대홍수 이전 시대에, 그리고 윗부분은 홍수 이후 시대에서 기인한다고 보았다. 리틀랜드는 이러한 발전 과정에 지질학적 공간을 부여하기 위해 창조의 시점을 6천 년보다 훨씬 이전으로 잡았다.[8]

뉴질랜드에서 이민 온 유력한 안식교인 가정의 자손인 헤어는 퍼시픽 유니온 대학에서 화학을 전공하고, 대학원생으로서 클락과 함께 연구했으며, 그 후 캘리포니아 대학에서 물리화학분야로 과학 석사학위를 받았다. 그는 버클리에서 지구의 역사에 관심을 갖게 되었으며, 창세기와 지질학을 화해시키는 일을 자신의 일생의 작업으로 삼겠다고 결심했다. 1955년

---

8 Richard M. Ritland의 1973년 5월 7일 그리고 1983년 11월 14일자 인터뷰; F. L. Marsh to W. E. Lammerts, March 26, 1962 (홍수지질학자), Lammerts Papers.

가을에 그는 나파 밸리로 돌아가 모교에서 화학을 가르쳤는데, 종종 지질학을 추가로 공부하기 위해 버클리로 통학을 했다. 몇 년 후 그는 지구화학 분야에서 박사학위를 받겠다고 결심했는데, 그는 그것이 방사능 연대측정 방법이 제기하는 몇 가지 의문점에 대해 해답을 줄 수 있을 것이라고 생각했다. 당시 제7일안식일예수재림교회는 지구의 역사를 연구하기 위한 센터를 건립하려고 열심이었으나, 교인들 중 지질학 박사학위를 가진 이가 단 한 명도 없었다. 그래서 안식교회는 헤어가 캘리포니아 공과대학에서 지구화학 분야의 박사학위 과정을 공부하는 것을 지원하기로 동의했다. 그곳에서 헤어는 고대의 조개껍질들 안에 포함된 산성의 변화에 기초해서 연대를 측정하는 방법을 개발하기 시작했는데, 처음에 그는 그 방법이 상대적으로 최근의 연대를 산출해주기를 희망했다. 그러나 교회의 임원들에게 보고할 때가 되었을 때, 그의 방법은 방사성 탄소 연대측정에 의해 얻어진 것과 사실상 동일한 자료를 제공했다. 그것은 자그마치 3만 5천 내지 4만 년의 기간을 가리키고 있었다. 그는 자신에게 도발적으로 물었다. "결과가 이런 식으로 나온 것이 단지 우연의 일치일 뿐인가?" 제7일안식일예수재림교회의 몇몇 진보적인 신학자들로부터 격려를 받고 또 실험실과 현장에서 관찰한 결과에 영향을 받으면서 헤어는—그의 친구 리틀랜드처럼—홍수의 영향을 제한하고 지구상의 생명의 역사를 확대하기 시작했다.[9]

1962년 7월 5일 아침, 램머츠는 계획했던 대로 리틀랜드와 헤어를 글레

9 P. Edgar Hare의 1983년 10월 22일자 인터뷰; P. E. Hare to E. E. Cossentine, December 15, 1957, 그리고 P. E. Hare to Richard Hammill, February 7, 1963, 이상 Hare Papers, P. Edgar Hare 제공; Roy Benton, "Odyssey of an Adventist Creationist," *Spectrum* 15 (August 1984): 46-53.

이셔 국립공원에서 만났다. 그들은 함께 그 공원의 남쪽 가장자리에 있는 충상단층 지역을 등반했다. 그곳에서 선캄브리아기와 백악기 사이의 지층의 접촉선이 수 마일에 걸쳐 관찰되었다. 리틀랜드와 헤어에게 충상단층의 증거는, 특별히 홈이 파지고 문질러져 닦인 자국들은, "압도적으로 명확"했다. 램머츠는 그 문제에 대한 젊은 동반자들의 과학적 접근에 감사하기는 했지만, 오히려 그 자신은 혼란스러웠다. 그는 리틀랜드와 헤어가 "프라이스가 틀렸고, 그런 어긋난 순서의 형성이 정말로 충상(衝上)의 결과라는 사실을 입증하려고 안달하는 것"에 특별히 어리둥절해졌다. 산에서 내려왔을 때 램머츠는 "크게 동요된 듯" 보였다. 그는 얼마 전에 『창세기의 홍수』 안에서 충상단층의 증거가 무가치하다고 공식적으로 표명했을 뿐만 아니라, 리틀랜드와 헤어가 지적한 대로, 그가 휘트컴과 모리스에게 증빙이 될 것이라고 확신하며 보냈던 사진들은 그 접촉선으로부터 2백 피트나 위에 놓인 바위들의 사진이었던 것이다. 게다가 램머츠는 글레이셔 국립공원의 충상단층은 "완전한 상상의 산물"이라고 주장하는 원고를 「크리스채너티투데이」(*Christianity Today*)에 보내 놓은 상태였다.[10]

처음에 램머츠는 「크리스채너티 투데이」에 보낸 원고를 자신이 목격한 것의 관점에서 수정할까 했으나, 결국 충상단층에는 자기가 원래 썼던 그대로 출판하는 것을 정당화하기에 충분할 만큼의 모호성이 있다고 판단했다. 그러나 이 결정은 리틀랜드를 "큰 환멸에 빠지게 했다." 나중에 그는 램

---

10 Richard M. Ritland의 1973년 5월 10일자 인터뷰; W. E. Lammerts to F. L. Marsh, July 19, 1962 (과학적 접근), 그리고 W. E. Lammerts to C. L. Burdick, November 18, 1963 (혼동과 당황), 이상 Lammerts Papers; Walter E. Lammerts, "Growing Doubts: Is Evolutionary Theory Valid?" *Christianity Today* 6 (September 14, 1962): 3-6. 다른 두 명의 제7일안식일예수재림교인인 Harold G. Coffin과 Harold James가 그 등반 여행 트리오와 동행했다.

머츠가 어떤 논문에서 자신을 가리켜 하버드에서 교육을 받은 박사로서 "대부분"의 퇴적암이 노아 홍수의 결과라고 주장하는 프라이스에게 동의하는 사람으로 서술한 것을 읽고는 더욱 분통이 터졌다. 루이스 충상단층을 방문하고 몇 달이 지난 다음, 램머츠는 충상단층의 새로운 홍수 모델을 만지작거렸다. 그는 리틀랜드에게 보낸 편지에서 이렇게 고백했다. "때로 나는 이런 종류의 상태가 지층들이 아직 부드러웠고 상대적으로 굳지 않았을 때 발생하지 않았을까 하고 생각해봅니다. 물리적 증거가 실제로 이 바위들이 지금 우리가 보는 것과 같은 순서로 퇴적되지 않았다는 사실을 지시하는 것이라면, 미끄럼 면과 같은 수막(水幕)이 이런 종류의 형태에 큰 도움을 주었을 것입니다." 그러나 결국 램머츠는 프라이스의 견해에 충실한 상태로 남았다.[11]

리틀랜드와 헤어의 주장에 맞서기 위해, 그리고 지질학적 문제의 토론에 필요한 자격을 얻기 위해, 램머츠는 캘리포니아 대학의 구조 지질학 강좌에 등록했다. 그는 홍수지질학에 대한 자신의 확신이 자신이 배운 것에 의해 흔들리는 대신, 오히려 한 주 한 주 시간이 지날수록 얼마나 많은 증거가 홍수지질학을 지지하는 것으로 보이는지 발견하고는 "점점 더 놀랐다"고 고백했다. 특별히 그는 전제들이 데이터의 해석에 얼마나 많은 영향을 주는지를 깨닫고 충격을 받았다. 그는 휘트컴에게—그의 지질학 교수에 따르면—"우리가 관찰하는 모든 암반구조의 80 내지 90%는 우리가 본 것을 해석한 것이라고 합니다. 만일 이것이 사실이라면, 암반구조에 관해

---

11 W. E. Lammerts to F. L. Marsh, July 19, 1962 (첫 반응), Lammerts Papers; W. E. Lammerts to R. M. Ritland, Nonember 21, 1962 (홍수 이후의 충상단층), Ritland Papers, Richard M. Ritland 제공; Richard M. Ritland의 1973년 5월 7일의 인터뷰; Lammerts, "Growing Doubts," p. 5.

발표된 보고들은 10%만 사실이고 나머지 90%는 그것을 바라보고 보고했던 남자나 여자의 마음의 산물이라는 셈이 됩니다"라고 전했다. 이 무렵에 램머츠는 재교육 과정을 마쳤고, 광물학, 무척추 고동물학, 고식물학 등의 과정을 그의 이력서에 추가했다.[12]

창조론에 대한 램머츠의 관심은 르윙클의 책을 읽고 휘트컴과 교제하면서 되살아났을지 모르나, 그에게 진화론이 현존하는 위협임을 확신시킨 것은 그의 가정적인 배경이었다. 1954년에 아내의 갑작스런 죽음으로 인해 그는 정서적 "붕괴" 상태에 빠졌고, 두 명의 십대 딸들을 혼자 양육해야 하는 의무를 떠맡게 되었다. 두 딸이 라이버모어 고등학교에서 교과서를 집으로 가져오기 시작했는데, 그 책들은 "모든 과학자들이 진화라는 사실을 수용한다"라고 주장하고 있었다. 그런 것이 학교에서 가르쳐지고 있었다는 사실을 전혀 몰랐던 아버지는 쇼크를 받았고, 혹시 자신이 "다른 방식으로 완전히 계몽된 포유류의 시대에 홀로 살아남은 지적인 공룡인 것은 아닌지" 의심하기 시작했다. 그래서 그는 다른 창조론 과학자들을 찾아다녔고, 회의적인 그의 둘째 딸을 확신시키기 위해 진화라는 주제를 다루는 그녀의 수업을 두 번이나 참관했다.[13]

가정의 위기를 성공적으로 극복한 후에 램머츠는 학교 제도가 가르치

12 W. E. Lammerts to J. J. Grebe, October 30, 1963 (놀람), 그리고 W. E. Lammerts to F. L. Marsh, May 13, 1966 (코스), 이상 Lammerts Papers; W. E. Lammerts to J. C. Whitcomb, March 30, 1964 (전제조건들), Whitcomb Papers. Marsh에게 보낸 편지 안의 날짜는 명백한 오기다.

13 Walter E. Lammerts의 1983년 1월 17일자 인터뷰(폭락); W. E. Lammerts to H. W. Clark, December 7, 1964 (모든 과학자들), Price Papers; Walter E. Lammerts, "Introduction," *Creation Research Society Annual* (1964): [1] (공룡); "Mathematical Probability of Accidental Development of Life Cell," *Five Minutes with the Bible & Science*, *Bible-Science Newsletter* 17 (June 1979): 7의 부록(수업들).

는 것에 대한 흥미를 잃었다. 그러나 그는 곧 새로운 관심사를 발견했다. 그것은 유신론적 진화라는 "우스꽝스러운" 개념을 지지하는 사람들이 사실상 미국과학자연맹(ASA)를 장악했다는 사실이었다. 그의 의견에 따르면, 변절한 그 연맹은 "병들고, 병들고, 또 병들었다(sick, sick, sick)!" 그 조직의 건강성에 대한 그의 의심은 그가 1960년 연례 모임에 논문 한편을 제출했을 때 확증되었다. 그 논문은 장미에 방사선을 쬐는 것으로부터는 그 어떤 긍정적인 돌연변이도 생기지 않는다는 사실을 보여줌으로써 진화가 틀렸음을 입증하려는 시도였다. 그의 논의는 한 멤버가 그때까지 보았던 것 중 "폭력적인 감정 폭발에 가장 근접한 것"을 촉발했고, 헌(Walter R. Hearn)으로 하여금 앞으로 그 협회가 그런 식의 분열을 초래하는 토론에 대비해 두 개의 방을 마련해서 한쪽에는 진화에 대해 침착하게 말할 수 있는 사람이 들어가게 하고, 다른 한쪽에는 그 터부가 된 단어를 사용하기를 거부하는 사람들이 들어가도록 해야 할 것이라고 제안하도록 자극했다. 램머츠는 1970년대까지 ASA 회원 자격을 유지했으나, 월터 헌 같은 과격한 진화론자가 "마음대로 지껄여대는 것"을 내버려두는 조직을 더 이상 존경하지는 않았다.[14]

램머츠가 기꺼이 인정했듯이, 진화에 대한 그의 관점은 창조론의 기준에 비추어보아도 극단적이었다. 가장 엄격한 창조론자들마저 소진화와 몇몇 종들의 자연적인 발전을 허용할 때조차, 그는 계속해서 "종들의 절대적인 고정성"을 주장했다. 그가 이 원칙에서 벗어난 적이 딱 한 번 있었는데,

---

14 W. E. Lammerts to H. H. Hartzler, April 21, 1970 (우스꽝스러움과 체념) and W. E. Lammerts to H. M. Morris, August 26, 1963 (병이 듦), 이상 Lammerts Papers; Walter R. Hearn의 1984년 5월 7일자 인터뷰(폭발); W. E. Lammerts to R. M. Ritland, November 21, 1962 (지껄여댐), Ritland Papers.

그때 그는 에덴의 애초의 창조 이래 새로운 "소위 종들"과 인종들의 출현을 설명하기 위해 DNA 분자의 기적과 같은 조작에 대해 언급했다. 그는 어느 기독인 생물학자에게 성경의 바벨탑 사건을 예로 들면서 이렇게 설명했다. "하나님은 그분의 섭리적인 돌봄의 한 일환으로 인간을 포함한 유기체들을 특별한 조건들에 적응시키기 위해 다양한 시대에 DNA를 재배열하실 수 있습니다. 그러나 이것은 진화가 아니고 설계된 변화이며, 기능적 유기체를 형성하기 위해 빠르고 완전하게 확산될 수 있습니다."[15]

램머츠가 진화에 반대하기 위해 내세운 이유들은 청중이 누구냐에 따라 달라졌지만, 그는 초지일관 성경에 대한 숙고는 경시하고 대신 과학적 숙고를 선호했다. 다른 창조론자들이 어셔(Ussher)의 연대기를 몇 천 년 정도 확장하려고 노력했던 반면에, 그는 지구의 역사가 어떻게 6천 년씩이나 될 수 있는지 이해하기 어렵다고 공언했다. 대단히 실천적인 사람이었던 램머츠는 학생들이 "무엇인가 유용한 것을 배울 수 있는" 시간에 단지 이론에 불과한 것에 그렇게도 많은 시간을 낭비하는 것을 싫어했다. 또한 그는 개인적 관찰을 통해 진화라는 사상이 "젊은, 그리고 상상력이 모자란 수많은 식물 및 동물 사육자들에게 따분한 영향을 미쳤다"고 결론을 내렸다. 그들은 유기체의 변화가 수백만 년의 시간을 요구한다고 잘못 생각하기 때문에 그들의 사육 작업에 소극적으로 임한다는 것이었다. 그는 식물 재배자로서 자신이 이룬 확실한 성공을 부분적으로는 자신의 창조론적 인식의 탓으로 돌렸다. 그것은 "특정한 종의 내부에서 가능한 변화는 (수백만 년이 아니라) 대단히 빨리 일으켜질 수 있다"는 인식이었다. 그러한 실천적인 사고를 넘어서, 그는 과학 공동체의 주류를 창조론 쪽으로 전환

---

15 W. E. Lammerts to V. E. Anderson, May 31, 1965, Lammerts Papers.

시키려는 바람은 갖고 있지 않았다. 그는 이렇게 말했다. "인간이 너무나 어리석어서 진화가 틀렸다는 것을 볼 수 없다면, 나는 그들을 설득하려고 노력하지 않을 것입니다."[16]

교회에 속한 작은 대학의 후미진 학관에서 애쓰고 고생하며 살다가, 감히 과학의 넓은 세계로 들어갈 때면 언제나 불안을 느꼈던 여러 전형적인 창조론자들과는 달리, 램머츠는 자신감에 넘쳤다. 그에 대한 애증이 엇갈리는 한 동료는 이렇게 기억했다. "그는 가끔 실수했을지는 모르지만, 의심한 적은 결코 없었다!" 체격이 크고 인상적인 램머츠는 정식 과학자 자격증과 원예사로서의 국제적 명성을 가졌을 뿐만 아니라, 재정적으로도 자립이 가능했다. 상을 수상한 장미로부터 얻는 로열티는 그가 계속 사업에 투자하면서 수십만 달러의 자본금을 축적할 수 있게 했다. 1960년대 초에 그는 몰래 잠입해오는 진화론 때문에 루터교의 미주리 총회에 점점 더 환멸을 느낀 나머지 자신의 돈을 교회보다는 창조론 조직에 더 많이 쓰기로 결심했다. 그는 헌신적인 기독교인이었지만, 스스로 말하듯이 "성미가 고약한 욕쟁이"였으며, 관습적인 경건의 형식을 늘 따르지는 않았다. 성직자처럼 처신했던 경건한 사람 모리스와는 대조적으로, 램머츠는 자기 생각을 자유롭게 말했으며, 대화중에 자주 "젠장"(hell)이나 "빌어먹을"(Damn) 같은 단어들을 사용하기도 했다.[17]

---

16 W. E. Lammerts to F. L. Marsh, May 9, 1963 (성경), 그리고 W. E. Lammerts to Martin Scharlemann, May 29, 1965 (학생들), 이상 Lammerts Papers; Walter E. Lammerts의 January 17, 1983의 인터뷰 (6천 년과 어리석음); Lammerts, "Growing Doubts," p. 6 (소심한 사육자들).

17 Morris, *History of Modern Creationism*, p. 186 (결코 의심하지 않음); Walter E. Lammerts의 1983년 1월 17일의 인터뷰 (재정과 대화); W. E. Lammerts to G. F. Howe, November 20, 1962 (창조론 원인), 그리고 W. E. Lammerts to H. W. Rusch, March 14, 1966 (욕하기), 이상 Lammerts Papers.

정치적으로 그리고 사회적으로 램머츠는 보수적인 틀을 지닌 정형화된 창조론자들과의 관계를 끊었다. 라폴레트를 추종하는 진보주의자(La Follette Progressive)로부터 케네디를 추종하는 민주주의자(Kennedy Democrat)로 변신한 그는 시민권, 보수, 그리고 점진적인 사회적 입법을 강력하게 지지했으며, 존 버처(John Bircher)와 그 일당 같은 극우조직을 혐오했다. 1960년대 초에 그는 "흑인들에 대한 공정한 대우"를 옹호하는 어느 초교파적 성격의 위원회에서 일했고, "우리의 서구적 유형의 기계화된 문명"에 의해 파괴된 야생동물을 구하기 위해 노력하는 시에라 클럽(Sierra Club) 같은 보수적인 그룹을 지원하기도 했다. 그는 철학적이고 실천적인 자본주의자였지만, 창조론 조직을 반공산주의 쪽으로 붙들어 매려는 창조론자들에게는 거의 협력하지 않았다. 그의 창조론 관련 저술에 나타나는 몇 안 되는 정치적 진술들 중 하나에서 그는 이렇게 선언했다. "나는 공산주의가 진화론적인 개념들로부터 유래했다고…믿지 않습니다."

> 오히려 공산주의 또는 그것의 전파는 러시아의 짜르(Czar)와 지배 계층이 평민들을 끔찍하게 억압한 결과입니다. 이 나라 역시 1890-1910년 무렵까지만 하더라도 자본가들은 노동자들에게 최저 생계비도 안 되는 적은 돈을 주면서 하루 12시간씩, 대부분 건강을 해칠 수 있거나 사고의 위험이 있는 조건에서 일하도록 가혹하게 강요했습니다. 다행스럽게도 헨리 포드(Henry Ford)와 같은 진보적 자본주의자들과 라폴레트(Robert Marion La Follette)와 같은 입법자들이 점차적으로 노동시간을 단축시키고, 노동 조건을 개선하고, 각 회사의 총수입 중 노동자가 차지하는 몫을 증가시키면서 자본주의를 수정했습니다.

그의 독특한 입장에도 불구하고, 램머츠는 1960년대에 모리스와 함께 미국에서 가장 영향력 있는 두 명의 과학적 창조론자들 중 하나로 등장하곤 했다.[18]

창조 연구 자문위원회

램머츠와 팅클이 10명의 창조론자들을 모집하기 시작했을 때, 정작 그 두 사람 사이에는 진화를 함께 반대한다는 것 외에는 아무것도 합의된 것이 없었다. 비록 두 사람 모두 홍수지질학회(DGS)와 미국과학자연맹(ASA)에서 활동했지만, 그들은 서로를 거의 알지 못했다. 램머츠가 양쪽 조직에 가입할 무렵, 팅클은 인디아나에 있는 테일러 대학에서 공부하기 위해 남부 캘리포니아를 이미 떠났기 때문이다. 그들은 1940년대 후반에 ASA의 첫 번째 책에 기고할 반진화론적 에세이를 서신 교환을 통해 공동으로 저술했다. 그러나 그 후에도 램머츠는 팅클이 오랜 지질학적 연대를 계속해서 믿고 있는 대열 밖의 배신자(a fifth columnist)가 아닌가 하고 의심했다. 팅클은 진화에 반감을 가졌고 프라이스에 찬사를 보냈지만, 홍수지질학을 완전히 수용하지는 않았다.[19] 램머츠와 함께 모험을 시작할 무

---

18 Samuel Wolfe to W. E. Lammerts, December 30, 1964 (Kennedy와 Bircher에 관련된 Lammerts와 친구들에 대한 인용), W. E. Lammerts to L. W. Faustick, December 2, 1963 (종파를 초월한 위원회), 그리고 W. E. Lammerts to H. H. Hartzler, August 8, 1966 (대화), 이상 Lammerts Papers; Walter E. Lammerts, Review of *Creation: A Scientist's Choice*, by Zola Levitt, *Creation Research Society Quarterly* 14 (1977-78): 75 (공산주의).

19 W. E. Lammerts to H. H. Hartzler, November 24, 1951, ASA Papers, 현재 Special Collections, Buswell Memorial Library, Wheaton College에 소장되어 있음. 또 다음도 보라. William J. Tinkle, "Heredity of Habitual Wandering," *Journal of Heredity* 18 (1927): 548-51; 그리고 "Habitual Wanderers," *Literary Digest* 96 (April 21, 1928): 20.

렵, **윌리엄 팅클**(William J. Tinkle)은 이미 일흔 번째 생일을 향해 가고 있었다. 1920년대에 반진화 논쟁의 격랑을 헤쳐나갔던 몇 안 되는 적극적 창조론자들 중 하나인 팅클은 윌리엄 라일리(William Bell Riley)의 제안으로 1932년에 프라이스와 처음으로 만났다. 당시 그는 이미 오하이오 주립 대학에서 동물학 분야의 석사와 박사학위를 받았고, 웨스트 버지니아에 있는 마샬 대학의 학부에서 강의하는 중이었다. 램머츠와 마찬가지로 그도 유전학을 전공했지만, 그의 특별한 관심은 식물 재배보다는 사람을 양성하는 쪽으로 기울어져 있었다. 「리터러리 다이제스트」(*Literary Digest*)를 통해 유명해진 그의 석사학위 논문의 주제는 습관적인 방황(habitual wandering)의 유전에, 그리고 박사학위 논문의 주제는 우생학 문제로서의 청각장애에 대한 연구에 맞춰졌다. 모든 저명한 유전학자들이 우생학으로부터 물러섰던 1939년까지도, 그는 자신의 창조론 교과서인 『동물학의 근본 원리들』(*Fundamentals of Zoology*)에서 사람을 선별적으로 양육하는 것을 여전히 옹호했다. 신학교에서 훈련을 받은 형제 교회의 목사로서, 또는 던커파(Dunkers, 1708년 독일에서 창시되어 미국에서 재조직된 기독교의 한 분파인 독일 침례교 형제 교회 및 그 신자—역자 주) 신도로서, 그는 그의 경력의 후반부를 웨슬리의 경건 전통과 관련된 학교에서 가르치면서 보냈다. 미국 개신교 안의 그 교단에 속한 다른 많은 사람들과 마찬가지로 그 역시—누군가가 대진화를 주장하지 않는 한—개인의 창조론에 대한 믿음의 세부사항에 대해서는 거의 신경 쓰지 않았다.[20]

---

20 W. J. Tinkle to G. M. Price, December 15, 1932, Price Papers; William J. Tinkle, *Fundamentals of Zoology* (Grand Rapids, MI: Zondervan, 1939), pp. 127-32. 또 다음도 보라. "William John Tinkle," *Creation Research Society Annual* 4 (June 1967): 3. Tinkle은 우생학을 다음의 자신의 마지막 책에서 더욱 조심스럽게 취급한다: *Heredity: A Study in*

지구의 역사에 대한 팅클 자신의 고유한 견해는 프라이스의 새로운 대격변설로부터 왔다기보다는 오히려 프랑스의 자연주의자인 조르주 퀴비에(Georges Cuvier)의 옛 격변설로부터 왔다. 암석들에 대한 그의 읽기가 늘 일관성이 있었던 것은 아니지만, 팅클은 퀴비에와 마찬가지로 지구가 단 한 번이 아니라 일련의 중요한 지질학적 대격변을 겪었다고 믿는 경향이 있었다. 언젠가 그는 휘트컴에게 이렇게 말했다. "만일 성경이 대다수 퇴적암이 홍수 기간에 퇴적되었다고 말한다면, 저는 그렇게 믿을 것입니다. 그러나 저는 그런 진술을 발견하지 못했습니다. 성경은 스스로를 완전한 과학적 기록이라고 주장하지 않으므로, 홍수 이외에 어떤 다른 대격변들이 있었을 수도 있습니다. 그렇게 큰 지질학적 작업이 단 1년 안에 행해졌다는 것은 도무지 이성적인 것으로 보이지 않습니다." 휘트컴이 화석화한 동물들이 죄가 세상 안에 들어오기 전에 죽었다는 사실과 관련된 신학적인 어려움을 지적했을 때, 팅클은 화석을 품은 지층들이 에덴의 창조 **이후에** 퇴적되었다고 주장하면서 어색하게 그 문제를 비껴갔다. 그는 이렇게 썼다. "아담 이전의 재난과 관련해, 나는 창세기 1장의 처음 10절에서 말해진 것과 같은 종류의 사건들이 많이 있었을 것이라고 생각합니다. 그러나 물론 이것이 화석을 함유한 암석들을 설명해주지는 않을 것입니다." 후에 그는 대격변들의 순서를 개정해 퀴비에와 프라이스를 조화시키려고 시도했다. 그는—퀴비에가 그렇게 했던 것처럼—노아 홍수를 재난들의 마지막을 나타내는 것으로 여기기보다 오히려 그것을 맨처음에 위치시킨 후, "중요하지만 상대적으로 국지적인 일련의 사건들이 뒤따라왔다"라고 보았다. 그러나 그가 대격변들을 어떻게 바꿔서 배치시키든 상관없이, 그

Science and the Bible (Grand Rapids, MI: Zondervan, 1970), pp. 135-46.

로서는 홍수지질학이 허용하는 것보다 훨씬 더 큰 시간이 필요했다.[21]

1961년에 팅클과 램머츠는 그들이 제안했던 그룹과 관련해 가장 모호한 의제만 갖고 있었다. ASA가 유신론적 진화 쪽으로 전향한 것에 좌절했으나 분열을 초래할 저항을 이끎으로써 그것의 미래를 위태롭게 하고 싶어 하지도 않았던 팅클은, 처음에는 그 연맹 내부에 하나의 비공식적인 그룹을 만드는 것만을 바랐다. 하지만 곧바로 그는 더 큰 미래를 내다보았다. 1962년 초 세계의 인구 절반과 함께 존 글렌(John Glenn, 미국 최초로 우주 궤도를 돈 우주인—역자 주)이 지구궤도를 선회하는 것을 본 후, 그는 자기와 램머츠가 보다 더 중요한 사명에 착수했다고 생각하지 않을 수 없었다. 그는 다만 자신들의 시각을 얼마나 높이 두어야 할지를 몰랐다. 그는 램머츠에게 이렇게 물었다. "우리가 대다수 과학자들을 진화에 반대하는 쪽으로 전향시킬 수 있을까요? 우리가 기독교인들을 창조를 향해 돌이키게 하고, 비기독교인들은 제 갈 길을 가도록 버려둘 수 있을까요?" 언제나 현실주의자였던 램머츠는, 자신은 "대부분의 과학자들을 진화에 반대하도록 전향시키는 것"에 대해 "어떤 환상도 갖고 있지 않다"고 대답했다. 램머츠의 직접적인 목표는 그리스도인 청년들이 문자적 창조를 거부하지 못하게 하는 것, 그리고 세상에 창조론 과학자들이 존재하고 있음을 알리는 것이었다. 또한 그 그룹의 회원들은 서로에게 최근의 흥미로운 논문에 대해 주의를 환기시키고 서로의 논문을 비판할 수 있을 것이다. 그는 미래에 그들이 창조를 옹

---

21 W. J. Tinkle to J. C. Whitcomb, August 15, 1955 (다른 격변설들), J. C. Whitcomb to W. J. Tinkle, August 25, 1955 (죄), 그리고 J. C. Whitcomb to H. M. Morris, October 14, 1957 (화석을 함유한 바위들에 관련된 Tinkle의 인용), 이상 Whitcomb Papers; William J. Tinkle, Review of Georges Cuvier, *Zoologist*, by William Coleman, *Creation Research Society Annual* 2 (May 1965): 51. Henry M. Morris에 따르면 Tinkle은 그의 죽음 직전에 홍수지질학자로 전향했다. Henry M. Morris의 1984년 5월 10일자 인터뷰를 보라.

호하는 논문들을 「새터데이 이브닝 포스트」(*Saturday Evening Post*)나 「토요 문학 비평」(*Saturday Review of Literature*) 같은 유명 잡지에 게재할 수 있게 되기를 희망했고, 「타임」(*Time*)조차 "그들의 과학란에 활발하게 연구에 임하고 있는 다수의 과학자들이 진화론을 믿지 않는 다양한 이유를 갖고 있음을 보도하는 것이 가치 있는 새로운 일임을 발견하게 될 것"이라고 추측했다. 이 모든 일의 시동을 걸기 위해, 그는 과학적으로 명망이 있는 10명의 창조론자들의 이름을 열거하는 레터헤드(letterhead, 윗부분에 송신자의 이름과 소속과 주소 등을 인쇄해 넣은 편지지—역자 주)를 갖기를 원했다. 아마도 그 이름들이 "우리 모두가 그저 몇 사람의 '괴짜' 개인이 아니라는 사실"을 수신자들에게 암시해줄 것이기 때문이었다.[22]

1961년 가을에 팅클은 8명의 알려진 또는 추정되는 창조론자들에게, 램머츠와 자신에게 합류해 ASA 내부에 반진화를 위한 모임을 만들자고 제안하는 편지를 보냈다. 초대를 받은 8명은 헨리 모리스(Herry M. Morris), 프랑크 마쉬(Frank Lewis Marsh), 몰뢰루스 쿠페루스(Molleurus Couperus), 에드윈 몬스마(Edwin Y. Monsma), 레어드 해리스(R. Laird Harris), 듀안 기쉬(Duane T. Gish, 1921-), 필립 리브달(Philip V. Livdahl, 1923-), 그리고 에드워드 케슬(Edward L. Kessel, 1904-)이었다. 1월 말에 팅클은 의사인 리브달을 제외한 모두에게서 회신을 받았고, 곤충학자인 케슬은 유신론적 진화론자임이 드러났다. 초청에 응답한 이들 중 오직 모리스만 약간 망설였다.

---

22 W. J. Tinkle to W. E. Lammerts, January 26, 1962 (ASA를 위태롭게 함), 그리고 February 10, 1962 (Glenn); W. E. Lammerts to W. J. Tinkle, February 15, 1962 (MSS와 대중잡지를 읽기), March 5, 1962 (환상 없음과 *Time*), 그리고 February 9, 1963 (창조론 과학자들); W. E. Lammerts to F. L. Marsh, December 30, 1962 (편지지 윗부분); 이상 Lammerts Papers. Tinkle이 ASA 내부에 머물려고 했던 의도에 관련하여 다음을 보라. J. C. Whitcomb to H. M. Morris, May 28, 1961, Whitcomb Papers.

ASA가 "너무 심각할 정도로 진화론의 침투를 받아서 회복되기 어렵다"고 믿었던 모리스는 팅클에게 새로운 모임을 시작하자고 권했다. 그는 "팅클의 퀴비에주의[Curvierianism]"마저 비성경적인 사상과 너무 많이 타협한 것을 두려워했으나, 팅클과 램머츠가 적어도 바른 방향으로 움직이기는 할 것이라는 희망을 갖고 머뭇거림을 극복했다.[23]

3월 초에 램머츠는 "8인 위원회"에 대해 언급하고 있었는데, 그것은 **쿠페루스**가 참여를 재고한 까닭에 곧바로 7인 위원회로 축소되었다. 홍수지질학회(DGS)에서 팅클 및 램머츠와 함께했던 때 이래로 쿠페루스는 통상적인 홍수지질학으로부터 너무 멀리 나아갔다. 5월에 그는 램머츠에게 자신의 이름을 곧 나올 레터헤드에 포함시키지 말아달라고 요청했다. 그는 외교적 표현을 사용하여 이렇게 썼다. "나는 위원회의 일원이 된 것을 기쁘게 생각합니다. 하지만 나는 외부인들에게 위원회의 구성원에 대해 알리는 것에는 특별한 이점이 없다고 느끼고 있습니다." 살아남은 7명 중 오직 램머츠, 모리스, 마쉬, 그리고 몬스마만이 최근의 창조와 격변적 홍수에 공식적으로 동의했다. 제7일안식일예수재림교인인 생물학자 마쉬는 젊은 시절 프라이스와 공부할 때부터 홍수지질학을 변호해왔으며, 개혁주의 기독교도 식물학자인 몬스마는 오랫동안 ASA 안에서 엄격한 창조론을 옹호해왔다. 그러나 팅클은 화석을 함유한 암석들 대부분이 단 한 번의 홍수로

23 W. J. Tinkle to W. E. Lammerts, January 26, 1962 (8명 초대), Lammerts Papers; H. M. Morris to J. C. Whitcomb, January 1, 1963 (퀴비에주의), Whitcomb Papers; Morris, *History of Modern Creationism*, p. 176 (Tinkle에 대한 대답). Kessel의 견해에 대해 다음을 보라. Edward Luther Kessel, "Let's Look at Facts, without Bent or Bias," in *The Evidence of God in an Expanding Universe*, ed. John Clover Monsma (New York: G. P. Putnam's Sons, 1958), pp. 49-54. 전기적 정보에 대해 다음을 보라 "From Curiosity to Curating," *Search*, no. 9 (1990): 1-4.

부터 기인한다는 주장을 공개적으로 의심했으며, 해리스와 기쉬는 대체적으로 그 주제를 회피했다.[24]

화학 공학 기술자였다가 고고학자로 변신한 **해리스**는 히브리어와 그 동족어를 가르치는 드롭시 대학(지금의 안넨버그 연구소[Annenberg Research Institute])에서 구약학 박사학위를 받았으며, 세인트루이스에 있는 개혁주의 장로교 기관인 커버넌트 신학교에서 가르쳤다. 그 팀의 다른 멤버들 대부분과 함께 해리스는 『창세기의 홍수』의 미출간 원고를 읽었고, 휘트컴과 모리스에게 자신이 그들의 결론에 대체로 동의한다는 인상을 전했다. 그러나 그는 팅클-램머츠 그룹에 가입한지 몇 달이 되지 않아 램머츠에게 홍수지질학에 대한 동의를 철회한다고 전했다. 그는—비록 노아의 대홍수가 아마도 "온 세상의 생물들을 멸망시켰다는 의미에서 보편적"이었을 수 있지만—또한 그보다 앞선 홍수들이 지질학적 기록들에 영향을 미쳤을 수도 있다고 의심했다. 램머츠는 해리스에게 그 그룹이 아직 그 주제에 대해 통일된 의견에 도달하지 못했다고 확인해주었고, 팅클조차도 지질학적으로 긴 연대를 받아들이고 있다는 점을 지적했다. 모리스는 해리스의 고백에 놀라고 실망하면서, 아마도 그가 그의 동료이자 휘튼 대학의 학장을 역임했고 (모리스의 의견으로는) 날-시대 이론의 악명 높은 지지자였던 버스웰(J. Oliver Buswell, Jr.)의 영향을 받았을 것으로 추측했다.[25]

---

24 W. J. Tinkle to W. E. Lammerts, to W. J. Tinkle, March 5, 1962 (8인 위원회), 그리고 M. Couperus to W. J. Tinkle to W. E. Lammerts, May 25, 1962 (재고), 이상 Lammerts Papers. Monsma에 관련하여 다음을 보라. Morris, *History of Modern Creationism*, pp. 134, 180.

25 Morris, *History of Modern Creationism*, p. 180; R. L. Harris to W. E. Lammerts, November 3, 1962, W. E. Lammerts to R. L. Harris, November 12, 1962, 그리고 H. M. Morris to W. E. Lammerts, May 13, 1965, 이상 Lammerts Papers.

듀안 기쉬는 설립자 7인 중 『창세기의 홍수』 원고를 읽지 않은 유일한 사람이었고, 조직화된 창조론자 모임 안에서는 상대적으로 신참이었다. 그는 버클리에서 박사학위를 취득(1953)한 생화학자였고, 한때는 코넬 대학 의학부에서 조교수로 지내기도 했다. 1960년 이후 그는 미시간 주 칼라마주에 있는 거대 제약기업인 업존에서 단백질과 폴리펩타이드에 관한 연구를 수행해왔다. 그는 열 살 때 감리교회에서 신앙을 고백하고 기독교인이 된 이후로 창조의 이야기를 실제 있었던 사실에 대한 역사적 설명으로 받아들였다. 성인이 된 후에도 그는 정규 침례교회에 속한 근본주자로서 성경을 "영감을 받은 하나님의 무오한 말씀"으로 굳게 믿었다. 1950년대 말 존 호위트(John R. Howitt)가 익명으로 출판한 책 『진화: 거짓으로 위장한 과학』(*Evolution: Science Falsely So-Called*)을 읽고서 그는 적극적 반진화론자가 되기로 결심하고 ASA에 가입했는데, 당시 그는 ASA가 창조론자들이 모인 단체라고 오해했다. 그는 ASA를 통해 팅클을 만났고, 팅클은 그를 진화에 항의하는 반대자들의 그룹으로 초대했다.[26]

호위트가 홍수지질학을 거론하지 않으면서도 진화에 반대하는 자신만의 방법을 개발했기 때문에, 기쉬는 홍수지질학을 문제 삼아야 할 아무런 이유도 발견하지 못했다. 램머츠가 아는 한, 기쉬는 대격변을 일으킨 홍수라는 생각이 "무척 흥미롭기는 하나 주된 논쟁의 주제로 삼기에는 관심이 떨어지는 문제"라고 믿었다. 이런 입장을 취하는 기쉬는 때때로 오랜 지구

---

26 Morris, *History of Modern Creationism*, pp. 179-180; D. T. Gish to L. G. Butler, May 5, 1966 (연구와 정규 침례교인), Butler Papers, Larry G. Butler 제공; D. T. Gish to J. C. Whitcomb, November 9, 1966 (하나님의 말씀), Whitcomb Papers; Duane T. Sish의 1980년 10월 26일 그리고 1984년 5월 10일자 인터뷰. International Christian Crusade in Toronto가 발행한 Howitt의 소책자 *Evolution: Science Falsely So-Called*는 1965년에 16쇄를 찍었다.

를 주장하는 창조론자들과 어울려 지냈는데, 그들은 휘트컴과 모리스 같은 엄격한 구조론자들에게는 저주받아 파문된 자들이었다. 1960년대 중반에 기쉬는 휘트컴에게 "자신이 지구의 명확한 나이에 관한 질문을 받으면" 다음과 같이 대처한다고 설명했다.

> 저는 홍수지질학 이론, 간격 이론, 날-시대 이론 등을 언급하고, 마지막으로 모든 연대 측정 방법들 안에는 아주 중요한 전제들이 들어 있으며, 만일 그 전제들이 틀렸다면, 그 방법들 전체가 틀린 것이라고 강조합니다. 저는 어느 한 가지 입장을 특별히 주장하지 않습니다. 그리고 가설적으로 측정된 지질학적 연대와 상관없이 화석의 증거는 진화론과 양립할 수 없다고 생각합니다. 그러면서 저는 예로부터 잘 알려진 전략을 취하는데, 그것은 너의 모든 노력을 적의 가장 약한 지점에 집중시키라는 것입니다.

기쉬는 홍수지질학의 성경적 적합성을 의심하지 않았다. 하지만 그는 그것의 변호를 다른 사람들에게 맡겼다.[27]

9월말까지도 그 10명으로 이루어진 팀—램머츠는 그것에 자신이 속했던 어느 그룹의 이름을 모방해 카멜리아 연구 자문위원회(Camellia Research Advisory Committee)라는 새로운 이름을 붙였다—에는 아직도 세 자리가 비어 있었다. 예상대로 그 그룹을 책임지게 된 램머츠는 특별히 물리학자 한 사람과 지질학자 한 사람을 등록시키기를 원했다. 립달은 그 그룹에 가입하기를 꺼렸고, VPI의 물리학부에서 모리스의 동료였고 『창세

27 W. E. Lammerts to R. M. Ritland, December 8, 1962, Ritland Papers; D. T. Gish to J. C. Whitcomb, November 9, 1966, Whitcomb Papers. Gish와 Howitt에 대해 Henry M. Morris의 1984년 5월 10일자 인터뷰를 보라.

기의 홍수』 집필에 조언했던 토머스 길머(Thomas Edward Gilmer, 1925-)도 마찬가지였다. 그래서 모리스는 그 위원회를 위해 미시간의 미들랜드에 있는 다우 화학회사에서 핵 관련 기초 연구의 책임을 맡고 있던 **존 그리브**(John J. Grebe, 1900-1984)를 초대했고, 그가 여덟 번째 멤버가 되었다. 어렸을 때 독일에서 미국으로 이주한 그리브는 존경받는 물리화학자로, 클리블랜드에 있는 케이스 응용 과학원(지금의 케이스 웨스턴 리저브 대학)에서 이학 명예박사(Sc.D.) 학위를 받은 발명가였다. 활동적인 미주리 루터교인인 그는 『창세기의 홍수』를 홍보하기 위한 추천사를 쓰는 일에 자원함으로써 모리스에게 깊은 인상을 주었다. 그리브가 그 위원회에 가입하기로 동의한 이후에야, 램머츠는 그 새로운 가입자가 비록 홍수지질학을 좋아하기는 하나 창조의 처음 3일을 거대한 시간의 길이로 확장하는 것을 허용한다는 사실을 알게 되었는데, 램머츠는 그러한 용인을 "실제로는 진화론적 개념과 똑같다"라고 여겼다.[28]

홍수지질학을 믿는 지질학자 한 명을 그 위원회에 안착시키는 것이야말로 램머츠에게는 가장 어려운 과제였다. 한동안 그는 그 분야에 있는 세 명의 안식교인—리틀랜드, 헤어, 그리고 클리포드 버딕(Clifford L. Burdick)—중 한 사람에게 요청할까도 생각했다. 그러나 모리스가 휴스턴 지질학회(Houston Geological Society)를 방문하도록 주선했던 고문 역할을

---

28 W. E. Lammerts to G. M. Price, September 24, 1962 (물리학자와 지질학자), H. M. Morris to W. E. Lammerts, November 23, 1962 (Gilmer와 Grebe), W. E. Lammerts to J. J. Grebe, October 30, 1963 (오랜 지구), 이상 Lammerts Papers. 전기적인 자료들에 대해 다음을 보라. Karl W. Linsenmann, "John J. Grebe," *Creation Research Society Quarterly* 8 (1971-72): 3-4. Camellia Research Advisory Committee와의 유사성에 대해 다음을 보라. W. E. Lammerts to R. M. Ritland, December 8, 1962, Ritland Papers. 1990년 11월 12일 Case Western Reserve University의 행정 담당자가 Grebe의 학위가 명예박사학위였다고 확인해주었다.

하는 지질학자 **제임스 맥기어트**(James H. McGuirt, 1910-1974)에 대해 들은 후, 램머츠는 산업체에 관련된 사람이 "더 많은 존경을 받을 수 있을 것"이라고 판단했다. 맥기어트는 기꺼이 청빙에 응했으나, 자신의 이름이 공식적인 명단으로 공개된다는 것을 알고는 다시 생각하게 되었다. 결국 그는 청빙을 고사했다. 그는 그 위원회에 가입하는 것이 자신이 아직도 의심하고 있는 사상을 승인하는 의무를 스스로에게 지운다는 것, 그리고 그가 속한 미국성공회는 그 위원회가 대변하는 엄격한 창조론을 아직 승인하지 않고 있다는 것을 이유로 내세웠다. 램머츠는 그 그룹이 단지 직접적 창조에 대한 확언만을 요구할 뿐이라면서 그를 설득하려 했으나, 그의 사임을 돌이키지는 못했다.[29]

램머츠는 위원회의 9번째 자리를 채우기 위해 몇 달 전에 자기를 루이스 충상단층으로 안내해주었던 **리틀랜드**에게로 향했다. 리틀랜드는 지질학자라기보다는 고생물학자였고 램머츠가 이상적으로 원하는 만큼 철저한 홍수지질학자는 아니었지만, 그가 갖고 있는 하버드 대학의 학위가 특별히 매력을 끌었다. 맥기어트가 그 위원회에서 물러나자마자 램머츠는 미시간 남서부에 살고 있던 리틀랜드에게 전화를 했고, 그를 끌어들이기 위해 거의 한 시간 반 동안이나 설득했다. 리틀랜드도 자료들을 한 곳에 모으고 서로 비판적인 의견을 교환하는 일이 장점을 갖는다고 보았다. 하지만 그는 위원회 멤버들의 이름을 편지의 첫 머리에 찍어서 세를 과시하려는 생각을 좋아하지 않았다. 그는 추가로 의견을 묻는 편지에서 램머츠에게 이렇게 말했다. "과학적인 노력에 있어 저는 사람들이 상품의 포장보다는

29 W. E. Lammerts to W. J. Tinkle, February 15, 1962 (Hare), W. E. Lammerts to G. M. Price, October 15, 1962 (Burdick, Ritland, 그리고 McGuirt), W. E. Lammerts to H. M. Morris, December 8, 1962 (McGuirt의 사임), 이상 Lammerts Papers.

내용에 의해 더 깊은 감동을 받을 것이라고 믿습니다. 그리고 저는 지각 있는 어떤 이들이, 우리가 우리의 실제 출하 상품에 결여되어 있는 무언가를 권위로 보충하려 한다고 여기지 않을까 심히 두렵습니다." 사실상 리틀랜드는 자기가 그 위원회에서 일하기 싫은 첫 번째 이유를 감추기 위해 그런 외적인 문제를 이용하고 있었던 것이다. 그의 주된 이유는 최근에 글레이셔 국립공원을 방문했을 때 램머츠가 보여주었던 것처럼 자연을 무비판적으로 해석하는 사람과 직업상의 교제를 나누고 싶지 않다는 것이었다. 그러나 그런 식으로 의심하지 않았던 램머츠는 겉으로 보이는 리틀랜드의 첫 번째 이유에 대한 설명을 고맙게 수용했고, 그 고생물학자에게 자신을 "능력에 따라 자문하는 역할을 맡은 멤버"라고 생각하라고 촉구했다.[30]

리틀랜드에게 퇴짜를 맞은 후 1년이 넘도록 노력했음에도 위원회를 완성하지 못한 것에 초조해 하면서, 램머츠는 자기 소유의 종교적 뒤뜰로 향했다. 그는 미주리 총회에 속한 두 명의 동료를 명단에 올렸다. 그들은 클로츠(John W. Klotz)와 윌버트 루쉬(Wilbert H. Rusch)였다. 그 두 사람을 추가한 것으로 인해 위원회는 교단적으로도(네 명의 루터교인), 그리고 직업적으로도(세 명의 유전학자들-클로츠, 팅클, 그리고 램머츠 자신) 균형을 잃어버렸다. 하지만 램머츠는 이번에는 그것에 대해 그다지 신경을 쓰지 않은 듯 보였다. 또한 그는 표면적으로나마 홍수지질학을 증진시키는 일에 헌신하는 단 한 명의 유능한 지질학자도 위원으로 선발하지 못한 자신의 무능력

30 Richard M. Ritland의 1973년 5월 7일자 인터뷰; R. M. Ritland to W. E. Lammerts, December 18, 1962, and W. E. Lammerts to R. M. Ritland, January 12, 1963, 이상 Ritland Papers. Ritland Papers 안에서 창조 연구 자문위원회의 9명 위원의 명단이 연대 미상(대략 1962년 말)의 문서에 남아 있다. Ritland도 그중에 포함되어 있지만, 어떤 권위를 가진 것은 아니었고, 단지 9명 중의 한 명이었다.

에 대해서도 그다지 개의치 않는 듯 보였다. 결과적으로 한때 대학원에서 지질학을 전공했으나 어떤 종류의 박사학위도 갖고 있지 않은 유일한 사람이었던 루쉬가 10명의 위원회 멤버들 중 홍수지질학 분야를 대변하는 데 가장 적합한 사람이 되었다. 루터교인 과학 교사의 아들인 루쉬는 일리노이 공과대학 물리과학부에서 학사학위를 받았고, 미시간 대학에서 생물학 석사학위를 받았다. 1957년에 네브라스카의 슈어드에 있는 루터교 컨콜디아 사범대학에서 가르치는 동안, 그는 네브라스카 대학에서 지질학 전공으로 두 번째 석사학위 과정을 시작했다. 3년 후에 그는 "암석 심포지엄"(Rock Symposium)이라고 불리는 미주리 루터교회의 한 프로젝트의 지도자가 되었다. 그 프로젝트는 창세기와 지질학의 관계를 재평가하는 일과 관련되어 있었다. 1962년 말에 그가 앤아버에 있는 컨콜디아 루터교 주니어 대학에서 생물학과 지질학을 가르치기 위해 네브라스카를 떠났을 때, 그는 지질학과 대학원에서 학위를 받을 기회를 포기해야 했다. 그러나 램머츠는 그가 쌓은 교육과 경험을 고려해 그에게 위원회가 지명하는 지질학자로서 봉사해줄 것을 요청했다.[31]

1963년 2월 9일에 램머츠는 팅클에게, 클로츠와 루쉬가 추가로 가담함으로써 마침내 위원회가 완전한 능력을 갖게 되었다고 자랑스럽게 공언

---

31 W. E. Lammerts to W. H. Rusch, January 30, 1963 (지질학 대변), Lammerts Papers. 전기적인 정보에 대해 다음을 보라. W. H. Rusch to W. E. Lammerts, January 15, 1963, Lammerts Papers; W. H. Rusch to N. A. Rupke, September 6, 1966, Rupke Papers, Nicolaas A. Rupke 제공; 그리고 Wayne Frair, "Dedication to Wilbert Henry Rusch, Sr.," *Creation Reserach Society Quarterly* 18 (1981-82): 3. 암석 심포지엄에 대해 다음을 보라. Paul A. Zimmerman, ed., *Rock Strata and the Bible Record* (St. Louis: Concordia Publishing House, 1970). Rusch의 진화관의 초기 진술에 대해 다음을 보라. Rusch, "Darwinism, Science, and the Bible," in *Darwin, Evolution, and Creation*, ed. Paul A. Zimmerman (St. Louis: Concordia Publishing House, 1959), pp. 4-35.

했다. 10명의 설립 멤버들 중 5명(클로츠, 램머츠, 마쉬, 몬스마, 팅클)은 생물학 박사학위를 갖고 있었고, 6번째 멤버인 기쉬는 생화학 박사학위를 받았으며, 7번째 멤버인 루쉬는 생물학 석사학위를 갖고 있었다. 이렇게 해서, 그들이 진화를 반대하는 이유가 무엇이든 간에, 그것은 이제 지능이나 교육의 부족 때문은 아닌 것이 되었다. 램머츠는 팅클에게 계속해서 조언했다. "우리의 가장 우선적인 목적 중 하나는 우리가 존재한다는 것을 사람들에게 알리는 것이고, 그렇게 하여 '모든 과학자가 진화라는 사실을 수용한다'는 신화를 추방하는 것입니다." 이 목적을 위한 하나의 수단으로서 그는 10명으로 이루어진 창조 연구 자문위원회의 존재를 공표하는, 아주 오랫동안 기다려왔던 레터헤드지를 인쇄하라는 명령을 내렸다. 램머츠가 그동안 서기 일을 부분적으로 해왔기에 의장 역할을 맡았고, 은퇴한 팅클이 서기에 지명되었다. 인쇄된 레터헤드지의 상단에는 다음과 같은 모토가 실려 있었다.

우리는 이것을 믿는다(HAEC CREDIMUS).

이는 엿새 동안에 나 여호와가 하늘과 땅과 바다와
그 가운데 모든 것을 만들고 일곱째 날에 쉬었음이라.

—출 20:11—

위원회 멤버들 각자는 이 구절을 서로 다르게 해석했을지 모르나, 적어도 그것의 핵심적 진리를 문제 삼은 이는 없었다.[32]

---

32 W. E. Lammerts to W. J. Tinkle, February 9, 1963, W. E. Lammerts to F. L. Marsh,

위원회에서 학회로

램머츠는 10명의 팀이 완성되었음을 공표하며 팅클에게 쓴 편지에서 창조 연구 자문위원회(Creation Research Advisory Committee)가 "늦어도 1964년까지는" 깃털이 완전히 자란 학회로 확대되어야 한다고 제안했다. 비록 10명의 엄격한 창조론자를 구성하는 일에만 1년이 넘게 걸렸지만, 그는 이제 "하나님이 우주, 태양계, 지구, 그리고 그 안에 있는 모든 것을 6일에 걸쳐 창조하셨다는 전제에 결정적으로 헌신하는" 90명 이상의 사람들을 발견하게 될 것이라고 낙관적으로 희망했다. 1963년 말에 그는 번창하는 모임의 의장직을 수행했을 뿐만 아니라, 100명의 회원이라는 그의 목표를 향한 길의 절반 정도에 이미 와 있었다.[33]

켄터키와 미시간에서 돌아가면서 모임을 가진 끝에, 1963년 6월 중순에 마침내 창조연구회(The Creation Research Society)가 설립되었다. ASA는 그해 6월 19-21일 연례 학술대회를 켄터키 주 윌모어에 있는 애즈버리 대학 및 신학교의 캠퍼스에서 개최하기로 계획했고, 팅클은 그 프로그램을 조직하는 일을 돕는 중이었다. 창조 연구 자문위원회의 네 명의 멤버—해리스, 클로츠, 램머츠, 모리스—가 논문을 발표할 예정이었고, 다른 세 명의 멤버—그리브, 마쉬, 루쉬—가 참석할 예정이었다. 그 기회는 위원회를 소집하고 더 큰 학회의 청사진을 설계할 최적의 시기로 보였다. 게다가

May 9, 1963 (서기), 이상 Lammerts Papers; W. E. Lammerts to Wayne Frair, June 14 (독일), Creation Research Society Papers, Concordia Historical Institute. 새로운 편지 머리 인쇄 양식의 사본은 Lammerts Papers에서 발견된다.

33 W. E. Lammerts to W. J. Tinkle, February 9, 1963 (학회), 그리고 W. E. Lammerts to F. L. Marsh, February 13, 1963 (1백 명의 회원), 이상 Lammerts Papers; Morris, *History of Modern Creationism*, p. 187 (50명 회원).

그리브는 모임을 마친 후 그 그룹을 자기 고향인 미시간의 미들랜드로 초대한 상태였고, 그곳에서 기쉬와 몬스마도 그들과 합류할 예정이었다. 그런데 4월에 모리스가 자신은 참석할 수 없다고 램머츠에게 통지했다. 그는 남쪽 엘 파소 근처 뉴멕시코에서 같은 시기에 4주간에 걸쳐 열리는 회의에 참석해야만 했다. 램머츠는 그에게 주말에 돌아와서 그리브의 오랜 지구에 대한 견해를 제압해달라고 재촉했다. 램머츠는 그가 산업 과학자로서 창조론에 헌신하는 것에 감탄했고 얼마간 그의 재정적 후원을 기대하기도 했다. 또 램머츠는 수학 교육을 받은 그 어떤 다른 멤버가 없는 상황에서 그리브가 "우리를 일반적인 시간 개념이나 방사능 붕괴 연구나 그와 비슷한 현상들을 무시하는 '완전히 제 정신이 아닌 자들'이라고 느낄 수도 있다"라고 두려워했다. 그러나 모리스는 자신의 계획을 변경시킬 수 없었다.[34]

모리스가 참석하지 못했음에도, 6월 모임은 잘 진행되었다. 위원회는 공식적으로 창조연구회(Creation Research Society, CRS)로 재조직되었고, 램머츠를 회장으로, 팅클을 서기로, 루쉬를 회계 담당자로 선정했다. 관리 스타일에서 약간 독재적인 경향이 있었던 램머츠는 곧바로 자신의 권위를 주장하기 시작했다. 첫 번째 회의에서는 모든 사람이 램머츠가 하자는 대로 했다. 그 이유는—모리스의 추측에 따르면—그가 "크고, 솔직담백하고, 거침없이 말하고, 매사에 확고한 의견을 가지고 있었고, 대단히 겁을 주는 사람"이었기 때문이다. 램머츠의 지도를 따르면서 그 그룹은 "유신론적 창조 개념에 기초한 과학"의 방향을 약간 수정해 창조론 교과서들을 출판하기로 결정했다. 그 그룹은 투표권을 과학 석사학위 소지자(또는 그것에 준하

---

34 Evangelical Theological Society와 ASA의 제5차 격년 정기 모임의 프로그램, June 19-21, Walter Hearn의 사본 제공; W. E. Lammerts to H. M. Morris, June, 3, 1963, Lammerts Papers: Morris, *History of Modern Creationism*, pp. 181-2.

는 자)나 철학, 이학, 교육학 또는 의학 박사학위를 가진 과학자들에게 한정시켰으나, 휘트컴처럼 과학자가 아닌 사람들도 투표권을 갖지 않은 회원으서 가입할 수 있도록 했다.[35]

램머츠의 가장 큰 골칫거리는 창조연구회의 초기에 모든 구성원들이 수용할 수 있는 신앙진술서의 초안을 작성하는 일이었다. 6월 연례 모임이 다가오기도 전에 위원회는 문구 작성을 놓고 논쟁을 벌이게 되었다. 모든 이가 진화론자들을 배척할 필요성에 대해서는 동의했지만, 그 이상의 의견 일치를 이룬 것은 아무것도 없었다. 모리스는 그 연구회가 성경의 무조건적인 영감설과 홍수지질학에 대한 확고한 입장을 표명하기를 원했다. 그는 "이 두 항목이 분명하게 표기되지 않는 한, 우리는 곧바로 진화론과 타협하게 될 것이며, 이후에라도 그런 일이 돌발적으로 발생할 수 있다"라고 주장했다. 램머츠는, 타당한 이유를 갖고서, 팅클, 기쉬, 해리스 같은 "철저한 창조론자들"이 지질주상도의 대부분이 홍수에서 기인한다고 여기는 것에 어려움을 겪을 것을 걱정했다. 그 밖에 램머츠 자신도—비록 지질층들이 대홍수 탓이라고 기꺼이 인정하기는 하지만—창조론자들이 발을 딛고 서 있는 이 널빤지가 "그다지 결정적이지 않다"고 믿었다. 홍수 이론에 대해 모호한 입장을 취했던 클로츠는 "모든 지리학적, 지질학적, 고생물학적 문제들을 홍수로 풀려고 시도한다면, 창조연구회는 비판을 받게 될 것"이라며 두려워했다. 그는 "창세기의 큰 홍수는 아마도 거대한 지리적·지질학적 변화를 초래했던 역사적 사건이다"라고 단순하게 말하는 쪽을 선호했다. 램머츠는 우주, 태양계, 그리고 지구가 "6일의 기간" 안에 창조되었다

---

35 Morris, *History of Modern Creationism*, pp. 181-3, 186; Walter E. Lammerts의 January 17, 1983의 인터뷰 (독재적). 목표와 회원 자격은 *Creation Reserarch Society Annual* (1964) 앞표지 뒷면에 인쇄되어 있다.

는 문구를 포함시키기를 희망했지만, 마쉬는 "우주"를 포함시키기를 거부했고, 그리브는 최소한 창조의 처음 3단계에 대해서는 문자적인 6일이라는 개념을 적용하는 것을 거부했다. 루쉬는 연구회의 회원 자격을 비기독교인인 창조론자들, 예를 들어 유대인과 무슬림들에게도 개방하자고 제안했지만, 다른 사람들은 개인적으로 예수 그리스도를 구세주로 영접한 사람들에게 엄격하게 제한하기를 원했다.[36]

모든 새로운 회원에게 적용되는 최종적인 신앙 진술서는 홍수지질학 또는 우주의 최근 창조를 반드시 수용할 것을 요구하는 데는 실패했다. 하지만 그것은 비기독교인들을 배제했다.

1. 성경은 하나님의 말씀으로 쓰였으며 완전한 영감을 받은 것이기에, 애초의 원본 안에 들어 있는 성경의 모든 진술은 역사적으로 그리고 과학적으로 진리다. 자연을 공부하는 학생들에게 이것은 기원에 대한 창세기의 설명이 역사적으로 분명한 사실에 대한 사실적 제시라는 것을 뜻한다.

2. 인간을 포함해 모든 살아 있는 것들의 근본적인 유형은 창세기가 서술하는 창조의 한 주간 동안 하나님의 창조 행위에 의해 직접적으로 만들어졌다. 창조의 한 주간 이후에 발생한 생물학적 변화는, 그것이 무엇이든 간에, 본래 창조된 종류의 내부에서 성취된 변화일 뿐이다.

---

36 H. M. Morris to W. E. Lammerts, March 9, 1963 (두 항목), W. E. Lammerts to H. M. Morris, March 16, 1963 (Gish와 Tinkle), W. E. Lammerts to W. J. Tinkle, February 9, 1963 (Harris), W. E. Lammerts to F. L. Marsh, December 30, 1962 (비판적이지 않음), 그리고 February 13, 1963 (우주), J. W. Klotz to W. E. Lammerts, March 18, 1963 (비판), 이상 Lammerts Papers; Morris, *History of Modern Creationism*, p. 187 (Rusch). January 17, 1983의 인터뷰에서 Lammerts는 노아 홍수가 모든 지질학적 지층들을 설명한다는 자신의 믿음을 확증했다.

3. 보통 노아 홍수라고 말해지는 창세기가 서술하는 큰 홍수는 그것의 범위와 영향력이 전지구적이었던 역사적 사건이었다.

4. 우리는 예수 그리스도를 우리의 주님과 구세주로 영접하는 기독인 과학자들의 조직이다. 한 남자와 한 여자인 아담과 하와의 특별한 창조, 그리고 그 이후 그들의 죄로의 타락에 대한 설명은 인류가 구세주를 반드시 필요로 한다는 우리의 믿음의 기초다. 그러므로 구원은 오직 예수 그리스도를 우리의 구세주로 영접할 때, 올 수 있다.

모리스는 여러 해 동안 위의 진술을 개정하여 홍수 이론과 "만물"의 최근 창조에 대한 믿음을 회원 자격의 조건으로 만들고자 조바심을 냈으나, 그가 얻은 최고의 것은 "연구회의 어떤 출간물도…오랜 지구나 지질 시대의 입장을 옹호하지 않을 것"이라는 이사회 결정이었다. 게다가 그것은 명시적으로 인쇄되지도 않았다.[37]

미들랜드에서 있었던 조직 구성 회의에서 세 명의 새로운 멤버가 창조연구회의 "핵심적 위원회"로 알려지게 될 모임에 합류했다. 그리브의 루터교 친구이자 미들랜드에서 의사 개업을 하고 있던 칼 린젠맨(Karl W. Linsenman, 1909-1990), 그리고 미시간 주립대학에서 자연과학 프로그램을 가르치던 존 무어(John N. Moore, 1920-)와 데이비드 워리너(David A. Warriner, 1922-)가 그들이었다. 무어는 미시간 주립대학에서 식물학 석사 학위를 받은 후 교육학 박사 과정을 위해 그곳에 계속 남아, 특별히 과학과 관련된 철학적인 그리고 교육학적인 문제들을 연구했다. 명목상 감리

---

37 Morris, *History of Modern Creationism*, p. 192. 이 신앙진술서는 *Creation Research Society Annual* (1964)의 속표지에 실려 있다.

교인이었던 무어는 1962년에 "영적 중생"을 체험했고, 그것은 그를 그 후로 10년 동안 신약성경의 원칙에 기초를 둔 어느 독립 성서 교회에 가입하게 만들었다. 창조론자였던 그는 "생명 진화 이론의 제한성, 특성, 단점, 부적절성과 관련해 진실하고 사려 깊은 과학자들을 찾아내는 일"에 헌신했으며, 진화론을 좌익 정책들과 연관시켰다. 루쉬가 미시간 주 남부의 이스트랜싱을 방문하는 동안 발견했던 것처럼, 무어는 극단적인 보수주의자이자 전투적인 반공주의자였다. 워린너는 정치적으로 무어의 오른 편에 섰다. 그의 이웃들에 따르면, 그는 우익이었을 뿐만 아니라 인종주의자였는데, 부분적으로 이것은 그가 남부 출신이라는 사실에 기인했다. 비록 그가 코넬 대학에서 교육심리학 박사학위를 받았고 근본주의 성향의 달라스 신학교에서 공부했지만, 그는 자신이 과학적 방법론의 전문가로서 진화의 장점들을 판단할 수 있는 자격을 갖춘 사람이라고 상상했다.[38]

그사이 멀리 서쪽에 있는 모리스는 몇 사람의 위원회 멤버들을 추가로 모으는 중이었다. 엘 파소에서 그는 세 명의 남침례교인을 울타리 안으로 몰아넣었다. 해럴드 슬러셔(Harold S. Slusher), 토머스 반즈(Thomas G. Barnes), 그리고 윌리스 웹(Willis L. Webb)이 그들이다. 슬러셔와 반즈는 텍사스 웨스턴 대학의 물리학부에서 직책을 맡고 있었다. 오클라호마 주립대학에서 받은 과학 석사가 최고 학위였던 슬러셔는 천문학과 지구물리학을 가르쳤다. 몇몇 동료들이 짜증스럽게 여겼음에도 그는 지구물리

---

38 Morris, *History of Modern Creationism*, pp. 184-5; J. N. Moore to J. D. Bales, July 15, 1964 (중생), Bales Papers, James D. Bales 제공; J. N. Moore to W. E. Lammerts, April 8, 1963 (연구), 그리고 June 3, 1963 (관심), W. H. Rusch to W. E. Lammerts, November 23, 1963 (Moore의 반공주의와 Warriner의 인종주의에 대한 단언), D. A. Warriner to W. E. Lammerts, May 9, 1963 (배경), 이상 Lammerts Papers. Rusch는 직접 인용되는 것을 거절했다.

학 과정의 학생들에게 『창세기의 홍수』를 읽으라고 요구했고, 프라이스의 『진화론적 지질학과 새로운 대격변설』(*Evolutionary Geology and the New Catastrophism*)을 살펴볼 것을 추천했다. 그의 동료인 반즈(1911-2001)는 텍사스 웨스턴 대학의 쉘린저 연구 실험실의 소장직을 맡고 있었고, 주로 응용물리학 분야에서 일을 했다. 그는 브라운 대학의 물리학과에서 받은 과학 석사에 더하여 텍사스 주 애빌린에 위치한 그의 모교인 하딘-사이몬스 대학에서 받은 명예 박사학위도 소지하고 있었다. 창조연구회에 참여할 무렵에 그는 D. C. 히드 출판사에서 펴낼 전기와 자기에 대한 교과서를 완성하는 중이었다. 그 당시 웹은 학사학위밖에 갖고 있지 않았으나 미군과 협력하는 잘 알려진 운석 전문가였고, 엘 파소 북쪽 뉴멕시코에 있는 화이트 샌트 미사일 기지로 매일 통근하는 중이었다.[39]

램머츠의 반대에도 불구하고, 모리스는 그 그룹이 제7일안식일예수재림교인으로 개성이 강한 지질학자인 버딕을 위원회에서 일하도록 초빙해야 한다고 설득했다. 애리조나 주 남부에 있는 투손을 방문했을 때, 모리스는 버딕의 겸손함과 진지함에 놀랐고, CRS가 이 무일푼의 창조론자가 진화에 반대하는 지질학적 증거를 끈질기게 추구한 것으로부터 유익을 얻는 대가로 그를 재정적으로 도울 수 있기를 희망했다. 마지막으로 루쉬가 가르쳤던 미주리 루터교 주니어 대학의 학장으로 화학자 겸 신학자인 폴 짐머맨(Paul A. Zimmerman, 1918-)이 위원회에 참여함으로써 그 그룹은 모

39 Morris, *History of Modern Creationism*, pp. 183-5; H. S. Slusher to G. M. Price, April 2, 1963 (교과서), Price Papers; H. M. Morris to J. C. Whitcomb, February 5, 1963 (Slusher의 동료), Whitcomb Papers. 다음도 보라. Harold S. Slusher, "Thomas G. Barnes," *Creation Research Society Quarterly* 9 (1972-73): 3-4.

두 18명이 되었다.[40]

최초의 운영위원회의 구성은—불완전하게나마—1960년대 초에 창조론의 재유행을 위해 필요한 교단적·지역적·직업적 기초를 반영했다. 6명의 미주리 루터교인들, 6명의 침례교인들(네 명은 남침례회[Southern], 한 명은 일반[Regular], 한 명은 독립파[Independent]), 그리고 두 명의 제7일안식일예수재림교인 외에, 개혁주의 장로교회, 기독교 장로교회, 감리교회, 그리고 형제 교회에 속한 이들이 각각 한 명씩 있었다. 18명 중 12명은 중서부에(그중 9명은 미시간에) 살았고, 네 명은 남서부에, 한 명은 캘리포니아에, 그리고 한 명은 버지니아에 각각 거주했다. 위원회는 5명의 생물학 박사를 포함했고, 이에 더하여 1/6인 세 명은 생화학 박사였고, 추가로 두 명의 생물학 석사학위 소지자가 있었다. 지질학 석사학위를 갖고 있다고 잘못 알려졌던 버딕은 유일한 지구과학자였다. 7명의 멤버는 교회와 관련된 대학에서 일하는 중이었고, 5명은 주립 교육기관에 재직 중이었다. 나머지는 산업체나 정부에서 일하거나 자영업을 하고 있었다. 그들 모두는 무엇보다도 성경적인 이유에서 반진화론자가 되었거나 반진화론자로 남아 있는 것처럼 보였다. 비록 창조론자들은 자신들의 주장을 위해 과학적 증거를 점점 더 많이 강조했지만, 어떤 이는 "진화론자였다가 창조론자가 된 이들 중 5%만이 자연계에서 나타난 창조에 대한 압도적 증거에 기초해 그렇게 했다"라고 추정했다.[41]

---

40 Morris, *History of Modern Creationism*, pp. 184-6; H. M. Morris to J. C. Whitcomb, July 23, 1963 (Burdick), Whitcomb Papers.

41 이름들, 학문적 영역들, 그리고 제도적인 가입승인 등이 *Creation Research Society Annual* (1964)의 속표지에 기록되어 있다. 추가적인 정보에 대해 나는 Duane T. Gish, John M. Moore, Henry M. Morris, Harold S. Slusher, William J. Tinkle, 그리고 Mrs. Willis Webb에게 신세를 졌다. 5%는 내 계산으로는 최대치이지만, 어떤 창조론자들은 그것을

성장과 논쟁

창조연구회(CRS)는 시작부터 복음 전도나 정치적인 활동들보다는 교육과 연구를 강조했다. 연구회는 대중적 강연을 후원하는 대신, 자신들의 에너지를 책과 저널들의 출판에 집중시켰다. CRS는 처음에는 진화론에 추파를 던지는 미국과학자연맹(ASA)에 대한 보수적인 불승인이라는 입장을 이용하면서, 그리고 그 후에는 공립학교들이 점점 더 진화를 강조하는 것에 반대하는 입장을 이용하면서 빠른 속도로 확장되었다. 그 연구회는 단 3년 만에 680명의 신입회원을 과시했는데, 그들 중에는 필요한 과학 관련 자격증을 가진 투표권자도 200명이 넘었다. 그러나 그 200여 명 중 과학 분야의 박사학위 소지자는 60명뿐이었다. 창립 10주년을 기념했던 1973년에 전체 회원 수는 1,999명에 이르렀고, 그중 투표가 허용된 사람은 412명이었다.[42]

연구회의 빠른 성장 때문에 대담해진 램머츠는 비활동적이고 일탈을 일삼는 회원들에 대해 강경한 노선을 취했다. 몬스마와 워리너가 제일 먼저 떠나야 했다. 병에 걸린 몬스마는 아무것도 공헌한 것이 없었다. 그리고 미시간 주립대학에서 해고된 워리너는 연구회가 자신을 유급 기획자로 고용해달라고 기회주의적으로 간청하는 바람에 램머츠의 눈 밖에 났다. 다음으로 램머츠는 웹(비활동)과 해리스(이단 혐의)를 떠나도록 만들었다. 램머츠는 해리스가 두 가지 이유에서 용인될 수 없다고 보았다. 해리스는

최소치로 여긴다. 최소치 추정은 [Walter Lang], "Editorial Comments," *Bible-Science Newsletter* 16 (June 1978): 2에 나온다.

42 W. H. Rusch가 CRS 이사들에게 보낸 편지, December 7, 1966, Lammerts Papers; CRS 이사회, April 27-28, 1973, CRS Papers.

문자적 6일 창조라는 다수의 견해에 반대했을 뿐만 아니라, 또한—이것이 더 나쁜 것인데—주로 램머츠가 매우 낮게 평가하는 직업 유형인 신학자로서 생계를 꾸려갔다는 것이다.[43]

교체된 네 명의 자리에는 세 명의 생물학자들이 들어왔다. 침례교인인 조지 하우(George Howe, 1931), 한때 플리머스 형제 교회에 출석했다가 이리저리 이동하는 교회방문자이자, 퀘이커교도이자, 회중 침례교회 소속신자이기도 했던 볼턴 데이비드하이저(Bolton Davidheiser, 1912-), 그리스도의 교회에 속한 더글라스 딘(H. Douglas Dean, 1908)이 그들이었다. 하우는 휘튼 대학을 졸업하고 오하이오 주립대학에서 식물학 박사학위를 받았고, 산타바바라에 있는 웨스트몬트 대학에서 가르쳤다. 1963년에 CRS에 가입할 때 그는 여전히 홍수지질학의 타당성과 창조를 24시간 곱하기 6일의 시간 안에 압축시켜야 할 이유를 의심했으나 곧 새로운 창조론의 정통교리를 수용했다. 그는 1968년에 램머츠의 뒤를 이어 「창조연구회 계간지」(*Creation Research Society Quarterly*)의 발행인이 되었다. 페퍼다인 대학의 교수였고 램머츠의 신뢰를 얻지 못했던 딘은 이사회에서 단 2년만 살아남았다. 딘은—비록 엄격한 창조론자였지만—램머츠가 정하는 위계질서 안에서는 유신론적 진화론자보다도 더 낮게 랭크되었다. 왜냐하면 그는 공공연히 "하나님이 기본적인 새의 유형 같은, 7 내지 8개의 기본적인 유형들을 창조하시고 거기에서부터 모든 새들이 진화했다는 식의 쓰레기 같은

---

43 W. E. Lammerts to W. H. Rusch, November 27, 1963 (Warriner); W. E. Lammerts to W. J. Tinkle, November 3, 1965 (Warriner), 그리고 W. E. Lammerts to H. M. Morris, May 11, 1965 (Harris), 이상 Lammerts Papers. Harris의 견해에 대해서는 다음을 보라. R. Laird Harris, *Man-God's Eternal Creation: Old Testament Teaching on Man and His Culture* (Chicago: Moody Press, 1971), p. 47.

것"을 믿었기 때문이었다. 존스홉킨스 대학에서 교육을 받은 동물학자였고, 웨스트몬트나 바이올라 같은 진보적 복음주의 대학에서 가르치는 것보다 디즈니랜드와 같은 세속적 환경에서 일하기를 더 좋아했던 데이비드하이저는 오래 머물지 못했다. 까다로운 원칙론자인 그는 CRS가 제7일안식일예수재림교인과 같은 대단히 위험한 반기독교적 광신자들을 용납하는 한, 자신은 CRS의 이사회에 남아 있을 수 없다고 말했다. 그는 안식교회의 가르침을 혐오했으나 그것을 정확하게 이해하지는 못했다.[44]

아이러니하게도 데이비드하이저가 이사직을 사임하던 바로 그해에, 안식교인인 마쉬는 연구회가 "교황의 안식일"(일요일)을 기리기를 거부하는 토요일 예배자들에게 반대하는 쪽으로 돌아설 것이라는 근거 없는 두려움 때문에 사임했다. 왜냐하면 이사회는 그동안 연례 정기모임을 주말에 개최해왔는데, 마쉬는 그것이 "보수적인 제7일안식일예수재림교회 신자들이 연구회의 모든 일에 참여하는 것을 배제하려는" 사악한 시도라고 의심했기 때문이었다. 또 그는 이사회의 동료들이 "그들의 출판물 안에서 토요일이 진정한 안식일이라는 주장에 반대되는 입장을 공개적으로 취하기" 일보 직전에 있다고 염려했다.[45]

---

44 Morris, *History of Modern Creationism*, pp. 187-8; G. F. Howe to W. J. Tinkle, November 12, 1963 (창조와 홍수), W. E. Lammerts to J. M. Moore, July 16, 1968 (Dean), Bolton Davidheiser to W. E. Lammerts, April 10, 1969 (SDAs), 이상 Lammerts Papers. 전기적인 자료들에 대해 Bolton Davidheiser to R. L. Numbers, May 30 and July 6, 1984를 보라. Davidheiser는 February 16, 1991의 전화 인터뷰에서 자신의 교단적 방황에 대해 말했다. Davidheiser의 견해에 대해 다음을 보라. Bolton Davidheiser, *Evolution and Christian Faith* (Philadelphia: Presbyterian and Reformed Publishing Co., 1969). Howe의 초기 견해에 대해 다음을 보라. S. Maxwell Coder and George F. Howe, *The Bible, Science and Creation* (Chicago: Moody Press, 1965). 이사회에 네 번째로 합류한 사람은 루터교 엔지니어인 Richard G. Korthals였다.

45 F. L. Marsh to H. M. Morris, June 2, 1969, Lammerts Papers.

초기 몇 해 동안 다른 어떤 주제도 시간의 문제만큼 그 연구회를 분열시킨 것은 없었다. 본래 이사회 자체도 오랜 지구를 믿는 몇 사람(그리브, 해리스, 팅클)과 시대의 문제를 중시하지 않는 최소한 두 명(기쉬, 루쉬)의 멤버들을 포함하고 있었다. 젊은 지구의 옹호자들도 오랜 우주의 고대성이라는 문제에 대해서는 서로 의견이 달랐다. 예를 들어 무어는 우주 전체가 최근에 창조되었다고 주장했던 반면, 마쉬는 창세기 1장의 창조 이야기를 태양계에 국한시켰다. 비록 램머츠는 6천 년 이상의 시간이 필요하다고 주장하는 창조론자들에게 거의 공감하지 않았지만, 그리고 실제로 그리브에게 시대 문제에 대해서는 입을 다물라고 압력을 넣었지만, 그는 처음에는 "진화론자들이 진화의 세부사항과 그것이 어떻게 발생했는지에 대해 모두 의견이 다른 것과 마찬가지로 창조론자들의 의견도 서로 다를 수 있다"는 루쉬의 주장에 동의했다. 그러나 1964년 말에 창조연구회는 간격 이론과 날-시대적인 사고를 버리기를 꺼려하는 멤버들을 쳐내고도 건강하게 살아남을 수 있을 것처럼 보였다. 램머츠는 이렇게 선언했다. "나는 결심했습니다. 나는 우리 조직을 창조뿐만 아니라 홍수지질학과 젊은 지구의 개념에도 대단히 분명하게 헌신하도록 정리함으로써 우리 연구회가 미래에 그러한 헌신으로부터 벗어나는 것이 아주 어렵도록 만들 것입니다."[46]

창조연구회가 홍수지질학에 충실하게 머물 수 있도록 하기 위해, 램머츠는 1967년에 모리스가 자신을 계승해 이사장이 되도록 만들었다. 엄격

---

46 W. E. Lammerts to W. H. Rusch, November 27, 1963 (Grebe를 침묵시킴), 그리고 W. E. Lammerts to J. C, Whitcomb, August 16, 1965 (Rusch의 관용), Lammerts Papers; W. E. Lammerts to J. C, Whitcomb, December 5, 1964 (홍수지질학에 대한 언급), Whitcomb Papers. Marsch의 믿음에 대해 다음을 보라. Frank Lewis Marsch, 편집자에게 보낸 편지, *Creation Research Society Quarterly* 22 (1985-86): 47-8.

한 창조론을 대표하는 그 두 거인은 주요 이슈들에 대해서는 어깨를 나란히 했으나, 종종 이차적인 문제들에 대해서는 의견이 갈렸다. 예를 들어 모리스는 열역학 제2법칙에 아주 큰 호교론적 의미를 부여하면서 그것을 타락 사건과 관련지었지만, 램머츠는 그런 "빌어먹을 열역학 쓰레기"는 무가치한 지껄임일 뿐이라며 무시했다. 둘 사이의 가장 공개적인 말다툼은 1970년대 중반에 모리스가 「창조연구회 계간지」의 편집자에게 편지를 보냈을 때 터져 나왔다. 그 편지는 홍수지질학의 효과들에 대한 모리스 자신과 램머츠의 견해를 비교하고, 그 유전학자가 "성경에 분명하게 묘사된 단 한 번의 창조와 대격변의 다양한 활동을 상상력을 통해 재구성한 것"을 비난하고 있었다. 램머츠가 "대략 7천 년밖에 안 되는 어셔 유형의 연대기"에 집착해 화석을 함유한 모든 바위들이 대홍수로부터 생성되었다고 주장했던 반면, 모리스는 2천 내지 3천 년의 추가적인 지구 역사를 인정했으며 "홍적세의 퇴적암들, 그리고 아마도 홍수 이후의 선신세(제3기 최신세)"를 그 기간에 위치시켰다. 또 모리스가 홍수 이후 유기체들의 상당한 발전을 허용했던 반면, 램머츠는 진화의 모든 가능성을 회피하기 위해 홍수 이후 종이 다양해진 것이, 하나님이 '유전-기능적'(divine genetic engineering)으로 개입하신 탓이라고 보았다. 모리스는 그런 기적적인 관여—그의 의견에 따르면, 그것은 결국 둘째 창조가 된다—는 신학적으로 의심스럽다고 보았는데, 왜냐하면 그것은 "하나님이 이미 질서를 갖추게 하신 세상 안에서 기적은 드물다는 원리"를 해치기 때문이었다.[47]

---

47 W. E. Lammerts to H. M. Morris, January 25, 1967 (이사장), Lammerts Papers; Walter E. Lammerts의 January 17, 1983의 인터뷰 (열역학 쓰레기); Henry M. Morris, 편집자에게 보낸 편지, Creation Research Society Quarterly 11 (1974-75): 173-5. 열역학의 질문은 계속해서 학회를 분열시키게 된다. 예를 들어, 다음을 보라. Robert E. Kofahl, "Entropy

이런 가시로 찌르는 듯한 비판은 램머츠로 하여금 "사물들의 (질서잡힌) 건강한 상태"라는 다원주의를 새롭게 방어하도록 몰아 갔다. 모리스에게 응답하면서, 램머츠는 홍수 이후에 하나님이 행하신 유전적인 미봉책은—비록 그것이 새로운 형태의 식물, 동물, 인간의 생명 등을 만들어내기는 했을지라도—"창조"로 간주되어서는 안 된다고 여겼다. 그는 이렇게 답했다. "만일 모리스가, 노아가 어떻게 인간의 모든 구별된 특성들을 위한 '이형 접합체'(heterozygous)가 될 수 있었는지, 그리고 어떻게 여러 인종들이 **자연적 수단**을 통해 유래될 수 있었는지를 설명해준다면, 나는 그 설명을 아주 기쁘게 수용하겠습니다. 진화론자들이 수십만 년의 세월 속에서 나타난 이 복잡성을 설명하느라 애를 쓰고 있는 반면, 모리스는 그것을 홍수 이후 5,300년 남짓한 시간 안에 홍수에서 살아남은 생물들 안의 다양한 잠재력이 벌인 자연선택에 의한 것으로 만들려고 하고 있습니다." 성경의 기록을 넘어서지 않으려는 것과 관련해, 램머츠는 성경이 빙하시대에 대해 아무것도 말하지 않는데, 어떻게 모리스가 홍수 이후의 그렇게 제한된 기간 안에 빙하가 발생했다고 수용할 수 있는지 의아해했다.[48]

가장 높은 지위에 있는 사람들 사이의 그런 불일치에도 불구하고, CRS는 오직 헌신된 홍수지질학자들만 받아들인 것으로 인해 좋은 평판을 얻

Prior to the Fall," *Creation Research Society Quarterly* 10 (1973-74): 154-6; Emmett L. Williams, "Response to Robert Kofahl," ibid., pp. 156-7; Henry M. Morris, "Another Reply to Robert Kofahl," ibid., p. 157; Robert E. Kofahl, 편집자에게 보낸 편지, ibid., 11 (1974-5): 175-7. 창조론자인 A. E. Wilder-Smith는 Morris 및 그와 뜻을 같이 하는 동료들이 "열역학에 대해 알지 못한다"라고 단언했다. 다음을 보라. F. J. Arduini와 A. E. Wilder-Smith의 대화 중 부분적인 기록, June 10, 1984, Evolution/Creation Archives, Department of Special Collections, Iowa State University Library.

48 Walter E. Lammerts, 편집자에게 보낸 편지, *Creation Research Society Quarterly* 12 (1975-76): 75-7.

었다. 그러나 젊은 지구론의 주장에 설득되지 않은 채 남아 있던 창조론자들은 점점 더 자신들이 그 어떤 조직의 울타리 안에도 들어가지 못하는 상태에 있음을 발견하게 되었다. 그들은 ASA에게는 지나치게 보수적이었고, CRS에게는 지나치게 진보적이었다. 1965년에 캐나다 출신의 간격 이론가이자 자칭 근본주의자인 호위트는 이렇게 불평했다. 많은 ASA 멤버들이 유신론적 진화 또는 "그와 비슷한 쓰레기들을 수용하는 반면, 참된 근본주의자들은 모두 홍수지질학 쪽으로 옮겨가 버렸다. 오, 이런, 맙소사!" 그는 처음에는 CRS 지도자들에게 홍수지질학을 회원가입의 실제적인 조건으로 삼지 말자고 설득하려 했다. 그는 그들에게 "홍수지질학이 되든, 간격 이론이 되든, 유신론적 진화가 되든, 또는 다른 것이 되든 관계없이, 우리는 진리를 찾는 진정한 창조연구회를 만듭시다"라고 호소했다. 한 번은 호위트가 과학자들에게 냉전을 가져다주었던 유명한 노바스코샤(Nova Scotia) 모임과 비슷하게, "간격 대 홍수(the Gap vs the Flood)를 주제로 하는 학술모임"을 퍼그워시(캐나다 노바스코샤 북부의 마을)에서 갖자고 제안했다. 그러나 1970년대 초에 그는 화해에 대한 모든 희망을 버렸다. 그는 슬픈 어조로 이렇게 기록했다. "오늘날 홍수주의자들은 대단히 교리적으로 되어가는 중입니다."[49]

그런 홍수 교리의 첫 번째 희생제물은 휘트컴의 학문적 고향인 그레이스 대학의 생물학 강사 **대니얼 원덜리**(Daniel E. Wonderly, 1922-2004)였다.

---

49 J. R. Howitt to A. C. Custance, October 22, 1962 (근본주의자), December 24, 1965 (ASA), March 21, 1970 (Pugwash), January 20, 1972 (지진), August 25, 1973 (교의학), 이상 A. C. Custance Papers, Special Collections, Redeemer College; J. R. Howitt to W. E. Lammerts, [1963년 말] (연구회), Lammerts Papers. 간격이론에 대한 Howitt의 옹호를 다음에서 보라 [John R. Howitt], *A Biblical Cosmology* (Toronto: International Christian Crusade, 1976), 이 사본은 Custance Papers 안에 있다.

휘튼 대학의 졸업생인 원덜리는 신학과 과학 양쪽에서 고급 교육을 받았다. 비록 신학적으로는 보수적인 침례교인이었지만, 그는 오랜 지구에 대한 증거를 수용했으며, 그 증거가 날-시대 이론에 의해 계시와 조화될 수 있다고 믿었다. 그레이스 대학의 이사들은 이런 사실과 원덜리가 홍수지질학을 반대한다는 것을 알았음에도 불구하고 그를 고용하기로 결정했다. 그가 젊은 지구론에 대한 학교의 헌신을 해치지 않는다는 조건 아래서 말이다. 그의 진정한 견해가 학생들에게 알려졌을 때, 학장은 그에게 말을 통해서든 글을 통해서든 그것에 대해 토론하지 말라고 권고했다. 그런 상황에서 원덜리는 자신이 사임 압력을 받고 있다고 느꼈다. 전혀 놀랍지 않게, 그가 처한 곤경은 CRS의 홍수지질학자들로부터 그 어떤 동정심도 이끌어내지 못했다. 모리스는 배타주의적 정책을 옹호하면서 이렇게 주장했다. "지질학적 연대 체계가 필연적으로 성경의 기록을 왜곡시킴에도 불구하고 그 체계를 믿는 저 기독교인들은, 자신들이 공정한 발언 기회를 얻지 못한다거나 우리와 같은 '최근' 창조론자들이 증거에 무지하다는 식으로 (원덜리가 그랬던 것처럼) 불평해서는 안 됩니다. 그들의 입장은 언제 어디서나 똑같이 들려오고, 우리 모두는 그것에 완전히 노출되어 있습니다. 오히려 공정한 발언 기회를 얻지 못하는 것은 '최근' 창조론자들입니다. 그것이 우리가 우리 자신의 계간지를 발행하는 이유입니다."[50]

---

50 D. E. Wonderly to R. L. Numbers, September 26, 1990; H. M. Morris가 CRS 이사회에 보낸 편지, August 3, 1973, Lammerts Papers; Daniel E. Wonderly, *God's Time-Records in Ancient Sediment* (Flint, MI: Crystal Press, 1977). 다음도 보라. Daniel E. Wonderly, *Neglect of Geologic Data: Sedimentary Strata Compared with Young-Earth Creationist Writings* (Hatfield, PA: Interdisciplinary Biblical Research Institute, 1987). 이 사건에 대한 학장과 Whitcomb의 견해에 대해 다음을 보라. Herman A. Hoyt to J. C. Whitcomb, May 22, 1990, Whitcomb Papers; 그리고 J. C. Whitcomb to R. L. Numbers, May 27, 1991.

CRS의 초기 몇 년 동안 책임자들은 연구회가 원래 지정했던 임무로부터 벗어나도록 만드는 정치적·신학적 문제들에 얽히는 일을 피하기 위해 대단히 조심했다. 예를 들어 그들은 우익 단체의 명부에 자신들의 이름을 올리지 말아달라고 요청했고, 공립학교에서 진화를 가르치는 것을 금지하거나 창조를 가르치는 것을 후원하는 운동에 참여하기를 거부했다. 서기인 팅클은 CRS의 정책 방향을 제시하면서 이렇게 썼다. "진화를 가르치는 것을 금지하는 법은 효과적이지 않고, 그런 일은 오직 경찰국가에서만 완전하게 강제될 수 있을 뿐이다. 가르치는 사람은 자신이 믿는 것을 가르친다. 그러나 자연 안에서 발생한 우연한 사건들보다 지적인 창조자에 의한 계획과 형성이 훨씬 더 합리적이라는 사실을 그들에게 상세하게 지적하는 일은 창조연구회의 특권이다." 원칙에 따라, 이사회는 자신들의 활동을 지원받기 위한 연방 정부의 기금을 요청하지 않기로 결의했다. 그러나 이처럼 자긍심의 원천이었던 것이 몇 년 후에는 박해의 표지처럼 보이게 되었다. 1980년대 말 CRS 계간지의 편집자는 이렇게 불평했다. "진화론자들은 납세자들의 주머니로부터 나오는 연방정부의 기금을 사용하지만, 창조론자들은 그 기금에 접근할 수가 없습니다."[51]

처음에 모리스는 제7일안식일예수재림교인들이 "예전에 홍수지질학회를 점령했던 것처럼 창조연구회도 점령"할지 모른다고 두려워했지만, 그 당파적인 토요일 숭배자들은 대체로 자기들끼리만 어울렸다. 오히려

---

51 H. M. Morris와 다른 몇 사람이 1967년 11월 22일에 Alert Americans Association에게 보낸 편지(우익), CRS 이사회, 1969년 5월 23-24일 회의록(창조 수업), CRS 이사회, 연도 미상 4월 27-28일 회의록(연방 재정 지원), 이상 CRS Papers; William J. Tinkle, "Our Position: We Are Just Ourselves," *Creation Research Society Quarterly* 6 (1969-70): 79; Emmett L. Williams, "Editorial Comment," ibid. 24 (1987-88): 165.

미주리 루터교인들이 더 큰 문제를 일으켰다. 연구회 안에서 그들이 차지하고 있는 중요한 위치를 감안할 때—그들은 운영위원회 18석 중 1/3을 차지했고 의장, 계간지 편집자, 회계가 모두 루터교인이었다—램머츠조차 외부에서 볼 때 그 그룹이 루터교 그룹인 것처럼 보이지 않을까 염려했다. 그런 측면에서 특별히 성가신 문제는 아이다호 출신의 월터 랑(Walter Lang, 1913-2004)이라는 야심 많은 루터교 목사로부터 왔는데, 그는 창조론의 부흥을 이끌고자 하는 열정으로 충만해 있었다. 그 자신의 표현대로 "과학이 '객관적'이라는 개념에 의해" 구속 받지 않았던 그는, 영적인 통찰이 과학적 실험보다 우위에 있다고 거리낌 없이 말했다. 1963년에 CRS가 결성되었다는 소식을 듣자마자, 그는 램머츠에게 편지를 보내 자신이 그 새로운 단체를 위해 대중들을 상대로 한 홍보자가 되겠다고 제안했으며, 또 자신이 최근에 "성경-과학 분야"에 전념하기로, 또한 젊은 지구 창조론을 전파하기 위한 소식지를 발행하기로 결심했다고 전했다. CRS를 비성직자적 및 비교단적으로 유지하기로 결정했던 램머츠는 연구회에 가입하려는 랑의 시도를 정중하게 거절했다. 그는 랑에게 CRS는 오직 과학자들의 가입만 허용한다고 설명했다.[52]

랑이 발간한 「성경-과학 소식지」(*Bible-Science Newsletter*)의 초기 호(號)들은 램머츠가 우려했던 것을 정당화해주는 듯 보였다. 랑의 건방진 태도는 물론이고 오타 투성이와 지적으로 엉성한 그 잡지는, 이미지를 의

---

52 H. M. Morris to J. C. Whitcomb, August 18, 1964 (SDAs), Whitcomb Papers; W. E. Lammerts to W. Lang, April 13, 1964 (너무 루터교적), 그리고 August 26, 1963 (오직 과학자만), W. Lang to W. E. Lammerts, August 18 and September 2, 1963 (대중성), 이상 Lammerts Papers; [Walter Lang], "Editorial Comments," *Bible-Science Newsletter* 15 (March 1977): 2-3 (객관적). Lang의 창조론 운동의 관여에 대해 다음을 보라. Walter and Valeria Lang, *Two Decades of Creationism* (Minneapolis: Bible-Science Assn., 1984).

식하는 CRS의 일부 리더들의 신경을 거슬렀다. 그리고 그 리더들은, 랑이 1960년대에 그 잡지를 지구를 유한한 우주의 중심에 놓는 극단적인 성경 문자주의자들에게 개방함으로써, 스캔들의 주인공이 되었다. 16세기 천문학자 티코 브라헤(Tycho Brahe)를 추종하는 현대의 제자들은 여호수아서 10:12(이스라엘의 전사가 태양에게 움직임을 멈추라고 명령하는 구절)과 시편 93:1("세계도 견고히 서서 흔들리지 아니하는도다") 같은 구절을 인용하면서, 태양이 지구 주위를 도는 것이지 그 반대가 아니라고 주장했다. CRS 계간지에 지구중심설의 게재를 거부한 후에 램머츠는 절망어린 어조로 이렇게 썼다. "우리의 친구 랑이 과학 이론과…과학적인 헛소리의 차이를 배우지 못하게 될까 두렵습니다."[53]

그런 우려에도 불구하고 CRS는 매달 창조론에 관한 홍보지를 수천 부씩 배포하는 활력 넘치는 동맹군을 불필요하게 소외시키는 것을 원치 않았다. 그 결과 1966년에 램머츠와 랑의 성경-과학 협회(Bible-Science Association, BSA)의 대표자들은, CRS는 BSA에게 조언을 해주고 랑이 CRS의 연구 결과를 요약해 재인쇄하는 것을 허용하며, 대신 BSA는 CRS의 대중화와 자금조달에 협력한다는 합의를 이뤄냈다. 그러나 얼마 지나지 않아 램머츠는 BSA가 지구중심설을 암묵적으로 승인하는 것이 모든 창조론자들에게 손상을 입히기 전에 CRS가 스스로 BSA로부터 "**완전히**" 갈라서야 한다고 믿게 되었다. 그러나 모리스는 그런 과격한 조치를 취하는 것을 거부했다. 그래서 두 단체는 계속해서 상호종속적인 관계를 유지했다.

---

53 W. H. Rusch to W. E. Lammerts, December 29, 1964 (실수들), W. E. Lammerts to H. M. Morris, March 8, 1967 (쓸데 없는 짓), W. E. Lammerts to Walter van der Kamp, September 8, 1967 (지구중심), 이상 Lammerts Papers; W. H. Rusch to J. C. Whitcomb, January 4, 1966 (비학문적), Whitcomb Papers.

CRS는 과학자들의 요구에 응했고, BSA는 창조론을 대중에게 운반했다. 램머츠가 「창조연구회 계간지」의 편집자 자리에서 내려온 다음에야, "성경이 말하는 대로 창조의 중심에 놓인" 정지된 지구를 지지하는 논문들이 때때로 그 계간지에 실렸다. 그런 원고를 쓴 사람은 제임스 핸슨(James N. Hanson, 1933-)이었는데, 그는 미주리 루터교인이었다가 침례교인으로 전향했고, 클리블랜드 주립대학에서 컴퓨터와 정보과학을 가르쳤으며, BSA의 부회장이었다.[54]

교과서 프로젝트

첫 10년 동안 창조연구회(CRS)는 자신의 제한된 자원을 두 가지 프로젝트에 집중시켰다. 그것은 「CRS 계간지」를 발행하는 것과 고등학교 생물학 교과서를 준비하는 것이었다. 1925년에 있었던 스콥스 재판 이후 4반세기 동안 미국의 교과서 발행자들은 진화에 관해 가급적 적게 말함으로써 보수적인 기독교인들의 적대감을 불러일으키는 일을 피하려 했다. 이와 같이 "침묵에 기초한 중립성"이라는 정책은 소련이 1957년에 지구

54 "창조연구회와 성경-과학 협회 사이의 관계에 대한 진술," *Creation Research Society Quarterly* 3 (July 1966): 20-1; James N. Hanson, 편집자에게 보낸 편지, ibid. 16 (1979-80): 83 (지구중심주의); W. E. Lammerts to H. M. Morris, June 1, 1967 (완전 분리), H. M. Morris to W. E. Lammerts, June 12 (함께 일함) and September 19 (연구와 후원), 1967, 이상 Lammerts Papers; James N. Hanson의 June 5, 1991의 전화 인터뷰. *Creation Research Society Quarterly*의 지구중심주의에 대해 다음을 보라. James N. Hanson, "Against Catastrophic Rationalism: Gravitational Attitude Deflections of the Earth's Axis," ibid. 15 (1978-79): 55-68; 그리고 James N. Hanson, "The Sun's Luminosity and Age," ibid. 18 (1981-82): 27-9. Hanson의 정체성에 관하여 "Convention: Research Reports," *Bible-Science Newsletter 14* (September 1976): 5.

궤도를 선회하는 첫 번째 인공위성 스푸트닉 호를 성공적으로 쏘아 올렸을 때 박살이 났다. 당황한 미국은 과학 교육을 증진시키는 데 수백만 달러를 쏟아부어 과학과 기술 분야의 패권을 되찾아오려 했다. 미국 생물학연구소(American Institute of Biological Sciences)의 일단의 생물학자들은 미국과학재단(National Science Foundation)의 넉넉한 재정 지원을 등에 업고 콜로라도 대학 안에 생물학 커리큘럼 연구소(Biological Sciences Curriculum Study, BSCS)를 설립했다. 이것은 최첨단의 생물학 교재를 만들기 위한 기관이었다. BSCS의 저자들은—부분적으로는 "다윈주의를 배척하며 100년을 지낸 것으로 충분하다"는 주도적인 생물학자들의 불평에 응답하면서—그들의 자료들 안에 진화를 "현대 생물학의 기본적 요소"로 구성해 넣었다. 1천 개의 학교들에서 광범위한 시험을 거친 후, 1963년에 BSCS는 10학년 교과서를 세 가지 버전으로 발행하고 그것들을 각각 파랑, 노랑, 초록의 커버 색깔로 확인할 수 있게 했다. 오래지 않아 미국 전역에서 거의 절반의 고등학교가 이 교과서들이나 BSCS가 발행한 다른 교과 자료들을 사용하게 되었고, 결국 그로 인해 수십만 명의 고등학생들에게 원숭이를 닮은 그들의 조상들을 소개하게 되었다. 버나드 램(Bernard Ramm)이 홍수지질학을 공격했던 것이 휘트컴과 모리스를 자극해 프라이스의 격변설을 방어하도록 만들었던 것과 같이, 이런 논쟁적인 교과서들은 그것들이 홍보하려고 계획했던 바로 그 이론(*진화론—역자 주)에 대한 격렬한 반발을 불러일으켰다.[55]

---

55 교과서 논쟁에 대해 다음을 보라. Edward J. Larson, *Trial and Error: The American Controversies over Creation and Evolution* (New York: Oxford University Press, 1985), 특별히 p. 86 ("다윈 없이 보낸 100년"에 대해 H. J. Miller를 인용함) and p. 96 (과학에 기초한 중립성); Dorothy Nelkin, *The Creation Controversy: Science or Scripture in the Schools*

놀랄 것도 없이, 근심어린 창조론자들은 이런 최근의 공격을 "우리 아이들의 목구멍에 억지로 진화를 밀어 넣으려는 시도"라고 보았다. 엘 파소의 창조론자이자 생물학 교사인 리타 로즈 워드(Rita Rhodes Ward, 1910-)는 이렇게 썼다. "그 세 종류의 책들 모두는 생물학에서 목적성을 배제한 유기체의 총체적 진화를 선언하는 데 바쳐진 것이 분명해 보인다. 그것은 필요하다면 말씀을 통한 창조에 대한 그 어떤 믿음도 제거하려 들 것이다." 그녀는 계속해서 그 교과서들이 하나님을 불필요하게 만들면서 무신론을 옹호하기 일보 직전에 멈췄다고 주장했다. 분개한 램머츠는 BSCS의 교과서들은 "대부분 수준 이하"라며 지저분하게 묵살했다.[56]

텍사스의 교육기관들이 BSCS 교과서를 채택하는 쪽으로 기울었을 때, 롱뷰 출신의 자칭 교과서 검열관 부부인 멜빈(Melvin)과 노마 개블러(Norma Gabler)가 이끄는 그 지역의 창조론자들이 행동에 돌입했다. 주립 교과서 선정 위원회가 1964년 10월 오스틴에서 공청회를 연다는 소식을 듣고 흥분한 리타 로즈 워드는 반즈(Thomas Barnes)에게, 그 교과서들을 검토하는 일에 참가하라고 말했을 뿐 아니라, 그 물리학자에게 무엇을 말해

(New York: W. W. Norton, 1982), 특별히 p. 46 ("근본 요소"에 대한 BSCS 교사들의 소책자를 인용함); 그리고 Judith V. Grabiner and Peter D. Miller, "Effects of the Scopes Trial: Wa It a Victory for Evolutionists?" *Science* 185 (1974): 832-7. BSCS에 대해 다음을 보라. Arnold B. Grobman, *The Changing Classroom: The Role of the Biological Sciences Curriculum Study* (Garden City, NY: Doubleday, 1969); 그리고 Bentley Glass and Arnold B. Grobman, foreword to *Biological Science: Molecules to Man* (Boston: Houghton Mifflin, 1963), pp. vii-viii. 또 다음도 보라. Gerald Skoog, "Topic of Evolution in Secondary School Biology Textbooks: 1900-1977," *Science Education* 63 (1979): 621-40.

56 William J. Tinkle, "Formation of Creation Research Society," *Naturalist* 26 (Spring 1966): 31 (진화론 밀어 넣기); Rita Rhodes Ward, "A Critique of the BSCS Biology Books," *Creation Research Society Quarterly* 2 (October 1965): 5-8; W. E. Lammerts to T. G. Barnes, February 24, 1965, Lammerts Papers.

야 하는지도 코치했다. 또한 그녀는 자신이 속한 그리스도의 교회에 부탁해서 동료 신자 딘(Douglas Dean)이 캘리포니아로부터 비행기로 날아오도록 만들었다. 그러나 공청회 기간 동안 선정 위원회 멤버들이 BSCS 교과서 대신 수용할 만한 교과서의 제목을 물었을 때 창조론자들은 단 하나의 교과서도 거론할 수가 없었다. 사실 두 개의 후보가 떠올랐는데, 그것은 팅클의 절판된 책인 『동물학의 근본 원리들』(*Fundamentals of Zoology*, 1939), 그리고 어니스트 부스(Ernest S. Booth)의 『생물학: 생명의 이야기』(*Biology: The Story of Life*, 1950)였다. 후자는 제7일안식일예수재림교회의 교과서로, 제7일 안식일의 창조론적 기원과 예언자 엘렌 화이트(Ellen G. White)의 증언들에 대한 수용되기 어려운 언급들을 포함하고 있었다.[57]

창조론 교과서에 대한, 명백한 필요에 응하기 위해 램머츠는 CRS의 교과서 위원회를 지명했다. 최초의 위원들은 반즈, 워드, 딘, 팅클, 그리고 램머츠 자신이었다. 램머츠는 텍사스 주가 BSCS의 교과서들 대신 창조론 교과서들을 채택하는 길을 따르게 되기를 기대하면서 반즈에게 교과서 프로젝트를 이끌라고 요청했다. 램머츠 자신도, 그가 생각하기에 "총액 8백만 달러에 육박하는 정부 보조금 아래서 준비되는" 책들과 경쟁하는 데 필요한 최소 경비인 10만 달러를 마련하는 일을 떠맡았다. 그 위원회의 단 한 명뿐인 고등학교 교사였던 워드는 바람직한 교과서의 윤곽을 그렸고, 반

---

57 이 구절의 대부분은 Thomas G. Barnes의 1990년 11월 20일의 전화 인터뷰, 그리고 Rita Rhodes Ward의 1990년 11월 24일의 전화 인터뷰에 기초해 있다. 또 다음도 보라. Morris, *History of Modern Creationism*, p. 190; 그리고 Douglas Dean, "Address before the Texas Textbook Committee, Austin, Texas, October 14, 1964," *Creation Research Society Quarterly* 2 (January 1966): 9-12. Ernest S. Booth, *Biology: The Story of Life*, rev. ed. (Mountain View, CA: Pacific Press, 1954) 안에서 받아들여질 수 없는 내용은 pp. 478-9에 나온다.

즈를 도와 그리스도의 교회의 세 명의 동료들을 포함해 12명의 집필자들을 불러들였다. 무어는 책임편집자로 일하면서 분산된 부분들을 묶어 비교적 통일된 전체로 융합했다.[58]

CRS는 처음에는 그 교과서를 발행해줄 메이저 출판사를 찾는 데 별 어려움이 없을 것으로 기대했다. 어느 유명한 출판사가 오스틴에 있는 딘에게 창조론 교과서의 저술 가능성에 관해 문의했다는 희망적인 보고가 나돌았다. 반즈는 램머츠에게 자신 있게 말했다. "그들은 돈이 된다고 생각하면 무엇이든지 출판할 것입니다. 그리고 우리의 관점에서 쓴 최상급의 생물 교과서에는 상당한 크기의 시장이 반드시 있을 것입니다." 그러나 반즈가 15개의 주도적인 고등학교 교과서 출판사들에게 문의했을 때, 그들 중 아무도 관심을 보이지 않았다. 모리스에 따르면, 그 출판사들의 편집자들은, 임마누엘 벨리코프스키(Immanuel Velikovsky, 18951979)의 격변설을 주장하는 책 『붕괴하는 세계들』(*Worlds in Collision*, 1950)을 펴낸 출판사에 맞서 취해졌던 집단행동을 기억하면서 "자기들이 창조론 교과서를 발행하려고 한다면, 자신들이 만든 교과서 전부가 보이콧 될 수도 있다"며 두려워했다. 교과서 프로젝트를 구조하기 위해 CRS는 마지막으로 기독교 출판사인 존더반을 찾아갔고, 결국 그 출판사를 통해 1970년에 매력적으로 제작된 책 『생물학: 복잡성 안에서 질서 찾기』(*Biology: A Search for Order in Complexity*)를 출판했다.[59]

---

58 W. E. Lammerts to T. G. Barnes, Feb 24, 1965 (위원회), 그리고 W. E. Lammerts가 1966년 6월 1일에 CRS 회원들에게 보낸 편지($10,000), 이상 Lammerts Papers; Rita Rhodes Ward의 1990년 10월 24일 전화 인터뷰. John N. Moore and Harold Schutz, 편집, *Biology: A Search for Order in Complexity* (Grand Rapids, MI: Zondervan, 1970)에 원고를 기고한 사람들의 명단은 pp. xvi-xvii에 나온다.

59 T. G. Barnes to W. E. Lammerts, May 1, 1965 (Dean과 출판사들), Lammerts Papers;

그 책은 혼합된 성공을 맞이했다. 존더반 출판사는 초판 1만 부를 1년 안에 다 팔고 즉시 2쇄 2만 5천 부를 찍어냈지만, 공립학교들 중에서 그 책을 교과서로 채택한 학교는 거의 없었다. 인디애나 주 위원회를 포함해 몇몇 주립 교과서 위원회는 그 책의 사용을 승인했지만, 인디애나 주 남부의 어느 지역이 그 책을 교과서로 채택했을 때, 인디애나 주 법원은 공립학교들에서 그 책을 사용하는 것을 금지시켰다. 그 판결에 참여한 판사들 중 한 명은 이렇게 선언했다. "문제는 명백하게 **오직** 성경의 창조론만 두드러지게 제시하도록 구성된 교과서가 인디애나의 공립학교들에서 헌법에 합치되는 방식으로 수용될 수 있는가 하는 것입니다. 200년의 역사를 지닌 헌법기관이 요청하는 대답은 '아니오'입니다." 다른 주들이 인디애나 주의 선례를 따랐을 때, CRS의 위원회는 그것이 기독교 학교라는 시장을 소외시키는 일 없이 진행되기를 희망하면서 그 교과서를 진화를 보다 공정하게 서술하는 쪽으로 개정할 것을 권했다. 또 그 위원회는 성경에 대한 언급들을 삭제하고 홍수지질학을 작게 서술할 것, 그리고 엄밀하게 생물학적인 주제들 자체에 더 많은 관심을 둘 것을 권했다. 그러나 10년이 지나도록 이 제안은 아무런 결과도 얻지 못했다. 그러는 사이에 그 교과서 판매로부터 얻어진 인세는 처음 두 해에만 6,500달러에 이르면서 창조연구회가 점차 "창조과학"(creation science)이라고 불리게 된 것의 연구를 지원한다는 그 협회의 꿈을 이룰 수단을 제공해주었다.[60]

Morris, *History of Modern Creationism*, pp. 194-5.

60 CRS 이사회, April 16-17, 1971의 회의록 (판매), 그리고 CRS 교과서 개정 위원회, December 17, 1977의 회의록 (개정), 이상 CRS Papers; Larson, *Trial and Error*, p. 145 (인디아나 주 판사); Morris, *History of Modern Creationism*, p. 199 (인디아나 주 금지); Larry G. Butler to George Howe, November 17, 1971 ($6,500), Butler Papers, Larry C. Butler 제공.

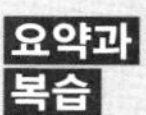

1. 1957년에 램머츠는 휘트컴에게 홍수지질학을 연구하는 비공식적인 조직을 만들자고 제안했다. 휘트컴은 이때도 그 조직이 제7일안식일예수재림교회에 의해 지배당할 수 있다는 점을 두려워했지만, 모리스는 대책을 마련할 수 있다고 조언했다. 1961년에 옛 친구 사이인 램머츠와 팅클이 활동적인 회원 10명을 모아 20세기 후반 창조론 운동의 중심이 된 "창조연구회"를 조직했다.

2. 월터 램머츠는 생물학 분야의 박사학위를 받은 최초의 엄격한 창조론자였고 학술지에 논문도 발표했다. UCLA에서 가르치는 동안 램머츠는 창조론적 신념에 대해서는 침묵했다.

3. 1962년, 램머츠는 젊은 두 명의 제7일안식일예수재림교인 리처드 리틀랜드와 에드가 헤어를 만나 충상단층을 탐험했다. 리틀랜드는 제7일안식일예수재림교단에 속한 로마 린다 대학에서 가르쳤고, 헤어는 제7일안식일예수재림교단의 진보적 신학자의 도움을 받으면서 방사성 동위원소 연대 측정법을 연구했다.

4. 리틀랜드는 램머츠가 하버드에서 교육을 받은 박사임에도 퇴적암 대부분이 노아 홍수에 기인한다고 주장하는 프라이스의 홍수지질학에 동의한다는 것에 분통이 터졌다.

5. 램머츠는 실용적인 식물 재배에 능해 그것으로 재정적인 풍요로움을 누렸다. 또 그는 스스로 말했듯이 성미가 고약한 욕쟁이였다.

6. 창조연구회는 램머츠와 팅클 두 사람이 시작했지만, 두 사람 사이에서 진화에 반대한다는 것 외에 서로 합의된 사항은 없었다.

7. 팅클은 미국과학자연맹(ASA) 안에서 10명을 불러 모아 반진화를 위한 모임을 만들

려고 했다. 그러나 몇몇이 참여를 고사하여 "7인 위원회"로 시작했고 홍수지질학에 대한 이들의 입장은 제각각이었다.

8. 램머츠는 자신이 새로 이름을 붙인 "창조 연구 자문위원회"에 홍수지질학에 동의하면서 참여해줄 지질학자와 물리학자를 찾지 못해 어려움을 겪었다.

9. 램머츠는 그 위원회가 1963년이 지나가기 전에 하나님께서 우주, 태양계, 지구, 그리고 그 안에 있는 모든 것을 6일 동안 창조하셨다고 믿는 90명 이상의 사람들을 발견하게 될 것이라고 낙관했다. 이렇게 해서 1963년 창조연구회가 설립되었다.

10. 램머츠는 창조연구회의 빠른 성장에 용기를 얻어 비활동적이거나 문자주의 노선을 따르지 않는 회원들을 축출하기 시작했다.

11. 데이비드하이저가 사임하던 해에 안식교인인 마쉬는 연구소가 보수적인 제7일안식일예수재림교인들을 밀어내려 한다는 사악한 시도를 의심했고, 이사회의 동료들이 토요일이 진정한 안식일이라는 주장에 공개적으로 반대하기 일보 직전에 있다고 염려했다.

12. 모리스는 열역학 제2법칙에 커다란 호교론적 중요성을 부여하며 이를 타락 사건과 관련지었지만, 램머츠는 그런 "빌어먹을 열역학 쓰레기"는 무가치하다고 무시했다. 최고 계급장을 단 사람들 사이의 의견 불일치에도 불구하고, 창조연구회(CRS)는 헌신적인 홍수 지질학자들만 수용했다는 점에서 좋은 평판을 얻었다. 젊은 지구론에 동의하지 않았던 창조론자들은 제도적으로 머물 곳이 없었다. 그들은 ASA에서는 너무 보수적이었고, CRS에서는 너무 진보적이었다.

제12장

창조과학과 과학적 창조론

Creation Science and Scientific Creationism

창조연구회(Creation Research Society, CRS) 회장 헨리 모리스(Henry M. Morris)는 『생물학: 복잡성 안에서 질서 찾기』(*Biology: A Search for Order in Complexity*, 1970)의 초판에 쓴 서문에서, 그 책의 본문이 때때로 과학—"현재의 과정들에 대한 관찰과 실험으로 구성된 구조체"—의 경계선을 넘어서 관찰될 수 없는 과거의 사건들을 다루는 기원에 관한 철학적 질문에 답변하려 할 것이라고 경계했다. 그는 기원에 관한 철학이 "진화론과 특별 창조의 교리"라는 두 가지 외양으로 온다고 주장했다. 전자는 생명이 시간의 경과에 따라 서서히 발전했다고 전제하고, 후자는 "모든 생명과 생명체의 주요한 종류들이 창조자 자신이 직접 활용하신 특별 창조의 과정들에 의한, 본질적으로 순간적인 기원을 갖는다"고 전제한다. 기원을 향한 후자의 접근은 진화로부터 과학적 지위라는 자격을 박탈함으로써, 창조를 진화와 동일한 지반 위에 놓았다. 그러나 그것은 창조라는 성경적 교리에 과학적 지위를 부여한 것은 아니었다.[1]

불과 4년 후에 『생물학』의 3쇄가 등장했을 때, 존 무어(John N. Moore)가 새로 쓴 서문은 창조와 진화의 차이들을 개념화하는 새로운 방법—이른바 "두 모델 접근법"(two-model approach)—에 주목할 것을 요청했다. 무어는 이렇게 설명했다.

---

1 Henry M. Morris의 서문, *Biology: A Search for Order in Complexity*, John N. Moore and Harold Schultz, 편집 (Grand Rapids, MI: Zondervan, 1970), pp. xix-xxi.

과학자들은 "모델들"이라는 관점에서 작업한다. 각각의 제안된 모델은 유효성(effectiveness)의 측면에서 평가되는데, 유효성이란 이용할 수 있는 데이터가 준거틀인 모델에 적합한 정도를 뜻한다. 이 예를 따른다면, 기원에 관한 두 가지 근본적인 관점은 "진화 모델"과 "창조 모델"이라고 불릴 수 있다. 이 두 모델 사이에서의 선택은 이용할 수 있는 데이터를 [준거틀인 모델과] 상관시키는 유효성의 측면에서 이루어질 수 있다.

비록 무어는 최근에 주조된 "창조과학"(creation science)이라는 용어를 창조 모델에 적용하기 일보 직전에 멈춘 다음 계속해서 모리스의 용어를 사용하며 생물학과 기원에 관한 철학을 구분했지만, 그가 모델을 형성하는 것을 과학적 행위로 설명한 것은 창조론을 과학의 방향으로 몰고 갔다.[2]

무어의 서론의 등장은 모리스가 고등학교 교사들을 위해 준비한『과학적 창조론』(*Scientific Creation*, 1974)라는 혁신적인 소책자의 발행 시기와 겹쳤다. 그 책에서 모리스는 창조론을 감싸고 있는 성경적 외피를 벗겨내고 그것을 과학으로 재포장하려 했다. 두 모델 접근법을 사용하면서 그는 창조론이 "창세기나, 다른 종교적 문서나, 또는 종교적 교리에 대한 언급 없이 가르쳐질 수 있다"고 주장했다. 공립학교들이 그것의 성경적 기원에 관한 모든 언급을 벗겨내고 오직 "기초적인 과학적 창조 모델"만 가르쳐야 한다고 주장하면서, 동시에 그는 홍수지질학을 위한 자리를 미리 확보하고 그것과 경쟁하는 창조신화들의 자격을 박탈하기를 바랐다. 그는 '만일 (과학이 아닌) 명시적인 성경적 창조론이 가르쳐진다면,' 오히려 그것은 "창세기에 대

2 John N. Moore의 서문, *Biology: A Search for Order in Complexity*, John N. Moore and Harold Schultz, 편집 (Grand Rapids, MI: Zondervan, 1970), pp. xvii-xxiii (3쇄).

한 넓고 다양한 해석들에게 문을 열어주는 셈이 될 것이며" 비기독교적인 우주생성론들도 포함시켜야 한다는, 원치 않는 요구에 직면하게 될 것을 두려워했다.[3]

1970년대 중반에 모리스와 무어 같은 홍수지질학의 옹호자들은 성경에 기초한 조지 프라이스(George McCready Price)의 견해에 "창조과학" 또는 "과학적 창조론"이라는 동의어의 꼬리표를 단단하게 부착시켰다. 이처럼 꼬리표를 재부착한 것에는 완곡어법에 대한 선호 이상의 의미가 담겨 있었다. 그것은 엄격한 6일 창조론자들 사이에서 일어난 중요한 전략적 이동을 뜻했다. 이제 과학적 창조론자들(scientific creationists)은, 지난 100년 동안 성경적 창조론자들(biblical creationists)이 그랬던 것처럼 진화의 과학적 자격을 부정하는 것이 아니라, 오히려 창조와 진화 모두에 과학적 지위를 부여했다. 그들은 선배들이 1920년대에 그랬던 것처럼 진화를 교실 밖으로 추방하려고 시도하는 대신, 오히려 창조를 학교 건물 안으로 들여오기 위해 싸웠고, "반진화론자"라는 나쁜 별칭을 거부했다. 이제 그들은 휘트컴과 모리스가 창조론의 부흥을 시작하기 위해 그랬던 것처럼 성경의 권위에 호소하는 것이 아니라, 오히려 창조론의 과학적 측면을 강조하기 위해 창세기의 이야기를 경시했다. 한 사회학자가 주장했듯이, 창조론자들이 자신들의 과제의 과학적 적법성을 강조하기 시작한 이유는 아마도 점점 더 세속화되어가는 문화 안에서 "현실에 대한 그들의 신학적 정당화가 그들의 세계를 유지하고 그들의 세계관을 자녀들에게 전달하는 데

3 Henry M. Morris, ed., *Scientific Creationism*, 공립학교용 (San Diego: Creation-Life Publishers, 1974), pp. 8-16; Henry M. Morris, "Director's Column," *Acts & Facts* 3 (September 1974): 2 (문을 열다).

더 이상 충분하지 않았기 때문"이었을 것이다.[4] 그러나—우리가 보게 될 것처럼—과학에 호소하는 일은 일차적으로 특별한 교육적·법적 발전에 대한 대응으로서 발생했다.

과학의 이름을 팔기

1963년에—부분적으로는 무신론자인 매들린 머레이(Madalyn Murray, 1919-1995)의 항의에 의해 촉발된 한 판결에서—미연방 대법원은 공립학교에서 성경읽기와 기도를 의무로 규정하는 것은 정부와 종교를 분리하는 헌법에 위배된다고 판결했다. 그러나 법원은 세속주의자들이 종교주의자들보다 더 유리해지는 것을 허락하지는 않았다. 그 판결은 명백하게 종교적 중립이라는 정책을 보증했는데, 이것은 "종교에 대해 단정적으로 반대하거나 적대감을 보인다는 의미에서 주(州)들이 '세속성이라는 종교'(religion of secularism)"를 수립하는 것을 금지한 것이라고 말할 수 있다. 무신론자들 그리고 종교의 공적 표현에 반대하는 사람들에게 그와 같은 획기적인 승리를 안겨주면서도 법원은, 아이러니하게도 비탄에 잠긴 기독교인들에게, 그들이 공립학교들이 종교에 적대적인 진화 같은 것을 가르치고 있다고 느낄 때마다 법적 보호를 요청할 수 있는 문도 열어주었다.[5]

---

4 Vernon Lee Bates, "Christian Fundamentalism and the Theory of Evolution in Public School Education: A Study of the Creation Science Moement" (Ph.D. dissertation, University of California, Davis, 1976), p. 98.

5 Edward J. Larson, *Trial and Error: The American Controversies over Creation and Evolution* (New York: Oxford University Press, 1985), pp. 94-6. 1962년 법원은 먼저 공립학교 내의 기도를 폐지시켰다. 그녀가 1965년에 재혼했을 때, Murray는 O'Hair라는 성을

이런 기회를 처음으로 붙든 사람은 남부 캘리포니아의 한 침례교인인 **넬 시그레이브스**(Nell J. Segraves, 1922-)였다. 그녀는 자신의 아들이 학교에서 배우고 있던 몇 가지 것들로 인해 속이 상했다. 자기 아들을 원치 않는 종교적 노출로부터 보호할 수 있게 된 머레이의 성공 덕분에, 시그레이브스도 자신과 같은 창조론자 학부모들이 자녀들을 보호하기 위해 법에 호소할 수 있다는 사실을 알게 되었다. 시그레이브스는, 미주리 루터교인 친구이며 예전에 월터 램머츠(Walter E. Lammerts)가 이끌던 교회학교 제자였던 진 섬롤(Jean E, Sumrall, 1927-)과 함께(그들 두 사람은 모두 성경-과학 협회[BSA]와 창조연구회[CRS]의 회원이었다) 캘리포니아 주 교육위원회에, 진화는 주가 승인한 모든 생물학 교과서 안에서 하나의 이론에 불과한 것으로 명시되어야 한다는 청원서를 냈다. 그녀의 청원은 미국 법무장관실과 캘리포니아 공교육 교육감 맥스 래퍼티(Max L. Rafferty, 1917-1982)로부터 긍정적인 대답을 이끌어냈다. 1966년에 래퍼티는 그 두 여성에게 창조론에 대해서도 똑같은 교육 시간을 요구하라고 격려했다. 1964년에 제정된 공민권법(Civil Rights Act)은 교사들에게 그들이 특정한 교리를 홍보하지 않는 한 종교에 대해 언급할 수 있도록 허용하는 조항을 포함하고 있었는데, 래퍼티는 바로 그 법률에 의거해 그런 제안을 했던 것이다. 게다가 창조론자들은 금방이라도 미국 대법원이 진화를 가르치는 것을 금지하는 것이 헌법에 위배된다고 선언하지 않을까 의심하고 있었다. 1965년 말, 리틀락의 젊은 생물학 교사였던 수잔 에퍼슨(Susan Epperson, 1941-)은 진화를 가르치는 것을 금지했던 1928년 아칸소 주 법의 폐기에 도전했다. 재판부의 분위기를 감안했을 때, 창조론자들은 대법

갖게 되었다.

원이 그 옛날 법조문을 폐기할 것이라고 예상했고, 실제로 대법원은 1968년에 그렇게 했다.[6]

시그레이브스와 섬롤은 교육위원회를 설득해 커리큘럼 안에 창조를 병합시키려는 첫 번째 시도에서는 실패했으나, 1969년에 두 번째 기회가 왔다. 그해 가을에 과학 교육 자문위원회는 "캘리포니아 학교들을 위한 과학의 틀"(The Science Framework for California Schools)이라는 제목의 서류를 교육위원회에 보냈다. 생물학 교과서 중 진화를 가르치는 부분의 독단적인 어조가 위원회의 몇몇 멤버들을 화나게 만들었다. 그중에는 존 포드(John R. Ford, 1923-)가 있었는데, 그는 샌디에이고 출신의 제7일안식일예수재림교인 의사였으며 창조론 운동 안에서 몇 안 되는 저명한 흑인들 중 한 사람이었다. 그에 뒤따르는 논쟁은 버논 그로즈(Vernon L. Grose, 1928-)의 주의를 끌었는데, 그는 항공 산업 분야의 시스템 전문가로서 오순절파였고 미국과학자연맹(ASA)의 회원이었다. 그는 젊은 지구 창조론자는 아니었으나 기존의 지침서를 대체할 문구를 제공했는데, 이것은 시그레이브스와 섬롤을—기쁘게 만들 정도는 아니지만—만족시켰다. 1970년에 배부된 개정 지침서는 이렇게 말했다. "성경과 다른 철학 논문들 역시 창조를 언급하고 있음에

---

6 Ibid., pp. 96-103. 캘리포니아 교과서 논쟁에 대해 다음을 보라. Dorothy Nelkin, *The Creation Controversy: Science or Scripture in the Schools* (New York: W. W. Norton, 1982), pp. 107-20; Gerald W. Wheeler, *The Two-Taled Dinosaur: Why Science and Religion Conflict over the Origin of Life* (Nashville: Southern Publishing Assn., 1975), pp. 143-51; 그리고 Nicholas Wade, "Creationists and Evolutionists: Confrontation in California," *Science* 178 (1972): 724-9. Segraves는 다음에서 보고되는 인터뷰에서 자신의 과거 삶을 이야기한다: "15 Years of Creationism," *Five Minutes with the Bible & Science*, *Bible-Science Newsletter* 17 (May 1979):2의 부록. Susan Epperson도 자신에 대해 이야기 한다: Peter Irons, *The Courage of Their Convictions* (New York; Free Press, 1988), pp. 218-30. Lammerts와 Sumrall의 관계에 대해 다음을 보라. Jean E. Sumrall to W. E. Lammerts, May 3, 1963, Walter E. Lammerts Papers, Bancroft Library, University of California, Berkeley.

도, 과학은 창조에 대한 다양한 이론들을 독립적으로 가정해왔다. 그러므로 과학의 견지에서 창조는 종교적이거나 철학적인 믿음이 아니다." 이런 말들은 진화론자들을 격앙시켰고, 1970년대 초반 내내 캘리포니아 주에서 교과서 논쟁이 격렬하게 지속되도록 만들었다. 그 논쟁은 결국 무승부로 끝났다. 진화론자들은 공립학교 생물 교과서에서 창조를 추방했고, 창조론자들은 진화를 단지 사변적인 이론의 수준으로 강등시키는 데 성공했다.[7]

창조론이 종교로부터 과학으로 변형된 것은 캘리포니아에서 일어난 사건들에 대한 직접적인 반응으로서 발생했다. 그 사건들은 창조론자들로 하여금 자기들이 단지 성경을 과도하게 강조하는 것을 포기한다면 과학 교실 안으로 비집고 들어갈 수 있다고 믿도록 만들었다. 모리스는 이렇게 선언했다. "창조론이 다시 돌아오는 중이다. 이번에는 주로 종교적 믿음으로서가 아니라, 우리가 살고 있는 세계에 대한 대안적인 과학적 설명으로서 오고 있다." 대안적 과학(alternative science)이라는 이 새로운 꼬리표는 1969년경에 처음으로 등장했다. 캘리포니아 주 교육위원회의 유리한 결정을 기대하면서 시그레이브스, 섬롤, 그리고 성경-과학 협회(BSA)의 다른 회원들은 창조론 교과서를 준비하기 위해 남부 캘리포니아에 창조과학연구소(Creation Science Inc.)를 설립했다. 1970년에 이 조직은 샌디에이고의 크리스천헤리티지 대학에 세우기로 계획되었던 창조연구센터와 합병되어 창조과학연구센터(Creation-Science Research Center)가 되었다. 만일 그곳에 창조센터를 조직할 수 있다면 샌디에이고로 이주해 그 대학의 부학장이 되겠다고 동의했던 모리스가 그 센터의 책임자가 되었다. 그해 가을에

7 Nelkin, *The Creation Controversy*, pp. 109-19; Vernon L. Grose의 1991년 9월 30일의 전화 인터뷰.

모리스는 크리스천헤리티지 대학에 "과학적 창조론"(Scientific Creationism)이라는 이름의 강좌를 개설했다. 이때 그는 그 명칭을 처음으로 분명하게 공식적으로 사용했다. 1971년 가을 「창조연구회 계간지」(*Creation Research Society Quarterly*)를 발행할 때, 그는 CRS의 동료들에게 두 모델 접근법을 소개하면서 진화와 창조가 똑같이 "과학적"이며 또한 똑같이 "종교적"이라고 주장했다. 그 후 즉시 그는 진화와 창조 모두를 "경쟁하는 과학적 가설들"이라고 묘사했다. 1972년 봄에 열린 CRS 이사회 모임에서 멤버들은 "과학적 창조론"이라는 용어를 사용하도록 가르침을 받았고, 그때부터 창조론자들은 이 용어를 "창조과학"(creation science)이라는 용어와 교차적으로 사용하게 되었다. 모리스가 설명하는 것처럼, 몇몇 창조론자들은 전자를 선호했다. 왜냐하면 그들은 진화도, 창조도 입증될 수 있는 "과학"은 아니라고 믿었기 때문이다. "창조론"(creationism)이 너무 종교적으로 들린다고 느꼈던 다른 사람들은 후자를 선호했다. 모리스 자신은 그중 어느것도 이상적이라고 여기지 않았다. "왜냐하면 그런 복잡하고 포괄적인 주제를 지칭하기 위해 단순히 어느 한 가지 용어를 사용하는 것은 가능하지 않기 때문이다."[8]

---

8 Henry M. Morris, *The Troubled Waters of Evolution* (San Diego: Creation-Life Publishers, 1974), p. 16; Henry M. Morris, *History of Modern Creationism*, (San Diego: Master Book Publishers, 1984), pp.231-2 (창조과학 연구소); H. M. Morris to J. C. Whitcomb, August 27, 1970 (새로운 코스), Whitcomb Papers, John C. Whitcomb, Jr. 제공; Henry M. Morris, "Proposals for Science Framework Guidelines," *Creation Research Society Quarterly* 8 (January 1971-72): 147-50 (두 가지 모델); Henry M. Morris, "Comments from President Morris," ibid., p. 229 (경쟁하는 가설들); CRS 이사회, April 21-23, 1972에 대해 Larry G. Butler가 손으로 기록한 메모, Butler Papers, Larry G. Butler 제공; Henry M. Morris and Gary E. Parker, *What Is Creation Science?* (San Diego: Creation-Life Publishers, 1982), p. xiii (동의어). 두 모델 접근법의 광범위한 적용에 대해 다음을 보라. Ricjard B. Bliss, *Origins: Two Models: Evolution Creation* (San Diego: Creation-Life

창조과학에 대한 가장 간결한 설명 중 하나는 1981년에 창조와 진화를 가르치는 일에서 "균형 잡힌 처리"를 지시하는 아칸소 주의 법률 안에서 나타났다. 아칸소 법령은 창조과학의 6가지 기본적인 조항들을 아래와 같이 특정했다.

① 우주, 에너지, 그리고 생명의 무로부터의 갑작스런 창조.
② 하나의 유기체로부터 모든 살아 있는 종들이 발전하는 과정에서 돌연변이와 자연선택만으로는 불충분함.
③ 변화는 식물들과 동물들 중 시원적으로 창조된 종류들의 고정된 경계선 내부에서만 가능함.
④ 인간과 원숭이의 서로 구분되는 조상.
⑤ 지구의 지질학을 전지구적 홍수의 발생을 포함한 대격변에 의해 설명함.
⑥ 지구와 살아 있는 종들이 상대적으로 최근에 시작됨.

얼핏 이것은 옛날 방식의 성경적 창조론과 아주 비슷해 보인다. 그러나 여기에는 중요하고도 미묘한 차이가 있다. 1960년대 이전의 성경적 창조론자들 중 지질학적 대격변설에 호소했던 이는 없었다. 이와는 대조적으로, 과학적 창조론자들은 창세기의 홍수를 "진화론적 우주발생론과 창조론적 우주발생론 사이의 갈등의 진정한 핵심"이라고 확인했다. 모리스에 따르면, 과학적 창조론자들은 "6일 동안의 창조, 첫 남자와 여자의 이름, 인간의 죄로 인해 하나님이 땅에 내리신 저주에 대한 기록, 노아의 방주 이야기, 그리고 그 밖에 결코 과학적으로 결정될 수 없는 다른 사건들"

Publishers, 1978).

같은 성경의 자료들을 배제했다. 동시에 그들은 성경에서 명확하게 언급되지 않는 화석 기록 같은 어떤 증거들을 포함시켰다.[9]

과학적 창조론자들은—비록 창조론이 성경에 의지하지 않고도 가르쳐질 수 있다고 주장했지만—성경이 자신들의 사고를 형성했다는 사실을 부인하지는 않았다. 예를 들어 모리스는 "**오직** 성경 안에서만 우리는 그런 특별 창조의 개념을 발견할 수 있다"라고 기꺼이 인정했다. 사실상 과학적 창조론과 성경적 창조론에는 별 차이가 없기에 『과학적 창조론』(*Scientific Creationism*)이라는 책은 거의 동일한 두 가지 판본으로 등장했다. 하나는 성경에 대한 언급을 포함하지 않는 공립학교용이고, 다른 하나는 "성경에 따른 창조"라는 추가적인 챕터가 더해진 기독교학교용이었다.[10]

모든 창조론자들이 과학적 창조론의 기초적 요소들이나 그 요소들의 종교적 뿌리를 덜 중요하게 취급하는 경향에 대해 동의했던 것은 아니었고, 심지어 홍수지질학자들 중에도 반대자가 있었다. 예를 들어 아칸소 법률은 젊은 지구론을 요구했지만, 모리스는 적어도 그 개념은 성경적 창조론에 속하는 것이지 과학적 창조론에 속하는 것은 아니라고 보았다. 한때 모리스의 동역자였던 휘트컴도 그런 전적인 재포장 노력에 대해 유보적 태도를 보였다. 휘트컴의 의견으로는, 소위 과학적 창조론은 확실성과 기독교성 둘 다를 희생시켰다. 그는 역겨워하면서 이렇게 주장했다. "이 모델에 관한 한, 우리는 차라리 유대인 창조론자이거나 무슬림 창조론자여

---

9 "Creationism in Schools: The Decision in McLean versus the Arkansas Board of Education," *Science* 215 (1982): 937 (아칸소 법); Henry M. Morris, ed., *Scientific Creationism*, 일반판 (San Diego: Creation-Life Publishers, 1974), p. 252 (진정한 핵심); Morris and Parker, *What Is Creation Science?*, p. 264 (성경적 데이터).

10 Henry M. Morris, "Director's Column," *Acts & Facts* 4 (October 1975): 3 (성경 안에서만); Morris, *Scientific Creationism*, 일반판, pp. 203-55.

도 상관없을 것이다." 단순히 대중적인 수용을 위해 모리스가 창조론자의 장자권을 제도적 팥죽 한 그릇에 팔았다는 것이다. 휘트컴은 이렇게 썼다. "성경 또는 창조자이신 그리스도에 대한 언급을 피함으로써 우리는 어떤 공립학교 수업시간과 똑같은 시간을 갖게 될 것이다. 하지만 그 비용은 엄청나게 클 것이다. 왜냐하면 절대적 확실성이 상실되고, 오직 살아 있고 권세 있는 하나님의 말씀만이 줄 수 있는 영적 충격이 무뎌질 것이기 때문이다." 물론 그도 "공립학교들과 대학들에서 진화론적 인문주의에 의해 조직적으로 세뇌되고 있는 수백만의 학생들"에게 다가가기를 원했다. 그러나 그는 그것을 위해 창조론의 성경적 기초를 부정하거나 경시하는 것은 거부했다. 그는 이렇게 주장했다. "성경적인 신학은 과학적 창조론에 방해가 되거나 당혹스러운 것이 아니라 오히려 실제적으로 그것의 최종적 권위, 능력, 그리고 승리를 위한 유일한 원천이다."[11]

자신들의 믿음을 과학으로 밀어 올리면서도 창조론자들은 때때로 진화에 대해서는 유사한 적법성을 인정하기를 거부했다. 그들은 과학을 프랜시스 베이컨(Francis Bacon) 식의 사실 수집(fact-gathering)으로 제한함으로써, (혹은 좀 더 전형적으로는) 과학은 곧 사실적 지식(factual knowledge)을 의미한다는 사전적인 정의에 호소함으로써 그렇게 했다. 1980년대까지도 두 명의 창조론자는 「창조연구회 계간지」의 독자들에게 자기들이 진화를 "사전만으로도 두들겨 패 휴지조각으로 만들 수 있다"라고 확언했다. 그러나 창조론자들은 과학적 호교론 쪽으로 이동해가면서 점차 진화를 비

---

11 Henry M. Morris, *Creation and Its Critics: Answers to Common Questions and Criticism on the Creation Movement* (San Diego: Creation-Life Publishers, 1982), pp. 25-6 (젊은 지구); John Whitcomb, Review of *What Is Creation Science?* by Henry M. Morris and Gary E. Parker, *Grace Theological Journal* 4 (1983): 289-96.

방하기보다 진화론자들과 동등한 과학적 위상을 갖는 일에 관심을 갖게 되었다. 그렇게 해서 프랜시스 베이컨에 대한 언급은 두 명의 새로운 영웅적 철학자들인 칼 포퍼(Karl R. Popper, 1902-1994)와 토머스 쿤(Thomas S. Kuhn, 1922-1996)을 인용하는 것에 길을 내어주게 되었다. 그 과정에서 창조론자들은 절대적 진리의 가능성을 (어느 걱정이 많은 창조론자가 표현했던 것처럼) "개념적 상대주의(conceptual relativism)라는 용품"을 위해 희생시켰으나, 대부분의 믿음의 동료들은 그것을 알아채지도 신경 쓰지도 않는 듯 보였다.[12]

과학을 형이상학 또는 사이비 과학과 구분하는 아주 오래된 문제를 해결하기 위해, 포퍼는 검증가능성(verifiability)이라는 덜 엄격한 테스트에 대한 대안으로 반증가능성(falsifiability)이라는 기준을 제시했다. 어떤 이론이 그가 의미하는 바대로 과학이라는 자격을 얻기 위해서는 경험에 의해 반박될 수 있어야 한다. 다윈주의는 이런 요구를 충족시키지 못하기에, 그는 그것에게 과학의 지위를 부여하기를 거부했다. 대신에 포퍼는 다윈주의를 **"형이상학적 연구 프로그램"**(metaphysical research programme)으로 분류했다. 그의 설명에 따르면, 그 프로그램은 그럼에도 "검증이 가능한 과학 이론들을 위한 가능한 틀"을 제공함으로써 과학에 잘 봉사할 수

---

12 Marshall and Sandra Hall, Letter to the Editor, *Creation Research Society Quarterly* 21 (1984-85): 155-6 (사전); Barry Ferst, "What Bible-Scientists Can Learn from Bible-Science," ibid., 20 (1983-84): 119 (용품). 과학 개념의 정의에 관해 다음을 보라. Henry M. Morris, "The New Meaning of Science," *Acts & Facts* 12 (June 1983): 3; Duane T. Gish, *Evolution: The Fossils Say No!* (San Diego: Creation-Life Publishers, 1979), pp. 12-13; Robert E. Kofahl, "Correctly Redefining Distorted Science: A Most Essential Task," *Creation Research Society Quarterly* 23 (1986-1987): 112-14; 그리고 W. R. Bird, *The Origin of Species Revisited: The Theories of Evolution and of Abrupt Appearance*, 2 vols. (New York: Philosophical Library, 1989), 2:11-78.

있다. 포퍼의 공식은 창조론자들에게 양날의 검을 손에 쥐어준 셈이 되었는데, 창조론자들은 그 칼을 가지고 진화에게서 과학의 자격을 박탈할 수 있었고, 창조를 대안적인 형이상학적 연구 프로그램으로 격상시킬 수도 있었다. 포퍼가 창조론자들이 어떻게 자기를 이용하고 있는지 알아차렸을 때, 그는 재빠르게 지구 위의 생명의 역사에 관련된 이론들은 "많은 경우 그것들의 가설은 검증될 수 있기에" 과학적이라고 확언했다. 그러나 다윈주의에 과학적 지위를 허용하기 일보 직전에 멈춘 포퍼의 그런 설명은 창조론자들 사이에서 그가 누렸던 인기에 영향을 주지 않았고, 그들은 어느 사회학자가 조롱하면서 "포퍼-쪼개기"(Popper-chopping)라고 불렀던 일에 계속해서 몰두했다.[13]

과학사가이자 과학철학자인 쿤은 엄청난 영향력을 행사한 책인 『과학 혁명의 구조』(*The Structure of Scientific Revolution*, 1962)에서 과학의 발전을 객관적 지식의 축적이라는 관점이 아니라, 주로 경쟁적인 모델들 또는 패러다임들이라는 관점에서 서술했다. 그의 도식 안에서 과학 혁명가들은—비록 공세에 시달리는 소수파를 이루는 것에 불과할지라도—과학

13 Karl Popper, *Unended Quest: An Intellectual Autobiography* (La Salle, IL: Open Court Publishing Co., 1976), pp. 167-80 (형이상학적 연구 프로그램); Karl Popper, 편집자에게 보낸 편지, *New Scientist* 87 (1980): 611 (명료화); Michael A. Cavanaugh, "Scientific Creationism and Rationality," *Nature* 315 (1985): 188 (포퍼 쪼개기). 오류가능성에 대한 Popper의 견해에 대해서는 다음을 보라. Karl R. Popper, *The Logic of Scientific Discovery* (New York: Basic Books, 1959). Popper의 영향력에 대해 다음을 보라. Morris, *Troubled Waters of Evolution*, p. 80; Ariel A. Roth, "Does Evolution Qualify as a Scientific Principle?" *Origins* 4 (1977): 4-10; Jerry Bergman, "What Is Science?" *Creation Research Society Quarterly* 20 (1983-84): 39-42; Robert E. Kofahl, 편집자에게 보낸 편지, ibid. 24 (1987-88): 44; 그리고 Kofahl, "The Hierarchy of Conceptual Levels for Scientific Thought and Research," ibid. 26 (1989-90): 12-14. 또 다음도 보라. Frank J. Sonleitner, "What Did Karl Popper Really Say About Evolution" *Creation/Evolution* 6 (Summer 1986): 9-14.

적 근거를 갖고 있었다. 그러하기에 창조론자들은 기원에 대한 자신들의 모델이—비록 현장 과학자들 중 극소수에 의해서만 지지를 받고 있을지라도—과학 커리큘럼 안에서 진화라는 다수파의 견해와 나란히 공존해서는 안 되는 이유를 알 수 없었다. 또한 그들은 과학자들이 다른 패러다임보다 어느 한 패러다임을 선택하도록 영향을 주는 다양한 요소들에 대한 쿤의 서술을 좋아했다.

> 개별 과학자들은 온갖 종류의 이유로, 그리고 보통은 한 번에 여러 가지 이유로 새로운 패러다임을 수용한다. 그런 이유들 중 어떤 것들—예를 들어 케플러를 코페르니쿠스 추종자로 만들었던 태양 숭배처럼—은 전적으로 명확하게 과학의 영역 밖에 놓여 있다. 다른 이유들은 개인이 살아온 과정과 개성의 특이성에 분명하게 의존한다. 때로는 그 혁신자와 그의 스승들의 국적이나 앞선 명성이 중요한 역할을 할 수도 있다.[14]

놀랄 것도 없이, 기존의 미국 과학계는 자신들이 어렵게 얻은 특권과 권력을, 자기들이 보기에 과학의 권리를 주장하는 평판이 안 좋은 종교적 열심당원들의 무리와 공유하기를 거부했다. 1981년에 미국과학아카데미(National Academy of Sciences)는—"과학"과 "종교"라는 오늘날의 범주들

---

14 Thomas S. Kuhn, *The Structure of Scientific Revolutions* (Chicago: University of Chicago Press, 1962), 인용문은 pp. 151-2. 이 문장은 Wheeler, *The Two-Taled Dinosaur*, p. 125에서 인용되었는데, 이 책은 한 섹션 전체를 "The Flood Theory Paradigm," pp. 192-210에 할애했다. Kuhn의 영향력에 대해 다음을 보라. Leonard R. Brand, "A Pholosophic Rationale for a Creation-Flood Model," *Origins* 1 (1974): 73-83; Ariel A. Roth, "The Pervasiveness of the Paradigm," ibid. 2 (1975): 55-7; 그리고 John W. Klotz, *Studies in Creation: A General Introduction to the Creation/Evolution Debate* (St. Louis: Concordia Publishing House, 1985), pp. 20-2.

이 얼기설기 얽혀 왔던 오랜 역사를 무시하면서—"종교와 과학은 서로 분리되고 상호 배타적인 인간 사고의 영역들이며, 그것들을 같은 맥락에서 제시하는 것은 과학 이론과 종교적 믿음 모두에 대한 오해를 초래한다"라고 규범적으로 선언했다. 대량으로 유통된 소책자 『과학과 창조론』(*Science and Creationism*, 1984)에서, 그 아카데미는 과학자들의 잠정적이고 검증 가능한 주장과 창조론자들의 불변적이고 입증되지 않은 결론을 대비시켰다. 그 책의 저자들은 "과학적 사고를 변경시키는 사건들의 사례는 구름처럼 많다"라고 주장했다. 분명 그들은 동일한 것이 창조론자들의 사고와 관련해서도 말해질 수 있다는 사실에는 무관심했던 것 같다. 사실 창조론자들의 의견은, 1930년에서 1980년에 이르는 반세기 동안 진화론의 견해보다 훨씬 더 급격하게 변했다.[15]

창조론에 대해 비판적인 자들은 창조론자들을 과학의 영토로부터 몰아낼 수 있는 다양한 정의들(definitions)로 이루어진 장벽을 세움으로써 그들이 과학 쪽으로 이동하는 것을 저지하려고 노력했다. 예를 들어 한 곤충학자는 과학적 창조론이 과학적이지 않은 이유는, 그것이 "과학 밖에 놓여 있는 전제를 수용할 것"을 요구하는 것에, 즉 "성경의 특별한 구절들에 대한 특별한 해석이 절대적 진리를 구성하는 데 수용되어야 한다"고 요구하는 것에 있다고 주장했다. 한 지질학자는 창조과학은 과학이 아닐 뿐만 아니라, 창조론자들도—그들의 학위가 무엇이든지 간에—과학자가 아니라고

15 *Science and Creationism: A View from the National Academy of Sciences* (Washington, DC: National Academy Press, 1984), pp. 6, 8-11. 과학과 신학의 역사적으로 얽힌 관계에 대해 다음을 보라. David C. Lindberg and Ronald L. Numbers, eds., *God and Nature: Historical Essays on the Encounter between Christianity and Science* (Berkeley and Los Angeles: University of California Press, 1986).

주장했다. 그들이 과학자가 아닌 것은 (정확하게 말하자면) "그들이 과학적 방법과 과학적 태도를 버렸기 때문이며, 그 사람이 훈련을 받은 곳이나 기간 또는 그를 교육시킨 사람의 신분보다 훨씬 더 중요한 기준, 곧 과학자란 누구인가 하는 정의에서 핵심이 되는 기준을 저버렸기 때문이다." 그런 "불합리하고 자의적인" 선언은 모리스로 하여금 과학이 자연주의나 세속주의가 아니라 지식을 의미했던, 좋았던 옛 시절을 그리워하도록 만들었다.[16]

몇몇 진화론자들은 창조론자들이 "진화론은 **틀렸다**는, 또한 그것은 **반증이 가능하지 않다**는 증거를 제시했다"고 동시에 주장하는 것을 비난했다. 그러나 그러한 전략에 책임이 있는 사람은 창조론자들만이 아니었다. 창조론자들이 논리적으로 일관적이지 못하다고 고발했던 저자—그는 철학자였다—는, 창조론은 포퍼의 반증가능성이라는 기준을 만족시키지 못하기에 과학이 아니라는 식으로 암시했다. 그럼에도 그가 한 진술들은 그의 과학계 동료들이 창조론은 인류학, 생물학, 지질학, 물리학 등의 결론들에 의해 오류로 판명되었다고 주장하는 논문집 안에 등장했다. 식물학 분야의 한 기고자는 이렇게 결론을 내렸다. "화석 기록과 살아 있는 유기체들에 대한 조사는 모두 창조론자들의 가설이 오류임을 입증한다." 『과학과 창조론』에서도 저자들은 비슷하게 단언했다. "특별 창조라는 가설은 거의 2세기에 걸쳐서 반복적으로 공감되면서 숙고되었지만, 자격이 있는 관찰자와 실험자들이 제시한 증거들에 의해 거부되었다." 그러나 겨우 4쪽을 넘기면, 동일한 저자들은 특별 창조는 "우주, 지구, 혹은 그 위에 존재하는

---

16 Stanley D. Back, "Natural Science and Creationist Theology," *BioScience* 32 (1982): 740 (곤충학자); Steven Schafersman, "Creationist Disputed," *Geotimes* 26 (August 1981): 11 (지질학자): Morris, *History of Modern Creationism*, pp. 22-4, Beck와 Schafersman에 대한 대답.

생명의 기원에 대한 검증 가능한 가설"이 아니라고 주장하고 있다. 하버드 대학의 고생물학자 스티븐 굴드(Stephen Jay Gould, 1941-2002)는 때때로 과학적 창조론이 오류인 동시에 오류가 입증될 수 없다고 서술했는데, 그는 겉보기에 모순된 그 의견을 조화시키기 위해 "창조론은 두 가지 점에서—그것의 핵심적 조항들은 검증될 수 없으며, 검증될 수 있는 그것의 주변적 주장들은 오류임이 입증되었다—그것의 비과학적 특성을 드러낸다"고 지적했다.[17]

창조론자들은 교육위원회와 주 입법기관에 두 모델 접근법을 판매하면서, 반복해서 창조론의 과학적 지위와 그것의 지도급 옹호자들이 갖고 있는 과학적 지위에 호소했다. 모리스는 이렇게 조언했다. "창조론자들이 학교에서 '창세기의 창조 이야기'를 가르칠 것을 제안하고 있는 것이 아니라, 단지 과학의 사실들이 창조라는 과학적 모델의 견지에서 설명될 수 있다는 사실을 보여주려고 하고 있음을 강조하라." 성경-과학 협회(BSA)의 한 열광적인 멤버는 의욕에 넘쳐서 그 메시지를 자기 동네로 퍼 날랐다.

과학을 더 많이 판매하라.…누가 과학을 더 많이 가르치는 것을 반대하겠는

---

17 A. David Kline, "Theories, Facts, and Gods: Philosophical Aspects of the Creation-Evolution Controversy," in *Did the Devil Make Darwin Do It? Modern Perspectives on the Creation-Evolution Controversy*, ed. David B. Wilson (Ames: Iowa State University Press, 1983), p. 42 (철학자); Robert H. Chapman, "The Evolution Life," ibid., p. 113 (식물학자); *Science and Creationism*, pp. 7, 11; Stephen Jay Gould, *Hen's Teeth and Horse's Toes* (New York: W. W. Norton, 1983), pp. 256, 384-5; Gould, "Creationism: Genesis vs. Geology," in *Science and Creationism*, ed. Ashley Montagu (New York: Oxford University Press, 1984), 인용문은 p. 129. Philip L. Quinn은 Gould가 일관적이지 않다고 비난한다: "The Philosopher of Science as Expert Witness," in *Science and Reality: Recent Work in the Philosophy of Science*, ed. James T. Cushing, C. F. Delaney, and Gary M. Gutting (Notre Dame, IN: University of Notre Dame Press, 1984), p. 43.

가? 그것과 관련해 논쟁할 것이 무엇이겠는가?…"창조론"이라는 단어를 사용하지 말라. 오직 "과학"만 말하라. 진화를 반박하는 과학적 정보들을 숨기는 것은 곧 "검열"이나 다름없고 종교적 교리의 영역 안으로 빠져드는 것과 같다고 설명하라. 과학을 검열하는 것에 반대하는 사람처럼, "검열"이라는 꼬리표를 사용하라. 당신은 과학을 위한 사람이다. 과학적 데이터를 검열하고자 하는 사람은 누구나 늙고 고루한, 그리고 깊은 숙고를 하기에는 너무나 교조적인 사람이다.[18]

이런 접근법은—적어도 처음에는—매우 효과적인 것으로 입증되었다. 아칸소와 루이지애나 주 입법부와 다양한 학교 이사회는 두 모델 접근법을 채택했다. 1980년에 있었던 교육위원회 위원들의 비공식적인 여론조사에 따르면, 응답자들 중 오직 25%만이 진화만 가르치는 것을 좋아했다. 그러나 1982년에 연방법원 판사는 창조와 진화를 "균형 있게 취급할 것"(balanced treatment)을 요구하는 아칸소의 법률이 헌법에 위배된다고 판결했다. 3년 후 루이지애나의 법원도 비슷한 판결을 내렸다. 미연방 대법원은 1987년에 이 판결을 지지하면서, 한 판사의 말을 인용해, "학생들에게 인류의 기원에 관한 다양한 과학 이론들을 가르치는 것은 과학 교육의 효과를 증진시키려는 분명한 세속적 의도를 가지고 적법하게 이루어질 수 있다"라고 허용했다.[19]

---

18 Henry M. Morris, "Director's Column," *Acts & Facts* 6 (April 1977): 3-4; Russell H. Leitch, "Mistakes Creationists Make," *Bible-Science Newsletter* 18 (March 1980): 2.

19 "Finding: Let Kids Decide How We Got Here," *American School Board Journal* 167 (March 1980): 52; Larson, *Trial and Error*, 개정판 (New York: Oxford University Press, 1989), p. 180, William J. Brennan의 인용.

1980년대의 창조론과 관련된 재판들은 창조과학이 정말로 과학인지, 아니면 과학의 가면을 쓴 종교인지 하는 의문을 둘러싸고 벌어졌다. 미연방 대법원이 해석한 것처럼, 미국의 헌법은 공립학교에서 종교를 가르치는 것을 금했지만—그러나 **나쁜** 과학을 가르치는 것은 금하지 않았다—그렇기 때문에 아칸소와 루이지애나의 법률에 반대했던 이들은 법정에서 이기기 위해, 추가로 창조과학이 본질적으로 종교적이라는 사실을 입증할 필요가 있었다. 아칸소에서 재판이 진행되는 동안에 과학철학자인 마이클 루스(Michael Ruse, 1940-)는 판사에게 비과학과 과학을 구분하는 칼 포퍼식 방법에 대해 조언했다. 루스의 후견 아래서 판사 윌리엄 오버톤(William R. Overton, 1939-1987)은 "과학의 본질적 특성"이 자연성(naturalness), 잠정성(tentativeness), 검증가능성(testability), 반증가능성(falsifiability) 등을 포함한다고 판결했다. 판사는 창조과학은 이런 기준을 충족시키지 못하기에 과학이 아니며, 그것이 오직 신앙을 증진시키는 데만 봉사할 뿐이기에 그것을 가르치는 것은 헌법에 위배된다는 결론을 내렸다.[20]

대부분의 반창조론자들은 리틀록에서의 승리를 축하할 이유만을 보았으나, 루스와 오버톤이 논쟁의 소지가 있는 과학의 경계선을 그려냈던 자의적인 방식은 몇몇 학자들을 근심스럽게 만들었다. 루스가 법정에서 행한 일을 대단히 부정적으로 검토하면서 동료 과학철학자인 래리 로던(Larry Laudan, 1941-)은 자신의 동료가 "부당한 행동"을 했다고 꾸짖었다. 루스가 일반적으로는 과학의 경계선과 관련해, 그리고 특별하게는 칼 포

20 "Creationism in Schools," pp. 938-9, 941 (Overton의 의견). Michael Ruse는 자신의 법정의 경험을 다음에서 묘사한다: "Creation-Science Is Not Science," in *Creationism, Science, and the Law: The Arkansas Case*, ed. Marcel Chotkowski La Follette (Cambridge, MA: MIT Press, 1983), pp. 150-60.

퍼의 노선과 관련해 전문가들의 의견이 격렬하게 불일치한다는 사실을 드러내는 데 실패했다는 것이었다. 로던은 루스와 오버톤이 창조과학의 과학적 자격을 부정하기 위해 그것의 반증가능성 없음(nonfalsifiability)을 강조함으로써 "창조론을 반대하기 위한 가장 강력한 논증", 다시 말해 "그것의 주장이 이미 오류 가운데 있다"라는 사실을 무시했다고 주장했다. "문제의 핵심은, 창조론이 '무엇이 과학인가?' 하는 질문에 대해 그다지 힘들지 않고 대단히 논쟁적인 어떤 정의들을 만족시키느냐가 아니다. 진짜 문제는, 존재하는 증거들이 창조론이 아니라 진화론을 위해 더 강력한 논증을 제공하는가 하는 것이다." 과학의 경계선을 긋는 문제를 "사이비 문제" 그리고 "초점을 흐리는 것"으로 일축한 로던은 또한 교조주의가 자주 과학에서 구성적인 역할을 한다는 것과, 창조론의 비판자들은 "과학이 철저하게 열린 마음을 특성으로 갖는 것처럼 행세하는 것을 통해서"는 거의 아무런 도움을 얻을 수 없다는 것을 지적했다. 그러나 루스는 반론을 펴면서, 로던의 전략을 "분명 법률적 목적을 위해서는 충분히 강력하지 못한 것"으로 치부하며 무시했다.[21]

---

21 Larry Laudan, "Commentary on Ruse: Science at the Bar-Causes for Concern," in La Follette, *Creationism, Science, and the Law*, pp. 161-6; Laudan, "The Demise of the Demarcation Problem," in *The Demarcation between Science and Pseudo-Science*, ed. Rachel Laudan, *Working Papers of the Virginia Tech Center for the Study of Science in Society*, vol. 2, no. 1 (April 1983), pp. 29 (사이비 문제), 31 (비양심적인 행동); Michael Ruse, "Response to Laudan's Commentary: Pro Judice," in La Follette, *Creationism, Science, and the Law*, p. 168. 또 다음도 보라. Larry Laudan, "More on Creationism," *Science, Technology, & Human Values* 8 (Winter 1983): 36-8. Quinn은 Ruse와 Overton에 대해 비슷한 비판을 다음에서 행한다: "The Philosopher of Science as Expert Witness," in *Science and Reality*, pp. 32-53. Popper식의 오류 가능성에 대해 다음도 보라. Philip Kitcher, *Abusing Science: The Case against Creationism* (Cambridge, MA: MIT Press, 1982), pp. 42-4. 창조론의 과학적 주장에 공감하는 철학적 논증에 대해 다음을 보라. J. P. Moreland,

토머스 기어린(Thomas F. Gieryn)을 포함한 일단의 과학사회학자들의 의견으로는, 아칸소 재판 및 그것과 관련된 활동들은 자신들의 경계선을 지키기 위해 긴장을 유지한 채 보초를 서고 있는 과학자들의 모습을 슬쩍 보여 주었다. 창조론자들이 과학이 종교적 영감을 담은 자신들의 의제들을 적절하게 수용할 만큼 과학의 영역을 확장시키려 했던 것과 똑같이, 그들의 반대자들도 그들의 "아칸소 학교 교실 안에서 '과학적' 지식의 시장을 독점"하기 위해 과학에 대해 좁은 정의를 적용했다. 기어린과 그의 동료들은 창조론자들을 공적으로 후원할 가치가 없는 "사이비 과학자들"이라고 깎아내리면서, 기존의 과학 공동체가 빈약한 자원을 놓고 자신들과 다투고 있는 정치적으로 강력한 경쟁자를 제거해주기를 희망했다. 양편의 장점이 무엇이든지 간에, 그들의 투쟁은 "과학"이 갖고 있는 역사적으로 조건지워진 성격과 그 용어에 불변의 의미를 부여하는 것의 무익함을 보여주었다.[22]

또한 아칸소 재판은 이른바 과학과 종교의 전쟁에 관한 신화들을 부숴버렸다. 판사 오버톤이 그의 의견을 통해 지적했듯이 (창조과학을 가르치는 것에 반대했던) 원고들 중에는 다수의 성직자들, 곧 "아칸소 지역의 연합감리교, 성공회, 로마 가톨릭, 그리고 아프리카 감리교 성공회의 주교들, 아칸소 장로교회의 주요 임직자들, 다른 연합 감리교도들, 남침례회와 장로

Christianity and the Nature of Science: A Philosophical Investigation (Grand Rapids, MI: Baker Book House, 1989).

22 Thomas F. Gieryn, George M. Bevins, and Stephen C. Zehr, "Professionalization of American Scientists: Public Science in the Creation/Evolution Trials," *American Sociological Review* 50 (1985): 392-409. 경계선 구분에 대한 더 넓은 논의에 대해 다음을 보라. Gieryn, "Boundary-Work and the Demarcation of Science from Non-Science: Strains and Interests in Professional Ideologies of Scientists," ibid., 48 (1983); 781-95.

교회의 목회자들" 그리고 다양한 유대교 단체들이 포함되어 있었다. 한 명의 고등학교 생물 교사와 생물교사협회라는 과학 단체가 그들과 합류했다. 피고에 해당하는 창조과학 옹호자들 편에는 그 어떤 종교적 그룹도 없었다. 재판에서 창조과학에 반대하는 편에서 증언했던 이들 중에는—네 명의 과학자와 다양한 분야의 전문가들에 더하여—감리교 주교 한 명, 가톨릭교회 사제 한 명, 개신교 신학자 한 명, 그리고 복음주의 교회의 역사학자 한 명이 포함되어 있었다. 대조적으로 (창조과학을 지원하면서) 방어에 나선 대부분의 증인들은, 비록 모두가 유명하지는 않았으나, 좋은 학위를 가진 과학자들이었다. 그 재판에 참석했던 신학자 랭던 길키(Langdon Gilkey, 1919-2004)는 양쪽 진영의 놀랄 만한 인적 구성을 보고서, 그 논쟁이 "두 종류의 기이하고, 익숙하지 않고, 보기에도 불편한 **파트너십**을 포함하고 있었다"라고 묘사했다. "한편에는 우리가 엘리트 종교와 엘리트 과학이라고 부를 수 있는 사람들의 연합이 있었고, 다른 편에는 '대중적인' 과학과 '대중적인'(근본주의적인) 종교의 연합이 있었다." 리틀록에 갈등이 있었던 것은 분명하나, 그것은 단순히 과학 대 종교라는 공식을 대입할 수 있는 갈등은 결코 아니었다.[23]

---

23 "Creationism in Schools," p. 934 (Overton의 인용); Langdon Gilkey, "Fundamentalism and Science," 근본주의 프로젝트를 위한 공적인 모임인 Fundamentalism Observed에 제출된 출판되지 않은 문서, University of Chicago, November 17, 1988 (파트너 관계). 또 다음도 보라. Landon Gilkey, *Creationism on Trial: Evolution and God at Little Rock* (Minneapolis: Winston Press, 1985).

창조 연구

"창조 연구"(creation research)라는 표현은, 비판자들이 욕을 하며 책임을 묻고 때때로 창조론자들 자신도 인정하듯이, 거의 모순어법에 가깝다. 그 용어를 만들어 낸 램머츠조차 창조를 연구한다는 것이 불가능함을 인정했다. 왜냐하면 "우리가 그 자리에서 하나님이 창조하시는 것을 관찰하지 못했기 때문이다!" 그가 미국과학자연맹(ASA)의 어느 약간 놀란 듯한 임원에게 설명했듯이, 창조연구회(CRS)는 창조의 행위 그 자체가 아니라 하나님의 창조적 행위의 현존하는 증거를 탐구했다. 여러 해 동안 창조론자들은 자신들의 제한된 자원을 (진화론자들의 저작 안에서 오류나 비일관성을 찾아내기 위해) 도서관에서 연구하는 데 쓰거나, 아니면 (홍수지질학을 지지해줄지도 모르는 증거를 발견하기 위해) 비용이 적게 드는 현장 연구에 썼다. 1967년에 CRS는 연구위원회를 설립하고 첫 해에 700달러의 연구비를 어렵게 모았으나, 그보다 큰 금액을 마련한 것은 1970년대 초에 생물학 교과서의 인세가 금고로 흘러들어오기 시작하면서부터였다. 1980년대 초에 공동 연구를 위한 노력을 지원하려는 시도가 반복적으로 실패한 것에 낙담한 CRS는 단독으로 자신들만의 연구 시설들을 세우기로 결의했다. 그 시설들은 애리조나에서 협곡의 형성과 식물의 연속 패턴을 탐구하는 그랜드캐니언 실험장(Grand Canyon Experiment Station)과, 홍수와 유사한 조건의 시뮬레이션에서 생존한 유기체를 연구하는 오클라호마의 초원 실험장(Grasslands Experiment Station)이었다.[24]

---

24 W. E. Lammerts to H. H. Hartzler, December 9, 1965, Lammerts Papers (창조 연구); Morris, *History of Modern Creationism*, pp. 251-4 (연구 유형); George F. Howe, "Open Letter," *Creation Research Society Quarterly* 5 (1968-69): 63 ($700); L. G. Butler to

비록 창조 연구는 실험실보다는 도서관을 더 많이 이용했지만, 문헌상으로는 몇 가지 주목할 만한 예외들이 나타났다. 예를 들어 「창조연구회 계간지」(*Creation Research Society Quarterly*)의 처음 몇 호는 진화론이 요구하는 유익한 돌연변이의 가능성을 의심하는 램머츠의 실험적 보고들을 특집으로 조명했다. 램머츠는 캘리포니아 리버모어에 있는 로렌스 방사선 실험실의 한 장소를 이용해 고에너지 중성자 방사선을 쬐어 장미의 돌연변이를 유도했다. 그는 그 결과로 나온 변이들이 고정된 한계 내부에 머물며 상업적으로 이용할 수 있는 특성들은 대단히 드물게만 산출된다는 사실을 발견했다. 그는 이렇게 결론을 내렸다. "장미들의 변이의 잠재력은 오직 제한된 범위 안에서만 나타나며, 대부분의 돌연변이가 해롭다는 사실은 진화 쪽으로 기울어진 과학자들이 그들의 기본적인 가정들을 재고해야 한다는 것을 뜻한다."[25]

로버트 젠트리(Robert V. Gentry, 1933-)의 실험 결과는 과학적으로도, 상징적으로도 대단히 중요했다. 그는 방사능의 후광이 태고의 화강암 안에 "하나님의 지문"처럼 남겨진 것을 확인했다. 지나치게 강하고 고지식할 정도로 단순한 사람인 젠트리는 플로리다 대학에서 물리학 석사학위를 받

G. F. Howe, November 17, 1971 (인세), Butler Papers; CRS 이사회, April 15-16, 1983의 회의록 (실험장), Creation Research Society Papers, Concordia Historical Institute. 또 다음도 보라. Duane T, Gish, "A Decade of Creationist Research," *Creation Research Society Quarterly* 12 (1975-76): 34-46; Gish, "More Creationist Research (14 Years)," ibid. 25 (1988-89): 161-70; 그리고 "Creation Research Society Research Committee (RC) Activities: A Decade Review including Philosophy and Purpose," ibid. 20 (1983-84): 125-6.

25 Walter E. Lammerts, "Planned Induction of Commercially Desirable Variation in Rose bt Neutron Radation," *Creation Research Society Quarterly* 2 (1965-66): 39-48, 인용문은 p. 43. 다음도 보라. Lammerts, "Mutations Reveal the Glory of God's Handiwork," ibid. 20 (1967-68): 35-41; 그리고 Lammerts, "Does the Science of Genetic and Molecular Biology Really Give Evidence for Evolution?" ibid. 6 (1969-70): 5-12.

왔고, 그 후 방위 산업체에서 직장을 얻었다. 그는 핵무기에 관한 연구를 수행하던 중에 1959년 한 텔레비전 복음주의자의 마법에 걸려들었다. 젠트리는 6일간의 창조와 제7일의 안식일 사이의 연결을 지적하는 그의 설교를 듣고 제7일안식일예수재림교인이자 엄격한 창조론자로 전향했다. 그 후 젠트리는 조지아 공과대학의 물리학 박사 과정 프로그램에 입학했으나, 2년 후에 학장이 그가 박사 논문 주제를 지구의 연대로 잡으려는 것을 거부하자 크게 실망하고 그 학교를 떠났다. 이때쯤 젠트리는 방사능 후광(halo)—방사능 붕괴에 따라 바위 안에 생성되는, 현미경으로 볼 수 있는 반지 모양의 다양한 색상의 둥근 띠—이 지구의 연대에 관한 진리를 풀 수 있는 "열쇠"일 수 있고 또 그것이—그가 모리스에게 알렸던 것처럼—홍수지질학을 입증할지도 모른다고 확신하게 되었다. 집에 있는 뒷방 "연구소"에서 작은 현미경을 가지고 작업하는 동안 그는 폴로늄 동위원소의 붕괴에 의해 형성되는 후광—그것은 몇 마이크로세컨드(백만분의 일 초)부터 며칠에 이르는 짧은 반감기를 갖고 있었다—에 주목했다. 머지않아 그는 자신이 "진정한 불가사의"를 응시하고 있는 중임을 깨달았다. 만일 진화론자들이 주장하는 대로 "그런 특별한 후광을 함유하고 있는 선캄브리아기의 화강암이 뜨거운 마그마가 오랜 시간에 걸쳐 천천히 식으면서 점차적으로 결정화되었다면, 그런 특별한 방사능 후광을 낳은 방사능 활동은 너무도 짧은 순간만 존재했기에, 뜨거운 마그마가 단단한 바위를 형성할 정도로 식을 만큼 충분한 시간이 흐르기 오래전에 사라졌을 것이다."[26]

---

26 Robert V. Gentry, *Creation's Tiny Mystery* (Knoxville, TN: Earth Science Associates, 1986), 인용문은 pp. 24 (열쇠), 31 (수수께끼), 그리고 66 (지문). 이런 반쯤 자서전적인 책 외에 Gentry의 생애와 활동에 대한 가장 좋은 입문서는 다음이다. Martin Gardner, "Roberts Gentry's Tiny Mystery," *Skeptical Inquirer* 13 (Summer 1989): 357-

그가 그런 통찰을 얻게 된 것은 1965년 어느 봄날 오후였다. 그가 방사능 후광의 기원에 대해 당혹해 하고 있을 때, 불현듯 한 생각이 떠올랐다. 어쩌면 폴로늄 218의 3분간의 반감기가, 하나님이 화학적 요소들을 창조하신 것과 화강암의 형성 사이의 간격을 나타낼지도 모른다는 생각이었다. 그는 궁금해했다. **"지구의 연대에 관한 진실을 찾는 연구를 하던 중에 내가 지구의 순간적 창조에 대한 증거를 발견한 것이 아닐까? 저 미세한 폴로늄 후광이 원시 지구의 바위 안에 남겨진 하나님의 지문이 아닐까? 만일 그렇다면, 선캄브리아기의 화강암들은 우리의 혹성이 창조되던 순간의 암석들이 아닐까?"** 그러한 광대한 생각에 기절할 만큼 놀란 그는, 그 생각이 어떻게 과학자들이 진화를 바라보는 방식을 혁신시킬 것인지에 대해 곰곰이 생각했다. 프라이스가 반세기 전에 화석을 함유한 암석들이 펼치는 수백만 년의 시간을 노아 홍수의 짧은 기간 안에 압착시켜 넣기 위해 그의 통찰력을 기만적인 동일과정과 충상단층에 쏟아부었던 것처럼, 젠트리도 화강암들의 순간적인 창조라는 그의 가설이 "수십억 년이라는 지구의 역사 기간을 거의 영"으로 붕괴시키기를 희망했다.[27]

1969년에, 젠트리의 방사능 후광에 대한 연구가 초중원소(super heavy elements)를 발견할 가능성에 매료된 오크리지 국립연구소(Oak Ridge National Laboratory)는, 그가 지난 3년간 그를 고용했던 메릴랜드에 있는 어느 안식교 대학과의 관계는 그대로 유지할 수 있게 하면서 그를 초빙 과학자 자격으로 초청해 연구소 내의 실험실을 사용하게 했다. 방사능 후광

---

61. 또 다음도 보라. H. M. Morris to J. C, Whitcomb, April 6, 1964, Whitcomb Papers. Whitcomb과 Morris는 다음에서 다색성운(pleochroic halo)을 언급했다: *The Genesis Flood* (Philadelphia: Presbyterian and Reformed Publishing Co., 1961), pp. 359-62.

27 Gentry, *Creation's Tiny Mystery*, pp. 31-3.

에 대한 연구를 시작한 후부터 그는 자신의 연구 결과를 오직 인정받는 과학 저널들에만 제공하기로 결심했다. 그것은 종교적 편견이 자신의 결과물을 오염시키지 않도록 보증하는 수단이었다. 처음에 그는 자신이 믿는 창조론의 메시지를 논문 안에 몰래 끼워 넣을 수 있다고 소박하게 기대했으나, 그럴 수 없다는 것을 금세 배웠다. 「응용 물리학 소식」(*Applied Physics Letters*)에 제출한 한 원고에서 그는 자신의 연구 결과들이 지각의 형성에 대한 통상적 견해와 조화되기 어려움을 지적하고, 폴로늄 방사능 후광들은 "지구가 거의 순간적으로 창조되었다고 보는 우주론적 모델과 더욱 근접하게 일치한다"고 주장했다. 한 기민한 심사관은 그런 "무모한 사변"을 비웃었지만, 그럼에도 그 논문의 수정본을 「네이처」(*Nature*)에 제출하도록 추천했고, 「네이처」는 결국 그 수정된 논문을 게재했다. 오크리지로 이사할 무렵에 젠트리는 이미 그의 실험 결과물—창조론에 대한 암시들은 빼낸—을 「사이언스」(*Science*)를 포함해 세계에서 가장 권위 있는 과학 저널들 몇 군데를 통해 발표했다. 그는 그 일을, 아칸소 재판에서 그가 증언했던 것과 관련된 나쁜 평판이 그를 향한 과학 저널의 문들을 닫아버리고 오크리지 연구소와의 관계도 끊어지게 만들었던 1980년대 초까지 계속했다. 그 후 자신의 연구를 위한 공적 지원금을 얻을 수 없게 된 그는, 리틀 데비(Little Debbie)라는 브랜드 쿠키와 케이크를 만드는 제빵업자이자 박애주의자인 엘스워스 맥키(R. Ellsworth McKee, 1932-)라는 제7일안식일예수재림교인의 후원을 받아들였다.[28]

1970년대 말에 젠트리는 자신의 주장을 검증받기 위해 과학자 공동체

---

28 Ibid., pp. 38-44; Gardner, "Roberts Gentry's Tiny Mystery," pp. 357-8. Gentry의 출판물에 대한 부분적인 목록을 다음에서 보라. Gentry, *Creation's Tiny Mystery*, pp. 204-5.

에 극적으로 도전했다. 젠트리는, 만약 누군가가 자신이 지구의 신적 창조와 연관시킨 방사능 후광을 함유한 암석처럼 "전형적인 흑운모(黑雲母, bionite)를 함유한 화강암의 견본을 한 주먹정도"만이라도 합성할 수 있다면, 자신은 그것을 자신의 주장이 오류임을 입증하는 증거로 수용하겠다고 했다. 실망스럽게도, 회의적인 과학자들은 그의 제안을 간단하게 거절했다. 그들은, 그것은 단지 거대한 화강암 조각을 합성해서 만들어낼 수 있는 능력을 과시하는 "무가치한 실험"일 뿐이라고 했다. 지질학자 브렌트 댈림플(G. Brent Dalrymple, 1937-)은 이렇게 비웃었다. "내가 아는 한, 젠트리의 도전은 어리석을 뿐이다. 그는 사실상 지질학에 관한 지식 전체를 무시하는 완전히 우습고 비과학적인 가설을 검증하기 위해 불합리하고, 결론을 내릴 수 없는 실험을 제안했다." 댈림플의 전문가적 의견에 대해, 젠트리는 "굉장히 사소한 미스테리"라고 말하는 것 외에 달리 아무런 대응도 하지 않았다.[29]

젠트리가 아칸소 재판에서 맡았던 주인공 역할과 근본주의자들의 서클 안에서 그가 갖고 있던 영웅적인 지위에도 불구하고, 그의 동료인 제7일안식일예수재림교인들을 포함해 일부 창조론자들은 그의 작업을 폄하했다. 몇몇 안식교인 과학자들은 그가 고의로 적절한 증거를 무시했을 뿐만 아니라, 폴로늄을 제외한 모든 방사성 동위원소들에 대해 균일하지 않은 붕괴 비율을 일관성 없이 자의적으로 전제했다고 비난했다. 그들은 다

29 Dalrymple은 Gentry, *Creation's Tiny Mystery*, pp. 120-2, 296-8에서 인용된다. Gentry의 실험에 대한 창조론자들의 비판에 대해 다음을 보라. R. H. Brown과 몇 사람, Review of *Creation's Tiny Mystery*, by R. V. Gentry, Origins 15 (1988): 36=7. 또 다음도 보라. J. Richard Wakefield, "Gentry's Tiny Mystery-Unsupported by Geology," *Creation/Evolution* 8 (Winter 1987-88): 13-33.

음과 같이 주장했다. "만일 그가 신학적인 이유에서 창조, 타락, 홍수 때 우라늄의 후광을 형성하는 데 필요한 시간을 감소시키면서 우라늄의 붕괴 비율이 변했다고 주장한다면, 그는 이미 과학의 영역을 떠난 셈이다." 자신이 차별을 받고 있다며 자주 징징거리는 그의 불평에 식상한 다른 창조론자들은, 과학계가 그를 냉대하는 것이 그의 특이한 믿음 때문이라기보다 그 자신의 거슬리는 스타일의 결과라고 주장했다.[30]

대부분의 창조 연구자들은 실험실을 회피한 채 뒤편 베란다에서 이론을 정립하는 쪽을 택했다. 그들이 선호했던 주제는 홍수의 원인이었다. 1970년대 초에 「창조연구회 계간지」의 편집자는, 홍수라는 우스운 모델들의 늪에 빠져 죽을 지경이라고 불평했다. 그런 개념들 중 가장 주목할 만한 것은 시애틀의 석사 수준의 지리학자였던 도널드 패튼(Donald W. Patten, 1929)의 것이었다. 『성경의 홍수와 빙하시대』(*The Biblical Flood and the Ice Epoch*, 1966)라는 책에서, 패튼은 대홍수와 그것의 여파를 설명하기 위해 "천체의 대격변"—그 안에서 중력과 전자기력은 갑자기 그리고 동시적으로 공기, 대양, 그리고 마그마를 혼돈에 빠뜨린다—을 주장했다. 그의 이런 공상은 상당한 논쟁을 일으켰으나 CRS의 많은 리더들을 확신시키는 데는 실패했다.[31]

---

30 S. C. Rowland와 몇 사람, Review of *Creation's Tiny Mystery*, by R. V. Gentry, *Spectrum* 20 (October 1989): 56-7 (과학을 떠남); Brown과 몇 사람, Review of *Creation's Tiny Mystery*, p. 33 (차별); 창조론자들의 추가적인 비판과 Gentry의 반응에 대해 다음을 보라. Kurt P. Wise, "Radioactive Halos: Geological Concerns," *Creation Research Society Quarterly* 25 (1988-89): 171-6; Robert V. Gentry, "Response to Wise," ibid., pp. 176-9; R. H. Brown, "Radiohalo Evidence Regarding Change in Natural Process Rates," ibid. 27 (1990-91): 100-2; 그리고 Robert V. Gentry, "Critique of 'Radiohalo Evidence' Regarding Change in Natural Process Rates," ibid., pp. 103-5.

31 G. F. Howe to Robert Whitelaw, February 19, 1972 (엉뚱한 모델), CRS Papers;

훨씬 더 영향력이 있었던 것은 토머스 반즈(Thomas G. Barnes)의 지구 자기장의 붕괴와 관련된 혁명적 가설이었는데, 그것은 "현대의 창조론으로부터 나온 가장 우아한 사고들 중 하나"로 환영을 받았다. 지구 중심 자기장의 기하급수적 비율의 붕괴를 가정하면서, 또한 시간에 따른 변동의 증거를 무시하면서, 그 물리학자는 "지구 자기장의 생명이 수백만 년 또는 수십억 년이 아니라, 수천 년으로 계산되어야 한다"고 추정했다. 또 그는 과거에는 보다 강력한 자기장이 지구를 우주 방사선으로부터 보호하고 탄소-14의 양이 낮은 수준으로 생성되도록 했기에 방사성 탄소 연대측정법에 의거한 오랜 지질 시대에 대한 주장은 유효하지 않다고 주장했다. 진화론자들과 창조론자들 모두로부터 나온 거친 비판에도 불구하고—창조론자들 중 한 사람은 반즈의 이론을 "문제투성이로 뒤덮인 수수께끼, 그리고 주된 비일관성"이라고 묘사했다—많은 홍수지질학자들은 그것이 지구가 1만 년보다 오래되지 않았다는 사실에 대한 증거로 간주했다. 창조과학에 관한 어느 권위 있는 논문은 반즈의 이론을 젊은 지구론에 대한 68개의 과학적 논증들의 목록 중 첫 번째에 위치시켰다. 1970년대 중반까지 CRS의 회장이었던 반즈는 대담한 사상가로서, 상대성 이론과 양자론은 물론 그것과 연관된 상대주의와 불확정성의 개념도 거부함으로써 한껏 명성을 높였다. 그에게 감탄했던 어떤 이는 좀 과장되게 다음과 같이 썼다. "만일 반즈 박사가 창조론자가 아니었다면, 그는 의심할 여지없이 그의 탁월한 작

Donald W. Patten, *The Biblical Flood and the Ice Epoch* (Seattle: Pacific Meridian Publishing Co., 1966). Howe는 직접 인용되기를 거부했다. CRS 회의주의의 증거에 대해 다음을 보라. H. M. Morris to W. E. Lammerts, November 9, 1963, Lammerts Papers; 그리고 D. T. Gish to D. A. Young, August 8, 1972, Young Papers, Davis A, Young 제공.

품으로 노벨상을 수상했을 것이다."[32]

1960년대 후반과 1970년대 초반에 CRS의 연구 작업을 주도했던 이는 **래리 버틀러**(Larry G. Butler, 1933)였다. 사람들 앞에 잘 나서지 않는 오클라호마 출신 "촌사람"이었던 그는 1964년에 UCLA에서 생화학 박사학위를 받았다. 2년 후에 그는 퍼듀 농과대학 생화학부에 합류했으며, 이것이 그에게 동료 창조론자들이 시기하고 또한 이용하려 했던 세속적 기반을 마련해주었다. 경건한 남침례교 가정에서 자라나는 동안 그는 자연스럽게 듀안 기쉬(Duane T. Gish)가 속했던 교단인, 보다 근본주의적인 일반 침례교의 교인들과 교류하게 되었다. 1960년대 중반에 LA 침례교 대학에서 잠시 가르치는 동안 그는 CRS에 가입했다. 1969년에 대학 이사로 선출된 직

---

32 Mark Montie, 편집자에게 쓴 편지, *Creation Research Society Quarterly* 19 (1982-83): 196 (우아함); Thomas G. Barnes, "Decay of the Earth's Magnetic Moment and the Geochronological Implications," ibid. 8 (1971-72): 24-9; Warren H. Johns, "Controversy over Paleomanetic Dating," *Ministry* 57 (January 1984): 25-8 (비일관성); Morris and Parker, *What Is Creation Science?*, pp. 254-7; Walter Lang, "Fifteen Years of Creationism," *Bible-Science Newsletter* 16 (October 1978):3 (노벨상). Barnes의 견해에 대해 다음의 책들을 보라. *Origin and Destiny of the Earth's Magnetic Field*, ICR Technical Monograph No. 4 (El Cajon, CA: Institute for Creation Research, 1973); *Physics of the Future: A Classical Unification of Physics* (El Cajon, CA: Institute for Creation Research, 1983); 그리고 *Space Medium: The Key to Unified Physics* (El Paso, TX: Geo/Space Research Foundation, 1986). John에 대한 Barnes의 추가적인 비판에 대해 예를 들어 다음을 보라. Davis A. Young, *Christianity and the Age of the Earth* (Grand Rapids, MI: Zondervan, 1982), pp. 117-24; Stephen G. Brush, "Finding the Age of the Earth; By Physics or by Faith?" *Journal of Geological Education* 30 (1982): 34-58; G. Brent Dalrymple, "Radiometric Dating and the Age of the Earth; A Reply to Scientific Creationism," *Proceedings of the Federation of American Societies for Experimental Biology* 42 (1983): 3033-8; 그리고 Dalrymple, "Can the Earth Be Dated from Decay of Its Magnetic Field?" *Journal of Geological Education* 31 (1983): 124-32. 자신의 비판에 대한 Barnes의 반응을 다음에서 보라. "Earth's Young Magnetic Age: An Answer to Dalrymple," *Creation Research Society Quarterly* 21 (1984-85): 109-13; 그리고 *Origin and Destiny of the Earth's Magnetic Field*, 개정 및 확장판, (El Cajon, CA: Institute for Creation Research, 1983), pp. 113-32.

후 그는 CRS의 부회장직과 연구위원회의 의장직을 수락했다. 그는 홍수지질학의 논리적 근거들이 설득력을 갖고 있다고 여겼으나, 젊은 지구론을 위한 논증들에 별다른 중요성을 부여하지는 않았다. 오히려 그가 엄격한 창조론을 수용했던 주된 이유는 성경을 가급적 "복잡하지 않게" 읽고 싶다는 그 자신의 갈망과 생명의 기계주의적 기원에 대한 설득력 있는 증거의 부재 때문이었다. 그가 그 운동에 적극적으로 가담하게 된 것은 자신의 "넘쳐나는 확신" 때문이 아니라 다른 사람들의 기대 때문이었다. 그럼에도 그는 거의 10년에 이르는 기간 동안 조직적인 창조론 운동 안에서 가장 두드러지고 영향력 있는 직책 중 하나를 성실하게 감당했다.[33]

버틀러의 책상에 놓였던 첫 번째 연구계획서들 중 하나는 홍수지질학의 증거를 계속 의심했던 **아서 커스탠스**(Arthur C. Custance)로부터 왔다. 지질학자들이 충상단층 때문이라고 주장하는, 순서가 뒤바뀐 바위들을 가리키기 위해 창조과학자들이 사용하는 용어인 "거꾸로 놓인"(upside-down) 지층들에 대한 모든 논의로 인해 명백하게 혼동에 빠진 그 캐나다인은, CRS가 예를 들어 다리가 밖으로 불쑥 튀어나온 채 "거꾸로 뒤집힌 자세로 굳어진 특별한 종류의 화석들이 있는지 보기 위해 뒤집힌 것으로 추정되는 (넓은 영역의) 강바닥"에 대한 탐사에 착수해야 한다고 제안했다. CRS의 리더들로부터 정말로 뒤집힌 형태의 화석들은 오직 "그것들이 문자 그대로 뒤집힌 그 지점까지 실제로 포개져 겹쳐진 지층들 안"에서만 발견될 수 있으며 그것은 충상단층과는 거의 아무런 관계가 없고 대체로 홍

33 Larry G. Butler의 June 6, 1985의 인터뷰; L. G. Butler to K. W. Ehler, January 7, 1973 (시골 소년), 그리고 L. G. Butler to V. L. Bates, January 26, 1975 (압도적인 확신), 이상 Butler Papers; "이사회 모임의 보고," *Creation Research Society Quarterly* 6 (1969-70): 112-13 (선거).

수지질학자들에 의해 논쟁의 대상이 되지 않는 현상이라는 말을 들었음에도, 커스탠스는 여전히 자신이 제안한 연구가 "그 문제를 단번에 영원히 해결할 것"이라고 확신했다.[34]

CRS의 연구 책임자로서 버틀러는 CRS가 "가급적 성경의 내용에 대한 타협 없이, 과학을 존경하고 있다는 이미지를 제시"하고자 노력했다. 무엇보다도 그는 자신들의 무리한 개념들을 제시하기 위해 학술포럼을 찾아다니는 "확실한 사이코패스, 기인들, 좀 이상한 사람들"을 배제하기를 희망했다. 버틀러는 너무나 많은 창조론자들이 세상을 놀라게 할 유명세를 지나치게 좋아한다는 사실을 재빨리 발견했다. 그가 보기에 그들은 이렇게 말하는 듯했다. "우리는 놀라운 발견을 했다"(공룡과 동시대인 인간의 발자국 화석). "우리는 극적인 대변동을 가정한다"(어느 방랑하는 행성으로부터 온 거대한 빙하의 갑작스런 퇴적). "우리는 과학적 일반화를 쓸어버릴 것을 제안한다"(탄소-14 연대측정법의 모든 체계에 대한 부정). 이사회의 동료 멤버들 사이에서조차 버틀러는 "공상과 같은" 개념들을 좋아하는 성향을 탐지했다. 1971년에 모였던 이사회 직후, 버틀러는 모리스에게 자기가 "지구의 나이가 2천 년 이상인 것으로 보이지 않는다는 진술부터 시작해 어째서 창조의 첫 날들의 길이가 무한한 시간이었는가에 대한, 열정적이지만 이해할 수 없는 설명에 이르기까지 온갖 종류의 말"을 들었다고 불평했다.[35]

---

34 A. C. Custance to G. F. Howe, September 29, 1969 (제안), G. F. Howe to L. G. Butler, October 24, 1969 (앞선 제안), 그리고 H. M. Morris to L. G. Butler, November 6, 1969 (Custance에 대한 응답), 이상 CRS Papers; Arthur C. Custance, *The Flood: Local or Global?* (Grand Rapids, MI: Zondervan, 1971), p. 60 (단번에). 거꾸로 된 화석층에 관련하여 Custance를 교육시키려던 이후의 시도에 대해 또한 다음을 보라. J. N. Moore to A. C. Custance, January 15, 1979, A. C. Custance Papers, Special Collections, Redeemer College.

35 L. G. Butler to H. M. Morris, 연대 미상의 편지 원고 [July 1971?] (존경한다는 이미지,

창조 연구에 대해 날카롭게 비판을 했음에도 불구하고, 버틀러는 6차례의 자연일(natural days) 동안 이루어진, 최근에 일어난 특별 창조(recent special creation)를 강력하게 지지했다. 그래서 모리스는 1970년대 초에 그를 CRS의 후임 회장으로 임명했다. 모리스는 "세속 대학들 안에서 강력한 전문적 지위"를 가진 적당한 후보자들을 단 세 명만 생각할 수 있었는데, 미시간 주립대학의 무어(Moore), 텍사스웨스턴 대학의 반즈(Barnes), 그리고 퍼듀 대학의 버틀러(Butler)가 그들이었다. 그 세 명 중 버틀러만 논문을 쓴 박사학위를 갖고 있었다. 그러나 버틀러는 이의를 제기했다. 비록 모리스가 자신을 신뢰해준 것에는 깊은 경의를 표했지만, 자신은 더 높은 자리를 바라지 않으며 어떤 상징적 목적을 위해 이용되는 것에도 흥미가 없다고 했다. 게다가 그는 조직화된 창조론 운동이 나아가고 있는 방향에 대해서도 의문을 제기했다. 그는 1972년에 한 지인에게 이렇게 털어놓았다. "나는 공립학교에서 창조론을 가르치는 것을 법으로 강제하려는 노력은 재앙이 될 것이라고 생각합니다. 나로서는 그것에 적대적인 선생이 창조론을 가르치는 것은 그것을 전혀 가르치지 않는 것보다 더 나쁜 일이 될 것으로 보입니다."[36]

버틀러는—그가 창조론의 "광신자 집단"이라고 불렀던 이들의 영향력이 계속되고 있는 것에 경악하면서—1972년 1월에 CRS 이사회 멤버들에게 다소 충격적인 "창조론 연구에 대한 비판"(Critique of Creationist

---

사이코패스, 공상), 그리고 Larry G. Butler, "A Critique of Creationist Research," 날짜가 없는 문서 [January 1972] (유명세), 이상 Butler Papers.

36 H. M. Morris to L. G. Butler, June 30, 1971, 그리고 February 28, 2971 (회장직), L. G. Butler to Morris, March 2, 1972 (경의), 그리고 L. G. Butler to G.F. Howe, November 14, 1972 (재앙), 이상 Butler Papers. 1972년 Butler는 *Quarterly*의 편집 노선을 지지하기를 거부했다; 다음을 보라. L. G. Butler to G. F. Howe, November 4 and 14, 1972, Butler Papers.

Research)이라는 문서를 배부했다. 그는 그 문서에서 창조론자들이 진화에 대해 "부정적이고 비판적인 관점"을 갖고 있는 것에 대해, 그들이 "진화론을 단 한 방에 영원히 완전하게 뒤엎을 어떤 극적인 발견"을 추구하는 기만적인 연구를 하고 있는 것에 대해, 그리고 실험적이고 조작 가능한 연구들보다 역사적이고 서술적인 증거를 더 강조하고 있는 것에 대해 비난했다. 그는 "선서나 선서를 전제하는 진술을 포함하는 증거에 의존하는 연구"는 과학적이지 않다고 주장했다. 더 이상 작동하지 않는 탐구 과정과 관련된 어려움들을 고려하면서 그는 "창조론 연구"가 존재한다는 사실 자체가 놀랄 만한 일이라고 여겼다. 그것은 그에게 18세기에 새뮤얼 존슨(Samuel Johnson)이 했던 주장을 떠올리게 했다. 존슨에 따르면, 여자 설교자들은 "뒷다리로 일어서서 걷는 개와 같다. 우리는 그들의 설교가 형편없이 행해진 것에 놀라지 않는다. 놀라운 것은 그들의 설교가 행해졌다는 사실 자체다." 역사적인 사례들을 이끌어내기를 계속하면서, 버틀러는 창조론자들이 루이 파스퇴르(Louis Pasteur)가 자연발생(spontaneous generation, 생명체가 부모 없이 스스로 생길 수 있다는 가설—역자 주)이라는 문제에 접근하면서 취했던 방법—어떤 결과를 이루는 데 실패한 것을 그 현상에 반대하는 증거로 사용하는 것—을 본보기로 삼아 "진화가 진리임을 입증하기 위해 노력하라!"고 제안했다.[37] 몇 명의 CRS 지도자가 버틀러의 한탄에 동조했으나, 그것은 가시적인 변화를 초래하지 못했고, 그 십자군 운동을 벌인 생화학자는 점점 더 그의 형제들 사이에서 "육체의 가시"처럼 느껴졌다. 창조론 연구의 과학적 표준을 제정하려는 자신의 노력이 실패

---

37 L. G. Butler to V. L. Bates, January 26, 1975 (광신자 집단), Butler Papers; Butler, "A Critique of Creationist Research."

한 것에 낙담한 버틀러는 1975년 이사회의 책임자 자리에서 물러났고, 이후에는 자신의 회원자격이 시간 경과로 무효가 되도록 방치했다. 그 후 몇 년 동안 그는 점점 더, 하나님이 세계를 창조하시는 일에 점진적인 진화론적 발전 과정을 사용하셨으나 그것의 정확한 절차는 비밀에 부치셨다고 생각하게 되었다. 효소에 관한 그의 연구는 "박테리아와 뱀과 고등동물들처럼 서로 완전히 다르고 구별되는 유기체들 사이에 강력한 유전된 연관성이 있음을 암시하는…놀라운 유사성들"을 보여주었다. 세계가 최근에 시작되었다는 견해를 포기한 것과 함께 그는 임박한 종말에 대한 기대도 버렸다. 그는 인류가 지구 위에서 앞으로 대단히 오랫동안 거주할 것이라고 확신하면서, 자신이 추구해야 할 개혁의 방향을 "도덕적으로 잘못된" 미국의 농업 정책 쪽으로 전환시켰다. 그는 기독교인으로 남았지만, 창조론과는 무관한 어떤 이유에서 출석하던 교회를 떠났다.[38]

---

38 Larry G. Butler의 1985년 6월 6, 29일자 인터뷰; L. G. Butler to J. R. Meyer, May 30, 1985(놀라운 유사성), Butler Papers. Butler는 Wayne Frair (February 11, 1972) 그리고 Wilbert Rusch (March 4, 1972)로부터 축하 편지를 받았다; 이상 Butler Papers. 진화에 반대하기 위해 연구보다는 선동을 선호하는 창조론자들의 전형적인 태도가 Lammerts를 좌절시켰다. 이에 대해 다음을 보라. W. E. Lammerts to F. L. Williams, September 18, 1981, CRS Papers.

요약과 복습

1. 창조과학은 "두 모델 접근법", 즉 진화 모델과 창조 모델이 동등한 기반에 선 두 가지 과학적 접근방법이라는 주장을 채택하고, 스스로를 창조과학 또는 과학적 창조론이라고 부르기 시작했다. 이때부터 창조론은 종교로부터 과학으로 변경되기 시작했다.

2. 이것은 과거 1920년대처럼 진화를 교실 밖으로 몰아내려는 것이 아니라, 창조를 공립학교 과학 수업시간 안으로 들여오려는 전략적인 수정이었다. "대안적 과학"이라는 용어가 1969년에 처음으로 등장했고 "창조과학"이라는 용어는 1972년 봄부터 공식적으로 권장되었다.

3. 휘트컴과 모리스는 과학적 창조론에 대해 하나님의 말씀의 영적 충격이 무뎌질 것을 우려하면서 반대했다. 그들이 보기에 과학적 창조론은 확실성과 기독교성 둘 다를 잃을 수 있다는 것이었다.

4. 1981년에 미국과학아카데미는 창조과학 진영이 내세운 과학적 지위 주장을 정식으로 거부했다. 이에 대해 모리스는 창조론자들에게 "과학을 더 많이 판매하라"라는 지침을 내렸다.

5. 랭던 길키는 종교와 과학의 갈등에 관련된 아칸소 재판이, 한편으로는 엘리트 과학과 엘리트 종교, 다른 한편으로 대중적 과학과 대중적 종교 사이의 대립이었다고 묘사했다.

6. 1965년에 로버트 젠트리는 태고의 암석 안에 하나님의 지문과 같이 남겨진 방사능 후광(헤일로)을 연구하여 「네이처」와 「사이언스」에—지구의 순간 창조 부분은 수정한 다음—발표할 수 있었다. 그는 제빵업자 재벌인 어느 제7일안식일예수재림교인의 후원을 받게 되었다.

7. 창조연구회 부의장이었던 래리 버틀러는 이사회 책임자 자리에서 물러나면서 세계가 최근에 시작되었다는 견해를 임박한 종말에 대한 기대와 함께 버렸고, 출석하던 교회도 떠나면서 농업정책에만 전념했다.

제13장

기만과 차별

Deception and Discrimination

창조과학을 비판하는 사람들은 창조론에 헌신한 이들이 "주류 과학자들처럼 자기 자신을 비판하고 스스로의 방향을 재검토하려는 열정이 부족하다"라고 지적했다. 더 나쁘게 말하는 사람들은 그들이 증거를 조직적으로 은폐하거나 왜곡하거나 때로는 거짓말까지 한다고 비난했다. 최근 한 사회학자의 주장에 따르면 "기만을 색출하고" 또 그런 범죄자에게 벌을 주는 기능적 역할까지 하는 대규모 과학 공동체와는 대조적으로, 창조과학자들은 "그들의 중심에서 발생하는 조직적인 기만조차 징벌하려고 하지 않는다." 역사적으로 보자면, 이런 비난에는 얼마간의 진실이 담겨 있다. 하지만 그런 남용은 위의 진술만큼 광범위하게 퍼져 있었던 것은 아니다. 래리 버틀러(Larry G. Butler) 같은 리더는 (그리고 헨리 모리스와 월터 램머츠도 각자의 방법으로) 엉성하거나 기만적인 논문을 용납하기보다는, 한 당황한 창조론자가 "자칭 창조론자라고 하는 인물들이 출판해온 수준 이하 또는 사이비 과학의 저술"이라고 불렀던 것에 대해 개인적으로 괴로워했다. 우리가 보게 될 것처럼, 창조과학에 대한 가장 강력한 비판은 창조과학자들 자신으로부터 나왔고, 그들이 발행한 저널에 등장했다.[1]

---

1 Raymond A. Eve and Francis B. Harold, *The Creationist Movement in Modern America* (Boston: Twayne Publishers, 1990), pp. 82-3; Michael Arthur Cavanaugh, "A. Sociological Account of Scientific Creationism: Science, True Science, Pseudoscience" (Ph.D. dissertation, University of Pittsburgh, 1983), pp. 318-20 (기만); H. G. Coffin to N. A. Rupke, March 21, 1968, Rupke Papers, Nicolaas A. Rupke 제공 (수준 이하). 양편이 서로의 순수함을 의문시하는 정직성의 문제의 고전적인 예시를 다음의 서신 교환에서 보라. Henry M. Morris and the Wheaton Physicist Howard H. Claassen, May 11 to August 3, 1978, Cassel Papers, J. Frank Cassel 제공.

클리포드 버딕 그리고 창조연구의 통합

창조과학에 대한 버틀러의 염려를 **클리포드 버딕**(Clifford L. Burdick)보다 더 완벽하게 구현하여 보여준 사람은 없었다. 버딕은 창조연구회(CRS)의 가장 활발한 연구자였고, 연구비를 가장 자주 받았다. 그래서—놀랄 것도 없이—창조 연구에 대한 버틀러의 비판에 버딕보다 더 크게 기분이 상한 사람도 없었다. 주로 동일한 고대 바위에서 발견된 인간과 공룡의 발자국 화석에 관한 과장된 주장에 근거해 명성을 얻었던 그 노년의 지질학자(버딕)는 다음과 같이 항의했다. "래리, 나는 우리가 스스로 유명세를 추구했다고 생각하지는 않습니다. 만일 그것이 유명해진 것처럼 보인다면, 내 생각에는, 그 이유는 오직 그런 종류의 증거가 하나님이 섭리 안에서 우리의 무릎에 던져졌기 때문입니다." 그가 선정주의자였든 아니었든 간에, 모리스에 따르면, 버딕은 10년 동안 "다른 어떤 사람보다도 개인적인 희생을 치러가며 연구회를 위해 더 많은 연구를 했고, 그 모든 연구는 매우 중요한 영역에 관한 것이었다." 1960년대와 1970년대에 그는 제 자리에 어울리지 않는 화석 발자국들을 계속해서 찾아다녔을 뿐만 아니라, 노아의 방주를 찾아 아라랏산을 반복적으로 방문했으며, 앞에서 말한 충상단층들을 탐험했고, 선캄브리아기 바위 안에서 진화에 대한 주장을 산산조각내는 현대 식물의 꽃가루를 발견했다고 선언했다. 그러나—과학적 체면을 추구하던 창조론자들로서는 실망스럽게도—그의 모든 걸음에는 끈질기게 논쟁이 따라다녔다.[2]

---

2 Larry G. Butler의 1985년 6월 29일자 인터뷰(Burdick); C. L. Burdick to L. G Butler, [1972], Butler Papers, Larry G. Butler 제공(항의); H. M. Morris가 CRS 이사회에 보낸 편지, May 14, 1971, Walter E. Lammerts Papers, Bancroft Library, University of California,

1940년에 홍수지질학회와 관계를 맺은 후부터 버딕은 애리조나에서 잡역일을 하고 또 지질학자로서 자문을 하면서 근근이 생계를 꾸려나갔다. 그는 친구들과 지인들에게 자신의 벤처 광산업에 투자하거나 자신의 창조론 계획에 동의하도록 채근했다. 1950년대 중반에 이미 60대였던 버딕은, 클락(Harold W. Clark)의 비판에 맞서 자신의 멘토인 프라이스(George McCready Price)를 옹호하기 위한 기술을 연마하려는 목적으로, 애리조나 대학에서 지질학과 고생물학을 공부하기 위해 교실로 돌아왔다. 1956년 가을에 그는 한 친구에게 자신이 네 과목이나 수강하고 있으며, 각각의 과정은 실험 과정을 포함하고 있다는 소식을 전했다. "나는 이 강좌들로부터 지질학이나 지층학 등에 관련된 자료를 계속 수집하고 있는데, 그것들은 진화에 반대하는 다수의 논문들의 기초가 될 것이네." 비록 그는 형식적으로는 학위를 수여하는 프로그램에 입학한 적이 없었지만, 1960년에 그는 지질학 박사학위에 요청되는 종합시험에 응시하기에 충분한 정도의 학업 성취를 이뤘다. 약속이 잡힌 구두시험일 사흘 전에 그의 학위 심사 위원회에 속한 한 교수가 버딕이 「시간의 표시들」(*Signs of Times*)이라는 안식교 잡지에 썼던 홍수지질학에 관한 논문을 발견했다. 그리고 (전해오는 말에 의하면) 그 교수는 그렇게 과학적으로 이단적인 논문을 쓴 사람에게 박사학위를 수여하는 쪽에 찬성할 수 없다고 공언했다. 그 소식은 버딕을 공황 상태로 몰고 갔다. 여러 해 동안 그는 창조론자로서의 자신의 성향을—그리고 위스콘신 대학에서의 그의 첫 실패를—조심스럽게 감추어왔고, 따라서 교수들이 자신의 진짜 생각을 발견할 확률은 천분의 일 이하일 것이라고 여겼다. 그는 나중에 아쉬운 듯이 이렇게 말했다. "그들이 나의 내면의

Berkeley.

생각을 알게 되지 않았더라면, 아마도 나는 열두 학교도 더 다닐 수 있었을 것입니다."[3]

그는 자신에게 트라우마를 남겼던 그 시련을 이렇게 표현했다. "나는 재앙의 조짐을 보았습니다. 나는 모든 희망이 사라졌음을 알았습니다."

> 정서적인 쇼크는 극심한 소화불량 증상을 초래했고, 나는 그 시험을 치루기 전 3일 동안 거의 아무것도 먹을 수가 없었습니다. 대학원 사무실에서는 내가 회복될 때까지 시험을 연기하는 것을 허락했지만, 지질학과에서는 내가 아프다고 해도 O.K.하려고 하지 않았습니다. 내 생각에, 그들은 정말로 그것을 나를 "내쫓아버릴" 기회로 삼고 싶어 하는 것 같았습니다. 나는 시험 장소에 들어서는 순간 적대적인 분위기를 감지했습니다. 나는 나오지 말고 차라리 침대에 누워 있어야 했었습니다.
>
> 구두시험을 치르는 동안 나는 몇 번이나 잘 알고 있는 것도 제대로 설명하지 못했고, 내 이름을 대는 것과 같은 가장 단순한 질문에도 대답할 수가 없었습니다. 그런 상태에서조차 지질학 지식에 관한 한 통과되었다는 소리를 들었으나, 탈진으로 인해 나는 추론하는 질문에 답하지 못했고, 아프다는 것은 심사위원들에게 좋은 인상을 주지 못했습니다.

---

3 C. L. Burdick to M. Couperus, May 1, 1955 (Price에 대한 변호) 그리고 October 30, [1956] (강좌들), 이상 Couperus Papers, Molleurus Couperus 제공; C. L. Burdick to W. E. Lammerts, September 30, 1963 (시험 응시의 배경), 그리고 January 14, 1964 (참된 생각), 이상 Lammerts Papers. 애리조나에서 Burdick의 지위에 대해 다음을 보라. K. W. Flessa to R. H. Dott, Jr., May 25, 1982, Dott Papers, Robert H. Dott, Jr. 제공. 친구들에게 돈을 빌려달라고 했던 Burdick의 대단히 많은 편지들. 생계비를 벌기 위한 그의 노력에 대해 다음을 보라. F. L. Marsh to W. E. Lammerts, April 13, 1966 (자문), 이상 Lammerts Papers. Burdick의 근심을 촉발했던 논문은 "Nature Tells the Truth," *Signs of the Times* 84 (October 1957): 12-13이었다.

(의심할 바 없이) 심사 위원회는 버딕의 형편없는 답변이 자신들에게 역사적 지질학의 토대 자체를 부인하는 학생을 합격시켜야 한다는 당혹스런 부담을 면제해준 것에 감사하면서, 그에게 두 번째 기회를 주기를 거부했다. 반복된 호소와 종교적 차별을 받았다고 주장하는 소송마저도 소용이 없었다.[4]

버딕의 사건은 곧바로 창조론자들 사이에서 유명한 재판 사건(*cause célèbre*)이 되었고, 그것은 진화라는 교리에 감히 도전하는 사람을 기다리고 있는 학문적 편견에 대한 반박의 여지가 없는 증거가 되었다. "그는 박사 논문을 완성했고 구두시험을 마쳤음에도 박사학위 수여를 거부당했다." 그리고 "그는 창조론자였기에 학위를 박탈당했고 대학으로부터 더 이상 환영받지 못했다"라는 말이 널리 회자되었다. 개인적으로 버딕은 「시간의 표시들」에 실렸던 글이 자신의 학위 문제의 "중심적 이유"는 아니었다고 인정했고, 또한 자신이 박사학위뿐 아니라 석사학위의 논지마저 제대로 방어하지 못했음을 고백했다. 그는 자신의 두 번째 실패를 아이다호의 산들을 등반했던 겨울철 현장 여행 때 감염되어서 악화된 간염의 탓으로 돌렸다. 투손으로 돌아왔을 때 그는 지질학과로부터 온 한 통의 편지를 발견했다. 그 편지는 그에게 즉시 시험에 응시할 것을 요구하고 있었다. 그는 이렇게 설명했다. "제가 먹고 있던 약이 저의 사고 기능을 마비시켰던 것 같습니다. 시험이 어려웠던 것도 아니었습니다. 나는 100번 중 98번은 합격했었을 것입니다. 그러나 이번에는 그 불운한 2%가 저를 강타했습니

---

4 C. L. Burdick to W. E. Lammerts, September 30, 1963 (인용), Lammerts Papers; Gene Yarn, "'Noah's Ark Suit' Filed against UA," *Tucson Daily Citizen*, July 16, 1970, Eugene A. Rehwinkel이 제공한 발췌물.

다. 그것이 전부입니다."[5]

1963년 CRS가 조직될 무렵에 버딕은 그 단체가 지질학자 한 명을 간절히 필요로 했던 것만큼이나 그 단체를 필요로 했다. 애리조나 대학에서의 참담한 경험과 자신이 속한 교회에서 주도적인 과학자들에 의해 이루어진 도편추방(陶片追放)으로 인해 낙담한 그는 CRS를 "도피성"으로 삼고 그쪽으로 향했다. 그는 제7일안식일예수재림교회에 속한 기관에서 일자리를 얻게 되기를 희망하면서 대학원으로 돌아갔으나, 자신이 너무 격렬하고 때로는 기만적인 주장들로 인해 "초대받지 않은 손님"(Person Non-Grata)으로 간주되고 있음을 발견했을 뿐이다. 버딕은 사람들이 자기를 피하게 된 것을 주로 리처드 리틀랜드(Richard M. Ritland)의 교묘한 책략 탓으로 돌렸다. 버딕은 리틀랜드가 "안식교단 안에서 나와 내 저술들이 예전만큼 환영받지 못하도록 격하시켰다"는 의혹을 품었는데, 사실 그것은 옳았다. 그러나 1920년대에 버딕과 함께 프라이스의 수업을 들었던 옛 친구 프랭크 마쉬(Frank Lewis Marsh)마저도 램머츠에게 버딕이 "지질학에서 환상에 빠지는 경향"이 있다고 경고했다. 마쉬는 버딕을 요란하게 주목받게 하는 화석 발자국들이 결국 "거대한 땅나무 늘보(빙하시대에 번성했던 거대한 동물—역자 주)의 것으로 밝혀지게 될 것"이라며 우려했다.[6]

---

5 "Grand Canyon Presents Problems for Long Ages," *Five Minutes with the Bible & Science*, *Bible-Science Newletter* 18 (June 1980)의 부록: 2 (편견); C. L. Burdick to W. E. Lammerts, April 28, [1964] (주된 이유와 두 번째 실패), Lammerts Papers. Burdick의 형편없는 성적에 대해서는 아무것도 말하지 않은 채 그가 박해를 받았다고 단언하는 최근의 설명에 대해 다음을 보라. Jerry Bergman, *The Criterion: Religious Discrimination in America* (Richfield, MN: Onesimus Publishing, 1984), pp. 29-31.

6 C. L. Burdick to W. E. Lammerts, August 31, [1968] (도피성과 초대받지 않은 손님), 그리고 July 10, [1968] (Ritland); F. L. Marsh to W. E. Lammerts, November 18, 1963; 이상 Lammerts Papers.

CRS가 버딕을 수석 지질학자로 선임했을 때, 그 단체는 세간의 이목을 끄는 지칠 줄 모르는 그 연구자뿐만 아니라 그를 따라다녔던 모든 골칫거리들도 함께 떠안게 되었다. 첫째, 그의 학위 문제가 있었다. CRS의 리더들은 그가 위스콘신 대학에서 받았다고 주장하는 석사학위가 그 대학에는 존재하지 않는 것이었다고는 결코 의심한 적이 없는 듯 보였다. 다만 그들은 처음부터 그에게 박사학위가 없는 것에 대해서만 염려했다. 램머츠는 버딕이 애리조나 대학에서 당했다는 편견에 가득 찬 대우에 대한 "환상적이고" 소설 같은 이야기를 믿을 수 없었으나, 순진하게도 자신이 버딕을 위해 중재하겠다고 제안했다. 그런 제안을 한 후에야 비로소 그는 투손에서 있었던 버딕의 두 가지 실패에 대해 알게 되었다. 그럼에도 그는 그 대학의 여러 교수들과 행정직원들에게 편지를 쓰는 것에 동의했다. 지구의 나이와 종의 기원에 관한 버딕의 견해를 염려하는 대학 관계자들을 누그러뜨리기 위해, 램머츠는 버딕에게 그가 "지구가 겨우 6천 년 밖에 되지 않았다는 설을 옹호하지 않으며, 모든 종들의 특별 창조를 주장하지 않는다"라고 대학에 확인시켜줄 수 있는지에 대해 물었다. 버딕은 그렇게 하겠노라고 동의했고, 편지의 초고를 쓰는 것을 도왔다. 램머츠는 그 일과 관련된 사람들에게 결의론적으로 알렸다. "클리포드 버딕이 투손에서 지질학 교육을 많이 받아왔기 때문에, 그의 입장은 상당히 자유주의적으로 되었습니다.…예를 들어 그는 이제 어떤 사람들이 생각하는 것과 같이 지구의 나이가 6천 년이라는 주장을 고수하지 않습니다. 더 나아가 그는 어느 정도의 진화가 있었다는 사실도 부정하지 않습니다." 램머츠의 이런 노력이 바라던 결과를 가져오는 데 실패했을 때, 그리고 그가 대학의 입장에서 설명하는 이야기를 듣고 더 잘 이해하게 되었을 때, 그는 버딕에게 학위에 관한 것은 잊고 화석 발자국들에 대한 연구를 계속

하라고 재촉했다.[7]

그러나 버딕은 쉽게 포기하려고 하지 않았다. 애리조나 대학에서 박사학위를 받으려는 두 번째 노력의 일환으로, 버딕은 고식물학자로서 페트리파이드 포리스트(Petrified Forest, 애리조나 주 동부의 국립공원으로 천연기념물인 석화림[石化林]이 유명함—역자 주)에서 꽃가루와 포자의 화석을 연구하는 일을 하기로 계약했다. 그러나 그의 전망이 가장 밝아 보였던 "바로 그 절호의 순간에 사탄이 개입했고, 버딕이 그 땅의 모든 지질학과 사람들에게 알려져 있다는 사실을 다시 한 번 분명하게 만들었다." 애리조나에 있는 지질학자 중 한 사람이 존 휘트컴과 모리스가 쓴 『창세기의 홍수』(*Genesis Flood*)를 1964년에 크리스마스 선물로 받았는데, 그는 버딕이 거대한 유인원의 발자국 사진을 그 책에 제공하고 그 책의 원고를 검토했다는 사실을 알아차렸다. 그에 뒤따른 소동은 버딕으로 하여금 대학에서의 자신의 날들이 마침내 끝났다고 확신하도록 만들었다. 하지만 그는 비공식적으로 계속 대학에 남아 있었는데, 그것은 그가—분명히 램머츠의 제안을 따라서—자신의 교수들에게 "모리스가 누군지 알기도 전에 나는 프리랜서 사진작가로서 어쩌다가 그 사진들을 그에게 팔았을 뿐입니다"라고 말함으로써 가능했다. 그렇게 해서 그 사건은—그가 행복에 겨워 보고하듯이—"그저 찻잔 속의 태풍"으로 끝나고 말았다.[8]

---

7 C. L. Burdick to W. E. Lammerts, September 7, 1963 (환상적), April 8, 1964 (보증), 그리고 May 4, 1964 (학위에 대해 잊음), 이상 Lammerts Papers. 그 대학에 보내진 편지의 전형적인 유형은 W. E. Lammerts to Willard Lacy, April 20, 1964, Lammerts Papers이다. Burdick은 1963년 9월 14일의 날짜가 적힌 편지에서 Lammerts의 돕고자 하는 제안에 대해 언급한다; Lammerts Papers.

8 C. L. Burdick to W. E. Lammerts, Jaunuary 22, 1965, 그리고 February 3, 1965, Lammerts Papers.

1960년대 말까지 버딕은 애리조나 대학에서 박사학위를 받을 수 있으리라는, 혹은 적어도 석사학위라도 건질 수 있으리라는 희망에 집착했다. 그러나 애리조나 대학은 꿈쩍도 하지 않았다. 그러는 사이에 그는 피닉스에 있는 자연과학대학(University of Physical Science) 지질학과에서 박사학위를 받음으로써 그의 오랜 학위 문제를 해결했다. 버딕은 그런 행운의 배후에 하나님의 손길이 있었음을 인정했으나, 자신이 "위스콘신과 애리조나에서 그런 학위에 필요한 것보다 1.5배나 더 노력했다"고 느꼈다. 그의 학위증서는 램머츠에게는 운전면허증과 같이 보였고, 또한 램머츠는 피닉스에 있는 그 대학이 "일종의 '학위 공장'"이 아닌가 의심했지만, 처음에는 그는 CRS가 저널을 발행할 때 버딕이 그의 이름 뒤에 "박사"라는 단어를 붙이는 것이 해로울 것이 없다고 생각하고 동의했다. 그러나 버딕이 자신의 학위의 배후에 애리조나 주가 있다고 주장하기 시작했을 때, 램머츠는 그 문제를 조사하기로 결심했다. 조사 결과 그 자연과학대학이란 것은 그저 등록된 상표에 불과하다는 것이 드러났다. 그 단체의 등사판 소식지에 기록된 것처럼, "이 대학은 교육기관이 아니고 자연과학을 증진시키려는 공통의 관심사를 가진 개인들의 모임이다. 캠퍼스도 없고, 교수들도 없고, 학비도 없다." 실제로 그 대학은 그 어떤 본적(本籍)도 심지어 전화번호도 갖고 있지 않았다.[9]

9 C. L. Burdick to J. N. Moore, February 5, 1967 (하나님의 손길); W. E. Lammerts to H. M. Morris, March 8, 1967 (학위 공장), 그리고 March 10, 1967 (운전면허와 해가 되지 않음); C. L. Burdick to R. G. Korthals, April 10, [1969] (애리조나 주); W. E. Lammerts to W. H. Rusch, April 29. 1969 (탐구 결정); W. E. Lammerts to W. A. Rhodes, May 19, 1969 (상표); 이상 Lammerts Papers. Burdick이 University of Physical Science에서 1966년 5월 14일 날짜가 적힌 "학위증" 사본과 그 학교의 "정보 게시판" 사본이 Lammerts Papers에서 발견된다. Burdick이 애리조나에서 학위를 받기를 바랐다는 사실에 대해 다음을 보라. C. L. Burdick to W. E. Lammerts, February 21, 1966, 그리고 December 13, [1968], 이상 Lammerts Papers.

그 조사 결과에 극도의 혐오감을 느낀 램머츠는 버딕에게 그런 가짜 학위를 사용하는 일을 당장 중단하라고 지시하고, 그렇지 않을 경우 CRS의 맡은 자리에서 해고될 것이라고 말했다. "우리는 우리 멤버들 중 누군가가 거짓말을 하도록 내버려 둘 수 없습니다." 그는 버딕에게 절충안으로 그의 이름 뒤에 "명예박사"(honorary Ph. D.)라고 쓸 것을 제안했다. 그러나—유감스럽게도—1969년 판 「창조연구회 연례지」(*Creation Research Society Annual*)가 나왔을 때, 거기에는 "클리포드 버딕 박사"(Clifford L. Burdick, Ph. D.)가 공동저자인 논문이 실려 있었다. 이런 부주의에 대해 사과하기 위해 다음 번 「창조연구회 계간지」(*Creation Research Society Quarterly*)에서 편집자는 그 실수를 수정하는 문구를 다음과 같이 게재했다. "1969년 판 「창조연구회 연례지」 49쪽에서 클리포드 버딕의 학위는 명예박사임을 주목하십시오. 그것은—이 책 중 버딕 씨의 신원을 확인하는 각주에서 읽게 되듯이—마땅히 '명예박사'라고 표기되어야 했습니다." 그러나—아이러니하게도—동일한 책의 속표지에 적힌 임원 명단 중 과학 박사 반즈(Thomas G. Barnes, Dr. S.)와 과학 박사 그리브(John J. Grebe, Dr. S.)의 경우에도 그들의 학위가 명예박사라는 것이 명시되지 않았다.[10]

버딕의 자격증보다 더 중한 걱정거리는 그의 신뢰성의 문제였다. 여러 해 동안 버딕의 지인들은 화석 발자국을 평가하는 문제와 관련해 늘 그의 열정이 그의 판단을 흐리게 하고 있는 것에 대해 염려했다. 그러나 진실성의 문제는 1960년대 말까지는 표면화되지 않았다가 그 이후에 고대의 꽃

---

10 W. E. Lammerts to C. L. Burdick, May 19, 1969 (거짓과 위선), 그리고 W. E. Lammerts to H. M. Morris, May 19, 1969 (타협), 이상 Lammerts Papers; Clifford L. Burdick and Harold Slusher, "The Empire Mountains-A Thrust Fault?" *Creation Research Society Annual* 6 (1969-70): 49; "Erratum," *Creation Research Society Quarterly* 2 (1969-70): 108.

가루와 포자에 관한 그의 연구와 관련해서 부각되기 시작했다. 앞에서 말했듯이, 1964년경에 버딕은 애리조나 대학의 고대식물학자들 팀에 합류했었다. 그 팀의 책임자는 페트리파이드 포리스트에서 미세 화석들을 연구하는 게르하르트 크렘프(Gerhard O. W. Kremp, 1913-1994)였다. 그 프로젝트에서 일하는 동안 버딕은 그런 작은 물체들을, 그것들을 포함하고 있는 바위로부터 분리시키는 기술을 익히게 되었다. 그것을 본 크렘프는 버딕에게 그랜드캐니언에서 수집한 바위 샘플들의 분석을 시도해보라고 권고했다. 그런데 버딕은 (그 교수로서는 유감스럽게도) 바위 안의 꽃가루가 선캄브리아기의 하카타이 이판암(얇은층으로 되어 있어 잘 벗겨지는 퇴적암—역자 주)만큼이나 오래되었다고 보고했다. 이런 증거는 진화론과 모순되었다. 왜냐하면 진화론은 현대의 소나무 같은 나무들의 출현을 그로부터 수억 년 이후까지도 허용하지 않기 때문이었다.[11]

크렘프는 후대의 꽃가루에 의해 오염된 샘플이 사용되었을 것이라고 추측하면서 버딕에게 그 결론을 출판하지 말라고 말했다. 그러나 그 성급하고 충동적인 창조론자는 진화론의 시간 규모가 틀렸음을 입증할 기회인 그 유혹에 저항하지 못했다. 그는 램머츠에게 크렘프 같은 진화론자들은 이론에 의해 괴로움을 당할지 모르나 자신은 그렇지 않다며 자랑스럽게 떠벌렸다. "제게는 사실이 그것을 외적으로 담고 있는 이론보다 훨씬 더 신성합니다." 자신의 발견이 "진화론적 지질학을 영원히 매장하기에 충

11 "Grand Canyon Presents Problems for Long Ages," pp. 1-2; "Pine Pollen in Grand Canyon," *Five Minutes with the Bible & Science, Bible-Science Newsletter* 19 (June 1981)의 부록: 1-6; Clifford L. Burdick, "Microflora of the Grand Canyon," *Creation Research Society Annual* 3 (May 1966): 38-50. 다음도 보라. Clifford L. Burdick, *Canyon of Canyons* (Caldwell, ID: Bible-Science Assn., 1974), pp. 66-74.

분할 것"이라고 확신했던 그는, CRS가 그것을 출판을 통해 공표하도록 은밀하게 그것을 램머츠에게 전달했다. 그 보고는 "정말로 혁명적"이라는 편집진의 광고용 칭찬 문구와 함께 1966년에 등장했다. 램머츠는 부정직하게 썼다. "여러 해 동안 나는 버딕의 수고스러운 연구 작업을 상세하게 지켜봤습니다. 그리고 식물 진화의 통상적인 개념과 총체적으로 다른 이 데이터를 출판하기로 동의하는 일이 버딕에게 얼마나 어려웠을지를 다른 어떤 사람보다도 잘 알고 있습니다." 램머츠는 "이런 독창적이고 근본적인 발견"에 대한 버딕의 희생적 헌신을 인정하면서 CRS에게 버딕의 미래의 연구를 지원하는 데 최우선권을 주자고 재촉했다.[12]

버딕의 연구를 인정한 직후에 램머츠는 자신의 창조론자 동료(버딕)와 관련해 두 번째 생각을 하게 되었다. CRS 출판물의 편집자로서 램머츠는 버딕이 정확한 영어를 쓸 줄 모른다는 것을 알았기에 그의 문장을 충분히 고쳐주었다. 그러나 버딕의 무딤과 무지의 범위는 1967년 초에 아칸소의 창조 세미나에서 그 두 사람이 함께 여러 날을 보내고 나서도 감춰지지 않았다. 램머츠는 모리스에게 이렇게 보고했다.

> 창조 세미나에서 버딕이 정신적으로 너무 느린 것에 나는 질렸습니다. 나는 그가 자신의 어떤 의견을 가지고 우리를 잘못 인도하지 않기를 바랍니다. 예를 들어, 분명 그는 말과 비슷한 일련의 동물들이 발견된 것에 대해 결코 들어본 적이 없었고 또 그것들에 대해 어떻게 설명해야 할지 몰라 완전히 당황했

12 "Grand Canyon Presents Problems for Long Ages," pp. 1-2; C. L. Burdick to W. E. Lammerts, February 4, [1966] (신성한 사실들과 지질학 매장), Lammerts Papers; Burdick, "Microflora of the Grand Canyon," pp. 38-50; Walter E. Lammerts, "Editorial Comment," *Creation Research Society Annual* 3 (May 1966): 1.

습니다. 분명 그는 자신이 읽은 것을 잘 소화해내지 못하고 있습니다.…우리는 아주 훌륭한 사람들과 함께하고 있습니다—버딕은 너무 약할 뿐 아니라, 아마도 그의 정신 작용은 너무 느리게 작동하는 것 같습니다.

자신의 명성 전부를 버딕의 연구를 방어하는 일에 거는 모험을 하면서, 램머츠는 버딕이 "학문적으로 정말로 정직하기"를, 그리고 그가 "명성을 얻는 어떤 쉬운 길이라는 환상을 갖고 있지 않기"를 희망했다. 그러나 "박사학위 건"은 그를 당황하게 만들었다.[13]

1969년에 버딕이 스스로 "그랜드캐니언의 화분학 분야에서 과학계를 뒤흔드는 독창적이고 선구적인 논문"이라고 부르는 것의 타당성에 대한 의혹이 점점 커지고 있는 것에 대응해, CRS 연구위원회는 창조론자가 아닌 독립적인 두 명의 과학자가 버딕과 협력해 그의 화분 연구를 재현하도록 하는 연구비의 지출을 승인했다. 당시 연구회의 일과 관련해 버딕이 거짓말을 하고 있다고 확신했던 램머츠는 오염된 샘플보다는 오히려 그의 노골적인 "거짓말"을 더 염려했다. 마침내 그는 버딕이 본질적으로 부정직한 것은 아니지만 일을 엉성하게 처리하는 사람이라는 결론을 내렸다. 버딕은 후속조치의 연구를 망쳤을 뿐만 아니라, 그 과정을 보고할 때도 로마 린다 대학에서 온 그 두 명의 과학자가 자신의 본래 주장을 입증했다며 거짓말을 했다. 버딕의 진실성에 대한 의문이 그러했던 것처럼, 선캄브리아기의 꽃가루를 발견했다는 버딕의 단언 역시—비록 그의 지지자들에게는 그것이 창조론 역사의 "획기적인 표지"로 보였지만—1980년대까지 계

13 W. E. Lammerts to H. M. Morris, March 8, 1967 (끔찍함), 그리고 March 10, 1967 (적절한 영어), 이상 Lammerts Papers.

속해서 창조론자들을 두 그룹으로 갈라놓았다. 창조론자 그룹의 생물학자로서 한때 버딕과 그랜드캐니언에서 함께 연구했던 아서 채드윅(Arthur V. Chadwick, 1943-)이 1981년에 버딕의 방법론을 엄중하게 비판하는 글을 발표했고, 버딕이 연구했던 같은 지층에서 채취한 50개의 샘플들 중 그 어떤 것으로부터도 "단 한 개의 확실한 꽃가루 표본"도 발견하지 못했다고 보고했다. 그러나 바로 몇 년 뒤에 조지 하우(George F. Howe)를 책임자로 하는 CRS의 공식적인 탐구단은 버딕의 본래 발견의 정당성을 입증했다고 주장했다.[14]

앞에서 언급했던 것처럼, 버딕의 신뢰성은 창조론 연구의 또 다른 떠들썩한 분야, 즉 백악기 지층에서 공룡의 발자국과 함께 발견되었다는 거대한 인간의 발자국 화석과 관련하여 심각한 문제가 되었다. 진화론자들은

14 C. L. Burdick to W. E. Lammerts, July 1, [1968] (과학계 흔들기), W. E. Lammerts to W. H. Rusch, April 29, 1969 (거짓과 기만), W. E. Lammerts to H. M. Morris, June 4, 1971 (엉성하지만 정직), 이상 Lammerts Papers; Larry G. Butler, "Research Proposal," *Creation Research Society Quarterly* 6 (1969-70): 159, 201 (항변); Clifford L. Burdick, "Progress Report on Grand Canyon Palynology," ibid. 9 (1972-73): 25-30; Arthur V. Chadwick, Philip DeBord, 그리고 Lanny H. Fisk, "Grand Canyon Palynology-A Reply," ibid., p. 238 (잘못된 주장); Arthur V. Chadwick, "Pre-cambrian Pollen in the Grand Canyon-A Reexamination," *Origin* 8 (1981); 7-12 (획기적인 표지); George F. Howe, "Creation Research Society Studies on Precambrian Pollen-Part I: A Review," *Creation Research Society Quarterly* 23 (1986-87): 99-104; Walter E. Lammers and George F. Howe, "Creation Research Society Studies on Precambrian Pollen-Part II: Experiments on Atmospheric Pollen Contamination of Microscope Slides," ibid., pp. 151-3; George F. Howe 외 몇 사람, "Creation Research Society Studies on Precambrian Pollen-Part III: A Pollen Analysis of Hakatai Shale and Other Grand Canyon Rocks," ibid. 24 (1987-88): 173-82. 어떤 한 곳에서 Burdick의 비판은 너무도 강해서 Morris는 사과를 요구했다. 다음을 보라. H. M. Morris가 CRS 이사회에 보낸 편지. May 14, 1971, Lammerts Papers. 화석-꽃가루 사건에 대해 또한 다음도 보라. Allen M. Solomon and Ralph A. Morgan, 편집자에게 보낸 편지, Geotimes 18 (June 1973): 9-10; 그리고 C. L. Burdick, 편집자에게 보낸 편지, ibid. 18 (October, 1973): 15-16.

마지막 공룡이 최초의 인간이 출현한 것보다 수천만 년 전에 사라졌다고 주장했기 때문에, 그런 증거는 바로 지질주상도의 구조 자체를 위협하는 것이었다. 최고의 표본들 중 많은 것이 버딕이 1940년대 이래로 계속 방문했던 텍사스의 글렌 로즈 근처의 팰럭시 강으로부터 왔다. 그런 변칙적인 발자국에 대한 버딕의 부정확한 서술은 이미 『창세기의 홍수』(제10장을 보라)를 저술하는 과정에서 버딕의 진술에 의존했던 휘트컴과 모리스를 당혹스럽게 만들었으나, 그 두 사람을 포함한 많은 창조론자들은 인간과 공룡이 한때 같은 땅을 밟고 다녔다는 사실에 대한 증거라고 그가 주장했던 것에 대해 여전히 신뢰를 보내고 있었다. 버딕은 그것이 깎아서 조각한 모조 발자국 화석이라는 보고(이것은 계속해서 버딕의 신뢰성을 해쳤다)에 맞서, 자신의 최초의 관찰 내용을 확증하기 위해 1980년 여름에 텍사스로 돌아갔다. 그는 그 증거를 검토한 후 램머츠에게 확신을 가지고서 말했다. "저는 이제 모든 추론적인 의심들이 제거되었다고 믿습니다. 그리고 진화론적 지질학자들은 궁지에 몰리게 될 것입니다. 지질주상도 때문에 1억 년이라는 시간이 붕괴했습니다. 왜냐하면 인간과 공룡이 명백하게도 동시대에 살았기 때문입니다."[15]

많은 창조론자들이 거대한 인간의 발자국에 부여하는 중요성에도 불구하고, 일부 지도급 창조론자들은 그에 대해 회의적이었다. 윌버트 루쉬(Wilbert H. Rusch)는 1970년에 버딕을 지원할 수 있는 "논쟁의 소지가 없는 증거"를 발견하기를 "희망하고 기도하면서" 팰럭시 강을 방문했다. 그러나—그가 휘트컴에게 보고했던 것처럼—그는 다만 "'입증할 수 없음'이라는 오래된 판결을 되풀이했을" 뿐이었다. 램머츠와 버틀러(두 명만 거론하

15 C. L. Burdick to W. E. Lammerts, August 31, [1968], Lammerts Papers.

자면)와 마찬가지로 루쉬도 "묵시록과 같은 이야기들"이 마치 창조과학인 양 떠돌아다니는 것을 몹시 싫어했다. 그는 이렇게 썼다. "우리는 우리의 대의를 위해 이런 일화들이 필요합니다. 우리는 이 사건을 마치 우리의 머리에 구멍이 난 것처럼 취급해야 합니다. 미성숙한 진술들과 불충분한 증거에 근거한, 지나치게 강한 진술들은 우리에게 큰 해를 끼칩니다." 램머츠 역시 심각한 의심을 품었지만, 그는 다른 이유에서 그렇게 했다. 그는 모리스에게 보낸 편지에서 이렇게 주장했다. "발자국 화석의 문제 전체는 진화론자들보다는 우리 편에 더 많은 문제를 일으킵니다. 전지구적 규모의 홍수에 기초해서 생각한다면, 그렇게 많은 침전물이 퇴적된 후에 사람들이 **걸어 다니면서** 무엇을 하고 있었을까요? 버딕은 이 질문에 결코 대답하지 못했고, 다른 어떤 발자국 열광주의자들도 마찬가지였습니다."[16]

1970년대 초에 버딕은 유타 주 모아브 근처의 노천 광산에서 일하던 사람들이 백악기 바위 안에 함유된 두 개의 인간 두개골을 발견했다는 사실을 전해 들었다. 그것은 인간이 출현했다고 측정되던 시점보다 훨씬 이전에 퇴적된 것이었다. 버딕은 그 장소를 방문한 후 만족스러워하며 다음과 같이 확언했다. "그 시신들은 사암 암석이 그 위치에 놓이던 시간에 매장되었습니다." 그는 이것이 "지질주상도가 너무도 빈약하고 아마도 '조잡한' 토대 위에 '세워졌다'"는 사실에 대한 추가적인 증거를 제공한다고 여겼다. 버딕을 따라갔던 루쉬와 기쉬(Duane T. Gish)는 그 장면에서 두개골을 둘러쌌던 바위들이 흩뜨려졌을 수도 있고, 만약 그렇다면 뼈들은 바위

---

16 W. H. Rusch to J. C. Whitcomb, December 21, 1970, whitcomb Papers, John C. Whitcomb, Jr. 제공; W. E. Lammerts to H. M. Morris, June 4, 1971, Lammerts Papers. Larry Butler에게 쓴 편지(April 27, 1970, Butler Papers)에서 Wayne Frair도 Burdick의 발자국 연구의 신빙성에 대해 우려를 표명했다.

보다 훨씬 더 이른 시기의 것일 수도 있다는 가능성을 배제하지 않았다. CRS 연구위원회의 책임자였던 버틀러는 기쉬와 루쉬의 보고를—비록 그것이 "진화를 부정하지는 않는다"고 할지라도—발표해야 한다고 주장했다. 그는 「창조연구회 계간지」의 편집자에게 이렇게 조언했다. "아마도 [그것을 발표해야 하는] 가장 강력한 이유는—만일 우리가 그렇게 하지 않으면—우리의 입장에 유리하지 않은 증거를 억압했다는 책임을 져야 할 것이기 때문입니다. 과학적 입장에서 생각한다면, 중립적이거나 또는 약간 부정적인 결과들도 발표하는 것은 대단히 건강한 일을 하는 셈입니다." 그러나 기쉬-루쉬 보고서는 어떤 형식으로도 발표되지 않았고, 오히려 「창조연구회 계간지」는 "백악기에 형성된 지층 안에서 인간의 두개골을 발견하다"라고 대담무쌍하게 공표하는 버딕의 선정적인 기사를 실었다. 그러나 램머츠는 다음과 같은 조심스런 각주를 삽입했다.

> 인정하건대, 이 발견은 정통지질학의 관점을 지닌 사람들뿐 아니라 홍수지질학자들에 대해서도 많은 문제를 제공한다. 왜냐하면 어떻게 두 사람이 그런 깊이의 지층이 퇴적된 이후에도 여전히 살아 있을 수 있었는지를 설명하기가 어렵기 때문이다. 만일 그들이 이미 익사한 상태였다면, 어째서 그들은 그 후에 메사 베르데(Mesa Verde, 미국 콜로라도 주 서남부에 있고, 벼랑에 있는 많은 암굴의 유적으로 유명한 국립공원—역자 주)에 형성된 암석들에 묻히지 않았는가? 어떻게 이와 같은 발견이 이론적 기대와 일치할 수 있는지를 알기 위해서는, 어떻게 홍수가 그런 일을 이루었는지에 대한 보다 더 상세하고 명백한 개념이 절실하게 필요하다. 그렇지 않다면 창조론자들은 진화론적 사고를 하는 동료들과 마찬가지로 똑같은 임시적 설명에 그치는 잘못을 저지르는 셈이다.

분명히 램머츠는 창조론 쇼를 벌이는 최고의 스타들 중 한 사람을 쫓아다니면서 그가 벌려놓은 일을 뒷치닥 거리 하는 일에 지쳐가고 있었다.[17]

텍사스에서 발견되었다는 인류의 발자국에 대한 가장 중요한 공격은 홍수지질학자이자 유전학자인 버니 뉴펠드(Berney Neufeld, 1941-)로부터 왔다. 뉴펠드는 버딕과 다른 사람들이 인간의 발자국이라고 주장하며 인용한 증거들을 1975년에 다시 살펴보았다. 광범위한 현장조사와 실험실 연구를 거쳐 그는 팰럭시 강은 "과거에 거인이 존재했음을 입증하는 훌륭한 증거"를 전혀 제공하지 않는다는 결론에 도달했다. 또한 그는 "그런 인간(또는 다른 거대한 포류동물)과 거대한 공룡들이 함께 존재했다는 증거"도 없다고 했다. 제7일안식일예수재림교회의 신실한 신자인 뉴펠드는 홍수지질학 전반에 의심을 품는다는 인상을 회피하기 위해 부단히 노력했다. 그는 단지 버딕이 증거를 해석하는 방법만을 문제 삼았다.[18]

그로부터 10년이 지나, 회의론자들과 신봉자들 모두의 집중적인 탐구 끝에, 헨리 모리스와 그의 아들 존 모리스(John D. Morris, 그는 오랫동안 그 발자국을 탐구한 학생이었다)는 많은 사람들이 여러 해 동안 기대해왔던 것을 공표했다. 애매모호한 팰럭시 데이터는 진화에 반대되는 그 어떤 확실한 증거도 제공하지 않는다는 것이었다. 창조연구소(Institute of Creation Reseach)가 발행하여 널리 구독되었던 「행위와 사실들」(*Acts & Facts*)의 특

17 Clifford L. Burdick, "Discovery of Human Skeleton in Cretaceous Formation," *Creation Research Society Quarterly* 10 (1973-74): 109-10, 이 글은 Lammerts의 주의 요청의 문구를 포함한다; C. L. Burdick to G. F. Howe, November 18, 1971, 그리고 L. G. Butler to G. F. Howe, November 27, 1971, 이상 Creation Research Society Papers, Concordia Historical Institute. Duane T. Gish는 자신과 Rusch의 연구결과를 다음에서 두 문단으로 요약해서 발표했다: "A Decade of Creationist Research," *Creation Research Society Quarterly* 12 (1975-76): 36.

18 Berney Neufeld, "Dinosaur Tracks and Giant Men," *Origin* 2 (1975): 64-76.

별 보충판에서 존 모리스는 텍사스의 강바닥에 찍힌 당혹스런 자국을 "미스테리"의 상태로 격하시켰으며, 동료 창조론자들에게 불편한 진실을 직시하라고 요청했다. 아들의 솔직한 고백을 지지하는 편지에서 아버지 모리스는 창조론 옹호론자들이 받을 충격을 최소화하려고 노력했고, 자신을 따르는 자들에게 "이 문제는 창조/진화의 기본적 주제에 어떤 방법으로도 영향을 주지 않는다"라고 확신시켰다. "그런 발자국들은 언제나 예시적일 뿐 결정적인 것이 아니며, 진화에 반대되는 훨씬 압도적으로 강하고 종합적인 과학적 증거들은 어떤 방법으로도 영향을 받지 않는다"는 것이었다.[19]

여러모로 버딕의 활동은 『창세기의 홍수』의 출판에 뒤따른 홍수지질학의 르네상스 기간에 있었던 창조론 연구의 전형적인 특징을 보여주었다. 지질주상도에 대한 끊임없는 공격과 CRS의 자금 지원을 받은 충상단층에 대한 반복적인 폭격은 프라이스의 전통을 그것의 가장 순수한 수준에서 재현했고, "기독교적 증언의 관점에서 지출 대비 잠재적 충격이 가장 클 수 있는 곳이라면 어디에나" 노력을 집중한다는 기준을 만족시켰다. 언젠가 헨리 모리스는 그것에 대해 다음과 같이 설명했다.

그것은 지질학적 현장 연구에, 특별히 소위 충상단층의 형성이나 비정상적인

---

19 John D. Morris, "The Paluxy Mytery," *Impact*, *Acts & Facts* 15 (January 1986)의 부록: i-iv; H. M. Morris가 ICR의 친구들에게 보낸 편지, January 1986, 저자의 개인 수집품. 다음도 보라. John R. Cole and Laurie R. Godfrey, eds., "The Paluxy River Footprint Mystery-Solved," *Creation/Evolution* 5 특별판, no. 1 (1985); 그리고 Ronnie J. Hastings, "The Rise and Fall of the Paluxy Mantracks," *Perspectives on Science and Christian Faith* 40 (1988): 144-55. 통일된 의견이 없음을 보여주는, 인간과 공룡의 동시적 흔적에 대한 최근의 논의를 다음에서 보라. Paul O. Rosna 외 몇 사람, "Are Human and Mammal Tracks Found Together with the Tracks of Dinosaurs in the Kayenta of Arizona?" *Creation Research Society Quarterly* 26 (1989-90): 41-8, 77-98.

화석들에 집중하는 것을 뜻했다. 만일 트러스트 단층면(Thrust plane)에 대한 연구를 통해 이런 수많은 "충상단층"(thrust faults)이 실제로는 뒤집혀진 단층(overthrust)이 아니라 정상적인 퇴적의 순서일 뿐이라는 사실이 밝혀질 수 있다면, 또는 몇 개의 (추측컨대) 제자리에 놓여 있지 않은 화석들이 정말로 잘못 놓인 게 아니라 오히려 그것들을 감싸는 퇴적물과 함께 정상적으로 퇴적된 것임이 밝혀질 수 있다면, 표준 지질학의 시대 체계는 결국 지구 역사의 창조/홍수 모델에 굴복하여 폐기될 수밖에 없을 것이다.

CRS가 설립되고 15년이 지나는 동안 괴짜 버딕보다 이 의제를 발전시키기 위해 더 많이 공헌한 사람은 없었다. 창조론에 대한 평판의 측면에서는 불행하게도, 그 운동의 리더들 중 그 어떤 이도 자격, 비판적 사고, 조심성의 측면에서 버딕만큼 결격 사유가 많은 이도 없었다. 그는 동료 창조론자들에게조차 수수께끼 같은 사람으로 남았다. 버틀러는 당혹스러워하며 이렇게 말했다. "어떤 의미에서 그는 우리가 원하는 미덕들을 보여주었습니다. 그것은 인내, 희생정신, 비판자들에게 감정을 앞세우기보다 우아한 태도를 취하는 것 등입니다. 그러나 다른 의미에서 그는 우리가 피하려고 하는 바로 그 전형적인 이미지도 구체적으로 보여주었습니다. 그것은 연구에 대한 엄격하지 못하고 비학문적인 접근법입니다. 그리고—그보다 더 심각한 것은—그가 '센세이션을 일으키기'를 추구하고 그것을 잘 하는 것처럼 보인다는 점입니다."[20]

---

20 Henry M. Morris, *A History of Modern Creationism* (San Diego: Master Book Publishers, 1984), p. 251; L. G. Butler to H. M. Morris, 날짜가 없는 편지 원고 [July 1971?], Butler Papers. 충상단층에 대해 예를 들어 다음을 보라. Clifford L. Burdick and Harold Slusher, "The Empire Mountains-A Thrust Fault?" *Creation Research Society Annual* 6

학대 또는 실패

창조론자들의 문헌에서 버딕의 이름은, 그가 애리조나 대학의 진화론자들에게 당했다고 추정되는 치욕을 언급하지 않고서는 거의 등장하지 않는다. 그의 이야기와 악명 높은 벨리코프스키(Velikovsky) 사건을 둘러싼 폭로들을 포함하는 그와 유사한 보고들 때문에, CRS는 초기부터 그 단체의 회원 명단을 비밀로 유지했다. 지도급 창조론자들은 대학원생들에게 자신들의 견해를 감추라고 경고했다. "그렇지 않으면, 너희들은 거의 99% 학교를 떠나라는 요구를 받게 될 것이다." 괴롭힘을 당하거나 사태가 악화되는 일을 피하기 위해, 일부 대학원생들은 창조론 논문을 발표할 때 익명을 쓰기도 했다.[21]

창조론자들은 그렇게 주의해야 할 충분한 이유를 갖고 있었다. 한 여론조사는 고등교육을 받은 미국인들이 다른 어떤 그룹보다도 종교적 근본주의자들에게 관용을 덜 베푼다는 사실을 보여주었다. 응답자의 15%는 근본주의자가 이웃으로 이사를 온다면 싫어할 것이라고 대답했다. 단과대학과 종합대학의 다른 민감한 교수들은 창조론자들의 믿음을 비웃었고, 아이오아 주립대학의 한 교수는 더 극단적으로 지질학과 생물학 과정에서 진화라는 진리와 아주 오랜 지구의 나이를 부정하는 학생들을 탈락시키라고 권고했다. 또 그는 만약 그런 "엄청난 오해"가 과정을 마친 후에나 졸업

(1969-70): 49-54; 그리고 Clifford L. Burdick, "The Lewis Overthrust," *Creation Research Society Quarterly* 6 (1969-70): 96-106.

21 Wilbert H. Rusch, Sr., "A Brief Statement of the History and Aims of the CRS," 출판되지 않은 문서, June 7, 1983, Rusch Papers, Wilbert H. Rusch, Sr. 제공(은밀한 목록); Duane Gish의 1980년 10월 26일자 인터뷰(99%); Steven A. Austin의 1981년 1월 6일자 인터뷰(익명).

후에라도 발견된다면, "학점은 물론 가능하다면 학위까지도 취소해야 한다"라고 주장했다. 그런 사람들이 주변에 있었기 때문에 창조론자들은 안전하다고 느낄 수가 없었다.[22]

창조론 문헌들은 과학계의 기득권층과 충돌했다고 주장하는 그 신봉자들의 이야기들로 가득 차 있다. 대학원 입학, 취업, 원고 게재와 관련된 모든 실패가 결국 어떤 사악한 동기들 탓으로 설명되는 것처럼 보인다. 창조론이라는 신화 안에서 실패는—그것이 정당하든 아니든 간에—순교로 이어진다. 1984년에 출판된 두 권의 창조론 관련 책들이 그 점에서 전형적이었다. 헨리 모리스는 그의 포괄적 책『현대 창조론의 역사』(*History of Modern Creationism*)에서 누구나 거론하는 버딕의 그 유명한 사건을 (그의 형편없는 성과에 대해서는 언급하지 않은 채) 다뤘을 뿐 아니라, 또한 창조론자들이 북동부 오클라호마 주립대학과 미시간 대학에서 신앙 문제 때문에 고통을 겪었던 경험도 서술했다. 자신이 버지니아 공과대학에서 떠나야 했던 경험을 서술하면서 모리스는 지질학과와 생물학과의 진화론자들이 자신을 블랙스버그로부터 쫓아내려고 공모했다고 주장했다. "나는 (물론 비록 증거는 없지만) 확신한다. 내가 대학 행정부로부터 그 이후에 받기 시작했던 어려움들은, 본질적으로 그들의 편에서 나를 그 학과에서 떠나게 하거나 또는 서서히 그 학과와 절연하도록 만들려는 시도의 일부였다." 그러나 다른 동정적인 목격자들은 그의 문제를 이데올로기의 문제가 아니라,

---

22 Bergman, *The Criterion*, p. 50 (1980 Gallop survey를 인용함); Kendrick Frazier, "Compedency and Controversy: Issues and Ethics on the University/Pseudoscience Battlefield," *Skeptical Inquirer* 8 (Fall 1983): 2-5 (Patterson). 다음도 보라. J. W. Patterson to Bernard White, October 25, 1981, Evolution/Creation Archive, Department of Special Collections, Iowa State University Library.

전적으로 행정상의 문제 탓으로 돌렸다.[23]

볼링 그린 주립대학에서 정년이 보장된 자리를 거부했던 창조론 교육자 **제럴드 버그맨**(Gerald R. Bergman, 1946-)은 『기준: 미국에서의 종교적 차별』(*The Criterion: Religious Discrimination in America*, 1984)이라는 책 전체를 자신과 비슷한 경우들을 연대순으로 기록하는 데 바쳤다. 그는 이렇게 보고했다. "인터뷰했던 1백 명 이상의 창조론자들은 예외 없이 모두가 어떤 차별을 경험했다고 말했다. 그들은 동료들로부터 조롱을 당했고, 폭소가 터지는 농담의 대상이 되었고, 어떤 경우에는 가장 직접적으로 해고를 당하기도 했다." 그러나 박해를 당했다고 주장하는 버그맨의 책에는, 종종 그런 주장을 뒷받침하기 위해 필요한 증거 자료들이 결여되어 있다. 그리고 여러 유명 사건들에서 제기된 추가적인 증언은 잘못되었거나 자신의 입장에서 상당히 많이 수정한 것이었다.[24]

버그맨에 따르면, 훗날 종교와 과학 협회(Religion and Science Association)의 책임자가 된 **바이런 넬슨**(Byron C. Nelson)은 1920년대에 "럿거스 대학에서 거의 전 과목에 걸쳐 A학점을 받았음에도 불구하고 유전학 분야의 과학 석사학위 수여를 거부당했는데", 그것은 전적으로 그의 창조론에 대한 원칙 때문이었다. 그러나 넬슨 자신은 임종 직전에 아주 다른 이야기를 했다. 뉴저지에서 목회를 하고 있었을 때, 넬슨은 위스콘신에서 온 옛 친구가 근처에 있는 럿거스 대학의 동물학부 학장으로 재직 중

---

23 Morris, *History of Modern Creationism*, pp. 164-5, 184-5, 202, 242; James M. Wiggert의 1986년 11월 20일자 인터뷰; R. D. Walker의 1986년 11월 20일자 인터뷰. 다음도 보라. Henry M. Morris, *The Twilight of Evolution* (Grand Rapids, MI: Baker Book House, 1963), pp. 27-8.

24 Bergman, *The Criterion*, p. xi.

이라는 사실을 알게 되었다. 그 친구의 초대로 넬슨은 조용히 유전학부에 등록했고, 성직자를 싫어하기로 악명이 높은 알렌 보이든(Allen A. Boyden, 1897-1986) 교수 아래서 공부하게 되었다.

때때로 보이든은 성직자에 대해서 험악한 말을 하곤 했다. 학기말에 있었던 한 수업에서 나는 우연히 그의 곁에 앉게 되었다. 그가 내게 물었다. "그런데 미스터 넬슨, 당신의 직업은 무엇입니까?" 내가 그에게 나는 루터교 목사라고 말해주었을 때, 그의 얼굴은 사탕무처럼 붉어졌다. 그 후 그는 나에게 초파리 수천 마리를 배양해 그것들에게 비소를 먹여서 돌연변이를 일으키려고 시도하는 세미나 수업에 참여하라고 권고했다. 그 고급과정의 수업 기간 동안 나는 학과의 전체 교수단 모임에 일주일에 한 번 참석하라는 초대를 받았고, 돌아가면서 그 무리에게 강연하는 순번에도 참여했다. 어느 날 내가 없었을 때, 학과 전체는 내가 입장을 밝힌 것에 용기를 얻어 진화 문제에 대해 둘로—넬슨파와 보이든파로—나뉘었다. 이 두 그룹은 서로 매우 다정했고, 함께 소풍을 가서 동료애를 다지기도 했다. 보이든은 내가 "**각각 그 종류에 따라**"라는 표현에 대한 이해를 개선하도록 도와주었다. 또한 그는 그것과 관련된 몇 권의 책들을 도서관에 비치하기도 했다.

이는 차별에 대한 책임에 공감하는 동료 창조론자에게 자신의 경험을 다시금 이야기한 것이기는 했으나, 넬슨은 자기가 학위 수여를 거부당했다는 말은 단 한 마디도 하지 않았다.[25]

---

25 Ibid., p. 11; B. C. Nelson to J. C. Whitcomb, August 22, 1967, Whitcomb Papers. 나는 Boyden을 확인해준 것에 대해 Paul Nelson에게 감사한다.

버그맨에 따르면, CRS의 최초의 설립자들 중 두 명인 버딕과 워리너(David A. Warriner)는 창조론을 옹호하기 위해 상당히 비싼 대가를 치렀다. CRS가 창설된 직후에 워리너는 미시간 주립대학의 비정년직 교수 자리를 잃었다. 그는 자신의 계약이 갱신되지 않은 직접적인 이유가 자신이 생명의 기원에 관해 쓴 소책자 때문이라고 주장했으나, CRS 이사회의 동료들조차 그것보다는 다른 요인들이 더 중요한 역할을 했다며 의혹의 눈길을 보냈다. 예를 들어 루쉬는 워리너의 보수적인 사회적·정치적 견해가 그를 곤경으로 몰아넣었다고 추측했다. 반면 램머츠는 워리너와 버딕의 곤경이 그들의 경직된 인간성에 기인한다고 여겼다. 그는 루쉬에게 편지하며 이렇게 말했다. "물론 이렇게 말하는 것은 공정하지 못하겠지만, 나는 워리너와 버딕의 문제들과 관련된 어려움들 대부분은 인격적인 문제들에서 기인한다고 믿습니다. 나는 그들이 아마도 그런 문제 전체에 대해 유머 감각이 부족했을 것이라고 생각합니다."[26]

램머츠도 루쉬도 개인적으로 대학에서 차별을 경험해보지 못했기에, 그들은 대부분의 불평분자들이 스스로 어려움을 만들어내고 있다고 생각하는 경향이 있었다. 루쉬는 네브라스카 대학 지질학 석사 과정에 입학하자마자 자신이 창조론에 대해 쓴 에세이를 읽은 교수들의 앙갚음을 두려워했다. 그러나 다행스럽게도 그는 그 어떤 적대적인 태도와도 마주치지 않았다. 그는 자기를 걱정해주는 한 젊은 창조론자에게 이렇게 전했다.

---

26 Bergman, *The Criterion*, pp. 6-7, 29-31; D. A. Warriner to J. D. Bales, April 14, 1973, Bales Papers, James D. Bales 제공; W. H. Rusch to W. E. Lammerts, November 23, 1963, 그리고 W. E. Lammerts to W. H. Rusch, December 12, 1963, 이상 Lammerts Papers. Warriner의 동료인 John N. Moore를 둘러싼 논쟁에 대해 다음을 보라. Henry P. Zuidema, "Teaching Scientific Creationism on Campus: Is the Controversy Cooling?" Liberty (January-February 1985): 7-9.

"나는 적절한 그리고 때로는 당황스러운 질문을 던졌고 그들은 대답해주었습니다. 그리고 그것이 전부였습니다. 나는 내 자신의 장광설을 늘어놓기 위해 다른 사람의 수업 시간에 강단에 올라설 권리를 갖고 있다고 생각해본 적이 없습니다. 그리고 아마도 그들은 그것을 알아차렸을 것입니다. 어쨌든 그들은 나를 친절하게 대했고, 나 역시 그들과 좋은 관계를 유지했습니다."[27]

창조론을 반대하는 사람들의 편견 때문에 희생되었다고 자주 언급되어지는 또 다른 사람은 해럴드 클락의 아들인 **어빌 클락**(Ervil D. Clark, 1927-1981)이다. 버그맨은 이렇게 썼다. 젊은 클락은 스탠퍼드 대학원 생태학부의 뛰어난 학생이었음에도, "그가 창조론자라는 이유로 그의 박사학위 심사위원 중 몇 명이 논문을 방어하는 구두시험에서 그를 떨어뜨리기 위해 공모했다." 그러나 클락 자신은 그 쓰라린 사건을 회상하면서, 창조론자로서 자신의 견해에 얼마나 큰 비중이 주어졌는지에 대해 대단히 불확실하게 말했다. 그는 박사 과정 초기에 폴 에를리히(Paul R. Ehrlich, 1932-)의 진화론 수업을 들었고 B학점을 받았다. 그 후 클락이 캘리포니아 북쪽 어느 지역의 생태계에 관한 자신의 박사 논문을 방어하려고 했을 때, 에를리히는 그에게 전세계의 생태계에 대해 집중적으로 질문을 했고, 그 젊은 생물학자는 분명 그것에 대해 거의 알지 못했다. 나중에 그가 들은 소식에 따르면, 5명의 위원들 중 네 명이 그를 통과시키는 쪽에 표를 던졌으나, 행정 사무실에서는 만장일치를 요구했다. 다음 해에 그는 재시험에 응시했고, 같은 결과를 얻었는데, 그것은 자동 탈락을 뜻했다. 클락을 지원

---

27 W. E. Lammerts to W. H. Rusch, December 12, 1963, Lammerts Papers; W. H. Rusch to N. A. Pupke, September 6, 1966, Rupke Papers.

했던 주심 교수는 그가 거둔 미약한 성과를, 부분적으로는 그가 그 프로그램에 열심히 참석하지 못한 탓으로 돌렸다. 스탠퍼드에서 공부할 때 클락은 고향인 샌프란시스코 북쪽의 안식교 공동체에서 계속 살았고, 그래서 동료 대학원생들과 주고받는 교제로부터 생기는, 비공식적이지만 대단히 소중한 교육을 빠뜨릴 수밖에 없었다. 그 후에 클락은—자기의 아버지는 결코 가져본 적이 없는 박사학위를 취득하기로 결심하고서—오레곤 주립대학의 일반 과학 과정에 등록했고, 그곳에서 1971년에 방사선 생물학 분야의 박사학위를 받았다.[28]

몇몇 창조론자들은 캐나다 출신의 간격 이론가인 아서 커스탠스(Arthur C. Custance)도 반진화론자들의 순교 대열에 포함시켰다. 곧 토론토 대학이 그의 종교적 믿음 때문에 박사학위 수여를 거부했다는 것이었다. 직업이 기계공학 기사였던 커스탠스는 1940년에 토론토 대학에서 성경 언어 전공으로 학사와 석사학위를 받았다. 과학과 종교에 대한 관심 때문에 그는 1951년에 토론토 대학에 재입학해 인류학 박사 과정을 공부하기 시작했다. 40대 초반의 나이와 그동안 고대 문화들에 대해 지속적인 관심을 가져왔던 점을 감안해, 학과에서는 그의 7년 프로그램을 3년으로 압축하는 데 동의했다. 무단결석과 관련된 몇 가지 문제들에도 불구하고, 그는 자신이 학교생활을 잘 해나가고 있다고 여겼다. 적어도 종합시험 중 구두시험 날까지는 그랬다. 그러나 시험 당일에 한 교수가 그에게 물었다. "당신은 아담과 하와가 실제 인물이었다고 믿습니까?" 커스탠스가 "예"라고 대답했을 때, 심사위원 중 한 사람은—전해오는 얘기에 의하면—"그런 쓰레기 같

---

28 Bergman, *The Criterion*, p. 18; Ervil D. Clark, January 9, 1981. Clark의 삶의 상세한 내용에 대해 나는 Terry Trivett의 신세를 졌다.

은 허튼 소리를 믿는 사람에게 박사학위를 수여한다면" 자신은 사임하겠다고 위협했다. 커스탠스의 판단 실수가 "불충분한 과학적 훈련"을 반영한다고 결론을 내리면서—그리고 그가 그 학과의 첫 번째 박사학위를 대표하게 되는 것을 못마땅해 하면서—교수진은 그에게 학위 신청을 철회하도록 강력하게 요구했고, 결국 그는 철회했다.[29]

그 후 커스탠스는 오타와에 있는 국방연구위원회(Defence Research Board)의 인간공학연구소(Human Engineering Laboratory) 책임자로 취업했다. 그곳에서 그는 캐나다 군인들의 열 스트레스와 땀에 대한 연구를 수행했다. 그는 여전히 박사학위 취득을 열망했고, 그래서 오타와 대학 심리학 및 교육 대학(University of Ottawa School of Psychology and Education)의 한 교수와 접촉했다. 그는 저녁반과 주말 수업에 참석했고, 전에 쓴 논문인 "과학은 문화를 넘어서는가?"(Does Science Transcend Culture?)를 제출했다. 그는 1959년에 그 논문으로 박사학위를 받았다. 하지만 후일 그는 자신이 "오타와 대학 의과대학 내의 생리학부(Physiology Dept)의 게스트로서 박사학위 과정을 완성하라는 초대를 받았다"라고 말하기를 좋아했다.[30]

영국에서 박해를 당한 창조론자들 중 가장 유명한 두 가지 사례는 교

---

29 "1954년 3월부터 5월 사이 토론토 대학 인류학과의 박사학위 심사 위원회에 관련된 언급들과 서신들"; A. C. Custance to J. O. Buswell III, April 1, 1954; 이상 A. C. Custance Papers, Special Collections, Redeemer College. Custance Papers는 Custance의 토론토 대학의 경험에 대한 서류들인 "Univ. of Toronto"라는 꼬리표의 파일을 포함하고 있다.

30 Arthur C. Custance, "Does Science Transcend Culture?" (Ph.D. dissertation, University of Ottawa, 1958), Custance Papers 안의 사본. 비록 그 논문에는 1958년이라고 적혀 있지만, 그의 학위는 명백하게도 그다음 해에 수여되었다. 생리학 전공 박사학위에 관한 인용은 다음 책의 속표지에 나온다. Arthur C. Custance, *Two Men Called Adam: A Fresh Look at the Creation/Evolution Controversy from a Different Point of View-the Theological* (Brockville, Ontario: Doorway Publications, 1983).

사인 데이비드 왓슨(David C. C. Watson, 1920-2004)과 생물학자인 아서 존스(Arthur J. Jones, 1946-)의 경우다. 두 사례 모두에서 상황은 가끔 서술되는 것처럼 그렇게 단순하지 않았다. 진화반대운동(Evolution Protest Movement)의 회원으로서 국영 학교에서 종교 교육을 가르쳤던 왓슨은 1976년에—한 창조론 잡지가 보고하는 바에 따르면—학교에서 "창세기는 신화라고 가르치라"는 지시를 거부해 직장을 잃었다. 비록 동료 창조론자들이 그를 지원하기 위해 대규모 집회를 열고 그가 노동 재판소에 제소했을 때 그를 위해 증언도 했지만, 그들은 사적으로는 그가 학생들을 장악하면서 수업을 이끌어가는 능력이 부족했다는 것과 미리 제시된 강의계획서를 따르지 못하고 실패했던 것에 대해 속삭였다. 한 신문은 학생들이 그의 수업을 방해하면서 "쓰레기"라고 고함을 쳤다고 보고했다.[31]

존스는 아마도 영국 대학들이 지닌 창조론에 대한 반감의 희생제물이 되었을지도 모른다. 존스는 1972년에 동물학과 비교생리학 분야의 박사학위를 포함해 버밍햄 대학 생물학과에서 두 개의 학위를 받는 동안 자신이 때때로 경고와 빈정거림의 대상이 되고 있음을 발견했다. 비록 그의 지도교수들은 그에게 창조론자로서의 견해를 버리라고 반복해서 압력을 넣었지만, 그는 그들의 노력이 "대단히 적법한 것"으로 여겼다. 그가 학업을 다 마쳤을 때, 그는 논문 안에 자신의 색깔을 드러냄으로써 그의 학위를 위태롭게 하지 말라는 선의의 충고를 무시했다. 그러나 그렇게 한 것으로 인해

31 Bergman, *The Criterion*, p. 15; "Dismissal of Mr. D. C. C. Watson," *Creation: The Journal of the E.P.M.* 2 (May 1977): 8 (창세기는 신화다); A. J. Monty White의 October 4-5, 1984의 인터뷰 (교실에서의 문제); "How Lining Up with Moses Cost Mr. Watson His Job," *Times Educational Supplement*, February 18, 1977, p. 5 (쓰레기). 두 번째의 영국 창조론자도 비슷한 의견을 표명했지만, 신분을 밝히지 말아달라고 요청했다.

그는 어떤 나쁜 결과도 얻지 않았다. 영국 박물관에서 온 외부 심사위원도 전혀 화가 난 것 같지 않았다. 그럼에도 존스는 자신의 그런 긍정적인 경험이 영국 창조론에 관한 기록에서 "거의 유일"하다고 확신했다.[32]

일찍이 1920년대에 프라이스가 제임스 맥킨 카텔(James Mckeen Cattel)과 「사이언스」(*Science*)에 대한 접근 기회와 관련해 논쟁을 벌인 후로(제5장을 보라), 창조론자들은 그들이 주류 과학 저널에 논문을 발표하지 못하도록 막는 장벽에 대해 불평해왔다. 실제로 로버트 젠트리(Robert V. Gentry)와 직업적으로 활동하는 다른 창조론자들은, 창조론과 관계된 연구를 과학잡지 안으로 밀반입할 수 있는 유일한 길은 그것이 갖고 있는 창조론에 연관된 의미를 조심스럽게 감추는 것뿐이라는 것을 배웠다. 1981년에 아칸소에서 있었던 창조 대 진화 재판 과정에서, 창조과학자들은 표준적인 과학 출판계 안에서 그들의 논문이 사실상 보이지 않게 된 현실과 관련해 스스로를 변호하면서 편집자들의 "마음이 닫혀 있다"라고 비난했다. 그럼에도 그 재판의 수석판사는 이렇게 말했다. "그 어떤 증인도 출판이 거부된 과학 논문을 생산한 적이 없습니다." 사실상 창조과학자들은 그들의 연구결과들을 전통적인 판로를 통해 발표하려고 시도한 적이 거의 없었다. 주도적인 과학 저널 68개를 조사해본 결과, 과학적 창조론을 공개적으로 지지하는 원고는 3년 동안 총 13만5천 건에 달하는 전체 논문들 중 겨우 18건에 불과했다. 그 18건 중 13편은 과학 교육 저널에 보내졌고, 4편은 인류학 저널에, 그리고 오직 1편만 생물학 저널에 보내졌다. 18건 모두 게재가 거부되었으나, 논문 심사위원들의 보고서를 조사해본 결과,

---

32 M[alcolm] Bowden, *The Rise of the Evolution Fraud* (Bromley, Kent: Sovereign Publications, 1982), p. 132; A. J. Jones to R. L. Numbers, November 15, 1984.

그 논문들이 "'편파적으로' 거부되었다는 어떤 증거도 없었다. 원고들은 뚜렷한 장점이 없기 때문에 거부되었던 것으로 보인다." 만일 출판과 관련해 어떤 장벽이 존재했다면, 창조론자들 스스로 그 장벽을 세웠다고 말할 수밖에 없을 것이다.[33]

홍수지질학자들이 없는 홍수지질학

과학적 창조론 또는 홍수지질학의 역사 안에서 가장 비정상적인 것들 중 하나는 지질학자가 없다는 사실이다. 1955년에 젊은 휘트컴이 모리스에게 걱정스럽게 물었다. "오늘날 창세기 6-9장을 진지하게 취급하는 이들 중 지질학 박사는 어디에 있습니까?" 같은 해에 프라이스에게 쓴 편지에서 더들리 휘트니도 같은 질문을 되풀이했다. "천사들의 편에 선 지질학자들은 어디에 있습니까?" 휘트니는 안식교회 신자인 클락, 버딕, 그리고 프라이스 자신—그들 모두는 지질학 학사학위조차 갖고 있지 않았다—은 물론이고, 아무도 생각해 낼 수가 없었다. 그는 과장된 수사학적 표현을 사용해 물었다. "안식교단을 뺀 개신교 안에서 지질 시대 이론에 전적으로 굴복하지 않은 단 한 명의 지질학자라도 있습니까?"[34]

주로 지질학적 논증과 증거에 의존하는 그 큰 과업에 지질학자들이 없

---

33 "Creationism in Schools: The Decision in McLean versus the Arkansas Board of Education," *Science* 215 (1982): 939; Eugenie C. Scott and Henry P. Cole, "The Elusive Scientific Basis of Creation 'Science,'" *Quarterly Review of Biology* 60 (1985): 21-30. 창조론자들의 실제 출판에 관하여 다음을 보라. Henry P. Cole and Eugenie C. Scott, "Creation-Science and Scientific Research," *Phi Delta Kappan* 63 (1981-82): 557-8, 574.

34 J. C. Whitcomb to H. M. Morris, October 8, 1955, Whitcomb Papers; D. J. Whitney to G. M. Price, January 6, 1955, Marsh Papers, Frank Lewis Marsh 제공.

다는 놀라운 사실은, 그 운동 안에서 골칫거리가 되었던 버딕의 명성과 장수의 이유를 잘 설명해준다. 버딕의 독특한 전문지식 때문에—그리고 자신이 위스콘신 대학에서 지질학 석사학위를 받았다는 그의 주장 때문에—휘트컴과 모리스 같은 창조론 부흥론자들은 그에게 협력을 구했다. 모리스는 1958년에 잔뜩 기대에 차 휘트컴에게 편지를 보내면서, 만일 버딕이 박사학위를 받을 수만 있다면, "그는 내가 아는 한 홍수지질학을 믿는 유일한 지질학 박사학위 소지자가 될 것이고, 그런 일은 세간의 주목을 끌 수 있을 것입니다"라고 썼다.[35]

1963년에 CRS의 핵심인 운영위원회를 구성하면서 램머츠는 다른 어떤 자리보다도 지질학 분야의 구멍을 메우기 위해 많은 시간을 들여 노력했다. 비록 엄격한 의미에서 지질학자들은 아니지만, 안식교인인 리틀랜드(Ritland)와 헤어(P. Edgar Hare)가 영입 명단의 첫 순번에 올랐다. 하지만 둘 다 램머츠와 함께 일하기를 원하지 않았다(제11장을 보라). 마지막에 버딕이 선정됨으로써 램머츠는 가까스로 궁지에서 벗어날 수 있었다. 램머츠가 애처롭게 회고하듯이, 아마도 버딕은 그 그룹에서도 가장 약한 사람이었을 수도 있었으나, 어쨌거나 그는 자신이 지질학자라고 주장했다. 그리고—모리스가 버딕을 뽑은 것을 정당화하면서 말했듯이—그는 "아마도 우리들 중 지질학적인 문제들에 관해 가장 많이 알고 있었을 것이다."[36]

CRS의 설립자들 중에 생물학 박사학위를 가진 사람들은 많았던 반면, 자격을 갖춘 홍수지질학자들이 드물었다는 사실은 설명을 필요로 한다. 이 불일치에 대해서는 두 가지 설명이 특히 그럴듯해 보인다. 기독교인 의

35 H. M. Morris to J. C. Whitcomb, August 9, 1958, Whitcomb Papers.

36 H. M. Morris to W. E. Lammerts, July 12, 1963, Lammerts Papers.

사들이 필요했기 때문에, 이론적으로 보수적인 많은 대학들은 오랫동안 의예과 학부교육을 제공해왔고 그런 교육을 위해 생물학자들을 고용했다. 그 대학들은 잠재적으로 논쟁의 소지를 지닌 지구과학을 커리큘럼에 추가해야 할 이유를 갖고 있지 않았다. 게다가 창조론자인 생물학자들은 진화론의 오염시키는 영향력에서 벗어난 특별 영역을 상대적으로 쉽게 선택할 수 있었던 반면, 지질학자들은 생물학적인 그리고 지질학적인 발전에 대한 어디에나 있는 아주 흔한 증거들을 도무지 회피할 수가 없었다. 사실 암석들을 지칭하는 언어 자체가 그 과목의 역사적인 성격을 반영하고 있었다. 1970년 이전에 프라이스의 제자들 중 몇 명이 용감하게도 지질학 대학원 과정에 입학했으나, 대개 그들은 진화의 증거가 너무도 우세하다는 사실을 발견하고는 지질학 자체를 포기하든지, 아니면 홍수지질학을 버리든지 둘 중 하나를 택해야 했다.

미주리 총회의 루터교인인 알프레드 마이어(Alfred H. Meyer, 1893-1988)는 가슴 아프게도 첫째 유형의 반응을 예시했다. 일리노이 대학 학부에서 지질학을 전공한 그는 현장에서 경력을 쌓기를 바랐다. 그는 "최근의 이론들과 계시된 성경의 양립 불가능성 때문에" 자신이 절대로 그 과목을 가르칠 수 없다는 결론을 내렸다. 그러나 그는 유전 지질학(oil geology) 쪽으로 파고들면 안전할지도 모른다고 생각했다. 그런데 1923년에 일리노이 대학이 지질학 석사학위를 위해 요구하는 과제들을 완성하던 중에 그는 가슴이 터질 만큼 슬픈 믿음의 위기에 빠졌다. 최근에 프라이스와 동료 루터교인인 테오도르 그래브너의 반진화론에 관한 책들을 읽었던 그는 "내가 계획했던 일을 좋은 믿음을 지니고 계속할 수 있을지, 다시 말해 유전 지질학자로서 현장, 실험실, 또는 사무실에 취업하려고 노력할 수 있을지" 하는 문제와 관련해 절망에 빠졌다. 그는 프라이스의 "높은 기독교적

이상"을 크게 존경했고, 그 십자군 전사가 곧 펴낼 책『새로운 지질학』(*New Geology*)이 "마치 루터가 종교를 개혁했던 것처럼 과학을 개혁"하게 되기를 희망하고 있었다. 꼼꼼함이라는 수렁에 서서히 빠져들면서 그는 역사적 지질학과 관련된 용어들을 사용하는 것조차 죄라고 두려워하게 되었다. 자신의 논문 복사본을 대학 도서관에 제출한 후에 그는 "생물학적 발전"(Biological Development)이라는 제목이 붙은 논문의 한 챕터 때문에 악몽에 시달리기 시작했다. 그의 "정신적 고뇌"는 너무도 심해서 그는 자신의 논문 제출을 철회하고 그것을 파기해달라고 탄원할 지에 대해 고려했다. 그래브너가 "현대 지질학의 일반적인 용어"를 사용했다고 해서 그의 믿음이 지질학과 타협한 것은 아니라고 확증해주었음에도, 마이어는 지질학이라는 악의 영역을 완전히 떠나겠다고 서약했다. 그는 그래브너에게 이렇게 전했다. "나는 그런 이교적인 사상으로부터 할 수 있는 한 멀리 떠나서 100% 미주리 루터교인으로 남기를 원합니다. 만일 내가 과거의 실수를 돌이킬 수만 있다면 말입니다."[37]

서약했던 대로 마이어는 지질학 공부를 그만두고 미시간 대학으로 옮겨 지리학을 공부했다. 거기서 그는 북부 인디애나와 일리노이의 토지 이용법에 관한, 신학적으로 안전한 주제를 택해 박사 논문을 썼다. 그러나 그는 원치 않았던 문제에서 완전히 벗어나지는 못했다. 1930년대에 루터교단 소속 발파라이소 대학의 지리학 및 지질학부의 책임자였던 그는 여전히 빙하시대의 증거와 어셔(Ussher)의 연대기를 화해시키는 문제와 씨름하고 있었다. 그는 그래브너에게 편지를 보내 이렇게 말했다. "나는 우리 교단 내부의

---

37 A. H. Meyer to Theodore Graebner, March 2, 8, 31, 1923, Box 3, Theodore Graebner Papers, Concordia Historical Institute. 또 Graebner가 Meyer에게 보낸 편지(March 6 and 26, 1923, Box 3, Graebner Papers) 안의 충고하는 내용을 보라.

정통주의 조직이 진화 및 그 비슷한 것과 투쟁하는 것을 지원하기 위해 상당히 노력해왔으나 이 시대의 일거리가 나를 곤혹스럽게 만들고 있다고 고백하지 않을 수 없습니다." 실전에서 단련된 그 호교론자(그래브너—역자 주)는 마이어에게 그의 과학적 세계와 성경적 세계가 서로 영향을 주지 않도록 그 둘을 칸막이로 구분할 것과, 그 둘을 조화시키려는 시도를 연기할 것을 긴급히 권고했다. 마이어는 이 해법이 적절하지 않다고 여겼으나 최종적으로는 그것을 수용하기에 이르렀다. 1960년대 초에 그가 속한 대학의 학장에게 편지하면서 그는 자신의 생각의 변화를 서술했다.

> "과학과 성경 안의 모든 것들이 공통의 초점에 맞춰져야 한다"는 것이 나의 젊은 시절의 확신이었습니다. 이제 나로서는 우리 모두가 성경의 가르침과 과학의 가르침이 두 개의 대단히 상이한 범주—하나는 계시에 근거한 범주, 다른 하나는 합리성에 근거한 범주—안에서 펼쳐진다는 사실을 빨리 수용하면 할수록, 그만큼 더 우리의 상황이 나아지게 될 것처럼 보입니다.

그가 아주 잘 알고 있었듯이, 이런 식의 접근법은 "비록 우리의 모든 오해와 불안을 전적으로 제거해주지는 못한다고 할지라도, 많은 골칫거리들과 가슴 아픈 일들을 해결해줄 것이다."[38]

1940년대에 들어와 미국과학자연맹(ASA)이 순조롭게 운영되어갈 즈

---

38 A. H. Meyer to Theodore Graebner, October 11, 1938, 그리고 Theodore Graebner to A. H. Meyer, November 8, 1938, 이상 Box 5, Graebner Papers; A. H. Meyer to O. P. Kretzmann, January 8, 1962, Krekeler Papers, Carl H. Krekeler 제공. 출판된 Meyer의 박사학위 논문에 관하여 다음을 보라. Alfred H. Meyer, "The Kankakee 'Marsh' of Northern Indiana and Illinois," *Papers of the Michigan Academy of Science, Arts, and Letters* 21 (1936): 359-96.

음에, 마이어는 미국 전체에서 유일하게 지질학 석사학위를 가진 엄격한 창조론자였다. 연맹 일에 정통한 휘트니는 1944년에 이렇게 썼다. "밸퍼라이소 대학의 마이어는, 내가 알기로…성경에 대한 완전한 믿음을 고백하는 유일한 전문 지질학자입니다." 비록 마이어가 지질 시대를 어느 정도 용인했음이 분명함에도, 휘트니는 그가 "홍수 사건의 많은 것"을 인정했다고 여겼다. 앨턴 에버리스트(Alton F. Everest)가 ASA의 첫 책인 『현대 과학과 기독교 신앙』(*Modern Science and the Christian Faith*, 1948)에 창세기와 지질학에 관한 챕터를 기고할 만한 자격을 갖춘 사람의 명단을 짜야 하는 난관에 봉착했을 때, 인맥이 든든한 러셀 믹스터(Russell L. Mixter)조차 겨우 세 명의 후보자들만 떠올릴 수 있었다. 그들은 원예사 제임스 보울(S. James Bole), 화학자 알렌 히글리(L. Allen Higley), 그리고 이따금씩 휘튼 대학에서 지질학에 대해 가르쳤던 또 다른 화학자 폴 라이트(Paul M. Wright, 1904-)였다. 홍수지질학자들에게는 실망스럽게도, 에버리스트는 최종적으로 에드윈 게드니(Edwin K. Gedney)를 선택했는데, 당시 "고든 신학 및 선교 대학"의 교수였던 그는 1920년대에 지질학을 공부했던 날-시대 이론을 신봉하는 창조론자였다(제9장을 보라).[39]

때때로 지질학에 관심을 가진 장래가 촉망되는 젊은 복음주의자들이 그 분야에서 고급 과정에 입학하려는 모험을 하기도 했지만, 두려움을 모르는 로렌스 컬프(J. Laurence Kulp)의 경우처럼, 엄격한 창조론에 대한 믿음이 크

---

39 D. J. Whitney to J. P. Van Haitsma, June 19, 1944; R. L. Mixter to F. A. Everest, March 31, 1944; 이상 ASA Papers. 다음도 보라. Edwin K. Gedney, "Geology and the Bible," in: *Modern Science and Christina Faith: A Symposium on the Relationship of the Bible to Modern Science*, by ASA Members (Wheaton, IL: Van Kampen Press, 1950), pp. 23-57 (2쇄). Gedney에 관한 전기적 자료들은 ibid., pp. 303-4에 나온다.

게 흔들리는 상태로 몹시 흥분되었던 시련으로부터 간신히 벗어났을 뿐이었다. 그러나 1960년대 중반 홍수지질학자들은 자신들이 마침내 그런 패턴을 깨뜨릴 젊은이를 확실히 발견했다고 느꼈다. 그는 흠 잡을 데 없는 순종 혈통이 분명한 **데이비스 영**(Davis A. Young, 1941-)이었다. 저명한 구약학자 에드워드 조지프 영(Edward Joseph Young, 1907-1968)의 아들인 그는 1950년대 후반에 지질공학을 공부하기 위해 프린스턴 대학에 입학했다. 그곳에서 그는 잠시 "[지질학적] 동일과정설이라는 개념의 영향력"에 휩쓸렸으나, 그의 아버지의 동료였던 코넬리우스 반 틸(Cornelius Van Til, 1895-1987) 같은 신학자의 책을 읽으면서 "과학이 진정한 발전을 이루기 위해서는 반드시 성경의 권위에 굴복해야 한다"라고 확신하게 되었다. 이 확신은 그가 1962년에 프린스턴 대학을 우등으로 졸업하고 광물학 석사 과정을 공부하기 위해 펜실베이니아 주립대학으로 옮겼을 때 더욱 강해졌다. 그 결과 그는 『창세기의 홍수』에 깊이 빠져들었고, 그 책을 두 번에 걸쳐 집중적으로 읽은 후에 홍수지질학의 참된 신봉자가 되었다. 그는 휘트컴이 몇 차례 프린스턴에 와서 강연하는 것을 듣고는 그에게 이렇게 편지를 썼다. "당신의 책을 공부했을 때, 나는 당신의 기본적 논지가 정말로 옳다는 것을 깨닫기 시작했습니다. 그리고 내가 대학 시절에 그런 논지에 맞서 품었던 반대 주장들(저는 잘난 척하면서 증거들이 홍수를 지지하지 않는다고 생각했었습니다!)은 사라지기 시작했습니다." 영은 또 모리스에게도 편지했다. 지금은 기독교 지질학자들이 "현대 과학에 굴복하기"를 그치고 "홍수의 증거를 찾기 시작해야 할" 때라는 것이었다.[40]

---

40 D. A. Young to H. M. Morris, December 15, 1964; D. A. Young to J. C. Whitcomb, January 9, 1965; 이상 Whitcomb Papers. Young에 대해 다음을 보라. "He's Still a Rockhound," *Search*, no. 7 (1989): 1-4. 1940년 말에 Morris는 James H. Zumberge라는

그러나 홍수지질학에 대한 영의 열광은 곧바로 시들해졌다. 1965년에 그는 브라운 대학의 지질학 분야의 박사 과정에 등록했고, 거기서 그는 학장인 도널드 에클맨(F. Donald Eckelmann, 1929-)과 함께 연구했다. 에클맨은 기독교이면서 진화론자가 된 휘튼 졸업생이었다. 비록 영은 브라운 대학 시절에 이따금씩 교회 관련 단체들에서 창세기의 홍수의 중요성에 대해 강연을 했으나, 그는 점차 암석들로부터 나온 증거가 대홍수 이론과 맞지 않는 것에 대해 의혹을 갖게 되었다. 1969년에 모리스가 그에게 CRS에 참여할 것을 권했을 때, 그는 자신이 아직도 회원자격이 있는지 확실치 않다고 대답했다. 그는 이렇게 설명했다. "비록 제가 몇 년 전에는 『창세기의 홍수』의 입장에 기본적으로 동의했었으나, 지금 저는 성경적 성찰에 근거하여 제가 더 이상 그것을 수용할 수 없다는 것을 알게 되었습니다." 신약성경의 어떤 구절은 창조의 제7일이 여전히 유효하며 따라서 24시간보다 훨씬 더 길다는 것을 의미했기에, 영은 창조의 처음 6일을 긴 지질 시대들로 자유롭게 해석했다. 그러나 그는—그의 전공 교수들이나 ASA 내의 자유주의자들과는 달리—정통주의 장로교인들처럼 성경의 무오성과 창세기의 "창조와 홍수에 대한 역사적 사실성에 전적으로 헌신했다." 다만 그는 더 이상 홍수 사건에 커다란 지질학적 의미를 부여하지 않았을 뿐이다.[41]

이런 변절에 대한 소식은 모리스를 슬프게 했다. 영은 이미 박사학위와

잠재적인 개종자를 만나고 있다고 생각했다. Zumberge는 미네소타 대학의 대학원생이었고, 미시간 대학에서 지질학을 가르치기 위해 떠났으며, 남캘리포니아 대학의 학장을 지냈다. 다음을 보라. Henry M. Morris, *King of Creation* (San Diego: C.L.P. Publishers, 1980), p. 163.

41 Davis A. Young, 1989년 11월 17일자 인터뷰; D. A. Young to H. M. Morris, April 16, 1969, Whitcomb Papers. Ekelmann의 견해에 대해 다음을 보라. F. Donald Eckelmann, "Geology," in *The Encounter between Christianity and Science*, ed. Richard H. Bube (Grand Rapids, MI: William B. Eerdmans, 1968), pp. 135-70.

뉴욕 대학에서 좋은 직업을 갖고 있었기에 얼마든지 안전하게 엄격한 창조론을 옹호할 수 있었다. 그러나 안타깝게도 그는 창조론 운동에 등을 돌렸다. 실망한 모리스는 그에게 편지를 보내 이렇게 말했다. "지금껏 나는 주님이 자네를 높이 들어 올려서 참된 성경적 과학으로 돌아가는 이 운동의 리더가 되어주기를 희망해왔었네."[42]

시간이 지나면서 영에 대한 모리스의 실망은 좌절과 분노로 바뀌었다. 1972년에 영은 어느 장로교 잡지에 편지글 하나를 기고했다. 그것은 독자들에게 지질학적 전문지식이 없는 CRS가 정통 기독교에 해를 끼칠 수도 있다고 경고하는 내용이었다. 그는 젊은 사람들이 자기들이 지금까지 "잘못된"(faulty) 지질학을 믿어왔다는 것을 알게 될 때 종교적 트라우마를 겪을 수도 있다는 점을 특별히 염려했다. 5년 후에 그는 홍수지질학을 향해 집중사격을 개시했다. 『창조와 홍수: 홍수지질학과 유신론적 진화에 대한 대안』(*Creation and the Flood: An Alternative to Flood Geology and Theistic Evolution*, 1977)이라는 책에서 그는 홍수지질학자들이 "나쁜 지질학"을 가르친다고 꾸짖었다. 복음주의 기독교인들에게 CRS의 나쁜 지질학과 ASA의 (혹은 최소한 그 안의 다소 자유주의적인 멤버들의) 나쁜 신학 사이의 절충안을 소개하기를 희망하면서, 그는 "창세기 1장의 오랜 날(long-day) 이론"을 수용할 것과 창조 행위들의 순서를 화석 기록과 연관시킬 것을 제안했다. 그러나 모리스는 공감하지 않았다. 모리스의 사고에 따르면, 그런 "타협 전략"은 유신론적 진화를 향한 도상에 있는 "여관" 역할을 할 뿐이었다.[43]

---

42 H. M. Morris to Davis A. Young, July 6, 1969, Young Papers, Davis A. Young 제공.

43 Davis A. Young, *Creation and the Flood: An Alternative to Flood Geology and Theistic Evolution* (Grand Rapids, MI: Baker Book House, 1977), p. 132; Morris, *King of Creation*, pp. 86-95. Presbyterian Guardian 1972년 5월 1일 발행지에 실린 Young의 편지;

1978년에 영은 크리스천 리폼드 칼빈 대학으로 직장을 옮겼다. 이 학교는 1960년대에 그 홍수지질학자(모리스—역자 주)가 그 대학의 교수진을 이단이라고 정죄한 후에 반(反)모리스 감정의 온상이 되었다. 미시간 주의 그랜드래피즈라는 우세한 지점에 서서 영은 홍수지질학에 대한 공격을 꾸준히 지속했다. 그사이에 그의 사고는 점진적 창조론으로부터 하나님의 창조 행위의 과학적 증거에 대한 사실상의 불가지론에 이르는 길 사이를 떠돌았다. 과학자들만큼이나 또한 구약학자들의 영향을 받았던 그는, 창세기의 첫 장이 지질학적 정보를 전혀 제공하지 않고, 그 어떤 순서도 보여주지 않으며, 7일간의 창조는 모세가 채택한 문학적 관례일 뿐이라는 결론을 내렸다. 1987년에 그는 복음주의자들이 "창세기 1장과 홍수 이야기를 과학적 내지 역사적 보고로 취급하기를 그만두어야 한다"고 제안했다. 그때 모리스는 영의 지적 여정을 한 세기 전 다윈의 그것과 비교하지 않을 수 없었다. "그는 엄격한 창조론자로 시작했으나, 대학원에서 점진적 창조론에 빠져들었고, 마지막에는 유신론적 진화론을 향해 나아갔다." 모리스는 그렇게 쓰면서 경멸감을 감추지 않았다. "그런 타협안이 실제로 작용하지도 않고 그가 인정을 얻고자 갈망하는 세상의 진화론자들에게 수용되지도 않는다는 것을 알게 된 영은, 이제 창세기를 그것의 실제적인 과학적 적절성과 관련해 완전히 포기하라고 제안하고 있다."[44]

다음을 보라. D. T. Gish to D. A. Young, May 1, 1972, Young Papers. Young은 Gish에게 보낸 편지(June 2, 1972, Young Papers)에게 보낸 편지에서 자신의 근심을 설명한다.

44 Morris, *History of Modern Creationism*, pp. 158-9 (Calvin College); D. A. Young의 1989년 11월 17일자 인터뷰; David A. Young, "Scripture in the Hands of Geologists," part 2, *Westminster Theological Journal* 49 (1987): 303, 다음에서 인용됨: Henry M. Morris, *The Long War against God: The History and Impact of the Creation/Evolution Conflict* (Grand Rapids, MI: Baker Book House, 1989), p. 108 (여기서 Morris도 또한 Young의 지적 여행에 대해 언급한다). Young의 1980년대의 홍수지질학에 대한 한결같은

1960년대 중반에 영이 홍수지질학으로 전향했다는 좋은 소식을 들은 후 몇 달 지나지 않아 창조론 지도자들은 두 번째 지질학자에 관한 소식을 들었다. 그는 **니콜라아스 룹케**(Nicolaas A. Rupke, 1944-)라는 이름의 젊은 덴마크인이었는데, 영과 마찬가지로 홍수 이론가들과 운명을 같이 하기를 열망했다. 룹케는 램머츠에게 이렇게 썼다. "당신은 제가 과학을 보다 더 현실적인 기초 위에서 다시 서술하려는 우리의 공통 과제에 가능한 한 빨리 합류하리라는 것을 확신하고 안심하셔도 될 것입니다.…그 기초는 물론 하나님의 말씀과 자연 안에 있는 그분의 계시입니다." 룹케가 격변적 퇴적에 관한 궤변적인 원고를 CRS 저널에 게재해달라고 보내왔을 때, 램머츠는 자신이 어떤 경험 많은 과학자와 정보를 교환하고 있다고 추측했다. 하지만 얼마 후에 그는 그 원고를 쓴 이가 흐로닝겐 대학 학부에 재학 중이라는 사실을 알게 되었다.[45]

덴마크 목회자의 아들이었던 룹케는 엄격한 자유 개혁교회 안에서 성장하면서 성경이 하나님의 무오한 말씀이라고 믿었고, 창조와 홍수 이야기를 사실로 수용했다. 그는 십대 시절에 임마누엘 벨리코프스키(Immanuel Velikovsky)의 『격변하는 지구』(*Earth in Upheaval*, 1955)를 발견

공격은 다음에 나타난다. Davis A. Young, *Christianity and The Age of the Earth* (Grand Rapids, MI: Zondervan, 1982); Howard J. Van Till, Davis A. Young, and Clarence Menninga, *Science Held Hostage: What's Wrong with Creation Science AND Evolution* (Downers Grove, IL: InterVarsity Press, 1988); 그리고 Howard J. Van Till, Robert E. Snow, John H. Stek, and Davis A. Young, *Portrait of Creation: Biblical and Scientific Perspectives on the World's Formation* (Grand Rapids, MI: William B. Eerdmans, 1990). *Christianity and The Age of the Earth*에 대한 Morris의 반응을 다음에서 보라. Henry M. Morris, *Science, Scripture and the Young Earth* (El Cajon, CA: Institute for Creation Research, 1983).

45 N. A. Rupke to W. E. Lammerts, October 7, 1966, Lammerts Papers; W. E. Lammerts to N. A. Rupke, September 16, 1966, Rupke Papers.

했는데, 이 책은 그를 처음에는 프라이스의 저작으로, 그다음에는 휘트컴과 모리스의 『창세기의 홍수』로 인도했다. 흐로닝겐 대학에 입학하자마자 룹케는 필립 퀴넨(Philip Henry Kuenen, 1902-1972)에게 깊이 몰두했다. 퀴넨은 탁류 연구의 유명한 권위자였고, 자신의 관심사를 해양지질학과 퇴적학 쪽으로 옮겨 불을 붙였던 사람이었다. 퀴넨은 룹케가 1966년도 「창조연구회 연례지」(*Creation Research Society Annual*)에 글을 쓰면서 자기 이름 뒤에 흐로닝겐 대학이라고 명시한 것을 발견하고는 그 제자의 부정직함을 비난했다(대개 논문집에서 저자 다음에 붙이는 대학 이름은 그 글을 쓴 이가 그 대학의 교수임을 가리킨다 - 편집자 주). 비록 룹케가 퀴넨 교수는 그 글에서 제시된 견해와 관련해 그 어떤 책임도 없다며 발뺌을 했으나 소용이 없었다. 퀴넨 교수는 룹케가 성경에 기초해 지질학에 "비과학적으로" 접근하는 것에 반대했고, 만일 룹케가 지구과학 분야에서 어떤 경력을 추구하고자 한다면 불행한 상황에 직면하게 될 것이라고 경고했다. 불안해진 룹케는 서둘러 미국에 있는 창조론자들과 연락을 취해 혹시 자신이 그곳에서 학업을 계속할 수 있는지 알아보았다.[46]

미국인들은 룹케가 대학의 심한 편견의 희생제물이 되었다고 본능적으로 가정했다. 퀴넨이 룹케가 CRS에 기고한 논문 때문에 졸업을 못하게 했다고 믿은 램머츠는 룹케에게 미국 대학으로 전학할 것을 권했다. 램머츠는 룹케에게 이렇게 경고했다. "자네는 자네의 견해를…자네의 학위를 취득할 때까지는 철저하게 비밀로 간직하고 있어야 하네." 미국의 창조론자들이 자신의 사건을 침소봉대하는 중임을 깨달았을 때, 룹케는 그들에

---

46 N. A. Rupke to Ronald L. Numbers, January 9 1986; N. A. Rupke, "Prolegomena to a Study of Cataclysmal Sedimentation," *Creation Research Society Annual* 3 (May 1966): 16-37.

게 퀴넨 교수가 자신의 학사학위 수여를 보류하고 있지 않음을 밝히고 자신의 사건을 공론화하지 말아달라고 간청했다. 그럼에도 램머츠는 최악의 상황을 추론했다. 그는 모리스에게 이렇게 주장했다. "나중에 그가 의심의 여지없이 안전하게 박사학위를 향한 길로 나아갈 때, 이 사건은 학문적 자유의 결여에 대한 여러 사례들 중 하나로 제기될 수 있을 것입니다." 또 그는 이렇게 덧붙였다. "우리는 그처럼 날카로운 젊은 지질학자를 우리 편에 세워야 할 것입니다."[47]

그러나 퀴넨은 룹케를 좋은 성적으로 졸업시켰을 뿐 아니라, 그가 "대격변설"에 관한 논문을 저명한 「지질학 저널」(*Journal of Geology*)에 발표하도록 주선해주기까지 했다. 그런 퀴넨의 도움을 받아서 룹케는 프린스턴 대학의 지질학 박사 과정에 입학할 수 있었다. 프린스턴에 등록하기 전에 그는 제7일안식일예수재림교인이자 생물학자인 해럴드 커핀(Harold G. Coffin, 1926-)의 초대를 받아 여름 한 철을 그와 함께 보냈다. 그 팀은 바퀴가 14개 달린 여행용 이동주택 트레일러를 타고 채식주의자들처럼 식사를 하면서 이리저리 이동했다. 그 두 사람은 노바스코샤의 조긴스 화석 절벽과 옐로우스톤 국립공원에 있는 화석이 된 유명한 나무더미들을 연구했다. 대부분의 과학자들은 그 나무들이 그 장소에서 오랜 기간 동안 자라났고 각각의 지층의 수준은 각각 새로운 숲을 나타낸다는 사실을 당연하게 여겼다. 그러나 커핀과 룹케는 자신들이, 그 나무들이 아마도 노아 홍수의 짧은 기간에 "물에 떠밀려 와 그 자리에 있게 되었다"는 사실을 보여줄 수 있기를 바랐다. 실제로 조긴스에서 그들은 뿌리들이 급류에 의해 지

---

47 W. E. Lammerts to N. A. Rupke, October 31, 1966, Rupke Papers; W. E. Lammerts to H. M. Morris, December 6, 1966, Lammerts Papers.

금 놓인 장소로 옮겨졌다는 상당한 양의 증거를 발견했다. 커핀은 자신의 젊은 동료가 프린스턴 대학에서 불쾌한 일을 당하는 것을 방지하기 위해, 룹케가 이 결과를 「미국 지질학회 회보」(*Bulletin of the Geological Society of America*)에 발표할 때 자신들의 협동 작업에 대해서는 알리지 말라고 친절하게 조언했다. 커핀 자신도 「창조연구회 연례지」에서 룹케를 전혀 언급하지 않고 그들의 연구를 보고했다. 그들의 연구가 지질학의 혁명을 일으켰다고 보기는 어렵지만, 그것은 홍수지질학의 모델 안에서도 출판 가능한 과학적 연구가 수행될 수 있음을 알려주었다.[48]

1968년 가을에 룹케는 프린스턴 대학에 입학했고, 여전히 "퇴적된 기록들이 빠르고 격변적으로 집적되었다는 사실, 그리고 지구는 통상 생각하는 것보다 대단히 젊다는 사실을 제시하려는" 의도를 가지고 있었다. 만일 그가 그 목표를 달성한다면, 그는 유기적 진화에 필요한 시간을 크게 줄임으로써 진화론에 큰 타격을 주게 될 것이었다. 그러나 공부를 하는 동안 그는 진화의 기초를 위태롭게 하기는커녕 창조론에 대한 믿음을 포함해 자신의 종교적 확신들이 썰물처럼 빠져나가는 것을 발견했다. 젊은 시절의 수도원적 근본주의로부터 자유롭게 되면서 그는 "바깥세상"에서의 삶에 대해 탐구하기 시작했고, 그것이 그가 그렇게 믿도록 가르침을 받았

48 N. A. Rupke to R. L. Numbers, October 19, 1985, January 9, 1986, 그리고 April 22, 1991; N. A. Rupke, "Aspects of Bed Thickness in Some Eocene Turbidite Sequences, Spanish Pyrenees," *Journal of Geology* 77 (1969): 482-4; H. G. Coffin to N. A. Rupke, August 15, 1967, 그리고 January 11, 1968, Rupke Papers; N. A. Rupke, "Sedimentary Evidence for the Allochthonous Origin of Stigmaria, Carboniferous, Nova Scotia," *Bulletin of the Geological Society of America* 89 (1969): 2109-14; N. A. Rupke, "Sedimentary Evidence for the Allochthonous Origin of Stigmaria, Carboniferous, Nova Scotia: Reply," ibid. 81 (1970): 2535-38; Harold G. Coffin, "Research on the Classic Joggins Petrified Trees," *Creation Research Society Annual* 6 (1969-70): 35-44.

던 것만큼 악하지 않다는 것을 알게 되었다—특히 그가 매우 세속적이었던 프랑스 출신의 첫 여자 친구와 어울렸을 때 그러했다. 1972년에 그가 온화하고 관용적인 태도를 지닌 프랭클린 반 후튼(Franklyn B. Van Houten, 1914)과 그보다는 좀 더 성깔이 있었으나 마찬가지로 관용적이었던 알프레드 피셔(Alfred G. Fischer, 1920-)의 지도 아래 연구를 마치고 박사학위를 받았을 때, 그는 생명 진화론을 수용하기에 이르렀고, 그로 인해 그의 가족의 믿음을 저버리게 되었다. 그 후 옥스퍼드 대학에 머무는 동안 그는 지질학을 떠나 과학사 분야에서 성공적인 경력을 쌓았다.[49]

1979년에 유명한 젊은 지구론자인 스티븐 오스틴(Stephen A. Austin, 1948-)이 펜실베이니아 주립대학에서 마침내—믿음이 손상되지 않은 채—적법하게 지질학 박사학위를 받았을 때, 홍수지질학자들은 환호했다. 오스틴은 1970년에 CRS의 관심을 받게 되었는데, 당시 그는 버딕과 같은 운명으로부터 스스로를 보호하기 위해 「창조연구회 계간지」에 스튜어트 네빈(Stuart E. Nevin)이라는 필명으로 원고를 제출했었다. CRS의 리더들은 오스틴의 논문을 대단히 인상적이라고 여겼고, 그에게 암초 화석의 기원을 연구하라는 임무를 주었는데, 이 화석은 성장에 필요한 시간의 길이 때문에 홍수지질학자들에게 문제가 되고 있었다. 뉴멕시코 남동부와 텍사스 서부 캐피턴 산의 석회석을 연구한 후에, 오스틴은 기대하던 판결을 내렸다. "유효한 데이터는 분명하게 캐피턴이 퇴적되는 데 수천 년의 시간을

---

49 N. A. Rupke to R. L. Numbers, January 9, 1986; N. A. Rupke의 September 21, 1990의 인터뷰. Rupke가 믿음을 잃어버린 것에 대한 한 가지 반응에 대해 다음을 보라. W. E. Lammerts to H. M. Morris, January 14, 1970, Lammerts Papers. Rupke가 과학사에 공헌하는 첫 책인 *The Great Chain of History: William Buckland and the English School of Geology*, 1814-49 (Oxford: Clarendon Press, 1983)은 적절하게도 19세기 초의 창세기와 지질학의 화해에 초점을 맞추었다.

요구하지 않으며, 따라서 그것은 성경적 연대기에 어떤 문제도 제기하지 않는 것으로 보인다." 비록 다른 창조론자들이 그의 판단을 의심하기는 했으나, 창조과학 내부의 촉망받는 청년들 중 하나였던 오스틴은 논쟁에서 벗어날 수 있었다.[50]

오스틴이 CRS와 처음 교류했을 당시에 그는 겨우 워싱턴 대학의 지질학 학사학위만 갖고 있었을 뿐이다. 그러나 그는 곧바로 산 호세 주립대학에서 과학 석사학위를 받았고, 그곳에서 동일과정설을 비판하는 논문을 썼다. 그는 자신의 성경적 견해를 감추었기 때문에 그 학위 과정을 아무 탈 없이 통과할 수 있었다고 영에게 털어놓았다. 1975년에 그는 홍수와 석탄 퇴적의 관계를 제시하려는 희망을 품고 펜실베이니아 주립대학의 박사 과정에 등록했다. 1950년에 컬프(Kulp)가 했던 "석탄의 기원 역시—증거가 제대로 이해된다면—홍수지질학이 옳다는 주장을 배제한다"라는 회의적인 주장이 그를 자극했던 것처럼, 그는 프라이스의 『새로운 지질학』이나 휘트컴과 모리스의 『창세기의 홍수』 같은 창조론의 고전들을 읽은 후 그 주제에 대해 흥미를 갖게 되었다. 오스틴은 창조론과 관련된 연구를

50 Stenven A. Austin의 January 6, 1981의 인터뷰; G. F. Howe to W. E. Lammerts, September 12, 1970, Lammerts Papers; Stuart E. Nevins, "The Mesa Basalt of the Northwestern United States," *Creation Research Society Quarterly* 7 (1970-71): 222-6; George F. Howe, "Editorial Comments," ibid. 8 (1971-72): 227-8; Stuart E. Nevins, "Is the Captain Limestone a Fossil Reef?" ibid., pp. 231-48; Daniel E. Wonderly, "Critique of 'Is the Captain Limestone a Fossil Reef?' by Stuart Nevins," ibid. 10 (1973-74): 237-41; Stuart E. Nevins, "Reply to Critique by Daniel E. Wonderly," ibid., pp. 241-4. 창조론 문헌에 대한 Austin의 첫 기여는 다음으로 출판되었다: Stuart E. Nevins, "A Scriptural Groundwork for Historical Geology," in *Symposium on Creation II*, by Donald W. Patten and Others (Grand Rapids, MI: Baker Book House, 1970), pp. 77-101. Austin에 따르면(S. A. Austin to R. L. Numbers, June 3, 1991), H. Paul Buchheim과 Donald W. Lovejoy가 자신보다 앞서 지질학 박사학위를 받았지만, 두 사람 모두 창조론자 그룹에 뚜렷이 참여하지는 않았다.

수행하기를 원했고 또 대학에서 연구비를 지원하는 프로젝트를 맡지 않으려고 했기에, CRS의 연구 위원회에 자신의 학비와 생활비를 지원해줄 것을 요청했다. 그러나 그는 그 연구비의 수령과 관련해 조심해줄 것을 당부하면서, 오직 스튜어트 네빈이라는 필명의 사람이 석탄 연구에 대해 지원을 받은 것으로 해달라고 제안했다. 비록 주님이 자신을 그 대학으로 인도하셨고, 그 학과는 그의 격변설적 관점에 대해 너그러웠지만, 그는 자신의 교수들이 지구의 역사에 대한 자신의 성경적 믿음을 알게 되는 것을 원치 않았다. 그는 교수들이 그 사실을 알게 되면 반드시 자신의 학위를 취소할 것이라고 확신하고 있었다.[51]

모리스는 서부 켄터키의 석탄층 형성에 대한 오스틴의 박사학위 논문—그것은 CRS의 지원 없이 쓰였다—이 아주 훌륭하다고 칭찬했다. 그것은 홍수지질학을 위한 "참으로 과학적인 돌파구"라고 했다. 오스틴은 "석탄층이 바닷물 위를 떠다니던 풀과 나무들의 매트 아래 퇴적된 식물의 잔해로부터 형성되었다는" 증거를 발견했을 뿐만 아니라, 또한 (모리스의 의견에 따르면) 석탄의 위치와 특질을 예측할 수 있는 사상 최초의 이론적 발전을 향한 거대한 발걸음을 옮겼다. 그러나 가장 중요한 것은 오스틴이 펜실베이니아 주립대학을 졸업한 것이 과학적 창조론의 역사 안에서 신기원의

---

51 S. A. Austin to D. A. Young, October 30, 1972, Young Papers; S. A. Austin to E. L. Williams, October 14, 1975 (펜실베이니아 주립대학의 입장), 그리고 S. A. Austin이 CRS 연구위원회에 보낸 편지, March 15, 1976 (지적 발전과 미래 계획), 이상 CRS Papers. Austin은 직접 인용되기를 거부했다. CRS는 Austin의 대학원 공부를 지원하지 않기로 결정했다; S. A. Austin to R. . Numbers, June 3, 1991. Kulp의 진술은 그의 다음 논문에서 나타난다: "Deluge Geology," *Journal of the American Scientific Affiliation* 2 (January 1950): 6. Austin은 자신의 스승의 결과물을 다음으로 출판했다: *Catastrophes in Earth History: A Source Book of Geologic Evidence, Speculation and Theory* (El Cajon, CA: Institute for Creation Research, 1984).

시작을 알렸다는 것이었다. 그것은 몇몇 홍수지질학자들이 "진정한 지질학자"(real geologist)로서 말할 수 있는 권리를 얻게 되었음을 의미했다.[52]

1980년대에 자격을 갖춘 몇 명의 다른 지질학자들이—1950년대에 홍수지질학을 방어하려는 휘트컴의 노력을 비웃었던 블락(Douglas A. Block)을 포함하여—창조론 운동에 합류했다. 하버드에서 수학한 커트 와이즈(Kurt P. Wise, 1959-)보다 더 환영을 받은 사람은 달리 없었다. 그는 창조과학의 날카로운 비판가인 스티븐 굴드(Stephen Jay Gould)의 후배였다. 일리노이 주 시골의 침례교 가정에서 자란 와이즈는 십대 시절에 밥 존스 대학에서 창조과학자들이 기독교 청년들을 위한 중서부 지역 회의를 개최했을 때 홍수지질학이라는 개념과 만난 후 그것을 수용했다. 그는 고등학교를 졸업하기도 전에 그의 교회에서 15주에 걸쳐 창조론에 관한 수업을 진행했다. 그는 1981년에 시카고 대학 지구물리학과를 우등으로 졸업했고, 하버드에서 굴드와 함께 연구하기 위해 즉시 동쪽으로 향했다. 동료 대학원생들이 가끔 자신들의 창조론자 동기를 놀리기는 했으나, 어리벙벙한 표정의 굴드는 언제나 그를 존중했다. 그로 인해 자랑스러웠던 창조론자들은, 하나님이 "그렇지 않았더라면 접근할 수 없었을 사람에 대한 증인으로서 S.J. 굴드의 고생물학 프로그램 한가운데" 와이즈를 심어놓으셨다고 추측했다.[53]

---

52 Henry Morris and Gary E. Parker, *What Is Creation Science?* (San Diego: Creation-Life Publishers, 1982), pp. 134-6. Austin의 박사학위 논문 제목은 p. 277에 나온다.

53 Douglas A. Block의 1991년 6월 12일자 인터뷰; Kurt P. Wise, 1990년 5월 29일자 인터뷰; "Biographical Information of Kurt Patrick Wise," 연대 미상 문서, Kurt P. Wise 제공; William Schuler, 편집자에게 보낸 편지, *World* 5, no. 5 (1990): 22. Wise는 Gould의 단속평형(punctuated equilibria) 이론을 홍수지질학과 다음에서 화해시키려고 시도했다: "Punc Eq Creation Style," *Origins* 16 (1989): 11-24. Block은 Walter T. Brown, Jr.의 영향을 받아 홍수지질학으로 전향했다. Brown Jr.는 대홍수를 대륙 이동과 연관시켰다; 다음을 보라.

와이즈는, 비록 신생대 이전의 화석들 대부분이 노아 홍수 동안 매립되었다고 생각했고 우주 전체는 몇 백 년을 빼거나 더할 수는 있어도 6천 년 이상 되지 않았다고 믿었지만, 과학적 증거를 정직하게 바라보았다. 그보다 한 세대 앞서서 하버드에서 수학했던 리틀랜드처럼, 와이즈 역시 지질주상도의 순서 그리고 홍수지질학자들이 좋아하는 증거물인 북쪽 몬타나와 남쪽 앨버타의 루이스 충상단층의 존재를 수용했다. 그는 창조론에 관한 그의 가장 이른 시기의 논문들 중 하나에서 이렇게 선언했다. "트러스트 벨트(thrust belt) 지역 안에서 부정합면을 따라 단층 마찰면, 드랙 습곡(褶曲), 그리고 베어낸 잔해 등과 함께 뒤집혀 있는 부분의 존재는 어떤 합리적 의심도 남기지 않으면서 루이스 충상단층이 실제로 충상단층의 결과임을 보여준다. 그것이 지질주상도와 모순이라고 생각될 수는 없다." 또한 그는 젠트리의 방사선 후광에 대한 연구와 창조론자 진영에 속해 있는 다른 유명한 무기들에 대해서도 의심의 빛을 던졌다. 모든 고참들이 젊은 와이즈의 성상파괴를 고마워했던 것만은 아니었다. 동굴이 빠르게 형성되었다는 어느 선배 창조론자의 주장을 무참히 거절했을 때, 화가 난 그 선배는 아이비리그 출신인 그의 "오만한" 비평이 "식어버린 동일과정설"을 "다시 데웠다"고 비난하며 그에게 앙갚음을 했다.[54]

1989년 가을에 와이즈는 박사학위증을 손에 들고 국제적인 도시 케

Brown, *In the Beginning...*," 5판 (Phoenix, AZ: Center for Scientific Creation, 1989).

54 Kurt P. Wise의 1990년 5월 29일자 인터뷰; Kurt P. Wise, "The Way Geologists Date!" in *Proceedings of the First International Conference on Creationism*, 2 vols. (Pittsburgh, PA: Creation Science 55 Fellowship, 1986), 1:135-8 (루이스 충상단층); Kurt P. Wise, "Radioactive Halos: Geological Concerns," *Creation Research Society Quarterly* 25 (1988-89): 171-6; Robert V. Gentry, "Response to Wise," ibid., pp. 176-9; Kurt P. Wise, 편집자에게 보낸 편지, ibid. 24 (1987-88): 212-13 (갑작스런 해고); Emmett L. Williams, 편집자에게 보낸 편지, ibid., pp. 213-15 (오만함).

임브리지를 떠나 테네시 주 데이튼에 있는 브라이언 대학의 과학 조교수 자리를 얻었는데, 그 대학은 악명높은 원숭이 재판이 벌어진 곳과 아주 가까웠다. 브라이언 대학의 기원 연구와 자료 센터(Origins Research and Resource Center)의 책임자로서 그는 "성경과 물리학적 데이터 두 가지 모두에 부합하는 지구 역사의 모델을 만들기"를 희망했다. 그것은 "윤리와 실천의 측면에서 탁월함과 통합성이라는 규준에 따라 만들어지는 모델"을 뜻했다. 그는 진화론을 추방하려는 특성을 가진 초기의 과학적 창조론을 포기하겠다고 맹세했고, 아무리 불쾌하더라고 증거를 피하지 않겠노라고 다짐했다. 와이즈는 동료 지질학자인 오스틴과 호주 사람인 앤드류 스넬링(Andrew Snelling, 1952-)과 함께 21세기에 "새로운 창조론"을 제시하는 『창세기의 홍수』의 확대 개정판을 내기를 꿈꿨다. 창조과학에 대한 비판가들은 와이즈의 공평무사함을 놀랍고 신선하다고 생각했다. 한 사람은 이렇게 썼다. 그는 "과학이 창조론 운동에서 도움을 받을 수 있었던 동맹군에 가장 가까운 사람이었다."[55]

---

55 Kurt P. Wise, "Research into Origins," *Bryan Life* 15 (Winter 1990): 5 (연구센터와 모델); Kurt P. Wise의 1990년 5월 29일자 인터뷰(홍수지질학); R. J. Schadewald to Ian Plimer, December 17, 1989, Marian Finger의 사본 제공.

요약과 복습

1. 창조과학 진영은 증거를 왜곡하고 조작하는 일을 서슴지 않았으며, 또한 그 단체의 내부에서도 그런 조직적인 기만을 징벌하려고 하지 않는다는 비판을 받아왔다. 버틀러는 자칭 창조론자들의 수준 이하 또는 사이비 과학의 저술을 괴로워했다.

2. 인간과 공룡 발자국 화석에 대한 허황된 주장으로 명성을 얻었던 사람은 클리포드 버딕이었다. 버딕이 창조론자였기 때문에 애리조나 대학에서 차별을 당하고 박사학위를 받지 못했다는 말이 회자했다. 그러나 버딕이 위스콘신 대학에서 받았다고 주장하는 석사학위는 거짓이었고, 지질학 박사학위를 받았다는 피닉스 자연과학대학은 캠퍼스도 교수도 학비도 없는 유령대학이었다.

3. 고대의 꽃가루 연구에 관해 노골적인 거짓말을 발표했던 버딕은 공룡과 인간이 동시대에 살았다고 굳게 믿었다.

4. 램머츠는 버딕의 주장대로라면 전지구적 홍수 속에서 공룡과 인간이 함께 걸어 다니다가 발자국 화석을 남겼다고 말하게 된다는 모순을 지적했다. 버딕의 엄격하지 못한 비학문적 연구방법은 동료 창조론자들을 당혹스럽게 만들었다.

5. 한 여론조사는 미국인의 15%가 근본주의자가 옆집으로 이사 오는 것을 싫어한다는 것을 보여주었고, 버그맨의 인터뷰에 응했던 100명의 창조론자는 예외 없이 어떤 차별을 경험했다고 말했다. 그러나 출판에 관한 한 창조론자들의 논문이 편파적으로 거부되었다는 어떤 증거도 없었다.

6. 과학적 창조론 또는 홍수지질학의 역사 안에서 가장 비정상적인 것은 제대로 된 지질학자가 없다는 사실이었다. 창조론자들은 많은 후보자를 놓고 검증 과정을 거친 끝에 1960년대 중반 프린스턴에서 지질공학을 공부했던 데이비스 영을 발견했다. 영은 처음에 홍수지질학의 참된 신봉자로 시작했으나, 모리스의 기대를 저버리고 결

국 창조론 운동에 등을 돌렸다.

7. 두 번째 지질학자 후보는 덴마크인인 니콜라이스 룹케였다. 하지만 룹케도 1968년 프린스턴 대학에 입학한 후 학위를 마칠 무렵 진화론을 수용했다.

8. 1979년 젊은 지구론자인 스티븐 오스틴이 펜실베이니아 주립대학에서 마침내 믿음을 손상당하지 않고 지질학 박사학위를 받자 홍수지질학자들은 환호했다. 하버드에서 수학한 와이즈는 반창조과학자들 편에서 놀랍고 신선하다는 평가를 받았다.

제14장

창조연구소들

Creation Research Institutes

20세기 후반 들어 과학적 창조론을 대중들에게 알리는 일에 샌디에이고 교외에 있는 창조연구소(Institute for Creation Research)의 헨리 모리스와 그의 동료들보다 더 큰 공헌을 한 이들은 없다. 대중적 차원의 창조론에 관한 보기 드문 연구에서 한 인류학자는 다음과 같은 사실을 발견했다. 캘리포니아 북부의 경우, "정보의 측면에서, 그 지역의 창조론자들은 헨리 모리스의 조직이 『창세기의 홍수』와 지질 연대기를 통해 자기들을 이끌고 있다고 말한다. 영성의 측면에서, 그들은 자신들의 의심과 어려움을 넘어서기 위해 모리스에게 돌아간다. 다른 어떤 권위나 영향력도 그만큼 중요하지 않다."[1] 그러나—일반인들에게는 잘 알려지지 않았지만—과학적 창조론자들에게 훨씬 더 중요했던 것은 여러 해 동안 창조론 연구의 표준을 설정했던 제7일안식일예수재림교회의 지구과학연구소(Geoscience Research Institute)였다. 이 두 연구 기관의 역사는 창조론 운동의 구조를 밝혀줄 뿐만 아니라, 침례교와 제7일안식일예수재림교회의 전통 안에 있는 창조론의 자리를 조명해준다.

1 Christopher P. Toumey, "The Social Context of Scientific Creationism" (Ph.D. dissertation, University of North Carolina, 1987), p. 317. 다음도 보라. Christopher P. Toumey, "Social Profiles of Anti-Evolutionism in North Carolina in the 1980s," *Journal of the Elisha Mitchell Scientific Society* 106 (1990): 93-117.

창조연구소

1970년에 모리스는 어번 대학 토목공학부의 석좌교수 자리를 거절하고 팀 라하이(Tim. F. Lahaye, 1926-)가 성경학교와 창조과학센터를 설립하는 것을 돕기 위해 서쪽으로 갔다. 라하이는 샌디에이고 스캇메모리얼 침례교회의 목사였다. 월터 램머츠(Walter E. Lammerts) 같은 창조론자는, 그가 그렇게 떠나는 것이 "그 창조론자와 홍수지질학의 자리"에 주어진 특권에 손실을 초래할 것이라고 걱정했다. 그러나 모리스는 이제 자신의 모든 에너지를 창조론자 조직에 헌신할 수 있는 때가 왔다고 느꼈다. 넬 시그레이브스(Nell Segraves)와 애너하임에서 성경-과학 라디오 프로그램을 진행하는 남침례교 목사인 (그녀의 아들) 켈리(Kelly, 1942-)가 모리스가 곧 이사 온다는 소식을 들었을 때, 모리스는 그들이 "어떻게든 일정을 조정하고 묘수를 써서라도" 자신의 파트너가 될 것으로 믿었다. 모리스와 시그레이브스 모자는 라하이가 세운 크리스천헤리티지 대학의 부속기관으로 창조과학연구센터(Creation Science Research Center, CSRC)를 설립했다. 모리스가 소장이 되었고, 켈리 시그레이브스가 부소장, 그리고 넬 시그레이브스가 서기가 되었다. 이사진 12명 가운데 모리스와 라하이는 네 명만 지명했고, 나머지 8명은 시그레이브스 모자가 관할했다. 연구센터의 지적 작업을 돕고 명성을 높이기 위해 모리스는 12명의 자문위원을 선발했는데, 래리 버틀러(Larry G. Butler), 토머스 반즈(Thomas G. Barnes), 듀안 기쉬(Duane T. Gish) 등이 포함되었다. 모리스는 다른 자문위원인 존 휘트컴(John C. Whitcomb, Jr.)에게 자신 있게 말했다. "이들 모두는 박사들, 강한 신념을 지닌 창조론자들, 그리고 전천년주의자들입니다." 모든 스태프와 자문위원이 침례교인인 것은 아니었지만, 그 새로운 센터는 명확하게

침례교 취향을 갖고 있었다.[2]

그 연구 센터의 탄생을 알리는 안내 책자는 그것의 활동이 다음 세 가지 주된 영역에 초점을 맞출 것을 약속했다. 첫째, 스태프는 당장 1학년부터 6학년까지의 과정을 위한 창조론 커리큘럼을 마련하기 시작할 것이다. 창조연구회(CRS)가 최근에 고등학생들을 위한 교재를 발행했으므로 그 센터(CSRC)는 초급 과정의 교재를 공급할 것이다. 둘째, 센터는 홍수의 물리적 측면에 대한 연구에 착수할 것이다. 셋째, 센터는 라디오 프로그램, 세미나, 그리고 문헌 같은 다양한 "확장 사역들"을 지원할 것이다. 연구 센터가 격월로 발행하는 소식지인 「창조-과학 리포트」(*Creation-Science Report*)의 첫 권은 1972년에 그 센터의 목표가 "공립학교에서 창조를 가르칠 수 있는 방법을 예시하기 위해 미국 전역에 걸쳐 풀뿌리 운동"을 수립하는 것이라고 선언했다. 「리포트」는 창조 연구가 오래전의 창조 행위가 아니라 "창조 이후의 결과들, 타락, 그리고 홍수"에 초점을 맞출 것이라고 설명했다. 적절한 주제들은 "방사능 물질에 의한 연대기와 연대 측정 방법, 홍수와 연관된 지질학적 특성과 이론들, 비정상적인 화석들, 종내(種內) 변이의 범위, 방주를 찾는 문제, '인류와 비슷한' 치아를 지닌 오늘날의 개코 원숭이에 대한 인류학적 연구 등이었다."[3]

문을 연 지 15개월이 못되어 연구센터의 스태프가 급속히 늘어나 풀

---

2 Henry M. Morris, *A History of Modern Creationism* (San Diego: Master Book Publishers, 1984), pp. 166, 225-34; W. E. Lammerts to H. M. Morris, August 31, 1970, Walter E. Lammerts Papers, Bancroft Library, University of California, Berkeley; H. M. Morris의 May 10, 1984의 인터뷰 (조정과 술책); H. M. Morris to J. C. Whitcomb, August 27, 1970, Whitcomb Papers, John C. Whitcomb Jr. 제공.

3 *Introducing the Creation-Science Research Center* (San Diego, [1971]), 페이지 없음, Henry M. Morris의 사본 제공; *Creation-Science Report* 1 (January-February 1972), 페이지 없음.

타임 직원들만 16명이 되었다. 그러나 당시 모리스-시그레이브스 모자 사이의 동맹은 매우 불안정했다. 모리스는 "과학 또는 가르치는 일과 관련된 그 어떤 배경도 갖고 있지 않으면서도 창조론 운동의 리더가 되기"를 열망하고 있던 야심만만한 젊은 시그레이브스를 불신했다. **시그레이브스** 모자는 모리스를 "명목상의" 소장으로 여기며 그의 조심스런 지도를 수용하기를 거부했다. 그들 모자는 정치적이고 선전에 중점을 둔 활동들을 좋아했다. 반면 모리스는 교육적이고 과학적인 노력을 선호했다. 시그레이브스 모자는 창조론을 위한 보충 교재를 인쇄하는 일에 즉시 뛰어들기를 원했다. 그러나 모리스는 모든 내용을 바로잡기 위해, 만일 필요하다면, 그 일을 늦추라고 권고했다. 점점 더 고조되던 긴장이 마침내 폭발했다. 모리스가 센터의 자리를 비웠을 때, 시그레이브스 모자는 모리스가 수용하기 어려울 만큼 엉성할 뿐 아니라 또한 비양심적이라고 생각될 만큼 비싼 책들을 인쇄하기 시작했다. 그들은 크리스천헤리티지 대학과 스캇메모리얼 침례교회 같은 종교적 조직들과의 관계가 공립학교에 책을 판매하는 것을 위협할 수도 있다는 핑계로 그 대학 및 교회와의 모든 관계를 단절하기 시작했다. 1972년 봄, 이사회는 충분히 예측할 수 있었던 8대 4의 표결을 통해 시그레이브스 모자의 편을 들어주었다. 그로 인해 그들은 창조과학연구센터(CSRC)를 장악하고 자신들의 계획을 전면적으로 실행에 옮겼다.[4]

그 후 곧 시그레이브스 모자는 자신들의 새로운 본부—그들의 설명에 따르면, 그들이 만든 교과서의 성공으로 인해 필요해진 시설—의 "성대한

4 Henry M. Morris가 창조연구소의 기술적 자문위원들에게 보낸 편지, April 28, 1972, Butler Papers, Larry G. Butler 제공 (양쪽 인용); Morris, *History of Modern Creationism*, p. 233. Nell Segraves는 1984년 5월 11일자 인터뷰에서 분열에 대한 어느 정도 다른 견해를 보여주었다.

개소식"을 거행했다. 그러나 몇 년이 안 되어 그 연구센터는 생존을 위해 몸부림쳐야 했다. 전에 비해 형편없이 줄어든 우편물 수신자 명단과 20만 달러의 빚을 진 시그레이브스 모자는 라디오 사역을 취소하고, 잡지의 발행을 연기하고, 스태프 인원을 줄이고, 보다 작은 본부로 옮겨갔다. 그 센터는 얼마 안 되는 예산을 가지고 (성교육, 낙태, 여성의 권리, 동성애자 권리 등에 더하여) 진화와 투쟁하면서 진화론 교육과 성병의 발병 정도 사이의 연관성 같은 주제에 대한 탐구를 계속해나갔다. 넬 시그레이브스는 1977년에 CSRC가 수행한 연구가 "과학적 데이터에 대한 진화론적 해석의 결과가 법과 질서 안에 만연한 이혼, 낙태, 겉잡을 수 없는 성병으로 이어지는 장애들을 일으켰음을 예시했다"라고 보고했다. 캘리포니아 공과대학에서 박사학위를 받은 화학자 로버트 코팔(Robert E. Kofahl, 1924)을 파트타임 "과학 자문위원"으로 영입했음에도, CSRC는 빠른 속도로 창조과학 운동의 변두리로 밀려났다. UFO학, 홍수지질학, 악마론 등을 연결시키려고 시도했던 켈리 시그레이브스의 책 『하나님의 아들들의 귀환』(*Sons of God Return*, 1975)과 코팔이 쓴 『이쪽일까 저쪽일까, 진화론을 논박하는 사람—"당신 그룹에서 다른 혹성들 위의 생명에 관한 진실을 정말로 아는 첫 번째 사람이 되라"』(*Handy Dandy Evolution Refuter* - "Be the first on your block to really know the truth about *Life* on *other planets*", 1977)라는 아동도서의 출판은 냉철한 과학계 안에서 그 센터의 명성을 조금도 높여주지 못했다.[5]

---

5 "Grand Opening," *Creation-Science Report* 1 (May-June, 1972), 페이지 없음. 제목이 없는 메모, ibid. (April 1976): 페이지 없음 (성병과 성교육); "Creation Science, Sex Education, Abortion, and the ERA," ibid, no. 4 (1980): 페이지 없음; Nell J. Segraves, The Creation Report (San Diego: Creation-Life Publishers, 1977), p. 17 (널리 퍼진 장애); Kelly

그 조직이 해체된 후, 모리스는 남아 있는 스태프를 재조직해 창조연구소(Institute for Creation Research, ICR)를 설립했다. 그때까지 남아 있던 자들 중에는 최근에 고용된 기쉬와 해럴드 슬러셔(Harold S. Slusher)가 포함되어 있었다. 모리스는 그 충직한 지지자들에게 확실한 안도감을 주면서, 새로운 기관은 "과학자들이 통제하고 관리할 것이며" 정치적 행동이 아니라 연구와 교육에 몰두할 것이라고 약속했다. 그러나 모든 지지자들이, 모리스에게 합류하기 위해 미시간에 있는 업존 제약회사의 연구직을 떠나 남부 캘리포니아로 온 기쉬에 대해 확신을 갖고 있었던 것은 아니다. 예컨대, 램머츠는 그 생화학자가 홍수지질학에 헌신하고 있다고 믿지 않았다. 그는 모리스에게 못 믿겠다는 듯 물었다. "어떻게 그가 이 센터에서 당신과 함께 일할 수 있겠습니까?" 이전에 기쉬를 의심했었던 모리스는 이 새로운 동료가 회심을 경험했다고 설명했다. "나는 그가 지질 시대에 대한 이전의 견해들 중 일부를 변경했다고 보는데, 아마도 그것은 그가 전에는 이 문제의 중요성을 잘 몰랐기 때문이었을 것입니다. 그의 이전의 접근방식은—설령 우리가 현재와 같은 지질 시대들을 가정한다고 해도—여전히 화석 기록에는 진화의 증거가 없다고 말하는 것이었습니다." 그의 책들 중 베스트셀러인 『진화: 화석들은 아니라고 말한다!』(*Evolution: The Fossils Say No!*, 1972)에서 기쉬는 정말로 "건전한 성경적 주석"은 홍수지질학에 대한

L. Segraves, *Son of God Return* (New York: Pyramid Books, 1975); Robert E. Kofahl, *Handy Dandy Evolution Refuter*, rev. ed. (San Diego: Beta Books, 1980), 뒷표지의 인용. 다음도 보라. Robert E. Kofahl and Kelly L. Segraves, *The Creation Explanation: A Scientific Alternative to Evolution* (Wheaton, IL: Harold Shaw Publishers, 1975). UFO와 귀신들에 대한 Morris의 견해를 다음에서 보라. Henry M. Morris and Martin E. Clark, *The Bible Has the Answer*, rev. ed. (San Diego: Creation-Life Publishers, 1976), pp. 331-2.

수용을 요구한다는 견해에 전적으로 동의했다.[6]

대부분 소액 기부금, 스태프가 받는 사례금, 그리고 출판물들로부터 나오는 인세 등으로 자금이 마련되었던 ICR의 일은 세 가지의 서로 다른 "사역"을 포함하고 있었는데, 그것은 연구, 저술, 강연이었다. 거창한 이름에도 불구하고 그 연구기관은 여러 해 동안 그것의 빈약한 도서실의 막힌 공간 밖에서는 거의 연구를 수행하지 못했다. 첫 10년 동안 ICR은 노아의 방주를 찾기 위한 몇 차례의 아라랏 산 여행, 그리고 지질학적 또는 고고학적 연구를 위한 15번의 현장 탐험을 지원했다. 그러나—1978년에 기쉬가 변명하며 설명했듯이—스태프의 연구 노력의 대부분은 창조론에 유리한 과학적 문헌들을 찾는 데 집중되었다. 그는 이렇게 덧붙였다. "우리의 꿈이자 열렬한 희망은 미래의 어느 날 우리도 이곳 연구소에서 우리 자신의 시설, 직원, 자금을 갖고 연구를 수행하는 것입니다." 그러나 지질학자 스티븐 오스틴(Stephen A. Austin)—그는 1970년대에는 객원 과학자로 연구소를 들락날락하다가 1979년에 풀타임 스태프로 합류했다—은 오랫동안 이 연구소의 비(非)문서적 연구의 대부분을 혼자 힘으로 수행했다. 매사에 비판적이었던 램머츠는 이렇게 말했다. "심각한 문제는 헨리가 이 모든 일을 '과학적' 노력이 아니라 일종의 '선교적' 노력으로 여긴다는 점입니다." 기쉬 역시 복음전도적 접근방식을 취하면서 자신의 저술과 연설이 실험실

---

6 Morris, *History of Modern Creationism*, pp. 233-4; Henry M. Morris, "Director's Column," Acts & Facts 1 (June-July, 1971): 페이지 없음 (과학자들); W. E. Lammerts to H. M. Morris, August 13, 1971, 그리고 H. M. Morris to W. E. Lammerts, August 27, 1971 (Gish), 이상 Lammerts Papers; Duane T. Gish, *Evolution: The Fossils Say No!*, 3판 (San Diego: Creation-Life Publishers, 1979), p. 64. John Whitcomb에게 쓴 편지(April 26, 1965, Whitcomb Papers)에서 Morris 자신이 Gish를 "홍수지질학에 크게 설득되지 않았다"고 묘사했다.

이나 현장에서 할 수 있는 그 어떤 연구보다도 창조론에 더 많이 공헌한다고 설명했다. "만일 내가 창조론 견해를 가진 100명의 좋은 박사들을 얻을 수 있다면, 그들은 내가 그동안 할 수 있었던 것보다 100배나 더 많은 연구를 해낼 수 있을 것입니다."[7]

연구에 대한 기록이 빈약함에도 불구하고, ICR은 널리 보급되었던 소식지 「행위와 사실들」(*Acts & Facts*)을 발행하는 것 외에도 무더기로—10년 남짓한 기간에 무려 55권의—책을 펴냈다. 1981년에 모리스는 권위 있는 『과학적 창조론』(*Scientific Creationism*, 1974)을 포함해 ICR 저자들이 쓴 책들이 대략 1백만 부 정도 유통되었다고 추정했다. 그 무렵 모리스 자신의 책들—그것들은 타협적인 간격 이론이나 날-시대 이론보다 젊은 지구 창조론의 중요성을 계속해서 강조했다—이 중국, 체코, 덴마크, 프랑스, 독일, 일본, 한국, 포르투갈, 러시아, 스페인 등에서 번역되어 출판되었다. 그의 책들 대부분은 찰스 라이리(Charles C. Ryrie), 조시 맥도웰(Josh McDowell), 제리 폴웰(Jerry Falwell), 그리고 팀 라하이(Tim LaHaye) 같은 유명한 근본주의자들의 열렬한 찬사와 더불어 등장했다.[8]

---

7 D. T. Gish to W. E. Lammerts, March 24, 1978 (꿈과 희망), 그리고 February 26, 1981 (100 과학자들), 이상 Lammerts Papers; W. E. Lammerts to E. L. Williams, January 20, 1981 (Austin과 선교적 노력), Creation Research Society Papers, Concordia Historical Institute; Henry M. Morris, "Two Decades of Creation: Past and Future," *Acts & Facts* 10 (January 1981)의 *Impact* 부록: I-iv (사역과 활동). ICR의 재정에 관해 다음을 보라. D. T. Gish to W. E. Lammerts, May 23, 1980, Lammerts Papers; Henry M. Morris, Duane T. Gish, 그리고 Harold S. Slusher의 January 6, 1981의 인터뷰; "Audited Financial Statements, Institute for Creation Research," June 30, 1983, Donald H. Roher의 May 11, 1984의 인터뷰; Henry M. Morris, "ICR's Financial Policy," *Acts & Facts* 16 (July 1987): 3.

8 Morris, "Two Decades of Creation," pp. ii-iii; "ICR Books Available in Many Languages," *Acts & Facts* 9 (February 1980): 2, 7. 간격이론과 날-시대 이론에 대한 계속된 반대에 대해 다음을 보라. Henry M. Morris, ed., *Scientific Creationism*, 일반판. (San Diego:

공립학교의 교실 안으로 과학적 창조론을 들여보내기 위한 법률적 전쟁을 제외한다면, 주로 대학 캠퍼스에서 벌어진 유명한 진화론자들과의 토론보다 창조론자들에게 더 많은 관심을 선사해준 것은 없었다. 1970년대에 ICR의 스태프는 그런 논쟁에 1백 번도 넘게 참여했는데, 그들의 계산법으로는 단 한 번도 논쟁에서 진 적이 없었다. (후에 모리스는 자신이 1981년에 브라운 대학에서 가톨릭 생물학자인 케네스 밀러[Kenneth R. Miller, 1948-]와 토론했을 때 패배했음을 마지못해 인정했다. "외모가 핸섬한 것"에 더하여 그는 "처신할 때 카리스마도 있었고, 말솜씨가 아주 뛰어났고, 엄청나게 잘 준비하고 왔었다.") 비록 모리스는 직접 강의하는 것을 좋아했으나, 그리고 그런 토론을 고대 로마에서 기독교인들이 피를 흘리며 사자들과 대면하는 것에 비유했지만, 그는 그런 토론이 "더 많은 비기독교인들과 비창조론자들에게 창조론의 메시지를 전달하는 일에서 다른 그 어떤 방법보다도 가치가 있다"는 것을 깨달았다. 모리스로서는 다행스럽게도, 기쉬는 그런 대면을 즐겼다. 온화한 태도를 지닌 전문가인 모리스가 창조론 운동의 다윈이라면, 오만한 기쉬는 창조론 세계의 헉슬리(T. H. Huxley)였다. 한 동료가 감탄하듯 말했듯이, 기쉬는 "불독처럼 뛰어다니면서 바닥을 쿵쾅거렸다." 그리고 기쉬 자신도

Creation-Life Publishers, 1974), pp. 221-43; Henry M. Morris, *The Genesis Record: A Scientific and Devotional Commentary on the Book of Beginnings* (Grand Rapids, MI: Baker Book House, 1976), pp. 46-8, 53-4; and Henry M. Morris, *The Biblical Basis for Modern Science* (Grand Rapids, MI: Baker Book House, 1984), pp. 115-25. 서문의 찬사에 대해 다음을 보라. Henry M. Morris, *The Bible Has the Answer* (Nutley, NJ: Craig Press, 1971), LaHaye; Henry M. Morris, *King of Creation* (San Diego: C.L.P. Publishers, 1980), McDowell; Henry M. Morris, *The Revelation Record: A Scientific and Devotional Commentary on the Book of Revelation* (Wheaton, IL: Tyndale House, 1983), Farewell; 그리고 Henry M. Morris, *Creation and the Modern Christian* (El Cajon, CA: Master Book, 1985), Ryrie.

이렇게 덧붙였다. "나는 급소를 찾아내려고 했습니다." 그런 열정은 모인 군중의 숫자를 5천 명까지 끌어올렸다. 다양한 대학들과 교회 단체들에서의 강연들과 함께—라디오와 텔레비전 방송 프로그램은 말할 것도 없이—그 토론들은 ICR 회원을 첫 10년 동안 60만 명 이상으로 끌어올렸다.[9]

1981년 초, ICR은 창조론자들 사이에서 되살아났던 꿈이 드디어 성취되었다고 공표했다. 그 꿈이란 창조론을 지향하는, 다양한 과학 분야들의 대학원 학위 과정 프로그램을 갖추는 것이었다. ICR은 과학적 창조론 분야의 훈련을 받은 교사들에 대한 예상 수요를 맞추기를 바라는 것에 더하여, 창조론을 지지하는 학생들에게 차별로부터 자유로울 수 있는 학문적 풍토를 제공하기를 원했다. 새로운 대학원의 안내 책자는 네 가지 과학 석사 과정을 홍보했다. 그것은 생물학, 지질학, 천문/지구과학, 그리고 과학 교육 등이었다. 오스틴이 지질학을, 슬러셔가 천문/지구과학을 책임졌다. 과거에 진화론자였고 볼스테이트 대학에서 교육학 박사학위를 받은 개리 파커(Gary Parker, 1940-)가 생물학과 과장이 되었다. 위스콘신 주 라신 지역 통합 학군의 과학 자문위원이었던 리처드 블리스(Richard B. Bliss, 1923-1994)가 과학 교육을 맡았다. 블리스는 최근에 플로리다에 있는 어느 실험적인 대학에서 교육학 박사학위를 받았는데, 그의 논문 주제는 기원의 문제를 가르치는 것에 대한 두 모델 접근법이었다. 반즈가 ICR 대학원의 원

---

9 Morris, "Two Decades of Creation," p. iii (100번 넘는 토론의 승리와 60만 명의 사람들); Morris, *History of Modern Creationism*, p. 319 (Miller); Henry M. Morris, "Director's Column," *Acts & Facts* 3 (March 1974): 2 (기독교인들과 사자들); Henry M. Morris, Duane T. Gish, 그리고 Harold S. Slusher의 January 1, 1981의 인터뷰 (Darwin과 Huxley). 나는 Darwin-Huxley의 비교를 "Creationism in 20th-century America," *Science* 218 (1982): 543에서 소개했다. 그 토론의 공감의 측면에 대해 다음을 보라. Marvin L. Lubennow, "*From Fish to Gish*" (San Diego: C.L.P. Publishers, 1983); Morris-Miller 토론에 대해 다음을 보라. "Debate at Brown University," *Acts & Facts* 10 (July 1981): 2, 4.

장으로 봉사했다.[10]

슬러셔의 최고 학위는 오클라호마 주립대학에서 받은 과학 석사였는데, 그는 지금이야말로 자신의 이름에 박사(Ph.D) 타이틀을 붙여야 할 때라고 판단했다. 1982년에 ICR은 마침내 그가 지구물리학 박사학위를 취득했다고 공표했다. 그에게 학위를 수여한 학교는 캘리포니아의 마린카운티에 위치한 컬럼비아퍼시픽 대학원이었다. 젊은 지구를 증명하려 했던 그의 학위 논문 제목은 "새로운 우주적 타임 스케일: 우주론의 타임 스케일과 관련된 증거에 대한 재검토"(A New Cosmic Time Scale: A Reexamination of the Evidence Relating to the Time Scales of Cosmology)였다. ICR의 홍보에 따르면 이 "비전통적인 대학"의 대학원이 운영되는 방식은 "유럽의 비엔나 대학, 볼로냐 대학, 소르본 대학 등의 운영방식"과 비슷했다. 그러나 컬럼비아퍼시픽 대학은 학생들에게 "1년 안에" 학위를 준다고 유혹해 신입생을 선발하는, 신뢰하기 어려운 방송통신학교였다. 슬러셔가 제출한 박사학위 논문은 등사판으로 인쇄한 ICR의 5편의 "기술 논문들"과 ICR 대학원의 카탈로그 한 부를 고무 밴드로 묶은 서류철이었다. 그의 논문 지도교수는 엘 파소와 ICR에서 그와 함께 일하는 동료 창조론자인 반즈였는

10 "ICR Schedules M.S. Programs." *Acts & Facts* 10 (February 1981): 1-2; Institute for Creation Research, 1981-82 *Graduate School Catalog*. Parker에 대해 다음을 보라. Gary E. Parker, *From Evolution to Creation: A Personal Testimony* (San Diego: Creation-Life Publishers, 1977). Bliss에 대해 다음을 보라. Henry M. Morris and Gary E. Parker, *What Is Creation Science?* (San Diego: Creation-Life Publishers, 1982), p. 39; and Richard Bliss, "Can Science Teachers Change Their Attitude toward the Teaching of Origins in the Classroom?" *Winconsin Society of Science Teachers Newsletter* 13 (January 1972): 1, 5-7. 석·박사학위를 제공하려고 했던 ICR 관련자들의 초기의 노력에 대해 다음을 보라. "Genesis School of Graduate Studies," *Acts & Facts* 2 (October 1973): 3.

데, 사실 반즈 자신도 명예 박사학위밖에 없었다.[11]

그런 내적 불안정성과 외적 취약성 때문에 ICR 대학원은 첫 10년을 넘기지 못했다. 몇 년간의 행복하지 못한 대학원장 생활을 마친 후 반즈는 고전 물리학을 불확정성과 상대성으로부터 구해내는 일에 남은 생애를 바치기 위해 엘파소로 돌아갔다. 그의 친구 슬러셔가 대학원장 자리를 이어받았으나, 그는 곧 신임을 잃어 사퇴한 후 반즈를 따라 텍사스로 돌아갔다. 그가 떠날 무렵에 그 대학원은 캘리포니아 주 교육부로부터 철저한 감사를 받는 중이었는데, 그 감사는 특별히 공교육 감독관인 빌 호니그(Bill Honig, 1937-)의 지휘하에 이루어졌다. 캘리포니아 주는 학위를 수여하는 모든 기관은 주 정부의 승인을 얻을 것을 요구했는데, 그 문제와 관련해 ICR 대학원은 처음에는 아무런 문제도 없었다. 그러나 악평이 퍼져나가면서 비판자들은 주 정부에 그 대학원에 대한 불평들을 쏟아냈다. 그것을 두고 한 정치인은 "2피트 두께의 모욕 더미"라고 묘사했을 정도였다. 1988년에 ICR이 학교 운영에 대한 재승인을 얻고자 시도했을 때, 홍수지질학의 열혈 지지자 두 명을 포함해 5명으로 이루어진 방문 감사팀은 그 대학원의

---

11 "Harold S. Slusher Receives Ph.D.," *Acts & Facts* 11 (April 1982): 4; "Do Colleges Spot Fraudulent Credentials?" *Chronicle of Higher Education*, May 2, 1984, p. 23 (신뢰하기 어려운 방송통신학교[Columbia Pacific University]). 컬럼비아퍼시픽 대학의 안내 책자에 동반된 연대 미상의 편지(대략 1984)에서 입학처장인 James Cloud는 "많은 학생들이 1년 안에 학위 과정을 마친다"고 주장했다. 1984년 5월 4일 내가 컬럼비아퍼시픽 대학의 캠퍼스를 방문했을 때, 그 대학 교학처장의 조교였던 Elizabeth Baker는 친절하게도 내가 Slusher의 박사학위증을 검사하도록 해주었고, 그의 학위에 대한 몇 가지 질문에 대답해주었다. 널리 인용되는 Slusher의 논문인 *Critique of Radiometric Dating*, ICR Technical Monograph No. 2 (San Diego: Institute for Creation Research, 1973)은 그의 "박사학위 논문" 안의 한 부분으로서 포함되어 있었다. 이 논문 안에서 그는 "만일 연대 측정 방법이 적절하게 평가된다면, 우리는 그것이 젊은 지구의 나이에 대한 증거를 제공한다는 것을 발견하게 될 것"이라고 결론을 내렸다.

교수진이 고작 5명에 불과하고, 학생들은 종종 비디오테이프에 의존해 수업을 들었으며, 실험 실습이나 장비는 부적절했고, 학문적 자유는 오직 그 학교의 교리 범위 안에서만 존재한다는 사실을 발견했다. 그럼에도 그 감사 위원회는 3대 2로 학교 운영에 대한 재승인을 일단 가결시켰다. 그러나 한 멤버가—명백하게 호니그의 설득에 의해—찬성 표결을 번복함으로써 결국 그 안은 부결되었다. 1990년에 주 정부는 그 학교의 허가를 취소했으나, 2년 뒤 연방정부 판사가 그것을 다시 회복시켰다.[12]

모리스와 ICR의 동료들은 자신들이 맞은 시련을 자신들의 학문적 무능 때문이 아니라 종교적 불관용 때문이라고 여겼다. 특히 그들은 호니그가 그 학교를 폐쇄시키려고 하는 과정에서 "샌프란시스코에 있는 자기 집으로 몇 사람의 동성애자 교육자들을 초대해 캘리포니아 공립학교의 수업 중에 동성애와 관련된 의제에 대한 교육을 포함시킬 방법을 놓고 논의했다"는 사실을 알고 짜증을 냈다. 모리스와 그 동료들의 사고방식에 따르면, 동성애는 그 자체로 진화의 최악의 결과들 중 하나를 나타내는 것이었다. 모리스의 아들들 중 하나는, 거의 모든 동성애 리더들은 자신들의 삶의 스타일을 다원주의적 의미로 정당화한다고 주장했다. 그에 따르면, 그들은 이렇게 말한다. "우리는 동물로부터 진화했다. 우리는 반드시 충족되

---

12 Henry M. Morris의 February 4, 1991의 전화 인터뷰; "Religious Freedom Being Denied at ICR," ICR이 배포한 연대 미상의 전단지, 주 정부의 승인을 얻기 위한 투쟁을 다음이 연대기 순으로 보여준다; "Victory for Religious Freedom!" *Acts & Facts* 22 (March 1992): 1-3. 방문했던 위원회의 최종 보고의 사본들, August 3-5, 1988, 그리고 Stuart H. Hurlbert의 소수자 반대, August 26, 1988을 Marian Finger가 친절하게 제공해주었다. 그 사건에서 Honig의 역할에 대해 다음을 보라. "California Penalize Creation Institute," *New York Times*, December 8, 1988. ICR이 주 정부와 벌인 투쟁에 대한 상세한 설명을 다음에서 보라. William Bennetta's ten-part series, "Degrees of Folly," *BASIS; Bay Area Skeptics Information Sheet* 8 (February 1989) to 9 (March 1990).

어야 하는 어떤 동물적 욕구를 지니고 있다. 그런데 동물들은 일생 동안 짝을 짓는 경우는 거의 없고, 많은 경우에 동성끼리 성행위를 한다. 그리고 모든 **양성애** 동물들은 **무성애** 동물들로부터 진화한 것이 아닌가?" 만일 주 정부가 억압당하는 소수를 돕기를 원한다면, 그것은 오직 창조론자들에게서 시작될 수 있다.[13]

대학원 프로그램이 위태롭게 되고 창조과학이 헌법의 구름 아래 놓인 상태에서 ICR은 다시 오랜 성경적 창조론을 꺼내 펼치기 시작했다. 1988년에 그 연구소는 "창세기로 돌아가자"(Back to Genesis)라는 제목으로 일련의 세미나를 시작했는데, 그것은 많은 군중을 끌어들이고 큰 돈을 벌어들였다. 1989년 3월에 시애틀과 그랜드 래피즈에서 교회들의 후원을 받아 이루어진 주말 연속 세미나는 연인원 1만 명을 동원했으며, ICR은 강연료와 책 판매를 통해 스태프 전체의 1년 사례비보다도 많은 금액을 벌어들일 수 있었다. 이런 이벤트들(그리고 보다 작은 규모의 1인 강연)을 주최한 교회들은 다채로운 복음주의 교단들에 속해 있었으나, ICR 자체가 그러하듯 침례교가 주도적이었다. 비록 모리스는 일찍이 남침례교를 떠나 독립적인 신앙인이 되었으나, 그는 1960년대에 발생한 근본주의자들과 현대주의자들 사이의 "거룩한 전쟁"에서 무오성을 옹호하는 호교론적 입장에 대해 지지를 보냈다. 독립적인 신앙인이었던 모리스는 기독교 우파(New Religious Right, 종종 Christian Right라고도 불린다—역자 주)의 척추를 형성하고 있는 교회 및 채플들과 느슨한 연대를 맺고 있었다. 어떤 학자에 따르면, 모리스가 독립적인 침례교인 조직의 네트워크와 접촉한 것은 "창조론자 그룹 안

---

13 John D. Morris, "What Is the Connection between Homosexuality and Evolution?" *Back to Genesis, Act & Facts* 18 (May 1989)의 부록: d.

에서 ICR이 갖고 있던 탁월한 위치를 설명하는 데 도움을 준다."[14]

교육기관들과 관련하여 모리스는 시더빌 대학, 침례교 성경대학, 로스앤젤레스 침례교 대학(훗날의 마스터즈 칼리지), 리버티 침례교 대학(1985년에 리버티 대학으로 개명) 같은 근본주의적 성향의 침례교 대학들에서 가장 큰 성공을 거두었다. 제리 폴웰이 설립한 리버티 침례교 대학은 시초부터 과학적 창조론이라는 모리스의 브랜드에 헌신했다. 교수들에게는 그것을 믿는 것이, 그리고 학생들에게는 그것을 배우는 것이 각각 요구되었다. 그러나 1980년 초에 미국 시민 자유 연맹(American Civil Liberties Union)이 버지니아 주 교육위원회에 창조론 교육을 받은 리버티 대학의 졸업생들에게 과학을 가르칠 자격이 있는지를 묻는 내용의 항의서를 제출했다. 이에 맞서 그 대학은 창조론 교육을 생물학과로부터 떼어낸 후, 그것을 "세계에서 가장 큰 창조 박물관"을 갖고 있음을 자랑하는 창조연구센터(Center for Creation Studies)라고 이름 붙인, 새로운 학과 외 교육단위(extradepartmental unit) 안에 위치시켰다. 그 센터는 리버티 대학의 모든 재학생이 수강해야 하는 "생명의 역사"(History of Life)라는 창조과학 강좌를 개설했다. 이 강좌의 책임자는 레인 레스터(Lane P. Lester, 1938-)였는데, 그는 퍼듀 대학에서 공부한 유전학자이자 BSCS(콜로라도 대학 부설 생물학 커리큘럼 연구소—역자 주) 교과서 프로젝트의 참여자였다가 기쉬에 의해 진화론으로부터 건짐

14 "Ten Thousand Hear Creation Messages," *Acts & Facts* 18 (May 1989): 1; Kurt P. Wise의 1990년 5월 29일자 인터뷰; C. P. Toumey, "Sectarian Aspects of American Creationism," *International Journal of Moral and Social Studies* 5 (1990): 121. 다음도 보라. Harold Lindsel, *The Battle for the Bible* (Grand Rapids, MI: Zondervan, 1976), pp. 89-105, 208-9; 그리고 Joe Edward Barnhart, *The Southern Baptist Holy War* (Austin, TX: Texas Monthly Press, 1986), 특별히 pp. 121-4.

을 받은 사람이었다.[15]

어느덧 80대에 들어선 헨리 모리스는 ICR이 "세계 최대 규모의 창조론 조직"으로 성장한 것을 기뻐했다. 동시에 그럼에도 그는 그 연구소에 대한 "사탄의 압제와 반대"가 등장하고 있다고 느꼈고, 그래서 적합한 후임자를 발견하는 일을 걱정했다. 기력이 쇠퇴하고 시력이 떨어져 고통을 받으면서 그는 점점 더 그의 아들 존 모리스(John D. Morris)에게 조언을 구하는 한편 행정적인 도움을 기대하게 되었다. 젊은 모리스는 1984년에 대학원 부학장과 일반과학대학 학장 신분으로 ICR의 스태프에 합류하기 전에, 오클라호마 대학에서 지질공학 박사학위를 받았고 또 그 대학에서 여러 해를 가르쳤다. 노아의 방주와 화석 발자국을 연구하는 권위 있는 창조론자로 자리를 굳힌 그는 1989년에 ICR의 행정 부학장으로 취임하면서 그의 아버지의 왕국의 확실한 상속자가 되었다.[16]

지구과학연구소

1978년 초에 ICR의 스태프는 샌디에이고로부터 북쪽에 있는 린다

---

15 Morris, *History of Modern Creationism*, p. 305; Lane P. Lest to R. L. Numbers, February 20 and April 24, 1987. 다음도 보라. Toumey, "Sectarian Aspects of American Creationism," pp. 119-23.

16 "The 1990s-The Decade of Creation," *Acts & Facts* 18 (August 1989): 1 (세상에서 제일 큰); John D. Morris가 *Acts & Facts* 18 (May 1989)를 동봉해 친구들에게 보낸 편지, 연대 미상 (사탄적인 압제); "Dr. John Morris Returns as Full-Time Scientist," *Acts & Facts* 13 (June 1984): 1; "Dr. Morris Appointed Administrative Vice-President," ibid. 18 (March 1989): 2. John Morris의 프로필에 관해서는 다음을 보라. *Back to Genesis*, *Acts & Facts* 19 (November 1990)의 부록: c; 다음도 보라. Tim F. LaHaye and John D. Morris, *The Ark on Ararat* (Nashville: Thjomas Nelson, 1976).

로마로 드라이브를 갔다. 그 이유는 제7일안식일예수재림교회가 운영하는 지구과학연구소(Geoscience Research Institute, GRI)의 서부 지부를 관찰하기 위해서였다. 기쉬는 열광적으로 램머츠에게 보고했다. "우리는 제7일안식일예수재림교의 훌륭한 과학자들로 구성된 스태프가 사용할 수 있는 거대한 시설들과 그곳의 과학자들이 수행하고 있는 뛰어난 과학적 연구들에 큰 감명을 받았습니다. 그들은 전세계의 어떤 창조론자 그룹보다도 더 활발하게 연구를 수행하고 있는 것처럼 보입니다." 홍수지질학을 처음으로 탄생시킨 모 교회가 넉넉한 재정을 지원했기에 제7일안식일예수재림교회의 과학자들은 연구실과 연계된 대학원 프로그램들을 완비한 최고의 창조론 연구소를 발전시켰다.[17]

GRI의 뿌리는 1957년으로 소급된다. 교단 안에 자격증을 가진 지구과학자들이 없음을 걱정하는 제7일안식일예수재림교인 과학 교사들의 염려에 대응하기 위해, 그 교회 지도자들은 "지질학 및 고생물학 교습 위원회"(Committee on the Teaching of Geology and Paleontology)를 설립하고 "충성심이 입증되고 성숙하고 경험이 많은 두 사람을 선발해 인정받는 대학기관에서, 특별히 위에서 언급한 분야의 고급 교육을 받도록 파송"하는 일에 13,500달러를 배정했다. 1년 안에 위원회는 두 명의 적합한 후보를 선발했다. 그들은 58세의 생물학자 프랭크 마쉬(Frank Lewis Marsh)와 젊은 화학자 에드가 헤어(Edgar Hare)였다. 조지 맥그리디 프라이스는 클리포드 버딕을 추천했으나, 위원회는 나이가 너무 많다는 이유로 그를 배제했다. 위원회의 지원을 받으면서 마쉬는 지질학 강좌를 듣기 위해 미시간 주립대학으로 신분을 숨긴 채 통학했고, 헤어는 캘리포니아 공과대학에 등록

17 D. T. Gish to W. E. Lammerts, February 26, 1981, Lammerts Pappers.

했다. 1960년에 제3의 멤버인 리처드 리틀랜드(Richard M. Ritland)가 그 그룹에 합류했다. 리틀랜드는 하버드에서 수학한 비교해부학자이자 고생물학자였다.[18]

새로운 연구소를 세운다는 희열에 젖은 그 세 사람은 나이와 외모 등에서 상당히 차이가 났음에도 불구하고 잘 조화를 이루면서 함께 일했다. 1958년 봄에 마쉬와 헤어는 마쉬의 집에서 엘렌 화이트(Ellen G. White)의 저술을 샅샅이 살피며 3일을 함께 보냈다. 둘은 기원에 대한 연구를 어떻게 진척시킬 수 있을 지에 대한 단서를 찾기 위해 함께 예언의 영에 호소했다. 또한 그들은 홍수지질학에 대한 로렌스 컬프(J. Laurence Kulp)의 비판을 곰곰이 숙고했는데, 그 결과 미래의 연구를 위한 5쪽 분량의 안건들이 정해졌다. 둘은 홍수지질학이 "그것의 주요한 전제들에서 앞으로 입증되어야 할 필요가 있는 것들을 가정하고 있다"는 컬프의 비판을 타당하다고 여겼으나, "만일 성경이 영감을 받은 것이라면, 우리는 반드시 지구의 초기 역사에 관한 성경의 진술들을 주요한 전제들로 수용해야 한다"는 (주장에) 근거해 그런 접근법을 옹호했다. 헤어는 "다른 지층들에서 발견된 화석들이 본질적으로 같은 시대에 속한다는 것을 보여주기" 위해 해양 동물들의 아미노산 함유에 대한 자신의 연구를 사용할 수 있을지 살펴보기로 했다. 마쉬는 무질서한 지층들에 대한 프라이스의 소중한 주장을 경험적

---

18 제7일안식일예수재림교회 총회 서기록, October 25, 1957, April 24, 1958, 그리고 January 21, 1960, 이상 Archives of the General Conference of Seventh-Day Adventists에 있음 (이후부터 SDA Archives로 표기함); F. L. Marsh to G. M. Price, November 2, 1958, March Papers, Frank L. Marsh 제공 (가명). Burdick을 지원하는 가능성에 대해서는 다음을 보라. Committee on Teaching of Geology and Paleontology의 회의록, July 24, August 19, 그리고 October 13, 1958, RG 274, SDA Archives. GRI의 설립에 대해서는 다음을 보라. Richard Hammill, "Fifty Years of Creationism: The Story of an Insider," *Spectrum* 15 (August 1984): 32-45.

으로 검증해보기로 결심했다. 그는 이전에 자신이 프라이스가 책상에 앉아서 만들었던 이론에만 기초해 "그 주제에 대해 긍정적으로" 서술했던 것이 실수였다고 고백했다. 충상단층이라고 알려진 것들 중 몇 가지를 개인적으로 검토하기 전까지, 그는 "정합한 지층에서 복잡한 화석들이 같은 문(門[phylum], 강[綱]의 위이고 계[界]의 아래인 생물 분류 단위—역자 주)에 속한 더 많은, 단순한 동물들 아래에서 발견되는 '역전된 질서'를 분명하게 보여 주는 경우가 단 하나라도 있다"라고 확인하기를 거부했다. 1959년 여름에 그와 (아직 그 그룹에 공식적으로는 합류하지 않았던) 리틀랜드는 뉴멕시코에서 캐나다까지 대륙을 가로질러 횡단하면서 지층들의 형성을 조사하고, 성경과 화이트의 책들에서 논쟁이 되고 있는 진술들의 의미에 대해 숙고했다. 그 모든 시간 동안 마쉬는 자기가 마음에 꼭 드는 사람과 동행하는 중이라고 느꼈다.[19]

그러나 그 좋은 감정은 다음 해 제7일안식일예수재림교 대학의 교직원들과 함께 3주 반에 걸쳐 서부로 지질학 여행을 하는 동안 증발하기 시작했다. 길 위에 있는 동안 그 창조론자 트리오는 픽업트럭의 뒷좌석에서 함께 시간을 보내면서 철학과 현상에 대해 토론했다. 성경과 화이트의 영감받은 저술들에 대한 안식교회의 해석을 기원에 관련된 모든 탐구의 출발점으로 삼자는 마쉬와는 대조적으로, 헤어와 리틀랜드는 창조와 홍수에 대한 성경적이고 예언자적인 설명들을 과학적 증거의 관점에서 재해석하고 싶다는 뜻을 피력했다. 특별히 그 두 사람은 지구의 나이를 수천 년으로부터 수십억 년으로 크게 확장하고 홍수에 의해 퇴적된 화석을 함유한 지층들의

---

19 Frank L. Marsh의 1972년 8월 30일자 인터뷰(Marsh의 집에서 만남과 1959년 여행); Frank L. Marsh and P. Edgar Hare, "Geology List Number 1, September, 1958," Marsh Papers (Kulp); F. L. Marsh to J. C. Whitcomb, March 8, 1959, Whitcomb Papers (실수).

숫자를 극적으로 감소시켜야 한다고 주장했다. 그들은—개인적으로는 홍수지질학이 지구의 역사에 대한 패러디라고 결론을 내리면서—자신들이 새로운 연구소를, 교회를 좀 더 과학적으로 방어할 수 있는 입장 쪽으로 옮기는 수단으로 삼을 수 있기를 희망했다. 그 토론은 마쉬를 혼란에 빠뜨리고 분노하게 만들었다. 그는 자신의 젊은 두 동료가 마치 자신을 "세뇌"시켜 자연의 연구에 대한 "사탄적" 접근방법을 수용하게 만들려고 노력 중인 것처럼 느꼈다. 예를 들어 그는 어째서 그 두 사람이 성경과 화이트의 주장에 직접 맞서면서 "창조의 1주일을 수십억 년 전으로 옮기는", 방사능에 의해 측정된 시간을 (아주 진지하게) 증거로 여기는지를 도무지 이해할 수 없었다.[20]

다른 멤버들은 선발대의 트럭 안에서 술이 익듯이 숙성되어가는 폭풍을 예감하지 못한 채, 지금까지 책으로만 읽었던 것을 직접 눈으로 보는 기회를 즐기며 홍청망청 놀았다. 그룹 중 한 사람은, 그 여행이 제7일안식일예수재림교회의 과학사 안에서 획기적인 사건이라며 환호했다. "홍수지질학에 관심을 갖고 또 그것을 가르치는 우리들은 처음으로 많은 화석지역들을 직접 탐구하는 기회를 가질 수 있었고, 고생물학 및 연관된 분야들에서 정식 교육을 받은 분들의 강의와 토론과 지도를 받으며 함께하는 시간을 보낼 수 있었습니다." 그들은 옐로우스톤 국립공원에서 리틀랜드의 인도 하에 유명한 일련의 화석 숲을 조사했는데, 많은 이들이 거기서, 자신들이 이전에 믿었던 것처럼 그 나무들이 홍수 동안에 물에 씻겨 옮겨져서 그곳에 놓인 것이 아니라 바로 그 자리에서 자라났다는 사실을

---

20 Frank L. Marsh의 1972년 8월 30일자 인터뷰(세뇌됨); F. L. Marsh to G. M. Price, October 6, 1960, and March 14, 1962, George McCready Price Papers, Adventist Heritage Center, Andrew University.

발견했다. 베테랑 창조론자인 해럴드 클락(Harold W. Clark)은 모리스에게 이렇게 설명했다. 나무들은 "모두 그곳에 실제로 서 있었습니다. 많은 경우에 우리는 뿌리를 볼 수 있었고, 그 뿌리들은 옥토로 보이는 흙속으로 깊이 뻗어 있었습니다." 하지만 그는 그 모든 과정이 "3천 년을 넘지 않는" 시간 안에서 일어난 것으로 설명될 수 있다고 서둘러 덧붙였다. 또한 클락은 제3의 화석들과 현대의 동물들 사이의 밀접한 유사성에 기초해, 백악기 이전의 모든 암석들이 홍수 이후에 기원을 두고 있다고 결론을 내렸다. 제7일안식일예수재림교회의 과학에 대한 개혁이 물밑에서 진행 중인 것처럼 보였다.[21]

1962년에, 매사에 신중한 리틀랜드는 충분한 자신감을 느끼면서 영향력 있는 제7일안식일예수재림교인들의 작은 그룹 안에서 조심스럽게 유통되었던 미발표 논문인 "지구의 역사의 문제와 방법들"(Problems and Methods in Earth History)에서 자신의 견해를 상세하게 설명했다. 그는 퇴적된 지층들에 대한 신중한 연구는 창세기의 홍수만이 아니라, 그 외에도 여러 번 있었던 대격변이 땅의 표면을 조각했음을 분명하게 가리킨다고 지적했다. 그러므로 홍수지질학을 계속 옹호하는 것은 "하나님이 그런 사건을 일으키신 이유에 대해 당혹과 불신만을 일으킬 뿐"이라고 했다. 그는 몇 년에 걸친 집중적인 연구와 탐구 후에 비로소 이런 입장에 도달했다—이것은 그가 이전에 성경 연구에 노출되었었고 또한 제7일안식일예수재림

---

21 Ernest S. Booth, "Geoscience Tour of the Rocky Mountain States," *Naturalist* 20 (Winter 1960), 36 (획기적); H. W. Clark to H. M. Morris, March 12, 1961 (Yellowstone), Whitcomb Papers; H. W. Clark to F. L. Marsh 및 몇 사람, November 19, 1960 (Tertiary), Ritland Papers, Richard M. Ritland 제공. 다음도 보라. Harold W. Clark, *Fossils, Flood, and Fire* (Escondido, CA: Outdoor Pictures, 1968), pp. 42-3.

교인들 중 자유로운 정신을 지닌 한 무리의 신학자들과의 계속된 교제가 그로 하여금 "믿음을 포기하지 않고서도" 그렇게 할 수 있다는 확신을 주었기 때문이었다.[22]

마쉬가 GRI에서 어떤 합의를 이루는 것이 불가능하다고 확신하는 데에는 다른 추가적인 증거가 필요하지 않았다. 지적 교착상태에 빠진 마쉬는, 연구소의 운영위원회가 리틀랜드와 헤어는 지질학 분야를 맡고 자신은 "진화 대 특별 창조"에 집중하는 식으로 각자의 연구 영역을 분리해줄 것을 제안했다. 또한 아직도 연구소장 자리가 공석이었기에, 각 연구자가 각자의 영역에서 "개인적 견해와 자신이 전념하고 있는 작업"에 대해 직접 위원회에 보고할 수 있게 하자고 제안했다. 그러나 자신의 동료들이 교회 안에서 점점 더 큰 영향력을 행사하게 되는 것을 보면서 마쉬는 지구의 나이에 대해서는 토론하지 않기로 했던 약속을 재빨리 저버렸다. 양심조차도 그가 동료들을 따라 "동일과정설과 생명 진화로 인도하는 길"로 들어서도록 만들지 못했다—그것이 과학의 명백한 사실들을 거부하는 것임에도 말이다. 그는 이렇게 외쳤다. "내 의견으로는, 우리가 지구에서 보는 것을 해석할 때 우리는 동일과정설을 주장하는 자들과 같은 방법으로 감각을 사용하지 말아야 합니다. 이것은 아주 중요합니다. 특별 계시가 자연 계시보다 우선합니다. 왜냐하면 자연과학은 오직 그것이 특별 계시와 조화를

---

22 R. M. Ritland, "Problems and Methods in Earth History," 출판되지 않은 문서, 1962, Ritland Papers; R. M. Ritland의 1983년 11월 14일자 인터뷰. Ritland에게 영향을 준 신학자들 중에 Earle Hilgert가 있는데, Hilgert는 창세기에 대한 자신의 견해를 다음에 발표했다: "Theological Dimensions of the Christian Doctrine of Creation," *Spectrum* 1 (Summer 1969), 14-21; 그리고 "References to Creation in the Old Testament Other Than in Genesis 1 and 2," in *The Stature of Christ: Essays in Honor of Edward Heppenstall*, ed. Vern Garner and Gary Stanhiser (Loma Linda, CA: Privately printed, 1970), pp. 83-8. 이 논문들을 쓴 직후에 Hilgert는 제7일안식일예수재림교회를 떠났다.

이룰 때만 옳을 수 있기 때문입니다."[23]

1963년에 GRI 본부 요원들 간의 관계는 더욱 악화되었다. 리틀랜드는 자기도 모르는 사이에 자신이 "마쉬가 성경과 예언의 영을 지킨다는 대의를 위한 순교자가 되게 하는" 발판이 되고 있는 것은 아닌가 하는 두려움을 갖게 되었다. 지난 몇 년 동안 리틀랜드와 헤어는 그들의 나이 많은 동료의 방법론뿐만 아니라 그의 능력과 인격까지도 의심하게 되었다. 긴장은 사무실을 관리하는 문제로부터 마쉬가 동료의 책상 위에 원치 않는 조언과 화이트가 한 말을 인용하는 쪽지를 얹어놓는 문제에 이르기까지 거의 모든 일에서 나타났다. 모리스가 제7일안식일예수재림교인처럼 말했다고 오랫동안 생각해왔던 마쉬는 『창세기의 홍수』를 교단 내의 여러 단체들에게 열정적으로 홍보했던 반면, 리틀랜드는 그 책을 "특별한 지식이 없는 사람들은 발견할 가능성이 거의 없는, 노골적인 실수들"로 가득 찬 사이비 과학자의 저술이라고 맹렬히 비난했다. 램머츠는 그 제7일안식일예수재림교인들 사이의 갈등에 대해 들었을 때 크게 낙담했다. 그동안 그는 그 연구소(GRI)의 발전을 관심 갖고 지켜봐 왔고, 그것을 이제 막 탄생한 창조연구회(CRS)의 "운영을 위한 기초기지"로 삼으려는 꿈을 갖고 있었다. 그러나 리틀랜드와 헤어가 왼쪽으로 전향함으로써 그의 꿈은 물거품이 되고 말았다.[24]

---

23 F. L. Marsh to P. E. Hare, June 17, 1963 (권위의 분리와 감각의 사용), Ritland Papers; F. L. Marsh to G. M. Price, December 6, 1962 (단일 견해), Marsh Papers.

24 R. M. Ritland to P. E. Hare, 대략 1963년 초의 편지 초고(순교자), Ritland Papers; Roy Benton, "Odyssey of an Adventist Creationist," *Spectrum* 15 (August 1984): 49 (White 인용); F. L. Marsh to G. M. Price, November 17, 1958 (제7일안식일예수재림교도인 Morris), Marsh Papers; R. M. Ritland to R. H. Utt, October 19, 1965 (*The Genesis Flood* 그리고 Marsh와 관계된 문제), Ritland Papers; W. E. Lammerts to F. L. Marsh, May 9, 1963 (기초적 작동), Lammerts Papers. Ritland는 1973년 5월 7일자 인터뷰에서 점점 커지는 균열을 말한다. 또 Ariel A. Roth의 1973년 7월 2일자 인터뷰도 보라.

그 무렵 바다 조개 안에 함유된 아미노산 비율에 대한 헤어의 연구는, 지구 위의 생명이 제7일안식일예수재림교인들이 전통적으로 허용했던 것보다 훨씬 더 오랜 기간 동안 존재해왔음을 명확하게 보여주었다. 그는 그 잠재적인 문제를 교회 지도자들에게 알려야 한다고 느꼈다. 그는 이렇게 고백했다.

> 솔직히 말해서 저는 이 문제에 대한 우리의 모든 접근법이 잘못되지는 않았는지 궁금해지기 시작했습니다. 우리는 여러 해 동안 거의 모든 지질학적 기록이 홍수의 결과라고 가르쳐왔습니다. 하지만 그동안 저는 이 분야에서 충분한 증거를 보아왔고, 그 결과 대단히 많은 지질학적 기록이 홍수의 결과가 아니라는 것을 알게 되었습니다. 그동안 우리는—마쉬와 버딕 같은 사람들로 인해—지구의 극단적으로 많은 나이에 대한 증거는 보잘 것 없을 뿐만 아니라, 사실상 신뢰할 만한 아무런 가치도 없는 것이라고 믿게 되었습니다. 저는 그 증거를 지난 몇 년에 걸쳐 조심스럽게 연구해왔습니다. 그 결과 저는 그런 사실에 대한 증거가 모호한 것이 아니라, 오히려 지구가 둥글다는 증거만큼이나 명백하다고 느낍니다.

제7일안식일예수재림교회 총회장 루벤 피거(Reuben R. Figuhr, 1896-1983)에게 이 편지를 쓴 지 1년이 지나지 않아, 헤어는 자신이 실험실 연구를 위해 들어갔던 워싱턴의 카네기 연구소에 계속 남아 있고 싶다고 알렸다. 총회장은 그에게 GRI의 우선적 목표가 독자적인 연구를 하는 것이라기보다 "발표된 진화론적 저술들 안에서 모순점을 찾아내기 위해" 읽고, 쓰고, 공부하는 것이라고 설명했다. 헤어는 그 암시를 받아들여 카네기 연구소에 머물렀고, 그곳에서 지구화학자로서 국제적인 명성을 쌓았다. 비록 그의 생각은 끊임없이 유신론적 진화 쪽으로 움직였으나, 그는 제7일 안식일예수재림교회의 멤버 자격을 계속 유지하는 쪽을 택했다.[25]

1960년대 초반 내내 마쉬와 리틀랜드는 기원 문제에 관한 안식교회의 권위자로 인정받기 위해 선두 다툼을 벌였다. 마쉬는 자신이 프라이스의 망토를 입고 있다고 주장했음에도 점차적으로 젊은 경쟁자에게 입지를 내어주었다. 리틀랜드는 경건하지만 실용적 성향인 피거에게 가까이 다가가는 일에서 마쉬를 전략적으로 능가했다. 마침내 1964년 마쉬의 65세 생일에 교회 지도자들은 그 불평하는 십자군을 앤드루스 대학 생물학부로 이동시켰는데, 마쉬에게 이것은 "시베리아의 가장 먼 구석으로 추방"당한 것보다 조금도 낫지 않게 느껴졌다. 그의 좌천은 사상적인 것 외에도 여러 가지 행동상의 문제들이 원인이 되었지만, 마쉬는 그것이 야심을 품은 리틀랜드가 수행한 "수단과 방법을 가리지 않는 세뇌 과정"의 결과라고 여겼다.[26]

리틀랜드는 지구과학연구소(GRI)의 소장으로 새로 임명되자마자 자신의 혁명적 계획에 부합하는 분위기를 만들기 시작했다. 그는 공식적으로 취임하기도 전에, 떠나간 헤어를 대신하여 자기가 대학 시절부터 알고 지냈던 해럴드 커핀(Harold G. Coffin)을 초빙하도록 지시했다. 커핀은—비록 신학적으로는 보수적이었고 천성적으로는 조심스러웠으나—리틀랜드

---

25 P. E. Hare to R. Hammill, February 7, 1963, and R. R. Figuhr to P. E. Hare, February 5, 1964, 이상 Hare Papers, P. Edgar Hare 제공; P. Edgar Hare의 1983년 10월 22일자 인터뷰. 또 Benton에 사는 Hare와의 다음의 광범위한 인터뷰도 보라: "Odyssey of an Adventist Creationist."

26 F. L. Marsh, "Life Summary of a Creationist," 출판되지 않은 문서, December 1, 1968, Marsh Papers. SDA Archives 있는 Marsh의 계약 종료에 관련된 문서들은 일반인에게는 열람이 허용되지 않는다.

에게 증거에 의해 "해방될 수 있는" 정직한 사람이라는 강한 인상을 주었다. 이어서 리틀랜드는 두 명의 후배를 선발했다. 해럴드 제임스(Harold E. James, Jr., 1936-)와 에드워드 루진빌(Edward N. Lugenbeal)은 리틀랜드와 마찬가지로 제7일안식일예수재림교단 신학대학에서 공부했었다. 그 후 제임스는 프린스턴 대학에서 지질학 박사학위 과정을, 그리고 루진빌은 위스콘신 대학에서 선사 시대 고고학을 공부했다. 또한 리틀랜드는 클락의 옛 제자인 애리얼 로스(Ariel A. Roth, 1927-)에게 파트타임 자리를 주었다. 로스는 미시간 대학에서 기생충학 박사학위를 받았는데, GRI에 머무는 시간을 활용해 리버사이드 있는 캘리포니아 대학에서 지질학자로 변신할 계획이었다. 불행하게도 리틀랜드의 사람 보는 눈은 평균 이상을 넘지 못했음이 입증되었다. 제임스와 루진빌은 그의 개혁 프로그램을 견고하게 뒷받침해주었지만, 커핀과 로스는 홍수지질학 모델과 실질적으로 관계를 끊는 것은 심리적으로나 신학적으로나 불가능하다고 보았다. 로스가 "무너지기 일보 직전에 뒤로 물러나" 화이트의 우주생성론이라는 도피처로 퇴각했을 때, 몹시 실망한 리틀랜드는 조류의 방향이 바뀌었다는 것을 알았다.[27]

1960년대 말에 GRI의 책 두 권이 거의 동시에 출간됨으로써—하나는 커핀에 의해, 그리고 다른 하나는 리틀랜드에 의해 쓰였다—연구소의 두 계파 사이에 존재하는 길고 넓은 균열이 대중에게 노출되었다. 1969년에 커핀은 로스, 클락, 그리고 연구소 안의 몇몇 같은 편의 지원을 받아 『창조, 우연인가 설계인가?』(*Creation-Accident or Design?*)라는 제목의 포괄적

---

27 Hammill, "Fifty Years of Creationism," p. 36. (스태프); P. Edgar Hare, October 22, 1983 (Coffin); Richard M. Ritland의 1983년 11월 14일자 인터뷰(Roth); Ariel A. Roth, 1973년 7월 2일자 인터뷰. "emancipated"(해방되다)는 Ritland가 선호하는 단어들 중의 하나다.

인 저작을 내놓았다. 클락이 여러 해 동안 권했던 대로, 커핀은 프라이스의 도식을 홍수 이후의 빙하와 정돈된 지질주상도를 수용하여 개정했고, 또한 리틀랜드를 따르면서 홍수 이전과 이후의 실질적인 화석 작용도 인정했다. 그러나 그는 성경과 화이트의 저작에 대한 엄격한 읽기로부터 일체 벗어나려고 하지 않았다. 오직 지구의 나이에 대한 화이트의 진술이 부정확하다는 점이, 그에게 그녀가 흔히 말했던 6천 년에 몇 년을 더하는 자유재량을 주었을 뿐이었다.[28]

이듬해에 리틀랜드는 그가 오랫동안 숙성시켜왔던 『자연 안에서 의미 찾기: 창조와 진화에 대한 새로운 관점』(*A Search for Meaning in Nature: A New Look at Creation and Evolution*, 1970)을 출간했다. 그는 진화론에 구멍을 뚫거나 화석들을 지구의 역사에 대한 홍수 모델에 맞추려고 노력하기보다는, 자연 안에서 설계라고 알려진 증거들을 집중적으로 조명했다. 그에게 있어 "근본적인 문제"는 창조와 진화 사이의 대립이 아니라 "대륙들, 강들, 바다들, 대기와 기후 등 생명의 존재에 적합하도록 조성된 지구의 모든 구성요소들이 우연의 산물인지, 아니면 계획과 설계의 결과인지"였다. 그는—비록 하나님의 창조가 "사실들에 대한 이성적 설명"임을 수용했지만—화석 기록은 모종의 진화의 가능성을 배제하지 않는다는 것을 용인했다. 개인적으로 그는 지구 상의 생명의 고대성을 수용했고, 노아 홍수를

---

28 Harold G. Coffin, *Creation-Accident or Design?* (Washington: Review and Herald Publishing Assn., 1969), 특별히 pp. 271-2. *Spectrum*은 이 책에 대해 다음의 두 가지의 비평을 내놓았다: Ian M. Fraser, "Problems of Creation and Science" 1 (Autumn 1969): 60-6; 그리고 Benton M. Stidd, "How Is Earth History Revealed?" 2 (Summer 1970): 87-92. Coffin은 Robert E. Brown과 함께 이 책의 개정판을 *Origin by Design* (Washington: Review and Herald Publishing Assn., 1983)이라는 새로운 제목으로 출판했다.

제한된 지질학적 중요성을 지닌 어느 한 지역의 사건으로 보았다.[29]

추방된 마쉬는 교단이라는 집단 안에서 어떻게 "한 사람이 그렇게 큰 권력을 가질 수 있는지" 의아해했으나, 리틀랜드라는 별은 이미 기울어지고 있는 중이었다. 엄격한 교리주의자인 로버트 피어슨(Robert H. Pierson, 1911-1989)이 좀 더 융통성이 있었던 피거를 대신해 1966년에 새로운 총회장이 되었다. 2년 뒤에 피어슨은 리틀랜드를 비롯해 연구소 스태프와 함께 이제는 표준적인 것이 된 로키 산맥의 지질학적 랜드마크들에 대한 탐사여행을 했는데, 그는 그곳에서 보고 들은 것을 좋아하지 않았다. 집으로 돌아오자마자 그는 기원 연구에 대한 새로운 가이드라인을 작성했다. 그리고 교단 신문에 그 내용을 공표했다. "진화론 지지자들과의 논쟁에서 우리는 분명한 관점에 머물러야 하는데, 그것은 **성경과 예언의 영은 시험받지 않는다**는 관점이다." 하버드 박사(리틀랜드—역자 주)가, 피어슨이 원하는 것이 연구가 아니라 호교론임을 알아차리는 데는 많은 시간이 걸리지 않았다. 교회의 위계질서가 부과하는 새로운 제약 안에서 모종의 역할을 하는 것이 불가능하다는 것을 알아차린 리틀랜드는 1971년에 GRI 연구소장직을 사임하고, 빠른 속도로 제7일안식일예수재림교인들의 노동 교정 수용소로 변해가는 중인 앤드루스 대학 생물학과에서 일하고 있던 마쉬와 합류했다. 이렇게 하여 "열린 마음"을 지녔던 안식교인들의 짧은 실험은

---

29 Richard M. Ritland, *A Search for Meaning in Nature: A New Look at Creation and Evolution* (Mountain View, CA: Pacific Press, 1970), 인용문은 pp. 108, 143; Richard M. Ritland의 1983년 11월 14일자 인터뷰. 4년 전에 Ritland는 자신이 타자로 쳐서 묶은 제7일안식일예수재림교회 총회 교육부의 다음 문서를 사람들에게 돌렸다: *Meaning in Nature* ([Washington]: Department of Education of the General Conference of Seventh-day Adventists, 1966).

막을 내렸다.[30]

GRI는 방사능 시간 기록계(radioactive time clock)에 매료되었던 물리학자 로버트 브라운(Robert E. Brown, 1915-)의 지도 아래 신속하게 피어슨 행정부 뒤로 줄을 섰다. 브라운은 그 연구소를 지구상의 생명이 "이 혹성의 6번의 연속된 회전 안에 생성되었고", 지구는 "창세기 6-8장이 그리는 보편적 파멸을 경험했으며", 지구상의 생명은 "1만 년"보다 오래되지 않았다는 사실을 보여주는 호교론적 사명을 수행하는 데 열정적으로 전념하도록 만들었다. 그는 방사성 탄소 연대 측정에 의한 연대가 지구상에서의 생명의 연대에 관해 "모세와 엘렌 화이트가 주는 증거"와 모순되기에 무효라고 간주했다. 그럼에도 그는 지구의 원물질이 대략 수십억 년 전의 것임을 가리키는 방사능 시간 기록계의 증거를 수용하기 위해 계시적인 침묵을 이용했다. 연대 측정에 관한 이런 정신분열적인 입장은 젊은 지구를 주장하는 마쉬와 로버트 젠트리 같은 보수주의자의 마음에도 들지 않았고, 지구의 생명의 고대성을 논증하는 리틀랜드와 헤어 같은 자유주의자도 만족시키지 못했다. 브라운이 취한 입장의 "곤란한 점"은—마쉬가 보았던 것처럼—화석들이 그것을 함유한 바위들만큼 오래된 것이어야 한다는 것이었다.[31]

---

30 F. L. Marsh to W. E. Lammerts, May 2, 1966 (강타), Lammerts Papers; Hammill, "Fifty Years of Creationism," pp. 39-42. *Advent Review and Sabbath Herald* for October 10, 1968에 실린 Pierson의 진술은 Marsh, "Life Summary of a Creationist," p. 23에서 인용되었다.

31 R. H. Brown, "The Role of the Geoscience Research Institute with the Seventh-day Adventist Church," 출판되지 않은 문서, March 19, 1979 (GRI 선교과제), 원본 출처는 알려져 있지 않음; H. G. Coffin to R. H. Brown, October 18, 1967 (Gentry), 그리고 R. H. Brown to F. L. Marsh, August 29, 1969 (모세와 White), 이상 RG 274, GF: R. H. Brown, 1962-72, SDA Archives; F. L. Marsh to C. L. Burdick, February 22, 1966 (곤란한 일), Burdick Papers, Clifford L. Burdick 제공. Brown의 견해의 간결한 요약을 그의 다음 두 챕터에서 보라.

종교적 지식을 과학적 믿음보다 계속해서 더 높은 곳으로 끌어올렸던 브라운은 창조론의 손상된 과학적 이미지를 윤이 나도록 닦아서 회복시키는 일에 놀라운 양의 에너지를 쏟아부었다. 그와 GRI의 동료들은 자신들의 꼼꼼한 연구를 가끔 모리스와 ICR 스태프가 때때로 보여주었던 엉성한 프리젠테이션과 비교하는 것을 좋아했다. 실제로 브라운이 설립하고 로스가 발행한 GRI의 저널인 「기원들」(*Origins*)은 비판적인 창조론 연구를 위한 새로운 표준을 세웠다. 그 저널은 팰럭시 강 발자국에 대한 버니 뉴펠드(Berney Neufeld)의 초기 논문부터 버딕이 주장했던 선캄브리아기 꽃가루의 거짓을 폭로했던 아서 채드윅(Arthur Chadwick)의 논문과 젠트리의 방사선 후광에 대한 브라운 자신의 공격에 이르기까지, 그동안 출판되었던 창조론의 주장들에 관한 가장 예리한 분석들 중 몇 가지를 발표했다. 1980년대에 그 저널은 제7일안식일예수재림교인이 아닌 창조론자들에게도 논문 발표를 위한 선택의 대상이 되었다.[32]

브라운과 그의 후임인 로스의 지도하에서 GRI는 흐려진 홍수지질학의 논점을 구해내는 일에 전력을 다했다. 로스는 연구소의 본부 사무실을

"Radioactive Time Clocks" 그리고 "Radioactive Dating" in Coffin, *Creation-Accident or Design?*, pp. 273-316.

32 Ariel A. Roth의 1984년 5월 23일자 인터뷰(부정적 언급); Rennie B. Schoepflin, 제7일안식일예수재림교 단과대학 및 종합대학의 강사들을 위한 현장여행과 관련해 GRI 1986에 기록된 잡지기사, Schoepflin Papers, Rennie B. Schoepflin 제공; R. H. Brown, Review of *Scientific Creationism*, ed. Henry M. Morris, *Origins* 4 (1977): 50-2; Berney Neufeld, "Dinosaur Tracks and Giant Men," ibid. 2 (1975): 64-76; Arthur V. Chawick, "Precambrian Pollen in the Grand Canyon-A Reexamination," ibid. 8 (1981): 7-12; R. H. Brown 외 몇 사람, Review of *Creation's Tiny Mystery*, by R. V. Gentry, ibid. 15 (1988): 32-8. 그 잡지에 기고한 사람 중에 제7일안식일예수재림교인이 아닌 사람의 경우와 관련해서는 다음을 보라. Steven A. Austin, "Rapid Erosion at Mount St. Helens," ibid. 11 (1984): 90-8; 그리고 Kurt Wise, "Punc Eq Creation Style," ibid. 16 (1989): 11-24.

캘리포니아에 있는 로마 린다로 옮겼다. 대홍수에 맞섰던 과학자들은 자신들이 더 이상 설 자리가 없으며 직장을 잃게 되었다는 것을 알게 되었다. 지질학자 제임스가 떠나야 했던 첫 번째 사람이었다. 연구소의 지원으로 프린스턴에서 박사학위를 받은 직후에 그는 GRI가 이제 더 이상 자신의 봉사를 바라지 않는다는 것을 알게 되었다. 루진빌이 그다음에 떠났다. 홍수지질학이 "절망적으로 허약하고, 있을 법하지 않다"라고 결론을 내린 그는, 자신이 "어떻게 선한 양심을 가지고 계속해서 교회의 지적 자산들을 받아들일 수 있을지" 몰라 당황스러웠다. 그런 일은 "내가 보기에 과학 안에서 명백한 것을 인정하지 않으려는 무익하고 자기 기만적인 노력이며, 사람들의 믿음을 지지하기 위해 과학과 관련된 일련의 부분적인 진리들을 전함으로써 그들을 정서적으로 그리고 윤리적으로 쇠약하게 만드는 시도로 보인다." 1979년 가을에 그는 "정서적으로, 영적으로, 그리고 지적으로" 그의 삶을 황폐하게 만들었던 시기를 끝내면서 사직서를 제출했다.[33]

GRI가 탄생하기 직전인 1953년에 제7일안식일예수재림교회는 자신들의 첫 번째 성경 주석을 출간했다. 창조와 홍수에 관한 서론적 에세이에서 마쉬와 프라이스는 진화론자들의 진실성을 당연히 의문시했고, 또한 화석의 순서, 대륙의 빙하, 충상단층 등의 "환상과 같은" 생각들을 체계적으로 거부했다. 25년 후에 그 교회는 GRI 과학자들이 쓴 새로운 에세이를 담고 있는 개정판을 출간했다. 진화론자들과 "환상과 같은" 지질주상도들에 대한 헐뜯는 듯한 진술은 사라졌다. 그러나 그 개정판에 포함된 변화의

---

33 Hammill, "Fifty Years of Creationism," pp. 42-5; Edward Lugenbeal, "The Conservative Restoration at Geoscience," *Spectrum* 15 (August 1984): 23-31; E. Lugenbeal to R. H. Brown and Members for the Geoscience Research Institute Board, October 31, 1979, 이상 RG 274, GF: R. H. Brown, 1978-80, SDA Archives.

대부분은 내용보다는 문체와 관련된 것뿐이었다. 개정 작업에 참여했던 사람들은 이전의 마쉬나 프라이스와 마찬가지로 계속해서 지구상의 생명의 역사를 압착해 몇 천 년 안으로 짜 넣었고, 대다수 화석들의 기원을 설명하는 일에 노아 홍수를 증빙으로 삼았다. 제7일안식일예수재림교회는 대체로 단호하게 홍수지질학의 진영에 머물렀으며, 아마도 세계의 다른 어떤 교파보다도 더 철저하게 그렇게 했다. 1980년에 행해진 한 설문조사는 안식교회의 압도적 다수인 94% 정도가 생명의 최근 창조를 믿었고, 같은 숫자의 사람들이 창세기의 날들을 24시간의 길이로 해석했으며, 거의 같은 숫자가 보편적 홍수에 동의했고, 그보다는 약간 적은 85%가 **대부분의** 퇴적암들을 홍수 탓으로 돌렸다. 어떤 이가 주장했듯이, 안식교인들은 1960년대와 1970년대의 지적 격변기 동안 그들의 순수성을 상실했을지는 모르지만, 그들 중 대부분은 엘렌 화이트와 조지 프라이스의 기본적인 비전에 충실하게 남아 있었다.[34]

34 W. W. Hughes, "Shift in Adventist Creationism," *Spectrum* 16 (June 1985): 47-51 (*SDA Bible Commentary*의 두 가지 판본의 비교); Ervil D. Clark, "Science and Religion Survey: North American Seventh-day Adventists," 출판되지 않았고 날짜 기록이 없는 문서, 노년의 Ervil D. Clark 제공; Molleurus Couperus, "Tensions between Religion and Science," *Spectrum* 10 (March 1980): 86 (순수성 상실).

1. 20세기 후반 대중적 창조론 운동에서 중요했던 연구기관은 샌디에이고 교외의 침례교단에 속한 "창조연구소"와 제7일안식일예수재림교단에 속한 "지구과학연구소"였다.

2. 1970년 크리스천헤리티지 대학의 부속기관으로 "창조과학연구센터"가 설립되었다. 소장은 모리스, 부소장은 켈리 시그레이브스, 서기는 넬 시그레이브스였다. 이 연구소는 침례교 색채가 강했다. 시그레이브스 모자는 모리스를 명목상 소장으로 여기고 전횡을 일삼아 둘 사이에 갈등이 고조되었고, 결국 연구소는 재정난으로 해체되었다.

3. 모리스는 남아 있는 스태프를 모아 "창조연구소"를 설립했다. 연구 기록은 빈약하지만, 이 연구소는 소식지 「행위와 사실들」을 발행한 것 외에 10년 남짓한 기간에 무려 55권의 책을 펴냈고, 모리스의 책들은 한국어를 포함해 10개 국어로 번역되었다.

4. 1981년 초에 창조연구소는 창조론자의 오랜 꿈이었던 대학원 학위과정 프로그램을 갖추었다. 그 과정은 네 가지 과학 석사 과정을 제공했지만, 학위가 없는 교수진들의 내적 불안정성과 대외 활동의 취약성 때문에 10년을 넘기지 못했고, 학교 허가는 취소와 번복의 과정을 반복했다.

5. 대학원 프로그램이 위태로워진 연구소는 "창세기로 돌아가자"는 군중 세미나를 기획했고, 그것으로부터 큰돈을 벌어들일 수 있었다. 80년대에 창조연구소(ICR)는 세계 최대의 창조론 조직으로 성장했다.

6. 헨리 모리스에 이어 아들인 존 모리스가 오클라호마 대학에서 지질공학 박사학위를 받고 ICR의 부학장으로 취임하면서 아버지 왕국의 상속자가 되었다.

7. 1978년 초에 제7일안식일예수재림교단이 운영하는 "지구과학연구소"(GRI)에 속한 안식교인 과학자들은 홍수지질학을 처음으로 탄생시킨 모 교회의 넉넉한 재정 지원을 받으면서 대학원 프로그램을 완비한 창조론 연구소를 발전시켜나갔다.

8. 지구과학연구소의 뿌리는 1957년으로 소급된다. 교단 안의 과학자 중에 자격증을 지닌 지구과학자들이 없었기 때문에, 안식교단은 선발된 두 사람을 파송하여 고등교육을 받도록 결의했고, 이에 필요한 예산 13,500달러를 배정했다.

9. 제7일안식일예수재림교인 트리오인 마쉬, 헤어, 리틀랜드는 처음에는 의기투합했으나, 헤어와 리틀랜드는 지구의 나이를 수십억 년으로 확장하고 홍수로 퇴적된 화석과 지층의 숫자를 감소시켜야 한다고 주장했고, 마쉬는 그것에 분노했다.

10. 1963년에 이르자 지구과학연구소의 핵심 요원 간의 갈등은 더욱 악화했다. 마쉬는 모리스의 『창세기의 홍수』가 제7일안식일예수재림교회의 교리를 대변한다고 생각했다. 반면에 리틀랜드는 그것이 분명한 실수로 가득한 사이비 과학자의 저술이라고 비난했다.

11. 헤어의 생각은 끊임없이 유신론적 진화 쪽으로 움직였으나, 그는 제7일안식일예수재림교회의 총회장인 루벤 피거에게 편지로 호소하여 안식교인의 자격을 유지하면서 연구소에 남았다.

12. 1966년에 엄격한 교리주의자인 로버트 피어슨이 제7일안식일예수재림교회의 총회장이 되면서 열린 지성을 지녔던 일부 안식교인들의 연구소 실험은 짧게 막을 내렸다. 대홍수에 맞섰던 안식교인 과학자들은 직장을 잃고 떠나야 했다.

13. 1980년의 설문조사는 제7일안식일예수재림교회가 창시자 엘렌 화이트의 예언과 조지 프라이스의 홍수지질학에 확고하게 머물렀음을 보여주었다.

제15장

교회 안의 창조론

Creationism in the Churches

『창세기의 홍수』의 출간으로 인해 점화된 창조론의 부흥은 조지 맥크리디 프라이스(George McCready Price)의 홍수지질학을 근본주의적 정통주의의 위치까지 격상시켰고, 특별 창조에 19세기 말 아놀드 기요(Arnold Guyot)와 존 윌리엄 도슨(John William Dawson)의 죽음 이후로는 알려지지 않았던 지위를 부여했다. 물론 대부분의 기독교인들은 그런 부흥의 영향을 받지 않았고, 빌리 그래함(Billy Graham)으로부터 지미 리 스웨거트(Jimmy Lee Swaggart, 1935-)에 이르는 수많은 복음주의자들은 계속해서 오랜 지구 창조론에 동의했다. 그럼에도 홍수지질학자들은 나름 굉장한 영향력을 행사했다. 20세기의 마지막 10년 동안 그들은 사실상 "창조론자"(creationist)라는 명칭을 선취했다. 1980년대 초에 날-시대 이론의 신봉자로서 글을 썼던 데이비스 영(Davis A. Young)은 유감을 감추지 못하면서, 그 명칭을 적어도 대중들의 마음속에서 "일반적으로 창조론자들이라고 알려지게 된" 홍수지질학자들에게 허용했다.[1]

창조론자들의 성공이 이미 창조론으로 전향한 사람들을 동원하는 것이 아니라 진화론자들을 회심시킨 것으로 인한 것인지, 아니면 1960년대와 70년대의 엘리트 과학에 대한 만연한 환멸 같은 요소들에 기인한 것인지

---

1 "Evangelist Billy Graham," *Bible-Science Newsletter* 10 (June 1972): 8; Jimmy Swaggart Ministries, *The Pre-Adamic Creation & Evolution* (Baton Rouge, LA: Jimmy Swaggart Ministries, 1986); Davis A. Young, *Christianity and the Age of the Earth* (Grand Rapids, MI: Zondervan, 1982), p. 10. 1985년에 Henry M. Morris는 "기독교인 대다수가 여전히 정보도 없고 관심도 없다"고 탄식했다. 다음을 보라. Morris, *Creation and the Modern Christian* (El Cajon, CA: Master Book Publishers, 1985), p. xiii.

는 분명치 않다. 우리는 과학적 창조론자들이 커다란 잠재적 지원에 힘입어 그들의 십자군 운동을 시작했다는 것을 알고 있다. 그런 창조론의 부흥이 시작되었던 1963년에 캘리포니아 북부의 교인들을 대상으로 한 설문조사에 따르면, 설문에 응답한 이들 중 1/4이—개신교도의 30%, 그리고 가톨릭신자의 28%—이미 진화론을 반대하고 있었다. 교단별로 나누어 살펴보면, 각 교회들 안에서 창조론에 대한 호응의 상대적 강도가 잘 드러난다.

자유주의 개신교인(회중파 교회, 감리교회, 성공회, 사도교회)	11%
중도파 개신교인(장로교회, 미국 루터교회, 미국 침례교회)	29%
하나님의 교회	57%
미주리 총회 루터교인	64%
남침례교회	72%
그리스도의 교회	78%
나사렛 교회	80%
하나님의 성회	91%
제7일안식일예수재림교회	94%

안식교회, 하나님의 성회, 나사렛 교회의 교인들은 미국 내 가장 큰 교단들에 속하지는 않았지만, 그들 역시 대단히 빠르게 성장하는 중이었다. 그리고 8백만 신도를 가진 남침례교회는 미국에서 가장 큰 개신교 단체가 되어가는 중이었다.[2]

---

2 William Sims Bainbridge and Rodney Stark, "Superstitions: Old and New," *Skeptical Inquirer* 4 (1980): 18-31; Jackson W. Carroll, Douglas W. Johnson, and Martin E. Marty, *Religion in America: 1950 to the Present* (San Francisco: Harper & Row, 1979),

이용 가능한 빈약한 증거에 따르면, 창조론에 대한 믿음은 이후 20년 동안 50%정도 증가한 것으로 보인다. 1991년에 미국 전역을 대상으로 한 여론조사는, 미국인의 47%가 최근의 특별 창조에 대한 믿음을 고백하고 있고, 다른 40%는 유신론적 진화를 선호한다는 것을 보여 주었다. 흑인들, 여성들, 그리고 가난한 사람들이 창조론을 더 쉽게 수용하는 듯 보였다. 공립학교에서 창조론을 가르치는 것에 대한 지지는 엄격한 창조론자들의 그룹 너머로까지 확대되었다. 1980년에 미국 대통령 선거에서 공화당 후보 자격으로 유세중이던 로널드 레이건(Ronald Reagan)은 "만일 진화론이 공립학교에서 가르쳐지고 있다면, 창조론 역시 가르쳐져야 한다"라고 주장했다. 같은 해에 「미국 교육위원회 저널」(*American School Board Journal*)은 여러 교육위원회 위원들을 포함한 독자들에게 질문했다. "공립학교가 인간의 기원에 관해 가르치는 일을 어떻게 처리해야 하는가?" 이 질문에 응답자의 2/3가 창조 이야기를 포함하는 쪽을 택했다. 19%는 진화론 교육을 전혀 원하지 않았고, 48%는 다윈과 성경을 둘 다 가르쳐야 한다고 생각했다. 1986년에 미국변호사협회(American Bar Association)에서 행한 변호사들에 대한 여론조사는 응답자들의 거의 2/3가 "공립학교에서 창조론을 가르치는 것이 미국 수정 헌법 제1조(언론·종교·집회의 자유와 관련된 조항—역자 주)에 전혀 저촉되지 않는다"라고 여기고 있음을 발견했다.[3]

---

p. 14.

3 "The Creation," *U.S. News & World Report*, December 23, 1991, p. 59; Henry M. Morris, "Director's Column," *Acts & Facts* 2 (October 1973): 3; "Blacks Gavor Creation," ibid. 16 (November 1987): 3; "Governor Reagan Backs Two-Model Approach," ibid. 9 (October 1980): 3; "Finding: Let Kids Decide How We Got Here," *American School Board Journal* 167 (March 1980): 52; "Creationism and the First Amendment," ABA *Journal* (January 1, 1987): 35. 다음도 보라. Henry M. Morris, *A History of Modern Creationism* (San Diego: Master Book Publishers, 1984), pp. 309-11.

불행하게도, 그런 조사들 중 어느것도 오랜 지구 창조론자들과 젊은 지구 창조론자들을 구분하지 않았고, 또한 조사에 응했던 사람들 모두가 그 창조론자들이 무슨 말을 하고 있는지 알았던 것은 아니었다고 의심할 만한 충분한 이유가 있다. 1970년대 초에 샌프란시스코 지역 주민들의 의견을 묻는 조사에서 두 명의 사회학자는 보수적 개신교인들의 94%가 "하나님이 최초의 남자와 여자를 창조하셨다"는 견해에 동의하며, 10%는 "인간이 하등동물로부터 진화했다"라고 믿는다는 사실을 발견했다. 그 연구자들은 씁쓸하게 말했다. "두 이론 **모두에** 동의한 4%는, 동의하기를 특별히 잘하는 사람들일 것이다."[4] 그런 최근의 조사들은 개신교의 교단별 반응을 분석하지는 못했다. 그러나 어떤 일화적인 증거에 따르면, 침례교인들이 엄격한 창조론 신봉자들 중 가장 큰 부분을 차지하고 있는 반면에, 창조론에 대한 가장 순수한 믿음을 지닌 이들은 제7일안식일예수재림교인들이었다. 우리는 이미 침례교인들과 안식교인들이 창조론 부흥에 반응했던 방식들 중 몇 가지를 살펴보았다. 이 장에서 우리는 과학적 창조론이 루터교와 모르몬교로부터 여호와의 증인과 유대교에 이르는 다른 종교 그룹들에게 미친 영향에 대해 살필 것이다.

루터교회-미주리 총회

1962년 가을, 프라이스는 복음주의 주간지 「크리스채너티투데이」(*Christianity Today*)에 실려 있는 글 한편을 읽었다. 홍수지질학을 루터교적 입장에서 옹호하는 글이었다. 그는 그의 친구 마쉬에게 걱정스럽게 물

---

4 Bainbridge and Stark, "Superstitions," p. 22 (San Francisco 통계조사).

었다. "홍수지질학을 가르치는 일에서 루터교인들이 우리 제7일안식일예수재림교인들보다 앞서 나가고 있는 걸까요?" 대답은 "아니오"였으나 프라이스의 염려에는 충분한 이유가 있었다. 테오도르 그래브너(Theodore Graebner) 시절 이후로 미주리의 루터교인들은—때때로 그들은 태양 중심의 태양계를 거부하는 정도까지 성경적 과학을 옹호했다—미국 내에서 진화에 맞서 가장 잘 단결된 개신교단들 중 하나가 되어 있었다. 1932년에 미주리 총회는 교인들을 "하나님이 하늘과 땅을 창조하셨는데, 성경에 (특히 창세기 1장과 2장에) 기록된 방식을 따라 그리고 그것들이 묘사하는 시간 안에서, 즉 그분의 전능하신 창조적 말씀을 통해 6일에 걸쳐 창조하셨다"는 명제에 묶는 교리적 진술을 채택했다. 1950년대에 알프레드 르윙클(Alfred M. Rehwinkel)이 쓴 『홍수』(*The Flood*)는 루터교 내의 새로운 세대에게 프라이스의 홍수지질학을 소개했는데, 그 세대는 창조론에 대한 제7일안식일예수재림교인들의 책을 판매하기 위한 주요 시장이 되었다. 1963년에 창조연구회(Creation Research Society-CRS)가 설립되었을 때, 18명의 창립 멤버들 중 1/3이 루터교 미주리 총회 소속이었다. 그중에는 회장 램머츠(Walter E. Lammerts), 서기 루쉬(Wilbert H. Rusch), 그리고 운영위원회 멤버인 클로츠(John W. Klotz)와 짐머맨(Paul A. Zimmerman) 등이 있었다.[5]

---

5 G. M. Price to F. L. Marsh, October 17, 1962 (CT 논문), Marsh Papers, Frank L. Marsh 제공; William John Haumann, *Science and the Bible in Lutheran Theology: From Luther to the Missouri Synod* (Washington, D.C.: University Press of America, 1978), pp. 90-91 (1932년 진술), p. 95 지구중심주의. Alfred M. Rehwinkel, *The Flood: In the Light of the Bible, Geology, and Archaeology* (St. Louis: Concordia Publishing House, 1951); F. L. Marsh의 1972년 8월 30일자 인터뷰(루터교인들이 SDA 책들을 구매하다). Price의 의문을 촉발시켰던 그 논문은 Walter E. Lammerts, "Growing Doubts: Is Evolutionary Theory Valid?" *Christianity Today* 6 (September 14, 1962): 3-6였다. Price의 견해는 다음에서 논의되었지만, 충분히 보증되지는 않았다. Theodore L. Handrich, *The Creation: Facts,*

제2차 세계대전이 끝난 후까지도 그 총회는 진화에 의한 영향을 상대적으로 적게 받은 채로 남아 있었다. 그러나 20세기 중반을 지나면서 세속 고등학교 출신의 학생들이 총회와 관련된 대학들에 등록하고 또 유망한 교수 요원들이 교회 밖에서 대학원 학위를 받으려 했을 때, 진화가 일부 멤버들에게 문젯거리가 되기 시작했다. 머지않아 소수의 지성인들, 신학자들, 그리고 과학자들이 "창세기의 첫 장들을 진화론의 관점에서 해석하도록" 총회에 압력을 넣기 시작했다. 그때까지 감추어져 왔던 논쟁은 1955년에 보수적인 생물학자이자 신학자인 클로츠가 『유전자, 창세기, 그리고 진화』(*Gene, Genesis, and Evolution*)를 출판하면서 공론화되었다. 클로츠는 자신이 특별 창조와 보편적 홍수를 방어할 필요가 없기를 바랄 만큼 과학을 충분히 잘 알고 있었으나, 자기로서는 선택의 여지가 없다고 느꼈다. "성경이 말씀하고 그것이 나를 위해 문제를 처리해주기 때문이다." 그는 유전학에 대한 창세기의 진술을 따르면서, 자신의 책에서 문자적 6일간의 최근 창조와 시초에 창조된 식물과 동물의 "종류들"에 제한된 유기체적 발전에 대해 논증했다. 비록 그는 노아 홍수가 "방주에 타지 않았던 모든 호흡하는 생물들"을 멸망시켰다고 가정했지만, 홍수의 지질학적 결과에 대한 언급은 하지 않았는데, 일부 홍수지질학자들은 그 침묵이 "루터교의 학문적 서클 안에서 르윙클의 책에 맞서 일어났던 것과 같은 거대한 반발"을 회피하고 싶은 갈망때문인 것으로 생각했다.[6]

Theories, and Faith (Chicago: Moody Press, 1953).

6 Wilbert H. Rusch의 1983년 11월 15일자 인터뷰(점점 커지는 염려); Paul A. Zimmerman, *The Doctrine of Creation and Modern Theories of Evolution* (1960년 경), p. 3 (지성적인 압력); John W. Klotz, *Genes, Genesis, and Evolution* (St. Louis: Concordia Publishing House, 1955), 인용문은 p. 225; J. W. Clotz to J. C. Whitcomb, October 10, 1962 (성경이 말한다), and J. C. Whitcomb to H. M. Morris, February 2, 1962 (Rehwinkel을

의심할 여지없이 클로츠는 르윙클이 겪었던 비판을 피하고 싶어했으나 성공하지 못했다. 클로츠의 책에 반대하여 반창조론적 비판을 주도했던 사람은, 클로츠처럼 생물학과 신학 분야에서 고급 훈련을 받았던 칼 크레클러(Carl H. Krekeler, 1920-)였다. 세인트루이스에 있는 컨콜디아 신학교에서 공부한 젊은이였던 그는 "진화의 사악함"을 그래브너와 르윙클로부터 직접 배웠다. 하지만 그는 처음에는 워싱턴 대학에서, 그리고 그 후에는 시카고 대학(원)에서 생물학을 공부하면서 "진화에 관한 기본 방침"에 대해 재고하기 시작했다. 특별히 척추동물 고생물학 강좌가 그의 사고에 영향을 주었다. 훗날 그가 회상했듯이 "말[馬]들과 같은 혈통의 내부에서 일어난 변화뿐만 아니라, 척추동물들의 강(綱, class) 사이의 변화, 특별히 파충류와 포유동물 사이의 세부적인 변화가 내게 진화가 [시초의] '종류들' 사이에서만 발생한다는 생각을 버리도록 강요했습니다." 그가 루터교단 안에서 논쟁을 불러일으키기 위해 『유전자, 창세기, 그리고 진화』를 검토할 무렵, 그는 인디애나에 있는 교회와 연관된 밸퍼라이소 대학에서 생물학을 가르치고 있었다.[7]

크레클러는 클로츠의 작품을 몇 가지 측면에서 연구했다. 신학적 측면에서, 그는 클로츠가 과학을 성경에 대한 잘못된 그리고 자의적인 읽기에 맞춰 판단함으로써 거짓 문제를 만들어냈다고 비난했다. 과학적 측면에서, 그는 클로츠가 "지는 싸움을 하는 중"이라며 흠을 잡았다. 진화를 절대적

반대하는 행동), 이상 Whitcomb Papers, John C. Whitcomb, Jr. 제공. 처음부터 Klotz는 자신이 신학적인 이유에서 창조론자라는 사실을 인정했다. 다음을 보라. John William Klotz, "Genes, Genesis, and Evolution" (신학사 논문, Concordia Theological Seminary, 1941), p. vi.

7 C. H. Krekeler to R. L. Numbers, July 3, 1989.

으로 입증한다는 점에서 과학이 아직 "결정적인 펀치"를 날리지 못했음을 인정하면서도, 그는 "연속되는 작은 타격들이 반진화론자들을 비틀거리게 하고 있다"라고 주장했다. 크레클러에 따르면, 클로츠도 거듭 그 타격에 의해 물러나며 "이것들은 성경이 우리에게 말하는 것과 쉽게 화해될 수 없는 사실들이다"라고 말해야 했다. 윤리적 측면에서, 그는 클로츠가 진화에 대한 논증과 증거를 불공정하게 취급하는 "부끄러운" 짓을 했다고 고발했다. 그는 그런 일이 "이 영역의 문제들과 씨름하는 이들의 양심을 속박함으로써 헤아리기 어려울 만큼 큰 해"를 줄 수도 있음을 두려워했다.[8]

4년 후 다윈의 『종의 기원』 출간 1백 주년 기념일에, 미주리 총회는 『다윈, 진화, 그리고 창조』(*Darwin, Evolution, and Creation*, 1959)라는 제목이 붙은 창조론자들의 에세이집을 출간했다. 그 책 안에는 클로츠, 짐머맨, 루쉬 등의 글이 실려 있었다. 그때 짐머맨은 네브라스카 주 시워드에 있는 루터교 사범대학의 학장으로 일하고 있었고, 루쉬는 짐머맨의 학교에서 과학을 가르치고 있었다. 다시 한 번 크레클러는 진화에 대한 총회 차원의 그런 저주에 맞서 대립각을 세우며 루터교 신학자들조차 "과연 성경이 창조의 '방법'과 '시간'을 계시하는가에 대해" 의견 일치를 보이지 않는다고 주장했다. 특별히 그는 믿음을 보호한다는 명목으로 학문을 왜곡하는 것을 비판하면서 "반쪽 진리들이 말해지고, 저자의 주장을 지지하는 각주가 어처구니없게도 그것과 반대되는 견해를 제시하는 책들의 문맥으로부터 취해지고, 잘못된 설명이 나타나는 수많은 경우들"을 지적했다. 크레클러의 날카로운 말들은 클로츠와 짐머맨 모두를 자극해 공적인 대응에 나

---

8 [Carl H. Krekeler], Review of *Genes, Genesis, and Evolution*, by John W. Klotz, Cresset 19 (January 1956): 44-5.

서도록 만들었다. 클로츠는 자신이 받은 상처를 감추려는 노력을 전혀 하지 않으면서, 특별히 "부정직, 기만, 위선"이라는 고발에 분노했다. 짐머맨은 자신이 겪은 고통만큼 되돌려주려고 하면서, 벨퍼라이소 대학의 그 교수가 창조에 대한 1932년도 총회의 진술을 암묵적으로 거부하는 이단이라는 꼬리표를 붙였다. 그는 불길한 어조로 물었다. "미주리 총회는 그 이후로 계속 잘못되어 왔던 것입니까?" 이런 논쟁의 불꽃들은 그 책의 독자층을 넓혀 주었다. 그것은 루터교인들의 서클 안에서 창조론을 진척시키는 데 일정한 역할을 감당했는데, 이 점에서 그것은 보다 전통적인 근본주의자들 사이에서 『창세기의 홍수』가 했던 역할과 비슷하다.[9]

크레클러는 1963년에 결국 진화라는 말만 하지 않았을 뿐 모든 점에서 진화를 수용하는 논쟁적인 생물학 교과서를 윌리엄 블룸(William W. Bloom, 1910-)과 함께 저술함으로써 자신의 이단적 입장을 확증했다. 밸퍼라이소 대학의 교수였던 블룸은 시카고 대학에서 생물학을 공부하는 동안 창조론에 대한 신앙을 잃었다. 두 사람의 공저 『일반 생물학』(*General Biology*)은 그들이 스스로를 방어하면서 만든 용어인 "계속적 창조"(continuous creation)라는 개념을 옹호했다. 크레클러가 쓴 "진화론"(The Theory of Evolution)이라는 챕터에서 두 사람은 창세기의 이야기가 비록 의미에서는 진리이지만 "사건들을 서술하려 한다거나 어떤 근접한 설명을

---

9 Paul A. Zimmerman, ed., *Darwin, Evolution, and Creation* (St. Louis: Concordia Publishing House, 1959); [Carl H. Krekeler], Review of *Darwin, Evolution, and Creation*, ed. Paul A. Zimmerman, *Cresset* 23 (March 1960): 21-3; John W. klotz, 편집자에게 보낸 편지, ibid. 24 (September 1961): 26-7; Paul A. Zimmerman, 편집자에게 보낸 편지, ibid. 24 (March 1961): 25-6. Zimmerman의 편지에 대한 응답을 다음에서 보라. John Gergely, 편집자에게 보낸 편지, ibid. 24 (May 1961): 26. Zimmerman의 책의 영향력에 대해 Wilbert H. Rusch의 1983년 11월 15일자 인터뷰를 보라.

제공하려는 의도를 갖고 있지 않다"라고 주장했다. 그러므로 기독인 과학자들은 자연 안에서 그 정보를 찾을 자유를 갖고 있다는 것이었다. 저자들이 "불연속적 창조"(discontinuous creation)라는 더 친숙한 개념과 대비시켰던 "계속적 창조" 이론에 따르면, 하나님의 창조 행위는 "보존의 사역"과 뒤섞이면서 계속 진행된다. 언어적인 차이를 예외로 한다면, 계속적 창조는 유신론적 진화와 거의 다르지 않은 것으로 보인다. 사실상 블룸과 크레클러는 그 두 이론 사이에 "어떤 본질적인 갈등은 없다"라고 인정했다.[10]

블룸과 크레클러의 책의 출간은—루쉬의 말로는—미주리 총회에 "국지전"(brush fire)을 일으켰다. 마침내 적을 광장으로 불러내는 것에 공포를 느끼면서, 루쉬는 그 책 한 권을 그것에 대한 자신의 저주 논평과 함께 서둘러 총회장에게 보냈다. 그는 램머츠에게 진화에 대한 크레클러의 챕터가 "창조를 다루는 문제에서 밸퍼라이소 대학이 여전히 적법하다"는 사실을 부정하는 일에 관심을 가진 이들에게 "많은 실탄"을 제공해주었다고 알렸다. 그 무렵 램머츠는 클로츠, 짐머맨, 루스와 합세하여 창조론을 지지하는 총회를 구원하기 위한 전쟁에 뛰어든 상태였다. 크레클러는 밸퍼라이소가 해를 입는 것을 막기 위해, 진화 논쟁과 관련하여 안심시키는 편지를 써서 루터교 목회자들에게 돌렸다. 그는 그 대학에 있는 생물학자들이 진화를 "하나의 작업가설"로서 가르친다는 사실을 인정하면서도, 자신은 "성경이 하나님이 창조자이셨고 지금도 창조자시라고 가르친다는 것에 대해

---

10 William W. Bloom and Carl H. Krekeler, *General Biology: A Unified Text Manual* (Princeton, NJ: D. van Nostrand Co., 1963), 인용문은 p. 438. Krekeler는 R. L. Numbers에게 보낸 편지(July 3, 1989)에서 자신이 진화에 관한 한 챕터의 저자라고 확인해주었다. Bloom의 진화로의 전향은 다음에서 언급된다. "Lutherans Disagree on Evolution," *Bible Science Newsletter* 3 (November 15, 1965): 1.

아무런 의심도 없다"고 주장했다. 다만 성경은 하나님의 창조의 방법을 계시하지 않았다는 것이었다.[11]

몇 년 동안 거리를 두고 서로를 저격하던 주인공들이 마침내 1965년 10월에 얼굴을 맞대게 되었다. 목사들과 교사들이 벨퍼라이소에서 모임을 개최했던 것이다. "계속적 창조"라는 위장을 벗어던지며 블룸과 크레클러는 노골적으로 "진화의 과정"을 지지하면서 그것에 대한 증거를 간결하게 제시했다. 클로츠, 루쉬, 짐머맨은 진화에 대한 증거라고 주장된 데이터를 의문시했을 뿐 아니라, 또한 루터교의 신앙고백들을 분석해보면 유신론적 진화를 수용하는 것은 루터교적이 아니라는 사실이 드러난다고 주장했다. 한때 그 총회의 반지성주의를 한탄했던 클로츠는 이번에는 시계추가 반대쪽으로 이동했다고 믿었다. 그는 램머츠에게 이렇게 불평했다. "우리는 학문성을 신으로 만들면서 인간 정신의 한계를 망각하고 있습니다." 또 그는 만일 루터교인들이 문자적 창조론을 포기한다면, 다음에는 "그리스도의 육체의 부활과 같은 중심적 문제들"을 재고하게 될 것을 두려워했다.[12]

---

11 O. R. Harms to W. E. Lammerts, October 1, 1963 (소규모 전투에 관련된 Rusch의 인용), and W. H. Rusch to W. E. Lammerts, April 8, 1963 (실탄), 이상 Walter E. Lammerts Papers, Bancroft Library, University of California, Berkeley; Carl H. Krekeler, "What about 'Evolution' at Valparaiso University?" *Contact* (Summer 1964): 3-4, Carl H. Krekeler의 사본 제공. 그 토론에 대한 Lammerts의 대표적인 논문은 "The Creation Story-Factual or Symbolic?" *Lutheran Layman* 33 (July 1, 1962): 9인데, 이것은 다음과 같은 비판적 응답을 이끌어냈다. John Gergely, 편집자에게 보낸 편지, ibid. 33 (August 1, 1962): 4, 11.

12 "Essays Delivered at Northern Indiana Pastors & Teachers Conference, Walparaiso, Indiana, October 21 & 22, 1965," pp. 10, 66, 출판되지 않은 문서, Wilbert H. Rusch 제공; J. W. Klotz to W. E. Lammerts, October 17, 1962 (학위의 신), Lammerts Papers. Klotz, Rusch, Zimmermann은 자신들의 Valparaiso의 논문을 다음 책으로 출판했다. Paul A. Zimmerman, ed., *Creation, Evolution, and God's Word* (St. Louis: Concordia Publishing House, 1972).

루터교의 보수주의자들은—비록 최근의 특별 창조라는 주제를 타협의 대상으로 삼기를 거부했으나—더 이상 지구의 역사에 대한 홍수 모델을 주장하지 않는 경향을 보였다. 클로츠가 휘트컴(John C. Whitcomb)에게 설명했듯이, 세례를 받은 사람들 대부분은 보편적 홍수라는 개념에는 동의했으나, "모든 암석 지층들이 홍수에 의해 놓였는지"에 대해서는 의견이 갈라졌다. 그 총회는 7인 위원회를 구성해 10년 동안 지질학적·고생물학적 기록을 조사하도록 지원했다. 그 그룹 안에 클로츠, 루쉬, 짐머맨 등이 있었음에도, 홍수지질학은 확실한 지지를 거의 얻지 못했고, 그들 중 한 명은 그 이론이 "심각한 재평가"를 받아야 할 필요가 있다고 주장했다. 1977년에 열린 미주리 총회의 정기회의는 제7일안식일예수재림교회의 지구과학연구소 같은 영속적인 창조론 조직을 설립하자는 안건을 부결시켰다.[13]

1960년대를 거쳐 1970년대 초에 이르기까지 그 총회의 연례 학술대회는, 어떤 그룹이 진화와 관련된 결의안을 도입하려는 시도 없이 지나갔던 적은 거의 없었다. 1971년의 학술대회는 신학과 교회의 관계에 관한 위원회(Commission on Theology and Church Relations)로부터 "문제가 되고 있는 피조물의 필수적 본성"에 영향을 미치는 유기적 세계 안에서의 그 어떤 변화도 배제한다는 보고를 받았다. 이런 의견과 1973년에 작성된 "성경적인 그리고 신앙고백적인 원칙들에 대한 진술"(Statement of Scriptural and

---

13 W. Klotz to J. C. Whitcomb, July 2, 1956, Whitcomb Papers; Paul A. Zimmerman, ed., *Rock Strata and the Bible Record* (St. Louis: Concordia Publishing House, 1970), Kenneth L. Currie의 인용은 p. 122; 루터교 52회 정기총회의 *Convention Workbook*-Missouri Synod, Dallas, Texas, July 15-22, 1977, pp. 102-2 (창조론 연구소 추천); 루터교 52회 정기총회의 *Convention Proceedings*-Missouri Synod, Dallas, Texas, July 15-22, 1977, p. 138 (추천 부결).

Confessional Principles)은 1932년 이후 진화에 대한 총회의 공식적 입장과 가장 가까운 것이었다. 그러나 이 무렵에 미주리 총회는 분열로 인한 고통의 초기에 접어들고 있었다. 그 분열은 몇 년 후 자유주의적 성향의 모든 교수들과 학생들이 컨콜디아 신학교를 떠나는 결과를 초래했다—그리고 총회 멤버들 중 4%가 그들과 함께 떠났다. 루터교 보수주의자들은, 제7일 안식일예수재림교회의 형제자매들과 마찬가지로 진화론과 자유주의를 격퇴했지만, 그것을 위해 치러야 했던 대가는 아주 컸다.[14]

창조, 진화, 그리고 성령의 종교

20세기에 홍수지질학으로 전향했던 대부분의 사람들은 무엇보다도 올바른 믿음을 중요하게 여기는 루터교적 또는 칼빈주의적 전통을 지닌 교회들 출신이었다. 그러나 많은 헌신적인 창조론자들은 체험을 중시하는 웨슬리안 복음주의자들 사이에서도 나타났는데, 그들은 성결 운동 안에서 비교적 중도적인 입장을 취하며 발전하고 있던 나사렛 교회로부터 사회적으로 주변부에 속한 오순절 운동에 속한 하나님의 교회나 하나님의 성회에 이르는 넓은 스펙트럼 안에 고루 분포해 있었다. 그러나 소속 교회와 느슨한 관계만 유지했던 더들리 휘트니(Dudley Joseph Whitney)나 존

---

14 "Creation in Biblical Perspective: Report of the Commission on Theology and Church Relations, The Lutheran Church-Missouri Synod," 날짜 없음, Concordia Historical Institute에 사본 있음; 루터교 49회 정기총회의 *Convention Proceedings*-Missouri Synod, Milwaukee, Wisconsin, July 9-16, p. 116 (보고받다); W. H. Rusch의 November 15, 1983의 인터뷰 (보고의 중요성). 창조의 진술들을 다음에서 보라. John W. Klotz, *Studies in Creation* (St. Louis: Concordia Publishing House, 1985), p. 65. 그 분열에 대한 보수적 입장의 견해를 다음에서 보라. Harold Lindsell, *The Battle for the Bible* (Grand Rapids, MI: Zondervan, 1976), pp. 72-88.

무어(John N. Moore) 같은 예외적인 경우를 제외하고, 그들은 대개 프라이스와 모리스의 대격변설 십자군단과 멀찍이 거리를 두었다. 보수적인 웨슬리안 캠프 안의 가장 열렬한 반진화론자들도 창조를 구원보다 훨씬 덜 중요한 문제로 격하시켰다. 예를 들어, 1920년대에 성결 운동을 했던 공동체에 속한 이들 중 켄터키의 복음주의자 앤드류 존슨(Andrew Johnson, 1875-1959)만큼 정력적으로 "생물학적 개코 원숭이 지지자들"에게 반대했던 이는 없었다. 그러나 그 역시 "코코넛 나무를 흔들어 원숭이를 떨어뜨리려는" 자신의 노력이 복음을 퇴색시키지는 않을 것이라고 공언해야 할 필요가 있음을 느꼈다. 과도하게 허풍을 떠는 그 설교가는 「오순절 소식지」(*Pentecostal Herald*)를 통해 이렇게 선언했다. "성령의 종교가 갖고 있는 예로부터 내려온, 영혼을 구원하는 부흥은 그 무엇과도 비교될 수 없다. 그러므로 진화에 관한 강의들은, 영혼을 구원하는 강렬한 복음 전도 사역에 비해 절대적으로 이차적인 문제라는 사실을 분명하게 이해해야 한다. 우리는 바로 그 사역을 위해 부르심을 받았고, 또 그 안에 머물도록 요청받고 있다."[15]

1961년에 『창세기의 홍수』가 출간되었을 때, 성결 운동을 하는 이들은 그 책에 거의 주목하지 않았다. 하지만 그 책의 출간을 알았던 이들은 그 책이 성공하기를 바랐다. 뉴욕에 있는 웨슬리안 감리교 휴턴 대학의 물리학 교수였던 휴 페인(S. Hugh Paine)은 휘트컴과 모리스를 칭찬했다. 그는

---

15 Andrew Johnson, "The Evolution Articles," *Pentecostal Herald* 38 (September 29, 1926): 6. 이 주제들에 대한 더 상세한 토론을 다음에서 보라. Ronald L. Numbers, "Creation, Evolution, and Holy Ghost Religion: Holiness and Pentecostal Responses to Darwinism," *Religion and American Culture* 2 (1992): 인쇄중임. 나는 이 부분을 준비할 때 Tim Kruse와 Bill Kostlevy의 소중한 도움을 받았고, Wesleyan/Holiness Studies Project at Asbury Theological Seminary가 나의 연구를 후원해주었다.

그들이 "객관적이고 학문적인 태도"를 지니고 있는 것과, 특히 그들이 "동일과정설적 가설—본질적으로 창세기의 기록을 문자적으로 수용하는 것을 금하는, 증명될 수 없는 가설"에 반대하는 논증을 펼친 것에 대해 칭찬했다. 페인은 그들의 격변설을 통한 비판이 "복음주의의 학문이라는 진영 안에서 수행되기를" 희망했으나, "깊이 뿌리박힌 편견"이 대부분의 독자들로 하여금 그것의 극단적인 논지를 수용하지 못하게 할 것을 걱정했다. 페인은—오래전 휘튼 대학에서의 그의 스승이었던 히글리(L. Allen Higley)처럼—자신이 지구의 역사에 대한 "간격-홍수 모델"(Gap-Flood model)이라고 부르는 것을 선호했는데, 그 모델은 화석을 함유한 대부분의 암석들이 노아 홍수보다는 에덴 이전의 홍수에 기인한다고 보았다. 이 도식은 창조론자들이 "지구의 명백하게 오랜 나이, 아담 이전의 많은 고대 동물들의 명백한 존재, 그리고 명백하게 아담 이전에 존재했던 인류에 대한 고생물학"의 증거를 수용하는 것을 허락하는 장점을 갖고 있었다.[16]

1960년대에는 성결 운동의 모든 주요 교단들은 고등교육에 대한 초기의 유보적 태도를 버리고 교양 과정을 가르치는 대학에 많은 투자를 했다. 이런 대학들은—부분적으로는 의과대학 학부생들에게 적절한 교육을 제공하기 위해—서서히 생물학 분야의 프로그램을 개발하기 시작했다. 예를 들어 애즈버리 대학은 1920년대에 생물학을 가르치기 시작했는데, 그곳은

---

16 다음을 보라. Hugh Paine, Review of *The Genesis Flood*, by John C. Whitcomb, Jr., and Henry M. Morris, God Created, *Wesleyan Methodist* 119 (June 7, 1961): 14; Hugh Paine, "In the Beginning, God Created," *Houghton Milieu* 54 (March 1979): 2-7; H. Paine to R. L. Numbers, November 10, 1989. *The Genesis Flood*가 출판된 후에 Morris는 휴턴 대학의 초대를 받아 강연을 했다. 다음을 보라. Morris, *History of Modern Creationism*, p. 161. James F. Gregory, Review of *The Genesis Flood*, by John C. Whitcomb, Jr., and Henry M. Morris, *Free Methodist* 94 (October 17, 1961): 14.

미국과학자연맹(ASA)에 불만을 품었던 이들이 창조연구회(CRS)를 결성하기 위해 처음으로 모인 곳이었다. 그러나 그 학교가 정규 교육을 받은 생물학자 세실 햄먼(Cecil B. Hammann, 1913-1984)을 채용한 것은 제2차 세계대전이 끝난 후인 1946년이었다. 햄먼은 퍼듀 대학에서 박사학위를 받았다. 자신만의 스타일을 지닌 창조론자였던 햄먼은 창조의 기간인 6일을 수천 년, 아니 수백만 년으로 확장하는 것을 허용했으며, 그 시간은 중간에 끼어든 특별 창조의 행위에 의해 간간히 불연속적이 되었다고 생각했다. 1980년에 은퇴할 때까지 그는 한 쪽에는 유신론적 진화론자들을, 그리고 다른 쪽에는 홍수지질학자들을 두고 그런 중용의 길을 효과적으로 방어했다. 성결 운동 계열의 다른 대학들도 생물학을 가르치기 위해 가끔 유신론적 진화론자들을 채용했다. 하지만 대개 그 교수들은 보다 보수적인 후원기관의 표적이 되지 않기 위해 세간의 이목을 끌려 하지 않았다. 어쨌거나 이런 학교들에서 진정한 홍수지질학자는 찾아보기 어려웠다.[17]

웨슬리안 성결 운동 전통에 속한 신학자들은—그들의 과학자 동료들과 마찬가지로—창세기 1장을 해석하는 데 있어 새로운 홍수 이론으로 사고를 바꾸기보다는 친숙한 간격 이론이나 날-시대 이론을 고수하는 경향을 보였다. 창조론의 부흥이 시작된 이후에 복음주의적 웨슬리주의자들이 처음으로 펴낸 주석서인 『웨슬리파 성경주석』(*The Wesleyan Bible*

---

17 Cecil B. Hamman and J. Paul Ray, "Progressive Creationism," *Good News* 15 (March-April 1982): 12-14; Cecil B. Hamman, 비디오테이프, "Lectures on Paleontology and Early Man," 1982, in the Asbury College Archives. 또 다음도 보라. Cecil B. Hamman, Review of *The Genesis Flood*, by John C. Whitcomb, Jr., and Henry M. Morris, *Recent Books: A Quarterly Review for Ministers* 3 (October-December 1961): 45. 나는 Hamman에 관한 정보를 준 Ivan Zabilka에게 감사한다. 성경 운동 계열 학교에서 가르친 창조와 진화에 대한 개괄은 부분적으로 John Brushaber, James Behnke 및 William Toll의 1989년 3월 10일자 인터뷰에 기초한다.

Commentary, 1967)은 홍수지질학을 전적으로 무시했다. 나사렛 교단이 발행한 『비콘 성경주석』(*Beacon Bible Commentary*, 1969)의 창세기 부분 저자는 홍수지질학을 사실에 기반을 둔 권위를 가진 것으로 두 번 인용했지만, 그것의 해석학적 의미는 알아차리지 못했던 것으로 보인다. 노아 홍수에 대한 부적절한 문구 안에서 그는 꾸밈없이 솔직하게 휘트컴-모리스의 책과 버나드 램(Bernard Ramm)의 『과학과 성경에 대한 기독교적 견해』(*Christian View of Science and Scripture*)를 나란히 놓고 언급했는데, 그러면서도 그 두 책이 그 주제에 대해 서로 반대되는 견해를 주장하는 그룹에 속해 있음을 전혀 암시하지 않았다. 포괄적 성격의 『현대 웨슬리파 신학』(*Contemporary Wesleyan Theology*, 1983)은 단순히 "창조의 도덕적 및 종교적 차원"만을 강조했다. 분명 홍수지질학은 성결 운동 안의 과학자들과 신학자들 사이에서 거의 지지자를 얻지 못하고 있었다.[18]

오순절주의자들도—적어도 처음에는—근본주의적 홍수지질학자들과 거리를 유지했다. 성경의 무오성을 주장하면서 열광적으로 전도하는 근본주의자들과 성령 세례를 떠들면서 방언을 말한다는 오순절주의자들은 겉으로 볼 때는 비슷한 것 같기도 했지만, 그들은 20세기 초에 거의 동시에 생겨난 이래 서로를 불신했다. 오순절주의자들은 근본주의자들이 차갑고 교리적이라고 보았고, 반면 근본주의자들은 방언과 치유를 흔히 사탄적인 미혹이라고 무시했다. 예를 들어 모리스는 은사주의적 행위가 현대주의자

---

18 Lee Haines, "The Book of Genesis," in *The Wesleyan Bible Commentary*, 6 vols. (Grand Rapids, MI: William B. Eerdmans, 1967), 1:21-8; George Herbert Livingstone, "Genesis," in *Beacon Bible Commentary*, 10 vols. (Lansa City, MO: Beacon Hill Press, 1969),1:32-3, 56-60; Eugene F. Carpenter, "Cosmology," in: *A Contemporary Wesleyan Theology: Biblical, Systematic, and Practical*, 2 vols. (Grand Rapids, MI: Francis Asbury Press, 1983), 1:177-8.

들의 사고와 유사하다고 보았는데, 왜냐하면—그의 의견으로는—양자의 생각은 성경보다는 개인의 믿음과 경험으로부터 유래하기 때문이었다. 이런 편견을 고려한다면, 모리스의 메시지가 오순절주의자들 사이에서 거의 아무런 영향을 끼치지 못했던 것은 놀라운 일이 아니다.[19]

1972년에 하나님의 성회 복음 대학의 학장이 모리스의 창조연구소의 스태프를 초청해 미주리 주 스프링필드에 있는 대학 시설을 창조과학을 위한 여름 연구소로 사용하는 문제를 처음으로 논의했다. 홍수지질학자들이 그 대학에 도착했을 때, 그들은 그 대학의 과학부 교수들 사이에서 그 어떤 지지자도 발견할 수 없었다. 그 후 식물 병리학자인 터너 콜린스(Turner Collins, 1939-)가 그들과 함께 과학과 종교에 관한 세미나를 공동으로 주관했을 때, 그는 홍수지질학자들이 혐오하는 교재와 초대 손님들을 사용해 그들을 괴롭혔다. 거의 동시에 버클리 출신의 식물학자로서 오랄 로버츠 대학에 재직 중이던 듀안 터먼(L. Duane Thurman, 1933-)은 『진화를 생각하는 방법』(*How to think about Evolution*)이라는 책을 썼는데, 그는 그 안에서 창세기에 대한 여러 가지 수용 가능한 해석들을 우호적으로 평가했다. 조지아 대학에서 생물학 박사학위를 받고, 테네시 주 클리블랜드의 하나님의 교회가 운영하는 리 대학과 오순절 성결교회가 운영하는 조지아 주의 엠마누엘 대학에 과학 강좌를 마련했던 머틀 플레밍(Myrtle M. Fleming, 1913-)은 오순절 교회의 신학자들에게 젊은 지구에 대한 주장에 사로잡히지 말라고 경고했다. 그녀는 기원에 관해 쓰고 가르치면서 "사실과 이론 사이, 그리고 본래적 사건과 철학자들의 사변 사이를 구분하기

---

19 H. M. Morris to J. C. Whitcomb, October 3, 1964, Whitcomb Papers. Morris는 직접 인용되기를 거절했다.

위해 대단히 조심해야 한다"라고 말했다.[20]

표면적으로 볼 때, 오순절 교회들은 점점 커지는 홍수지질학의 인기에 그다지 영향을 받지 않았던 것으로 보인다. 목소리를 내고 눈에 띄었던 대부분의 설교가들은, 홍수지질학자들이 주장하는 창조과학을 위해 그들에게 친숙했던 『스코필드 주석 성경』(*Scofield Reference Bible*)에서 발견되는 파멸-회복의 간격 이론(the ruin-and-restoration gap theory)을 버려야 할 아무런 이유도 발견하지 못했다. 1960년대 초에 보수적인 오순절교인들 사이에서 스코필드 성경을 대체하기 시작했던, 큰 영향력을 지닌 『데이크 주석 성경』(*Dake's Annotated Reference Bible*, 1963)은 간격 이론을 지지했는데, 의심할 여지없이 그것은 그 이론의 계속되는 대중화에 큰 공헌을 했다. 다채로운 법률적·교단적 역사를 갖고 있던 오순절파 복음주의자 피니스 제닝스 데이크(Finis Jennings Dake, 1902-1987)가 편집한 『데이크 주석 성경』—흔히 그렇게 불렸다—은 루시퍼의 홍수에 의해 파괴된 아담 이전 세계의 존재에 대한 18가지의 "증거들"을 제시했다. 오순절 교회의 충실한 일꾼들인 지미 리 스웨거트(Jimmy Lee Swaggart, 1935), 레스터 섬롤(Lester F. Sumrall, 1913-), 케네스 해긴(Kenneth E. Hagin, 1917-), 그리고 고든 린지

---

20 Morris, *History of Modern Creationism*, p. 259 (복음 대학); Henry M. Morris 및 Duane Gish의 October 26, 1980의 인터뷰 (환영); Turner Collins and Gary Liddle, 1979년 봄 이벤절 대학에서 개설된 "과학과 종교 세미나"의 출판되지 않은 강의계획서; L. Duane Thurman, *How to Think About Evolution and Other Bible-Science Controversies* (Downers Grove, IL: InterVarsity Press, 1978); Myrtle M. Fleming, "Evolution: Do We Know What We Ard Talking About?" 출판되지 않은 문서, the Society for Pentecostal Studies, Des Moines, Iowa (November 5, 1971)에서 낭독됨, the Hal Bernard Dixon, Jr., Pentecostal Research Center, Lee College에 소장되어 있음. Fleming에 대해서는 다음을 보라. Vinson Synan, *Emmanuel College: The First Fifty Years, 1919-1969* (Franklin Springs, GA: Emmanuel College Library, 1969), p. 112. Clyde R. Root가 친절하게도 Pentecostal Research Center의 자료들을 검토하도록 안내해주었다.

(Gordon Lindsay, 1906-1973) 등은 에덴 이전에 존재했던 간격을 충실히 지지했다. 데이크와 같은 몇몇 주석가들은 창조의 날들을 각각 24시간에 한정시켰지만, 린지를 포함한 다른 몇 명은 세기의 전환기에 오순절교회의 선구자였던 찰스 패럼(Charles F. Parham, 1873-1929)을 따라 "재창조의 날들"(re-creative days)을 1천 년 단위의 6개 기간으로 확장했다.[21]

그러나 표면 아래서 창조과학은 오순절교회의 평신도들 사이에서 상당한 지지를 얻는 중이었다. 하나님의 성회는—비록 그 주제에 대해 어떤 공식적 입장도 표명하지 않았지만—휘트컴에게 그들의 소식지인 「오순절 복음」(*Pentecostal Evangel*)의 발간 초기에 고정 지면을 할애함으로써 1970년대와 80년대에 이르기까지 그 잡지에 창조연구회(CRS) 및 창조연구소(ICR)와 관련된 긍정적인 소식을 전하게 해주었다. 또한 홍수지질학은 영향력 있는 하나님의 교회(클리블랜드)와, 예언자의 하나님의 교회(Church of God of Prophecy)와 연관된 작가들의 책들에서 등장했으며, 또한 다양한 독립적인 은사주의 그룹들의 책들에서도 언급되었다. 복음 전도자가 되

---

21 Finis Jennings Dake, *Dake's Annotated Reference Bible* (Lawrenceville, GA: Dake Bible Sales, 1963), pp. 54-7; Jimmy Swaggart Ministries, *The Pre-Adamic Creation & Evolution; Lester Sumrall, Genesis: Crucible of the Universe* (South Bend, IN: LESIA Publishing, 1982), p. 23; Kenneth E. Hagin, The Origin and Operations of Demons, 2nd ed. (Tulsa, OK: Kenneth Hagin Ministries, 1987), p. 5; Gordon Lindsay, *The Bible Is a Scientific Book* (Dallas: Christ for the Nations, 1971), pp. 20-8; Gordon Lindsay, *Evolution-The Incredible Hoax* (1961; reprint, Dallas: Christ for the Nations, 1973); Charles F. Parham, *A Voice Crying in the Wilderness*, 4판 (Baxter Springs, KS: Robert L. Parham, 1944), pp. 81-5. Dake에 대해 다음을 보라. P. H. Alexander, "Finis Jennings Dake (1902-87)," in *Dictionary of Pentecostal and Charismatic Movements*, ed. Stanley M. Burgess and Gary B. McGee (Grand Rapids, MI: Zondervan, 1988), pp. 235-6. 간격이론의 계속되는 인기에 대해 다음을 보라. Tom McIver, "Formless and Void: Gap Theory Creationism," *Creation/Evolution* 24 (Fall 1988): 1-24.

기 위해 "화학 분야에서의 유망한 직업을 포기"했던 말일 성도 교회의 목사 윌리엄 프래트니(William A. Winkie Pratney, 1944-)는 『창조냐 진화냐?』(*Creation or Evolution?*)라는 번드르르한 제목의 소책자를 연속으로 출간해 대량으로 유포하면서 점점 더 홍수지질학을 옹호했다. 1980년대에 고든 린지의 아들인 데니스(Dennis, 1946-)는, 선친이 달라스에 세운 열방을 위한 그리스도 연구소(Christ for the Nations Institute)에서 "과학적 창조론"에 대한 강좌 하나를 맡아 가르치고 있었다.[22]

말일 성도들

1935년에 모르몬교의 브리검영 대학에 재학중인 학생들 중 인간이 "하등 생물의 형태로부터 진화의 과정을 거쳐 창조되었다"는 사실을 부정했던 이들은 36%에 불과했다. 그런데 1973년에 그 숫자는 81%까지 날카롭게 치솟았다. 여러 요소들이 젊은 모르몬교도들을 근본주의와 반진화주

---

22 John C. Whitcomb, Jr., "How Did God Make Man?" *Pentecostal Evangel* (April 23, 1967): 12-13, 27; Paul L. Walker, *Understanding the Bible and Science* (Cleveland, TN: Pathway Press, 1976), pp. 44-9; Wade H. Phillips, *God, the Church, and Revelation* (Cleveland, TN: White Wing Publishing House, 1986), 페이지 없음; Dennis Lindsay, 1986년 Christ for the Nations Institute에 개설된 강좌의 출판되지 않은 강의계획서; Winkie Pratney, *Creation or Evolution?* (Glendale, CA: Church Press, [1960년대 말]); Winkie Pratney, Creation or Evolution? in *The Last Days Collection: A Treasury of Articles from Last Days Ministries* (Lindale, TX: Pretty Good Publishing, 1988), pp. 162-87. Pratney가 받은 과학 교육은 ibid., p. 14에 언급되어 있다. *Pentecostal Evangel*에 대한 관심의 증거에 대해 다음을 보라. "Researchers Show Earth Is Not Billions of Years Old" (October 29, 1978): 24; H. Wayne Hornbaker, "Science Supports the Bible," (September 14, 1980): 8-9; 그리고 "Former Evolutionists Says Many Scientists Are Helping Spur 'Modern-Day' Revival," (May 2, 1982): 12. 나는 the Assembly of God Archives in Springfield, Missouri의 책임자인 Joyce Lee에게 *Pentecostal Evangel*의 논문들을 제공해준 것에 대해 감사한다.

의 쪽으로 몰고 갔음은 의심할 여지가 없다. 그러나 과학적으로 가장 중요한 요소는 프라이스의 엄청난 영향력이었다. 그의 홍수지질학은 그의 라이벌인 미국의 예언자 엘렌 화이트와 조지프 스미스(Joseph Smith, 1850-1944)의 추종자들을 격리시키면서 그 대학의 좀처럼 투과되지 않는 벽을 뚫고 스며들었다.[23]

20세기 이전에 진화는 유타 주 솔트레이크 근처에 모여 살던 말일 성도들(모르몬교의 정식 호칭—역자 주)의 삶에 큰 문제를 일으키지 않았다. 말일 성도 예수 그리스도의 교회의 초기 지도자들은 창세기의 이야기를 액면 그대로 받아들이는 경향이 있었다. 그들은 인간 이전의 지구 역사의 세부사항에 어떤 중요성도 부과하지 않았다. 조지프 스미스(Joseph Smith, 모르몬교의 창시자)를 계승한 브리검 영(Brigham Young, 1801-1877)은 이렇게 말했다. "6일이 걸렸든, 아니면 6개월, 아니면 6년, 아니면 6천 년이 걸렸든, 그것은 중요하지 않다." 20세기로 들어선 직후에 교육을 받은 모르몬교도들이 진화론에 감염된 동부의 세속대학들로부터 돌아와 낙수효과를 일으키기 시작했을 때, 그 교회의 최고 지도자들은 "인간의 기원"이라는 주제에 대해 처음으로 공식적인 입장을 진술하면서 충분히 경고했다. 1909년에 발행된 이 비교리적인 문서는 "모든 인간은 태초에 하나님의 형상을 따라 창조되었다"라고 확증했고, "최초의 인간이 동물의 왕국의 하류

---

23 Harold T. Christensen and Kenneth L. Cannon, "The Fundamentalist Emphasis at Brigham Young University, 1935-73," *Journal for the Scientific Study of Religion* 17 (1-978): 53-7. 모르몬교에 관한 이 부분을 준비하는 중에 나는 Lester Bush, Robert L. Miller, 그리고 Peggy Fletcher 및 Sunstone Foundation에게 빚을 졌다. Bush는 모르몬교와 창조론에 관한 읽을거리를 제공해주었고, Miller는 그 주제에 대한 추가적인 자료들을 나누어주었다. Fletcher와 위의 재단은 나를 솔트레이크 시로 초대해주었고, 모르몬교의 기록들을 연구할 수 있는 기회를 제공했다.

층으로부터 발전해 나왔다"는 주장을 부인했다. 몇 년 후 브리검 영 대학 교수진 중 진화론자로 알려진 몇 명을 대학 밖으로 쫓아내는 이단 사냥이 벌어졌다. 그러나 교회는 여전히 공식적인 입장을 취하지 않았고, 고발된 교수들을 파문하려는 어떤 시도도 하지 않았다. 유타 대학의 지질학자 프레드릭 팩(Frederick J. Pack, 1875-1938)은 1920년대에 "인간의 기원이 유인원"이라는 사실을 포함해 유신론적 진화를 인정하는 책을 저술한 후에도 여전히 모르몬 공동체 안에서 최고로 존경받는 멤버로 남아 있었다.[24]

다가오는 논쟁에 대한 징조들 중 첫 번째 것은 논쟁적인 모르몬교 학자인 브리검 로버츠(Brigham H. Roberts, 1857-1933)가 기념비적인 원고를 썼던 1920년대 후반에 나타났다. 그 글에서 그는 "아담 이전"의 인종이 존재했다가 에덴의 창조 직전에 땅을 깨끗이 씻는 대격변에 의해 파멸되었다고 주장했다. 아담의 타락 이전에 죽음이 있었다는 이 주장은 조지프 필딩 스미스(Joseph Fielding Smith, 1876-1972)의 심경을 불편하게 만들었다. 스미스는 교단 설립자인 예언자의 조카손자였고, 1910년 이래 12사도회

---

24 Duane E. Jeffrey, "Seers, Savants and Evolution: The Uncomfortable Interface," *Dialogue: A Journal of Mormon Thought* 8 (Autumn/Winter 1974): 49 (Young을 인용함); "The Origin of Man," *Improvement Era* 13 (November 1909): 80; Richard Sherlock, "Campus in Crisis: BYU, 1911," *Sunstone* 4 (January-February, 1979): 11-16; Frederick J. Pack, *Science and Belief in God: A Discussion of Certain Phases of Science and Their Bearing upon Belief in the Supreme Being* (Salt Lake City: Deseret News, 1924), p. 196. 모르몬교와 진화에 대해 위에서 인용된 Jeffrey의 논문 외에 다음을 보라. Richard Sherlock, "A Turbulent Spectrum: Mormon Reactions to the Darwinist Legacy," *Journal of Mormon History* 5 (1978): 33-59; Duane E. Jeffrey, "'We Don't Know': A Survey of Mormon Responses to Evolutionary Biology," in *Science and Religion: Toward a More Useful Dialogue*, vol. s, *The Appearance of Man*, ed. Wilford M. Mess, Raymond I. Matheny, and Donlu D. Thayer (Geneva, IL: Paladin House, 1979), pp. 23-27; 그리고 Leonard J. Arrington and Davis Bitton, *The Mormon Experience: A History of the Latter-Day Saints* (New York: Alfred A. Knopf, 1979), pp. 256-61.

(Quorum of the Twelve Apostles)에 속한 멤버였다. 그 그룹은 모르몬교회의 위계질서 안에서 3인으로 이루어진 제1회장단(First Presidency) 바로 아래에 있는 기구였다. 스미스는 10년 넘게 진화는 모르몬교 정통주의와 양립할 수 없는 "어리석은 가설"이라고 비난해오고 있었다. 그는 1920년에 이렇게 썼다. "만일 당신이 예언자 조지프 스미스의 가르침을 수용한다면, 그때 당신은 인간이 하나님의 후손임을 반드시 믿어야 하며, 그와 함께 인간이 올챙이나 바다의 쓰레기 조류로부터 진화하지 않았다는 사실도 믿어야 한다." 그가 발견한, 진화에 대한 프라이스의 비판—그중에서도 특별히 "아담이 없으면 타락이 없고, 타락이 없으면 구속이 없고, 구속이 없으면 구세주도 없다"라는 격언—이 그를 이전보다 더욱 강하게 말할 수 있는 담력을 키워주었다. 정통지질학에 대한 그 홍수지질학자의 비판은 "현대 과학들 중 지질학만큼 교리나 다름없는 신념에 구속되고, 따라서 논리적 대청소를 필요로 하는 것은 달리 없다"는 스미스의 인상을 확증해주었다. 프라이스에게 쓴 편지에서, 스미스는 전투 중인 그 창조론자에게 진화라는 "거짓 이론"이 항복할 때까지 공격을 계속해달라고 재촉했다.[25]

로버츠를 퇴출시키려는 운동의 일환으로, 스미스는 1931년 초에 그의 동료 사도들에게 홍수지질학의 장점들을 설교하기 시작했다. 그때 12사

25 Richard Sherlock, "'We Can See No Advantage to a Continuation of the Discussion': The Roberts/Smith/Talmage Affair," *Dialogue: A Journal of Mormon Thought* 13 (Fall 1980): 63-78; Thomas G. Alexander, Mormonism in Transition: A History of the Latter-day Saints, 1890-1930 (Urbana: University of Illinois Press, 1986), pp. 273-88; Joseph Fielding Smith, "The Origin and Destiny of Man," *Improvement Era* 23 (1920): 375-93; Sherlock, "A Turbulent Spectrum," (아담이 없으면 타락도 없다); J. F. Smith to G. M. Price, February 20, 1931 (집안 청소), George McCready Price Papers, IAdventist Heritage Center, Andrews University. 1898년에 Roberts는 미국 하원의원에서 일부다처제의 실행을 부인했다; Arrington and Bitton, *The Mormon Experience*, p. 184.

도회에 속한 이들 중 적어도 한 명이, 즉 광산 지질학자이자 공학자인 **제임스 탤머지**(James E. Talmage, 1862-1933)가 사기꾼의 냄새를 맡았다. 젊은 시절에 탤머지는 창세기와 지질학 사이의 조화에 관해 모르몬교인들을 계몽시키는 일에 헌신했었다. 그에 따르면, 그것은 "우리들 중 너무 많은 사람들이 잘못 생각하고 있는 주제"였다. 그는 과학 분야에서의 경력을 쌓기 위해 리하이 대학과 존스홉킨스 대학에서 공부했다. 볼티모어(존스홉킨스 대학)에서 공부하는 동안, 그는 일기장에 자신은 "인간의 영혼이 신적 기원을 갖고 있는 것은 분명하지만, 동물의 육체의 진화가 사실일 수 없는 이유를 발견하지 못했다"라고 썼다. 왜냐하면 "관찰된 사실들이 그것을 부정하는 것을 어렵게 만들기 때문이다." 그는 나중에 좀 더 안전한 신학적 근거로 물러났다. 그러나 분명 그는 아담 이전의 인류의 존재에 대한 믿음을 결코 버리지 않았던 것으로 보인다. 그는 모르몬교의 지성인들 중에서는 동료를 거의 찾을 수가 없었다. 1911년에 12사도회의 일원이 되기 전에 그는 말일 성도 대학과 유타 대학의 학장으로 재직했다. 또한 그는 지질학과의 과장도 겸했다. 그는 1896년에 모르몬교도로서는 거의 처음으로 박사학위를 받았다. 그것은 일리노이 웨슬리안 대학이 "거주하지 않고 쓴 논문"에 대해 수여한 학위였다.[26]

12사도들 중 하나로 선출된 후에 탤머지는 지질학 연구를 계속해나갈 여력이 없었다. 그래서 스미스가 프라이스의 "화려한 오락물"을 모르몬교의 지성소 안으로 몰래 반입하려고 시도했을 때, 그는 자신의 아들 스털링

26 Jeffrey E. Keller, "Discussion Continued: The Sequel to the Roberts/Smith/Talmage Affair," *Dialogue: A Journal of Mormon Thought* 15 (spring 1982): 79-98; "James Edward Talmage," in *Latter-Day Saint Biographical Encyclopedia*, ed. Andrew Jenson, 4 vols. (Salt Lake City: Andrew Jenson Memorial Association, 1901-36), 3: 787-9.

(Sterling B. Talmage, 1889-1956)에게 도움을 요청했다. 하버드 대학원을 갓 졸업하고 노스웨스턴 대학에서 조교수로 일했던 스털링은 최근에 뉴멕시코 광산학교의 지질학과 교수단에 합류했다. 1931년 2월에 그는 아버지로부터 긴급 편지를 한 통 받았다. 그것은 조지 맥크리디 프라이스의 명성에 대해 비밀리에 조사해달라는 부탁이 담긴 편지였다. 그는 아들에게 다음과 같이 조심스럽게 썼다. "『새로운 지질학』이라는 책을 구입해 조심스럽게 연구해보고, 그것에 대해 너의 동료들과 의견을 나눠 보거라. 그리고 프라이스가 일반적인 지질학자들의 의견으로는 어떻게 평가되는지 내게 좀 알려다오." 좀 더 명확하게, 그는 프라이스의 반진화주의의 중심 소재로, 논쟁거리가 되고 있는 몬타나와 앨버타의 루이스 충상단층에 대한 의견도 요청했다. 비밀 유지 법칙 때문에 자신이 홍수지질학에 갑자기 관심을 갖게 된 정확한 이유를 밝히지는 않았으나, 탤머지는 최근에 몇몇 모르몬교도들이 "프라이스의 견해에 대해 상당한 신뢰"를 표현했다는 사실을 가리켰다. 그는 프라이스의 새로운 격변설이 비록 우선적으로 노아 홍수와 상관이 있기는 하나, "모르몬경의 진지한 독자들 중 일부에게 이 대륙에서 발생한 지진으로 인한 혼란이 그리스도의 십자가 사건과 직접 관련이 있다는 식으로" 호소할 수도 있다고 걱정했다.[27]

며칠 후 스털링은 자신이 여러 해에 걸쳐 『새로운 지질학』에 대해 들어 왔으나 "그 책이 노스웨스턴이나 다른 어떤 곳에서 코미디적인 요소를 끌어들이지 않고 토론되었다"는 말을 들어본 적이 없다고 응답했다. 코미디에 대한 언급을 하면서 그는 『새로운 지질학』에 대해 그 자신의 농담을

27 J. E. Talmage to S. B. Talmage, February 5, 1931, Talmage Papers, William Lee Stoke 제공.

던지지 않을 수 없었는데, 그것은 그 책이 아무런 "새로운 것"도 그리고 그 어떤 참된 "지질학"도 포함하고 있지 않다는 것이었다. 그는 "이 두 개념을 서로 관련시키면, 그 제목이야말로 그 책의 최고의 부분으로 남게 된다"라고 조롱했다. 더욱 진지한 태도로 스털링은 아버지에게 "그 책도, 그 책의 저자도 미국 지질학자들 사이에서 아무런 자리를 차지하지 못한다"고 확신시켰다. 그는 자신이 프라이스의 책을 교재로 쓰는 학교를 딱 한 군데 아는데, 그곳은 근본주의 학교인 휘튼 대학이라고 했고, 노스웨스턴 대학에서는 "그 책을 공개된 도서관 선반에서 치우는 것의 타당성"에 대한 말까지 나왔다고 전했다. 또한 그는, 자신은 프라이스의 책을 "자만심으로 가득 차 겉만 번지르르한 책들 중 가장 놀라운 책"으로 간주하며, 그 한 권 말고는 그런 것이 책으로 인쇄된 것을 본 적이 없다고 말했다. 충상단층에 관해서는 화석은 말할 것도 없고 암질적(岩質的) 증거만으로도 그것이 그 자리에서 형성된 것이 아니라는 사실이 예시된다고 했다. 그사이에 제임스 탤머지에 이어 유타 대학 지질학과장이 된 프레드릭 팩은 캐나다 지질조사국(Canadian Geological Survey)과 함께 자신들이 충상단층에 관해 알고 있었던 것을 눈으로 보면서 점검하고 있었다.[28]

스털링 탤머지는 자기 아버지에게 그 질문의 배후에 뭐가 있는지 알려달라고 간청했지만, 그 사도는 그저 다음과 같이 말했을 뿐이다. "우리의 열렬한 멤버들 중 몇 명이 창조에 대한 성경의 설명을 옹호하면서 프라이스의 견해를 제시했고, 특히 층서적 순서와 관련해 성급하게 지질학자들의 결론을 저주했단다." 스털링이 자신도 스미스가 프라이스에 대해 열광

28 S. B. Talmage to J. E. Talmage, February 9, 1931, 그리고 J. E. Talmage to S. B. Talmage, February 13, 1931, (Pack), 이상 Talmage Papers.

한다는 것을 알고 있다는 사실을 밝히고 나서야, 비로소 그의 아버지는 그 조사가 아담 이전의 인간에 대한 로버츠-스미스의 논쟁과 관련되어 있다는 것을 알려주었다. 로버츠와 마찬가지로 제임스 스털링도 5931년 된 아담적 인류 이전에 지구상에 생명이 존재했다고 믿었다. 항상 조심스러웠던 그의 아버지는 12사도들 간의 토론 중에 자신이 스미스의 입장에 반대되는 결정적 증거에 대해 "용감무쌍하게 지적했다"고 아들에게 자랑했다. 그는 개인적으로 조지프 스미스가 "아담이 희생제물을 바쳤던 제단"의 일부라고 선언했던 미주리 스프링 언덕에 있는 돌 더미를 조사했고, 그 돌들이 동물의 화석을 포함하고 있는 것을 눈으로 직접 보았다. 그는 이렇게 추론했다. "만일 그 돌들이 첫 제단의 일부가 맞는다면, 아담은 동물의 시체가 든 돌로 제단을 쌓았다는 말이 된다, 그러므로 죽음은 아담 이전에 이미 지구상에 만연해 있었음이 틀림없다."[29]

제임스 탤머지가 스미스를 어떻게 다룰지에 대해 막후에서 조언하는 사람의 명단에 자기 아들의 이름을 올려놓았던 바로 그때, 스미스는 프라이스에게 도움을 청했다. 탤머지가 루이스 충상단층을 문제 삼으면서 프라이스가 과학적 신뢰성을 결여하고 있다고 주장하는 것에 대응해야 한다는 것이었다. 스미스는 늙은 탤머지가 프라이스가 받은 과학 교육을 의심했을 뿐만 아니라, 몬타나와 앨버타의 충상단층의 해석과 관련해 그의 "어리석음"을 조롱했다고 보고했다. 스미스는 프라이스와 그의 이교적인 견해를 옹호하려고 시도했으나, "그러나 나는 지질학자가 아니기에 내가 이 분야의 과학에 대해 말할 때 내 말은 별 설득력이 없습니다"라고 고백했다. 프

29 J. E. Talmage to S. B. Talmage, February 13 and May 21, 1931, 그리고 S. B. Talmage to J. E. Talmage, May 12, 1931, 이상 Talmage Papers.

라이스가 스미스에게 이렇다 할 도움을 주기도 전에, 두려움에 빠진 제1회장단은 사도들의 토론을 연기시키고 무승부를 선언했다. "아담 이전 인간이 존재했다는 것도, 존재하지 않았다는 것도, 교회의 교리를 구성하지 않는다."[30]

솔트레이크 시티에서 "거의 논쟁이 될 뻔했던 아담 이전의 인간"에 대한 자기 아버지의 보고에 자극을 받은 스털링 탤머지는, 자신이 직접 그 싸움판에 뛰어들 기회를 조바심을 내며 엿보고 있었다. 그 주제에 대해 더 많이 생각을 하면 할수록, 그는 교회가 진화의 편을 들어야 한다고 더욱 확신하게 되었다. 그는 오랫동안 모든 비밀을 털어놓고 지냈던 친구 존 위트소(John A. Widtsoe, 1872-1952)에게 이렇게 고백했다. "내 생각으로는, 진화의 **원칙**은, 그것과 관련된 논쟁적이고 가설적인 일부 측면을 별개로 분리시켜서 고려한다면, 믿음을 크게 증진시킬 것으로 보이네." 위트소는 하버드 대학 화학과를 우등으로 졸업하고 괴팅엔 대학에서 생화학 박사학위를 받은 사도였다. 1934년에 드디어 탤머지에게 기회가 왔다. 교회 소유의 신문인 「데저럿 뉴스」(*Deseret News*)가 지구의 고대성을 의문시하는 논문을 실었던 것이다. 부친이 최근에 사망해서 더 이상 구속하는 손이 없는 자유로운 상태가 된 탤머지는 "극도로 격앙된 상태에서" 답변을 휘갈겨 쓴 후 그것을 위트소에게 보냈다. 인쇄되어 나온 탤머지의 주장은 지구의 나이에 대한 오랜 논쟁에 다시 불을 붙였고, 스미스를 자극해 "이방인 선동가"인 휘트니에게 황급히 도움을 요청하도록 만들었다. 「데저럿 뉴스」는, 이사회의 책임자들이 중단시킬 때까지, 몇 차례에 걸쳐 휘트니로부터 온 강력한 주장을 담은 글들을 게재했다. 이사회의 책임자는 그 중단의

---

30 J. F. Smith to G. M. Price, February 12 and 20, 1931, 이상 Price Papers.

이유를 이렇게 설명했다. 휘트니의 원고는 "많은 ___"를 제기했기에 "우리는 이제 놀이를 중단하고 더 좋은 패가 나올 때까지 기다리기로 했다." 휘트니가 잘 보았듯이, 그에 대한 "비판자들은 아주 적절한 때에 브레이크를 걸었다." 그는 만약 자신의 글이 7번이나 8번쯤 계속해서 발표되었더라면, "그 산간 지대의 주들에서 진화의 가르침은 기가 상당히 많이 꺾이게 되었을 것이다"라고 확신했다.[31]

상황을 둔화시키기 위한 휘트니의 영향력이 발휘되지 않는 상태에서, 진화는 실제로 산간 지대의 서쪽에서—적어도 모르몬교 학교들 안에서—번성했다. 그러나 스미스와 그의 창조론 지지자들은 항복하지 않았다. 1954년에 스미스는 그 주제를 둘러싼 몇 해 동안의 침묵을 깨고 『인간: 그의 기원과 운명』(*Man: His Origin and Destiny*)이라는 제목의, 진화를 반대하는 장황한 책을 출간했다. 스미스는 자신의 조부의 형제였던 그 예언자(모르몬교의 창시자—역자 주)로부터 프라이스와 바이런 넬슨(Byron C. Nelson) 같은 비모르몬교인에 이르는 다양한 권위자들을 열거하면서 진화가 비과학적일 뿐 아니라 비모르몬교적임을 입증하려고 노력했다. 한 학자는 그 책을 두고 "모르몬교 역사상 처음으로 과학 전반을 공개적으로 적대시하는 한 권의 책을 갖게 되었다"고 지적했다. 스미스는 "통합보다는 분열을" 선택함으로써 과학적 지식의 타당성을 인정하는 오랜 전통을 깨

---

31 S. B. Talmage to J. E. Talmage, June 15, 1931 (거의 논쟁), S. B. Talmage to J. A. Widtsoe, April 17, 1934 (진화와 격앙), S. O. Bennison to W. W. Henderson, Jult 12, 1934 (Whitney 시리즈의 중지), 그리고 D. J. Whitney to S. B. Talmage, September 29, 1934 (산간 지대의 주들), 이상 Talmage Papers. Sterling B. Talmage, "Can We Dictate God's Times and Methods?" *Deseret News*, April 14, 1934, pp. 3, 5, April 21, 1934, pp. 3, 6. *Deseret News*에 실은 Whitney 시리즈는 "The First Creation of the Universe," June 9, 1934, p. 8과 함께 시작했다. Widtsoe에 대해서는 Arrington and Bitton, *The Mormon Experience*, pp. 310-14을 보라.

뜨렸으며 그 이후 수십 년 동안 모르몬교를 관통하며 메아리치게 될 "종교적 근본주의의 물결에 불을 붙였다." 비록 교회의 총회장은 그 책이 정식 승인을 받은 것이 아니라고 힘주어 말했지만, 많은 모르몬교인들은 그렇게 생각하지 않았다. 1965년에 스미스가 모르몬교회의 제1회장단의 자리에 오르고 그 후 5년 후에 회장직에 오른 것은 그런 인상에 신뢰를 더해주었다. 또한 그로부터 3년 후에 스미스의 사위 브루스 맥컨키(Bruce R. McConkie, 1915-1985)가—비공식적이기는 하지만—권위 있는 어조로 쓴 책 『모르몬교 교리』(*Mormon Doctrine*, 1958)를 통해 그것을 인정한 것 역시 비슷한 효과를 낳았다. 모르몬교 역사상 가장 많이 팔린 책들 중 하나인 그 책에서, 맥컨키는 장인을 따라 지구 상의 생명의 역사를 수천 년으로 제한하고 또한 과학과 계시를 화해시키기 위해 홍수지질학에 호소했다. 그는 계시된 종교를 생명 진화와 조화시키고자 하는 이들을 "악마적"(devilish)이라고 부르며 저주했다.[32]

스미스의 책이 교회를 "옹호될 수도 없고, 옹호되어서도 안 되는 입장"으로 끌고 갈 것을 걱정했던 모르몬교인 과학자들이 항의했으나, 그들은 유타 대학의 금속학 교수이자 고에너지 폭발에 관하여 국제적으로 인정받는 전문가인 멜빈 쿡(Melvin A. Cook, 1911-)의 강력한 지지를 저지하지 못

---

32 Joseph Fielding Smith, *Man: His Origin and Destiny* (Salt Lake City: Deseret Book Co., 1954); Jeffrey, "Seers, Savants and Evolution," pp. 65-6, 75 (인간); D. O. McKay to W. L. Stokes, February 15, 1957 (승인되지 않음), Stokes Papers, William Lee Stokes 제공; Arrington and Bitton, *The Mormon Experience*, p. 340 (Smith); Bruce R. McConkie, *Mormon Doctrine* (Salt Lake City: Bookcraft, 1958), pp. 229-38, 268; Bruce R. McConkie, "The Seven Deadly Heresies," BYU 14-stake Fireside, June 3, 1980 (악마적), Robert L. Miller의 사본 제공. McConkie에 대해서는 다음을 보라. David John Buerger, "The Theological Influence of Bruce R. McConkie," 출판되지 않은 문서, Sunstone Theological Symposium, Salt Lake City (August 25, 1984)에서 낭독됨.

했다. 스미스의 책 『인간』의 서문에서 쿡은 저자의 과학적 정교함과 자신의 결론의 타당성을 보증했다. 이 추천사는 많은 모르몬교인 과학자들을 격노하게 만들었고, 쿡을 창조-진화 논쟁의 중심으로 내몰았다. 예일 대학에서 화학 박사학위를 받았음에도 쿡은 처음에는 자신이 "철학자들과 지구과학자들의 공격에 맞설 준비가 되어 있지 않다"라고 느꼈다. 그러나 "패배당한 것처럼 보이는 것"이 싫었던 그는 "지구과학과 생명과학에 대한 **독학**에 깊이" 빠져들었다. 그 결과 그는 방사능 시간 기록계의 유효성을 의심하게 되었고, "노아 홍수가 대부분의 화석 기록들과 지층들의 층위의 원인"이라는 결론에 도달했다. 그는 창조의 각각의 날을 1천 년으로 해석하는 모르몬교의 관습을 따르면서 지구의 나이가 대략 1만 3천 년이라고 계산했다.[33]

1960년대 초에 쿡은 자신이 모든 방사성 탄소 연대 측정법에 의한 시간이 1만 3천 년까지 "짧아져야 한다"고 공표하기에 충분할 만큼 필요한 정보를 수집했다고 느꼈다. 유타 대학의 대학원장이자 모르몬교인 과학자 그룹의 수장이기도 했던 헨리 어링(Henry Eyring)을 포함한 그의 동료들은 그 독불장군 야금학자와 거리를 두기 시작했다. 유타 대학 지질학과의 대표들은 쿡의 논문이 "최악의 사이비 과학"이라며 비난했고, 그의 지질학이 "거의 웃음거리가 될 정도의 실수로 가득 차 있다"며 무시했다. 그러나 쿡

---

33 W. L. Stoke to Henry Erying, December 14, 1954 (조소), Stokes Papers; Melvin A. Cook, *Introduction to Man*, by Smith, pp. vii-ix; Melvin A. Cook, *The Autobiography of Melvin A. Cook*, 2 vols. (Salt Lake City: Author, 1973-77), 2:230 (1만 3천 년), 327 (독학), 469 (노아 홍수). Melvin A. Cook이 내게 그의 책들을 빌려주어 신세를 졌다. Stokes 자신의 고유한 입장에 대해 다음을 보라. William Lee Stokes, *The Creation Scriptures: A Witness for God in the Scientific Age* (Salt Lake City: Starstone Publishing Co., 1979). 이 책은 다음에서 비모르몬 버전으로 출판되었다. *The Genesis Answer: A Scientist's Testament for Divine Creation* (Englewood Cliffs, NJ: Prentice-Hall, 1984).

은 잠자코 있으려 하지 않았다. 몇 년 후 그는 창조론과 관련된 책 두 권을 빠른 속도로 연속해서 출간했다. 진화에 대한 세밀한 비판서인 『선역사와 지구의 모델들』(*Prehistory and Earth Models*, 1966)과 "말일성도교회의 문자주의적 관점"으로 홍수지질학을 방어하려는 『과학과 모르몬교』(*Science and Mormonism*, 1967)가 그것들이었다. 후자는 모르몬교 신학자인 스미스와 맥컨키에 대한 과도한 칭찬과 모리스와 버딕 같은 창조과학자들에 대한 인용으로 범벅이 되어 있었다.[34]

램머츠가 그 저서들을 발견했을 때, 그는 쿡을 창조연구회(CRS)에 가입하도록 초청했다. 그 연구회는 "엄격하게 초교파적이고" 따라서 "멋진 모르몬교 회원"을 포함할 수 있다고 했다. 곧바로 쿡은 「창조연구회 계간지」(*CRS Quarterly*)에 그 연구회의 가장 뛰어난 말일 성도 회원의 자격으로 원고를 기고했다. CRS의 몇몇 리더들은 그의 신학을 싫어했지만, 그들은 그의 과학적 전문성의 가치와 특별히 점점 더 커져가는 그의 명성을 높이 평가했다. 「계간지」가 처음으로 쿡의 이름을 실었던 바로 그해에, 쿡은 폭발 분야에서 현저한 업적을 낸 사람에게 주는 니트로 노벨 금메달(Nitro Nobel Gold Medal)을 수상했다. 「계간지」는 그를 소개하면서 그가 발명한 슬러리(slurry, 시멘트나 흙 등에 물을 섞은 현탁액) 또는 함수 폭약(water-gel

---

34 Melvin A. Cook, "Continental Drift: Is Old Mother Earth Just a Youngster?" Utah Alumnus (September-October 1963): 10-12; W. Lee Stokes 외 몇 사람, 편집자에게 보낸 편지, ibid. (December-January 1963-64): 4; Melvin A. Cook, *Prehistory and Earth Models* (London: Max Parrish, 1966); Melvin A. Cook and Melvin Garfield Cook, *Science and Mormonism: Correlations, Conflicts and Conciliations* ([Salt Lake City]: Deseret News Press, 1967), pp. viii, 97, 145, 149. Eyring에 대해 다음을 보라. Edward L. Kimbell, "Harvey Fletcher and Henry Eyring: Men of Faith and Science," *Dialogue: A Journal of Mormon Thought* 15 (Autumn 1982): 74-86; Steven H. Heath, "The Reconciliation of Faith and Science: Henry Eyring's Achievement," ibid., pp. 87-99.

explosives)이 "아마도 노벨이 다이너마이트를 발명한 이래 상업적 폭약 분야에서 가장 획기적인 것"이라고 서술했다. 이로써 창조론자들은 그들 자신의 (니트로) 노벨상을 갖게 되었다.[35]

다른 개신교파들, 가톨릭교회, 그리고 유대인들

1980년대 말에 좌절한 어느 근본주의자는 "단 하나의 기독교 교파나 단체"도 아직까지 최근의 특별 창조를 기본적인 교리로 채택하지 않았다고 말했다. 어느 정도 과장된 그런 관찰에 기초해 그는—의심할 바 없이 정확하게—"기독교인의 절대 다수는 여전히 6일간의 창조 교리가 기독교적인 영성 생활과 관련이 있다고 믿지 않는다"는 결론을 내렸다.[36] 우리가 보았던 것처럼 많은 창조론자들, 특히 성결 운동과 오순절 전통에 속한 창조론자들은 창세기에 대한 간격 이론과 날-시대의 해석을 포기하라는 홍수지질학자들의 요청을 거부했다. 홍수지질학자들이 특별히 실질적인 소득을 얻은 교단은 침례교, 제7일안식일예수재림교회, 그리고 루터교 등이었다. 또한 약간의 성과가 그리스도의 교회로부터 보수적인 장로교회

---

35 W. E. Lammerts to M. A. Cook, May 24, 1967, in Cook, *Autobiography*, 2:285-6, 301 (노벨 인용); D. T. Gish to D. A. Young, August 8, 1972 (Cook의 신학), Young Papers, David A. Young 제공. 또 다음도 보라. Melvin A. Cook, "Radiological Dating and Some Pertinent Application of Historical Interest: Do Radiological 'Clocks' Need Repair?" *Creation Research Society Quarterly* 5 (1968-69): 69-77; Melvin A. Cook, "William J. Meister Discovery of Human Footprint with Trilobites in a Cambrian Formation of Western Utah," ibid., p. 97; 그리고 Melvin A. Cook, "Carbon-14 and the 'Age' of the Atmosphere," ibid., 7 (1970-71): 53-6.

36 Gary North, *Is The World Running Down? Crisis in the Christian Worldview* (Tyler, TX: Institute for Christian Economics, 1988), p. xiv.

들 중 몇 교단—특별히 남부 지역의—에 이르는 개신교 그룹 안에서 발견될 수 있었다.

신약성경적인 기독교의 회복에 전념했던 그리스도의 교회는 언제나 창세기에 대한 비알레고리적 이해를 선호했지만, 반드시 지구 역사를 몇천 년으로 제한하는 해석을 택하지는 않았다. 그리스도의 교회의 설교학 교수였고 한때 진화반대운동(EPM)을 대변했던 제임스 베일즈(James D. Bales)는 홍수지질학을 결코 지지하지 않았다. 그러나 1960년대에 그리스도의 교회에 속한 많은 과학자들이 창조연구회(CRS)에 가입했다. 『생물학: 복잡성 안에서 질서 찾기』(*Biology: A Search for Order in Complexity*, 1972)라는 책을 준비했던 CRS의 교재 준비 위원회에는 그리스도의 교회에 속한 고등학교 생물 교사 리타 워드(Rita Rhodes Ward)뿐만 아니라, 그리스도의 교회 소속 대학들에 재직 중인 세 명의 생물학자도 포함되어 있었다. 1972년에 이 교수들은 베일즈와 다른 동료 신봉자들과 함께 진화에 반대하는 프라이스의 논증에 매료된 그리스도의 교회의 한 목회자가 편집한 책 『진화에 대한 비판적 관점』(*A Critical Look at Evolution*, 1972)을 제작하는 일에 참여했다. 그 후에 나타난 그리스도의 교회에서 가장 노골적인 창조론 지지자는 찰스 톰슨(Charles Albert Thompson, 1949)이었다. 음식 미생물학자로서 텍사스 A&M 대학에서 잠시 가르쳤던 그는 창조론을 대중화하기 위해 「사이언스다이제스트」(*Science Digest*)에 종종 안내 광고를 싣기도 했다. 1980년대 초에 그와 그의 목회자 친구인 웨인 잭슨(Wayne Jackson, 1937)은 「이성과 계시」(*Reason & Revelation*)라는 제목의 새로운 잡지를 발행하기 시작했다. 그것은 젊은 지구론을 그리스도의 교회 전체에 퍼트리려는 것이었다. 그 형제 공동체 안에서 과학적 창조론을 거부했던 멤버들, 예를 들어 애빌린 기독 대학 과학부의 몇몇 교수들은 자신들에게

"진화론자" 또는 그보다 더 나쁜 이름이 붙여져 있는 것을 알게 되었다. 톰슨과 잭슨은 휘트컴과 모리스의 노선을 따랐는데, 한 가지만큼은 예외였다. 그들은 "순수한 성경적 창조론"을 "모종의 '전천년설'의 가정"과 연결시키는 것을 거부했다.[37]

종종 "기독교 재건주의자들"(Christian Reconstructionist)이라고 불리는 근본주의적 극단주의 그룹은 종말론 문제와 관련하여 휘트컴과 모리스의 입장과 결별했다. 정통 장로교 목회자인 루서스 러쉬두니(Rousas J. Rushdoony)가 1960년대에 시작한 이 후천년주의 운동(postmillennial movement)은 사회의 완전한 기독교화를 지향했다. 재건주의자들은 궁극적으로 구약성경의 율법에 기초한 전체주의적 정부의 수립을 기대했는데, 그 율법에 따르면 어떤 범주의 죄인들은—동성애자, 안식일 위반자, 구제불능의 어린이들을 포함해—사형에 처해질 수도 있다고 했다. 그들의 전

---

37 James D. Bales의 1985년 3월 25일자 인터뷰; John N. Moore and Harold Schultz Slusher, *Biology: A Search for Order in Complexity* (Grand Rapids, MI: Zondervan, 1970), pp. xvi-xvii (Russell C. Artist, H. Douglas Dean, and Jack Wood Sears); Robert S. Camp, ed., *A Critical Look at Evolution* (Atlanta: Religion, Science, and Communication Research and Development Corporation, 1972); [Bert Thompson], "In the News," *Reason & Revelation* 2 (July 1982): 페이지 없음; Bert Thompson, *Is Genesis Myth? The Shocking Story of the Teaching of Evolution at Abilene Christian University* (Montgomery, AL: Apologetics Press, 1986); Wayne Jackson, "Premillennialism and Biblical Creationism," ibid. 5 (May 1985): 페이지 없음. 다음도 보라. Bert Thompson, *Theistic Evolution* (Shreveport, LA: Lambert Book House, 1977); and Bert Thompson, *The History of Evolutionary Thought* (Forth Worth, TX: Star Bible & Tract Corporation, 1981). 홍수지질학에 대한 그리스도의 교회(Church of Christ)의 비판을 다음에서 보라. David E. Koltenbah, "Concerning the Creation Research Society, the Book Genesis Flood, and 'Flood Geology,'" *Truth Magazine* 15 (1970): 39-43, 51-5. 나는 James D. Bales, Craig Meyer, 그리고 Steve Wolfgang에게 빚을 졌다. Bales는 Reason & Revelation을 선물로 기부해주었고, Meyer는 그리스도의 교회에 대한 나의 인상을 분명하게 만들어주었으며, Wolfgang은 몇 가지 문서들을 내게 보내주었다.

제주의적(presuppositionalist) 인식론은 그들로 하여금—휘트컴이 그랬던 것처럼—과학적 창조론을 성경적 창조론의 타락으로 간주하도록 만들었다. 여러 해 동안 재건주의자들은 휘트컴과 모리스의 노력에 갈채를 보냈었다. 1960년대 초에 러시두니는 직접 『홍수지질학』의 출판을 중재했고, 그 운동권 안에서 중요한 목소리를 내던 그의 사위이자 경제학자인 개리 노스(Gary North, 1942)는 휘트컴과 모리스가 "창세기의 6일간의 창조를 되살려내는 데 가장 중요한 책"을 저술했다고 인정했다. 그러나 1980년대 말에 노스는 창조론자들이 진화에 반대하는 그들의 논증을 열역학 제2법칙이라는 "휘청거리는 기둥" 위에 세운 것에 대해 날카롭게 비판했다. 아담의 타락을 강조하면서 그는 과학적 창조론자들이 엔트로피의 법칙이 거짓임을 드러낸 예수 그리스도의 부활을 간과했다고 주장했다. 비록 노스는 창조론적 호교론을 세우는 과정에서 과학이 수행하는 역할을 거의 인정하지 않았으나, 그럼에도 그는 창조론이 구체적으로 눈에 보이는 기술적 유익을 산출하기를 기대했다. 그는 아쉬워하면서 이렇게 썼다. "만일 6일 창조론이 진화론의 방법이 행하는 것보다 비용을 덜 들이면서 석유와 광물의 퇴적된 위치를 찾아내는 데 사용될 수 있다면, 우리는 진화론이 내던져지는 것을 보게 될 것이다. 우리에게 필요한 것은 진화론이 우리보다 시추에서 더 많이 실패하는 것이다."[38]

---

38 R. R. Clapp, "Christian Reconstructionism," in *Dictionary of Christianity in America*, ed. Daniel G. Reid (Downers Grove, IL: InterVarsity Press, 1990), pp. 977-8; Thomas Allen McIver, "Creationism: Intellectual Origins, Cultural Context, and Theoretical Diversity" (Ph.D. dissertation, University of California, Los Angeles, 1989), pp. 548-73; Morris, *History of Modern Creationism*, p. 154 (Rushdoony); Gary North, *The Dominion Covenant: Genesis*, vol. 1, An Economic Commentary on the Bible, rev. ed. (Tyler, TX: Institute for Christian Economics, 1987), pp. v, 385 (대단히 중요한 책); North, *Is the World Running Down*, pp. x-xv (엔트로피와 석유).

20세기 후반 50년 동안 엄격한 창조론을 묵시적인 여호와의 증인(Jehovah's Witnesses)과 범세계적 하나님의 교회(Worldwide Church of God)보다 더 많이 진전시킨 개신교 교단은 없다. 이 두 교단은 제7일안식일예수재림교회와 함께 동일한 천년왕국설의 가족 교단들이다. 여호와의 증인은 재림 기독교회(Advent Christian Church)로부터 간접적으로 파생되었는데, 후자는 제7일안식일예수재림교회와 마찬가지로 1840년대의 밀러파 운동(Millerite Movement)의 타고 남은 재로부터 성장했다. 범세계적 하나님의 교회는 하나님의 교회를 경유해 나온 제7일안식일예수재림교회의 제3세대 교단이다. 이 두 교단은 모두 종종 과학적 창조론자들의 논증과 증거에 신세를 지고 있으나, 홍수지질학에 대해서는 애매모호한 태도를 취했고, 그것을 전파하려는 사람들에게 적대적이었다. 듀안 기쉬는 그들에 대한 창조론 진영의 공통의 태도를 다음과 같이 요약했다. "물론 그들은 우리와 아무것도 함께하려고 하지 않습니다. 그러니 우리 역시 그들과 아무것도 함께하지 않을 것입니다."[39]

여호와의 증인은 그들의 사촌인 제7일안식일예수재림교회와 함께 지구상의 생명의 기원을 1만 년으로 제한하는 반면에 우주의 태고성은 수월하게 인정했다. 어떤 주석적인 복잡한 계산 끝에 그들은 창세기의 "날들"을 각각 7천 년의 기간으로 해석했고, 따라서 지구의 역사는 4만 8천 년(6번의 7천 년의 날들 더하기 아담과 하와 이후의 6천 년)으로 확장되어야 한다고 주장했다. 여호와의 증인 운동의 설립자들은 그들의 지질학을 펜실베이니아의 퀘이

---

39 Duane T. Gish의 1980년 10월 26일자 인터뷰. 다음도 보라. M. James Penton, *Apocalypse Delayed: The Story of Jehovah's Witness* (Toronto: University of Toronto Press: 1985); and Lowell Tarling, *The Edges of Seventh-day Adventism* (Barragga Bay, Australia: Galilee Publication, 1981), pp. 41-62 (Armstrong).

커 교도였던 한 교사로부터 빌려왔다. 그의 이름은 아이작 뉴턴 베일(Isaac Newton Vail, 1840-1912)이었는데, 그는 성운설(nebular hypothesis, 원시 태양을 둘러싸는 태양계 성운에서 행성이 생겼다고 하는 가설—역자 주)로부터 그가 부르는바 지구 역사의 환상 시스템(annular system)에 이르기까지 다채로운 상상을 펼쳤다. 베일에 따르면, 지구는 본래 토성과 같이 수증기로 된 고리들 또는 덮개들로 둘러싸여 있었다. 그것들이 하나씩 차례로 지구 위로 붕괴되었고, "알려지지 않은 간격에 의해 분리된 엄청나게 거대한 대격변"을 통해 화석들을 파묻었다. 노아의 대홍수는 그 수증기 덮개들 중 마지막 남은 것이 무너진 결과다. 비록 지질학적으로 중요하기는 하지만, 베일이 구상한 체계 안에서 홍수는 프라이스가 할당했던 것보다 훨씬 적은 분량의 화석만을 규명한다.[40]

진화와 다른 이단들에 대한 두려움 때문에 "파수대 성경과 소책자 협회"(Watchtower Bible and Tract Society, 여호와의 증인은 법적으로 그렇게 불린다)의 리더들은 그들의 젊은이들을 법이 요구하는 기간만큼만 학교에 출석시키고, 그 이후에는 학교를 단념하도록 만들었다. 그 결과 그 교단은—간혹 성인들이 전향했던 경우들 외에는—그런 전문적인 주제를 세련된 방식으로 다룰 능력이 있는 그 어떤 과학자나 학식 있는 사람을 배출하지 못했다. 진화에 대한 「파수대」(*Watchtower*)의 문헌들 대부분은 익명

---

40 Penton, *Apocalypse Delayed*, pp. 196-7; J. F. Rutherford, *Creation* (Brooklyn: Watch Tower Bible and Tract Society, 1927), pp. 31-5 (Vail); Isaac N. Vail, *The Earth's Annular System; or, The Waters above the Firmament* (Pasadena, CA: Annular World Co., 1912), 인용문은 pp. 72, 110. Vail은 자신의 견해를 다음 책으로 출판했다. *"The Waters above the Firmament": The Earth's Aqueous Ring; or, The Deluge and Its Cause* (West Chester, PA: F. S. Hickman, 1874). Vail은 다음에서 퀘이커 교도로 확인된다. Donald Wesley Patten, *The Biblical Flood and the Ice Age: A Study in Scientific History* (Seattle: Pacific Meridian Publishing Co., 1966), p. 16.

으로 만들어졌다. 20세기 후반에 여호와의 증인은 엄청난 양의 반진화론적인 소책자들을 만들어 배포했다. 『인간이 여기 있는 것은 진화에 의해서인가, 아니면 창조에 의해서인가?』(*Did Man Get Here by Evolution or by Creation?*, 1967)는 브루클린에서 1천8백만 부가 인쇄되어 배포되었다. 그 책자는 1985년에 확대 개정되어 초판 2백만 부를 찍었다. 그와 같이 아낌없이 배부된 팸플릿에서 여호와의 증인들은 과학적 창조론의 많은 논증들을 재활용했으나 홍수지질학으로부터는 멀어졌다. 그들은 "날들"을 문자적으로 이해하지 않았고 "인간보다 수천 년 앞서서" 동물들이 창조되었다고 믿었으며, 베일을 따라서 홍수는 "기후와 대륙의 거대한 변화를 일으킨 여러 번의 대격변들" 중 하나라고 이해했다.[41]

범세계적 하나님의 교회는 한 사람의 노력을 통해 발전되어 나타났다. 하나님의 교회(제7일)의 진취적 설교가였던 허버트 암스트롱(Herbert W. Armstrong, 1892-1986)은 1930년에 독립적인 목회를 시작했는데, 그것은 전세계에서 토요일을 안식일로 지키는 기독교인들의 가장 큰 모임들 중 하나가 되었다. 1980년대 중반에 그가 세상을 떠났을 때, 그가 발행하는 「명백한 진리」(*Plain Truth*)라는 제목의 잡지는 7백50만 부 이상 유통되었으며, 그의 라디오와 텔레비전 프로그램인 "내일의 세계"(The World

---

41 Penton, *Apocalypse Delayed*, pp. 270-4 (교육); Christopher P. Toumey, "The Social Context of Scientific Creationism" (Ph.D. dissertation, University of North Carilina, 1987), chapter 6; McIver, "Creationism," pp. 476-7; *Evolution versus the New World* (Brooklyn: Watchtower Bible and Tract Society, 1967); *Life-How Did It Get Here? By Evolution or by Creation?* (Brooklyn: Watchtower Bible and Tract Society, 1985). 나는 여호와의 증인인 사람 중에서 오직 두 명의 잘 알려진 창조론자를 발견했는데, 한 사람은 교육자인 Jerry Bergman이었고, 다른 사람은 수의사였던 Randy L. Wysong이었다. 두 사람 모두 창조론자 그룹 안에 남지 않았다. 이에 대해서는 다음을 보라. R. L. Wysong, *The Creation-Evolution Controversy: Toward a Rational Solution* (Midland, MI: Inquiry Press, 1976).

Tomorrow)는 수백만 명이 청취하고 시청했다. 일찍이 어느 진화론자와의 만남(그리고 그의 부인이 제7일안식일예수재림교회를 발견한 것)이 그를 집중적인 성경 탐구로 이끌었고, 그 결과 그는 7가지의 근본적 교리의 목록을 만들어냈다. 하나님의 존재에 대한 확증 바로 다음에 오는 제2교리는 "진화는 거짓 이론-실수-으로 입증되었다"였다. 일부 간격 이론가들처럼 암스트롱과 그의 추종자들도 사탄과 타락한 천사들이 살았던 오랜 지구의 존재를 인정했다. 비록 그들은 때로는 창조과학자들의 저술에 많이 의존했지만, 암스트롱과 함께 했던 사람들은 창조론을 주로 성경적 근거에서 옹호했고, "성경적 진리를 희석하여 과학 이론과 같게 만들어서 과학자들을 만족시키는 것"을 거부했다.[42]

홍수지질학은 보수적인 개신교회와 모르몬교의 성전들이라는 한정된 지역 밖에서는 거의 전파되지 못했다. 로마 가톨릭교회는 겨우 몇 명의 창조론 동조자만 배출했다. 예를 들어 캘리포니아 남부 앤더슨 출신의 호흡기 치료사 폴 엘웽거(Paul Ellwanger)가 있는데, 그는 창조론 법안을 입안했고, 그것은 1981년에 아칸소 주 의회에 의해 채택되었다. 또 켄터키 주 루이빌에 있는 가톨릭 대학의 참고 도서관 직원이었던 폴라 헤이(Paula Haigh, 1926-)는 1970년대 중반에 잠시 활동하다 사라진 가톨릭창조연구센터(Catholic Center for Creation Research)를 설립했고, 잠깐 동안 「가톨릭 창조론자」(*Catholic Creationist*)라는 잡지를 편집하기도 했다. 헤이는 자신

---

42 McIver, "Creationism," pp. 479-81 (7,500,000); Tarling, *The Edge of Seventh-day Adventism*, pp. 42-3 (근본주의적 교리); Christopher P. Toumey, "Sectarian Aspects of American Creationism," *International Journal of Moral and Social Studies* 5 (1990): 116-42, 성경적 진리에 대한 인용은 P. 135. Toumey의 논문은 여호와의 증인의 탁월한 분석과 전세계의 하나님의 교회(Church of God)의 진화에 대한 입장도 포함하고 있다.

이 "헨리 모리스 박사, 듀안 기쉬 박사, 그리고 다른 창조과학들의 제자"라고 말하며 다녔고, 동료 가톨릭교인들을 무기력한 상태로부터 창조론 쪽으로 일깨우기 위해 고군분투했다. 1년간 쉴 새 없이 노력했음에도, 그녀는 자신이 "공적으로 나서서 진화를 반대하고 창조론을 옹호하는 글을 써줄 가톨릭 신학자나 철학자나 과학자 또는 어떤 팀을 여전히 기다리는 중임"을 발견했다. 하지만 그 기다림은 아무런 소용이 없었다. 왜냐하면 몇 년 후 그녀의 조직은 지원 부족으로 소멸했기 때문이다.[43]

오직 예수 그리스도를 구세주로 고백한 사람만 가입을 허용한다는 창조연구회의 엄격한 정책은 기독교인이 아닌 창조론자들을 창조과학의 주변에 머물게 하거나 배후로 밀어냈다. 비록 많은 정통 유대인들은 토라가 문자적 사실이라고 여겼지만, 그들은 그 본문에 대한 과학적 창조론자들의 이해를 거의 따르지 않았다. 기독교 창조론자들에게 일정 부분 공감했던 한 유대교 작가는 이렇게 선언했다. "유대교에 속한 어느 누구도 기독교 근본주의자들이 주장하는 창조론 버전에 동의하지 않는다." 그러나 때로는 유대교 자유주의자들조차 과학적 권위에 굽실거리기를 거부하는 근본주의자들에게 찬사를 보내기도 했다. 자유주의적 성향의 유대교 저널

---

43 Paula Haigh, *What's Wrong with Evolution* (Louisville, KY: Catholic Center for Creation Research, 1975); Catholic Center for Creation Research, *Newsletter* 1 (May-June 1976): 13 (제자); "One Year of the CCCR Newsletter," ibid, 1 (July-August 1976): 1 (기다림). 1978년 봄경에 Haigh는 California의 San Hose로 이사했고, 자신의 Newsletter의 이름을 *Catholic Creationist: Journal of the Catholic Center for Creation Research*로 바꾸었다. 다음을 보라. Paula Haigh, "Outline of Thomistic Principle on Creation That Prove the Imposibility of Theistic Evolution," *Creation Research Society Quarterly* 15 (1978-79): 210-11. Ellwanger에 대해 다음을 보라. Morris, *History of Modern Creationism*, p. 288; 그리고 Edward J. Larson, *Trial and Error: The American Controversy over Creation and Evolution* (New York: Oxford University Press, 1985), pp. 129, 150-6.

인 「티쿤」(*Tikkun*)에서 한 기고자는 이렇게 썼다. "그들의 고지식한 내용이 아무리 불합리하다고 할지라도, 그리고 그런 견해들이 우익 군사주의 및 반공산주의와 결합되고, 권위주의적인 신을 위해 말하려는 목적을 지닌 근본주의 설교자들의 비굴한 굴종주의와 결합되는 것이 아무리 악한 일이라고 할지라도, 과학의 헤게모니를 진리의 특권적 원천으로 인정하려 하지 않는 그들의 거부에는 칭찬할 만한 무언가 올바른 것이 들어 있다." 종종 유대인 창조론자들은 진화에 반대되는 증거들을 자신들의 기독교측 파트너들과 공유하기도 했다. 예를 들어 1983년에 네게브에 있는 벤구리온 대학 출신의 어느 이스라엘 사람이 미국에 있는 창조연구회에 최근 예루살렘에서 있었던 정통파 유대인 과학자들의 모임에 관한 소식을 전했는데, 그 모임에서 소위 파충류와 조류를 연결한다는 과도기의 시조새가 부정직한 화석 견본에 근거하고 있다는 증거가 제시되었다고 알려주었다. 그러나 대체로 유대인들은 과학적 창조론의 넘실대는 물결에 영향을 받지 않은 채로 남아 있었다.[44]

---

44 "Creationism vs. Evolution: Radical Perspectives on the Confrontation of Spirit and Science," *Tikkun* 2, no. 5 (1987): 55 (아무도 동의하지 않음); Peter Gabel, "Creationism and the Spirit of Nature," ibid., pp. 55-63, 헤게모니에 관한 인용문은 p. 59; Moshe Trop, 편집자에게 보낸 편지, *Creation Research Society Quarterly* 20 (1983-84): 121-2 (시조새); McIver, "Creationism," pp. 342-9. 나는 내 친구 Todd L. Savitt이 *Tikkun*에 관련된 자료를 보내준 것에 대해 감사한다.

1. 1980년부터 1990년대에 이르러 영향력이 더욱 커진 홍수지질학자들은 "창조론자들"이라는 명칭을 얻었다. 레이건 대통령 후보도 유세 중에 공립학교에서 진화론과 창조론을 함께 가르쳐야 한다고 말했지만, 그 용어는 오랜 지구론과 젊은 지구론자들을 구분하지 않았고, 보통 사람들은 창조론자들이 무슨 말을 하는지 모르고 있었다.

2. 1962년 제7일안식일예수재림교인인 프라이스는 홍수지질학을 옹호하는 루터교인의 글을 읽고 동료 마쉬에게 "루터교인이 홍수지질학에서 우리 안식교인들보다 앞서 나가는 것일까요?"라고 물었다. 미주리의 루터교인들은 그 정도로 강하게 창조론을 옹호하면서 진화에 반대했다.

3. 문자적 창조론의 포기를 그리스도의 육체적 부활에 대한 의심과 연결 짓는 이단적 추론은 미주리 루터교에서 시작되었다.

4. 웨슬리안 계열과 성결 운동 공동체는 창조보다 구원을 더 중요한 문제로 여겼다. 이들은 주로 간격 이론이나 날-시대 이론을 선택했다.

5. 오순절주의자들은 20세기 초에 근본주의자들과 거의 동시에 생겨났지만, 양자는 서로를 불신했다. 그 결과 처음에 홍수지질학은 오순절교회에 아무런 영향도 끼치지 못했다. 그러나 1980년대에 이르러 은사주의 그룹의 책들에서 홍수지질학을 옹호하는 글들이 나왔다.

6. 모르몬교 안에서 진화론은 처음에 별문제가 없었다. 하지만 1965년에 총회장 스미스의 사위 브루스 맥컨키는 모르몬교 교리와 홍수지질학을 결합한 책을 출간했다. 이에 모르몬교인 과학자들이 항의했으나, 유타 대학의 다이너마이트 전문가이자 금속학 교수인 멜빈 쿡의 저지에 가로막혔다.

7. 1960년대에 그리스도의 교회에 속한 많은 과학자들이 창조연구회에 가입했다. 재건주의자들은 휘트컴-모리스와 결별했으나, 제7일안식일예수재림교회와 함께 천년왕국설의 가족 교단들인 여호와의 증인과 하나님의 교회는 20세기 후반에 엄격한 창조론을 진전시켰다.

8. 가톨릭교회와 유대교는 과학적 창조론의 영향을 거의 받지 않았다.

제16장

고향과 해외에서 약진하는 창조론

The Appeal of Creationism at Home and Abroad

1960년대 초에 나타난 창조론의 부흥은 처음에는 가장 보수적인 교회들의 신도석 너머에서는 거의 관심을 끌지 못했다. 대다수 과학자들과 교육가들은 1960년대 말과 1970년대 초에 캘리포니아에서 벌어진 교과서 논쟁이 어느 생물학자가 "그런 맹공격으로부터 교실의 순수성을 보호해야 할 필연성"이라고 불렀던 것에 대해 주의를 환기시키기 전까지는, 점차 성장하고 있던 그 운동에 대해 별다른 의식을 갖고 있지 않았다. 1972년 미국과학아카데미(National Academy of Sciences, NAS)와 미국과학진흥협회(American Association for the Advancement of Science, AAAS)는 창조론에서 발견되는 것과 같은, 과학과 종교의 혼합에 반대하는 성명을 발표했다. 그러나 대부분의 과학자들은 조용히 전장 밖에 머물렀다. 몇몇 사람들은 자신들이 창조론 지지자들에게 반응했다가 무심코 그들을 합법화시켜주게 될 것을 염려했다. 다른 사람들은 의견이 다른 상대를 억압하는 것이 될까봐 대응을 삼갔다. 그러나 또 다른 사람들은 창조론자들은 "팝콘 상자에서 박사학위를" 주워온 사이비 과학자 무리라고 놀려대며 무시했다. 그러는 동안, 「월스트리트저널」(*Wall Street Journal*)이 1979년에 제1면 기사를 통해 보도했던 것처럼, 창조론자들은 공립학교 교실 안으로 밀치고 들어가기 위해 "최고의 동력"을 가동하고 있었다.[1]

---

1 William V. Mayer, "The Nineteenth Century Revisited," *BSCS Newsletter*, no. 49 (November 1972): 13 (맹공); Dorothy Nelkin, *The Creation Controversy: Science or Scripture in the Schools* (New York: W. W. Norton, 1982), pp. 156-63 (과학적 대응과 팝콘); "Modern Creationists Seeking Equal Time in U.S. Classrooms," *Wall Street Journal*, June

1970년대 말 예일 대학의 총명한 법학과 학생이었던 웬델 버드(Wendell R. Bird, 1954-)가 창조론을 공립학교 커리큘럼에 도입하기 위한 전략을 개발했을 때, 창조론 운동은 새로운 정치적 국면에 진입했다. 1978년에 버드는 「예일대 법대 저널」(*Yale Law Journal*)에 그 주제에 관한 에세이를 발표하여 상을 탔다. 법을 공부하는 사람의 입장에서 의견을 냈던 버드의 논증의 초석은 "창조론은 과학이지 종교가 아니"라는, 따라서 그것을 가르치는 것은 종교 수업을 금하는 헌법의 구속을 위반하지 않으며, 오히려 그것을 가르치지 않는 것이 창조론을 지지하는 학생들의 자유로운 학습권을 위반한다는 주장이었다. 버드는 법학과를 졸업하자마자 창조연구소(ICR)에서 일하기 시작했다. 그곳에서 그는 자신의 법률적 능력을 사용해, 헨리 모리스가 지역 교육위원회가 채택하도록 초안을 작성했던 (창조와 진화 교육에―역자 주) 동일한 시간을 사용해야 한다는 결의안을 개선시켰다. ICR은 버드의 작품을 단지 교육위원회 위원들로 하여금 두 모델 접근법을 채택하도록 설득하는 데만 사용하려고 했는데, 가톨릭신자 창조론자이면서 공정한 교육을 위한 시민 연대(Citizens for Fairness in Education)를 이끌고 있던 폴 엘웽거(Paul Ellwanger)가 그것을 주 입법기관에 소개하면서 입법 청원을 했다. 그가 청원한 법안은 (그가 부르는 대로) "창조-과학"(creation-science)과 "진화-과학"(evolution-science)에 대한 균형 잡힌 취급을 요구했다. 2년이 지나지 않아 아칸소와 루이지애나 주 의회 의원들은 엘웽거가 청원한 법안을 승인했고, 그 외에도 20개 이상의 주에서 승인을 고려하는 중이었다. 한 과학 저널이 미심쩍어 하면서 보도했

15, 1979, pp. 1, 30. Henry M. Morris, *A History of Modern Creationism* (San Diego: Master Book Publishers, 1984), p. 308은 *BSCS Newsletter*가 "창조론 운동에 진정으로 주목했던 최초의 전국적 규모의 과학 저널"이었다고 말했다.

듯이, "창조론은 태평양 연안에서 대서양 연안까지 터져 나오고 있는 중"이었다."[2]

상황이 이처럼 걱정스럽게 바뀌자 결국 진화론자들이 집단적으로 대응하기 시작했다. 1980년 여름, "창조론자들이 대개 그들의 출판물과 논쟁을 통해 직접 제기하는 모든 중요한 주장들"에 답하는 일에 전념하는 최초의 저널인 「창조/진화」(*Creation/Evolution*)가 발간되었다. 이듬 해 초, 생물학 커리큘럼 연구회(Biological Sciences Curriculum Study)의 회장인 윌리엄 메이어(William V. Mayer, 1920)는 AAAS의 모임에서 멤버들에게, 창조론자들이 그들의 종교적 목적을 위해 국민의 세금으로 "매디슨가적 접근"(Madison Avenue Approach, 다량의 광고를 앞세운 공세—역자 주)을 펼치고 있다며 경보를 울렸다. 계속해서 그는 과학 단체가 창조론을 "평평한 지구론에 대한 염려와 같은 수준의 넌센스"로 무시하고 있을 만한 여유가 없다고 경고했다. 과학 교육이 받을 손상의 잠재적 가능성이 너무도 커서 도저히 침묵하고 있을 수 없다는 것이었다. 1981년 10월에 미국과학아카데미와 미국생물교사연맹은 견제 정책을 마련하기 위해 워싱턴에서 긴급회의를 소집했다. AAAS의 저널인 「과학」(*Science*)은 과학 교육기관 안에서 뚜렷이 감지할 수 있는 "위기의 분위기"를 이렇게 보고했다. "미국 전역의 절반에 가까운 주들에서 계류중인 입법안에 더하여 과학 공동체는 듀안 기

---

2 Edward. J. Larson, *Trial and Error: The American Controversy over Creation and Evolution* (New York: Oxford University Press, 1985), pp. 147-56, "초석"에 대한 인용은 p. 148; Wendel R. Bird, "Freedom of Religion and Science Instruction in Public Schools," *Yale Law Journal* 87 (January 1978): 515-70; Rogar Lewin, "A Response to Creationism Evolves," *Science* 214 (1981): 635-6, 638; "New Creationist Bills, Resolutions, and Court Cases Aooear Nationwide," *Creation/Evolution No. 4* (Spring 1981): 27 (해안에서 해안으로). 다음도 보라. W. R. Bird, *The Origin of Species Revisited: The Theories of Evolution and of Abrupt Appearance*, 2 vols. (New York: Philosophical Library, 1989).

쉬가 갈릴레오의 모델을 따라 '과학 기관의 교리들'과 맞서 창조론을 제시하고 있는 것을 목격할 수 있다." 한 과학자는 창조론자에 대해 "테러리스트의 전략"을 쓰고 있다고 말하기까지 했다.[3]

아이오와의 베테랑 생물 교사였던 스탠리 와인버그(Stanley L. Weinberg, 1911-2001)는 1980년 가을에 일반 대중의 수준에서 "진화론 교육을 방어하는 일에 헌신하려는", 주 전체에 걸친 통신위원회들(Committees of Correspondence)을 조직했다. 혁명 이전 미국에서 동일한 이름을 가졌던 시민조직을 모델로 삼아 만들어진 와인버그의 위원회들의 목표는, 유관 단체들이 창조론자들의 계획에 밀리지 않고 효과적인 반격수단들을 공유하는 것이었다. 아주 분명하게 와인버그는 과학적 창조론과의 투쟁을 그 지역에서 이기거나 지거나 하는 정치적 투쟁으로 보았다. 몇 년 지나지 않아 그는 자원자들의 네트워크를 갖게 되었는데, 그들은 미국의 거의 모든 주에서 활동했으며 「창조/진화 소식지」(*Creation/Evolution Newsletter*)를 통해 서로 연결되었다. 1980년대 중반에 그 통신위원회들은 미국과학교육센터(National Center of Science Education, NCSE)로 합병되었고 와인버그를 초대 회장으로 선출했다.[4]

1984년에 미국과학아카데미(National Academy of Sciences)는 『과학과 창조론: 미국과학아카데미의 견해』(*Science and Creationism: A View from*

---

3 Frederick Edwards이 독자들에게, *Creation/Evolution No. 1* (Summer 1980): 책표지 안쪽; "Evolution at the AAAS," *Science News* 119 (January 10, 1981): 19 (Mayer); "Science Meetings and Revolutions." *Creation/Evolution No.* 7 (Winter 1982): 46; Lewin, "A Response to Creationism Evolves," pp. 635-6, 638 (위기와 테러리스트 전략).

4 Stanley L. Weinberg and Robert H. Chapman, "What Is a Committee of Correspondence?" December 1981 날짜의 소책자; "The Committee of Correspondence," *Creation/Evolution* 12 (Spring 1983): 38; : "The Committee of Correspondence: What They Are and What They Do," *Creation/Evolution Newsletter* 6 (July-August 1986): 4-5.

the National Academy of Sciences)라는 제목의 고급 재질의 소책자를 4만부 이상 찍어서 교육감들과 과학 교사들에게 공세적으로 배부했다. 저명한 과학자들과 법률가들로 이루어진 특별 위원회가 집필을 맡은 그 보고서는 진화를 가르치는 것이 정당하다고 역설했고, 특별 창조를 과학과 사회 양쪽 모두를 위협하는 것으로 설명했다. 아카데미의 회장은 그 소책자의 서문에서 이렇게 주장했다. "국민들이 건강, 경제적 이익, 국가 안보 등을 과학적 진보에 의존하고 있는 국가에서 무엇보다도 중요한 것은 우리의 학생들이 과학을 학문적 연구의 체계로 이해하는 것, 그렇게 함으로써 과거에 성취된 것들에 의지하여 과학적 발전의 속도를 유지하고 인류에게 유익을 줄 수 있는 결과들을 계속해서 출현시킬 수 있게 하는 것이다."[5]

그 아카데미가 진화를 아무런 제약 없이 승인한 것은 창조연구회(CRS)의 근본주의자들을 화나게 만들었을 뿐 아니라, 그동안 잠잠했던 미국과학자연맹(ASA)의 복음주의자들까지 자극했다. 『과학과 창조론』을 받고서 2년이 지났을 때, 과학 교사들은 그들의 우체통에서 그 책을 모방한 책을 발견했다. 그것은 『논쟁적 상황에서 과학 가르치기: 미국과학자연맹의 견해』(*Teaching Science in a Climate of Controversy: A View from the American Scientific Affiliation*)라는 책이었다. 월터 헌(Walter R. Hearn), 제임스 버스웰(James O. Buswell), 대니얼 원덜리(Daniel E. Wonderly) 같은 복음주의 과학자 그룹—이 세 명은 홍수지질학자들이 대단히 경멸하는 사람들이다—이 준비한 그 소책자는 교사들에게 인간의 진화와 같은 민감한 주제를 취급할 때 (NAS 과학자들의 자신만만한 입장과는 대조적으로) "조심스럽고 겸손한

---

5 *Science and Creationism: A View from the National Academy of Sciences* (Washington, DC: National Academy Press, 1984), p. 6. 소책자와 함께 발송된 편지 형식 안에서 NAS의 의장인 Frank Press는 4만 부 이상이 배포되었다고 말했다.

입장"을 취하라고 충고했다. 그 복음주의자들은 "학교 수업을 위한 몇 가지 지침들"(Some Classroom Guidelines)을 제시하면서 교사들에게 "하나님 없는 진화론과 과학적 창조론" 사이의 "넓은 중간 지대"를 탐구하라고 격려했고, "그곳에서 참된 과학은 하나님께 대한 현실적인 믿음과 공존할 수 있다"고 주장했다.[6]

창조-진화 논쟁의 긴장을 완화하려는 그런 평화로운 시도는 많은 진화론자를 격분시켰는데, 그들은 ASA가 가면을 쓴 채 창조론을 진전시키고 있다고 비난했다. 「과학 교사」(*The Science Teacher*)라는 책을 쓴 일군의 유명한 비평가들은 ASA가 "달콤한 합리성이라는 겉치장" 아래 그들의 의도를 숨기고, "순진하고 쉽게 믿는 젊은이들에게 거짓말을 하고", 또한 "완전히 넌센스라고 생각될 만큼" 혼란스럽게 하고, 왜곡하고 끝을 흐리는 말을 한다고 비난했다. 그런 비판자들의 대응을 규합했던 샌프란시스코 출신의 열정적인 회의주의자인 윌리엄 베네타(William J. Bennetta, 1938-)는 ASA의 노력을 "창조론이라는 사이비 과학 안에서 흔히 일어나는 일"이라며 무시했는데, 그는 그것이 오히려 위험한 이유는 그것이 사이비 과학을 "ICR의 소책자를 우스운 것으로 여겨 무시하는 이들에게 그것이 존경스런 것으로 보이게 할 만큼 매끄럽게 포장해" 제시하기 때문이라고 했다. 그는 창조연구회(CRS), 성경-과학 연맹(BRA), 창조연구소(ICR) 등이 모두 "훨씬 더 악성인 미국과학자연맹(ASA)에 의해 잠식되었다고 보았다. 다수의 유

---

6 Committee for Integrity in Science Education (David Price, John L. Wiester, and Walter R. Hearn), *Teaching Science in a Climate of Controversy: A View from the American Scientific Affiliation* (Ipswich, MA: American Scientific Affiliation, 1987), pp. 14-17 (가이드라인), 42 (겸손). 인용된 사본은 개정판 2쇄다. 1989년 광범위하게 개정된 3쇄에서 Wonderly의 이름은 그의 요청에 의해 자문위원회의 명단에서 빠졌다.

신론적 진화론자 회원들을 포함하고 있는 미국과학교육센터(NCSE)가 베네타의 마녀 사냥에 동참하기를 거부했을 때, 창조론 반대자들은 실용주의와 관념론적 순수성의 상대적 장점의 문제를 놓고 자기들끼리 옥신각신하는 상태에 빠졌다. 버클리에 위치한 NCSE의 사무총장에게 그것은 트로츠키파와 모택동주의자 사이의 대립을 너무도 생생하게 기억나게 했다. 참으로 그곳은 복음주의권 안에서 가장 악명 높고 비타협적인 진화론자였던 헌(Hearn)을 위험한 창조론자 스파이로 바꿀 수도 있는 이상한 세계였다.[7]

NAS와 ASA 모두가 입법자들보다 교사들에게 충고하는 쪽으로 방향을 잡은 것은 창조-진화 논쟁의 장소가 변경되었다는 사실을 반영한다. 주 의회에서의 연속된 패배와 연방법원에서의 일련의 부정적 판결에 직면한 창조론자들은 1980년대 중반에 신문의 머리기사를 쟁취하는 입법투쟁으로부터 교사들과 교육위원회 위원들을 조용히 설득하는 쪽으로 이동했다. 1987년 연방 대법원의 판결은 창조과학을 **자발적으로** 가르칠 수 있는 가능성을 열어두었고, 많은 교사들이 바로 그것을 선택했다. 다양한 주의 공립학교 교사들에 대한 설문조사는 상당한 비율의 교사들이—일리노이 주의 30%로부터 켄터키 주의 69%에 이르기까지—자신들의 커리큘럼에 창조론을 포함하는 것을 선호했다고 밝혔다. 공교육 분야에서 일하는 우익 창조론자들은 미국기독교교육자협회(National Association of Christian Educators)를 중심으로 뭉쳤고, 학교에서 진화론만 아니라 세속적

7 William J. Bennetta, ed., "Scientists Decry a Slick New Packaging of Creationism," *Science Teacher* 54 (May 1987): 36-43; E. C. Scott to W. J. Bennetta, December 30, 1987 (Trotskyites), Marian Finger의 사본 제공. ASA 소책자는 *Creation/Evolution Newsletter*에서 1986년 말부터 1987년 내내 뜨겁게 토론되었다.

인문주의도, 더 나아가 강제적 노동조합과 사회주의도 몰아내려 했다.[8]

창조론자들은 자녀들에게 창조론을 가르치고 싶어 하는 기독교인 부모들로부터 때때로 지지를 받았는데, 그 부모들 중 점점 더 많은 이들이 홈스쿨링 쪽으로 돌아섰다. 교육 정책이 학생들에게 서로 경쟁하는 대안들 중에서 비판적으로 선택하는 것을 통해 도덕과 가치를 배우도록 강제했던 시대에, 일부 부모들에게는 과학이 선택을 허용하지 않는 것이 일관성을 상실한 것으로 보였다. 도시과학을 가르치는 교수였던 마틴 에저(Martin Eger, 1936-)는 뉴욕 북부의 한 시골 공동체에서 그런 회의주의를 관찰했다. 어리둥절한 부모들은 이렇게 물었다. "만일 아이들이 도덕적 결정을 내려야 할 때, 비판적 이성과 자율성을 개발하기 위해 온갖 종류의 대안들—설령 그것들이 도둑질, 사기, 친구를 배반하는 일처럼 혐오스런 것들이라고 할지라도—에 대해 생각해보는 것이 좋은 일이라면, 왜 갑자기 진화와 관련해서는 비판적으로 사고하는 것보다 **정답**을 배우는 것이 더 중요해지는 것입니까? 왜 **그 문제와 관련해서는** 어떤 대안들은 금기시되고 토론의 대상조차 되어서는 안 되는 것입니까? 기원에 관한 과학적 이론과 관련해 잘못된 입장을 갖는 것이, 도덕적 견해와 관련해 잘못된 입장을 갖는 것만큼 슬픈 결과를 낳는 것이 아님에도 말입니다." 에저는 계속해서 주장했다. "도덕과 과학을 분리해서 가르쳐야 한다는 어떤 강제적

---

8 "The Underground Battle," *Creation/Evolution No. 14* (Fall 1984): 53-4; Larson, *Trial and Err*, pp. 179-84 (연방최고법원); Raymond A. Eve and Francis B. Harrold, *The Creationist Movement in Modern America* (Boston: Twayne Publishers, 1991), pp. 163-7 (여론조사); Robert L. Simonds, "Editorial: Why N.A.C.E.," *Christians in Education* 1 (Fall 1983): 12-13, 21. *Christians in Education*의 창간호는 Morris와 Gish의 각각의 논문을 실었다.

인 이유가 있다면, 교육자에게는 그것을 밝혀야 할 의무가 있습니다."[9]

1980년대까지도 어떤 진화론자들은 "창조론은 미국의 명물, 그것도 미국 전역이 아니라 남부, 특별히 남서부의 명물일 뿐이다"라는 생각으로 스스로를 위로했다.[10] 그러나 창조론이 미국의 선벨트(Sun Belt, 미국 남부를 동서로 뻗은 온난지대—역자 주)에서 가장 무성하게 번성했을지 모르지만, 그것은 또한 미 전역에 걸쳐 단체들을 출범시켰고, 점점 더 세계로 진출하게 되었다. 주로 북미에 국한되었던 1920년대의 반진화 십자군과는 달리, 20세기말의 30년 동안 창조론 부흥 운동은 빠르게 해외로 퍼져 나갔고, 미국의 창조론자들과 그들의 책은 세계 전역에서 유통되었다. 1990년대에 과학적 창조론은—비록 미국에서 만들어지기는 했으나—작은 규모의 국제적 현상이 되었다.

영국에서의 창조론

1960년대 초에 영국의 창조론은 무기력한 상태에 있었다. 진화반대운동(Evolution Protest Movement, EPM)은 앨버트 틸니(Albert G. Tilney, 1891-1976)의 손에 맡겨졌는데, 그는 신학적으로는 교조주의적이고 과학적으로는 문맹인 교사이자 목사였다. 그는 1950년대 중반부터 1970년대

---

9 Martin Eger, "A Tale of Two Controversies: Dissonance in the Theory and Practice of Rationality," *Zygon* 23 (1988): 291-325. Eger에 대한 응답을 ibid., pp. 327-68에서 보라. 홍수지질학을 공표하는 널리 사용된 홈스쿨링 교재에 대해 다음을 보라. William S. Pinkston, Jr., *Biology for Christian Schools* (Greenville, SC: Bob Jones University Press, 1980). 나는 Barbara Schulze 덕분에 이 책에 관심을 갖게 되었다.

10 Richard C. Lewontin, *Scientists Confront Creationism*의 서문, Laurie R. Godfrey (New York: W. W. Norton, 1983), p. xxv.

까지 그 조직을 "혼자서 북 치고 장구 치면서" 운영했다. 그는 혼자서 1백 개 이상의 EPM 팸플릿을 제작했는데, 내용적 측면에서 그것들은 간격 이론에 대한 확고한 헌신에 지배당하고 있었다. 1950년대 후반에 그는 그 조직의 회원수가 인상적으로 늘었다고(1955년에 약 2백 명이었던 것이 1960년에 5백 명을 넘어섰다고) 보고했지만, 사실 그것은 전혀 아무런 활동도 하지 않는 회원들의 이름까지 기록한 명단이었다. 여러 해 동안 EPM은 4쪽 짜리 팸플릿을 만들고, 부회장 존 호위트(John R. Howitt)가 쓴 소책자인 『진화』(*Evolution*)를 발행하고, 매년 공개적인 모임을 주최한 것 외에는 별로 한 것이 없었다. 공개적인 모임에서 리더들은 "이미 전향한 사람들에게 설교만"했을 뿐이었다. 로버트 클락(Robert E. D. Clark)을 포함한 영국의 몇몇 두드러진 창조론자들은—윌리엄 톰슨(William R. Thompson, 1887-1972)이 그랬던 것처럼—관리자로서 일하기를 거부했다. 캐나다의 저명한 곤충학자였던 톰슨은 1956년에 다윈의 『종의 기원』의 어느 판에 부정적인 머리말을 게재함으로써 진화론자들을 분개하게 만들었다. 실의에 빠진 한 관리자는 이렇게 한탄했다. "이 운동은 과학 기관들에게도, 교회 기관들에게도 대체로 무시받거나 조롱을 당했다. 한쪽은 우리를 '평평한 지구론자들'과 비교했고, 다른 쪽은 우리에게 '근본주의자들'이라는 딱지를 붙였으며, 이 운동 자체는 심한 혹평을 당하거나 아무런 평가도 얻지 못했다."[11]

---

11 David T. Rosevear, September 30, 1984 (1인 극단); C. E. A. Turner, "A. Jubilee of Witness for Creation against Evolution by CSM/EPM, 1932-1982," *Evolution Protest Movement Pamphlet No. 232*, July 1982, p. 12 (1백 부 이상의 소책자). 임원 선출과 Howitt의 소책자 배포를 포함한 E.P.M.의 성장과 활동에 대해 다음을 보라. E.P.M. Council Meeting Minutes, September 1960-April 1977, David T. Rosevear 제공. "전향한 자들에 대한 설교"에 대한 언급은 April 18, 1964의 회의록에 나온다. 다음도 보라. W. R. Thompson, *The Origin of Species*의 서문, by Charles Darwin (London; J. M. Dent & Sons, 1956), pp. vii-xxv; 그리고 W. H. Thorpe, "William Robin Thomson, 1887-1972," in *Biographical Memoirs of Fellows*

그러나 국내 및 외국의 경쟁자들에 관한 소식이 영국 창조론자들의 시들어가던 영혼을 회복시켰다. 1960년대 초에 영국의 보수적인 복음주의자들은 최근 몇 십 년 동안 자유주의자들에게 빼앗긴 땅을 되찾기 위해 결집하는 중이었다. 「진리의 깃발」(*Banner of Truth*) 같은 저널들 안에서, 그리고 웨일즈 출신으로서 의사였다가 성직자로 전환했으며 "논리, 뜨거운 열정, 성경 본문에 대한 세밀한 관심을 뒤섞은 설교를 통해 교회에 꽉 찬 회중들을 경외심으로 가득 채웠던" 마틴 로이드 존스(Martyn Lloyd-Jones, 1899-1981) 같은 이들이 올라선 설교단에서, 보수주의자들은 혈기 넘치는 반격을 감행하기 시작했다. 비록 그들은 영국의 교회 출석자들 중 소수 그룹이었고 진화의 수용 가능성에 대해서는 자기들끼리도 의견의 일치를 보지 못했으나, 그들은 성경의 명백한 의미를 강조함으로써 젊은 지구 창조론의 제2차 부흥을 위한 길을 예비했다.[12]

1961년에 『창세기의 홍수』가 출판되고 1년이 채 되지 않아, 틸니(Tilney)는 지구 역사에 대한 휘트컴과 모리스의 "혁명적 재해석"이 "새로운 시대"의 도래를 알릴 것이라고 예언했다. EPM은 이미 그 책을 상당수 배포

---

of the Royal Society 19 (1973): 655-78. 간격이론에 대해 다음을 보라. A. G. Tilney, "'We Thank Thee for Our'...Evolution?" *Evolution Protest Movement Pamphlet No. 60* , 1958; 그리고 A. G. T[ilney], "Theistic Evolution," *Evolution Protest Movement Pamphlet No. 88*, October 1961. 나는 C. E. Allan Turner에게 감사한다. Allan Turner는 내게 EPM 소책자 한 세트를 주었고, 또 EPM의 역사에 대한 나의 질문에 대답해주었다.

12 D. W. Bebbington, *Evangelicalism in Modern Britain: A History from the 1730s to the 1930s* (London: Unwin Hyman, 1989), pp. 252-62, Lioyd-Jones에 관련된 인용은 p. 261. 손자가 그리는 Lloyd-Jones에 대한 전기적 스케치를 다음에서 보라. Christopher Catherwood, *Five Evangelical Leaders* (Wheaton, IL: Harold Shaw Publishers, 1985), pp. 51-110. 영국 복음주의에 대해 다음을 보라. Randle Manwarning, *From Controversy to Co-Existence: Evangelicals in the Church of England, 1914-1980* (Cambridge: Cambridge University Press, 1985).

했고, 공급 물량이 딸리자 그 조직의 서기는 할당량을 정할 수밖에 없었다. 그러나 틸니는 자신의 열정을 조심스럽게 조절했다. 그는 미국의 창조론자들이 "기이하고" "쉽게 속는" 사람들일지도 모른다고 걱정했다. 그는 미국인들이 홍수지질학을 너무 좋아해서 창세기 1장이 "창조의 주간"(Creation-Week)이 아니라 "회복의 주간"(Restoration Week)을 묘사한다는 사실을 간과하게 될 것에 대해 걱정했다. 그러나 그는 이후 몇 년 동안 계속해서 간격이론에 충실하면서 "화석들을 (주로) 생명이 이 혹성으로부터 갑자기 떠난 것에 관한 이야기로서 견실하게, 그리고 기쁘게 수용했다."[13]

1960년대 말 『창세기의 홍수』의 영국 판이 나왔을 때, 휘트컴과 모리스는 "영국 복음주의자들 사이에서도 누구나 아는 이름이 되었다." 영국의 어느 창조론자가 말했듯이, "학문적이면서도 고도로 논쟁적인 이 책 한 권이 다른 어떤 단일한 요소보다도 창조론에 대한 논의 장소를 교회 안의 소책자들을 놓아두는 선반으로부터 대학의 세미나 룸 안으로 끌어올렸다." 그러나 영국의 모든 창조론자들이 미국 근본주의에 대한 그런 식의 수입을 환영했던 것은 아니었다. 예를 들어, 클락은 휘트컴과 모리스가 그들이 반대하는 진화론자들과 마찬가지로 "어리석고 부정직하다"고 생각했다. 그는 모리스가 열역학 제2법칙을 통해 진화에 반대하는 자신의 주장을 비

---

13 A. G. T[ilney], Review of *The Genesis Flood*, by John C. Whitcomb, Jr., and Henry Morris, *Evolution Protest Movement Pamphlet No. 97*, [1962] (new era and sales); A. G. T[ilney], "The Apostacy Grows," *Evolution Protest Movement Pamphlet No. 105*, January 1964 (기이함); A. G. T[ilney], "Evolution Yesterday, To-Day and To-Morrow," *Evolution Protest Movement Pamphlet No. 147*, June 1967 (회복-주간); A. G. T[ilney], "Newsletter," *Evolution Protest Movement Pamphlet No. 181*, July 1970 (생명의 떠남); 간격 이론에 대한 계속되는 편애에 대해서는 예를 들어 다음을 보라. A. G. T[ilney], Review of *The Biblical Flood and the Ice Epoch*, by D. W. Patten, *Evolution Protest Movement Pamphlet No. 153*, October 1967.

틀어서, 그것과 아담과 하와의 타락 사건을 관련시킴으로써 "근거도 없는 쓰레기 이론"으로 나아간 것에 대해 특별히 분개했다.[14]

1973년 가을에 모리스는 『근본 원리들』(*The Fundamentalists*)의 편집자인 딕슨(A. C. Dixon)이 한때 목회를 했었던 메트로폴리탄 태버너클 교회에서 모이는 침례교 목사들의 국제회의에서 연설하기 위해 런던을 방문했다. 그 기간에 모리스는 그곳에서 대략 20명의 창조론자들을 만났는데, 그중에는 개혁주의 침례교인이자 중등학교 지리 및 지질학 교사인 에드가 파웰(Edgar C. Powell, 1947-)도 포함되어 있었다. 파웰은 창조론을 자기 특유의 성경 해석으로 감싸려는 틸니의 성향과 갈라서면서 뉴턴과학협회(Newton Science Association, NSA)라는 새로운 조직을 만드는 일을 이끌고 있었다. 그 조직의 뉴턴주의자들은 회원 자격을 1846년에 작성된 "복음주의 연맹신앙고백"(Evangelical Alliance Statement of Faith)을 확증하는 사람에게만 제한했다. NSA는 EPM이 했던 것과 같은 과학과 신학의 혼합을 피하기 위해 토론을 엄격하게 과학적 주제에만 한정시켰다. 창조연구소의 등사된 자료를 재인쇄할 때조차 NSA는 모든 성경 관련 주석을 삭제했다. NSA는 지구의 나이에 대해 어떤 공식적 입장을 취하지 않았지만, 대부분의 멤버들은 홍수지질학을 선호했다. 부분적으로 NSA는 자신의 기초를 메트로폴리탄 태버너클교회 너머로는 거의 확장하지 않았기에 미국 스타일의 근본주의 설교자 한 사람에 의해 강하게 지배되었으며, 그 결과 10년

---

14 David Watts, "The Transatlantic Connection," *Biblical Creation* 4 (February 1982): 1 (누구나 아는 이름); "The New Creationism," *Rainbow*, No. 8 [Biblical Creation Society, 1984] (소책자 선반); R. E. D. Clark to R. L. Numbers, [October 1984] (어리석음); R. E. D. Clark의 1984년 10월 1일자 인터뷰(쓰레기). 다음도 보라. [R. E. D. Clark], "Evolution: Polarization of Views," *Faith and Thought* 100, no. 3 (1972-73): 227-9; and [R. E. D. Clark], "American and English Creationists," ibid. 104, no. 1 (1977): 6-8.

이 못 되어 소멸했다.[15]

그보다 훨씬 더 성공적인 단체는 1977년에 스코틀랜드의 성직자 나이젤 드 캐머런(Nigel M. de S. Cameron)과 복음주의 학생들이 결성한 성경적 창조회(Biblical Creation Society, BCS)였다. 카메론과 학생들은 보수적인 기독교인들 사이에서 유신론적 진화가 유행하는 것을 걱정했다. EPM의 "완전히 부정적인" 입장에 반발하면서, 그리고 마틴 로이드 존스와 스위스에 기반을 둔 복음주의자 스승인 프랜시스 쉐퍼(Francis A. Schaeffer, 1912-1984)로부터 용기를 얻으면서, 그 그룹은 새로운 창조론 단체를 아래로부터 건립하기 시작했다. 비록 성경의 관점에서 과학적 데이터를 검증하는 휘트컴과 모리스의 방법에서 영감을 얻기는 했지만, BCS는 회원 자격을 "젊은 지구론 신봉자들"에게 국한시키는 것을 거부했고, 협회 이름을 선택함에 있어서 과학적 창조론을 그것의 성경적 뿌리로부터 분리시키고자 했던 미국인들의 노력에 날카롭게 반대했다. 이 점에서 그들은 모리스보다는 휘트컴을 더 많이 따랐다고 할 수 있고, 그로 인해 종종 "휘트컴주의"를 전파한다는 비난을 받기도 했다. 주 정부가 지원하는 학교들에서 창조론을 가르치는 데 그 어떤 헌법적 장애도 없는 영국의 상황에서 성경에 대한 지향은 상당한 호소력을 가졌다. 10년 안에 그 단체는 거의 750명의 등록 회원들을 가졌고, 그 단체의 저널인 「성경적 창조」(*Biblical Creation*, 1987년에 「오리진」[*Origin*]으로 바뀜)는 수천 부를 인쇄했다. 회원들 대다수는 보수적인 복음주의 전통파 출신이었다. 1980년대 초에 17명의 이사진 중 11명

---

15 Morris, *History of Modern Creationism*, pp. 294-5; Edgar C. Powell, September 29, 1984; "Newton Scientific Association," 연대 미상 발표문, Edgar C. Powell 제공; David C. Watts의 1984년 10월 3일자 인터뷰. 1975경부터 1978년까지 NSA는 *N.S.A. Reports*라는 제목으로 소책자 시리즈를 발행했다.

이 개혁주의 침례교인이였고, 세 명은 스코틀랜드 교회에 속했으며, 나머지 세 명은 각각 장로교, 형제회, 그리고 오순절 교회 출신이었다.[16]

BCS가 선출한 회장은 그 나라에서 제일 존경받는 20세기 후반의 창조과학자 앤드루스(E. H. Andrews, 1932-)였다. 오랫동안 런던 대학 퀸 메리 칼리지의 재료공학과 학장으로 일했던 개혁주의 침례교인인 앤드루스는 1960년대에 휘트컴과 모리스의 영향을 받아 홍수지질학으로 전향했다. 그러나 그는 자신이 미국인들의 "동조자"로 알려지거나 해외의 창조론을 물들이고 있는 "넌센스 같은 주장들"과 어떤 관계를 맺기를 원하지 않았다. 그는 열역학 제2법칙(엔트로피의 법칙—역자 주)의 작동이 타락이 아니라 창조로부터 시작되었다고 주장했으며, 젊은 지구론을 교리화하는 것을 거부했다. 사실상 그는 관례적인 6일 창조론과의 관계를 끊고, 창조의 첫날은 "무한한 길이의 시간이었을지도 모른다"고 제안했다.[17]

BCS의 다른 주요 인물인 데이비드 왓츠(David C. Watts, 1945-)도 자신이 학생 시절에 수용했던 휘트컴과 모리스의 홍수지질학 풍의 이론에 대

---

16 *Biblical Creation Society Newsletter* 1 (April 1978), A. J. Monty White의 사본 제공(기원들); E. H. Andrews의 1984년 9월 28일자 인터뷰; David C. Watts의 1984년 10월 3일자 인터뷰(전적으로 부정적); Niegel M. de S. Cameron, "Editorial," *Biblical Creation* [1] (October 1978): 3-4 (Whitcomb and Morris의 영향력); Niegel M. de S. Cameron, "Editorial," ibid. 2 (June 1980): 35-6 (휘트컴주의). Genesis in *Space and Time: The Flow of Biblical History* (Downers Grove, IL: InterVarsity Press, 1972), p. 57에서 Francis A. Schaeffer는 문자적 6일 창조의 입장을 취하기를 거부했다. Lloyd-Jones는 A. J. Monty White가 세상을 떠나기 한 해 전에 그와 가졌던 인터뷰에서 BSC를 격려했다는 사실을 부인했다; A. J. Monty White to R. N. Numbers, May 10, 1991.

17 E. H. Andrews의 September 28, 1984의 견해. Andrews의 견해에 관련하여 창조와 진화에 대한 그의 다음 책들을 보라. *Is Evolution Scientific?* (Welwyn, Hertfordshire: Evangelical Press, 1977); *From Nothing to Nature: A Young People's Guide to Evolution and Creation* (Welwyn, Hertfordshire: Evangelical Press, 1978); *God, Science & Evolution* (Welwyn, Hertfordshire: Evangelical Press, 1980).

해 유보적 입장을 표명했다. 맨체스터 대학 의학과에서 생체 접합 물질 분야를 담당하는 부교수였던 왓츠는 미국인들과 갈라서는 일에서 앤드루스보다 훨씬 더 멀리 나아갔다. 그는 미국인들이 지구의 나이를 창조론자들의 의제들 중 최고의 자리에 놓았다는 점에서 "커다란 실수"를 저질렀다고 생각했다. 그는 에덴의 창조 이전에 지구상에 생명이 있었을 가능성을 인정하면서 "(모리스와 휘트컴에 의해 고전적으로 서술되어온) 100%의 홍수지질학 이론은 기독인 지질학자들의 관심을 적법하게 요청하는, 유일한 견해가 결코 아니다"라고 주장했다. 서서히 그는 경직된 창조론으로부터 계속적 창조론으로 옮겨 갔다. 그러면서 그는 "'진화론자'가 아닌 많은 복음주의 과학자들이 창조, 창조자, 그리고 그분의 말씀에 굳게 헌신함에도 불구하고, 그런 좁은 정의 때문에 자신들은 '창조론자'가 아니라고 말할 수밖에 없는 사실"을 안타깝게 여겼다.[18]

창세기 기록의 역사성에 대한 헌신뿐만 아니라 대서양 건너까지 미치는 그것의 영향력 때문에, BCS는 홍수의 지질학적 중요성을 다루는 문제를 피해갈 수 없었다. 몇 년 동안 토론을 거친 끝에 그 단체의 리더들은 1989년에 있었던 전략 회담에서 강경파 홍수지질학자들과 왓츠 같은 회의론자 모두를 포섭할 목적으로 신중하게 단어를 선택한 고백문을 작성했다.

노아 홍수와 그것의 여파는 화석을 함유한 지층들 중 상당 부분이 형성되는

---

18 David C. Watts의 1984년 10월 3일, 1988년 7월 11일자 인터뷰; David C. Watts, "Fossils and the Fall," *Biblical Creation* 7 (Summer 1984): 20-1 (100% 홍수지질학); David C. Watts, Review of Concepts of Creationism, ed. by E. H. Andrews and Others, *Origins: Journal of the Biblical Creation Society* 1 (October 1987): 13-14 (좁은 정의). 다음도 보라. David C. Watts, "Rock Strata and the Geological Column," *Biblical Creation* 7 (Summer 1985): 59-65.

원인이 되었다. 이것은 홍수 이전 시간에 죽은 유기체들의 사체들을 함유하고 있는 형성물들이 혼란에 빠지고, 다시 작업이 이루어지고, 다시 굳어졌을 가능성을 포함한다. 마찬가지로, 방주가 아라랏 산에 정착한 이후 발생한 국지적이면서도 거대한 규모의 대격변도 애초의 전지구적 사건의 반향들이 수백 년에 걸쳐서 잦아들면서 어떤 화석 작용을 일으켰을 수 있다.

회원들은 기적과 자연법이 정확히 어떤 식으로 혼합되어 대홍수를 일으켰는지에 대해서는 의견이 달랐지만, 모든 회원들이 창세기의 홍수가 노아의 방주에 피했던 생물들을 제외하고 모든 생명을 파괴했다는 사실에 동의했다.[19]

1970년대 초에 진화반대운동(EPM)은 홍수지질학을 마지못해 인정하고 있었는데, 대개는 그것을 미국인인 모리스와 프랭크 마쉬(Frank Lewis Marsh)에게 수여된 명예 부회장직에 대한 예우 정도로 여겼다. 70년대 중반에 몇 명의 젊은 지구론자들이 그 모임에 가입했다. 그들의 합세는 지나치게 노쇠한 그 조직의 평균 연령을 단번에 극적으로 떨어뜨렸고, 힘의 균형을 틸니(Tilney)와 그의 간격 이론에 동조하는 이들로부터 다른 곳으로 옮겨 버렸다. 그로 인해 이제 틸니의 그룹은 창조론자들의 조직이 "무모하고, 때로는 남용적이고, 잘못된 지지에 기초한 젊은 지구론의 주장에 의해" 영구적인 손상을 입지 않기만 바랄 뿐이었다. 그 반란군 모임의 지도자는 데이비드 로즈비어(David T. Rosevear, 1934-)였는데, 그는 포츠머스 폴리테크닉 대학의 화학자였고, 간격 이론이나 날-시대 이론 같이 "명백

---

19 Peter Senior, "Editorial: Why All the Fuss about Evolution?" *Origins;: Journal of the Biblical Creation Society* 3 (January 1990): 2.

하게 억지로 짜 맞춘 것들"을 피하는 사람이었다. 그의 지도 아래 젊은 지구론 진영의 구성원들은 힘과 숫자에서 날로 증가했다. 1980년에 EPM은 창조과학운동(Creation Science Movement, CSM)이라고 이름을 바꾸었다. 그로부터 5년 후에 로즈비어가 그 단체의 회장으로 선출되자 지질 시대를 옹호하던 사람들은 설 땅이 없어졌다. 1980년 중반의 한 여론조사는 "젊은 지구론자들이 오랜 지구론자들보다 네 배 이상 많았다"는 사실을 보여주었다. 이 여론조사 이후에 CSM은 홍수지질학을 자신들의 공식적인 "신탁증서"(Deed of Trust)로 여기면서, 동시에 간격 이론과 날-시대 이론을 비성경적인 것이라며 비난했다. 모든 임원들은 그 문서에 서명하도록 요청받았다. 해외 지부들의 문을 닫으면서도 그 운동은 1980년대 말과 90년대 초에 회원수를 거의 두 배로 늘렸다.[20]

---

20 C. E. Allan Turner의 1984년 9월 30일자 인터뷰; David T. Rosevear의 1984년 9월 30일자 인터뷰; D. T. Rosevear, "The Three Views of Creation," *Creation: The Journal of the Evolution Protest Movement* 2 (October 1978): 2-3 (억지로 짜맞춤); "Opinions on the Age of the Earth," *Creation: The Journal of the Evolution Protest Movement* 4 (March 1986): 12 (여론조사); Turner, "A Jubilee of Witness," p. 16 (잘못된 근거의 주장); D. T. Rosevear to R. L. Numbers, May 2, 1991, and August 20, 1991 (신탁의 행위와 성장). C. E. Allan Turner, "The Chairman's Letter," *Creation: The Journal of the Evolution Protest Movement* 2 (October 1976): 1-2는 그 단체의 평균 나이가 1970년대 중반에는 거의 10살 이상 떨어졌다고 말한다. Rosevear는 1984년 9월 30일자 인터뷰에서 그 평균 나이가 대략 30살이었다고 주장했다. EPM의 임원들의 명단은 *Creation: The Journal of the Evolution Protest Movement* 1 (October 1971)의 첫 페이지에 나와 있다. 이름의 변경에 대해 C. E. A. Turner, "The Chairman's Letter," *Creation: The Journal of the Evolution Protest Movement* 2 (January 1981): 2를 보라. 그 단체의 몇 명의 회원들은 1970년 초 이래로 이름 변경을 위한 압박을 가해왔다. 다음을 보라. Arthur J. Jones to R. L. Numbers, November 15, 1984. Eileen Barker, "In the Beginning: The Battle of Creationist Science against Evolutionism," in *On the Margins of Science: The Social Construction of Rejected Knowledge*, ed. Roy Wallis, Sociological Review Monograph 27 (University of Keele, March 1979), p. 187은 EPM 회원이 1966년과 1970년 사이에 200명에서 850명으로 증가했다고 말한다. 그 운동의 회의록은 회원수가 1965년과 1975년 사이에 8백 명 중반대를 기록했고, 마지막에 7백 명 중반대로

영국의 이 세 반진화 단체들 모두가 홍수지질학을 친절하게 수용했지만, 그중 어느 단체도 그것을 회원가입의 조건으로 삼지는 않았다. 이처럼 그 단체들이 그 이론을 공식적으로 보증하려 하지 않았던 것은 휘트컴과 모리스를 추종하는 이들, 예를 들어 웨일즈 출신의 호전적인 화학자 몬티 화이트(A. J. Monty White) 같은 이들에게 괴로움을 주었다. 화이트는 저술, 강의, 그리고 BBC 방송 출연 등으로 1980년대에 영국 최고의 창조론자라는 프로필을 얻고 있었다. 좌익 무신론자의 아들인 화이트는 "공산주의적 성향"을 지닌 채 자라났지만, 애버리스트위스에 있는 웨일즈 대학에서 화학을 공부하는 동안 오순절파 기독교로 전향했다. 전향 직후에 그는 지질학 강좌를 수강하기 시작했고, 그 즉시 진화의 문제에 부딪쳤다. 1969년에 그는 생명의 진화는 기원에 대한 성경의 설명과 양립할 수 없다는 확신을 자신에게 심어준 엄격한 창조론자와 결혼했다. 그는 2년 동안 과학과 성경을 조화시키는 문제와 씨름하기를 계속했다. 그러다가 1971년에 그의 친구이자 예전의 룸메이트였던 왓츠가 그에게 『창세기의 홍수』 한 권을 건넸고, 화이트는 그 책을 통해 다른 기독교인들이 어떻게 창세기와 지질학을 조화시키는지를 "처음으로 보았다." 그는 이렇게 썼다. "마침내 나는 이성적 믿음을 가진 기독교인이 될 수 있었다."[21]

떨어졌음을 보여준다. 그러나 Tilney는 회원수를 기록하는 일에 악명이 높을 정도로 엉성했고, 그래서 때로는 그의 계산이 수백 명에 달했던 지부의 회원수를 포함한 것인지 아닌지 결정을 내리기가 어렵다.

21 A. J. Monty White의 1984년 10월 4-5일자 인터뷰; *Creation News Sheet No. 18* (October 1976) (이성적 믿음). *The Radio Times* ("Creating the Evolution Backlash," November 21-27, 1981)은 White를 "아마도 영국에서 주도적이고, 확실하게도 가장 활동적인 창조론자"라고 묘사했다. 다음도 보라. A. J. Monty White, *What about Origins?* (Kingsteignton, Newton Abbot, Devon: Dunestone Printers, 1978); A. J. Monty White, *How Old Is the Earth?* (Welwyn, Hertfordshire: Evangelical Press, 1985); and A. J. Monty

화이트는 즉시 창조연구회(CRS)에 가입했고, 「창조연구회 계간지」(*CRS Quarterly*)에 글을 기고하기 시작했다. 몇 년 후 그는 진화론이 교회 안의 젊은이들에게 미치는 영향 때문에 어려움을 겪고 있던 한 작은 교회에서 강연하는 일을 수락했다. 자신의 강연에 대한 긍정적인 반응을 본 그는 주님께서 자기를 특별한 사역으로 부르고 계시다고 확신했다. 그는 서둘러 「창조 소식지」(*Creation News Sheet*)를 등사해 영국에 있는 40명에게 우편으로 보냈다. 곧이어 그는 그 소식지 수천 부를 전세계에 송부하기 시작했다. 그 무렵에 그는 독립 개혁주의 교회에 등록했고, 기체 역학 분야에서 박사학위를 받았으며, 카디프에 있는 웨일즈 대학 과학기술연구소(the University of Wales Institute of Science and Technology)에서 행정직 자리를 얻었다. 역학 전문가였던 그는 휘트컴 및 모리스와 한 가지 문제를 놓고 다퉜다. 그것은 그들이 열역학 제2법칙을 타락과 연관시키는 방식에 대한 것이었다. 그의 입장에서는, 열역학의 원칙들이 모든 화학적 과정들을 통제하고 있으므로, 설령 타락 이전의 완전한 세계에서라고 할지라도, 열역학 법칙이 없는 상태에서 동물들이 살아가고 태양이 빛을 비춘다는 것은 있을 법한 일로 보이지 않았다.[22]

화이트는 창세기의 해석 중 오랜 기간을 허용하는 모든 해석은 "진화론자들을 위한 선물"일 뿐이라고 확신하면서, 영국의 CRS처럼 배타적으로 젊은 지구 창조론에 전념하는 조직을 만들 계획을 세웠다. 1973년 12월,

---

White, *Wonderfully Made* (Darlington, County Durham: Evangelical Press, 1989).

22 A. J. Monty White, "Uniformitarianism, Probability and Evolution," *Creation Research Society Quarterly* 9 (1972-73): 32-7; A. J. Monty White, "Radiocarbon Dating," ibid., pp. 155-8; A. J. Monty White의 1984년 10월 4-5일자 인터뷰. 1979년 봄에 White는 자신의 소식지의 제목을 *Creation News Sheet*에서 *Creation News*로 바꾸었다.

그는 왓츠 및 다른 창조론자 친구들과 만남을 가진 후에 "(나를 포함해) 이 나라의 많은 기독교인들이 영국창조협회(British Creation Research Society)를 시작했다"고 공표했다. 하지만 그 후 곧 그는 뉴턴과학협회(NSA)가 설립되었다는 소식을 들었다. 그래서 그는 자신의 계획을 취소하고 NSA에 가입했으나, 곧바로 가입을 철회했다. 그 연맹의 리더들이 "하나님, 성경, 노아, 또는 홍수"에 대한 언급을 허락하지 않는다는 사실을 뒤늦게 발견했기 때문이었다. 몇 년 후 그는 새로 세워진 성경적 창조회(BCS)와 힘을 합치는 길을 모색했다. 그러나 그 그룹이 "전능하신 하나님에 의한 6일간의 최근 창조에 대한 확고한 입장"을 취하기를 거절했기 때문에, 그는 그 일 역시 또 하나의 반진화론자 단체를 만드는 것에 지나지 않는다고 확신했다. 그 외에도 그는 BCS 리더들의 태도에 화가 났는데, 그들은—틸니와 EPM처럼—그의 생각보다는 그가 가진 메일 목록에 더 많은 관심을 가진 듯 보였기 때문이었다.[23]

1970년대 말에 화이트는 세 개의 영국 창조론 단체 모두와 관계를 끊었다. 그는 「창조 소식지」에서 마치 심판하듯이 선언했다. "이 조직들은 모두 진화에 반대하지만, 그중 어느 것도 (최근에 결성된, 그리고 내 의견으로는 이름이 잘못 지어진, 성경적 창조회[Biblical Creation Society]를 포함하여) 전능하신 하나님이 행하신 6일 동안의 창조에 대해 확고한 입장을 취할 준비가 되어 있지 않다. 미국에 기반을 둔 창조연구회(CRS)와는 달리, 이 단체

23 A. J. Monty White의 1984년 10월 4-5일자 인터뷰; *Creation News Sheet No. 31* (December 1978) (선물); *Creation News Sheet No. 2* [대략 December 1973] (영국의 CRS); *Creation News Sheet No. 3* (January 1974) (NSA). BCS 설립자들과 White와의 의견차이에 대해서는 다음을 보라. N. M. de S. Cameron to A. J. Monty White, May 14, 1977, White Papers, A. J. Monty White 제공.

들은 성경이 창조와 젊은 지구에 대해 가르치는 것을 선포할 준비가 되어 있지 않으며, 과학적 사실들과 데이터와 논증을 사용해 진화론적 가르침을 무너뜨리는 것으로 충분하다는 주장만 할 뿐이다." 그는 과학적 증거가 진화를 무너뜨릴 수도 있고 젊은 지구를 제시할 수도 있지만, 오직 성경만이 "주 하나님이 6일에 걸쳐 만물을 창조하셨다"라고 가르쳐 준다고 주장했다."[24]

영국에서 홍수지질학을 전파하는 것을 가로막는 주요 장애물은 그것이 "미국산"이라는 꼬리표를 달고 있는 것이었다. 휘트컴과 모리스의 영국인 제자들을 비판하는 이들은, 그 제자들이 "어떤 낯선 요소를 영국 복음주의 안에 주입시키고 있고, 미국 근본주의의 표어들"을 수입하고 있다고 고발했다. 일부 반대자들은 그들이 "북미 정치가들 중 우익"과 연결되어 있다고 단언하기까지 했다. 미국 상품에 대한 편견 때문에 영국 창조론자들은 미국의 운동과 거리를 둔 채 영국의 복음주의적 개혁 운동 안에 있는 창조론의 토착적 뿌리들을 강조하고, 또한—가능한 경우에는—미국의 권위자들보다 영국 권위자들의 말을 인용하면서 자신들의 길을 갔다. BCS의 리더들은 미국인들이 **성경적** 창조론을 옹호하고 "홍수지질학과 과학적 창조론에 조심스럽게 접근한다"는 점을 들면서 반미 논쟁의 방향을 바꾸려고 노력했다. 「네이처」(*Nature*)에 보도된 대중 강연에서 앤드루스는 창조론을 창조자와 분리시키는 미국인들을 따르지 말라고 경고했다. 그러나—적어도 한 명의 젊은 지구론자가 시인했듯이—자신들이 미국에 지적인 빚을 지고 있음을 부인하는 영국의 홍수지질학자들은 역사적이 아니

24 *Creation News Sheet No. 32* (January 1979). Niegel Cameron은 1979년 1월 15일자 편지(White Papers)에서 BSC에 대한 White의 설명을 부정했다.

라 문화적으로 반응하고 있었다. 데이비드 왓슨(David C. C, Watson)은 "미국에서 선한 것이 나올 수 있는가?"라는 질문에 1860년대의 드와이트 무디(Dwight L. Moody) 부흥 운동과 1940년대의 빌리 그래함(Billy Graham)의 전도대회에 대한 기억을 일깨우면서 크게 "예"라고 대답함으로써 (미국과 영국 사이의—역자 주) 당혹스러운 역사 관계 이해의 최고의 사례를 만들었다.[25]

미국의 창조론자들이 공립학교 교실에서 동등한 교육 시간을 획득하는 일에 집중했던 것처럼, 영국의 창조론자들은 국가가 통제하는 BBC 방송국에서 전파를 타는 시간을 얻어내기 위해 싸웠다. 그들은 라디오와 텔레비전에 노출되는 것이 자신들의 조직을 알릴 뿐 아니라, 더 나아가 그것을 합법화한다고 여겼다. EPM이 시작될 때부터 리더들은 BBC 방송국이 창조론을 억압하기 위해 공중파 독점권을 남용한다고 비난해왔다. 만일 영국의 창조론자들이 미국의 삶의 어느 한 측면을 부러워한다면, 그것은 "방송의 자유"였다. 미국에서는 어떤 설교가도 주머니에 몇 천 달러만 있으면 방송 사역을 시작할 수 있었다. 그러나 영국에서는 아무리 큰 돈을 가진 사람도 BBC 방송의 시간을 살 수 없었다. 왜냐하면 그 방송국은 계

---

25 N. M. de S. Cameron, "Editorial," *Biblical Creation* 2 (June 1980): 35 (이질적 요소); David C. C. Watson, Review of *Cross-Currents: Interactions between Science and Faith*, by Colin A. Russell, ibid. 8 (Spring 1986): 25-30 (정치학과 재생); Watts, "The Transatlantic Connection," p. 1 (정치학); David C. Watts의 1984년 10월 3일자 인터뷰(미국과 연관성을 경시); A. J. Monty White의 1984년 10월 4-5일자 인터뷰(영국 권위자의 인용); *Biblical Creation Society Newsletter* (Summer 1984) (조심스런 접근); Michael E. Howgate and Alan J. Lewis, "Creationism in Confusion," *Nature* 311 (1984): 703; David T. Rosevear의 1984년 9월 30일자 인터뷰(문화적 대응). Nature지의 편집자에게 보낸 출판되지 않은 편지(November 19, 1984, David C. Watts의 사본 제공)에서 Andrews는 자신이 미국의 창조론 운동 전체를 저주했다는 사실을 부인했다.

속해서 "창조론자들에게 그들의 입장을 제시할 수 있는 공정한 기회를 허용하기"를 거부했기 때문이다. 미국에서는 상당히 알려진 미디어 스타였던 기쉬가 영국을 방문했을 때, 그는 BBC의 그런 자의성을 신랄하게 비판했다. BBC가 "대안적 견해를 배제하는 문제와 관련하여 최악"이라는 것이었다. 1981년에 화이트는 마침내 방송 금지령의 족쇄를 풀었지만, 그때도 창조론자들은 여전히 그의 말이 편집되는 방식에 대해 불평했다.[26]

전세계를 향하여

영국의 경험은 진화반대운동(EPM)이 발판을 마련하는 어느 곳에서나—캐나다, 호주, 뉴질랜드, 남아프리카 공화국 등—반복되었다. 여러 해 동안 EPM은 그런 나라들 안에서 아주 작은 규모의 반진화론 운동들에 대해 사실상의 독점권을 행사했다. 그러나 1960년대에 홍수지질학이 출현하면서, EPM의 지부들은 살아남기 위해 투쟁해야 했다.[27]

---

26 Douglas Dewar and L. M. Davies, "Obsessions of Biologists," *Evolution Protest Movement Pamphlet No. 20*, 날짜 없음, p. 16 (영국인은 귀 기울여야 한다); L. M. Davies and Douglas Dewar, "The B.B.C. Abuses Its Monopoly," *Evolution Protest Movement Pamphlet No. 26*, 날짜 없음; A. G. T[ilney], "Newsletter," *Evolution Protest Movement Pamphlet No. 181*, July 1970 (방송의 자유); M[alcom] Bowden, *The Rise of the Evolution Fraud* (Bromley, Kent: Sovereign Publications, 1982), pp. 128 (Gish), 129 (White), 142 (금지). BBC 방송의 독점에 대한 추가적 반응에 대해 다음을 보라. C. E. A. Turner, "Scientific Method and Evolution," *Evolution Protest Movement Pamphlet No. 58*, April 1, 1960; N. M. de S. Cameron, 편집자에게 보낸 편지, *Creation Research Society Quarterly* 17 (1980-81): 234; Turner, "A Jubilee of Witness," p. 16; 그리고 EPM 정기회의, September 16, 1963의 회의록.

27 EPM의 지부들에 대해 다음을 보라. Turner, "A Jubilee of Witness," pp. 12-13; 그리고 EPM 총회의 회의록.

식민지를 건설하기 위한 반복된 노력에도 불구하고, EPM은 북미에서는 성과를 거둔 적이 없었다. 1940년대 말 제임스 베일즈(James D. Bales)가 아칸소 주 서시 카운티에 교두보를 마련하려고 했으나 성공하지 못했고, 온타리오 출신의 정신과 의사 호위트(Howitt)는 오랜 기간 동안 EPM 본부의 부회장이었음에도 조직적으로는 별다른 일을 하지 않았다. 그러나 틸니(Tilney)는 계속해서 일을 진행시킬 적임자를 찾았고, 마침내 1960년대 후반에 한 사람을 발견했다. 그는 브리티시컬럼비아 주 빅토리아 출신으로 옥스퍼드 대학에서 농업 통계학과 경제학을 공부한 전문가이자 로버트 클락(Robert E. D. Clark)의 사촌의 배우자였던 데니스 버로우스(W. Dennis Burrowes, 1918-)였다. 자메이카에서 태어나 형제회에서 양육된 버로우스는 1946년 로즈 장학생(Rhodes scholarship, 영국 옥스퍼드 대학에서 공부하는 미국·독일·영연방 공화국 출신 학생들에게 주어지는 장학금을 받는 학생. 이 장학금은 1902년 세실 로즈[Cecil Rhodes]에 의해 시작되었다—역자 주)으로 공부하는 중에 EPM에 가입했고, 1969년에 고향을 방문했을 때 틸니가 "캐나다를 위한 간사 겸 배포자"가 되어달라면서 그에게 접근했다. 버로우스는 자신이 그 직무를 감당할 자격이 있는지에 대해 의문을 가졌으나 결국 그 일을 맡기로 동의했다. 그는 이렇게 설명했다. "나는 학교와 도서관에서 독점적으로 진화론을 가르치는 일의 잘못에 대해 교사들과 도서관 사서들에게 항의하면서, 가능한 과학적 대안에 대한 관심을 불러일으키는 일을 마음껏 해볼 생각이고, 또한 그것에 대해 점점 더 책임을 느끼고 있습니다." 그러면서 그는 자기가 "성경만 지향하는 해법"을 멀리할 것이라고 덧붙였다.[28]

---

28 W. D. Burrowes의 1991년 8월 9일자 인터뷰; W. D. Burrowes to A. C. Custance,

1969년 가을에 버로우스는 캐나다에 거주하는 EPM 멤버들과의 접촉을 통해 그곳에서 자신의 지부를 출범시키기로 결정했다. 그러나 틸니의 기록은 너무나 혼란스러웠기에, 그 간사는 그 나라에 있을 것으로 여겨졌던 스무 명 남짓한 사람들의 이름과 주소를 얻을 수 없었다. 1971년에 버로우스는 북미에 EPM 지부를 결성하기 위해 호위트와 아서 커스탠스(Arthur C. Custance)를 포함한 몇 명의 다른 창조론자들을 초대했다. 버로우스와 마찬가지로 이 사람들도 창조연구회의 젊은 지구론 교리에 불편을 느끼고 있었다. 『창세기의 홍수』를 읽은 후 버로우스는 한동안 홍수지질학 쪽으로 기울어져 있었지만, 커스탠스가 『혼돈하고 공허하며: 창 1:2의 의미에 대한 연구』(*Without Form and Void: A Study of the Meaning of Genesis 1:2*, 1970)에서 간격 이론을 옹호했던 것을 포함해 여러 가지 반대 증거들이 갑자기 그를 그 방향에서 물러나도록 만들었다.[29]

버로우스는 CRS의 교리주의와 EPM의 망설임 사이의 중도 노선을 취하고 싶어 했다. 커스탠스에게 쓴 편지에서 그는 대서양 양 편의 창조론의 대조적인 스타일을 다음과 같이 묘사했다.

> 이편에 있는 우리 모두는 모든 형태의 대진화 교리가 거짓이며 [그] 사실이 널리 퍼질 것이라는 열정과 확신을 갖고 있습니다. 저편에 있는 그들은 여전히 이번 세기 동안 [영국] 교회의 공적인 증거를 약하게 만들었던 소심하고,

---

June 27, 1969 (배경), 그리고 February 24, 1973 (교사들에 대한 항의), 이상 Custance Papers, Special Collections, Redeemer College.

29 W. D. Burrowes to A. C. Custance, April 2, [1970] (캐나다인 회원), April 4, 1971 (첫 모임), November 21, 1970 (Custance의 책의 영향), 이상 Custance Papers; W. D. Burrowes to R. L. Numbers, June 4, 1991. 다음도 보라. Arthur C. Custance, *Without Form and Void: A Study of the Meaning of Genesis 1.2* (Brockville, Ontario: 페이지 없음, 1970).

호교론적이고, 타협하는 경향에 훨씬 더 많은 영향을 받고 있습니다. 그러나 다른 한편으로 그들은 우리 편에서 나온 창조론 관련 문헌들 안에 있는 "어이없는 실수들"과 한계들을 지적하기 위한 온갖 종류의 (훌륭한) 비판적인 능력을 갖고 있는 것처럼 보입니다!

그는 이상적인 혼합은 양쪽의 접근법을 "함께 섞어 흔드는 것"으로부터 나올 것이라고 여겼다.[30]

커스탠스는 과학과 종교에 대한 자신의 많은 출판물에 대해 EPM이 거의 아무런 관심도 보이지 않는 것에 짜증이 나서 그 운동과 연관된 어떤 단체에도 관여하지 않으려 했다. 그러나 커스탠스의 협력 없이도 버로우스는 EPM 지부를 설립하는 데 성공했고, 그것은 장차 북미창조운동(North America Creation Movement, MACM)이라고 불릴 예정이었다. 빅토리아에 기지를 둔 창조론자들은—버로우스의 의도를 충실하게 따르면서—오랜 지구론과 젊은 지구론 진영으로 양분되는 것을 피했고, 그렇게 하면서 5년 안에 120명의 회원을 끌어들였다. 북미에서 그런 전례가 없는 활동은 영국에 있는 EPM 리더들을 감동시켰으나, 그보다 훨씬 더 대단했던 홍수지질학 그룹들의 성장을 목격했던 버로우스는 약간 냉정한 입장을 유지했다. 이미 1960년대 말에 밴쿠버 만 건너편에 사는 산업화학자 얼 할론키스트(Earl G. Hallonquist, 1907-1985)는 캐나다에 성경-과학 협회(Bible-Science Association)가 주장하는 젊은 지구론 깃발을 꽂고 있었다. 그들이 떠나는 것에 만족하면서도 버로우스는 공격적인 홍수지질학자들이 번성하는 것

30 W. D. Burrowes to A. C. Custance, August 13, 1971, Custance Papers. 다음도 보라. [W. D. Burrowes], "Differences between Creationists," North American Creation Movement, Newsletter No. 23, 1978, pp. 4-5.

을 착잡한 심정으로 지켜보았다. 할론키스트의 노력은—남부의 유명한 창조론자들이 자주 방문해주는 것에 도움을 받으면서—결국 브리티시컬럼비아로부터 온타리오에 이르는 지역에 지부들을 두면서 독립적인 캐나다창조과학회(Creation Science Association of Canada)를 설립하게 되었다. 1980년대 중반에 모리스는 이렇게 쓸 수 있었다. "창조론자들(의미상으로는 홍수지질학자들)은 미국을 제외하고는 다른 어느 나라에서보다도, 아마도 캐나다에서 더 활동적이고 생산적이었다." CSM 내부의 새로운 젊은 지구정통주의를 지원할 수도 없고, 그렇다고 동료 창조론자들과 싸우는 것도 원치 않았던 버로우스는 1988년을 끝으로 직무 수행을 그만두었다.[31]

비록 미국과 캐나다가 엄격한 창조론을 전세계에 보급하는 데 앞장서기는 했으나, 호주와 뉴질랜드도 그 일에서 크게 뒤처지지는 않았다. 틸니가 1960년대 말에 방문해서 영감을 불어넣었고 또 교사였던 존 바이어트(John Byrt)가 헌신적으로 노력했음에도, EPM의 호주 지부는—어떤 이의 설명에 의하면—1970년경에 "거의 사라질 지점"까지 위축되었다. 그때 홍수지질학자들이 찾아 왔다. 1973년에 모리스가 왔고, 2년 뒤에는 기쉬가 왔다. 그들의 강연과 책들은 처음에는 EPM이 다시 생명력을 얻도록 도왔고, 그로 인해 1976년에 그 단체는 회원수가 350명까지 늘어났다. 그러나 창조과학에 대해 양면적인 입장을 가진 단체 안에 너무 많은 젊은 지구

---

31 W. D. Burrowes to A. C. Custance, February 24, 1973 (Hallonquist), April 4, 1971 (성경-과학 사람들), 이상 Custance Papers; EPM 총회(1972년 9월 23일; 1976년 4월 24일) 서기록(캐나다에서의 성장); Morris, *History of Modern Creationism*, pp. 219-21, 302 (인용); W. D. Burrowes to R. L. Numbers, June 4, 1991 (중지). 다음을 보라. "Particulars," North American Creation Movement, 날짜 없음, 그리고 W. D. Burrowes, *Plea for an Open Mind Concerning the Age of the Earth* (Victoria, B.C.: North American Creation Movement, [1986]), 이상 W. D. Burrowes 제공.

론자들이 존재한다는 것은 좋기도 하고 나쁘기도 한 것임이 드러났다. 바이어트가 버로우스에게 설명했듯이, 그는 홍수지질학을 쟁점으로 만드는 것을 못마땅하게 여겼는데, 그것은 호주에 있는 너무 많은 EPM 멤버들이 "CRS의 교리를 보증하는 것을 대단히 기뻐했기 때문이다." 그는 EPM과 CRS의 전통적인 목표들 사이의 차이를 강조하는 것이 단지 "그들을 사라지게 할 뿐"인 것은 아닐까 걱정했다.[32]

바로 다음 해에 호주 남부의 휘트컴과 모리스의 추종자들은 의사인 칼 위랜드(Carl Wieland)의 지도 아래서 자신들만의 단체인 창조과학회(Creation Science Association)를 조직했고, CRS의 모델을 따라 명시적인 신앙고백문을 채택했다. 설립자들은 창조연구회(CRS)와 창조연구소(ICR)를 따라 "창조에 대한 구체적인 과학적 사례를 제시할 것"을 서약했다. 1978년에 그들은 "특별 창조가 기원에 대한, 유효한 **과학적** 설명임을 설명하고 알리기 위해" 「무로부터」(*Ex Nihilo*)라는 잡지를 발행하기 시작했다. 1980년에 호주 남부 사람들은 퀸즈랜드에 거주하는 비슷한 의도를 가진 그룹과 합병해 창조과학재단(Creation Science Foundation)을 설립했다. 1980년대 중반에 그 재단은 14명의 스태프를 지원하고 있었는데, 그중에는 지질학자 앤드류 스넬링(Andrew Snelling)과 광고 전문가 케네스 햄(Kenneth A. Ham, 1951-)이 있었다. 시드니 대학에서 박사학위를 받은 지질학자 스넬링

---

32 EPM 총회(1968년 4월 27일) 회의록(Tilney의 방문); EPM 총회(1976년 4월 24일) 회의록(350); Morris, *History of Modern Creationism*, pp. 298-9 (사라지는 점과 방문); John Byrt to W. D. Burrowes, May 22, 1976, Custance Papers. 홍수지질학에 대한 Byrt의 입장에 대해 다음을 보라. "The Roles of the Bible and of Science in Understanding Creation," *Faith and Thought* 103 (1976): 158-88. 호주의 창조론에 대해 다음을 보라. Magaret Carol Scott, "The Resurgence of Creationism and Its Implications for New Zealand" (M.A. thesis, University of Auckland, 1987), pp. 74-87; Marian Finger가 친절하게도 내게 이 논문의 사본을 제공해주었다.

은 고문 역할을 하면서 전문적인 저널(평신도 독자를 지향하는 「무로부터의 창조」[*Creation Ex Nihilo*]의 자매지) 하나를 편집했고, 휘트컴과 모리스의 『창세기의 홍수』의 개정판의 발행 계획을 주도했다. 전직 생물학 교사이자 카리스마를 갖춘 강연자였던 햄은 후에 남부 캘리포니아에 있는 ICR의 스태프에 합류했다.[33]

영국처럼 호주도 공립학교에서 종교 교육을 허용했기 때문에, 초기의 창조과학자들은 매력적인 커리큘럼 교재들을 마련한다면 확실히 자신들이 "공립학교 시스템 안에서 공정한 목소리를 낼 수" 있을 것이라고 느꼈다. 한 비평가가 "호주에서 [창조론이 거둔] 주요한 승리"라고 불렀던 일을 통해 드러났듯이, 보수적인 퀸즈랜드 주의 교육부 장관은 주립 학교들에서 창조과학을 가르치는 것을 좋아했다. 그리고 창조과학은 사립 기독교학교들과 가톨릭교회가 운영하는 학교들에서도 활발하게 가르쳐졌다. 실제로 근본주의적인 가톨릭신자들 사이에서 창조론의 인기는 시드니에 있는 가톨릭 교육청(Catholic Education Office)으로 하여금 매섭게 창조론을 반대하는 소책자를 펴내도록 만들었다. 그 책자는 배리 프라이스(Barry Price, 1935-)가 쓴 『갈팡질팡하고, 발을 헛짚고, 바스러지는 창조과학 이론』(*The Bumbling, Stumbling, Crumbling Theory of Creation Science*, 1987)이었다. 과학과 종교 과목의 교사였던 저자는 창조과학을 "자신의 목적을 달성하기 위해 사기와 기만에" 의존하는 "사이비 과학이자 전적인 넌

---

33 *Ex Nihilo* 1 (June 1978): 1-5 (기원과 목표); John Rendle-Short, "The Creation of *Ex Nihilo*," *Creation Ex Nihilo* 9 (June 1987): 2; Rhondda E. Jones, "Evolution and Creationism: The Consequences of an Analysis for Education," *Quadrant* (August 1988): 23-8 (크기); Andrews Snelling to R. L. Numbers, January 22, 1991, 그리고 March 6, 1991; Kenneth A. Ham, *The Lie: Evolution* (El Cajon, CA: Master Books, 1987).

센스"라고 혹평하면서 거친 말들을 일절 아끼지 않았다. 창조론자들의 고함소리가 가톨릭교회로 하여금 그의 책을 회수하도록 만들었을 때, 프라이스는 자신의 비판을 더 확장시킨 『창조과학 논쟁』(*The Creation Science Controversy*, 1990)이라는 책을 독자적으로 펴냈다. 그 책에서 그는 창조과학을 "호주 무대로 옮겨온 [추잡한] 미국제 수입품"이라고 규정하면서 그것이 "특별한 브랜드를 추구하는 종교적 근본주의의 독특하고 지능적인 마케팅 방법"임을 폭로하려고 노력했다.[34]

처음에 호주의 과학자들은 창조론을 "일종의 농담거리"로 여기며 무시하는 경향을 보였다. 그러나 1980년대 중반에 과학자들은 잘 알려진 저널에서 그 문제에 대해 상세한 토론을 벌였고, 때로는 널리 알려진 토론회에 참여하기 위해 시간을 할애했다. 역사상 창조-진화 논쟁의 가장 뛰어난 대결들 중 하나에서, 뉴캐슬 대학의 거칠고 파격적인 지질학과 과장이었던 이안 플리머(Ian R. Plimer, 1946-)는 기쉬를 새로운 형태의 토론으로 이끌었다. 그 토론의 모토는 다음과 같았다. "절대로 모욕을 참지 말라. 그리고 절대로 타협하지 말라." 플리머의 논쟁 스타일을 "상대방의 무릎 뼈를 목표로 삼아 전력을 다해" 돌진하는 것으로 묘사했던 「시드니모닝헤럴드」(*Sidney Morning Herald*)의 한 기자는 다음과 같은 장황한 설명을 곁들였다.

---

34 Editorial, *Ex Nihilo* 1 (June 1978): 5 (공정한 경청); Barry Price, *The Bumbling, Stumbling, Crumbling Theory of Creation Science* (Leichhardt, New South Wales: Catholic Education Office, 1987), pp. iii (사이비 과학), 3 (주된 승리); Barry Price, *The Creation Science Controversy* (Sydney: Millenium Books, 1990), pp. 203 (사립학교들과 미국 상품 수입); Bob Beale, "Church Banned Book, Says Author," *Sydney Morning Herald*, July 23, 1988, p. 3. Price의 책에 대한 비판의 상세한 내용을 다음에서 보라. *A Response to Deception*, 개정판 (Sunnybank, Queensland: Creation Science Foundation, 1991). 나는 호주 관련 자료들을 얻는 것과 관련해 Marian Finger와 Andrew Snelling에게 신세를 졌다.

플리머 교수는 20분이 넘도록 그 운동이 소중하게 여기는 신조의 모든 조항을 맹렬하게 무시하고 조롱하면서 도전했고, 그 운동의 여러 유명한 멤버들 중 몇 명에 관하여 일련의 개인적인 혐의를 직설적으로 제기했다. 어느 지점에서 그는 절연 장갑을 끼고 전기가 흐르는 전선을 집기도 했으며, 기쉬 박사에게 기회를 주면서 직접 절연 시험을 해보라고 권하기도 했다.

플리머는 기쉬와의 논쟁을 과학적 문제가 아니라 정치적인 것으로 보았기에, "나비의 모든 점들 또는 빛의 속도"에 대해 품위 있게 논쟁하거나 합당한 예의를 갖추는 것을 거부했다. 질겁한 기쉬는 그 시련이 "내가 태어나서 목격했던 가장 혐오스런 행동"이었다고 서술했다.[35]

홍수지질학은 거의 예측될 수 있는 패턴을 따르면서 한 국가에서 다른 국가로 퍼졌다. 1973년에 모리스가 뉴질랜드에서 벌인 캠페인은 뉴질랜드 창조문헌학회(Creation Literature Society of New Zealand)의 결성으로 결론이 났다. 1980년에 모리스와 기쉬는 한국을 방문했고, 그 결과 한국창조과학회(Korea Association of Creation Research)가 결성되었다. 이 단체는 10년 안에 거의 1천 명의 회원을(약 3백 명의 박사학위자를 포함하여) 모집했고, 더 나아가 미국에 몇 개의 지부를 세우기까지 했다. 1983년에 기쉬의 남아프리카 공화국 여행 역시 그곳에 창조과학회를 결성시켰는데, 이전에 그

35 Price, *The Creation Science Controversy* pp. 3 (농담), 205 (저널들과 토론); Bob Beale, "Scientists Strike Back," *Sydney Morning Herald*, June 25, 1988, p. 74, 인용은 ibid., pp. 205-5. 다음도 보라. "Evolutionist Debater Descends to All-Time Low," *Acts & Facts* 17 (June 1988): 3, 5; 그리고 Jim Lippard, "Some Failures of Organized Skepticism," *Arizona Skeptic* (January 1990): 2-5. Gish-Plimer의 논쟁의 한 부분은 Michael Denton의 견해에 초점을 두고 있는데, Denton은 최근에 논쟁이 되고 있는 *Evolution: Theory in Crisis* (Bethesda, MD: Adler & Adler, 1986)를 출판했다.

곳에는 EPM의 아주 작은 전초기지 하나가 있었을 뿐이다. 1990년대에 창조과학은 크고 작은 단체들과 센터들의 긴 명단을 만들어냈다. 그중에는, 유럽의 단체들은 말할 것도 없고, 일본, 타이완, 홍콩, 싱가포르, 필리핀, 인도, 스리랑카, 나이지리아, 케냐, 브라질, 아르헨티나, 멕시코, 엘살바도르, 도미니카 공화국, 푸에르트리코 등의 단체들이 포함되어 있었다.[36]

유럽 대륙에서는 덴마크 사람들이 홍수지질학을 보급하는 데 앞장섰다. 이미 1960년대에 젊은 니콜라아스 룹케(Nicolaas A. Rupke)가 "덴마크의 새로운 멤버들을 위해 CRS의 에이전트"로 일하면서 「창조연구회 계간지」에 논문을 기고하기도 했었다. 창조론 운동은 암스테르담 자유대학의 복음주의 지질학자인 반 드 플리어트(J. R. van de Fliert)가 『창세기의 홍수』에 대한 신랄한 비평서를 출간했던 1968년에 심각한 차질을 겪었다. 그러나 몇 권의 창조과학 책이 덴마크어로 번역되어, 상대적으로 접근이 자유로운 텔레비전 시간에 소개되면서, 그리고 네덜란드 왕립 과학 아카데미 스태프에 속한 연구 생물학자 윌리엄 우버넬(William J. Ouweneel) 같은 사람의 지도하에서 홍수지질학은 다시 일어섰다. 1974년에 덴마크의 창조론자들은 성경에 충실한 연구의 향상을 위한 재단(Foundation for the

---

36 "Creation Literature Society Formed in New Zealand," *Acts & Facts* (September 1974): 2; Scott, "The Resurgence of Creationism and Its Implication for New Zealand"; Young-Gil Kim, "Creation Science in Korea," *Impact* supplement to *Acts & Facts* 15 (February 1986): i-iv; "Creationism Growing in Other Countries," *Acts & Facts* 20 (March 1991): 3 (한국의 1천 명의 회원); "South Africa Tour," ibid. 12 (November 1983): 2, 7; Morris, *History of Modern Creationism*, pp. 298-304. (다양한 나라들). 다음도 보라. "Creation Organization Formed in India," *Acts & Facts* 8 (May 1979): 7; "Kenya Creation Association Formed," ibid. 16 (February): 3; "Creationism in Brazil," *Bible-Science Newsletter* 16 (October 1978): 8; 그리고 Thomas Allen McIver, "Creationism: Intellectual Origins, Cultural Context, and Theoretical Diversity" (Ph.D. dissertation, University of California at Los Angels, 1989), pp. 369-70 (남아프리카 공화국).

Advancement of Studies Faithful to the Bible)을 설립했고, 이듬해부터 우버넬이 편집한 창조론 관련 잡지를 발행하기 시작했다.[37]

유럽에서 창조론을 대중화시키는 일에 영국 태생의 약리학자 아서 와일더-스미스(Arthur E. Wilder-Smith, 1915-1995)만큼 공헌한 사람은 없다. 그는 종종 "유럽의 선도적인 창조론 과학자"라는 말을 들었다. 영국에서 성공회교인으로 자라난 와일더-스미스는 젊었을 때 플리머스 형제단에 가입했다. 그는 세 개의 박사학위를 받았는데—리딩 대학에서 물리적 유기화학 분야의 박사학위, 제네바 대학에서 화학요법학 박사학위, 그리고 취리히에 있는 아이트게노시쉐 기술대학에서 약리학 박사학위—이것이 그를 선도적인 창조론 이론가로서 널리 알려지도록 만들었다. 독일어를 유창하게 구사하는 와일더-스미스는 창조론자로서의 자신의 사역을 제2차 세계대전 이후의 독일의 복음주의자들에게 강연하는 것으로 시작했다. 후에 그는 스위스, 미국, 노르웨이, 그리고 터키에서도 사역했다. 1965년에 미국에서 살 때, 그는 클리포드 버딕(Clifford L. Burdick)과 동행하며 버딕이 팰럭시 강에 있다고 주장한 인간-공룡 발자국을 개인적으로 살펴보기도 했다. 여러 언어로 출판된 그의 책들 중 한 권은—전해지는 바에 따르면—1백만 권이 팔렸다고 한다. 그런 와일더-스미스가 영향력을 행사하고, 우버넬이 강연 여행을 다니고, 『창세기의 홍수』가 번역된 결과, 독일의 창조론자들도 1970년대 후반에 단체를 결성했고 「팍툼」(*Factum*)이라는

---

37 W. E. Lammerts to N. A. Rupke, July 10, 1966, Rupke Papers, Nichlaas A. Rupke 제공; J. R. van de Fliert, "Fundamentalism and the Fundamentals of Geology," *Journal of the American Scientific Affiliation* 21 (September 1969): 69-81; W. J. Ouweneel, "Creationism in the Netherlands," *Impact* supplement to *Acts & Facts* 7 (February 1978): i-iv.

월간 저널을 발행하기 시작했다. 또한 소규모로 조직된 창조론 단체들이 이탈리아, 프랑스, 스페인, 포르투갈, 스웨덴 등에서 등장했다. 1984년에 유럽의 창조론자들은 2년에 한 번씩 정기모임을 개최하기 시작했고, 그것은 대륙 전역의 홍수지질학자들을 하나로 결속시켰다.[38]

왜 홍수지질학인가? (개정판 이전 초판의 결론 부분이다-역자 주)

지난 세기의 특별 창조론의 역사를 뒤돌아보면서 우리는 괄목할 만한 성장, 변화, 이질성으로 특징지어지는 운동 하나를 관찰했다. 20세기 초에 한 줌밖에 안 되는, 과학 교육을 받은 창조론자들은 망각과 고립 속에서 일했다. 그로부터 100년이 지나지 않아 훌륭한 자격을 갖춘 창조론자

38 "Dr. Wilder Smith to Speak in America," *Acts & Facts* 9 (October 1980): 3 (유럽의 주도적 창조론자): Morris, *History of Modern Creationism*, pp. 296-8 (Wilder Smith와 유럽의 나라들); Thomas Schirrmacher, "The German Creationist Movement," *Impact* supplement to *Acts & Facts* 14 (July 1985): i-iv; A. E. Wilder-Smith to R. L. Numbers, March 5, 1987 (판매); A. E. Wilder Smith, *Man's Origin, Man's Destiny: A Critical Survey of the Principles of Evolution and Christianity* (Wheaton, IL: Harold Shaw, 1968), pp. 295-8 (Paluxy 강); D. T. Rosevear, "European Creationist Congress," *Creation: The Journal of the Creation Science Movement* 3 (November 1984): 1-2. Wilder-Smith가 영국에서 발행한 첫 번째 창조론 책인 *Man's Origin, Man's Destiny*에서 그는 자신의 이름을 하이픈으로 연결하지 않았다. 전기적인 정보를 다음에서 보라. Beate Wilder-Smith, "Lebenslauf von Professor Dr.Dr.Dr. A. E. Wilder-Smith, F.R.I.C.," *Factum* (January 1986): 22, 이 글은 Wilder-Smith의 70세 생일을 기념하기 위한 그 잡지의 특별 부록으로 발행되었다. 나는 이 자료와 다른 추가적인 전기적 사항을 얻는 일에서 Darrel Kautz에게 신세를 졌다. 창조과학에 대한 프랑스 신학자의 견해를 다음에서 보라. Henri Blocher, *In the Begging: The Opening Chapters of Genesis*, trans. David G. Preston (Leicester, England: Inter-Varsity Press, 1984), pp. 213-31. 다음도 보라. "Swedish Creationist Organization," *Acts & Facts* 10 (February 1981): 3; 그리고 M. Daniel Mathez, "Creationism in French-Speaking Switzerland," *Origins: Journal of the Biblical Creation Society* 2 (April 1989): 6.

들은 수천은 아니라고 해도 수백 명을 헤아리게 되었고, 창조론 조직은 전 세계에서 발견되었다. 창조론자들은 이제 자신들이 서툰 농담으로 무시되거나 묵살되는 대신 심각한 비판과 염려의 대상이 된 것을 발견했다.

20세기 초 몇 십 년 동안에는 가장 완고한 근본주의자들 안에서조차 젊은 지구론자 또는 화석을 만든 홍수를 주장하는 창조론자는 거의 없었다. 일부 단순한 성경 독자들은 창세기 1장의 난외주에서 발견되는 "기원전 4004년"이 지구의 시원적 창조를 언급한다고 추측했지만, 제7일안식일예수재림교회에 속한 엘렌 화이트의 제자들을 제외하고는, 창조론자들 중에서 그런 믿음을 감히 책으로 쓴 사람은 없었다. 의심할 여지없이, 성경 무오의 가장 확고한 지지자들도 정통주의적인 날-시대 이론과 간격 이론을 창세기 1장에 적용함으로써 역사적 지질학의 주장들에 적응할 수 있었다. 그러나 세기 말에 이르러, 조지 프라이스, 존 휘트컴, 헨리 모리스와 같은 사람들의 수고를 통해 "창조론"(creationism)이라는 단어는 지구상의 생명이 최근에 등장한 것을, 그리고 대홍수가 갖고 있는 지질학적 중요성을 의미하게 되었다. 비록 믿는 자나 회의하는 자 모두 그 견해가 젊은 지구 창조론을 가리킨다고 생각했지만, 이제 핵심적 믿음은 젊은 **지구**가 아니라(프라이스조차 때때로 그것을 거부했다) 젊은 **생명**에 대한 것이었다. 거의 모든 다른 주제들—우주의 나이와 열역학 법칙의 기원부터 유기체 변이의 한계와 노아 홍수에 기인한 화석의 숫자들에 이르기까지—과 관련해 과학적 창조론자들은 공개적이고 뜨거운 토론에 빠져들었다.

20세기의 창조론은—어떤 비평가들이 그랬던 것처럼—상당한 왜곡 없이는 미국의 "반지성주의 전통"에 대한 단순한 표현으로 격하될 수 없다.[39]

---

39 John R. Cole, "Scopes and Beyond: Antievolutionism and American Culture," in *Scientists*

엄격한 창조론자들은 엘리트 과학에 반대했을지는 모르지만, 어떤 의미에서 그들은 자기들이 거부했던 바로 그 과학과 마찬가지로 "지적인" 대안적 전통을 발전시켰다. 주도적인 창조론자들을 그들의 진화론 편 상대자들과 가장 뚜렷이 구분하는 것은 그들의 지성이나 인격이 아니라 그들이 갖고 있던 우주론과 인식론이었다. 홍수지질학자 프랭크 마쉬(Frank Lewis Marsh)와 오랫동안 편지를 교환했던 유전학자 테오도시우스 도브잔스키(Theodosius Dobzhansky)나, EPM의 더글라스 디워(Douglas Dewar)와 자주 연락했던 영국의 진화론자 쉘튼(H. S. Shelton, 1876-?)은 그 사실을 인정했다. 쉘튼은 이렇게 말했다. "우리 사이의 차이는 서술하기가 조금 어렵습니다." 그는 사실의 문제와 관련해서는 자신과 디워가 놀랄 정도로 일치하지만 해석과 관련해서는 그렇지 않다고 주장했다. "당신은 사물들을 나와는 달리 **봅니다**."[40] 창조론자들이 사물을 다르게 보았던 것은 그들이 모세 오경이라는 렌즈를 통해 자연을 바라보았기 때문이다.

자신들의 당위성을 주장하면서 창조론자들은 때때로 과학적 혹은 철학적인 권위에 호소하기도 했다. 하지만 대부분의 경우 그들은 기존의 과학과 철학의 맥락 밖에서 작업했다. 세기의 전환기에 프라이스와 같은 반진화론자는—그들의 계승자들이 칼 포퍼(Karl R. Popper)나 토머스 쿤(Thomas S. Kuhn)의 이름을 흘렸던 것처럼—프랜시스 베이컨(Francis Bacon)에 대한 기억을 환기시킬 수도 있었다. 그러나 사실상 창조론자들은 철학 전문가들의 것과는 독립적으로 자신들의 대중적인 인식론을 마련했으며, 과학에 대한 자신들의 정의를 명백한 출처, 즉 사전으로부터 얻어

Confront Creationism, ed. Laurie R. Godfrey (New York: W. W. Norton, 1983), p. 31.

40 Arnold Lunn, ed., *Is Evolution Proved? A Debate between Douglas Dewar and H. S. Shelton* (London: Hollis and Carter, 1947), p. 286.

냈다. 비록 그들은 자신들의 문헌을 진화론적 정통주의를 의문시하는 과학자들의 이름으로 치장했지만—1920년대에는 윌리엄 베이트슨(William Bateson), 30년대에는 오스틴 클락(Austin H. Clark), 40년대에는 리처드 골드슈미트(Richard B. Goldschmidt, 1898-1958), 50년대에는 윌리엄 톰슨(William R. Thompson), 60년대에는 제럴드 커쿠트(Gerald A. Kerkut)와 로버트 다트(Robert H. Dott, Jr., 1929-), 70년대와 80년대에 스티븐 제이 굴드(Stephen Jay Gould) 등이 그들이다—이런 인용들은 문헌적 장식에 지나지 않았다. 예를 들어 굴드와 다트는 모든 종류의 창조론을 강력하게 반대했음에도, 과학적 창조론자들은 그들의 "새로운 격변이론"—다트는 지층들의 형성을 설명하기 위해 비동일과정설적인 "간헐적 퇴적"(episodic sedimentation)이라는 개념을 사용했고, 굴드는 단속적 진화론을 개발하기 위해 "단속 평형"(punctuated equilibria)이라는 개념을 택했다—을 지구 역사에 대한 자신들의 대홍수 모델을 방어하는 데 차용했다.[41] 20세기의 창조론을 이해하는 데 있어 정식 과학과 철학의 지식은 거의 필요하지가 않다.

---

41 *Scientific Creationism*, 일반판 (El Cajon, CA: Master Book Publishers, 1985), pp. vii-xi의 서문에서 Henry M. Morris는 특별히 다음을 인용한다. Stephen Jay Gould, "Is a New and General Theory of Evolution Emerging?" *Paleobiology* 6 (1980); Stephen Jay Gould, "The Ediacaran Experiment," *Natural History* 93 (February 1984): 14-23; 그리고 "Episodic View Now Replacing Catastrophism," *Geotimes* 27 (November 1982): 16-17. 마지막 책은 다음을 발췌 인용했다. Robert H. Dott, Jr., "Episodic Sedimentation-How Normal Is Average? How Rare Is Rare? Does It Matter?" *Journal of Sedimentary Petrology* 53 (1983): 5-23. Dott에 관해 다음을 보라. Walter E. Lammerts, "Evidence against Evolution Found in a Geology Text," *Creation Research Society Quarterly* 16 (1979-80): 204-6. Gould와 Dott의 창조론 견해에 대해 각각 다음을 보라. Stephen Jay Gould, "Creationism: Genesis vs. Geology," in *Science and Creationism*, ed. Ashley Montagu (New York: Oxford University Press, 1984), p. 126-35, 이것은 이 주제에 대한 Gould의 많은 작품들 중 하나다; 그리고 Robert H. Dott, Jr., "The Challenge of Scientific Creationism," *Journal of Sedimentary Petrology* 51 (1981): 701-4.

그러나 대중 종교라는 비잔틴(Byzantine) 세계에 대한 친숙함은 필수적이다.

진화와 마찬가지로 창조도 쉽사리 사회적·정치적 목적을 향해 전환될 수 있었다. 예를 들어 어떤 창조론자들은 낙태시술을 진화에 대한 믿음과 연결시키려고 했다. 어떤 이가 수사학적으로 물었다. "자궁 속에 있는 원치 않는 아기들은 영장류의 새끼들에 불과한데, 그것을 간단히 처치해 버리는 것에 대해 무엇을 그렇게 걱정하는가?" 또 다른 이들은 페미니즘과 진화론을 연관시키려고 했다. 형식적으로는 과학 저널인 「창조연구회 계간지」에 기고했던 어떤 이는 다음과 같이 선언했다.

> 페미니즘은 반창조운동이며 반기독교적이다. 기독교적 페미니즘 같은 것은 있을 수 없다. 그런 것은 자본주의적 공산주의 또는 복음주의적 동성애 같은 개념적 모순이다. 성별이라는 신적 질서는 창조질서의 필연적인 가르침이다. 그 질서는 가족을 사회와 교회 안의 자연적 기초단위로 건립한다.…남편/아버지에게는, 조력자이자 아이들에 대한 주요한 교육자인 아내/어머니와 함께 가정과 교회의 머리가 되는 책임이 주어진다.

"적자생존"이 지배하는 비기독교 사회 안에서 남성들과 여성들은 이런 이상으로부터 멀어져 똑같이 직장을 찾아 경쟁하는 극한으로 내몰린다.[42] CRS 리더들의 명단에 여성의 이름이 전혀 등장하지 않는 것은 놀랄 일이 아니다. 창조론자들은 그들의 여자들이 가정적이기를, 그리고 그들의 정

---

42 W. D. Burrowes, "Comment on the State of the Art in North America," North American Creation Movement, Newsletter No. 43, March 30, 1988, p. 10; David A. Kaufmann, "Feminism, Humanism and Evolution," *Creation Research Society Quarterly* 25 (1988-89): 69-72, 인용은 P. 72.

치가 (비록 모두가 다 그랬던 것은 아니지만) 보수적이기를 바랐을 수 있다. 하지만 대체로 하나의 동력으로서의 정치는 종교보다 한참 뒤처져 있었다.

창조론의 부흥에 대한 그 어떤 설명이라도 다음 두 가지 질문을 구분해서 답해야 한다. 하나는 어째서 그렇게 많은 보수적 기독교인들이 1960년대 이후 진화론에 반대하는 입장을 취했는가 하는 일반적 질문이고, 다른 하나는 어째서 점점 더 많은 숫자의 창조론자들이 역사적 지질학에 대한 수용으로부터 거부 쪽으로 옮겨갔는가 하는 좀 더 좁은 범위의 질문이다. 미국에서 진화론에 반대하는 목소리가 시작된 것은—의심할 여지없이—대부분 1960년대 초에 고등학교 교실 안에서 갑자기 진화론이 재등장했던 시점과 상관이 있다. 그 무렵에는 연방정부가 지원하는, 진화론을 특징적으로 묘사하는 생물학 교과서가 진화론을 낮은 음조로 취급했던 이전의 교과서를 대체했었다. 또한 그 무렵에 제도권 내의 과학기관들은 임마누엘 벨리코프스키(Immanuel Velikovsky)의 『충돌하는 세계들』(*Worlds In Collision*, 1950)을 「뉴욕 타임즈」(*New York Times*)가 선정한 베스트셀러 목록 1위 자리에 올려놓고 그 유대인 격변론자(벨리코프스키—역자 주)를 1960년대에 대학 캠퍼스에 곳곳에서 영웅숭배의 대상으로 만들었는데, 창조론자들은 바로 그런 과학기관들에 대한 낭만적 반란의 분위기를 이용했다. 이후 반진화 운동은 1970년대에 전국적으로 유명해진 새로운 종교적 우파의 정치적 뒷배를 달았다. 그리고 그 모든 과정에서 그 운동은—컨트리싱어인 멀 해거드(Merle Haggard)가 표현했던 것처럼—좀처럼 사라지지 않는 의심으로부터 유익을 얻었는데, 그 의심은 "진화는 합리적 정신을 가진 모든 사람에게는 웃기는 문제일 뿐"이라는 것이었다.[43] 그러나 그런 요

---

43 Bryan Di Salvatore, "Profiles," *New Yorker*, February 12, 1990, p. 54 (Haggard).

소들은 어째서 수많은 창조론자들이 간격 이론과 날-시대 이론으로부터 전통적인 지구 역사에 대한 전적인 거부를 요구했던 홍수지질학으로 돌아섰는가를 설명해주지 못한다.

물론 "왜 홍수지질학인가?"라는 질문에 대한 단순한 대답은 있을 수 없다. 사람들이 창세기에 대한 그런 특별한 해석을 택하는 이유는 종교적 전통에 따라 다르고, 어떤 경우는 개인에 따라서도 다르다. 무수히 많은 전향자들의 증언에 따르면, 홍수지질학의 유명세에 대한 신뢰—또는 비난—의 가장 큰 몫은 존 휘트컴과 헨리 모리스에게 돌아간다. 그들이 그들의 책 『창세기의 홍수』(*The Genesis Flood*)를 통해 조지 맥크리디 프라이스의 제7일안식일예수재림교회식의 홍수 이론에 적절한 근본주의적 세례를 주었고, 그 후에 그것을 솜씨 있게 성경적 교리로 만들었다는 것이다. 창세기 본문에서 시작해 과학적 데이터를 그 틀 안에 맞춰 넣으면서 그들은 "성경을 최근의 이론에 맞추려고 시도하는 논문들과 책들에 진저리가 난" 기독교인들에게 호소했다. 그들에게 감탄했던 한 사람은, 그 두 사람이 다른 이들이 실패했던 곳에서 성공했던 이유가 부분적으로는, 그들이 "성경의 자료와 확고한 과학적 사실들의 완전한 종합을 제공하면서…달리 통합된 것을 논박했기 때문"이라고 설명했다. 그로 인해 "여러 해 만에 처음으로 창조론자들은 소외된 채 고립된 문제를 취급하거나 갈등이 일어나고 있는 좁은 영역 안에서 점수를 따려고 애쓰지 않게 되었다."[44]

Velikovsky에 대해서는 다음을 보라. Henry H. Bauer, *Beyond Velikovsky: The History of a Public Controversy* (Urbana: University of Illinois Press, 1984).

44 D. A. Carson, "The Genesis Flood in Perspective," *Biblical Creation* 2 (February 1980): 9-20, 인용은 P. 10. Nigel M. de S. Cameron, "Editorial," ibid., [1] (October 1978): 3-4는 *The Genesis Flood*의 "가장 큰 강점"은 그것이 성경과 함께 출발하는 방법이라고 확인한다.

성경의 문자적 무오성을 믿는 사람들에게 홍수지질학은 날들이 실제로는 시대들을 뜻한다거나, 언급되지 않고 넘어간 시간적 간격을 포함한다는 가정을 전혀 요구하지 않았다. 노아 홍수가 어떻게 지구의 역사를 단지 1만 년으로 압축시키는가를 제시함으로써 휘트컴과 모리스는 그런 "성경의 체력 단련"(성경을 역사적 지질학에 맞추려는 시도—역자 주)의 필요성을 단번에 제거했으며, 진화론자들에게서 종의 자연적 기원에 요청되는 (지질학적—역자 주) 시간을 빼앗아버렸다. 데이비드 왓슨(David C. C. Watson)은 그런 군사 작전의 파급효과를 다음과 같이 간략하게 요약했다. "수많은 기독교인들이 모리스와 휘트컴의 책을 통해 확신을 얻었는데, 그것은 그들이 성경을 이해할 수 있게 만들었기 때문입니다."[45]

상대적으로 적은 무리인 후천년주의 재건론자들을 제외하고는, 대부분의 홍수지질학자들은 (최소한 미국에서는) 그리스도가 곧 지구로 돌아오시기를 기다리는 교회들 소속이었다. 현 시대의 임박한 종말을 기대하는 기독교인들에게—그들이 전천년주의 침례교인과 제7일안식일예수재림교인이든, 아니면 천년왕국을 부정하는 루터교인이나 그리스도의 교회 소속이든 관계없이—휘트컴과 모리스는 지구 역사에 대한 주목할 만한 견해를 제공했다. 그것은 대칭적인 대격변적 사건들로 틀이 짜이고 어떤 공통의 해석학을 통해 서로 연결된 견해였다. "만일 당신이 창세기를 글자 그대로 읽는다면, 당신은 계시를 더욱 글자 그대로 수용하게 될 것이다." 또는—

---

45 Paul E. G. Cool, "Review of *The Great Brain Robbery*," by David C. C. Watson, *Banner of Truth*, no. 153 (June 1976): 28 (체력단련); Davis A. Young, *Christianity and the Age of the Earth* (Grand Rapids, MI: Zondervan, 1982), p. 64 (진화론자들의 박탈); David C. C. Watson, 편집자에게 쓴 편지, *Christianity Today*, April 23, 1982 (이치에 맞게), Olson Papers, Edwin A. Olson 제공. Watson의 편지는 아마 출판되지 않을 듯하다.

호주의 어느 제7일안식일예수재림교인이 말했듯이—"창세기에 계시된 우리 세상의 대격변적인 시작은 우리 혹성의 초자연적인 종말을 '확증'해주는데, 그때 상실된 에덴은 회복된 에덴이 될 것이다." 영국의 창조론자 앤드루스(E. H. Andrews)의 의견에 따르면, "현 시대에 대한 기적적인 종말을 기대하는" 어떤 이가 "창조 과정에서 기적을 엄격하게 배제하지" 않으리라는 것은 논리적으로 일관된 것으로 보인다.[46]

마지막으로, 인류학자 크리스토퍼 투메이(Christopher P. Toumey)가 "과학의 신성화"라고 부른 것을 추구하는 근본주의자들에게 홍수지질학은 참된 과학자들의 보증과 함께 다가왔다. 그 과학자들은 근본주의자들에게 성경과 마찬가지로 자연도 생명의 비진화론적 역사에 대해 찬성한다고 확신시켜주었다.[47] 엘리트들의 권위에 대한 도전을 점차 관용하는 문화 안에서 이처럼 주로 종교적인 요소들이 합류한 것이 홍수지질학이라는 민간과학을 조지 맥크리디 프라이스가 꿈만 꾸었던 명성의 자리에 올려놓았다. 그것이 거둔 충격적인 성공은—비록 제한적이기는 했지만—세속화의 불가피성과 과학의 진보라는 손쉬운 신념을 산산조각냈으며, 과학과 종교의 관계와 관련해 오래 간직되어왔던 확신들을 의문스럽게 만들었다.

---

46 Henry M. Morris의 1980년 10월 26일자 인터뷰(창세기의 문자적 읽기); Arthur J. Ferch, *In the Beginning* (Washington DC: Review and Herald Publishing Assn., 1985), p. 9 (보증); E. H. Andrews, *God, Science & Evolution* (Welwyn, Hertfordshire: Evangelical Press, 1980), p. 52.

47 Christopher P. Toumey, *God's Own Scientists: Creationists in a Secular World* (New Brunswick, NJ: Rutgers University Press, 1994), p. 7.

1. 창조론자들을 외면하거나 무시했던 과학자들은 그들의 법률적·정치적 공세에 위기를 느끼고 본격적인 대응을 시작했다. 1980년 여름 창조론의 논쟁에 답변하는 「창조/진화」가 발간되었고, 1981년 10월 미국과학아카데미와 미국생물교사연맹은 창조론 견제를 위한 긴급회의를 워싱턴에서 소집했다.

2. 1984년 미국과학아카데미는 특별 창조가 과학과 사회 양쪽을 위협한다는 견해를 소책자로 만들어 4만 부 이상을 교육감과 과학 교사들에게 배부했다. 그러나 1987년 연방 대법원은 창조과학을 자발적으로 가르칠 수 있는 가능성을 열어두었다. 창조론과 반창조론의 전장은 바로 공립학교 교실과 교사들이었다.

3. 1970년대 이후 북미에 국한되었던 창조론은 빠르게 해외로 퍼져나갔고, 미국 창조론자들과 그들의 책은 세계 전역에서 유통되었다.

4. 1960년대 초까지 영국의 창조론과 진화반대운동은 무기력했다. 그러나 복음주의 설교자들이 시들은 영국 창조론자들의 영혼을 소생시켜 부흥의 길을 예비했다. 영국에서 홍수지질학이 전파되기 어려웠던 것은 그것이 "미국산"이라는 꼬리표를 달고 있었기 때문이었다. 영국의 창조론자들은 교실을 장악하기 위한 투쟁보다는 BBC 방송국의 방송 시간을 얻어내기 위해 노력했다.

5. 영국의 무기력한 경험은 캐나다, 호주, 뉴질랜드, 남아프리카 공화국 등에서 반복되고 있었다. 해외 지역에서 위축되어 있었던 진화반대운동에 생명력을 불어넣어 준 것은 모리스와 기쉬의 영국 방문 강연이었다.

6. 홍수지질학은 예측될 수 있는 패턴으로 한 국가에서 다른 국가로 퍼져나갔다. 1973년 모리스는 뉴질랜드에서 캠페인을 벌였고, 1980년 모리스와 기쉬는 한국을 방문하여 한국창조과학회가 결성되도록 도왔다. 1983년 남아프리카 공화국에서도 창조과

학회가 결성되었고, 그 후 세계 각국에 지부가 설치되었다.

7. 20세기 초 사람들은 "기원전 4004년"이 지구의 시원적 창조를 가리킨다고 추측은 했지만, 제7일안식일예수재림교회에 속한 엘렌 화이트의 제자들을 제외하고는 창조론자 중에서 그런 믿음을 책으로 쓴 사람은 없었다. 그러나 세기말에 이르자 조지 프라이스와 휘트컴-모리스의 책을 통해 창조론은 전세계에서 자신의 주장을 펼치고 있었다.

제17장

지적 설계

Intelligent Design

과학적 창조론은 밀레니엄의 전환기에 계속해서 번성했다. 그러나 1990년대 중반에 창조론자들과 진화론자들 모두의 관심의 초점은 "지적 설계"(Intelligent Design)라고 불리는 새로운 형태의 반진화론으로 옮겨갔다. ID—"지적 설계"는 보통 그렇게 약자로 불린다—는 과학의 기본적인 법칙들을 다시 쓰고자 하는 그 대담한 시도와 신적 존재에 대한 부인할 수 없는 증거를 발견했다는 주장으로 인해 언론의 중요한 관심사가 되었다. 그러나 이 이론의 지지자들은 그것이 "종교적 사상이 아니고, 생명의 기원에 관한 증거에 기초한 과학 이론이며 진화론의 엄격하게 물질주의적인 견해에 도전하는 것"이라고 주장했다. 비록 설계의 지적 근원에 대한 논쟁의 시작은 100년 전으로 거슬러 올라가지만, 그것의 현대적 형태가 등장한 것은 1980년대 중반이다. 1984년에 화학자 찰스 택스턴(Charles B. Thaxton, 1939-), 기계공학자 월터 브래들리(Walter L. Bradley, 1943-), 지구화학자 로저 올슨(Roger L. Olson, 1950-) 등 세 명의 개신교 과학자들이 『생명의 기원의 신비』(*The Mystery of Life's Origin*)라는 책을 출판했다. 그 책에서 그들은 생명을 발생시키는 복잡한 과정의 근원에 신적인 창조자가 있다고 주장했다. 그 책의 가장 놀라운 특징은 본문이 아니라 샌프란시스코 주립대학의 생물학 교수 딘 캐니언(Dean H. Kenyon, 1939-)이 쓴 서론이었다. 생명의 화학적 기원에 대한 다른 중요한 교과서의 공저자이기도 한 캐니언은, 자신은 자연주의적인 진화를 더 이상 믿지 않는다고 고백하면서 생명의 기원에 관해 통용되는 이론들에서 "어떤 근본적인 결함"을 확인하려는 저자들과 합세했다. 그는 이렇게 썼다. "이 책으로부터 이끌어낼 수 있는 중요한 결론은, 에너지가 원시 대기와 바다를 통과해 방향 없이 흘렀다는 주장이 지금으로서는 가장 단순한 생명 체계와도 연관된 믿기 어려운 복잡성에 대한 한심할 정도로 부적절한, 따라서 아마도 잘못된 설명이라는 것이다."[1]

그로부터 2년 후, 영국 출신의 의사이자 유전학자로서 호주에 거주하던 마이클 덴튼(Michael Denton, 1943-)이 『진화: 위기의 이론』(*Evolution: Theory in Crisis*, 1986)이라는 우상 파괴적 성격을 지닌 책을 출간했다. 이 책에서 그는 신다윈주의의 타당성을 의문시하고 자연 안에 신적 설계의 증거가 존재한다고 주장했다. 그는 종교적으로 보수적인 가정에서 성장했으나 더 이상 기성 종교와의 관계를 유지하지 않았고 과학적 창조론에 공감하지도 않았다. 하지만 그는 인간들과 다른 유기체들을 하나님이 정하신 자연의 법칙들의 산물로 여겼다.[2] 『생명의 기원의 신비』와 『진화: 위기의 이론』은 대중들로부터 큰 주목을 받지는 못했으나 1990년대의 ID 운동을 위한 지적 기초를 놓는 데 도움을 주었다.

옥스퍼드의 생물학자 리처드 도킨스(Richard Dawkins, 1941-) 같은 노

---

1 Stephen C. Meyer, "Not by Chance," *National Post* (Canada), December 1, 2005, p. A22 (종교적이지 않음); Charles B. Thaxton, Walter L. Bradley, and Roger L. Olson, *The Mystery of Life's Origin: Reassessing Current Theories* (New York: Philosophical Library, 1084), pp. vii, 186. 이 챕터는 Ronald L. Numbers, *Darwinism Comes to America* (Cambridge, MA: Harvard University Press, 1998), pp. 15-21의 상당한 내용을 포함하여 서술한다. 나는 그 챕터를 상세하게 읽어준 것에 대해 Nathaniel Comfort, Wallace Marshall, Nick Matzke, Steve Meyer, Paul Nelson, Jon Roberts, Elliott Sober, 그리고 Karen Steudel-Numbers에게 감사한다. 두말할 필요도 없지만, 그곳에 있는 실수 때문에 그들이 누명을 써서는 안 될 것이다.

2 Michael Denton, *Evolution: Theory in Crisis* (Bethesda, MD: Adler & Adler, 1986). 다음도 보라. Denton, *Nature's Destiny: How the Laws of Biology Reveal Purpose in the Universe* (New York: Free Press, 1998).

골적인 자연주의적 진화론자들이 주장하는 말들 역시 설계 이론가들로 하여금 행동을 취하도록 박차를 가했다. 책표지에 "아마도 다윈 이래 진화에 관한 가장 중요한 책"이라는 광고 문구가 실려 있는 『눈먼 시계공』(*The Blind Watchmaker*, 1986)에서 도킨스는 유기체의 복잡성을 만들어내는 과정에서 자연선택의 역할을 강조했다.

> 다윈이 발견했던, 그리고 지금 우리가 모든 생명의 존재와 명백하게 의도를 가진 형태에 대한 설명이라고 알고 있는 맹목적이고, 무의식적이고, 자동적인 과정으로서의 자연선택은 그 어떤 목적도 갖고 있지 않다. 아니 그것은 마음도, 마음의 눈도 갖고 있지 않다. 그것은 미래에 대한 계획도 갖고 있지 않다. 그것은 비전도, 예지력도, 시각도 전혀 갖고 있지 않다. 만약 그것이 자연 안에서 시계공의 역할을 한다고 말해질 수 있다면, 그것은 눈먼 시계공이다.

자주 인용되는 진술에서 도킨스는 다윈이 "지성으로 가득 찬 무신론자가 되는 것이 가능하도록 만들어주었다"라고 칭찬했고, 반복적으로, 가던 길을 벗어나 그가 "무식하고, 어리석거나 제 정신이 아니"라고 묘사하는 창조론자들을 조롱했다. 그는 창세기 1장을 다른 창조신화들처럼 "중동 유목민의 특별한 한 부족이 우연히 택했던" 신화로 격하했고, 유신론적 진화를 "뒷문으로 몰래 신을 끌어들이려는" 장광설의 시도라고 무시했다. 한번은, 그는 "믿음은 세상에서 가장 사악한 것들 중 하나이고 천연두 바이러스에 비유될 수 있지만, 그것보다 박멸하기가 더 어렵다"라고 말했다. 도킨스의 후원자 중 한 사람이자 그에게 옥스퍼드 대학의 교수직을 증여했던 마이크로소프트사의 백만장자 찰스 시모니(Charles Simonyi, 1948-)가 자신의 장학생을 부를 때 애정을 담아서 "다윈의 로트바일러(목축, 경비, 경찰견

으로 쓰이는 독일산 개—역자 주)"라고 한 것은 조금도 이상한 일이 아니다.[3]

판다와 인간

텍사스 주에 소재하고 "기독교 복음"의 선포와 "유대-기독교의 도덕성"을 옹호하는 일에 헌신했던, 얼마간 알려진 조직인 사고와 윤리를 위한 재단(Foundation for Thought and Ethics)은 1989년에 『판다와 인간에 관하여: 생물학적 기원의 핵심적 질문』(*Of Pandas and People: The Central Question of Biological Origins*, 1989)이라는 책을 발행했는데, 그 책은 "지적 설계"를 명시적으로 장려했던 최초의 책이었다. 창조론자인 딘 케니언과 퍼시벌 데이비스(Percival Davis)가 쓴, 이 얇고 그림이 많은 책은 전통적인 고등학교 생물학 교과서를 대체하도록 고안되었다. 택스턴은 그 프로젝트에서 학술 편집자의 역할을 맡았다. 어느 초급대학의 생물학 강사이자 1백 만 부가 팔린 생물학 교과서의 공동 저자였던 데이비스는 (동료 창조론자들과 함께 작성한 어느 선언문 안에서) 이렇게 고백했다. "우리는 하나님이 살아 있는 것들을 창조하셨다는 계시된 사실을 믿음으로 받아들인다. 우리는 하나님이 모든 생명의 과정 안에 미묘하게 상호 의존되어 있는 (핵산, 단백질 등의) 핵심적인 물질들을 창조하셨다는 것과, 하나님이 그것들을 살

---

3 Richard Dawkins, *The Blind Watchmaker* (New York: W. W. Norton, 1986), pp. 5-6, 316; Dawkins, Review of *Blueprints: Solving the Mystery of Evolution*, by Maitland A. Edey and Donald C. Johnson, *New York Times*, April 9, 1989, sect. 7, p. 34 (무지); Dawkins, "Is Science a Religion?" *The Humanist* 57 (January/February 1997): 26-29, 인용은 p. 26; Roger Downey, "Darwin's Watchdog," *Eastsideweek*, December 11, 1996. 시애틀 지역에 무료 배포된 이 신문 안에서 Downey는 Dawkins를 "진화를 옹호하는 핵심적 인물"이라고 서술했다. 다음도 보라. Dawkins, *Climbing Mount Improbable* (New York: W. W. Norton, 1996).

아 있는 세포들 안에서 이미 작동하도록 창조하셨다는 것을 믿는다." 데이비스는 자기들이 『판다와 인간에 관하여』라는 책을 쓴 동기가 과학이 아니라 종교임을 솔직하게 인정한 후 "거기에는 아무런 의문도 없다"라는 말을 강조하며 덧붙였다.[4]

그 책의 저자들은 그리고 그 책의 발행인이자 대학생선교회(Campus Crusade for Christ)의 베테랑인 존 뷰얼(Jon A. Buell, 1939-)은 『판다와 인간에 관하여』가 하나님께 봉사할 뿐만 아니라, 또한 큰 부를 창출하기를 희망했다. 1987년에 창조과학을 가르치는 것의 합헌성에 대한 미국 대법원의 결정이 내려지기 직전에, 뷰얼은 그 책을 배포하는 일에 협력할 세속 출판사를 찾는 편지에서 다음과 같이 자신의 기대를 드러냈다.

> 5년 동안 650만 달러 이상의 수입을 예상하는 이 동봉된 계획은 시장에 대한 보수적인 예측에 기초하고 있습니다. 즉 미국 대법원이 루이지애나 균형 취급법(Balanced Treatment Act)을 지지하지 않을 경우를 예상한 것입니다. 만일 대법원이 그 판결을 지지할 경우, 그때 여러분은 이 예상치를 던져버릴 수 있습니다. 전국의 시장이 폭발하게 될 것입니다.

캐니언과 데이비스는 애당초 자신들의 책을 창조론에 대한 과학적 지침서로 만들 계획이었다. 그러나 대법원이 창조과학에 대해 부정적인 결

---

4 Robert T. Pennock, *Tower of Babel: The Evidence against the New Creationism* (Cambridge, MA: MIT Press, 1999), P. 162 (믿음의 진술); Erik Larson, "Darwinian Struggle: Instead of Evolution, a Textbook Proposes 'Intelligent Design,'" *Wall Street Journal*, November 14, 1994, p. A1 (동기들). "지적 설계"라는 문구는 1980년대 중반 이후 두 명의 창조과학자인 Lane P. Lester와 Raymond G. Bohlin이 쓴 *The Natural Limits to Biological Change* (Dallas, TX: Probe Ministries, 1984), p. 153에서 등장하기 시작했다.

정을 내렸을 때, 그들은 법률적으로 의심스러운 용어인 "창조"와 "창조론자들"이라는 단어를 "지적 설계"(intelligent design)와 "설계의 지지자들"(design proponents)이라는 용어로 바꾸면서 재빨리 원고를 수정했다. 그리고 원래 그들이 생각했던 책 제목인 『생물학과 창조』(*Biology and Creation*)를 『판다와 인간에 관하여』(*Of Pandas and People*)로 바꾸었다. 케니언과 데이비스는 6가지 사례 연구를 통해 다윈주의와 지적 설계를 비교하면서 어느 쪽이 과학적 데이터에 더 잘 어울리는지 보여주려고 했다. 놀랄 것도 없이, 지적 설계—"새로운 유기체들의 기원을 비물질적 원인 안에, 다시 말해 어느 지적 주체에 의해 고안된 청사진, 계획, 패턴 안에 위치시키는" 준거틀로 정의되는—가 항상 이겼다. 그 책의 인기에 대한 뷰얼의 과장된 예측에도 불구하고, 실망스럽게도 그것은 5년 동안 고작 22,500부가 팔렸을 뿐이다.[5]

다윈을 재판에 회부하다

초기의 지적 설계 운동은 버클리에 있는 캘리포니아 대학의 법학 교수인 **필립 존슨**(Phillip E. Johnson, 1940-)이 『법정에 선 다윈』(*Darwin on*

---

5 Percival Davis and Dean H. Kenyon, *Of Pandas and People: The Central Question of Biological Origins*, 2판 (Dallas: Haughton Publishing Co., 1993, pp. 14, 160-61; Larson, "Darwinian Struggle," p. A1 (판매). *Pandas* 책의 역사는 *Tammy Kitzmiller, et al. v. Dover Area School District*, October 5, 2005에 실려 있는 Barbara Forrest의 증언 안에서 드러난다. Forrest는 Foundation for Thought and Ethics가 발행한 증명 서류들에 근거해 *Pandas*의 진화를 재구성했다. 재판 기록의 문서들은 National Center for Scientific Education의 웹 사이트인 www2.ncseweb.org.에서 볼 수 있다. 다음도 보라. Jay D. Wexler, "Of Pandas, People, and the First Amendment: The Constitutionality of Teaching Intelligent Design in the Public Schools," *Stanford Law Review* 49 (1997): 439-70.

Trial)이라는 제목의 우상 타파적 성격의 책을 출간했던 1991년에 크게 각광을 받았다. 몇 년 전에 중년의 영적 갱신을 경험한 그 장로교 법률가는 우연한 기회에 도킨스의 『눈먼 시계공』을 읽었고, (그의 표현대로는) 진화를 옹호하는 논증이 사실에 기초한 것이기보다 수사학에 불과하다는 것을 발견했다. 변호사였던 존슨은 그런 상투적인 수단에 대해 아주 잘 알고 있었다. 『법정에 선 다윈』에서 그는 "눈먼 시계공"이라는 논지를 위한 증거를 비판적으로 검토함으로써 다윈주의의 구조적 약점을 폭로하고자 했다. 진화에 대한 그의 비판의 핵심은 자연주의(naturalism)가 과학을 수행하는 유일하게 적법한 길이라는 전제였다. 그는 이 편견이 가능한 설명들의 범위를 불공정하게 제한하고 또 유신론적 요소들에 대한 숙고를 처음부터 배제한다고 주장했다.[6]

실제로 20세기 말에 이르러 자연주의적 방법은 과학계에서 최고 통치자로 군림했으며, 경건한 기독인 과학자들도 과학을 연구할 때 초자연주의에 호소한다는 것은 꿈조차 꿀 수 없었다. 존슨은 이렇게 한탄했다. "자연주의가 세속적 학문 세계를 절대적으로 지배하고 있는데, 이것은 아주 나쁜 일이다. 그러나 그보다 더 나쁜 것은 그것이 기독교 세계의 많은 부분들 역시 지배하고 있다는 것이다." 현대 과학의 내용들 중 대부분을 거

---

6 Phillip E. Johnson, *Darwin on Trial* (Downers Grove, IL: InterVarsity Press, 1991); Johnson, *Reason in the Balance: The Case against Naturalism in Science, Law and Education* (Downers Grove, IL: InterVarsity Press, 1995), 특별히 pp. 15, 26. 다음도 보라. Johnson, *Defeating Darwinism by Opening Minds* (Downers Grove, IL: InterVarsity Press, 1997); Johnson, *Objections Sustained: Subversive Essays on Evolution, Law, and Culture* (Downers Grove, IL: InterVarsity Press, 1998); Johnson, *The Right Questions: Truth, Meaning, and Public Debate* (Downers Grove, IL: InterVarsity Press, 2002); 그리고 Johnson이 Denis O. Lamoureux, *Darwinism Defeated? The Johnson-Lamoureux Debate on Biblical Origins* (Vancouver: Regent College, 1999)와 교환한 논쟁.

부했던 과학적 창조론의 설립자들조차 대체로 자연주의를 과학의 적법한 방법으로 인정했다. 그들은 기원에 관한 질문을 배제하기 위해 과학의 범위를 좁혔기 때문에 대체적으로 과학을 "현재하는 그리고 재현 가능한 현상들"에 대한 연구로 제한하고 하나님과 기적은 종교에게 맡겼다. 1980년대 초에 휘튼 대학의 철학자 폴 드 브리스(Paul de Vries, 1945-)는 일에 대한 이런 조정적인 분할을 "방법론적 자연주의"(methodological naturalism)라고 불렀다. 초월적 신의 존재를 부정하는 "형이상학적 자연주의"(metaphysical naturalism)와는 대조적으로, 방법론적 자연주의는 신의 존재에 대해 아무것도 암시하지 않는다.[7]

이렇게 이해된 악과 맞서 싸우기 위해 존슨은 "쐐기"(the wedge)라고 불리는 전략을 세웠다. 그는 그것을 다음과 같이 설명했다.

> 통나무는 단단한 물체이지만, 쐐기는 그것의 균열을 관통해 들어가 틈을 벌려서 마침내 그것을 쪼갤 수 있다. 우리의 경우에 과학적 유물론이라는 이데올로기는 외관상 견고한 통나무와 같다. 우리가 넓혀야 할 틈새는 중요하지만 좀처럼 인식되지 않는 차이, 곧 과학적 탐구에 의해 드러나는 사실들과 과학의 문화를 지배하고 있는 유물론적 철학 사이의 균열이다.

---

7 Phillip E. Johnson, "Foreword," in the *Creation Hypothesis: Scientific Evidence for an Intelligent Designer*, ed. J. P. Moreland (Downers Grove, IL: InterVarsity Press, 1994), pp. 7-8; Paul de Vries, "Naturalism in the Natural Sciences," *Christian Scholar's Review* 15 (1986), 388-96은 1983년에 전달된 논문에 기초해 있다. de Vries가 "방법론적 자연주의"라고 부르는 것의 긴 역사에 대해 다음을 보라. Ronald L. Numbers, "Science without God: Natural Laws and Christian Beliefs," in *When Science and Christianity Meet*, ed. David C. Lindberg and Numbers (Chicago: University of Chicago Press, 2003), pp. 265-85.

존슨은 자신이 "진리의 쐐기의 주도적인 날"이자 "과학적 자연주의라는 지적 독재 안으로 처음으로 관통해 들어가는" 사람이라고 생각했다. 자신의 원고를 출판해줄 메이저 출판사를 찾을 수 없었기에, 존슨은 보수적인 레그너리 출판사로 돌아섰다. 레그너리는 그 책을 대략 5만 부 정도 팔았고, 그 후에 복음주의 출판사인 IVP로 판권이 넘어갔다. IVP는 그 책을 훨씬 더 많이 팔았다.[8]

존슨이 확실하게 예상했던 것처럼, 그와 그의 제자들은 과학적 창조론자들, 유신론적 진화론자들, 그리고 (물론) 자연주의적 진화론자들로부터 사방팔방으로 두들겨 맞았다. 비록 몇몇 젊은 지구 창조론자들이 자연 안에서 하나님의 증거를 발견하려는 노력에 갈채를 보내기는 했으나, 창조과학의 리더들은 지적 설계 이론을 결코 좋아하지 않았다. 특히 그들은 지적 설계론자들이 다윈주의에 대해 연합 공격을 펼치는 것에 대한 관심 때문에 성경의 관심사를 주변화시키는 것을 싫어했다. 지적 설계론의 지지자들은 자연주의적 진화라는 "골리앗"이 넘어지게 되면 "창조가 실제로 어떻게 발생했는지를 상세하게 연구할 시간이 있을 것"이라고 주장했다. 창조연구소(ICR)의 스태프에 속한 한 젊은 지구론자는 지적 설계가 "성경의 문자적 진술에 의지하는 것이 부족하고" 또한 지질 시대들을 관용한다고 비난했다. 과학적 창조론의 거장이자 원로인 헨리 모리스는 지적 설계론자들이 다윈주의를 반박하려는 노력은 칭찬했지만, 신학적 정밀성에 대한

---

8 Johnson, *Defeating Darwinism by Opening Minds*, p. 92 (통나무); Johnson, *The Right Questions*, p. 136; Donald A. Yerxa, "Phillip Johnson and the Origin of the Intelligent Design Movement," *Perspectives on Science and Christian Faith* 54 (March 2002): 47-52, 특별히 p. 51 (판매). "쐐기"의 비판적 역사에 대해 다음을 보라. Paul R. Gross, *Creationism's Trojan Horse: The Wedge of Intelligent Design* (New York: Oxford University Press, 2004), 특별히 pp. 3-47.

명백한 관심 부족에 대해 아쉬워했다. 그는 많은 기독교인들이 "젊은 지구와 전지구적 홍수에 대한 창세기의 기록과 대면해야 하는 상황"을 피하기 위해 지적 설계론을 수용하게 될지도 모른다고 두려워했다. 또 그는 지적 설계자가 반드시 하나님—또는 어떤 신성(deity)—일 필요가 없다는 주장을 "넌센스"라고 일축했다. 모리스는 지적 설계론을 적극 옹호하는 자들이—성경의 명백한 의미를 양보했음에도 불구하고—자신에게서만큼이나 자연주의적 진화론자들로부터도 지지를 얻지 못할 것이라고 예측했다.[9]

하나님이 세계를 설계하셨다고 동일하게 믿었던 미국과학자연맹(ASA)의 유신론적 진화론자들과 계속적 창조론자들은 다른 이유들 때문에 지적 설계론에 대해 유보적인 입장을 취했다. 고든 대학의 화학자이자 복음주의 저널인 「과학과 기독교 신앙에 관한 전망」(*Perspectives on Science and Christian Faith*)의 편집자인 하아스(J. W. Haas, Jr, 1930-)는—오래전부터 과학을 자연주의적으로 수행하는 일을 수용하려 해왔음에도—"대부분의 복음주의적 관찰자들이, 특별히 현역 과학자들은 이 주장에 매우 회의적[이

---

9 Joel Belz, "Witness for the Prosecution," *World*, November 30-December 7, 1996, p. 18 (골리앗); Scott Swanson, "Debunking Darwin? 'Intelligent-Design' Movement Gathers Strenth," *Christianity Today*, January 6, 1997, pp. 64-65; Henry M. Morris, "Defending the Faith," *Back to Genesis* 97, *Acts & Facts* 26 (January 1997)에 삽입한 문서; Morris, "Neocreationism," *Impact* 296, *Acts & Facts* 27 (February 1998)에 삽입한 문서; Morris, "The Design Revelation," *Back to Genesis* 194, *Acts & Facts* 34 (February 2005)에 삽입한 문서. Demsky의 응답을 다음에서 보라. "Intelligent Design's Contribution to the Debate over Evolution: A Reply to Henry Morris," February 1, 2005, www.designinference.com에서 볼 수 있음. 젊은 지구론의 ID에 대한 비판을 다음에서 보라. Carl Wieland, "AiG's View on the Intelligent Design Movement," August 30, 2002, www.answeringenesis.org에서 볼 수 있음. 대조되는 견해로서 Wayne Frair의 Behe's *Darwin's Black Box*에 대한 긍정적인 비평은 *Creation Research Society Quarterly* 34 (1997): 113에서 보라.

었다]"라고 보고했다. 그들은—비록 유신론적 세계관을 지지하기는 했으나—"자신들의 작업 도구의 목록에 '신적 작인'(作因, agency)을 추가하도록 요청 받는 순간" 망설였다. 하아스는, 도킨스를 인용하면서, 복잡한 생물학적 유기체를 설명하기 위해 신적 설계론에 의지하는 것은 "과학자의 서글픈 책임 회피"라고 말했다. 그뿐 아니라 하아스는 지적 설계론자들이 그들의 방법론을 생물학 이외의 분야에서는 드물게 적용했고, 그로 인해 "우리 중 물리학자들, 화학자들, 수학자들 또는 지질학자들 같은 나머지 사람들은…우리가 양자(量子) 수준에서 혹은 날씨와 관련해 마주하는 복잡성에도 불구하고 '하나님 없는' 길을 방황하게 되었다"라고 지적했다.[10]

자연주의적 진화론자인 스티븐 제이 굴드(Stephen Jay Gould)는 『법정에 선 다윈』을 진지하게 대응할 가치가 없는 "약간 매운 파이 덩어리"에 지나지 않는다고 무시했다. 「사이언티픽 아메리칸」(*Scientific American*)에 실린 그 책에 대한 통렬한 서평을 통해 굴드는 "과학은 오직 자연주의적 설명과 함께 작업할 수 있을 뿐이다. 과학은 다른 유형의 어떤 행위자(하나님과 같은)를 다른 영역들(예를 들어, 도덕적 영역)에서 확증할 수도, 부정할 수도 없다"라고 주장했다. 존슨이 굴드의 서평에 대해 반박할 수 있는 "동일한 양의 공간"을 달라고 요청했을 때 그 저널의 편집자는 그 요청을 거부했는데, 존슨의 동맹군들에게 그 편집자의 그런 행동은 유신론적 견해를 공식적으로 차별한다는 그들에 대한 의혹을 확증해주는 것으로 보였다.[11]

---

10 J. W. Haas, Jr., "On Intelligent Design, Irreducible Complexity, and Theistic Science," *Perspectives on Science and Christian Faith* 49 (March 1997): 1. 지적 설계론에 대한 개인적인 유보에도 불구하고 Haas는 *Darwin's Black Box*에 대한 찬반의 두 비평을 *Perspectives on Science and Christian Faith* (June 1997)에 실었고, 1997년 9월호에서는 지적 설계론에 공감하는 글들에 많은 지면을 할애했다.

11 Stephen Jay Gould, "Impeaching a Self-Appointed Judge," *Scientific American*,

터프츠 대학의 철학자인 대니얼 데닛(Daniel C. Dennett, 1942-)은 존슨이나 지적 설계론을 특별히 언급하지는 않으면서 설계 논증을 비난하는 합창에 합류했다. 도킨스가 뜨겁게 지지했던 책 『다윈의 위험한 생각』(*Darwin's Dangerous Idea*, 1995)에서 데닛은 다윈주의를 "눈에 보이는 모든 것의 핵심에 도달할 능력이 있는 보편적인 해결책"이라고, 또한 특별히 종교적 믿음을 해체하는 데 효과적이라고 묘사했다. 창조론자들은 그가 다윈주의의 특성을 서술한 것은 웃어넘길 수 있었으나, 그가 자신들을 묘사한 방식에 대해서는 도저히 그럴 수가 없었다. 그는 "이 지구상에서 근본주의자들의 광신보다 우리에게 더 위험한 힘은 없다"라고 주장하면서 창조론자들을 경멸했다. 그는 대학의 철학자라기보다 오히려 광신도적 근본주의자의 특성을 더 많이 드러내 보이는 정도의 불관용을 드러내면서, 아이들에게 자연에 대한 잘못된 정보를 고의적으로 주입하는 그들을 마치 위험한 야생동물을 철창에 가두듯 "철창에 가둘 것"을 요구했다. "메시지는 분명하다. 남의 말을 듣지 않으려는 자들, 자기 의견을 다른 의견과 조율할 줄 모르는 자들, 아직 살아 있는 자신들의 전통의 가장 순수하고 거친 혈통만 지키기를 고집하는 자들을 우리는—이렇게 하고 싶지는 않지만—어쩔 수 없이 철창에 가두거나 무장 해제시켜야 할 의무가 있다. 그리고 우리는 그들이 지키려고 애쓰는 전통들을 무력화시키기 위해 최선을 다할 것이다." 데닛은, 자기는 자연주의적 진화에 대한 자신의 열정에 공감하는 이들이 전체 대중의 겨우 10%에 지나지 않는다는 사실에 개의치 않는다고 허세를 부리면서 부모들에게 경고했다. 만일 창조론자들이

July 1992, pp. 118-20; Jonathan Piel to Phillip E. Johnson, June 25, 1992, 등사본. 또 다음도 보라. Eugenie C. Scott, "Dealing with Anti-Evolutionism," *Reports of the National Center for Science Education* 17 (July/August 1997): 24.

그들의 자녀들에게 "거짓을, 즉 지구는 평평하다고, '인간'이 자연선택에 의한 진화의 산물이 아니라고 가르치기를 계속한다면, 그때 당신들은 적어도 우리 중에 표현의 자유를 갖고 있는 이들이 당신들의 가르침을 거짓을 유포하는 것이라고 마음껏 말하리라는 것과, 또한 가장 이른 기회에 당신의 자녀들에게 그것을 알리려 한다는 것을 예상해야 할 것이다." 존슨은 그 책의 제목을 "대니얼 데닛의 위험한 생각"(Daniel Dennett's Dangerous Idea)으로 바꿔야겠다는 생각을 떨쳐버릴 수가 없었다.[12]

1996년에 향락주의적 성향을 지닌 유대인 수학자이자 소설가인 데이비드 벌린스키(David Berlinski, 1942-)가 유대교 저널인 「커멘터리」(*Commentary*)에 지적 설계론을 설명하는 글을 발표했을 때, 그 저널 편집자의 책상에는 항의 편지들이 쏟아졌다. 벌린스키의 개인적인 철학은—그가 한 번 재치 있게 말했듯이—"항상 좋은 시간을 갖는 것"이었다. 화를 잘 내는 데닛은, 벌린스키가 쓴 잔뜩 멋을 부린 그 에세이를 "당신이 편집 위원회가 듣고 싶어 하는 것을 그들이 좋아하는 스타일로 말하면서 쓰레기를 출판할 수 있음을 보여주는 아주 우스운 실례"라고 묘사하며 조롱했다.[13]

---

12 Daniel C. Dennett, *Darwin's Dangerous Idea: Evolution and the Meaning of Life* (New York: Simon and Schuster, 1995), pp. 515-6, 519-21. Phillip E. Johnson, "Daniel Dennett's Dangerous Idea," *New Criterion* 15 (October 1996), Johnson, *Objections Sustained*, pp. 57-66에서 재인쇄됨, 다음도 보라. Dennett, "Appraising Grace: What Evolutionary Good Is God?" *The Sciences* 37 (Kanuary/February 1997): 39-44.

13 David Berlinski, "The Deniable Darwin," *Commentary* (June 1996): 19-29; Daniel C. Dennett, 편집자에게 보낸 편지, ibid. (September 1996): 6-8. Berlinski의 쾌락주의에 대해 다음을 보라. Jodi Wilgoren, "Politicized Scholars Put Evolution on the Defensive," *New York Times*, August 21, 2005, pp. 1, 14. 다음도 보라. Berlinski, "The End of Materialist Science," *Forbes ASAP*, December 2, 1996, pp. 147-60.

혁명적 과학일까, 혁명적 종교일까?

ID 이론가들은 처음부터 지적 설계의 정체성에 대해 비판자들과 논쟁을 벌였다. 그것은 새롭고 혁신적인 과학적 패러다임인가, 아니면 단지 "옛 창조론과 똑같은 쓰레기에 새 옷을 입힌 것"에 불과한가? 1989년에 이미 『판다와 사람들에 관하여』의 저자들은 지적 설계론이 "그저 새로운 방식의 근본주의"가 아니라고 주장했다. 그것은 "보통 젊은 지구, 전지구적 홍수, 혹은 심지어 기독교적 하나님의 존재와 같은 기독교 근본주의와 연관된 믿음에 관해서는 절대로 아무것도" 의미하지 않았다. 설계 이론가들은, 지적으로 주변부에 위치한 창조과학자들과 구분되기를 바라면서 또한 모세의 창조 이야기의 의미에 대한 끝없이 이어지는 트집 잡기식 논쟁을 피하기를 바라면서, 창세기나 하나님에 대한 그 어떤 언급도 조심스럽게 회피했다. 그러나—그들 중 한 사람이 동료 기독교인에게 고백했던 것처럼—지적 설계자에 대해 언급하는 것은 "하나님을 언급하는 정치적으로 정확한 길"에 지나지 않았다.[14]

지적 설계론의 반대자들은 그것이 단지 가장 최근에 "가명으로 알려진 창조론"에 지나지 않는다고 폄하했다. 반창조론 성향의 미국과학교육센터(National Center for Science Education) 원장으로서 인류학자이자 자칭

---

14 David K. Webb, 편집자에게 보낸 편지, *Origins & Design* 17 (Spring 1996): 5 (쓰레기); David and Kenyon, *Of Pandas and People*, pp. 160-61. 또 다음도 보라. Johnson, *Darwin on Trial*, pp. 4, 188. *Tower of Babel*에서 Pennock은 정치적인 올바름의 재담을 Walter Bradley를 소개한 캠퍼스 크리스천 그룹의 주최 측의 탓으로 돌렸다. *Tammy Kitzmiller, et al. v. Dover Area School District*에 대한 녹취록에서 Pennock은 그 인용을 Bradley 자신의 것이라고 표명했다. 지적 설계론을 "창조론"로부터 구분하려는 최근의 노력을 다음에서 보라. Stephen C. Meyer, "Intelligent Design Is Not Creationism," (London) *Daily Telegraph*, February 9, 2006, www.telegraph.co.uk에서 볼 수 있음.

"진화 복음주의자"인 유지니 스캇(Eugenie C. Scott, 1945-)은 지적 설계론을 "반진화론적 시도들 중 영리하게 덜 노골적인 핵심 전략"이라고 불렀고, 그것은 마치 종교적이지 않은 것처럼 (거짓된) 외관을 제시한다고 꼬집었다. 다른 비평가들은 그것을 "은밀한 창조론"이라며 경시했다. 지적 설계와 창조과학(이것은 최근의 특별 창조와 지질학적 효과를 갖는 홍수를 요구한다)은 명백하게 다름에도 불구하고, 「뉴욕 타임즈」(*New York Times*)를 비롯해 많은 언론들은—연방법원의 어느 판사가 그랬던 것처럼—그 용어들을 서로 교환해서 사용했다.[15]

한 지지자가 ID 운동을 묘사했던 것처럼, "하나님의 이름으로 과학을 되찾으려는" 노력의 일환으로 존슨은 1990년대 초에 광범위한 반진화론자들—젊은 지구 창조론자들로부터 계속적 창조론자들까지—이 그 아래에 함께 모일 수 있는 "커다란 텐트"를 만들기 시작했다. ID를 위한 첫 번째 공식적인 모임이 1992년에 남감리교대학(SMU)에서 개최되었고, 존슨과 10년 전에 리틀록에서 진화론의 스타급 증언자로 활약했던 마이클 루스(Michael Ruse) 사이에 논쟁이 벌어졌다. 수학자 윌리엄 뎀스키(William A. Dembski, 1960-), 생화학자 마이클 비히(Michael J. Behe, 1952-), 그리고

---

15 Eugenie C. Scott, "Monkey Business," *The Sciences* 36 (January/February 1996): 21 (가명); Karen Schmidt, "Creationists Evolve New Strategy," *Science* 273 (1996): 420 (핵심 내용); Pennock, *Tower of Bible*, pp. 273-4 (횡령); Peter Applebome, "70 Years after Scopes Trial, Creation Debate Lives," *New York Times*, March 10, 1996, sect. 1, p. 1; Molleen Matsumura, "Court Hears Arguments in Louisiana Disclaimer Case," *NCSE Reports* 18 (November/December 1998): 4; "Milestone, 1997: NCSC Submits Brief in Creationism Case," ibid., 17 (September/October 1997): 4. Forrest와 Gross는 p. 145에서 "창조론의 트로이의 목마"라는 용어를 조합해낸 것을 논증한다. Scott은 *More* 8월호에서 자신을 "진화론적 복음주의자"라고 묘사했고, 이것은 www.uncommondescent.com에 인용되어 있다. 다음도 보라. Scott, *Evolution vs. Creationism: An Introduction* (Westport, CT: Greenwood Press, 2004).

과학철학자 스티븐 마이어(Stephen C. Meyer, 1958-) 등이 모두 그 논쟁에 관한 신문 기사를 읽었다. 존슨은 1987-1988년에 안식년을 보내며 런던 대학에 머물 때, 그리고 그 후에는 케임브리지 대학에서 공부할 때 마이어와 교제를 나누었다. 미국에 돌아와서 마이어는 그의 반진화론자 친구들 그룹에 존슨을 소개했다.[16]

1993년 여름에 존슨은 노련한 반진화론자인 브래들리와 케니언을 초청해 캘리포니아 해안에 있는 한 리조트에서 뎀스키, 비히, 마이어, 그리고 ID에 공감하는 다른 몇 사람들과 만나게 함으로써 성공적으로 끝난 SMU 회의에 대한 후속조치를 취했다. 이 그룹에는 두 명의 대학원생들이 포함되어 있었는데, 과학 철학을 공부하는 **폴 넬슨**(Paul A. Nelson, 1958-)과 생화학을 공부하는 **조나단 웰스**(Jonathan Wells, 1942-)가 그들이었다. 폴 넬슨은 루터교 신자들에게 홍수지질학을 소개했던 바이런 넬슨(Byron C. Nelson)의 손자였다. 존슨의 이런 절충주의적 성격의 모임 안에서조차 그 둘은 단연 두드러져 보였다. 대부분의 다른 ID 이론가들과는 달리 넬슨은 젊은 지구 창조론을 옹호했다—비록 그 "젊은"의 의미가 어느 정도 모호하기는 했지만 말이다. 시카고 대학에서 생물철학을 공부하는 대학원생인 넬슨은 대진화 이론을 비판하는 연구를 수행 중이었다.[17] 웰스는 문선명

---

16 Larry Vardiman, "Scientific Naturalism as Science," *Impact* 293, *Acts & Facts* 26 (November 1997)에 끼워 넣은 문서, 페이지 없음 (과학을 되찾음); Forrest and Gross, *Creationism's Trojan Horse*, p. 14 (SMU); Yerxa, "Phillip Johnson," p. 50 (Johnson 및 Meyer 관련). SMU 회의의 서기록은 다음 안에 있다. Jon Buell and Virginia Hearn, eds., *Darwinism: Science or Philosophy?* (Richardson, TX: Foundation for Thought and Ethics, 1994).

17 Paul A. Nelson, "Life in the Big Tent: Traditional Creationism and the Intelligent Design Commnunity," *Creation Research Journal* 24 (2002): 20-25, 41-44. 젊은 지구 고생물학자 Kurt Wise와 불가지론 지질학자 David Raup도 그 조용한 수행에 참여 중이었다.

(Sun Myung Moon, 1920-2012)이 세운 통일교에서 신학 훈련을 받은 성직자이자 학자였다. 웰스는 1960년대 말에 베트남 전쟁에 반대했던 이유로 미 육군 교도소에서 18개월을 복역했다. 자신이 어떻게 해서 진화에 반대하게 되었는지를 증언하던 중에 웰스는 그가 "아버지"(Father)라고 부르는 문선명이 자신에게 끼친 영향을 인정했다.

> 아버지의 말씀들, 내가 공부한 것, 그리고 내가 드린 기도들이 나로 하여금 내가 나의 삶을—나의 동료 통일교 신자들이 이미 그들의 삶을 공산주의를 파괴하는 일에 바쳤던 것처럼—다윈주의를 파괴하는 일에 바쳐야 한다고 확신하도록 만들었습니다. 아버지께서 1978년에 (다른 12명의 신학교 졸업생들과 함께) 나를 선택해 박사 과정에 입학하도록 하셨을 때, 나는 그 전투를 위해 준비할 기회를 얻게 된 것을 기뻐했습니다.

웰스는 예일대학 종교학과에서 다윈주의에 대한 역사적 반동에 초점을 맞춘 연구로 박사학위를 받았다. 캘리포니아 해안 리조트에서 모임을 가졌을 때, 그는 버클리 대학에서 분자 및 세포 생물학 분야에서 두 번째 박사학위 논문을 완성하던 중이었다.[18]

Nelson은 1998년까지 박사학위 논문을 완성하지 못했지만, 그보다 2년 앞서 "The Role of Theology in Current Evolutionary Reasoning," *Biology and Philosophy* 11 (1996): 493-517을 발표했다. 젊은 지구 창조론에 대한 Nelson의 견해를 다음에서 보라. Paul Nelson and John Mark Reynolds, "Young Earth Creationism," in *Three Views on Creation and Evolution*, ed. J. P. Moreland and John Mark Reynolds (Grand Rapids, MI: Zondervan, 1999), pp. 41-75, 95-102.

18 Jonathan Wells, "Darwinism: Why I Went for a Second Ph.D.," 날짜 없음 [1996], www.tparents.org에서 볼 수 있음; Wells to RLN, February 27, 2006. 추가적인 전기적 사항을 다음에서 보라. Jack Cashill, *Hoodwinked: How Intellectual Hucksters Have Hijacked*

그 모임이 끝난 직후에 딘 케니언은 샌프란시스코 주립대학의 생물학 과장으로부터 한 통의 편지를 받았다. 그것은 그에게 창조론 수업을 중지해달라는 요청이었다. 케니언이 항의했을 때 그는—전해오는 설명에 따르면—"생물학 입문을 가르치는 일을 박탈당했고, 기초 실험실로 배정되었다." 마이어가 「월스트리트 저널」(*Wall Street Journal*)에—기사의 제목에 따르면—교실의 "세뇌"에 대해 경고하는 폭로 기사를 썼을 때, 그 사건은 전국적인 관심을 끌었다. 그 기사는 최근에 시애틀에서 싱크 탱크진을 구성했던 브루스 채프먼(Bruce Chapman, 1934-)의 눈을 사로잡았다. 하버드 대학 졸업생이고 보수적인 성공회 교인인 채프먼은 워싱턴에서 국무장관으로 일했고, 진보적인 공화당 후보로 워싱턴 주지사직에 도전했다가 실패했고, 1980년대 초에 미국 통계국 국장을 역임했고, 그 후에는 미국 대통령 로널드 레이건(Ronald Reagan)의 참모로 일했다. 1990년에 갑자기 정치적으로 우향화한 후 채프먼은 디스커버리 연구소(Discovery Institute)를 세웠으며, 북서부의 수송과 통신을 개선하는 것과 같은 문제들에 전념했다. 빌과 멀린다 게이츠 재단(Bill and Melinda Gates Foundation)이 그 일을 아낌없이 지원했다.[19]

America (Nashville: Nelson Current, 2005), pp. 169-77. 다음도 보라. Wells, *Charles Hodges' Critique of Darwinism: An Historical-Critical Analysis of Concepts Basic to the 19th Century Debate* (Lewiston, NY: Edwin Mellen Press, 1988). Larry A, Witham은 Wells와 함께 통일교 신학교에 다녔고, 통일교가 소유한 *Washington Times*의 종교 분야 편집자였는데, 그가 쓴 통일교 안에서의 지적 설계론의 역사에 관해 다음을 보라. *When Darwin Meets the Bible: Creationists and Evolutionists in America* (New York: Oxford University Press, 2002). Creation Research Society의 *2005 Resource Catalog*은 Witham의 책을 Johnson과 Behe의 책과 함께 "지적 설계"의 책으로 광고한다.

19 Stephen C. Meyer, "Danger: Indoctrination: A Scopes Trial For the '90s," *Wall Street Journal*, December 6, 1993, p. A14; Jodi Wilgoren, "Politicized Scholars Put Evolution on the Defensive," *New York Times*, August 21, 2005, pp. 1, 14 (Chapman과

그때 마이어는 정치적으로 보수적인 과학자 존 웨스트(John G. West, 1964-)와 대화하면서 과학 연구 센터를 시작하려고 준비하고 있었다. 마이어의 그런 관심에 대해 전해 들은 채프먼은 마이어와 웨스트를 초대해 디스커버리 연구소 내의 한 단위조직을 창설하도록 했다. 그것의 이름은 과학과 문화 갱신 센터(Center for the Renewal of Science and Culture, CRSC)였다. 그들은 그 조직을 "과학적 유물론"을 뒤엎는 데, 그리고 "무엇보다도 과학적이고 문화적인 혁명"을 조성하는 데 바치기로 했다. 그들의 첫 번째 도전은 필요한 자금을 마련하는 일이었다. 1996년에 그들은 계획했던 센터를 위해 "거의 1백 만 달러의 기부금"을 확보했다고 공표할 수 있었다. 가장 손이 큰 기부자들 중에는 목재 재벌인 복음주의자 데이비스 와이어하우저(C. Davis Weyerhaeuser, 1909-1999)가 설립한 청지기 재단(Stewardship Foundation), 그리고 다수의 목회자들이 보증을 선 테네시주 채터누가에 있는 맥클레런 재단(Maclellan Foundation)이 있었다. 그러나 단연 돋보이는 최고의 너그러운 지원자는 남부 캘리포니아의 은둔자인 하워드 아만슨(Howard Fieldstead Ahmanson, Jr, 1950-)이었다. 그의 부친은 금융 대부업으로 재산을 모았고, 로스앤젤레스에서 세간의 이목을 끄는 예술 후원자가 되었으며, 자신의 이름을 딴 아만슨 극장을 세웠다. 투레트 신드롬(Tourette syndrome, 운동 틱과 음성 틱이 함께 보이는 틱장애-역자 주)으로 고통을 받았던 아들 아만슨은 그가 상속받은 재산을 우파의 다

빌게이츠 재단). Chapman에 대해서는 다음을 보라. Chris Mooney, *The Republican War on Science* (New York: Basic Books, 2005), pp. 164-68. Kenyon 사건에 대해서는 다음을 보라. Eugenie C. Scott, "Dean Kenyon and 'Intelligent Design Theory' at San Francisco State U," *NCSE Reports* 13 (Winter 1993): 1, 5, 13; 그리고 Phillip Johnson, *Reason in the Balance*, pp. 29-30.

양한 정치적·종교적 조직들에 기부했고, 대부분은 필드스테드 & 컴퍼니(Fieldstead & Company)라는 이름의 법인을 통해 그렇게 했다. 그는 젊은 시절에 기독교 재건운동(Christian Reconstructionism)이라는 단체를 설립한 아르메니안 계 미국인 목사 루서스 러쉬두니(Rousas J. Rushdoony)의 영향을 받았는데, 러쉬두니는 이전에 존 휘트컴과 헨리 모리스가 『창세기의 홍수』를 출판하는 일을 도왔었다. 논쟁적인 러쉬두니는 구약성경의 율법에 기초한 신정국가를 수립할 것을 주장했는데, 그것은 동성애자, 간음한 자, 낙태한 자, 이교도, 불순종하는 아이, 그리고 다른 범법자들을 중벌—아마도 돌로 치는 것—에 처하는 것을 뜻했다. 비록 아만슨은 1985년에 "나의 목표는 성경의 율법을 우리 삶 전체와 통합시키는 것"이라고 확언했으나, 그는 동성애자들을 돌로 치는 것을 지지하기 직전에 멈췄고, 그들을 죽이기보다는 구제하는 쪽을 택했다. 2001년에 세상을 떠날 때까지 러쉬두니는 아만슨의 영적 욕구를 채워주는 일을 했다. 그 답례로 아만슨은 러쉬두니의 칼케돈 재단(Chalcedon Foundation)의 이사로 봉사하면서 풍족한 자금을 제공했다. 아만슨은 채프먼과 마이어의 새로운 센터를 진행시키기 위해 필드스테드 & 컴퍼니를 통해 75만 달러를 기부했다. 그러나 그 후원자의 성향과는 달리, 디스커버리 연구소는 기독교적 신정국가를 결코 지지하지 않았다.[20]

---

20 Stephen C. Meyer의 2006년 5월 4일자 전화 인터뷰; Forrest and Gross, *Creationism's Trojan Horse*, pp. 29-31, 140-50, 264-67; Wilgoren, "Politicized Scholars," P. 14. Ahmanson에 관해 다음을 보라. Max Blumenthal, "Avenging Angel of the Religious Right," www.salon.com, January 6, 2004. Rushdooney에 관해 다음을 보라. Peter J. Leithart, "Old Geneva & the New World: The Reverend Rousas J. Rushdoony, 1916-2001," *Weekly Standard*, March 26, 2001, pp. 36-37. 미국 문화를 기독교화하고자 하는 자신의 욕망에도 불구하고 Phillip Johnson은 자신은 "기독교적 신권정치를 포함하여 모든 종류의 신권정치"를 거부한다고 주장했다; Johnson, *The Right Questions*, p. 169를 보라. 재건주의자들과

1996년이 저물어갈 무렵에 CRSC는 1급 "연구원들"을 지명하면서 그들에게 각각 다음과 같은 환상적인 직위를 수여했다.

마이어(Meyer): 생물철학 분야의 와이어하우저(C. Davis Weyerhaeuser) 연구원

뎀스키(Dembski): 확률과 정보 과학분야의 블레즈 파스칼(Blaise Pascal) 연구원

비히(Behe): 생화학 분야의 프리드리히 뵐러(Friedrich Wöhler) 연구원

웰스(Wells): 생물의 발전과 진화 분야의 칼 에른스트 폰 베어(Kral Ernst von Baer) 연구원

넬슨(Nelson): 이론 생물학 분야의 로버트 보일(Robert Boyle) 연구원

마이어와 웨스트는 공동 연구소장이 되었고, 존슨은 고문이 되었다. 1996년에 청지기 재단의 재정 지원을 받으면서 넬슨은 ID의 계간지 「기원과 설계」(*Origins & Design*)를 발행하기 시작했다. 그것의 발행인 난에는 예상대로 ID 이론의 중요 인물들의 이름이 실렸는데, 뎀스키, 마이어, 웰스가 협동 편집자로, 그리고 비히, 덴튼, 존슨, 케니언, 택스턴 등은 편집 고문으로 일하는 것으로 표기되었다.[21]

정치적으로 가장 두드러지게 동맹했던 사람은 Tom DeLay(1947생)이었다. 그는 미국 하원의 다수당 원내총무로서 기소된 바 있다; John Sugg, "A Nation under God," Mother Jones, November/December 2005, www.motherjones.com에서 볼 수 있음. 다음도 보라. "The Truth about Discovery Institute and 'Theocracy,'" July 15, 2005, www.discovery.org.

21 날짜 없는 카드를 통한 공고 "1996-97 Research Fellows"; Forest and Gross, *Creationism's Trojan Horse*, p. 20. 이전의 잡지를 흡수합병했기 때문에 *Origin & Design*은 vol. 17, no. 1 (Winter 1996)으로 발행을 시작했고, 5년 후 후원자였던 Davis Weyerhaeuser가 세상을 떠나면서 중단되었다. Paul Nelson to RLN, January 25, 2006을 보라.

생화학과 확률적 가능성

1990년대 중반까지도 큰 규모의 학문적 또는 상업적 언론들 중 지적 설계는 물론이고 어떤 종류든 상관없이 창조론을 지지하는 기사를 실었던 곳은 없었다. 이런 경향은 1996년에 깨졌다. 「뉴욕 자유 신문」(*Free Press of New York*)이 **마이클 비히**의 『다윈의 블랙박스: 진화에 대한 생화학적 도전』(*Darwin's Black Box: The Biochemical Challenge to Evolution*)을 소개했던 것이다. 리하이 대학의 생화학자이자 가톨릭신자였던 비히는 덴튼의 책을 읽으면서 처음으로 이른바 다윈주의의 난점들을 인식하게 되었다. 그 후 그는 존슨의 『법정에 선 다윈』을 발견했는데, 그 책은 분자적 수준의 생명을 설명하는 데 자연주의적 진화론이 적절한지에 대해 점점 커지는 그의 의심을 강화시켰다. 「사이언스」(*Science*)의 한 비평가가 존슨의 책을 가혹하게 취급했을 때, 비히는 자신이 마치 변호사인 양 그 책을 변호하기 위해 서둘러 편집자에게 편지를 보냈다. 그 후 그는 존슨과 편지를 교환하기 시작했고, 도킨스 같은 자연주의적 진화론자들에게 대응하는, 책 한 권 분량의 원고를 작성했다. 『다윈의 블랙박스』에서 비히는 "생화학이 궁극적인 블랙박스인 '세포'의 문을 열어 우리에게 생명이 어떻게 작동하는지를 이해할 수 있게 해줌으로써…다윈의 진화론을 한계상황으로 내몰았다"라고 주장했다. "세포 수준 이하의 엄청나게 놀라운 복잡성"은 그로 하여금—그의 주장대로 하자면—"성경이나 교단의 믿음으로부터가 아니라" 과학적 데이터에 기초해 그곳에서 지적 설계가 작동 중이라는 결론을 내리도록 했다. 그는 이렇게 선언했다. "이 결과는 너무도 명확하고 중요하기에 과학사에서 가장 큰 업적들 중 하나로 평가되어야 한다. [지적 설계의] 발견은 뉴턴과 아인슈타인, 라부아지에와 슈뢰딩거, 파스퇴르와 다윈 등에 비교될 만하다."[22]

신문과 잡지들이, 비히가 그 자신이 "더 이상 축소할 수 없을 만큼 복잡한" 유기체 구조—예를 들어 현미경 수준의 유기체를 추진하는 박테리아의 편모—라고 부르는 것을 발견했음을 널리 보도했을 때, 그는 현대의 윌리엄 페일리(William Paley, 1743-1805, 당대의 유명한 자연신학자—역자 주)라는 명성을 얻었다. 영향력 있는 복음주의 잡지인 「크리스채너티투데이」(*Christianity Today*)는 『다윈의 블랙박스』를 1997년도 "올해의 책"으로 선정했다. 다른 많은 ID 이론가들과 마찬가지로 비히 역시 과학자들 사이에서 평판이 좋지 않은 과학적 창조론자들로부터 가급적 멀어지려고 했고, 더 나아가 우주는 수십억 년 동안 존재했고 지구상의 생명은 하나의 공통 조상으로부터 유래했을 가능성을 인정하는 데까지 나아갔다. 그러나 그런 권리 포기 각서마저도 비판자들이 비히의 견해를 "얇은 베일을 쓴 창조론"이라고 조롱하는 것을 막지는 못했다. 유신론적 과학에 대해 가장 큰 적인 도킨스는 텔레비전에 출연해, 비히가 자신의 데이터에 대해 과학적으로 수용될 수 있는 설명을 찾아야 했던 곳에서 게으르게도 지적 설계에 의존했다고 꾸짖었다.[23]

---

22 Michael J. Behe, *Darwin's Black Box: The Biochemical Challenge to Evolution* (New York: Free Press, 1996), pp. 15 (궁극적 블랙박스), 33 (Dawkins), 193 (과학적 데이터), 232-33 (가장 큰 성취); "The Evolution of a Skeptic: A Interview with Dr. Michael Behe, Biochemist and Author of Recent Best-Seller, *Darwin's Black Box*," *The Real Issue* 15 (November/December 1996): 1, 6-8. Lehigh대학 생물학부의 Behe의 동료들이 그의 활동을 어떻게 보았는지에 대해 다음을 보라. Neal G. Simon, 편집자에게 쓴 편지, *Chronicle of Higher Education*, October 21, 2005, p. A63.

23 Behe, *Darwin's Black Box*, p. 39 (더 이상 축소할 수 없는 복잡성); "CT 97 Book Awards," *Christianity Today*, April 28, 1997, p. 12; David L. Wheeler, "A Biochemist Urges Darwinists to Acknowledge the Role Played by an 'Intelligent Designer,'" *Chronicle of Higher Education*, November 1, 1996, p. A13; "The Evolution of a Skeptic," pp. 7-8. 또

1990년대 중반에 등장한 ID 분야의 또 다른 유명인사는 윌리엄 뎀스키(William Dembski)였다. 그는 시카고 대학 수학과에서 박사학위를 받았다. 1996년에 그는 시카고에 있는 일리노이 대학 철학과에서 두 번째 박사학위를 받았고, 또한 프린스턴 신학대학에서 신학 석사학위를 받았다. 그리고 이때쯤 그는 동방 정교회로 개종했다. 그는 2005년까지 거의 12권의 책을 쓰거나 편집했는데, 그중에는 학술 논문서인 『설계 추론: 희소적 확률을 통한 우연성의 제거』(*The Design Inference: Eliminating Chance through Small Probabilities*, 1998)가 있었고, 불가지론 철학자인 마이클 루스(Michael Ruse)와 함께 편집한 에세이 모음집 『설계 논쟁: 다윈부터 DNA까지』(*Debating Design: From Darwin to DNA*, 2004)이 포함되어 있었다. 확률 이론의 전문가인 뎀스키는 유기체가 우연히 나타날 가능성이 없음에, 그리고 특별히 지성을 찾아내는 방법에 초점을 맞추었다. 유신론적 진화와 모든 생명이 단일한 유기체의 공통 후손이라는 개념에 추파를 던졌던 비히와 달리, 뎀스키는 그 두 사상을 명확하게 거부했다. 그는 이렇게 주장했다.

> **설계 이론가들은 유신론적 진화론자들의 친구가 결코 아니다.** 설계 이론가들의 입장에서 보자면, 유신론적 진화는 미국 복음주의가 잘못 상상한 다윈주의의 수정판일 뿐이다. 유신론적 진화가 행하는 것은 생물학적 세계에 대해 다윈주의적 사진을 찍은 후 그것에게 세례를 주고, 그 사진을 하나님이 생명을 창조하신 방식과 동일시하는 것뿐이다. 그것의 과학적 내용의 핵심에서 유신

다음도 보라. Tom Woodward, "Meeting Darwin's Wager," *Christianity Today*, April 28, 1997, pp. 14-21.

론적 진화는 무신론적 진화와 전혀 다르지 않다.

비록 그는 유기체가 "자연적 역사 과정 안에서 어느 정도 변화했다"는 사실을 인정했지만, "그 변화가 엄격한 한계 내에서만 발생했을 뿐이고, 인류는 특별하게 창조되었다"라고 믿었다.[24]

ID 운동의 동료들과 함께 뎀스키는 "지적 혁명"의 불을 붙이기를 희망했다. 그 혁명은 과학의 규칙을 다시 써서 현상들에 대한 초자연적 설명을 포함하도록 허용할 것이다. 그는 러시아의 공산주의자인 블라디미르 레닌(Vladimir Lenin)의 말을 인용해 물었다. "**무엇이 행해져야 하는가**?" 그 대답은 "**과학의 기초 법칙들이 변경되어야 한다**. 우리는 방법론적 자연주의가 만개한 형이상학적 자연주의의 기능적 등가물임을 깨달을 필요가 있다." 였다. 그는—만약 칼 세이건(Carl Sagan, 1934-1996)과 평판이 좋은 다른 연구자들이 과학의 이름으로 외계의 지적 생명체에 대한 탐색(SETI)에 착수했다면—어째서 지적 설계론자들이 분자 생물학 세계 안에서 지성의

---

24 William A. Dembski, "What Every Theologian Should Know about Creation, Evolution, and Design," *Transactions* 3 (May/June 1955): 1-8, 인용은 pp. 3, 5. *Transactions*는 프린스턴 대학의 학제간 연구 센터가 발행했다. 그가 편집한 다수의 책에 더하여 Dembski는 다음의 책을 출판했다. *The Design Inference: Eliminating Chance through Small Probabilities* (Cambridge: Cambridge University Press, 1998); *Intelligent Design: The Bridge between Science and Theology* (Downer's Grove, IL: InterVarsity Press, 1999); *Science and Evidence for Design in the Universe* (San Francisco: Ignatius Press, 2000), Behe와 Meyer 공저; *No Free Lunch: Why Specified Complexity Cannot Be Purchased without Intelligence* (Lanham, MD: Rowman & Littlefield, 2002); *The Design Revolution: Answering the Tough Questions about Intelligent Design* (Downer's Grove, IL: InterVarsity Press, 2004). Dembski에 대한 철학적 비판을 다음에서 보라. Branden Fitelson, Elliot Sober, and Christopher Stephens, "How Not to Detect Design: A Review of William Dembski's The Design Inference," *Philosophy of Science* 66 (1999): 472-88.

증거를 찾는 일이 비과학적이라고 무시당해야 하는가, 라고 조리 있게 되물었다.[25]

이런 논리적 유비가 별다른 인상을 남기지 못했을 때, 뎀스키는 어쩌면 문화적 다양성에 관한 관심사가 ID의 목소리를 경청할 수 있도록 만들지 모른다고 생각했다. 그는 약간 과장하면서 물었다. "오늘날과 같이 다원화된 사회 안에서 어째서 생명의 기원과 발전에 대한 대안적 견해가 학문적 담론 안에서 적법한 자리를 차지해서는 안 된다는 말인가?" 그 대답도 마찬가지로 분명했다. 과학 기관들은 대체로 무신론적 유물론 쪽으로 기울어져 있었고, 적어도 미국의 과학 엘리트 중 몇 사람은 그것을 인정하고 있었다. 예를 들어 1990년대에 저명한 진화 생물학자 리처드 르원튼(Richard C. Lewontin, 1929-)은, 대중들이 도킨스와 다른 부주의한 선동가들이 그들에게 진화에 관해 들려주는 말들—종종 "입증되지 않은 단언들이거나 사실에 반하는 주장들"에 근거한 것들이다—을 사실로 믿게 될 수 있다고 걱정했다. ID 이론가들이 주장하는 것과 정확하게 일치하는 명확한 진술을 통해, 르원튼은 현대의 과학적 정신이 작업하는 방식을 다음과 같이 서술했다. "과학의 구성적 개념들 중 어떤 것들이 갖고 있는 명백한 부조리에도 **불구하고**, 건강과 생명에 대한 과학의 허황된 약속들 중 많은 것을 성취하는 데 실패했음에도 **불구하고**, 별 근거 없는 이야기에 대한 과학 공동체의 관용에도 **불구하고**, 우리는 과학의 편을 든다. 왜냐하면 우리는 그보다 앞서 유물론에 헌신하기로 약속을 해두었기 때문이다."[26]

여러 대학들을 왔다 갔다 한 끝에 마침내 뎀스키는 1999년에 텍사스

---

25 Dembski, "What Every Theologian Should Know," pp. 7-8.

26 Ibid., p. 4; Richard Lewontin, "Billions and Billions of Demons," *New York Review of Books*, January 9, 1997, pp. 28-32, 인용은 p. 31.

주에 있는 남침례교 계통의 학교인 베일러 대학에 자리를 얻어 정착했다. 학장의 강력한 지원을 받으면서, 그러나 교수진에게는 알리지 않은 채, 그는 "연구 대학 내 최초의 지적 설계 싱크 탱크"라는 환호를 받았던 마이클 폴라니 센터(Michael Polanyi Center)를 세웠다. 그러나 그가 베일러 대학을 지적 설계 연구의 허브 센터로 만들려 한다는 사실을 알아차린 그의 새로운 동료들은 떠들썩하게 항의했고, 사면초가에 몰린 학장에게 압력을 넣어 외부 감사 위원회를 구성해 조언을 받도록 만들었다. 비록 그 위원회는 그 센터를 계속 진행하는 것에 반대하기는 했으나, 지적 설계의 옹호자들을 격리시켜야 할 이유는 발견하지 못했다. 뎀스키는 처음에는 "학문적 연구의 적법한 한 형태로서의 지적 설계의 승리"를 언급하는 위원회의 보고를 칭찬했지만, 학장은 곧 뎀스키를 센터장 자리에서 면직시켰고, 끝내 그 센터의 문을 닫았다. 2004년에 뎀스키는 (베일러에서의 그런 불쾌한 경험에도 불구하고) 새로이 침례교인이 되었고, 루이스빌에 있는 남침례교 신학교로 잠시 이주했다가, 그 후 포트워스에 있는 남침례교 신학교의 철학과에 연구교수직을 얻어 정착했다.[27]

교실에서의 갈등

뎀스키는 처음부터 설계 이론가들이 "지적 엘리트들을 확신시키고

---

27 Forrest and Gross, *Creationism's Trojan Horse*, pp. 207-10; Jeff Robinson, "Dembski to Head Seminary's New Science and Tehology Center," *Baptist Press News*, September 16, 2004, www.sbcbaptistpress.org에서 읽을 수 있음; Peter Smith, "Dembski Leaving Post at Seminary," *Louisville Courier-Journal*, April 9, 2006. Kurt Wise는 브라이언 대학을 떠나 Louisville에서 Dembski의 자리를 계승했다. 이 단락을 쓰면서 나는 베일러 대학의 외부 검토위원회의 한 멤버였던 나 자신의 기억을 떠올렸다.

학교 커리큘럼이 스스로를 재고하도록 만드는 것"을 목표로 한다고 확실하게 말했지만, 그의 동료들 중 몇 사람은 에드워즈 대 애길러드(Edwards v. Aguillard) 재판에서 대법원이 "인류의 기원에 대한 다양한 과학 이론들"을 가르치라는 "권고안"을 발표했다고 부정직하게 주장하면서(사실 이 재판에서 대법원은 초등학교에서 진화론을 가르친다면 창조론도 가르쳐야 한다고 명하는 루이지애나 주법은 위헌이라고 판결했다 - 편집자 주) 미국의 공립학교 개혁에 집중했다. 예상되는 위헌 논란을 피하기 위해 마이어와 또한 예수회 소속 곤자가 대학의 법학 교수이자 디스커버리 연구소의 연구원인 데이비드 드울프(David K. De Wolf, 1949)는 다른 변호사 한 명과 협력해, 생물 교사들이 자기들 세 사람이 최선을 다해 불러일으키려 하고 있는 "**그 논쟁에 대해 가르치도록**" 촉구했다.[28]

그러나 학생들에게 바로 그 논쟁을 소개했던 교사들은 심각한 문제에 직면하게 되었다. 1999년에 미네소타 주 패리볼트에서 과학 교사이자 축

---

28 Dembski, "What Every Theologians Should Know," pp. 2-3; David K. Dewolf, Stephen C. Meyer, and Mark E. DeForrest, *Intelligent Design in Public School Science Curricula: A Legal Guidebook* (Richardson, TX: Foundation for Thought and Ethics, 1999), o. v (FTE 의장 Jon A. Buell이 쓴 서문 안의 "권고안"), 28 (논쟁의 가르침). p. 2에서 저자들은 연방 대법원이 대안적 견해의 가르침을 "격려"했다고 주장했다. 대법관 William J. Brennan은 Edwards v. Aguillard 건에 대한 자신의 의견에서 "과학 교육의 효과를 증진시키려는 분명한 세속적 의도를 갖고 수행될 경우" 헌법은 "인류의 기원에 대한 다양한 과학적 이론들을 가르치는 것"을 허용한다고 썼다. 다음도 보라. De wolf, Meyer, and DeForrest, "Teaching Origins Controversy: Science, or Religion, or Speech?" *Utah Law Review* (No.1, 2000): 39-110. 2005년까지 Discovery Institute는 그것이 지적 설계론을 가르칠 학교들을 바라고 있다는 사실을 부정했다. 한 임원은 오해의 소지를 남기면서 다음과 같이 주장했다: "Discovery Institute는 학교 이사회나 학교들을 가지려고 한 적이 없고, 이 문제에 관여하려고 한 적도 없다. 우리는 어떤 사람을 시켜서 그렇게 하라고 한 적이 결코 없고, 그것을 후원한 적이 절대로 없다." 이에 대해 다음을 보라. "Discovery Institute and Thomas More Law Center Squabble in AEI Forum," October 23, 2005, www.ncseweb.org에서 볼 수 있음.

구 코치로 일하고 있던 로드니 르베이크(Rodney LeVake)는—그의 표현대로는—"교실을 종교적으로 변화시키는 일 없이 그 이론의 난점들과 비일관성을 정직하게 바라보기 위해" 덴튼의 『진화: 위기의 이론』을 교재로 사용했다. 그 후 그는 학생들에게 지적 설계와 더 이상 단순하게 환원될 수 없는 복잡성을 소개했다는 이유로 생물학 수업에서 배제되어 다른 수업에 배정되었다. 이런 조치에 맞서 그는 학교 당국을 종교 차별과 자유로운 발언을 보장하는 헌법 제1조항에 대한 위반 혐의로 고발했다. 창조론 전문가들은 이것을 지적 설계를 가르쳤다고 고소된 교사에 의해 **"고용 차별"**에 대한 이의가 제기된 최초의 사례일뿐 아니라, "'진화에 맞서는 증거'가 직접 소송사건으로 나타난 최초의 사례"라고 묘사했다. 르베이크는 학교 당국과 소송했지만, 계속해서 졌다. 그는 대법원이 그의 건을 심사하기를 거부한 후에야 포기했다.[29]

거의 같은 시기에 시애틀 근처 어느 지역의 교육감은 불링턴-에디슨 고등학교의 경험 많은 생물 교사인 로저 드하트(Roger DeHart)에게 지적 설계를 소개하지도 말고 『판다와 인간에 관하여』라는 책을 사용하지도 말라고 명령했다. 듣자 하니, 어느 학부모가 미국시민자유연맹(American Civil Liberties Union, ACLU)에 불만을 제기했고, 그 연맹이 ID를 가르치는 것은 종교적인 행위이고 따라서 불법이라는 이유로 소송을 제기하겠다고 위협했던 것이다. 학교가 그에게 생물학 수업을 금지시키자, 드하트는 그

29 Julia Lieblich, "Minnesota High School Teacher to Fight Evolution in Court," *Houston Chronicle*, October 17, 1999, p. 23; Molleen Matsumura, "A New Tactic for Getting 'Creation Science' into Classrooms?" *NCSE Reports* 19 (May/June 1999): 24-26 (차별); "Curriculum Battles across the USA," USA Today, August 15, 2005, p. A13. 다음도 보라. Anthony Lonetree, "Teacher Sue over Removal in Evolution Flap," *Minneapolis Star Tribune*, June 2, 1999, p. B3.

학교에 사표를 던지고 남부 캘리포니아에 있는 어느 기독교 고등학교로 갔다.[30]

디스커버리 연구소와는 별개로 활동하던 ID 열광주의자들은 1999년 8월에 처음으로 정치적 승리를 거뒀다. 당시 시민들이 선출한 캔자스 주 교육위원회는 6대 4의 표결로 과학 표준 목록에서 진화를 가르치는 것을—빅뱅 우주생성론과 오랜 지질 시대를 가르치는 것은 물론이고—삭제하기로 결정했다. 진화에 대한 반란을 주도했던 사람은 위원들 중 하나였던 작은 마을의 침례교인이자 수의사였는데, 그는 "우주의 설계와 복잡성은 지적 설계자를 요청한다"라고 주장했다. 이런 기절초풍할 만한 결정은 캔자스 주를 1990년대의 테네시 주처럼 만들었고, 공화당 소속 주지자로 하여금 그 위원회의 행위는 "존재하지도 않는 문제에 대한 끔찍하고 비극적이고 당황스런 해법"이라고 비난하도록 만들었다. 인도 태생의 작가 샐먼 루쉬디(Salman Rushdie, 1947-)는 그 상황을 다음과 같이 통렬하게 묘사했다. "그렇게 해서, 지금 우리는 저울의 한쪽 접시에는 상대성 이론, 허블 망원경, 그리고 불완전하지만 온갖 수고를 다하여 축적한 인류에 관한 지식을 얹어 놓고, 다른 한쪽에는 창세기를 얹어놓고 있다. 캔자스에서 그 저울은 균형을 이루고 있다." 놀랄 것도 없이, ID 운동의 리더들은 캔자스 주의 조치에 갈채를 보냈다. 그들은 필립 존슨과 함께 그것을 "하나의 특별한 세계관을 과학적 사실로 간주하며 신주 모시듯 하는 것에 반대하고, 국민들이 전문가들과 함께 찬성하지 않을 권리를 갖는 일반적인 미국적 전통 안

30 Matsumura, "A New Tactic for Getting 'Creation Science' into Classrooms?", p. 25; Craig Savoye, "Whose 'Science'?" *Christian Science Monitor*, Feb. 8, 2000, p. 11; "Design in the Classroom," http://americanradioworks.publicradio.org.

에서 '진화'만 예외로 삼으려는 것에 반대하는 항의"라고 묘사했다.[31]

비록 2년 후에 새로운 위원회가 그 조치를 철회했지만, 2004년에 캔자스 주의 투표자들은 다수의 보수적인 공화당원들을 그 감독기구로 회귀시켰다. 이듬해에 위원회는 다시 한 번 6대 4의 표결로 과학 표준을 근본적으로 변경시킴으로써, 교사들에게 교실에서 진화에 도전하고 초자연적 설명의 가능성을 허용하는 방식으로 과학을 재정의하도록 촉구했다. 위원회는 과학이 "우리 주변의 세계에서 우리가 관찰하는 것에 대한 자연스러운 설명을 추구하는 인간의 행위"라는 과거의 정의를 버리고, 그것을 "자연현상에 대한 보다 더 적절한 설명으로 인도하기 위해 관찰, 가설 검증, 측정, 실험, 논리적 논쟁, 이론 형성 등을 사용해 지속적으로 탐구하는 체계적 방법"이라고 묘사했다. 디스커버리 연구소의 존 웨스트는 캔자스 주가 "미국 전역에서 최고의 과학 표준"을 마련했다고 칭찬했다. 그러나 미국과학교육센터의 유지니 스캇은 그 표준을 "창조론을 위한 각본"이라고 일축했고, 정신과 의사이자 보수적인 칼럼니스트인 찰스 크로타머(Charles Krauthammer, 1950)는 보다 더 무뚝뚝한 표현을 썼다. "캔자스 주는 지적

---

31 People for the American Way Foundation, "Sabotaging Science," www.pfaw.org (Abrams); Robert E. Hemenway, "The Evolution of a Controversy in Kansas Shows Why Scientists Must Define the Search for the Truth," *Chronicle of Higher Education*, October 29, 1999, p. B7 (주지사, Rushdie); Edward Larson and Larry Witham, "Inherit an Ill Wind," *The Nation*, October 4, 1999, pp. 25-29, Johnson 인용은 p. 29; Johnson W. Fountain, "Kansas Put Evolution Back into Public Schools," *New York Times*, February 15, 2001, p. A12. 또 다음도 보라. Pam Belluck, "Board for Kansas Deletes Evolution from Curriculum," *New York Times*, August 12, 1999, p. A1; Constance Holden, "Kansas Dumps Darwin, Raises Alarm Across the United States," *Science* 285 (1999): 1186-87; 그리고 Stephen Jay Gould, "Dorothy, It's Really Oz," *Time*, August 23, 1999, p. 59. 캔자스 전투를 축하하는 설명을 다음에서 보라. Paul Ackerman and Bob Williams, *Kansas Tornado: 1999 Science Curriculum Standards Battle* (El Cajon, CA: Institute for Creation Research, 1999).

설계가 과학이라는 익살극을 정당화하기 위해 '우리 주변의 세계에서 우리가 관찰하는 것에 대한 **자연스러운** 설명'이라는 표현을 삭제하면서, 또한 그렇게 함으로써—그런 정의를 재가함으로써—명백하게 초자연적인 것이 과학의 불가결한 부분이라고 암시하면서, 과학의 정의 자체를 부패시켜야 했다."[32]

캔자스 대학에서 벌어진 악명 높은 마이레키 사건(Mirecki affair)은 진보적인 캔자스 시민들에게는 위원회의 결정만큼이나 당혹스러웠다. 그 대학의 종교학 과장으로 일하고 있던 가톨릭 변절자 폴 마이레키(Paul Mirecki, 1950-)는 "지적 설계, 창조론, 그리고 다른 종교적 신화들"(Intelligent Design, Creationism, and other Religious Mythologies)이라는 특별 주제의 강좌를 마련해놓은 후 흐뭇한 마음으로 그 대학의 무신론자 및 불가지론자 동료들에게 자신의 강좌가 "펀디즈"(fundies, 근본주의자들[fundamentalists]을 가리키는 속어)를 괴롭힐 것이고, 그들의 "크고 살진 얼굴에 멋진 빰따귀"를 선사할 것이라는 내용의 메일을 전송했다. 이 경솔한 행동은 그 강좌를 취소할 수밖에 없게끔 만들었고, 그는 학과장 자리에서 내려와야 했다. 그동안 캔자스 주의 반진화론자들을 육성으로 비난해왔던 그 대학의 학장은, 이제는 보수적인 비판가들을 자극하는 "불쾌하고 비열한" 진술을 한 자기 휘하의 교수들 중 한 사람을 공개적으로 꾸짖

---

32 Yudhijit Bhattacharjee, "Kansas Gears Up for Another Battle over Teaching Evolution," *Science* 308 (2005): 627; Constance Holden and Bhattacharjee, "Antievolutionists Win One in Kansas, Lose Eight Seats in Dover," ibid. 310 (2005): 1105; Denis Overbye, "Philosophers Notwithstanding, Kansas School Board Redefines Science," *New York Times*, November 15, 2005, p. D3; Jodi Wildoren, "Kansas Board Approves Challenges to Evolution," ibid., November 9, 2005, p. 2005, p. A12, West와 Scott의 인용; Charles Krauthammer, "Phony Theory, False Conflict: 'Intelligent Design' Foolishingly Pits Evolution against Faith," *Washington Post*, November 18, 2005, p. A23.

었다. 며칠 후 사태는 더욱 악화되었다. 마이레키는 날이 새기 전에 픽업 트럭을 탄 두 사람이 시골 길에서 자기를 뒤따라와 두들겨 팼다고 보고했다. 그 지역 병원에서 검진을 받은 후 그는 자신이 "대부분 회복되었으나" 여전히 "타박상과 통증"으로 고생하고 있다고 말했다. 나중에 그는 기자들에게 이렇게 말했다. "나는 지독히 두들겨 맞았습니다." 그의 진술의 이런 불일치는 우익 비판자들을 자극했다. 그들은 그가 자신에 대한 비판의 방향을 돌리기 위해 공격 사건을 조작해 박해 상황을 연출하려 했다며 그를 비난했다. 경찰은 그의 이야기가 맞다고 확인도 못하고, 거짓이라고 증명하지도 못했다.[33]

20세기 초에 캔자스 주에서 시작된 또 다른 쓰라린 전투에서, 디스커버리 연구소의 대표자들을 포함한 지적 설계의 지지자들은 오하이오 주 교육위원회로 하여금 "진화에 대한 비판적 분석"(Critical Analysis of Evolution)이라고 부르는 수업 계획을 승인하도록 설득했다. 그 계획은 조나단 웰스(Jonathan Wells)의 논쟁적인 책 『진화의 아이콘들: 과학인가 신화인가? 우리가 진화에 관해 가르치는 것 대부분은 어째서 잘못인가?』(*Icons of Evolution: Science or Myth? Why Much of What We Teach about Evolution Is Wrong*, 2000)로부터 강한 영향을 받았다. 이 계획에 의하면, 학생들은 이른바 논쟁, 즉 "소진화 과정들이 대진화를 설명하기에 충분한가"와 같은 질문들을 두고 벌이는 논쟁들에 대해 배우게 될 것이었다. 그러나 반진화론자 한 사람이 솔직하게 인정했던 것처럼, "과학은 과학 표준이 어떤 모양을 가질 것인지에 대한 논쟁과는 아무런 상관이 없을 것이

33 Mirecki 사건의 세부사항들은 대부분 Sophia Maines와 Eric Weslander가 December 2005에 쓴 *Lawrence Journal-World* 안에 보도된 일련의 신문기사들 안에서 읽을 수 있다(www2.ljworld.com).

다. 교육도 그것과는 상관이 없을 것이다. 그것은 근본적으로 어느 특별한 주에서 정치가 어떻게 작동하는지의 문제일 뿐이다." 디스커버리 연구소의 상당한 투자와 오하이오 주민들 대다수의 지원에도 불구하고, 그 조치의 반대자들은 케이스웨스턴리저브 대학의 역사학자인 패트리시아 프린스하우스(Patricia Princehouse)의 지도 아래 2006년도에 교육위원회를 성공적으로 설득함으로써 진화를 비판적으로 가르치라는 이전의 지시를 철회시켰다.[34]

2004년에 위스콘신 주에서는 그 주의 북서쪽 끝에 있는 작은 마을인 그랜츠버그의 교육위원회가 여러 달에 걸친 논쟁 끝에 표결을 통해 "학생들은 진화론의 과학적 장점들과 약점들을 설명할 수 있게 되어야 한다"라고 결정하는 일이 발생했는데, 이것은 디스커버리 연구소가 권고했던 또 다른 완곡한 표현을 채택한 것이었다. 위원회는 학생들에게 지적 설계에 대해 알리기 위해 열심이었으나, 법률적 보호를 위해 다음과 같은 조항을 덧붙였다. "이 정책은 창조론이나 지적 설계에 대한 교육을 요구하지 않는다." 이런 언어적 취약성은 그 지역 침례교회의 목사이자 강력한 반진화

---

34 "Disappointing News from Ohio," *Science* 303 (2004): 1761 (소진화); Patricia Princehouse, "Ohio Rides Again," *NCSE Reports* 24 (January/February 2004): 5-6 (정치); Jodi Wilgoren, "Politicized Scholars Put Evolution on the Defensive," *New York Times*, August 21, 2005, pp. 1, 14; Jodi Rudoren, "Ohio Expected to Rein in Class Involving Intelligent Design," ibid., February 14, 2006, p. A11; Rudoren, "Ohio Board Undoes Stand on Evolution," ibid., February 15, 2006, p. A14. 다음도 보라. Francis X. Clines, "In Ohio School Hearing, a New Theory Will Seek a Place Alongside Evolution," *New York Times*, February 11, 2002, p. A14; Clines, "Ohio Board Hears Debate on an Alternative to Darwinism," iblid., March 12, 2002, p. A16; Richard B. Hoppe, "ID Check in Ohio," *NCSE Reports* 24 (January/February 2004): 7-11, 이것은 Mount Vernon, Ohio의 논쟁에 초점을 맞추고 있다; 그리고 Jonathan Wells, *Icons of Evolution: Science or Myth? Why Much of What We Teach about Evolution Is Wrong* (Washington, DC: Regnery, 2000).

론자인 교육위원회 의장을 자극해 물을 탄 듯 희석된 그 조항에 반대하도록 만들었다. 그랜츠버그에서 일어난 일은 그 주의 민주당 대변인을 격앙시켜 한 법안을 제출하게 만들었다. 그 법안에 따르면, 위스콘신 주에서의 과학 교육은 "과학적 가설로 검증될 수 있고 오직 자연의 과정들만을 묘사하는" 내용에 제한되어야 했다. 화가 났음에도 여전히 낙관적인 윌리엄 뎀스키는 "위스콘신은 아마도 진화론의 워털루(Waterloo, 1815년에 나폴레옹이 참패했던 벨기에 중부의 마을—역자 주)가 될 것이다"라고 예언했다.[35]

워싱턴으로 간 지적 설계론

2001년에 지적 설계를 옹호하는 세력이 미국의 수도에서 부분적인 승리를 거두었다. 그해에 펜실베이니아 출신으로 가톨릭신자인 공화당 상원의원 릭 샌토룸(Rick Santorum, 1958-)은 행정부의 지지를 받아 "아동 낙오 방지법"(No Child Behind Act)의 수정안을 제출했다. 필립 존슨이 초고

35 Susanne Quick, "Theories Other Than Evolution to Be Taught in Grantsburg," *Milwaukee Journal Sentinel*, November 6, 2004, p. 1; Quick, "Grantsburg Unearths Questions of Science," ibid., November 14, 2004, p. 1 (목사); Quick, "Policy That Reopened Origins Debate Revised; Grantsburg Board Says Creationism Need Not be Taught," ibid., December 11, 2004, p. 3 (정책); Andrew J. Petto, "Grantzburg Activists Budge School Board," *NCSE Reports* 24 (November/December 2004): 9-11; Judith Davidhoff, "Bill Bans Creationism as Science," (Madison) *Capital Times*, February 7, 2006, p. A1, 이것은 그 법안의 작성자가 Terese Berceau라는 것을 확인해준다; Art Toalston, "Wisconsin Legislator, University Profs Want Ban of Intelligent Design in Public Schools," www.bpnews.net (Dembski). 다음도 보라. Elliott Sober and Ronald L. Numbers, "Untestable Theory Can't Be Passed Off as Science," *Wisconsin State Journal*, October 9, 2005, p. B1; 그리고 Alan D. Attie 외, "Defending Science Education against Intelligent Design: A Call to Action," *Journal of Clinical Investigation* 116 (2006): 1134-38.

를 작성한 그 법안은 다음과 같이 진술한다.

> 상원의 뜻은 아래와 같다.
>
> ① 좋은 과학 교육은 학생들로 하여금 과학적 데이터 혹은 검증 가능한 이론들을 과학의 이름으로 주장된 철학적 또는 종교적 명제들로부터 구별할 수 있도록 준비시켜야 한다.
>
> ② 생물학적 진화를 가르치는 곳에서 커리큘럼은 학생들이 왜 이 주제가 아직도 그토록 많은 논쟁들을 만들어내고 있는지 이해하도록 도와주어야 하고, 학생들이 그 주제와 관련된 공적 토론에서 정보를 갖춘 참여자가 되도록 준비시켜야 한다.

존슨은 이 수정안이 "공립학교의 실권자들이 학생들에게 다윈주의 이론의 약점을 가르치는 교사의 해고나 징계를 정당화하거나, 오늘에 이르기까지 다윈주의가 강압적으로 행했던 것처럼 권위주의적이고 교리적인 방식으로 진화를 가르치는 것을 어렵게 만들기"를 희망했다. 민주당 상원의원인 에드워드 케네디(Edward Kennedy, 1932-)와 다른 몇 사람의 따뜻한 지지를 받으면서 그 수정안은 상원을 91대 8로 통과하며 순항했지만, 상원과 하원의 협상 위원회에서 샌토룸의 제안은 그 법안에 부착된 설명적 주석 수준으로 격하되었다.[36]

샌토룸의 수정안을 기초한 직후에 그리고 자신의 61회 생일을 막 지낸 후에, 존슨은 중풍의 고통을 겪었다. 그러나 그는 되살아났고 이제는 생의

36 Johnson, *The Right Questions*, pp. 31-35; Forest and Gross, *Creationism's Trojan Horse*, pp. 240-48.

목적에 대해 새로운 비전을 갖게 되었다. 그는 공공연하게 종교적이 되었고, 반진화론의 성경적 기초를 강조하기 시작했다. 그러나 "태초에 하나님이 하늘과 땅을 창조하셨다"는 창세기의 첫 구절을 조명했던 과학적 창조론자들과는 대조적으로, 존슨은 요한복음의 첫 구절을 강조했다. "태초에 말씀이 계시니라. 그 말씀이 하나님과 함께 계셨고, 그 말씀은 곧 하나님이시라." 진화를 여전히 "근본적인 거짓말"로 간주하면서 그는 문화적 십자군을 확장해 그가 "페미니즘의 위협"이라고 인식한 것을 공격하도록 했다. 그의 성경 연구는 그를 "성별의 차이가 우리의 피조된 자아에 근본적이라는 사실이 창세기의 주요한 가르침이라는 것"을 보도록 이끌었다. 그는 현대인들이 "창조 질서에 너무도 무지해서 남성과 여성의 구분이 인간이 고안한 것이고, 따라서 폐지하거나 변경할 수 있는 어떤 것처럼 상상한다"라고 불평했다.[37]

2004년에 ID 지지자들은, 전문가에게 평가를 받아 논문을 싣는 과학 저널에 그들의 첫 번째 작품을 실었다. 그해 여름에 B급 저널인 「워싱턴 생물학회보」(*Proceeding of the Biological Society of Washington*)에는 마이어의 논문이 포함되었는데, 과학자가 아니라 철학자였던 그는 "목적을 지닌 혹은 지적인 설계"가 대략 5억 3천만 년 전에 한 무리의 새로운 동물의 종들이 출현했던 시기인 소위 캄브리아기의 폭발에 대한 최적의 설명이라고 주장했다. 마이어의 연구가 성취한 장점들은, 그 기관의 관리자들이 원고에 대한 검토 과정을 통해, 그 원고를 개인적으로 편집했던 스미스소니언 연

37 Johnson, *The Right Questions*, pp. 62-63 (요한복음 1:1), 79 (타격), 140 (성); Forrest and Gross, *Creationism's Trojan Horse*, p. 283 (거짓말). 2004년 가을에 Johnson은 젊은 지구론자 Andrew Snelling과 함께 영국의 교회를 방문했다; 다음을 보라. "Dr. Snelling to Speak in Great Britain," *Acts & Facts* 33 (October 2004): 4.

구소의 연구원이자 그 저널의 편집장인 리처드 폰 스턴버그(Richard M. von Sternberg, 1963-)가 마이어의 논문을 검토하는 과정에서 변칙이 있었다고 주장했을 때 증발되었다. 의심하는 사람들이 스턴버그의 관심사 중 하나가 "바라미놀로지"(baraminology), 즉 창세기 1장에서 언급되는 시초로 창조된 "종류들"에 대한 연구였고 또한 그가 2001년에 디스커버리 연구소가 초고를 작성한 "다윈주의에 대한 과학적 반대의견"(A scientific Dissent from Darwinism)이라고 불리는 공적 항의 문서에 서명했다는 사실을 발견했을 때, 의혹은 더욱 커졌다. 스미스소니언 연구소의 어느 당황한 과학자는 마이어의 논문을 "비과학적인 쓰레기"라고 폄하했고, 연구소의 책임자들은 스턴버그를 가능한 한 빨리 제거하려고 서투르게 시도했다. 동정심이 많은 「월 스트리트 저널」의 사설은 스턴버그를 그의 과학적 믿음뿐아니라 종교적 믿음으로 인한 희생자라고 묘사했다. 스턴버그 자신은 내부 고발자를 위해 설립된 법무부의 특별 상담 사무실(Justice Department's Office of Special Counsel)에 탄원서를 제출해 자신이 종교적 차별에 의해 희생되었다고 고발했다. 담당 기관은 그의 고발이 어느 정도 일리가 있다고 생각했으나 그 문제를 더 이상 취급하기를 거부했는데, 왜냐하면 그는 엄밀히 말하자면 연방 정부의 고용인이 아니었기 때문이다.[38]

---

38 Stephen C. Meyer, "The Origin of Biological Information and the Higher Taxonomic Categories," *Proceedings of the Biological Society of Washington* 117 (2004): 213-39, 인용은 p. 234; David Klinghoffer, "The Branding of a Heretic," *Wall Street Journal*, January 28, 2005, www.opinionsjournal.com (쓰레기); "Intelligent Design and the Smithsonian," *New York Times*, August 20, 2005, p. A26 (특별 상담). Sternberg의 이력과 이 사건에 대한 그의 이해를 www.rsternberg.net에서 보라. Sternberg가 회원이었던 Baraminology 스터디 그룹에 대한 것을 www.bryancore.org에서 보라. 앞에서 언급했던 것처럼, Frank Lewis Marsh가 1940년대 초에 "baramin"이라는 단어를 만들어냈다. 이 단어는 Kurt P. Wise가 "Baraminology"라는 개념을 소개했던 1990년대까지는 거의 사용되지 않았다.

스미스소니언 연구소가 스턴버그 사건으로부터 아직 회복되지도 못했을 때, 디스커버리 연구소는 스미스소니언 연구소의 자연사 박물관이 "특권을 지닌 혹성: 우주 안에서 목적을 찾아서"(The Privileged Planet: The Search for Purpose in the Universe)라는 제목의 지적 설계에 관한 영화 한 편을 상영하는 일을 공동으로 후원하기로 했다고 자랑스럽게 발표했다. 이를 위해 그 시애틀에 있는 조직은 1만 6천 달러를 지불했다. 허를 찔려 의도치 않게 ID를 보증하게 된 스미스소니언 연구소는 계약을 지키기는 했으나, 그 사건을 공동 후원하는 일에서는 물러섰다.[39]

법정에 선 지적 설계론

지적 설계에 대한 첫 번째 주요한 법정 검증은 펜실베이니아 주 도버 지역 교육청의 결정과 더불어 시작되었다. 그 결정은 학생들이 "다윈의 이론 안에 들어 있는 간격들/문제들과, 지적 설계를 포함하지만 그것에 국한되지 않는 진화에 대한 다른 이론들"을 인식하게 해야 한다는 것이었다.

추가적 정보를 다음에서 보라. Wayne Frair, "Baraminology-Classification of Created Oganimus," *Creation Research Society Quarterly* 37 (2000): 82-91. The Discovery Institute의 "A Scientific Dissent from Darwinism"은 *The Weekly Standard*, October 1, 2001, pp. 20-21에 두 페이지짜리 광고 형태로 나왔다. 3,110개의 과학 저널 중에서 2,678위에 랭크된 *Proceedings of the Biological Society of Washington*의 명성에 대해 다음을 보라. Trevor Stokes, "Intelligent Design Study Appears," *The Scientists*, September 3, 2004, www.the-scientist.com. Meyer-Sternberg 사건에 대해 또한 다음을 보라. Nooney, *Republican War on Science*, pp. 178-81.

39 John Schwartz, "Smithsonian to Be a Sponsor of a Film Screening at Odds with Evolution," *New York Times*, May 25, 2005, p. 48; "Museum Quits As Film Sponsor," ibid., June 3, 2005, p. A21; Yudhijit Bhattacharjee, "Smithsonian Gives Grudging OK to Film Backing ID Arguments," *Science* 308 (2005): 1526.

이 조치를 보완하기 위해 교육위원회는 9학년 생물 교사들에게 수업시간에 다음과 같은 진술을 읽도록 지시했다.

> 펜실베이니아의 학문적 기준은 학생들에게 다윈의 진화론을 배울 것과, 최종적으로는 진화가 그중 일부를 이루는 표준화된 시험을 치를 것을 요구한다.
>
> 다윈의 이론은 하나의 이론이기에, 그것은 새로운 증거가 발견됨에 따라 여전히 검증되고 있는 중이다. 그 이론은 사실(a fact)이 아니다. 그 이론 안에는 어떤 증거도 존재하지 않는 간격들(gaps)이 존재한다. 하나의 이론은 광범위한 관찰 내용들을 통일시키는 잘 검증된 설명이라고 정의된다.
>
> 지적 설계는 다윈의 견해와는 다른, 생명의 기원에 대한 설명이다. 이와 관련된 책 『판다와 인간에 관하여』는 지적 설계론이 실제로 무엇을 말하는지를 알고 이해하려고 노력하면서 그 견해를 탐구하려는 학생들에게 유용하다. 그 어떤 이론에 대해서도 그러하듯이, 학생들은 열린 마음을 가지도록 고무되어야 한다.

이 조치를 정당화하면서 위원회 멤버인 윌리엄 버킹햄(William Buckingham)은 이렇게 선언했다. "2천 년 전에 어떤 이가 십자가에서 죽었다. 왜 어떤 이가 그를 옹호해서는 안 되는가?" 익명으로 기부된 『판다와 인간에 관하여』 60부가 고등학교 도서관에 등장했다.[40]

이에 화가 난 학부모 11명이 자신들을 대신해 미국시민자유연맹(ACLU)이 개입해줄 것을 요청했는데, 그중에는 9학년 아이의 엄마인 태미

---

40 *Tammy Kitzmiller, et al. v. Dover Area School District* 안에 있는 고소인들의 불평문. 다음도 보라. Nicholas J. Matzke, "Design on Trial in Dover, Pennsylvania," *NCSE Reports* 24 (September/October 2004): 4-9.

키츠밀러(Tammy J. Kitzmiller)도 있었다. 교육위원회는 토머스 모어 법률 센터에 무료 법률 상담을 요청했다. 그 센터는 보수적인 가톨릭신자인 피자 왕 토머스 모너한(Thomas Monaghan, 1937)이 도미노 피자의 명성으로 미시간에 세운 공익 로펌이었다. 처음에는 디스커버리 연구소의 동료들인 마이어, 뎀스키, 그리고 비히가 피고측의 전문가 증인으로 봉사하기로 동의했지만, 비히가 이를 먼저 철회했고 그 연구소 역시 피고들을 지원하기를 거부했다. 재판은 2005년에 지역 연방법원이 있는 해리스버그에서 시작되었다. 그 사건의 심리는 1980년에 있었던 창조과학 재판과 마찬가지로 지적 설계 이론을 추천하는 것이—『판다와 인간에 대하여』에서 제시되는 것과 같이—종교적 가르침의 행위를 구성하는지, 그래서 미국 헌법 제1조 수정안의 금지조항을 위반하는 것인지 여부에 달려 있었다. 피고인들은 샌토룸이 "아동 낙오 방지법"에 부가한 조항이 자신들의 조치를 정당화해준다고 주장했다.[41]

피고측의 스타급 증인인 비히는 법정에서 지적 설계론과 젊은 지구론 사이의 차이점을 알리려 노력했다. 원고측 변호사가 『판다와 인간에 관하여』 중 한 문장을 읽고 "지적 설계란 다양한 형태의 생명이 어떤 지적인 작인을 통해 각각 이미 온전한 상태의 뚜렷한 특성들과 함께—다시 말해 물

41 Neela Banerjee, "School Board Sued on Mandate for Alternative to Evolution," *New York Times*, December 15, 2004, p. A25; Constance Holden, "ID Goes on Trial This Month in Pennsylvania School Case," *Science* 309 (2005): 1796 (철회); *Tammy Kitzmiller, et al. v. Dover Area School District* 안에 있는 고소인들의 불평문에 대한 피고 변호인들의 대답. 다음도 보라. Jeffrey Mervis, "Dover Teachers Want No Part of Intelligent-Design Statement," *Science* 307 (2005): 505; Laurie Goodstein, "A Web of Faith, Law and Science in Evolution Suit," *New York Times*, September 26, 2005, pp. A1, A14; 그리고 Goodstein, "Evolution Lawsuit Opens with Broadside against Intelligent Design," ibid., September 27, 2005, p. A17.

고기는 지느러미와 비늘을, 새는 깃털과 부리와 날개 등을 갖추고—갑자기 출현한 것을 의미한다"고 설명했을 때, 비히는 그 진술에 "어느 정도 문제가 있다"라고 인정했다. 지적 설계의 메커니즘을 설명해달라는 요청을 받았을 때, 그는 그것을 "지적인 행위들"(intelligent activities)이라고 모호하게 정의했다. 그는 힘없이 설명했다. "지적 설계는 그런 구조들이 어떻게 생성되었는지를 단계별로 묘사한다는 의미에서의 어떤 메커니즘을 제안하지 않습니다."[42]

영국의 와위크 대학으로부터 온 피고측의 다른 전문가 증인인 스티브 풀러(Steve William Fuller, 1959-)는, 학문적으로 좌파에 속한 일부 포스트모던적 과학 비평가들과 종교적으로 우파에 속한 진화 반대자론자들 사이의 묘하게 결합된 인격의 전형을 보여주었다. 자칭 "사회적 인식론자"인 풀러는 "과학의 기초 규칙들을 변경시키려는 시도들에서 특별히 비과학적인 것이란 없다"는 말로 자신의 입장을 증언했다. "과학자들이 지닌 중세기 길드 조직원과 같은 오만함"에 짜증을 내면서, 그는 "그들이 비과학자들보다 더 쉽게 판단 착오에 빠지는 경향이 있다"라고 주장했다. 또 그는 "초자연적인 것에 호소하는 것은 어떤 형태의 질문을 종교적 또는 비과학적이라고 간주하기에 충분하지도 않고 필연적이지도 않다"라고 주장하면서, "ID가 보다 일반적으로 과학의 추구를 해친다거나, 문제가 되고 있는 바 미국 헌법에 명시된 국가와 교회의 분리 규정을 해친다는 의미에서 '종교'

---

42 Laurie Goodstein, "Expert Witness Sees Evidence in Nature for Intelligent Design," *New York Times*, October 18, 2005, p. A14; Goodstein, "Witness Defends Broad Definition of Science," ibid., October 19, 2005, p. A15; Michael Behe의 증언, *Tammy Kitzmiller, et al. v. Dover Area School District*, October 17-19, 2005. 다음도 보라. John Sutherland, "The Ideas Interview: Michael Behe," *The Guardian*, December 9, 2005, pp. 28-29.

를 구성하지 않는 적법한 과학적 질문"이라고 결론지었다. 그는 비록 ID가 "초자연적인 원인자"에게 호소하기는 하지만, 그럼에도 적법한 "과학"을 구성한다고 법정에서 선언했으며, 과학자 집단이 방법론적 자연주의에 "교리적으로" 헌신하는 것에 반대했다. 그는 바로 그런 "과학의 근본 규칙"을 부정하고자 했다.[43]

6주에 걸친 재판은 불쾌한 인상을 남기며 끝났다. 수석판사인 존 존스(John E. Jones III, 1955)는 도버 지역 교육위원회 위원장이 학교 도서관에 비치된 여러 권의 『판다와 인간에 관하여』를 구입한 돈이 어디서 왔는지 알지 못한다고 맹세함으로써 법정을 모독한 사실을 발견했다. 위원회의 이전 멤버였던 버킹햄이 그 책들의 대금인 850달러를 하모니 그로브 교회에서—그가 출석했던 "독립적이고, 근본주의적이며, 성경을 믿는 교회"였다—모금했고 그 금액에 해당하는 수표를 위원장에게 전달했다는 사실이 밝혀졌다. 자기도 그 돈의 출처를 모른다고 부인했던 버킹햄은 그의 거짓 기억을 옥시콘틴(OxyContin, 효과가 모르핀과 유사한 진통제—역자 주) 중독 탓으로 돌렸다.[44]

재판이 끝나고 나서 정확하게 4일 후에—분열적인 선거 운동 끝에—도

---

43 Steve William Fuller, "Rebuttal of Dover Expert Reports," May 13, 2005; Steve Fuller의 증언, *Tammy Kitzmiller, et al. v. Dover Area School District*, October 24, 2005. 이전에 Fuller는 편집자에게 보낸 편지, *Chronicle of Higher Education*, February 1, 2002, pp. B4, B17에서 지적 설계론을 지지한다는 입장에 밝혔다. 좌우 동맹에 대해 예를 들어 다음을 보라. Matt Cartmill, "Oppressed by Evolution," *Discover* 19 (March 1998): 78-83.

44 Michelle Starr, "Buckingham Contradicts Self on Money for Books," *York Daily Record*, October 28, 2005; Amy Worden, "Intelligent-Design Judge Lashes Out," *Philadelphia Inquirer*, November 1, 2005. Darwin의 5대손의 그 재판에 대한 즐거운 설명을 다음에서 보라. Matthew Chapman, "God or Gorrilla: A Darwin Descendant at the Dover Monkey Trial," *Harper's Magazine* 312 (February 2006): 54-63.

버 지역 시민들은 자기들이 북부의 데이튼이 된 것에 화가 나서 ID를 지지했던 이전의 교육위원회 멤버들 모두를 투표를 통해 사무실 밖으로 몰아냈다. 이 결과가 공표되자, 근본주의자이자 텔레비전 전도자인 팻 로버트슨(Patt Robertson, 1930-)은 아마도 그것이 무모한 결정일 것이라고 말했다. 그는 자신의 기독교 방송 네트워크를 통해 "선량한 도브 시민들"에게 경고했다. "당신들의 지역에 재난이 일어날지라도 하나님께 달려가지 마십시오. 당신들은 하나님을 당신들의 마을에서 내쫓았습니다." 얼마 후에 그는 도브 사람들에게 좀 더 영적인 충고를 했다. "하나님은 관용과 사랑이 많으십니다. 그러나 우리가 그분의 일에 영원히 계속해서 간섭해서는 안 됩니다. 만일 도브에서 그들이 미래에 어떤 문제에 부딪친다면, 나는 그들에게 찰스 다윈에게 전화할 것을 추천합니다. 아마 다윈이 그들을 도울 수 있을 것입니다."[45]

2005년 12월 20일, 존스 판사는 판결을 내렸다. 그는 도브 지역 교육위원회의 행위를 "숨이 막히게 하는 어리석음"이라고 묘사하면서 혹평했다. 존스는—조지 부시 대통령에 의해 판사로 임명된 보수적인 공화당원이자 실천적인 루터교인이었음에도—ID는 과학이 아니라고 판결했다. 왜냐하면 그것은 "초자연적인 원인자"를 끌어들이면서 "과학을 검증 가능한 자연스러운 설명에 제한하는 필수적인 기초 규칙을 충족시키지" 못하기 때문이라는 것이었다. 그러므로 위원회가 지적 설계론을 후원하는 것은 교회와 국가의 분리를 요청하는 미국 헌법 제1조 수정안의 금지조항을 위반했다고 했다. 분명히 위원회의 속임수에 무척 화가 난 그는, 자칭 의롭다는

---

45 Laurie Goodstein, "A City's Voters Are Weary of the Intelligent Design Spotlight," *New York Times*, November 10, 2005, p. A22; "Outspoken Robetson at It Again," *Wisconsin State Journal*, November 12, 2005, p. A5.

버킹햄을 노골적인 거짓말 혐의로 고소했다. 그는 "진화론이 신의 존재에 대한 믿음과 종교 일반의 견해에 상반된다"는 가정을 "전적인 거짓"으로 간주하며 거부했다. 그의 결론은 다음과 같았다. "공립학교의 과학 수업 시간에 ID를 진화의 대안으로 가르치는 것은 헌법에 위배된다." 그 판사는 마지막 일침을 가하면서 그 교육위원회에 대략 1백만 달러로 추산되는 원고인들의 소송비용을 지불할 책임을 부과했다.[46]

예상대로 반응은 엇갈렸다. 과학 단체들은 원고들과 그 변호사들처럼 감격에 겨워 기뻐하며 환호했다. 원고인 명단 중 제일 앞에 있던 태미 키츠밀러는 "판사 존슨을 대통령으로"라는 차량 부착 스티커를 만들자고 제안했다. 반면에 패배자들은 그 판사를 공격했다. 버킹햄은 그를 거짓말쟁이라고 불렀다. 디스커버리 연구소의 존 웨스트는 그 판사가 그 위원회의 특수한 행위에 국한해 판결하지 않고 오히려 ID의 과학적 지위를 공격했다며 격노했고, 그를 "정부가 부여한 검열권을 갖고서 다윈주의에 대한 비판"을 막으려는 의도를 지닌 "행동주의적 연방 판사"라고 비난했다. 남침례교 윤리 및 종교적 자유 위원회 의장은 그 판결을 "반세기에 걸친 세속주의자들의 테러나 다름없는 통치를 전형적으로 보여주는 사건"이라고 평하면서 존스 판사의 승진은 끝났다고 예언했다. 비히는 좀 덜 묵시적인 반응을 보였는데, 그 결정에 대해 "정말 지겹다"라고 간결하게 말했다. 전에 존스

---

46 John E. Johnes III, "Memorandum Opinion," December 20, 2005, NCSE의 웹사이트에 있다. Jones에 관해 다음을 보라. Laurie Goodstein, "Evolution Trial in Hands of Willing Judge," *New York Times*, National Report, December 18, 2005, p. 29. 이 결정에 대해 다음을 보라. Goodstein, "Issuing Rebuke, Judge Rejects Teaching of Intelligent Design," ibid., December 21, 2005, pp. A1, A21; Goodstein, "Schools Nationwide Study Impact of Evolution Ruling," ibid., December 22, 2005, p. A12; 그리고 Jeffrey Mervis, "Judge Jones Defines Science-and Why Intelligent Design Isn't," *Science* 311 (2006): 34.

의 후원자였고 도브 지역 교육위원회가 용기 있게 ID를 옹호한 것을 칭찬했던 상원의원 샌토룸은 그 위원회에 대한 변호를 담당했던 가톨릭 로펌과의 관계를 단절했고 종교적 이유에서 ID를 후원하려는 노력을 포기했다. 비록 그 판결은 펜실베이니아 주 중부 지역에만 효력을 미쳤지만, 법률 전문가들과 교육 전문가들은 그 판결의 영향이 전국적으로 느껴지기를 기대했다.[47]

설계하는 가톨릭신자들

1996년에 교황 요한 바오로 2세(Pope John Paul II, 1920-2005)는 교황청 과학원(Pontifical Academy of Sciences)에 진화가 "단순한 가설 이상의 것"이라고 전하면서 자유주의적 로마 가톨릭신자들을 격려했다. 진화에 대한 교황의 이런 개방성은 유대인 우주 연구가인 로렌스 크라우스(Lawrence M. Krauss, 1954-)를 자극해 2005년도 「뉴욕 타임즈」에 진화에 대한 디스커버리 연구소의 적대감과 가톨릭교회의 환영하는 태도를 대비시키는 기사를 쓰게 했다. 크라우스의 기사에 화가 난 디스커버리 연구소의 책임자들은 비엔나의 추기경이자 대주교인 크리스토프 쉔보른(Christoph Schönborn, 1945-)과 연락을 취해 「타임즈」에 고인이 된 교황의 진술을 "다소 모호하고 중요하지 않은" 것으로 폄훼하면서, 또한 "신다윈주의적 의미

47 Goodstein, "Issuing Rebuke," p. A21; John West, "Dover Intelligent Design Decision Criticized as a Futile Attempt to Censor Science Education," December 20, 2005, www.discovery.org; Michael Powell, "Advocates of 'Intelligent Design' Vow to Continue Despite Ruling," *Washington Post*, December 22, 2005, p. A3; "Senator to Cut Ties over Evolution Suit," *New York Times*, December 23, 2005, p. A20.

에서의 진화, 즉 인도자도 없고 계획도 없는 무작위적인 변화와 자연선택" 이라는 진리를 부정하면서 기명 논평을 기고하도록 했다. 아마도 그 추기경은 새 교황인 베네딕토 14세(Benedict XVI, 교황이 되기 전에는 요셉 라칭어[Joseph Ratzinger], 1927-)의 지원을 받고 있는 듯 보였다. 새 교황은 1980년대에 신앙교리성성(Sacred Congregation of the Doctrine of the Faith)의 책임자로 일하는 동안 악명 높은 종교재판의 계승자 역할을 했는데, "선택과 돌연변이"가 충분하다고 강조하는 가톨릭신자들에 반대하여 창조론을 방어하는 글을 쓴 적이 있었다. 추기경 쇤보른은 이렇게 주장했다. 인간은 "우연과 실수의 산물이 아니며" 그리고 "우주는 어둠과 맹목성의 산물이 아니다. 그것은 지성, 자유, 그리고 사랑과 동일한 것인 아름다움으로부터 왔다." 그리고 그는 기꺼이 미시생물학과 생화학 분야의 최근의 발견들이 "이성적 설계"(reasonable design)를 드러내 보였다고 주장했다.[48]

선명한 입장을 지닌 미국의 가톨릭 과학자들은 과학적인 문제들과 관련해 교회의 평판에 예상되는 손상을 막기 위해 달려들었다. 애리조나에 기반을 둔 예수회 사제이자 바티칸 천문학자인 조지 코인(George V. Coyne, 1933-)은, 그 추기경이 진화에 대한 토론을 둘러싸고 있는 "이미 흐

48 Eugenie C. Scott, "The Pope's Message on Evolution and Four Commentaries," *Quarterly Review of Biology* 72 (1997): 401-406; Lawrence M. Krauss, "School Boards Want to Teach the Controversy: What Controversy?" *New York Times*, May 17, 2005, p. D3; Christoph Schönborn, "Finding Design in Nature," ibid., July 7, 2005, p. A27; Cornelia Dean and Laurie Goodstein, "Leading Cardinal Redefines Church's View on Evolution," ibid, July 9, 2005, pp. A1, A11 (Discovery Institute에 대한 교황의 지지와 영향 관련); Joseph Ratzinger (교황 베네딕토 XVI), *"In the Beginning..." : A Catholic Understanding of the Story of Creation and the Fall*, trans. Boniface Ramsey (Grand Rapids, MI: William B. Eerdmans, 1995; 독일어 원본은 1986), pp. xi (선택), 25 (어둠), 54 (설계), 56 (우연과 실수). Schönborn 추기경의 진술에 대한 반응을 예를 들어 다음에서 보라. 편집자에게 보낸 편지, *New York Times*, July 11, 2005, p. A20, 그리고 July 13, 2005, p. A30.

려진 물"을 더 탁하게 만들었다고 한탄했다. 전에 도미니칸 수도회의 사제였던 저명한 유전학자 프랜시스코 아얄라(Francisco J. Ayala, 1934-)는 오스트리아의 그 대주교가 "존재하지 않는 갈등"을 구체화했고, 그렇게 하는 중에 고인이 된 교황이 드러내 보였던 평화적인 견해에 대해 결례를 범했다고 말했다. 브라운 대학의 유명한 생물학 교수이자 『다윈의 신의 발견: 한 과학자의 신과 진화 사이의 공통 근거 찾기』(*Finding Darwin's God: A Scientist's Search for Common Ground between God and Evolution*, 1999)의 저자인 케네스 밀러(Kenneth R. Miller, 1948)는 그 추기경의 메시지가 가톨릭신자들로 하여금 진화는 반드시 거부해야 하는 그 무엇이라는 잘못된 확신을 심어 줄 수 있다고 걱정했다. 지적 설계와 동료 가톨릭신자들인 비히와 케니언에 대한 주도적인 비평가인 밀러는, 설계 이론가들이 "우리로 하여금 지난 과거를 종(種)들이 무로부터 출현한 마술적인 시간이라고 믿기"를 요구한다며 꾸짖었다. 크라우스와 함께 아얄라와 밀러는 베네딕트 14세에게, 더 큰 해가 발생하기 전에 교회의 입장을 명확하게 해달라고 탄원하는 공개편지를 썼다.[49]

---

49 "Vatican Astronomer Rebuts Cardinal's Attack on Darwinism," *Science* 309 (2005): 996; Dean and Goodstein, "Leading Cardinal Redefines Church's View on Evolution," p. A11 (Ayala); Kenneth R. Miller, *Finding Darwin's God: A Scientist's Search for Common Ground between God and Evolution* (New York: HarperCollins, 1999), p. 100 (마술); Cornelia Dean, "Scientists Ask Pope for Clarification on Evolution Stance," *New York Times*, July 13, 2005, p. A18. 델라웨어 대학의 가톨릭교인 물리학자의 다음 비판을 보라. Stephen M. Barr, "The Design of Evolution," *First Things*, no. 156 (October 2005): 9-12. Kenyon은 Woodstock에 있는 가톨릭 창조론 조직인 Kolbe Center fot the Study of Creation에서 자문위원으로 봉사했다. 이에 대해 www.kolbecenter.org를 보라. 특별 창조에 대한 가톨릭교회의 지지에 대해 다음을 보라. Gerard J. Keane, *Creation Rediscovered: Evolution and the Importance of the Origins Debate*, 2판 (Rockford, IL: TAN Books, 1999).

비슷한 염려의 표현이 조지타운 대학의 존 호트(John F. Haught, 1942) 같은 자유주의적 가톨릭 신학자들로부터도 나왔다. 호트는 여러 해 동안 다윈주의와 기독교를 조화시키려고 노력해왔고, 도버 재판에서 원고들을 위해 증언하는 일에 동의했었다. 그는 쇤보른이 "신다윈주의 생물학을 많은 과학자들과 철학자들이 진화론적 발견들에 덮어씌우는 유물론적 견해와 구분하지 못했다"고 꾸짖으면서, 그 추기경에게 "가톨릭적 사고의 뉘앙스"에 더 많은 주의를 기울일 것과 아무런 논쟁거리도 없는 곳에서 논쟁을 만들어내지 말라고 요청했다.[50]

그런 비판과 염려에도 불구하고 베네딕토 14세는 공개적으로 그 추기경을 지지했고, 우주는 "지적 계획"의 결과라고 주장했다. 쇤보른도 자신의 의견을 일절 바꾸지 않았다. 그는 다윈주의에 대한 자신의 비판이 "지적 설계론"에 기초하고 있다는 것을 부인하면서 "형이상학적으로 온건한 신다윈주의라는 버전은 자연에 관한 철학적 진리와 (그렇기 때문에 또한 가톨릭적 가르침과도) 잠재적으로 양립할 수 있다는 사실을 즐겁게 인정했다." 그럼에도 그는 계속해서 "현대 과학은 자주…과학이 아니라 이데올로기다"라고 주장했다. 그 증거로, 그는 코넬 대학의 생물학자 겸 역사학자인 윌리엄 프로바인(William B. Provine, 1942-)을 인용했는데, 프로바인은 도킨스와 데닛과 더불어 무신론적 진화론자들의 불경한 삼위일체 중 하나였다. 프로바인은 이렇게 단언했다. "현대 과학은 세계가 엄격하게 결정론

---

50 Peter Steinfels, "Beliefs: A Catholic Professor on Evolution and Theology," *New York Times*, August 20, 2005, p. B16 (Haught). 다음도 보라. John F. Haught, *God after Darwin: A Theology of Evolution* (Boulder, CO: Westview Press, 2000); 그리고 Haught, *Deeper than Darwin: The Prospect for Religion in the Age of Evolution* (Boulder, CO: Westview Press, 2003).

적 원칙 또는 그 우연에 따라 조직되어 왔다는 사실을 직접적으로 함축한다. 자연 안의 어떤 곳에서도 어떤 목적을 지닌 원칙들은 없다. 이성적으로 탐지될 수 있는 그 어떤 신들도, 그 어떤 설계하는 힘들도 존재하지 않는다."[51]

대중적 소통의 승리

현역 과학자들 중에서는 아주 적은 숫자만이 지적 설계론을 지지했고, 미국과학진흥협회(American Association for the Advance of Science)나 미국과학아카데미'(National Academy of Sciences) 같은 권위 있는 단체들이 그 운동을 맹렬히 비난했음에도, 존슨과 "쐐기" 전략의 창조자들은 다윈주의의 지위에 심각한 과학적 논쟁이 존재한다는 사실을 대중과 언론에게 확신시켰다는 점에서 그들 자신이 기대했던 것 이상의 성공을 거두었다. 「사이언스」(*Science*)의 편집자는 ID나 과학에 대한 다른 대안들의 점점 더 커지는 인기가 "계몽주의가 저무는 황혼"의 신호를 보내는 중일지도 모른다고 걱정했다. 21세기 초반에 전세계의 뉴스 미디어들은 "생명의 기원에 관한 새로운 이론"(New Theory of Life's Origin, *New York Times*), "공격받는 다윈주의"(Darwinism under Attack, *Chronicle of Higher Education*) 같은 헤드라인 기사들을 내보냈다. 언젠가 「내셔널 지오그래픽」(*National*

---

51 "The Pope on Creation," *New York Times*, November 12, 2005, p. A3; Christoph Cardinal Schönborn, "The Designs of Science," *First Things*, no. 159 (January 2006): 34-38. Provine의 인용은 그의 에세이 "Progress in Evolution and Meaning in Life," in *Evolutionary Progress*, ed. Matthew H. Nitecki (Chicago: University of Chicago Press, 1988), pp. 49-74로부터 왔고, 인용구는 p. 65에 있다.

Geographic)의 표지는 "다윈은 틀렸는가?"(Was Darwin Wrong?)라고 질문했고, 「타임」(*Time*)은 "진화 전쟁"(Evolution Wars)이 발발했다고 선언했다. 「뉴스위크」(*Newsweek*)는 "불안한 다윈"(Doubting Darwin)이라는 헤드라인으로 그 갈등에 대해 알렸다. 2005년 여름에 「뉴욕 타임즈」(*New York Times*)는 3일 연속으로 ID에 관한 이야기를 1면에 실었다. 마르크스주의 월간지인 「폴리티칼 어페어즈」(*Political Affairs*)는 "지적 설계의 사기"(The Intelligent Design Scam)라는 제목의 표지 기사에서 설계 이론자들에게 비꼬는 듯한 찬사를 보내면서 이렇게 경고했다. "ID의 스승들(gurus)은 침팬지처럼 걷는 네안데르탈인과도 다르고, 뱀을 다루는 신을 열렬히 지지하는 무지한 자들과도 많이 다르다."[52]

ID에 대한 과학자들의 공격은 대개 ID 운동의 대중적 인기를 치솟게 만들었다. 그래서 뎀스키는 한번은 도킨스에게 어떻든 자기를 응원해준 것에 대해 과도하게 감사했다. 뎀스키는 도킨스에게 다음과 같은 이메일을

---

52 National Academy of Science, *Science and Creationism: A View from the National Academy of Sciences*, 2판 (Washington, DC: National Academy Press, 1999), pp. 21, 22, 25; Ginger Pinholster, "AAAS Board Resolution Urges Opposition to 'Intelligent Design' Theory in U. S. Science Classes," November 6, 2002, www.aaas.org; Donald Kennedy, "Editorial: Twilight for the Enlightenment?" *Science* 308 (2005): 165; James Glanz, "Biologists Face a New Theory of Life's Origin," *New York Times*, April 8, 2001, p. 1; Beth McMurtrie, "Darwinism under Attack," *Chronicle of Higher Education*, December 21, 2001, pp. A8-A11; David Quammen, "Was Darwin Wrong?" *National Geographic* 207 (November 2004): 2-35; *Time*, August 15, 2005; Jerry Adler, "Doubting Darwin," *Newsweek*, February 7, 2005, pp. 44-50; Jodi Wilgoren, "Politicized Scholars Put Evolution on the Defensive," *New York Times*, August 21, 2005, pp. 1, 14; Kenneth Chang, "In Explaining Life's Complexity, Darwinists and Doubters Clash," ibid., August 22, 2005, pp. A1, A10; Cornelia Dean, "Do God and Science Mix? More Now Saying Yes," ibid., August 23, 2005, pp. A1, A12; Owen Williamson, "War against Reason: The 'Intelligent Design' Scam," *Political Affairs* (February 2006): 45-49, 인용은 p. 49. 내가 마지막 (그리고 다른) 자료들에 집중하게 되었던 것은 Jim Danky의 덕분이다.

셨다. "나는 당신이 개인적으로는 신을 믿지 않는다는 것을 알고 있습니다. 그러나 나는 당신이 최종적으로는 유신론과 지적 설계를 그토록 멋지게 돋보이게 해준 사람이 되어준 것에 대해 감사합니다. 사실 저는 당신과 당신의 책들이 지적 설계 운동에게는 하나님이 주신 큰 선물이라고 동료들에게 자주 말하곤 했습니다. 그러니 부디 그 일을 계속해주십시오!"[53]

2004년 대통령 선거 운동 중 「사이언스」의 기자가 조지 부시(George W. Bush, 1946-)와 존 케리(John F. Kerry, 1943-)에게 "'지적 설계' 또는 진화론에 대한 다른 과학적 비판이 공립학교에서 가르쳐져야 하는지" 물었다. 두 사람 모두 그것은 지역에서 관할할 문제라며 답을 회피했고, 전자는 이렇게 덧붙였다. "어떤 이론에 대한 과학적 비판도 과학 커리큘럼의 정상적인 한 부분이어야 합니다." 1년 후 부시 대통령은 백악관에서 매주 있는 성경공부 시간에 ID에 대해 토론한 다음, 학교에서 ID와 진화 둘 모두를 가르칠 것을 공식적으로 승인했고, 테네시 주 출신으로 아이비 리그에서 교육을 받은 심장전문의이자 상원의 다수당 대표인 윌리엄 프리스트(William H. Frist, 1952-)와 "아동 낙오 방지법"의 입안자이자 교육부 장관인 마가레트 스펠링스(Margaret Spellings, 1957-)가 대통령의 요구에 즉각 재청했다.[54]

---

53 Madeleine Bunting, "Why the Intelligent Design Lobby Thanks God for Richard Dawkins," *The Guardian*, March 27, 2006, www.guardian.co.uk.

54 "2004 Presidential Forum: Bush and Kerry Offer Their Views on Science," *Science* 306 (2004): 46-52; Elisabeth Bumiller, "Bush Remarks Roil Debate over Teaching of Evolution," *New York Times*, August 3, 2005, p. A15; David Stout, "First Urges 2 Teachings on Life Origins," ibid., August 20, 2005, P. A12; Deborah Solomon, "Schoolwork: Questions for Margaret Spellings," *New York Times Magazine*, May 22, 2005, p. 19. 2005년에 Michael Behe는 "Design for Living"이라는 긴 논평을 *New York Times*, February 7, p. A27에 썼다. George W. Gilchrist, "The Elusive Scientific Basis of Intelligent Design Theory," *NCSE Reports* 17 (May/June 1997): 14-15는 BIOSIS의 목록에 등재되어 있고 1991-1997년 사이에 발행된 대략 6,000개의 생명과학 저널 안에서 오직 한 번 지적 설계에 대한 언급이 등장했다고

ID 열풍이 전국을 휩쓸 때, 유명한 학자들이 싸움에 끼어들었다. 존경받는 세계 종교 전문가인 휴스턴 스미스(Huston Smith, 1919-)와 높이 평가받는 종교철학자 앨빈 플랜팅가(Alvin Plantinga, 1932-)는 설계 진영에 도덕적 지원을 제공했고, 마찬가지로 유명한 과학철학자인 엘리어트 소버(Elliot Sober, 1948)와 법률가이자 역사학자로서 퓰리처상을 수상했던 에드워드 라슨(Edward J. Larson, 1953-)은 검증 가능한 과학을 변호하기 위해 일어섰다.[55] 주요 대학 출판사들도—하버드, 옥스퍼드, MIT, 럿거스 대학을 포함해—그 논쟁에 관한 책들을 서둘러 발행했다. 케임브리지 대학 출판부는 뎀스키의 책 두 권(한 권은 공저)을 발행했고, 미시간 주립대학 출판부는 마이어가 공저자인 책 한 권을 발행했다. 팰그레이브 맥밀란 출판사는 디스커버리 연구소의 후원을 받아 『다윈부터 히틀러까지』(*From Darwin to Hitler*)라는 암시적인 제목 아래 "독일에서의 진화론적 윤리학, 우생학, 그리고 인종 차별"의 역사를 다루는 역사책을 발행했다.[56]

보고했다. "논쟁"에 대한 언론 보도에 대해 특별히 다음을 보라. Chris Mooney and Matthew C. Nisbet, "Undoing Darwin," *Columbia Journalism Review* 44 (September/October 2005): 31-39.

55 예를 들어 다음을 보라. Alvin Plantinga, "Methodological Naturalism?" *Perspectives on Science and Christian Faith* 49 (September 1997): 143-54; Phil Cousineau, ed., *The Way Things Are: Conversations with Huston Smith on the Spiritual Life* (Berkeley: University of California Press, 2003), pp. 135-36, 150-51; Elliot Sober, *Philosophy of Biology* (Boulder, CO: Westview Press, 1993); Sober, "Intelligent Design and Probability Reasoning," *International Journal for the Philosophy of Religion* 52 (2002): 65-80; Sober, "The Design Argument," in *The Blackwell Guide to the Philosophy of Religion*, ed. William E. Mann (Malden, MA: Blackwell Publishers, 2004), pp. 117-47; Edward J. Larson, *Trial and Error: The American Controversy over Creation and Evolution*, 3판 (New York: Oxford University Press, 2003), ch. 7. 아이러니하게도 Larson은 이전에 Discovery Institute의 회원이었다.

56 Michael Ruse, *Darwin and Design: Does Evolution Have a Purpose?* (Cambridge, MA: Harvard University Press, 2003); Witham, *When Darwin Meets the*

2002년 가을에 뎀스키는 사색에 골몰했다. "지적 설계의 호소는 국제적인 것이 될 수 있는가? 그것은 종교적인 경계선을 넘어설 수 있는가? 아니면 점차적으로 미국 복음주의 안에 국한될 것인가?" ID가 오래도록 미국적인 특이체질로 남아 있지는 않을 것이라는 신호가 이미 나타나기 시작했다. 바로 그해에 뎀스키와 그의 동료들은 국제 복잡성, 정보 및 설계 협회(International Society for Complexity, Information, and Design, ISCID)를 조직했고, 미국, 캐나다, 영국, 호주, 뉴질랜드, 핀란드, 독일, 그리고 한국에서 회원들이 모아졌다. 원래 캘리포니아에서 설립되었던 지적 설계와 진화의 인지(Intelligent Design and Evolution Awareness)가 아시아와 아프리카에서도 세워지기 시작했다. 1년 안에 유럽의 진화론자들은 대서양 건너편을 휩쓸고 있는 반진화론의 새로운 물결을 심각하게 경고하는 책을 발행하기 시작했고, 2005년에 전세계의 과학 기관을 대표하는 국제과학위원회(International Council for Science)는 창조론과 ID를 "사이비 과학"이라 부르며 배척했다.[57]

Bible; Niall Shanks, God, the Devil, and Darwin: A Critique of Intelligent Design Theory (New York: Oxford University Press, 2004); Forrest and Gross, *Creationism's Trojan Horse*; Pennock, *Tower of Babel*; Robert T. Pennock, ed., *Intelligent Design Creationism and Its Critics: Philosophical, Theological, and Scientific Perspectives* (Cambridge, MA: MIT Press, 2001); Matt Young and Taner Edis, *Why Intelligent Design Fails: A Scientific Critique of the New Creationism* (New Brunswick, NJ: Rutgers University Press, 2001); Dembsky, *The Design Inference*; William Dembski and Michael Ruse, eds., *Debating Design: From Darwin to DNA* (Cambridge: Cambridge University Press 2004); John Angus Campbell and Stephen C. Meyer, eds., *Darwinism, Design, and Public Education* (East Lansing: Michigan State University Press, 2003); Richard Weikert, *From Darwin to Hitler: Evolutionary Ethics, Eugenics, and Racism in Germany* (New York: Palgrave Macmillan, 2004). Weikert는 Discovery Institute의 회원이었다.

57 William A. Dembski, "Becoming a Disciplined Science: Prospects, Pitfalls, and Reality Check for ID," www.designinference.com에서 볼 수 있음. ISCID에 관련하여

유감스럽지만 지적 설계의 인기를 정확하게 측정하는 것은 불가능하다. ID의 어떤 지지자들은 그것이 자연 안의 신적 흔적을 강조하는 것을 좋아하기는 했지만, 그 운동의 중심에 놓인 혁신적인 방법론적 주장에 대해서는 거의 또는 전혀 공감하지 않았다. 많은 사람들은 ID를 성경적 혹은 과학적 창조론과 구분하는 것을 어려워했다. 몇 년 전에 나는 이 나라를 횡단하는 비행기 안에서 훌륭한 교육을 받은 어느 사업가 옆에 앉게 되었는데, 그는 필립 존슨의 『법정에 선 다윈』을 읽고 있었다. 나는 시치미를 뚝 떼고 그에게 그 책의 내용을 물어보았는데, 그 신사는 존슨이 (그는 노아 홍수에 호소한 적이 없다) 화석들이 어떻게 성경이 말하는 홍수로부터 유래했는지 보여줌으로써 진화론의 기반을 허물었다고 내게 확실하게 대답해 주었다. "지적 설계"와 "창조과학"의 차이에 대한 오래 지속되는 혼동에도 불구하고, 디스커버리 연구소와 관련된 설계 이론가 집단이 전세계적인 주목을 받았다는 사실에는 이견이 있을 수 없다.[58]

---

www.iscid.org를 보라. IDEA에 관련하여 www.ideacenter.org를 보라. Ulrich Kuytschera, "Darwinism and Intelligent Design: The New Anti-Evolutionism Spreads in Europe," *NCSE Reports* 23 (September-December 2003): 17-18. 다음도 보라. International Council for Science, "Resolutions of 28th General Assembly," October 21, 2005, Suzhou, China.

58 2005년에 시행된 갤럽 여론조사는 미국인들이 거의 4:1의 비율로 "지적 설계"보다 "창조론"을 선호한다는 것을 보여주었다. 다음을 보라. David W. Moore, "Most Americans Tentative about Origin-of-Life Explanations," September 23, 2005, http://poll.gallop.com.

1. 지적 설계(ID)의 현재적 형태는 1980년대 중반에 등장한다. 자연주의적 진화를 더 이상 믿지 않는 일부 과학자들은 신다윈주의의 타당성을 의문시하고 자연 안에 신적 설계의 증거가 존재한다고 주장했다.

2. 종교를 증오하는 유명한 도킨스의 유물론적 발언은 지적 설계 이론자들을 자극하여 행동을 취하도록 만들었다.

3. 미국 대법원이 창조과학에 불리한 판결을 내렸을 때, 창조론자들은 본래 창조론 과학 교과서로 집필된 『생물학과 창조』의 제목을 『판다와 인간에 관하여』(1989)로 바꾸고, 용어에서도 "창조"를 "지적 설계"로, "창조론자들"을 "지적 설계 지지자들"로 바꾸어 출판하였다.

4. 『법정에 선 다윈』(1991)의 저자 필립 존슨은 자연주의가 학문 세계를 절대적으로 지배하는 것에 반대하여 초기의 지적 설계 운동을 시작하며 쐐기 전략을 내세웠다.

- 과학적 창조론자들은 성경의 관심사를 주변화시킨다고 해서 지적 설계에 반대했다.
- 유신론적 진화론자들과 계속적 창조론자들은 신적 작인의 도입을 망설이며 지적 설계에 반대했다.
- 자연주의적 진화론, 과학철학, 수학자 등도 지적 설계가 전제하는 초자연성의 도입에 강하게 반대했다.

5. 지적 설계의 진짜 정체성은 무엇인가? 반대자들은 옛 창조론에 새 옷을 입힌 가명의 창조론 내지 은밀한 창조론에 지나지 않는다고 비판했다.

6. 지적 설계론자들 중에는 예일 대학에서 박사학위를 받고 문선명을 아버지라고 불렀

던 통일교신자 조나단 웰스도 있었다. 미국의 수많은 부유층이 지적 설계 연구를 후원했다.

7. 마이클 비히의 『다윈의 블랙박스』(1996) 이후 지적 설계론은 사람들의 관심을 끌며 신문과 잡지들에 보도되기 시작했지만, 뎀스키는 연구소에서 해직되는 등 갈등을 겪어야 했다.

8. 미네소타와 시애틀의 과학 교사는 수업 시간에 지적 설계를 거론했다는 이유로 생물학 수업을 제지당했고, 캔자스 대학에서는 근본주의자들을 모욕했던 마이레키 사건이 발생했다.

9. 지적 설계를 가르치는 일(샌토룸 수정안)은 미 연방 상원의원에서 표결로 통과되었지만, 상원과 하원의 협상 위원회에서 법안의 설명적 주석 수준으로 격하되었다.

10. 2005년에 지적 설계론은 해리스버그에서 6주에 걸쳐 법정 싸움을 벌였다. 법원의 최종적 판결은 지적 설계를 진화의 대안으로 가르치는 것은 헌법에 위배된다는 것이었다. 2005년 국제과학위원회는 지적 설계를 사이비 과학으로 규정했다.

11. 그러나 지적 설계론자들은 다윈주의를 둘러싸고 심각한 과학적 논쟁이 존재한다는 인상을 대중과 언론에 성공적으로 확신시킴으로써, 기대 이상의 성공을 거두었다. 조지 부시 대통령은 수업 시간에 지적 설계를 다루는 것을 공식적으로 승인했다.

제18장

창조론의 세계화

Creationism Goes Global

그렇지 않다는 증거가 커져감에도 불구하고, 20세기 말과 21세기 초에 진화론자들은 창조론이 특정 지역에 국한될 수 있다는 믿음을 고수했다. 널리 신뢰받는 미국의 고생물학자 스티븐 제이 굴드(Stephen Jay Gould)가 1986년에 뉴질랜드의 오클랜드를 방문했을 때, 그는 그곳 사람들에게 과학적 창조론을 조금도 두려워할 필요가 없다고 말했다. 그는 그 운동이 대단히 "특별하게 미국적"이기 때문에 그것이 대서양 건너편에서 인기를 얻을 가능성은 거의 없다고 여겼다. 14년 후에도 그는 여전히 청중에게 창조론은 전염력이 없다고 확언하고 있었다. "창조론에 대해 방심해서도 안 되지만, 적어도 그것은 전세계적인 운동은 아니다. 나는 모든 이들이 그것이 갖고 있는 지역적이고, 토착적이고, 미국적인 기괴함의 정도를 깨닫게 되기를 희망한다."[1] 굴드는 여전히 모르고 있었으나, 2000년경에 창조론이 범세계적으로 성장한 것은 그가 전적으로 틀렸음을 입증해주었다. 반진화론은 쉽게 수출할 수 있는 힙합이나 청바지처럼 전세계적인 현상이 되었다. 지난 수십 년 동안 그것은 미국으로부터 세계 전역으로 퍼졌고, 복음

---

1 "Creationism in NZ 'Unlikely,'" *NZ Herald*, July 3, 1986, p. 14 (Gould), Carol Scott이 제공한 문서; *Wisconsin State Journal*, May 7, 2000, p. 2A. 비슷한 진술을 다음에서 보라. Richard C. Lewontin, Introduction to *Scientists Confront Creationism*, ed. Laurie R. Godfrey (New York W. W. Norton, 1983), p. xxv; Michael Ruse, *Evolution-Creation Struggle* (Cambridge, MA: Harvard University Press, 2005), p. 5; 그리고 다음에서 인용된 Edward O. Wilson, Nicholas Wade, "Long-Ago Rivals Are Dual Impresarios of Darwin's Oeuvre," *New York Times*, October 25, 2005, p. D2. Gould에 대한 창조론자의 반응을 다음에서 보라. "Can Creation Science Be Found outside America," *Acts & Facts* 30 (March 2001): 4.

주의 개신교로부터 가톨릭, 동방 정교회, 이슬람, 유대교, 심지어 힌두교에까지 이르렀다.

미국과 호주의 조직들은 이런 예상치 못한 발전과 관련해 많은 칭찬을—또는 비난을—받을 만하다. 여러 해 동안 창조연구소(ICR)가 그 길을 주도했다. 그들 이전 세대의 기독교 선교사들처럼, 그 연구소의 가장 잘 알려진 대변인인 헨리 모리스(Henry M. Morris)와 듀안 기쉬(Duane Gish)가 남부 캘리포니아로부터 아시아, 아프리카, 유럽, 남미로 메시지를 전달했다. 모리스가 은퇴한 후에는 그의 막내아들인 존(John)이 연구소 소장직을 맡았다. 그러나 2000년에—소문에 의하면—아버지 모리스가 선택한 후계자 1순위였던 존의 형 헨리 3세(Henry III, 1942-)가 전략적 사업들을 위한 부소장 신분으로 연구소에 합류했다. 헨리 3세는 침례교에서 안수 받은 목사였고, 때때로 창조와 관련한 강연을 하기도 했다. 그는 2005년에 달라스로 이사했고, 그곳에서 ICR의 원거리 교육 책임자로 봉사했다. 그 무렵에 ICR은 20개 이상의 언어(중국어 몇 가지를 포함해서)로 책들을 발행하는 중이었다. 1987년에 시작된 그 연구소의 라디오 프로그램은 전세계의 600개가 넘는 방송국을 통해 송출되었다.[2]

캘리포니아 주 로마 린다에 본부를 둔 또 다른 보수적 전통의 창조론 조직인 제7일안식일예수재림교회의 지구과학연구소(GRI) 역시 범세계적

---

2 Kurt Wise의 2006년 3월 19일자 인터뷰; John D. Morris, "President's Column," *Acts & Facts* 27 (July 1998): 2; John D. Morris, "President's Column," ibid. 34 (April 2005): 2. 2004년도 ICR 목록에 제시된 책에는 12권의 스페인어, 3권의 중국어, 그리고 각각 이탈리아어, 러시아어, 터키어로 된 책 1권씩이 들어 있다. Gish의 소책자 *Have You Been Brainwashed?* (1994)는 불가리아어, 포르투갈어, 루마니아어, 그리고 스페인어로도 읽을 수 있었다. 다음도 보라. Henry Morris III, *After Eden: Understanding Creation, the Curse, and the Cross* (Green Forest, AR: Master Books, 2003).

인 사역을 발전시켰다. 2005년에 그 연구소는 프랑스와 아르헨티나에서 지부를 운영했고, 브라질과 한국의 창조론자 그룹과 밀접한 관계를 유지한 채 일했으며, 스페인과 포르투갈에서 잡지를 간행했다.[3]

그러나 그 운동의 가장 탄탄한 기관은 창세기 안의 대답(Answer in Genesis, AiG)이었다. 이 기관은 1994년에 호주인 켄 햄(Ken Ham)에 의해 시작되어 켄터키에 본부를 두고 운영되었다. 한때 생물학 교사였던 햄은 "기관총처럼 말을 쏴대는 스타일"의 카리스마적 대중 연설가였다. 그는 호주에 창조과학재단(Creation Science Foundation, CSF)을 조직하는 데 협력했고, 그 후 ICR의 스태프에 합류했으며, 그곳에서 자신이 진행하는 "창세기로 돌아가라!"(Back to Genesis) 세미나를 놀랍게 성공시켰다. 7년 후 그는 ICR을 떠나 CSF를 확장해 창세기 안의 대답(AiG)을 설립했다. 창조론 분야에서 가장 최근에 떠오른 스타인 그는 가는 곳마다 빽빽이 채운 청중을 동원했고, 1년에 10만 명 이상의 사람들에게 연설을 했다. 그와 그의 AiG 동료들은 신시내티를 둥지로 하여 호주, 뉴질랜드, 캐나다, 영국, 일본, 남아프리카 공화국 등에 AiG의 네트워크를 만들었다. 그 조직은 아프리카어, 알바니아어, 중국어, 체코어, 영어, 프랑스어, 독일어, 헝가리어, 이탈리아어, 일본어, 폴란드어, 포르투갈어, 루마니아어, 러시아어, 스페인어 등으로 번역된 책을 배포했고, 덴마크어, 네덜란드어, 한국어로 된 웹사이트도 운영했다. 그 조직의 유명한 잡지 「창조」(*Creation*)는 스페인에서는 Creación이라는 제호로 출판되었고, 그것에 대한 전문적 자매지인 「TJ: 창조의 심층 저널」(*TJ: In-Depth Journal of Creation*)은 세계가 가장 선호하는 창조론 관련 출판물이 되었다. 90초짜리 라디오 방송 프로그램인

---

3 L. James Gibson to RLN, June 2, 2005.

"켄 햄과 함께 하는…대답"(*Answers...with Ken Ham*)은 세계 전역에서 거의 700개에 이르는 영어 방송국의 전파를 탔다. 그 조직은 수많은 숙련된 직원들을 고용했고, 2007년에 2천5백만 달러를 들인 최첨단 창조박물관을 개장하기를 학수고대했다. 이 박물관은 창조론자들 단체에 지속적으로 호소함으로써 자금을 지원받을 계획이었다.[4]

그러나 AiG 조직은 2005년 말에 깨졌다. 오랜 동료인 햄과 위랜드(Wieland)가 "철학과 조직 운영"과 관련해 그동안 희미하게 드러내 보였던 갈등이 마침내 그 조직을 두 블록으로 분열시켰던 것이다. 그 결과 햄은 미국과 영국 지부의 지배권을 갖게 되었고, 위랜드는 호주 지부의 관리책임자로 남으면서 캐나다, 뉴질랜드, 남아프리카 공화국 등에 있는 작은 AiG 사무소들에 대한 통제권을 유지했다. 「창조」는 호주 사람들의 소유가 되었고, 그들은 자신들의 조직 이름을 국제창조사역(Creation Ministry International)으로 바꿨다. 햄의 조직은 AiG라는 이름을 그대로 유지하면서 새로운 잡지인 「대답들」(*Answers*)을 창간했다. AiG는 계속해서 스태프를 확장했고, ICR의 과학자들과 더 밀접하게 교류했는데, 그중에는 앤드류 스넬링(Andrew Snelling)도 있었다. 스넬링은 1990년 말에 위랜드와 사이가 틀어진 후 ICR로 직장을 옮겼다. 또 햄은 특별히 마무리 단계에 있던 박물관 프로젝트의 도움을 얻기 위해 커트 와이즈(Kurt Wise)를 자문위원으로 초빙했다. 조직을 전세계로 확장시키기 위해 햄은 데이비드 크랜달

---

4 Ken Ham의 2001년 12월 7일자 인터뷰; "*Creation* in Other Languages!" *Answers Update* 2 (March/April 2000): 4; Katia Berra, "Expanded International Outreach!" ibid. 8 (April 2001): 11; "All but Antarctica!" ibid. 8 (September 2001): 11; "AiG Launched in South Africa!" ibid. 9 (August 2002): 9. 또 다음도 보라. Francis X. Clines, "Creationist Captain Sees Battle 'Hotting Up,'" *New York Times*, December 1, 1999, p. A15; and www.answeringenesis.org.

(David R. Crandall, 1942-)을 채용해 전세계에 퍼져 있는 AiG 조직의 국제 관리자라는 새로운 지위를 주었다. 거의 10년이 넘도록 크랜달은 복음문서봉사회(Gospel Literature Service)의 국제 업무를 지휘했고, 근본주의 단체인 정례 침례교회 총회(General Association of Regular Baptist Churches)의 사역도 도왔으며, 때로는 AiG와 함께 창조론 책자를 번역하고 배포하는 일에도 협조했다. 크랜달은 백 개가 넘는 나라들의 번역 팀과 긴밀하게 연락하면서 AiG의 국제적 네트워크를 크게 확장했다.[5]

호주와 뉴질랜드

미국 외에는 그 어떤 나라도 호주만큼 창조론을 따뜻하게 수용하지 않았다. 호주는 국제적으로 성공한 창조론 사역 하나를 낳았고, 때로는 창조과학을 국가가 지원하는 학교의 교실 안으로 받아들이기도 했다. 호주 근본주의 진영에서 가장 많은 교육을 받은 이들 중 하나가 1984년에 이렇게 예언했다. "서로 다른 국가적 전통과 교육 체계 때문에, 호주에서의 [창조론] 논쟁은 미국에서만큼 심각해지지 않을 것이다." 그러나 그 무렵에 햄과 의사인 위랜드가 주도하는 젊은 지구 창조론자들은 이미 CSF를 조직했는데, 브리즈번에 있는 그 조직의 본부는 아주 빠른 속도로 태평양 남부의 반진화론 진영의 중심지가 되었다. 퀸즈랜드는 호주의 창조론자들에

---

5 "The History of AiG-U.S. to 2006," and Ken Ham, "AiG-USA Goes Worldwide," February 13, 2006, 이상 www.answeringenesis.org; Ken Ham의 2006년 4월 12일자 전화 인터뷰; Mark Looy to RLN, May 5, 2006; Kurt Wise의 2006년 3월 19일자 인터뷰; 국제 창조 사역에 대해서는 www.creationontheweb.com을 보라. 최선의 노력에도 불구하고 나는 그 분열의 정확한 원인을 밝혀낼 수 없었다.

게 독특한 기회를 제공했는데, 그것은 부분적으로 그 나라의 개신교가 제2차 세계대전 이후에 심각하게 미국화되었기 때문이고, 또한 부분적으로 "창조론"이 공립학교들의 공식적인 교과과정 안에 이미 등장했기 때문이었다. 1997년에 CSF는 조직의 이름을 '창세기 안의 대답'(AiG)으로 바꿨는데, 이것은 미국에 본부를 둔 햄의 조직과의 밀접한 관계뿐만 아니라, 그 조직이 창조론에 대한 성경의 주장을 강조하고 있음을 반영하는 것이었다. 호주의 창조론자들은 공립학교에서 종교를 가르치는 일과 관련해 헌법의 속박을 받지 않았기 때문에 "자신들의 복음주의적 목적을 선언하는 일에서 미국의 동료들처럼 조심스럽지 않았다." 이런 상황으로 인해 "호주의 창조과학은 미국의 경우보다 더 엉성하고, 더 단도직입적이고 공격적이면서, 덜 미묘한 형태를 갖추게 되었다."[6]

비록 호주의 지성인들이 "미국인의 반지성적인 시대착오" 그리고 "1920년대 미국 최남부 지방으로의 회귀"라고 폄하하기는 했지만, 창조론은 호주 문화의 중요한 부분에 지울 수 없는 흔적을 남겼다. 종교적 측면에서 창조론의 영향은 개신교 복음주의 진영 안에서 가장 분명하게 드러났는데, 그곳에서 창조론은 창세기의 뜻과 관련해 기독교인들끼리 맞붙어 싸우도록 만드는 데, 극적인 그러나 궁극적으로 분열적인 역할을 담당했다. 창조론을 가르치는 일은 빠르게 증가했던 사립 기독교학교들 사이에서 특히 번성했는데, 그 학교들은 대개 학생 1인당 일정 금액의 국고 지

---

6 Ronald L. Numbers, "Creationists and Their Critics in Australia: An Autonomous Culture or 'the USA with Kangaroos?'" *Historical Records of Australian Science* 14 (June 2002): 1-12; 이것은 *The Cultures of Creationism: Anti-Evolutionism in English-Speaking Countries*, ed. Simon Coleman and Leslie Carlin (Aldershot, UK: Ashgate, 2004), pp. 109-23.

원을 받았다. 1986년에 시드니의 어느 텔레비전 방송국이, 학교들이 "하나님이 세상을 6일에 걸쳐 창조하셨다"는 것을 가르쳐야 하는지에 대해 3만 명이 넘는 사람들에게 전화로 설문조사를 실시했다. 세상에서 가장 교양 있는 도시들 중 하나에 거주하는 응답자의 65%가 그 질문에 대해 긍정적으로 대답했다. 아이러니하게도, 회의론자들의 공격은 자주 창조론자들에게 아주 큰 명성을 선사해주었다. 미국에 있는 햄과 함께 호주의 창조론자들은 체스를 즐기는 뉴질랜드 출신의 화학자 조나단 새퍼티(Jonathan D. Sarfati, 1964-)의 스타 파워에 의지했다. 새퍼티의 『진화 반박하기』(*Refuting Evolution*, 1999)는 2005년 초에 35만 부가 팔렸다. 2005년 8월에 크리스천 의사인 교육부 장관 브랜던 넬슨(Brendan Nelson, 1958-)이 학생들에게 진화와 지적 설계 모두를 가르치는 것에 찬성했을 때, 호주의 반진화론자들은 축포를 터트렸다. 넬슨은 "내가 아는 한, 학생들은 인간 진화의 의미와 관련된 기초과학을 배울 수 있어야 하고 또 배워야 한다. 그러나 어떤 학교들이 학생들에게 지적 설계 역시 가르치기를 원한다면, 나는 그 문제에 대해 별다른 어려움을 느끼지 않는다. 그것은 선택, 곧 이성적인 선택에 관한 문제다"라고 말했다. 복음주의적인 대학생선교회(Campus Crusade for Christ)는 그때를 이용해 즉시 전국의 학교들에 "생명의 신비 열기: 지적 설계"(Unlocking the Mystery of Life: Intelligent Design)라는 제목의 DVD를 배포했다. 창조론에 관한 한, 호주는 매년 점점 더 "캥거루가 있는 미국"처럼 변해가는 듯 보였다.[7]

---

7 Ibid.; Jonathan Sarfati, *Refuting Evolution: A Handbook for Students, Parents, and Teachers Countering the Latest Arguments for Evolution* (Green Forest, AR: Master Books, 1999); David Wroe, "'Intelligent Design' the Option: Nelson" *The Age*, August 11, 2005; Linda Doherty and Deborah Smith, "Science Friction: God's Defenders Target

뉴질랜드에서도 비슷한 발전이 일어났지만, 호주보다는 느렸고 덜 떠들썩했다. 1980년대에 그 나라에서 발생한 정치적·종교적 우편향 움직임은 창조론이 자랄 수 있는 비옥한 토양을 마련해주었다. 홈스쿨링 붐과 기독교학교 운동은 미국으로부터 온 창조론 교재들에게 이미 개척된 시장을 제공해주었다. "거듭난 기독교인"들이 사범대학에 많이 등록하면서, 교직 10자리 중 하나는 그들 차지가 되었다. 1981년에 오클랜드 교육부는 어느 침례교인 생물학 교사가 쓴 두 모델 교과서를 발행했는데, 그것은 "인간의 진화를 공부하는 상급반 학생들을 돕기 위한 것"이었다. 오클랜드 교육대학의 과학 교사 자료 센터(Science Teacher's Resource Centre)가 그 책을 배포했는데, 책이 너무 잘 팔려서 곧 2쇄를 찍게 되었다. 1970년대 뉴질랜드에서 창조론의 인기는 아메리칸 풋볼보다 낮은 수준이었다. 그러나 20년이 지난 후에 창조론자들과 그에 대한 비판자들 양쪽 공히 전체 인구 중 거의 5%가 그 운동에 가담했다고 추정했다. 1992년에 뉴질랜드의 창조론자들은 창조과학(Creation Science, NZ)이라는 이름으로 CSF의 지부를 설립했는데, 후일 그것은 뉴질랜드 AiG로 발전한다. 1995년에 「뉴질랜드 리스너」(*New Zealand Listener*)라는 잡지는 "하나님과 다윈이 저기 멀리 뉴질랜드의 학교 안에서 여전히 전투를 벌이고 있는 중이다"라고 선언해 많은 독자들을 놀라게 했다. 전적으로 세속적인 교육 제도에 대한 일반적인 상상과는 대조적으로, 그 대중적인 잡지는 "과학 분야의 학위를 지닌 전문가들"이 그 나라의 교실에서 창조론을 퍼뜨리고 있다고 폭로했으며, 교실에

3000 Schools," *Sydney Morning Herald*, November 14, 2005 (Warwick Anderson 제공). 1986년에 Queenland에 있는 James Cook대학은 공개적으로 창조론자를 과학부 학장으로 임명했다. 다음을 보라. "Creationist for Science Dean," *South Pacific Record* 91 (April 18, 1896): 4.

서—특별히 진화를 회의적으로 보는 마오리인(Maori, 뉴질랜드 원주민—역자 주)과 퍼시픽 섬 주민들 사이에서—그것에 공감하는 수용자를 발견했다고 보고했다. 마오리족의 지도자들 중 한 사람은 "정신병의 궁극은 마오리인이자 **진화론자**가 되는 것이다"라고 주장했다. 엘리트 학자들은 뉴질랜드에서 일어나고 있는 일을 좋아하지 않았다. 한 과학자는 씩씩대면서 이렇게 말했다. "나는 창조론을 혐오한다.…그리고 그런 사악한 혼동을 전하는 사람들도 몹시 싫어한다." 그러나 미국과 호주로부터 흘러들어온 창조론적인 사고를 막고자 했던 그들의 노력은 실패와 성공이 혼합된 결과를 맞았다. 저항을 무릅쓰고—그리고 굴드의 확증에도 불구하고—창조과학은 대척점(Antipodes, 호주와 뉴질랜드가 영국과 대척지점에 있다는 사실에 착안한 익살스러운 표현—역자 주) 깊은 곳에 교두보를 마련했다.[8]

캐나다

한 작가는 "인구수를 감안한다면, 아마도 캐나다에는 미국을 제외하고는 다른 어떤 서방국가들보다 더 많은 창조론자들이 있다"라고 주장했다. 이 진술은 언뜻 납득이 되지 않을 수도 있으나, 아마도 맞을 것이다. 1993년에 캐나다의 뉴스 주간지인 「맥클린스」(*Maclean's*)는 한 여론조사 결과를 공개해 많은 독자들에게 충격을 주었다. 그 조사에 따르면 "전체 캐나다인들 중 정기적으로 종교적 예배에 참석하는 이들은 1/3 이하이지

---

8 Ronald L. Numbers and John Stenhouse, "Antievolutionism in the Antipodes: From Protesting Evolution to Promoting Creationism in New Zealand," *British Journal for the History of Science* 33 (2000): 335-50; *Cultures of Creationism*, ed. Coleman and Carlin, pp. 125-44에서 재발표됨.

만…전체 성인의 53%가 과학적 진화론을 반대했다."[9] 만일 독자들이 창조과학이라고 알려지게 된 것이 원래 20세기 초에 연해주에 살았던 캐나다인 조지 맥크리디 프라이스(George McCready Price)에게서 유래했다는 사실을 알았더라면, 아마도 좀 덜 놀랐을지도 모르겠다.

창조론은 1990년대 초에 한 뉴스 방송국이 브리티시컬럼비아 주 밴쿠버 외곽에 있는 애버츠퍼드 지역의 공립학교들이 1970년대 말 이래로 과학 수업에 창조론 교재들을 사용해오고 있다는 사실을 보도했을 때 처음으로 캐나다 전역에서 국가적인 관심을 끌었다. 1983년에 그 학교의 이사회는 실제로 과학 교사들에게 진화를 "고취시키지" 말라고 지시했다. 그것을 종교가 과학 수업에 참견하려 드는 부적절한 시도라고 보았던 비판자들은, 그 지역의 교육부 장관이 학생들이 그 논쟁의 "양쪽 측면"을 모두 듣는 쪽에 찬성했을 때 더욱 더 화가 났다. 그러나 마지막에 교육부는 그 지역의 학교들에게 종교적 교리들, 특별히 "신적 창조의 이론들, 창조과학, 그리고 지적 설계론" 등을 옹호하면서 가르치는 것을 금하는 현행 지침서

---

9 Debora MacKenzie, "Unnatural Selection," *New Scientist*, April 22, 2000, pp. 35-39, 인용은 p. 38 (더 많은 창조론자들); "God Is Alive," *Maclean's*, April 12, 1993, pp. 32-37, 인용은 p. 35 (53%). 1996년 말에 George Rawlyk는 Angus Reid 회사에게 미국과 캐나다의 종교적 견해에 대한 여론조사를 부탁했다. "인간이 하나님의 형상으로 창조된 특별한 피조물인지, 아니면 동물 진화의 과정 안에서 최근에 나타난 발전된 형태에 불과한지"의 질문에 대해 41%의 캐나다인은 긍정적으로 대답했고, 이것은 미국의 긍정적 대답 23%와 비교된다. 진화론자에 대한 공감은 브리티시컬럼비아에서 가장 강했고, 마니토바(Manitoba)와 서스캐처원(Saskatchewan) 주에서 가장 약했다. 나는 이 출판되지 않은 자료를 제공해준 것에 대해 Mark Noll에게 감사한다: The Angus Reid Group, "God and Society in North America: A Survey of Religion, Politics, and Social Involvement in Canada and the United States." John Barker에 따르면, 2000년에 있었던 한 신문의 여론조사는 "캐나다인 중 오직 38%만 창조론을 지지했고, 이들은 인류의 기원에 대한 표준적인 진화론적 설명을 수용하는 43%와 대립했음을 보여주었다." Barker, "Creationism in Canada," in *Cultures of Creationism*, ed. Coleman and Carlin, pp. 85-108, 인용은 p. 92.

를 따르도록 강제했다.[10]

그 후 그 논쟁적인 주제는 2000년에 다시 캐나다 언론의 헤드라인 자리를 차지했다. 그해에 앨버타 출신의 오순절 운동 평신도 설교가이자 보수적인 캐나다 연맹(Canadian Alliance)의 멤버인 스톡웰 데이(Stockwell Day, 1950-)는 가톨릭신자로서 당시의 수상이었던 장 크레티앙(Jean Chrétien)에게 도전했다. 데이의 선거 운동용 제트기에 "프레어 포스 원"(Prayer Force One, 대통령 전용기[에어 포스 원]에 빗댄 풍자어—역자 주)이라는 별명을 붙였던 기자들은, 몇 년 전에 그가 "지구의 나이는 6천 년이고, 인간과 공룡이 동시에 지구 위를 배회했으며, 아담과 하와는 실제 인물이었다"라고 선언했던 사실을 폭로했다. 선거 직전에 데이는 자신의 믿음을 간결하게 방어하면서 다음과 같이 주장했다. "창조와 진화 모두에 대한 각각의 과학적 지지자가 있습니다.…나는 내가 창세기 해석에 대한 토론을 중단할 이유가 없다고 보는데, 그것은 내가 장 크레티앙이나 조 클락[Joe Clark, 마찬가지로 가톨릭신자였던 전 수상]이 성찬의 화체설이나 동정녀 수태에 대한 가톨릭적 가르침에 대해 토론하지 않기를 기대해서는 안 되는 것이나 마찬가지입니다."[11]

데이는 큰 표차로 패했지만, 반진화의 감정은 캐나다의 여러 지역에

---

10 Barker, "Creationism in Canada," pp. 89-92 (Abbotsford); Scott Goodman, "Creationism Defeated in British Columbia," *NCSE Reports* 17 (July/August 1997): 18-22, 인용은 p. 22 (방향). 다음도 보라. Goodman, "Creationism in Canada," *NCSE Reports* 15 (Spring 1995): 1, 10-11.

11 Dennis Feucht, "Canadian Political Leader Advocates Young-Earth," *Research News and Opportunities in Science and Theology* 1 (July-August 2001): 13, 20 (토론); James Brooke, "Canadians Voting Today in a Close Race," *New York Times*, November 27, 2000, p. A9 (제트기); Peter O'Neil, "Wounded Day Forced to Defend His Faith," *Ottawa Citizen*, November 17, 2000, Robert B. Sullivan의 자료 제공.

강하게 남았다. 선거과정에서 데이를 지원했던 「오타와 시티즌」(*Ottawa Citizen*)은 온타리오 지역의 새로운 과학 커리큘럼이 논쟁이 되는 단어인 "진화"를 거의 언급하지 않는다고 보고했고, 또한 진화가 오직 대학에서 생물학이나 생화학을 공부하기를 희망하는 학생들을 위한 고급 과정에서만 서술된다는 사실을 알렸다. 그 보도 기사를 쓴 기자는 이렇게 말했다. "초등학교의 과학 커리큘럼은 생명체 안의 진화를 전혀 언급하지 않습니다. 온타리오 주는 다른 학년들과 과정에서 진화에 대한 교육을 금하지 않았습니다. 하지만 과학 교사들은 자기들이 반드시 가르쳐야 하는 커리큘럼이 이미 너무 많아서 진화와 같은 여분의 것에 시간을 쓸 여유가 없다고 말합니다." 그 지역의 과학 교사들이 진화를 "여분의 것"으로 간주한다면, 대중들이 그것에 그 어떤 중요성도 부여하지 않았던 것은 놀랄 일이 아니다.[12]

그 동안에 창조론 조직은—비록 미국에서처럼 왕성하지는 않았으나, 계속해서 성장했고—사실상 거의 모든 지역에서 단체들이 생겼다. 1999년에 창세기의 대답(AiG)은 온타리오 주에 있던 창조과학협회(Creation Science Association)를 흡수해 AiG-캐나다(AiG-Canada)라는 새로운 "전국적 사역"을 시작했다. 앨버타에서 오래 지속되었던 창조과학협회(CSA)는 계속해서 「창조과학 대화」(*Creation Science Dialogue*)라는 잡지를 발행하며 그것을 "캐나다 고유의 창조 관련 잡지"라고 자랑스럽게 홍보했다. 앨버타의 그 그룹은 또한 자신들의 임원들 중 한 사람인 식물학자 마가레트 헬더(Magaret Helder, 1943-)를 "아마도 창조과학계에서 가장 저명한 여성"일 것이라며 특별 부각시켰다.[13]

---

12 Tom Spears, "Evolution Nearly Extinct in Classroom," *Ottawa Citizen*, October 29. 2000.

13 "AiG Now Open in Canada!" *Answers Update* 1 (March/April 1999): 7; Robert

영국

진화반대운동(EPM)의 후손인 창조과학운동(Creation Science Movement, CSM)은 1992년에 세계에서 가장 오래된 반진화 조직으로서 60주년 기념식을 가졌다. CSM의 리더들은 빅토리아 연구소 같은 영국의 다른 조직들은 유신론적 진화를 후원하는 쪽으로 **진화**했고, 뉴턴과학연맹 같은 다른 조직은 **소멸**한 반면에, 자신들은 **살아남았다**는 사실을 자랑스러워했다. 최근 몇 년 동안 CSM의 회원들은 2배로 증가했고, 그중에는 "영국내 대학들에 재직 중인 네 명의 교수들과…박사학위를 갖고 있는 80명의 회원들"이 포함되어 있다. 그 조직의 선교적 활동은 동유럽으로까지 확장되었다. 창립 60주년을 기념하기 위해 CSM은 유명한 연설가 **켄 햄**(Ken Ham)을 초청해 강연 여행을 주선했고, 그것은 대략 3천 명의 청중을 동원했다. 다음 해 여름에 햄은 동료 호주인 앤드류 넬슨과 함께 돌아와 "창세기로 돌아가자!" 세미나 시리즈를 이끌었는데, 그 세미나에는 연인원 7천 명이 참석했다. 한 목격자는 이런 "경탄할 만한" 결과는 "지금까지 영국에서 있었던 가장 크고 집중적인 창조론 홍보 활동"을 보여주는 것이라고 주장했다. 2000년에 CSM은 포츠머스에서 창세기 엑스포를 열었다. 방문자들은 다양한 창조론 관련 투시화(透視畫)들과 "실제 공룡 알이 뭉쳐진 화석"을 만져볼 수 있었는데, 그것들은 종교적 교리 없이 설계자에 대한 증거를 제시하려는 의도를 지니고 있었다. CMS의 회장은 이렇게 말했다.

Doolan, "Planting Seeds for Creation," *Creation Ex Nihilo* 17 (December 1994): 30-32 (Helder). 다음도 보라. Richard Fangrad, "A New Focus for Creation Ministry!" *Answers Update* 1 (September/October 1999): 1-2, 7; 그리고 Barker, "Creationism in Canada," pp. 87-88.

"우리는 종교적 근본주의자들로 치부되기를 원치 않는다—설령 우리가 실제로 그렇다고 할지라도!"[14]

그러나 이 무렵에 CSM은 마치 침략하듯 밀고 들어오고 있던, 아마도 영국에서 창조론 운동을 "가장 잘 대중화 시킨" 햄의 AiG 운동보다 뒤처질 위험에 처해 있었다. 한때 "엄청난 선교사들을 파송하는 나라였던" 영국이 오히려 선교지가 되었다. 2000년에 AiG는 "예전에 무신론자였던 화이트(A. J. Monty White)가 레스터에 본부를 두고 영국 전도 사역을 지휘할 것"이라고 공표했다. (몇몇 사람들이 못마땅한 표정으로 영국 창조론의 "인텔리들"이라고 간주했던) 성경창조회(Biblical Creation Society)와 같은 다른 창조론 그룹들이 지식인 계층의 청중을 목표로 삼았던 결과 거의 성장을 경험하지 못했던 반면, AiG는 "평신도석에 앉은 일반 사람들"에게 거리낌 없이 손을 내밀었고 그 결과 창조론 붐을 조성했다. 훨씬 더 포퓰리즘적인 선동 단체는 브리스톨 근처에 있는 노아의 방주 농장 센터(Noah's Ark Farm Centre)였는데, 그 방주는 농부이자 성공회 평신도 사역자인 앤서니 부시(Anthony Bush)가 16피트 크기로 지은 것이었다.[15]

---

14 "Diamond Jubilee of Creation Movement," *Creation: The Journal of the Creation Science Movement* 6 (January 1992): 1-3; Ken Ham, "Creation Ministry in the United Kingdom," *Back to Genesis*, *Acts & Facts* 21 (August 1992): a-c에 삽입한 문서; "Astounding Response to Creation in Darwin's Homeland," *Acts & Facts* 22 (August 1993): 1; David J. Tyler, "A Look Back over 20 Years of BCS," *Origins: Journal of the Biblical Creation Society* 8, no. 20 (December 1995): 10-13 (현상적); "Genesis Expo Now Open," *Creation: The Journal of Creation Science Movement* 11 (March 2000): 1. www.creatiosciencemovement.com도 보라. 1990년대 중반에 영국의 두 명의 인류학자는 영국에서의 창조론의 위협을 과소평가했다. 다음을 보라. Simon Coleman and Leslie Carlin, "No Contest: The Non-Debate between Creationism and Evolutionary Theory in Britain," *Creation/Evolution* 38 (1996): 1-9.

15 J.H.J.P[eet], Editorial, *Origins: Journal of the Biblical Creation Society*, no.

창조론이 영국의 복음주의 기독교인들 사이에서 만들어낸 요란함에도 불구하고, 2002년에 한 언론이 창조론 관련 "스캔들"을 터트리기 전까지는 믿지 않는 사람들 중에서 그것을 염두에 두었던 사람은 거의 없었다. 그 모든 일은 게이츠헤드 지역의 평판이 좋은 국립 기술학교인 엠마누엘 대학이 켄 햄이 주도하는 창조론 컨퍼런스를 위해 대학 강당을 빌려주면서 시작되었다. 취재가 시작되었을 때 기자들은—그중 한 사람이 보고한 대로—"진화를 믿지 않는 근본주의적 기독교인들이 국가가 자금을 지원하는 영국의 중등학교를 장악했다"는 사실을 발견했다. 실제로 그 학교의 교장과 과학부장 모두가 창조론자들이었다. 국가가 정한 커리큘럼은 학교에서 진화를 가르칠 것을 요구했지만, 그것이 곧 창조론을 가르치는 것을 금지한 것은 아니었다. 그러므로 최소한 이론적으로, 과학 교사들은 그들의 교실에서 창조론을 가르칠 수 있었다. 그러나 그 학교의 교장이 창조론을 무시하는 것은 "파시스트적"인 것이라고 말했을 때, 그는 연소 직전의 상황에 불을 댕긴 셈이 되었다.[16]

또한 기자들은 학교를 위한 2백만 파운드의 기금이 최근에 백작 칭호를 받은 억만장자 피터 바르디(Peter Vardy)에게서 온 것임을 알게 되었

---

24 (February 1998): 1 (최고로 대중화); "Missionaries to England!" *Answers in Genesis Newsletter* 4 (June 1997): 7; Graham Scott to RLN, January 1, 2002 (지식인, AiG, 그리고 방주). Scott가 White에 앞서서 영국 AiG의 회장을 지냈다. 다음을 보라. A. J. Monty White, *Why I Believe in Creation* (Darlington, UK: Evangelical Press, 1994); 그리고 www.answeringenesis.org.

16 Tania Branigan, "Top School's Creationists Preach Value of Biblical Story over Evolution," *Guardian*, March 9, 2002 (근본주의자, 파시스트); "Ken Ham Creates Uproar in England!" *Answers Update* 9 (May 2002): 15. 다음도 보라. Simon Coleman and Leslie Carlin, "The Cultures of Creationism: sifting Boundaries of Belief, Knowledge and Nationhood," in *Cultures of Creationism*, ed. Coleman and Carlin, pp. 1-28, 특별히 15-17.

다. 바르디는 언론에서 “기독교 근본주의자이자 자동차 딜러”라고 묘사되었고, 당시 엠마누엘 대학의 이사장으로 일하고 있었다. 깜짝 놀란 한 언론인은 “창조론자들의 로비 활동은 미국에서 점점 더 악명이 높아졌으나 최근까지 유럽에서는 상대적으로 약했다”라고 말했다. 토니 블레어(Tony Blair)의 노동당 정부는 국가와 개인 기업 사이의 파트너 관계를 촉진시켜 왔기 때문에, 몇몇 비판자들은 그 수상이 다시 한 번 어리석게도 미국인들을 뒤따랐다고 비난했다. 한 과학 저널의 편집자는 다음과 같이 경고했다. “미국 스타일의 창조론이 유럽에 퍼지고 있다.” 케임브리지 대학의 물리학자이자 성공회 사제인 존 폴킹혼(John Polkinghorne, 1930-)부터 믿지 않는 옥스퍼드의 진화론자 리처드 도킨스(Richard Dawkins, 1941-)에 이르기까지, 그 현상을 염려하는 시민 계층은 넓고 다양했다. 그들은 모두 젊은 지구론이 영국의 학교 안으로 침투해 들어왔다고 격노했고, 도킨스의 표현에 따르면 그것은 “교육적 방탕함”이었다. 아이러니하게도, 게에츠헤드의 그런 실험을 지원했던 블레어에게 쓴 항의 서한에서, 폴킹혼과 일단의 기독교인들은 상황이 그렇게 된 것에 대한 부분적인 책임이 도킨스의 그늘에서 벌어진 큰 실수에도 있다고 했다. 도킨스가 종교에 대한 과학의 증오를 큰 목소리로 반복해서 외쳐댔기 때문이라는 것이었다.

> 젊은 지구 창조론의 부활은 상대적으로 최근의 현상이며, 현재는 미국에 널리 퍼져 있습니다. 그것은 최근까지는 영국에서 꽤 제한적이었습니다. 그러나 미국 책들이 수입되고 강연자들이 방문하면서 자극을 받아 상황이 변하고 있는 중입니다. 그런데 그 문제는 과학을 비종교적 행위로 묘사하는 어떤 대중적인 과학 보급자들에 의해 더욱 악화되었습니다. 그런 묘사는 과거와 현재에 과학에 종사했고 또 하고 있는 이들의 종교적 믿음에 대한 증거와 배치

되는 것입니다.

켄 햄과 AiG의 동료들은 예상치 못했던 홍보 효과를 크게 즐겼다. 그들은 이렇게 말했다. "하나님의 **원수들**이 하나님의 말씀의 권위를 방어하려 하고 또 정체되어 있는 영국교회를 창세기 안에 있는 그것의 뿌리로 되돌리고자 하는 AiG의 노력에 대해 전국적 관심을 불러일으켜 주는 것을, 그것도 공짜로 그렇게 해주는 것을 보는 것은 아주 재미있다!"[17]

2004년에 영국의 반진화론자들은 ID의 스승인 필립 존슨과 호주의 홍수지질학자인 앤드류 스넬링을 강사로 초빙하여 영국 순회 강연을 하는 방식으로 젊은 지구론자들과 지적 설계론자들을 화합시켰다. CSM과 엘림오순절교회가 공동으로 지원하면서 선풍을 일으켰던 그 3주간의 노력 끝에, 듀오인 그 두 사람은 11개 도시를 여행하며 약 8천 명의 사람들에게 강연을 했다. 십대 초반 청소년들 중 35%가 기독교는 반드시 창조론적이어야 한다고 믿었던 스코틀랜드가 가장 열광적인 청중임이 드러났다.[18]

---

17 Branigan, "Top School's Creationists"; Michael Gross, "US-Style Creationism Spreads to Europe," *Current Biology* 12 (2002): R265-66; Richard Dawkins, "Young Earth Creationists Teach Bad Science and Worse Religion," *Daily Telegraph*, March 18, 2002; Editorial, "Outcry at Creationism in UK Schools," *Guardian*, May 12, 2003 (방탕); M. W. Poole and Others to Tony Blair, May 15, 2002 (www.cis.org.uk/articles/schools_evolution.htm); "Ken Ham Creates Uproar in England!" p. 15 (홍분). Vardy의 노력에 대해 다음을 보라. John Harris, *So Now Who Do We Vote For?* (London: Faber and Faber, 2005), pp. 99-118. 다음도 보라. Simon Locke, "Creationist Discourse and the Management of Political-Legal Argumentation: Comparing Britain and the USA," in *Cultures of Creationism*, ed. Coleman and Carlin, pp. 45-65; 그리고 Joachim Allgaier and Richard Holliman, "The Emergence of the Controversy around the Theory of Evolution and Creationism in UK Newspaper Reports," *Curriculum Journal* 17 (2006): 인쇄 중.

18 Andrew Halloway, "Elim-Backed Anti-Evolution Tour Fills Churches as Law Professor and Geologist Unite against the Theory," *Direction Magazine*, no. 40 (January

2005년 말에 영국의 반진화론은, 영국의 국립 과학 아카데미인 왕립학회(Royal Society)에서 은퇴하는 그 학회의 회장이 자신의 고별 연설의 많은 시간을 "현대 과학의 핵심적 가치가 근본주의의 심각한 위협 아래 있다"고 경고하는 데 소비했을 정도로 성장했다. 몇 달 안에 BBC 방송은 한 여론조사 결과를 발표해 전국을 놀라게 만들었다. 그 조사에 따르면 "영국 국민 10명 중 네 명이 다윈의 진화론에 대한 종교적 대안도 학교에서 과학으로 가르쳐져야 한다"고 여겼다. "과학 전쟁"(A War on Science)이라는 다소 불길하게 들리는 방송 프로그램과 연관되어 이루어진 그 조사는, 영국인의 48%만이 진화론이 "생명의 기원과 발전에 대한 그들의 견해를 가장 잘 서술한다"라고 믿고 있음을 보여 주었다. 22%는 "창조론"이 그것을 가장 잘 설명한다고 답했고, 17%는 "지적 설계론"을 선호했으며, 13%는 결정하지 못했다. 교사들은 중등학교와 의과대학의 학생들 사이에 강한 창조론 정서가 있다고 보고했다. 런던의 대학 진학 준비 과정에 다니는 학생을 가르치는 생물 교사는 가장 명석한 학생들의 "대다수"가 진화를 거부한다며 불평했다. 그중에는 건강에 관련된 전문직을 목표로 하는 많은 학생들도 포함되어 있었다. 그들은 흔히 오순절교인, 침례교인, 또는 무슬림 가정 출신이었다. 그녀는 "이것은 어느 정도는 미국 남부의 주들과 같은 상황이다"라고 말했다.[19]

2005): 18-23; David Rosevear to RLN, July 12, 2005; Peter Fulljames and Leslie Fracis, "Creationism amoung Young People in Kenya and Britain," in *Cultures of Creationism*, ed. Coleman and Carlin, pp. 165-73, 특별히 169 (스코틀랜드 십대들).

19 "Core Values of Science under Threat from Fundermentalism, Warns Lord May," November 30, 2005, www.royalsoc.ac.uk에서 볼 수 있음; "Britons Unconvinced on Evolution," BBC News, January 26, 2006, http://newsvote.bbc.co.uk. 다음도 보라. James Randerson, "Four out of 10 Say Science Classes Should Include Intelligent Design," *Guardian*, January 26, 2006, http://education.gqurdian.co.uk; Duncan Campbell,

서유럽

영국 밖에서 창조론이 일으킨 파장은 많은 유럽인들이 불안하게 여겼던—혹은 기꺼이 수용하려고 했던—것보다 양적으로는 적었으나 효과적으로는 깊었다. 1980년대 중반으로 거슬러 올라가는 유럽 전역의 창조론자들의 학술회의는 100명에서 150명 사이의 사람들이 모이는 비교적 작은 규모였다. 그러나 2003년에 독일 카셀 대학의 진화생물학자인 울리히 쿠체라(Ulrich Kutschera, 1955-)는 유럽 대륙에서 반진화론이 빠른 속도로 퍼지고 있다고 경고했다. 유럽의 성인들에 대한 최근의 여론조사는 그들 중 40%만이 자연주의적 진화를 믿고 있고, 21%는 유신론적 진화를, 20%는 최근의 특별 창조를 믿고 있으며, 19%는 결정을 내리지 못하거나 모른다고 대답했다고 보고했다. 젊은 지구 창조론자들이 가장 밀집해 있는 지역은 스위스(21.8%), 오스트리아(20.4%), 그리고 독일(18.1%) 순으로 나타났다.[20]

여러 해 동안 독일어권의 반진화론자들은 아서 와일더-스미스(Arthur E. Wilder-Smith)로부터 영감을 얻어왔다. 영국인인 와일더-스미스는 종

"Academics Fight Rise of Creationism at Universities," *Guardian*, February 21, 2006, ibid. 내가 이 보고들에 주목하게 된 것은 Joachim Allgaier 덕분이다.

20 Frank J. Peachey, "News of Creation: The Fifth European Creationists Congress," *Origins: Journal of the Biblical Creation Society* 5 (January 1993): 3-5; David Rosevear, "Sixth European Creationist Congress," *Creation: The Journal of the Creation Science Movement* 9 (September 1995): 4; Rosevear, "The 8th European Creationist Congress," ibid. 14 (November 2003): 8; Ulrich Kutschera, "Darwinism and Intelligent Design: The New Anti-Evolutionism Spreads in Europe," *NCSE Reports* 23 (September-December 2003): 17-18. 제9차 총회는 2006년 독일에서 개최될 계획이다. 다음을 보라. Kutschera, *Streitpunkt Evolution: Darwinismus und Intelligentes Design* (Münster: Lit-Verlag, 2004); 그리고 Kutschera, *Evolutionsbiologie*, 2쇄 (Stuttgart: Verlag Eugen Ulmer, 2006).

종 스위스에 살면서 독일어로 여러 권의 책을 썼다. 그러나 1990년 무렵에 독일의 브라운슈바이크에 있는 연방 물리-기술연구소(Physikalisch-Technische Bundesanstalt)의 공학 교수인 베르너 기트(Werner Gitt, 1937-)가 그들의 리더가 되었는데, 그는 영향력 있는 창조론 관련 책을 여러 권 출간해 수많은 언어로 유통시켰다. 기트는 230명의 회원과 7천 명의 우편 명단을 가진 독일 최대의 창조론 단체인 말과 앎(Wort und Wissen)의 리더들 중 한 명으로 봉사했다. 그 단체의 우편 회원은 그 그룹의 계간지인 「말과 앎—정보」(*Wort und Wissen—Info*)를 받아 읽었다. 그 초교파 단체의 지도자는 신학자 라인하르트 융커(Reinhard Junker, 1941)였는데, 그는 젊은 지구론자이자 미생물학자인 지그프리트 쉐러(Sigfried Scherer, 1955)와 함께 유명한 창조론 교재인 『진화: 비판적 교과서』(*Evolution: Ein kritisches Lehrbook*, 1998)를 저술했다. 쿠체라는 그 책을 "유럽의 반진화론자들의 출판물 중 가장 중요한 것"이라고 묘사했다. 대진화를 공격하는 그 책은 여러 주류 교과서들보다 더 많이 팔렸고, 2004년에 4만 부의 판매를 기록했으며, 러시아어, 세르비아어, 핀란드어, 포르투갈어로 이미 번역되었고, 다른 언어들로도 번역을 준비 중이었다. 비록 일부 공립학교가 그것을 채택하기는 했지만, 독일 교육청은 그것을 공적으로 승인된 교과서 목록에 포함시키기를 거부했다. 독일에서 발행되는 명망 높은 식물학 저널인 「플로라」(*Flora*)는 그 책을 긍정적으로 검토했는데, 쿠체라는 그것에 용기를 얻어 2003년에 "독일어권의 나라들 안에서 반진화론은 이미 몇 개의 학문적 서클 안으로 침투해 들어갔다"라고 결론을 내렸다. 스위스의 창세기옹호(ProGenesis)는 「말과 앎」과 긴밀한 관계를 맺었는데, 그 단체는 독자적인 저널인 「팍툼 매거진」(*Factum Magazin*)을 발행했고, 장차 완성되면 큰 규모의 노아의 방주를 전시하게 될 테마-놀이 공원 창세기 랜드(Genesis-

Land)를 건설하는 중이었다.[21]

독일어권 밖의 서유럽에서 창조론을 가장 강력하게 지지한 나라는 네덜란드였다. 그곳에서 창조론자들은 이미 1970년대 이래로 활동 중이었고, 인구의 절반 이상이 하나님을 믿는다고 고백했으며, 8%는 성경의 무오성을 인정했다. 아메르스포르트에 위치한 한 복음주의 대학은 창조론 관련 저널인 「성경과 과학」(*Bijbel en Wetenschap*)을 발행했다. 1995년에 그 저널의 발행인이자 바게닝겐에 있는 농업대학의 은퇴교수였던 요한 부룬스마(Johan Bruinsma)는 "유럽 창조론자 회의"(European Creationist Congress)를 개최했다. 그 무렵에 창조론자들은 생물학 분야의 국가시험에 진화의 문제점을 포함시켜야 하는지에 대한 국가적 토론을 촉구할 만큼 충분한 정치적 영향력을 갖고 있었다. 만일 그렇게 된다면, 그들은 기독교 학교들이 그 주제를 가르치도록 강요할 수 있게 될 것이었다. 채택된 결의안은 진화의 문제점들을 가르치는 일을 오직 대학의 관련학과에 진학하려는 학생에게만 제한시키되, 창조론자들을 적으로 돌리지 않도록 그런 문제점들을 솜씨 있게 서술하도록 했다.[22]

2005년 봄, 암스테르담의 한 과학 작가가 「사이언스」에 "네덜란드는

---

21 Werner Gitt, *Did God Use Evolution?* trans. Jaap Kies (Bielefeld, Germany: Christliche Literatur-Verbreitung, 1993), p. 4; Gitt, *In the Beginning Was Information*, trans. Jaap Kies (Bielefeld, Germany: Christliche Literatur-Verbreitung, 1997), p. 4; Reinhard Junker to RLN, May 31, 2005 (말씀과 앎 관련); Kutschera, "Creationism and Intelligent Design," pp. 17-18 (최고로 중요, 침투); Kutschera, "Low-Price 'Intelligent Design' Schoolbooks in Germany," *NCSE Reports* 24 (September-October 2004): 11-12. ProGenesis에 대해 www.progenesis.ch를 보라. Scherer는 1993년 Pajaro Dunes에서 지적 설계 운동의 모임이 시작될 때 참석했던 20명 정도의 사람들 중의 하나였다.

22 Bart Koene, "'Sons of Light': A Visit to the Sixth European Creationist Congress," 원본은 네덜란드어로 *Skepter* 8 (No. 3, 1995): 17-21에서 발표되었고, 영어는 http://huizen.dds.nl에서 볼 수 있다; Ludo Hellemans to RLN, July 12, 2002 (교육 논쟁).

유럽의 캔자스가 되어가는 중인가?"(Is Holland Becoming the Kansas of Europe?)라는 도발적인 제목의 기사를 썼다. 네덜란드의 과학교육부 장관인 마리아 반 회벤(Maria van der Hoeven, 1949)은 국회에서 맹렬한 토론의 방아쇠를 당겼다. 가톨릭신자이면서 기독교 민주당 소속인 그녀는 지적 설계를 가르치는 것이 종교적 균열을 치유하는 데 도움이 될 수 있다고 제안했다. 그녀는 낙관적으로 말했다. "이슬람인, 유대인, 기독교인을 묶을 수 있는 것은 창조가 발생했다는 개념입니다. 만일 우리가 다양한 종교 출신의 과학자들을 연결시키는 데 성공한다면, 그것은 학교들과 수업시간에도 적용될 수 있을 것입니다." 그녀와 그녀의 스태프는 이미 델프트 기술대학의 세계 정상급 나노 물리학자이자 복음주의 기독교인인 체스 데커(Cees Dekker, 1959-)와 대화를 나누고 있었다. 데커는 창조론자는 아니었지만 지적 설계에 대한 에세이 모음집을 출판했고, 전해지는 바에 따르면 자연 안의 설계는 "거의 불가피하다"라고 주장했다. 그러나 국가의 지원을 받는 이와 같은 반진화론의 위협은 집중적인 반격을 초래했다. 네덜란드의 생화학자 피에트 보스트(Piet Borst, 1934-)는 "네덜란드에도 다윈을 거세할 준비가 되어 있는 많은 사람이 있단 말인가!"라고 소리쳤다. 아마도 그 말은 맞을 것이다. 그러나 반 회벤은 마지막에, 자신은 그런 칼을 집어들 생각이 없다는 점을 분명히 했다.[23]

이웃인 벨기에인들은 영국의 창조론자 데이비드 로즈비어(David Rosevear)의 도움을 받아 1991년에 벨기에 창조론자들(CreBel)을 조직했다. 그러나 이 운동은 언어적으로 나뉘어 있는 그 나라에서, 비가톨릭교인

---

23 Martin Enserink, "Is Holland Becoming the Kansas of Europe?" *Science* 308 (2005): 1394; Cees Dekker to RLN, June 14, 2005.

으로서 복음주의 개신교회에 가입한 소수의 사람들 가운데서가 아니고서는 일체 번성하지 못했다.[24] 동일한 것이 통상 루터교가 고도로 세속적인 지역을 지배하고 있는 근처의 스칸디나비아 나라들에도 해당되었다. 20년이 넘도록 스웨덴과 덴마크의 창조론자들은 조용히 작은 단체들을 유지했고 별다른 이목을 끌지 못하는 저널들을 발행했다. 그러나 2002년에 당시 기독교 국민당의 젊은 지도자였던 마리안느 칼스모즈(Marianne Karlsmose, 1973-)가 덴마크의 학교들이 창조와 진화 모두를 가르쳐야 한다고 주장함으로써 상당한 대중적 주목을 끌었다. 비록 그녀의 제안에 그 어떤 결과도 뒤따르지 않기는 했으나, 그것은 덴마크 사람들에게 토착적인 창조론의 존재에 대한 의식을 일깨워 주었다.[25]

대부분의 프랑스인들은 창조-진화 논쟁에 거의 관심을 갖지 않았던 것으로 보인다. 관심을 가졌던 한 그룹이 있었는데, 그것은 근본주의자 가톨릭 사제였던 페르낭 크롱베트(Fernand Crombette, 1880-1970)의 추종자들이 1971년에 설립한 역사와 과학 그룹(Cercle d'étude historique et scientifique)으로서, 약 6백 명의 회원을 갖고 있었다. 성경적 문자주의자들인 그 그룹의 회원들은 진화와 인류의 고대성을 거부했다. 프랑스 내의 반진화론의 성장은 도미니칸 사제이자 공학자인 자크 아르누(Jacques Arnould, 1961-)로 하여금 그에 대한 비판서인 『창조론자들』(*Les créationistes*, 1996)을 출판하도록 만들었다.[26] 프랑스 개신교인들 중에서는 유전학자인 앙드레 에

---

24 "New Creation Association in Belgium," *Acts & Facts* 20 (December 1991): 3; Jos Philippaerts to RLN, June 4, 2005.

25 "Foreign Creationist Activities," *Acts & Facts* 20 (June 1991): 4 (스웨덴); "Denmark," *Reports of the NCSE* 22 (September-October 2002): 14.

26 Jacques Arnould, "Créationnisme," in *Dictionnaire d'histoire et philosophie des Sciences*, ed. Dominique Lecourt (Paris: Presses Universitaires de France, 1999), pp. 260-

젠(André Eggen, 1965-)이 선봉에 서서 젊은 지구론 단체인 태초에…(Au commencement…)를 1998년에 설립하고, 프랑스와 스위스의 프랑스어 사용 지역에서 여러 차례에 걸쳐 성경적 창조론에 대한 강연회를 개최했다.[27]

창조론은 이탈리아에서 좀 더 나은 성과를 올렸다. 1990년대 초에 설립된 창조연구센터(Centro Studi Creazionismo, CSC)는 빠른 속도로 450명의 멤버를 등록시켰고 「에코 창조론」(*Eco creazionista*)이라는 저널을 발행했다. 그로부터 10년 후에 창세기 안의 대답(AiG)은 이탈리아어 웹 사이트(Risposte nella Genesi)를 개발할 충분한 동기를 발견했다. 대부분의 이탈리아 학자들은 창조론의 웅성거리는 소리를 무시했지만, 한 사람만은 그렇지 않았다. 팔레모 대학과 페루지아 대학을 거쳐 은퇴한 유전학자인 지우세페 세르몬티(Giuseppe Sermonti, 1925)는 1999년에 『다윈을 잊어라』(*Dimenticare Darwin*)라는 묘한 뉘앙스의 제목을 가진 책을 출판했다. "공립학교와 사립학교 모두에 성경적인 창조론의 메시지와 또 그것을 확증하는 과학 교육을 도입하겠다"는 CSC의 목표는 2004년까지만 해도 요원해 보였다. 그러나 그해에 정치적 우익 단체인 알레안자 나치오날레(Alleanza Nazionale)이 진화를 "꾸며낸 이야기"(fairytale)라고 비난하고 다윈주의를 마르크스주의와 연결시키기 시작했다. 그와 동시에 이탈리아의 교육, 대학, 그리고 연구를 지휘하는 장관인 레티치아 모라티(Letizia Moratti, 1949-)가 11살에서 14살까지의 학생들에게 진화를 가르치는 것을 금지시키겠다

---

64. 다음도 보라. Jacques Arnould, *Les créationnistes* (Paris: Les Éditions du Cerf, 1996); Arnould, "Le cadaver du singe bouge encore," *Magazine littéraire*, no. 374 (1999): 35-37. 도미니크회 신학자인 Arnould는 Centre National d'Etudes Spatiales에서 공학자로서 일하고 있다.

27 Ken Ham, "French Creation: Interview with French Geneticist Dr Andre Eggen," *Creation Ex Nihio* 20 (September/November 1998): 17-19; "Can Creation Science Be Found outside America?" *Acts & Facts* 30 (March 2001): 4.

는 계획을 발표해 전국에 쇼크를 주었다. 수백 명의 저명한 과학자를 포함해 대략 4만 6천에서 5만 명으로 추산되는 격분한 이탈리아인들이 (그들의 견해로는) "우리나라에서 점증하는 반과학적 추세"에 항의하기 위해 일어섰다. 자신이 했던 제안을 철회할 것을 강요받은 모라티는 자신의 정치적 미래를 확보하기 위해 항의자들 중 한 명을 지명해 이탈리아에서 진화를 가르치는 일을 연구하는 위원회를 지도하도록 했다. 그는 노벨상 수상자인 리타 레비-몬탈리치니(Lita Levi-Montalicini, 1909-)였다. 창조론을 반박하고 다윈주의를 변호하기 위해, 다시 말해 과학 교육 안에 "제 정신"을 회복시키기 위해 근심에 찬 이탈리아의 과학자들은 2005년에 진화생물학회(Society for Evolutionary Biology)를 설립했다.[28]

동유럽

서유럽을 소련 세력권으로부터 상징적으로 분리시켰던 베를린 장벽이 1989년에 마침내 무너졌다. 그것은 민주주의와 자본주의를 허용했을 뿐 아니라, 또한 보수 기독교가 이전에 공산주의의 영토였던 동쪽으로

---

28 "Creationism in Italy," *Acts & Facts* 21 (March 1992): 5; "Italian Web Site Now Online!" *Answers Update* 9 (April 2002): 19; Silvano Fuso, "Antidarwinism in Italy," www.cicap.org, 초자연현상의 주장에 대한 이탈리아 탐구 위원회의 웹 사이트; Massimo Polidoro, "Down with Darwin! How Things Can Suddenly Change for the Worse When You Least Expect It," *Skeptical Inquirer* 28 (July August 2004): 18-19; Frederica Saylor, "Italian Scientists Rally Behind Evolution," *Science & Theology News* (July-August 2004): 1, 5; "Italians Defend Darwin," Science 309 (2005): 2160. 영어로 번역된 Sermonti의 책의 제목은 *Why Is a Fly not a Horse*이고, Discovery Institute가 출판했다. 이에 대해 Andrea Bottaro's review in *NCSE Reports* 25 (No. 3-4, 2005)를 보라. 또 Centro Studi Creazionismo의 웹 사이트 www.creazionismo.org도 보라.

들어갈 수 있게 했다. 몇 년 안에 창조론 선교사들은—대부분 창조연구소(ICR)나 창세기 안의 대답(AiG)과 긴밀하게 협조하면서—폴란드, 헝가리, 루마니아, 세르비아, 또 과거 소련 연방 등에 새로운 단체들을 성공적으로 이식했다. 그보다 앞서 1986년에 찰스 택스턴(Charle Thaxton)이 공저한 『생명의 기원의 신비』(*The Mystery of Life's Origin*)가 루마니아어로 번역되어 출판되었다. 이어서 택스턴은 체코 공화국에서 6년을 보내면서 창조론과 기독교를 전했다. 헝가리 기독교 과학회(Hungarian Christian Scientific Society)의 회원 50명은 2002년 봄까지도 별다른 진척을 이루지 못했으나, 그 후 신속하게 1년에 두 차례 창조론 관련 잡지를 발간할 계획을 세웠고, 헝가리 거주자들만이 아니라 루마니아에 사는 인종적 헝가리인들까지 접촉 대상으로 삼았다. 루마니아 창조연구 재단(Romanian Foundation for Creation Research)은 국제적으로 활동하는 몇 안 되는 동유럽인 중 한 사람을 부각시켰는데, 그는 동굴 지질학 전문가인 에밀 실버트루(Emil Silvertru, 1954-)였다. 세기의 전환기에 그는 AiG의 풀타임 직원으로 일하면서 라디오 방송에 출연하고, 교회들과 대학들에서 가르치고, AiG의 책들과 소책자들(예를 들어 대단한 인기를 끌었던 『성경 안의 공룡들』[*Dinosaurs in the Bible*])을 루마니아어로 번역했다. 루마니아의 창조론자들은 루마니아 홈스쿨링 협회(Romania Home Schooling Association) 같은 그룹들과 협력하면서 청소년들을 위한 캠프를 조직하고 화석 수집 여행을 마련했다. 가장 중요한 돌파구를 연 사건은 2005년에 루마니아 교육부 장관이 가톨릭과 개신교 학교에서 표준 생물학 교과서 대신 창조론 교과서를 사용할 수 있도록 허용했을 때 발생했다.[29]

---

29 Terry Mortenson의 December 7, 2001의 인터뷰; 지금 AiG의 회원인 Mortenson은

2004년에 세르비아 정부는 창조론을 수용하는 쪽으로 한 걸음 더 나아갔다. 비록 일시적이기는 했지만, 벨그라드 대학의 문헌학 교수이자 정교회 교인이었던 교육부 장관 릴리아나 콜릭(Ljilijana Colic, 1956-)은 초등학교 교사들에게 통상적으로 사용되는 8학년 생물 교과서 안에 있는 다윈주의에 관한 "교리적" 챕터를 학생들에게 읽혀서는 안 된다고 지시했다. 또한 콜릭은 창조론 교육을 지원하겠다는 의사도 밝혔다. 그녀의 지시는 저항의 폭풍에 불을 붙였고, 수상인 보이슬라브 코스투니카(Vojislav Kostunica)를 자극해 그 개성이 강한 독자 노선의 교육부 장관을 속박하고 마침내 사임을 종용하도록 만들었다. 비록 세르비아 정교회의 저명한 감독이 진화에 우호적인 발언을 했지만, 발칸 공화국에서 시작된 날개짓은 많은 세속주의자들에게 두려움을 불러일으켰다. 그것은 "그곳에서의 교육과 일상생활에 대한 세르비아 정교회의 증가된 영향력" 때문이었다.[30]

러시아에서 창조론은 굴욕적인 스캔들을 겪었다. 러시아 창조과학 협회(Russian Creation Science Fellowship)의 리더인 드미트리 쿠즈네초프(Dmitri A. Kouznetsov)가 사람들의 주목을 받으면서 신임을 잃었기 때문이었다. 쿠즈네초프는 1990년대 초에 박사학위를 세 개나 받았다고 주장하는 혈기왕성한 스타 창조론자로서 등장했다. 1992년과 1994년에 그는 모

1996년부터 2001년까지 헝가리에 살았고, 거의 20년 동안 동유럽의 "그리스도를 위한 캠퍼스 십자군"을 대표했다. Thaxton에 관한 정보는 www.konos.org에서 볼 수 있다. Gabriel Curcubet, Romania Home Schooling Association, to RLN, June 1, 2005; 다음도 보라. "Can Creation Science Be Found outside America?" *Acts & Facts* 30 (March 2001): 4; "Creation International," ibid. 31 (2002): 1-2; "Report from Romania!" *Answers Update* 9 (February 2002): 15; 그리고 Polskie Towarzystwo Kreacjonistyczne의 웹 사이트 www.creationism.org.pl을 보라.

30 Misha Savic, "Serbian Schools Put Darwin Back in the Books," *Science & Theology News* (October 2004): 6.

스크바에서 국제적인 창조과학 심포지엄을 조직했다. 제2회 모임에는 4백 명의 러시아 과학자들이 참석했는데, 그때 러시아 교육부 소속의 오순절파 교인인 올가 폴리코프스카야(Olga A. Polykovskaya)는 "과학 교육에 논리적 균형을 맞추기 위해" 창조론을 가르칠 것을 요청했다. 1994년 말에 러시아 교육부의 특별 커리큘럼과 대안교육 부서는 창조론 관련 학술대회를 공동으로 후원했다. 그 학술대회에서 교육부 차관 알렉산더 아스몰로프(Alexander Asmolov, 1949-)는, 국가가 강제했던 과학적 정통주의의 세월 이후에 러시아에서 학문적 자유를 회복하는 것을 돕기 위해 창조론을 가르쳐야 한다고 역설했다. 대학에 속해 있던 어떤 이는 단언하듯 말했다. "공산주의자들의 오랜 검열을 경험하고 난 지금은 그 어떤 이론도 무시되어서는 안 된다."[31]

아스몰로프는 최소한 4차례에 걸쳐 러시아를 방문했던 듀안 기쉬(Duane Gish)를 선발해 학교 수업에 적당한 자료들을 준비하는 일을 돕도록 했다. 그 결과 또 다른 교육부 차관은 기쉬에게 다음과 같은 감사의 편지를 보냈다.

> 저는 당신이 러시아의 교육에 관심을 가져주신 것에 대해 감사드립니다. 대안교육의 문제와 기원이라는 주제를 새로운 방식으로 바라볼 기회는 우리의 교육 제도 안에서 새로운 가능성들을 열어주고 있습니다.
>
> 당신은 러시아 교육부에 "기원의 주제에 대한 두 개의 세계관 검토: 기

31 "Second Moscow International Symposium on Creation Science," *Acts & Facts* 23 (July 1994): 2-3; "Creation Science Conference in Moscow," ibid. 24 (December 1995): 1-2; John and Svetlana Dought, "Creationism in Russia," *Impact* No. 288, *Acts & Facts* 25 (June 1997)의 부록: i-iv (비난).

원의 진리 찾기"(Examining Two Worldviews on the Subject of Origins: Searching for Truth about Origins)라는 계획서를 보내주셨는데, 그 서류는 우리 교육부 안에서 그것을 러시아에서 보조교육을 위한 자료로 사용하고자 하는 바람을 만들어내고 있습니다.

곧이어 창조연구소(ICR)는 러시아 교육부가 기쉬에게 러시아 공립학교들에서 사용할 교과서를 저술할 수 있는 권한을 수여했다고 보고했다.[32]

이 무렵에 쿠즈네초프의 경력은 신속하게 망가지기 시작했다. 1994년에 웁살라대학의 스웨덴 생물학자인 댄 라하마르(Dan Larhammar, 1956-)가 쿠즈네초프의 논문 한 편을 정밀하게 검토한 후 "증거 자료가 없는 실험들, 정확하지 않은 불합리성, 그리고 존재하지 않는 곳을 지시하는 각주들"을 발견했다. 이탈리아 출신 연구원인 지안 마르코 리날디(Gian Marco Rinaldi, 1942)가 계속 조사했을 때, 그런 식으로 꾸며낸 논문의 숫자는 거의 50개로 늘어났다. 이런 보고들을 체크해왔던 「성경-과학 뉴스」(*Bible Science News*)도 그 러시아인이 인용했던 문헌의 일부를 확인하는 데 실패했고, 창조론자들조차 자신들의 러시아 영웅을 포기하기 시작했다. 「성경-과학 뉴스」는 다음과 같은 결론을 내렸다. 만일 부적절한 행위의 혐의가 "사실로 드러난다면, 쿠즈네초프는 자신의 정직성에 대해 대규모 균열을 일으킨 셈이 된다. 동기가 무엇이든지 간에, 어느 누구도 각주를 창작하지는 않는다. 그런 것이 단 한 개만 있다고 할지라도, 변명의 여지는 없다." 자신의 경력이 바닥으로 추락했을 때, 쿠즈네초프는 자신을 고생물학 화학자

32 "Creationist Curriculum in Russia," *Acts & Facts* 24 (April 1996): 2 (Gish에게 보낸 편지); "Creation International," ibid. 31 (2002): 1-2 (권한).

로 거듭 탄생시켰고, 예수께서 무덤에 있었던 삼일 동안 그분을 감쌌다고 주장하는 토리노의 수의를 연구하기 시작했다. 그는 얼핏 듣기에는 그럴듯하게 들렸지만 훗날 그의 개인 사무실로 드러난 세도프 비오폴리머 연구소(Sedov Biopolymer Research Laboratories)에서 근무하는 척하면서, 옛날 습관을 못 버리고 또 다시 존재하지 않는 박물관으로부터 거짓 샘플을 취해왔다. 1997년에 그는 미국으로 이주했는데, 코네티컷에서 부도 수표를 사용한 혐의로 체포된 후 이듬해에 5개월 동안 감옥살이를 했다.[33]

쿠즈네초프의 종말과 함께 러시아의 창조론자들은 자신들의 하부구조를 재건하려고 몸부림쳤다. 러시아창조과학협회가 무너지고 남은 잔재로부터, 2000년에 새로운 초교파적 조직인 창조과학회(Society for Creation Science)가 출현했다. 그 조직의 리더는 알렉산더 랄로모프(Alexander Lalomov, 1959-)였는데, 그는 러시아 과학아카데미에 속한 지질연구소 출신의 해양지질학자였다. 그와 그의 동료들은 2002년부터 「창조」(*Sotvorenie*)를 발행하기 시작했는데, 그것이 러시아 최초의 창조과학 저

---

33 Dan Larhammar, "Severe Flaws in Scientific Study Criticizing Evolution," *Skeptical Inquirer* 19 (March/April 1995): 30-31 (문서화되지 않음); "Kouznetsov Concerns," *Creation Ex Nihilo* 17 (September 1995): 7-9 (*Bible-Science Newsletter*의 인용); Massimo Polidoro, "The Case of the Holy Fraudster," *Skeptical Inquirer* 28 (March/April 2004): 22-24. 2001년에 *New York Times*는 "독극물 학자"인 Kouznetsov가 러시아에 체류하는 미국 Fulbright 장학생인 24살 John Edward Tobin을 마리화나 소지 혐의와 (미국의 스파이 활동을 의심하면서) FBI 요원일지 모른다고 고발했던 적이 있다고 보고했다. *Times*에 따르면 Kouznetsov는 Tobin이 코네티컷 교도소에 있는 자신을 방문했고, "자신이 FBI 요원임을 밝히면서 만약 협조한다면 관용을 베풀겠다고 말했다"고 주장했다. "Russian Calls Imprisoned American Spy," *New York Times*, June 27, 2001, p. A4. Kouznetsov 사건에 대해 일절 언급이 없는 Tobin의 스토리를 다음에서 보라. Matthew Brzezinski, "Student, Party Animal, Linguist...Spy?" *New York Times Magazine*, July 29, 2001, pp. 24-29. Tobin은 2001년 8월초에 석방되어 미국으로 돌아왔다. 나는 Kouznetsov에 관한 몇 가지 배경 정보를 제공해준 Glenn Branch에게 감사한다.

널이었고, 러시아인이 기고한 논문과 미국의 논문을 번역한 것을 함께 실었다. 2005년에 그들이 펴낸 인기 있는 책『생명의 기원, 사실, 가설, 증명』(*Origin of Life, Facts, Hypotheses, Proofs*)은 거의 3만 부가 팔렸고, 그 책에 기초한 짧은 비디오 프로그램이 제작되어 국영 텔레비전에서 방영되기도 했다. 창조와 진화 모두를 포함하는 생물학 교과서는 교육부의 공식 승인을 받지는 못했지만, 거의 1만 부가 팔렸다.[34]

몇 개의 다른 조직들도 창조론이 러시아에서 빠르게 성장하는 데 기여했다. 1990년대 초에, 캘리포니아 주 샌타 아나에 본부를 둔 시대 이해(Understand of the Times)라는 선교 단체에 속한 로저 오클랜드(Roger Oakland)가 성경적 창조론을 보급하기 위해 러시아를 빈번하게 방문하기 시작했다. 캐나다 대초원 출신으로 전직 생물 교사였던 오클랜드는 딱 한 권의 책을 썼다. 그 책은『창조의 증거』(*The Evidence for Creation*)라는 제목을 갖고 있었는데, 대략 30만부가 팔렸거나 구소련 전역에 배포되었다. 오클랜드는 앞서 언급한 올가 폴리코프스카야(Olga A. Polykovskaya, 나중에는 폴리코프스카야-루첸코[Lutsenko])가 1990년에 설립한 카인드니스 재단(Kindness Foundation)과 긴밀히 협력했다. 한때 교육부에서 일했던 그녀는 스무 개 이상의 기독교 자료 센터를 만들었고, 창조론 자료들을 전국의 교사들에게 배부했다. 2000년에 그 재단과 러시아 교육부는 공동으로 기독교 2천 년 축제를 후원했는데, 그 행사에는 미국과 영국의 창조론자들도 강연자로 내정되었다. 이 무렵에 영국의 창조과학운동(SCM)은 자신들의 모든 소책자를 러시아에서 전자책으로 읽을 수 있게 했고, 창세기 안의 대답(AiG)

---

34 Terry Mortenson의 2001년 12월 7일자 인터뷰; Alexander Lalomov to RLN, May 29, June 4, and November 20, 2005.

역시 빠른 속도로 그 조직의 자료들을 러시아어로 번역하는 중이었다.[35]

기존의 과학 기관들과 근본주의적인 서구 기독교의 유입에 화를 냈던 몇몇 러시아 정교회 지도자들의 반대에도 불구하고, 성경에 기초한 창조론은 이전에 무신론적 국가였던 나라에서 최소한의 발판을 마련했다. 1990년대 말에 북미에는 "러시아 과학자들이 자기 나라에서 일어나고 있는 창조론의 물결을 저지하기 위한 자료들을 몹시 원하고 있다"라는 보고들이 줄지어 도착했다. 한 기자는 상트 페테르부르크가 "'창조과학'에 관한 러시아어 번역서들과 소책자들로 홍수가 나는 중"이라고 묘사했다. 자유주의적인 교회들이 근본주의적 교회들과 맞서 균형을 이루는 미국과는 달리, "러시아에서는 다수의 미국 보수주의 기독교 선교사들이 새로운 근본주의를 보급하고 있고, 그와 동시에 교육에서 교회/국가 분리 원칙이 끝장나고 있습니다." 2005년 1월에는 전통적으로 적대적이었던 정통 러시아 정교회조차도 교회의 종교 교육을 관할하는 부서가 마련한 신앙과 과학에 관한 국제회의에서 창조론자들을 향해 목소리를 내었다.[36]

러시아의 반진화론자들은 비슷한 생각을 하면서 창조론에 대해 마찬가지로 열려 있었던 우크라이나의 동료들과 자주 협력했다. 예를 들어 2002년에 교육과학부, 교육학적 과학 아카데미, 그리고 카인드니스 재단

---

35 "World Wide Ministry by a Local Farmboy," *Saskatchewan Creation News* 4 (No. 1, 2002): 3 (오클랜드); Ron Matsen, "International Conference on Christianity and Education in Russia, March 2000," *Creation: The Journal of the Creation Science Movement* 11 (May 2000): 1-2, 그리고 p. 3의 편집자 주 (CSM); "Russia Acknowledges 2000 Years of Christianity," *Acts & Facts* 29 (June 2000): 1-2, "To Russia with...," *Answers Update* 6 (November 1999): 24.

36 Matsen, "International Conference," p. 2; Molleen Matsumura, "Help Counter Creationism in Russia," *NCSE Reports* 19 (No. 3, 1999): 5; Lalomov to RLN, May 29, June 4, 그리고 November 20, 2005.

등이 협력하여 키에프에서 열린 회의를 후원했는데, 그 회의에는 "교육제도 안에서의 선택과 자유에 대한 (특별히 창조과학을 포함시킬 것을 강조하는)" 기쉬의 강연이 들어 있었다. 강단에 선 그 ICR 과학자와 연결되었던 사람은 과학교육부의 서기와 러시아 교육 아카데미의 소장이었다. 이 무렵에 세르게이 골로빈(Sergei Golovin, 1960-)이 우크라이나의 주도적인 창조론자로 등장했다. 골로빈은 젊은 지구를 옹호하는 과학과 호교를 위한 기독교 센터(Christian Center for Science and Apologetics)의 설립자이며, "학생들, 교수들, 동료들과 함께 물밑에서 비밀리에 진행하는 모임"을 이끌기 시작했던 사람이었다. 지구물리학을 전공한 골로빈은 심페로폴 국립대학에서 박사학위 논문을 완성했으나, 자신의 창조론에 대한 믿음 때문에 박사 과정 프로그램에서 쫓겨났다고 주장했다. 다윈주의를 공산주의와 연결시키면서 그는 무법성이 증가하는 이유도 진화를 수용한 것에 있다고 추론했다. 그는 미국의 많은 근본주의자들이 말했던 것을 되풀이하면서 이렇게 썼다. "사람들이 자신들이 단지 진화한 동물들에 지나지 않는다고 믿는다면, 그들은 그에 따라 처신하게 될 것이고, 그래서 점점 더 비인간적으로 행동하게 될 것이다." 그는 1995년에 어린이 잡지인 「창조자」(*Creator*)를 발행하기 시작했고, 그 후 비디오 시리즈인 "과학과 성경"(Science and the Bible)을 제작하기도 했다. 21세기 초에 그는 러시아와 우크라이나의 창조론자들을 함께 모아, 약간 알려진 단체인 국제창조과학협회(International Association for Creation Science)를 조직했다.[37]

---

37 "Creation International," pp. 1-2; Ken Ham, "After Communism's Collapse: Creation in the Crimea," *Creation Ex Nihilo* 22 (September 2000): 24-27. Golovin이 조직한 국제 단체에 관해 www.crimea.com을 보라. Latvia의 창조론에 대해 다음을 보라. "Latvian Public School Science Teachers Learn about Creation Science," *Acts and Facts*

라틴 아메리카

창조론자들은, 라틴 아메리카에서는 창조론에 대한 관심이 처음에는 매우 천천히 시작되었으나 1990년대 말에 거의 복음주의적 기독교에 대한 관심에 버금갈 만큼 폭발적으로 커졌다고 전한다. 1992년에 텍사스의 기독교 라디오 방송이 ICR의 "창세기로 돌아가자"(Back to Genesis)라는 짧은 방송 프로그램을 스페인어 "De Regreso a Génesis"라는 타이틀로 번역해 방송하기 시작했다. 그로부터 10년이 채 지나지 않아 2백 개가 넘는 스페인어 라디오 방송국들이 그 프로그램을 송출했다. 쿠에르나바카(멕시코 중부 도시—역자 주)의 초교파 기독교 교육자이자 평신도 설교가인 루벤 베라(Ruben Berra)가 리더 역할을 맡았다. 이전에 농업 전문가로서 멕시코 정부를 위해 일했고 미국의 식량과 농업 기구(Food and Agriculture Organization)라는 단체에서 자문위원으로도 일했던 베라는 창조론 관련 회의를 조직하고 단체를 설립했다. 그의 지원을 받아 AiG는 2000년에 "스페인어권의 국가들에 대한 대규모 공격"에 가담했고, "창세기 안의 대답 사역"(el Ministerio Respuestas en Genesis)을 조직했고, 「창조」(*Creación*) 잡지를 소개하고, 새로운 스페인어 소식지인 「최신 대답들」(*Respuestas Actualizadas*)을 창간했다. 그해에 멕시코를 방문했던 켄 햄(Ken Ham)은 어느 날 아침에 4천 명의 사람에게 연설을 하기도 했다. 쿠에르나바카의 한 대형교회의 카리스마적 목사인 아만도 알두친(Armando Alducin)이 그 운동을 보증했고, 멕시코에서 가장 많이 읽히는 잡지의 발행인은 햄을 초대해 창조에 관한 정기적인 칼럼을 쓰도록 했다. 그 일 후 곧바로 AiG는

---

34 (July 2005): 4.

베라를 그들의 "첫번째 스페인어 대변자"로 고용해 라틴 아메리카 복음화를 향해 파송했고, 그의 딸인 카티야 베라(Katia Berra)도 풀 타임 통역 코디네이터로서 그 조직에 합류했다.[38]

볼리비아도 창조론자들을 따뜻하게 환영했다. 1993년에 1천 명이 넘는 사람이 "라파스 마을의 가장 큰 복음주의 교회"인 에클레시아 교회에서 ICR 과학자가 연설하는 것을 듣기 위해 모였다. 다음 해에는 거대한 군중이 기쉬를 보려고 모여들었는데, 기쉬는 세 개의 볼리비아 도시에서 강연을 하기 위해 1997년 볼리비아로 되돌아왔다. 이 무렵에 활동적인 창조론자들의 단체는 볼리비아뿐만 아니라 에쿠아도르와 페루에도 있었다. ICR의 "국제 대사"인 기쉬가 2004년에 페루를 방문했을 때, 그는 라틴 아메리카 창조론 센터(Centro Creacionista Latinoamericana Canopy)가 조직될 수 있는 기회를 제공했다. 남미의 최남단에서 창조론 진앙의 중심지는 아르헨티나였다. 아르헨티나는 방문하는 강연자들을 따뜻하게 환영했으며, 그곳에서는—앞에서 언급한 대로—제7일안식일예수재림교인들이 지구과학연구소(Geoscience Research Institute)를 운영했다.[39]

---

38 "ICR Spanish Ministry Exploding Across the World!" *Acts & Facts* 31 (November 2002): 2; Ken Ham, "Overcoming Babel!" *Answers Update* 7 (October 2000): 1-4; Katia Berra(AiG)의 December 7, 2001의 인터뷰. 또 다음도 보라. "Creation Ministry South of the Border," *Acts & Facts* 27 (December 1998): 1; 그리고 Ruben Berra, "Testimony about God's Grace." Dec. 29, 2003 (www.answeringenesis.org). 2005년까지도 멕시코의 진화론자들은 창조론의 제한된 영향에 대해 크게 걱정하지 않는 듯이 보였다. 이에 대해 다음을 보라. Antonio Lazcano, "Teaching Evolution in Mexico: Preaching to the Choir," *Science* 310 (2005): 787-89.

39 "Bolivian Visit by Dr. Larry Vardiman Establishes Groundwork for Latin-American Creationism," *Acts & Facts* 22 (June 1992): 1; "ICR Ministry Reaches Every Continent," ibid. 22 (August 1993): 2-3; "ICR Scientist in Bolivia," ibid. 23 (April 1994): 1-3 (Gish); "ICR Scientist Tours Brazil and Bolivia," ibid. 26 (December 1997): 1; "Can

반진화론자들은 남미의 어떤 나라보다도 브라질 안으로 깊이 침투했다. 2004년의 한 설문조사에 따르면 브라질 인구의 31%가 "최초의 인간이 단지 1만 년 전에 창조되었다"고 믿었으며, 압도적 다수는 공립학교에서 창조론을 가르치는 것을 좋아했다. 1994년과 1999년 사이에 브라질의 창조론자들은 기쉬에게 세 번의 여행을 주선했는데, 마지막 때에는 거의 1만 명으로 추산되는 사람들이 그 베테랑 십자군의 강연을 듣기 위해 나타났다. 브라질은 두 개의 창조론 단체를 자랑하는데, 둘 다 그 출발점이 1970년대로 거슬러 올라간다. 그것은 브라질 창조과학회(Brazilian Association for Creation Science)와 브라질 창조학회(Brazil Creation Society)다. 후자는 1년에 두 번 「창조 잡지」(*Creation Magazine*)을 발행했고, 지구과학연구소(Geoscience Research Institute)의 포르투갈어 소책자인 『기원의 과학』(*Ciências das Origens*)을 배부했다. 2000년 초에 제7일안식일예수재림교인인 루이 코레아 비에라(Rui Corrêa Vieira)는 1천 명의 회원을 가진 브라질 창조학회의 회장으로 봉사했다. 상파울로에 있는 제7일안식일예수재림교회 소속 대학에서 안식교인들은 기원 연구의 핵심(Nucleus of Origin Studies)이란 단체를 운영했고, "기원의 과학"(Science of Origins)이라는 대학원 강좌를 제공했다.[40]

Creation Science Be Found outside America?" ibid. 30 (March 2001): 4 (Argentina); "ICR Scientist Carries Creation Message to Peru," ibid. 34 (January 2005): 3.

40 Elaine Brum, "E no princípio era o que mesmo?" *Época*, Edição 346, January 3, 2005 (http://revistaepoca.globo.com) 2004년 통계조사 관련; "Brazil," *NCSE Reports* 24 (November-December 2004): 20; "Brazil Visited for Third Time by ICR," *Acts & Facts* 28 (June 1999): 6; Elisa Martins and Valéria França, "Rosinha contra Darwin," *Época*, Edição 314, May 24, 2004 (SDAs); Nick Matzke, "Teaching Creationism in Public School Authorized in Rio de Janeiro, Brazil" (www.ncseweb.org). 다음 웹 사이트도 보라. www.scb.org.br 그리고 www.impacto.org.

발전하는 창조론 운동에 관심을 가졌던 브라질인은 그리 많지 않았다. 리우데자네이루의 복음주의 책임자인 안토니오 가로팅호 마테우스(Antonio Garotinho Matheus)는 2002년에 공립학교들이 임의로 종교수업을 진행할 것을 추천했다. 2년 후 그의 자리를 계승한 그의 부인 로잔겔라 로진하 마테우스(Rosângela Rosinha Matheus)는 그 종교수업이 창조론에 초점을 맞추어야 한다고 선언하고 그 수업을 진행할 수백 명의 교사들을 고용했다. 또한 그녀는 "나는 종의 진화를 믿지 않는다. 그것은 단지 이론일 뿐이다"라고 선언했다. 둥근 지구 학회(Round Earth Society)의 회장 대니얼 소토마이어(Daniel Sottomaier)는 항의자 그룹을 형성하려고 했으나, 이탈리아에서와는 대조적으로 오직 세 명의 과학자들만이 그에게 합세했다. 그중에는 브라질 과학 증진회(Brazilian Society for the Advancement of Science) 회장 엔니오 칸도티(Ennio Candotti)가 포함되어 있었다. 실망한 소토마이어는 그 나라의 많은 가톨릭신자들이 "미국에서 창조론을 수입해온" 공격적인 개신교인들에 의해 혼란에 빠지고 압도되었다고 설명했다.[41]

아시아

아시아에서는 **특별히** 한국인들이 창조론을 위한 발전소 역할을 하

41 Jaime Larry Benchimol, "Editor's Note," *História, Ciências, Saúde-Manguinhos* 11 (2004): 237-38; Frederica Saylor, "Science, Religion Clash in Schools around the Globe," *Science & Theology News* 5 (September 2004): 16; Daniel Sottomaior to RLN, May 29, 2005; Matzke, "Teaching Ceationism." 2005년에 브라질의 주도적인 창조론자인 Adauto Lourenço는 Federal de São Paulo 대학에서 공개강연을 했다.

면서 창조론의 메시지를 자국과 해외에 전파했다. 한국창조과학회(Korea Association of Creation Science, KACS)는 1980-81년 겨울에 설립된 이래 그 나라의 수많은 기독교인들의 따뜻한 지원을 받으면서 번성해왔다. 초기부터 회원들은 창조론 교재인 『자연과학』(*The Natural Sciences*, 1990)을 저술했고, 복음주의적 기독교 대학인 명지대학교에서 스타트를 끊으면서 창조과학을 가르치기 시작했다. 그 활기 넘치는 단체는 1992년 한 해 동안 서울에서만 1500회의 세미나를 개최했다. 설립된 지 15년이 못 되어 그 단체는 한국에서 16개의 지부를 후원하게 되었고, 여러 분야의 박사학위자들을 포함한 수백 명의 회원을 모집했으며, 수십 권의 창조론 관련 책들을 출판하고 격월로 4천 부씩 「창조」(*Creation*)라는 잡지를 발행했다. 2000년에는 그 단체의 회원수가 1,365명에 달함으로써 한국은—비록 영향력의 측면에서는 아닐지라도—밀집도의 측면에서는 창조론의 수도라고 주장할 수 있게 되었다.[42]

2000년에 한국창조과학회(KACS)는 역사적 사건을 기록했다. 최초의 창조과학 선교사인 전광호(Kwang Ho Jun, 1958-2005)를 이슬람 지역인 인도네시아로 파송했던 것이다. 그는 전에 미국국립보건원(U. S. National Institute of Health)에서 일했는데, 그 단체는 한동안 계속해서 인도네시아에 강사들을 보냈다. 1980년대 이래로 그 그룹은 북미의 서해안 지역

---

42 Young-Gil Kim, "Creation Science in Korea," *Impact No. 152, Acts & Facts* 15 (February 1986)의 부록: i-iv; "Creationism Growing in Other Countries," ibid. 20 (March 1991): 3; "International Creation Conference in Korea," ibid. 20 (October 1991): 1-2; "Creation Exhibition at Expo-93," ibid. 22 (September 1993): 1-2; Chon-Ho Hyon, "The Creation Science Movement in Korea," *Impact No. 280*, ibid. 25 (October 1996)의 부록: i-iv; Kyung Kim to RLN, August 1, 2000 (회원); "Can Creation Science Be Found outside America?" *Acts & Facts* 30 (March 2001): 4 (가장 큼).

에 거주하는 한국인들을 전향시켜왔고, 그곳에 몇 개의 지부를 세웠다. 1997년에 창조과학회 부회장으로 섬겼던 물리학자이자 과학사가인 폴 양승훈(Paul Seung-Hun Yang, 1955-)은 한국의 일부 기독인 학자들의 후원을 받아 캐나다의 브리티시컬럼비아 지역에 밴쿠버 기독교세계관대학원(Vancouver Institute for Evangelical Worldview)을 설립했다.[43]

창조론은 아시아 동부와 남동부—홍콩, 타이완, 필리핀, 그리고 일본 등—에서도 자리를 잡았다. 일본에서는 창세기 안의 대답(AiG)이 1998년에 AiG/일본(Japan)을 설립해 도쿄와 나가오카 근교에 사무실을 두었다. 기독교인 전도자들에 대한 적대감 때문에, 중국은 창조론자들에게 심각한 도전을 제기했다. 1993년에 존 모리스는 베이징 컨벤션 센터에서 강연을 했는데, 그 전에 그는 창조나 기독교에 대해서는 언급하지 않겠다고 서약을 해야만 했다. 창조연구소(ICR)는 다음과 같이 보고했다. 비록 그 강연은 "미국 교육에 대한 비판"이라고 공시되었지만, 젊은 모리스는 실제로는 세인트헬렌스 산(Mount St Helens, 미국에서 가장 활발하게 활동하는 활화산으로 워싱턴 남서부에 있다—역자 주)과 대격변설에 대해 강연을 함으로써 주최자들을 속였고, 지나가는 말로 "자신이 지질학 교육을 통해 얻은 아주 중요한 정보들이 검열로 삭제되었다"라고 언급하기도 했다. 중국 공산당의 공식

---

43 "Korea Association of Creation Research Begins West Coast Ministry," *Acts & Facts* 28 (March 1999): 3; Hyon, "Creation Science Movement," p. iv (인도네시아); Kyung Kim to RLN, August 1, 2000. 다음도 보라. Yang, "Creation Science and Caring for the Creation in Korea," *Perspectives on Science and Christian Faith* 50 (1998): 279-83(캐나다로 이주한 양승훈은 2003년 젊은 지구론에서 돌아섰다. 2006년 오랜 지구론에 기초한 『창조와 격변』을 출간했고, 이로 인해 2008년 8월, 한국창조과학회로부터 입장을 번복하지 않으면 제명하겠다는 통보를 받고 탈퇴했다. 밴쿠버 기독교세계관대학원(VIEW)은 창조과학회와는 무관한 기관으로 하나님이 창조하신 삶의 모든 영역에 하나님 나라를 구현하며 그리스도의 주권을 드러내는 기독교세계관 연구와 교육을 추구한다-역자 주).

기관지인 「인민일보」(*People's Daily*)는 미국에서 벌어진 창조-진화 논쟁을 이따금씩 보도했다. 1990년대 말에 베이징에 있는 공산당 소유의 중앙 편집 및 번역 출판사(Central Compilation and Translation Press)는 필립 존슨의 『법정에 선 다윈』(*Darwin on Trial*)과 마이클 비히의 『다윈의 블랙박스』(*Dawin's Black Box*)를 중국어로 번역해 출판했다.[44]

아시아 남부는 중국과 마찬가지로 침투하기가 어려운 것으로 드러났다. 비록 인도, 파키스탄, 방글라데시 등의 많은 이슬람교도들이 진화를 거부한다고 추정되었지만, 소용이 없었다. 만드라 대학의 동물학부 책임자인 해닝턴 이노크(Hannington Enoch)은 창조연구회(CRS)와 진화반대운동(EPM) 모두에 가입했고, 얼마 동안 EPM의 부회장을 지냈다. 그의 책 『진화인가, 창조인가?』(*Evolution or Creation?*, 1966)는—그가 아는 바로는—"진화론에 맞서는 사실들을 제시하는, 인도에서 발행된 유일한 책"이었다.[45] 1990년대에 기쉬 같은 창조론 순회 선교사들이 인도를 방문했지

---

44 "ICR Ministry in Red China," *Acts & Facts* 23 (February 1994): 1-2. AiG/Japan에 대해서는 June 1998 AiG Newsletter를 www.answeringenesis.org에서 보라. 다음도 보라. "Creation Science Seminars in Japan," *Acts & Facts* 21 (September 1992): 1; "Dr. Bliss in Busy Lecture Schedule in Taiwan," ibid. 23 (June 1994): 2; "Creation Ministry in Hong Kong," ibid. 24 (February 1995): 1-2; "Good Science Visits the Philippines," ibid. 28 (August 1999): 1-2; "Can Creation Science Be Found outside America?" ibid. 30 (March 2001): 4; "Creation Wave to Hit the Philippines" (www.answeringenesis.org). Zhang Zengyi가 중국의 창조론에 관한 정보를 주었고, Paul Chien은 Johnson과 Behe의 중국어 번역본을 제공해주었다. 이들에게 감사한다. 싱가포르의 창조론에 관해 다음을 보라. Carl Wieland, "Chemical Soup Is Not Your Ancestor!" *Creation Magazine* 16 (March 1994): 46-47; 그리고 Lee Yew-Jin, and Yeoh Oon-Chye, "Teaching Biological Evolution to Singapore's Teachers," *NCSE Reports* 18 (Nov./Dec. 1998): 6-9.

45 H[annington] Enoch, *Following the Master: Memoirs of a Professor* (Bombay: Jyoti Pocketbooks, 1977), 특별히 pp. 81, 86-87; Enoch, *Evolution or Creation* (Madras: Union of Evangelical Students of India, 1966), p. ix. Madras Christian 대학의 사서인 Elizabeth Oommen이 이 책의 사본을 제공해준 것에 감사한다. 남아시아의 이슬람교도 사이의

만, 열성적인 무리가 그들을 뒤따랐다는 식의 관례적인 보고는 나오지 않았다. 캘커타에 본부를 둔 인도창조과학회(Creation Science Association of India, SCAI)의 설립자 지오티 차크라바티(Jyoti P. Chakravartty)는 2005년까지도 남부 아시아에서 다른 창조론 그룹을 확인할 수가 없었다. 그의 초교파적인 기독교 조직은 계간지 『CSAI 저널』을 발행했고, 인도에서 처음 열리게 될 창조론 관련 컨퍼런스에 대한 계획을 세웠다.[46]

캘커타에서 태어난 스릴라 프라부파다(Srila Prabhupada, 1896-1977)는 힌두교의 스와미(swami, 힌두교 종교 지도자—역자 주)이면서 미국을 헌신적으로 추종했는데, 1960년대 중반에 미국으로 이주해 소위 하레 크리슈나 운동(Hare Krishna Movement)을 조직했고, 주로 『바가바드 기타』(*Bhagavad Gita*)에 기초한 진화 비판을 발전시켰다. 프라부파다는 다윈과 그 추종자들을 "악당들"이라고 비난했고, 다윈주의를 "넌센스"라고 무시했다. 그러나 기독교 창조론자들과는 달리 인도의 창조론자들은 인류의 고대성을 주장했으며, 그들이 믿기로는, 인류는 아마도 수조 년 전에 완전한 형태로 등장했다. 미국 내에서 베다식 창조론을 옹호하는 이들의 지도자인 마이클 크레모(Michael A. Cremo)와 리처드 톰슨(Richard L. Thompson) 같은 사람들은 자기들이 쓴 책들은 성공적으로 판매했으나, 다윈주의의 위협이라고 알려진 것을 대체로 감지하지 못한 채 남아 있었던 남부 아시아의 힌두 종교에 이렇다 할 영향을 미치지는 못했다.[47]

창조론에 대해서는 다음을 보라. Martin Riezinger, "Reactions of South Asian Muslims to the Theory of Evolution; or, How Modern Are the Islamists?" July 5-9, 2004년 Lund에서 개최된 XVIIIth European Conference of Modern South Asian Studies에서 낭독된 논문.

46 "Creation Evangelism in India," *Acts & Facts* 29 (February 2000): 1-2, Gish의 제3차 인도 방문 관련; Jyoti P. Chakravartty to RLN, May 29, 2005.

47 C. Mackenzie Brown, "Hindu and Christian Creationism: 'Transposed Passages'

아프리카

조직화된 창조론 운동은 사하라 이남의 아프리카에서는 상대적으로 약했다. 그 이유는 부분적으로는 많은 아프리카인들이 원숭이가 인간의 조상이라는 개념이 도발적이라고 보았고, 또한 보수적 기독교가 너무 강하게 성장해서 창조론자들이 공격의 대상으로 삼을 만한 진화론 관련 기관을 발견할 수 없었기 때문이었다. 예를 들어, 가톨릭과 성공회 교회 외에 오순절과 제7일안식일예수재림교회도 함께 번성했던 케냐에서는 공립학교의 초등학교 학생들이 모세와 다윈을 나란히 배웠다. 놀랍지 않게, 최근에 이루어진 청소년들에 대한 여론조사는 그들 중 68%가 "기독교는 필연적으로 창조론에 입각해야 한다"라고 믿고 있음이 드러났다. 한 기자에 따르면, "케냐의 많은 가정과 교회 안에는 창조론의 견해와 다른 기독교 신앙에 부합하는 기원에 관한 어떤 견해들이 있다는 인식 자체가 존재

---

in the Geological Book of Life," *Zygon* 37 (2002): 95-114; Meera Nanda, *Prophets Facing Backward: Postmodern Critique of Science and Hindu Nationalism in India* (New Brunswick, NJ: Rutgers University Press, 2003), pp. 119-21. 베다 창조론의 유명한 사례를 다음에서 보라. Michael A. Cremo and Richard L. Thompson, *Forbidden Archeology: The Hidden History of the Human Race* (Los Angeles: Bhaktivedanta Book Publishing, 1993); Cremo, *Forbidden Archeology's Impact* (Los Angeles: Bhaktivedanta Book Publishing, 1998); 그리고 Cremo, *Human Devolution: A Vedic Alternative to Darwin's Theory* (Los Angeles: Bhaktivedanta Book Publishing, 2003). 이에 대한 비판을 다음에서 보라. Tom Morrow, "Forbidden Archeology's Impact," *NCSE Reports* 19 (May-June 1999): 14-17; 그리고 Michael Brass, "The Antiquity of Man: Reviewing Hindu Creationism," *NCSE Reports* 24 (No. 2, 2004). Brass(p. 31)에 따르면, Cremo와 Thompson의 책은 "현상적으로는 성공적이었고, 빠르게 전세계적으로 팔렸다." Hare Krishnas가 Duane Gish를 매력적으로 수용하는 것을 다음에서 보라. Christopher Toumey, "Preface," in *Cultures of Creationism*, ed. Coleman and Carlin, pp. ix-xiv.

하지 않는다."[48]

1990년대 초에 그리스도 안의 하나님의 오순절 교회(Pentecostal Church of God in Christ)의 목사인 미셸 이토로 악판(Mishael Itoro Akpan, 1964-)이 나이지리아의 라고에서 아프리카창조과학재단(African Creation Science Foundation)을 설립했다. 악판의 보고에 따르면, 잠시 동안 그 단체는 "나이지리아와 다른 서아프리카 나라들의 고등교육기관에 큰 영향을 주었다." 그 단체는 5차례에 걸쳐 지역 컨퍼런스를 후원했고, 「계간 기원」(*Origins Quarterly*)이라는 소식지를 발행했다. 그러나 1990년대 말에 그 단체는 나이지리아 전체와 함께 심각한 경제 위기에 빠졌고 결국 운영을 중단했다.[49]

비교적 잘 사는 나라인 남아프리카 공화국은 사하라 이남에 있는 나라들 중에서는 창조론을 가장 열정적으로 환영했다. 1948년에 인종차별정책에 찬성하는 국민당은 개혁교회가 받아들일 만한 기독교국가 교육 프로그램을 승인했다. 실제로 남아프리카 공화국의 학생들은—사범대학 학생들을 포함해서—오직 창세기의 창조 이야기만 배웠다. 1994년에 넬슨 만델라(Nelson Mandela)와 아프리카 민족회의가 권력을 잡았을 때 진화론 수업에 대한 제약이 완화되었다. 그 결과 남아프리카 공화국의 창조론자들은 곧바로 "지난 선거 이후 공산당 정부를 갖게 된 남아프리카 공화국에서 오늘날 창조론의 핵심적 내용이 주목을 끌기란 거의 불가능해졌다"라며 불평하기 시작했다. 그러나 그로 인해 오히려 조직화된 창조론 운동이

---

48 Peter Fulljames and Leslie Francis, "Creationism among Young People in Kenya and Britain," in *Cultures of Creationism*, ed. Coleman and Carlin, pp. 165-73. 예전에 중앙 아프리카 가봉에 살았던 Ard A. Louis가 May 5, 2006의 인터뷰에서 원숭이 조상의 문제를 언급했다.

49 Mishael Akpan to RLN, June 6, 2000.

전보다 더 잘 눈에 띄게 되었다. 예를 들어 제7일안식일예수재림교인이자 창조론자인 월터 베이트(Walter J. Veith)는 1995년에 웨스턴 케이프 대학의 교수가 되어 동물학과 과장직을 맡았는데, 그는 그 대학을 진화론을 비난하는 발판으로 삼았다. 2년 후 호주의 창조론자인 앤드류 스넬링(Andrew Snelling)이 남아프리카 공화국을 방문했을 때, 트랜스 월드 라디오는 그의 강연을 아프리카 전역에 송출했다. 그리고 2002년에 창세기 안의 대답(AiG)이 케이프타운 근처에 사무실을 열었고, 동물학자 조안 크루거(Johan Kruger)가 지휘를 맡았다. 그럼에도 창조론 조직은 사하라 이남에서는 상대적으로 미약했다.[50]

이슬람 세계

수십 년 동안 창조론은 대체로 기독교인들의 거주지에 국한되었다. 그런데 1980년대 중반에 창조연구회(ICR)는 무슬림인 터키의 교육부 장

---

50 공산주의를 반대하는 문제에 관련된 창조론자에 대한 비판은 다음에 나온다. Bart Krone, "'Sons of Light': A Visit to the Sixth European Creationists Congress," http://huizen.dds.nl. ANC가 권력을 잡기 이전의 창조론자의 활동에 대해 다음을 보라. "ICR Scientist Tours South Africa," *Acts and Facts* 19 (November 1990): 2; 그리고 D. M. Maister, "Creationism in South Africa," *NCSE Reports* 13-14 (Winter 1993/Spring 1994): 8. 이후의 시기에 대해 다음을 보라. John Cole, "South Africa Legalizes, Re-Bans Evolution Teaching," ibid. 14 (Fall 1994): 10; "An Open Door to South Africa and the African Continent," Creation Science Foundation, *Prayer News* (May 1997): 2; "Professing Creation Science: Carl Wieland and Jonathan Sarfati Talk to Professor Walter J. Veith," *Creation Ex Nihilo* 22 (December 1999/February 2000): 36-38, 그리고 "AiG Launched in South Africa!" *Answers Update* 9 (August 2002): 9. 다음도 보라. Walter J. Veith, *The Genesis Conflict: Putting the Pieses Together* (Delta, BC: Amazing Discoveries, 2002). 내가 Christian National Education에 관련된 정보를 얻게 된 것은 Potchefsroom University for Christian Higher Education에 재직하는 Braam Pieterse 덕분이다.

관으로부터 예상치 못한 전화를 받았다. 전해지는 바에 따르면, 그 장관은 "세속에 기초를 두고 진화만 가르치는 수업이 그들의 학교에서 지배적인데, 그것을 제거하고 진화와 창조의 두 모델을 공정하게 가르치는 커리큘럼을 세우고 싶다"라고 했다. 비록 터키는 1920년대 초에 있었던 무스타파 케멀 아타투르크(Mustafa Kemal Ataturk)의 개혁 이후 공식적으로는 세속국가였지만, 대부분의 터키인들은 경건한 무슬림으로 남아 있었다. 그들은 쿠란에 따라 알라가 세상을 6일 동안에 (과거의 어떤 특정되지 않는 때에) 창조했다고 믿었기 때문에, 많은 무슬림들은 서구의 창조론자들의 주장이 옳다고 생각했다. 1970년대 말과 1980년대 초에 논쟁적인 이슬람 지도자이자 자칭 반세속주의자인 페툴라 귈렌(Fethulla Güllen)은 다윈주의가 이슬람과 양립할 수 없다며 거듭 비난했다. 그 교육부 장관과 ICR이 서로 만난 결과, 미국의 창조론 관련 책들 몇 권이—성경에 대한 언급을 벗겨낸 상태로—터키어로 번역되었고, 『과학적 창조론』(*Scientific Creationism*)의 번역서가 터키의 모든 공립학교 과학 교사들에게 무료로 보내졌다. 터기의 창조론자들은 1992년에 이스탄불에서 대규모 학술대회를 주최했다. 기조연설을 맡은 이는 듀안 기쉬(Duane Gish)와 헨리 모리스의 아들이자 여러 해 동안 노아의 방주를 찾아서 터키를 방문하는 중이었던 존 모리스(John Morris)였다.[51]

---

51 Ümit Sayin and Aykut Kence, "Islamic Scientific Creationism: A New Challenge in Turkey," *NCSE Reports* 19 (November/December 1999): 18-20, 25-29; Robert Koenig, "Creationism Takes Root Where Europe, Asia Meet," *Science* 292 (2001): 1286-87; "ICR Book Used in Turkey," *Acts & Facts* 16 (July 1987): 2; "Historic Creation Conference in Turkey," *Acts & Facts* 21 (December 1992): 1-2. 다음도 보라. John Cole, "Creationism in Turkey," *NCSE Reports* 12 (No. 4, 1992): 3; 그리고, 특별히, Taner Edis, "Islamic Creationism in Turkey," *Creation/Evolution* 14 (Summer 1994): 1-12; 그리고 Edis, "Cloning Creationism in Turkey," *NCSE Reports* 19 (November/December 1999): 30-35. 이슬람교인과 아랍계

1990년에 이스탄불에서 소규모의 터키 젊은이들이 비물질적 우주관을 지지하고 진화에 반대하는 과학연구재단(Science Research Foundation, 터키어 약자 BAV)을 설립했다. 그 조직의 중심에는 "신비스러운" 하룬 야햐(Harun Yahya)가 있었는데, 그는 의심에 찬 어느 서구인의 보고에 따르면 "도무지 눈에 띈 적이 없으며, BAV 스태프를 가리키는 집단적인 가명이라고 생각되었다."[52] 그러나 사실 하룬 야햐(영어로는 아론 존[Aaron John])는 아드난 옥타(Adnan Oktar, 1956-)의 필명이었다. 옥타는 재능 있는 예술가로, 인테리어 디자인을 공부하기 위해 1979년에 출생지인 앙카라에서 미마르 시난 대학이 있는 이스탄불로 이사했다. 깊은 영성을 지닌 젊은 옥타는 캠퍼스에서 번성하던 마르크스주의와 다윈주의를 공격했다. 그것들에 대한 반작용으로 그는 『진화론』(*The Evolutionary Theory*)이라는 작은 책을 써서 동료 학생들에게 돌렸다. 몇 년 안에 그의 주변에는 2-30명의 젊은 학생이 모여 집단을 이루었고, 그의 과학적·종교적 가치를 공유했다.

1980년대 중반에 그는 이스탄불 대학에서 철학을 공부하기로 결정했다. 그 대학에서 그의 활동은 처음에는 언론의, 그다음에는 국가기관의 주목을 끌었다. 1986년 여름, 경찰이 사소한 일로 트집을 잡아 그를 체포했다. 전해지는 바에 따르면, 그에 대한 혐의는 그가 "나는 터키 국가(Turkish nation)의 일원이고, 또한 이브라힘(Ibrahim) 공동체의 일원이다"라고 말했던 것과 관계가 있었다. 그는 짧은 수감 생활 후에 정신병동으로 옮겨졌는데, 그곳

기독교인들 사이에서 다윈주의에 대한 초기 대응에 대해 다음을 보라. Adel A. Ziadat, *Western Science in the Arab World: The Impact of Darwinism, 1860-1930* (New York: St. Martin's Press, 1986).

52 Arthur M. Shapiro, "Fundamentalist Bedfellows: Political Creationism in Turkey," *NCSE Reports* 19 (November/December 1999): 15-17, 인용은 p. 16 (신비).

에서—그 자신의 보고에 따르면—"발목이 침대에 쇠사슬로 묶였고, 잔인한 취급을 당했다." 그는 처음에는 편집적 정신분열증 환자라는 진단을 받았지만, 국립 법의학회는 최종적으로 그가 단지 "열광적인 이상주의자"일 뿐이라는 결정을 내렸다. 의지에 반하여 감금되어 있는 동안 그는 "터키 사회에서 진화론과 물질주의를 뿌리 뽑겠다"고 맹세했다. 1990년에 있었던 BAV의 설립은 옥타의 행위들에 대한 의혹의 수준을 높여주었을 뿐이었다. 그가 특별히 부유한 가정 출신의 제자들을 뽑아서 밀교 같은 조직을 키워가는 경향을 보였기 때문이었다. 1991년에 BAV가 성공적으로 돈을 모은 것으로 인해 그 단체를 범죄조직이라고 간주했던 경찰은 1백 명 이상의 회원들을 유치장으로 끌고가 심문했다. 옥타 자신은 코카인을 소유하고 사용했다는 혐의를 받았는데, 그는 비밀경찰이 도서관에 있는 자신의 책들 중 하나에 그리고 자신의 음식에 코카인을 집어넣었다고 주장했다. 석방된 후 그는 자신이 디자인하고 직접 지은 아름다운 울타리가 쳐진 별장에서 당분간 은둔생활에 들어갔는데, 그곳은 보스포루스 해협이 내려다보는 언덕 위에 있는 아시아 풍의 집이었다. 때때로 그는 이스탄불 외곽에 있는 BAV 소유의 궁궐 같은 휴양지인 "더 팜"을 방문했다. 그는 인터뷰하는 것을 거부했다. 자신이 말한 것이 자신을 공격하는 것으로 잘못 사용될까 두려워했기 때문이었다. 그런 조심성에도 불구하고, 1999년 11월에 그는 다시 체포되었다. 혐의는 재정적 부패와 그의 조직을 지원하기 위한 갈취 행위였다. 수사당국이 자백서에 서명하라고 그에게 압력을 넣었던 7일 동안, 그는 수갑을 차고 잠을 자지 못한 채 차가운 돌바닥에 앉아 있었다. 세속 신문들은 그를 마피아와 연관된 한 아름다운 여인과 연결시키려고 시도했다.[53]

---

53 전기적인 세부사항은 Adnan Oktar와 Mustafa Akyol의 December 18, 2000의

그런 가혹한 취급을 당했음에도 옥타는 잠잠하지 않았다. 하룬 야햐를 저자로 표기하는 책이 줄지어 등장했다. 최종 집계된 책들의 숫자는 200권에 육박했고, 이런 결과 앞에서 비평가들은 한 사람이 그 모든 책들을 저술하고 있지는 않을 것이라고 의심했다. 그의 책들 중에서 가장 큰 스캔들을 일으켰던 것은 『날조된 홀로코스트』(*Holocaust Hoax*)였는데, 그 책은 "소위 홀로코스트"란 것을 "이스라엘 국가를 건립하기 위해 세계 여론을 몰아가려고 시도하는, 시온주의자들이 사용하는 거짓말과 선전의 도구"라고 묘사했다. 그러나 하룬 야햐의 명성을 다른 어떤 것보다도 높여준 책은 『진화는 기만이다: 다윈주의와 그것의 이데올로기적 배경의 몰락』(*The Evolution Deceit: The Collapse of Darwinism and Its Ideological Background*, 1997)이었다. 이 책에서 그는 진화에 대한 자신의 반감에 대해 설명했다. 그는 진화는 알라의 존재를 부정하고, 도덕적 가치를 폐기하며, 공산주의와 유물론을 증진시킨다고 했다. 옥타는 물질주의뿐만 아니라 물질 자체를 거부했다. 그는 기독인 과학자인 메리 베이커 에디(Mary Baker Eddy)를 연상시키는 언어로 "세상의 모든 사건들은 단지 상상일 뿐"이라고 역설했다. 그는 계속해서 주장했다. "외부 세계는 알라에 의해 우리의 영혼 안으로 영원히 제시되는 이미지들의 모음일 뿐이다." 2000년 말에 BAV와 그것에 동조하는 단체들은 『진화는 기만이다』를 수백만부나 무료로 배부했고, 윌리엄 클린턴(William J. Clinton), 앨 고어(Al Gore), 리처드 기어(Richard Gere) 같은 유명인사들에게 특별 증정본을 보냈다. 몇 년 후에 번역가들은

인터뷰에 기초하고, 전기적인 스케치는 www.harunyahya.net에 묘사된 내용: "The Author's Biography: The Story of Adnan Oktar's Life & Ministry"으로부터 왔다. 내가 Oktar와 인터뷰를 하던 바로 그날 태블릿 신문 *Sabah*는 마피아 단원이라고 비난받는 사람의 아들과 데이트하는 어떤 여인을 Oktar와 연결시키는 이야기를 첫 면에 사진까지 넣어 보도하고 있었다.

그 책을 아랍어로부터 우르두어(Urdu, 파키스탄의 공용어—역자 주)에 이르기까지 대략 20개의 언어로 번역했다.[54]

1998년에 정부 정책이 진화론을 다시 교실 안으로 들여오려는 쪽으로 변화되자, BAV는 부유한 회원들과 지원자들의 지지를 받으면서 "다윈주의에 반대하는 대규모 지적 캠페인"이라고 부르는 운동을 시작했다. BAV는 "터키의 모든 골목마다"『진화는 기만이다』를 배포해 토대를 마련한 후, 1998년 4월에는 이스탄불에서 세간의 이목을 끄는 회의를 여는 것을 시작으로 전국에 걸쳐 충분한 자금 지원을 받는 일련의 창조론 컨퍼런스를 개최했다. ICR의 보고에 따르면, 그 이벤트는 "진화론의 몰락: 창조라는 사실"(The Collapse of the Theory of Evolution: The Fact of Creation)을 표어로 내세우면서 이스탄불 대학의 터키인 과학자 세바 바부나(Cevat Babuna)는 물론이고 ICR의 미국인 듀안 기쉬와 케네스 커밍(Kenneth Cumming)까지 등장시켰다.

> 컨퍼런스가 열리던 그날, 터키의 주요 일간지들에 전면광고가 실렸다. 도시의 모든 버스의 뒷 유리창에 포스터가 붙었고, 회의가 열리기 이틀 전에는 80쪽짜리 소책자 20만 부가 인쇄되어 두 개의 신문사의 모든 구독자에게 배부되었다! 기쉬 박사와 커밍은 둘 다 TV 토크쇼의 초대 손님이었고, 그들의 인터뷰 내용은 국영 신문의 뉴스 칼럼난에 게재되었다. 그 결과 청중들이 차고 넘

---

54 Harun Yahya, *The Evolution Deceit: The Collapse of Darwinism and Its Ideological Background*, trans. Mustapha Ahmad (London: Ta-Ha Publishers, 1999; first published in Turkey in 1997), pp. 1-2 (알라와 공산주의), 191 (상상); Mustafa Akyol의 December 18, 2000 (수백만 부). *The Holocaust Hoax*에 대한 묘사는 연대 미상(대략 2001)의 Vural Publishing book catalogue, *Books by Harun Yahya*에 나온다.

쳐서 대강당 1200석은 더 이상 자리가 없었고, 300명 정도로 추정되는 나머지 사람들은 라운지에서 폐쇄 회로 TV를 통해 시청했다.

정확하게 3개월 후에 BAV는 "유명한 지질학자" 존 모리스를 포함해 거의 10명의 미국인 창조론자들을 초청해 마찬가지로 성공적이었던 후속 컨퍼런스를 개최했다. 1년 안에 터키창조과학재단(BAV)은 터키 전역에서 6번의 컨퍼런스를 개최했고, 그때마다 수백 명에서 수천 명까지 청중을 동원했다. 제일 인기가 많았던 강사는 미국에서 고등교육을 받았던 안과 의사인 외머 첸커 일리칼리(Ömer Cenker Ilicali)였다.[55]

비록 옥타와 BAV에 있는 그의 동료들은 자신들이 평화를 사랑하고 현대 과학과 심미적인 세계에 개입하는 일에 열심을 가진 "온화한 무슬림들"이라고 생각했지만, 비판자들은 그들을 위험한 근본주의적 밀교 조직이라고 비난했다. 그런 반응을 주도하는 이들은 터키과학아카데미(Turkish Academy of Sciences, TUBA)의 정회원들과 다른 몇몇 과학자들이었는데, 그들은 군대 안에 있는 세속주의자들의 조용한 지원을 받고 있었다. 정치권에서 벌어진 암살 사건이 종종 신문의 헤드라인을 장식하던 시대에 양쪽 모두 물리적 폭력을 두려워할 만한 충분한 이유를 가지고 있었다. 실제로 BAV에게 괴롭힘을 당했던 의학자이자 노골적 진화론자인 위미트 사인(Ümit Sayin)은 그 갈등이 "내전이 될지도 모르며…많은 피를 흘리는…생

---

55 Sayin and Kence, "Islamic Scientific Creationism," p. 25; "The Author's Biography" (campaign); Yahya, *The Evolution Deceit*, pp. 220-23 (conferences); "'Evrim Teorisi'nin Çŏküçü': A Creation Conference in Turkey," *Acts & Facts* 27 (June 1998): 1; Ömer Cenker Ilicali의 2000년 12월 18일자 인터뷰. 다음도 보라. "ICR Assists in Turkish Creation Movement," *Acts & Facts* 27 (September 1998): 1; 그리고 John D. Morris, "President's Column," ibid., pp. 2-3.

과 사의 문제가 될 수도 있다"라고 걱정했다. 때때로 BAV는 진화론을 옹호하는 활동가들의 사진을 광장에 걸어놓고 그들을 "모택동주의자들"이라고 비난했다. 1999년에 사인을 포함해 타깃이 되었던 진화론자들은 BAV를 명예훼손으로 고소해 몇 천 달러의 손해배상을 받았다. 이런 상징적인 승리에도 불구하고, 진화론자들은 이슬람적 창조론과 벌인 대규모 전투에서 패배했다. 낙담한 사인은 2004년에 이렇게 말했다. "이제 창조론자들에 대한 투쟁은 더 이상 없습니다. 그들이 승리했습니다. 1998년에 나는 터키 과학아카데미의 6명의 회원에게 동기를 부여할 수 있었습니다. 그러나 오늘 저를 도와주는 사람은 아무도 없습니다. 그들은 이슬람 근본주의자들과 BAV로부터 공격을 당할까 봐 두려워합니다." 학교들은 더 이상 진화를 가르치지 않았고, 그 나라의 많은 정치적 지도자들은 진화를 "거짓"이라고 여기게 되었다.[56]

21세기 초에 BAV는 국제무대에서도 점점 더 활동적이 되었다. 그런 결과는 부분적으로는 그것의 공격적인 번역 프로그램으로부터 왔지만, 주된 이유는 예상치 못했던 인터넷의 사용이었다. 한 기자가 언급했듯이, 후자가 옥타를 "바로 그 최신 기술의 사용에 활동 기반을 둔 최초의 이슬람계 지식인"으로 만들어주었다. 처음에 BAV는 선교 활동의 초점을 터키 공화국과 발칸 반도 안에 있는 무슬림들에게 두었다. 그러나 이제 그

---

56 Oktar의 2000년 12월 18일자 인터뷰(온화한 무슬림); Sayin and Kence, "Islamic Scientific Creationism," pp. 25-26 (모택동주의자); Ümit Sayin, December 10, 2000과의 대화(내전과 군대); Koenig, "Creationism Takes Root," pp. 1286-87; Tony Ortega, "Your OFFICIAL Program to the Scopes II Kansas Monkey Trial," *The Pitch*, May 5, 2005 (Sayin의 인용). 2000년 가을, BAV의 타겟 중의 하나였던 이스탄불 대학 과학부의 학장 Dinçer Gülen은 나를 창조론 역사에 대한 강의로 초대했고, 내가 이스탄불에 머무는 동안 "Bosphorus 해변가에 있는 대학 게스트 하우스의 방"을 사용하도록 해주겠다고 약속했었다. 그러나 BAV의 회원들과 인터뷰를 하겠다는 나의 의도를 알았을 때, 그는 그 초대를 철회했다.

들은 재빨리 목표를 확장해 전세계의 무슬림에게 도달하려고 했다. 일리칼리(Ilicali)를 포함한 강사진은 창조론 메시지를 싱가포르, 브루나이, 말레이시아 등에 전달했다. 2003년에 BAV는 "영국 원정: 다윈주의의 고향에서 그것에 도전하기"(British Expedition: Challenging Darwinism in Its Homeland)라는 목표를 공표한 후, 그것을 위해 영국의 5개 대학에 있는 이슬람 학생 조직들과 협력하기로 했다. 다음 해 더반(남아프리카 공화국 제2의 항구도시)에 본부를 둔 알안자르재단(Al-Ansaar Foundation)은 "하룬 야햐의 사역에 기초를 둔" 일련의 컨퍼런스를 더반, 케이프타운, 요하네스버그 등을 포함한 남아프리카 공화국의 주요 도시들에서 개최하도록 지원했다.[57] 2001년 9월 11일에 이슬람 테러리스트들이 뉴욕의 월드 트레이드 센터 건물을 파괴해 수천 명을 죽인 직후, 옥타는 그런 테러리즘뿐만 아니라 반유대주의 자체를 비난했다. 그는 자신이 반대하는 것은 시온주의이지 유대인들이 아니라고 주장했다.[58]

여러 해 동안 BAV는 기독교의 젊은 지구 창조론자들과 우호적인 관계를 유지했고, 컨퍼런스에서 그들을 축하하고 그들의 책을 번역했으며, 그들의 메시지를 이슬람 세계에 전했다. 그러나 똑같이 비타협적인 기독교와 이슬람 근본주의자들 사이의 파트너십이 불안정할 수밖에 없다는 것은 쉽게 이해될 만한 일이었다. 복음주의자인 헨리 모리스는 쿠란이 6일간의 창조를 가르치는 것은 기뻐했지만, 그것이 "예수께서 하나님의 아들

---

57 Martin Riexinger, "The Islamic Creationism of Harun Yahya," *ISIM Newsletter* (December 2002): 5 (인터넷), International Institute for the Study of Islam in the Modern World, Leiden, the Netherlands; Mustafa Akyol to RLN, January 2, 2002, 그리고 October 4, 2003 (강사들). 또 다음을 보라. www.harunyahya.net.

58 나는 읽지 않았지만, Harun Yahya, *Islam Denounces Terrorism*을 보라. 또한 www.islamdenouncesantisemitism.com을 보라.

이심"을 부정하는 것에 대해서는 반발했다. 그는 무슬림 친구들을 설득시킬 수 없을 것으로 추정되는 언어로 이렇게 말했다. "무함마드는 죽었고, 예수님은 살아계십니다!…무함마드가 우리를 사랑합니까? 알라가 우리를 사랑합니까? 전혀 그렇지 않습니다!" 무슬림들을 향한 그의 충고는 "그리스도를 구주로 영접하라"는 것이었다. 옥타는 ICR이 진화에 적극적으로 반대하고 자신의 도움 요청에 친절하게 응해주는 것에 감사했다. 하지만 쿠란의 무오성을 믿는 사람으로서 그는 젊은 지구론이나 창조 때의 하루가 24시간이라든가 또는 홍수가 전지구적인 사건이었다는 등의 주장에는 동의할 수 없었다. 모리스와는 대조적으로, 그는 빅뱅 우주론, 40억 년이라는 지구의 나이, 그리고 방사능 연대측정 방법의 증거 등을 수용했다. 또 그는 시초에 창조되었다는(쿠란에 따르면 알라가 창조했다) 동물과 식물들의 종들의 단위는 열려 있는 과학적 질문의 대상으로 간주했고, 노아의 대홍수는 메소포타미아 지역에 한정된 것으로 보았다.[59]

그러므로 옥타는 철학적 및 신학적으로 볼 때 젊은 지구 창조론자들보다는 지적 설계 옹호론자들에게 훨씬 더 가까웠다고 할 수 있다. 처음에 ID 이론의 지도자들은 BAV의 접근에 대해 차갑게 반응했지만, 시간이 지나면서 BAV를 친절하게 포용하게 되었고, 마침내 하룬 야햐의 웹 사이트를 "이슬람적인 지적 설계 사이트"라고 인정하기에 이르렀다. BAV의 동조자이지만 옥타와의 관계를 끊은 터키 작가 무스타파 아키욜(Mustafa Akyol,

---

59 Henry Morris, "An Open Letter to American Muslims," *Back to Genesis No. 158*, *Acts & Facts* 31 (February 2002)의 삽입문: a-c; Adnan Oktar와 Mustafa Akyol의 2000년 12월 18일자 인터뷰. 노아 홍수의 확장에 대해 다음을 보라. Harun Yahya, *Perished Nations*, trans. Mustapha Ahmad (London: Ta-Ha Publishers, 1999; 터키어 초판은 1995), pp. 17-18. *The Evolution Deceit*의 초판은 방사능 연대측정법과 오랜 지구를 의문시 했지만, 이후에 발행된 책에서 그 자료들은 제거되었다.

1920-)은 2005년 5월에 캔자스 주 교육위원회 앞에서 다윈주의를 반대하고 지적 설계를 옹호하는 증언을 했다. 미국의 심장부에서 행해진 그의 증언은 신보수주의자들 사이에서 중도주의와 연합주의의 대변인으로서 점점 커지는 그의 명성을 더욱 높여주었지만, 지역신문은 그를 거칠게 대접했고—어느 잡지는 원숭이 인간의 "터키 커넥션"이라는 표현을 사용했다—옥타는 그가 지적 설계론이라는 이교를 지지했다고 공개적으로 꾸짖었다. 그 분개한 (아마도 질투하는) BAV 지도자는 이렇게 선언했다. "어떤 무슬림도 '알라가 창조했다'라고 말하는 대신 '지적 설계라는 것이 있다'라고 말하지 않을 것입니다." 그는 아키욜에게 노골적으로 이렇게 썼다.

> 지적 설계를 지지하는 무슬림은 그들의 서구의 상대자들이 택하는 스타일을 흉내 내려하고 있고, 알라의 이름을 언급하는 것을 조심스럽게 회피하고 있습니다.…그러나 자신이 무슬림이라고 주장하는 어떤 사람이 "알라가 창조했다"라는 말을 계속해서 회피하고, 그 대신에 "어떤 권능이 창조했다"라고 말하거나 "지적 설계의 작품" 등의 개념을 사용하는 것은 받아들일 수 없습니다. 이것은 그 어떤 무슬림도 수용할 수 없는 접근방식입니다.

옥타에게 지적 설계는 "사탄의 또 다른 덫"이었을 뿐이다. 이 무렵 (아마도 그보다 더 빨리) 옥타는 자신을 마흐디(Mahdi)와 동일시하고 있었는데, 마흐디는—몇몇 예언적인 이슬람 작가들에 따르면—마지막 때에 예언자 예수께서 길을 안내하기 위해 돌아오시기 직전에 지상에 나타날 구원자였다.[60]

---

60 Mustafa Akyol의 2000년 12월 18년, 2006년 1월 19일자 인터뷰; Akyol, "Why

이슬람 세계에서 다윈주의와 다윈주의자들은 BAV의 영향력을 넘어선 곳에서도 일을 잘 해내지 못했다. 1989년에 수단에서 발생한 특별히 악명 높은 사건 하나가 있었다. 군사 쿠데타 끝에 국가이슬람전선(National Islamic Front)이 권력을 장악한 직후, 명백하게도 대학 동료교수의 제보에 의해 카툼 대학의 이슬람 생물학자인 파룩 이브라힘 엘 누르(Farouk Ibrahim el Nur)가 체포되어 고문당했는데, 이유는 그가 진화를 가르쳤다는 것이었다. 그는 감옥에서 석방된 후에 이렇게 말했다. "나는 몽둥이로 맞고, 발로 채이고, 얼굴과 머리에 주먹질을 당했고, 전문적인 고문 기술자들에 의해 몸 여기저기 고문을 당했습니다. 나는 죽인다는 위협을 받았고, 굴욕을 당했고, 다른 종류의 고문에 굴복해야 했습니다." 그보다는 덜 심각하지만 마찬가지로 비슷한 내용을 폭로하는 사건이 2001년에 사우디아라비아에서도 발생했다. 종교 법정이 일본의 포켓몬 게임을 비난한 후에, 이슬람 종교당국은 그것을 금하는 "파트와"(fatwa, 이슬람법에 따른 결정이나 명령—역자 주)를 선언했다. 그 이유는—어떤 쉐이크(sheik, 아랍권에서 가장, 수장, 족장—역자 주)가 설명한 대로—그 게임의 캐릭터들이 찰스 다윈의 이교적 견해에 기초한 것으로 보였기 때문이었다.[61] 남동부 아시아의 무슬림

Muslims Should Support Intelligent Design," 이것은 www.intelligentdesignnetwork.org에서 읽을 수 있고, www.harunyahya.com을 "이슬람적 지적 설계 사이트"라고 확인해준다; Akyol의 Oktar와의 절연에 대해 다음을 보라. Mustafa Akyol, 편집자에게 보낸 편지, *The Pitch*, May 19, 2005. 다음도 보라. Akyol, "Under God or Under Darwin? Intelligent Design Could Be a Bridge between Civilizations," December 2, 2005, www.nationalreview.com. 자신이 구세주라고 주장하기 일보 직전에 멈춘 Mahdi의 진술에 대해 다음을 보라. "An Interview with Harun Yahya," at www.harunyahya.com.

61 Human Rights Watch/Africa Watch가 보고한 Sudan 사건의 설명은 www.thefileroom.org에서 볼 수 있다. 포켓몬 사건에 관련하여 다음을 보라 Caroline Hawley, "Saudis to Stamp out Pokemon," BBC News Online, March 29, 2001, http://news.bbc.co.uk. 사우디아라비아에 대한 ICR의 영향을 다음에서 보라. "Creation Seminars in Saudi

들 사이에서 반진화주의 정서는 동일하게 강력했다. 말레이시아의 개혁자들이 1980년대에 공립학교의 커리큘럼을 이슬람에 유리하도록 변경시켰을 때, 그들은 진화의 모든 가르침을 제거하고 인류의 신적 기원을 강조했다. 한 슬픔에 찬 교육자는 이렇게 썼다. "말레이시아의 학교과학은 사실상 창조과학이다."[62]

유대교 세계

유대교 세계 안에서의 반진화론자들의 활동은 정통주의 단체 내의 일부에 국한되어 있었다. 20세기 말까지도 정통 유대인들은 기독교 창조론자들에게—혹은 실제로는 진화론에 반대하는 어떤 종류의 과학적 논증에도—관심을 갖지 않았다. 극단적 정통주의자들은 토라에 기초한 사회 안에서 살았고, 문화적으로 현대 사회와 격리되어 있었다. 그들이 과학과 관계를 갖기 시작했음을 보여주는 첫 번째 징조는 1976년에 등장한 책 『도전: 과학과 그것의 문제들에 대한 토라의 견해』(*Challenge: Torah Views on Science and Its Problems*)였다. 그 책은 영국에 거주하는 두 명의 정통주의 유대인들이 편집했는데, 그들은 랍비 아리예 카르멜(Aryeh Carmell)과 물리학자 키릴 돔(Cyril Domb)이었다. 돔은 정통주의 유대인 과학자 협회(Association of Orthodox Jewish Scientists)의 회원이었다. 그 책에 기고

Arabia," *Acts & Facts* 28 (January 1999): 1.

62 Seng Piew Loo, "Scientific Understanding, Control of the Environment and Science Education," *Science & Education* 8 (1999): 79-87, 인용은 p. 86. 인도의 이슬람적 창조론의 사례를 Mohammed Shihabuddin Nadvi의 후기 저작인 *Evolution or Creation* (Bangalore: Furqania Academy Trust, 1998)에서 보라.

한 사람들 중에는 MIT에서 공부한 물리학자 리 스페트너(Lee M. Spetner, 1927)가 있었는데, 그는 젊은 지구 창조론자들로부터 진지한 주목을 받은 최초의 유대인이었다. 그가 최근에 펴낸 책 『우연이 아니다: 현대 진화론 깨기』(*Not by Chance: Shattering the Modern Theory of Evolution*, 1996)는 어느 창조론 과학자로부터 "신다윈주의 이야기의 심장에 치명타를 날렸다"는 환호를 받았다. 스페트너는 존스홉킨스 대학의 응용 물리학 연구실에서 거의 20년 동안 일한 후에, 1970년에 이스라엘로 이주해 무기 연구소에서 근무하면서 취미삼아 진화론의 확실한 결함을 찾는 일에 몰두했다. 탈무드와 미드라쉬 문서들에 의존해 시초에 창조된 동물들과 새들의 종류의 숫자(각각 365)를 계산했던 랍비 다비드 루리아(David Ruria, 1798-1855)의 저술에서 영감을 얻은 스페트너는, 그가 일컫는바 "임의적이지 않은 진화 가설"(nonrandom evolutionary hypothesis)을 찾아냈다. 기독인 젊은 지구 창조론자들처럼 스페트너도 "소진화"의 증거는 수용했고, 그것을 라마르크식의 획득 형질의 유전 탓으로 돌렸다. 그러나 그는 "대진화", 즉 공통 혈통에 기초한 "거대한 범위의 진화"는 거부했다. 창조과학재단(Creation Science Foundation)의 설립자인 칼 위랜드(Carl Wieland)는, 스페트너의 가설이 "모든 진화론적 작동방식을 단단히 혼내주었다"라고 거침없이 표현했다.[63]

---

63 Aryeh Carmell and Cyril Domb, eds., *Challenge: Torah Views on Science and Its Problems* (Jerusalem: Feldheim Publishers, 1976); Lee M. Spetner, *Not by Chance! Shattering the Modern Theory of Evolution* (Brookklyn, NY: Judaica Press, 1997), pp. iii-ix (전기), 209-12; Carl Wieland, Review of *Not by Chance!, Creation Ex Nihilo* 20 (Dec. 1997-Feb. 1998): 50-51 (death-blow, blown out of the water). 다음도 보라. "Interview: Lee Spetner," *Shabbat Shalom: A Journal of Jewish-Christian Reflection* 47 (Spring 2000): 4-6. 창조론 문헌 안에서 Spetner에 대한 보다 이른 시기의 언급과 관련해서 다음을 보라. Moshe Trop, 편집자에게 쓴 편지, *Creation Research Society Quarterly* 20 (1983-

2000년에 이스라엘과 미국에 있는 일군의 유대인 반진화론자들이 호주의 창조과학재단(CSF)을 연상시키는 토라과학재단(Torah Science Foundation, TSF)을 설립했다. 그 단체의 설립 배후에는 "지난 세기의 가장 강력한 정통주의 지도자"였고 루바비치파 사람으로서 유대인 학교교사였던 레나헴 멘델 슈네슨(Menachem Mendel Schneerson, 1902-1994)의 영향력이 작용했다. 우크라이나에서 태어나 1941년에 뉴욕의 브루클린으로 이주한 슈네슨은 현대 과학의 불확실성을 강조하기를 좋아했다. 그는 극단적인 문자주의자였고 토라의 이름으로 지구중심설을 변호했다. 진화의 문제와 관련해 슈네슨은 젊은 지구 창조론자들과 대담성에 있어서 어깨를 나란히 하면서, 하나님이 화석들을 아마도 5,800년 이전에 창조하셨을 것이라고 주장했다. 많은 기독교 근본주의자들처럼 "과학을 비방하거나 과학적 방법을 불신하는 것"을 원하지 않았던 그는, 진화는 과학과 아무런 관계가 없다고 주장했다. 1962년에 그는 걱정하는 추종자들에게 편지를 쓰면서 이렇게 선언했다. "당신들이 아직도 진화론 때문에 근심에 차 있다면, 나는 당신들에게 어떤 모순도 없이 말씀드릴 수 있습니다. 진화는 그것을 지지해주는 한 조각의 작은 증거도 갖고 있지 않습니다.…진화는 그 어떤 실재하는 과학적 기초도 갖고 있지 않습니다." 그 하시디즘파 랍비의 견해는—『도전』(*Challenge*)의 2쇄에서 확인되는 것처럼—토라과학재단

---

84), 121-22. 토라에 기초한 정통 유대교 세계에 대해 다음을 보라. Michael Rosenak, "Jewish Fundamentalism in Israeli Education," in *Fundamentalism Project* (Chicago: University of Chicago Press, 1993), pp. 374-414. 창조에 대한 전통적 유대교적 입장에 대해 다음을 보라. Norbert M. Samuelson, *Judaism and the Doctrine of Creation* (Cambridge: Cambridge University Press, 1994). Tamar Rudavsky and Geoffrey Cantor가 여러 가지 유익한 제안을 해준 것에 감사한다. 20세기 이전 영국에서 유대교와 과학의 역사에 대해 다음을 보라. Cantor, *Quakers, Jews, and Science: Religious Responses to Modernity and the Sciences in Britain, 1650-1900* (Oxford: Oxford University Press, 2005).

(TSF)에 방향을 제시했다. 실제로 한 회원은 그 어떤 이도 슈네슨보다 TSF에 더 큰 영향력을 행사하지 못했다고 증언했다. 헤르만 브래노버(Herman Branover, 1931-)도 그 단체의 리더였는데, 그는 벤구리온 대학의 물리학 교수였고 루바비치파에 속했다. 그는 얼마 동안 슈네슨의 과학 분야의 수석대변인으로 일했고, "토라와 과학의 관계에 대한 랍비의 가르침을 미국, 이스라엘, 그리고 구소련에 있는 청중들에게 널리 알렸다."[64]

TSF의 또 다른 리더이면서 예루살렘에 거주했던 사라 이디트 수산 슈나이더(Sarah Idit Susan Schneider, 1951-)는 1984년에 이미 토라와 과학을 융합시켜, 그녀가 "진화론적 창조론"(Evolutionary Creationism)이라고 부르는 것을 만들어냈다. 그녀는 "창조론이 그 주제에 대한 토라의 전통적인 해설 및 전망과 합치되지 않는다"는 이유로 그것을 거부했다. 그러나 그녀는—슈페트너와 마찬가지로—(수용할 수 있는) 소진화와 (수용할 수 없는) 대진화를 구분하면서 과학적 창조론자들을 뒤따랐다. 토라를 주의 깊게 읽고서 그녀는 "동물 유형들의 넓은 범주"가—특별히 "인간들과 원숭이들"이—하나의 공통 조상을 갖는다는 사실을 부정하게 되었으며, 5,800년 이전에 하나님이 아담의 창조자로서의 역할을 수행하셨다고 주장했다. TSF의 회장인 엘리에제르 에두아르도 차이거(Eliezer Eduardo Zeiger)는 캘리포니아 대학의 생태학 및 진화 생물학 교수였는데, 그도 대단히 비슷한 것

64 Alexander Nussbaum, "Creationism and Geocentrism among Orthodox Jewish Scientists," *NCSE Reports* 22 (Jan-Apr. 2002): 38-43, 인용은 p. 39; M. M. Schneerson, "A Letter on Science and Judaism," in *Challenge*, ed. Carmell and Domb, pp. 142-49. 또 Schneerson의 에세이 "The Weakness of the Theories of Creation" (1962)를 www.daat.ac.il에서 보라. 토라 과학에 미친 Schneerson의 영향을 www.torahscience.org에 있는 Tsvi Victor Saks의 진술에서 보라. Schneerson의 이름은 자주 Schneersohn으로 표기되기도 하는데, 그는 분명히 전자의 철자를 더 좋아했다. Branover에 대해 *Torah Science Foundation Newsletter* 1 (Sept. 2001), www.torahscience.org을 보라.

을 옹호했고, 그것에 "코셰르(Kosher, 유대교 율법에 따라 만든—역자 주) 진화" 라는 별칭을 붙였다. 슈나이더와 슈페트너처럼, 그도 역시 소진화를 수용하고 대진화를 거부하는, 이제는 흔한 것이 된 창조과학의 책략을 채택했다. 그럼에도 차이거 역시 자신의 견해가 과학적 창조론과 구분된다고 주장하면서, 자신의 견해는 "카발라(Kabbalah)와 하시디즘적인(Chassidic) 철학을 포함하고 있는 토라의 내적 지혜에 접근해 있다"라고 강조했다. 비록 그는 (슈페트너와 함께) 2005년도 과학과 토라 컨퍼런스에서 지적 설계론자인 윌리엄 뎀스키(William A. Dembski)와 콤비를 이루었지만, 지적 설계론 자체는 거부했다. 그는 지적 설계론이 "과학적 방법을 사용해 창조자의 존재를 증명"하려고 시도한다고 비판했다.[65]

반진화주의 정서는 때로는 이스라엘의 대중문화와 교차되기도 했다. 예를 들어 1992년에 펩시콜라의 광고와 관련해 큰 소동이 일어났다. 그 광고는 원숭이가 한 이스라엘인으로 진화해 신선한 펩시콜라 캔을 들고 있는 장면을 묘사했기 때문이었다. 예루살렘 종교회의(Religious Council of Jerusalem)는 펩시콜라 회사를 비난했고, 한 랍비는 "유대교는 인간과 원숭이의 연관성을 인간에게 영광스러운 것으로 여기지 않는다"라고 선언했다. 바로 그다음 해에 「예루살렘 포스트」(*Jerusalem Post*)는 한 극단적인 정통주의 단체가 제품의 판매를 위해 공룡의 상징을 사용하는 어느 목장에 대해 "코셔" 인증을 철회하겠다고 위협했다고 보도했다. 그 단체의 대변

---

65 Schneider의 견해는 www.orot.com에서 보라. Zeiger의 견해에 대해 *TSF Newsletter* 3 (Dec. 2003)을 www.torahscience.org에서 보라. Zeiger와 Dembski에 대해 http://cas.fiu.edu를 보라. 다음도 보라. James D. Davis, "Orthodox Jews in S. Florida Join Debate on Evolution vs. Intelligent Design," *South Florida Sun-Sentinel*, December 12, 2005, at www.sun-sentinel.com. Marc Swetlitz가 이 논문에 대한 나의 관심을 불러일으켰다.

인은, 그 목장이 배포하는 공룡 스티커를 받은 자녀들이 멸종된 동물들을 알아보려고 백과사전을 찾는 중이라고 부모들이 항의하고 있다고 말했다. 또한 그 대변인은 그런 참고 서적들이 문제가 되는 것은 그것들이 공룡들이 "1백만 년 전에 살았다고 주장하는 반면, 우리는 하나님이 세계를 5,753년 전에 창조하셨다고 믿기 때문"이라고 했다. 보다 덜 극단적인 목소리는 공룡들에 대한 관용을 요청했다. 한 보수적인 랍비는 "만일 그 극단적 정통주의 유대교 단체가 공룡의 존재에 대한 과학적 증거를 무시하기를 원한다면, 그것은 그들의 권리다. 그러나 어떤 강요나 강압을 강력하게 거부하는 것은 세속의 대중들과 계몽된 종교인들의 의무다"라고 주장했다.[66]

이스라엘의 모든 학교들은 관례적으로 진화를 가르쳤지만, 극단적 정통주의 기관들은 지구상의 첫 거주자들이 최근에 창조되었다고 곧잘 주장했으며, 대체로 현대 과학 전체를 무시했다. 또한 극단적인 정통주의자들은 공적 영역에서 진화가 논의되는 것을 검열했다. 2005년 봄에 20명이 넘는, 존경받는 극단적 정통주의 랍비 그룹은 예루살렘 근처 예쉬바에서 성경적이고 탈무드적인 동물학을 강의했던 자신들의 동료 중 한 사람인 랍비 노손 슬리프킨(Nosson Slifkin)을 비난하는 포스터로 예루살렘 지역을 도배하다시피 했다. 현대 과학과 토라를 화해시키기를 희망했던 슬리프

---

66 "Pepsi Bungles Evolution Ad," *Creation Ex Nihilo* 14 (September-November 1992); Herb Keinon, "Dinosaurs and Kashrut Certificate 'Incompatible,'" *Jerusalem Post*, August 13, 1993, p. 3. 내가 공룡에 대해 관심을 갖게 해준 것은 Ira Robinson, "'Practically, I Am a Fundamentalist': Twentieth Century Orthodox Jews Contend with Evolution and Its Implications"이다. 이 논문은 February 29-March 1, 2004에 애리조나 주립대학의 "Jewish Tradition and the Challenge of Evolution"에 관한 학술회의에서 발표되었다. 이 논문의 출판 버전을 다음에서 보라. Geoffrey Cantor and Marc Swetlitz, eds., *Jewish Tradition and the Challenge of Darwinism* (Chicago: University of Chicago Press, 출간 예정).

킨은, 과학적 데이터는 "세계가 5,765년보다 훨씬 더 오래되었다는 명확한 증거를 육안으로 볼 수 있게 해준다"고 주장하면서 진화와 유대교가 양립할 수 있다고 주장했다. 분개한 랍비들은 슬리프킨을 비난하는 공개서한을 보냈다. 그가 "세계가 수백만 년이나 되었다고 하고—이것은 완전한 넌센스다!—또한 들려져서는 안 되고, 믿어져서는 더더욱 안 되는 다른 많은 것들"을 가르쳤다는 것이었다. 그들은 그의 책을 금서로 지정했고, 그것들은 "소유되어서도, 배포되어서도 안 된다"고 선언했다.[67]

기원 확인 창조론

극단적인 정통주의 유대인들의 창조론은, 인류학자 존 바커(John Barker)가 "기원 확인 창조론"(identity creationism)이라고 부른 것의 한 표현을 보여준다. 미국, 호주 등 다른 곳에 있는 원주민들과 마찬가지로, 유대인들 역시 자신들의 기원을 성경에 기술되어 있는 한 가지 특별한 사건으로 소급시켰다. 창조론자-진화론자의 논쟁을 그저 "서구의 믿음 체계 내부에서 벌어진 말다툼"으로 여겼던 아메리카 원주민 작가 바인 델로리

---

67 Alex Mindlin, "Religion and Natural History Clash among the Ultra-Orthodox," *New York Times*, March 22, 2005, p. D3. 자신의 비판에 대한 Slifkin의 응답을 다음에서 보라. "Response to Cam[aign Package" at www.zootorah.com. 현대 이스라엘 내부의 문화전쟁에 대해 다음을 보라. Noah J. Efron, *Real Jews: Secular vs. Ultra-Orthodox and the Struggle for Jewish Identity in Israel* (New York: Basic Books, 2003). 2005년 Front Page Jerusalem이라는 이름의 이스라엘인을 위한 기독교 라디오 프로그램이 이스라엘의 학교들이 곧 성경적 창조론을 가르치게 될 것이라고 공표했다. 그 방송은 Douglas Clark이라는 이름의 약간 알려진 북미 기독교인이 이스라엘의 교육가들에게 "창세기 창조론"에 대한 자신의 교과과정 자료들을 배포했다고 주장했다. 그러나 그의 주도로 이루어진 것은 명백하게도 아무것도 없었다. www.frontpagejerusalem.com을 보라. 나는 이스라엘 안의 창조론에 대한 정보를 제공해준 것에 대해 Thea Pugatsch, Noah Efron, Marc Swetlitz, 그리고 Robert W. Cahn에게 감사한다.

아(Vine Deloria, Jr., 1933-2005)는 그런 창조 이야기들이 기원을 설명하는 "제3의 방법"—첫째와 둘째는 창조론과 진화론이다—을 제공한다고 보았다. 델로리아는 선사 시대에 대륙이 서로 연결되어 있었을 때 아시아로부터 북미로 건너온 아메리칸 원주민들에 대한 과학적 설명을 "신화"라고 일축하면서, 그 대신 "지구는 모성 혹은 신성의 특별한 계획에 따른 것"이라는 구전에 의존했다. 캐나다 원주민들 역시 자신들의 신성한 역사를 특권적으로 묘사했다. 예를 들어, 브리티시컬럼비아 지역의 누살크 족은 "그들의 가계를 형성한 조상들이 태초에 하늘에 있는 창조자의 집으로부터 내려와 벨라 쿨리 계곡의 여러 장소에 정착하기 시작했다"라고 믿었다. 바커는, 누살크 족이 기독교 창조론자들과는 달리 결코 자신들의 종교적 믿음을 타인에게 강요하려고 하지 않는다고 설명한다. 아마도 이런 차이 때문에, 더 나아가 타문화에 대한 그들의 열린 태도 때문에, 과학자들은 기독교의 창조론보다는 원주민들의 창조론에 더욱 관대한 것처럼 보인다.[68]

기원 확인 창조론의 또 다른 변종은 흑인 무슬림들 사이에 강하게 퍼져 있었다. 이슬람 국가(Nation of Islam, Islamic State와 다른 단체다—역자 주)의 지도자인 엘리야 무하마드(Elijah Muhammad, 1897-1975, Elijah Poole의

68 Barker, "Creationism in Canada," pp. 101-4; Vine Deloria, Jr., *Evolution, Creationism, and Other Modern Myths: A Critical Inquiry* (Golden, CO: Fulcrum, 2002), pp. viii-ix. 다음도 보라. Deloria, *Red Earth, White Lies: Native Americans and the Myth of Scientific Fact* (New York: Scribner, 1995); 그리고 H. David Brumble, "Vine Deloria, Jr., Creationism, and Ethnic Pseudoscience," *NCSE Reports* 18 (November/December 1998): 10-14. 호주 원주민들 사이에서 회자되는 창조론에 대해 다음을 보라. Robert Layton, "The Politics of Indigenous 'Creationism' in Australia," in *Cultures of Creationism*, ed. Coleman and Carlin, pp. 145-64; 서아프리카의 창조론에 대해 다음을 보라. J. Omosade Awolalu and P. Adelumo Dopamu, *West African Traditional Religion*, 개정판 (Lagos: Macmillan Nigeria, 2005), pp. 54-72.

아들)는 스스로 창조된 흑인 국가(Black Nation) 또는 "시초의 인간"(original man)의 기원을 수조 년 전으로 추적해 올라갔다. 그에 따르면, 그 사람들이 우주를 창조했을 뿐만 아니라 백인종도 만들었는데, 그 백인종으로부터 "원숭이들, 유인원들, 돼지들" 등이 유래했다. 엘리야 무하마드는 알라가 자신에게 6,600년 전에 "머리가 큰 과학자"라는 별명을 가졌던 아라비아 원주민 야쿱(Yakub)이라는, 악마적인 신-인(god-man)이 그의 유전학적 지식을 사용해 에게 해의 밧모 섬에서 600년 동안 알을 품는 잔혹한 실험을 행했고, 그 결과 백인(Caucasian)이라고 알려진 창백한 흰색의 인종이 만들어졌다고 알려주었다고 주장했다. 엘리야 무하마드의 제자인 말콤 X(Malcolm X, 1925-1965, Malcolm Little)는 이 창조 이야기를 베스트셀러가 된 그의 자서전을 통해 널리 퍼뜨렸다.[69]

지구를 홍수처럼 덮은 창조론

처음에는 창조론이 미국 밖으로 퍼져나가는 것을 알아챈 사람이 거의 없었다. 그러나 2000년에 영국의 잡지 「뉴 사이언티스트」(*New Scientist*)는 커버스토리를 할애해 "캔자스에서 한국으로, 창조론이 홍수처럼 세계를 덮고 있으므로 이제는 걱정을 시작해야 할 때"라고 경고했다. 그 잡지는 예상치 못한 이런 발전이 거의 "믿을 수 없을 정도"이기는 하나, 창조론

---

69 Elijah Muhammad, *Message to the Blackman in America* (Chicago: Muhammad's Temple No. 2, 1965) pp. 42-43, 53, 103, 110-22; Malcolm X와 보조집필자 Alex Haley, *The Autobiography of Malcolm X* (New York: Random House, 1964), pp. 190-93. 다음도 보라. Michael A. Gomez, *Black Crescent: The Experience and Legacy of African Muslims in the Americas* (Cambridge: Cambridge University Press, 2005), pp. 301-18.

이 "돌연변이를 일으키며 퍼져나가는 중"이고, "이슬람 세계에서도 비슷한 생각을 하는 사람들과 연합하고 있다"라고 보도했다. 그로부터 정확하게 5년 후, 세계 여러 나라의 과학 아카데미들을 대표하는 이들이 진화를 지지하고 "과학적으로 검증되지 않은 이론들"이 세계 도처로 퍼져나가고 있는 것을 개탄하는 성명서에 연대 서명했다.[70] 거의 모든 예상들과 어긋나게, 지리적·신학적·정치적 장벽들은 창조론을 억제하는 데 완전히 실패했다.

---

70 MacKenzie, "Unnatural Selection," pp. 35-39, 그리고 *New Scientist*, April 22, 2000의 표지와 p. 3의 편집자의 말. Interacademy Panel on International Issues, "IAP Statement on the Teaching of Evolution," December 2005, 개인적 사본. 다음도 보라. Gross, "US-Style Creationism Spreads to Europe," pp. R265-66; 그리고 Kutschera, "Darwinism and Intelligent Design," pp. 17-18.

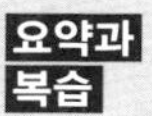

1. 창조론은 대다수 과학자가 방심하는 사이에 세계로 진출했다.

2. 미국과 오스트레일리아의 창조연구소 조직과 그것의 대표자인 헨리 모리스와 듀안 기쉬 등이 세계화의 발판을 놓았다.

3. "창세기 안의 대답"(AiG)은 신시내티를 둥지로 하여 오스트레일리아, 뉴질랜드, 캐나다, 영국, 일본, 남아프리카 공화국 등에 조직적인 네트워크를 구성해 아프리카어, 알바니아어, 중국어, 체코어, 영어, 프랑스어, 독일어, 헝가리어, 이탈리아어, 일본어, 폴란드어, 포르투갈어, 루마니아어, 러시아어, 스페인어 등으로 번역된 책을 배포했으며, 덴마크어, 네덜란드어, 한국어로 된 웹사이트도 운영했다.

4. 데이비드 크랜달(David R. Crandall, 1942-)은 전세계에 퍼져 있는 AiG 조직의 국제 관리자가 되어 백 개가 넘는 나라들의 번역 팀과 긴밀하게 연락하면서 AiG의 국제적 네트워크를 크게 확장시켰다.

5. 영국의 매스컴은 2002년에 진화를 믿지 않는 근본주의적 기독교인들이 국가가 자금을 지원하는 중등학교를 장악했다는 스캔들을 퍼뜨렸다.

6. 러시아 창조과학 협회의 리더였던 드미트리 쿠즈네초프는 1990년대 초에 박사학위를 세 개나 받았다고 주장하며 혈기왕성한 스타-창조론자로 등장했지만, 마침내 그의 자작극과 사기극의 전모가 드러났다.

7. 터키의 이슬람교 교육부 장관은 1980년대에 서구의 한 창조론자에게 전화하여 창조와 진화를 공정하게 가르치는 커리큘럼 작성을 문의했다. 그들은 쿠란에 따라 알라가 세상을 6일 동안 창조했다고 믿기에 서구 창조론자들의 주장이 맞는다고 생각했다.

8. 존 모리스는 “베이징 컨벤션 센터”에서 강연을 했는데, 강연 전에 그는 창조나 기독교에 대해서는 언급하지 않겠다고 서약을 해야 했다.

9. 한국에서 창조과학 수업은 명지대학교에서 처음으로 시작되었고, 2000년에 창조과학회원 수는 1,365명에 달했으며, 수십 권의 창조론 책이 발행되었다. 한국은 영향력에서는 아니라고 해도 밀집도에서는 전세계 창조론의 수도라고 말할 수 있게 되었다.

감사의 글

여러 해 동안 많은 사람들로부터 유용한 도움을 받은 후에, 이제 나는 이 책을 저술하는 데 준 많은 기관과 개인들에게 이 자리를 빌려 공적으로 감사할 수 있게 되어 기쁘게 생각한다. 나는 1970년 여름에 이 연구의 기초가 되는 자료들을 수집하기 시작했다. 당시 나는 앤드루스 대학의 역사학과에서 1년 동안 가르치고 있었는데, 그 대학에서 나의 연구를 위해 파트타임 조교인 탐 개몬(Tom Gammon)을 보내주었고, 그는 제7일안식일예수재림교회가 진화론에 대해 반응했던 역사를 고찰하는 나의 논문을 위해 자료들을 준비해주었다. 10년 후에 위스콘신-매디슨 대학의 대학원 연구 위원회—나는 1974년에 이곳으로 옮겼다—도 대학원생들 가운데 한 명을 조교로 둘 수 있도록 하는 작은 선물을 내게 주었다. 그 조교는 레니 쉐플린(Rennie B. Schoepflin)이었고, 내가 20세기 창조론(creationism)에 관한 논문을 준비하는 데 도움을 주었다. 그런 예비 작업과 나의 동료였던 데이비드 린드버그(David C. Lindberg)의 격려는 내가 책 한 권을 쓸 만한 분량의 연구에 착수할 수 있는 용기를 내도록 확신을 주었으며, 1983년부터 1985년까지 나는 그 연구에 대해 국립과학재단(National Science Foundation, 허가번호 SES-8308523)으로부터, 그리고 위스콘신-매디슨 대학의 대학원 연구위원회로부터 실질적인 지원을 받았다. 지금은 고인이 된 폴 프뤼서(Paul K. Pruyser)와 캔자스 주 토페카에 있는 메닝어 재단(Menninger Foundation)은, 그 당시 고맙게도 우리 집으로부터 멀리 떨어진 곳에 거처를 장만해주었다. 헌터 두프리(A. Hunter Dupree), 데이비드 린드버그, 조지 마스던(George M. Marsden), 그리고 마틴 마티(Martin E. Marty) 등은 내가 재원을 마련하려고 애쓸 때 나를 도와주었다.

위스콘신-매디슨 대학 의학-역사학과의 쥬디트 리비트(Judith Walzer Leavitt)와 다른 동료들은 친절하게도 그들이 (또는 내가) 기대했던 것보다 더 오랫동안 "병리학적인 과학"에 대한 나의 관심에 동참해주었고, 학과장인 캐럴린 해클러(Carolyn Hackler)는 내 표현들을 반복해서 고쳐주었다. 여러 번에 걸쳐서 나는 컴퓨터 전문가인 베르니 로즈모비츠(Bernie Rozmovits)를 불러낼 수밖에 없었으며, 돈 콜리(Dawn Corley), 돈 드랜드(Don DeLand), 팀 크루즈(Tim Kruse), 리사 맥퍼슨(Lisa MacPherson), 사라 패테이커(Sarah Pfatteicher) 등의 검색 기술에 빚을 졌다.

많은 친구들과 몇몇 낯선 이들이 적합한 자료들을 지적해주거나 그 밖에 유용한 정보를 제공해주었다. 한 번도 만난 적이 없는 마틴 핑거(Martin Finger)는 신문에서 오리거나 잡지에서 복사한 많은 자료 꾸러미를 내게 보내주었다. 애즈버리 신학대학의 웨슬리안/성결교 연구 프로젝트와 관련된 윌리엄 코스틀리비(William Kostlevy)와 다른 몇 사람은 성결교와 오순절 전통 안에 있는 창조론 자료들을 내게 소개해주었다. 에릭 앤더슨(Eric Anderson)은 프라이스와 클락 사이의 불미스런 사건에 관련하여 오갔던 서신들을, 파쇄되기 직전에 있었던 퍼시픽유니온 대학 전 총장의 서류철에서 겨우 건져내 내게 전달해주었다. 내게 도움의 손길을 주었던 많은 사람 중 몇 사람의 이름을 여기에 적어본다.

Michele Aldrich, Eileen Barker, Paul Boyer, John Burnham, Lester Bush, Vern Carner, Joel Carpenter, Robert Dott, Marguerite Dupree, William Edmonson, Richard Eyde, Lawrence Friedman, Willard Gatewood, Neal Gillespie, Alan Graebner, Jack Haas, Mark Kalthoff, Donald MacAdams, Benjamin McArthur, Donald McNally, Robert Miller, Gregg Mitman, James Moore, Albert Moyer, Paul Nelson, Lynn Nyhart, Jon Roberts, Ernest Sandeen, Todd Savitt, Robert Schadewald, Roger Schultz, Robert Siegfried, Joseph G. Smoot, Michael Sokal, Lester Stephens, Rodney Stiling, Christopher Tourney, Paul Waggoner, David Watts, George Webb, James Harvey Young.

창조론에 관한 나의 이야기는 대체로 얼굴을 직접 대면하고 진행한 수십 번의 인터뷰들, 그리고 많은 경우 여전히 사유물로 남아 있는 80편이 넘는 소장품들 안에서 찾아낸 원고들과 편지들로부터 이삭 줍듯이 얻은 증거들에 기초해 있다. 여러 창조론자들의 배경과 그들의 신념을 캐묻고 다니는 동안 내게 도움을 주었던 이들에게 감사의 마음을 전한다. 내가 연구한 창조론자들의 이름은 다음과 같다. 이들 중 몇은 이미 세상을 떠났다.

Richard Acworth

E. H. Andrews

Stephen A. Austin

Alonzo L. Baker

James D. Bales

Cordelia Erdman Barber

Russell L. Mixter

Henry M. Morris

Edwin A. Olson

Edgar C. Powell

Bernard Ramm

C. Brandon Rimmer

Douglas A. Block
Clifford L. Burdick
W. Dennis Burrowes
Larry G. Butler
J. Frank Cassel
Alan J. Chapman
Ervil D. Clark
Harold W. Clark
Molleurus Couperus
F. Alton Everest
Duane T. Gish
P. Edgar Hare
Walter R. Hearn
Robert E. Kofahl
J. Laurence Kulp
Walter E. Lammerts
Walter Lang
Frank Lewis Marsh
Richard M. Ritland
Donald H. Rohrer
David T. Rosevear
Ariel A. Roth
Nicolaas A. Rupke
Wilbert H. Rusch
Nell J. Segraves
James R. Sims
Edward J. Specht
C. E. A. Turner
R. D. Walker
David C. Watts
A. J. Monty White
John C. Whitcomb, Jr.
James M. Wiggert
Kurt P. Wise
Davis A. Young

대다수 창조론자들은 나의 전화에 친절하게 응해주었는데, 그들 중 반즈(Thomas G. Barnes), 버그맨(Jerry Bergman), 데이비드하이저(Bolton Davidheiser), 그로즈(Vernon L. Grose), 핸슨(James N. Hanson), 무어(John N. Moore), 섬롤(Jean E. Sumrall), 팅클(Willam J. Tinkle), 워드(Rita Rhodes Ward), 와이송(Randy L. Wysong) 등이 있다. 진화-창조 논쟁에 참여했던

다른 사람들은 나의 질문에 편지로 대답해주었는데, 거기에는 부스(Ernest S. Booth), 존스(Arthur J. Jones), 크레클러(Carl H. Krekeler), 레스터(Lane P. Lester), 스넬링(Andrew Snelling), 와일더-스미스(Arthur E. Wilder-Smith), 원덜리(Daniel E. Wonderly) 등이 포함된다.

또한 많은 아래의 문서 보관소와 도서관들이 소중한 정보를 제공해주었다.

Bernard Acworth Papers(허가권자: Richard Acworth)

American Scientific Affiliation Collection(허가권자: Robert L. Herrman, 지금은 Special Collection, Buswell Memorial Library, Wheaton College에 소장되어 있음)

James D. Bales Papers(허가권자: James D. Bales)

E. S. Ballenger Papers(허가권자: Donald F. Mote)

Charles A. Blanchard Papers, Wheaton College Archives

S. James Bole Papers, Nebraska State Historical Society

Samuel Palmer Brooks Papers, The Texas Collection, Baylor University

William Jennings Bryan Papers, Library of Congress

Clifford L. Burdick Papers(허가권자: Clifford L. Burdick)

Enoch Fitch Burr Papers, Yale University Library

Larry G. Butler Papers(허가권자: Larry G. Butler Papers)

J. Frank Cassel Papers(허가권자: J. Frank Cassel, 지금은 Special Collection, Buswell Memorial Library, Wheaton College에 소장되어 있음)

James McKeen Cattell Papers, Library of Congress

Robert E. D. Clark Papers(허가권자: 고 Robert E. D. Clark)

Howard H. Claassen Papers(허가권자: Howard H. Claassen)

Molleurus Couperus Papers(허가권자: Molleurus Couperus)

J. B. Cranfill Papers, Texas History Center, University of Texas at Austin

Creation/Evolution Archive, Special Collections, Iowa State University Library

Creation Research Society Papers, Concordia Historical Institute

Arthur C. Custance Papers, Special Collections, Redeemer College

James Dwight Dana Correspondence, Yale University Library

Clarence S. Darrow Papers, Library of Congress

Charles B. Davenport Papers, Library of American Philosophical Society

Dawson Collection, McLennan Library, Mcgill University

A. C. Dixon Collection, Dargan-Carver Library of Historical Commission of the Southern Baptist Convention

Robert H. Dott, Jr., Papers(허가권자: Robert H. Dott, Jr.)

V. Raymond Edman Collection, Wheaton College Archives

Evolution Protest Movement/Creation Science Movement Council Meeting Minutes(허가권자: David T. Rosevear)

Alfred Fairhurst Papers, Transylvania University Library

Orval Eugene Faubus Papers, Special Collections, University of Arkansas Library

Sir Ambrose Fleming Correspondence and Papers, University

College London Library

Martin Gardner Papers(허가권자: Martin Gardner)

Geoscience Research Institute Papers, Archives of the General Conference of Seventh-day Adventists

Theodore Graebner Papers, Concordia Historical Institute

Asa Gray Correspondence, Gray Herbarium, Havard University

Arnold Guyot Papers and Correspondence, Princeton University Library

P. Edgar Hare Papers(허가권자: P. Edgar Hare)

Walter R. Hearn Papers(허가권자: Walter R. Hearn)

Robert M. Hutchins Papers, University of Chicago Library

David Starr Jordan Papers, Stanford University Libraries

Howard A. Kelly Papers, Chesney Medical Archives, John Hopkins University

R. T. Ketcham Papers, Files of the National Representative, General Association of Regular Baptist Churches

Carl H. Krekeler Papers(허가권자: Carl H. Krekeler)

Walter E. Lammerts Papers, Bancroft Library, University of California, Berkeley

McCrady Collection, Jessie Ball du Pont Library, University of the South

Edward McCrady, Sr., Collection, South Carolina Historical Society

Frank Lewis Marsh Papers(허가권자: Frank Lewis Marsh, 지금은 Adventist Heritage Center, Andrews University에 소장되어 있음)

Kirtley F. Mather Papers, Harvard University Archives

William V. Mayer Papers(허가권자: William V. Mayer Papers)

Russell L. Mixter Papers(허가권자: Russell L. Mixter, 지금은 Special Collection, Buswell Memorial Library, Wheaton College에 소장되어 있음)

Byron C. Nelson Papers, Institute for Creation Research

Byron C. Nelson Papers(허가권자: Paul Nelson)

J. Frank Norris Collection, Dargan-Carver Library of the Historical Commission of the Southern Baptist Convention

Edwin A. Olson Papers(허가권자: Edwin A. Olson)

William Louis Poteat Papers, Baptist Historical Collection, Wake Forest University Library

Alfred M. Rehwinkel Papers, Concordia Historical Institute

William Bell Riley Collection, Northwestern College Library

Richard M. Ritland Papers(허가권자: Richard M. Ritland)

Ariel A. Roth Papers(허가권자: Ariel A. Roth)

Nicholaas A. Rupke Papers(허가권자: Nicholaas A. Rupke)

Wilbert H. Rusch Papers(허가권자: Wilbert H. Rusch)

Rennie B. Schoepflin Papers(허가권자: Rennie B. Schoepflin)

Charles Schubert Papers, Yale University Library

Edward J. Specht Papers(허가권자: Edward J. Specht)

Lyman Stewart Correspondence, Biola University Library

William Lee Stokes Papers(허가권자: William Lee Stokes)

John Roach Straton Papers, American Baptist Historical Society

Sterling B. Talmage Papers(허가권자: William Lee Stokes)

David C. Watts Papers(허가권자: David C. Watts)

David A. West Papers(허가권자: David A. West)

John C. Whitcomb, Jr. Papers(허가권자: John C. Whitcomb, Jr.)

A. J. Monty White Papers(허가권자: A. J. Monty White)

James M. Wiggert Papers(허가권자: James M. Wiggert)

Gerold B. Winrod Collection, Wichita State University

Davis A. Young Papers(허가권자: Davis A. Young)

Henry P. Zuidema Papers(허가권자: Henry P. Zuidema)

이에 더하여 추가적인 자료를 보내준 기관과 자료의 연관 인물은 다음과 같다.

Moody Bible Institute Archives: James M. Gray, Alexander Patterson

Department of Archives and Manuscripts of the Catholic University of America: George Barry O'Toole

Provincial Archives of New Brunswick: George McCready Price

Publishing Department of the General Conference of Seventh-day Adventists: George McCready Price, Harold W. Clark

Archives of the General Conference of Seventh-day Adventists: George McCready Price

Archives of the American Association for the Advancement of Science의 서기 기록: Harry Rimmer

Special Collections Department of the Pittsburg State University Library: Harry Rimmer

Wheaton College의 개인 기록물: S. J. Bole, L. Allen Higley

Hal Bernard Dixon, Jr., Pentecostal Research Center at Lee College: Myrtle M. Fleming

Union University Archives: C. W. Davis

난 그 밖에도 기억할 수 없을 정도로 많은 문헌보관소 담당자와 도서관 사서들에게 빚을 졌다. 그 가운데 앤드루스 대학 소재 The Adventist Heritage Center의 디드런(Louis Dederen), Archives of the General Conference of Seventh-day Adventists의 홀로비악(Bert Haloviak), 피츠버그 대학 도서관 Special Collections Department의 디그루슨(Gene DeGruson), UC 버클리 Bankroft Library의 라이더(Robin E. Rider)와 오닐(Sheila K. O'Neil), Harvard College Archives의 엘리엇(Clark A. Elliott) 등에게 특별한 감사의 말을 전한다.

이 연구는, 어떤 관점면에서는 대단히 민감한 성격을 갖고 있다고 말할 수 있다. 그래서 나는 내가 대상으로 글을 쓰는 당사자들의 협조를 받았을 때, 여러 번 놀라면서도 다른 한편으로는 기뻤다. 자신이 교환했던 편지들을 보여주기를 거절했던 헨리 모리스(Henry Morris)조차도 내가 그의 사무실과 개인 서재를 사용할 수 있도록 친절을 베풀어주었으며, 개별적인 항목에 따라서는 특별한 문서들을 열람하도록 허락해주었다. 존 휘트컴(John Whitcomb)은 내가 그의 사무실을 사용하고 비서의 도움을 받도록 허락했을 뿐만 아니라, 그의 소중한 편지 문서철을 살펴보고 복사하도록 허용해주었다. 월터 램머츠(Walter Lammerts)는 나의 제안에 따라 "창조과학회(Creation Research Society)가 20년 동안 교환했던 서신들을 그의 모교인 버클리 대학 도서관(Bancroft Library of the University of California,

Berkeley)에 기증했다. 자신의 문서를 거의 보존하지 않았던 윌버트 루쉬(Wilbert H. Rusch)도 세인트루이스의 Concordia Historical Institute에 있는 창조과학회의 봉인된 기록들을 열람할 수 있도록 주선해주었다.

물론 나는 내가 발굴한 문서들을 인용할 수 있게 해달라고 간청했을 때 되돌아왔던 부정적인 응답으로 인해 어려움도 겪었다. 나는 내가 사용했던 원고 및 편지들과 관계된, 살아 있는 모든 저자들과 연락하려고 시도했다. 대부분은 기꺼이 나의 요청에 동의해주었지만 몇 사람은 직접 인용되는 것을 반대했고, 또 다른 사람들은 허락을 철회하면서 좀 더 우호적으로 다루어달라고 요청하기도 했다. 나는 각주에서 허락이 그런 식으로 철회된 경우는 따로 표시를 해두었다.

때때로 그런 허락과 관련하여 겪은 좌절들을 상쇄해주는 잊지 못할 친절과 신뢰를 경험한 추억들도 있었다. 다스와 몰뢰루스 쿠페루스(Dos and Molleurus Couperus)의 고향인 캘리포니아 북쪽의 산기슭에서 손님으로 보냈던 며칠의 시간, 딕과 쥬아니타 리틀랜드(Dick and Juanita Ritland)와 함께 미시간 남서부를 방문하여 숲에 둘러싸여 보냈던 날들, 밥 헤르만(Bob Herrmann)의 지하실에서 미국과학자연맹의 문서들을 발견했던 날에 밥과 그의 부인이 외출한 저녁 시간 동안 그 집 전체를 차지하고 복사기를 사용했던 일, 나이 든 로버트 클락(Robert Clark)이 1984년 세상을 떠나기 불과 몇 주 전에 수프를 끓여 나를 대접하겠다고 고집했던 일, 처치 브루턴(Church Broughton)의 포틀랙 카티지(Potlack Cottage)에서 리차드 애크워스(Richard Acworth)의 가족 만찬에 초대받았던 일, 영국을 여행했을 때 데이비드 로즈비어(David Rosevear)가 나를 믿고 "진화반대운동"의 서기록을 맡겼던 일 등이 그런 추억들이다.

이 책의 상당히 많은 기록들이 다른 학자들이 쉽게 접근할 수 없는 인터뷰와 문서들로부터 왔기 때문에, 나는 내가 수집했던 녹음테이프와 자료 대부분을 미시간 주 베리언 스프링스 소재 앤드루스 대학에 있는 제7일안식일예수재림교회 도서관(Adventist Heritage Center, James White Library)에 기증했다. 그러나 그중 몇 가지는 공개할 수 없는 상황이다.

무엇이든 낭비하는 것은 좋지 않다. 말도 마찬가지라서 나는 때때로 이전에 발표했던 나의 논문들 안의 문장을 재활용했다. 이런 재활용을 허락해준 존경하는 발행자와 편집진에 감사의 말을 전한다. 그 자료들은 다음과 같다.

"'Sciences of Satanic Origin': Adventist Attitudes toward Evolutionary Biology and Geology," *Spectrum* 9 (January 1979): 17-30.

"Creationism in 20th-Century America," *Science* 218 (1982): 538-44, ? AAAS 1982.

"The Dilemma of Evangelical Scientists," in *Evangelicalism and Modern America*, ed. George Marsden(Grand Rapids, MI: William B. Eerdmans, 1984), pp. 150-60.

"The Creationists" in *God and Nature: Historical Essays on the Encounter between Christianity and Science*, ed. David C. Lindberg, Ronald L. Numbers (Berkeley, LosAngeles: University of California Press, 1986), pp. 391-423.

"George Frederick Wright: From Christian Darwinist to Fundamentalist," *Isis* 79 (1988): 624-45.

정확성을 기하려는 목적으로 나는 이 책이 완성되기 직전의 원고를 많은 사람에게 보여주었는데, 그들 가운데에는 책 내용에 관련된 사람도 있었고 제3의 관찰자도 있었다. 이들이 찾아낸 것은 나를 경악하게 했지만 동시에 감사하기도 했다. 이 책의 원고 전체를 읽고 조언해준 사람은 다음과 같다.

Edward Davis, Martin Gardner, Duan Gish, Walter Hearn, Edward Larson, Benjamin McArthur, Thomas McIver, Henry Morris, Richard Ritland, Jon Roberts, Nicholaas Rupke, Rodney Stiling, Terry Trivett, William Trollinger, Christopher Toumey, George Webb, John Whitcomb, Davis Young.

또 일부분을 읽어준 사람은 다음과 같다.

Thomas G. Alexander, Douglas Block, Larry Butler, Frank Cassel, Molleurus Couperus, Robert Dott, Alton Everest, Richard Hammill, Mark Kalthoff, John Klotz, Laurence Kulp, David Lindberg, Edward Lugenbeal, Russell Mixter, Paul Nelson, Bernard Ramm, David Rosevear, Roger Schultz, Michael Shank, C. E. A. Turner, Monty White, Stephen Wolfgang, 양승훈.

그럼에도 남아 있을지 모르는 어떤 문제에 대한 책임은 이렇게 협조해준 독자들과는 전혀 상관없다는 사실을 이쯤에서 밝히는 것이 관례다. 우리의 경우에 이런 면책 조항은 단지 형식적 문구에 그치지 않는다. 원고를 미리 살펴본 몇몇 독자들은 나의 해석에 대해, 더 나아가 내가 밝힌 어떤

"사실들"에 대해서도 결코 동의하지 않았다. 남아 있는 실수와 왜곡의 문제는 전적으로 나의 잘못이다.

이 책의 초판을 발행했던 노프(Knopf) 출판사의 관계자 중에서 나의 원고에 처음으로 관심을 보여주었던 애쉬벨 그린(Ashbel Green), 꼼꼼하게 편집해준 데니스 쿼크(Denise Quirk)와 카렌 레(Caren Leh), 그리고 특별히 단호하게 저자의 편에 서준 책임편집자 제인 게럿(Jane Garrett)에게 깊은 감사를 표한다.

헌사와 함께 실은 조사이어 웨지우드(Josiah Wedgwood)의 말은 나의 심정을 그대로 보여준다.* 나에게 가족이 없었더라면 이 책을 좀 더 빨리 끝낼 수 있었을지도 모른다. 그러나 내 삶은 너무나도 무의미하고 무료했을 것이다.

* Wedgwood가 한 말의 출처는 다음과 같다. *The Correspondence of Charles Darwin*, vol 2: *1837-1843*, ed. Frederick Burkhardt, Sedney Smith (Cambridge: Cambridge University Press, 1986), p. 119.

인명 색인

A

B

C

D

E

F

G

H

K

L

M

N

O

P

R

S

T

U

W

Y

Z

개념 색인

ㄹ

ㅁ

ㅂ

ㅅ

ㅇ

ㅈ

ㅊ

ㅍ

ㅌ

ㅎ

『창조론자들』 출간에 도움을 준 분들

강경석 강기완 강대훈 강도영 강문구 강미경 강민수 강범일 강성효 강연민 강영수 강은모 강인석 강정규 강지찬 강훈 고경미 고다윗 고서현 고영기 고영민 고영석 고원장 고은비 고은상 고인영 공민구 공영식 공지윤 곽명손 곽병화 곽원균 곽은이 구교준 구성학 구준회 구창회 구태오 구형규 국창근 권대현 권산성 권성웅 권순익 권영준 권오선 권유정 권일택 권태형 권혁원 김경미 김경보 김경수 김광석 김광중 김근식 김근주 김기남 김기만 김기현 김기형 김기호 김남근 김남인 김대성 김대희 김동근 김동영 김동오A 김동오B 김동일 김동현A 김동현B 김동환A 김동환B 김두현 김라엘 김명건 김명곤 김명훈 김무경 김무송 김민경 김민수 김민순 김민영 김민철 김범수 김보겸 김봉근 김봉석 김봉식 김봉진 김사라 김샛별 김석범 김선 김선룡 김성근 김성래 김성률 김성민 김성수 김성열 김성옥 김성중 김성진 김성찬 김성혜 김성호 김성환 김세연 김세은 김세희 김소라 김수익 김수재 김숙영 김승겸 김승우 김승원 김승재 김승호 김신구 김아란 김영균 김영동 김영미 김영민 김영종 김영준A 김영준B 김영중 김영채 김영철 김영헌 김영호A 김영호B 김외진 김요셉A 김요셉B 김요한 김용식 김용열 김용이 김용재 김우종 김우현 김원국 김원식 김원용 김유라 김윤석 김윤확 김은성 김은주 김은호 김의수 김의환 김이레 김일수 김재상 김재신 김재평 김정겸 김정구 김정미 김정민 김정원 김정은 김정일 김정훈 김제헌 김종규 김주숙 김주영 김주용 김주헌 김준비 김준수 김준영 김중혁 김지원 김지형 김지환 김지훈 김지희A 김지희B 김진성A 김진성B 김진욱 김진원 김진태A 김진태B 김진형 김찬성 김찬호 김창연 김창환 김청화 김태균 김태민 김태선 김태준 김태훈 김택민 김향화 김현수 김현식 김현준 김현중 김현직 김형미 김형진 김혜경 김홍석 나성한 남기선 남석진 남선우 남성현 노동래 노승진 노은광 노재숙 노제현 노태영 도수일 도형훈 류기인 류호영 모중현 목정후 문상준 문성헌 문영각 문원석 문종인 문준식 문진호 문창원 박경순 박광영 박기범 박기완 박기훈 박다니엘 박다윗 박두진 박명덕 박미경 박민수 박범진 박상경 박상영 박선자 박성조 박성종 박성진 박성희 박세라 박세진 박세현 박슬기 박승혜 박앙수 박영삼 박영석 박영섭 박영식 박완순 박용수 박용태 박원주 박유미 박유현 박의환 박이삭 박인용 박재동 박재익 박재현 박종환 박종흔 박주만 박주신 박주하 박주한 박준 박준우A 박준우B 박준태 박준형 박중민 박지상 박진 박창의 박철우 박한나 박현기 박현욱 박현정 박형준 박혜정 박홍범 박회규 박효선 박훙수 반세호 방선미 방영민 방창순 방태남 배성경 배인병 배인수 배정술 배한진 배훈일 백건하 백민 백상엽 백승현 백시열 범영수 변경희 변영권 변재승 서문나혜 서문재 서미영 서순열 서양순 서영란 서왕석 서요한 서원택 서한석 석문섭 석찬권 설동현 성백영 성태훈 손동혁 손미설 손병욱 손성애 손주환 손지원 손진영 손하경 손한나 손희선 송경옥 송기성 송명헌 송모석 송미옥 송수영 송아진 송영균 송영진 송예원 송요한 송재원 송진경 송효진 신동열 신동주 신명우 신은진 신인호 신주언 신지온 신혜정 신희영 심덕원 심상윤 심상현 심수진 심재훈 심창보 심호섭 안드레 안병철 안성환 안승용 안신명 안인웅 안정철 안주관 안준기 양성은 양인성 양재훈 양정민 양현주 엄태호 염의섭 오강일 오동근 오세린 오세복 오손유 오시혁 오재명 오정인 오정훈 오지훈 온기홍 우동관 우병훈 우선식 우연주 우영호 우종학 우준희 우현동 우혜정 원요한 원은지 유경상 유경필 유광식 유서옥 유성욱 유승덕 유영민 유유상 유은정 유정화 유정희 유진호 유청희 유혁 윤경재 윤금희 윤대원 윤미례 윤미향 윤민영 윤병제 윤상일 윤석규 윤세진 윤영균 윤요담 윤원식 윤정열 윤준택 윤진수 윤철민 윤춘석 윤혜준 윤호섭 은영준 이경미 이경민 이경진 이광현 이국환 이권희 이귀영 이규복 이규봉 이기정 이기훈A 이기훈B 이길무 이길연 이대영 이대웅 이대호 이도훈 이동신 이동욱 이동호 이동훈 이명식 이명희A 이명희B 이미경 이미숙 이미영 이병헌 이보영 이비오 이상돈 이상민 이상범 이상복 이상준A 이상준B 이석희 이선휘 이성수 이성진 이성철 이세순 이수건 이수경 이수빈 이수열 이수인 이순기 이승기 이승온 이승현 이신형 이신혜 이연경 이열진 이영광 이영란 이영숙 이영춘 이외솔 이웅희 이원준 이원철 이윤경 이윤주 이융희 이은경 이은선 이은영 이은우 이은호 이은총 이재록 이재신 이재윤 이재은 이재인 이재혁A 이재혁B 이재현 이정연 이정익 이정훈 이종원 이종혁 이준석 이준식 이준호 이지은 이지혜A 이지혜B 이진미 이진숙 이진오 이찬우 이창민 이창훈 이철규 이청결 이청훈 이택민 이택환 이필웅 이하은 이학상 이한경 이한일 이한주 이해님 이혁규 이현래 이현문 이현식 이현재 이현진 이현호 이형석 이형준 이혜정

이혜천 이호형 이홍주 이화정 이효훈 이흥노 이흥연 임도훈 임봉수 임삼열 임상민 임성원 임성희 임승길 임완득 임이화 임정훈 임준상 임진미 임창대 임택규 임하라 임한승 임현택 장동주 장보형 장석윤 장성호 장승순 장영범 장예린 장우진 장원태 장유진 장은호 장인석 장재호 장진환 장현일 장혜영 장희섭 전나현 전상윤 전세윤 전세현 전영호 전종득 전지훈 전창훈 정경 정경아 정광필 정국진 정기립 정단비 정대권 정무용 정민아 정선옥 정성삼 정성욱 정성현 정소영 정승구 정승화 정우조 정은석 정은아 정은용 정의호 정장환 정정관 정주영A 정주영B 정창용 정창환 정현기 정혜진 정훈 정훈재 조경애 조기호 조만종 조문환 조상신 조성용 조성호 조승민 조영균 조영탁 조예은 조용성 조용혁 조용현 조은민 조의훈 조일환 조주현 조철현 조하은 조현성 조현용 조현웅 조형훈 조혜선 조혜진 조희연 주광술 주상현 주종호 주창수 지건일 지현숙 진일교 진한백 차재성 차정호 차지훈 채승경 채일례 최기훈 최꽃님 최나예슬 최다윗 최동현 최병유 최병희 최성인 최성준 최수진 최영아 최윤숙 최은영 최인 최자영 최재훈 최지은 최지혜 최참별 최천봉 최충산 최태진 최한림 최현기 최현옥 최형준 최회성 최희규 태기남 하동균 하선록 하승수 하정완 하현기 한경진 한미화 한선우 한성진 한수희 한열우 한용 한원일 한윤택 한채은 함영진 허동진 허두석 허성광 허인식 허임복 허정도 허찬영 허훈 현재희 현지식 홍도영 홍무열 홍성우 홍은주 홍종관 홍준기 홍진영 홍창선 홍효정 황규현 황성조 황순석 황신영 황윤홍 황익선 황재혁 황진욱 황혜경

글로벌홈스쿨링아카데미 건&주 메리지민 봄별 시온예온 연우소민 이동워니슬 종희&여선 주님뜻이룸교회 주원이랑온유랑 지민지윤맘혜영 큰숲작은나무 하준하언하제 무명 4인

Adullam Community ECCLESIOLA Ezra Roh HL2DYS HOUSEOIKOS Huuka kim Irene Y. Shin Lim's Monicassi Namsook Han Pyeong. K Saera Chun Song Lee

창조론자들

과학적 창조론에서 지적 설계론까지

1쇄 발행 2016년 5월 25일
3쇄 발행 2020년 2월 15일

지은이 로널드 L. 넘버스
옮긴이 신준호
펴낸이 김요한
펴낸곳 새물결플러스

편　집 왕희광 정인철 박규준 노재현 한바울
정혜인 이형일 서종원 나유영 노동래 최호연
디자인 윤민주 황진주 박인미 이지윤
마케팅 박성민 이원혁
총　무 김명화 이성순
영　상 최정호 조용석 곽상원
아카데미 차상희

홈페이지 www.holywaveplus.com
이메일 hwpbooks@hwpbooks.com
출판등록 2008년 8월 21일 제2008-24호
주　소 (우) 04118 서울시 마포구 마포대로19길 33
전　화 02) 2652-3161
팩　스 02) 2652-3191

ISBN 979-11-86409-55-8 93230

책값은 뒤표지에 있습니다.

이 도서의 국립중앙도서관 출판예정도서목록(CIP)은 서지정보유통지원시스템 홈페이지(seoji.nl.go.kr)와 국가자료공동목록시스템(nl.go.kr/kolisnet)에서 이용하실 수 있습니다. CIP2016011975